CB137613

DIREITO CIVIL
Reais

Grupo
Editorial
Nacional

O GEN | Grupo Editorial Nacional – maior plataforma editorial brasileira no segmento científico, técnico e profissional – publica conteúdos nas áreas de concursos, ciências jurídicas, humanas, exatas, da saúde e sociais aplicadas, além de prover serviços direcionados à educação continuada.

As editoras que integram o GEN, das mais respeitadas no mercado editorial, construíram catálogos inigualáveis, com obras decisivas para a formação acadêmica e o aperfeiçoamento de várias gerações de profissionais e estudantes, tendo se tornado sinônimo de qualidade e seriedade.

A missão do GEN e dos núcleos de conteúdo que o compõem é prover a melhor informação científica e distribuí-la de maneira flexível e conveniente, a preços justos, gerando benefícios e servindo a autores, docentes, livreiros, funcionários, colaboradores e acionistas.

Nosso comportamento ético incondicional e nossa responsabilidade social e ambiental são reforçados pela natureza educacional de nossa atividade e dão sustentabilidade ao crescimento contínuo e à rentabilidade do grupo.

4

DIREITO CIVIL

Reais

SÍLVIO DE SALVO **VENOSA**

26ª edição

revista e atualizada

gen atlas

- O autor deste livro e a editora empenharam seus melhores esforços para assegurar que as informações e os procedimentos apresentados no texto estejam em acordo com os padrões aceitos à época da publicação, *e todos os dados foram atualizados pelo autor até a data de fechamento do livro*. Entretanto, tendo em conta a evolução das ciências, as atualizações legislativas, as mudanças regulamentares governamentais e o constante fluxo de novas informações sobre os temas que constam do livro, recomendamos enfaticamente que os leitores consultem sempre outras fontes fidedignas, de modo a se certificarem de que as informações contidas no texto estão corretas e de que não houve alterações nas recomendações ou na legislação regulamentadora.

- Fechamento desta edição: *24.10.2025*

- O autor e a editora se empenharam para citar adequadamente e dar o devido crédito a todos os detentores de direitos autorais de qualquer material utilizado neste livro, dispondo-se a possíveis acertos posteriores caso, inadvertida e involuntariamente, a identificação de algum deles tenha sido omitida.

- **Atendimento ao cliente: (11) 5080-0751 | faleconosco@grupogen.com.br**

- Direitos exclusivos para a língua portuguesa
Copyright © 2026 *by* **Editora Atlas Ltda.**
Uma editora integrante do GEN | Grupo Editorial Nacional
Travessa do Ouvidor, 11
Rio de Janeiro – RJ – 20040-040
www.grupogen.com.br

- Reservados todos os direitos. É proibida a duplicação ou reprodução deste volume, no todo ou em parte, em quaisquer formas ou por quaisquer meios (eletrônico, mecânico, gravação, fotocópia, distribuição pela Internet ou outros), sem permissão, por escrito, da **Editora Atlas Ltda.**

- Capa: Danilo Oliveira

- **CIP – BRASIL. CATALOGAÇÃO NA PUBLICAÇÃO.
SINDICATO NACIONAL DOS EDITORES DE LIVROS, RJ.**

V575d
26. ed.
v. 4

Venosa, Sílvio de Salvo
Direito civil : reais / Sílvio de Salvo Venosa. – 26. ed., rev. e atual. – Barueri [SP] : Atlas, 2026.
(Direito civil ; 4)

Inclui bibliografia e índice
ISBN 978-65-5977-808-9

1. Direitos reais - Brasil. 2. Propriedade - Brasil. I. Título.

25-101177.0 CDU: 347.2(81)

Meri Gleice Rodrigues de Souza - Bibliotecária - CRB-7/6439

Respeite o direito autoral!

Para

Sílvio Luís, Denis,

Bruno e Eduardo, meus filhos.

SOBRE O AUTOR

Foi juiz no Estado de São Paulo por 25 anos. Aposentou-se como membro do extinto Primeiro Tribunal de Alçada Civil, passando a integrar o corpo de profissionais do grande escritório jurídico brasileiro Demarest Advogados, onde atualmente exerce a função de sócio-consultor. Atua como árbitro em entidades nacionais e estrangeiras. Redige pareceres em todos os campos do Direito Privado. Foi professor em várias faculdades de Direito no Estado de São Paulo. É professor convidado e palestrante em instituições docentes e profissionais em todo o País. Membro da Academia Paulista de Magistrados. Autor de diversas obras jurídicas.

SUMÁRIO

1

UNIVERSO DOS DIREITOS REAIS

1.1 RELAÇÃO DAS PESSOAS COM AS COISAS

Na convivência e realidade social, existe uma infinidade de bens e coisas à nossa volta. Nem sempre a doutrina logra atingir unanimidade nos conceitos de bens e coisas. Lembremos do que foi dito em nosso *Direito civil: parte geral*, Capítulo 16: sem que isso represente verdade definitiva, entendemos por *bens* tudo o que nos possa proporcionar utilidade. Em visão leiga, não jurídica, *bem* é tudo o que pode corresponder a nossos desejos. Na compreensão jurídica, *bem* deve ser considerado tudo o que tem valor pecuniário ou axiológico. Nesse sentido, bem é uma utilidade, quer econômica, quer não econômica (filosófica, psicológica ou social). Nesse aspecto, bem é espécie de *coisa*, embora os termos sejam, por vezes, utilizados indiferentemente.

Assim, amor, pátria, honra, amor ao próximo, à família, por exemplo, são bens. O valor axiológico que se lhes atribui não se amolda ao vocábulo *coisa*. Perde totalmente o sentido filosófico, social e, por que não dizer, jurídico, se denominarmos *coisa* os elevados valores de amor, pátria e honra. Desse modo, pelo sentido linguístico e vernacular, é preciso entender que *bem* é espécie de coisa. Se o ar, o mar, os rios, o universo, enfim, são entidades, nem sempre apropriáveis, reserva-se o termo *coisas* para os bens que, sem dúvida, também representando utilidade para o homem, podem por ele ser apropriados. Nesse diapasão, sem que com isso possamos contrariar a doutrina com compreensão diversa, concluímos que todos os bens são coisas, mas nem todas as coisas são bens.

Como dissemos ao iniciar o estudo do direito civil, a palavra *bem* deriva de *bonum*, felicidade, bem-estar. A palavra *coisa (res)* tem sentido mais extenso, compreendendo tanto os bens que podem ser apropriados, como aqueles objetos que não o podem. Em razão dessa origem etimológica, existem bens juridicamente considerados que não podem ser denominados coisas, porque sua apropriação pelo homem segue regime de ordem mais moral e filosófica do que jurídica, como ocorre, por exemplo, com a honra, a liberdade, o nome da pessoa natural. São eles denominados *direitos da personalidade*, os quais seriam sumamente restringidos em sua compreensão, se denominados *coisas*.

Muitos doutrinadores apresentam visões mais sofisticadas desses termos, *coisa* e *bem*, o que acarreta certa dificuldade de compreensão, mormente ao iniciante, nada que possa ter repercussão maior em termos práticos. Como temos enfaticamente apontado a inúmeros leitores que, com a facilidade do correio eletrônico nos questionam exatamente sobre essa diferenciação, nesse tema, como em outros, não há que complicar aquilo que é imanentemente simples, e não traz maiores dificuldades na prática. O jurista e, por via de consequência, o professor têm o dever de se debruçar mais profundamente naquilo que verdadeiramente representa institutos jurídicos com repercussões efetivas na vida social. O tema é antes filosófico do que jurídico e assim deve ser compreendido.

Ao encetarmos o estudo dos *direitos reais* ou *direito das coisas*, importa, principalmente, definir seu objeto, pois somente pode ser objeto desse direito aquilo que pode ser apropriado. Coisa pode ser entendida como unicamente os bens corpóreos, como faz o direito alemão, porém pode abranger tanto os objetos corpóreos como os incorpóreos, conforme adota nossa doutrina.

Nosso Código não define os dois termos, daí maior confusão em sua conceituação. O Código português, no art. 202, define: "*Diz-se coisa tudo aquilo que pode ser objeto de relações jurídicas*". O Código italiano, no art. 810, diz que são bens as coisas que podem ser objeto de direitos, no sentido que ora reafirmamos.

Portanto, os bens que podem participar das relações jurídicas e podem integrar patrimônio, juridicamente considerados, são as coisas que neste estudo nos interessam. Por vezes, apenas o caso concreto pode dar a noção. Assim sendo, a água do mar é um bem, em princípio inapropriável pela pessoa; porém, a água do mar passível de ser tratada, dessalinizada, para se tornar potável, torna-se possível de integrar patrimônio e relação jurídica. Como sempre enfatizamos, a ciência do Direito não se compraz com afirmações peremptórias. Assim como não existem direitos absolutos, não há conceituações jurídicas absolutas.

Nossa legislação inclina-se por tratar indiferentemente ambas as noções; às vezes, coisa é gênero e bem é espécie, ou vice-versa. O termo *bens*, que serve de título ao Livro II da parte geral do Código Civil, possui significação extensa, incluindo coisas, bens e respectivos direitos em geral.

Na parte especial, o Código, tanto o antigo como o atual, trata do que denomina *Direito das Coisas*, dedicando-se exclusivamente à propriedade, direito real mais amplo, e respectivos direitos derivados, todos eles de extensão menos ampla do que a propriedade.

No direito das obrigações, vimos que o objeto das relações jurídicas é um dar, fazer ou não fazer. O objeto dessa relação jurídica é uma *prestação* de parte do devedor, em prol do credor; uma atividade ou conduta, conjunto de atos mais ou menos extensos. Vimos também que essa obrigação pode servir de veículo, a fim de que o credor venha fazer com que integre seu patrimônio uma utilidade apropriável. O contrato não é a única modalidade, único instrumento de aquisição da propriedade, constituindo-se, porém, na principal ou que mais ocorre na prática. Ora, uma vez fixado que o objeto de uma obrigação pode ser uma coisa, ou seja, bem economicamente apreciável e apropriável, importa agora desvincularmo-nos dessa relação pessoal credor-devedor, que faz parte do direito obrigacional, para debruçarmo-nos nessa relação que liga a pessoa às coisas.

Pois bem. Se existe possibilidade de ligação estreita entre a pessoa e a coisa, adentramos, sem dúvida, no campo dos direitos do sujeito; portanto, dos direitos subjetivos. No momento em que o ser humano primitivo passa a se apropriar de animais para seu sustento, de caverna para abrigo, de pedras para fabricar armas e utensílios, surge a noção de coisa, de bem apropriável. A partir daí entende o indivíduo que pode e deve defender aquilo de que se apropriou ou fabricou, impedindo que intrusos invadam o espaço em que habita, ou se apropriem dos instrumentos que utiliza. Essa noção psicológica, e, portanto, subjetiva, embasa, desde os primórdios, os denominados direitos reais, ou direito das coisas (terminologia que tecnicamente se equivale).

Os sujeitos de direito, as pessoas, travam contato em sua existência com número mais ou menos amplo de bens e coisas. Há bens que se sabe inapropriáveis, de forma geral, como o ar, o mar, os bens públicos. Há, no entanto, coisas passíveis de apropriação. Há coisas que estão ligadas por um nexo jurídico e psicológico às pessoas que lhe estão próximas, e assim integram seus respectivos patrimônios. Do maltrapilho que guarda míseros bens em sua choupana ao mais abastado, que se cerca de valores sofisticados, existe essa noção psicológica de apropriação, a qual emergirá no mundo jurídico, quando necessário.

A generalidade das coisas existentes será absolutamente indiferente, para a maioria das pessoas. No entanto, pode ocorrer que determinada situação coloque uma pessoa até então estranha em relação direta com a coisa ligada psicologicamente a outro sujeito. É o caso do vizinho que invade e edifica em terreno alheio; do larápio que se apropria da coisa de outrem. Nessas situações, cujos exemplos podem variar à exaustão, aqueles bens ligados a um sujeito determinado passam a ser colocados em choque ou na berlinda por terceiros até então absolutamente estranhos a essa relação senhor-coisa. É dessa relação de *senhoria*, ou senhoridade como dizem os italianos, de poder, de *dominus*, que devemos aqui nos ocupar.

Reside nessa singela descrição toda a grandeza dos direitos reais, para qual acorrem os doutos na tentativa de explicar sua natureza jurídica. Como o direito subjetivo, o direito de senhoria é poder outorgado a um titular; requer, portanto, um objeto. O objeto é a base sobre a qual se assenta o direito subjetivo, desenvolvendo o poder de fruição da pessoa com o contato das coisas que nos cercam no mundo exterior. Nesse raciocínio, o objeto do direito pode recair sobre coisas corpóreas ou incorpóreas, como um imóvel, no primeiro caso, e os produtos do intelecto (direitos de autor, de invenção, por exemplo), no segundo.

O direito das coisas estuda precipuamente essa relação de senhoridade, de poder, de titularidade, esse direito subjetivo que liga a pessoa às coisas; o direito de propriedade, o mais amplo, o ápice do direito patrimonial, e os demais direitos reais, de menor extensão, passando pela grandeza de conceituação da *posse*. Todos esses direitos, em seu maior ou menor âmbito, decorrentes de modalidade de direito subjetivo, dizem-se *erga omnes*, ou seja, devem ser respeitados por todos, *perante* todos, noção à qual retornaremos. A preposição *erga* não significa oposição ou confronto, como seria a palavra *contra*, também latina, mas dá a ideia de respeito *perante* todos. A noção de confronto não integra a compreensão do direito real. O confronto social ao direito de propriedade, e seus consectários, é patológico e excepcional; se, por hipótese, tornar-se regra, traduz um segmento social desajustado. Cabendo ao Estado e ao Direito corrigi-lo.

Os direitos reais regulam as relações jurídicas relativas às coisas apropriáveis pelos sujeitos de direito. Essa noção psicológica de senhoria necessita de regulamentação jurídica para adequar a sociedade aos anseios e necessidades individuais. Como as coisas apropriáveis são finitas, cabe ao Estado regular sua apropriação e utilização. Relacionado com o conceito maior de *propriedade*, o direito real é o que mais recebe reflexos históricos, políticos e econômicos nas diversas épocas e nos diversos Estados, isto é, altera-se no espaço e no tempo.

A amplitude da senhoria sobre os bens será de maior ou menor grau de acordo com a orientação político-estrutural de cada Estado no curso de sua respectiva história. Isto porque, com frequência cada vez maior nas conjunturas atuais, o Estado intervém, com maior ou menor intensidade, para regular e limitar o poder de utilização das coisas pelas pessoas. O Direito recepciona de forma direta e permanente o conflito social em torno da luta pelas coisas. As pressões sociais de uma população mundial crescente deságuam nos tribunais, que não mais podem enfocar a propriedade, os demais direitos reais e a utilização dos bens, neste século XXI, como se fez no passado. Na contemporaneidade, a proteção absoluta da propriedade cede lugar a sua proteção social, sem que com isso se coloquem à margem da Lei e do Direito os seculares princípios resguardadores do domínio. É esse o sentido que a Constituição Federal de 1988 procurou dar e do qual não pode fugir o direito privado.

1.2 DIREITOS REAIS E DIREITOS PESSOAIS

Cumpre agora distendermos a compreensão dessa distinção já feita no estudo das obrigações (*Direito civil: Obrigações e Responsabilidade Civil*, Cap. 1, seção 1.3). A ideia básica é que o direito pessoal une dois ou mais sujeitos, enquanto os direitos reais traduzem relação jurídica entre uma coisa, ou conjunto de coisas, e um ou mais sujeitos, pessoas naturais ou jurídicas.

O exemplo mais adequado de direito pessoal é a obrigação, e o exemplo compreensível, completo e acabado de direito real é a propriedade. Advirta-se, porém, que em qualquer ramo do Direito nunca há que se divisar compartimento estanque ou antagonismo: interpenetram-se o direito público e o direito privado, bem como o terceiro gênero, denominado mais recentemente de direito social. Com maior razão, não se mostram isolados os campos do direito privado, tanto nos direitos pessoais, como nos direitos reais. O Direito é organismo complexo, vivo e completo, que somente encontra homogeneidade na integração de todos os seus ramos e princípios.

Relembremos, agora com maior profundidade, o que foi dito acerca das diferenças mais marcantes entre os direitos reais (*ius in re*) e os direitos pessoais (*ius ad rem*):

1. O direito real é exercido e recai diretamente sobre a coisa, sobre um objeto basicamente corpóreo, embora não se afaste a noção de realidade sobre bens imateriais, enquanto o direito obrigacional tem como objeto relações humanas. Sob esse aspecto, embora essa noção deva ser aprimorada, afirma-se ser o direito real absoluto, exclusivo, exercitável *erga omnes*. Por outro lado, o direito obrigacional é relativo. A prestação é o objeto do direito pessoal ou obrigacional, somente podendo ser exigida do devedor. O direito real caracteriza-se pela inerência ou aderência do titular à coisa.
2. Como consequência desse poder de senhoria sobre a coisa, o direito real não comporta mais do que um titular. Advertimos de início, porém, que essa assertiva não conflita com a noção de condomínio, em que a propriedade continua a ser exclusiva, mas com vários titulares. O sujeito titular de direito real exerce seu poder sobre a *res*, a coisa objeto de seu direito, de forma direta e imediata, sem intermediários. O direito obrigacional traz a noção primeira de um *sujeito ativo* (um credor), um *sujeito passivo* (um devedor) e a *prestação*, qual seja, o objeto dessa relação jurídica pessoal. Nesse aspecto, afirmamos que o direito real é *atributivo*, porque atribui uma titularidade, uma senhoria ao sujeito, enquanto o direito obrigacional é *cooperativo*, porque implica sempre uma atividade pessoal.
3. Pelo que se percebe, portanto, o direito real concede o gozo e fruição de bens. O direito obrigacional concede um direito a uma ou mais prestações, a serem cumpridas por uma ou mais pessoas. O direito real define inerência ou aderência da coisa ao titular, expressão que serve para caracterizar o que comumente chamamos de soberania, poder ou senhoria sobre a coisa.
4. É dito, em geral, que a obrigação é por natureza essencialmente transitória: nasce para cumprir função social e jurídica, mas se extingue uma vez cumprido seu papel, com o adimplemento ou pagamento. O direito real teria sentido mais extenso de permanência, de inconsumibilidade. No entanto, essa afirmação somente pode ser vista do ponto de vista aparente desses dois fenômenos. Há direitos reais limitados no tempo, como

sucede, por exemplo, no usufruto; e há obrigações sem limite de tempo, como ocorre nas obrigações negativas. O que se permite concluir é que os direitos de crédito são preponderantemente transitórios, enquanto os direitos reais, preponderantemente permanentes, guardam característica básica de inconsuntibilidade e durabilidade de maior ou menor extensão temporal.

5. O chamado *direito de sequela* é corolário do caráter absoluto do direito real: seu titular pode perseguir, ir buscar o objeto de seu direito com quem quer que esteja. O direito pessoal não possui tal característica. O credor, detentor de direito pessoal, quando recorre à execução forçada, tem apenas a garantia geral do patrimônio do devedor, não podendo escolher, como regra, determinados bens para garantir a satisfação de seu crédito. O direito de perseguição, direito de sequela ou direito de seguimento dos direitos reais *"significa que o direito segue a coisa, perseguindo-a, acompanhando-a, podendo fazer-se valer seja qual for a situação em que a coisa se encontre"* (Moreira e Fraga, 1970-1971:47). Esse direito de sequela se traduz tanto em uma apreensão material da coisa por terceiros como também em apreensão jurídica. Em ambas as situações, o titular de direito real pode *reivindicar* a coisa. A reivindicação é a forma processual mais clara, embora não a única, pela qual o direito de sequela concretiza-se.

   Esse direito de *perseguir* a coisa, amplo na forma mais completa de direito real que é a propriedade, também se manifesta nos outros direitos reais, sejam eles de gozo (ou fruição), sejam de garantia. O nu-proprietário e o usufrutuário podem reivindicar a coisa de terceiro que dela se aposse. Por igual razão, o credor hipotecário pode continuar na execução do bem hipotecado, objeto de sua garantia, independentemente de não mais pertencer ao primitivo titular que constituiu a hipoteca.[1]

---

[1] "Agravo de instrumento. Cumprimento de sentença. Decisão que indeferiu pedido de penhora de imóvel dado em garantia hipotecária nos contratos que ensejaram o ajuizamento da demanda por ser de titularidade de terceiro. Descabimento. Hipoteca que confere **direito de sequela** ao credor, pelo qual o bem responde pela satisfação da obrigação garantida independentemente de quem seja o seu titular (art. 1.419 do CC). Validade da penhora que exige apenas a intimação dos proprietários (art. 835, § 3º, do CPC). Precedentes. Recurso provido" (*TJSP* – AI 2239829-33.2024.8.26.0000, 12-9-2024, Rel. Milton Carvalho).

"Compra e venda de veículo. Ação de busca e apreensão. Tutela de urgência indeferida. O pedido inicial de busca e apreensão do bem não está previsto na legislação vigente, exceto em casos de alienação fiduciária, não possuindo os autores o **direito de sequela** ou ***jus persequendi***. Necessidade de aditamento do pedido, na forma do art. 329, II, do CPC, se o réu já foi citado. Recurso improvido, com observação" (*TJSP* – AI 2096016-16.2022.8.26.0000, 9-5-2022, Rel. Gomes Varjão).

"Apelação Cível – Direito Privado não especificado – Ação Reivindicatória. Petitória. Imóvel. Contrato de Cessão de Direitos Hereditários. Requisitos. A ação reivindicatória funda-se no **direito de sequela** e requisita prova do domínio do reivindicante sobre a coisa, da individualização do bem e de posse injusta do réu, em observância das disposições dos art. 1.227, art. 1.228 e art.1.245 do Código Civil. Circunstância dos autos em que se impõe manter a sentença de improcedência" (*TJRS* – AC 70082958976, 29-1-2020, Rel. Des. João Moreno Pomar).

"Apelação cível – Propriedade e direitos reais sobre coisas alheias – Ação reivindicatória – Reivindicatória – Requisitos – A ação reivindicatória funda-se no **direito de sequela** e requisita prova do domínio do reivindicante, individualização do bem e posse injusta do réu – Circunstância dos autos em que presente os requisitos; E se impõe manter a sentença. Recurso desprovido" (*TJRS* – AC 70081106106, 25-4-2019, Rel. Des. João Moreno Pomar).

"Agravo de instrumento – Ação de imissão de posse – Liminar deferida para que o agravante desocupe o imóvel no prazo de 15 dias. A ação de imissão de posse é a ação real de quem tenha título legítimo para imitir-se na posse de bem decorrência do exercício do **direito de sequela** do direito real para quem, sendo proprietário, ainda não obteve a posse da coisa. Caso dos autos. Os agravados justificaram o direito de posse com fulcro em seu título de domínio. Liminar mantida. Agravo desprovido" (*TJSP* – AI 2201703-55.2017.8.26.0000, 22-1-2018, Rel. Silvério da Silva).

O termo *sequela* pretende destacar o aspecto dinâmico do direito real, apresentando-se mais como imagem figurativa do que como fato externo. É, contudo, elemento forte de valoração jurídica de cunho didático. O direito de sequela, *explicação dinâmica* do fenômeno, faz lembrar também o direito de inerência, domínio ou senhoria sobre a coisa, explicação estática do mesmo fenômeno jurídico.

6. Consequência do direito de sequela é o fato de o direito real ser necessariamente individualizado. O objeto do direito real deve ser individualizado no nascedouro, pois doutro modo não há como exercer a sequela. Nos direitos obrigacionais, a prestação pode ter como objeto coisas apenas determináveis pelo gênero, quantidade e qualidade, coisas fungíveis. Como vemos, somente a completa individualização do objeto do direito real permite a perseguição, a sequela.
7. Questão fundamental, muito debatida pela doutrina mais antiga, diz respeito ao número limitado de direitos reais. Os direitos reais não são numerosos ao infinito, porque, em síntese, são finitos os bens disponíveis e apropriáveis pelo homem. A regra enunciada é que os direitos reais se inserem em *numerus clausus*, número fechado, isto é, somente podem ser considerados direitos reais, mormente em nosso ordenamento, aqueles assim considerados pela lei. Por essa razão, seu elenco é facilmente enunciável. Por outro lado, os direitos obrigacionais são em número ilimitado, porque as facetas do relacionamento pessoal são infinitas. Os direitos pessoais apresentam-se, destarte, como número indeterminado. As necessidades sociais estão sempre a exigir criação de novas fórmulas jurídicas para atendê-las.
8. Podemos lembrar também, como elemento distintivo, que somente os direitos reais podem ser objeto de usucapião, não existindo possibilidade dessa modalidade de aquisição nos direitos de crédito. O usucapião (ou *a* usucapião como prefere o Código Civil de 2002) é, destarte, forma de aquisição de propriedade.Porém, nem todos os direitos reais são passíveis dessa aquisição: somente o serão a propriedade e os direitos reais de gozo ou fruição que permitam a utilização em favor de um titular. Como consequência, tanto a propriedade material poderá ser objeto de usucapião, como o

---

"Ação reivindicatória – Existência de escritura pública de demarcação – Alteração da linha divisória originalmente definida – Titularidade do domínio do autor – Individualização da área – Recurso especial. Processual civil. Ação reivindicatória. Existência de escritura pública de demarcação. Alteração da linha divisória originalmente definida. Titularidade do domínio do autor. Individualização da área. Posse injusta dos réus. Arts. 524 do CC/1916 e 1.228 do CC/2002. Requisitos reconhecidos pelas instâncias ordinárias. Súmula nº 7 /STJ. Recurso improvido. 1. A reivindicatória, de natureza real e fundada no **direito de sequela**, é a ação própria à disposição do titular do domínio para requerer a restituição da coisa de quem injustamente a possua ou detenha (CC/1916, art. 524 e CC/2002, art. 1.228), exigindo a presença concomitante de três requisitos: a prova da titularidade do domínio pelo autor, a individualização da coisa e a posse injusta do réu. 2. A distinção entre demarcação e reivindicação, segundo o entendimento doutrinário, reside na circunstância de que, na reivindicação, o autor reclama a restituição de área certa e determinada; havendo incerteza quanto à área vindicada, prevalece a demarcação. Ademais, conforme já decidido pelo Superior Tribunal de Justiça,'o ponto decisivo a distinguir a demarcatória em relação a reivindicatória é'a circunstância de ser imprecisa, indeterminada ou confusa a verdadeira linha de confrontação a ser estabelecida ou restabelecida no terreno" (REsp 60.110/GO, Rel. Min. Sálvio de Figueiredo Teixeira, 4ª T., *DJ* de 02.10.1995). 3. Reconhecida pelas instâncias ordinárias a titularidade do domínio do autor, a efetiva individualização da coisa vindicada e a posse injusta dos réus, e inexistindo, por outro lado, dúvida quanto à linha divisória entre os imóveis, previamente definida por meio de escritura pública, a simples constatação da alteração do traçado original da linha divisória anteriormente fixada não pressupõe a necessidade de nova demarcação, sendo cabível, na espécie, a demanda reivindicatória. 4. Recurso especial improvido" (*STJ* – REsp 1.060.259 – 2008/0112989-5, 4-5-2017, Rel. Min. Raul Araújo).

"Ação de imissão na posse – Autor que requer a posse do bem com fundamento no **direito de sequela** – Ausência de prova da propriedade do bem – Improcedência do pedido. Recurso não provido" (*TJSP* – Ap 0005576-42.2012.8.26.0587, 1-2-2016, Rel. Luis Mario Galbetti).

> gozo de direitos de domínio imaterial (e não exatamente os direitos, uma vez que há muito se estabeleceu a celeuma sobre a posse de direitos, questão a ser enfocada).[2] Por essa razão, parte da jurisprudência majoritária mais recente admite o usucapião do direito de uso de linha telefônica e situações assemelhadas, por exemplo. Não é a concessão da linha que se apropria, mas o direito de uso, o qual pode ser turbado por terceiros. A questão tem a ver com situações especiais que admitem apropriação. Nesse sentido, o Código argentino anterior, em disposição acrescida à redação original do art. 2.311, dispõe: *"As disposições referentes às coisas são aplicáveis à energia e às forças naturais suscetíveis de apropriação"*. Se, de um lado, não se pode qualificar a energia na qual se coloca a linha telefônica e situações assemelhadas na internet, as mais variadas, como *coisa* sem desvirtuar seu conceito, é, no entanto, um bem regido pelos mesmos princípios das coisas.

A matéria atinente à posse e propriedade de linha telefônica tinha sentido em nosso país quando absurdamente representava um bem de difícil aquisição. Pelas vias ordinárias, o cidadão esperava anos por sua linha telefônica. Havia até modalidade informal de Bolsa de Telefones. A situação mudou nos últimos anos, felizmente, inserindo o Brasil, ao menos no setor de telecomunicações, no nível de Primeiro Mundo.

Refutamos, assim, a teoria que repele a aplicação dos princípios de direitos reais à energia. Se nem toda modalidade de energia é apropriável, o que reforçaria a não admissão de seu conceito no direito real, existem, doutra face, direitos reais que não admitem apropriação por terceiros ou usucapião, como os direitos de garantia.

De toda essa diferenciação, recordemos mais uma vez que não existem compartimentos estanques no Direito. Como foi dito, direitos reais e direitos pessoais interpenetram-se e completam-se para formar o universo harmônico da ciência jurídica. Há institutos, como as obrigações com eficácia real e as obrigações *propter rem*, estudadas por nós em *Direito civil: Obrigações e Responsabilidade Civil*, que se situam em zona transitória entre um e outro compartimento. Há direitos reais que servem precipuamente para garantir direitos obrigacionais, como ocorre com o penhor e a hipoteca.

Esse aspecto de direito subjetivo nos direitos reais foi originalmente ligado à ideia de coisas corpóreas, embora mesmo no Direito antigo não deixasse de existir a noção de titularidade sobre direitos. A compreensão mais intensa emergente no direito real é essa titularidade, senhoria, poder imediato do homem sobre a coisa. Esse entendimento dogmático, todavia, sofreu temperamento histórico. Como consequência da Revolução Industrial e das transformações nas economias liberais, as novas fontes de riqueza tendem a desprender-se do conceito exclusivamente concreto de direito real, com criação de novos direitos subjetivos, como aqueles relativos aos direitos de autor e de inventor, bem como sobre a propriedade industrial (Comporti, 1980:8).

Há bens que, embora materiais, escapam do âmbito dos direitos reais, como ocorre com o corpo humano. À primeira vista, repulsa ao conceito moral que partes do corpo humano tenham valor patrimonial. Seu conteúdo deve ser visto exclusivamente sob prisma não patrimonial, considerando-se ineficaz negócio jurídico oneroso que os tenha como objeto. É princípio na prática não alcançado. Deve existir mitigação necessária quando se cuida de partes do corpo humano dele separadas sem ofensa ou prejuízo à integridade do organismo, ou a princípios morais, como o leite materno, o cabelo e o sangue, elementos regeneráveis.

---

2 Neste sentido a Súmula 193, do Egrégio STJ: "O direito de uso de linha telefônica pode ser adquirido por usucapião".

Esse princípio é consagrado no Código em vigor, dentro do capítulo dedicado aos direitos da personalidade (art. 13). De qualquer modo, devem ser coibidos os atos de disposição de partes do corpo humano que ocasionem diminuição permanente da integridade física, ou que contrariem a lei, a ordem pública e os bons costumes. Deve-se ter em mente as leis regulamentadoras, já superadas, que trazem a ideia aqui exposta, quando se trata de doador vivo de órgãos.

1.3 DIVAGAÇÕES DOUTRINÁRIAS ACERCA DA NATUREZA DOS DIREITOS REAIS

Em matéria tão rica de detalhes e importância, inevitável que no curso da história tenham surgido, e continuem a surgir, muitas teorias para explicar a natureza jurídica dos direitos reais. Transcende o âmbito proposto nesta obra que enunciemos longa série contrastante de opiniões jurídicas, nem sempre com efeito prático eficaz. No entanto, é importante que tomemos conhecimento das linhas mestras de pensamento que alicerçam a problemática dos direitos reais. Importa que se explique esse relacionamento da pessoa com a coisa.

Qualquer que seja a corrente adotada, cumpre não esquecermos ser o direito real projeção da própria personalidade sobre a coisa. Essa posição, que se prende ao direito subjetivo, pode ser denominada de *personalista* ou clássica, porque explica o direito real como direito absoluto. Não se olvide, porém, e nunca se escapou dessa evidência no curso da história, que a projeção jurídica da pessoa sobre a coisa deve ter sempre em mira o aspecto da dignidade e do desenvolvimento do homem na comunidade social. Daí percebermos representar esse direito um absolutismo técnico e não um absolutismo real. O direito essencialmente absoluto seria sua própria negação, por excluir a vida em comunidade e por tornar inviável a sociedade.

O titular de um direito real, que projeta um direito seu sobre a coisa, deve relacionar-se, ainda que contra sua vontade, com outras pessoas na sociedade. Isto tem muito a ver com o que será examinado a respeito do aspecto *erga omnes*, e a teoria, admitindo que toda sociedade é sujeito passivo da relação de direito real, a nosso ver serve unicamente para início didático de compreensão da matéria. Nisso levamos em consideração que as relações jurídicas visam assegurar um bem de vida às pessoas. É na estrutura dessa relação jurídica que se justifica a natureza de cada direito e, consequentemente, do direito real. Nesse esquema, não é muito relevante entender a relação entre sujeito e coisa, mas a relação sujeito-coisa com os demais sujeitos de direito.

Nesse sentido, em nosso entendimento, pecam as teorias que veem no direito real toda sociedade como sujeito passivo universal, isto é, todos devendo respeitar o direito de propriedade. Ou, em outras palavras, existiria um dever geral de abstenção de toda a sociedade de não invadir o âmbito do direito real alheio.

Não havendo interesse algum de terceiros sobre determinado direito de propriedade, eles são, na verdade, totalmente estranhos a essa relação, não podendo ser colocados em polo de relação jurídica, que lhes é absolutamente estranha. Sobre tal aspecto, podemos dizer que também as relações obrigacionais estejam protegidas, uma vez que, como regra, terceiros não se imiscuem em relações obrigacionais alheias. Nesse prisma, todos os direitos são oponíveis contra terceiros. Daí então a afirmação da existência de sujeição passiva universal, a qual leva em conta o aspecto meramente eventual da relação jurídica. Concluímos, então, que o

> *"direito real é um direito absoluto, por oposição aos direitos relativos. A sua tutela funda-se em razões absolutas, e não na demonstração de que o sujeito passivo está individualmente vinculado por uma relação constitutiva de direito"* (Ascensão, 1987:59).

A conceituação de direito absoluto não é identificativa exclusivamente do direito real, porque existem direitos reais não absolutos, como os direitos da personalidade. No direito real percebe-se claramente uma ligação, *afetação* da coisa à pessoa, o que dá o caráter substancial a essa categoria. Essa afetação explica o aspecto de direito subjetivo no direito real.

Desse modo, percebemos que o ordenamento protege certos direitos subjetivos perante terceiros, como forma de harmonizar a convivência social. Este o grande sentido dos direitos reais. O vínculo entre a pessoa e a coisa é útil para o Estado, o qual procura manter equilibrada a sociedade. Disso decorre a ductibilidade política do conceito de propriedade. A orientação política do Estado, com maior ou menor liberdade individual, com maior ou menor igualdade social, ditará o âmbito de proteção dos direitos subjetivos com relação às coisas. Portanto, na estrutura do Estado situa-se o âmbito dos direitos reais, mesmo porque, em nosso ordenamento, somente a lei pode criá-los. Assim como pode criá-los, cabe ao legislador ampliar ou restringir seu uso e gozo, ou seja, o direito subjetivo. Nesse sentido, os direitos reais em um sistema liberal-individualista serão diversos daqueles de um sistema social-intervencionista. Esse enquadramento, como vimos, é histórico e espacial: varia no tempo e no espaço. Evidentemente, a jurisprudência recebe e responde diretamente à posição estrutural e histórica dos direitos reais. Dessa amplitude maior ou menor do direito subjetivo decorre a tutela jurídica ditada pelo Estado, e o Poder Judiciário representa uma manifestação do Estado, com respeito à propriedade e a outros direitos reais, no que toca às ações e aos meios jurídicos de defesa. Nessa concretização do direito subjetivo aflora a relação jurídica de direito real. Reserva-se a possibilidade de gozo da propriedade ou de outros direitos reais limitados como faculdade própria do titular, emanada de um poder sobre a coisa.

O conteúdo dos direitos reais é complexo, porque ora aparece como um poder do titular sobre a coisa, ora estampa uma faculdade para exercitar esse poder sob o prisma da tutela jurídica. Afinal, sempre importa a proteção ao bem jurídico relacionado, levando-se em conta a harmonização social.

No plano processual, o direito real concretiza-se fundamentalmente na *ação reivindicatória*. Nessa ação existem dois pedidos: o de reconhecimento de um direito real e de entrega da coisa indevidamente em poder de terceiro. O aspecto externo e mais palpável da propriedade é protegido pelas ações possessórias, em que a proteção e tutela jurídica limitam-se ao invólucro, à embalagem, ao aspecto exterior, e não ao conteúdo, seu interior, exame dedicado à propriedade propriamente dita. Por essa razão veremos que nem sempre o proprietário ou o possuidor ostensivo será protegido na ação possessória. Mas a ação reivindicatória é instrumento exclusivo do proprietário que exerce seu direito de sequela.

1.4 SITUAÇÕES INTERMEDIÁRIAS ENTRE DIREITOS REAIS E DIREITOS PESSOAIS

Existem várias situações na vida negocial que deixam o intérprete e o estudioso perplexos diante de aparente interpenetração conceitual de direito real e direito pessoal. No entanto, esses casos duvidosos, como sustentamos, não têm características suficientes para gerar uma terceira categoria, um terceiro gênero.

Hipótese marcante dessa situação é o denominado *ius ad rem*, direito à coisa. Trata-se de denominação técnica para designar direito pessoal estampado na obrigação de entregar certas coisas para transferir o domínio ou constituir direitos reais sobre elas. Em última análise, há um direito subjetivo de obter a posse, um direito à posse que não se confunde com a posse propriamente dita. Para esse desiderato o ordenamento processual coloca à disposição da parte a pretensão da obrigação de dar, conforme examinamos na parte geral de obrigações.

Ali expusemos que a palpitante dúvida na execução das obrigações de dar coisa certa reside na possibilidade da execução *in natura*. Nas obrigações de dar coisa certa levamos em consideração que antes da tradição dos móveis e do registro dos imóveis ainda não existe transmissão da propriedade. A dúvida é concluir se restará ao credor, na recusa da entrega pelo devedor, tão somente o pedido de indenização por perdas e danos, ou se há possibilidade de obrigar o devedor a entregar a coisa. Em qualquer hipótese, o Direito não pode tolerar a injusta recusa. Se a coisa injustamente retida está na posse e patrimônio do devedor, não há razão para a recalcitrância, e deve o ordenamento munir o credor de armas para havê-la ou reavê-la. Esse é o chamado *ius ad rem* aqui mencionado. Se, por outro lado, a execução *in natura* impossibilita-se porque a coisa não mais pertence ao devedor, porque se perdeu ou está com terceiros de boa-fé, a solução cai na vala comum das perdas e danos. Como afirmamos, somente se pode tolher a execução para a entrega da própria coisa, substituindo-se por perdas e danos, quando ela se tornar impossível, ou juridicamente inconveniente. Esse é o sentido dado pelos arts. 806 ss. do CPC, quando se cuida da execução para *entrega de coisa certa*, permitindo e obrigando sempre que possível a execução *in natura*. No entanto, como a ação não versa sobre o domínio, que até então inexiste, é pessoal e não real, porque se pede o cumprimento de obrigação.

Destarte, nessa situação de *ius ad rem*, não há que se ver categoria intermediária, a meio caminho entre o direito pessoal e o direito real. Lembre-se sempre do que enfatizamos: não há compartimentos estanques no Direito, e o direito pessoal, com muita frequência, é meio idôneo, instrumento que serve de ponte para a aquisição de direito real.

Pelas mesmas razões são repudiados os chamados direitos reais *in faciendo*. A sistemática do direito real não admite que se vincule pessoa a determinado comportamento positivo. A questão que surge nas servidões, como se verá, coloca-se exclusivamente dentro do direito real, porque o que se onera, no caso, é o imóvel, e não seu titular. O *fazer* imposto a uma pessoa decorre sempre de uma obrigação e não de um direito real.

1.4.1 Obrigações *Propter Rem*

Nas obrigações reais ou reipersecutórias, os pontos de contato entre os dois compartimentos do Direito são mais numerosos, como estudamos nas obrigações em geral (*Direito civil: Obrigações e Responsabilidade Civil*, Cap. 4, na qual deve ser estudada a matéria). Vimos que existem situações nas quais o proprietário é por vezes sujeito de obrigações apenas porque é proprietário (ou possuidor), e qualquer pessoa que o suceda assumirá essa obrigação. Embora ligadas à coisa, essas obrigações não se desvinculam totalmente do direito pessoal e de seus princípios. O elemento obrigacional é fornecido pelo conteúdo dessa obrigação, enquanto o elemento real se realça na vinculação do proprietário como sujeito passivo da obrigação. Cuidamos, pois, de obrigação que ostenta características especiais no tocante a origem, prazo e extinção.

Lembra Edmundo Gatti (1984:108) que a lei desempenha fator decisivo ou exclusivo para o surgimento e as vicissitudes das obrigações *propter rem*, porque nascem elas *ope legis*.

A rotulação bem explica o conteúdo dessa obrigação: *propter rem*, *ob rem* ou reipersecutória.[3] Trata-se, pois, de obrigação relacionada com a *res*, a coisa.[4] Como essa obrigação

---

[3] Ao conferir às teses do Tema 886 interpretação compatível com o caráter *propter rem* da dívida condominial, a Segunda Seção do STJ confirmou a legitimidade passiva concorrente entre vendedor e comprador para responder à ação de cobrança de taxas de condomínio posteriores à imissão do comprador na posse do imóvel, na situação em que o contrato não tenha sido registrado em cartório (REsp 1.910.280).

[4] "Apelação. Embargos à execução. Despesas condominiais. Sentença de improcedência. Recurso apresentado pela parte embargante. Exame: Alegação de ausência de impugnação específica aos fundamentos da sentença

e impugnação ao benefício da justiça gratuita concedido ao embargante rejeitados. Imóvel cujas despesas condominiais são discutidas na execução de título extrajudicial e que em registrado em nome do falecido genitor do embargante, tendo ocorrido sucessão dos herdeiros como titulares de direito real sobre o bem, aplicando-se o princípio da 'saisine', conforme constou na r. sentença e não foi objeto de recurso. Débito condominial. **Obrigação 'propter rem'**. Responsabilidade do embargante pela dívida, independentemente da existência de contrato de locação do imóvel, que não é oponível ao condomínio. Aplicação dos artigos 275, 1.336, inciso I, do Código Civil e 779, inciso II, do CPC. Sentença mantida. Recurso não provido" (*TJSP* – Ap 1018954-97.2024.8.26.0564, 27-8-2025, Rel. Celina Dietrich Trigueiros).

"Condomínio – embargos à execução – Débitos condominiais – **Obrigação *propter rem*** – Execução em face da proprietária/vendedora relativa a débitos anteriores à notificação de entrega das chaves ao compromissário comprador – Discussão sobre a responsabilidade pelo débito condominial anterior à entrega das chaves – Aplicação do Recurso Repetitivo nº 1.345.331 – Embargante que é parte legítima para figurar no polo passivo da execução – Débito regular – Responsabilidade pelo pagamento, resguardado o direito de regresso – Pretensão de aplicação ao caso dos autos da Lei nº 13.786/18, que 'disciplina a resolução do contrato por inadimplemento do adquirente de unidade imobiliária em incorporação imobiliária e em parcelamento de solo urbano' – Descabimento – Questões relativas à relação contratual entre comprador e vendedor inoponíveis ao condomínio, a serem discutidas pelas vias próprias – Sentença de improcedência dos embargos mantida. Honorários advocatícios de sucumbência majorados, em aplicação ao disposto no artigo 85, § 11, do Código de Processo Civil. Apelação não provida" (*TJSP* – Ap 1001128-58.2022.8.26.0037, 11-10-2022, Rel. Sá Moreira de Oliveira).

"Recurso inominado. Ação indenizatória. Compra e venda de imóvel. Sala comercial. Quotas condominiais. **Obrigação *propter rem***. Responsabilidade pelo pagamento condicionada à entrega das chaves. Cobrança indevida. Dever de restituir configurado. Despesas com confecção de chaves. Reembolso devido. Danos morais ocorrentes, no caso concreto. *Quantum* reduzido. Termo inicial dos juros de mora, a contar da citação. 1. Cotas condominiais. Embora as despesas condominiais se configurem em *obrigação propter rem*, a possibilidade de cobrança da dívida relativa às despesas condominiais está atrelada à entrega das chaves do imóvel pela ré, ou seja, à efetiva ocupação do bem. E não houve a entrega das chaves na integralidade ao autor, o que vem comprovado pelas conversas de whatsapp (fls. 67/68), de modo que não há falar em imissão na posse, até que a entrega tenha ocorrido. Antes de operada a posse no imóvel, é descabida a cobrança das cotas condominiais, devendo o adquirente ser restituído pelas quantias indevidamente pagas. [...]. Danos morais. Caso concreto, em que é devida indenização por danos morais, excepcionalmente, considerando que o autor adquiriu mediante pagamento à vista, sala comercial, a fim de estabelecer seu escritório profissional, cuja posse foi concedida com o pagamento em atraso das cotas condominiais, que colocaram o autor em situação de constrangimento perante o condomínio. Não foram fornecidas as chaves de acesso ao portão principal, gradil do prédio e gradil da porta da sala, cuja confecção foi realizada pelo demandante. Além disso, até a data da realização da audiência de instrução e julgamento, não havia o autor recebido a escritura de compra e venda do imóvel" (*TJRS* – AC 71009100090, 2-12-2020, Rel. Elaine Maria Canto da Fonseca).

"Despesas condominiais – Natureza '***propter rem***' – Ajuizamento correto da ação contra todos os coproprietários, pela solidariedade passiva caracterizada. Débito bem provado. Ausência de necessidade de dilação probatória. Cerceamento de defesa inexistente. Preliminares rejeitadas, apelo improvido" (*TJSP* – AC 0068580-59.2012.8.26.0100, 8-4-2019, Rel. Soares Levada).

"Despesas condominiais – Ação de cobrança – Obrigação 'propter rem' – Copropriedade – Solidariedade – Penhora da totalidade da unidade – Possibilidade – As obrigações condominiais são ***propter rem***, de modo que é possível a penhora da totalidade do imóvel que deu causa à dívida, ainda que eventual detentor de fração ideal da unidade condominial não tenha figurado no polo passivo da demanda. Recurso provido" (*TJSP* – AI 2000919-28.2018.8.26.0000, 21-2-2018, Rel. Antonio Nascimento).

"Agravo regimental no agravo em recurso especial – Fornecimento de energia elétrica – Obrigação de natureza pessoal – Ilegitimidade passiva do recorrido – Conclusão do tribunal de origem mediante análise das provas dos autos – Incidência da Súmula 7/STJ – Agravo regimental da concessionária desprovido – 1- Consoante a jurisprudência pacífica desta Corte, a obrigação de pagar por serviço de natureza essencial, tal como água e energia, não é ***propter rem***, mas pessoal, isto é, do usuário que efetivamente se utiliza do serviço. 2- Na espécie, o Tribunal de origem consignou que no período em que foi constatada a irregularidade no medidor de energia, o Agravado não era o usuário do serviço (fls. 188/189). Assim, para alterar tal conclusão, necessário o revolvimento do suporte fático-probatório dos autos, o que é vedado em Recurso Especial, ante o óbice da Súmula 7/STJ. 3- Agravo Regimental da Concessionária desprovido" (*STJ* – AgRg-AG-REsp. 45.073 – (2011/0119980-7), 15-2-2017, Rel. Min. Napoleão Nunes Maia Filho).

"Ação de cobrança de despesas de condomínio – Fase de cumprimento de sentença – Substituição processual pelo arrematante da unidade – Inadmissibilidade – Recurso provido – Tem prevalecido na jurisprudência a orientação de que, quando o edital de arrematação for omisso quanto aos ônus incidentes sobre o imóvel, não há que se falar em automática cobrança do arrematante ou que tampouco deva figurar no polo passivo da execução, mesmo diante da **natureza *propter rem* da obrigação**. Entendimento contrário, implicaria nítida violação ao princípio da segurança jurídica que deve nortear as relações contratuais" (*TJSP* – AI 2082792-21.2016.8.26.0000, 24-6-2016, Rel. Renato Sartorelli).

apresenta-se sempre ligada a um direito real, como um acessório, sua natureza fica a meio caminho entre o direito obrigacional e o direito real, embora sua execução prenda-se ao primeiro aspecto. Como concluímos no estudo anterior sobre o instituto, a íntima relação da obrigação *propter rem* com os direitos reais significa um elemento a mais à própria noção de direito real aqui examinada. A obrigação real é particularização do princípio *erga omnes* do direito real: determinada pessoa, em face de certo direito real, está "obrigada", juridicamente falando, mas essa obrigação materializa-se e mostra-se diferente da obrigação *erga omnes* do direito real, porque diz respeito a um único sujeito, apresentando todos os característicos de obrigação. A propriedade deve ser respeitada por todos, mas o vizinho, em face do muro limítrofe, não apenas deve respeitar a propriedade confinante, como também concorrer para as despesas de conservação desse bem. A doutrina longe está da unanimidade a respeito da natureza jurídica do fenômeno. A nosso ver, bem conclui Edmundo Gatti (1984:110), para quem as obrigações reais são

> *"obrigações legais, estabelecidas por normas que, principalmente, são de ordem pública, cujo sentido é o de estabelecer restrições e limites legais a cada um dos direitos reais e cuja função consiste, portanto, em determinar, negativamente, o conteúdo normal de cada um dos direitos reais".*

No entanto, essa faceta do instituto não transforma a obrigação em direito real; não se pode dizer que o direito do credor seja direito real, *pois a situação não tem o significado funcional de realizar em benefício dele a afetação de uma coisa. Continua a ser mero credor, numa obrigação cujo sujeito passivo é mediatamente determinado* (Ascensão, 1987:63).

Como exemplos de obrigações reipersecutórias, mencionamos: a obrigação do condômino em concorrer, na proporção de sua parte, para as despesas de conservação ou divisão da coisa (art. 1.315); o mesmo caráter tem as despesas de condomínios em edifícios ou similares; a obrigação de o proprietário confinante proceder com o proprietário limítrofe à demarcação entre dois prédios, a aviventar rumos apagados e a renovar marcos destruídos ou arruinados, repartindo-se proporcionalmente entre os interessados as respectivas despesas (art. 1.297); a obrigação de índole negativa de proibição, na servidão, do dono do prédio serviente de embaraçar o uso legítimo da servidão. Essas obrigações podem decorrer da comunhão ou copropriedade, do direito de vizinhança, do usufruto, da servidão e da posse. No âmbito do direito administrativo, têm esse caráter as multas infligidas a veículos automotores decorrentes de infrações de trânsito.

1.4.2 Ônus Reais

Em *Direito civil: Obrigações e Responsabilidade Civil,* seção 4.2, tivemos oportunidade de conceituar ônus real como gravame que recai sobre uma coisa, restringindo o direito do titular de direito real. Vimos ser bastante controvertida a distinção entre ônus real e obrigação real. Apontamos, contudo, que no ônus real a responsabilidade é limitada ao bem onerado, ao valor deste, enquanto na obrigação *propter rem* o devedor responde com seu patrimônio em geral, sem limite. O ônus desaparece, esvaindo-se seu objeto. Por outro lado, os efeitos da obrigação reipersecutória podem permanecer, enquanto não satisfeita, ainda que desaparecida a coisa. Apontamos também como diferença que o ônus real se apresenta sempre como obrigação positiva, enquanto a obrigação real pode surgir como obrigação negativa.

A doutrina discute se esses ônus são direitos reais. Nosso direito positivo não se refere expressamente aos ônus reais. Emprega, porém, o termo em várias oportunidades, no título relativo aos *direitos reais sobre coisas alheias*. Mesmo nas legislações que admitem positivamente o instituto, persiste certa dúvida. A palavra *ônus* tem várias acepções no Direito. No entanto, a compreensão de ônus real deve ser reservada ao direito cujo conteúdo é "*poder exigir a entrega, única ou repetida, de coisas ou dinheiro, a quem for titular de determinado direito real de gozo*" (Ascensão, 1987:63). Nesse diapasão, é colocada como ônus real a constituição de renda sobre bem imóvel no Código de 1916 (arts. 1.424 a 1.431). No Código de 2002, a constituição de renda é exclusivamente um contrato, sem reflexos de direito real (arts. 803 a 813). Não se trata, porém, de categoria autônoma em nosso direito, não podendo ser generalizado o ônus real como direito real. A constituição de renda, entre nós, estava estruturada como direito real no Código de 1916, sem que a lei mencionasse a terminologia em exame. Os arts. 1.424 a 1.429 do estatuto anterior disciplinavam a constituição de renda no capítulo dos contratos, mas o art. 1.431 transformava a avença em direito real, remetendo aos arts. 749 a 754. Cuida-se de exemplo típico de ônus real, pelo qual o proprietário do imóvel se obriga a pagar prestações periódicas de soma determinada. A importância prática era restrita em razão do desuso do instituto da constituição de renda como direito real.

1.4.3 Obrigações com Eficácia Real

É princípio básico que somente a lei pode criar direito real. Nossa legislação traz exemplos de relações contratuais que, por sua importância, podem ser registradas no cartório imobiliário, ganhando eficácia que transcende o direito pessoal. Lembremos do que foi estudado em nosso livro *Direito civil: Obrigações e Responsabilidade Civil* (seção 4.3). Assim era na revogada Lei do Inquilinato (Lei nº 6.649/79, art. 25), e assim é na lei inquilinária atual (Lei nº 8.245/91).[5] Nos

---

5 "Apelação Cível. Locação. Ação Adjudicatória. Despropósito do reconhecimento de revelia. Matéria eminentemente de direito, sobre a qual não incide a presunção de veracidade. Alegação do direito de preferência para aquisição do imóvel. Não reconhecimento. Ausência de cumprimento dos requisitos formais. Falta de averbação do contrato locatício junto ao registro imobiliário. Imprescindível requisito para resguardar o direito dos locatários em relação à eventuais terceiros interessados na aquisição do imóvel. Fundamentos que se coadunam à improcedência dos pleitos da exordial. Recurso desprovido" (*TJRS* – Ap. 70082771288, 19-11-2020, Rel. Deborah Coleto Assumpção de Moraes).

"Direito processual civil – Agravo de instrumento – Locação – Alienação de imóvel – **Direito de preferência** – Averbação junto à matrícula do bem – Ausência – Decisão mantida – 1– Consoante dispõe o art. 27 da Lei 8.245/1991, no caso de venda, o locatário tem preferência para adquirir o imóvel locado, em igualdade de condições com terceiros, devendo o locador dar-lhe conhecimento do negócio mediante notificação judicial, extrajudicial ou outro meio de ciência inequívoca. Consoante seu parágrafo único, a comunicação deverá conter todas as condições do negócio e, em especial, o preço, a forma de pagamento, a existência de ônus reais, bem como o local e horário em que pode ser examinada a documentação pertinente. 2– Por sua vez, a fim de que o direito de preferência tenha eficácia real e permita ao locatário haver para si o imóvel locado, deve o locatário averbar o contrato de locação junto à matrícula do imóvel, no prazo mínimo de trinta dias da alienação, na forma do art. 33 da Lei em referência. 3– No caso dos autos, a parte autora não comprovou que tenha efetuado a averbação devida. 4– Recurso conhecido e desprovido" (*TJDFT* – Proc. 07029068620198070000 – (1176034), 14-6-2019, Rel. Sebastião Coelho).

"Apelação cível – Prescrição – Não ocorrência – Contrato 'de gaveta' – Negócio fiduciário, sem garantias – Inexistência de simulação na venda posterior pelo proprietário registral – Transmissão da propriedade imobiliária – Promissário comprador anterior – Contrato particular não registrado – **Inexistência de eficácia real** – Direito obrigacional – Eficácia constitutiva do registro – Sentença reformada – Recurso principal provido e recurso adesivo prejudicado – Não se verifica a prescrição de quatro anos da pretensão anulatória de negócio jurídico simulado considerando que o objeto da anulação foi celebrado em 2014 e ação ajuizada em 2015 – Negócio registral imobiliário celebrado juntamente com reversa promessa de compra e venda não registrada, não pode ser assumido como aparente, por repousar apenas no dever moral de satisfação ao titular da expectativa, o que constitui a fidúcia *cum amico*, negócio jurídico sem existência de sanção de nulidade ou anulação, que por isso cede ante a venda a terceiro, com escritura pública e registro, pelo proprietário registral – Apenas com o registro do título há a substituição subjetiva na cadeia dominial sobre bem imóvel. Sem a providência exigida na legislação, pode até haver lesão a direito, mas de natureza meramente pessoal ou contratual – Nem se diga que o promitente comprador está desprotegido. Afinal, a legislação confere eficácia real ao título celebrado, porém desde que seja registrado no Cartório de Registro

termos do art. 33 da vigente lei, o contrato de locação, com o registro imobiliário, permite que o locatário oponha seu direito de preferência na aquisição do imóvel locado *erga omnes*, isto é, perante qualquer adquirente da coisa locada. Outro exemplo é o do compromisso de compra e venda, que, uma vez inscrito no registro imobiliário, faz com que o compromissário goze de direito real, habilitando-o à adjudicação compulsória (art. 1.417 do Código).

Trata-se de opção do legislador. Quando este entende que determinada relação obrigacional merece tratamento de maior proteção, transforma-a em direito real, ou seja, concede eficácia real a uma relação obrigacional. De qualquer forma, tal situação deve ser vista como exceção à regra geral dos efeitos pessoais das relações obrigacionais.

---

de Imóveis (art. 1.417 do Cód. Civil de 2002).V.V.: Para que haja a revogação da tutela antecipada, a qual pode ser requerida a qualquer momento nos termos do art. 296 do CPC/25, deve a parte trazer fatos a subsidiar a revogação, cuja decisão deve ser fundamentada pelo julgador. Comprovado por meio dos documentos juntados e oitiva de testemunhas de que o Espólio foi o verdadeiro adquirente dos imóveis, tendo optado por colocar o bem no nome do irmão, conclui-se que houve a simulação de negócio jurídico de compra e venda entre os Réus. Não deve ser incluído na determinação de adjudicação compulsória o imóvel que não constou nos pedidos iniciais, considerando inclusive que referido bem não foi objeto do negócio jurídico simulado" (*TJMG* – AC 1.0433.15.008506-9/002, 14-11-2018, Rel. Marcos Henrique Caldeira Brant).

"Direito civil – Recurso especial interposto sob a égide do CPC/73 – Embargos de terceiro – Compromisso de compra e venda não registrado – Natureza jurídica – Efeitos – Alegação de negativa de prestação jurisdicional afastada – Ausência do registro do memorial de incorporação e demais documentos previstos no art. 32 da Lei nº 4.591/1964 – Ônus da incorporadora – Nulidade afastada – Sucumbência – Princípio da causalidade – 1- Inexiste ofensa ao art. 535 do CPC quando o tribunal de origem pronuncia-se de forma clara e precisa sobre a questão posta nos autos. 2- O descumprimento, pela incorporadora, da obrigação prevista no art. 32 da Lei 4.591/64, consistente no registro do memorial de incorporação no Cartório de Imóveis e dos demais documentos nele arrolados, não implica a nulidade ou anulabilidade do contrato de promessa de compra e venda de unidade condominial. Precedentes. 3- É da natureza da promessa de compra e venda devidamente registrada a transferência, aos adquirentes, de um direito real denominado direito do promitente comprador do imóvel (art. 1.225, VII, do CC/02). 4- A promessa de compra e venda gera efeitos obrigacionais adjetivados, que podem atingir terceiros, não dependendo, para sua eficácia e validade, de ser formalizada em instrumento público. Precedentes. 5- Mesmo que o promitente-vendedor não outorgue a escritura definitiva, não tem mais ele o poder de dispor do bem prometido em alienação. Está impossibilitado de oferecê-lo em garantia ou em dação em pagamento de dívida que assumiu ou de gravá-lo com quaisquer ônus, pois o direito atribuído ao promissário-comprador desfalca da esfera jurídica do vendedor a plenitude do domínio. 6- Como consequência da limitação do poder de disposição sobre o imóvel prometido, eventuais negócios conflitantes efetuados pelo promitente-vendedor tendo por objeto o imóvel prometido pode ser tido por ineficazes em relação aos promissários-compradores, ainda que atinjam terceiros de boa-fé. 7- Recurso especial provido" (*STJ* – REsp 1.490.802 – (2014/0256631-0), 24-4-2018, Rel. Min. Moura Ribeiro).

2

EFEITOS DO DIREITO REAL

2.1 DENOMINAÇÃO: DIREITO DAS COISAS. DIREITOS REAIS

Já apontamos que o Livro II de nosso Código Civil de 1916 iniciava-se sob o título "*Do Direito das Coisas*". No Código de 2002, a matéria está colocada no Livro III.

O vocábulo *reais* decorre de *res, rei*, que significa *coisa*. Desse modo, nada obsta que se denomine indiferentemente este compartimento do Direito Civil sob uma ou outra denominação. No entanto, como vimos, *coisa* possui conotação mais propriamente subjetiva. Os direitos reais cuidam de um ramo objetivo da ciência jurídica. Sob tal prisma, nada impede que se utilize das duas expressões, consagradas pela doutrina nacional e estrangeira.

Advertimos que decorre da palavra latina *res* toda terminologia básica deste ramo do Direito Civil: reivindicação, ação reivindicatória, ação real, obrigação real ou reipersecutória etc. Nada impede, portanto, que tais termos sejam usados indiferentemente.

2.2 DIREITO REAL E EFICÁCIA *ERGA OMNES*

Apenas para melhor entendimento didático, e em homenagem à tradição, reafirma-se que os direitos reais são absolutos. Esse absolutismo, como já acenamos, tem sentido exclusivamente técnico. Não se admite direito algum estritamente absoluto, sob pena de se negar a própria existência do Direito, e em especial dos direitos subjetivos.

Aponta com clareza José de Oliveira Ascensão (1987:56) que o caráter absoluto dos direitos reais deve ser visto em paralelo com os chamados *direitos relativos*. Destarte, a ótica desloca-se para a devida conceituação dos direitos ditos relativos. Lembre-se do que dissemos, no capítulo introdutório, acerca da diferenciação dos direitos reais e dos direitos pessoais ou obrigacionais. A relação jurídica dos direitos obrigacionais é pessoal, porque aí se estabelece um vínculo fundamental entre pessoas, basicamente entre credor e devedor. O vínculo do direito real estabelece-se primordialmente entre um senhor titular e a coisa. Não se exclua, porém, como examinamos, toda uma série de relações envolvendo pessoas no direito real. Afinal, o Direito somente existe para os seres humanos, para a sociedade. No entanto, a relação jurídica, que é o baluarte da relação obrigacional e, portanto, pessoal, é figura perfeitamente delineada e delimitada. A relação jurídica pessoal, salvo exceções que sempre confirmam a regra, limita-se aos sujeitos nela envolvidos. A relação do credor é exclusivamente com seu devedor.

Por outro lado, há outros direitos também tratados como absolutos que não são reais, como os direitos da personalidade, cuja operosidade subjetiva é diversa da dos direitos reais.

No entanto, existem direitos que não se assentam sobre relação jurídica perfeitamente delineada, ao menos no nascedouro. A relação desses direitos com os respectivos titulares é absoluta, porque assim estabelece a ordem jurídica, prescindindo de qualquer relação com outro sujeito. Essa é a razão pela qual são referidos como *erga omnes* os direitos reais, perante todos, em face de todos, não no sentido de que podem ser *impostos* contra qualquer pessoa, mas no sentido de que podem ser *opostos* ou *apostos* perante quem os ameace ou deles se aproprie. Essa relação de oposição ou aposição do direito real é característica sua, mas não integra a respectiva origem ditada pelo ordenamento jurídico.

Nessa ordem de raciocínio, justifica-se o direito do proprietário de reivindicar a coisa de quem quer que dela se aproprie, bastando provar ser proprietário. O titular do direito real, portanto, impõe-se perante o terceiro, porque na realidade *opõe* ou *apõe* seu direito de forma absoluta. Em apertada síntese, podemos sustentar que o absolutismo do direito real se materializa em seu exercício. Sua origem é elemento estranho. Daí por que o detentor da coisa deve restituir o bem ao dono, pouco importando que o tenha adquirido de boa ou má-fé, por ser esse aspecto irrelevante ao proprietário. Ele tem direito à coisa porque é dono, apenas isso. Basta provar a propriedade. Nesse aspecto reside o absolutismo do direito real.

A inerência e afetação à coisa são predicados dos direitos reais. Esse significado, se bem apropriado para o direito de propriedade, direito real mais amplo, também se aplica, com a devida mitigação, aos outros direitos desse campo, direitos reais limitados, como, por exemplo, aos direitos reais de garantia (hipoteca, penhor e anticrese), em que se supera o conceito estritamente material.

Sob tais premissas, afirma-se que o direito real diz respeito à estática patrimonial, enquanto o direito pessoal ou obrigacional liga-se à dinâmica patrimonial (Moreira e Carlos, 1970-1971:13).

2.3 AÇÕES REAIS

Ação real típica é aquela na qual o titular reivindica a coisa. O conceito é de direito material, e o processo tão somente a considera, não a define. Basicamente, nessa ação o autor pede que se reconheça seu direito real (pretensão de declaração) juntamente com a entrega da coisa indevidamente em poder de terceiro. Desse modo, o efeito declarativo (presente em qualquer sentença) da ação reivindicatória julgada procedente é o reconhecimento do direito real. Acrescentemos que toda ação, seja ela finalisticamente condenatória, seja constitutiva, tem sempre efeito declaratório fundamental.

Por outro lado, na ação pessoal, o credor demonstra o vínculo pessoal ou obrigacional que o une ao devedor por meio de contrato, ato ilícito, negócio jurídico unilateral etc. O efeito declaratório fundamental em qualquer ação pessoal é o reconhecimento dessa ligação. Desse reconhecimento advirá a condenação em perdas e danos, rescisão do contrato, obrigação de fazer ou não fazer etc.

Na ação real, abstrai-se, em regra, qualquer afetação pessoal do réu à coisa. Na ação pessoal, essa afetação pessoal à relação jurídica é essencial. O devedor paga porque se comprometeu no contrato ou por ato ilícito, prometeu recompensa, geriu negócio alheio, firmou título de crédito etc.

Importante notar que, se for cumulado à ação reivindicatória pedido de perdas e danos, este decorre de ato ilícito e extrapola o âmbito estritamente real do pedido principal. Essa pretensão decorrente da ilicitude é pessoal, tanto que pode ser versada autonomamente contra o causador do dano à coisa, o qual pode não ser o terceiro contra quem é dirigida a reivindicação.

As ações reais visam precipuamente tornar operacional a disciplina da propriedade e dos direitos reais limitados, cuja definição fundamental vem na parte final do art. 1.228 do Código Civil. Permite-se ao proprietário reaver seus bens do poder de quem quer que injustamente os possua ou detenha. Sem elas, o direito real deixaria de cumprir seu papel catalisador e centralizador do mundo econômico. A adequação social aqui mais uma vez se faz em prol da pacífica convivência. Mesmo nos regimes políticos que negaram de forma quase absoluta a propriedade privada, hoje, ao que parece, definitivamente superados, o conceito não deixou de existir. Nesse teor, os direitos reais servem para manter o *status* patrimonial.

2.4 CLASSIFICAÇÃO DOS DIREITOS REAIS

Várias são as classificações doutrinárias dos direitos reais que facilitam seu estudo.

A primeira e mais importante distingue os *direitos reais sobre a própria coisa* e *sobre coisa alheia*. Essa divisão obedece à possibilidade de desdobramento da titularidade do direito real, tornando limitado o direito de propriedade. Propriedade, condomínio, propriedade horizontal são direitos reais sobre coisa própria. São direitos sobre coisa alheia, usufruto, uso, habitação, enfiteuse, servidões, hipoteca, penhor, anticrese. Nestes últimos, perante o titular ativo e ostensivo do direito se coloca o proprietário da coisa.

Os direitos reais sobre coisa alheia, por sua vez, dividem-se em *direitos de gozo* e *de garantia*. São de gozo ou fruição os que conferem ao titular faculdades de uso, atividade e participação efetiva sobre a coisa. Nessa categoria, estão o usufruto, o uso, a habitação e as servidões positivas. Nos direitos reais de garantia, o respectivo titular extrai modalidade de segurança para o cumprimento de obrigação. A garantia está relacionada com uma obrigação, que fica colocada como direito principal. A garantia é acessória. No entanto, na pureza originária do instituto, no penhor, por exemplo, cede-se parcela de fruição ao titular da garantia, com a transferência da posse do bem. Os direitos reais de gozo estão regulados pelos arts. 678 ss, enquanto os direitos reais de garantia são disciplinados pelos arts. 766 ss no Código anterior. No Código em vigor, com introdução de novos institutos, há uma nova divisão.

Outra divisão a ser mencionada é a dos *direitos reais principais e acessórios*, cuja noção é a da lógica da teoria geral. São principais os direitos reais autônomos, que não dependem de qualquer outro, destacando-se os direitos reais sobre coisa própria e coisa alheia já citados. A hipoteca, o penhor e a anticrese, bem como as servidões, são acessórios, pressupondo a existência de outro direito real.

De todas as classificações, não podemos esquecer ser a propriedade o direito real mais amplo. Dela decorrerão os outros direitos reais qualitativa e quantitativamente menos amplos. Por essa razão, o Código Civil de 1916 apresentou conceito indireto de propriedade: *"A Lei assegura ao proprietário o direito de usar, gozar e dispor de seus bens, e de reavê-los do poder de quem quer que injustamente os possua"* (art. 524). No Código de 2002, no art. 1.228, está expresso o mesmo princípio. O condomínio, por exemplo, é modalidade de propriedade em comum, não exclusiva, apenas no tocante à titularidade e não quanto ao exercício dos poderes inerentes ao instituto. O usufruto, o uso e a habitação nada mais são do que decomposição do direito maior, a propriedade. Os direitos reais de garantia arraigam-se unicamente ao valor da coisa onerada. Nesse sentido, o Código de 1916 ressaltava que *"é plena a propriedade, quando todos os seus direitos elementares se acham reunidos no do proprietário; limitada, quando tem ônus real, ou é resolúvel"* (art. 525).

Questão que importa diretamente à matéria tratada é a distinção entre *propriedade e domínio*. Muitos veem ambos os termos como sinônimos. Para outros, o vocábulo *propriedade* possui extensão mais ampla, englobando tanto as coisas corpóreas, como incorpóreas, reservando-se à concepção de domínio apenas os bens incorpóreos. Por esta última posição inclina-se a doutrina majoritária.

Nem todos os direitos reais, por outro lado, são compatíveis com a posse. Assim é a hipoteca. Também no penhor não há posse, nas hipóteses em que a lei permite que o devedor permaneça com a coisa empenhada, como o penhor agrícola, por exemplo.

2.5 TIPICIDADE ESTRITA DOS DIREITOS REAIS E NORMAS DE ORDEM PÚBLICA

A ideia central enuncia que somente a lei pode criar direitos reais. São eles em número fechado (*numerus clausus*). A esse respeito, nosso Código anterior, após tratar da propriedade, elencava no art. 674 os direitos reais *além da propriedade*. O presente Código descreve o rol de todos os direitos reais no art. 1.225. A Lei nº 13.465/2017 acrescenta mais um direito que será aqui comentado, direito real de laje, adicionando os arts. 1.510-A a 1.510-E ao Código Civil. A Lei da Liberdade Econômica (13.874/2019) cria o fundo de investimento, no art. 1.368-C, também como uma modalidade especial de direito real em condomínio.

Nesse artigo 1.225, a Lei nº 11.481, de 31-5-2007, acrescentou dois incisos para constar também como direitos reais a "concessão de uso especial para fins de moradia" e a "concessão de direito real de uso". A Lei nº 13.465/2017 acrescentou, no inciso XIII, o direito real de laje. A Lei nº 14.620/2023 acrescentou novo inciso a esse artigo, referindo-se à imissão de posse aos entes estatais.

Somente a lei pode criar outros direitos reais. Embora não tenhamos conceito peremptório em nosso ordenamento, como, por exemplo, o do art. 2.502 do Código argentino (*os direitos reais somente podem ser criados pela lei*), outra não pode ser a conclusão em nosso sistema.

Assim era também o sistema romano de direitos reais. O Direito Romano reconhecia, ao lado da propriedade, um pequeno número de direitos reais, especialmente definidos. Esse sistema foi abandonado em parte na Idade Média, criando fonte permanente de disputas, com prejuízo da exploração dos bens (Gatti, 1984:117). Os Códigos Civis modernos, como o alemão, o suíço, o italiano e o brasileiro, adotaram de forma expressa o *numerus clausus*. Na falta de texto direto em nossa lei, muitos comentadores primevos do Código sustentaram o número aberto de nossos direitos reais, posição de logo superada. Como acrescenta Darcy Bessone (1988:10),

> *"deve-se ter em vista que, destinando-se o direito real a operar contra todos, não deve ter origem apenas na vontade das partes, recomendando-se, por isso mesmo, que tenha base legal".*

O direito real impõe restrições aos membros da sociedade, e não é de se admitir que a vontade privada possa ampliá-las e agravá-las. Isso somente será possível onde e quando a lei entender oportuno e conveniente (Moreira e Fraga, 1970-1971:116).

A ordem pública é preponderante na disciplina dos direitos reais. Existe, porém, grande margem de atuação da vontade em seu ordenamento. São de ordem pública as normas definidoras dos direitos reais e da respectiva amplitude de seu conteúdo. Essa preponderância guarda relação direta com o conteúdo institucional da propriedade, que varia no tempo e no espaço. Os ditames fundamentais do direito de propriedade devem vir sempre disciplinados na Lei Maior. A razão de ser da propriedade deve ser buscada em cada país, em cada ordenamento, em cada época, em sua organização política, social e econômica. Em termos gerais, podemos afirmar que, enquanto os direitos pessoais ou obrigacionais são estruturados para satisfazer basicamente às necessidades individuais, os direitos reais buscam o aperfeiçoamento dos estágios políticos, sociais e econômicos, procurando não apenas satisfazer a necessidades individuais, mas também principalmente a coletivas. Por essa razão, a Constituição Federal assegura o direito de propriedade (art. 5º, XXII), mas acrescenta que ela *"atenderá sua função social"* (art. 5º, XXIII). Nesse sentido, acrescentando-se ao já exposto, deve ser entendida a afirmação de que os direitos reais são absolutos.

Desse modo, a tipicidade do direito real apenas resulta da lei. Há tipicidade estrita, diversamente dos direitos obrigacionais, nos quais a vontade das partes pode predeterminar condutas, ocorrendo, pois, uma tipicidade aberta. A vontade privada não pode constituir direito real que não subsuma a um dos tipos descritos na lei, nem pode atribuir conteúdo diverso daquele contido na definição legal. Desse modo, somente se admite a aquisição da propriedade por usucapião, por exemplo, porque a lei o permite, assim mesmo dentro das balizas estabelecidas pelo ordenamento. Também como exemplo, o compromisso de compra e venda de imóvel ganha foros de direito real dentro dos limites e segundo procedimentos estabelecidos pela lei. Destarte, não se pode constituir direito real por meio de contrato se a lei não o permite.

3

DA POSSE

3.1 DEFESA DE UM ESTADO DE APARÊNCIA

Sem a credibilidade da sociedade nos estados de aparência, inviável seria a convivência. A cada instante, defrontamos com situações aparentes que tomamos como verdadeiras e corretas. Assim, não investigamos se cada empregado de um estabelecimento bancário possui relação de trabalho com a instituição para nos dar quitação a pagamento que efetuamos; não perguntamos ao professor que adentra em sala de aula e inicia sua preleção se ele foi efetivamente contratado pela escola para essa função; não averiguamos se o motorista que dirige o táxi ou ônibus que utilizamos é habilitado, e assim por diante.

Se a sociedade não pode prescindir da aparência para sua sobrevivência, o Direito não pode se furtar de proteger estados de aparência, sob determinadas condições, porque se busca, em síntese, a adequação social. Sempre que o estado de aparência for juridicamente relevante, existirão normas ou princípios gerais de direito a resguardá-lo. Não é, no entanto, a aparência superficial que deve ser protegida, mas aquela exteriorizada com relevância social e consequentemente jurídica.

Como enfatizamos em outra obra, ao tratar do herdeiro aparente (*Direito civil: Família e Sucessões*, Capítulo 25), cabe ao Direito ordenar a sociedade, não podendo prescindir das aparências. Embora não seja categoria jurídica autônoma, por vezes a lei dá valor preponderante à aparência, em prol da boa-fé e da justa adequação social. Lembramos que o erro, como causa de anulação do negócio jurídico (art. 138), o pagamento feito ao credor putativo (art. 309), a presunção de autorização para receber pagamento por quem seja portador da quitação (art. 311) são situações típicas de aparência protegidas pela lei. No Direito Penal, a legítima defesa putativa é situação protetiva de aparência. Conquanto inexista disposição expressa, a defesa da boa-fé em cada caso concreto é modalidade de aceitação da aparência no campo jurídico.

Nesse diapasão, reflitamos sobre a realidade social que nos envolve. Nosso vizinho reside em imóvel que presumivelmente é seu; o transeunte, que porta um relógio, deve ter relação jurídica com o objeto; provavelmente é seu proprietário. Não nos incumbe questionar a cada momento se o morador é proprietário, locatário, comodatário ou usurpador do imóvel; nem se o relógio pertence legitimamente a seu portador. Esse questionamento permanente é inimaginável. Por essa razão, em prol do resguardo da verdadeira acomodação social, cabe ao Direito fornecer meios de proteção àqueles que se mostram como aparentes titulares de direito. Não fosse assim, restabelecer-se-ia a justiça de mão própria, dos primórdios da civilização.

Desse modo, a doutrina tradicional enuncia ser a posse relação de fato entre a pessoa e a coisa. A nós parece mais acertado afirmar que a posse trata de estado de aparência juridicamente relevante, ou seja, estado de fato protegido pelo direito. Se o Direito protege a posse como tal, desaparece a razão prática, que tanto incomoda os doutrinadores, em qualificar a posse como simples fato ou como direito.

Destarte, houvesse o possuidor, desapossado da coisa, que provar sempre, e a cada momento, sua propriedade ou outro direito real na pretensão de reaquisição do bem, a prestação jurisdicional tardaria e instaurar-se-ia inquietação social. Por essa razão, o ordenamento concede remédios possessórios, de efetivação rápida. Protege-se o estado de aparência, situação de fato, que pode não corresponder ao efetivo estado de direito, o qual poderá ser avaliado, com maior amplitude probatória e segurança, posteriormente. Assim, a situação de fato é protegida, não somente porque aparenta um direito, mas também a fim de evitar violência e conflito. O legislador prefere, num primeiro enfoque, proteger o possuidor, ainda que este não tenha relação juridicamente perfeita e técnica com a coisa. O ordenamento permite a autotutela, tanto a legítima defesa como o desforço imediato, de acordo com o art. 1.210, § 1º, e as ações possessórias (reintegração e manutenção de posse e interdito proibitório), bem como outros remédios que serão examinados.

Por outro lado, esse estado de aparência, que inicialmente pode surgir sem substrato jurídico, pode servir para a aquisição da propriedade. Esse é o sentido da usucapião. Também o prazo de posse gera maior proteção no juízo possessório, permitindo a concessão de liminar *initio litis* nas respectivas ações, se a posse questionada for de menos de ano e dia (art. 507 do Código Civil de 1916). Esse conhecido prazo de ano e dia, ausente no atual ordenamento material, é mantido pelo art. 558 do CPC. Nesse sentido, o procedimento especial das ações possessórias somente se aplica quando intentado dentro de ano e dia da turbação ou esbulho; passado esse prazo, será comum, não perdendo, contudo, o caráter possessório (art. 558 do Código de Processo Civil). Essas referências dizem respeito a dois importantes efeitos da posse, quais sejam, a proteção possessória e a possibilidade de gerar usucapião.

Embora não se conceda à aparência o estado de categoria jurídica, aparência e posse devem ser examinadas do ponto de vista axiológico. Tanto numa como noutra, a segurança das relações sociais justifica a proteção de situações, não de direitos adquiridos, mas de direitos prováveis. Defende-se a posse porque é uma situação de fato que provavelmente envolve um direito. Como examinaremos, essa proteção provisória da posse concedida pelo ordenamento poderá ter palavra final acerca do direito real, propriedade ou outro de menor extensão, no juízo petitório, quando então não mais se discutirá a posse, mas o domínio. De outro lado, sendo um dos fundamentos da usucapião a posse continuada por certo tempo, o estado de aparência surge, nessa hipótese, como base para um direito (Trigeaud, 1981:562).[1]

---

[1] "Direito civil. Apelação cível. Usucapião extraordinária. Improcedência do pedido inicial. Posse não comprovada pelo tempo legal exigido. Ausência de posse mansa, pacífica e ininterrupta. Sentença mantida. I. Caso em Exame 1. Apelação interposta contra sentença que julgou improcedente a ação de usucapião extraordinária. O autor foi condenado ao pagamento das custas, despesas processuais e honorários advocatícios, observada a gratuidade da justiça. II. Questão em Discussão 2. A questão em discussão consiste em verificar se o tempo de posse do imóvel, incluindo o período de tramitação do processo, é suficiente para a aquisição da propriedade por usucapião extraordinária. III. Razões de Decidir 3. Não estão preenchidos os requisitos legais para a usucapião extraordinária, como **posse mansa, pacífica, contínua e com *animus domini*** por prazo superior a 15 anos, conforme art. 1.238 do Código Civil. 4. A perícia indicou que o autor está na posse da área há cerca de oito anos, lapso temporal insuficiente para usucapião. A posse não é pacífica, pois houve liminar de reintegração de posse da área. A sentença

No entanto, não se eleve essa conjuntura, não somente em nível de posse, como em qualquer outro estado de aparência, à categoria jurídica, como dissemos. A aparência deve ser vista como um adminículo a mais no conceito de posse. Porém, embora possa ser colocado

---

em ação de obrigação de fazer não reconheceu a posse regular. IV. Dispositivo 5. Recurso desprovido" (*TJSP* – Ap 1033237-54.2019.8.26.0224, 1-9-2025, Rel. Ademir Modesto de Souza).

"Apelação. Usucapião especial urbana. Inconformismo da autora contra improcedência do pedido. Pleito de reforma. Preliminar de cerceamento de defesa afastada. Desate da controvérsia que prescindia de prova oral. **Posse mansa, pacífica e ininterrupta** de imóvel de área inferior a $250m^2$, usado como moradia, por prazo inferior a cinco anos ao tempo da distribuição. Todavia, possibilidade de soma da posse durante a tramitação do feito, em atenção ao disposto no art. 493 do CPC. Data da prolação da sentença em que já havia decorrido mais de uma década da posse. Preenchimento dos requisitos do art. 1240 do CPC. Contestação que não se presta a expressar oposição à posse. Precedentes do C. STJ. Recurso provido" (*TJSP* – Ap 1005310-22.2014.8.26.0020, 22-7-2024, Rel. Schmitt Corrêa).

"Usucapião especial urbano. Requisitos autorizadores ao reconhecimento de usucapião que não se fazem presentes. Não demonstração do exercício de **posse mansa, pacífica e ininterrupta** pelo lapso temporal necessário. Autores que não se desincumbiram do seu ônus processual em demonstrar o fato constitutivo do direito pleiteado. Questões criminais que envolveram as partes que não eximem as Autoras em demonstrar os requisitos ensejadores de usucapião sobre o imóvel indicado. Sentença de improcedência mantida. Verba honorária majorada, observada a Justiça gratuita. Recurso não provido" (*TJSP* – Ap 1123629-24.2019.8.26.0100, 21-9-2023, Rel. João Pazine Neto).

"Apelação cível – Usucapião (bens imóveis) – Usucapião extraordinária – Ausência de preenchimento dos requisitos elencados no art. 1.238 do CC/2002 – **Lapso temporal** – Reforma da sentença hostilizada. I. Em se tratando de usucapião extraordinária, prevista no art. 1.238 do diploma civil, devem ser atendidos, de forma concomitante, os seguintes requisitos: **posse mansa, pacífica e ininterrupta** sobre o imóvel usucapiendo, com ânimo de dono, por, no mínimo, 15 anos. II. Hipótese em que a prova coligida aos autos demonstra que o demandado já havia ajuizado prévia ação de usucapião, na qual declarado seu domínio sobre a integralidade da área ocupada pelos autores. Assim, o prazo da prescrição aquisitiva somente pode ser contado a partir do trânsito em julgado da sentença que deu origem à propriedade registral do réu, ocorrido em 2007. III. Destarte, considerando-se que a presente demanda foi proposta em 2012, conclui-se **não haver prova do preenchimento do lapso temporal exigido por lei.** IV. Reforma da sentença de procedência, para que seja afastada a declaração do domínio dos autores sobre a área usucapienda. Deram provimento ao apelo. Unânime" (*TJRS* – Ap 70084045913, 7-10-2020, Rel. Dilso Domingos Pereira).

"Apelação – Usucapião especial – Alegação de **posse mansa, pacífica e ininterrupta** – Não comprovação do exercício da posse sem oposição pelo lapso temporal exigido pela lei. Imóvel com pendências financeiras junto ao proprietário. Oposição. Ocorrência. Requisitos para a aquisição do domínio não preenchidos. Sentença mantida. Adoção do art. 252 do RITJ. Recurso improvido" (*TJSP* – AC 1005335-87.2016.8.26.0271, 21-10-2019, Rel. Jair de Souza).

"Agravo de instrumento – Imissão na posse – Alegação, por terceiro prejudicado, da usucapião – Hipoteca incidente sobre imóvel – Dação em pagamento do bem hipotecado ao terceiro – **Posse mansa, pacífica e longeva** – Justo Título – Cenário que não recomenda a concessão de tutela provisória à recorrente – Agravo desprovido – I- A existência da cláusula 'constituti' opera uma tradição ficta, razão pela qual, a partir do respectivo negócio jurídico, o adquirente passa a figurar como possuidor do bem, ainda que de forma indireta. II- O negócio jurídico entabulado fora uma escritura pública de dação em pagamento, a qual, pelo menos em tese, constitui justo título, haja vista figurar expressamente no art. 167, I, item 31, da Lei nº 6.015/73 (Lei de Registros Públicos). III- Conforme clássico princípio jurídico, 'ninguém pode transferir mais direitos do que tem', razão pela qual, no caso em apreço, existe dúvida fundada acerca da possibilidade de transferência, pela instituição financeira, do domínio do terreno em questão, após operada, hipoteticamente, a usucapião. IV- A existência de hipoteca sobre determinado bem imóvel não tem o efeito de impedir eventual incidência da usucapião, desde que preenchidos os requisitos legais, visto que qualquer gravame que conste do registro do imóvel não altera, por si só, a qualidade da posse do usucapiente. V- Recurso desprovido" (*TJES* – AI 0001804-73.2017.8.08.0045, 13-8-2018, Rel. Des. Jorge do Nascimento Viana).

"Agravo de instrumento – Reintegração de posse de imóvel rural – Deferida tutela de urgência, para determinar a reintegração em benefício da autora-agravada, proprietária registral do imóvel maior. Inconformismo dos réus, trabalhadores rurais. Pretensão de serem mantidos em extensão parcial do imóvel, onde alegam ter consumado prazo de prescrição aquisitiva. Não provimento. Decisão mantida. 1- Conjunto probatório nos autos ilustra a titularidade dominial do imóvel à parte autora-agravada e evidencia prática de esbulho praticado no imóvel, objeto de pedido de usucapião pelos réus-agravantes, dada a presença de notificação extrajudicial para desocupação com prazo decorrido em branco e a ausência de elementos probatórios a caracterizar a **posse longeva, mansa e pacífica**, especialmente diante de instrumento negocial que atestava o arrendamento da área maior a sociedades empresárias e permitia o uso das residências que se encontrassem no local. 2- Recurso desprovido" (*TJSP* – AI 2192131-12.2016.8.26.0000, 20-6-2016, Rel. Piva Rodrigues).

em posição axiológica menos importante segundo a doutrina, o estado de aparência na posse explica e justifica a compreensão vulgar desse estado de fato que relaciona o sujeito à coisa. Essa proteção ao estado aparente pressupõe a compreensão e definição legal de propriedade e dos demais direitos reais, bem como sua harmonização com a destinação econômica da coisa. A aparência é conceito com utilidade técnica. Seria um contrassenso proteger-se estando de fato em favor de quem não busca a utilização social do bem, ou age contra a lei e os bons costumes.[2]

3.2 POSSE E PROPRIEDADE. JUÍZO POSSESSÓRIO E JUÍZO PETITÓRIO

A posse continua sendo, sem dúvida, o instituto mais controvertido de todo o Direito, não apenas do Direito Civil. De fato, tudo quanto a ela se vincula é motivo de divergência doutrinária: conceito, origem, elementos, natureza jurídica etc. Essas dificuldades devem-se em parte aos textos romanos, na maioria das vezes contraditórios e interpolados. Na história romana, o próprio conceito de posse foi sendo alterado nas diversas épocas, recebendo influências do direito natural, direito canônico e direito germânico. Ademais, os ordenamentos jurídicos existentes não são homogêneos, tratando do tema com enfoques diversos. Enfim, o conceito de posse nunca logrará atingir unanimidade na doutrina e nas legislações.

Na concepção mais aceita, o vocábulo *posse* provém de *possidere*; ao verbo *sedere* apõe-se o prefixo enfático *por*. Nesse sentido (semântico), *posse* prende-se ao poder físico de alguém sobre a coisa. Há também os que sustentam que o termo deriva de *potis* (senhor, amo).

---

[2] "Apelação cível – Direito Civil – Direito processual civil – **Ação de reintegração de posse** – Requisitos preenchidos – Negócio jurídico realizado com pessoa que não detém poderes para negociar – Negócio jurídico inválido – Teoria da aparência – Inaplicável – Erro inescusável – Ônus da prova – Recurso conhecido e não provido – Sentença mantida – 1- Nos termos do artigo 1.204 do Código Civil, 'considera-se possuidor todo aquele que tem de fato o exercício, pleno ou não, de algum dos poderes inerentes à propriedade'. 2- A medida possessória deve ser concedida àquele que comprova a posse sobre o imóvel objeto da lide. 2.1. Havendo nos autos a prova da posse da autora da demanda e do esbulho praticado pelos réus, deve ser mantida a sentença que concedeu a tutela reintegratória com amparo nos artigos 1.210, *caput*, do Código Civil e arts. 560 e 561 do CPC. 3- Para a aplicação da teoria da aparência faz-se necessário que o terceiro de boa-fé, ao realizar o negócio jurídico, tenha agido com prudência e diligências requeridas para a compra de um imóvel. 3.1. No caso dos autos, o apelante cometeu erro escusável, pois ao negociar o imóvel, não se certificou da cadeia possessória do imóvel, além de não ter buscado a cadeia de procurações ou ao menos uma procuração que conferisse poderes ao filho da apelada para a negociação do terreno. 4- Honorários advocatícios majorados. Art. 85, § 11 do Código de Processo Civil. 5- Recurso conhecido e não provido. Sentença mantida" (*TJDFT* – Proc. 00072630920178070005 – (1181127), 4-7-2019, Rel. Romulo de Araújo Mendes).

"Apelação – **Ação de reintegração de posse** cumulada com perdas e danos – Bem móvel – Contrato de comodato assinado pelo gerente – **Teoria da aparência** – Legitimidade passiva do empresário individual – Aplica-se ao caso sob análise a teoria da aparência, considerando-se válido o contrato de comodato assinado pelo gerente da empresa, pois ele atuou como legítimo representante da microempresa perante terceiro de boa-fé, respondendo a ré, empresária individual, pelas obrigações assumidas pela microempresa de sua titularidade. Dessa forma, não se há de falar em ilegitimidade passiva da ré. Apelação desprovida, com observação" (*TJSP* – Ap 1008674-28.2016.8.26.0506, 22-5-2018, Rel. Lino Machado).

"**Ação reivindicatória** – Imóvel situado em extensa gleba de terras foi prometido à venda pela autora a uma associação, que parcelou o solo de modo irregular e alienou os lotes a adquirentes de boa-fé, entre eles a ré – Posse justa da requerida sobre o imóvel para efeito petitório, a obstar o acolhimento do pleito reivindicatório – Aplicação da teoria da aparência – Ademais, em face do inadimplemento contratual da associação adquirente, autora promoveu ação de cobrança, a qual foi julgada procedente e se encontra em fase de execução – Impossibilidade de a requerente pretender exigir judicialmente o cumprimento do contrato pelo qual alienou o imóvel e, simultaneamente, reivindicá-lo nesta ação – Ausência de pagamento do preço, por parte do promitente comprador, abre ao promitente vendedor obrigação alternativa a seu favor: ou executa a prestação, ou resolve o contrato – Sentença que comporta única modificação, para excluir a condenação da autora às penas por litigância de má-fé – Decreto de extinção do feito sem julgamento do mérito mantido – Recurso parcialmente provido" (*TJSP* – Ap 1009019-65.2014.8.26.0020,17-8-2015, Rel. Francisco Loureiro).

Rudolf von Jhering (1976:49), baluarte da teoria da posse, inicia sua obra *A teoria simplificada da posse* afirmando que se distingue o jurista dos demais membros da sociedade pela diferença imediata que ele estabelece entre as noções de posse e propriedade. Isso porque vulgarmente não se estabelecem distinções entre os institutos, sendo vocábulos de uso equivalente. Nesse sentido, é comum ouvir dos leigos referências a *pessoas de grandes posses, grandes posses imobiliárias*, quando a referência é à propriedade e não à posse. No entanto, como expusemos até aqui, mesmo ao leigo a distinção entre posse e propriedade é instintiva e aflui com facilidade até aos espíritos mais toscos. Como descreveu o grande mestre alemão, a propriedade sem a posse seria o mesmo que o tesouro sem a chave que o abrisse, a árvore frutífera sem a escada que colhesse seus frutos...

Assim, a posse é o fato que permite e possibilita o exercício do direito de propriedade. Quem não tem a posse não pode utilizar-se da coisa. Essa a razão fundamental, entre outras, de ser protegido esse estado de aparência, como vimos. Sem proteção à posse, estaria desprotegido o proprietário. Por conseguinte, prefere o ordenamento proteger sempre e com maior celeridade e eficácia o que detém aspecto externo da propriedade, a investigar em cada caso, e demoradamente, o título de proprietário e senhor.

Distinção importante, portanto, com inúmeros efeitos dela derivados, é a que diz respeito ao *ius possidendi* e ao *ius possessionis.*

Ius possidendi é o direito de posse fundado na propriedade (em algum título: não só propriedade, mas também outros direitos reais e obrigações com força real). O possuidor tem a posse e também é proprietário. A posse nessa hipótese é o conteúdo ou objeto de um direito, qual seja, o direito de propriedade ou direito real limitado. O titular pode perder a posse e nem por isso deixará sistematicamente de ser proprietário. Quando não por sua própria vontade, sua inércia, não interrompendo a posse de terceiro, poderá fazer com que perca o domínio.

Ius possessionis é o direito fundado no fato da posse, nesse aspecto externo. O possuidor, nesse caso, pode não ser o proprietário, não obstante essa aparência encontre proteção jurídica, pelos motivos até agora cogitados. Essa é uma das razões pelas quais nosso Código estatui: "*considera-se possuidor todo aquele que tem de fato o exercício, pleno, ou não, de algum dos poderes inerentes ao domínio, ou propriedade*" (art. 1.196). Além de a posse, a princípio, merecer proteção por si mesma, ela é base e estrutura de um direito.[3]

---

[3] "Apelação – Ação de reintegração de posse – Sentença de improcedência – Recurso da autora – Sentença mantida por seus próprios e jurídicos fundamentos – Incidência do artigo 252 do Regimento Interno deste Egrégio Tribunal de Justiça – Demanda que se destina à recuperação da posse perdida, pressupondo posse anterior da parte postulante e o esbulho ou turbação praticados pelo terceiro – Doutrina – Inteligência dos arts. 1.196, 1.204, 1.210, § 2º, e 1.228, todos do CC e arts. 560 e 561, ambos do CPC – Discussão inicial envolvendo o instituto 'jus possidendi', inerente ao direito de propriedade, com base no qual busca a insurgente fundamentar a sua pretensão, que não se confunde com o poder fático sobre a coisa, com esteio no **'jus possessionis'**, revelando-se inócua para o deslinde da controvérsia – Separação entre os juízos petitório e possessório – Autora não obteve êxito em comprovar a posse anterior e o alegado esbulho, ônus que lhe incumbia – Acervo probatório frágil e em descompasso com a documentação apresentada pelo réu, demonstrando o poder de fato sobre a coisa – Alegação de posse anterior por parte da demandante que não veio acompanhada dos contratos de locação alegadamente firmados, contas de consumo etc. – Pedidos reiterados da parte autora de julgamento antecipado da lide com solicitação expressa para cancelamento da oitiva de testemunhas determinada pelo Juízo a quo – Ordem de reintegração de posse corretamente indeferida em Primeiro grau – Sentença mantida – recurso desprovido" (*TJSP* – Ap 1023773-09.2022.8.26.0577, 31-7-2025, Rel. Jonize Sacchi de Oliveira).

"Apelação. Possessória. Revelia decretada. Sentença de procedência. Insurgência do réu. Gratuidade da justiça concedida em grau recursal. Eficácia *ex nunc.* O deferimento da justiça gratuita, em fase recursal, não tem o condão de afastar as condenações até então impostas, relativas aos honorários de sucumbência da origem e custas e despesas processuais já realizadas nos autos. Pretensão recursal de reconhecimento de prejudicialidade externa entre a presente ação possessória e ação de usucapião que tratam da propriedade e posse do mesmo imóvel. Não

Interessante anotar a outra redação ao art. 1.196, proposta pelo Projeto nº 6.960/2002, o qual buscava alterar inúmeros dispositivos do Código de 2002:

> *"Considera-se possuidor todo aquele que tem poder fático de ingerência socioeconômica, absoluto ou relativo, direto ou indireto, sobre determinado bem de vida, que se manifesta através do exercício ou possibilidade de exercício inerente à propriedade ou outro direito real suscetível de posse".*

Percebe-se claramente nessa dicção de profunda técnica a preocupação em açambarcar o conceito de posse, num sentido unitário. O bem de vida mencionado poderá ser material ou imaterial. Não será posse, e não merecerá proteção do ordenamento, aquela relação entre o ser humano e a coisa que não apresenta utilidade e operosidade social. Ainda que a possibilidade de exercício desse poder de fato seja meramente potencial, ele deve existir para que seja reconhecido o *ius possessionis*. Ao mencionar-se que a posse se debruça sobre *bem de vida*, engloba-se aí, como defendemos, qualquer bem econômica e individualmente aproveitável, seja material ou imaterial.

Coloquemos, desde já, a compreensão das palavras *domínio* e *propriedade*, contidas no art. 485 do Código de 1916, como falamos no capítulo anterior. *Domínio* é vocábulo que, em doutrina, refere-se maiormente às coisas incorpóreas. Direito que submete a coisa incorpórea ao poder de seu titular. *Propriedade* é termo que engloba tanto as coisas corpóreas, como incorpóreas. Contudo, no Direito Romano, as expressões eram sinônimas. Nossa doutrina não se preocupa muito com essa distinção. Para nosso Código Civil de 1916, também como sinônimas devem ser entendidas (arts. 524, 533, 622, 623, entre outros) (França, 1964:24). Com

---

existe conexão, nem prejudicialidade externa, entre ações de usucapião e possessória, ainda que as demandas tenham por objeto o mesmo imóvel, que justifique a reunião dos feitos, pois a posse não depende da propriedade e a tutela da posse pode ser dada mesmo contra a propriedade. ***Jus possessionis*** consiste no direito de posse adquirido pela própria posse e independe de um direito real ou obrigacional preexistente. Em sentido diverso, o mérito da ação de usucapião (ação petitória) é a declaração da aquisição da propriedade originária em razão de exercício continuado da posse de determinado bem, com *animus domini*. Não verificada a prejudicialidade. Sentença mantida. Recurso não provido. Majoração da verba honorária nos termos do art. 85, § 11º, do CPC, com observação" (*TJSP* – Ap 1015869-38.2021.8.26.0361, 14-8-2024, Relª Lidia Regina Rodrigues Monteiro Cabrini).

"Apelação cível. Ação de imissão na posse. Sentença de procedência. Arrematação do imóvel pelos autores em contexto de leilão extrajudicial. Registro na matrícula e escritura pública de compra e venda que comprovam a legítima propriedade dos autores. ***Jus possessionis* pacífico e incontroverso**, o que confirma o direito de imissão na posse. Ratificação dos fundamentos da r. sentença – art. 252 do RITJSP. Recurso desprovido" (*TJSP* – Ap 1001201-59.2017.8.26.0084, 28-9-2022, Rel. João Baptista Galhardo Júnior).

"Reivindicatória. Extinção sem julgamento do mérito. Anterior demanda possessória. Inexistência de coisa julgada. Decisão reformada. 1. A ação petitória se baseia no "jus possidendi" e não no "**jus possessionis**", como a reintegração de posse, o que repele a incidência de coisa julgada ou a falta de interesse de agir. A justeza da posse exigida pelo artigo 1.228 do Código Civil não se confunde com a posse boa, inerente ao direito meramente possessório do artigo 1.201 do referido Diploma Legal. Extinção afastada. Precedentes desta C. Corte. 2. Recurso provido" (*TJSP* – Ap 1000422-22.2020.8.26.0045, 17-12-2021, Rel. Ademir Modesto de Souza).

"Possessórias – Ação de reintegração de posse – Decisão agravada que manteve ordem de reintegração liminar do autor na posse do imóvel. Inconformismo manifestado com fundamento em vício na transmissão da propriedade. Inadmissibilidade. Manutenção da decisão atacada. É cediço que nas demandas possessórias não é dado pleitear com fundamento em domínio. Perquire-se, nesta sede, a respeito de quem exerce a melhor posse sobre o bem, máxime porque posse é poder de fato sobre a coisa, enquanto a propriedade é poder de direito. Não se confundem, destarte, o ***ius possessionis*** (direito de exercer as faculdades de fato sobre a coisa) com *ius possidendi* (direito de ser possuidor). Por isso, ao menos a princípio, em tese, em incipiente estágio processual, e nesta estreita sede cognitiva permitida pelo agravo de instrumento (cognição perfunctória) é despiciendo à solução da lide perquirir a respeito de eventual vício na transmissão da propriedade do imóvel. A definição a respeito de quem exerce melhor posse sobre o imóvel virá após a cognição exauriente do conjunto probatório a ser produzido. Mas, nos panoramas fático e jurídico reinantes atualmente nos autos, a decisão agravada não está a merecer reparo. Agravo não provido" (*TJSP* – AI 2142263-60.2019.8.26.0000, 2-9-2019, Relª Sandra Galhardo Esteves).

muita frequência, os juristas empregam as duas palavras para exprimir a mesma coisa, ou como sinônimos. O Código Civil de 2002 procura ser mais técnico (art. 1.245, por exemplo), sem se preocupar, contudo, com a distinção.

Desse modo, o *ius possidendi* (faculdade jurídica de possuir) refoge à teoria da posse. Somente o *ius possessionis* (fato da posse) é objeto da teoria possessória propriamente dita (Alves, 1985:28). Assim, a posse pode ser considerada em si mesma, independentemente de título jurídico, ou pode ser examinada como uma das facetas que integram o domínio ou propriedade e os direitos reais limitados. A teoria pura da posse, isto é, faculdade jurídica de direitos, reflete-se, portanto, no *ius possessionis*.

Posse e propriedade, como se percebe, possuem elementos comuns, ou seja, a submissão da coisa à vontade da pessoa. Daí aflorar a noção de aparência no conceito de posse, pois a posse é a forma ordinária de ser exercido o direito de propriedade. Por isso, existe presunção de ser o possuidor da coisa seu proprietário. É certo que cessa essa presunção tão logo o possuidor declare, ou de algum modo se saiba, que ele possui outro título, como locatário, comodatário, depositário, representante do proprietário etc. ou como usurpador. Essa noção é importante porque será essencial marco divisor da posse de boa ou de má-fé, a ser examinada, pois, no momento em que o possuidor tem ciência de não possuir validamente a coisa, cessa sua boa-fé. Nesse sentido, estatui o art. 1.201:

> *"É de boa-fé a posse, se o possuidor ignora o vício, ou o obstáculo que impede a aquisição da coisa. Parágrafo único. O possuidor com justo título tem por si a presunção de boa-fé, salvo prova em contrário, ou quando a lei expressamente não admite esta presunção".*

Completa a noção o art. 1.202, que explicita o momento em que cessa a boa-fé do possuidor, questão a ser examinada em cada caso:[4]

---

[4] "Direito civil. Apelação. Ação reivindicatória cumulada com indenizatória. Recurso desprovido. I. Caso em Exame: Ação reivindicatória cumulada com indenizatória ajuizada com o objetivo de imissão na posse de imóvel ocupado pelo requerido sem o consentimento das autoras. Na petição inicial, a autora requereu tutela de urgência para compelir o réu a desocupar o imóvel, possibilitando sua imediata imissão na posse ou, alternativamente, o arbitramento de aluguel mensal. O D. Juízo a quo indeferiu a medida, por entender ausentes os pressupostos legais. O réu alegou exercer posse justa, fundada em contrato de locação celebrado com um dos coproprietários, porém, sem anuência dos demais. A sentença julgou procedente o pedido inicial, para imitir as autoras na posse do bem imóvel, descrito na petição inicial, determinando a intimação da parte ré para, no prazo de 30 dias, proceder à desocupação voluntária do imóvel objeto da ação. Recurso interposto pelo requerido, que sustenta a existência de posse justa e, subsidiariamente, pleiteia a dilação do prazo para desocupação para 60 dias. II. Questão em Discussão: A questão em discussão consiste em se aferir acerca da legitimidade da posse exercida pelo apelante sobre o imóvel em condomínio, diante da locação celebrada exclusivamente com um dos coproprietários, sem a anuência dos demais condôminos. III. Razões de Decidir: O contrato de locação firmado com apenas um coproprietário não legitima a posse do apelante, pois não houve consentimento dos demais condôminos, configurando posse clandestina, nos termos do artigo 1.314, parágrafo único, do Código Civil. A ciência inequívoca da oposição das coproprietárias, formalizada mediante notificação extrajudicial, afastou qualquer presunção de boa-fé do apelante, conforme dispõe o **artigo 1.202 do Código Civil**. Igualmente, não se acolhe o pleito subsidiário de dilação do prazo para desocupação, pois tal medida apenas ampliaria os prejuízos das coproprietárias, diante do prolongamento do período de privação do referido bem. IV. Dispositivo e Tese: Recurso desprovido. Tese de julgamento: 1. A posse exercida sem anuência de todos os coproprietários é considerada clandestina e não pode ser legitimada por contrato de locação firmado com apenas um deles. 2. A ausência de anuência dos demais condôminos configura posse injusta, permitindo a reivindicação do imóvel. Diante do não provimento do recurso, majoram-se os honorários advocatícios devidos pela parte requerida para 15% (quinze por cento) do valor da causa, nos termos do § 11 do art. 85 do CPC, devendo ser observada a gratuidade da justiça concedida" (*TJSP* – Ap 1063881-31.2024.8.26.0506, 5-8-2025, Rel. Mario Chiuvite Junior).

"Ação reivindicatória – Requisitos – Instrumento particular de cessão e transferência de direitos e obrigações – **Posse amparada em justo título e boa-fé** – Eventual nulidade do contrato a ser dirimida através da via própria – Decisão correta, que integralmente se mantém – 1 – A ação reivindicatória é típica ação do proprietário não possuidor contra o possuidor não proprietário, e que decorre, conquanto não esteja contemplada na legislação processual civil, da disposição legal prevista no artigo 1.228 do Código Civil. 2– A formulação extemporânea da parte autora alegando a nulidade do contrato de cessão deve ser deduzida em via própria, uma vez que estranha ao objeto do processo e incluída quando já não mais era lícito alterar a causa de pedir e o pedido. Até que o negócio jurídico seja desconstituído a posse do autor é legítima e impede a procedência de demanda reivindicatória. 3– Restando comprovado que a posse dos réus está amparada em justo título e exercida de boa-fé, por improcedente se tem o pedido reivindicatório, uma vez que afastado se encontra o argumento central de que a posse por eles exercida é ilegal. Desprovimento do recurso" (*TJRJ* – AC 0002067-97.2009.8.19.0007, 29-10-2019, Rel. Des. José Carlos Maldonado de Carvalho).

"Processo civil – Reintegração de posse – Esbulho – Não comprovado – Posse legítima e de boa-fé – Honorários majorados – 1- Inexiste ofensa ao art. 93, IX da CF/88 quando o juízo a quo firma o seu convencimento após o cotejo das provas colacionadas aos autos pelas partes, inclusive das informações coletadas na audiência de justificação. 2- Não comprovado o esbulho e restando caracterizada a posse legítima e de boa-fé dos réus, a improcedência do pedido de reintegração de posse é medida que se impõe. 3- Diante da sucumbência recursal, devem os honorários advocatícios serem majorados nos termos do art. 85, § 11 do NCPC. 4 - Recurso conhecido. Preliminar rejeitada. Apelo não provido" (*TJDFT* – Proc. 20160710172176APC – (1074762), 20-2-2018, Relª Ana Cantarino).

"Apelação Cível – Civil – Processo Civil – Ação de resolução de contrato cumulada com reparação de danos e pedido de tutela antecipada de reintegração de posse – Sentença que acolheu resolução do contrato e deferiu reintegração de posse – Pleito de aplicação de cláusulas penais na forma contratada – Decisão de primeiro grau que afastou danos morais, diminuiu cláusula penal e afastou a aplicação das arras para evitar enriquecimento ilícito – Oposição julgada improcedente – Recurso do autor na demanda principal parcialmente acolhido – Pleito de nulidade da sentença afastado – Retorno ao *status quo ante* – Perda pelo inadimplente do valor relativo a arras – Em valor razoável e proporcional aos limites do contrato, evitando enriquecimento indevido – Danos morais indevidos – Cláusula penal devida no percentual de 10% sobre o valor contratado – Recurso parcialmente provido – 1- A posse justa (objetiva) é aquela exercida de forma não violenta, não clandestina e não precária, nos termos do art. 1.200 do Código Civil. 2- A posse de boa-fé (subjetiva) é presumida. O exercício da **posse se caracteriza como de boa-fé enquanto o possuidor ignora vício ou obstáculo que impedem sua aquisição**, consoante o art. 1.201 do Código Civil. 3- Cessa a boa-fé a partir do momento em que as circunstâncias façam presumir que o possuidor tomou conhecimento do vício ou obstáculo que o impedia de possuir a coisa. Inteligência do art. 1.202 do Código Civil" (*TJPR* – AC 1454579-0, 26-1-2017, Rel. Des. Roberto Portugal Bacellar).

"Agravo de instrumento – Embargos de terceiro – Aquisição do imóvel após o ajuizamento de ação de anulação de negócio jurídico – Agravante que adquiriu imóvel sem requerer certidões dos distribuidores forenses. Prevalência do entendimento do Superior Tribunal de Justiça, ao julgar o Recurso Especial nº 956943/PR, nos termos do art. 543-C do CPC, que concluiu que 'a presunção de boa-fé é princípio geral de direito universalmente aceito, sendo milenar a parêmia: a **boa-fé se presume; A má-fé se prova'** em casos análogos ao dos autos. Decisão do STJ que afirma não ser suficiente para o reconhecimento da má-fé do adquirente o mero fato de não haver solicitação de certidões dos distribuidores. Agravados deveriam comunicar o Registro de Imóveis a respeito do litígio envolvendo o bem, fazendo constar na respectiva matrícula o registro da ação judicial reipersecutória envolvendo o bem e em curso desde 2009, nos termos do art. 167, nº 21, da Lei nº 6.015/73. Agravante que promoveu o registro da compra na matrícula do imóvel dois dias depois de lavrar a respectiva Escritura Pública. Demonstração de sua boa-fé diante da ausência de registro indicativo da existência de ação relacionada ao bem em questão. Reconhecimento de que o agravante é adquirente de boa-fé e, com isso, deverá ser preservada a sua posse relacionada ao imóvel. Recurso provido" (*TJSP* – AI 2200945-47.2015.8.26.0000, 15-2-2016, Rel. Hamid Bdine).

"**Apelação** – Usucapião extraordinária – Autores que pretendem a declaração de domínio sobre pequena área, em curva, contígua à sua propriedade. Sentença de improcedência. Inconformismo dos autores. Não acolhimento. Suspeição alegada em razões de apelo e em petição protocolada após interposição do recurso, requerendo a anulação da sentença. É imprescindível o oferecimento de exceção para o reconhecimento da suspeição, no prazo de 15 dias, a contar do conhecimento do fato, sob pena de preclusão. Inteligência dos artigos 305 e 312 do CPC. Quanto ao mérito, reconhecida a ausência de prova por parte dos requerentes capaz de demonstrar o exercício da posse com *animus domini* pelo prazo prescricional aquisitivo. Atos de posse que foram praticados pelos autores mediante expresso consentimento do antigo proprietário da área usucapienda, enquanto a mesma não fosse vendida. Sentença mantida. Negado provimento ao recurso" (*TJSP* – Ap 9000009-78.2008.8.26.0048, 11-2-2015, Relª Viviani Nicolau).

"**Agravo de instrumento** – Ação de sonegados em fase de cumprimento de sentença – Decisão que julgou parcialmente procedente impugnação apresentada pelo agravante – Pleito de reforma da decisão para o fim de que seja reconhecida a irregularidade da penhora, com inversão do ônus sucumbencial, afastando-se imposição de pena por litigância de má-fé – Decisão que reconheceu a regularidade da penhora efetivada nos autos sobre imóvel de propriedade dos coexecutados, que são irmãos – Impossibilidade de reconhecimento de usucapião em sede de impugnação – Posse exercida a título precário – Ausência de 'animus domini' – Verbas de sucumbência corretamente fixadas – Litigância de má-fé caracterizada – Comportamento do agravante que revela deslealdade processual, reputando-se razoável a sanção aplicada – Manutenção da decisão agravada. Nega-se provimento ao recurso" (*TJSP* – AI 2041838-35.2013.8.26.0000, 9-5-2014, Relª Christine Santini).

"A posse de boa-fé só perde este caráter no caso e desde o momento em que as circunstâncias façam presumir que o possuidor não ignora que possui indevidamente".

Prepondera sempre a regra geral de Direito pela qual a má-fé não se presume; a boa-fé, sim.

Como a posse é considerada um poder de fato juridicamente protegido sobre a coisa, distingue-se do caráter da propriedade, que é direito, somente se adquirindo por título justo e de acordo com as formas instituídas no ordenamento.

Podemos afirmar que a posse constitui aspecto de propriedade do qual foram suprimidas alguma ou algumas de suas características.

Da propriedade decorrem todos os demais direitos reais (usufruto, uso, habitação, superfície, servidão, hipoteca, penhor etc.). Ou, em outras palavras, não existe direito real mais amplo do que a propriedade. Em última análise, a propriedade é o epicentro das relações obrigacionais, sucessórias e familiares (Gentile, 1965:8). Pelo fato de o sistema permitir a aquisição da propriedade pela usucapião, a posse assume relevo todo especial no ordenamento, merecendo maior proteção. Essa tradição vem do Direito Romano, seu criador original, valorizando a produção e o trabalho, a função econômica dos bens, principalmente os imóveis.

Nesse sentido, deve restar absolutamente clara a distinção entre os juízos possessório e petitório. Nas ações possessórias (interditos), trata-se exclusivamente da questão da posse. Nas chamadas ações petitórias (*petitorium iudicium*), leva-se em conta exclusivamente o direito de propriedade. Daí por que, na singeleza do conceito, é vedado examinar o domínio nas ações possessórias. Geralmente, na prática, o mau possuidor procura baralhar no procedimento possessório os conceitos de posse e propriedade, para camuflar sua posse ruim ou ausência de posse.

Doutro lado, a decisão que dirime o conflito possessório não inibe nem prejulga o âmbito petitório. Isto é, vencido que seja alguém na litigância da posse, lhe restará ainda a via petitória, para provar seu direito de propriedade, ou outro direito real, para haver a coisa, exercendo assim seu direito de sequela. Desse modo, é possível, sendo risco calculado do ordenamento, que o não proprietário triunfe sobre o proprietário no juízo possessório. Porém, a ação reivindicatória (juízo petitório) permite, na maioria das vezes, que o proprietário recupere a coisa contra o possuidor temporariamente protegido. Essa proteção temporária conferida ao possuidor é risco assumido pelo ordenamento, como vimos, em prol da adequação social. Surge, no dizer de Jhering (1976:81), *"como um resultado não querido, mas inevitável"*.

Nas ações petitórias, ressalta-se um caráter *ofensivo* por parte do titular do domínio, que deve provar juridicamente sua qualidade de senhor da coisa. Por outro lado, na posse sobreleva o caráter *defensivo* (Lopes, 1964:95). Prepondera a posse como meio de defesa, primeiro anteparo outorgado pelo ordenamento para proteger a propriedade. Daí por que esse remédio mais rápido e eficiente requer tão só a prova pura e simples do fato externo, da posse, enfim. Por tais razões, o juízo possessório tem mero caráter temporário, mas suficiente para manter íntegro um estado de fato, sem o qual inserir-se-ia elemento de insegurança e incerteza social. Como consequência, a coisa julgada em ação possessória não decide acerca do domínio.[5] Por essa razão, o proprietário ou titular do domínio vencido em ação possessória pode discutir a propriedade e reivindicá-la no juízo petitório.

---

5 "Conflito negativo de competência. Ação de usucapião, de um lado, e ação reivindicatória de posse, de outro lado. Inexistência de conexão. Ações que possuem causas de pedir e pedidos distintos. Eventual reconhecimento de **direito possessório que independe da solução judicial dada ao domínio do bem imóvel**. Ausência de risco de decisões conflitantes. Inteligência do artigo 55 do código de processo civil. Precedentes. Conflito julgado

Também por essas razões, afigura-se, na prática, em grande parte das vezes, suficiente o juízo possessório para manter o estado de fato, tornando-se desnecessário o recurso ao juízo petitório, se o proprietário, ou titular de outro direito real, já alcançou proteção suficiente com a defesa de sua posse, ou seja, manteve tão só com a proteção possessória a paz social buscada pelo ordenamento.

---

procedente. Competência do juízo suscitado da 1ª vara cível da comarca de Itaquaquecetuba para processar e julgar a ação de usucapião" (*TJSP* – CC 0009724-62.2022.8.26.0000, 1-4-2022, Rel. Issa Ahmed).

"Reintegração de posse – **A proteção possessória independe do domínio** – Nos termos do arts. 1.204 e 1.210 do Código Civil, cabe a proteção àquele que exerce em nome próprio qualquer dos poderes inerentes à propriedade, em caso de turbação, esbulho ou justo receio de ser molestado na posse – Demonstrado que após o falecimento da proprietária, o imóvel foi deixado em situação de abandono pelo apelante, herdeiro do bem – Em seguida, a ré adentrou e cuidou da limpeza do imóvel, instalou portas, vasos sanitários, pias, negociou os pagamentos de impostos, bem como procedeu a instalação de água e luz no local – Nem mesmo os impostos eram pagos pelo apelante – A recorrida foi quem negociou as dívidas tributárias, bem como procedeu à ligação de água, energia elétrica e quitou dívidas pretéritas – A posse da ré é melhor do que a dos apelantes, devendo ser mantida a improcedência da pretensão de reintegração de posse. USUCAPIÃO – Demonstrada a ocupação da ré de forma mansa e pacífica do imóvel por mais de oito anos – Contudo, embora possa ser arguida como matéria de defesa, inviável o reconhecimento da prescrição aquisitiva nesta sede com efeito 'erga omnes', ou direito a registro – Eventual direito à usucapião com efeito 'erga omnes' somente poderá ser reconhecido na ação especial própria – O reconhecimento da prescrição aquisitiva nesta demanda não é oponível a terceiros, mas tão somente a parte contrária para fins defensórios na ação possessória – Precedentes da Corte – Majoração dos honorários de R$ 1.000,00 (mil reais) para 15% do valor da causa que melhor atende aos critérios do art. 85 do CPC – Sentença de improcedência reformada em parte – Recurso dos autores desprovido e parcialmente provido o apelo da ré para majorar os honorários devidos ao seu patrono de R$ 1.000,00 (mil reais) para 15% do valor da causa" (*TJSP* – AC 1002723-76.2015.8.26.0445, 4-6-2019, Rel. Mendes Pereira).

"Apelação Cível – Ação de reintegração de posse – Ausência de prova da posse anterior – Ônus probandi do autor – IPTU – Inocorrência de *exceptio dominii* – Sentença reformada – Recurso conhecido e provido – 1- Para o reconhecimento da procedência do pedido de reintegração de posse, faz-se necessário que o autor comprove (i) a sua posse, (ii) o esbulho praticado pelo réu, (iii) a data do esbulho e (iv) a perda da posse, nos termos do art. 561 do Código de Processo Civil. 2- A proteção possessória tem por objeto a posse em si mesma (*jus possessionis*), e não o direito de possuir (*jus possidendi*), visto que a ação visa resguardar quem já é possuidor e é turbado (manutenção na posse), esbulhado (reintegração de posse ou reintegratória) ou tem receio de o ser (interdito proibitório), e não o proprietário que teria o direito de ingressar no bem em razão de sua condição. 3- *In casu*, o autor sustentou ser possuidor do imóvel com base em sua propriedade, o que é veemente vedado pelo art. 1.210, § 2º do Código Civil, destarte, não se desincumbiu de, ao menos, comprovar sua posse anterior do bem em litígio, o que é fato constitutivo do direito do autor, e sua ausência constitui elemento suficiente a justificar a improcedência desta ação de reintegração de posse. 4- O contribuinte do Imposto sobre a Propriedade Predial e Territorial Urbana não é, necessariamente, o possuidor do bem, eis que o contribuinte poderá ser, outrossim, o proprietário ou o titular do domínio útil (art. 34 do CTN). 5- O Supremo Tribunal Federal tem decidido que, em posse, não se toma conhecimento do domínio, salvo quando os vários contendores disputam a posse exclusivamente a título de domínio, isto é, quando o fato material da posse não é claro e cada um deles se diz dono, invocando títulos incompatíveis entre si. 6- Na hipótese, somente o autor invocou o domínio como motivação para reaver a suposta posse, o que inviabiliza o instituto da exceptio dominii para solucionar a presente demanda. 7- Recurso provido para, reformando a sentença, julgar improcedente a ação de reintegração" (*TJES* – Ap 0089592-05.2010.8.08.0035, 13-7-2018, Relª Desª Eliana Junqueira Munhos Ferreira).

"Agravo de instrumento – Ação de reintegração de posse – Liminar Possessória – Comprovação da posse – Ausência – Separação legal entre os juízos petitório e possessório – ***Exceptio Dominii*** – Não Cabimento – Na forma do art. 1.210, § 2º, CC e do art. 557, CPC/2015, a alegação de propriedade não pode ser deduzida nas ações possessórias típicas, tampouco como defesa em ação de usucapião, eis que o ordenamento pátrio adotou a separação absoluta entre os juízos possessório e petitório, de modo que a alegação de propriedade (*exceptio dominii*) não é apta a comprovar a posse do autor, o que impede o deferimento da liminar possessória" (*TJMG* – AI-Cv 1.0000.17.024502-1/001, 26-9-2017, Rel. Vasconcelos Lins).

"Agravo de instrumento – Execução Fiscal – Exceção de pré-executividade – Compromisso de compra e venda de imóvel – Registro no cartório imobiliário – Não comprovação – Domínio que somente se transfere com o respectivo registro, nos termos do art. 1.245 do Código Civil – Repercussão geral da matéria sub judice – Julgamento definitivo do mérito do REsp nº 1.111.202/SP e do REsp nº 1.110.551 (*DJe* de 18-6-2009) pelo Colendo Superior Tribunal de Justiça, que reconheceu a legitimidade passiva tanto do possuidor do imóvel (promitente comprador) quanto do seu proprietário (promitente vendedor) pelo pagamento do IPTU – Recurso provido" (*TJSP* – AI 2221656-73.2015.8.26.0000, 6-4-2016, Rel. Henrique Harris Júnior).

A posse é protegida pelo Direito, não para conceder simples satisfação de aproximação corpórea da coisa ao sujeito, poder físico sobre a coisa, poder de sujeição, mas para possibilitar-lhe a utilização econômica do bem. Ninguém, como regra, apossa-se de coisas inúteis. O sentido de utilidade leva em conta a situação do sujeito. Essa é a noção fundamental do reconhecimento jurídico da posse. O exame da utilidade da coisa para o possuidor, por vezes, torna-se aspecto fundamental no contexto discutido.

Por outro lado, quando há necessidade de célere remédio para socorrer um direito aparentemente violado,

> *"é difícil demonstrar o domínio, principalmente quando haja necessidade de fazê-lo prontamente, razão porque não se deve condicionar a proteção à posse, ou ao exercício de fato do domínio, à prova deste"* (Bessone, 1988:250).

Ou, no dizer de Manuel Rodrigues (1981:12),

> *"a posse é uma forma de proteção indiferenciada dos direitos sobre as coisas, uma proteção geral e rápida, e supõe, em certo modo, deficiência formal do título do direito, lentidão nos processos normais com que se defendem determinados direitos".*

Nesse diapasão, visto que a posse serve de base ao direito de propriedade e merece proteção de per si, cai por terra qualquer interesse prático em distingui-la como fato ou direito. Sendo o fato da posse protegido pelo ordenamento, é evidente que existe reconhecimento jurídico do instituto. Irrelevante, nesta altura de nosso estudo, investigar o fenômeno sob tal prisma, tal como fizeram tantos juristas. Nessa orientação, a posse é conteúdo de exteriorização do exercício da maioria dos direitos reais (excetuam-se, em princípio, a hipoteca e algumas servidões). É meio de aquisição da propriedade pelo instituto da usucapião. É, por fim, fundamento de um direito: como poder de fato sobre uma coisa, a posse por si mesma dá lugar aos interditos possessórios.

3.3 CONCEITO DE POSSE: *CORPUS* E *ANIMUS*. DETENÇÃO. FÂMULOS DA POSSE

De qualquer ponto que se decole para compreender a posse, devem ser caracterizados os dois elementos integrantes do conceito: o *corpus* e o *animus*.

O *corpus* é a relação material do homem com a coisa, ou a exterioridade da propriedade. Esse estado, explicado anteriormente, é caracterizador da aparência e da proteção possessória. Nessa ligação material, sobreleva-se a função econômica da coisa para servir à pessoa. Como corolário, afirma-se que não podem ser objeto de posse os bens não passíveis de ser apropriados. Em princípio, a posse somente é possível nos casos em que possa existir propriedade ou manifestação mitigada dela. Posse e propriedade, em compreensão jurídica, caminham juntas. Não nos olvidemos do conceito que abrange tanto os bens corpóreos, como os incorpóreos. Desse modo, os bens incorpóreos, passíveis de apropriação, também podem ser objeto de posse.

O *animus* é o elemento subjetivo, a intenção de proceder com a coisa como faz normalmente o proprietário.

Na compreensão desses dois elementos, gravitam as teorias da posse com as clássicas posições de Savigny e Jhering, que detonaram infindáveis posições intermediárias.

Para o leigo que se debruça desprevenidamente sobre o problema, *possuir* é ter uma coisa em seu poder, podendo dela usar e gozar. É a compreensão daquilo que a mão toca e mantém fisicamente junto ao corpo. Essa é a noção primitiva. No entanto, quando a civilização se torna mais complexa, surge a compreensão de posse que não requer o permanente contato físico com o objeto, nem a observação constante ou fiscalização permanente do titular. Posso ser possuidor de bens sem estar presente no local. A possibilidade física não exige a detenção.

> *"Basta qualquer ato externo que denuncie um poder de fato, um poder de supremacia duradouro sobre a coisa. A natureza deste e casos de realização, estão dependentes da natureza do objeto possuído e da forma como costuma ser exercido"* (Rodrigues, 1981:73).

Savigny desenvolveu sua teoria principalmente em seu *Traité de la possession en droit romain*. Sustenta que a posse supõe a existência de dois elementos essenciais: *corpus* e *animus*. O *corpus* é o elemento físico, sem o qual não existe posse. Em sua forma mais típica, compreende a possibilidade de ter contato direto e físico com a coisa. O que verdadeiramente caracteriza o *corpus* é a possibilidade de fazer o que se queira com ela, impedindo qualquer interferência estranha. No entanto, para que alguém seja verdadeiramente considerado possuidor, é necessário que tenha a intenção de possuir a coisa. Trata-se do elemento subjetivo. Se alguém detém a coisa sabendo-a pertencer a outrem, não há *animus*, não existindo posse. Na teoria de Savigny, é o *animus* que distingue o possuidor do simples detentor. O elemento exterior, o *corpus*, não permite essa distinção, pois aos olhos de terceiros tanto o possuidor, como o detentor têm relação aparentemente idêntica com a coisa. Sua teoria é denominada *subjetiva*. A maior crítica feita a essa teoria é a dificuldade de explicar as chamadas posses anômalas, como a do credor pignoratício, por exemplo. Savigny procurou superar esse obstáculo qualificando-as como hipóteses de *posse derivada*. Ao credor pignoratício se transmitiria o *ius possessionis* do devedor pignoratício. Porém, a explicação não resistia a críticas, quando se tentava explicar a posse do usufrutuário e do enfiteuta que não gozam dessa posse derivada (Gentile, 1965:10).

Jhering bateu-se vivamente contra a posição de Savigny em suas obras *Fundamentos da proteção possessória* e *Papel da vontade na posse*. Esse autor principia por negar que o *corpus* seja a possibilidade material de dispor da coisa, porque nem sempre o possuidor tem a possibilidade física dessa disposição. Por outro lado, por vezes será impossível provar o *animus*, porque se trata de elemento subjetivo. Em razão disso, a teoria de Jhering é dita *objetiva*. Para ele, o conceito de *animus* não é nem a apreensão física, nem a possibilidade material de apreensão. O importante é fixar o destino econômico da coisa. O possuidor comporta-se como faria o proprietário. O *animus* está integrado no conceito de *corpus*. É o ordenamento jurídico que discrimina a seu arbítrio, sobre as relações possessórias, criando assim artificialmente a separação da chamada detenção jurídica relevante de outras situações não protegidas. De qualquer modo, após Jhering um ponto ficou definitivamente claro na doutrina da posse, qual seja, de que a distinção entre esta e a detenção não pode depender exclusivamente do arbítrio do sujeito (Gentile, 1965:11).

Há que se examinar em cada caso se o ordenamento protege a relação com a coisa. Quando não houver proteção, o que existe é *mera detenção*. Como consequência, a posse deve ser a regra. Sempre que alguém tiver uma coisa sob seu poder, deve ter direito à proteção. Somente por exceção o direito a priva de defesa, quando então se estará perante o fenômeno da *detenção* (Arean, 1992:105). Ou seja, em cada caso deve ser examinado se a pessoa se comporta como dono, existindo *corpus* e *animus*. Quando no caso concreto prova-se que existe *degradação nessa posse*, e o ordenamento a exclui, ocorre uma *causa detentionis*, relação jurídica excludente da posse. Nesse sentido, devem ser lembrados dispositivos de nosso Código Civil que tipificam exclusão da posse em determinadas situações. A própria lei estabelece as *causae detentionis*, traçando perfil objetivo do qual não pode fugir o julgador.

Nesse sentido, o art. 487 de 1916:[6]

> *"Não é possuidor aquele que, achando-se em relação de dependência para com outro, conserva a posse em nome deste e em cumprimento de ordens ou instruções suas".*

Mantendo o mesmo sentido, mas referindo-se expressamente ao detentor, redige o presente Código no art. 1.198:

---

6 "Apelação. Usucapião. Sentença de improcedência. Insurgência. Não acolhimento. Elementos de prova que conduzem à conclusão de que o recorrente habitava o imóvel simultaneamente com o proprietário, por uma liberalidade decorrente de relação profissional/laborativa, pois um dos recorrentes laborava em comércio mantido no imóvel, de titularidade do proprietário do bem. Ausência de *animus domini*, tratando-se de mera detenção, nos termos dos **arts. 1.198 e 1.208**, CC. Precedentes da Câmara. Sentença mantida. Recurso desprovido" (*TJSP* – Ap 1036630-50.2020.8.26.0224, 2-2-2024, Rel. Donegá Morandini).

"Apelação cível – Ação de reintegração de posse – Demonstração de exercício indireto da posse por meio de detentores – Procedente – Consonância dos depoimentos colhidos em audiência de instrução – Demonstração da verticalidade da relação havida com os servidores da posse – Art. 1.198, CC – Recurso provido – Sentença reformada – 1- Conforme extrai-se dos cônsonos depoimentos produzidos em audiência de instrução (fls. 121), ainda que obliterando-se quanto aos atos de posse demonstrados pela edificação de cerca no perímetro do imóvel e pela regular comparecência do proprietário à localidade, encontrando-se a fazenda sob testilha habitada por pessoa detentora de sua posse, bem como vistoriada por duas outras, tão como, usufruidoras de seus pastos, evidente torna-se o indireto exercício da posse sobre o bem de raiz, através dos **fâmulos da posse**. 2- Como delineado pelo art. 1.198 do Código Civil, afigura-se por detentor da posse aquele que, atuando como instrumento da vontade de outrem, exercite os atos de posse em nome daquele. 3- Dito isto, ao rememorarmos o discurso das testemunhas arroladas, podemos aferir nitidamente a condição de permissionários ostentada por aqueles, visto que a todo momento ressaltaram de quem se tratar a propriedade e da benesse que lhes seria estendida por este, seja por manter-lhe a moradia, seja por autorizar-lhes o usufruto dos pastos, demonstrando, assim, a verticalidade da relação havida entre estes" (*TJBA* – Ap 0004445-77.2014.8.05.0027, 31-10-2019, Rel. Ivanilton Santos da Silva).

"Bem Público – Reintegração de posse – **Ocupação sem autorização** – **Detenção** – Caracterização – Embargos de declaração. Apelação. Direito administrativo. Reintegração de posse. Município de Carapicuíba. Bem público ocupado sem autorização. Mera detenção que, precária, não goza de proteção civil. Prova coligida evidencia o domínio público e a indevida ocupação. A ocupação irregular de bem público caracteriza mera detenção, de natureza precária, e não posse. Ausência de direito de retenção ou indenização pelas benfeitorias. Sentença mantida. Alegação de omissão quanto à ausência de recolhimento de preparo. Inocorrência. Apelante beneficiária da assistência judiciária. Ausência de vícios no acórdão. Embargos de declaração improvidos" (*TJSP* – EDcl 1003450-82.2016.8.26.0127, 19-2-2018, Rel. Maurício Fiorito).

"Ação de usucapião – Faixa de imóvel lindeiro – Sentença de procedência, para declarar o domínio – Redistribuído por força da Resolução 737/2016 – Apelam os réus sustentando haver confissão de permissão para utilização da área; Ausência de posse; Apelados não conseguiram retificação administrativa da área e o IPTU do imóvel, inclusive da faixa do terreno pretendida, foi paga pelos apelantes. Descabimento. Em depoimento pessoal, um dos autores-apelados disse que, na época dos fatos, a estrutura que ele e seu sócio pretendiam utilizar no terreno deles para construção do barracão era maior e não podia ser cortada, adentrando assim no terreno pertencente aos adversos. Esclareceu que o proprietário à época, antecessor dos réus-apelantes, permitiu a utilização da faixa, que seria somente de 20 centímetros. Circunstância iniciada em 1976. Referida faixa de 20 cm lineares, equivalente a 2,985 m2. Permissão mencionada no depoimento por pessoa leiga apenas pode ser interpretada como uma aceitação, uma concordância de que a posse da pequena porção de área passasse a ser exercida pelo vizinho. Insuscetível de reconhecimento da usucapião é a permissão que representa mera autorização do proprietário a qualquer tempo revogável por pura conveniência. Situação diversa quando se concorda com a fixação de uma pequena parte de uma gigantesca estrutura de um barracão que não pode ser decotada, sob pena de destruição de toda a construção. Apelados não são meros **fâmulos da posse**. Obtiveram consentimento que somente pode ser compreendido como transmissão da posse da pequena área, que para eles era imprescindível para instalação do galpão e para o antecessor dos apelantes era provavelmente de somenos importância. Inexistente prova do alegado empréstimo. Rejeição do pedido de retificação administrativa da área e pagamento do IPTU pelos apelantes não afastam dos adversos a posse com '*animus domini*'. Recurso improvido" (*TJSP* – Ap 1000433-63.2014.8.26.0400, 7-4-2017, Rel. James Siano).

"**Reintegração de posse** – por se tratar de bem público, os réus possuíam apenas **mera detenção** do bem – direito de usucapião – bem público que, por sua natureza, é insuscetível de prescrição aquisitiva, nos termos do art. 102 do Código Civil, e art. 183, § 3º da Constituição Federal – Ocupação indevida da área. Esbulho caracterizado. Ausência de provas aptas a demonstrar o tempo de ocupação do imóvel antes da aquisição pelo Município. Incabível o pedido de homologação de acordo quanto à indenização pelas benfeitorias, ante a inexistência de posse por parte dos réus. Preliminar de prescrição afastada. Ação principal julgada procedente e reconvenção improcedente. Sentença mantida. Recurso improvido" (*TJSP* – Ap 0004538-30.2009.8.26.0189, 8-6-2015, Relª Leme de Campos).

> *"Considera-se detentor aquele que, achando-se em relação de dependência para com outro, conserva a posse em nome deste e em cumprimento de ordens ou instruções suas.*
>
> *Parágrafo único. Aquele que começou a comportar-se do modo como prescreve este artigo, em relação ao bem e à outra pessoa, presume-se detentor, até que prove o contrário".*

Os Códigos conceituam nesses dispositivos o que se entende por *fâmulo da posse* ou *servidor da posse*, o qual possui relação com a coisa em nome do dono ou do verdadeiro possuidor. Como podemos perceber, nesse aspecto o ordenamento retira do sujeito os característicos de posse. Dentro da teoria objetiva esposada maiormente pela lei, ocorre a decantada *degradação do estado de posse*, ou seja, uma *causa detentionis*. Na definição de Maria Helena Diniz (1991:33),

> *"fâmulo da posse é aquele que, em virtude de sua situação de dependência econômica ou de um vínculo de subordinação em relação a uma outra pessoa (possuidor direto ou indireto), exerce sobre o bem, não uma posse própria, mas a posse desta última e em nome desta, em obediência a uma ordem ou instrução".*[7]

---

[7] "Segredo de justiça – Indeferimento do pedido formulado pelos patronos da parte apelante formularam pedido de tramitação do feito em segredo de justiça, lastreada no fato de clientes do escritório terem sofrido tentativas de golpes com uso de informações disponibilizadas pelo E-SAJ, embora lamentáveis estes fatos que embasaram o pedido – Não é o caso de determinação de processamento do feito, visto que a espécie não se enquadra nas hipóteses previstas no art. 189, do CPC/2015 (correspondente ao art. 155, do CPC/1973), envolvendo interesses meramente privados. Recurso – Rejeição da preliminar de não conhecimento da apelação da parte autora – A apelação oferecida pela parte autora satisfaz os requisitos do art. 1.010, do CPC/2015, inclusive o do respectivo inciso II, visto que faz expressa referência à r. sentença e os fundamentos de fato e razões de direito são pertinentes ao ali decidido. Possessória – Como (a) a morte do usufrutuário acarreta a extinção do usufruto com consolidação da propriedade em favor do nu-proprietário, a teor do art. 1.410, I, do CPC, no caso dos autos, a parte autora, (b) a invocação da parte autora ao direito da habitação, regulado pelo disposto no art. 1.831, do CC, em nada a beneficia, visto que não é cônjuge ou convivente sobrevivente, nem o imóvel não era de propriedade do de cujus; e (c) as previsões constitucionais da dignidade da pessoa humana (CF, art. 1º, III), da função social da propriedade (CF, art. 5º, XXIII) e do direito social à moradia (CF, art. 6º) não obstam o exercício do direito de posse ao legítimo possuidor assegurados pelas normas constitucionais e infraconstitucionais, em demanda possessória de imóvel residencial entre uma parte autora e uma parte ré, em que não há notícias de nenhuma delas é possuidora de outro imóvel, na espécie, (d) é de se reconhecer que, na espécie, que (d.1) a parte ré demonstrou o exercício da posse anterior, por si e seus antecessores, na forma dos arts. 1.196 e 1.207, do CC, sobre o imóvel objeto da ação, que se encontra na posse da usufrutuária falecida, na data do respectivo óbito; (d.2) a posse da parte autora é injusta em relação à parte ré, porque ela sequer tinha posse direta própria do imóvel objeto da ação, mas mera detenção (CPC, art. 1.198), como **fâmulos da posse** da usufrutuária falecida, porquanto ali permanecia ato de permissão da então possuidora já falecida, que não gera direitos à pessoa beneficiária da permissão, a teor do art. 1.208, do CC, passível de ser revogado unilateralmente pelo possuidor; e, (e) consequentemente, as diligências adotadas pela parte ré para buscar a desocupação do imóvel objeto da ação, com realização de notificação extrajudicial seguida do desarquivamento da anterior ação de reintegração de posse, não configuraram turbação, mas exercício regular de direito, (f) de rigor, a manutenção da r. sentença, que julgou improcedente a ação de manutenção de posse promovida pela parte apelante. Litigância de má-fé – Incabível o reconhecimento de litigância de má-fé da parte apelante, porque as alegações deduzidas não ultrapassaram os limites razoáveis do exercício do direito de ação e defesa. Recurso desprovido" (*TJSP* – Ap 1012523-07.2022.8.26.0309, 24-2-2025, Rel. Rebello Pinho).

"Possessórias. Ação de reintegração de posse. Sentença de procedência. Manutenção. Extinção de contrato de comodato. Permanência do réu no imóvel após sua notificação para desocupá-lo. Esbulho possessório caracterizado. Posse *ad interdicta*. **Fâmulo da posse**. Ocupação a título de caseiro. Transmudação da posse não configurada. Impossibilidade de aquisição da propriedade pela usucapião. Inadmissibilidade de retenção por benfeitorias. A prova produzida nos autos permite ao julgador concluir, de forma estreme de dúvidas, que o autor é o legítimo possuidor do imóvel disputado; e que o réu nunca exerceu posse sobre a área – ao contrário, ocupava o imóvel na qualidade de caseiro. O réu tinha ciência (ao menos deveria ter) de que sua ocupação não encontrava proteção possessória, eis que posse nunca exerceu. É mero detentor, fâmulo da posse. Nada há no conjunto probatório a permitir ao julgador concluir que a ocupação pelo réu deixou de ser precária e passou a ser a justo título, ou, no mínimo, exercida com *animus domini*. Se havia o intuito de transmudar a posse, tal intenção não foi externada ao mundo dos fatos. A ocupação se deu a título precário (posse *ad interdicta*), fato jurídico que não autoriza a aquisição da propriedade pela usucapião. Logo, ao ser cientificado da extinção do comodato e recusar-se a deixar o imóvel, praticou esbulho possessório. Não há direito de retenção até indenização por benfeitorias. A uma, porque o

O detentor, ou fâmulo, nesse caso, não usufrui do sentido econômico da posse, que pertence a outrem. Nessa situação, colocam-se os administradores[8] da propriedade imóvel; os empregados em relação às ferramentas e equipamentos de trabalho e segurança fornecidos pelo empregador; o bibliotecário em relação aos livros; o almoxarife em relação ao estoque etc. Desse modo, o conceito amplo de posse, descrito no art. 1.196, deve ser examinado não somente em consonância com a descrição dos arts. 1.198 ss, como também com a ressalva dos arts. 1.208: *"Não induzem posse atos de mera permissão ou tolerância"*.

O exame será do caso concreto, sendo por vezes tênue na prova e na intenção das partes a linha divisória entre atos de mera tolerância e posse efetiva. Nesse aspecto, torna-se inevitável o exame do *animus* dos sujeitos pelo julgador. Aquele que transitoriamente apreende objeto para examiná-lo ou transportá-lo tem contato material com a coisa, pode ter aparência de posse, mas não tem posse. Não existe vontade ou ânimo nessa posse. Nesse aspecto, com clareza aduz Arnoldo Wald (1991:66):

---

comodatário não poderá jamais recobrar do comodante as despesas feitas com o uso e gozo da coisa emprestada (CC, art. 584). A duas, porque não há prova de que a 'casa do caseiro' foi edificada pelo réu. Apelação não provida" (*TJSP* – Ap 1001038-39.2018.8.26.0280, 13-5-2024, Relª. Sandra Galhardo Esteves).

"Ação de usucapião urbano. Sentença de improcedência. Apelo da autora, nora da antiga proprietária do imóvel, cujo filho e herdeiro também já é falecido. Sustenta residir no imóvel há mais de trinta anos, arcar com todas as despesas incidentes sobre ele. Afirma que a intenção da sogra era ter doado o imóvel ao filho. Descabimento. A narrativa demonstra a mera detenção da posse, não suscetível de transmutar a posse àquela suscetível de usucapião. A autora é mera **fâmulo da posse**, ausente o animus domini a ensejar o reconhecimento da prescrição aquisitiva. Recurso improvido" (*TJSP* – Ap 1001717-60.2021.8.26.0142, 1-8-2023, Rel. James Siano).

"Apelação – ação de usucapião – Improcedência – Insurgência dos autores – Apelantes que são meros fâmulos da posse exercida pelo pai – Pai que, enquanto herdeiro da proprietária (avó dos apelantes), e apesar de sua condição financeira, sempre morou no imóvel e o possuiu em seu nome e dos demais herdeiros – Contribuição dos filhos com despesas de manutenção, depois de crescidos, que não é hábil a transmitir a posse dos pais aos filhos, que permaneceram como herdeiros presuntivos e **fâmulos da posse** dos pais – Sentença mantida – Recurso desprovido" (*TJSP* – Ap 1001663-22.2019.8.26.0318, 30-5-2022, Rel. Costa Netto).

"Embargos de terceiro. Ação de reintegração de posse em fase de cumprimento de sentença. Reintegração de posse determinada em relação à área maior, na qual está inserido o imóvel sobre o qual a autora alega ter posse mansa e pacífica. Hipótese em que ficou reconhecido, na ação de reintegração de posse, o esbulho praticado em relação à área maior. Indícios de que os terceiros embargantes, dentre eles a recorrente, estivessem como meros **fâmulos da posse** exercida pela igreja comodatária desta área maior. Recurso não provido" (*TJSP* – AI 2110830-67.2021.8.26.0000, 27-5-2021, Rel. Gilberto dos Santos).

[8] "Agravo de instrumento – Direito processual civil – Intervenção de terceiros – 1– Ação civil pública – Interdição de imóveis situados às margens da Rodovia dos Imigrantes e que apresentavam risco de desabamento, com demolições de imóveis ordenadas e efetivadas. Moradores que tiveram suas residências demolidas que buscam ingressar nos autos na qualidade de terceiros interessados, com arrimo na inteligência do comando inserto no artigo 119, do CPC/2015. Inadmissibilidade. Residências inseridas em área de risco de desabamento e situadas em área pública desapropriada e pertencente ao DERSA ou DER, afetada ao serviço público de construção da Rodovia dos Imigrantes. Ocupação exercida a título de mera detenção ou tolerância administrativa. Bem público inalienável e insuscetível de prescrição aquisitiva. Condição de meros detentores ou **fâmulos da posse**. 2– Decisão mantida. Recurso não provido" (*TJSP* – AI 2043471-71.2019.8.26.0000, 27-6-2019, Rel. Oswaldo Luiz Palu).

"Ação de usucapião – Sentença de procedência – Apela a ré sustentando nulidade da sentença em razão da ausência de citação pessoal de um dos confrontantes; Os autores reconhecem a propriedade pela ré do imóvel; Os autores são **meros permissionários, agindo na qualidade de fâmulos da posse**; Inexiste *animus domni*; O imóvel e metragens são expressivos. Descabimento. Prescrição aquisitiva reconhecida com lastro no art. 1.238 do CC, que exige a posse mansa e pacífica do imóvel por 15 anos, sem estabelecer restrições quanto à metragem, valor ou finalidade do bem. Prova testemunhal uníssona no sentido de asseverar que os autores utilizam-se do imóvel para pastoreio de animais desde meados de 1990. O fato de não ostentarem a titularidade do domínio não desnatura o *animus domni*, sendo a finalidade precípua da ação de usucapião justamente ao reconhecimento da propriedade em prol daquele que conforme o preenchimento dos requisitos legais tiver exercido a posse não resistida do imóvel. Na hipótese em apreço restou, inclusive, demonstrado que mesmo após vistoria no local por preposto da ré em que se apurou a existência de terceiros no imóvel e o pastoreio de animais não houve a tomada de nenhum ato pela ré visando reaver a posse esbulhada do bem. A inércia teve o condão de demonstrar a ausência de resistência à posse pelos autores, autorizado o reconhecimento da prescrição aquisitiva. Recurso improvido" (*TJSP* – Ap 0003115-10.2011.8.26.0498, 26-1-2017, Rel. James Siano).

> *"Também não constitui posse o simples contato material sem vontade deliberada e consciência de praticar certos atos sobre o objeto. Assim o espectador no cinema não é possuidor da cadeira que ocupa, nem a pessoa que janta num restaurante tem a posse dos talheres e dos pratos que lhe são servidos".*

Não apenas o detentor que legalmente exerce o aspecto material da posse não possui a proteção possessória, mas a degradação da posse mencionada também ocorre nas hipóteses de causas obstativas de aquisição de justa posse, em situações de apossamento violento, clandestino ou precário. Daí dizermos que a posse não pode ocorrer *nec vim, nec clam, nec precario*. Dispõe o art. 1.200:[9]

> *"É justa a posse que não for violenta, clandestina, ou precária".*

Por tais razões, no exame da posse no processo judicial, grande é a importância dos aspectos de fato circundantes da relação do sujeito com a coisa. Há um fator importante na

---

9 "Apelação – ação possessória – Reintegração de posse – Sentença de improcedência – Apelo dos autores – Alegações de nulidade da sentença afastadas – **Posse precária** (art. 1.200, do Código Civil) – Autores que permaneceram no imóvel durante anos por mera permissão e tolerância, sem qualquer título que justificasse sua permanência – Código Civil que é expresso no sentido de que não induzem posse os atos de mera permissão e tolerância (art. 1.208) – Inocorrência de esbulho, que exige a efetiva posse sobre o bem – Recurso desprovido – Sentença mantida". (*TJSP* – Ap 1004847-38.2019.8.26.0624, 11-8-2023, Rel. Ana Catarina Strauch).

"Apelação Cível – Ação de reintegração de posse de bens móveis – Agravo retido interposto em audiência de instrução e julgamento não reiterado nas razões de apelação não conhecimento do agravo (art. 523, § 1º, do CPC/73) – Bens móveis (mobília e eletrodomésticos) comprados pelo doador e deixados no imóvel em questão – Não preenchimento dos requisitos legais – Art. 927, CPC/73 – Ausência de demonstração de esbulho – **Posse não derivada de violência, clandestinidade ou precariedade.** Doação do imóvel que faz presumir posse, até prova contrária, a dos bens móveis – Art. 1.209, CC – Impossibilidade do acolhimento do pleito de reintegração – Sentença mantida – Honorários recursais – Autos nº 1637672-6 2. 1– Não se conhece do agravo retido interposto na vigência do Código de Processo Civil de 1973 se não houver reiteração nas razões ou contrarrazões recursais. 2– A procedência de pretensão possessória não pode agasalhar-se na alegação de propriedade. A seu turno, quem busca se reintegrar na posse deve provar, além de posse anterior, ter havido esbulho, e este se caracteriza por vício objetivo da posse que, por isso, se torna injusta. Não demonstrada a existência de posse violenta, clandestina ou precária, a pretensão possessória resulta improcedente. 3– Segundo inteligência do art. 1.209, do Código Civil, 'A posse do imóvel faz presumir, até prova contrária, a das coisas móveis que nele estiverem.' 4– Considerando a sucumbência recursal e o trabalho adicional realizado em segunda instância, é devida a majoração dos honorários advocatícios, com fundamento no art. 85, § 11 do Código de Processo Civil. recurso conhecido e não provido" (*TJPR* – AC 1637672-6, 23-4-2019, Rel. Des. Fernando Paulino da Silva Wolff Filho).

"Apelação Cível – **Ação de reintegração de posse** – Ilegitimidade Passiva – Fâmulo da posse – Mera detentora do bem no interesse de outrem – Posse Indireta – Parte ilegítima para figurar no polo passivo – Art. 1.198 do Código Civil – Sentença mantida – Recurso conhecido e improvido – Honorários recursais devidos – Unânime – A doação do imóvel que se pretende discutir na demanda está em nome da irmã da requerida, sendo que esta é apenas detentora do imóvel, não possui posse direta, ocupando o bem no interesse de outrem, considerado fâmulo da posse, e portanto não pode figurar no polo passivo da demanda considerando a disposição contida no art. 85, § 11, do CPC, impõe-se o arbitramento de honorários sucumbenciais recursais, razão pela qual majoro o percentual fixado para 20% sobre o valor da causa" (*TJSE* – AC 201700814276 – (20745/2018), 14-9-2018, Rel. Des. Alberto Romeu Gouveia Leite).

"Apelação Civil – Direito civil e processual civil – Ação de reintegração na posse – Preliminar – Cerceamento de defesa – Não realização das provas requeridas – Insurgência – Preclusão – Impossibilidade de reanálise – Posse – Exercício dos poderes inerentes à propriedade pelo autor – Esbulho – Caracterização – **Posse clandestina –** Recurso conhecido e provido – Sentença reformada – 1- Não caracteriza cerceamento de defesa quando operou-se a preclusão temporal sobre decisão que indefere a produção de prova pericial e indica o julgamento antecipado da lide. 2- Se o autor demonstra que exerceu os poderes inerentes à propriedade, tendo murado o imóvel e pago os tributos e taxas relativos ao bem, resta cumprido o requisito de demonstração da posse. 3- Nos termos do art. 1.200 do CC, é justa a posse que não for **violenta, clandestina ou precária**, restando caracterizada a clandestinidade quando há notícia nos autos de que a requerida invadiu o bem na ausência da representante do autor, ressalvando-se ao propósito que a ré não logrou êxito em comprovar as alegações referentes a forma de aquisição dos direitos incidentes sobre a coisa. 4- Recurso conhecido e provido. Sentença reformada" (*TJDFT* – Proc. 20150510093782APC – (997195), 15-3-2017, Rel. Romulo de Araujo Mendes).

posição do fâmulo, que foi ressaltado pelo parágrafo único do art. 1.198 do mais recente diploma, aqui transcrito. A ideia básica é no sentido de que quem inicia a detenção como mero fâmulo ou detentor não pode alterar por vontade própria essa situação e tornar-se possuidor. Para que o detentor seja considerado possuidor, há necessidade de um ato ou negócio jurídico que altere a situação de fato. Isso porque o fato da detenção da coisa é diverso do fato da posse. Por essa razão, como sufragado de há muito pela doutrina, mas por vezes obscuro nas decisões judiciais, presume-se que o fâmulo se tenha mantido como tal até que ele prove o contrário. Essa modificação de *animus*, como apontamos, não depende unicamente da vontade unilateral do detentor. O administrador de uma propriedade não se torna proprietário ou possuidor se não ocorrer um negócio jurídico que transformou sua condição jurídica.

Quando o detentor for demandado em nome próprio, o CPC de 1973 determinava que declinasse o possuidor ou proprietário para responder no processo, por meio do instituto da *nomeação à autoria*, modalidade de intervenção de terceiro.

O estatuto processual de 2015 simplificou a conduta, determinando que na contestação o réu indique a parte legítima, ficando facultada ao autor a alteração da petição inicial para substituição do réu (art. 338). Cuida-se de verdadeiro ônus do detentor ou fâmulo da posse, pois o estatuto processual dispõe no art. 339 que, quando o réu deixar de indicar o verdadeiro possuidor, conhecendo-o, responderá pelo pagamento de despesas processuais e prejuízos causados ao autor, na hipótese.

O ônus do detentor é indicar o verdadeiro possuidor. Se o autor da demanda recusar o nomeado, ou se este negar sua qualidade de possuidor (ou proprietário), a causa será decidida com a parte passiva originária. Provado, a final, ser o demandado mero fâmulo, a decisão será de extinção do processo sem resolução do mérito, por ilegitimidade passiva de parte (art. 485, VI, do CPC). O autor da causa assume o risco no prosseguimento da ação contra o réu originário, que se diz mero fâmulo.

Em matéria possessória, as questões processuais com frequência estarão intimamente ligadas ao conceito material de posse em razão, primordialmente, de os interditos possessórios (ações possessórias) serem seus principais efeitos.

Atualmente, importa, no estudo da posse, desprender-se de posições extremadas. Essa compreensão leva ao exame com acuidade dos novos fenômenos jurídicos e técnicos surgidos após a enunciação das teorias clássicas. Há novas manifestações do direito de propriedade. Há novo sentido social da propriedade. Tudo isso deve efetivamente ser levado em conta no exame da posse.

Nosso ordenamento sobre posse repousa em grande parte, mas não exclusivamente, na corrente objetiva de Jhering, ao estatuir:

> *"considera-se possuidor todo aquele que tem de fato o exercício, pleno ou não, de algum dos poderes inerentes à propriedade" (art. 1.196).*

Veja o que expusemos neste capítulo sobre a nova redação proposta ao art. 1.196.[10]

---

10 "Apelação cível. Ação declaratória c/c pedido de reintegração de posse. Discussão relativa à ineficácia de doação de imóvel. Inviabilidade. Matéria estranha ao objeto do recurso. Princípio 'tantum devolutum quantum appellatum'. Respeito. Preliminar de ilegitimidade ativa. Rejeição. Tutela possessória. **Art. 1.196, CC**. Incidência. Precedente. Mérito. Ocupação pelo réu decorrente de permissão de associação. Demonstração pela prova testemunhal. Cumprimento de ordens e instruções. Constatação. Detenção que não induz posse. Arts. 1.198 e 1.208, CC. Aplicação. Precedente. Transmudação da natureza do vínculo existente com o imóvel, após a extinção da entidade. Decurso do prazo exigido para a configuração de usucapião especial rural. Não ocorrência. Citação válida. Interrupção.

Exceção de usucapião. Rejeição. Doação do bem por instrumento particular à associação. Transmissão da posse. Ocorrência. Ajuste visando à transferência da propriedade. Ausência de forma pública. Nulidade absoluta. Existência. Inteligência dos arts. 108 e 166, IV, CC. Simples efeitos de comodato. Reconhecimento. Entendimento jurisprudencial. Extinção com a dissolução da pessoa jurídica. Ocorrência. Esbulho pelo réu. Configuração. Ocupação sem justa causa. Recurso provido. 1. A discussão relativa à declaração de ineficácia da doação, trazida à baila em contrarrazões, não pode ser enfrentada nesta instância por não integrar o recurso interposto. 2. Extinto o vínculo jurídico que legitimava o exercício da posse por determinada pessoa, o proprietário, que jamais perdeu a posse indireta fundada na titularidade do domínio e, em momento anterior, exerceu a posse direta do imóvel, possui legitimidade para ajuizar ação de reintegração de posse contra aquele a quem imputa a prática de esbulho. 3. A permissão para ocupação de imóvel não induz posse 'ad usucapionem'. 4. Exceção de usucapião especial rural deve ser rejeitada quando, antes do transcurso do prazo quinquenal de posse qualificada, é praticado ato apto a interromper a prescrição aquisitiva, como a citação válida em ação possessória. 5. O instrumento particular de doação de imóvel, sem observância da forma pública exigida por lei, padece de nulidade absoluta, produzindo, no máximo, os efeitos de comodato. 6. A ocupação da totalidade do imóvel, sem justa causa, configura esbulho possessório e legitima a reintegração de posse do titular do direito violado" (*TJSP* – Ap 1002706-92.2021.8.26.0101, 15-6-2025, Rel. Maria do Carmo Honorio).

"Agravo de instrumento – Ação de reintegração de posse – Tutela provisória – Bem público – **Impossibilidade de exercício dos poderes inerentes à propriedade** – Mera detenção de natureza precária – 1– Os bens públicos observam regime específico, sendo impenhoráveis, inalienáveis e imprescritíveis. 2– Em razão da proibição legal à prescrição aquisitiva dos bens públicos, é vedado o exercício de poder inerente à propriedade pelo particular. 3– Nesses termos, é inócua a discussão acerca do período transcorrido desde a ocupação do imóvel, o que impõe a manutenção da decisão que deferiu a tutela provisória de reintegração de posse em favor do ente municipal" (*TJMG* – AI 1.0000.19.032651-2/001, 19-7-2019, Rel. Carlos Henrique Perpétuo Braga).

"Direito civil – Agravo de instrumento – **Ação de reintegração de posse** – Pleito de liminar deferido na primeira instância – Juntada de título de propriedade, boletim de ocorrência e boletos de IPTU pelo autor. Documentos insuficientes para indicar posse anterior. Necessidade de designação de audiência de justificação. Recurso conhecido e provido. Decisão anulada. 1– Trata-se de agravo de instrumento interposto em face de decisão interlocutória que deferiu a liminar de reintegração de posse pleiteada pelo autor. 2– Na presente irresignação, os agravantes defendem a reforma do decisum combatido com fundamento: a) na ausência de comprovação da posse anterior pela parte adversa; B) na aquisição da posse do bem pelos recorrentes há mais de quatro décadas; C) na necessidade de realização de audiência de justificação. 3– O Código de Processo Civil estabelece como requisitos para concessão da tutela jurisdicional possessória, nos termos do art. 561, a comprovação, pelo autor, I– Da sua posse; II– Da turbação ou o esbulho praticado pelo réu; III– Da data da turbação ou do esbulho e IV– Da continuação da posse, embora turbada, na ação de manutenção, ou a perda da posse, na ação de reintegração. 4– Sendo a ação proposta dentro de ano e dia do esbulho afirmado na petição inicial e estando a exordial devidamente instruída, 'o juiz deferirá, sem ouvir o réu, a expedição do mandado liminar de manutenção ou de reintegração, caso contrário, determinará que o autor justifique previamente o alegado, citando-se o réu para comparecer à audiência que for designada', consoante disposto no art. 558 c/c 562, ambos do CPC, sendo desnecessário, nessa hipótese, a configuração dos pressupostos inerentes à tutela de urgência. 5– É inquestionável que o bem em questão encontra-se registrado em nome do autor/agravado, conforme se verifica nos documentos anexados aos autos do processo de origem, quais sejam, a matrícula do bem (FL. 19) e a escritura pública de compra e venda (FLS. 21-22), datada de 21 de julho de 1995. 6– Ocorre que, em regra, a titularidade do domínio não ostenta relevância nas ações possessórias, pois, sendo a posse um direito autônomo em relação à propriedade, aquela pode ser oposta inclusive contra o proprietário, entendimento extraído do disposto no art. 1.210, § 2º do Código Civil, segundo o qual 'não obsta à manutenção ou reintegração na posse a alegação de propriedade, ou de outro direito sobre a coisa'. 7– Além dos documentos que comprovam a propriedade do bem, o requerente também juntou ao caderno processual boletos do IPTU do imóvel referentes aos anos de 2007 a 2011(FL. 25) e 2012 (FL. 26), certidão negativa de débitos estaduais (FL. 27), fotografia da área em que constam tijolos na lateral direita, bem como indivíduos com pás nas mãos (FL. 28), boletim de ocorrência (FL. 29), inquérito policial (FL. 30). 8– Não obstante, em um juízo de cognição sumária, essa documentação não se mostra suficiente para comprovar a posse anterior, que, de acordo com a teoria objetiva proposta por Rudolf Von Ihering, adotada pelo ordenamento jurídico brasileiro, é compreendida como uma situação de fato, concernente à manifestação da conduta de dono, com a promoção ostensiva de atos de conservação e defesa do bem, independente do cenário jurídico relativo à propriedade. 9– Portanto, antes de decidir sobre o pedido liminar de reintegração de posse mostra-se necessária a designação de audiência de justificação para melhor esclarecimento acerca do cenário fático existente, mormente considerando que os agravantes sustentam que ocupam o bem há mais de quarenta anos. 10– Recurso conhecido e provido. Decisão anulada" (*TJCE* – AI 0621563-95.2019.8.06.0000, 12-7-2019, Rel. Heráclito Vieira de Sousa Neto).

"Apelação Cível – Reintegração de posse – Ônus da prova do autor – Posse não comprovada – 1- Para que se verifique a efetiva ocorrência da posse, não é necessária a configuração do elemento subjetivo (*animus*), mas deve ser observado o comportamento objetivo, qual seja a conduta do possuidor, pois a partir da teoria objetivista da posse de Ihering, **o possuidor é aquele que tem o exercício de fato, pleno ou não, sobre a coisa** (*corpus*) com

A posse é, enfim, a visibilidade da propriedade. Quem de fora divisa o possuidor, não o distingue do proprietário. A exterioridade revela a posse, embora no íntimo o possuidor possa ser também proprietário. Nessa mesma ideia, a *detenção* seria nada mais nada menos do que espécie de posse à qual o ordenamento não concede proteção, ou uma modalidade de posse degradada ou diminuída. Nesse diapasão, assim Jhering (1959:59) faz sua proposição a respeito da proteção possessória:

> *"a proteção da posse, como exterioridade da propriedade, é um complemento necessário da proteção da propriedade, uma facilidade de prova em favor do proprietário, que necessariamente aproveita também o não proprietário".*

Por essa razão, o vocábulo *detenção* deve ser evitado sempre que estudamos a teoria pura da posse.

A superioridade da teoria de Jhering repousa exatamente na maior facilidade de distinguir-se a posse da detenção. Em princípio, toda situação material envolvendo o titular à coisa é posse, salvo se o ordenamento a exclui, quando então se considerará a situação como de mera detenção. Por conseguinte, pode ser concluído existir na detenção o *corpus*, mas não o *animus*. Ou seja, o próprio ordenamento concede o balizamento ao julgador para, no caso concreto, concluir que o detentor tem a coisa sem a intenção de exercer poder material sobre ela.

Por vezes, no entanto, torna-se imperioso o exame do *animus* como ocorre na usucapião entre nós, em que do usucapiente examina-se a intenção de possuir como dono. O art. 1.238 dispõe sobre aquele que *"possui como seu um imóvel"*. Indubitavelmente, aqui existe ponto de contato com a teoria subjetiva, que leva sempre em consideração o *animus*. Também o exame da situação do fâmulo da posse, como vimos, enunciada pelo art. 1.198, obriga que se adentre

---

as mesmas atribuições conferidas pelo direito de propriedade (art. 1196 do Código Civil). 2- É do autor o ônus de demonstrar sua posse, a prática da turbação ou do esbulho, a data do ato atentatório a sua posse, e a continuação da posse, de modo a ter deferida a proteção possessória, nos termos do art. 561 do Código de Processo Civil. 3- Diante da inexistência de provas, nos autos, de que o autor tenha exercido a posse, direta ou indireta, sobre o bem, o pedido deve ser julgado improcedente. 4- Recurso conhecido e não provido" (*TJDFT* – Proc. 20150110728526APC – (1078832), 8-3-2018, Rel. Alvaro Ciarlini).

"Apelação Cível – Direito Civil – Direito Processual Civil – Ação de reintegração de posse – **Comprovação pelo autor do exercício, em nome próprio, dos poderes inerentes à propriedade sobre o imóvel em litígio** – Domínio Fático – Teoria objetiva da posse – Inteligência do art. 1.196 c/c art. 1.204, ambos do Código Civil – Esbulho Possessório – Recurso conhecido e não provido – Sentença Mantida – 1- Considera-se possuidor todo aquele que tem de fato o exercício, pleno ou não, de algum dos poderes inerentes à propriedade. E mais, adquire-se a posse desde o momento em que se torna possível o exercício, em nome próprio, de qualquer dos poderes inerentes à propriedade (CC, arts. 1.196 e 1.204). 2- O Código Civil, adotando a Teoria Objetiva (defendida por Ihering), ensina que a constituição da posse é atribuída àquele que exerça um dos atributos do domínio fático, mesmo que desprovido do *animus domini*. Eis a lição do doutrinador Flávio Tartuce sobre o tema: '[...] Teoria objetiva ou objetivista – Teve como principal expoente Rudolf Von Ihering, sendo certo que para a constituição da posse basta que a pessoa disponha fisicamente da coisa, ou que tenha a mera possibilidade de exercer esse contato. Esta corrente dispensa a intenção de ser dono, tendo a posse apenas um elemento, o *corpus*, como elemento material e único fator visível e suscetível de comprovação. O 'corpus' é formado pela atitude externa do possuidor em relação à coisa, agindo este com o intuito de explorá-la economicamente. Para esta teoria, dentro do conceito de 'corpus' está uma intenção, não o 'animus' de ser proprietário, mas de explorar a coisa com fins econômicos. [...]' (*Manual de Direito civil*: volume único/Flavio Tartuce. 2.ed.rev., atual. e ampl. Rio de Janeiro: Forense; São Paulo: Método, 2012). 4- Do conjunto probatório é possível verificar que autor é proprietário do imóvel e a contratação de terceiro para realizar cuidados como construção e cerca consolidou sua posse. 5- Nessa linha, os depoimentos corroboram o entendimento de que o autor permitiu a permanência dos réus enquanto lhe prestavam serviços, razão pela qual o esbulho está configurado com o termo final do prazo de desocupação assinado pelas partes. 6- Recurso conhecido e não provido. Sentença mantida. Unânime" (*TJDFT* – Proc. 20140610084110APC – (1018972), 29-5-2017, Rel. Romulo de Araujo Mendes).

no *animus* do sujeito. Por essa razão, sustenta-se que, embora o ordenamento nacional tenha adotado a teoria objetiva, abre válvulas para o exame subjetivo das características da posse, notadamente na posse *ad usucapionem*, não ocorrendo adesão servil do legislador à teoria objetiva da posse.

Em outras oportunidades, o próprio legislador presume ocorrer a posse, independentemente de qualquer ato consciente do titular, como ocorre na transmissão da posse dos bens do falecido a seus herdeiros. Pelo princípio da *saisine*, *"aberta a sucessão, a herança transmite-se, desde logo, aos herdeiros legítimos e testamentários"* (art. 1.784). O corrente Código substituiu os termos *"domínio e posse da herança"*, constantes do Código anterior, por simplesmente "*herança*", sem que se perca a compreensão originária. Essa transmissão ocorre ainda que os herdeiros não saibam da morte do autor da herança. As exceções, como é curial acontecer, confirmam a regra geral: não há necessidade, como sustenta Savigny, de a cada caso ser analisada a vontade íntima do titular em relação à coisa.

Seguindo a tradição romana e dentro da teoria exposta por Jhering, adotada como regra geral em nosso Direito, enfoca-se a posse como um postulado da proteção da propriedade. Trata-se de complemento necessário do direito de propriedade. A proteção possessória, pelas vias processuais adequadas dentro do ordenamento, surge então como complemento indispensável ao direito de propriedade.

3.4 OBJETO DA POSSE. POSSE DE DIREITOS

Vem de muito tempo a discussão acerca da posse dos direitos pessoais, isto é, não materiais. A princípio, o Direito Romano somente conheceu a posse de coisas como exteriorização do direito de propriedade. Somente as coisas corpóreas eram suscetíveis de posse. Posteriormente, os direitos reais limitados, como as servidões, foram merecendo a proteção possessória.

Com a espiritualização do conceito de posse, na Idade Média, houve momento no curso da História, no direito intermédio, em que se reconheceu a posse não apenas sobre as coisas apropriáveis, mas também sobre situações de estado (por exemplo, posse de estado de filho legítimo), a chamada posse de direitos pessoais, concedendo-se proteção possessória a ocupantes de funções públicas ou cargos eclesiásticos. Na Idade Média, a Igreja passa a sustentar a proteção possessória dos bispos, que com frequência eram expulsos de suas dioceses. A questão, pois, não se colocava na conceituação de *direitos pessoais* como sinônimo dos direitos obrigacionais, mas naqueles ligados à personalidade, honra, liberdade etc. No Direito brasileiro, a discussão ganhou viva voz na candente palavra de Ruy Barbosa, em episódio no qual professores da Escola Politécnica do Rio de Janeiro foram suspensos do exercício de suas funções por ato da presidência da República, no ano de 1896. O fato marcou importante estudo histórico acerca da matéria. O ingresso do mandado de segurança em nosso ordenamento, que serve precipuamente para amparar tais situações, veio colocar paradeiro à controvérsia.

Quando se protege a aparência de um direito real, protege-se inelutavelmente um direito, pois a propriedade e os demais direitos reais também são direitos. No entanto, quando a doutrina se refere a essa chamada *posse de direitos*, por tradição relacionada à discussão histórica, refere-se a direitos distintos dos direitos de propriedade e assemelhados.

> *"Assim sendo, não existe posse de proprietário, de usufrutuário ou de locatário, mas sim uma posse em que os atos praticados são os normalmente exercidos pelo proprietário, usufrutuário ou locatário, podendo tal posse pertencer ou não aos respectivos titulares do direito, pois a aparência pode coincidir ou não com a realidade"* (Wald, 1991:54).

Modernamente, portanto, em nossa jurisprudência, não sem alguma resistência, predomina a ideia de que é suscetível de proteção possessória tudo aquilo que puder ser apropriado e exteriormente demonstrado (Wald, 1991:43).

Como exemplo, hoje histórico, recorda-se a mencionada hipótese de linha telefônica, que teve importância no passado em nosso país, em face do seu valor de mercado. Não há possibilidade de defesa da posse contra a concessionária ou concedente dos serviços de telefonia ou assemelhados. Contudo, existem hipóteses nas quais sujeitos ameaçam o exercício manso e pacífico da linha telefônica concedida regularmente e de uso de outrem. Nessa situação, a exterioridade, a aparência de um domínio é evidente, merecendo a proteção possessória. Vejamos, por exemplo, a hipótese de alguém que tenha locado linha telefônica do usuário titular, como acessório de imóvel também locado ou não, pouco importa; e se vê ameaçado pelo locador da linha (que não a empresa concessionária) da supressão de sua utilização. A correta e mais recente tendência jurisprudencial é amparar possessoriamente essas situações (ver julgado do Superior Tribunal de Justiça mencionado no Capítulo 1 desta obra, Recurso Especial nº 41.611-6; ali também foi transcrita disposição do art. 2.311 do Código Civil argentino, a qual determina a aplicação dos princípios de direito real *"à energia e às forças naturais suscetíveis de apropriação"*).

Na linha telefônica, ou outras linhas assemelhadas para transmissão de dados, reconhece-se um direito real de uso de coisa móvel; portanto, passível de posse.

Em idêntica situação, colocam-se outras modalidades de uso de energia, como as televisões a cabo, transmissão de dados a distância, por exemplo. A proteção possessória nunca há de ser deferida contra o concedente do serviço, mas contra aqueles que turbam a utilização da linha telefônica, da televisão a cabo, dos dados transmitidos a distância etc. O Direito não pode ignorar as novas manifestações tecnológicas da era da informática. Desse modo, volta-se com nova roupagem ao mesmo tema que origina a proteção possessória: a posse é meio de defesa protetivo do poder físico e da utilização econômica da coisa.

A esse respeito, manifesta-se Pontes de Miranda (1971:7), dizendo que não há direitos suscetíveis de posse.

> *"Há direitos entre cujos poderes há o de possuir e até o direito a possuir; porém é usar de linguagem incorreta falar-se de posse de direitos, direitos suscetíveis de posse,* ***possessio iuris****, e quejandas impropriedades. O que se tem de perguntar é quais os poderes, contidos no direito de propriedade, que podem ser possessórios, isto é, estado fático de posse".*

Por essa razão, nosso Código apresenta vantagens em relação a outras legislações na conceituação do art. 1.196. Essa disposição não se refere aos direitos reais, mas a poderes inerentes ao domínio ou à propriedade: *considera-se possuidor todo aquele que tem de fato o exercício, pleno, ou não, de* **algum dos poderes inerentes à propriedade**. Com isso, o legislador trouxe para o mundo jurídico o fato da posse. Antes de entrar no mundo jurídico, a posse é apenas fato. Por essa razão, também se protege a posse de bens imateriais quando suscetíveis de uso e apropriação, como ocorre com a marca comercial e os símbolos que a acompanham (*RT* 626/45).

Destarte, embora inexata a expressão *posse de direitos*, tem ela perfeita compreensão na doutrina. No entanto, deve ser afastada a ideia de que essas manifestações de domínio aqui exemplificadas ficam fora da proteção possessória, como errônea interpretação do tema poderia sugerir. Desse modo, como corolário da teoria objetiva da posse, há de ser concebido como *possuidor* todo aquele que no âmbito das relações patrimoniais exerça um poder de fato sobre um bem. Mas, em qualquer situação, a posse deve estampar uma exterioridade ou aparência.

Sem esta, não há como defendermos a existência da posse, porque impossível torna-se o *animus*, porque não existirá o fato passível de posse. Por essa razão, não chegamos ao extremo de admitir a posse de um direito de crédito, por exemplo, como também não deferimos proteção possessória à manutenção de um cargo ou função pública, para cujo resguardo existem medidas específicas, distantes da noção possessória.

Não negamos, portanto, a proteção possessória a direitos incorpóreos.

> *"INTERDITO PROIBITÓRIO - PATENTE DE INVENÇÃO DEVIDAMENTE REGISTRADA - DIREITO DE PROPRIEDADE. I - A doutrina e a jurisprudência assentaram entendimento segundo o qual a proteção do direito de propriedade, decorrente de patente industrial, portanto, bem imaterial, no nosso direito, pode ser exercida através de ações possessórias. II - O prejudicado, em casos tais, dispõe de outras ações para coibir e ressarcir-se dos prejuízos resultantes de contrafação de patente de invenção. Mas tendo o interdito proibitório índole, eminentemente, preventiva, inequivocamente, é ele o meio processual mais eficaz para fazer cessar, de pronto, a violação daquele direito. III - Recurso não conhecido"* (*DJU* 149:9997 de 5-8-91 - Rec. Esp. nº 7.196/RJ - Reg. nº 91.00000306-9 - Rel. Min. Waldemar Zveiter, 10-6-1991).

4

CLASSIFICAÇÕES DA POSSE

4.1 POSSE DIRETA E INDIRETA

Da natureza e espécie de posse decorrem variados e diversos efeitos.

O art. 486 do Código anterior já assinalava a possibilidade de bipartição do exercício da posse ao estatuir:

> *"Quando, por força de obrigação, ou direito, em casos como o do usufrutuário, do credor pignoratício, do locatário, se exerce temporariamente a posse direta, não anula esta às pessoas, de quem eles a houveram, a posse indireta".*

Nesse dispositivo, a lei reconhecia a possibilidade de coexistência de duas categorias simultâneas de possuidores, qualificando-os como possuidores diretos e possuidores indiretos. As situações de usufrutuário, credor pignoratício e locatário são apenas exemplificativas: diversas outras poderão ocorrer, decorrentes de direito pessoal ou real, nos termos que indica a dicção legal. A lei de 1916 descrevia situações decorrentes de relações contratuais, as quais não constituem a única possibilidade.

O Código de 2002 nos transmite uma compreensão melhor do fenômeno, no art. 1.197:

> *"A posse direta, de pessoa que tem a coisa em seu poder, temporariamente, em virtude de direito pessoal, ou real, não anula a indireta de quem aquela foi havida, podendo o possuidor direto defender a sua posse contra o indireto".*

Houve proposta no sentido de que esse artigo passasse a ter a seguinte redação:

> *"A posse direta dos bens, mesmo que em caráter temporário e decorrente de direito pessoal ou real, não anula a posse indireta de quem foi havida, podendo qualquer um deles agir em sua defesa, inclusive por ato praticado pelo outro possuidor"* (Projeto nº 6.960/2002).

Como decorre dessas disposições, possuidor indireto é o próprio dono ou assemelhado, que entrega seu bem a outrem. A tradição da coisa faz com que se opere a bipartição da natureza da posse. Possuidor direto ou imediato é o que recebe o bem e tem o contato, a bem dizer, físico com a coisa, em explanação didática simplificada. Nesse diapasão, serão possuidores diretos, também exemplificando, os tutores e curadores que administram bens dos pupilos; o comodatário que recebe e usufrui da coisa emprestada pelo comodante; o depositário que tem a obrigação de guardar e conservar a coisa recebida etc. Todos estes detêm posse de bens alheios. A lei ou o contrato, como regra geral, determinará a forma e lapso temporal dessa posse direta. Não apenas relações de direito obrigacional ou real podem desdobrar a posse, mas também de direito de família e de sucessões. Como enfatizamos em nossa obra *Direito civil: Família e Sucessões* (seção 42.5), o art. 1.579 do Código anterior dispunha:

> *"Ao cônjuge sobrevivente, no casamento celebrado sob o regime da comunhão de bens, cabe continuar até a partilha na posse da herança com o cargo de cabeça do casal".*

Essa disposição, atualmente derrogada, era vista em consonância com a ordem de nomeação de inventariante estabelecida pelo art. 617 do CPC, a qual na verdade a explicita. O inventariante é auxiliar do juízo e representante do espólio. Essa posse mostrava-se em aparente contradição com o princípio fundamental de nosso direito possessório, a *saisine*, estabelecido pelo art. 1.784: *"Aberta a sucessão, a herança transmite-se, desde logo, aos herdeiros legítimos e testamentários"*. A aparente contradição dos princípios da *saisine* dos herdeiros e da posse do inventariante desaparece com a compreensão da posse direta e indireta. Ao inventariante era atribuída a posse direta, enquanto aos herdeiros era deferida a posse indireta, salvo situações de fato que invertessem o desdobramento ou fizessem desaparecer, quando, por exemplo, o próprio herdeiro era nomeado inventariante. Tanto aos herdeiros, separada ou conjuntamente, como ao inventariante era dado defender os bens hereditários com os remédios possessórios. A situação não se altera na atualidade.

Desse modo, faz-se necessária a existência de uma relação jurídica negocial ou legal entre possuidor direto (imediato) e indireto (mediato). Ocorre um desdobramento da relação possessória. Foi solução encontrada pela lei para contornar situação em que o simples exame do *animus* e do *corpus* se mostrou insuficiente. São consideradas duas posses, paralelas e reais: a direta ou *imediata* de quem temporariamente, por força de ato ou negócio jurídico, a exerce, e a indireta ou *mediata* do titular da coisa, do *dominus*. Como vemos, a lei reconhece duas modalidades de posse coexistentes.

Como consequência, tanto o possuidor direto como o indireto podem valer-se das ações possessórias para se defenderem de turbação ou esbulho. Do mesmo modo, o possuidor direto pode opor-se pelas vias possessórias contra a turbação ou esbulho praticado pelo possuidor indireto. Destarte, assim se pode defender o locatário contra ato turbativo do locador; o usufrutuário contra ato do nu-proprietário; o comodatário contra ato do comodante etc. Nesse mesmo sentido, como vimos, foi expresso o Código em vigor, oriundo do Projeto de 1975, no art. 1.197. Por outro lado, ambos os possuidores, direto e indireto, estão legitimados às ações de defesa da posse contra terceiros que a turbem ou ameacem, ou mesmo um possuidor contra o outro, se turbada a posse em seu respectivo âmbito, como enfatiza a redação do Projeto.

Também, nada impede que haja um sucessivo desdobramento da posse. No usufruto, por exemplo, o nu-proprietário tem a posse indireta, e é possuidor direto o usufrutuário. Este pode dar a coisa em locação, originando a posse direta do locatário. O primitivo possuidor direto passa a ser também possuidor indireto. Como veremos ao tratar da composse, a exemplo do condomínio, os compossuidores exercem o poder de fato sobre a coisa de forma horizontal, de acordo com o mesmo título e com as mesmas peculiaridades. No desdobramento de posse imediata e posse mediata, existe um plano vertical para a pluralidade de sujeitos; portanto, um plano hierárquico ligado à natureza do fato jurígeno. Na distinção entre possuidores e detentores, por outro lado, tendo em vista o âmbito mais restrito conferido pela lei aos detentores, existe também uma hierarquia entre os diversos sujeitos, levando-se em conta que neste último caso a *"hierarquia manifesta-se de um modo absoluto ou com alta intensidade. Nenhum é o direito do detentor em relação à coisa confiada ao seu poder"* (Lopes, 1964, v. 6:128).

Como percebemos, as posses direta e indireta convivem harmoniosamente e não colidem. *O possuidor direto, por ter poder de fato sobre a coisa, objeto da posse direta, tem posse real, efetiva* (Alves, 1985, v. 2: 449). Como o possuidor indireto não tem a coisa em seu poder, a aparência por nós enfatizada não é tão manifesta. O possuidor indireto pode circunstancialmente estar colocado na posição de simples detentor (o nu-proprietário utiliza-se da coisa por ordem do usufrutuário, por exemplo), ou pode vir a obter do possuidor direto essa mesma característica (o nu-proprietário toma em locação a coisa objeto do usufruto); no entanto isso configura questões circunstanciais que não afetam a estrutura sob exame. Sempre será indispensável que examinemos a relação jurídica existente entre os dois sujeitos.

Observe que a repulsa à invasão de sua esfera possessória, a ser oposta pelo possuidor direto contra o indireto, permanece apenas enquanto durar o título ou fato jurígeno autorizador do desdobramento da posse. Decorrido o prazo contratual do comodato, por exemplo, ou notificado o comodatário por prazo indeterminado para restituir a coisa, estará ele praticando esbulho contra o comodante. Nessa hipótese, o comodatário já se despiu do título que lhe permitia a posse direta perante aquele que detém a senhoria da coisa. Na mesma situação, coloca-se o inventariante, cujo cargo se extingue com a partilha dos bens da herança.[1]

---

[1] "Reintegração de posse – Imóvel – **Propriedade e posse indireta da autora comprovados** – Ré desmunida de qualquer título ou documento ancorador de justa posse – Posse clandestina e de má-fé – Esbulho caracterizado – Reintegração determinada – Requisitos do art. 561 do CPC evidenciados – Súmula nº 487 do STF – Procedência mantida – Recurso improvido" (*TJSP* – AC 1079219-12.2018.8.26.0100, 28-6-2019, Rel. Correia Lima).

"Reintegração de posse – Imóvel – Domínio e posse indireta da autora comprovados – Réu desmunido de qualquer título ou documento ancorador de justa posse – Ocupação do imóvel, ademais, por mera permissão ou tolerância em razão da relação de parentesco havida entre o comodante e o comodatário – Art. 1.208 do Código Civil – Mera detenção que não induz posse – Esbulho caracterizado – Reintegração determinada – Requisitos do art. 561 do CPC evidenciados – Súmula nº 487 do STF – Procedência parcial mantida – Recurso improvido" (*TJSP* – Ap 1011701-84.2016.8.26.0161, 3-5-2018, Rel. Correia Lima).

"Agravo interno no agravo em recurso especial – Processual Civil – Ação de reintegração de posse – Cabimento – **Posse Indireta** – Acórdão recorrido e entendimento desta corte – Consonância – Reexame de provas – Impossibilidade – Súmula nº 7 /STJ – 1- O Superior Tribunal de Justiça consolidou o entendimento de que é cabível a ação de reintegração de posse quando o autor comprova o exercício de posse indireta adquirida mediante constituto possessório. 2- Rever a conclusão do aresto impugnado acerca da existência de posse indireta e de esbulho possessório encontra óbice, no caso concreto, na Súmula nº 7 /STJ. 3- Segundo jurisprudência pacífica, a incidência da Súmula nº 7 /STJ obsta o seguimento do recurso por qualquer das alíneas do permissivo constitucional. 4- Agravo interno não provido" (*STJ* – AGInt-AG-REsp 1.081.186 – (2017/0076936-6), 28-9-2017, Rel. Min. Ricardo Villas Bôas Cueva).

"Agravo interno em recurso especial – Ação Rescisória – Usucapião – Requisitos – Ausência – Imóvel financiado pelo SFH – Negativa de prestação jurisdicional – Art. 535 do CPC/1973 – Não Ocorrência – Reexame de provas – Inviabilidade – Súmula nº 7/STJ – Art. 485, inciso V, do CPC/1973 – Violação frontal e direta – Não ocorrência – 1- Não há falar em negativa de prestação jurisdicional se o tribunal de origem motiva adequadamente sua decisão, solucionando a controvérsia com a aplicação do direito que entende cabível à hipótese, apenas não no sentido pretendido pela parte. 2- A reforma do julgado demandaria o reexame do contexto fático-probatório, procedimento vedado na estreita via do recurso especial, a teor da Súmula nº 7/STJ. 3- Segundo a jurisprudência desta Corte, a posse decorrente de contrato de promessa de compra e venda de imóvel por ser incompatível com o animus domini, em regra, não ampara a pretensão à aquisição por usucapião. 4- A viabilidade da ação rescisória por ofensa de literal disposição de lei pressupõe violação frontal e direta contra a literalidade da norma jurídica, sendo inviável, nessa seara, a reapreciação das provas produzidas ou a análise acerca da correção da interpretação dessas provas pelo acórdão rescindendo. 5- Agravo interno não provido" (*STJ* – AGInt-REsp 1.520.297 – (2015/0054606-4), 1-9-2016, Rel. Min. Ricardo Villas Bôas Cueva).

"**Apelação** – Usucapião especial urbana – Suficiência da prova documental e oral no sentido de afastar os requisitos da usucapião, em especial o *animus domini* – Decurso de prazo ocorrido durante a tramitação do

Entre as hipóteses referidas, examinemos a situação da locação, para melhor entendimento. Consideramos possuidor direto o locatário, porque é ele quem se encontra imediatamente ligado à coisa, em seu uso e gozo. O locador ou proprietário manterá a posse indireta. Se o locador ameaçar a utilização plena da coisa entregue em locação (transgredindo, portanto, regra elementar e essencial do contrato de locação), o locatário pode defender-se contra o senhorio, utilizando-se dos remédios possessórios. Como aduz Pontes de Miranda (1971, v. 10:108),

> *"a ação do locatário contra o locador é relação pessoal; mas, se ele tem posse e há ofensa por parte do locador, a ação que ele tem – como possuidor imediato – é a mesma que teria contra qualquer terceiro que lhe turbasse ou esbulhasse a posse".*

Na vigente Lei do Inquilinato (Lei nº 8.245/91), entre as obrigações do locador elencadas no art. 22 encontra-se a de *garantir, durante o tempo da locação, o uso pacífico do imóvel locado* (inciso II). Esse dever do locador é inerente à locação. Contra terceiros, tanto o locador como o locatário podem utilizar-se das ações possessórias. No entanto, em virtude da natureza da relação negocial, cumpre ao locatário, ainda que não se valha do remédio possessório, levar prontamente ao conhecimento do locador eventuais turbações de terceiros contra a coisa locada, para evitar perecimento de direitos e sujeitar-se a pagar indenização ao locador, sem prejuízo da rescisão do contrato por descumprimento de obrigação legal. Na lei inquilinária, essa obrigação do locatário vem descrita no art. 23, IV:

> *"levar imediatamente ao conhecimento do locador o surgimento de qualquer dano ou defeito cuja reparação a este incumba, bem como as eventuais turbações de terceiros".*

Mutatis mutandis, a mesma conjuntura aplica-se às outras relações negociais em que a natureza da posse se biparte em direta e indireta.

Interessante notar, como aponta a doutrina, que essas modalidades não se harmonizam nem com a teoria de Savigny, nem com a de Jhering. Para Savigny, a posse dependeria da intenção, do *animus* de ser dono. Não existe esse *animus* para o locatário, usufrutuário, depositário etc. pela própria natureza da relação contratual envolvida. Pela teoria de Jhering, haveria necessidade de exterioridade do domínio, o que não ocorre com o locador, nu-proprietário, depositante, porque não se apresentam eles ostensivamente perante a sociedade como titulares do direito real. Quem efetivamente se mostra com os poderes aparentes de proprietário são efetivamente o locatário, o usufrutuário, o depositário etc. Aplica-se a regra de aparência à qual nos referimos no capítulo precedente.

Desse modo, concluímos que o Direito brasileiro adotou solução de ordem técnica, sem recorrer diretamente às fontes históricas tradicionais, embora inspirado no Código alemão,

---

processo que não tem o condão de alterar o caráter precário da posse. Decisão Mantida. Aplicação do artigo 252 do Regimento Interno do TJSP. Recurso Improvido" (*TJSP* – Ap 0017873-53.2002.8.26.0451, 11-2-2015, Rel. Egidio Giacoia).

"**Apelação. Ação de extinção de comodato cumulada com reintegração de posse**. Sentença de procedência. – 1 – Cuidando-se de posse decorrente de comodato verbal, não faz jus o réu ao reconhecimento da usucapião, porque o comodatário não exerce atos de posse com '*animus domini*'. Correta a sentença ao não acolher a exceção de usucapião. 2 – Benfeitorias e acessões realizadas antes da notificação decorrem da posse de boa-fé e merecem, além de indenização, ser amparadas pelo direito de retenção. Embora o art. 1.219 do CC/2002 refira-se apenas às benfeitorias, aplica-se também às acessões. Enunciado nº 81 do CJF. Direito de retenção do imóvel pelo réu, possuidor de boa-fé, reconhecido. Princípio da vedação ao enriquecimento sem causa. Recurso, no tema, provido. Sentença reformada. Recurso provido em parte" (*TJSP* – Ap 0015418-74.2011.8.26.0007, 25-8-2014, Rel. Sergio Gomes).

para dirimir questões de difícil deslinde nessas relações negociais, não se preocupando com a filiação numa ou noutra corrente doutrinária acerca da posse.[2]

A maior dificuldade, como aponta José Carlos Moreira Alves (1985, v. 1:350), é caracterizar outras hipóteses de desdobramento de posse direta e indireta que não as expressas exemplificativamente na Lei de 1916. Para tal, será necessário o exame da natureza da posse e, se, no caso concreto, existe realmente um desdobramento, ou *simples detenção*. A esse respeito mencionamos, exemplificativamente, a natureza da posse do inventariante e dos herdeiros.

É fato que essa criação jurídica é de notória praticidade e sua ausência em ordenamentos alienígenas dá margem a dificuldades. Essas duas modalidades podem efetivamente coexistir sem afetar os fundamentos estruturais da posse. A nosso ver, de certa forma, também não atenta frontalmente contra a teoria de Jhering, porque, sem muito esforço, no seio da sociedade, aflora ao conhecimento do leigo a relação de locação, usufruto e depósito, por exemplo, levando-se em conta que tanto locador como nu-proprietário e depositante não se despojam completamente da relação de fato com a coisa entregue por certo tempo e por determinado fato jurígeno a um possuidor imediato.

Por outro lado, não temos que confundir as hipóteses de posse direta ou indireta com a conceituação e compreensão de *fâmulo* da posse do art. 1.198, situação por nós já enfocada no Capítulo 3. O fâmulo é mero agente instrumental da posse, que exerce a situação de fato em nome de outrem ou por ordem deste.

Nesse raciocínio, diz-se que a posse direta é a *detenção interessada* (Pontes, 1977:55). Ou seja, nessa relação jurídica da posse direta, não existe a degradação legal que a converteria em detenção. A própria lei reconhece a posse temporária do possuidor imediato. Daí então alguns qualificarem-na de *posse derivada*. Assim como pode o legislador degradar a situação de fato em mera detenção, pode elevar situação de aparente degradação a estado possessório. Em suma, pode o legislador ordenar e coordenar as situações de detenção e de posse direta e indireta sem que as descrições legais (tipificações) sejam exaustivas. Em matéria de posse, sempre se traçarão caminhos gerais a serem examinados nos casos sob exame.

Finalmente, enfatizemos que, se não ocorrerem os fatos jurígenos (fatos típicos, tipificações) que dão origem ao desdobramento ora estudado, não temos que falar em posse direta ou indireta (mediata ou imediata), mas simplesmente em *posse* (posse plena), acolhida em nosso ordenamento na descrição do art. 1.196, pois, na verdade, somente existe a posse imediata. Nesse sentido, salvo expressa menção, falaremos aqui, como alhures, ao ser estudada a matéria, simplesmente em *posse*.

Tendo em vista sua estrutura, a posse direta é, de maneira geral, uma posse derivada, como alguns a denominam, sendo limitada no tempo. Isto porque haverá sempre uma pretensão de entrega, a certo tempo, em favor do possuidor mediato quando, por exemplo, findo o comodato, a locação, o depósito etc. Convivem, contudo, ambas as posses, a direta ou imediata e a indireta ou mediata, não podendo um possuidor turbar a posse do outro, de acordo com sua respectiva natureza. Interessante anotar a redação sugerida no mencionado Projeto nº 6.960/2002, a qual menciona expressamente ao final do art. 1.197 que qualquer desses possuidores pode agir em defesa da posse, "*inclusive por ato praticado pelo outro possuidor*".

---

2 Dispõe o § 868 do BGB: *"Se alguém possui uma coisa como usufrutuário, credor pignoratício, locatário, arrendatário, depositário ou em virtude de uma relação análoga, por causa da qual ele está temporariamente autorizado ou obrigado a exercer a posse em face de terceiro, é este também possuidor (posse mediata)"*.

4.2 COMPOSSE

Duas ou mais pessoas podem possuir a mesma coisa, com vontade comum, ao mesmo tempo. Assim como existe o condomínio, existe a composse, pois esta é a manifestação de aparência da propriedade, conforme vimos. Essa composse pode ocorrer, como deflui do que já foi exposto, tanto na posse imediata como na posse mediata.

Desse modo, podem coexistir dois ou mais locadores, dois ou mais locatários; dois ou mais comodantes, dois ou mais comodatários. Dois sujeitos podem ter a posse da mesma coisa como se condôminos fossem, caso se tratasse de propriedade.[3]

---

[3] "Apelação. Ação de imissão na posse. Ação possessória ajuizada entre irmãos coproprietários de imóvel. Situação jurídica de **composse** configurada. Impossibilidade de ação possessória entre condôminos de bem indiviso. Utilização de parte do imóvel por qualquer dos condôminos não configura ato ilícito passível de reintegração possessória. Inteligência do **art. 1.199 do Código Civil**. Pedidos contrapostos que deveriam ter sido deduzidos em reconvenção. Ausência de configuração de litigância de má-fé. Chamamento ao processo dos demais coerdeiros desnecessário para o deslinde da questão. Extinção do condomínio que demanda ação própria. Justiça gratuita mantida por ausência de provas suficientes para afastar a presunção de veracidade da declaração de hipossuficiência. Solução do conflito deve se dar através de ação de regulamentação de uso e fruição da coisa comum ou de extinção do condomínio. Sentença de improcedência mantida. Recurso improvido" (*TJSP* – Ap 1018534-63.2023.8.26.0003, 20-8-2025, Rel. Luis Fernando Cirillo).

"Apelação – ação de reintegração de posse – esbulho – composse – extinção do feito sem julgamento de mérito – I – Sentença de extinção, sem julgamento de mérito – Apelo da autora – II – Autora que, na constância do casamento, adquiriu com Vilson Portolani, o imóvel descrito na inicial, tendo lá estabelecido sua moradia – Réu, filho do casal, legítimo herdeiro do de cujus – Existência de condomínio *pro indiviso*, vez que, embora o imóvel não seja indivisível, ele ainda não foi dividido entre os condôminos – Posse exercida pelo réu, assim como pela autora, que decorre diretamente do direito possessório, assegurado a todo aquele que tem de fato o exercício, pleno ou não, de algum dos poderes inerentes à propriedade – Inequívoco o direito de posse da autora e também do réu – Existência, no caso, de **composse** – Art. 1.199 do CC – Se duas ou mais pessoas possuírem coisa indivisa, poderá cada uma exercer sobre ela atos possessórios, contanto que não excluam os dos outros compossuidores – Existe, em verdade, uma ficção jurídica, vez que duas pessoas não podem, ao mesmo tempo, exercer poder físico de fato sobre a coisa – Nenhuma pode transformar a posse pro indiviso em posse pro diviso, antes da partilha e inventário – Possibilidade, portanto, em tese, do ajuizamento de ação possessória – Não há que se falar em carência de ação, por impossibilidade jurídica do pedido – Extinção, sem julgamento de mérito, afastada – Inaplicável o disposto no art. 1.013, § 3º, I, do NCPC, vez que, neste momento, não há condições para julgamento imediato da demanda Decisão anulada – Necessário o regular prosseguimento do feito na instância de origem – Apelo provido" (*TJSP* – Ap 1020015-46.2023.8.26.0008, 31-7-2024, Rel. Salles Vieira).

"Possessória – Reintegração de posse – Imóvel – Alegada cessão do bem em comodato verbal gratuito e por prazo indeterminado e recusa dos réus em devolver o imóvel após notificação válida, caracterizando o esbulho – Alegação dos réus de existência de **composse**, requerendo a proteção possessória – Acervo probatório que demonstra a existência de **composse** de bem indiviso entre os litigantes – Exegese do artigo 1.199 do Estatuto Civil – Esbulho não configurado – Improcedência mantida – Recurso improvido" (*TJSP* – Ap 1012293-80.2017.8.26.0004, 29-8-2023, Rel. Correia Lima).

"Apelação. Ação de reintegração na posse de bem imóvel movida por espólio em face de um dos coerdeiros. Hipótese de composse. Sentença de improcedência. Inconformismo do espólio. Sem razão. Imóvel transmitido por herança. Inequívoco o direito possessório conjunto de todos os herdeiros sobre o bem. Não havendo notícia de partilha dos bens deixados pelo *de cujus*, todos os herdeiros permanecem como condôminos e compossuidores do imóvel. Inteligência do artigo 1.199 do Código Civil. Esbulho não caracterizado. Sentença mantida. Gratuidade da justiça concedida. Recurso desprovido, com observação" (*TJSP* – Ap 1028608-51.2018.8.26.0554, 10-10-2022, Rel. Roberto Maia).

"Bem comum – Propositura da ação para extinguir condomínio sobre bem que ficou com ambos os litigantes após o divórcio, tendo a requerida permanecido no local como residência – Inadequação da via eleita – Não configuração – Possibilidade de extinguir um condomínio de direitos sobre o bem, ainda que se fale apenas em **composse** em razão de os litigantes não constarem na matrícula do imóvel, uma vez que se trata de construção realizada por eles em terreno dos genitores do autor – Titularidade conjunta de direitos que pode ser extinta, sem persistir por tempo indefinido – Utilização da coisa exclusivamente por um dos titulares – Fixação de alugueres – Necessidade – Valores devidos a partir da citação, que é o momento em que a parte adversa possui conhecimento da pretensão do autor – Recurso improvido" (*TJSP* – Ap 1009490-24.2020.8.26.0068, 20-8-2021, Rel. Alvaro Passos).

Essa composse pode ocorrer ainda que dela não tenham ciência os compossuidores, como ocorre na hipótese de herdeiro que se acredita único, quando de fato não o é. Ainda que ele não saiba da existência de outros herdeiros, todos têm a posse dos bens hereditários desde o momento da morte do autor da herança, por força do princípio da *saisine* mencionado.

Assim, serão compossuidores do mesmo terreno todos que conjuntamente o tomaram. Nesse diapasão, são compossuidores os condôminos da parte indivisa, parte comum, do edifício de apartamentos, embora se possa aí divisar uma posse mediata, pois a posse direta ou imediata será do *condomínio*, como entidade com personificação anômala (ver, a esse respeito, nosso *Direito civil: parte geral*, Cap. 14). Pontes de Miranda distingue esses exemplos como de *posse simples*, separando-os da composse *de mão comum*. Na composse simples, ou composse propriamente dita, cada sujeito tem o poder fático sobre a coisa, independentemente do outro consorte, que também o tem. São exemplos os aqui citados. Na composse de mão comum, nenhum dos sujeitos tem poder fático independente dos demais. É o caso da posse dos herdeiros, isto é, os herdeiros A, B e C são titulares em conjunto da posse e não cada herdeiro especificamente. Enfatiza o autor (1971, v. 10:112) que em regra a composse mediata é de mão comum.

Quer se trate de posse simples ou de posse de mão comum, com relação a terceiros são irrelevantes as quotas-partes de cada um. Assim, se duas pessoas possuem um cavalo, ainda que uma delas detenha parcela mínima de seu valor, ambas podem defender sua posse contra terceiros. Nosso Código Civil não se referiu a quotas. Dispõe o art. 1.199:

> *"Se duas ou mais pessoas possuírem coisa indivisa poderá cada uma exercer sobre ela atos possessórios, contanto que não excluam os dos outros compossuidores".*

Assim, no caso dos herdeiros, enquanto não partilhada a herança, não pode pretender um deles exercer a posse exclusiva sobre bens hereditários, excluindo arbitrariamente os demais.

Questão que, no entanto, não fica clara é o limite de proteção da posse de um dos compossuidores contra outro. Não nos resta dúvida de que um compossuidor poderá defender-se com remédios possessórios da turbação que outro consorte lhe intentar no âmbito do exercício de seu poder de fato. A situação concreta definirá a relação fática de cada compossuidor com a coisa. De qualquer modo, os compossuidores gozam, uns contra os outros, dos interditos possessórios, caso reciprocamente se lhes ameacem o exercício de seu âmbito possessório.

"Coisa Comum – **Composse** – Possibilidade de extinção, como se condomínio fosse, desde que haja descrição mínima da área, de seus limites e da natureza da posse a fim de não prejudicar terceiros. Hipótese dos autos a não indicar a titularidade do respectivo direito e muito menos descrever minimamente o bem a ser alienado judicialmente. Recurso provido para julgar improcedente a pretensão" (*TJSP* – AC 1007362-14.2017.8.26.0625, 28-3-2019, Rel. Coelho Mendes).

"Agravo interno no agravo em Recurso Especial – Ação de reintegração de posse – Requisitos reconhecidos pela instância ordinária – Modificação que esbarra no óbice da súmula 7 do STJ – Agravo desprovido – 1- O eg. Tribunal de origem, mediante análise soberana do contexto fático-probatório dos autos, concluiu pela ausência de composse no imóvel rural discutido, bem como pela presença de todos os requisitos para autorizar o deferimento da proteção possessória. A modificação do entendimento lançado no v. acórdão recorrido demandaria o revolvimento de suporte fático-probatório dos autos, o que é inviável em sede de recurso especial, a teor da Súmula 7 deste Tribunal. 2- Agravo interno a que se nega provimento" (*STJ* – AGInt-AG-REsp 1.275.715 – (2018/0081969-8), 10-8-2018, Rel. Min. Lázaro Guimarães).

"Haverá turbação de composse, se um compossuidor usar da coisa comum praticando atos contrários à sua destinação, ou se perturba o seu exercício normal por parte de outro compossuidor" (Pontes, 1977:66).[4]

---

4 "Ação de obrigação de não fazer – Autora que ajuizou a ação requerendo que a ré seja compelida a deixar de praticar atos de turbação e à sua **composse** e perturbação à sua tranquilidade, eis que exercem a posse sobre casas situadas no mesmo imóvel – Sentença de improcedência – Irresignação da autora – Não acolhimento – Hipótese em as provas apresentadas pela autora evidenciam alto grau de beligerância entre as partes, que são cunhadas e que residem em casas distintas possuindo uma entrada em comum – Não constatada a efetiva existência de atos de turbação, perturbação ou óbice ao pleno exercício de posse da autora – Sentença mantida – Recurso desprovido" (*TJSP* – Ap 1000501-59.2021.8.26.0176, 19-7-2023, Rel. Marcus Vinicius Rios Gonçalves).

"Apelação cível. Ação de interdito proibitório. (1) requisitos ausentes. Fatos narrados pelos autores que claramente não configuram ameaça à posse. Réus que foram impedidos pelos autores de entrar no imóvel. Réus que, então, ajuizaram demanda indenizatória e procuraram vender sua quota-parte do imóvel para terceiros. Ajuizamento de demanda que é mero exercício do direito constitucional de ação. Meio legítimo para se tutelar pretensões conflituosas. Ação judicial que não configura turbação ou esbulho. Busca de compradores da quota-parte do réus que não tem relação alguma com a posse exercida pelos autores. Inexistência de ameaça. Improcedência mantida. (2) pedido contraposto de reintegração de posse. Cabimento. Usucapião que não impede o ajuizamento de ação possessória pelo lá demandado. Desnecessidade de julgamento conjunto. Requisitos e causa de pedir da reintegração de posse que não se confundem com os da usucapião. (3) exame dos requisitos da reintegração. Presença. Posse dos autores e dos réus que têm origem no mesmo negócio jurídico de aquisição de direitos possessórios. Negócio que havia estabelecido composse entre os adquirentes, sem limitações internas no imóvel. Alegação dos autores de que os réus não teriam posse a ser esbulhada, portanto, que é contraditória com a própria afirmação de posse dos autores. Presunção de que a posse continua com o mesmo caráter que foi adquirida, qual seja, de **composse**. Art. 1.203 do CCB. Única situação noticiada de oposição dos autores à posse dos réus que é o esbulho que originou o presente pedido de reintegração. Réus que não instalaram sua residência no imóvel e que não auxiliam com as custas de manutenção do imóvel. Irrelevância. Questões que não são requisitos da posse. Esbulho demonstrado. Sentença mantida. Honorários advocatícios sucumbenciais majorados. Art. 85 § 11º do CPC. Apelo desprovido" (*TJPR* – Ap – 0004909-40.2015.8.16.0034, 24-5-2021, Rel. Fernando Paulino da Silva Wolff Filho).

"Apelação – **Extinção de composse** c.c – Alienação judicial – Sentença de improcedência, que concluiu que o autor não fazia jus à extinção do condomínio por não ser proprietário do bem. Área objeto de concessão de direito real de uso. Ex-cônjuge que pretende a extinção da relação jurídica e alienação dos direitos possessórios. Possibilidade. Direitos possessórios que têm valor econômico e que podem ser alienados. Possibilidade de extinção da cotitularidade do direito e alienação judicial dos direitos possessórios. Anuência da Municipalidade que não constitui óbice para a extinção da composse e à alienação judicial. Sentença anulada. Recurso Provido" (*TJSP* – AC 0083386-52.2011.8.26.0224, 30-4-2019, Relª Hertha Helena de Oliveira).

"Coisa Comum – **Composse** – Possibilidade de extinção, como se condomínio fosse, desde que haja descrição mínima da área e de seus limites a fim de não prejudicar terceiros. Hipótese dos autos a não indicar a titularidade do respectivo direito e muito menos descrever minimamente o bem a ser alienado judicialmente. Sentença de improcedência mantida. Recurso não provido" (*TJSP* – Ap 1013021-72.2016.8.26.0161, 2-7-2018, Rel. Coelho Mendes).

"Direito Civil – Ação de reintegração de posse – Pressupostos não implementados – **Composse** decorrente da *saisine* – Ausência de comprovação de esbulho praticado por compossuidor – Posse exclusiva também não comprovada – Recurso conhecido e desprovido – 1- Cuidando-se de ação de reintegração de posse, necessário para a concessão da medida é que a parte autora demonstre a posse anterior sobre o imóvel e a turbação ou o esbulho praticado pelo réu. 2- A situação dos autos indica que, por força da '*saisine*', todos os litigantes são compossuidores do bem objeto da ação de reintegração. Isto porque alegou a autora que morava no imóvel individualizado nos autos, juntamente com sua genitora e irmão. Diz que o imóvel lhe pertence, mas que com o falecimento de sua mãe, o réu, irmão da autora, estaria esbulhando o imóvel que fora adquirido pela demandante. 3- Todavia, o que restou comprovado nos autos foi a composse decorrente da *saisine* e ausência de esbulho. Com efeito, para o êxito da reintegração de posse de um herdeiro contra o outro, deve ser comprovada de forma robusta a posse exclusiva da autora e o esbulho praticado pelo réu, o que não restou evidenciado pela prova dos autos. 4- Recurso conhecido e desprovido" (*TJDFT* – Proc. 20140310326440APC – (1019396), 29-5-2017, Rel. Robson Barbosa de Azevedo).

"**Agravo** – Contrato de hospedagem – Reintegração de posse – A interpretação mais harmônica, que se pode ter do pactuado, considerando os dados coligidos aos autos e as regras definidas pela doutrina, para interpretação dos contratos, é a de que as partes celebraram contrato de hospedagem e não de locação. Destarte, é inaplicável à espécie, a Lei de Locação (Lei nº 8.245/91) – Nulidade Processual – Eventual violação da convenção condominial, supostamente praticada pelos proprietários (agravados) é questão estranha à relação jurídica ora analisada (hospedagem), frisando-se que os efeitos do contrato de hospedagem têm efeito somente entre as partes que o celebraram. Destarte, é despicienda em relação ao agravante, eventual infração praticada pelos agravados, no que tange ao condomínio – Simulação – A simulação, dentre outras, tem a característica de corresponder a uma

Nesse raciocínio, a jurisprudência tem defendido a composse da companheira, em relação ao imóvel comum do casal e a seu companheiro.

> *"Reintegração de posse - Composse - Concubina expulsa de sua residência pelo companheiro - Pretensão ao retorno e à retirada do réu do imóvel - Inexistência de prova de posse exclusiva - Concessão da liminar assegurando-lhe o direito de morar no imóvel, sem excluir igual direito do compossuidor - Art. 488 do CC - Recurso Parcialmente provido para esse fim"* (*1º TACSP*, Ap 377.213/88, 1ª Câmara, Rel. Celso Bonilha).[5]

O vínculo concubinário ou de união estável, na nomenclatura adotada pela Constituição, confere ao companheiro os mesmos direitos possessórios do cônjuge legítimo, havendo união estável (*RT* 665/129).

Por outro lado, se os compossuidores acordam em delimitar o terreno objeto de sua posse, ou a extensão fática do objeto da posse, passa cada um a exercer a posse exclusiva sobre o torrão escolhido, desaparecendo nesse caso a composse. Composse localizada é mera aparência de posse em comum. É posse exclusiva. Nada obsta que seja ajuizada ação declaratória para delimitar o âmbito da posse ou posse localizada. Nesse caso, distingue-se a posse *pro diviso* da

---

falsa declaração bilateral de vontade. A declaração é sempre concertada com outra parte, com o intuito de iludir terceiro. Logo, se simulação houve, quando da celebração do contrato, em tese, houve concerto entre os litigantes. Destarte, há que se aplicar à espécie, o brocardo *nemo auditur turpitudinem propriam alegans* - 'ninguém deve ser ouvido sobre a própria torpeza' - Inexistência de Nulidade Processual - Composse - A alegação acerca do litisconsórcio necessário é inócua, tendo em vista que a ação foi proposta pelos proprietários em face da hóspede e do usuário, partes que firmaram o contrato - A corré se deu por citada e o réu interpôs recurso de agravo - Direito de defesa preservado - Reintegração de Posse - Os arts. 131 e 335, do CPC, dão conta de que o legislador acolheu os princípios do livre convencimento e da persuasão racional. Bem por isso, o Juiz pode, por força de lei, formar livremente seu convencimento, atendendo aos fatos e circunstâncias constantes dos autos - Elementos coligidos aos autos, dão conta de que o esbulho possessório restou caracterizado, tendo em vista que o agravante foi notificado extrajudicialmente a desocupar o imóvel e não o fez - Posse precária de força nova reconhecida - Desnecessidade de realização de audiência de justificação - Manutenção da Liminar - Recurso desprovido" (*TJSP* - AI 2122788-60.2015.8.26.0000, 2-9-2015, Rel. Neto Barbosa Ferreira).

5 "Agravo de instrumento - **Composse** - Posse exclusiva de bem comum - Tutela antecipada que fixou aluguel provisório a título de indenização - Admissibilidade - Inteligência do art. 1.199 do Código Civil - Não demonstração de plano de manifesta desproporção do valor fixado pelo juízo de origem - Valores que ficarão consignados em juízo, podendo ser prontamente restituída eventual diferença posteriormente apurada, ou a totalidade, se for o caso - Recurso desprovido" (*TJSP* - AI 2187064-95.2018.8.26.0000, 1-2-2019, Rel. Alcides Leopoldo).

"Coisa Comum - **Composse** - Possibilidade de extinção, como se condomínio fosse, desde que haja descrição mínima da área e de seus limites a fim de não prejudicar terceiros. Hipótese dos autos a não indicar a titularidade do respectivo direito e muito menos descrever minimamente o bem a ser alienado judicialmente. Sentença de improcedência mantida. Recurso não provido" (*TJSP* - Ap 1013021-72.2016.8.26.0161, 2-7-2018, Rel. Coelho Mendes).

"Agravo de instrumento - Reintegração de posse - **Composse** - Antecipação de tutela - I - A prova inequívoca da verossimilhança da alegação está configurada. Deferida a antecipação de tutela para que mãe-agravada e filha-agravante exerçam composse do imóvel no qual a última morava e para o qual retornou após tratamento de saúde. II - Agravo de instrumento provido" (*TJDFT* - AI 20150020297327AGI - (923134), 8-3-2016, Relª Vera Andrighi).

"**Agravo de instrumento** - Ação possessória - Fração ideal vendida em alienação judicial - Imissão na posse - Embargos de terceiro liminarmente rejeitados - Proteção Possessória Indeferida - Recurso - **Composse** - Titular de 50% do domínio - Impossibilidade de se conferir imissão em imóvel aparentemente *pro indiviso*. Recurso provido com observação" (*TJSP* - AI 2222679-88.2014.8.26.0000, 19-1-2015, Rel. Carlos Abrão).

"**Alienação judicial de coisa comum**. Bem em comum, após separação consensual. Carência de ação decretada. Titularidade do imóvel não regularizada no Registro de Imóveis. **Composse.** Possibilidade de extinção, tal como se condomínio fosse. Direitos sobre o imóvel que possui valor econômico e pode ser levado à hasta pública. Decreto de extinção afastado. Procedência decretada. Sucumbência a cargo do réu. Aplicação do art. 515, § 3º, do CPC. Recurso provido" (*TJSP* - Ap 0028907-09.2005.8.26.0002 - São Paulo, 20-8-2013, Rel. Miguel Brandi).

posse *pro indiviso*. Se o possuidor tem posse delimitada sobre a coisa, sua posse é *pro diviso*, exercitada sobre parte certa e determinada. Se a posse em comum em terreno mostra-se indeterminada, sem fixação clara de limites, cuida-se de posse *pro indiviso*, a verdadeira composse, *"o compossuidor tem direito de nele instalar-se, desde que não exclua os demais. O Código Civil, no art. 623, nº I, assegura-lhe esse direito"* (Monteiro, 1989:81). A posse *pro indiviso* é aquela em que os sujeitos possuem a mesma coisa por vontade comum. O verdadeiro estado de posse em comum pressupõe o estado de fato pelo qual diversos sujeitos possuem em comum a mesma coisa indivisa (Pontes, 1977:65).[6]

---

6 "Apelação cível. Ação de reintegração na posse. Sentença de procedência. Irresignação dos réus. Descabimento. Autora que, nos moldes delineados pelo art. 373, I, do atual CPC, comprovou ter adquirido os direitos sucessórios e possessórios sobre o imóvel sub judice pelo princípio da *saisine* (art. 1784, CC), tratando-se, desde então, de verdadeira hipótese de **composse *pro indiviso***. Terreno sobre o qual foram edificadas cinco casas para servirem de residência a irmãos e suas respectivas famílias. Requerente que, diante da ausência de convivência harmônica com seu irmão e sobrinha, optou por se tornar possuidora indireta do imóvel, tendo-o locado à terceiros, com o desdobramento da posse (art. 1.196, do CC). Hipótese em que, ao término da locação, os réus têm impedido a autora de adentrar no seu imóvel. 'É possível a caracterização do esbulho na composse pro indiviso do acervo hereditário quando um compossuidor exclui o outro do exercício de sua posse sobre determinada área, admitindo-se o manejo de ação possessória. Precedentes' (STJ, AgInt no AREsp 998055/SP). Proteção possessória adequadamente deferida, à luz dos arts. 560 e 561, do CPC. Impossibilidade de convivência harmônica e pacífica entre as partes que deve ser solvida por ação judicial de extinção de condomínio ou de arbitramento de aluguel. Sentença mantida. Recurso desprovido" (*TJSP* – Ap 1002470-75.2023.8.26.0003, 3-4-2025, Rel. Rodolfo Pellizari).

"Ação de reintegração de posse – Pretensão à reintegração de posse de imóvel residencial adquirido na constância de união estável entre autor e ré – **Composse** *pro indiviso* evidenciada – Inteligência do art. 1.199 do CC – Prova documental produzida evidenciando não praticou a ré atos tendentes a obstar o exercício simultâneo da posse pelo autor – Autor reconheceu na petição inicial foi afastado do lar e impedido de coabitar no imóvel, em decorrência de medida judicial protetiva concedida à ré, após ser o autor denunciado por ameaças à integridade física da ré e filhos – Esbulho não caracterizado – Descabimento da pretensão de recebimento de aluguéis, por inexistente ofensa ao exercício da posse simultânea do autor – Recurso negado" (*TJSP* – Ap 1013173-80.2021.8.26.0344, 10-8-2022, Rel. Francisco Giaquinto).

"Agravo de instrumento – Ação de obrigação de fazer para desocupação do imóvel c.c indenização por fruição do bem – Tutela provisória de urgência para desocupação do imóvel e acesso da agravante a fim de que promova a alienação do bem – Cuidando-se de hipótese de **composse pro indiviso**, em que, em princípio, cada um dos compossuidores tem o direito de usar e gozar da coisa, havendo a ocupação a título de *sucessio possessioni* pelos agravados do imóvel objeto da lide, não se justifica a concessão de medidas possessórias entre as partes até a alienação ou adjudicação do bem, como é vedado no condomínio – Pretensão de desocupação imediata a fim de viabilizar a venda do imóvel e não para uso próprio – Ausência dos requisitos do art. 300, CPC/15 – Recurso desprovido" (*TJSP* – AI 2279263-34.2021.8.26.0000, 22-12-2021, Rel. Alcides Leopoldo).

"Ação de reintegração de posse – Improcedência – **Composse** – Ausência de esbulho – Observância de que não pode um possuidor excluir a posse dos demais enquanto não for oficialmente dividida a propriedade – Recurso não provido" (*TJSP* – AC 1007375-87.2018.8.26.0007, 22-7-2019, Rel. Paulo Pastore Filho).

"Reivindicatória – **Composse de imóvel 'pro indiviso'** – Ocupação pela apelada na qualidade de ex-convivente e mãe de herdeira menor, do coproprietário – Bens doados pelo falecido sujeitos à colação para assegurar divisão equânime entre herdeiros necessários – Esbulho não caracterizado – Cabe a recorrente valer-se de outros mecanismos para resolver o entrave com a apelada, tais como o recebimento de alugueres de seu quinhão ou, ainda, a via judicial da extinção do condomínio – Sentença de improcedência mantida – Recurso desprovido" (*TJSP* – Ap 1000239-21.2015.8.26.0047, 23-1-2018, Rel. J. B. Paula Lima).

"**Apelação** – Arbitramento e cobrança de aluguel – Bem recebido por herança – Uso exclusivo do imóvel por um dos herdeiros – Sentença de procedência – Fixado o valor proporcional da percepção de frutos em R$ 461,54 (quatrocentos e sessenta e um reais e cinquenta e quatro centavos) mensais, devidos a partir da citação. Reconvenção improcedente, por não estar comprovada a utilização do material de construção adquirido, no imóvel em litígio tampouco, a anuência dos demais herdeiros. Irresignação do requerido. Preliminar de cerceamento de defesa, obstada a produção de provas, em razão do julgamento antecipado. Reitera os termos da contestação e reconvenção. Ressarcimento dos valores despendidos com o imóvel, e indenização por dano moral. Descabimento. Preliminar rejeitada. Incontroversa a ocupação exclusiva do imóvel, objeto do litígio, pelo requerido. Condomínio *pro indiviso* entre os herdeiros (CC art. 1791, par. ún.). Aquele que ocupa exclusivamente imóvel deixado pelo falecido deverá pagar aos demais herdeiros valores a título de aluguel proporcional, quando demonstrada oposição à sua ocupação exclusiva. Valor devido e bem arbitrado, pelo juiz singular, desde a citação. Ineficiência da documentação, quanto à demonstração de uso do material adquirido, no imóvel em questão. Sentença mantida. Recurso a que

A composse extingue-se por vontade dos sujeitos que faz desaparecer o estado de indivisão ou quando cessa a causa que a determinou. Com a partilha, por exemplo, cada herdeiro recebe seu quinhão, desaparecendo a posse em comum. Da mesma forma, sendo dois os usufrutuários da mesma coisa, falecendo um deles, desaparece a composse *se houver direito de acrescer estipulado* (art. 740).

4.3 POSSE JUSTA E INJUSTA. POSSE VIOLENTA, CLANDESTINA E PRECÁRIA

O conceito de posse justa encontra-se definido de forma negativa na lei. *"É justa a posse que não for violenta, clandestina, ou precária"* (art. 1.200), (*nec vim, nec clam, nec precario*).[7]

---

se nega provimento. Recurso Adesivo. Inconformismo do espólio autor e demais herdeiros. Majoração do valor mensal fixado, bem como, que sua exigência seja a partir do falecimento da genitora, face à ciência inequívoca do requerido, quanto à pretensão dos demais herdeiros. Descabimento. Indenização ao condômino que não usufrui o bem comum que só é devida a partir da exigência inequívoca de remuneração pelo uso. Termo inicial da obrigação que se dá, *in casu*, a partir da citação para esta demanda e não a partir da abertura da sucessão. Sentença mantida. Recurso a que se nega provimento" (*TJSP – Ap* 0000064-57.2012.8.26.0400, 14-9-2015, Rel. José Rubens Queiroz Gomes).

7 "Ação possessória. Abandono do imóvel. Interdição nove anos depois. Inexistência de prova de incapacidade ao tempo do fato. Inércia dos familiares. Réus portadores de justo título. Posse exercida sem violência ou clandestinidade. Esbulho inexistente. **Art. 1.200 do CC** e art. 560 do CPC. Sentença de improcedência mantida. Recurso improvido" (*TJSP* – Ap 1003602-82.2022.8.26.0075, 9-9-2024, Rel. Luis Fernando Camargo de Barros Vidal).

"Apelação cível. Ação de reintegração na posse c.c. indenização por danos materiais e morais. Sentença de improcedência. Inconformismo. Pretensão dos autores de verem declarado o direito de purgarem o débito na forma do artigo 39 da Lei 9.514/97 cc artigo 34 do DL 70/66, ou a reversão em perdas e danos conforme a Lei 13.465/17. Inviabilidade de conhecimento. Evidente inovação em sede recursal. Inteligência do Art. 932, III, CPC. Reintegração na posse e indenização. Descabimento. Autores que não se desincumbiram de seu ônus probatório, nos moldes delineados pelo Art. 373, inciso I, do CPC. Ausência dos requisitos previstos no Art. 561 do CPC. Propriedade do imóvel consolidada à credora fiduciária em procedimento extrajudicial da Lei n. 9.514/97. Transmissão do domínio licitamente aos réus. Esbulho não caracterizado. **Posse justa, sem os vícios da violência, clandestinidade ou precariedade** (Art. 1.200, CC). Decisão escorreita de primeiro grau, ao indeferir à autora reintegração na posse. Ausência de ilícito a ensejar a indenização dos autores por danos morais. Réus que se encontram em exercício regular de direito (Art. 188, I, CC). Danos materiais, por seu turno, que não restaram comprovados nos autos. Sentença mantida. Recurso em parte não conhecido e, na parte conhecida, desprovido" (*TJSP* – Ap 1011378-72.2017.8.26.0152, 7-10-2022, Rel. Rodolfo Pellizari).

"Apelação. Teórica carência de ação pela inexistência de posse anterior dos autores. Atribuição de nomen juris incorreto à demanda que não obsta seu conhecimento, na medida em que as razões de fato e de direito revelam se tratar de ação petitória. Interpretação do pedido que deve considerar a totalidade da postulação (art. 322, § 2º, CPC). Promissário comprador que detêm legitimidade ativa para pleitear o ingresso originário na posse do imóvel injustamente ocupado por terceiros. Ocupação clandestina do imóvel pela apelante da qual resulta a natureza injusta de sua posse (art. 1.200 do Código Civil). Sentença mantida. Recurso desprovido" (*TJSP* – Ap 1003635-64.2020.8.26.0068, 10-6-2021, Rel. Rômolo Russo).

"Usucapião especial urbana – Autora que exerce a posse como locatária – **Posse precária**, ausente o *animus domini* – Pagamento de IPTU e de taxas de água e luz que é de responsabilidade dos ocupantes do imóvel, a qualquer título – Sentença de improcedência mantida – Recurso desprovido" (*TJSP* – AC 0113641-17.2007.8.26.0229, 25-4-2019, Rel. Moreira Viegas).

"Apelação Cível – Reintegração de posse – Comodato Verbal – Posse Precária – É precária a posse originada de ato de mera liberalidade do proprietário do imóvel, que permitiu que os réus criassem animais no terreno objeto da lide, – Demonstrado nos autos por meio que a posse exercida pelos recorrentes é precária e, mesmo após receber notificação para desocupação do imóvel permaneceu inerte, caracterizando esbulho possessório, deve ser mantida a sentença que julgou procedente o pedido de reintegração de posse" (*TJMG* – AC 1.0016.15.011630-5/002, 21-2-2018, Rel. Marco Aurelio Ferenzini).

"Direito Civil – Agravo interno no agravo em recurso especial – Usucapião – **Posse precária de bem imóvel** – *Animus Domini* – Incidência da Súmula 7/STJ – 1- O acórdão recorrido entendeu que a autora exercia posse precária e sem *animus domini* sobre o bem cujo reconhecimento de usucapião se buscava. Tais conclusões não se desfazem sem o reexame de provas, o que é vedado por força da Súmula 7/STJ. 2- Não há que se falar na aplicação de honorários

A posse exige, em princípio, que sua origem não apresente vícios. Posse viciada é aquela cujo vício originário a torna ilícita. Como alerta Pontes de Miranda (1971, v. 10:120), no mundo fático não existe o justo ou o injusto. Estes são conceitos jurídicos. Procede injustamente aquele que atenta contra o Direito.

A justiça ou injustiça da posse é conceito de exame objetivo. Não se confunde com a posse de boa ou de má-fé, que exigem exame subjetivo, ou seja, exame da vontade do agente. Para sabermos se uma posse é justa, não há necessidade de recorrer à análise da intenção da pessoa. A posse pode ser injusta e o possuidor ignorar o vício.

A violência, clandestinidade ou precariedade não são da posse em si mesma porque somente a vítima pode alegá-la. Terceiros não têm legitimidade para arguir a injustiça da posse. A posse somente será viciada em relação a alguém. Quem invade terreno somente terá contra si o vício em relação ao justo possuidor; quem furta ou rouba só tem posse viciada com relação ao dono da coisa surrupiada. Assim, como consequência, essa posse injusta, sendo relativa, pode ser protegida pelos interditos contra terceiros que a ameacem e pretendam-na para si. Vemos, pois, que não se trata de posse totalmente desamparada como à primeira vista pode parecer. Examina-se a injustiça da posse apenas em relação ao adversário. Cuida-se de mais um aspecto em que é protegida a aparência em prol da paz social (Monteiro, 1989:29).[8]

Essa posse justa é relativa aos envolvidos na relação jurídica. A posse pode ser justa com relação a um sujeito e ser injusta com relação a outro. Tudo dependerá da relação existente entre os envolvidos. Assim,

---

sucumbenciais recursais, uma vez que, de acordo com a orientação que vem se firmando nesta Corte, o art. 85 do CPC/2015 não autoriza a majoração dos honorários a cada recurso interposto no mesmo grau. Precedentes. 3- Agravo interno a que se nega provimento" (*STJ* – AGInt-AG-REsp 1.012.678 – (2016/0294240-4), 29-9-2017, Rel. Min. Luis Felipe Salomão).

8 "Posse – Ação de reintegração – Contrato de arrendamento – Posse Precária – Preservação do caráter da posse – O art. 492 do Código Civil de 1916, cuja redação foi reproduzida no art. 1.203 do Código Civil atual, estabelece presunção relativa de que a posse mantém o mesmo caráter com que foi adquirida. A posse direta do arrendatário não exclui, evidentemente, a posse indireta do arrendante. E se o arrendatário permite que um filho seu o suceda na posse, a presunção que se extrai, diante do referido dispositivo legal e ausente prova em sentido contrário, é de que essa posse mantém seu caráter original, sem exclusão ou interferência na posse indireta do arrendante. Ação procedente. Recursos de agravo retido e de apelação não providos" (*TJSP* – Ap 0035017-23.2012.8.26.0602, 12-3-2018, Rel. Itamar Gaino).

"Agravo de instrumento – Fundamentação genérica da decisão – Inocorrência – Ilegitimidade ativa da CAESB – **Posse precária e de má-fé do imóvel** – Reconhecimento da propriedade em processo conexo – excesso de execução – demonstrativo discriminado e atualizado de cálculo – Impossibilidade de análise – Agravo regimental prejudicado – Agravo conhecido e não provido – I- Conquanto o julgador não esteja obrigado a rebater, com minúcias, cada um dos argumentos deduzidos pelas partes, o novo Código de Processo Civil, exaltando os princípios da cooperação e do contraditório, lhe impõe o dever, dentre outros, de enfrentar todas as questões pertinentes e relevantes, capazes de, por si sós e em tese, infirmar a sua conclusão sobre os pedidos formulados, sob pena de se reputar não fundamentada a decisão proferida. II- Quando o executado alegar que o exequente, em excesso de execução, pleiteia quantia superior à resultante da sentença, cumprir-lhe-á declarar de imediato o valor que entende correto, apresentando demonstrativo discriminado e atualizado de seu cálculo, sob pena de não ser examinada ou, se for o único fundamento da impugnação, liminarmente rejeitada. III- A liquidação de sentença jamais inicia a ação de execução *de per se*, mas apenas perfectibiliza o título executivo que sustenta a ação executiva, configurando, portanto, ação autônoma à execução. O trânsito em julgado do acórdão proferidos nos autos nº 2008.01.11087519-0 se deu em 26/11/2015 (fl. 177-v) e o pedido de liquidação de sentença e cumprimento de sentença foi protocolado em 7/3/2016 (fl. 183), não havendo que se falar em prescrição da pretensão de cobrança. II- Agravo Regimental prejudicado. Agravo conhecido e não provido" (*TJDFT* – Proc. 20160020388904AGI – (989237), 23-1-2017, Rel. Gilberto Pereira de Oliveira).

"**Ação de manutenção de posse.** Negada a liminar. Agravo de instrumento. Em ação possessória discute-se quem tem a melhor posse e não a propriedade. Art. 1.210, § 2º, CC. Documentos comprovando a sucessão da cadeia possessória. Elementos probatórios suficientes para demonstrar que o autor exerce a posse do imóvel. Decisão reformada. Recurso provido" (*TJSP* – AI 0079261-63.2013.8.26.0000, 5-7-2013, Rel. Virgilio de Oliveira Junior).

"a posse oriunda de contrato não inscrito ou averbado só pode ser admitida como justa entre as próprias partes que se bastaram com o instrumento particular ou mesmo público, se não registrado; não assim quando oposta ao verdadeiro titular do domínio, regularmente transcrito" (*TJSP* – 6ª Câmara, Ap 127.868-1, Rel. Des. Ernani Paiva).

Como a posse se transmite com os mesmos caracteres aos sucessores (arts. 1.206 e 1.207), estes sucedem como possuidores justos ou injustos, de acordo com a natureza da posse de seus antecessores.

O art. 1.212, no entanto, dispõe: *"O possuidor pode intentar a ação de esbulho, ou a de indenização, contra o terceiro, que recebeu a coisa esbulhada, sabendo que o era"*. Nessa hipótese, a natureza viciada da posse adquire caráter subjetivo. Ao contrário, se o possuidor adquire coisa não sabendo do esbulho, poderá valer-se dos remédios possessórios.

Neste aspecto, o fato da posse se traduz em direito próximo ou semelhante à sequela. Quem detiver a coisa esbulhada, sabedor do vício, será parte legítima passiva para figurar na ação possessória. Cuida-se do cúmplice do esbulho. Assim, a ação poderá ser intentada contra o receptador de coisa furtada ou roubada e todo aquele que recebeu coisa imóvel sabedor do vício na pessoa de quem lhe transmitiu. Nada impede que a ação de esbulho seja cumulada com o pedido de perdas e danos, como vimos. Pode o autor optar pela ação singela de indenização, na qual pede o preço da coisa usurpada (valor do dano), com eventuais lucros cessantes.

A ação possessória pode ser intentada contra os que praticaram o esbulho ou contra as pessoas que os representam ou sucedem. A impossibilidade de identificar os réus, ou todos os réus, não pode ser óbice para a propositura. Se há dezenas, centenas de invasores, torna-se impossível identificá-los todos. Deve o autor nominar os que conseguir, ou os chefes da invasão, informando o juiz a existência de uma tribo ou horda no local, conjunto de pessoas que atualmente invade a propriedade privada de forma institucionalizada, sob o beneplácito e a condescendência ativa dos governantes. Neste artigo, o Código indica que mesmo o terceiro que recebeu a posse viciada pode figurar no polo passivo. A origem da posse deve ser viciada, devendo o autor evidenciar a má-fé nesse aspecto.

Esses vícios são, portanto, relativos. Somente as vítimas podem argui-los. Tão só a posse justa, com a relatividade enfocada, é amparada pelos interditos. A regra geral a ser observada é não merecer a posse injusta proteção.

Os efeitos da posse injusta são os da posse de má-fé para os fins de percepção dos frutos e indenização por benfeitorias (arts. 1.214 ss.) a partir do momento em que o possuidor tem consciência da ilicitude de sua posse.

Posse violenta é aquela obtida pela força ou violência no início de seu exercício. Pelo oposto, a posse obtida com tranquilidade, e assim mantida no curso de seu exercício, se diz *mansa e pacífica*.

Não é necessário que a violência seja exercida contra o possuidor para macular a posse: basta que se trate de fato ou ato ofensivo, sem permissão do possuidor ou seu fâmulo. Entende-se como violência tanto a *vis compulsiva* (coação moral) como a *vis absoluta* (coação física), isto é, não perde o caráter de violenta a posse obtida por *vis* que não inibe totalmente a vontade do atingido.

Embora o conceito de posse injusta seja objetivo, a posse violenta, ao menos em sua origem, vem imbuída da mácula da má-fé. Ocorre posse violenta se tomamos a coisa móvel das mãos de outrem contra sua vontade. Há violência na posse do imóvel se nele adentramos, expulsando o possuidor ou quem lá se encontre, ou impedimos o possuidor de ali ingressar ou retornar. Destarte, existe também violência quando alguém invade propriedade na qual não encontrou pessoa alguma, *violência esta que se concretiza a partir do momento em que o possuidor despojado seja impedido de nela reentrar* (Lopes, 1964, v. 6:136). Suponhamos, nesse caso, a situação de alguém que ingressa em imóvel ou se apossa de coisa na ausência do dono ou possuidor, sem resistência. Quando, porém, retorna o *verus dominus*, o ocupante opõe-se pela força a seu reingresso. Concluímos, portanto, que existe posse violenta quando esta é obtida *ou mantida* por esse meio.

Essa violência pode partir do próprio agente ou de terceiros que atuam por sua ordem e subordinação. Da mesma forma, a violência pode atingir o possuidor ou quem detém a coisa em nome dele. A origem violenta vicia a posse, conquanto tenha efetiva ou aparentemente cessado posteriormente.

A violência é dirigida contra o possuidor anterior, contra pessoas. Não é a violência praticada contra a coisa. Não atenta contra posse quem rompe obstáculos para ingressar em imóvel abandonado, não possuído e por ninguém reclamado, ou nas mesmas condições se apossa de coisa móvel de ninguém ou abandonada, porque nessas hipóteses não existe posse anterior. Do mesmo modo, não praticamos ato contrário ao direito se rompemos cadeado de porta de coisa da qual temos posse.

A violência citada na lei para a situação do fato da posse é aquela tipificadora da coação como vício dos negócios jurídicos em geral, cujos princípios são aqui de plena aplicação. Pode caracterizar-se por atos materiais ou morais. A chantagem é também violência moral. Quando alguém firma contrato de venda de um imóvel sob ameaças e em seguida entrega a posse, é elementar presumir que cumpre o pacto cedendo às mesmas ameaças que o obrigaram a firmá-lo (Borda, 1984, v. 1:74). Por outro lado, pode ocorrer que a avença tenha sido firmada sob violência, mas a entrega de posse não, porque o outorgante se convenceu posteriormente da conveniência do negócio. Nessa hipótese, não haverá vício na posse.

Posse clandestina é aquela obtida à socapa, às escondidas, com subterfúgios, estratagemas, manhas, artimanhas e ardis. Quem tem posse justa não tem necessidade de ocultá-la. É no momento da aquisição da posse que se avalia a clandestinidade. Não é clandestina a posse obtida com publicidade e posteriormente ocultada. A inventividade humana para transgredir o justo é infinita. Examina-se o estado de clandestinidade no caso concreto. Não é necessária a intenção de esconder ou camuflar, porque o conceito é objetivo, como vimos. Para a clandestinidade da posse, é bastante que o possuidor esbulhado não o saiba: "*a posse clandestina se estabelece às caladas, às ocultas daquele que tem interesse em preservá-la*" (Pontes, 1977:69). É o ato de possuir clandestinamente que vicia a posse.

Posse precária é aquela que se situa em gradação inferior à posse propriamente dita. O possuidor precário usualmente está comprometido a devolver a coisa após certo tempo. Há obrigação de restituição. A coisa é entregue ao agente com base na confiança. O adquirente de coisa ainda não integralmente paga pode receber sua posse precária em confiança, devendo devolvê-la se não honrar o preço e solver a obrigação. A precariedade resulta de ato volitivo de quem concede posse nesse nível. No entanto, a precariedade não se presume. Se não houver expressa menção ou não decorrer o fenômeno de circunstâncias usuais, a posse não assume o caráter de precariedade. É necessário que o outorgado da posse concorde com a cláusula de poder a concessão ser revogada a qualquer tempo, tornando-se precarista da posse. Ordinariamente, a posse imediata é precária.

Como repousa na confiança, a outorga concedida ao precarista pode ser suprimida a qualquer tempo, surgindo a obrigação de devolver a coisa. O vício dá-se a partir do momento da recusa em devolver. Nesse aspecto, distingue-se da violência e da clandestinidade, vícios que partem da origem da relação da coisa com o possuidor viciado.

> *"O vício dessa posse dá-se a partir do momento em que o possuidor precarista se recusa a atender à revogação da situação possessória que lhe foi conferida, pois a autorização inicialmente concedida pode ser a qualquer momento retirada. Tal é o característico da posse precária"* (Lopes, 1964, v. 6:137).

É o que sucede quando cessa o comodato, a locação e o depósito, por exemplo. É precária também a posse do empregado com relação a veículos, máquinas, instrumentos, mostruários etc., que recebe em razão do desempenho da relação de trabalho, quando não mera detenção:

> *"Reintegração de posse - Bem móvel - Posse e propriedade de motocicleta decorrente de contrato de trabalho - Empregado que não restitui o bem findo o vínculo empregatício, sob fundamento de que o tinha adquirido - Ausência de prova a respeito - Art. 497 do Código Civil - Posse precária configurada - esbulho demonstrado - Reintegratória procedente"* (*1º TACSP*, Ap 481.394/93, 1ª Câmara, Rel. Elliot Akel).

Essa posse precária não se confunde com a situação descrita no art. 1.208:

> *"Não induzem posse os atos de mera permissão ou tolerância, assim como não autorizam a sua aquisição os atos violentos, ou clandestinos, senão depois de cessar a violência, ou clandestinidade".*

Na posse precária, há sempre um ato de outorga por parte de um possuidor a outro. Nos atos de tolerância ou permissão citados no dispositivo, essa relação de ato ou negócio jurídico não ocorre.

4.4 POSSE DE BOA-FÉ E DE MÁ-FÉ. JUSTO TÍTULO

Enfatizemos, de plano, que o interesse para a conceituação de posse de boa-fé diz respeito a dois fenômenos, quais sejam, a aquisição da coisa por usucapião e a questão dos frutos e benfeitorias da coisa possuída. Quando discutimos esses dois aspectos, a tipificação de posse de boa ou má-fé tem vital importância. Para a defesa da posse não é essencial a boa-fé, basta que seja uma posse nem violenta, nem precária, nem clandestina (Lopes, 1964, v. 6:139).

O art. 1.201, em seu *caput*, já por nós mencionado anteriormente, estatui:

> *"É de boa-fé a posse, se o possuidor ignora o vício, ou o obstáculo que lhe impede a aquisição da coisa".*

Completa o art. 1.202:

> *"A posse de boa-fé só perde este caráter no caso e desde o momento em que as circunstâncias façam presumir que o possuidor não ignora que possui indevidamente".*

Embora existam críticos desses dispositivos que sustentam que o legislador criou aspecto objetivo à conceituação de boa-fé na posse, as dicções legais fazem o caso concreto depender sempre do exame da vontade do possuidor. Nesses termos, temos que examinar, no caso sob testilha, se o possuidor *ignora* o vício da posse. Em seguida, concluiremos cessada a boa-fé no momento em que as circunstâncias façam presumir que o possuidor *não ignora* que possui indevidamente.

Ora, a ignorância é um estado mental. Para fins de anulação do negócio jurídico, equipara-se ao erro como vício de vontade (ver o título da Seção I do Capítulo que encabeça os defeitos dos atos jurídicos, a partir do art. 138. Desse modo, não se afasta a necessidade do exame do psiquismo do agente para concluir por sua boa ou má-fé. Essa boa-fé na posse não interfere por si só no aspecto dominial e na ação petitória.

> *"A justiça ou injustiça da posse determina-se com base em critérios objetivos, diversamente do que ocorre com a posse de boa ou de má-fé que tem em vista elementos subjetivos, pois decorre da convicção do possuidor. O reconhecimento de injustiça da posse, levando à procedência da reivindicatória, não obsta, por si, tenha-se presente a boa-fé"* (*STJ*, RE nº 9.095/SP, Rel. Min. Cláudio dos Santos).

Destarte, ao contrário de, por exemplo, Darcy Bessone (1988:270), que critica o legislador por ter o Código feito depender a tipificação da boa-fé de circunstâncias imprecisas, o critério é essencial para permitir ao julgador analisar a vontade do agente em cada caso concreto. Poderia a lei ter colocado como marco divisor da boa e da má-fé tão somente a citação, como faz a lei italiana. Mas é evidente que nessa hipótese restariam, antes de qualquer procedimento judicial, situações de suma iniquidade, deslocando-se a suposta imprecisão criticada em nosso ordenamento para a insegurança das relações possessórias.

Haverá posse de má-fé quando *"o possuidor está convencido de que sua posse não tem legitimidade jurídica, e nada obstante, nela se mantém"* (Pontes, 1977:70). No caso em exame, o julgador avaliará as circunstâncias referidas na lei, concluindo que na espécie reunia o agente, tomando-se como padrão o homem médio, condições de conhecer a ilegitimidade de sua relação de fato com a coisa. O critério é a subjetividade. Não bastará, contudo, alegar apenas ausência de ciência de ilicitude, atitude passiva do sujeito. A consciência de possuir legitimamente deve vir cercada de todas as cautelas e investigações idôneas para caracterizar o fato da posse. Há necessidade, portanto, de um aspecto dinâmico nessa ciência de boa-fé. Não basta ao possuidor assentar-se sobre um terreno que se encontra desocupado, sem investigar se existe dono ou alguém de melhor posse. Tão somente a atitude passiva do agente não pode caracterizar boa-fé, porque é curial que ao homem médio incumbe verificar ordinariamente se a coisa tem outro titular. O estado de boa-fé requer ausência de culpa, devendo, pois, o possuidor empregar todos os meios necessários, a serem examinados no caso concreto, para certificar-se da legitimidade de sua posse. A situação poderá exigir o exame da gradação de culpa, equivalendo a culpa grave ao dolo.

Aplicam-se ao conceito de ignorância os princípios do erro como vício dos negócios jurídicos (ver nosso estudo sobre o tema em *Direito civil: parte geral*, Cap. 22). De igual maneira, o aspecto da escusabilidade do erro, no tocante ao erro de Direito. Evidente que o erro de fato produz uma situação de boa-fé.

A problemática levanta-se em razão do princípio pelo qual *a ninguém é lícito desconhecer a lei*. Dispõe o art. 3º da Lei de Introdução ao Código Civil, atual Lei de Introdução às normas do Direito Brasileiro, Lei 12.376 de 30-12-2010:

> *"Ninguém se escusa de cumprir a lei, alegando que não a conhece".*

Assim como defendemos na obra de teoria geral, em matéria de posse não se configurará a posse de boa-fé quando a ignorância derivar de circunstâncias facilmente perceptíveis pelo comum dos homens. Também ali concluímos que, em determinadas circunstâncias, o erro (e também a ignorância) de direito, de lei não cogente, pode caracterizar posse de boa-fé, enquanto não alertado ou não ficar ciente o possuidor. *"Conclui-se, portanto, que quem é levado a falso entendimento, por ignorância de lei não cogente, não a está desobedecendo"*. Logo, em nossa sistemática, *"nada impede que se alegue erro de direito se seu reconhecimento não ferir norma de ordem pública ou cogente e servir para demonstrar descompasso entre a vontade real do declarante e a vontade manifestada".*

Adapte-se o que foi dito a respeito dos negócios jurídicos à consciência; portanto, à vontade do agente, no fato da posse.

Darcy Bessone (1988:270), ao analisar as duas correntes antagônicas, uma admitindo a ignorância ou erro de direito e outra não, conclui por nosso entendimento:

> *"A boa-fé pertence ao terreno ético, e, por isso, não se pode levar a tal rigor o princípio segundo o qual a ignorância da lei não pode ser alegada. Essa corrente considera, pois, que, para efeito de admitir-se a boa-fé, pode-se invocar tanto o erro de fato como o erro de direito".*[9]

---

[9] "Civil e processual civil. Ação de imissão de posse. Preliminares de cerceamento de defesa e de inadequação da via eleita rejeitadas. Mérito. Pretensão fundamentada em contrato de compra e venda. Litigiosidade do bem. Desconhecimento por parte do comprador. Boa-fé caracterizada. Validade do negócio jurídico. Reconvenção. Bem objeto de contrato de doação simulada. Nulidade da doação reconhecida. Reconvenção. Pedido reconvencional de declaração de nulidade de doação. Simulação configurada. Nulidade reconhecida. Manutenção. 1. O indeferimento de produção de prova oral desnecessária à solução do litígio não configura hipótese de cerceamento de defesa. 2. O acolhimento de pedido de quebra de sigilo fiscal e bancário, constitui medida excepcional para fins de prova de simulação na aquisição de bem, devendo ser indeferido quando for possível o esclarecimento dos fatos com base no acervo probatório constante dos autos. 3. É admissível a apresentação de reconvenção em face do autor e de terceiros pretensão reconvencional contra autor e terceiros, quando demonstrada a existência de liame entre os fundamentos invocados pela reconvinte em relação às questões debatidas na lide principal. 4. Quem adquire imóvel envolvido em processo judicial fica sujeito a suportar as consequências das decisões judiciais exaradas na demanda em curso, ressalvada a hipótese de boa-fé na aquisição, caracterizada pelo desconhecimento da existência do litígio. 5. Não estando evidenciado que o autor da Ação de Imissão de Posse tinha efetivo conhecimento a respeito da litigiosidade que pendia sobre a posse e a propriedade do imóvel por ele adquirido, não há como lhe ser estendidos os efeitos da sentença exarada nas demandas judiciais em curso à época da celebração do contrato de compra e venda. 6. A existência de contradição entre a vontade externada e a verdadeira intenção das partes, na pactuação de um negócio jurídico, caracteriza simulação, ocasionando a sua nulidade. 7. A doação de bem litigioso, realizada com a finalidade de impossibilitar a perda da propriedade por força de decisão judicial em favor de terceiro, caracteriza ato simulado, a justificar a declaração de nulidade do ato jurídico. 8. Apelações Cíveis conhecidas. Preliminares rejeitadas. No mérito, recursos não providos" (*TJDFT* – Ap 07081315520178070001, 24-2-2021, Rel. Nídia Corrêa Lima).

"**Ação de manutenção de posse** – Alegação de que a requerida tentou construir uma cerca invasora no imóvel objeto da lide, com o fito de esbulhar a posse dos requerentes – O arrendatário comunicou o fato aos requerentes, que acionaram a Polícia Militar – Mesmo após o comparecimento dos policiais, os prepostos da requerida continuaram afirmando que, a qualquer momento, voltarão ao local para fazer e terminar a cerca invasora – A requerida alega que a área não é de propriedade dos requerentes – Sentença que julgou a ação procedente, por vislumbrar que os requerentes cumpriram os requisitos da proteção possessória – Quadro probatório que atesta o alegado em exordial – Verificada a posse dos apelados por documentos e oitiva de testemunhas – Confirmado o ato de esbulho praticado pela apelante – Litigância de má fé afastada – Recurso não provido" (*TJSP* – AC 0003788-35.2014.8.26.0615, 30-5-2019, Relª Mônica de Carvalho).

"**Ação de manutenção de posse** – Alegação autoral de turbação por atos dos réus, caracterizada por óbice à realização de obra no imóvel, negativa de transferência de titularidade da conta de energia elétrica e ajuizamento de ação de usucapião – Sentença de improcedência – Apelação cível dos autores – *Decisum* proferido sob a égide do CPC/1973 – 1- A presente ação tem como finalidade a defesa da posse em caso de turbação e, para seu manejo, devem estar devidamente comprovadas a posse anterior, a turbação, a data do ato e a continuação da posse, nos termos do art. 927 do CPC/1973, vigente à época (correspondente ao art. 561 do CPC/2015). 2- Tratando-se a posse de situação fática, sua comprovação requer a demonstração do exercício dos poderes sobre a coisa, consoante disposição do artigo 1.196 do Código Civil, *verbis*: 'Considera-se possuidor todo aquele que tem de fato o exercício, pleno ou não, de algum dos poderes inerentes à propriedade'. 3- A posse restou bem demonstrada por meio dos documentos juntados à inicial, mormente ante a existência de correspondências enviadas ao endereço constante nos autos, endereçadas ao 1º apelante, e a afirmação dos apelados de que o 1º recorrente é seu filho e, de fato, ocupa o imóvel por liberalidade deles. 4- Ainda que houvesse prova contundente nos autos sobre a informação de obra irregular à autoridade competente ter advindo de ato dos apelados, a paralisação desta se deu por culpa exclusiva dos apelantes, ante a inexistência de projeto, tratando-se, em verdade, de exercício do poder de polícia pela prefeitura de Itatiaia. 5- Tampouco o fato de a titularidade da conta de energia elétrica se encontrar no nome de um dos apelados caracteriza ato de perturbação da posse, estando os recorrentes em poder de fato do bem e, conforme aduziram, em nada impedidos da utilização do serviço fornecido. 6- O mero ajuizamento de ação de usucapião pelos recorridos não configura turbação, tendo em vista que esta tem

Portanto, nos termos do art. 1.202, não apenas a citação, como fato objetivo, pode fazer cessar a boa-fé, mas também opera o mesmo efeito qualquer circunstância anterior ao processo que faça presumir a consciência da ilicitude por parte do sujeito. As circunstâncias podem ser tão notórias que a definição da má-fé independe de procedimento. A citação, por outro lado, não transforma sistematicamente a posse de boa em má-fé. "*A citação, com o conhecimento que passa a ter da demanda o possuidor, marca momento em que, se não cessou antes a boa-fé* ***pode*** *cessar para o vencido*" (Pontes de Miranda, 1971, v. 10:135). Conquanto citado, o sujeito pode manter a convicção de que possui legitimamente.[10]

---

como fundamento a propriedade e, conforme se extrai do art. 557, parágrafo único, do CPC/2015 (correspondente ao art. 923 do CPC/1973), a alegação de propriedade não obsta a manutenção da posse. 7- Não restando demonstrada a turbação, a improcedência dos pedidos é medida que se impõe. Precedentes: 0014041-36.2015.8.19.0003 – Apelação – Des(a). José Carlos Paes – Julgamento: 29/11/2017 – Décima Quarta Câmara Cível; 0021280-98.2014.8.19.0206 – Apelação – Des(a). Marco Antonio Ibrahim – Julgamento: 14/11/2017 – Quarta Câmara Cível. 8- Recurso desprovido" (*TJRJ* – Ap 0000315-52.2015.8.19.0081, 17-5-2018, Relª Marianna Fux).

"Apelação Civil – Direito civil e processual civil – Ação de reintegração na posse – Preliminar – Cerceamento de defesa – Não realização das provas requeridas – Insurgência – Preclusão – Impossibilidade de reanálise – **Posse – Exercício dos poderes inerentes** à **propriedade pelo autor** – Esbulho – Caracterização – Posse Clandestina – Recurso conhecido e provido – Sentença reformada – 1- Não caracteriza cerceamento de defesa quando operou-se a preclusão temporal sobre decisão que indefere a produção de prova pericial e indica o julgamento antecipado da lide. 2- Se o autor demonstra que exerceu os poderes inerentes à propriedade, tendo murado o imóvel e pago os tributos e taxas relativos ao bem, resta cumprido o requisito de demonstração da posse. 3- Nos termos do art. 1.200 do CC, é justa a posse que não for violenta, clandestina ou precária, restando caracterizada a clandestinidade quando há notícia nos autos de que a requerida invadiu o bem na ausência da representante do autor, ressalvando-se ao propósito que a ré não logrou êxito em comprovar as alegações referentes a forma de aquisição dos direitos incidentes sobre a coisa. 4- Recurso conhecido e provido. Sentença reformada" (*TJDFT* – Proc. 20150510093782APC – (997195), 15-3-2017, Rel. Romulo de Araujo Mendes).

"Civil – **Ação de reintegração de posse** – Condomínio – Existência – Esbulho – Falta de comprovação – coproprietário – Direito de ocupação – Danos Morais – Não caracterizado – Sentença mantida – 1- Nos termos do art. 1.791 do Código Civil, enquanto não consolidada a partilha, o direito dos coerdeiros, no que tange à propriedade e à posse da herança, será indivisível, regulando-se pelas normas do condomínio. 2- Não há elementos nos autos que comprovem e demonstrem a possibilidade de tipificar a conduta da Apelada como esbulho possessório, não havendo que se falar em posse violenta, clandestina ou precária, até porque, a Apelante jamais exerceu a posse direta do bem. 3- Ocupação da Apelada, como coproprietária, em imóvel desocupado, exercendo direito legítimo de ocupação, não sendo possível tipificar a conduta como esbulho possessório, nem falar em posse violenta, clandestina ou precária. 4- Contratempos, tribulações e dissabores inerentes ao convívio social, aos relacionamentos pessoais e ao intercâmbio jurídico não são suficientes para caracterizar o dano moral. Por mais intensos que sejam não vulneram diretamente os predicados da personalidade, a não ser em situações excepcionais devidamente justificadas, o que não é o caso dos autos, em razão de a apelada ser coproprietária, exercendo seu direito de uso, e o imóvel em questão, estar desocupado. 5- Não caracterizado qualquer ato ilícito, descabe falar em indenização por danos morais. 6- Apelação conhecida e desprovida" (*TJDFT* – Proc. 20130110955885APC – (951832), 6-7-2016, Relª Gislene Pinheiro de Oliveira).

10 "Apelação cível – Ação de reintegração de posse – Requisitos – Prova da posse anterior e do esbulho superveniente – Ato ilícito configurado – Apelação conhecida e desprovida – 1– Restando evidenciado que efetivamente existe o imóvel, objeto da ação possessória, fato corroborado pelo cumprimento do mandado de reintegração de posse pelo oficial de justiça e no endereço apresentado pelo autor, afastam-se as alegações de carência de ação veiculadas nas razões recursais. 2– Consoante a **teoria objetiva de Ihering**, adotada pelo Código Civil, caracteriza a posse o efetivo exercício do poder de fato sobre a coisa. 3– Para que seja deferida reintegração de posse, o autor deve demonstrar o efetivo exercício de posse e a ocorrência de esbulho, nos termos do artigo 561 do Código de Processo Civil. 4– Estando clara a ocorrência do esbulho e tendo o autor demonstrado sua posse de fato sobre a área litigiosa há mais de 10 anos e que, segundo a prova documental, a adquiriu dentro de uma cadeia sucessiva de transferência entre antigos posseiros, é forçoso reconhecer como legítima sua pretensão de reintegração de posse, nos termos do artigo 1.120 do Código Civil. 5– Apelação conhecida e desprovida" (*TJDFT* – Proc. 07015974920188070005 – (1211033), 30-10-2019, Rel. Luís Gustavo B. de Oliveira).

"Apelação cível – Direito Civil – Direito processual civil – Ação de reintegração de posse – Posse – Não comprovação pelo autor do exercício, em nome próprio, dos poderes inerentes à propriedade sobre o imóvel em litígio – Domínio Fático – **Teoria objetiva da posse** – Inteligência do art. 1.196 c/c art. 1.204, ambos do Código Civil – Imóvel não regularizado – Melhor Posse – Função Social – Demonstração – Ocupação pacífica e de boa-fé – Recurso conhecido e não provido – Sentença Mantida – 1- Considera-se possuidor todo aquele que tem de fato o exercício, pleno ou não, de algum dos poderes inerentes à propriedade. E mais, adquire-se a posse desde o momento em que se

Desde a citação o possuidor de má-fé responde pela entrega da coisa e pelos frutos em decorrência de princípios processuais e obrigacionais. Isto, é claro, para o vencido na ação. A sentença retroage à época da citação. *"Assim, mesmo que a má-fé não se caracterize no momento em que é demandado, a posse adquire essa qualidade para o efeito da restituição dos frutos"* (Gomes, 1983:40).

Por outro lado, a contestação, dando ciência ao possuidor, autor da demanda, da invalidade de sua posse, converte-a em posse de má-fé, segundo a doutrina majoritária (Monteiro, 1989:30). Com a contestação, o possuidor passa a ter ciência dos vícios que maculam sua posse. Cuida-se de aplicação do texto legal que manda analisar as *circunstâncias* que a cercam (art. 1.202).

Postos esses princípios, não há dificuldade em conceituarmos a posse de má-fé: é aquela na qual o possuidor sabe ter a coisa consigo indevidamente; tem ciência do vício ou do obstáculo impeditivo.

> *"É de má-fé a posse daquele que sabe que sua posse é viciosa; ou o deve saber, por não ter título de aquisição, nem presunção dele; ou ser este manifestamente falso, ou por outras circunstâncias"* (Rodrigues, 1981:294).

Nosso ordenamento faz presumir a boa-fé decorrente de *justo* título. Dispõe o parágrafo único do art. 1.201:

> *"O possuidor com justo título tem por si a presunção de boa-fé, salvo prova em contrário, ou quando a lei expressamente não admite esta presunção".*

---

torna possível o exercício, em nome próprio, de qualquer dos poderes inerentes à propriedade (CC, arts. 1.196 e 1.204). 1.1. O Código Civil, adotando a Teoria Objetiva (defendida por Ihering), ensina que a constituição da posse é atribuída àquele que exerça um dos atributos do domínio fático, mesmo que desprovido do animus domini. 2- Tratando-se o caso específico dos autos de imóvel situado em área não regularizada, a proteção possessória deve ser concedida àquele que possui a "melhor posse", evidenciada, inclusive, a partir do implemento da função social da propriedade. 2.1. O conjunto probatório produzido nos autos, não demonstra que o autor desempenha e exerce, no plano fático, os atributos dominiais de usar, gozar e dispor do bem, não evidenciando, pois, sua legítima e melhor posse. 2.2. A não existência do domínio fático e da influência socioeconômica sobre o bem, tampouco o exercício dos poderes inerentes à propriedade afasta a alegação de posse do imóvel pelo autor, na medida em que possuidor é aquele que tem de fato o exercício de algum dos poderes inerentes à propriedade (artigo 1.196 do Código Civil). 3- Honorários advocatícios majorados em atenção ao disposto no art. 85, § 11 do Código de Processo Civil. 4- Recurso conhecido e não provido. Sentença mantida" (*TJDFT* – Proc. 20170310158413APC – (1072387), 7-2-2018, Rel. Romulo de Araujo Mendes).

"Apelação cível e recurso adesivo – Ação Ordinária – Sentença de parcial procedência – Demandantes que alegam terem adquirido o imóvel objeto de ordem de reintegração de posse expedida em favor da segunda ré, em ação por ela aforada contra o corréu (primeiro acionado). Autores que não participaram da aludida demanda, de modo que a sentença lá proferida não tem o condão de lhes prejudicar, a teor do que dispunha o art. 472 do CPC/73. Hipótese que não envolve alienação de coisa litigiosa (art. 42 do códex revogado). Ausência, todavia, de prova da alegada aquisição da propriedade. Documentos que revelam que o primeiro réu jamais obteve a titularidade do imóvel, o que o impedia de promover a transferência do mesmo aos autores. Ausência de **justo título** oponível ao proprietário. Decisão mantida no ponto em que manteve o reconhecimento do direito da ré de ser reintegrada na posse do bem. Indenização. Hipótese que caracteriza acessão. Intelecção do art. 1.255 do diploma substantivo. Ausência de prova da má-fé dos autores, tal como sustenta a ré/apelante adesiva. Condenação mantida. Indenização que, todavia, deve corresponder ao valor patrimonial da acessão, sob pena de enriquecimento sem causa. Pedido de reembolso dos valores dispendidos por força do contrato celebrado entre os autores e o primeiro réu. Viabilidade. Restituição, entretanto, que deverá ser adimplida unicamente pelo primeiro acionado, que foi quem recebeu os importes. Honorários sucumbenciais. Ausência de fixação na origem em virtude do reconhecimento da sucumbência recíproca. Pedido de quantificação acolhido. Recursos conhecidos, provido em parte o principal e desprovido o adesivo" (*TJSC* – AC 2011.034984-1, 19-4-2016, Rel. Des. Jorge Luis Costa Beber).

"**Agravo de instrumento.** Imissão de posse. Ação ajuizada por legítimos proprietários contra antigos mutuários ocupantes do imóvel. Cabível a concessão da liminar. Aplicação da Súmula 4 da seção de direito privado. Agravantes considerados adquirentes de boa-fé e detentores de justo título. Tutela antecipada concedida. Recurso provido" (*TJSP* – AI 0043416-67.2013.8.26.0000, 26-4-2013, Rel. Luiz Antonio Costa).

Justo título é empregado nesse dispositivo não como documento ou instrumento, pois esse é o sentido mais usual, mas como *fato gerador do qual a posse deriva*. O exame desse fato jurígeno diz respeito à aptidão para gerar efeitos possessórios. Assim, por exemplo, a jurisprudência tem sufragado o correto entendimento de que a companheira tem justo título na posse de bens comuns do casal, quando do falecimento do companheiro:

> *"Reintegração de posse – Bem Móvel – Ajuizamento por espólio contra concubina do de cujus – aquisição na constância do concubinato – possibilidade de demonstração, pela concubina, da vida em comum more uxorio há mais de dez anos, em função do (de) que tinha posse a justo título"* (*JTASP* 115/129).

O justo título configura estado de aparência que permite concluir estar o sujeito gozando de boa posse. Lembremos do caso do herdeiro aparente cujo título e ignorância da existência de outros herdeiros faz presumir ser ele um justo possuidor. Destarte, um título defeituoso faz presumir a boa-fé até que circunstâncias demonstrem o contrário. *"Justo título é o título hábil para transferir o domínio e que realmente o transferiria, se emanado do verdadeiro proprietário. Mas essa presunção cede ante prova em contrário"* (Monteiro, 1989:30). Alguém, por exemplo, adquire coisa de menor, não sabendo dessa incapacidade; o sujeito apresenta-se como representante, com procuração falsa etc. Justo título é tanto aquele existente, mas defeituoso, como aquele inexistente que o possuidor reputa como tal. O Código argentino refere-se a "título putativo" nessas circunstâncias (art. 2.357).

A esse respeito, foi decidido que colonos, ocupantes de dependência de imóvel rural autorizados pelo proprietário, têm posse com justo título:

> *"Reintegração de posse – Área ocupada na condição de colonos – Posse derivada de justo título equiparado ao comodato – Possibilidade do ajuizamento da possessória dependente de anterior resilição ou rescisão do ajuste – Ação procedente"* (*1º TACSP*, Ap 417.438, 3ª Câmara, Rel. Araújo Cintra).

O fato gerador da posse, portanto, definirá em cada caso o justo título.

Orlando Gomes (1983:38) qualifica a posse com justo título de *posse de boa-fé presumida*, diferenciando-a daquela que denomina *posse de boa-fé real*, que independe do exame do chamado justo título, decorrente da simples convicção do possuidor, como aqui expusemos.

Nem sempre se confundem os conceitos de posse justa e posse de boa-fé. Um possuidor de boa-fé pode ter posse injusta, se adquiriu a coisa de quem, por sua vez, a obteve com violência, clandestinidade e precariedade. Embora esteja de boa-fé o adquirente, essa posse é injusta porque apresenta um dos vícios originários já examinados. Também é perfeitamente possível que alguém possua de má-fé, sem que tenha obtido a posse de forma violenta, clandestina ou precária.

4.5 PRINCÍPIO DE CONTINUIDADE DO CARÁTER DA POSSE

Dispõe o art. 1.203: *"Salvo prova em contrário,*[11] *entende-se manter a posse o mesmo caráter com que foi adquirida"*. Com isso, uma posse de origem violenta mantém o vício.

---

[11] "Ação de reintegração de posse – Compromisso de compra e venda de lote urbano – Posteriores cessões de direitos e deveres pelos promissários compradores – Inadimplemento das prestações – Réus, cessionários, ingressaram na posse do imóvel em data anterior ao vencimento da última parcela – Posse precária decorrente do compromisso

Do mesmo modo, é mantida a posse de boa ou de má-fé, direta ou indireta, a título de propriedade ou de outro Direito Real. Daí a máxima de origem romana segundo a qual ninguém, por si só, pode mudar a causa ou o título de sua posse (*nemo si ipsi causam possessionis mutare potest*).

A simples mudança de vontade é incapaz de mudar a natureza da posse. O possuidor precário sempre o será, salvo expressa concordância do possuidor pleno. Por isso, é admitida prova em contrário. O locatário somente poderá possuir como proprietário se adquirir a coisa do senhorio. A isso parte da doutrina denomina de *interversão do título* (Bessone, 1988:271).

Essa alteração do título da posse pode ocorrer por negócio bilateral. Discute-se se pode ocorrer por ato unilateral. No contrato de compra da coisa locada, o locatário inverte seu título de posse por contrato. Se o depositário se recusa a devolver a coisa, argumentando ter outro título para possuí-la, o título da posse poderia, em tese, ser modificado por ato unilateral. Nesta última hipótese, porém, a simples vontade do possuidor não tem o condão de modificar a natureza da posse. O que modificaria sua natureza seria ato material exteriorizado em outra relação de fato com a coisa.

---

de compra e venda não quitado – Ausência de interpelação pela vendedora – Inércia diante do inadimplemento dos promissários compradores e cessionários perdurou por mais de 11 (onze) anos do vencimento da última prestação – Posse – Transmudação – Exercício com 'animus domini' – Possibilidade da alteração – **Art. 1.203 do Código Civil** – Usucapião especial urbana caracterizada – Arts. 1.240 do Código Civil e 183 da Constituição Federal – Tese de defesa acolhida – Súmula nº 237 do STF – Ação julgada improcedente – Recurso provido para esse fim" (*TJSP* – Ap 1011631-07.2023.8.26.0037, 25-3-2025, Rel. Coutinho de Arruda).

"Apelação cível. Usucapião extraordinária. Sentença de improcedência. Insistência recursal da autora. Não convencimento. Inexistência de prova inequívoca com relação à defendida posse com *animus domini*. Posse decorrente de comodato verbal em razão da relação de trabalho com o proprietário tabular. **Art. 1.203**, CC. A posse mantém o mesmo caráter com que foi adquirida, ausente prova inequívoca com relação à interversão da posse. Doação de imóvel que demanda forma específica, inviável sustentar sua validade pela forma verbal para fins de efeitos jurídicos. Art. 541, *caput*, CC. Sentença mantida. Recurso improvido" (*TJSP* – Ap 1003137-94.2017.8.26.0642, 25-9-2024, Rel. Wilson Lisboa Ribeiro).

"Usucapião especial urbana. Posse precária. Transmudação da posse em período recente. Não decurso do prazo prescricional da usucapião. Sentença de improcedência. Irresignação dos autores. Posse adquirida pelos apelantes como posse precária, por autorização e tolerância dos proprietários do terreno, adquirentes irmãos do apelante (arts. 1.198 e 1.208, CC). **Transmudação da posse** para posse *ad usucapionem* apenas após ajuizamento de usucapião pelo irmão adquirente do terreno, quando houve a constatação de que os apelantes ocupavam o imóvel e se concluiu que não havia exercício da posse pelo irmão adquirente originário. Incidência do artigo 1.203 do Código Civil apenas em razão da conduta dos apelantes na ação de usucapião movida pelo irmão. Posse *ad usucapionem* com prescrição aquisitiva interrompida (art. 202, § único, CC). Posse *ad usucapionem* para fins do lapso prescricional da usucapião dos apelantes que apenas transcorreu entre o trânsito em julgado da ação movida pelo irmão e o ajuizamento desta demanda (art. 202, § único, CC). Não cumprimento do prazo de 5 anos, para a usucapião do artigo 1.240 do Código Civil. Sentença mantida. Recurso desprovido" (TJSP – Ap 1107702-57.2015.8.26.0100, 18-4-2023, Rel. Carlos Alberto de Salles).

"Apelação cível. Ação de usucapião. Ausência de comprovação de posse 'animus domini', mansa e pacífica. Prova oral colhida a informar que a autora ingressou no imóvel na condição de locatária. **Inviabilidade de transmudação da causa da posse**. Exegese do art. 1.203 do Código Civil. Prova bem examinada pelo d. Juízo *a quo*. Ratificação dos fundamentos da r. sentença – art. 252 do RITJSP. Recurso desprovido" (*TJSP* – Ap 1097518-71.2017.8.26.0100, 14-9-2022, Rel. João Baptista Galhardo Júnior).

"Possessória – Reintegração de posse – Necessidade de estarem preenchidos os requisitos previstos no art. 561 do atual CPC para a caracterização do pedido como possessório – Hipótese em que ficou comprovado o exercício da posse por parte do autor, que cedeu o imóvel, em comodato verbal, para que a sua neta nele residisse – Fatos noticiados pelo autor na exordial que, além estarem corroborados por diversos documentos anexados aos autos, foram presumidos verdadeiros em razão da revelia da ré. Possessória – Reintegração de posse – Demonstrado o esbulho possessório praticado pela ré – Posse da ré, recebida em comodato, que mantém a característica da precariedade – Art. 1.203 do atual CC – Ré que passou da condição de possuidora direta para esbulhadora quando, instada pelo autor para que desocupasse o imóvel disputado, recusou-se a dele sair – Citação válida da ré que se revelou suficiente para constituí-la em mora – Legítimo o pleito de reintegração de posse por parte do autor – Apelo da ré desprovido" (*TJSP* – Ap 1002797-73.2019.8.26.0451, 19-11-2021, Rel. José Marcos Marrone).

O art. 1.207 deve ser visto em consonância com o que aqui discutimos. Estampa que *"o sucessor universal continua de direito a posse do seu antecessor; e ao sucessor singular é facultado unir sua posse à do antecessor, para os efeitos legais"*.[12]

O sucessor a título universal não pode alterar a natureza de sua posse. Se o autor da herança transmite ao herdeiro posse injusta, esta continuará necessariamente com o vício. O sucessor singular tem a prerrogativa de escolher unir sua posse à do antecessor ou não. Esse aspecto ganha importância na usucapião. Se o sucessor recebe posse injusta, ser-lhe-á conveniente iniciar e defender a existência de novo período possessório para livrar-se da mácula da posse anterior.

4.6 POSSE *AD INTERDICTA* E POSSE *AD USUCAPIONEM*. POSSE NOVA E POSSE VELHA

Toda posse passível de ser defendida pelas ações possessórias é denominada *ad interdicta*, isto é, a que possibilita a utilização dos interditos para repelir ameaça, mantê-la ou recuperá-la. Na verdade, toda situação de fato definida como posse merece, em princípio, proteção possessória. Vem à baila tudo o que dissemos a respeito da posse justa e da posse de boa-fé. Mesmo o possuidor injusto ou de má-fé com relação a determinado sujeito poderá defender a posse contra terceiros, em relação aos quais a exerce sem qualquer vício. Mais adiante, nesta obra, dedicaremos estudo a essas modalidades de ações possessórias. Nesse sentido, o art. 507 do antigo Código Civil, que dispunha também da posse nova e da posse velha: "*Na posse de menos de ano e dia, nenhum possuidor será manutenido, ou reintegrado judicialmente, senão contra os que não tiverem melhor posse*". Vimos que essa disposição persistirá, no corrente ordenamento, por força do estatuto processual (art. 558).

---

12 "Ação de usucapião ordinária de imóvel residencial urbano – Decisão de improcedência – Hipótese de incidência dos arts 1.203, 1.206. 1.207. 1.243, 1.784 e 1.791 do Código Civil – Figuras da ***accessio/sucessio possessionis*** – Legitimidade da soma da posse atual dos filhos herdeiros com a dos ascendentes antecessores – Sentença alterada – Recurso provido" (*TJSP* – Ap 1019591-57.2016.8.26.0005, 9-2-2024, Rel. César Peixoto).

"Apelação cível. Ação de manutenção de posse. Sentença de improcedência. Inconformismo. Descabimento. Necessidade de que estejam preenchidos os requisitos previstos no Art. 561 do CPC para a caracterização do esbulho ou turbação. Autor que não se desincumbiu de seu ônus probatório, nos moldes delineados pelo Art. 373, I, do atual CPC. Ainda que o autor tenha alegado a ***acessio possessionis*** (Art. 1.207, CC), para fins de proteção possessória, não é suficiente que comprove que tenha direito à posse. É imprescindível que se demonstre que a exercia realmente, quando da ocorrência da alegada turbação ou esbulho. Prova pericial que não identificou qualquer vestígio da posse do autor na área objeto da ação. Depoimentos de moradores vizinhos, ademais, que também afastou a alegada situação fática. Terreno nu, que se encontrava abandonado. Testemunhas arroladas pelo autor, por seu turno, que evidentemente desconhecem a área sob litígio, ao afirmarem que havia construção no local. Improcedência mantida. Recurso desprovido" (*TJSP* – Ap 1002018-85.2016.8.26.0108, 28-7-2022, Rel. Rodolfo Pellizari).

"Reais – Usucapião Ordinário – '**Acessio possessionis**' – Impossibilidade de soma de posse exercida por proprietário – Lei exige homogeneidade das posses que se pretende somar (CC 1.243) – Precedentes – Recurso improvido" (*TJSP* – Ap 1011265-20.2016.8.26.0196, 8-2-2019, Rel. Luiz Antonio Costa).

"'Acessio Possessionis' – Antecessor dos Apelantes titular de fração ideal do imóvel – Condômino podia exercer posse exclusiva sobre parte do imóvel e assim adquirir sua propriedade por usucapião – Entendimento apoiado em jurisprudência e doutrina – Sentença anulada – Recurso provido" (*TJSP* – Ap 1002460-92.2016.8.26.0450, 7-6-2018, Rel. Luiz Antonio Costa).

"Apelação – Ação de usucapião extraordinária – Direito intertemporal – Lei civil no tempo – Posse mansa, pacífica e ininterrupta – Lapso Temporal – Ônus da prova – Fatos constitutivos do direito – Artigo 373, do novo Código de Processo Civil c/c inteligência do art. 1.238, § único, do Código Civil – ***Acessio Possessionis*** – Requisitos – Procedência do pedido – Sentença mantida – Comprovados os requisitos ensejadores à usucapião extraordinária, bem como a posse exclusiva e os demais requisitos legais, a procedência do pedido é medida que se impõe, conforme disposto no art. 1.238, § único, do CC/2002. É do autor o ônus da prova dos fatos constitutivos do direito alegado, de conformidade com o disposto no art. 373, inciso I, do atual Código Processo Civil" (*TJMG* – AC 1.0461.13.003314-9/001, 24-3-2017, Rel. Newton Teixeira Carvalho).

Um dos principais efeitos da posse é a possibilidade de, com ela, alcançar-se a propriedade pelo decurso de certo tempo. A posse hábil para isso denomina-se *ad usucapionem*. Quando do capítulo específico da usucapião, estudaremos seus requisitos. Como veremos, até mesmo a posse sem boa-fé pode gerar a propriedade.

Já nos referimos ao prazo de ano e dia, de origem histórica obscura, na posse e a sua importância. À questão voltaremos ao tratar dos remédios possessórios. Contudo, enfatizemos por ora a proteção conferida pelo ordenamento a quem tem posse de mais de ano e dia. O art. 562 do CPC confere a possibilidade de concessão de liminar *initio litis* ao possuidor despojado ou ameaçado em sua posse quando intentada a ação *dentro de ano e dia da turbação ou esbulho*. Passado esse prazo, o procedimento será o comum, *não perdendo, contudo, o caráter possessório*. Cuida-se da *posse nova*, de menos de ano e dia, e *posse velha*, de mais de ano e dia. Mostra-se obscura na origem dos tempos a fixação desse marco divisor temporal. Há notícia de que o prazo estaria relacionado com o plantio e as colheitas, que geralmente levam um ano (Bessone, 1988:263). O Código Civil de 1916 já estampava em seu art. 508: "*Se a posse for de mais de ano e dia, o possuidor será mantido sumariamente, até ser convencido pelos meios ordinários*". O parágrafo único do aqui citado art. 507 do Código antigo fornece os elementos para se concluir por quem tem melhor posse, o que acentua a relatividade do enfoque da posse diante de um ou outro sujeito:

> *"Entende-se melhor a posse que se fundar em justo título; na falta de título, ou sendo os títulos iguais, a mais antiga; se da mesma data, a posse atual. Mas se todas forem duvidosas, será sequestrada a coisa, enquanto se não apurar a quem toque".*

Esses aspectos circunstanciais não são mais enunciados no ordenamento de 2002. No caso concreto, caberá ao juiz avaliar a melhor posse, e esse enunciado do ordenamento passado pode servir de ponto de partida.

O sequestro, mencionado na antiga lei, é modalidade de processo cautelar consistente na ordem de apreensão do bem. A noção processual deve persistir no presente ordenamento, dependendo, como sempre, do convencimento do juiz.

Como examinamos, a proteção possessória por si já é provisória, porque sempre se poderá discutir o domínio da coisa no juízo petitório. A possibilidade de liminar garantidora do estado de fato no estatuto processual é medida provisória dentro do processo possessório. Ela deverá perder eficácia na improcedência do pedido possessório. É mantido, no início da lide, o estado de fato aparentemente mais viável em favor da paz social. Findo o processo possessório, mantém-se o estado de fato emergente das provas do processo, segundo a sentença. Recorrer-se-á posteriormente ao juízo petitório, se necessário, oportuno e conveniente para qualquer das partes da lide possessória, autor ou réu, vencedor ou vencido.

Lembremo-nos do que foi dito a respeito da diferença entre o juízo possessório e o petitório. Na ação possessória, ainda que se torne inviável a liminar pelo transcurso do prazo de ano e dia, o âmbito da ação, por disposição expressa do legislador, será possessório, não sendo inviável até mesmo a concessão de tutela de urgência, denominada anteriormente de tutela antecipada, com contornos similares, porém com os requisitos estritos do art. 300 do CPC. Nem sempre será útil à parte recorrer ao rito ordinário se houver posse velha. Poderá ser mais conveniente recorrer à ação reivindicatória.

5

AQUISIÇÃO, CONSERVAÇÃO, TRANSMISSÃO E PERDA DA POSSE

5.1 AQUISIÇÃO DA POSSE

Para a compreensão do fenômeno da aquisição da posse, é fundamental a compreensão de seu conceito. Já perpassamos a dificuldade e diversidade da doutrina em conceituá-la. Sem recorrermos novamente à dicotômica compreensão das teorias objetiva e subjetiva da posse, e suas nuanças, para fins práticos a aquisição da posse deve partir de um ato de vontade ou, às vezes, da lei. Somente a pessoa, natural ou jurídica, é sujeito de direitos e obrigações. Somente a pessoa, por seu ato de vontade, pode possuir, assim como pode ser proprietária. É o ato de ciência ou consciência do sujeito criador do estado de aparência que, circunstancialmente, surge aos olhos da sociedade como relação de posse. A segurança da posse repousa, como vimos, na proteção que o ordenamento concede a esse estado de fato.

Para Savigny, a aquisição da posse depende de um ato físico (*corpus*), juntamente com um ato de vontade (*animus*). Justifica que nem sempre esse ato físico necessita ser de ordem material; pode ser ficto, isto é, pode existir posse sem o contato material com a coisa, como o recebimento de imóvel, simbólico, com a entrega da chave.

Jhering procurou afastar a ideia de necessidade de contato físico com a coisa, sustentando ser isso relativo. Nem sempre há posse com a presença ou o contato físico do possuidor. Defendeu o autor que a origem da posse não tem a mesma importância da origem da propriedade. Como a posse é estado de fato, incumbe provar sua existência para caracterizá-la. Para a propriedade, sendo direito, é essencial fixar o momento de sua aquisição. Na posse, apenas circunstancialmente e para fixar alguns efeitos ressaltará de importância o momento de sua aquisição. Como a posse é aparência, esta é, na maioria das vezes, facilmente perceptível pelo corpo social. Tendo aparência de propriedade, verifica-se em cada caso se o sujeito se comporta como se proprietário fosse. Já estudamos a situação da detenção, resolvida por nosso legislador no tocante ao fâmulo. A detenção é relação material com a coisa na qual falta o comportamento do sujeito como proprietário, ou quando a lei entende que a situação de fato não deve caracterizar posse, relação protegível pelos interditos.

O art. 493 do Código anterior detalhou três situações de aquisição da posse, as quais sempre guardarão interesse doutrinário. Adotada a teoria de Jhering como regra geral no Código, não se sustenta a necessidade da descrição casuística desse dispositivo, não originário do projeto de Clóvis, mas proveniente de emenda da Câmara. Dispunha:

> *"Adquire-se a posse:*
>
> *I – Pela apreensão da coisa, ou pelo exercício do direito.*
>
> *II – Pelo fato de se dispor da coisa, ou do direito.*
>
> *III – Por qualquer dos modos de aquisição em geral.*
>
> *Parágrafo único. É aplicável à aquisição da posse o disposto neste Código, arts. 81 a 85".*

Como acentua Darcy Bessone, em face da teoria objetiva, esse dispositivo seria desnecessário, pois, segundo Jhering, a aquisição da posse resulta apenas da circunstância de ser fixada uma exteriorização da propriedade (1988:279). A vontade de ter a coisa para si, como descrito, resulta do comportamento do agente. Toda vez que se evidenciar essa situação de fato, existirá posse. O Código de 1916, porém, preferiu particularizar situações de aquisição. No entanto, essa enumeração, além de redundante, não é taxativa, pois aquisição de posse haverá sempre que presentes os estudados pressupostos de fato, independentemente de tipificação legal. Orlando Gomes (1983:48) justifica com clareza a posição legislativa:

> *"A incoerência doutrinária incriminada ao legislador por haver especificado modos de aquisição da posse teria a escusa de não ser o Código obra teórica, que devesse guardar fidelidade absoluta à doutrina que aceitou".*

Não devemos esquecer que esse dispositivo mandava aplicar à aquisição da posse a teoria dos negócios jurídicos, ao referir-se aos arts. 81 a 85. Como não poderia ser diferente, toda teoria da existência, validade e eficácia dos negócios jurídicos, nulidades e anulabilidades, por nós estudada na obra de teoria geral, aplica-se não somente à aquisição, mas também aos atos de manutenção e perda da posse.

O Código de 2002 atendeu aos reclamos da doutrina e enunciou o princípio de aquisição da posse de maneira lapidar, no art. 1.204, de acordo com a singela noção de posse:

> *"Adquire-se a posse desde o momento em que se torna possível o exercício, em nome próprio, de qualquer dos poderes inerentes à propriedade".*

A dicção da atual lei guarda perfeita sintonia com o conceito de posse do art. 485, redação mantida no diploma em vigor em seu art. 1.196. Há, no entanto, outra redação sugerida pelo Projeto nº 6.960/2002, a esse art. 1.204: *"Adquire-se a posse de um bem quando sobre ele o adquirente obtém poderes de ingerência, inclusive pelo constituto-possessório".* Essa versão tem a ver com o conceito de posse útil, conforme referimos no Capítulo 4.

5.1.1 Apreensão da Coisa ou Exercício do Direito. Aquisição Originária e Derivada. Presunção de Posse dos Móveis

A apreensão consciente da coisa importa em posse. Pode decorrer de ato ou de negócio jurídico, bem como de disposição de lei, em que, neste último caso, não se revela clara, mas presumida, a ciência do sujeito (veja a posse dos herdeiros transmitida com a morte do autor da herança).

Tal como o domínio, a posse pode ser adquirida de modo originário ou derivado.

É *originária* a posse que ocorre sem qualquer vinculação com possuidor anterior. Cuida-se da ocupação da coisa, apropriação de seu uso e gozo. O ato do agente é unilateral.

A aquisição unilateral realiza-se pelo exercício de um poder de fato sobre a coisa, no interesse daquele que o exerce.

É *derivada* a posse quando decorre de transmissão da posse de um sujeito a outro. Há um ato ou negócio jurídico bilateral (compra e venda, depósito, comodato etc.). No caso de morte, pelo princípio da *saisine*, a aquisição derivada decorre da lei. Também é posse derivada da lei, por exemplo, a dos frutos que caem em meu terreno, provenientes de árvore do vizinho (art. 1.284). Por ato entre vivos decorre da vontade das partes, como a tradição, a entrega da coisa, a deslocação.

É importante essa distinção entre posse *originária* e *derivada*. Quando a aquisição é originária, não havendo vínculo com possuidor anterior, a posse apresenta-se despida de vícios para o novo possuidor. Se o possuidor recebeu a posse de outrem, derivada, portanto, as mesmas características lhe são transferidas, ou seja, com os vícios ou virtudes anteriores. Trata-se de aplicação da regra do art. 1.203.[1]

---

1 "Apelação cível. Usucapião extraordinária. Sentença de improcedência. Insistência recursal da autora. Não convencimento. Inexistência de prova inequívoca com relação à defendida posse com *animus domini*. Posse decorrente de comodato verbal em razão da relação de trabalho com o proprietário tabular. **Art. 1.203**, CC. A posse mantém o mesmo caráter com que foi adquirida, ausente prova inequívoca com relação à interversão da posse. Doação de imóvel que demanda forma específica, inviável sustentar sua validade pela forma verbal para fins de efeitos jurídicos. Art. 541, *caput*, CC. Sentença mantida. Recurso improvido" (*TJSP* – Ap 1003137-94.2017.8.26.0642, 25-9-2024, Rel. Wilson Lisboa Ribeiro).

"Usucapião extraordinária. Sentença de improcedência. Irresignação dos autores. Preliminar de cerceamento de direito. Inocorrência. Suficiência da prova documental para análise da controvérsia. Inteligência dos arts. 355 e 370 do CPC. Mérito. Posse que deve manter o mesmo caráter com que foi adquirida (**art. 1.203, CC**). Necessidade de comprovação inequívoca da alteração do 'animus' durante o exercício dos atos possessórios. Inocorrência. Pagamento das despesas e impostos correspondentes que não constitui comportamento exclusivo do proprietário. Ausência de resistência a ser encarada como o consentimento dos titulares do domínio, após o falecimento dos locadores originais, com o prolongamento do contrato, tanto que o bem foi relacionado na ação de inventário proposta. Oposição exercida por meio de possessória. 'Animus domini' não configurado. Sentença mantida. Honorários advocatícios sucumbenciais majorados para 15% do valor atribuído à causa (art. 85, § 11, CPC), ressalvada a gratuidade concedida à parte vencida. Recurso desprovido" (*TJSP* – Ap 1053292-15.2016.8.26.0100, 3-6-2022, Rel. Alexandre Marcondes).

"Possessória – Reintegração de posse – Necessidade de estarem preenchidos os requisitos previstos no art. 561 do atual CPC para a caracterização do pedido como possessório – Hipótese em que ficou comprovado o exercício da posse por parte do autor, que cedeu o imóvel, em comodato verbal, para que a sua neta nele residisse – Fatos noticiados pelo autor na exordial que, além estarem corroborados por diversos documentos anexados aos autos, foram presumidos verdadeiros em razão da revelia da ré. Possessória – Reintegração de posse – Demonstrado o esbulho possessório praticado pela ré – Posse da ré, recebida em comodato, que mantém a característica da precariedade – Art. 1.203 do atual CC – Ré que passou da condição de possuidora direta para esbulhadora quando, instada pelo autor para que desocupasse o imóvel disputado, recusou-se a dele sair – Citação válida da ré que se revelou suficiente para constituí-la em mora – Legítimo o pleito de reintegração de posse por parte do autor – Apelo da ré desprovido" (*TJSP* – Ap 1002797-73.2019.8.26.0451, 19-11-2021, Rel. José Marcos Marrone).

"Processual civil – Recurso Especial – Ação de reintegração de posse – Negativa de prestação jurisdicional – Não ocorrência – Embargos com propósito de prequestionamento – Súmula nº 98 do STJ – Multa afastada – Cerceamento de defesa – Litigância de má-fé – Reexame do conjunto fático-probatório dos autos – Inadmissibilidade – Incidência da súmula nº 7 do STJ – **Constituto Possessório** – Escritura Pública – Posse Indireta – Caracterização – Recurso parcialmente provido – 1– Inexiste afronta ao art. 535 do CPC/1973 quando a Corte local pronunciou-se, de forma clara e suficiente, acerca das questões suscitadas nos autos, manifestando-se sobre todos os argumentos que, em tese, poderiam infirmar a conclusão adotada pelo Juízo. 2– 'Embargos de declaração manifestados com notório propósito de prequestionamento não têm caráter protelatório' (Súmula nº 98 /STJ). 3– O recurso especial não comporta exame de questões que impliquem revolvimento do contexto fático-probatório dos autos, a teor do que dispõe a Súmula nº 7 do STJ. 4– No caso concreto, o acolhimento da pretensão da recorrente, a respeito do cerceamento de defesa, demandaria incursão no acervo probatório dos autos. 5– O Tribunal de origem entendeu que estariam presentes circunstâncias a justificar a penalidade por litigância de má-fé. Alterar esse entendimento demandaria reexame das provas produzidas nos autos, vedado em recurso especial. 6– Segundo a jurisprudência desta Corte Superior, é cabível o ajuizamento de ação possessória pela posse indireta exercida pelo autor, decorrente da inserção de cláusula 'constituti' na escritura

É importante distinguir, sempre, a situação típica de posse daquelas de simples detenção, desmerecedora de proteção jurídica possessória. O termo *apreensão*, estampado na lei, deve ser entendido dentro do conceito de posse. Assim como pode haver mera apreensão material sem posse: pego um objeto para simplesmente examiná-lo, pode ocorrer posse sem apreensão: transfiro a posse por contrato e autorizo o adquirente a apanhá-la no local onde se encontra dentro de certo prazo. Para a posse, há necessidade da vontade e da consciência de apropriar-se da coisa. Para que o servidor da posse, fâmulo, torne-se possuidor, não basta sua vontade, há necessidade de ato ou negócio jurídico.

Se a apreensão da coisa é facilmente perceptível nas coisas móveis, o fenômeno não pode ser o mesmo com os imóveis. No caso dos imóveis, a ocupação da coisa será possível na origem da posse *ad usucapionem*, por exemplo. A herança é considerada imóvel por disposição legal (art. 80, II) e sua transmissão independe do conhecimento do herdeiro, o possuidor, embora possa posteriormente renunciá-la. Destarte, no imóvel nem sempre ocorrerá evidente apreensão material. Pode ocorrer que simples direitos possessórios sejam transferidos por contrato. Nessa hipótese, basta o pacto para transmitir a posse, não havendo necessidade de apreensão material. Por outro lado, pode ser transferida a propriedade, sem que a posse o seja, ou porque assim não deseja o alienante, ou porque essa posse pertence a terceiros.

Como vimos, pode ser passível de posse não somente a coisa, mas também a exteriorização do exercício de um direito. Como regra geral, tudo o que pode ser utilizado pode ser objeto de posse. É suscetível de proteção possessória tudo aquilo que puder ser apropriado e exteriormente demonstrado (Cap. 3, seção 3.4). O exercício do direito é o poder de usá-lo e gozá-lo. Na realidade, quem exerce direito sobre a coisa já exerce a posse. O locatário adquire a posse da coisa locada quando recebe a coisa. O usuário de linha telefônica, como enfatizamos, exerce o direito perante terceiros quando lhe é franqueada a utilização pela concessionária do serviço.

5.1.1.1 Modalidades de tradição

A *tradição* é, pois, modo derivado de apossamento da coisa. A tradição efetiva ocorre quando materialmente a coisa é deslocada para a posse de outrem. Tem, portanto, conteúdo *real*. Tradição significa entrega. Há tradição quando uma pessoa voluntariamente entrega uma coisa à outra que voluntariamente a recebe (art. 2.377 do Código Civil argentino). Distinguem-se a tradição *efetiva* da *simbólica* e da *consensual*.[2]

---

pública de compra e venda de bem imóvel. Precedentes. 7– Recurso especial a que se dá parcial provimento, somente para afastar a multa do art. 538 do CPC/1973" (*STJ* – REsp 1147826/PR, 20-9-2019, Rel. Min. Antonio Carlos Ferreira).

[2] "Administrativo – Embargos de terceiros – **Tradição** – Ausência de comprovação da posse – 1- Nos termos do disposto no art. 1267 do Código Civil, a transmissão da propriedade de bem móvel se dá com a tradição e não pela simples realização do negócio jurídico. 2- Nos termos do art. 674 do CPC, quem, não sendo parte no processo, sofrer constrição ou ameaça de constrição sobre bens que possua ou sobre os quais tenha direito incompatível com o ato constritivo, poderá requerer seu desfazimento ou sua inibição por meio de embargos de terceiro. 3- Em que pese os documentos acostados aos autos, não há quaisquer elementos que deem amparo à versão do embargante, ou que demonstrem que este ostentava o domínio ou a posse do bem. 4- Não comprovando o embargante ter a propriedade ou a posse do bem julgam-se improcedentes aos presentes embargos" (*TRF-4ª R.* – AC 5000152-62.2016.4.04.7207, 22-10-2019, Relª Desª Fed. Vânia Hack de Almeida).

"Agravo interno no agravo em recurso especial – Processual Civil – Ação de reintegração de posse – Cabimento – **Posse Indireta** – Acórdão recorrido e entendimento desta corte – Consonância – Reexame de provas – Impossibilidade – Súmula nº 7 /STJ – 1- O Superior Tribunal de Justiça consolidou o entendimento de que é cabível a ação

É *efetiva* também a tradição referida pelas fontes como *traditio longa manu*, segundo a qual o transmitente da posse leva o adquirente a um local do imóvel que está entregando, mostrando-lhe e apontando-lhe a área e seus limites. Aplica-se às situações em que o transmitente está presente e indica a coisa, suas pertenças e extensão. O objeto é mostrado e posto à disposição do adquirente.

Na tradição *simbólica*, ou *ficta traditio*, a entrega da coisa é traduzida por atitudes, gestos, conduta indicativa da intenção de transferir a posse. A entrega das chaves de imóvel é exemplo característico.

Orlando Gomes (1983:48) denomina de *tradição consensual* duas modalidades clássicas de tradição, em que não ocorre a transferência real da posse. Trata-se da *traditio brevi manu* e o *constituto possessório*, formas interessantíssimas e de corrente uso na prática. Nessas modalidades de tradição haverá uma alteração do *animus* de possuir.

Na tradição *brevi manu*, quem possuía em nome alheio passa a possuir em nome próprio. O locatário, por exemplo, adquire a coisa locada. Sua posse de locatário, direta e imediata, transforma-se em posse de proprietário, posse plena (ou simplesmente posse).

No *constituto possessório* (art. 494, IV do Código de 1916), o possuidor em nome próprio altera seu *animus* e passa a possuir em nome de outrem. O Projeto nº 6.969/2002 mencionou o constituto possessório no art. 1.204, como vimos. A compreensão desse instituto é fundamental para várias situações jurídicas. É o exemplo do proprietário que aliena a coisa e continua em sua posse como locatário. De posse plena de proprietário, passa a ter a posse imediata de locatário por exemplo. A chamada cláusula *constituti* não se presume. As partes devem ser expressas a esse respeito.

Na tradição *brevi manu* e no constituto possessório, não ocorre exteriorização da tradição. Existe somente inversão no *animus* do sujeito. Há uma modificação subjetiva na compreensão da posse pelos sujeitos envolvidos. Aplicam-se tanto aos móveis, como aos imóveis.

---

de reintegração de posse quando o autor comprova o exercício de posse indireta adquirida mediante constituto possessório. 2- Rever a conclusão do aresto impugnado acerca da existência de posse indireta e de esbulho possessório encontra óbice, no caso concreto, na Súmula nº 7 /STJ. 3- Segundo jurisprudência pacífica, a incidência da Súmula nº 7 /STJ obsta o seguimento do recurso por qualquer das alíneas do permissivo constitucional. 4- Agravo interno não provido" (*STJ* – AGInt-AG-REsp 1.081.186 – (2017/0076936-6), 28-9-2018, Rel. Min. Ricardo Villas Bôas Cueva).

"Apelação Civil – Reintegração de posse – Bem Móvel – Veículo Automotor – Aquisição de veículo – **Tradição** – Inexistência – Veículo produto de fraude – Negócio Jurídico Nulo – Ausência de restrição à época da transação – Boa-Fé Subjetiva – Despicienda – Sentença mantida – 1- A propriedade sobre coisa móvel é adquirida no momento da tradição, inteligência do art. 1.267 do Código Civil. 2- A aquisição de veículo, mediante transação realizada por quem não é o proprietário, não obstante gere a presunção de boa-fé ao adquirente, não transfere a propriedade (CC, art. 1.268, § 2º), haja vista ser nulo de pleno direito o negócio realizado com quem não seja proprietário do bem móvel, visto que forja a manifestação de vontade do proprietário. 3- Recurso conhecido e desprovido" (*TJDFT* – Proc. 20150610153329APC – (1001827), 14-3-2017, Rel. Carlos Rodrigues).

"Apelação – Reintegração de posse – **Cláusula 'constituti' possessória** – Posse – Origem – Prova – Necessidade – Para a propositura das ações possessórias pressupõe-se a posse anterior da coisa. A origem da posse deve ser demonstrada para a expedição do mandado possessório. A cláusula constituto-possessório por si só, ainda que de forma indireta, não demonstra que os antigos proprietários do imóvel exerciam a posse sobre ele" (*TJMG* – AC 1.0701.11.013875-0/005, 20-5-2016, Rel. Antônio Bispo).

"**Ação de reintegração de posse. Comodato**. Há tradição pelo *constituto possessório* (art. 1.267, parágrafo único, do Código Civil). – Havendo comodato, a caracterização do esbulho pela notificação desatendida, é pressuposto processual da ação de reintegração de posse – Inexistência de notificação. Extinção do processo sem resolução do mérito. Recurso prejudicado" (*TJSP* – Ap 9065910-06.2009.8.26.0000, 15-4-2014, Rel. Alcides Leopoldo e Silva Júnior).

5.1.2 Disposição da Coisa ou do Direito

Devemos ter cautela com a equivocidade do termo *dispor*. O vocábulo na lei não tem o significado vulgar e também jurídico de abrir mão, perder. O termo é usado para determinar o uso da coisa. Nesse sentido, a possibilidade de dispor da coisa ou do direito é mais uma manifestação da aparência de propriedade. Está contido na noção de domínio – *abutendi* – (*ius utendi, fruendi et abutendi*). *"Nenhum outro fato, como a disponibilidade da coisa, é capaz de traduzir melhor a intenção de ser proprietário"* (Lopes, 1964:157). Após o início do poder fático sobre a coisa, continua-se, permanece-se no mesmo estado, utilizando-se da coisa. Quem é apenas proprietário e não possuidor, e aliena a coisa, não dispõe nem dá destino à posse que não exerce. Quem adquire a posse da coisa já adquire também o poder de exercê-la.

Quem perdeu a coisa e desistiu de procurá-la perde definitivamente a posse sobre ela. Enquanto o perdente busca e utiliza meios de localização da coisa, mantém intacto seu poder de fato sobre ela (Pontes de Miranda, v. 10, 1971:150 ss.).

Por seu lado, quem acha coisa perdida deve restituí-la ao dono ou legítimo possuidor. Se isso não for possível, deve entregá-la à autoridade competente (art. 1.233). No entanto, quem acha tem posse enquanto não entrega a coisa, a qual, inclusive, pode ser sem dono (*res nullius*), ou abandonada (*res derelicta*), o que pode legitimar inclusive o domínio. Se o achador está de má-fé, evidente que sua posse será injusta e viciosa. Aquele que se apossa de coisa sem saber que era perdida tem posse.

5.1.3 Modos de Aquisição da Posse em Geral

A doutrina entende que bastava essa regra geral do inciso III do art. 493 do Código anterior para especificar as modalidades de aquisição da posse. Esse inciso engloba na verdade os anteriores. Serve-nos e sempre servirá de norte. Qualquer que seja a natureza da posse, originária ou derivada, examina-se a origem. Entende-se que a posse pode ser obtida por qualquer forma lícita. Pressupõe justa causa, justo título, a abertura da herança na posse dos herdeiros (aquisição *causa mortis*) e o contrato (*inter vivos*) na posse do adquirente.

Na maioria das vezes, teremos um negócio jurídico. Aplicam-se as regras que regem os negócios jurídicos em geral e sua respectiva doutrina (arts. 104 a 114). Devem ser examinados os requisitos de existência, validade e eficácia do negócio jurídico. Sempre há que se avaliar se a situação fática de aquisição é permitida pelo ordenamento. A posse *ad usucapionem*, por exemplo, pode até independer de boa-fé, pois há hipótese autorizada por lei.

5.1.4 Quem Pode Adquirir a Posse

Somente a pessoa é sujeito de direitos e obrigações. Desse modo, o estado de posse somente pode ser defendido pelos sujeitos, pela pessoa ligada à coisa.

Dispunha o art. 494 do Código de 1916:

> *"A posse pode ser adquirida:*
>
> *I – Pela própria pessoa que a pretende.*
>
> *II – Por seu representante, ou procurador.*
>
> *III – Por terceiro sem mandato, dependendo de ratificação.*
>
> *IV – Pelo constituto-possessório".*

Esse dispositivo legal não apresentava maior utilidade que não a de colocar na lei a possibilidade do constituto possessório já examinado.

O vigente Código sintetiza as mesmas hipóteses no art. 1.205, não mais se referindo ao constituto-possessório, que nem por isso deixa de existir e ser bastante utilizado:

> *"A posse pode ser adquirida:*
>
> *I – pela própria pessoa que a pretende ou por seu representante;*
>
> *II – por terceiro sem mandato, dependendo de ratificação".*

Nunca se duvidará que a pessoa interessada pode adquirir a posse, por seu representante, seja essa representação legal ou convencional (veja nosso estudo a esse respeito na obra *Direito civil: parte geral*, Capítulo 19). Nos casos de representação legal, o representante age por força de lei; na representação voluntária ou convencional, existe acordo de vontades declinado pelo mandato. O Código, ao citar o procurador ao lado do representante, foi redundante porque o fenômeno da representação é uno. A procuração é instrumento da representação voluntária. O legislador, porém, desejou espancar dúvidas.

O possuidor ou representante podem adquirir tanto a posse imediata, como a posse mediata, não havendo proibição na lei ou na convenção. O locador pode alienar a coisa alugada, transferindo a posse indireta. Da mesma forma, o locatário pode ceder sua posição contratual, transferindo a posse imediata.

Nada obsta, por outro lado, que o menor adquira a posse por ato seu, pois o fato da posse independe da capacidade. O fato da posse preexiste ao direito. Existe no mundo natural. A apreensão da coisa caracteriza-o. Parece que a intenção do legislador foi apenas enfatizar que a posse também pode ser adquirida em nome e por ordem de terceiros, até mesmo sem mandato, havendo posterior ratificação. No caso concreto é que se examinará se este terceiro agiu por conta e ordem de outrem ou em nome próprio. Examinar-se-á se o terceiro recebeu incumbência de outrem ou com este tem vínculo jurídico que possibilite a aquisição da posse. O núncio pode ter essa função: peço a alguém que apanhe ou adquira um objeto para mim. O gestor de negócios também aí se coloca, merecendo seus atos a ratificação posterior. O gestor age em nome de outrem, sem mandato, sem ter recebido qualquer incumbência nesse sentido. É imprescindível a necessidade de ratificação na ausência de mandato, porque não pode ser dispensada a vontade daquele em favor de quem é adquirida a posse. Essa confirmação retroage ao momento da aquisição da posse e tem os mesmos efeitos da representação voluntária.

O constituto-possessório, como técnica de aquisição derivada de origem romana, colocado ao lado e ao inverso da *traditio brevi manu*, como modificação do *animus* do possuidor, já foi examinado (seção 5.1.1).[3]

---

3 "Processual civil, consumidor e civil – Embargos à execução – Aquisição de veículo – **Tradição do bem móvel** – Inocorrência – Contrato declarado nulo – Mera proposta de financiamento – Artigos 1.226 e 1.267 do Código Civil – Litigância de má-fé afastada – Art. 80 do CPC – Sentença parcialmente reformada – 1- Os direitos reais sobre coisas móveis, quando constituídos, ou transmitidos por atos entre vivos, só se adquirem com a tradição (Art. 1.226 do Código Civil). 2- A propriedade das coisas não se transfere pelos negócios jurídicos antes da tradição. Subentende-se a tradição quando o transmitente continua a possuir pelo constituto possessório; Quando cede ao adquirente o direito à restituição da coisa, que se encontra em poder de terceiro; Ou quando o adquirente já está na posse da coisa, por ocasião do negócio jurídico (Art. 1.267 do Código Civil). 3- Assim, na medida em que o consumidor sequer chegou a receber o veículo na concessionária, a nulidade do contrato é medida que se impõe, ainda mais quando demonstrado que o instrumento firmado pelo devedor tem aparência de orçamento, com validade da proposta, inclusive. 4- Apesar do negócio jurídico não ter sido perfectibilizado, na medida em que não houve a tradição do automóvel, que sequer chegou a sair da concessionária, cabe ressaltar que o embargante recebeu o

5.2 TRANSMISSÃO DA POSSE

A transmissão da posse (assim como da propriedade) pode ocorrer a *título universal* ou a *título singular*.

A transmissão a título universal ocorre quando se transfere uma universalidade. É característica da sucessão *mortis causa*. O herdeiro é sucessor universal porque sucede em uma universalidade uma quota-parte da herança, uma fração não individualizada. Veja-se o que dissemos a respeito do conceito de coisas coletivas e universalidades na obra introdutória ao Direito Civil (*Direito civil: parte geral*, seção 16.7). Nada impede que em certas situações ocorra por ato entre vivos uma transmissão universal: quando se transfere, por exemplo, um estabelecimento comercial, que igualmente se constitui universalidade. Destarte, não é correta a afirmação de que na transmissão universal transfere-se todo o patrimônio. Essa afirmação deve ser vista com reservas, assim como afirmar-se que somente ocorre na sucessão hereditária.

---

carnê de pagamento e antecipou a primeira parcela, conforme consta do recibo de pagamento colacionado pelo próprio embargante, o que afasta a má-fé da instituição financeira. 5- Recurso parcialmente provido" (*TJDFT* – Proc. 07038155020188070005 – (1164683), 24-4-2019, Rel. Josapha Francisco dos Santos).

"Possessória – Imóvel arrendado da Caixa Econômica Federal em nome da agravada – Existência de cláusula contratual exigindo ocupação pela arrendatária/mutuária sob pena de rescisão contratual – Parcelas que vão vencendo em nome dela – Varão que detém outro imóvel financiado em seu nome no próprio prédio – Existência de união estável e partilha a ser dirimida pela via própria – Respectiva ação já em andamento no Juízo de Família – Alegação de que emprestara seu nome para irmã adquirir o outro apartamento que depende de provas a serem produzidas e sopesadas oportunamente – Posse da autora comprovada, constando do contrato a transferência a ela por meio do constituto possessório – Alegações de continência e pedido de reunião de processos que é mera inovação recursal – Questões sequer alegadas na contestação – Razoável que a posse seja atribuída em caráter liminar à mutuária/arrendante, como de fato foi – Decisão mantida – Agravo de instrumento desprovido" (*TJSP* – AI 2053263-83.2018.8.26.0000, 26-6-2018, Rel. Mendes Pereira).

"Agravo de instrumento – Ação de obrigação de fazer c/c indenização por danos morais. Compromisso de compra e venda de imóvel, com **constituto possessório**. Suposto esbulho mediante a locação do bem a terceiro. Pedido acautelatório de depósito dos alugueres recebidos pelos requeridos. Decisão interlocutória que indeferiu liminarmente o pleito provisório. Recurso dos autores. Pedido de reforma da decisão ao argumento de restarem demonstrados os requisitos autorizadores da concessão da medida. Insubsistência. Contrato de compra e venda desacompanhado de prova da satisfação pelos agravantes/adquirentes das contraprestações pactuadas. Esbulho igualmente não comprovado. Suposta locação do imóvel pelos requeridos não evidenciada. Consignação incidental de alugueres que exige demonstração objetiva da avença locatícia em ofensa à posse dos autores. Elementos probatórios *initio litis* que não evidenciam plausibilidade das alegações autorais. Situação fática que impõe a manutenção da decisão agravada. Inteligência do art. 300 do novo Código de Processo Civil. Necessidade de formação do contraditório e da ampla defesa. Decisão de primeiro grau acertada. Recurso conhecido e desprovido" (*TJSC* – AI 4016656-62.2016.8.24.0000, 23-5-2017, Relª Desª Denise Volpato).

"Apelação cível – Ação de reintegração de posse impossibilidade de discussão acerca do domínio – Art. 1.210, § 2º, do Código Civil – **Constituto-possessório** – Não configuração – Proprietário que cede o uso de imóvel para instalação de horta comunitária – Situação não transitória – Ingresso dos hortelões no imóvel por autorização da prefeitura municipal – Caráter de programa social – Posterior alienação do domínio – Posse indireta do proprietário registral não caracterizada – Transmissão ao comprador – Impossibilidade – Requisitos para reintegração não preenchidos – Art. 927, do Código de Processo Civil – Posse coletiva que confere função social à propriedade – Tutela que se impõe – Ponderação de valores – 1- No constituto-possessório, aquele que possuía o bem como proprietário passa a exercer sua posse derivada, em virtude de negócio jurídico, mediante o qual há novação do animus da posse. 2- 'A *exceptio proprietatis*, como defesa oponível às ações possessórias típicas, foi abolida pelo Código Civil de 2002, que estabeleceu a absoluta separação entre os juízos possessório e petitório' (Enunciado nº 79 CFJ/ STJ, da I Jornada de Direito Civil). 3- Ao ajuizar o interdito possessório, o possuidor tem o ônus de comprovar o efetivo exercício da posse, ainda que na modalidade indireta, em momento anterior ao esbulho, nos termos do art. 927, do Código de Processo Civil. 4- A exteriorização da posse indireta se dá mediante a identificação do desdobramento dos poderes de fato sobre a coisa. 5- Tendo o proprietário deixado de exercer a posse indireta do imóvel, se lhe torna impossível transmiti-la aos adquirentes por força de contrato de compra e venda. 6- Merece ser tutelada a posse coletiva que confere função social à propriedade, em detrimento do domínio daquele que não demonstra ter exercido, durante prolongado período de tempo, qualquer poder de ingerência sobre a coisa. Recurso conhecido e não provido" (*TJPR* – AC 1410738-1, 14-3-2016, Relª Desª Rosana Amara Girardi Fachin).

A transmissão a título singular ocorre quando se transfere um bem ou bens determinados e individualizados. É o que sucede negocialmente *inter vivos*. Na sucessão *causa mortis*, também existe transmissão singular quando no testamento se institui legatário: este recebe coisa certa e determinada entre os bens da herança. Em geral, mas não exclusivamente, a transmissão entre vivos é a título singular.

Sobre a matéria estampa o art. 1.206:

> *"A posse transmite-se aos herdeiros ou legatários do possuidor com os mesmos caracteres".*

O art. 1.207 dispõe:

> *"O sucessor universal continua de direito a posse do seu antecessor; e ao sucessor singular é facultado unir sua posse à do antecessor, para os efeitos legais".*

Nessas dicções legais, parece que a intenção do legislador foi assimilar o conceito de sucessor universal ao herdeiro. O sucessor universal continua a posse do antecessor. Desse modo, se a posse do autor da herança era viciada, continuará viciada com o herdeiro. Tal situação pode levar a iniquidades. Essa postura legislativa, repetida também no presente Código, é bem criticada por Sílvio Rodrigues (1984:42) em nota ao comentário do artigo:

> *"Não me agrada tal solução. Mas é a da lei. Não vejo inconveniente em se admitir, mesmo para o sucessor universal ou para o legatário, a possibilidade de considerar sua posse como uma situação de fato nova, inteiramente desligada da anterior. A posse, mera relação de fato, gera efeitos em virtude da circunstância de existir, sem que o fato de sua origem deva, de qualquer modo, interferir nesses efeitos".*

O art. 1.206 estende os mesmos efeitos aos herdeiros e legatários, embora estes últimos sucedam a título singular. Preferiu o legislador tratar ambos da mesma forma, talvez porque a origem comum seja a transmissão *mortis causa*.

Por outro lado, no tocante ao adquirente singular, este poderá unir sua posse à do antecessor, se lhe for conveniente. Se recebe posse boa de oito anos, basta a posse de mais dois anos para a usucapião ordinária (art. 1.242). Se receber posse viciada, ser-lhe-á adequado iniciar novo lapso possessório, livrando-se assim da mácula.

5.3 CONSERVAÇÃO E PERDA DA POSSE

Conservação e perda da posse são fenômenos paralelos e indissociáveis. É evidente que a continuidade da posse, como situação de fato, depende de ela não ter sido perdida. Mantém-se na posse, dentro da concepção objetiva, aquele que mantém o comportamento de exteriorização do domínio. Esse comportamento se dará por conduta do próprio agente ou de seus prepostos e representantes. Cessa a posse de um sujeito quando se inicia a posse de outro. Na casuística deve ser encontrado e definido esse momento de importantíssimas consequências. Como regra, um direito, uma vez adquirido, mantém-se, independentemente da atuação de seu titular, "*por sua força orgânica, por sua virtualidade interna*" (Rodrigues, 1981:257). Entendemos que há continuidade na posse, enquanto não houver manifestação voluntária em contrário. A posse deve ser entendida como subsistente, quando a coisa possuída se encontra em situação normalmente tida pelo proprietário (Borda, 1984, v. 1:109).

Dispunha o art. 520 do antigo Código:

> *"Perde-se a posse das coisas:*
>
> *I – Pelo abandono.*
>
> *II – Pela tradição.*
>
> *III – Pela perda ou destruição delas, ou por serem postas fora do comércio.*
>
> *IV – Pela posse de outrem, ainda contra a vontade do possuidor, se este não foi manutenido, ou reintegrado em tempo competente.*
>
> *V – Pelo constituto possessório.*
>
> *Parágrafo único. Perde-se a posse dos direitos, em se tornando impossível exercê-los, ou não se exercendo por tempo, que baste para prescreverem".*

O legislador de 1916 foi repreendido por ter sido casuístico também nas hipóteses de perda da posse, uma vez que poderia ter adotado forma genérica. Em resumo, perde-se a posse sempre que o agente deixa de ter possibilidade de exercer, por vontade própria ou não, poderes inerentes ao direito de propriedade sobre a coisa. Desse modo, não há de se ter como exaustiva a enumeração legal. Perde-se a posse por iniciativa do próprio possuidor ou de terceiro, ou por fato relacionado à própria coisa. Perde-se a posse quando não mais se exerce, ou não se pode exercer, poder fático sobre a coisa. O ato de terceiro que se apossa violentamente da coisa é causa para extinção de uma posse e início de outra. A posse mediata também se perde pelos mesmos fatores. Destarte, perde-se a posse com o desaparecimento do *animus* ou do *corpus*, bem como pelo desaparecimento conjunto do *corpus* e do *animus*.

Nesse rumo, atendendo a essas críticas, foi mais apropriado o Código em vigor ao ressaltar no art. 1.223 que *"perde-se a posse quando cessa, embora contra a vontade do possuidor, o poder sobre o bem, ao qual se refere o art. 1.196"*. Isto é, perde-se a posse quando desaparecem os poderes inerentes à propriedade com relação à coisa que eram exercidos pelo possuidor, qualquer que seja sua causa. Ainda, o art. 1.224 complementa: *"Só se considera perdida a posse para quem não presenciou o esbulho, quando, tendo notícia dele, se abstém de retornar a coisa, ou, tentando recuperá-la, é violentamente repelido"*.

O esbulho é a perda dos poderes inerentes à posse, que pode se dar de forma violenta ou não. O que está presente e deixa que terceiros tomem conta da coisa, perde a posse. Incumbe a ele, se desejar manter o poder de fato sobre a coisa, que se valha dos remédios possessórios para defender sua posse, até mesmo do desforço imediato que o ordenamento possibilita. O mesmo ocorre se o possuidor toma conhecimento do esbulho e nada faz para impedi-lo. A lei civil de 2002, porém, afirma, repetindo a noção presente no art. 522 do antigo diploma, que, se na tentativa de recuperação, o possuidor esbulhado for "violentamente" repelido, também perde a posse. Não nos agrada essa expressão no texto legal, que pode fomentar a violência. O que o legislador pretende dizer, a nosso ver, é a hipótese de o esbulhado ser "prontamente" repelido, com os meios necessários. Uma disposição normativa não pode, em qualquer hipótese, incentivar ou sufragar a violência. O fato é que, enquanto o possuidor esbulhado busca recuperar sua posse, pelos vários meios a seu dispor, não houve perda da posse. Como, pela própria natureza, a posse é estado de fato, o deslinde da perda da posse dependerá sempre do exame do caso concreto, mormente das circunstâncias que o cercam. É muito importante o papel do magistrado nas questões da posse, pois deve ser ele o elo da pacificação no estrépito e tumulto social que essas questões podem gerar.

De qualquer modo, ao lado da forma mais genérica encontrada pelo legislador de 2002, analisemos os casos descritos no velho Código, que se inserem na norma geral do art. 1.223 da mais recente lei.

5.3.1 Perda da Posse pelo Abandono

Quando o possuidor se despoja da coisa, deixando de existir a intenção de mantê-la, ocorre o abandono (*derelictio*). Não basta para o abandono que o sujeito deixe de exercer continuamente atos de posse. O fato de alguém não ocupar continuamente um imóvel de veraneio, ou não usar diariamente um automóvel, não caracteriza abandono. No abandono, o agente não mantém o desejo de dispor da coisa. É ato voluntário. É desinteresse do titular. Cumpre que o sujeito seja capaz, pois o abandono equivale a ato de renúncia e que seja espontâneo, sem vício de vontade. Não ocorre abandono da coisa com a entrega mediante erro, dolo ou coação, aplicando-se os princípios desses defeitos da vontade. A derrelição da coisa faz perder a posse e a propriedade (art. 589, III, do Código de 1916). Quem joga fora a coisa a abandona.

Para os imóveis, o abandono caracteriza-se pela ausência do sujeito, que não se utiliza da coisa e manifesta desejo de ali não retornar.

> *"A ausência prolongada e o desinteresse revelado pelo possuidor são circunstâncias indicativas do abandono, por falta de diligência de um interessado cuidadoso"* (Monteiro, 1989:73).

A mera ausência temporária não significa abandono. Os fatos circundantes da ausência do sujeito devem ser examinados.

O abandono pode ser tanto da posse mediata, como da posse imediata. No abandono, existem ao mesmo tempo perda do *animus* e do *corpus*. Nem sempre será fácil ser apurada a perda do *animus*, se não houver vontade expressa do sujeito: o locatário deixa o imóvel locado, sem rescindir contrato, sem comunicar ao senhorio, e ali deixa seus pertences. Devem-se analisar as circunstâncias e fixar o ânimo de renunciar à coisa e, no caso, à locação.

Distingue-se da perda da coisa em que a posse não se extingue, em regra, enquanto o sujeito estiver à procura e no encalço da coisa. Definitivamente perdida a coisa, a posse desaparece contra a vontade do titular.

Como o representante pode adquirir a posse, também pode abandoná-la. No caso, deve ser analisada a intenção do representado em de fato não reaver a coisa ou manter a posse. Também não se confunde o abandono da coisa com a perda contra vontade do possuidor, que pode se ver esbulhado da coisa e perder o poder sobre ela, conforme menciona do art. 1.223 do Código.

5.3.2 Perda da Posse pela Tradição

Tradição é entrega da coisa. É forma pela qual, em nosso Direito, transfere-se ordinariamente a propriedade de coisa móvel. A propriedade imóvel transfere-se pelo registro do título, que tem o efeito translatício da posse (Pereira, 1993:42). Analisamos suas várias modalidades na seção 5.1.1.1.

Na tradição, o alienante transfere a posse a outrem, em razão de negócio jurídico. Também nessa hipótese, desaparecem o *animus* e o *corpus*. Na tradição, enquanto um sujeito adquire a posse, outro a perde. Os atos que importam na perda da posse pela tradição são os mesmos que importam em sua aquisição. Para operar a transferência, há necessidade da intenção do transmitente em transferir a coisa. Quando há desdobramento da posse a título de usufruto, locação etc., o agente mantém a posse indireta. Simples entrega da coisa sem intenção de transferir não implica perda da posse.

5.3.3 Perda ou Destruição da Coisa. Coisas Postas Fora do Comércio

Desaparecido o objeto da posse, desaparece o *corpus*. Torna-se inviável a posse. Não se confundem as coisas perdidas ou destruídas com as coisas abandonadas. Na perda, enquanto o perdedor vai ao encalço ou procura a coisa, ainda não se despojou da posse. Nesse sentido, o art. 2.450 do Código Civil argentino: *"Enquanto haja esperança provável de encontrar uma coisa perdida, a posse se conserva pela simples vontade"*. A perda dá-se quando o possuidor não mais a encontra definitivamente ou não a recebe do inventor. Perde-se, assim, a coisa móvel. Perde-se a posse de imóvel pelo desuso e desinteresse em sua disposição. Na destruição, a posse desaparece de plano. O que se apossa de coisa sem dono, o *inventor*, tem posse. O inventor ou descobridor de coisa perdida deve entregá-la ao legítimo possuidor. Na destruição, aplicava-se a dicção do art. 77 do Código de 1916: *"Perece o direito, perecendo seu objeto"*. O art. 78 explicitava as formas pelas quais perece o objeto do direito. A destruição pode resultar de fato natural ou de ato de vontade.

A lei equiparara o fato de a coisa ter sido colocada fora de comércio à perda ou destruição. Em nossa obra de teoria geral, estudamos as coisas fora do comércio, a inalienabilidade (*Direito civil: parte geral*, seção 16.10). A situação deve ser vista com ressalva, porém. As terras públicas estão fora de comércio. Não podem ser usucapidas. Não negamos, contudo, que sujeitos possam delas ter a posse, relação de fato com a coisa, defendendo-a contra terceiros que a molestem. É evidente que não podem opor essa relação de fato perante o Estado. *"A inalienabilidade é frequentemente compatível com a cessão de uso ou posse alheia"* (Pereira, 1993:43). O próprio Estado pode ceder o uso de seus bens a título precário. A regra geral, no entanto, é a impossibilidade jurídica de posse sobre os bens inalienáveis.

5.3.4 Posse de Outrem. Perda da Posse do Ausente

O dispositivo legal do antigo Código sob exame acrescentava que a perda da posse pode ocorrer *"pela posse de outrem, ainda contra a vontade do possuidor, se este não foi manutenido, ou reintegrado em tempo competente"* (art. 520, inciso IV). Essa noção foi magnificamente sintetizada pelo art. 1.223 do Código de 2002.

O preço da posse para o titular é a permanente vigilância sobre o objeto de sua posse, sobre o bem. O *animus possidendi* é um estado permanente. Desaparecendo ou ameaçado o *corpus* por atividade de terceiro, e tomando conhecimento o possuidor de turbação ou esbulho na coisa possuída, deve *incontinenti* lançar mão dos meios postos a sua disposição pelo ordenamento para defender sua posse. Mantendo-se silente ou inerte, sujeitar-se-á à perda da posse, como inclusive aduz o art. 1.224 do mais recente ordenamento. Como vimos, o possuidor tem prazo de ano e dia a contar da turbação ou esbulho para obter a concessão de liminar na ação possessória (art. 562 do CPC). Ultrapassado esse prazo, não poderá ser concedida a liminar *initio litis*. A posse inconturbada do violador inicia novo prazo possessório, podendo convalescer, quando cessada a violência, ou clandestinidade.

O art. 522 do antigo Código, no entanto, dispunha:

> *"Só se considera perdida a posse para o ausente, quando, tendo notícia da ocupação, se abstém de retomar a coisa, ou, tentando recuperá-la, é violentamente repelido".*

A matéria é de prova, como apontamos anteriormente, ao mencionar o art. 1.224 do Código. O dispositivo deveria estar inserido dentro do artigo que trata da perda da posse (520). No sentido geral, considera-se ausente quem deixa seu domicílio sem dar notícias de seu paradeiro (veja nosso *Direito civil: parte geral*, seção 10.8). O art. 522, no entanto, mencionava ausente no sentido vulgar, e não no sentido técnico, que exigia declaração judicial de ausência do art. 463. Ausente no caso é aquele que não está presente e não se conhece o paradeiro para defender sua posse. O ausente deve intentar o desforço imediato ou a ação possessória, tão logo tenha notícia da ocupação (veja observação acerca da autotutela da posse, Capítulo 7, seção 7.2).

Quem impede o retorno do possuidor a sua coisa é esbulhador.

No estudo da defesa da posse, serão examinados outros procedimentos que servem para o mesmo propósito. O permanente estado de vigilância também é assegurado pelo ordenamento que permite a legítima defesa da posse, a autodefesa, *o desforço imediato*:

> *"O possuidor turbado, ou esbulhado, poderá manter-se, ou restituir-se por sua própria força, contanto que o faça logo.*
>
> *Parágrafo único. Os atos de defesa, ou de desforço, não podem ir além do indispensável à manutenção ou restituição da posse"* (art. 502 do Código de 1916).

Examinaremos o instituto no Capítulo 7, dedicado à defesa da posse.

Afora a possibilidade de composse já examinada, a posse é exercida com exclusividade, como exteriorização do domínio. Os interditos têm justamente a finalidade de manter o possuidor na posse ameaçada ou reintegrá-lo na hipótese de posse perdida.

5.3.5 Perda da Posse pelo Constituto-Possessório

Por várias vezes, neste capítulo, referimo-nos ao *constituto*, inclusive ao comentar o Projeto nº 6.960/2002. O presente Código preferiu não o mencionar de forma expressa. Cuida-se de inversão do *animus*, que serve para modificar a natureza da posse. O possuidor que transfere o objeto a outrem, utilizando-se do *constituto*-possessório, perde um título de posse e passa a ter outro. O proprietário aliena a coisa e continua a residir no imóvel precariamente, com posse em nome do adquirente. Externamente, nada muda. Assim como o constituto é modalidade de aquisição, também o é de perda.

5.3.6 Perda da Posse de Direitos

O parágrafo único do art. 520 do velho Código mencionava a perda da posse dos direitos pela impossibilidade de exercê-los, ou pelo não exercício no prazo de prescrição. Tivemos oportunidade de analisar a problemática referente ao tema *posse de direitos*. Evidentemente, pelo exposto, a dicção legal aqui não se refere à posse de direitos pessoais, tal como discutida no início de vigência do Código.

Como enfatizamos (seção 5.3.4), quando se protege a aparência de um direito real, protege-se inevitavelmente o exercício de um direito. Protege-se o estado de fato tipificado como posse, porque ele estampa a possibilidade de exercício de direito. No entanto, a crítica que se fez continuamente ao dispositivo é referir-se a essa terminologia equívoca, *posse de direitos*, que poderia dar azo à compreensão de ter o legislador admitido a posse de direitos pessoais.

Sendo passível de posse tudo o que for passível de utilização, o exercício desse poder de utilização deve ser inserido na compreensão do termo legal. Cuida-se do exercício dos direitos reais, enfim. Aplica-se tanto aos direitos corpóreos, como incorpóreos. Assim, não há como defendermos a posse de uso de energia elétrica, se o concessionário suprimiu esses serviços, ou se o usuário não possui título para tal. Não há como defendermos o exercício de direitos inerentes ao usufruto, se a ele renunciou o usufrutuário. Aduz Tito Lívio Pontes (1977:239):

> *"O melhor era dizer que a expressão 'posse de direito' abrange toda situação legal, por força da qual uma coisa fica à disposição de alguém, que a pode usar e fruir, como se fora a própria. Esta definição é mais abrangente e compreensiva, transcendendo a esfera dos direitos reais, sem todavia incluir os chamados direitos obrigacionais, que proteção possessória não têm, pois são simples vínculo ligando pessoas nas obrigações de dar, fazer ou não fazer alguma coisa".*

Desse modo, como já expressamos, na jurisprudência atual predomina a ideia de que é suscetível de proteção possessória tudo aquilo que puder ser apropriado e exteriormente demonstrado. Em cada caso, cumpre examinar quais os poderes contidos no direito de propriedade, ou outro direito real, que podem ser possessórios, ou seja, o estado fático da posse.

Portanto, a perda da posse de direitos, estabelece a lei, equivale à perda da coisa, pois fica o sujeito impossibilitado dela dispor (*ius abutendi*). Essa impossibilidade pode provir de ato de terceiro ou de fato natural, cujos efeitos são idênticos. A situação vê-se absorvida pela dicção do art. 1.223, que se refere à cessação do poder sobre a coisa, de forma geral.

A disposição da antiga lei refere-se não apenas ao que denomina perda da posse de direitos, mas também à falta de exercício que possibilita a usucapião por outrem. São, portanto, duas as hipóteses legais.

A omissão do possuidor por certo lapso de tempo possibilita a perda de sua posse. Os direitos devem ser conservados por atos que revelem o interesse dos agentes. A inércia do titular pode ocasionar a perda da posse. Como dissemos, o preço da posse é sua permanente vigilância. As servidões, por exemplo, perdem-se pelo não uso, se seu possuidor não demonstrar sinais palpáveis de sua utilização, caracterizadores da intenção de mantê-la. O simples não uso, porém, não é suficiente para a perda da posse. É necessário que a essa conduta omissiva do titular junte-se conduta ativa de outrem, que passa a usufruir da coisa. A situação é idêntica à propriedade, uma vez que a posse é sua exteriorização.

5.4 PERDA OU FURTO DA COISA MÓVEL E TÍTULO AO PORTADOR

O antigo art. 521 do Código de 1916 estatuía:

> *"Aquele que tiver perdido, ou a quem houverem sido furtados, coisa móvel, ou título ao portador, pode reavê-los da pessoa que os detiver, salvo a esta o direito regressivo contra quem lhos transferiu.*
>
> *Parágrafo único. Sendo o objeto comprado em leilão público, feira ou mercado, o dono, que pretender a restituição, é obrigado a pagar ao possuidor o preço porque comprou".*

Essa disposição estava deslocada, porque dizia respeito à propriedade, não à posse. Referia-se à aquisição e perda da propriedade móvel (arts. 592 e 622).

Cuidava-se de aplicação de regra geral da ação reivindicatória. Trata-se de corolário da regra estabelecida no art. 622 do antigo Código: "*Feita por quem não é proprietário, a tradição não alheia a propriedade*". O proprietário privado da coisa pode reivindicá-la de quem quer que a detenha. Destarte, a posse da coisa móvel, por si só, não induz domínio em nosso ordenamento. Quem encontra coisa perdida tem a obrigação de devolvê-la; o furtador ou roubador não tem título para conservar a coisa. Pelo princípio de sequela, o titular reivindica a coisa com quem estiver, ainda que com terceiros. A estes ficará reservada somente a ação regressiva contra quem lhes transferiu a coisa.

O título ao portador é equiparado à coisa móvel pela lei. O título ao portador espelha um direito de crédito, líquido e certo e transmissível. Nesse instituto, a obrigação confunde-se com o próprio título. Por essa razão, sua perda está equiparada às situações de posse, exteriorizações de propriedade, portanto. O direito nos títulos ao portador confunde-se com a própria cártula. Daí a proteção do artigo. O título é equiparável a coisa móvel corpórea. Sua perda pode dar margem ao novo detentor se valer dos benefícios do crédito ali estampado. Cabe a reivindicação tanto no caso de perda, como no de furto.

A lei protege com a ação reivindicatória a vítima de furto ou roubo. Se esta transfere a coisa por sua vontade, mas sob a conduta de estelionato, falsidade ou apropriação indébita, o remédio jurídico será outro, possivelmente a anulação do negócio contra o agente autor da conduta ou indenizatória de perdas e danos, se alienada a coisa a terceiros de boa-fé. Nessas condutas, houve vontade do que deixou de ter a coisa, embora viciada.

A regra do *caput* do artigo sofria a limitação do parágrafo. Na hipótese de a coisa ter sido adquirida em leilão público, feira ou mercado, o reivindicante deveria pagar o possuidor.

Procurou-se dar segurança aos negócios realizados nesses locais e circunstâncias, onde o exame do título da coisa adquirida é mais custoso. Protegia-se a segurança do comércio. O legislador procurou defender o interesse social em detrimento do individual nesse dispositivo. Washington de Barros Monteiro (1989:77) lembra que, embora o texto referia-se apenas a leilão, feira ou mercado, a hipótese estendia-se a locais assemelhados, tais como hastas públicas, bolsas de valores e mercadorias e corretores de gado. Sempre haverá possibilidade de ação de regresso, no caso, contra aquele que viciou o título.

Ausente dispositivo nesse diapasão no Código de 2002, nem por isso deixam de ser aplicados os princípios gerais da ação reivindicatória.

5.5 ATOS QUE NÃO INDUZEM POSSE

Em nosso sistema, a relação fática com a coisa que tem início violento ou clandestino não é de posse, enquanto permanece a violência ou clandestinidade. Torna-se posse após cessados os vícios. Tenhamos em mente o exemplo de coisa roubada ou furtada. Enquanto mantido esse estado ilegítimo, não há posse. Se o dono concorda com a posse do furtador ou do roubador que não mais a esconde, cessa a injustiça e inicia-se a posse.

Do mesmo modo, aquele que adentre terreno à socapa, na ausência do dono ou possuidor, ainda não tem relação possessória. Contudo, tornando-se pública sua relação ou dela tendo conhecimento o esbulhado que se queda inerte, o invasor faz-se possuidor.

Enquanto permitida a relação com a coisa, não há esbulho. Suprimida a permissão ou tolerância, abre-se ensancha à defesa da turbação, que então passa a existir.

Pontes de Miranda (1971, v. 10:58) denomina tença a esse período em que a relação com a coisa ainda não é posse.

Essa proposição deflui do art. 1.208:

> *"Não induzem posse os atos de mera permissão ou tolerância, assim como não autorizam a sua aquisição os atos violentos, ou clandestinos, senão depois de cessar a violência, ou a clandestinidade".*

Tanto a cessação da violência e da clandestinidade como o exame da tolerância ou mera permissão dependerão exclusivamente da casuística.

Quem permite ou tolera a apreensão da coisa não renuncia a sua posse. Suponhamos a hipótese do proprietário que permite que terceiro transite por seu terreno; ou o possuidor de um livro que autoriza alguém a lê-lo. Tais atos, por si sós, não devem induzir posse, porque até mesmo a posse precária deve decorrer da vontade do agente.

A mera permissão ou tolerância não podem converter-se em posse. Os atos originalmente violentos ou clandestinos podem tornar-se posse somente depois de cessada a violência ou clandestinidade.

5.6 POSSE DE MÓVEIS CONTIDOS EM IMÓVEL

O art. 1.209 do Código dispõe que "*a posse do imóvel faz presumir, até prova contrária, a das coisas móveis que nele estiverem*".

Aplica-se, na hipótese, o princípio de acessoriedade. A lei presume que os móveis integram o imóvel ou são seus acessórios. Essa presunção é relativa. Desse modo, pela vontade das partes e pelas circunstâncias do caso concreto, pode ocorrer que as coisas móveis ou nem todas as coisas móveis que se encontram no imóvel sejam de posse do possuidor do imóvel. Assim, por exemplo, não se presume que um imóvel tenha sido locado mobiliado, ou com toda a mobília que ali está, se não houve vontade expressa das partes nesse sentido. Muito desse aspecto é traduzido pelos usos. É necessário que em cada caso se atente à natureza e aos limites da posse. Não se vai admitir, por exemplo, que a venda ou locação de uma residência inclua também o anel de pedras preciosas que a ex-moradora esqueceu em uma de suas dependências. Há expressões usuais nos negócios que enfatizam essa presunção legal, quando, por exemplo, a venda de uma propriedade rural é feita com "porteira fechada", significando que o negócio inclui tudo que ali dentro se encontra.

Pelo principal, o que a lei desejou significar é que o possuidor do imóvel também será possuidor dos móveis que ali se encontram.

Esse princípio não exclui nem conflita com a regra geral pela qual o acessório segue o principal, estampado no art. 92. Nesse caso, como traduz a lei, o acessório é aquele bem cuja existência supõe a do principal. No artigo sob exame, a lei estabelece uma presunção que tem a mesma compreensão com alcance mais específico. Note que o Código vigente procurou restringir um pouco o alcance do dispositivo, não mais se referindo, como fazia o antigo art. 498, a objetos, mas apenas aos móveis que estiverem no imóvel.

6

DOS EFEITOS DA POSSE (I): FRUTOS, PRODUTOS E BENFEITORIAS. INDENIZAÇÃO PELA PERDA OU DETERIORAÇÃO DA COISA. USUCAPIÃO

6.1 EFEITOS DA POSSE. SUA CLASSIFICAÇÃO. PROTEÇÃO POSSESSÓRIA

Entende-se por efeitos da posse as consequências jurídicas que dela advêm, sua aquisição, manutenção e perda. Como importante situação de fato, exterioridade da propriedade, a lei confere uma série de efeitos e direitos ao possuidor que tem sua posse mantida ou suprimida.

A doutrina não é uníssona a respeito das consequências jurídicas da posse. Ponto de partida importante é a própria lei. Nossos Códigos, no Capítulo da posse, ao cuidar dos *efeitos da posse*, principiam pela descrição dos meios procedimentais de defesa, interditos e autotutela, arts. 1.210 a 1.222).[1] Nos arts. 1.214 ss, o Código dispõe acerca dos frutos da coisa possuída. O

[1] "Agravo de instrumento. **Interdito proibitório** tutela antecipada. Requisitos demonstrados. Agravo não provido. 1. O interdito proibitório, possui caráter nitidamente preventivo, objetivando a proteção do possuidor diante da ameaça de iminente agressão, por meio da imposição de preceito inibitório e cominação de pena pecuniária como forma de desestimular a transgressão. 2. A antecipação de tutela é uma modalidade de atuação jurisdicional de natureza satisfativa, prestada no ambiente do processo de conhecimento, por meio da realização de um juízo de probabilidade. 3. Em sede de interdito proibitório, é imprescindível, para o deferimento da antecipação da tutela, a demonstração simultânea da posse e do justo receio de sua turbação por ato ilícito do réu, nos termos dos arts. 560 e 561 do CPC, como no caso vertente. 4. Restando demonstrada a posse inequívoca e indícios robustos de ameaça a esta posse, a manutenção do pedido de antecipação dos efeitos da tutela é medida que se impõe. 5. Agravo conhecido e não provido" (*TJDFT* – AI 07266824720218070000, 24-11-2021, Rel. Gislene Pinheiro).

"Possessória – **interdito proibitório** – preliminares afastadas – legitimidades ativa e passiva presentes e pedido juridicamente possível – ação ajuizada contra conhecidos líderes de movimentos de sem terra que atuam na região, tendo a autora promovido mais de 20 ações para defender seus direitos de propriedade e possessórios – desnecessidade de perfeita identificação dos réus, alguns citados pessoalmente e outros por edital, com nomeação de curador especial – justo receio de turbação e/ou esbulho, bem demonstrado pelas fotos e documentos acostados aos autos – ameaça de invasão iminente que sempre contou com a atuação direta dos réus, seja como líderes, apoiadores ou defensores – sentença de procedência confirmada por seus próprios fundamentos – art. 252 do Regimento Interno deste Eg. Tribunal – recurso improvido" (*TJSP* – Ap 1000183-82.2018.8.26.0596, 31-5-2021, Rel. Jovino de Sylos).

estatuto regula, nestes últimos dispositivos, a responsabilidade pela perda ou deterioração da coisa e o destino e indenização por benfeitorias.

De acordo com Clóvis (1938, v. 3:26), são sete os efeitos da posse, classificação sem dúvida a mais completa. O autor do projeto de 1916, em seu comentário ao art. 499, enumerava:

1. direito ao uso de interditos (ou defesa da posse em geral, em que se inclui a autodefesa);[2]

"**Interdito Proibitório** – Posse legítima da requerida, sobre o imóvel litigioso, oriunda de instrumento particular de concessão de uso especial de imóvel público municipal, celebrado com a Prefeitura Municipal de Barueri. Demandante que exerce posse precária sobre outro bem, localizado no mesmo terreno, decorrente de permissão do legítimo possuidor, filho da ré. Artigo 373, I do Código de Processo Civil. Sentença mantida. Recurso desprovido" (*TJSP* – Ap 1004321-61.2017.8.26.0068, 22-1-2019, Rel. Afonso Bráz).

"Possessória – **Interdito Proibitório** – Alegado cerceamento de defesa pelo julgamento antecipado da lide, eis que especificada a prova testemunhal – Cerceamento de defesa inocorrente – O Julgador, por ser o destinatário da prova, tem a possibilidade de averiguar sua conveniência e necessidade para o deslinde do feito – Prova pericial e demais elementos que eram suficientes para definir a lide – Pronto julgamento autorizado, sem qualquer nulidade – Preliminar repelida. Possessória – Interdito proibitório – Elementos que comprovam a ausência dos requisitos necessários ao deferimento do mandado proibitório – Inteligência do art. 567, do Código de Processo Civil – Sentença mantida – Recurso improvido" (*TJSP* – Ap 0000758-28.2014.8.26.0118, 23-8-2018, Rel. Mario de Oliveira).

"Agravo interno no agravo em recurso especial – **Interdito Proibitório** – Ausência de prequestionamento – Súmula 211/STJ – Fundamentos do aresto recorrido não impugnados – Aplicação das súmulas 283 e 284 do Supremo Tribunal Federal – Recurso não provido – 1- Na hipótese em exame, aplica-se o Enunciado 2 do Plenário do STJ: 'Aos recursos interpostos com fundamento no CPC/1973 (relativos a decisões publicadas até 17 de março de 2016) devem ser exigidos os requisitos de admissibilidade na forma nele prevista, com as interpretações dadas, até então, pela jurisprudência do Superior Tribunal de Justiça'. 2- Não enseja interposição de recurso especial matéria que não tenha sido ventilada no v. aresto atacado e sobre a qual, embora devidamente opostos os embargos declaratórios, o órgão julgador não se pronunciou e a parte interessada não alegou ofensa ao art. 535 do Código de Processo Civil de 1973. A simples oposição dos aclaratórios não é suficiente para caracterizar o requisito do prequestionamento. Incidência da Súmula 211 do Superior Tribunal de Justiça. 3- A ausência de impugnação dos fundamentos do acórdão recorrido enseja o não conhecimento do recurso, incidindo, por analogia, o Enunciado das Súmulas 283 e 284 do Supremo Tribunal Federal. 4- Agravo interno a que se nega provimento" (*STJ* – AGInt-AGInt-AG-REsp 955.054 – (2016/0191603-1), 18-5-2017, Rel. Min. Raul Araújo).

2 "Direito civil. Apelação cível. **Interdito proibitório**. Posse legítima sobre imóvel rural. Documentação oficial expedida pelo ITESP. Inexistência de posse anterior qualificada pelos apelantes. Inadequação da via eleita afastada. Inocorrência de nulidade de prova de constatação. Pedido de indenização por danos materiais rejeitado. Sentença mantida. Recurso desprovido. I. Caso em exame Apelação de Lindomar de Souza Reis e outros contra sentença que julgou procedente interdito proibitório movido por José Cordeiro da Silva, reconhecendo sua posse sobre imóvel rural em Barra do Turvo/SP e proibindo os réus de turbar a posse, sob pena de multa. Pretendem a improcedência da ação, reconhecimento de posse própria, indenização por danos materiais de R$ 109.000,00, condenação do autor por má-fé ou, alternativamente, nulidade das provas. II. Questão em discussão Há oito questões em discussão: (i) eventual inovação na causa de pedir com a inclusão do comodato verbal na réplica; (ii) alegações de cerceamento de defesa e violação ao contraditório; (iii) disputa sobre a posse legítima do imóvel desde 1985; (iv) supostas irregularidades na produção da prova, especialmente nas diligências do oficial de justiça; (v) adequação da valoração probatória na sentença; (vi) existência de danos materiais indenizáveis; (vii) configuração de litigância de má-fé do autor; e (viii) adequação da ação possessória utilizada. III. Razões de decidir Preliminar. A propositura de interdito proibitório foi adequada, ainda que os atos praticados pelos réus pudessem configurar esbulho, por aplicação do art. 554 do CPC, que consagra a fungibilidade dos interditos possessórios. Mérito. A menção ao comodato verbal não representa inovação da causa de pedir, mas contextualização diante da alegação de posse decorrente de acerto trabalhista, sendo legítima sua explanação na réplica. A sentença não se fundamentou apenas nessa tese, mas em conjunto probatório robusto: (i) documentos do ITESP e INCRA; (ii) declarações de confrontantes; (iii) diligências do oficial de justiça; e (iv) prova testemunhal coerente. A posse dos réus desde 1985 não foi comprovada, pois os documentos são unilaterais e as testemunhas apresentaram versões confusas dos fatos. O ITESP atestou que o autor ocupa a área desde 1985, possuindo Termo de Permissão de Uso desde 2003, com cadastro fundiário e reconhecimento oficial da posse. A prova testemunhal demonstrou que o genitor dos apelantes já havia deixado voluntariamente o imóvel antes de falecer, tendo sido o vínculo precário encerrado a pedido do autor, sem resistência, caracterizando detenção subordinada e ausência de posse autônoma. O retorno dos apelantes ao imóvel em 2022, com instalação de porteira e cadeado, caracteriza atos preparatórios ameaçadores à posse do apelado. A prova pericial foi válida, com diligência regular e nova vistoria com participação das partes. O pedido contraposto de indenização por danos materiais foi corretamente rejeitado por ausência de prova da autoria e extensão do dano, com quantificação imprecisa. Inviável o reconhecimento de má-fé do apelado, cuja conduta

2. percepção dos frutos;
3. direito de retenção por benfeitorias;
4. responsabilidade do possuidor por deteriorações;
5. usucapião;
6. inversão do ônus da prova para quem contesta a posse, *pois que a posse se estabelece pelo fato*;

---

foi legítima e respaldada por prova documental. Sentença mantida. IV. Dispositivo e tese Recurso desprovido. Tese de julgamento: 1. É admissível o interdito proibitório, ainda diante de possível esbulho, com base no art. 554 do CPC, desde que preenchidos os requisitos da tutela possessória. 2. A menção ao comodato verbal na réplica não altera a causa de pedir, servindo apenas como resposta à contestação. 3. Restou comprovada a posse justa do autor sobre imóvel rural por meio de título do ITESP, cadastro no INCRA, ITR, CCIR e declaração de confrontantes. 4. A alegada posse originária do genitor dos réus foi afastada por provas técnicas, ausência de documentos e contradições testemunhais. 5. Inexistindo dolo ou prejuízo concreto, não se acolhem os pedidos de indenização por danos materiais nem de condenação por litigância de má-fé. Dispositivos relevantes citados: CF/1988, art. 183, § 3º; CC, arts. 1.197, 1.198, 1.203, 102; CPC, arts. 80, 85, § 11, 186, 554, 561, 927, 1.012, § 1º, V, 1.026, § 2º" (*TJSP* – Ap 1001066-23.2022.8.26.0294, 31-8-2025, Rel. Lidia Regina Rodrigues Monteiro Cabrini).

"**Interdito Proibitório** – Construção de muro irregular, gerando acréscimo de área ao réu – Ação julgada procedente – Insurgência – Descabimento – Autores que possuem legitimidade para a propositura da presente ação, a fim de defender seu imóvel contra atos de terceiros – Posse devidamente demonstrada, a teor do quanto exigido pelo art. 567/CPC – Prova produzida nos autos que comprova a invasão praticada pelo réu, na medida em que a janela do quarto dos autores passou a abrir dentro do quintal que criou de forma forçada – Procedência da presente ação que era imperativa – Sentença mantida – Recurso desprovido" (*TJSP* – AC 0001694-06.2009.8.26.0352, 29-3-2019, Rel. Jacob Valente).

"**Interdito Proibitório** – Existência de prova da materialização do justo receio de turbação ou esbulho à legítima posse que o autor exerce sobre o imóvel litigioso. Hipótese em que resultou devidamente comprovada a prática de atos pelos réus configuradores de ameaça à posse do autor. Consideração de que o contrato de cessão de direitos possessórios apresentado pelos réus no feito não descreve a área por eles adquirida. Situação em que a perícia judicial concluiu que os requeridos ocuparam área maior do que o terreno que adquiriram, ocorrendo a sua sobreposição em relação ao imóvel pertencente ao autor. Pressupostos a que alude o art. 567, do CPC, reunidos. Mandado proibitório deferido. Pedido inicial julgado procedente. Sentença reformada parcialmente e apenas para conceder aos recorrentes a gratuidade processual. Recurso em parte provido. Dispositivo: deram parcial provimento ao recurso" (*TJSP* – Ap 1003333-40.2014.8.26.0587, 16-3-2018, Rel. João Camillo de Almeida Prado Costa).

"**Agravo de instrumento – Ação de interdito proibitório** – Liminar mantendo as autoras na posse do imóvel – A herança é transmitida aos herdeiros, como um todo unitário – Assim, até a partilha, é indivisível o direito dos coerdeiros quanto à propriedade e posse dos respectivos bens, aplicando-se as regras de condomínio. Divisão informal do terreno entre os herdeiros. Área de uso comum. Necessidade de realização de perícia. Parcial provimento do agravo apenas para obstar a realização de qualquer construção no local por parte dos agravados até o julgamento da ação" (*TJRJ* – AI 0060748-37.2016.8.19.0000, 9-3-2017, Rel. Eduardo de Azevedo Paiva).

"Agravo de instrumento – Ação de reintegração de posse – Embargos de terceiro recebidos sem a suspensão do processo principal – Insurgência – Ocupante que alega ser locatário de boa-fé do imóvel – Descabimento – Posse precária do antigo possuidor que contaminou a do ora recorrente – Contrato de locação celebrado quando já distribuída a ação de reintegração de posse pela proprietária do bem e dias após a efetivação da citação – Decisão mantida – Recurso desprovido" (*TJSP* – AI 2019186-19.2016.8.26.0000, 11-4-2016, Rel. Sergio Gomes).

"**Agravo de instrumento. Ação de interdito proibitório.** Posse, esbulho, ameaça. Liminar, deferida, sob pena de multa. Obra iniciada, com desvio de tráfego em imóvel pertencente à municipalidade agravante. Bastará à agravante respeitar a liminar para evitar a incidência da multa, razão pela qual não se justifica a revogação do mandado proibitório. Recurso não provido" (*TJSP* – AI 2073332-78.2014.8.26.0000, 18-7-2014, Rel. Marcelo Semer).

"**Agravo de instrumento. Interdito proibitório.** Pedido liminar. Ação movida por associação de lojistas. Defesa da posse de estabelecimentos comerciais. Hipótese em que não há demanda coletiva sobre direitos difusos, coletivos ou individuais homogêneos (CDC, art. 81, parágrafo único, e, art. 82, IV; ECA, art. 210, III), e que, portanto, não qualifica a associação como legitimada autônoma para a condução do processo. Defesa de direitos individuais de sujeitos determinados por meio de ação ordinária. Agravante que não se apresenta como legitimada autônoma, e sim como substituta processual, na forma do art. 5º, XXI, da Constituição Federal. Necessidade de autorização expressa por meio de mandato ou decisão da assembleia geral. Pretensão perseguida que transborda do objeto social, sequer havendo autorização genérica no estatuto para o seu aforamento. Ausência de legitimidade ativa. Agravo não conhecido" (*TJSP* – AI 2011268-32.2014.8.26.0000, 19-5-2014, Rel. Rômolo Russo).

7. o possuidor goza de uma posição favorável em atenção à propriedade, cuja defesa se completa pela posse, ainda que, no sistema do Código, não induza sempre a presunção de propriedade em favor do possuidor.

Se a posse for examinada exclusivamente como um estado de fato, protegido pelo Direito, reduziremos seus efeitos a sua proteção (interditos) e à possibilidade da usucapião. No entanto, é evidente, ainda que não fosse outra a razão, que o legislador se refere a efeitos secundários da posse, como as indenizações pelas benfeitorias, frutos e indenizações pela coisa, consequências que devem ser consideradas. De outro lado, esses efeitos enunciados na lei têm importantes consequências práticas em muitos processos em que é discutida a posse, o que, por si só, justifica a preocupação didática e legislativa.

De qualquer forma, o realce da matéria centraliza-se nos meios de defesa da posse, nos interditos ou ações possessórias. Algumas legislações, como a nossa atual, relegam a matéria para a parte processual. Contudo, as ações possessórias encontram o respaldo e o ponto de partida no direito material. Cabe ao estatuto processual dar os contornos procedimentais àquilo que tradicionalmente pertence ao Direito Privado. É indissociável o fenômeno da posse de sua proteção. A solidez da relação possessória reside nas regras de direito material. As regras de processo darão vida e dinâmica à proteção da posse enunciada pelo direito material. Por essa razão, mostra-se indestacável o estudo dos meios de proteção da posse dos princípios processuais, o que faz por merecer exame conjunto. Inelutável que se analisem os processos de defesa da posse. Destarte, o estudo a ser feito no Capítulo 7 abrange direito material e direito processual da posse e não poderia ser diferente.

Não há como examinar a defesa da posse sem o exame das regras dos procedimentos possessórios. Aliás, essa necessidade ocorre com muita frequência, pois o processo confere dinâmica às tipificações estáticas fornecidas pelo ordenamento material. De nada adiantaria possuir um direito se o ordenamento não fornecesse instrumento, procedimento para resguardá-lo, mantê-lo, protegê-lo e torná-lo eficaz e operativo; dinâmico, enfim. Esse o sentido do Direito Público subjetivo do direito de ação, *lato sensu*. Inobstante, há institutos de direito material que se ligam de forma mais acentuadamente íntima com o processo. A posse é exemplo típico. Lembremos do que ocorre também, por exemplo, com a consignação em pagamento e com a execução das obrigações de fazer estudadas na parte geral das obrigações, nas quais também o apelo aos enunciados processuais é indelével e inafastável. Como diz o grande Clóvis (1938:26),

> *"se, no Brasil, se entregasse aos códigos processuais a matéria dos interditos, teríamos, dispersando os elementos da teoria possessória, tornado muito precária sua firmeza".*

O Código Civil de 2002 manteve a mesma orientação, relegando, porém, toda a matéria tipicamente procedimental, para o Código de Processo Civil. Se a inovação é boa, o tempo nos dirá. Parece-nos que a jurisprudência, no geral, está reagindo corretamente. No mesmo sentido, coloca-se Orlando Gomes (1983:58):

> *"Sem embargo de ser a matéria de direito adjetivo, a lei civil traça-lhe algumas regras, com o objetivo de disciplinar o direito aos interditos, considerado dos principais efeitos da posse e, até mesmo, parte integrante do seu conteúdo. Entrosadas como se acham, em consequência, as disposições de direito substantivo e processual, é desaconselhável tratá-las separadamente. Seu estudo deve ser reservado, por questão de método, para o capítulo da proteção possessória".*

6.2 PERCEPÇÃO DOS FRUTOS

Os arts. 1.214 ss pressupõem a existência de discussão sobre os frutos na posse e sua destinação, em espécie ou em valor equivalente. Essa discussão independe do título da posse. É examinada apenas a boa ou má-fé daquele que se despoja da coisa. Se não existissem essas regras na lei, em tese todos os frutos deveriam ser restituídos, ocasionando enriquecimento injustificado. A reivindicação da coisa implicaria sua devolução com todos os acréscimos e proveitos.

Em *Direito civil: parte geral*, referimo-nos aos frutos (seção 16.8.1). O art. 6º do Código anterior expressava que *"entram na classe das coisas acessórias os frutos, produtos e rendimentos"*. Os arts. 95 e 96 do Código em vigor traduzem a mesma noção.

Os frutos podem ser vistos como utilidades periodicamente produzidas pela coisa, sob o aspecto objetivo. Pela visão subjetiva, frutos são riquezas normalmente produzidas por um bem, podendo ser uma safra, como os rendimentos de um capital. Nosso Código trata dos frutos sob o aspecto subjetivo. Esses frutos podem ser *naturais, industriais* e *civis*. *Naturais*, os provenientes da força orgânica, como os frutos de uma árvore, as crias dos animais. *Industriais* são os decorrentes da atividade humana, como a produção industrial. *Civis* são as rendas auferidas pela coisa, provenientes do capital, tais como juros, alugueres e dividendos.

Produtos são bens extraídos da coisa, que diminuem sua substância porque não se reproduzem periodicamente como os frutos. Assim se colocam as riquezas minerais como o ouro, o petróleo, as pedras etc. *Rendimentos* são frutos civis. Ao mencioná-los, o Código de 1916 foi redundante. Os frutos podem ser naturais ou civis, portanto. Todos esses bens ingressam na categoria de acessórios.

Como expressamos na obra referida, reputam-se *pendentes* os frutos quando ainda unidos à coisa que os produziu; *percebidos* ou *colhidos*, depois de separados; estantes, após separados e armazenados; *percipiendos*, os que deveriam ter sido colhidos e não o foram, e *consumidos*, os frutos já utilizados, não mais existentes.

Essas modalidades têm vital importância em razão das consequências derivadas da perda da posse. Tanto aqui como no tocante às construções, plantações e benfeitorias, o princípio geral que rege a indenização desses acréscimos da coisa objetiva evitar o enriquecimento injusto (ver, sobre o tema, o capítulo sobre a matéria em nossa obra *Direito civil: Obrigações e Responsabilidade Civil*, Cap. 9).

O art. 1.215 dispõe que os frutos naturais e industriais reputam-se colhidos e percebidos tão logo separados; os civis reputam-se percebidos dia a dia. O art. 1.214, parágrafo único determina que os frutos pendentes, quando cessar a boa-fé do possuidor, devem por ele ser devolvidos.[3]

---

[3] "Agravo de instrumento – Ação possessória – Interdito proibitório – Liminar- Posse dos réus- Controvérsia instaurada sobre a natureza e área da posse- Venda dos frutos existentes no imóvel – Impossibilidade – Presença dos pressupostos legais para a concessão da tutela de urgência: – A questão está a envolver economicamente a venda dos eucaliptos, exercendo os réus a posse por força de decisão liminar em agravo de instrumento. Assim, sob pena de risco de difícil reparação, descabe permiti-la. Exegese dos arts. 1.201 e 1.214, parágrafo único, ambos do Código Civil. Recurso provido" (*TJSP* – AI 2340073-04.2023.8.26.0000, 17-4-2024, Rel. Nelson Jorge Júnior).

"Apelação cível. Ação reivindicatória. Anteriores ações reivindicatórias propostas pela autora, sobre o mesmo imóvel objeto desta demanda. Ação anterior livremente distribuída à C. 8ª de Direito Privado, em que houve reconhecimento de "venda a non domino", entendendo que o "negócio jurídico é nulo, não suscetível de confirmação e que não se convalesce pelo decurso do tempo. Exegese do art. 169, do CC. Hipótese de nulidade absoluta. Declaração de nulidade, nesse caso, que não se sujeita a prazos prescricionais ou decadenciais, podendo, até mesmo, ser reconhecida de ofício pelo juiz, por tratar-se de matéria de ordem pública. Nulidade das disposições de domínio subsequentes. Irrelevância da boa-fé dos adquirentes. Prova da propriedade devidamente demonstrada

Nessas disposições, portanto, atentemos que o legislador refere-se unicamente aos frutos naturais, ou frutos propriamente ditos. De acordo com a dicção do art. 1.215, os frutos civis, rendimentos, são contados dia por dia, o que significa que o possuidor de má-fé responde por eles desde o dia em que esta se iniciou. Para os frutos civis, cada dia representa uma fração de tempo. Não reclamam, ao contrário dos frutos naturais e industriais, a percepção efetiva. O pagamento dos rendimentos é decorrência automática desejada por nossa lei. O possuidor de boa-fé tem direito aos rendimentos até o dia em que ela cessa. Ou, em outros termos: o possuidor de boa-fé responde como o de má-fé desde o momento em que cessou a boa-fé. Já examinamos que a má-fé pode existir antes mesmo da citação ou da ação judicial.

Tanto em matéria de frutos como no respeitante aos outros acréscimos na coisa possuída, a linha divisória entre a boa e a má-fé do possuidor fará decorrer importantes efeitos. Evidentemente, privilegia-se a boa-fé. Ao possuidor de má-fé apenas se impede que propicie um injusto enriquecimento a terceiros. Ver o que falamos a respeito da posse de boa e de má-fé no Capítulo 4 (seção 4.4), bem como sobre a conceituação legal de possuidor de boa-fé do art. 1.201. Da qualificação de uma ou outra ciência da posse decorrerão os efeitos relativos aos frutos ora examinados. Lembremos, por outro lado, do que dissemos ali: nem sempre se confundem os conceitos de posse justa e posse de boa-fé. O momento divisório, a transmutação da posse de boa para a posse de má-fé já foram objeto de nosso estudo.

A regra geral é a de que, sendo os frutos acessórios, pertencem ao titular da coisa principal. Por isso, quando alguém reivindica ou retoma a coisa de outrem que a usufrui, faz jus à restituição dos frutos percebidos. O princípio sofre exceção, no entanto, em favor do possuidor de boa-fé. *"O possuidor de boa-fé tem direito, enquanto ela durar, aos frutos percebidos"* (art. 1.214).[4] Destarte, na sentença deve ser fixado o início da indenização pelos frutos, estabelecendo-se o

---

pela autora a autorizar a procedência do pedido reivindicatório. **Frutos da coisa devidos somente a partir da cessação da boa-fé da posse da requerida**. Inteligência dos arts. 1.202. e 1.214, do CC". Sentença reformada. Risco de decisões conflitantes que caracteriza a prevenção. inteligência do art. 55, § 3.º do CPC – distribuição da ação conexa anterior à e. 8.ª. câmara que a torna preventa para o julgamento do presente recurso. Precedentes. Recurso não conhecido, com determinação de redistribuição" (*TJSP* – Ap 1014368-67.2020.8.26.0625, 12-4-2023, Rel. Coelho Mendes).

"Agravo de instrumento. Decisão agravada que extinguiu parcialmente a demanda, declarando a ilegitimidade ativa *ad causam* do coautor para propor a ação de cobrança de aluguéis. Agravante a quem foi atribuído o uso do imóvel pela pessoa jurídica titular de seu domínio, da qual é o único sócio. Locação que é negócio jurídico por meio da qual o locador cede a outrem o uso da coisa locada (art. 565 do Código Civil). Possuidor que está em posição de perceber os frutos civis do imóvel (art. 1.214 do Código Civil). Extinção parcial afastada. Recurso provido" (*TJSP* – AI 2183240-26.2021.8.26.0000, 12-1-2022, Rel. Rômolo Russo).

"Apelação cível – Embargos de terceiro – Pedido de prova testemunhal indeferido – Sentença justificada sob a ótica da ausência de comprovação do alegado – Cerceamento de defesa caracterizado – O devido processo legal, cujo conteúdo engloba os princípios da ampla defesa e do contraditório, é garantia constitucional do cidadão, devendo o juiz zelar por sua observância no decorrer de todo e qualquer procedimento que lhe for submetido – As diligências pretendidas pelo apelante objetivavam demonstrar a posse do bem, o que se faz mister, pois, conforme o art. 1.214, do CC, **o possuidor de boa-fé tem direito aos frutos percebidos**, enquanto perdurar a posse – Se a produção de provas é relevante ao desate da controvérsia dos autos, incumbe ao juiz determinar a sua realização" (*TJMG* – AC 1.0024.14.322273-5/001, 19-3-2019, Rel. Dárcio Lopardi Mendes).

4 "Apelação – Ação reivindicatória – Sentença de improcedência – Usucapião invocada em sede de defesa – Presença dos requisitos legais – Demonstrada a **boa-fé do possuidor** (*animus domini*) – Prescrição aquisitiva em favor da parte Ré cujos requisitos foram preenchidos – Elementos constatados que corroboram para a improcedência do pedido reivindicatório – Sentença mantida – Recurso improvido" (*TJSP* – AC 0002469-48.2015.8.26.0372, 21-10-2019, Rel. Luiz Antonio Costa).

"Apelação – Ação de reintegração de posse – Imóvel possivelmente invadido – **Possuidor de boa-fé** – Esbulho não constatado – Improcedência mantida – Não se julga procedente o pedido contido em ação de reintegração de posse se o autor não comprova o esbulho praticado pelo réu, que detém a posse do bem como adquirente de boa fé" (*TJMG* – AC 1.0153.11.005335-9/002 – 13ª C.Cív. – Rel. Alberto Henrique – *DJe* 17.08.2018).

momento de início da má-fé. É aplicado tudo o que foi dito a esse respeito. O legislador valora duas condutas: a do possuidor que não tinha consciência de sua má posse e a do retomante da coisa, que tinha direito a ela. Protege-se a boa-fé, punindo-se o possuidor de má-fé, que deve indenizar pelos frutos percebidos. Em cada caso, analisa-se se existe a linha divisória entre a boa ou má-fé para aplicação dos efeitos legais. Se a posse é de má-fé desde o início, não há por que aplicar os princípios dedicados ao possuidor de boa-fé.

Os frutos ainda pendentes e os antecipadamente colhidos devem ser abonados ao retomante a partir do momento em que cessar a boa-fé. De acordo com o art. 1.216, também no intuito de impedir o injusto enriquecimento, o possuidor de má-fé que entrega os frutos faz jus às despesas de produção e custeio:

> *"Art. 1.216. O possuidor de má-fé responde por todos os frutos colhidos e percebidos, bem como pelos que, por culpa sua, deixou de perceber, desde o momento em que se constituiu de má-fé; tem direito às despesas da produção e custeio".*[5]

"**Ação de reintegração de posse**. Sentença de parcial procedência. Apelação e recurso adesivo. – Irresignação da autora com relação ao prazo de desocupação do imóvel, o indeferimento do pedido de retenção das benfeitorias e o valor da indenização. Prazo de 15 dias que se mostra razoável. O pedido de retenção de benfeitorias não foi deduzido na contestação, ocorrendo a preclusão. O valor da indenização deve ser alterado de um terço do valor da edificação para 50% de seu valor, conforme sentença proferida na ação de reconhecimento e dissolução de união estável. Sentença reformada em parte. Recurso adesivo do autor em relação ao deferimento do pedido de indenização. O possuidor de boa-fé que realiza benfeitorias tem direito a indenização. Sentença mantida. Recurso da ré parcialmente provido. Recurso adesivo do autor não provido" (*TJSP* – Ap 0017385-83.2011.8.26.0451, 31-3-2015, Rel. Marino Neto).

"**Agravo de instrumento**. Anulação de ato jurídico. Compra e venda de imóvel. Fraude. Reintegração de posse. Toda a cadeira de atos celebrados com a utilização de procuração falsificada é nula. **Possuidor de boa-fé** – Direito de retenção – Benfeitorias úteis e necessárias devem ser indenizadas quando se tratar de posse de boa-fé, autorizando o direito de retenção. Levantamento. Frutos do imóvel. O procedimento deve ser postergado até a fase de cumprimento de sentença, a fim possibilitando eventual compensação entre as partes. Recurso desprovido" (*TJPR* – AI 1070849-9, 23-4-2014, Relª Desª Vilma Régia Ramos de Rezende).

5 "Apelação – Embargos de terceiro – Pretensão de desconstituição de arresto na plantação de milho – Sentença de improcedência – Insurgência – Preliminar de cerceamento de defesa – Descabimento – Matrículas georreferenciadas e registradas perante o INCRA e informações do SICAR que atestam que as propriedades estão registradas em nome dos executados Darcy, Mauri e Luiz Rogério – Embargante e emitente do CPR que não são terceiros de boa-fé pois não possuem justo título – Prova da posse que deve ser documental – Eventual prova oral produzida em contrário que não seria capaz de desconstituir as documentais – Preliminar rejeitada – Decretação de invalidade do registro e o respectivo cancelamento que deve ser promovida por meio de ação própria – Limites da ação de embargos de terceiro – Nada há que comprove o justo título que embase a posse do emitente da CPR sobre a área em que estava a plantação de milho arrestada, o que demonstra que a posse era injusta e de má-fé (CC 1.200 1.201) e que ele não poderia se aproveitar dos frutos da sua ocupação (**CC 1.216**) – Colheita que ocorreu em propriedade dos executados e em área delimitada judicialmente para tanto – Impossibilidade de terceiro não arrendatário disponibilizar-se dos frutos colhidos – Depositário da soja que não integra o polo ativo – Sentença que deve ser mantida pelos seus próprios fundamentos nos termos do art. 252 do Regimento Interno deste Tribunal – Recurso improvido, rejeitada a preliminar" (*TJSP* – Ap 1073575-49.2022.8.26.0100, 8-5-2025, Rel. Pedro Paulo Maillet Preuss).

"Recursos de apelação – ação possessória cumulada com indenização por perdas e danos – interdito proibitório aditado em reintegração de posse – sentença de parcial procedência – perda do objeto quanto ao pleito possessório – subsistência da pretensão indenizatória – requeridas condenadas ao pagamento do preço equivalente à soja colhida da área objeto dos autos – insurgência de todas as litisconsortes passivas – razões convergentes – análise conjunta – preliminarmente – falta de interesse de agir pela inadequação do pleito possessório – rejeitada – questão prejudicada pela parcial perda do objeto quanto ao ponto – inaplicabilidade da fungibilidade e oposição à emenda à inicial – não acolhimento – fungibilidade que decorre de expressa disposição legal – desnecessidade de emenda – prevalência da pretensão indenizatória que deve ser admitida – mérito – validade dos contratos de arrendamento firmados entre a autora e a genitora das partes – discussão que não subsiste diante da perda do objeto possessório – responsabilidade que restou reconhecida com o único escopo de evitar o enriquecimento ilícito – parcial reforma – extensão da indenização que é pautada pela boa-fé da posse exercida – autora que firmou acordo em autos diversos por meio do qual se ajustou a divisão dos imóveis rurais entre as partes ora litigantes, que são irmãs – previsão expressa de transferência da posse respectiva – plantações realizadas quando inequivocamente se tinha conhecimento da ordem de imissão de posse em favor das requeridas – boa-fé afastada – indenização

Segundo o art. 1.214, parágrafo único, as despesas de produção e custeio também devem ser indenizadas ao possuidor de boa-fé, no tocante aos frutos pendentes:

> *"Os frutos pendentes ao tempo em que cessar a boa-fé devem ser restituídos, depois de deduzidas as despesas da produção e custeio; devem ser também restituídos os frutos colhidos com antecipação".*

A colheita de frutos antecipadamente pode sugerir má-fé; todavia, mesmo que não ocorra, os frutos não podem pertencer ao possuidor, porque deveriam ser colhidos quando a boa-fé já cessara. Se não tivessem sido colhidos antes do tempo, ainda estariam pendentes e pertenceriam ao novo possuidor.

Desse modo, o possuidor de má-fé deve não somente devolver os frutos colhidos e percebidos, como também indenizar pelos frutos que por sua culpa deixou de colher, ou seja, os percipiendos.

6.3 INDENIZAÇÃO POR BENFEITORIAS E DIREITO DE RETENÇÃO

O mesmo princípio que rege a responsabilidade dos frutos na posse determina o regime das benfeitorias. Trata-se de mais uma situação legal a impedir o enriquecimento injusto.

O conceito de benfeitorias já foi por nós examinado no estudo da parte geral (*Direito civil: parte geral*, seção 16.8.2). Note que sob o diploma de 2002 a questão mais importante é distinguir, no caso concreto, benfeitorias de pertenças. Benfeitorias são obras ou despesas feitas na coisa, para o fim de conservá-la, melhorá-la ou embelezá-la. Decorrem, portanto, da atividade humana. Não são benfeitorias os acréscimos naturais à coisa. O art. 96 do Código fornece a divisão tripartida das benfeitorias:

- são *necessárias* as que têm por finalidade conservar a coisa ou evitar que se deteriore nesse sentido, serão benfeitorias necessárias o reparo nas vigas de sustentação de uma ponte; a substituição de peça de motor que impede ou prejudica seu funcionamento; a cobertura de material colocado ao relento, sujeito a intempéries;

---

que deve ser limitada à restituição das despesas de produção e custeio – Inteligência do **art. 1.216 do Código Civil** – admitida compensação com frutos pendentes que tenham sido colhidos – recursos parcialmente providos" (*TJPR* – Ap 0000096-68.2017.8.16.0108, 19-4-2023, Rel. Denise Kruger Pereira).

"Apelação cível. Ação de imissão na posse com pedido liminar de tutela antecipada c/c perdas e danos. Sentença de procedência. Inconformismo do Autor. Não acolhimento. Objetiva a majoração da indenização pela ocupação indevida do Imóvel. O direito à indenização não se funda unicamente no art. 38 do Decreto-Lei nº 70/66. Decorre primordialmente do dever que tem os Réus de indenizar o Autor pelas perdas e danos (art. 186, do CC) que, no caso, se caracteriza pela privação do uso do Bem. Responde o **possuidor de má-fé**, de acordo com o disposto no art. 1.216, do CC, "por todos os frutos colhidos e percebidos". São os frutos civis decorrentes do uso do Imóvel, calculados pelo valor equivalente aos aluguéis, exatamente como estabeleceu a sentença. Sentença mantida. Decisão bem fundamentada. Ratificação nos termos do artigo 252, do Regimento Interno. Recurso não provido, fixando-se os honorários recursais em 5% (cinco por cento) sobre o valor da condenação, a serem pagos pelo Autor em favor da banca que patrocinou os interesses dos Réus" (*TJSP* – Ap 1000280-17.2019.8.26.0477, 3-8-2020, Rel. Penna Machado).

"Indenização – Benfeitorias – **Possuidor de má-fé** – Ausência de comprovação de benfeitorias necessárias – Indenização indevida – Sentença mantida – O direito de indenização é prerrogativa do possuidor de boa-fé que comprova a realização de benfeitorias – O vício subjetivo da má-fé decorre da ciência do possuidor no tocante à ilegitimidade de sua posse. Ciente a demandada da injustiça de sua posse exercida, sem amparo fático ou jurídico, em detrimento do direito do autor, caracteriza a posse de má-fé – Ao possuidor de má-fé, somente serão indenizadas as benfeitorias necessárias, devidamente comprovadas" (*TJMG* – AC 1.0073.14.001851-3/001, 1-3-2019, Rel. Luiz Carlos Gomes da Mata).

- são *úteis* as que aumentam ou facilitam o uso da coisa. Serão benfeitorias úteis, por exemplo, a pavimentação do acesso a um edifício; o aumento de sua área de estacionamento e manobras; a pintura para evitar a oxidação de veículo;
- são *voluptuárias* as benfeitorias que redundam em acréscimos de mero deleite ou recreio, que não aumentam o uso habitual da coisa, ainda que a tornem mais agradável, ou de elevado valor. Serão benfeitorias voluptuárias, por exemplo, a colocação de piso de mármore importado; a pintura de um painel no imóvel por artista premiado; a substituição dos metais de banheiro por peças de ouro ou prata etc.

As situações concretas permitirão classificar as benfeitorias numa ou noutra categoria, bem como diferençá-las das pertenças. As consequências dessa classificação surgem quando da restituição da coisa.

Dispõe o art. 1.219 que:

> *"O possuidor de boa-fé tem direito à indenização das benfeitorias necessárias e úteis, bem como, quanto às voluptuárias, se lhe não forem pagas, a levantá-las, quando o puder sem detrimento da coisa, e poderá exercer o direito de retenção pelo valor das benfeitorias necessárias e úteis".*[6]

---

6 "Reintegração de posse. Ausência de controvérsia sobre a desocupação do imóvel. Efetiva devolução do bem a partir do termo de entrega das chaves. Dicção do art. 582, do CC. Obrigação da comodatária suportar o pagamento de aluguel pela retenção do imóvel após a extinção do comodato. Sentença ultra petita. Pedido expresso de arbitramento de indenização pela ocupação do bem a partir da citação e não desde a notificação em que a ré foi constituída em mora. **Indenização pelas benfeitorias realizadas** pela demanda. Exegese do art. 584, do CC. Incidência do art. 1.219, do mesmo Codex. Liquidação da sentença quanto ao pedido contraposto. Possibilidade de compensação entre as partes. Recurso parcialmente provido" (*TJSP* – Ap 1045540-82.2022.8.26.0002, 16-9-2024, Relª Anna Paula Dias da Costa).

"Reivindicatória – Ação proposta por herdeiras de imóvel em face dos possuidores – Sentença de procedência reconhecendo a validade do domínio e o direito das autoras de imitir-se na posse – Inconformismo dos réus aduzindo que residem no local há mais de 16 anos e, antes disso, seus antecessores, sendo que o lote foi adquirido nos anos 2000 – Descabimento – Direito do proprietário de usar, gozar e usufruir do bem – Tese de usucapião não arguida como defesa em momento oportuno – Impossibilidade de inovação recursal – Lote ocupado pelos proprietários do lote 10 por erro de desmembramento no poder público municipal, conforme constatado por perícia técnica – Situação que evidência a boa-fé dos possuidores – **Direito a indenização pelas benfeitorias** – Inteligência do artigo 1.219 do CC – Valores a serem apurados em fase de liquidação de sentença por arbitramento – Sentença parcialmente reformada para condenar as autoras ao pagamento de benfeitorias – Apelo parcialmente provido" (*TJSP* – Ap 1024846-19.2018.8.26.0007, 28-6-2022, Rel. Galdino Toledo Júnior).

"Ação de obrigação de fazer c.c adjudicação de imóvel e indenização. Sentença de parcial procedência, para condenar as rés, solidariamente, ao pagamento da **indenização pelas benfeitorias necessárias e úteis**, a serem apuradas em liquidação de sentença. Inconformismo das rés. Autor/possuidor, agindo de boa-fé, realizou no imóvel benfeitorias necessárias ou úteis. Direito à indenização, conforme preceitua o art. 1.219 do Código Civil. Tratando-se de dívida relativa ao imóvel, são as coproprietárias devedoras solidárias. Inconformismo do autor. Impugnação aos benefícios da gratuidade processual concedidos à corré FÁTIMA. Acolhimento. Alteração dos honorários advocatícios. Estes devem ser fixados nos percentuais do § 2º do artigo 85 do Código de Processo Civil, com base no valor atualizado da condenação, tendo em vista não estarem presentes os elementos do § 8º, do artigo supracitado. Fixação por equidade que apenas se justifica quando for inestimável ou irrisório o proveito econômico, ou ainda, quando o valor da causa for muito baixo, o que não é o caso dos autos. Litigância de má-fé do autor afastada. Recurso das rés desprovido e recurso do autor provido, com determinação" (*TJSP* – Ap 1007596-46.2018.8.26.0597, 16-6-2021, Rel. Ana Maria Baldy).

"Apelação cível – Ação de indenização – **Benfeitorias** – **Posse de boa-fé não demonstrada** – Impossibilidade – Nos termos do art. 1.219 do Código Civil apenas o possuidor de boa-fé tem direito à indenização pelas benfeitorias necessárias e úteis, bem como, quanto às voluptuárias, se não lhe forem pagas, a levantá-las, quando o puder sem detrimento da coisa, e poderá exercer o direito de retenção pelo valor das benfeitorias necessárias e úteis" (*TJMG* – AC 1.0290.06.040337-2/001, 1-3-2019, Rel. José de Carvalho Barbosa).

Desse modo, o possuidor de boa-fé não apenas tem direito a receber o valor das benfeitorias necessárias e úteis, como também pode reter a coisa enquanto não forem pagas. O direito de retenção do possuidor de boa-fé é modalidade de garantia no cumprimento de obrigação. Com a retenção, o possuidor exerce coerção sobre o retomante para efetuar o pagamento. O direito de retenção é oposto como modalidade de defesa do possuidor, que inibe a entrega do bem até que seja satisfeita a obrigação. Cuida-se de faculdade à disposição do possuidor de boa-fé de conservar a coisa alheia até o pagamento das benfeitorias mencionadas.

Discute-se se a alegação de existência de benfeitorias deve estar presente já na fase de conhecimento. O meio processual idôneo para o exercício do direito de retenção são os *embargos*.

Não aduzindo na forma e no momento processual oportuno os embargos o credor pode versar o pedido de indenização em ação autônoma (*RT* 627/88, *JTASP 100/186*). A nova redação da Lei nº 11.382/2006 ao art. 745, IV, menciona o art. 621 e diz respeito à execução para entrega de coisa certa constante de título executivo extrajudicial. Essa posição reforça a ideia no sentido de que, em se tratando de ação que tenha por objeto a entrega de coisa (art. 461-A), o direito de retenção deve ser versado na contestação, ou ao menos no curso da instrução, devendo ser reconhecido na sentença.

A jurisprudência de há muito inclinava-se no sentido de que o direito à retenção, nas ações possessórias, deve ficar reconhecido na sentença. Destarte, não alegadas ou não provadas benfeitorias no curso da ação possessória, fica inibida a defesa por meio de embargos de retenção (*RT* 653/187, 681/91, *JTASP* 100/361, *RTJSP* 130/314). No entanto, ainda que não seja possível esse procedimento, o credor poderá sempre recorrer às vias ordinárias; caso contrário, ocorreria enriquecimento injusto (*JTASP* 100/86). Por outro lado, as benfeitorias devem vir

---

"Apelação Cível – Rescisão de contrato c/c reintegração de posse – **Possuidor de boa-fé – Direito à indenização pelas benfeitorias realizadas** – Artigo 1.219, do Código Civil – Recurso provido – De acordo com o artigo 1.219 do Código Civil o possuidor de boa-fé, possui direito de indenização pelas benfeitorias úteis, direito de levantamento de benfeitoria voluptuária, bem como o direito de retenção do imóvel, até que haja o pagamento da indenização – A posse dos réus deve ser considerada de boa-fé, eis que fundada em contrato de promessa de compra e venda firmado com o autor, motivo pelo qual lhes assiste o direito de indenização pelas benfeitorias realizadas no imóvel, inclusive com direito de retenção, nos termos do art. 1.219, do CC/2002" (*TJMG* – AC 1.0301.15.014305-7/001, 16-4-2018, Relª Shirley Fenzi Bertão – *DJe* 16.04.2018).

"**Ação indenizatória por benfeitorias** c/c com danos morais – Comodato Verbal – Imóvel em estado precário – Realização de diversas obras – Desocupação do imóvel – Sentença julgando procedente em parte o pedido – Inconformismo da parte ré – Entendimento desta Relatora quanto à manutenção da sentença vergastada. Preliminarmente, deve ser rejeitada a preliminar de prescrição trienal das despesas compreendidas entre o período de 15/07/2003 a 13/08/2010, arguida pela parte Apelante sob o fundamento de que a presente demanda somente foi distribuída em 03/11/2014. Ora, o termo inicial da pretensão de reparação civil começa a contar da data em que o Autor teve conhecimento de que teria que desocupar o imóvel, em setembro de 2014. Com efeito, como a ação foi proposta em novembro de 2014, não há que se falar em ocorrência de prescrição, prevista no artigo 206, § 3º, inciso IV, do Código Civil. Quanto ao mérito recursal, o laudo pericial, de fls. 430/449, concluiu de forma categórica que o Apelado realizou diversas obras no imóvel, especificando todas as melhorias e materiais empregados para tal. Ademais, a própria parte Apelante reconhece (fl. 617) que concordou com a realização de tais benfeitorias, quando no segundo parágrafo afirmam: 'com efeito, a despeito de o apelado ter realizado acessões no imóvel, tem-se que a tolerância do comodante, à época, (...)'. Neste passo, as provas pericial e documental (fls. 17/182) demonstraram que o Autor realizou benfeitorias no imóvel que totalizaram a quantia de R$ 80.552,22 (oitenta mil, quinhentos e cinquenta e dois reais e vinte e dois centavos), em 11/01/2016, data do laudo. Nesta toada, não se olvide que o possuidor de boa-fé tem direito à indenização das obras realizadas, benfeitorias necessárias e úteis, bem como, quanto às voluptuárias, na forma dos artigos 1.219 e 1255 do Código Civil, sob pena de enriquecimento sem causa. Precedentes do TJERJ. Negativa de provimento ao apelo" (*TJRJ* – Ap 0402033-02.2014.8.19.0001, 7-2-2017, Relª Conceição Aparecida Mousnier Teixeira de Guimarães Pena).

descritas e discriminadas. Simples menção genérica, sem conteúdo probatório no curso da ação possessória, é insuficiente para indenização e retenção.

Não pode também ser admitido o direito de retenção se as benfeitorias foram introduzidas na coisa depois de iniciada a execução ou quando já em curso a respectiva ação sobre o bem.[7]

No tocante ao possuidor de má-fé, evita-se tão só o enriquecimento injusto. Este tem direito à indenização apenas das benfeitorias necessárias, sem direito de retenção e sem poder levantar as voluptuárias (art. 1.220). O rigor justifica-se como forma de punição da má-fé.[8]

---

7 "Reivindicatória – Quadra em loteamento invadida por grande número de pessoas. Domínio dos lotes comprovado pelo requerente. Exceção de usucapião constitucional urbana rejeitada. Ausência de prova de posse *ad usucapionem* pelo prazo de cinco anos. Provas documentais a indicar o ingresso da maior parte dos réus no local depois do ajuizamento da demanda, de modo a afastar a pacificidade da posse. Posse de alguns requeridos iniciada antes da demanda, mas por tempo insuficiente a consumar a prescrição aquisitiva. Indenização por acessões e direito de retenção rejeitados. Possuidores de má-fé, pois cientes do vício da posse. Direito de indenização apenas de benfeitorias necessárias. Acessões que se equiparam a **benfeitorias úteis, não indenizáveis ao possuidor de má-fé**. Condenação dos possuidores de má-fé a indenizar lucros cessantes e danos emergentes mantida. Sentença mantida. Recursos improvidos" (*TJSP* – Ap 0003967-59.2004.8.26.0278, 12-2-2019, Rel. Francisco Loureiro).

"Agravo de instrumento – **Ação de retenção e de indenização por benfeitorias** – Demanda movida pelos agravados em caráter incidental à reinvindicatória movida pelos agravantes, que já se encontra em fase de execução. Tutela de urgência deferida no sentido de suspender mandado de imissão de posse até que se realize a avaliação das acessões e plantações sobre o imóvel rural objeto do litígio. Matéria que apesar de aventada na contestação da reivindicatória, não obteve decisão, sob entendimento de que deveria ser deduzida em reconvenção. Ausência de coisa julgada. Probabilidade do direito. Agravados que mantiveram contrato de arrendamento com o proprietário anterior do imóvel. Possibilidade de que as edificações retratadas na inicial da presente demanda tenham se originado de boa-fé, apesar da superveniente falta de justo título para se manterem no imóvel. Evidente risco de frustração do pedido de retenção à vista do mandado já expedido. Requisitos do art. 300 do Código de Processo Civil de 2015 satisfeitos. Decisão mantida. Recurso conhecido e desprovido" (*TJSC* – AI 4006861-32.2016.8.24.0000, 27-3-2018, Rel. Des. Stanley Braga).

"Ação de imissão de posse c/c perdas e danos – Imóvel que foi arrematado em execução extrajudicial promovida pela credora hipotecária CEF e depois vendido ao autor. Réu que é possuidor de má-fé. Posse obtida mediante contratos de gaveta com conhecimento da hipoteca e sem a anuência da credora hipotecária. Art. 1.201, *caput*, do CC. Assunção do risco. Desnecessidade de intimação do réu no procedimento de alienação extrajudicial. Ademais, eventual discussão judicial do apelante perante a CEF não obsta o direito à imissão de posse do apelado. Inteligência das Súmulas 4 e 5 do E. TJSP. Precedentes. Benfeitorias. Possuidor de má-fé que não possui direito de retenção por benfeitorias. Art. 1.220 do CC. Eventuais benfeitorias realizadas que devem ser discutidas em ação própria. Aluguéis indenizatórios. Danos presumidos pela não utilização do imóvel durante o período de ocupação indevida. Recurso não provido" (*TJSP* – Ap 0001874-13.2014.8.26.0266, 31-3-2016, Relª Mary Grün).

8 "Apelação – Reintegração de posse – Ocupação de terreno mediante autorização verbal para guarda de pertences – Utilização posterior para plantações e construções – Ausência de posse de boa-fé – Insurgência do requerido contra a r. sentença que julgou procedente o pedido de reintegração de posse ao fundamento de que a posse por si exercida não era legítima, tendo se originado de mera detenção e se convertido depois em esbulho possessório – Não acolhimento – Ausência de prova de autorização para uso do imóvel como plantio ou para instalação de cercas – Contradições no depoimento do apelante (requerido) quanto à origem da posse – Testemunhos que confirmam a inexistência de permanência constante no terreno – Impossibilidade de reconhecimento do direito de retenção ou de indenização por benfeitorias, à luz do **art. 1.220 do Código Civil** – Cultivo e edificação em terreno alheio de má-fé que implica perda das plantações e construções em favor do proprietário – Recurso desprovido, com majoração dos honorários advocatícios sucumbenciais, observada a gratuidade da justiça" (*TJSP* – Ap 1000705-59.2023.8.26.0459, 1-7-2025, Rel. José Marcelo Tossi Silva).

"Apelação. Ação de reintegração de posse de imóvel e reconvenção. Sentença de procedência da ação e da reconvenção. Ressarcimento pelas benfeitorias e direito de retenção. Inconformismo da autora. 1. Litigância de má-fé dos requeridos. Descabimento. Ausência das hipóteses do art. 80 do Código de Processo Civil. 2. Réus que supostamente adquiriram os direitos de posse do imóvel de terceiro também possuidor. Ausência de prova do pagamento do preço. Réus que tinham condições de saber que detinham indevidamente o imóvel. Posse de boa-fé não comprovada. 3. Dever de indenização que abrange somente as benfeitorias necessárias, sem direito de retenção. **Inteligência do art. 1.220 do Código Civil**. 4. Recurso parcialmente provido" (*TJSP* – Ap 1005802-42.2020.8.26.0266, 8-8-2024, Rel. Júlio César Franco).

Pela orientação da lei, o possuidor de boa-fé vale-se do art. 1.219 enquanto mantiver esse estado de espírito. Cessada a boa-fé, toda e qualquer benfeitoria acrescentada à coisa sujeitar-se-á ao art. 1.220.[9]

O momento da cessação da boa-fé e da época em que foram realizadas as benfeitorias passa para o âmbito da prova.

Como alertamos em nossa obra introdutória, tecnicamente *construção* não é considerada benfeitoria, mas outra modalidade de acessório, de acordo com o art. 61, III do Código

---

"Apelação cível e recurso adesivo – Ação de imissão da posse – **Benfeitorias não necessárias – Possuidor de má-fé** – Indenização – Sem o decurso do prazo suficiente para declarar a prescrição aquisitiva em favor da parte ré, analisa-se o pleito de imissão de posse – O artigo 1.228 do Código Civil, dispõe que o proprietário possui o direito de reaver a coisa do poder de quem quer que injustamente a possua. *In casu*, presentes os requisitos em tal artigo postos, procedente a pretensão – No que tange à edificação de 54,6m^2, da qual a parte ré teve ciência de que não seria indenizável no momento da lavratura da escritura pública de compra e venda, caracterizada está a posse de má-fé e, portanto, indemonstrado se tratar de benfeitoria necessária, não há o que indenizar, a teor do art. 1.220 do CC. Apelo provido. Recurso adesivo desprovido" (*TJRS* – AC 70074675802, 29-3-2018, Rel. Des. Gelson Rolim Stocker).

"Ação reivindicatória – Demanda ajuizada por proprietária em relação a invasores, na posse clandestina do imóvel – Desfecho monocrático de parcial procedência, com determinação de desocupação condicionada à indenização pelas acessões introduzidas no imóvel, assegurado o direito de retenção e refutada indenização pelo período de ocupação ilícita – Recurso da autora – **Posse de má-fé dos possuidores a não legitimar a indenização pelas acessões introduzidas no imóvel** – Inteligência do art. 1.255 do CC – Indenização pela ocupação ilícita devida, a contar da formal constituição em mora, mercê da citação, até a efetiva desocupação – Sucumbência dos réus, cujo reconhecimento se impõe – Benesse da gratuidade legitimada – Presunção de miserabilidade não deitada por terra. Recurso parcialmente provido" (*TJSP* – Ap 0016158-26.2012.8.26.0224, 31-3-2016, Rel. Airton Pinheiro de Castro).

9 "Ação de reintegração de posse – proteção possessória deferida à autora – posse anterior e esbulho comprovados – inexistência de prova de posse de boa-fé pelo requerido – direito a retenção por benfeitorias afastado – art. 1.220 do Código Civil – ação julgada procedente – sentença mantida – recurso improvido" (*TJSP* – Ap 1002550-28.2017.8.26.0495, 21-6-2022, Rel. Coutinho de Arruda).

"Apelação cível – Ação de indenização por danos materiais e morais – Compromisso de compra e venda – Adquirente que, mesmo inadimplente, promoveu a construção de um imóvel em terreno alheio – **Posse de má-fé** – Inadimplência – Contrato, inclusive, rescindido por ocasião da falta de pagamento – Benfeitorias não indenizáveis (art. 1.220 do Código Civil) – Sentença de improcedência mantida – Recurso desprovido" (*TJSP* – Ap 1007738-62.2018.8.26.0302, 25-11-2021, Rel. José Carlos Ferreira Alves).

"Apelação cível – Civil e processo civil – Ação de imissão na posse – Cerceamento de defesa – Não configurado – Preliminar rejeitada – Direito de retenção do bem – Impossibilidade – **Posse de má-fé** – Recebimento de benfeitorias necessárias – Inexistentes – Honorários – Mínimo legal – Sentença mantida – 1- Enquanto destinatário das provas, cabe ao juiz indeferir as provas que repute inúteis ou desnecessárias ao deslinde da controvérsia dos autos. Assim, nos termos do art. 370, parágrafo único do CPC, compete ao julgador avaliar os elementos constantes nos autos e a utilidade da prova pretendida, podendo dispensar a produção de provas que julgar desnecessárias. 2- Nos termos do Código Civil, o possuidor de boa-fé tem direito à indenização das benfeitorias necessárias e úteis, bem como, quanto às voluptuárias, se não lhe forem pagas, a levantá-las, quando puder fazê-lo sem detrimento da coisa. Além disso, poderá exercer o direito de retenção pelo valor das benfeitorias necessárias e úteis. Já o possuidor de má-fé não tem qualquer direito de retenção ou de levantamento. Com relação à indenização, assiste-lhe somente direito quanto às benfeitorias necessárias. 3- Reconhecendo-se que a posse exercida pelo possuidor é de má-fé, em atendimento ao disposto no art. 1.220 do Código Civil, a parte deve ser indenizada apenas quanto às benfeitorias necessárias realizadas no imóvel com o fim de conservar o bem ou evitar que ele se deteriore, nos termos do art. 96, § 3º do mesmo diploma legal. 4- Não havendo qualquer benfeitoria capaz de se enquadrar no conceito de necessária, não há direito à indenização, tampouco à retenção do imóvel. 5- Ao fixar um limite mínimo para os honorários advocatícios de sucumbência, o legislador teve por objetivo impedir o arbitramento de honorários ínfimos e, portanto, incompatíveis com a nobre e indispensável função advocatícia. 6- Preliminar de cerceamento de defesa rejeitada. Recurso conhecido e improvido" (*TJDFT* – Proc. 07033444020188070003 – (1157022), 15-3-2019, Relª Gislene Pinheiro).

"Apelação – Ação de reintegração de posse – Locadora contra cessionária de contrato de locação – Alegação de cerceamento de defesa que não procede – Ainda que considerada verdadeira a versão trazida pela ré, tem-se que ela se tornou possuidora de má-fé quando da citação em processo anterior – As **benfeitorias** alegadas foram feitas após a citação, e ainda, não têm natureza de necessárias ou úteis, não havendo **direito de retenção ou indenização** – Negado provimento" (*TJSP* – Ap 1008190-37.2015.8.26.0477, 12-7-2017, Rel. Hugo Crepaldi).

de 1916. O presente Código preferiu omitir-se a esse respeito. No entanto, para a maioria dos efeitos com relação ao despojamento da posse, a construção é equiparada à benfeitoria, como se faz na prática forense e como decorre do art. 1.256. Os mesmos princípios aplicam-se às plantações. Como também lembramos no volume introdutório, benfeitorias não se confundem com acessões. Na acessão, a coisa acrescida pertence a proprietário diverso. Na benfeitoria, o titular da coisa tem convicção de que a coisa lhe pertence (ver, a esse respeito, a opinião de Serpa Lopes, ali transcrita (*Direito civil: parte geral*, seção 16.8.2). Há corrente doutrinária que entende aplicável o sistema das benfeitorias às acessões. Outra questão surge no mais recente Código, tendo em vista a definição de pertenças, presente no art. 93. Muito se deverá a atender a vontade das partes na distinção desses institutos.

O art. 1.221 também introduz disposição para evitar o enriquecimento injusto: "*As benfeitorias compensam-se com os danos, e só obrigam ao ressarcimento, se ao tempo da evicção ainda existirem*". Trata-se de compensação autorizada por lei, de valores ilíquidos. Necessário se fará, na maioria das vezes, avaliação e perícia para a apuração da compensação. Aquele que recebe a coisa deteriorada poderá ter direito à indenização de acordo com os arts. 1.217 e 1.218 a seguir estudados. O possuidor que a entrega pode opor compensação com as benfeitorias realizadas. Essa regra não altera as consequências estampadas nos arts. 516 e 517, isto é, o possuidor de má-fé somente poderá compensar as benfeitorias necessárias, sem direito de retenção, enquanto o de boa-fé, na situação em que houver de indenizar (art. 1.217), poderá opor o valor das necessárias e úteis, mantido o direito de retenção. Nos embargos de retenção o credor poderá requerer a compensação do valor das benfeitorias com o dos frutos ou danos devidos pelo executado.

O art. 519 do Código de 1916 estipulava que "*o reivindicante obrigado a indenizar as benfeitorias tem direito de optar entre o seu valor atual e o seu custo*". O Código de 2002 apresenta uma redação nova a esse respeito, que visa o detrimento do possuidor de má-fé e maior equidade para o de boa-fé, favorecendo o reivindicante perante o possuidor de má-fé:

> "*O reivindicante, obrigado a indenizar as benfeitorias ao possuidor de má-fé, tem o direito de optar entre o seu valor atual e o seu custo; ao possuidor de boa-fé indenizará pelo valor atual*".

Cuida-se, evidentemente, em ambos os casos, de valores monetariamente atualizados. Optará o retomante pelo valor que lhe for mais favorável se estiver lidando com possuidor de má-fé, na orientação do Código presente. O dispositivo de 1916 sofreu muitas críticas. No entanto, o legislador procurou conciliar tanto quanto possível o injusto enriquecimento em situações em que por vezes ambas as partes sofrem prejuízos de fato. Procurou-se encontrar o meio-termo entre prejuízos que podem sofrer ambos. A solução do Código em vigor afigura-se mais justa. O reivindicante somente terá opção para pedir o valor atual ou seu custo se seu adversário for possuidor de má-fé. Se este é possuidor de boa-fé, deverá sempre indenizar pelo valor atualizado das benfeitorias, o qual, aliás, pode ser até mesmo inferior ao valor do custo.

6.4 INDENIZAÇÃO DOS PREJUÍZOS. INDENIZAÇÃO PELA DETERIORAÇÃO OU PERDA DA COISA

A vítima do desapossamento pode sofrer prejuízo pelo prazo que deixou de dispor do bem. Sobre a questão dispunha o art. 503 do Código de 1916:

> "*O possuidor manutenido, ou reintegrado, na posse, tem direito à indenização dos prejuízos sofridos, operando-se a reintegração à custa do esbulhador, no mesmo lugar do esbulho*".

Essa indenização decorre da regra geral no sentido de que quem ocasiona um dano é obrigado a repará-lo, não havendo a mesma redação no presente diploma. A indenização é mencionada, *a latere*, no Código vigente, no art. 1.212.[10]

Esse ressarcimento de dano tem a mesma natureza da responsabilidade aquiliana, tecida em regra geral no art. 186, embora alguns estudiosos entendam que se trata de indenização típica e exclusiva da posse. Não foi esta última a corrente adotada pelo diploma civil deste século. Na verdade, consubstanciado o esbulho ou turbação, haverá sempre necessidade de prova de efetivos prejuízos sofridos pela parte. Desse modo, essa indenização não decorre simplesmente da ofensa à posse, mas depende de efetivos prejuízos sofridos e comprovados no processo. Destarte, não se afasta da natureza indenizatória dos atos ilícitos, pois estes são turbação da posse e desapossamento injusto.

De qualquer modo, no processo possessório, impõe-se não somente que o agente peça expressamente a indenização, como também que comprove o prejuízo. Com frequência, as partes preocupam-se em demonstrar a turbação e o esbulho no curso da instrução, não fazendo prova quanto a perdas e danos. Ainda que liquidado o valor na fase executória, o prejuízo alegado deve ser provado (*JTASP* 120/98, 121/126), porque pode ocorrer que o atentado contra a posse não tenha acarretado qualquer prejuízo. Sem prejuízo, não há o que indenizar. Não se presume o prejuízo. Essa indenização deve ter como padrão a natureza dos lucros cessantes e dos danos emergentes entre nós, que resumem o prejuízo: *"as perdas e danos devidos ao credor abrangem, além do que ele efetivamente perdeu, o que razoavelmente deixou de lucrar"* (art. 402). Assim, por exemplo, na hipótese de comodato, a partir do esbulho, o comodante deve ser indenizado pela indisponibilidade da coisa: justo

---

10 "**Ação de indenização por benfeitorias** – Imóvel adquirido por licitação – Possuidor de boa-fé – Valor das benfeitorias – Avaliação judicial – Ação de indenização por benfeitorias. Imóvel adquirido por licitação. Possuidor de boa-fé. Valor das benfeitorias. Avaliação judicial. I- A aquisição do imóvel em licitação da Terracap, em cujo edital constou expressamente a ocupação do bem, assim como o dever do adquirente de indenizar as benfeitorias e acessões ali existentes, pois o lote foi adquirido mediante pagamento da terra nua. II- A boa-fé do possuidor decorre de ocupação com autorização do Poder Público. III- Cabível a indenização pelas benfeitorias úteis ou necessárias, consoante laudo de avaliação realizado pelo Juízo. IV- Apelação provida" (*TJDFT* – Proc. 00026079120178070010 – (1180238), 1-7-2019, Relª Vera Andrighi).

"Recurso Adesivo – **Indenização por benfeitorias** – O possuidor de boa-fé tem direito à indenização das benfeitorias necessárias e úteis, bem como, quanto às voluptuárias e poderá exercer o direito de retenção pelo valor das benfeitorias necessárias e úteis, nos termos do artigo 1.219 do Código Civil" (*TJMG* – AC 1.0701.07.203681-0/001, 19-4-2018, Rel. Alexandre Santiago).

"**Apelação cível. Ação de rescisão contratual c/c reintegração de posse e perdas e danos**. Sentença de parcial procedência, determinando a rescisão contratual, com perda das parcelas pagas e benfeitorias, afastando o pedido de reintegração de posse. Reintegração de posse que é decorrência lógica da rescisão contratual. Pedido de responsabilização da ré pelo pagamento de dívidas relativas ao IPTU. Perda das parcelas pagas decretada pela sentença como forma de indenização pelo tempo de ocupação do bem, bem como para pagamento de eventuais impostos devidos à municipalidade e despesas administrativas. Demais razões recursais dissociadas dos fundamentos da sentença. Sentença reformada. Recurso parcialmente provido" (*TJSP* – Ap 0056126-10.2005.8.26.0224, 6-8-2013, Rel. Egidio Giacoia).

"**Apelação cível** – Compromisso de compra e venda de imóvel – **Ação de rescisão contratual cumulada com reintegração de posse e com indenização por perdas e danos.** Sentença de procedência parcial, que declarou rescindido o contrato e reintegrou os autores na posse do imóvel, condenando-os à prévia indenização pelas benfeitorias realizadas e condenando a ré ao pagamento de taxa de ocupação a partir da constituição em mora, reservado o seu direito de retenção. Correta solução da controvérsia, considerando-se a notificação prévia da ré pelos autores (art. 1º do Decreto-lei 745/69) e a configuração da inadimplência, sendo de rigor o desfazimento do negócio e, por conseguinte, a recuperação do bem pelos alienantes. Dever de indenização pelo tempo de ocupação pela ré, que possui o direito de retenção do imóvel até o ressarcimento das benfeitorias (art. 1.219 do CC). Sentença bem fundamentada e ora ratificada (art. 252 do RITJSP). Recurso desprovido, com observação" (*TJSP* – Ap 0120831-39.2007.8.26.0000, 27-8-2012, Rel. Cesar Ciampolini).

que se fixe o equivalente ao aluguel que a coisa teria propiciado no período. Na hipótese de desapossamento de um veículo, em outro exemplo, justo que a indenização repare os gastos com locomoção no período de posse indevida. No entanto, o prejuízo deve ser descrito e pedido na inicial ou na contestação.

Lembremos que a ação possessória tem natureza dúplice, como examinaremos a seguir, e a indenização com base no art. 503 ou na regra geral (art. 1.212) pode ser conferida tanto ao autor quanto ao réu:

> *"É lícito ao réu, na contestação, alegando que foi o ofendido em sua posse, demandar a proteção possessória e a indenização pelos prejuízos resultantes da turbação ou do esbulho cometido pelo autor"* (art. 556 do CPC).

Ainda tratando de indenização por prejuízos, o art. 1.217 estatui: *"O possuidor de boa-fé não responde pela perda, ou deterioração da coisa, a que não der causa"*. Completa o art. 1.218:

> *"O possuidor de má-fé responde pela perda, ou deterioração da coisa, ainda que acidentais, salvo se provar que do mesmo modo se teriam dado, estando ela na posse do reivindicante".*

Essas situações não se confundem com a do art. 503 do Código de 1916, ou seja, com a indenização decorrente do princípio geral. Nessa situação, a indenização é mais ampla, conforme exposto. Naquelas, o Código regula hipóteses nas quais as coisas são restituídas com diminuição de valor em razão de deterioração, ou quando essa restituição é impossível porque destruída a coisa. O art. 503, bem como o art. 1.212 do Código presente, referem-se a prejuízos discorridos primordialmente na ação possessória. Os arts. 1.217 e 1.218 independem de ação possessória, embora qualquer prejuízo possa ser buscado em ação indenizatória, nos termos do art. 186, regulador da responsabilidade aquiliana. O prejuízo descrito nos arts. 1.217 e 1.218 insere-se nas perdas e danos em geral, porque não receber a coisa devida ou recebê-la deteriorada ressaltam a perda do retomante.

Desse modo, não havendo culpa do possuidor de boa-fé, não responde pelo valor da coisa perdida ou deteriorada. Já o possuidor de má-fé terá o ônus de provar que a diminuição de valor ou perda ocorreria de qualquer modo, ainda que a coisa estivesse na posse do retomante. Não basta simplesmente alegar caso fortuito ou força maior. Essas disposições não conflitam com a indenização mais ampla, porque esta se refere ao sucumbente da ação possessória. Procedente a alegação de turbação ou esbulho, a linha divisória da má-fé retroage pelo menos à citação. Pode a sentença entendê-la anterior. A partir daí o sucumbente da ação possessória é tratado como possuidor de má-fé e responde pelo prejuízo, inclusive pela perda ou deterioração da coisa. Se a perda ou deterioração houver ocorrido antes da citação, verificaremos, pelo que já foi examinado, o termo inicial da má-fé, o qual possibilitará tão somente a ação indenizatória se a coisa não mais existir quando da propositura da ação. Se existir, mas com diminuição de valor pela deterioração, aplica-se o art. 1.218, inserido no contexto do art. 503 e do atual art. 1.212.

Na ação possessória, o CPC dispõe no art. 555 que é lícito ao autor cumular ao pedido possessório o de: I – condenação em perdas e danos. Destarte, essa dicção deve ser vista em consonância com os arts. 1.212 e 1.218 do estatuto material, como expusemos.

A expressão *perdas e danos* compreende todos os prejuízos, inclusive os que a própria coisa tenha sofrido (*RSTJ* 22/252). A moléstia à posse, enfim, deve ser tratada como ato ilícito, pois na realidade o é.

6.5 USUCAPIÃO

A posse é requisito fundamental, embora não o único, para o usucapião (ou *a* usucapião, pois a palavra admite também o gênero feminino, assim adotado pelo Código Civil de 2002). Desse modo, a aquisição da propriedade pela usucapião é um dos principais efeitos da posse. Usucapir é adquirir a propriedade pela posse continuada durante certo lapso de tempo. Oportunamente, estudaremos neste livro as modalidades de usucapião e o papel da posse em cada uma delas.

7

DOS EFEITOS DA POSSE (II): DEFESA DA POSSE. INTERDITOS. PROCESSO. OUTRAS AÇÕES DE DEFESA DA POSSE

7.1 FUNDAMENTOS E ÂMBITO DA PROTEÇÃO POSSESSÓRIA. HISTÓRICO

A posse, como estado de fato reconhecido pelo ordenamento, merece proteção específica. Já dissertamos acerca do estado de aparência, da paz social e da necessidade de ser mantido esse estado de exteriorização de propriedade. Embora seja vista a posse como um fato preexistente ao ordenamento jurídico, sua proteção transforma-a em fato jurídico, ou seja, fato natural com reflexos no mundo jurídico. Ao titular da posse confere-se um direito subjetivo, um poder relativo à coisa em face da sociedade. A provisoriedade conferida pelas ações possessórias é justamente seu fator de importância. Na manutenção desse estado fático pelo direito, reside toda a grandeza do instituto. Ao se examinarem os meios de defesa da posse, nos debruçamos sobre sua garantia jurídica. Para fins práticos, sob tal aspecto, deixa de ter importância o exame da natureza jurídica da posse. Importa saber no caso concreto em quais situações e de que forma pode ser protegido esse estado de fato. Ainda que sustentemos não ser a posse um direito, toda a gama de direitos que a cerca torna irrelevante a essa altura da história a distinção. Muito se preocupou a doutrina em qualificar a posse como um direito ou como um fato. Tanto que Mota Pinto chega a conceituar a posse como *um direito real provisório, designação mais rigorosa do que a afirmação de estarmos perante uma simples aparência de direito, perante um* fumus boni iuris (Apud Moreira e Fraga, 1970-1971:215). Não se trata de simples aparência ou de simples fato, porém de estado de aparência e de fato protegido pelo ordenamento.

Os meios de defesa da posse constituem, na verdade, mais do que efeito, sua própria essência. De nada valeria o estado de fato e a aparência sem eles. Pelos meios de defesa, protege-se a posse contra qualquer ato que signifique ameaça ou violação dessa relação entre a pessoa e a coisa. O ordenamento enseja que cesse a ameaça ou que se restitua a coisa àquele que dela se viu despojado. O processo possessório visa manter o estado de fato até que, se for necessário e conveniente, se declare o estado de direito. Daí a distinção já examinada entre o *juízo possessório* e o *juízo petitório*, bem como *ius possidendi* e *ius possessionis* (Capítulo 3, seção 3.2). Nas ações possessórias (interditos), como foi dito, trata-se exclusivamente da questão da posse.

> *"A existência destas ações, com caráter próprio e rito especial, que de modo geral todos os sistemas adotam, inspira-se no objetivo de resolver rapidamente a questão originada do rompimento antijurídico da relação estabelecida pelo poder sobre a coisa, sem necessidade de debater a fundo a relação jurídica dominial"* (Pereira, 1993:49).

Nas chamadas ações petitórias (*petitorium iudicium*), leva-se em conta exclusivamente o direito de propriedade.

A proteção da posse é, portanto, complemento indispensável da proteção à propriedade. Decidir-se-á acerca da propriedade, no entanto, somente nas ações petitórias.

Os efeitos da posse, originalmente circunscritos apenas ao direito de propriedade, foram sendo progressivamente estendidos a todos os direitos reais compatíveis com a aparência, exterioridade e uso.

Como a proteção da posse implica ação, ainda que pré-processual, mediante a autotutela permitida pelo ordenamento, seu estudo está inevitavelmente ligado aos procedimentos de defesa; portanto, ao processo possessório. Essa a razão pela qual se mostram indissociáveis no estudo da proteção possessória, como vimos no Capítulo 7, as regras de direito material e de direito processual. As minúcias dos procedimentos devem ser regradas pelas leis de processo. As bases, os fundamentos e as modalidades de proteção possessória devem vir descritos pela lei material. Existe também outra razão, esta de ordem histórica, para a matéria ser tratada em nosso Código Civil. A legislação processual, à época do Código, era atribuída aos Estados. Temia-se que, se relegadas as ações possessórias aos estatutos processuais locais, ficariam dispersos os elementos da teoria possessória, ficando *"muito precária sua firmeza"* (Clóvis, Comentários ao art. 499).

Assim, as normas de proteção da posse encontram-se no Código Civil e no CPC. Os dispositivos de direito material, entre nós, também se aplicam aos bens móveis. O estatuto processual revogado referia-se à posse das coisas móveis no procedimento sumário (art. 275, II), extinto no CPC de 2015.

Há muitas divergências acerca da origem da proteção possessória no Direito Romano. Refoge ao âmbito de nosso exame as teorias que a cercam. Em linhas gerais, a posse era defendida por meio de dois interditos, os quais eram de duas categorias, *interdicta retinendae possessionis* (visavam manter a posse molestada) e *interdicta recuperandae possessionis* (visavam recuperar posse perdida). Uma terceira classe, *adipiscendae possessionis*, os destinados a adquirir a posse, não se incluía entre os anteriores, os quais pressupunham uma posse ameaçada ou perdida, enquanto estes buscavam uma posse nunca tida e que se pretendia adquirir.

Eram dois os interditos *retinendae possessionis*: *uti possidetis* e *utrubi*. O interdito *uti possidetis* defendia a posse de imóveis, fazendo com que o possuidor justo mantivesse seu estado. O interdito *utrubi* servia para a defesa dos bens móveis, não protegia simplesmente o possuidor atual, mas aquele que possuíra a coisa há mais tempo e sem vícios, durante o ano anterior à propositura da ação. Ambos os interditos deveriam ser ajuizados dentro de um ano da turbação da posse.

Na categoria de interditos *recuperandae possessionis*, ingressava o *interdictum unde vi*, sob duas modalidades: de *vi armata* e de *vi*. Protegiam a posse de imóveis esbulhados com violência com ou sem armas, respectivamente. Mencionam-se ainda o interdito *de clandestina possessione* e o *de precario*, de obscura origem.

Por influência do direito canônico na Idade Média, surge a *exceptio spolii*, ação que se concedia aos bispos expulsos de suas sedes. Tinha o objetivo de reforçar a autoridade dos bispos, assegurando-lhes estabilidade em suas sedes. Posteriormente, dá-se importância à *actio spolii*, pela qual se protegiam os particulares contra o esbulho de móveis e imóveis, invocável tanto no juízo civil, como no juízo criminal. Aos poucos foi-se admitindo o uso da ação, não somente contra o esbulhador, mas também contra terceiros de má-fé.

A ação denominada *possessorium sumarissimum*, também do direito intermédio, defendia a posse com efeito de conservação e restituição, quase exclusivamente com base no *corpus* (Papao, Kiper, Dillon e Causse, 1989, v. 1:119).

No antigo direito francês, a partir do século XIV, permitiu-se unicamente a *complainte*. Concedia-se apenas para a recuperação de imóveis, exigindo posse anual (Arean, 1992:167). A *reintégrante* era utilizada para os móveis e imóveis, em caso de esbulhos violentos. Pelo sistema francês vigente somente se admitem ações possessórias para os imóveis, no que é seguido por muitas legislações. Nosso ordenamento não faz distinção.

No direito brasileiro, seguindo a tradição das Ordenações, a maioria da doutrina entende que as ações possessórias são ações reais, aplicando-se a proteção tanto aos imóveis, quanto aos móveis.

7.2 LEGÍTIMA DEFESA DA POSSE. DESFORÇO IMEDIATO

Ao ordenamento legal repulsa a ideia de justiça feita de mão própria. As ações possessórias estão à disposição do esbulhado ou turbado dentro do organismo do Estado.

No entanto, tamanho é o valor axiológico dado à posse pelo direito que excepcionalmente, sob certas circunstâncias, permite a lei a autotutela, conforme dispõe o art. 1.210, § 1º:[1]

---

1 "Ação de indenização por danos materiais – Improcedência em juízo de primeiro grau – Derrubada de cerca divisória – Laudo pericial conclusivo quanto à invasão da área pertencente à ré – Esbulho caracterizado – Desforço imediato para a recuperação da posse que se mostrou justificável, **art. 1.210, § 1.º, do Código Civil** – Abuso/excesso no exercício da autotutela não verificado – Conduta praticada pela litigante que não configurou ato ilícito – Exercício regular do direito, art. 188, I, do Código Civil – Inexistência de prejuízos indenizáveis – Litigância de má-fé não caracterizada – Sentença mantida – Inclusão de honorários recursais, observada a isenção – Recurso não provido" (*TJSP* – Ap 1005525-11.2014.8.26.0048, 28-6-2024, Rel. César Peixoto).

"**Ação de reintegração de posse** – réus – arguição – cerceamento de defesa – inocorrência – processo em termos para o julgamento – prova pericial – dispensabilidade. Réus Elisângela e Adriano Procópio – arguição – ilegitimidade passiva – afastamento – ausência de domínio sobre o bem – irrelevância – possuidores do imóvel vizinho – ação de caráter possessório e não petitório. Ré Silvana – construção de muro divisório – avanço de um metro sobre o imóvel do autor – assertiva – medição realizada por engenheiro civil – trabalho – inadequação – esbulho – caracterização – nova demarcação – dependência da concordância do autor ou de determinação judicial – autotutela – vedação – autor – reintegração de posse – direito – art. 1.210 do Código Civil – pedido inicial – procedência – sentença – manutenção. Apelo dos réus não provido" (*TJSP* – Ap 1000314-91.2019.8.26.0153, 9-8-2022, Tavares de Almeida).

"Agravo de instrumento – Ação de obrigação de fazer – Liminar para retomada do bem – **Autotutela** – Vedação – Preliminar – A tramitação da ação pelo rito ordinário não pressupõe prévia notificação da parte adversa para retomada de bem. Demanda que não se confunde com as ajuizadas pelo rito do DL911/69. Mérito. Não cabe à 'vendedora' de veículo arbitrariamente retomar sua posse, valendo-se da qualidade de proprietária registral para retirar o bem de depósito oficial. Entendendo fazer jus ao desfazimento do negócio de "compra e venda", cabe à parte exercer seu direito consoante as formas previstas em lei, sendo vedada a autotutela na hipótese. Negado provimento ao agravo de instrumento" (*TJRS* – AI 70076284595, 29-3-2018, Relª Desª Elisabete Corrêa Hoeveler).

"Recurso Especial – Civil – **Ação de reintegração de posse** – Veículo – Reparo – Serviço Contratado – Pagamento – Recusa – Direito de retenção – Concessionária – Benfeitoria – Impossibilidade – Posse de boa-fé – Ausência – Detenção do bem – 1- A controvérsia a ser dirimida no recurso especial reside em definir se a oficina mecânica que realizou reparos em veículo, com autorização de seu proprietário, pode reter o bem por falta de pagamento do serviço ou se tal ato configura esbulho, ensejador de demanda possessória. 2- O direito de retenção decorrente da realização de benfeitoria no bem, hipótese excepcional de autotutela prevista no ordenamento jurídico pátrio, só pode ser invocado pelo **possuidor de boa-fé,** por expressa disposição do art. 1.219 do Código Civil de 2002. 3- Nos termos do art. 1.196 do Código Civil de 2002, possuidor é aquele que pode exercer algum dos poderes inerentes à propriedade, circunstância não configurada na espécie. 4- Na hipótese, o veículo foi deixado

> *"O possuidor turbado, ou esbulhado, poderá manter-se ou restituir-se por sua própria força, contanto que o faça logo; os atos de defesa, ou de desforço, não podem ir além do indispensável à manutenção, ou restituição da posse".*

A redação, com simples alteração de forma, é mantida por ambos os Códigos.

Considera-se imprescindível a manutenção do estado de fato em prol da paz social. Cuida a lei de incentivar que as posses sejam mantidas como estão.

Duas são as hipóteses de autotutela na lei. Legítima defesa, quando a posse é ameaçada, e desforço imediato, quando a posse é perdida. Os princípios são os mesmos da legítima defesa no âmbito penal. O Código Civil, por seu turno, dispõe no art. 188, I, que *"não constituem atos ilícitos: I – os praticados em legítima defesa ou no exercício regular de um direito reconhecido"*. Há ofensa à posse, conquanto não haja dano, porque *a posse é um bem em si mesmo* (Pontes de Miranda, 1971, v. 10:282), e como tal deve ser defendido.[2]

---

na concessionária pela proprietária somente para a realização de reparos, sem que isso conferisse à recorrente sua posse. A concessionária teve somente a detenção do bem, que ficou sob sua custódia por determinação e liberalidade da proprietária, em uma espécie de vínculo de subordinação. 5- O direito de retenção, sob a justificativa de realização de benfeitoria no bem, não pode ser invocado por aquele que possui tão somente a detenção do bem. 6- Recurso especial conhecido e não provido" (*STJ* – REsp 1.628.385 – (2016/0006764-0), 29-8-2017, Rel. Min. Ricardo Villas Bôas Cueva).

"Agravo de instrumento – **Ação de reintegração de posse** – Esbulho – Liminar – Comodato verbal – Indeferimento – Audiência de justificação – No caso de alegação de comodato verbal é indispensável a realização de audiência de justificação – Existência de elementos nos autos, ademais, que indicam se tratar de posse velha, com mais de ano e dia – Notificação prévia enviada à agravante, que foi recebida por terceiro desconhecido – Ausentes, portanto, os requisitos legais, determinará o Juiz que a autora justifique previamente o alegado, intimando-se, vez que a ré já foi citada, para comparecer à audiência que for designada – Norma cogente que obriga o magistrado – Inteligência dos arts. 927 e 928, do CPC – Precedentes – Determinada a designação de audiência de justificação prévia, sem prejuízo do reexame do pedido liminar – Efeitos da decisão agravada que ficam, por ora, suspensos – Agravo provido, com observação" (*TJSP* – AI 2187748-25.2015.8.26.0000, 29-2-2016, Rel. Salles Vieira).

2 "**Ação de reintegração de posse** – Posse – Prova – Ausência dos requisitos do art. 927 do CPC/1973, atual art. 561 do NCPC, a justificar o pedido de reintegração – Condição de proprietária da autora que não faz presumir o exercício da posse – Não demonstração do exercício de posse pela autora sobre o imóvel objeto da ação – Prova oral que comprova que os réus exercem a posse sobre o imóvel objeto da lide – Autora que não comprovou a sua melhor posse de maneira objetiva e irrefutável – Ressalvado, apenas, o direito da autora de disputar, por ação competente, a propriedade do bem – Reintegratória improcedente – Sentença mantida – Sentença proferida e publicada quando já em vigor o NCPC – Honorários advocatícios majorados, com base no art. 85, § 11, do NCPC, para 12% do valor da causa, observada a gratuidade processual concedida à autora – Apelo improvido" (*TJSP* – AC 1014831-87.2016.8.26.0224, 27-2-2019, Rel. Salles Vieira).

"Reintegração na posse – Sentença de improcedência – Insurgência de ambas as partes – Autores que insistem no pleito inicial e requeridos que buscam a majoração do valor dos honorários sucumbenciais. Reintegração na posse – Comodato – Necessária a demonstração do comodato para que se cobre por seus efeitos – Situação que não foi demostrada nos autos – Esbulho não caracterizado – Autores que não se desincumbiram de seu ônus, consoante determina o art. 561 do CPC – Aos demandantes foi oportunizada a produção de provas em duas ocasiões, mas permaneceram silentes – Não comprovada a consumação do esbulho por parte dos réus, tomando a posse mediante o exercício de atos reprováveis, não há que se falar em restabelecimento da posse – Contexto probatório que não favorece a tese articulada na inicial. Honorários advocatícios – majoração – apreciação equitativa – Possibilidade em atenção aos ditames do artigo 85 §§ 2º e 8º do CPC. Não provido o recurso dos autores e provido o recurso dos réus" (*TJSP* – Ap 1015314-70.2017.8.26.0002, 2-3-2018, Rel. Helio Faria).

"Agravo de instrumento – Ação de obrigação de fazer – Tutela Antecipada – Reintegração na posse de gerência – Fraude na constituição de empresa e transferência de patrimônio – Falsificação que não restou demonstrada, inexistindo prova inequívoca, bem como verossimilhança das alegações – Configurado o perigo de irreversibilidade da medida, vez que a empresa agravante pretende seja sua direção reassumida por seu representante, ora cedente de direitos, sendo decretado o impedimento de aproximação dos agravados à empresa – Ausentes os requisitos necessários para a concessão da tutela antecipada, nos moldes do art. 273 do CPC – Decisão mantida – Agravo improvido" (*TJSP* – AI 2053917-75.2015.8.26.0000, 26-2-2016, Rel. Salles Vieira).

"**Processual civil**. Agravo regimental contra decisão monocrática denegatória a agravo de instrumento. **Ação de reintegração de posse**. Deferimento de medida liminar. Preenchimento dos requisitos estabelecidos no art. 927

Ocorre esbulho quando o possuidor é retirado total ou parcialmente de sua posse. Existe turbação quando se agride a posse sem chegar ao esbulho. Imóvel cercado por pessoas armadas induz intuito de invadir. Caracteriza-se a ameaça. Imóvel já invadido caracteriza o esbulho.

Note que o conceito de posse do art. 1.196 não faz referência à posse exclusivamente das coisas corpóreas. Podendo a propriedade ter por objeto bens incorpóreos, também pode haver posse. Destarte, se é possível a ação possessória, também possível é a autotutela. Engloba, por consequência, tanto os móveis, como os imóveis. Também o compossuidor pode valer-se da autotutela, se turbado ou esbulhado por outro consorte que ameace sua esfera possessória.

Para que o possuidor se valha da defesa de mão própria, faz-se necessária a turbação ou o esbulho e uma reação imediata: *contanto que o faça logo*. Cuidando-se de furto ou roubo de coisa móvel, por exemplo, o esbulhado pode perseguir o ofensor que foge com o objeto e retomá-lo. Se ocorre invasão de um prédio, cabe ao ofendido nele reingressar tão logo ocorrido o fato, com a força necessária. Passadas a oportunidade e conveniência da autodefesa, cabe ao sujeito recorrer às vias judiciais, sob pena de praticar ilícito penal. Trata-se, portanto, de remédio excepcional dentro do sistema jurídico. Sem o requisito da imediatidade, a conduta do agente pode tipificar o crime do art. 345 do Código Penal (*exercício arbitrário das próprias razões*).[3]

---

do CPC. Decisão mantida. Agravo conhecido e desprovido. 1 – A liminar em ação reintegratória, representativa de autêntico mecanismo de proteção à posse, vocaciona-se, pura e simplesmente, à salvaguarda dos direitos titularizados pelo legítimo detentor de posse nova ilegalmente esbulhada. Para fazer jus a esta medida protetiva, incumbe ao autor da ação provar (art. 927, do CPC): I – a sua posse; II – A turbação ou o esbulho praticado pelo réu; III – a data da turbação ou do esbulho; IV – [...] a perda da posse, na ação de reintegração. 2 – No caso dos autos, a autora da ação reintegratória logrou comprovar que detinha a posse titulada do bem e que veio a sofrer um esbulho possessório por meio de invasão, dispensando imediato desforço para reverter a situação, de modo que deve ser mantida a liminar que o reintegrou na posse do imóvel. 3 – Agravo conhecido e improvido, mantida a decisão vergastada por seus próprios fundamentos" (*TJCE* – AG 0004666-22.2011.8.06.0000/50000, 10-5-2013, Rel. Carlos Rodrigues Feitosa).

3 "Ação de reintegração de posse c.c. pedido indenizatório moral – Locação imobiliária – Réu/locador que, aproveitando-se da ausência do locatário do imóvel, troca a fechadura e veda a sua entrada no condomínio, por conta de inadimplência – Pedido possessório prejudicado no curso da demanda, tendo o locatário recebido seus bens que estavam no imóvel alugado de volta – Condenação do locador no pagamento de indenização moral de R$ 5.000,00 – Inconformismo do vencido, alegando inocorrência de dano moral e subsidiariamente defendendo a redução do valor indenizatório arbitrado – Dano moral evidenciado pelo confessado **exercício arbitrário das próprias razões** – Valor fixado pelo juízo singular condizente com a hipótese – Recurso improvido" (*TJSP* – Ap 1000821-89.2021.8.26.0506, 29-2-2024, Rel. Mário Daccache).

"Apelação Cível – Ação de busca e apreensão – Contrato de reserva de domínio – Exercício arbitrário das próprias razões incabível – O fato de existir relação contratual com cláusula de reserva de domínio em favor de uma das partes não lhe permite reaver o bem de forma arbitrária. Apelação improvida" (*TJRS* – AC 70065044992, 24-5-2018, Relª Desª Miriam Andréa da Graça Tondo Fernandes).

"Civil – Reintegração de posse – Esbulho – Ação de reintegração de posse cumulada com indenizatória porque os Réus invadiram parcialmente lotes pertencentes ao Autor. Na ação de reintegração de posse o Autor tem o ônus de provar a posse do imóvel e o esbulho praticado pelos Réus. O laudo pericial demonstra a invasão dos lotes do Autor pelos Réus em **exercício arbitrário das próprias razões**, motivo porque deve-se restabelecer o estado anterior. O esbulho cometido pela retirada dos moirões, pinheiros e grade revelam atitude reprovável que provocou dano moral no Autor. A fixação da verba para ressarcir o dano moral considera o evento lesivo, suas consequências e a capacidade das partes, de acordo com o princípio da razoabilidade. Valor da reparação do dano moral fixado com razoabilidade e proporcionalidade na sentença. Recurso desprovido" (*TJRJ* – Ap 0023315-83.2011.8.19.0061, 30-1-2017, Rel. Henrique Carlos de Andrade Figueira).

"Agravo de instrumento – Ação de rescisão de contrato – Decisão agravada que revogou a liminar anteriormente concedida e determinou a reintegração dos requeridos na posse do imóvel. Inconformismo. Não acolhimento. A existência de expressivo pagamento do valor total do imóvel, aliada ao depósito de valores em juízo e possível existência de benfeitorias sobre o bem imóvel, afastam a possibilidade de concessão da tutela antecipada, voltada à reintegração de posse do bem. Decisão mantida. Negado provimento ao recurso" (*TJSP* – AI 2254869-70.2015.8.26.0000, 26-4-2016, Relª Viviani Nicolau).

Nossa lei não exigiu que essa atitude do possuidor dependa da impossibilidade de recorrer às vias judiciárias. Exige, sim, imediatidade na repulsa, o que será verificado no caso concreto. Ainda que malsucedido na autodefesa, porque repelido pelo turbador ou esbulhador, sempre poderá recorrer aos interditos. As ações possessórias também concedem resposta rápida à turbação ou esbulho, permitindo a concessão de liminar, em se tratando de agressão à posse de menos de ano e dia.

A legítima defesa da posse e o desforço imediato perdem legalidade quando se inicia o prazo do art. 523 do Código de 1916, ano e dia, dentro do qual pode ser obtida a medida liminar no processo. Aduzia o parágrafo único do citado artigo: *"O prazo de ano e dia não corre enquanto o possuidor defende a posse, restabelecendo a situação de fato anterior à turbação ou ao esbulho"*. Destarte, instalado conflito em imóvel, enquanto não definida a situação de fato e pendente a refrega, legítimos são os atos de defesa e desforço. Esses princípios continuam perfeitamente aplicáveis com o estatuto em vigor. Perdida a posse pelo defensor, não pode voltar ele a contra-atacar com mão própria, pois praticará ato injurídico. Deverá valer-se dos remédios processuais. O Código de 2002, como vimos, relega o tratamento das ações possessórias exclusivamente ao estatuto processual, que, como acentuamos, refere-se ao decantado prazo de ano e dia. Já totalmente solidificada a matéria processual a respeito de posse, não mais se justificava a manutenção dos princípios processuais no presente Código Civil.

A autodefesa da posse delimita ação própria do sujeito no conflito de interesses e não a ação pública, regrada pelo ordenamento. Todavia, ambas são ações legais para a mesma finalidade. A retomada da coisa por mão própria obtém o mesmo efeito que teria a sentença de reintegração. Essa situação é semelhante no direito comparado, que permite a autotutela da posse sem grandes discrepâncias dogmáticas.

Assim como na legítima defesa penal, que exige o requisito da moderação na repulsa (*"entende-se em legítima defesa quem, usando moderadamente dos meios necessários, repele injusta agressão, atual ou iminente, a direito seu ou de outrem"*, art. 25 do Código Penal), os atos de defesa, ou de desforço, não podem ir além do indispensável à manutenção ou restituição da posse. É claro que as agruras do possuidor turbado ou esbulhado nem sempre permitirão que se sopese, no calor da disputa, o exato limite da repulsa. Examina-se a proporcionalidade da conduta do defensor e do ofensor, de acordo com o prudente critério do julgador. O mesmo se diga quanto à imediatidade. Repele logo a invasão de seu imóvel o possuidor que ali retorne, encontrando estranhos, conquanto tenha decorrido certo lapso de tempo. A esse respeito dispôs o art. 522 do antigo Código, por nós já examinado (Capítulo 5, seção 5.3.4):

> *"Só se considera perdida a posse para o ausente, quando, tendo notícia da ocupação, se abstém de retomar a coisa, ou, tentando recuperá-la, é violentamente repelido"*.

Já estudamos esse aspecto do ausente. Para ele, o conhecimento da agressão à posse dará a conceituação de repulsa imediata nos termos do art. 502. O art. 1.224 do Código de 2002 moderniza o entendimento a respeito do ausente nessa situação ao mencionar que a posse se considera perdida para *"quem não presenciou o esbulho, quando, tendo notícia dele, se abstém de retornar a coisa, ou, tentando recuperá-la é violentamente repelido"*.

O exagero, tendo em vista o tempo decorrido e a falta de moderação, é aquele que extravasa o desiderato da lei. As Ordenações do Reino já traziam regramento do instituto, de acordo com as fontes romanas, estabelecendo o critério judicial:

> *"Se um for forçado da posse de alguma coisa, e a quiser logo por força recobrar, podê-lo-á fazer. E quanto tempo se entenderá este logo ficará em arbítrio do julgador, que sempre considerará a qualidade da coisa, e o lugar onde está, e das pessoas do forçador e forçado"* (Liv. 4, tít. 58, § 2º).

Quem repele agressão injusta e aproveita a oportunidade para também agredir pratica ato ilícito nos limites de sua agressão e dos danos ocasionados.

Esse direito de defesa compete tanto ao possuidor direto, como ao possuidor indireto. Assim, pode o locatário impedir que o locador ou terceiro ingresse no imóvel locado contra sua vontade.

A autotutela também independe de ser a posse justa ou injusta, de boa ou de má-fé. *Em qualquer caso, se permite a reação pessoal do possuidor, consistente na resistência contra a turbação* (Monteiro, 1989:56). Concluímos que basta o fato da posse, sem considerar sua natureza ou caráter. Protege-se a situação de alguém manter relação de fato com o bem. Se outra pessoa pretende igual direito sobre a coisa, tal como propriedade ou, melhor, posse, deve valer-se da via judicial, pois do contrário estar-se-ia autorizando a justiça de mão própria (Borda, 1984, v. 1:161). Assim como na tutela penal, a tutela privada da posse exige que a agressão seja atual ou iminente. Insuficiente que se trate de ameaça imprecisa e futura.

Para a atividade de defesa ou de desforço, não fica a vítima inibida de se valer do auxílio de terceiros, para se defender ou se reintegrar na coisa. Invadido um imóvel com muitas pessoas, evidente que o possuidor atingido não poderá utilizar-se do desforço sozinho. Presentes os invasores com armas e utensílios de ofensa, como pás e foices, é evidente que não poderá o ofendido recuperar a posse de mãos limpas. O que importa é o requisito da imediatidade e da moderação que o caso requer. Nem sempre, assim como na defesa penal, a moderação pode ser colocada em exame numa balança de peso exato. O vigor da ofensa à posse e os meios utilizados pelo defensor devem ser ponderados com critério pelo julgador. Quando a lei fala em *força própria*, não se refere à própria força física do ofendido, mas à força que, nos limites legais, possa ele dispor, ou seja, à *força suficiente*. A pessoa jurídica, da mesma forma, age por seus órgãos e prepostos. Também a pessoa natural pode defender-se por prepostos ou empregados, como extensão da vontade do próprio possuidor.

Não existe agressão injusta à posse, quando alguém se conduz no cumprimento de medida judicial ou ordem legal. O oficial de justiça com mandado de penhora, com autorização de arrombamento, pratica ato lícito. Não há legitimidade na autotutela nessa hipótese. Também o estado de necessidade pode justificar a invasão da posse. No entanto, a conduta ilegítima de turbação pode partir de agentes do Estado. A lei não faz distinção. O possuidor atingido pode valer-se da autotutela contra particulares ou contra os órgãos da Administração.

> *"A lei não faz restrição alguma com relação a autoridade nem era justo que o fizesse; a autoridade pode abusar, atentando injustamente contra a tranquilidade da posse, não se pode negar a legítima defesa contra o ataque ilegal na medida necessária, como não se nega a manutenção judicial"* (Fulgêncio, 1978, v. 1:148).

Entende-se que a autotutela somente pode ser exercida contra quem turbou ou esbulhou. Não contra terceiros, quando já ausente a imediatidade: o furtador entrega a coisa ao receptador, por exemplo. Contra este o prejudicado apenas pode recorrer às ações possessórias (Lopes, 1964, v. 6:204).

7.3 INTERDITOS POSSESSÓRIOS. AÇÕES POSSESSÓRIAS NO CÓDIGO DE PROCESSO CIVIL

Sempre que se transitar pela posse, sua defesa e pelas ações possessórias, devem ficar bem claros aos operadores de Direito os princípios gerais que norteiam a propriedade na Constituição Federal, a começar de sua função social (art. 170, III). Em princípio, não há que se proteger a posse, se a propriedade não cumpre sua função social. A questão é extremamente sensível e ideológica, e, levada às últimas consequências, poderá deflagrar incontidos e incontáveis conflitos. Bom senso é que se recomenda, ao lado do correto sopesamento da utilização da propriedade e seu sentido social, como veremos nos capítulos seguintes. Posições extremas, de um lado ou de outro, somente desencadeiam ódios que devem ser afastados desta nação. Se, por um lado, essa problemática residiu apenas no campo, no passado, as pressões sociais também a trouxeram para os centros urbanos.

O art. 186 da Constituição Federal houve por bem definir o que se entende por função social da propriedade rural:

> *"A função social é cumprida quando a propriedade rural atende, simultaneamente, segundo critérios e graus de exigência estabelecidos em lei, aos seguintes requisitos:*
>
> *I – aproveitamento racional e adequado;*
>
> *II – utilização adequada dos recursos naturais disponíveis e preservação do meio ambiente;*
>
> *III – observância das disposições que regulam as relações de trabalho;*
>
> *IV – exploração que favoreça o bem-estar dos proprietários e dos trabalhadores".*

Sendo a posse a exteriorização da propriedade, tais princípios sempre deverão ser considerados, assim como aqueles que se referem à propriedade urbana, em todas as ações possessórias (Constituição, art. 182, § 2º).

As ações possessórias típicas, ou ações possessórias em sentido estrito, no CPC, são aquelas derivadas historicamente do Direito Romano, manutenção e reintegração de posse e interdito proibitório. A matéria vem tratada em disposições gerais nos arts. 554 ss. do Código de Processo Civil. Ali são tratadas a ação de manutenção de posse e interdito proibitório, juntamente com a reintegração. O Código Civil de 1916 dispunha sobre a manutenção e a reintegração no art. 499 e sobre o interdito proibitório no art. 501:

> *"O possuidor, que tenha justo receio de ser molestado na posse, poderá impetrar ao juiz que o segure da violência iminente, cominando pena a quem lhe transgredir o preceito".*

No interdito, a cominação de pena é essencial ao instituto. O art. 555 do CPC de 2015 estatui sobre cominação de pena ou qualquer medida necessária e adequada para evitar nova turbação ou esbulho. No estatuto processual de 1973, somente havia referência à pena pecuniária. O novo processo foi mais consentâneo com a realidade, permitindo ao juiz, no caso concreto, determinar a medida mais adequada, a qual poderá ser de natureza variada, a critério do julgador, não se limitando apenas a uma multa.

O Código vigente trata de forma lapidar dos três remédios possessórios no art. 1.210:

> *"O possuidor tem direito a ser mantido na posse em caso de turbação, restituído no de esbulho, e segurado de violência iminente, se tiver justo receio de ser molestado".*

Outras ações podem assumir caráter possessório, como a nunciação de obra nova e os embargos de terceiro, reguladas separadamente, entre outras, como veremos.

Cuida-se, portanto, dos chamados remédios possessórios, denominados *meios possessórios* no direito lusitano.

As três tradicionais modalidades de possessórias correspondem a três diferentes planos de ofensa da posse. A mais grave das ofensas é o esbulho, em que o possuidor é despojado do poder de fato sobre a coisa. Cuida-se da perda da posse com a ação de *reintegração*. Busca-se recolocar o agente na disposição do direito possessório.

A turbação situa-se em menor grau. Os atos turbativos molestam e dificultam a posse, sem suprimi-la do sujeito. Para a turbação, a ação adequada é a de *manutenção de posse*, pela qual se busca fazer cessar os atos perturbadores da posse.

A ameaça contra a posse, a violência iminente citada pela lei, é remediada pelo *interdito proibitório*. É utilizada na situação de agressão iminente ou receio justificável de perturbação da posse. Cuida-se de situação em que a turbação ou esbulho são altamente prováveis e atuais.

7.3.1 Ação de Esbulho ou de Indenização Movida contra Terceiro

> *Dispõe o art. 1.212 que "o possuidor pode intentar a ação de esbulho, ou a de indenização, contra o terceiro, que recebeu a coisa esbulhada sabendo que o era".*

Neste passo, o fato da posse se traduz em direito próximo ou semelhante à sequela.

Quem detiver a coisa esbulhada, sabedor do vício, será parte legítima passiva para figurar na ação possessória. Cuida-se de cúmplice do esbulho. Assim, a ação poderá ser intentada contra o receptador de coisa furtada ou roubada e todo aquele que recebeu coisa imóvel sabedor do vício na pessoa de quem lha transmitiu. Nada impede que a ação de esbulho seja cumulada com o pedido de perdas e danos, como vimos. Pode o autor optar pela ação singela de indenização, na qual pede o preço da coisa usurpada (valor do dano), com eventuais lucros cessantes.

A ação possessória pode ser intentada contra os que praticaram o esbulho ou contra as pessoas que os representam ou sucedem. A impossibilidade de identificar os réus, ou todos os réus, não pode ser óbice para a propositura. Se há dezenas, centenas de invasores, torna-se impossível identificá-los todos. Deve o autor nominar os que conseguir, ou os chefes da invasão, informando o juiz da existência de uma tribo ou horda no local. Neste artigo, o Código indica que mesmo o terceiro que recebeu a posse viciada pode figurar no polo passivo. A origem da posse deve ser viciada, devendo o autor evidenciar a má-fé nesse aspecto.

7.3.2 Fungibilidade das Ações Possessórias

Nem sempre é fácil a delimitação de grau de ofensa à posse. O possuidor é titular de imóvel prestes a ser invadido. Recebe ameaças de invasão. Ao providenciar o ajuizamento da ação, o imóvel já está cercado por um grupo belicoso. Ingressa com a ação e logo percebe que a invasão se consumou.

O legislador, sensível a essa dificuldade, dispõe no art. 554 do CPC:

> *"A propositura de uma ação possessória em vez de outra não obstará a que o juiz conheça do pedido e outorgue a proteção legal correspondente àquela cujos pressupostos estejam provados".*

O dispositivo não permite que se substitua uma ação por outra, mas autoriza o juiz a decidir o pleito possessório, dentro da tríplice divisão, proferindo o comando necessário à proteção da posse. Assim, se foi proposta ação de reintegração e ficar provado que houve apenas turbação, o pedido será julgado procedente em parte. O esbulho é mais amplo do que a turbação. Tudo dependerá do caso sob exame. Também o interdito proibitório pode ser julgado como manutenção (*RT* 503/110, *RJTJSP* 46/216).[4] Essa disposição, tradicional em nosso direito, justifica-se em face da possibilidade de rápida mutabilidade do estado de fato ou da dificuldade de precisar-se, no caso concreto, qual a espécie de agressão que a vítima efetivamente sofreu. O autor dirige-se ao juiz pedindo proteção possessória, independentemente da hostilidade descrita na inicial, que pode ampliar-se ou restringir-se no curso de curto lapso temporal. Não há, portanto, prestação jurisdicional fora do pedido do autor, nem pode o réu

---

4 "Direito civil. Apelação cível. Interdito proibitório. Posse legítima sobre imóvel rural. Documentação oficial expedida pelo ITESP. Inexistência de posse anterior qualificada pelos apelantes. Inadequação da via eleita afastada. Inocorrência de nulidade de prova de constatação. Pedido de indenização por danos materiais rejeitado. Sentença mantida. Recurso desprovido. (...) III. Razões de decidir Preliminar. A propositura de interdito proibitório foi adequada, ainda que os atos praticados pelos réus pudessem configurar esbulho, por aplicação do art. 554 do CPC, que consagra a **fungibilidade dos interditos possessórios**. Mérito. A menção ao comodato verbal não representa inovação da causa de pedir, mas contextualização diante da alegação de posse decorrente de acerto trabalhista, sendo legítima sua explanação na réplica. A sentença não se fundamentou apenas nessa tese, mas em conjunto probatório robusto: (i) documentos do ITESP e INCRA; (ii) declarações de confrontantes; (iii) diligências do oficial de justiça; e (iv) prova testemunhal coerente. A posse dos réus desde 1985 não foi comprovada, pois os documentos são unilaterais e as testemunhas apresentaram versões confusas dos fatos. O ITESP atestou que o autor ocupa a área desde 1985, possuindo Termo de Permissão de Uso desde 2003, com cadastro fundiário e reconhecimento oficial da posse. A prova testemunhal demonstrou que o genitor dos apelantes já havia deixado voluntariamente o imóvel antes de falecer, tendo sido o vínculo precário encerrado a pedido do autor, sem resistência, caracterizando detenção subordinada e ausência de posse autônoma. O retorno dos apelantes ao imóvel em 2022, com instalação de porteira e cadeado, caracteriza atos preparatórios ameaçadores à posse do apelado. A prova pericial foi válida, com diligência regular e nova vistoria com participação das partes. O pedido contraposto de indenização por danos materiais foi corretamente rejeitado por ausência de prova da autoria e extensão do dano, com quantificação imprecisa. Inviável o reconhecimento de má-fé do apelado, cuja conduta foi legítima e respaldada por prova documental. Sentença mantida. IV. Dispositivo e tese Recurso desprovido. Tese de julgamento: 1. É admissível o interdito proibitório, ainda diante de possível esbulho, com base no art. 554 do CPC, desde que preenchidos os requisitos da tutela possessória. 2. A menção ao comodato verbal na réplica não altera a causa de pedir, servindo apenas como resposta à contestação. 3. Restou comprovada a posse justa do autor sobre imóvel rural por meio de título do ITESP, cadastro no INCRA, ITR, CCIR e declaração de confrontantes. 4. A alegada posse originária do genitor dos réus foi afastada por provas técnicas, ausência de documentos e contradições testemunhais. 5. Inexistindo dolo ou prejuízo concreto, não se acolhem os pedidos de indenização por danos materiais nem de condenação por litigância de má-fé. Dispositivos relevantes citados: CF/1988, art. 183, § 3º; CC, arts. 1.197, 1.198, 1.203, 102; CPC, arts. 80, 85, § 11, 186, 554, 561, 927, 1.012, § 1º, V, 1.026, § 2º" (*TJSP* – Ap 1001066-23.2022.8.26.0294, 31-8-2025, Rel. Lidia Regina Rodrigues Monteiro Cabrini).

"Agravo de instrumento. Civil. Processual civil. Ações possessórias. Fungibilidade. Reintegração de posse. Terreno público. Discussão entre particulares. Melhor posse. Endereços distintos. Controvérsia. Dilação probatória. Necessidade. Imóvel integrante da herança. Cessão. Instrumento particular. Bem singularizado. Impossibilidade. Justo título. Não caracterização. Antecipação de tutela. Deferimento. Recurso conhecido e provido. 1. É possível aplicar a **fungibilidade existente entre as ações possessórias (art. 554, CPC)** para analisar a tutela antecipada requerida em Ação de Interdito Proibitório como se tivesse sido formulada em Ação de Reintegração de Posse, caso os agravantes afirmem que já ocorreu o esbulho e, portanto, a providência requerida não ostenta natureza preventiva. 2. Nas discussões entre particulares sobre a posse de imóvel que pertence ao Poder Público, deve-se analisar quem tem a melhor e mais antiga posse, sem, contudo, entregar o domínio do bem. 3. Tratando-se de terreno público em processo de regularização, uma vez comprovado, inclusive por documentos emitidos pelo Poder Público, que o espólio tem a posse, nos termos do art. 1.196 do CC, em data anterior ao alegado esbulho, há de se reconhecer que aquela é a melhor posse. 4. As alegações do agravado de que ocupa imóvel distinto, com endereço semelhante e próximo ao imóvel dos agravantes é questão que demanda dilação probatória no feito de origem; a despeito disso, em sede de cognição sumária, os elementos constantes dos autos recursais, assim como as alegações do agravado, apontam para o fato de que se trata do mesmo terreno, o que autoriza o deferimento da antecipação de tutela para reintegração da posse. 5. Não se caracteriza justo título eventual negócio de cessão de direitos sobre imóvel pertencente ao espólio elaborado por coerdeiro, sem escritura pública e mediante a singularização de bem integrante da herança enquanto pende a indivisibilidade, nos termos do art. 1.793, *caput*, e §§ 2º e 3º, do CC. 6. Recurso conhecido e provido" (*TJDFT* – Ap 07337897420238070000, 10-4-2024, Rel. Renato Scussel).

alegar na contestação outra modalidade de ofensa à posse, que não aquela descrita na inicial. Isso seria sua confissão de agressão à posse.

O estatuto processual vigente, inserindo o artigo nas disposições gerais das ações possessórias, permitiu a fungibilidade nas três modalidades. Com isso, afastou dúvidas do Código de 1939, que não era expresso a esse respeito. Contudo, o dispositivo restringe-se aos três procedimentos típicos, não podendo abranger outras ações, com ritos procedimentais diversos,

---

"Agravo de Instrumento – Ação possessória – Irresignação manifestada contra capítulo da r. sentença proferida, que determinou a expedição de mandado de intimação da parte requerida para a desocupação voluntária da coisa controvertida, no prazo de quinze dias, sob pena de reintegração forçada – Tutela de urgência – Medida disciplinada pelos artigos 300 a 310, da lei de ritos – Evidenciado, após a análise do acervo probatório carreado aos autos, o melhor direito da parte autora sobre a coisa litigiosa, se justifica a concessão da tutela de urgência para a retomada de sua posse – Salienta-se, ademais, que, ainda que a parte autora, na exordial, tenha postulado mero interdito proibitório, nada obsta, ao final, a concessão de reintegração possessória, haja vista a **fungibilidade da proteção possessória** (artigo 554, "caput", da lei de ritos) – Descabimento da pretensão de suspensão dos efeitos da medida de urgência concedida – Razões apresentadas que se confundem com o fundamento do recurso de apelação interposto que, por sua vez, deverão ser objeto de apreciação naqueles autos – No mais, cumpre salientar que, à luz do disposto pelo artigo 1012, §1°, inciso V, do Novo Código de Processo Civil, nada obsta a imediata produção dos efeitos da r. sentença proferida – Recurso a que se nega provimento" (*TJSP* – AI 2191174-64.2023.8.26.0000, 11-9-2023, Rel. Mauro Conti Machado).

"Apelação – ação possessória – reintegração de posse – ocupação de bem imóvel público – Pretensão inicial da Municipalidade de Hortolândia voltada à proteção de seu *status possessionis* sobre o imóvel público individualizado na peça vestibular e objeto de esbulho por parte dos réus – Preliminares: Ausência de cerceamento de defesa pela não realização de prova oral, eis que os elementos constantes dos autos são suficientes para a formação do convencimento motivado do julgador – Inocorrência de sentença *extra petita* por ter sido decretada a reintegração de posse enquanto o pedido inicial era de interdito proibitório, uma vez que vige a **fungibilidade entre as ações possessórias** – art. 554 do CPC – Mérito: ocupação irregular de bem público que se caracteriza como mera detenção – Súmula 619 do STJ – moradias precárias (barracos) estabelecidas em imóvel público que integra área de preservação ambiental – evidenciado o risco para os ocupantes do local, diante de anterior incêndio que destruiu parte das moradias – não caracterizada a possibilidade de regularização fundiária no local – decreto de reintegração de posse que se mostra de rigor – 'posse' originalmente viciada que não se convalida com o decurso do tempo – sentença de procedência integralmente mantida. Recurso dos réus desprovido" (*TJSP* – Ap 1004953-84.2020.8.26.0229, 17-12-2021, Rel. Paulo Barcellos Gatti).

"Apelação cível – **Fungibilidade das ações possessórias** – Ação de reintegração de posse – Ausência de esbulho – Ausência de posse – Mera detenção – Recurso conhecido e improvido – 1- O legislador criou o instituto da fungibilidade das ações possessórias (art. 554 do CPC/15) para que o juiz possa julgar uma possessória pela outra sem necessidade de que o autor tenha que emendar a inicial e que a sentença prolatada pelo magistrado não venha a ser tida como *extra petita*. Nessa exegese, tendo a apelante perdido a posse do imóvel no decorrer do processo, em razão do cumprimento judicial do mandado de despejo, a ação foi julgada como reintegração de posse. 2- Em se tratando de ação de reintegração de posse, cumpre ao autor, para que ocorra eventual procedência do pedido, atender aos requisitos essenciais à tutela possessória que se fazem presentes no art. 561 do CPC/15: i) a sua posse; ii) o esbulho praticado pelo réu; e iii) a perda da posse. 3- Não há que se falar em esbulho praticado pelo réu/apelado se o que fez a apelante perder a posse do imóvel foi uma decisão judicial que, nos autos do cumprimento de sentença, determinou o despejo de quem estivesse ocupando o imóvel. 4- Eventual abandono do imóvel pelo proprietário ou mesmo eventual comodato, revela-se como ato de mera permissão ou tolerância (detenção), não induz posse, tornando-se essa precária a partir do momento em que o apelado não mais autoriza a permanência da apelante no imóvel. 5- O art. 1.208, primeira parte, do CC, dispõe que não induzem posse os atos de mera permissão ou tolerância. 6- Recurso conhecido e improvido" (*TJES* – Ap 0031170-70.2010.8.08.0024, 17-7-2019, Rel. Des. Walace Pandolpho Kiffer).

"Agravo de instrumento – Ação de interdito proibitório – Classificação do ato atentatório – **Fungibilidade das ações possessórias** – Juízo Sumário – Contrato particular de compra e venda de imóvel – Não observância do art. 108/CC – Invasão – Posse Clandestina – Negativa de provimento – 1- É irrelevante que tenha ocorrido esbulho, turbação ou ameaça à posse, dada a fungibilidade das ações possessórias, nos termos do art. 554 /CPC/15.2. Não há como se reconhecer a transferência de posse entre o autor e terceiro, por força do 'constituto possessório 'decorrente de 'contrato particular de compra e venda' firmado entre ambos, por ausência de formalidade essencial exigida pelo art. 108 do Código Civil, ante a natureza da posse. 3- O fato da parte autora manter vigilância sobre o imóvel, com intuito de inibir invasões por terceiros, configura poder de fato sobre a coisa, caracterizando posse, independentemente da ausência de contato físico ou material. 4- A posse clandestina e viciosa, decorrente de invasão, não se sobrepõe à posse legítima do possuidor direto. 5- Agravo de Instrumento à que se nega provimento" (*TJPR* – AI 1704791-7, 26-2-2018, Rel. Juiz Subst. Francisco Jorge).

como a nunciação de obra nova e os embargos de terceiro possuidor, ainda que possuindo cunho possessório.

7.3.3 Aplicação das Ações Possessórias às Coisas Móveis

O art. 275 do CPC de 1973 impunha o procedimento sumário para as possessórias de bens móveis. Esse procedimento foi extinto no diploma processual civil de 2015.

De qualquer forma, inafastável, portanto, que nosso sistema admite a defesa possessória para móveis e imóveis. No processo civil, havendo procedimento especial para a finalidade colimada na ação, este deverá ser seguido, caso não prefira a parte utilizar-se da vala comum do procedimento comum (e o procedimento sumário o é). Destarte, as disposições sobre ações possessórias (arts. 554 ss. do CPC) não distinguem entre móveis e imóveis. Os interditos, portanto, são utilizáveis para os móveis e imóveis. Se o possuidor de coisa móvel ameaçada, turbada ou esbulhada pretender a obtenção da liminar, presente a ofensa com menos de ano e dia, deve recorrer às ações possessórias. Passado esse prazo, o art. 558 determina que o procedimento será o comum, sem perder o caráter possessório.

Portanto, nada impede que o autor opte pelo rito comum subordinando-se a suas vicissitudes, se assim preferir. Passado o prazo de ano e dia, por outro lado, desaparece a especialidade do rito da possessória.

Mesmo no procedimento comum, é possível obter a tutela provisória ou cautelar da posse, sob as novas modalidades antecipatórias do CPC de 2015 (arts. 294 ss.).

No entanto, não se confundem, segundo nos parece, as condições para essa tutela cautelar no processo de conhecimento, tutela provisória ou tutela de urgência, com a liminar clássica das ações possessórias, contudo, seus efeitos são muito próximos. A irreversibilidade da medida concedida deve ser avaliada caso a caso, assegurando-se os direitos do réu.

A matéria processual nova, contudo, abrirá sem dúvida margem a estudos aprofundados na ciência do processo.

Lembre-se, também, de que a Lei do Inquilinato (Lei nº 8.245, de 18-10-1991) demanda expressamente *a ação de despejo* para a desocupação do imóvel, quando existe relação *ex locato*: *"Seja qual for o fundamento do término da locação, a ação do locador para reaver o imóvel é a de despejo"* (art. 5º). Se a lei especial procurou afastar a ação possessória nas relações inquilinárias, é porque a situação fática poderia permitir a possessória. Não havendo lei especial, ainda que decorrente de locação, a ação para reaver bens móveis será possessória.

Na prática, em razão dessa vacilação dogmática, temos visto com frequência o ajuizamento de excêntrica ação de *busca e apreensão com finalidade satisfativa* (*sic*) para recuperação da posse de móveis. Evidente que esse procedimento é injustificável, o pedido é inepto, não somente pelos princípios que regem o processo cautelar, como também pelo desprezo à exata compreensão e extensão das ações possessórias. Destarte, quando se trata, por exemplo, de veículo automotor injustamente esbulhado do possuidor, a ação é de reintegração de posse, se a ofensa for de menos de ano e dia. Havendo ameaça potencial ou efetiva à posse do veículo, buscam-se o interdito proibitório e a manutenção de posse, aplicando-se a fungibilidade vista no tópico anterior. Evidente que, se a discussão em torno da coisa móvel for sobre o domínio, a ação será petitória, descabido qualquer remédio possessório.

Recorde-se que a jurisprudência vinha admitindo sem rebuços a ação de reintegração de posse decorrente de inadimplemento ou mora no contrato de *leasing*, arrendamento mercantil, geralmente utilizado para bens móveis, veículos e máquinas. Para a concessão da liminar, bastava a prova do inadimplemento total ou parcial ou o decurso de prazo do contrato e a não devolução da coisa ao arrendador. Essa orientação, porém, sofreu restrições, principalmente quando é cobrado antecipadamente o valor residual do bem objeto do negócio. A matéria ainda traz vacilações jurisprudenciais.

7.3.4 Ação Real ou Ação Pessoal

Procuramos estabelecer neste livro que a posse consubstancia estado de fato, exteriorizador da propriedade, protegido, portanto, pelo ordenamento.

Nesse diapasão, vem à baila examinar se a ação possessória tem natureza real ou pessoal. Há consequências processuais importantes na distinção, mormente pela necessidade da presença dos cônjuges na ação real, versando a causa sobre imóvel.

Colocada a posse como um estado de fato, a conclusão de se tratar de ação pessoal é inevitável, embora continue a discussão na doutrina. Os interditos buscam apenas preservar ou restaurar estado de fato. A presença do cônjuge se faria necessária quando a posse em discussão também o afetasse.

Evidente que a natureza da posse é, como afirmamos, o tema mais controvertido em direito. Desse modo, para finalidade prática, porque longe estão a doutrina e os tribunais de uma conclusão, é sempre conveniente a presença do cônjuge nas ações possessórias. Evita-se, com isso, uma discussão paralela e estéril no processo possessório.

Inobstante, a jurisprudência inclinou-se pela dispensabilidade da citação do cônjuge, ao analisar o art. 10, § 1º, I, do CPC de 1973 (art. 73, I, do CPC de 2015). No Quinto Encontro Nacional dos Tribunais de Alçada concluiu-se, por maioria, que na ação possessória,

> *"não se tratando de ação real, dispensável é a vênia conjugal para propô-la. Necessidade de citação de ambos os cônjuges, quando o fato da posse disser respeito ou derivar de atos por ambos praticados".*

(Ver Negrão, 1994 e edições posteriores: art. 10, nota 11, que também inclui julgados contra e a favor da tese.)

A Lei nº 8.952, de 13-12-94, procurou estancar dúvidas acerca da matéria, dispondo, no § 2º do art. 10 do CPC, o que foi repetido pelo art. 73, § 2º, do CPC de 2015:

> *"Nas ações possessórias, a participação do cônjuge do autor ou do réu somente é indispensável nas hipóteses de composse ou de ato por ambos praticado".*

7.3.5 Cumulação de Pedidos nas Ações Possessórias

Já foi analisado o art. 503 do Código Civil de 1916, que estatuía ter o possuidor manutenido ou reintegrado direito à indenização dos prejuízos sofridos, bem como os arts. 514 e 515, que cuidam da indenização pela perda ou deterioração da coisa (Capítulo 6, seção 6.4). Nessa análise, nos reportamos também à orientação do vigente Código sobre a matéria, que relega a questão da indenização pelos prejuízos aos princípios gerais, nessa situação.

Paralelamente, o art. 555 do CPC dispõe:

> *"É lícito ao autor cumular ao pedido possessório o de:*
>
> *I – condenação em perdas e danos;*
>
> *II – indenização dos frutos.*

> *Parágrafo único. Pode o autor requerer, ainda, imposição de medida necessária e adequada para:*
>
> *I – evitar nova turbação ou esbulho;*
>
> *II – cumprir-se a tutela provisória ou final".*

A cumulação de pedidos é permitida, pois, pelo ordenamento processual no rito especial das possessórias. Não houvesse autorização expressa, teria o autor que se valer da cumulação no procedimento comum. Por outro lado, nada impede que o autor ajuíze o pedido indenizatório em ação autônoma.

Quanto à condenação de perdas e danos, estas dizem respeito ao que foi estudado anteriormente, incluindo também indenização pela deterioração e perda da coisa, dependendo da conceituação de boa ou má-fé. Inexistente a coisa, que não pode, portanto, ser devolvida, subsiste o pedido de indenização, que deve ser acolhido se presentes seus requisitos. O desaparecimento da coisa pode ter ocorrido antes da demanda, sem que o autor o soubesse, ou no curso dela. Se o pedido de indenização não foi formulado, somente em ação autônoma o credor poderá fazê-lo.

O pedido de perdas e danos pode vir formulado em quantia certa ou para ser apurável em liquidação, o que é mais comum. O prejuízo, porém, como largamente acentuado por nós no Capítulo 6, deve ser comprovado no processo de conhecimento.

Como a ação é dúplice, aspecto a ser abordado a seguir, também o réu pode pedir a indenização.

No interdito proibitório, como ainda não ocorreu ofensa à posse, difícil que tenha ocorrido prejuízo. Todavia, a cominação de multa no interdito é essencial, sendo sua própria razão de ser. O réu sujeita-se à multa diária, se persistir na ameaça à posse ou se concretizá-la. Na manutenção ou reintegração de posse, é faculdade do possuidor agredido pedir a cominação de multa.

A imposição de cominação deve seguir os preceitos do art. 814 do CPC. Essa disposição cuida da imposição de pena pecuniária diária pelo não cumprimento do preceito. Cuida-se da chamada *astreinte.*

O art. 497 estabelece que o juiz, na sentença que dirimir obrigação de fazer ou não fazer, pode impor multa diária ao réu, independentemente de pedido do autor. Nessa multa, fixará valor suficiente ou compatível com a obrigação. Essa disposição se aplica ao interdito proibitório. Desse modo, a multa pode ser fixada na fase executória.

O esbulhador pode ter construído ou plantado no imóvel. Tal pode ser a própria razão do esbulho. O autor pode pedir o desfazimento, inclusive com a cominação de multa.

É evidente que os pedidos do art. 555 somente serão acolhidos se procedente o pedido possessório. No entanto, acolhida a pretensão possessória, poderão ser rejeitados os pedidos cuja cumulação se permite.

7.3.6 Natureza Dúplice da Ação Possessória

A decantada duplicidade das ações possessórias vem estampada no art. 556 do CPC:

> *"É lícito ao réu, na contestação, alegando que foi o ofendido em sua posse, demandar a proteção possessória e a indenização pelos prejuízos resultantes da turbação ou do esbulho cometido pelo autor".*

O que caracteriza a duplicidade de uma ação é o fato de o demandado independer de pedido reconvencional ou contraposto para atingir o objetivo colimado ou conexo ao descrito pelo autor. No caso do artigo, a demanda possessória pode ser decidida tanto a favor do autor, como a favor do réu, se houve pedido expresso dele na contestação, inclusive quanto à indenização. Não houvesse a autorização legal, haveria necessidade de reconvenção. No entanto, não estampando o réu pretensão possessória na contestação, *"a declaração de improcedência do pedido do autor não define com autoridade de coisa julgada a posse do réu sobre a área litigiosa"* (*RT* 615/187).[5] Se o réu se limita a contestar, sem pedir a proteção possessória para si, o juiz não poderá deferir-lhe a tutela. A natureza do art. 922 é de verdadeira reconvenção. Portanto, as ações possessórias são dúplices entre nós por vontade da lei e não por sua própria natureza, questão aliás muito discutível na doutrina.

Como se examina na lide o fato da posse, esse fato pode ser controvertido a ponto de permitir que se analise entre os litigantes quem tem a melhor posse e quem efetivamente a turbou ou a esbulhou.

Se ficar dispensada e repelida a reconvenção para as finalidades do dispositivo, nada impede que seja ela ajuizada

---

5 "Agravo de instrumento – **ação possessória** – insurgência em face da decisão pela qual foi indeferida a tutela de urgência requerida pela agravante em sede de reconvenção e mantida a liminar possessória antes concedida ao agravado – questão discutida já enfrentada por esta Câmara em julgamento de agravo de instrumento anterior interposto pela agravante em face da decisão pela qual foi concedida a liminar de manutenção de posse em favor do agravado – pedido de tutela de urgência deduzido em sede de reconvenção – reconvenção que, dado o caráter dúplice da ação possessória, sequer era necessária para que a agravante pleiteasse proteção possessória em seu favor (art. 556, CPC) – ausência de qualquer novo elemento apto a alterar a convicção externada naquele julgado – decisão mantida – agravo desprovido". (*TJSP* – AI 2151205-76.2022.8.26.0000, 7-2-2023, Rel. Castro Figliolia).

"Agravo de instrumento. Ação de reintegração de posse. Pedido contraposto. Admissibilidade. As ações possessórias gozam de natureza dúplice, admitindo-se a formulação de pedido contraposto com o escopo de tutelar os direitos do réu frente ao intento da parte autora, independentemente de reconvenção. Inteligência do art. 556, do CPC. Pedido de indenização decorrente da alegação de esbulho praticado pelos autores que independe de ajuizamento de ação autônoma. Decisão reformada. Recurso provido" (*TJSP* – AI 2037335-53.2022.8.26.0000, 1-9-2022, Rel. Miguel Petroni Neto).

"Interdito proibitório – transmudação automática em ação de manutenção de posse caracterizada moléstia e/ou turbação à posse dos autores – liminar expedida 'initio litis' – contestação e reconvenção veiculando pretensões de reintegração de posse e indenizatória – possibilidade do pedido reconvencional ao invés da aplicação do caráter dúplice da ação possessória (CPC/15, art. 556) – provas documental e testemunhal que beneficiam sobremaneira os autores – procedente a demanda principal e improcedente a reconvenção – não configurada má-fé dos requeridos – recurso dos réus provido parcialmente" (*TJSP* – Ap 0002974-57.2015.8.26.0075, 13-10-2021, 13-10-2021, Rel. Jovino de Sylos).

"Apelação – Ação de manutenção de posse, com pedido de reparação de danos – Derrubada de muro pelos réus e início de construção de outro sobre área litigiosa – Autora que postulou proteção possessória, liminarmente deferida, apossando-se da área e erguendo nova murada – Laudo pericial conclusivo acerca da propriedade dos réus sobre a parte discutida do terreno – Sentença de improcedência – Recurso dos réus. Multa cominatória – Não provimento – Penalidade acessória à tutela deferida – Ausência de violação, pela autora, de ordem judicial que a tenha previsto – Inviabilidade de se imputar em desfavor da requerente, em reverso, multa cominada contra os réus – Penalidade imposta contra a autora, no entanto, a partir da sentença de improcedência, cuja eficácia permanece garantida. Perdas e danos – Ocorrência – **Ação possessória de natureza dúplice** – Possibilidade de pedidos contrapostos de proteção possessória e indenização por perdas e danos – Inteligência do art. 556 do CPC – Comprovado prejuízo sofrido pelos réus, com a interrupção de obra para construção de galpão para aluguel, segundo compromisso havido com terceiro – Indenização fixada em R$ 1.000,00 por mês de impedimento à plena utilização do terreno pelos réus. Sucumbência – Impugnação ao valor da causa que foi parcialmente acolhida, alterando-o para R$ 33.000,00, segundo cálculo realizado pela autora – Honorários advocatícios sucumbenciais, entretanto, que se arbitram sobre o valor da condenação – Afastamento da multa imposta aos réus pela oposição de embargos de declaração reputados meramente protelatórios. Recurso parcialmente provido" (*TJSP* – AC 0002976-31.2011.8.26.0022, 18-10-2019, Rel. Helio Faria).

> *"para veicular outras pretensões que não as contempladas no artigo. Nem mesmo é de excluir-se reconvenção, com a forma e o procedimento que lhe são próprios, para formular pedidos de conteúdo possessório, se referentes, por exemplo, a outro bem, ou a outra parte do mesmo bem"* (Fabrício, 1980:499).[6]

7.3.7 Exceção de Domínio

Se a posse por si só é instituto dos mais polêmicos em direito, a discussão acerca do exame do domínio nas ações possessórias é a que mais acaloradas dissensões tem levantado.

A polêmica iniciou-se com a redação da segunda parte do art. 505 do Código Civil de 1916:

> *"Não obsta à manutenção, ou reintegração na posse, a alegação de domínio, ou de outro direito sobre a coisa. Não se deve, entretanto, julgar a posse em favor daquele a quem evidentemente não pertencer o domínio."*

É questão já examinada a diferença entre o juízo possessório e o juízo petitório (Capítulo 3, seção 3.2). Na ação possessória, apenas se examina o fato da posse. A regra enunciada com singeleza é de que no juízo possessório é vedado examinar o domínio. Muito se discutiu sobre o alcance desse texto.

O CPC de 1973 não esclareceu a contento a questão. Dispôs sua redação do art. 923:

> *"Na pendência do processo possessório, é defeso, assim ao autor como ao réu, intentar ação de reconhecimento do domínio".*[7]

---

6 "Direito civil. Apelação. Interdito proibitório. Improcedência do recurso. I. Caso em Exame Apelação interposta contra sentença que julgou improcedente o interdito proibitório movido pelo apelado e acolheu o pedido contraposto do réu apelante, concedendo a manutenção da posse do imóvel objeto da demanda. II. Questão em Discussão A questão em discussão consiste na fixação de honorários advocatícios sucumbenciais em ações possessórias de natureza dúplice, especificamente quanto ao pedido contraposto. III. Razões de Decidir As ações possessórias possuem natureza dúplice, permitindo que a parte requerida demande proteção de sua posse através de pedido contraposto, conforme art. 556 do CPC. O pedido contraposto não se confunde com a reconvenção, pois não constitui ação autônoma, mas sim um tópico da contestação, acessório à ação principal. Assim, não cabe a fixação de honorários sucumbenciais em relação a pedido contraposto. IV. Dispositivo e Tese: Em ações possessórias de natureza dúplice, o pedido contraposto não gera fixação de honorários advocatícios sucumbenciais por não se constituir em ação autônoma. Recurso improvido" (*TJSP* – Ap 1005976-02.2022.8.26.0292, 25-4-2025, Rel. James Siano).

"Bem Móvel – Compra e venda de veículo – Ação de rescisão contratual c.c – **Reintegração de posse** – Ajuste verbal em que o proprietário aliena o seu automotor ao réu, mediante pagamento em dinheiro e também assunção de parcelas de financiamento de outro automóvel do autor – Ausência de pagamento da totalidade do montante devido, bem como da quitação das parcelas do financiamento, o que ocasionou inclusive a busca e apreensão do bem – Sentença de procedência que determina a rescisão do ajuste com a restituição do veículo ao autor – Necessidade de devolução do montante comprovadamente pago pelo réu, sob pena de enriquecimento ilícito – Ação possessória de natureza dúplice, que comporta pedido de restituição de quantias pagas em sede de contestação, sendo desnecessária reconvenção – Sentença parcialmente reformada – Recurso parcialmente provido" (*TJSP* – Ap 1007046-73.2014.8.26.0344, 23-1-2018, Rel. Carlos Nunes).

"Apelação – **Ação de manutenção de posse** – Contrato de locação firmado com quem não detinha a posse, nem o justo título de propriedade do imóvel – Natureza dúplice da ação possessória que permite ao réu demandar a proteção possessória e requerer indenização pelos prejuízos da turbação ou esbulho – Inteligência do art. 922, do Código de Processo Civil de 1973, que encontra correspondência no art. 556 da nova Lei adjetiva – Sentença mantida – Recurso desprovido" (*TJSP* – Ap 0006573-67.2003.8.26.0093, 20-5-2016, Rel. Cesar Luiz de Almeida).

7 "Agravo de instrumento – Ação de reintegração de posse – Imóvel – Suspensão do processo – Decisão agravada que indeferiu o requerimento de suspensão do feito formulado pela ré, até o julgamento da ação de usucapião por ela ajuizada em face dos autores da demanda possessória – Acerto – Inexistência de prejudicialidade externa, nos termos do disposto no art. 313, V, a, do CPC – Distinção e autonomia entre os institutos posse e

A redação original do dispositivo possuía uma segunda parte, suprimida pela Lei nº 6.820/80. O artigo prosseguia nestes termos:

> *"Não obsta, porém, a manutenção ou a reintegração na posse a alegação de domínio ou de outro direito sobre a coisa; caso em que a posse será julgada a quem evidentemente pertencer o domínio".*

---

propriedade – Vedação, nas ações possessórias, da **exceção do domínio** (*exceptio proprietatis* ou *exceptio domini*) – Inteligência dos arts. 557 do CPC e 1.210, § 2º, do Código Civil – Precedentes do C. STJ e deste E. Tribunal – Decisão mantida – Recurso não provido" (*TJSP* – AI 2168179-23.2024.8.26.0000, 25-9-2024, Rel. Marcelo Ielo Amaro).

"Usucapião – Ação possessória em curso – Impossibilidade – Esvaziamento da tutela possessória – Proteção da posse enquanto situação fática – **Exceção do domínio** – Causa de pedir – Tutela possessória embasada no domínio ou titularidade de outro direito real –1- Por força do art. 923, do CPC. c/c art. 1210, parágrafo segundo, do CCB, considerada a necessidade de proteção autônoma da posse, na pendência de ação possessória ajuizada contra o titular da coisa, é defeso ao proprietário ajuizar demanda reivindicando a fruição do bem, com base no título dominial. 2- As exceções à impossibilidade de se discutir o domínio, enquanto em curso ações possessórias, seja na própria ou em outra relação processual, dizem respeito àqueles casos em que a tutela pretendida (e.g., manutenção ou reintegração de posse) não está fundada unicamente na posse enquanto situação fática, estando o pedido de proteção alicerçado também no 'direito de possuir' em decorrência da titularidade do domínio ou de algum direito real" (*TJMG* – AC 1.0701.12.018270-7/001, 26-6-2019, Rel. Juiz Conv. Adriano de Mesquita Carneiro).

"Apelação Cível – Ação de reintegração de posse – Direito de propriedade – **Exceção de domínio** – Não cabimento – Necessária prova do exercício da posse – Recurso improvido – 1- As ações possessórias e as ações reivindicatórias não se confundem, pois nas possessórias o titular da ação é movido pela situação fática da posse (*jus possessionis*) e, nas reivindicatórias (ou petitórias), move-se pelo direito real sobre a coisa, que autoriza a reclamação da posse (*ius possidendi*). Incabível, pois, em sede de ação possessória, a discussão sobre o direito de propriedade sobre o bem. 2- No caso, não houve prova de que o autor da ação tenha exercido a posse sobre o imóvel objeto da lide. Ao passo que sua pretensão se pauta no pretenso direito à propriedade do bem, através de aquisição hereditária, o que apenas autorizaria a discussão em sede de ação reivindicatória, não há espaço para a reintegração requerida. 3- Recurso improvido" (*TJPE* – Ap 0000243-55.2015.8.17.1040, 26-1-2018, Rel. José Viana Ulisses Filho).

"Ação de reintegração de posse – Alegação de esbulho possessório praticado pelo réu – Prova coligida inconclusiva acerca da posse dos litigantes – Existência de dúvidas quanto à posse que, no caso, está sendo disputada pelas partes com base no domínio – Controvérsia que deve ser dirimida pela aplicação da **exceção do domínio** – Posse do autor reconhecida a partir do domínio – Inteligência da Súmula 487 do STF – Esbulho configurado – Sentença mantida – Recurso negado" (*TJSP* – Ap 0001966-19.2015.8.26.0407, 12-6-2017, Rel. Francisco Giaquinto).

"Ação de imissão de posse – Ação julgada procedente – Imissão deferida em razão da titularidade do domínio demonstrada pelos autores. Réus apelantes invocam a ***exceptio ad usucapionem*** para paralisar a imissão. Anterior ação de usucapião ajuizada pelos réus julgada improcedente, com coisa julgada material. Impossibilidade de renovação de exceção substancial se o mesmo direito já foi negado em ação própria perante a Justiça Federal. Recurso não provido" (*TJSP* – Ap 0005932-66.2013.8.26.0566, 31-5-2016, Rel. Francisco Loureiro).

"**Apelação.** Ação possessória. Natureza fática. **Exceção de domínio.** Proscrita. Ônus da prova. Posse primitiva não demonstrada. Manutenção da decisão. Pleito incompatível com a prova do domínio. – O Código Civil de 2002 repete a doutrina alemã de posse (artigo 1.196), cuja natureza é essencialmente fática. A ação possessória, com base na natureza fática da posse, apresenta 'tríplice estrutura fática' – causa de pedir, pedido e sentença fática. Vedada a exceção de domínio, com fulcro nos artigos 1.210, § 2º, do Código Civil, e 923 do Código de Processo Civil. Cabia à requerente demonstrar (artigos 333 e 927, ambos do Código de Processo Civil) a posse anterior e o esbulho possessório. Documentos de domínio e oitiva de testemunhas que não foram suficientes para demonstrar o exercício de situação fática pretérita sobre o bem. Manutenção da decisão por seus próprios e bem lançados fundamentos artigo 252 do Regimento Interno do Tribunal de Justiça de São Paulo. Recurso não provido" (*TJSP* – Ap 9178421-78.2008.8.26.0000, 27-1-2014, Relª Maria Lúcia Pizzotti).

"**Agravo de instrumento.** Manutenção de posse. Tutela antecipada. **Exceção de domínio.** – O Código Civil de 2002 repete a doutrina alemã de posse (artigo 1.196), cuja natureza é essencialmente fática (*gewere*); A ação possessória, com base na natureza fática da posse, apresenta 'tríplice estrutura fática': causa de pedir, pedido e sentença fática; Vedada a exceção de domínio, com fulcro nos artigos 1.210, § 2º, do Código Civil, e 923 do Código de Processo Civil; Análise preliminar que não permite a inversão da decisão agravada. Manutenção da posse em conformidade com as provas produzidas em audiência de justificação e documentos trazidos à colação Artigo 273 do Código de Processo Civil. Agravo não provido" (*TJSP* – AI 0157363-36.2012.8.26.0000, 21-2-2013, Relª Maria Lúcia Pizzotti).

Suprimindo a Lei nº 6.820/80 a parte final do artigo, deixou de se referir à segunda parte do art. 505 do Código Civil. Discute-se se nessa premissa essa lei revogou esse tópico da lei material. Se simplesmente entendida como revogada a disposição civil, a consequência prática do art. 923 vigente será apenas impedir a propositura de ação reivindicatória, no curso de ação possessória até sua decisão final. Destarte, estaria impedido o proprietário de discutir seu domínio, o que poderia ocasionar iniquidades.

O sentido da lei parece ter sido o de manter a tradição das ações possessórias, apenas isso. Isto é, na ação possessória é vedado o juízo petitório. Não podem ser cumuladas duas ações. Tem decidido a jurisprudência, procurando harmonizar a interpretação do art. 923, que fica obstada a propositura de ação de reconhecimento de domínio, para ambas as partes, se na possessória ambas discutem a posse com base no domínio. Nesse sentido, se o pleito não tiver esse conteúdo, não fica impedida a propositura de ação petitória (*RT* 605/55, 650/67, *RJTJSP* 123/217, 124/297).

O art. 557 do CPC de 2015 não aplainou definitivamente as dúvidas ao estabelecer:

> "*Na pendência de ação possessória é vedado tanto ao autor quanto ao réu, propor ação de reconhecimento de domínio, exceto se a pretensão for deduzida em face de terceira pessoa*".

Assim, por essa dicção, fica reafirmado que autor e réu não podem entre si discutir o domínio em ação de reconhecimento. Qualquer um deles, porém, poderá fazê-lo em face de terceiro. Na prática, a dúvida vai situar-se em saber quem exatamente será terceiro nessa demanda.

O sentido do antigo art. 505 era orientar que não obsta a manutenção ou reintegração de posse a alegação de domínio ou outro direito. Quando o fato da posse no processo surgisse conturbado, confuso, na dúvida, não devia o juiz conceder a posse em favor de quem evidentemente não possuísse o domínio. O domínio nunca será o substrato da ação possessória. Na antiga ou na nova lei, examina-se o domínio como adminículo, subsídio, quando da prova não puder ressaltar a boa ou melhor posse. Essa questão pode ser levantada no processo independentemente de eventual revogação da segunda parte do art. 505 do Código de 1916. Se o réu demandado em ação possessória apenas apresentar exceção de domínio, somente se examinará a questão sob o prisma possessório. Pode o réu, porém, alegar o domínio, afirmar que tinha a posse e que dela foi esbulhado, pedindo-a para si. Na verdade, aqui não se extravasam os limites do pleito possessório. O domínio é alegado incidentemente e examinado como adminículo probatório. Se o réu se diz apenas dono e nunca teve a posse, a questão também será exclusivamente possessória. Neste caso, o réu não pode inserir a questão petitória na ação. Deve recorrer ao meio processual próprio, em sede de ação petitória. Com frequência, observa-se que os réus demandados em ação possessória procuram trazer à baila a questão do domínio, tumultuando o feito. Deve ser afastada essa questão, imprópria e inócua para a ação possessória.

A segunda parte do art. 505 encontrou ao menos terreno mais seguro para sua aplicação com a Súmula 487 do Supremo Tribunal Federal:

> "*Será deferida a posse a quem, evidentemente, tiver o domínio, se com base neste for ela disputada*".[8]

---

[8] "Apelação – Reintegração de posse de bem imóvel – Improcedência – Pretensa defesa da posse com base somente na propriedade – Impossibilidade, em cotejo com o que há muito dispõe a **Súmula 487 do C. STF**, pois não se avalia tal título nas transmissões de posse, haja vista que estas se dão com o efetivo exercício – Ausente prova do esbulho, pois, ao que transparece, o requerido ocupa o local com posse justa ao menos desde 2015, ocasião anterior à aquisição da propriedade pela autora – Decisão mantida – Recurso desprovido" (*TJSP* – Ap 1001123-66.2023.8.26.0145, 31-3-2025, Rel. Claudia Grieco Tabosa Pessoa).

Nesse sentido, somente se traria à baila a súmula se ambos os contendores discutissem a posse com base no domínio, ou se a prova do fato da posse fosse de tal molde confusa que, levadas as partes a discutir o domínio, se decidiria a posse em favor de quem evidentemente tem domínio. Todavia, a ação não deixaria de ser possessória, não ocorrendo coisa julgada acerca do domínio. Não se converte a ação em petitória unicamente porque ventilado o domínio por ambas as partes e na motivação da sentença. Nesse sentido, decisão do Superior Tribunal de Justiça:

> *"Não cabe, em sede de possessória, a discussão sobre o domínio, salvo se ambos os litigantes disputam a posse alegando propriedade ou quando duvidosas ambas as posses alegadas"* (RE 5.462-MS, Rel. Min. Athos Carneiro. In: Negrão, 1994, nota 3 ao art. 923).

Nessa hipótese, examina-se aspecto dominial, como fundamento da decisão, mas não se decide sobre ele, pois o mais recente Código resolveu colocar um paradeiro a essa barafunda que atravessa os séculos. Dispõe linearmente o art. 1.210, § 2º:

> *"Não obsta à manutenção ou reintegração na posse a alegação de propriedade, ou outro direito sobre a coisa".*

"Apelação – Reintegração de posse de bem imóvel – Procedência – Autora que comprova a posse anterior, ainda que indireta, demonstrando atos constitutivos de domínio e comprovantes de pagamento de tributos, fotografias e proteção possessória já obtida em feito diverso – Requerido, d'outro lado, que pretende, exclusivamente, defender o direito ao domínio, insuficiente, por si só, para a pretensão possessória (**Súmula 487/STF**), pois não se avalia tal título nas transmissões de posse, haja vista que estas se dão com o efetivo exercício – Decisão mantida – Recurso desprovido" (*TJSP* – Ap 1017226-82.2023.8.26.0361, 23-9-2024, Relª Claudia Grieco Tabosa Pessoa).

"Apelação – Reintegração de posse de bem imóvel – Improcedência – Cerceamento de defesa – Inocorrência – Suficiente a prova documental para o deslinde da causa – Comprovantes juntados pelos requeridos, consubstanciados por imagens fotográficas e recibos de desembolsos com as contas de consumo, manutenção e tributos que demonstram permanência pacífica no imóvel há longa data – Documentos trazidos ao feito pelo autor que são indicativos da aquisição de domínio, insuficientes, por si só, para a pretensão possessória (**Súmula 487/STF**) – Ausente prova do esbulho – Decisão mantida – Recurso desprovido" (*TJSP* – Ap 1048748-74.2022.8.26.0002, 9-8-2023, Rel. Claudia Grieco Tabosa Pessoa).

"Interdito proibitório. Sentença de procedência. Apelação. Inteligência do artigo 561. Tutela possessória. Conjunto probatório. Documentos que comprovam a cadeia aquisitiva do bem, pela qual o requerente adquiriu a propriedade e a posse desde 1988. Requerentes que comprovam o pagamento de taxas e IPTU. Ré que defende exercer a posse da área desde 2012 por meio de contratos de vigilância e limpeza do local. Doutrina. Relevância da discussão dominial em processo de tutela possessória. Doutrina. **Súmula 487 do STF:** 'Será deferida a posse a quem, evidentemente, tiver o domínio, se com base neste for ela disputada'. Ré que ajuizou ação de usucapião, que foi extinto sem resolução de mérito, pretendendo ver reconhecida a propriedade da área. Autores que demonstraram o título de domínio e elementos de exercício de posse sobre o bem. Elementos suficientes, diante da defesa apresentada pela ré, para justificar a procedência da tutela possessória pretendida. Embargos protelatórios opostos contra a sentença de Primeiro grau. Inteligência do art. 1.026, §2º, CPC/2015. Multa de 2% mantida. Sentença mantida. Sucumbência pela ré. Recurso desprovido" (*TJSP* – Ap 1016616-92.2020.8.26.0564, 20-10-2021, Rel. Virgilio de Oliveira Junior).

"**Imissão na posse** – Antecipação de tutela deferida – Decisão acertada – Agravado demonstrou ser titular de domínio do imóvel, conforme consta do registro na respectiva matrícula. Termo de arrematação em licitação fora apresentado nos autos. Requisitos legais para tutela antecipada se encontram preenchidos. Agravante almeja apreciação de questões que não integram a interlocutória em exame, envolvendo usucapião, benfeitorias e competência por prevenção. Inadmissibilidade. Desocupação apta a sobressair. Agravo desprovido" (*TJSP* – AI 2105643-49.2019.8.26.0000, 18-6-2019, Rel. Natan Zelinschi de Arruda).

"Agravo de instrumento – Ação de interdito proibitório – Liminar Deferida – Recurso dos réus – Alegação de que adquiriram o imóvel por herança – Posse anterior do *de cujus* e dos herdeiros não demonstrada – **Ação possessória em que não se discute domínio e propriedade** – Autores, por outro lado, que comprovaram a posse do imóvel. Decisão acertada. Recurso conhecido e não provido" (*TJSC* – AI 4028552-68.2017.8.24.0000, 26-9-2019, Rel. Des. Helio David Vieira Figueira dos Santos).

Ora, o estatuto de 2002 prende-se exclusivamente ao fato da posse nas ações possessórias. Podem ser alegados outros direitos nessa contenda, inclusive a propriedade, mas a decisão será com fundamento exclusivamente na posse. Parece que doravante a situação fica clara. Se, por um lado, essa alegação de propriedade ou outro direito não obsta a manutenção ou reintegração na posse, por maior razão não impede que seja acolhido o interdito proibitório, no qual a posse ainda não está frontalmente atingida. Tantos foram os anos em que se discutiu o citado art. 505 do Código Civil antigo, que por algum tempo ainda sentir-se-á o ranço das alegações descabidas de domínio nas futuras ações possessórias, situação que, sem dúvida, a futura jurisprudência haverá de esclarecer, com base na nova disposição. Anote-se, contudo, que o mais recente dispositivo não proíbe a alegação de propriedade ou outro direito nesse campo. Sob o prisma ainda da vetusta lei, quando ambos os contendores disputam a posse exclusivamente com base no domínio, o que na prática não é muito fácil de ocorrer, cabe ao juiz decidir quem tem melhor fato de posse, se é que essa posse efetivamente existe. Aliás, parece-nos difícil, senão impossível, que o fato da posse seja reconhecido se ambas as partes discutem-na exclusivamente sob respaldo do direito de propriedade.

7.3.8 Ações de Força Nova e de Força Velha. A Medida Liminar nas Ações Possessórias

O art. 558 do CPC refere-se ao ajuizamento das ações possessórias no ano e dia da turbação e esbulho. Proposta a ação nesse prazo, o procedimento especial das ações possessórias permite a expedição do mandado liminar de manutenção, reintegração, ou proibitório, nos termos do art. 562 do CPC, de plano, se convencido o magistrado tão só com a documentação da inicial, ou após audiência de justificação prévia. Sobre esse prazo de ano e dia já nos manifestamos (Capítulo 4, seção 4.6). A posse nova, com menos de ano e dia, permite o deferimento da liminar. Vimos que o Código Civil de 1916 se referia a esse prazo no art. 508: "*se a posse for de mais de ano e dia, o possuidor será mantido sumariamente, até ser convencido pelos meios ordinários*". O estatuto processual regulamenta a disposição.

Lembre-se de tudo já examinado. A proteção possessória de *per si* já é provisória. A medida liminar é provisoriedade no processo, que pode ser mantida ou não na sentença. Ultrapassado o prazo de ano e dia, a ação continuará a ser possessória, mas pelo procedimento comum. Não haverá possibilidade de deferimento da liminar, nem o processo se transformará em pleito petitório.

Tendo em vista as consequências da liminar, na maioria das vezes, se mostra imperiosa a realização de audiência de justificação. Sempre existirão riscos de iniquidade, se com açodamento é deferida de plano, sem citação do réu, como manda a lei, a reintegração ou manutenção liminar. De outro lado, na audiência de justificação, com a presença do réu citado para tal, poderá o juiz não somente obter a conciliação, como também decidir com base em prova mais palpável, colhendo diretamente os testemunhos acerca do conflito possessório. O conteúdo da audiência prévia também é material importante para a decisão em segundo grau, no agravo de instrumento contra a decisão que defere ou indefere a medida, ou de eventual mandado de segurança para obtenção de efeito suspensivo excepcional a esse recurso (o art. 1.019, I), do CPC, permite ao Relator conferir efeito suspensivo ou deferir antecipação de tutela total ou parcial, na hipótese de indeferimento da liminar pleiteada; logo, o mandado de segurança, que não pode ser mero substitutivo de recursos, somente será impetrado em hipóteses restritas).

Essa justificação prévia não exige, por outro lado, prova cabal e completa, que será objeto da instrução. Os pressupostos são os mesmos, aplicados à posse, do *fumus boni iuris* e *periculum in mora* dos processos cautelares. A decisão liminar sempre dependerá do bom senso do magistrado.

Por outro lado, a realização da audiência de justificação prévia independe de pedido expresso do autor, não ficando ao arbítrio do juiz realizá-la ou não, salvo hipóteses de indeferimento da inicial. Deve determinar sua realização, se não se convencer tão só pela documentação da inicial. Cuida-se de ato judicial urgente que requer designação para data próxima. É claro que, ao examinar a concessão da liminar e a conveniência da justificação, já se passou pela etapa preliminar de aptidão da petição inicial. Petição inepta deve ser indeferida de plano, mas a motivação desse indeferimento é exclusivamente processual.

O parágrafo único do art. 562 do CPC subordina a concessão da liminar contra pessoas jurídicas de direito público à audiência prévia dos respectivos representantes judiciais.[9]

Deferida ou indeferida no momento processual oportuno a liminar, não é dado ao magistrado modificar a decisão, salvo no juízo de retratação do agravo. Contudo, como reiteradamente

---

[9] "Agravo de instrumento – interdito proibitório – medida liminar – Pretensão inicial da associação autora, que se intitula possuidora legítima de bem imóvel, voltada à proteção de seu *status possessionis* em vista de esbulho supostamente praticado pelo Município de Suzano, que derrubou muro construído para proteção do imóvel e ordenou a retirada das plantas cultivadas no terreno – Decisão agravada que deferiu a medida liminar de para que a ré se abstivesse de retirar do imóvel as plantas e pertences da autora – Pretensão de reforma – Admissibilidade – Necessidade de obediência do **art. 562, parágrafo único, do CPC/2015**: 'Contra as pessoas jurídicas de direito público não será deferida a manutenção ou a reintegração liminar sem prévia audiência dos respectivos representantes judiciais.' – Ademais, diante do conjunto fático-probatório, não estão configurados os requisitos de medida liminar previstos no procedimento especial das ações possessórias – há documentos indicando que o imóvel objeto da ação pertenceria ao Município, por ser área de preservação permanente (APP), e, sendo assim, a alegada 'posse' da comunidade se equipararia a mera detenção – Inteligência do Enunciado de Súmula nº 619, do C. Superior Tribunal de Justiça – Decisão interlocutória reformada – Recurso provido" (*TJSP* – AI 2285669-03.2023.8.26.0000, 30-4-2024, Rel. Paulo Barcellos Gatti).

"Agravo de instrumento. Reintegração de posse ajuizada contra o município de Pirassununga. Liminar. Ausência de designação de audiência de justificação. Vedada a concessão, sem prévia oitiva da parte contrária, de liminar de reintegração de posse contra pessoa jurídica de direito público. Inteligência do art. 562, parágrafo único, do CPC. Decisão reformada para revogar a liminar concedida em primeiro grau e determinar a **prévia oitiva dos representantes do agravante**. Recurso parcialmente provido" (*TJSP* – AI 2049554-35.2021.8.26.0000, 12-5-2021, Rel. Djalma Lofrano Filho).

"Ação possessória – Liminar de reintegração de posse – Incabível – Ausência de prova de **posse de força nova** – A análise não exauriente dos fatos indica que a questão possessória já se arrasta há anos, sendo incabível a imediata reintegração de posse. Agravo provido" (*TJSP* – AI 2181899-33.2019.8.26.0000, 29-10-2019, Relª Sandra Galhardo Esteves).

"Posse – **Ação de reintegração** – **Força Nova** – Ausência de prova de posse anterior e de esbulho cometido pelo réu há menos de 1 ano e dia – Inexistência – Comprovação da regularidade da posse mantida pelo demandado – Existência – Procedência do recurso – Impossibilidade: – Não é possível a concessão de medida de força nova quando não há prova de que o autor está em posse do bem há menos de 1 ano e dia, havendo inclusive notícias nos autos de que o bem em questão é objeto de ação de usucapião no interesse do demandado. Recurso não provido" (*TJSP* – AI 2239131-71.2017.8.26.0000, 25-5-2018, Rel. Nelson Jorge Júnior).

"Processual Civil – Violação do art. 535 do CPC/1973 não configurada – **Ação Possessória** – Imóvel destinado à reforma agrária – Indeferimento da petição inicial por ausência de prova dos requisitos do art. 927 do CPC/1973 – **Ação de força nova** – Reforma em grau de apelação por cumprimento dos requisitos – Modificação – Necessidade de reexame de fatos e provas – Súmula 7 /STJ – 1- No que se refere à alegada afronta ao disposto no art. 535, inciso II, do CPC/1973, o julgado recorrido não padece de omissão, porquanto decidiu fundamentadamente a *quaestio* trazida à sua análise, não podendo ser considerado nulo tão somente porque contrário aos interesses da parte. 2- Cuida-se, na origem, de ação possessória ajuizada contra o INCRA objetivando a manutenção na posse de imóvel destinado à reforma agrária. 3- O juízo de primeiro grau indeferiu a petição inicial por entender que o autor não comprovou a turbação da posse para fins de deferimento da liminar de manutenção, conforme preceitua o art. 927, II, do CPC/1973. 4- Ao julgar o recurso de Apelação, o Tribunal de origem deu provimento ao recurso por entender que houve cumprimento do referido requisito. Nesse sentido, destaca-se o seguinte trecho do acórdão recorrido: 'Logo, observa-se que a parte apelante sofreu restrição ao seu pleno e livre exercício da posse, pois foi notificada para que desocupasse o imóvel em litígio, em duas oportunidades, situação essa que constitui turbação à posse da parte apelante' (fl. 216, e-STJ). 5- Decidir de forma contrária ao que ficou expressamente consignado no v. acórdão recorrido implica revolvimento do conjunto fático-probatório dos autos, o que é vedado pela Súmula 7 do STJ. 6- Recurso Especial parcialmente conhecido e, nessa parte, não provido" (*STJ* – REsp 1.659.596 – (2016/0313407-7), 8-5-2017, Rel. Min. Herman Benjamin).

afirmamos, qualquer afirmação peremptória em direito é perigosa. Alterações na situação de fato podem exigir a alteração da decisão, de forma excepcional, no curso da lide, em situações que nos ocorreram com certa frequência em nossa judicatura. Em muitas oportunidades, nos valemos da inspeção judicial, que está à disposição do juiz, para avaliar situações de fato.

Interessante notar que o estatuto processual exige a citação do réu para seu comparecimento à audiência de justificação, ao contrário do que determinava o código anterior. O legislador não esclareceu qual sua função nessa audiência. Não pode ele contestar, porque o prazo para a resposta passa a fluir da intimação do despacho que deferir ou não a medida (art. 564, CPC). Evidentemente, sua presença na audiência não pode se revestir de mera passividade. Embora não lhe seja facultado arrolar testemunhas, nada impede que o magistrado tome seu depoimento, que pode ser esclarecedor, podendo, por seu advogado, contraditar e reinquirir as testemunhas. Já se entendeu que o juiz pode ouvir testemunhas trazidas pelo réu, se entender necessário (*RT* 499/105, 609/98), e que o juiz deve ouvi-las (*RT* 609/98 e *JTASP* 106/35). Sem subverter a finalidade dessa audiência prévia, quer parecer que a presença obrigatória do réu nessa audiência lhe permite produzir provas, requerendo inclusive o depoimento do autor, embora ainda não possa apresentar contestação, em obediência à garantia constitucional da ampla defesa, descrita na Constituição Federal (art. 5º, LV).

As ações possessórias possuem rito próprio, procedimento especial, mormente no que concerne ao deferimento da medida liminar, precursora que foi das antecipações de tutela que muito mais recentemente foram introduzidas no nosso sistema processual. Desse modo, não há que se falar em medida cautelar de qualquer natureza ou antecipação de tutela nas ações possessórias, fora do procedimento especial. Desse modo, parece-nos incompatível com o sistema as medidas acautelatórias ou antecipatórias de tutela em sede de ações possessórias, quando se tratar de posse velha. Essa opinião aqui esposada não é unânime entre os processualistas. Mesmo tramitando pelo procedimento comum, quando se tratar de posse de mais de ano e dia, a demanda conservará seu caráter possessório. A única diferença reside na impossibilidade de obter-se a medida prevista nos arts. 562 e 563 do CPC. Como há procedimento especial e circunstâncias próprias para o deferimento de liminar para as possessórias, as medidas gerais de antecipação de tutela, a nosso ver, mostram-se incompatíveis nesse campo. Não fosse assim, o legislador processual não teria regulado no procedimento especial as medidas liminares em possessórias, cuja natureza é a mesma das antecipações de tutela ou assemelhadas. Ocorre que, por vezes, situações teratológicas ou de profunda necessidade levam o magistrado a inovar nesse campo de urgência. Com a palavra os doutos processualistas.

7.3.8.1 Quando mais de uma pessoa se disser possuidora

O ordenamento dá proeminência no art. 1.211 ao *corpus*, como aspecto objetivo da posse:

> *"Quando mais de uma pessoa se disser possuidora, manter-se-á provisoriamente a que tiver a coisa, se não estiver manifesto que a obteve de alguma das outras por modo vicioso".*

O aspecto objetivo, isto é, a ciência do vício original por parte do detentor, somente será levado em conta se for manifesto. Como em tudo que gira em torno da posse, por ser um fato, importante será o exame das circunstâncias no caso concreto. Na hipótese deste artigo, surgem várias pessoas que se dizem possuidoras, cada qual procurando excluir as demais. O juiz, como regra geral, deverá manter a coisa com quem estiver na detenção. Dá-se preferência ao estado de fato que se traduz na aparência exterior. Note que a posse provisória deve sempre levar em conta o prazo de ano e dia estabelecido agora unicamente no estatuto processual, como a seguir se expõe.

7.3.9 Carência de Idoneidade Financeira do Autor Beneficiado pela Liminar

A medida liminar nas ações possessórias tem caráter exclusivamente temporário, objetivando proteger situação de fato superficialmente conhecida. O CPC enseja possibilidade ao réu, que tem contra si deferida a medida, resguardar-se de possíveis prejuízos, na hipótese de não ser mantido o estado pela decisão final. Dispõe o art. 559:

> *"Se o réu provar, em qualquer tempo, que o autor provisoriamente mantido ou reintegrado na posse carece de idoneidade financeira para, no caso de sucumbência, responder por perdas e danos, o juiz designar-lhe-á o prazo de 5 (cinco) dias para requerer caução, real ou fidejussória, sob pena de ser depositada a coisa litigiosa, ressalvada a impossibilidade da parte economicamente hipossuficiente".*

Claro está que a hipótese não se refere ao interdito, porque neste ainda não houve turbação ou esbulho, mas mera ameaça à posse. Perpetrada, porém, a agressão e transformado o interdito em manutenção ou reintegração, o preceito terá plena aplicação.

A caução pode ser real ou fidejussória. Se real, há de ser em dinheiro ou em espécie, com força suficiente para suportar futuros prejuízos ocasionados pelo uso e gozo da coisa durante o período de subsistência da liminar.

Cabe ao réu provar a falta de idoneidade financeira do autor, em qualquer momento do processo. Ausência de outros bens, excesso de dívidas e número excessivo de ações ajuizadas contra o autor podem denotar a falta de idoneidade de que fala a lei, ausência de condição patrimonial para suportar os ônus decorrentes de eventual improcedência da ação em curso. A prova carreada ao réu não pode defluir de meras suspeitas ou conjecturas. Ao autor, por sua vez, deve ser dada oportunidade de provar a idoneidade posta em dúvida.

Não prestada a caução ou prestada de forma inconveniente ou insatisfatória, preferiu a lei determinar ao juiz que deposite a coisa. Poderia fazer com que a liminar ficasse insubsistente, como nas ações cautelares em geral. Não o fez porque isso desvirtuaria a finalidade da liminar no juízo possessório, abrindo perigosa válvula de escape em sua proteção. Dadas as características da ação possessória, mostra-se inconveniente que esse depósito recaia em mãos das próprias partes. Deve ser conferido a terceiro. O bem fica resguardado de riscos até o final da demanda.

Se o pedido for formulado quando o processo estiver em tribunal de recurso, o processamento do incidente será feito pelo juiz do primeiro grau, embora interposto perante o relator, se já houve distribuição, ou presidência do pretório, em caso contrário. Se for processado e decidido o pedido de caução pela instância superior, suprimir-se-á grau de jurisdição (Rizzardo, 1991:170).

A caução pode ser oferecida e tomada por termo nos próprios autos. No entanto, por vezes a demonstração de idoneidade financeira do autor requererá produção de provas. Inconveniente que se tumultue o processo possessório. Nada impede, antes se aconselha, de acordo com o prudente critério do juiz, que se processe o incidente em autos apensados.

7.4 INTERDITO PROIBITÓRIO

A escolha entre as três ações possessórias, como expusemos, depende do grau de ofensa à posse.

O interdito proibitório é remédio concedido ao possuidor direto ou indireto que tenha justo receio de ser molestado na posse (art. 567 do CPC). De acordo com o mesmo dispositivo, o juiz, ao expedir mandado proibitório, comina ao réu pena pecuniária na hipótese de transgressão do preceito. A referência ao possuidor direto ou indireto no dispositivo não significa que ambas as classes de possuidores também não possam ingressar com a manutenção ou reintegração. Não há justificativa para a referência estar apenas aí e não nas disposições gerais das ações possessórias.

Sua particularidade é o caráter preventivo. Busca-se evitar a ofensa à posse. Tem por finalidade afastar, com a proibição emanada do comando judicial, a ameaça de turbação ou esbulho. Se esta já ocorreu, a ação será de manutenção ou reintegração. Veja o que já foi explanado aqui sobre a fungibilidade das ações possessórias e a natureza da multa, que no interdito é essencial, enquanto nas duas outras ações depende de pedido expresso do autor. Por sua natureza, somente se impetra o interdito nas situações de força nova. Se a situação de fato já se estabilizou com a turbação ou esbulho, iniciou-se o prazo de ano e dia referido no art. 924. O interdito é remédio de *força iminente.*

Colocando-se o interdito como modalidade de ação possessória, não relegando a medida aos procedimentos cautelares, o legislador entende que a ameaça à posse já é forma de violação de direito. A disposição processual decorre do art. 501 do estatuto substantivo antigo:

> *"O possuidor, que tenha justo receio de ser molestado na posse, poderá impetrar ao juiz que o segure da violência iminente, cominando pena a quem lhe transgredir o preceito".*

O mesmo conteúdo substancial está presente na dicção do art. 1.210 do atual Código.

O *justo receio* é requisito a ser demonstrado no caso concreto: temor justificado de violência iminente contra a posse. Uma missiva ameaçando tomar a coisa pode tipificar a situação. Atos preparatórios de invasão de imóvel também. Apontar arma para o possuidor já transpassa o limite do iminente para se tornar agressão atual. Não é necessário prever o acontecimento futuro. Importa isto sim o temor de que algo suceda contra a posse. Nesse sentido:

> *"INTERDITO PROIBITÓRIO – Ajuizamento contra ato do Poder Público. Possibilidade. Defesa da posse em razão de inusitada ordem de derrubada do muro. Caracterização de abuso de direito, que encontra reparo nas teorias da posse e da responsabilidade civil" (1º TACSP* – 4ª C. – Ap 482.598-5 – São Sebastião – Rel. Juiz Carlos Bittar – 14-10-1993 – v. u.).

O autor deve indicar o valor da pena pecuniária a ser imposta no preceito. Se não o fizer, o juiz deve fixá-la. Se o juiz a entender excessiva, pode reduzi-la. O princípio é o mesmo da cláusula penal. Não pode, contudo, ser fixada em quantia que a torne inócua como fator constritivo, pois se trata de *astreinte.* O pagamento da multa torna-se devido pela infração ao preceito. Se ocorrida a turbação ou esbulho, liquida-se a multa do interdito, independentemente de apuração de prejuízos pela agressão efetiva à posse.

Pelo princípio da conversibilidade ou fungibilidade das ações possessórias, se ingressada ação de manutenção ou reintegração, convencendo-se o juiz que se trata de mera ameaça, deve ouvir o autor para impor a multa, se este já não a houver requerido. Verificada a moléstia à posse, transforma-se o interdito em ação de manutenção ou reintegração, bastando a comunicação do fato ao juiz (*RT* 490/75).

Possível também o interdito para a ameaça ao estado de fato de bens incorpóreos (Pontes de Miranda, 1971, v. 10:309): alguém tem justo receio de supressão de fornecimento de energia elétrica, de transmissão de sinais televisivos ou informáticos, de linha telefônica ou outra modalidade de comunicação etc. Lembre-se, porém, do que foi dito a respeito desses direitos de uso com relação às concessionárias de serviço, que são, como regra geral (podem ocorrer situações fáticas excepcionais), partes ilegítimas na possessória.

Possível igualmente o interdito contra a Administração Pública, pois se aplica o parágrafo único do art. 562 do CPC, que exige prévia oitiva de seus representantes para a concessão de liminar. No entanto, na prática, a ameaça à posse por órgão estatal possibilitará, na maioria das vezes, o mandado de segurança, com maior eficácia.

O simples fato de alguém lançar mão de medidas judiciais não justifica o interdito.

Aplica-se ao interdito proibitório o disposto sobre as demais ações possessórias, por força do art. 568 do CPC. Destarte, a concessão da liminar, com ou sem justificação prévia, segue os mesmos parâmetros.[10]

7.5 MANUTENÇÃO DE POSSE

O interdito proibitório é utilizado para a simples ameaça à posse. A turbação é ofensa média à posse, socorrida pela ação de manutenção. O titular tem o exercício de sua posse prejudicado, embora não totalmente suprimido. Como vimos, a própria lei reconhece a dificuldade

---

[10] "Agravo de instrumento tirado contra a r. Decisão que deferiu pedido liminar, determinando a expedição de mandado proibitório, sob pena de multa diária – ação possessória – Interdito proibitório – Recurso – **Aplicam-se ao procedimento as normas dos art. 560 a 566 do CPC, relativas à manutenção e reintegração de posse, por força do art. 568 do mesmo código processual** – Consoante art. 562 do CPC, estando a petição inicial devidamente instruída, o juiz deferirá, sem ouvir o réu, a expedição do mandado liminar – demonstração, ainda que sumária, da posse do autor, decorrente da condição declarada nos autos de único herdeiro da possuidora e proprietária, a título precário, do imóvel, e da ameaça de esbulho – art. 561 do CPC – elementos trazidos em recurso que se mostram insuficientes, por ora, para desconstituir a conclusão adotada em primeiro grau – tutela de evidência do procedimento especial que não se confunde com a tutela de urgência do art. 300 do CPC – decisão mantida – recurso desprovido" (*TJSP* – AI 2132703-21.2024.8.26.0000, 7-6-2024, Rel. Carlos Abrão).

"Ação possessória – Interdito proibitório – Liminar concedida – Alegação de arrombamento – Elementos suficientes para demonstrar os requisitos autorizadores da concessão de liminar – Artigos 567 c.c. 561, ambos do Código de Processo Civil: – Considerando os elementos presentes liminarmente nos autos, os quais atendem, em juízo perfunctório, o disposto no artigo 561 do Código de Processo Civil, pela demonstração de justo receio do autor de ser molestado em sua posse, cabível a manutenção da r. decisão de origem. Exegese do artigo 568 do Código de Processo Civil. Sanção pecuniária que decorre da parte final do art. 567 do Código de Processo Civil. Recurso não provido" (*TJSP* – AI 2013390-37.2022.8.26.0000, 12-4-2022, Rel. Nelson Jorge Júnior).

"Agravo de instrumento – Ação de interdito proibitório – Liminar – Indeferimento na origem – Insurgência – Descabimento – Ausência de requisitos necessários à concessão da medida liminar – Inteligência dos arts. 561 c.c. 568, ambos do CPC – Decisão mantida – Recurso desprovido" (*TJSP* – AI 2078783-40.2021.8.26.0000, 3-5-2021, Rel. Sergio Gomes).

"Possessória – **Interdito Proibitório** – Ré que tentou impedir a pastagem de bois na área em litígio, o que costumava ocorrer habitualmente – Necessidade de força policial – Acolhimento do pedido possessório – Recurso dos réus improvido. Possessória – Interdito proibitório – Descabimento do pedido indenizatório diante da inexistência de quaisquer prejuízos decorrentes da atividade da ré – Recurso dos autores nesta parte improvido. Sucumbência – Autores que decaíram em parte mínima – Hipótese em que os réus devem arcar integralmente com os ônus sucumbenciais – Recurso dos autores nesta parte provido" (*TJSP* – AC 1011169-94.2014.8.26.0577, 20-3-2019, Rel. J. B. Franco de Godoi).

"Possessória – **Interdito proibitório** – Alegação do autor-apelante de que os réus ameaçam sua posse legítima sobre o terreno em litígio – Descabimento – Inexistência dos requisitos do art. 567 do CPC/2015 – Tratando-se de proteção possessória, é indispensável ao autor a comprovação do exercício fático da posse – Inexistência de prova da posse – Documentos que embasam a petição inicial estão fundados em suposto domínio que não é abrangido por esta demanda – A litigância de má-fé é evidente, em razão da tentativa de alteração da verdade dos fatos pelo recorrente (CF. art. 80, II, do CPC/2015) – Sentença de improcedência mantida pelos seus próprios fundamentos, conforme art. 252 do Regimento Interno deste Egrégio Tribunal de Justiça – Recurso desprovido" (*TJSP* – Ap 1001514-55.2014.8.26.0462, 30-5-2018, Rel. Álvaro Torres Júnior).

"Agravo de instrumento – Arrendamento Rural – Ação de interdito proibitório – Retirada de cana-de-açúcar das propriedades rurais dos arrendadores – Inadimplemento incontroverso da arrendatária, há mais de uma safra – Despejos judicialmente decretados em outras ações envolvendo as partes – Descaracterização da posse justa então adquirida pela arrendatária – Liminar recursal mantida – Recurso provido com observação" (*TJSP* – AI 2092971-14.2016.8.26.0000, 4-7-2016, Rel. Melo Bueno).

de estabelecer limites claros entre uma e outra ofensa da posse, permitindo que uma ação seja convertida em outra.

Na ação de manutenção, de acordo com o art. 561 do CPC, o autor deve provar sua posse, a turbação e a data de seu início e a continuação da posse, embora turbada. Como se trata de situação de fato, a cognição prévia na concessão da liminar e mesmo a sentença apenas examinam o fato da posse.

Os atos turbativos podem ser positivos, como a invasão de parte de imóvel, ou negativos, como impedir que o possuidor se utilize da porta ou do caminho de ingresso em seu imóvel.

7.6 REINTEGRAÇÃO DE POSSE

Ocorrendo esbulho, a ação é de reintegração de posse. Esbulho existe quando o possuidor fica injustamente privado da posse. Não é necessário que o desapossamento decorra de violência. Nesse caso, o possuidor está totalmente despojado do poder de exercício de fato sobre a coisa. Os requisitos estão estampados em conjunto com os da manutenção no art. 561 da lei processual. Além de sua posse, o autor deve provar o esbulho, a data de seu início e a perda da posse. Aplica-se tudo o que foi dito a respeito das ações possessórias em geral. O objetivo do pedido é a restituição da coisa a seu possuidor ou seu valor, se ela não mais existir.

Existe esbulho, por exemplo, por parte do comodatário, quando, findo o contrato de empréstimo, o bem não é devolvido. Na locação, finda a relação contratual, também seria caso de possessória, porém a lei inquilinária exige que a ação seja sempre de despejo.

7.7 EMBARGOS DE TERCEIRO

Os três interditos já examinados são as ações possessórias típicas, decorrentes do ordenamento de direito material. Contudo, como já acenado, existem outras situações, no universo jurídico, que também requerem proteção de índole possessória, embora o remédio processual não esteja imbuído exclusivamente desse conteúdo. São, porém, situações que podem trazer grave ameaça à posse.

Os embargos de terceiro, à disposição tanto do proprietário, como do possuidor, são, quiçá, após as ações típicas, o mais utilizado meio de defesa da posse. Por essa ação se protege a turbação ou esbulho de bens por atos constritivos *judiciais*, tais como a penhora (hipótese mais corrediça), arresto, sequestro, busca e apreensão etc. (a enumeração do artigo a seguir transcrito é apenas exemplificativa).

Dispõe o art. 674 do CPC:

> *"Quem, não sendo parte no processo, sofrer constrição ou ameaça de constrição sobre bens que possua ou sobre os quais tenha direito incompatível com o ato constritivo, poderá requerer seu desfazimento ou sua inibição por meio de embargos de terceiro.*
>
> *§ 1º Os embargos podem ser de terceiro proprietário, inclusive fiduciário, ou possuidor.*
>
> *§ 2º Considera-se terceiro, para ajuizamento dos embargos:*
>
> *I – o cônjuge ou companheiro, quando defende a posse de bens próprios ou de sua meação, ressalvado o disposto no art. 843;*
>
> *II – o adquirente de bens cuja constrição decorreu de decisão que declara a ineficácia da alienação realizada em fraude à execução;*
>
> *III – quem sofre constrição judicial de seus bens por força de desconsideração da personalidade jurídica, de cujo incidente não fez parte;*

> *IV – o credor com garantia real para obstar expropriação judicial do objeto de direito real de garantia, caso não tenha sido intimado, nos termos legais dos atos expropriatórios respectivos".*

Em razão de sua natureza, os embargos de terceiro são sempre decorrentes de outro processo judicial. Tanto que a ação deve ser distribuída por dependência, correndo perante o mesmo juiz que determinou o ato constritivo (art. 676 do CPC).

Somente tem legitimidade para intentar a medida quem não for parte no outro processo, guardando a condição de terceiro. A ação pressupõe a discussão de direito distinto daquele versado no outro processo.

As constantes referências à posse na lei processual não deixam dúvidas de que a medida pode ter cunho exclusivamente possessório.

> *"Efetivamente, os embargos de terceiro representam a própria ação de manutenção, ou de reintegração de posse, que, por necessidade de ordem prática, adota forma processual diversa"* (Monteiro, 1989, v. 3:52).
>
> *"Vê-se que os embargos de terceiro têm a indisfarçável finalidade de devolver ao titular a sua posse, de que se viu privado, ou de devolver a tranquilidade nela, ante uma ameaça"* (Barros, s.d., v. 9:289).

Pode também nessa ação ser designada audiência de justificação da posse (art. 677, § 1º, do CPC), a fim de ser deferida a medida liminar (art. 678), também com possibilidade de caução. Embora a lei não o diga, designada a audiência de justificação, deve ser citado o embargado, não somente por analogia ao que sucede nas ações possessórias típicas, como também pelo princípio constitucional (do contraditório e) da ampla defesa consagrado pelo art. 5º, LV, da Constituição Federal. Geralmente, em face da matéria discutida, não haverá prejuízo de o embargado tomar conhecimento do processo ajuizado antes do deferimento liminar.

Quando os embargos versarem sobre todos os bens atingidos no processo principal, este se suspenderá, prosseguindo, porém, se a constrição for parcial (deve ser mantida a ideia lógica do art. 1.052 do CPC anterior). Servindo também para os atos de turbação, a simples ameaça efetiva de turbação ou esbulho à posse já autoriza os embargos (*RT* 659/184, *JTA* 104/19, 128/206), como, por exemplo, a decisão que determina a penhora de bem, ainda que não expedido o mandado. Clóvis do Couto e Silva (1982 v. 2, t. 2:466), ao analisar os artigos processuais da matéria, conclui:

> *"No direito brasileiro, de modo semelhante ao que acontece em muitos outros direitos, admitem-se os embargos também em face do perigo iminente de apreensão ou da prática dos atos mencionados nos arts. 1.046 e 1.047 do CPC".*

Os embargos somente podem ser liminarmente indeferidos quando manifestamente impróprios para sua finalidade, quando, por exemplo, o ato apontado não for de constrição judicial ou o embargante não se qualificar como terceiro.

Os embargos de terceiro podem ser ajuizados a qualquer tempo, antes da sentença final ou, na execução, até cinco dias após a arrematação, adjudicação ou da alienação por iniciativa particular, mas sempre antes da assinatura da carta respectiva (art. 675 do CPC).

Permanece acesa a discussão sobre a possibilidade de embargos de terceiro nas ações possessórias, com fundados argumentos pró e contra. Entendemos que nada está a obstar seu ajuizamento nessas hipóteses, embora a matéria exija digressão a respeito do instituto processual da *oposição*, transbordando o âmbito de nosso estudo. Lembre-se, porém, do singelo exemplo levantado por Hamilton de Moraes e Barros (s.d., v. 9:295):

> *"A pessoa que foi parte na ação possessória poderá valer-se dos embargos de terceiro, quando a restituição a que for condenada na ação possessória, ou a que foi obrigada em consequência da ação – como nas liminares –, compreende bens sobre que não versa a demanda. É a mesma pessoa, mas agindo com outros títulos".*

A aplicação referida pelo autor é do § 2º do art. 1.046 (art. 674 do CPC de 2015). Outras situações podem permitir a ação de embargos nas possessórias.

Situação aflitiva na prática, nos últimos anos, foi gerada pela Súmula 621 do Supremo Tribunal Federal, a qual exigia o registro imobiliário do compromisso de compra e venda, para sua defesa por embargos. Atendendo forte corrente jurisprudencial dos tribunais estaduais, o Superior Tribunal de Justiça expediu a Súmula 84: *"É admissível a oposição de embargos de terceiro fundados em alegação de posse advinda do compromisso de compra e venda de imóvel, ainda que desprovido de registro"*. Essa orientação está de acordo com a finalidade dos embargos de terceiro possuidor. Muitas iniquidades foram praticadas contra compromissários-compradores que gozavam de boa posse por largo período e vieram a perdê-la por força da superada orientação do Superior Tribunal Federal, tão só por lhes faltar o dispendioso e por vezes inacessível registro imobiliário. Essa posição ultrapassada negava, na realidade, o cunho possessório aos embargos de terceiro, entendendo-os como defesa de direito real.

Decidindo a lide em esfera da posse, a sentença dos embargos não reconhece direito real. Destarte, nessa hipótese, permanece aberta a via petitória. Miguel Maria de Serpa Lopes (1964, v. 6:212) comenta:

> *"Os embargos de terceiro senhor ou possuidor apresentam aspecto bizarro: pode pertencer à categoria dos remédios petitórios, se cogita exclusivamente do domínio; misto, se do domínio e da posse conjuntamente; ou puramente possessório, se nele apenas se cuidou da posse que se acusa turbada pela medida judicial".*

Esse aspecto é ressaltado pelo § 1º do art. 674. Os embargos podem ser de senhor e possuidor ou apenas de possuidor. Muito ricas são a jurisprudência e a doutrina dos embargos de terceiro cujo estudo aprofundado pertence à ciência processual.

7.8 NUNCIAÇÃO DE OBRA NOVA

Essa ação não está mais presente no Código de Processo Civil de 2015 como procedimento especial. O remédio processual deve ser buscado no procedimento comum e nas tutelas provisórias (arts. 294 ss.) e de urgência (arts. 300 ss.). Não se afasta também a utilização das ações possessórias. Com o novo estatuto processual é ampla a margem decisória do juiz no caso concreto, que pode conceder as mais variadas formas de tutelas de urgência, cautelar ou antecipada. O caso concreto e o bom senso do juiz deverão definir a medida e sua amplitude.

Para melhor esclarecimento, lembremos o disposto no CPC anterior. Seus princípios básicos de direito material devem ser guardados.

A referência à posse na ação de nunciação ou embargo de obra nova estava no art. 934, I, do CPC de 1973:

> *"Compete esta ação:*
>
> *I - ao proprietário ou possuidor, a fim de impedir que a edificação de obra nova em imóvel vizinho lhe prejudique o prédio, suas servidões ou fins a que é destinado".*

O título e a espécie de posse não influem na legitimidade ativa. A posse pode ser direta ou indireta ou emanar de direito real limitado, como no caso de usufruto, uso ou habitação.

Duas outras hipóteses, afastadas do contexto possessório, permitiam também a nunciação:

> *"II - ao condômino, para impedir que o coproprietário execute alguma obra com prejuízo ou alteração da coisa comum;*
>
> *III - ao Município, a fim de impedir que o particular construa em contravenção da lei, do regulamento ou de postura".*

Cuida-se de ofensa à posse por obra vizinha. Essa ofensa depende do exame de posturas oficiais, de exigências impostas pelo loteador ou de simples regras de vizinhança. A edificação em curso deve prejudicar o prédio, suas servidões ou finalidades. Deve ser ajuizada no curso da obra. Trata-se de ação que visa "aspectos materiais, ou seja, a obra em si". Se já terminada, não mais era cabível essa ação (*RT* 490/68, 501/113). Nesse caso, a ação para desfazer a coisa é a de obrigação de fazer com preceito cominatório, pelo procedimento comum. A nunciação é também uma ação preventiva, perante ameaça de ofensa à posse. Daí por que serão importantes as medidas do poder de cautela do juiz no CPC de 1973. Cabe tanto ao possuidor direto, quanto ao indireto. Não se nega, portanto, legitimidade ao locatário que vê o imóvel locado ameaçado por obra próxima. A legitimidade pode ser concorrente tanto do dono do imóvel, como do locatário, nessa hipótese. A ruína do prédio trará prejuízos a ambos. Ao locatário, ao menos pelas coisas móveis que colocou no prédio, perda da utilização do bem, além de eventual perda de ponto comercial, se protegida a locação pela ação renovatória. Ao dono do imóvel, pela destruição de seu bem e perda dos alugueres.

O contexto de fato delimitará o conceito de imóvel vizinho, que não é necessariamente o contíguo. Entrosa-se a ação com o conteúdo dos direitos de vizinhança a serem estudados neste livro.

O conteúdo da medida nitidamente se aproxima do procedimento das ações possessórias, as quais, dependendo da situação fática, podem ser utilizadas. Esse aspecto é importante na conceituação dessa ação. O autor pede a suspensão da obra em andamento ofensiva à posse ou que se reconstitua, modifique ou destrua o que houver sido feito em seu detrimento (art. 936, I, do CPC de 1973). Deve pedir a cominação de pena, da mesma natureza da estudada nas ações possessórias, para caso de inobservância do preceito (inciso II), mais condenação em perdas e danos (inciso III). Também nessa ação pode o juiz conceder a liminar de plano ou após justificação (art. 937). Aplica-se a essa justificação, dada sua idêntica natureza, o que expusemos nos tópicos anteriores.

O réu poderá prosseguir na obra por sua conta e risco, a qualquer tempo, desde que preste caução e justifique o prejuízo resultante da suspensão. O CPC de 2015 tem procedimentos acautelórios para a medida.

7.9 AÇÃO DE DANO INFECTO

Quem tiver justo receio de sofrer dano em seu imóvel em decorrência de ruína em prédio ou obras vizinhas pode pedir que o proprietário responsável preste caução, para garantir eventual indenização, se ocorrer dano. Nesse caso, protege-se o bem possuído de dano potencial, ainda não ocorrido. O possuidor ou proprietário previne-se exigindo caução. Seu fundamento residia nos arts. 554 e 555 do Código Civil de 1916. Essa matéria é tratada com maior amplitude no vigente Código, que leva em consideração a predominância do aspecto social dos direitos de vizinhança nos arts. 1.277 a 1.281.

O conteúdo possessório dessa ação mostra-se mais tênue. A medida pode, no entanto, ser requerida por qualquer possuidor. O procedimento pode ser meramente preparatório ou acautelatório. Se já ocorreram danos, a caução pode ser pedida incidentalmente em pedido cominatório, tendo em vista outros danos que possam ainda vir a ocorrer.

7.10 IMISSÃO DE POSSE

O anterior CPC, de 1939, trazia, como procedimento especial, a ação de imissão de posse. Era reservada, na realidade, a quem nunca tivera a posse. Não era ação possessória. Três eram as hipóteses na lei antiga no art. 381:

> *"I – aos adquirentes de bens, para haverem a respectiva posse, contra os alienantes, ou terceiros, que os detenham;*
>
> *II – aos administradores e demais representantes das pessoas jurídicas de direito privado, para haverem dos seus antecessores a entrega dos bens pertencentes à pessoa representada;*
>
> *III – aos mandatários, para receberem dos antecessores, a posse dos bens do mandante".*

Era necessário que o pedido viesse fundado no domínio, no *ius possidendi*. Cuidava-se mesmo de juízo petitório.

No estatuto processual de 1973 não foi incluída a ação, como procedimento especial. Não se nega que o processo comum sirva para suas finalidades, mormente o caso mais significativo, qual seja, ação do comprador para receber a coisa adquirida. Trata-se de ação para dar coisa certa. No entanto, nesse caso, não existe medida liminar típica. Se presentes os requisitos, há que se recorrer às regras gerais de cautela do processo, atualmente amplas no CPC de 2015, que dá larga margem protetiva, uma vez presentes o *fumus boni iuris* e o *periculum in mora*.

7.11 SERVIDÕES E PROTEÇÃO POSSESSÓRIA

As servidões, como os demais direitos reais limitados passíveis de disposição, podem ser objeto de posse. Servidão é o direito real constituído em favor de um prédio sobre outro, de dono diverso. O prédio beneficiado denomina-se dominante. O prédio onerado denomina-se serviente.

Contudo, o Código Civil de 1916, após tratar dos remédios possessórios, no art. 509 dispunha:

> *"O disposto nos artigos antecedentes não se aplica às servidões contínuas não aparentes, nem às descontínuas, salvo quando os respectivos títulos provierem do possuidor do prédio serviente, ou daqueles de quem este o houve".*

Houve modificação nessa redação no presente Código Civil, quanto à modalidade das servidões:

> *"O disposto nos artigos antecedentes não se aplica às servidões não aparentes, salvo quando os respectivos títulos provierem do possuidor do prédio serviente, ou daqueles de quem este o houve".*

Como examinaremos no Capítulo 19, as servidões podem ser aparentes e não aparentes, sendo estas as que não se revelam por sinais visíveis (por exemplo, a servidão de não construir mais alto). Podem também ser contínuas e descontínuas. Estas exigem a atividade de seus titulares, a qual não é contínua (por exemplo, a servidão de retirada de água).

Desse modo, o art. 509 suprimia proteção possessória às servidões contínuas não aparentes e às descontínuas, quando não houvesse título. Como geralmente não se exteriorizam por fatos externos, embora latentes e não visíveis, preferiu o legislador tolhê-las do remédio possessório. Não se lhes nega, porém, a via petitória. O atual Código, contudo, apenas restringiu a aplicação do remédio possessório às servidões não aparentes, no que andou bem e de acordo com a jurisprudência.

Podem, no entanto, ser defendidas por ações possessórias, se houver título, ou seja, situação que excepcionalmente permita sua exteriorização com exame de sua constituição, sem que com isso se torne ação de discussão do domínio.

As servidões aparentes e as contínuas, que se manifestam por sinais externos, não sofrem restrição nenhuma na proteção de sua posse, pois seguem a regra geral de exteriorização do domínio.[11]

---

[11] "Direito civil. Apelação. Servidão de passagem. **Reintegração de posse**. Recurso não provido. I. Caso em exame Ação de reintegração de servidão ajuizada por Moises Alves Leite contra José Moro. Busca-se a reintegração na posse da servidão de passagem no Sítio São Pedro, que dá acesso à Chácara Santa Maria, de propriedade do autor. Sentença julgou procedentes os pedidos, para reconhecer a servidão de passagem e reintegrar o autor na sua posse. II. Questão em discussão 3. A questão em discussão consiste em verificar se há a nulidade da sentença devido ao parcelamento irregular do solo e cerceamento de defesa; bem como analisar se a estrada que passa pela propriedade do réu é servidão de passagem e se o autor tem direito a reintegrar-se na sua posse. III. Razões de decidir 4. Rejeitam-se as preliminares de nulidade da sentença, pois o Inquérito Civil Ambiental no qual se discute parcelamento irregular do solo, não afeta a posse do autor sobre o imóvel, nem seu direito à utilização da estrada localizada na propriedade do réu. 5. Das provas carreadas nos autos conclui-se que a servidão de passagem é aparente e consolidada pelo uso prolongado, conforme Súmula 415 do STF, a justificar a proteção possessória. Além disso, a imposição de óbice à passagem do autor pela estrada configura o esbulho. De rigor, portanto, reconhecimento da servidão. 6. Sentença mantida. IV. Dispositivo 7. Recurso não provido. Legislação Citada: Código de Processo Civil, arts. 487, I; 560; 561; 85, § 8º e § 11. Jurisprudência Citada: STF, Súmula 415. TJSP, Apelação Cível 1009602-35.2021.8.26.0269, Rel. Coutinho de Arruda, 16ª Câmara de Direito Privado, j. 14.11.2023. TJSP, Apelação Cível 1000360-59.2020.8.26.0666, Rel. Jovino de Sylos, 16ª Câmara de Direito Privado, j. 11.04.2023" (*TJSP* – Ap 1002200-41.2021.8.26.0417, 31-3-2025, Rel. Jayme de Oliveira).

"Apelação cível – **Reintegração de posse** – Aqueduto – Área rural – Obstrução do uso da água pelos demandados, titulares do imóvel em que se localiza a nascente do curso d'água. Sentença de procedência. Insurgência dos acionados. Reintegração de posse de servidão de aqueduto. Exegese dos arts. 927 do CPC/1973, 1.293 do Código Civil e 117 do código de águas. Canalização de água oriunda de nascente localizada no terreno dos réus para o imóvel dos autores. Utilização para as necessidades básicas e atividade agrícola, de forma aparente e contínua, há mais de trinta anos. Demandados que não lograram comprovar a existência de fonte própria no terreno dos demandantes. Ônus dos acionados, a teor do art. 333, II, do CPC/1973 (art. 373, II, do CPC/2015). Necessidade de captação da água evidenciada. Posse pretérita e esbulho configurados, nos termos da legislação civil e especial pertinentes. Requisitos autorizadores da tutela possessória demonstrados. Sentença de procedência mantida. Recurso conhecido e desprovido" (*TJSC* – AC 0000068-41.2012.8.24.0080, 31-1-2019, Rel. Des. Subst. Luiz Felipe Schuch).

"**Reintegração de posse** – Art. 561, CPC/2015 – Esbulho – **Servidão de passagem** – Proteção possessória – Servidão de uso – Não há cerceamento de defesa, se, intimada para recolher os honorários periciais, a parte permanece inerte, se conformando com a prova produzida nos autos. Nos termos do art. 561, do CPC/2015, na ação de reintegração de posse, cumpre ao autor provar a posse do bem, o esbulho perpetrado pelo réu e a sua perda. O uso prolongado e não contestado da passagem, manifestado por atos visíveis, autoriza a conclusão de que foi instituída uma servidão aparente, que merece proteção possessória, conforme Súmula 415, STF. O direito real de servidão deve ser exercido pelo seu titular na plenitude para o fim que foi criado, sem, contudo, agravar o prédio serviente, sendo a este defeso embaraçá-lo, impedindo ao outro sua correta utilização" (*TJMG* – AC 1.0515.10.002154-9/001, 13-7-2018, Relª Evangelina Castilho Duarte).

"Recurso especial – Processual Civil – Civil – Posse – Esbulho – Pedido de **reintegração de posse de aqueduto** cumulado com perdas e danos – Servidão de passagem de água – Julgamento *extra petita* – Provimento diverso

Ainda que a servidão seja descontínua, como a servidão de caminho, se ela deixar marcas ou sinais visíveis, como a abertura de muro, a pavimentação de estrada, as marcas de carro ou animais etc., não se lhe pode negar a proteção possessória, pelos princípios gerais (*RT* 425/178). Como vimos, o Código em vigor diminuiu a restrição. À matéria voltaremos no Capítulo 18 de estudo desses direitos reais sobre coisas alheias. O mesmo se diga com relação às servidões não aparentes, que serão protegidas pelos interditos *"desde que transpareçam em alguma forma instrumental"* (Rizzardo, 1991:177). Imagine, por exemplo, a servidão de não construir mais alto, ou de não tolher vista, em que se coloca cartaz ou placa de advertência com dizeres sobre a limitação, tornando-a de todos conhecida. O sinal externo permitirá, sem dúvida, o recurso à defesa possessória. Levando em conta essa problemática, a matéria passa a ser casuística como casuístico é o fato da posse. Sob a nova lei, deve ser examinado em cada caso se há fato de posse na servidão a ser protegido, segundo o que aqui expusemos.

do deduzido, com fundamento no princípio da função social da propriedade e condenação em indenização em favor dos réus – Nulidade Reconhecida – Recurso especial provido – 1- Constata-se, na hipótese, a ocorrência de julgamento *extra petita*, pois foram alterados, pela eg. Corte local, o pedido e a causa de pedir constantes da inicial. O pedido na ação possessória era de reintegração de posse, com indenização de danos materiais, em face de esbulho cometido pelos réus. O julgamento, por maioria, contrário à sentença e ao voto do relator originário, julgou procedente a ação possessória, como se fosse ordinária, para reconhecer o direito de utilização do canal pelos promoventes, em razão da função social da propriedade, e em vista do escoamento natural das águas, desde que os autores indenizem os demandados. 2- Nesse contexto, tem-se violação aos arts. 459 e 460 do Código de Processo Civil, o que conduz à nulidade dos acórdãos da apelação e dos embargos infringentes. 3- Recurso especial provido" (*STJ* – REsp 1.426.239 – (2012/0182682-3), 3-2-2016, Rel. Min. Marco Buzzi).

8

PROPRIEDADE

8.1 NOTÍCIA HISTÓRICA

A posse foi examinada nos capítulos anteriores. Vimos tratar-se de um fato preexistente ao ordenamento. Um fato do mundo natural, que, sob a vontade de um sujeito, recebe proteção jurídica. De tudo o que foi dito emerge que a posse merece proteção por ser exteriorização da propriedade e forte indício de sua existência, perante o substrato de fato, visível, palpável, percebido pelos sentidos.

A propriedade, por seu lado, espelha inelutavelmente um direito. Essa senhoria da pessoa sobre a coisa já foi ressaltada nos capítulos iniciais. Cada povo e cada momento histórico têm compreensão e extensão próprias do conceito de propriedade.

A propriedade, ao contrário da posse, não tem a mesma facilidade intuitiva de percepção. Assinalamos que a posse, sendo preexistente ao direito, como fato natural, converte-se em fato jurídico, e assim é protegida. O ser humano primitivo tem perfeita noção da apreensão material da coisa e a vontade de tê-la para si.

O conceito e a compreensão, até atingir a concepção moderna de propriedade privada, sofreram inúmeras influências no curso da história dos vários povos, desde a antiguidade. A história da propriedade é decorrência direta da organização política.

Antes da época romana, nas sociedades primitivas, somente existia propriedade para as coisas móveis, exclusivamente para objetos de uso pessoal, tais como peças de vestuário, utensílios de caça e pesca. O solo pertencia a toda a coletividade, todos os membros da tribo, da família, não havendo o sentido de senhoria, de poder de determinada pessoa. A propriedade coletiva primitiva é, por certo, a primeira manifestação de sua função social.

Essa situação nos tempos primevos facilmente se explica pelas condições de vida do corpo social de então. Os povos primitivos que ainda hoje sobrevivem, distantes do contato com o homem civilizado, mantêm a mesma organização. Enquanto os homens vivem exclusivamente da caça, da pesca e de frutos silvestres, não aflora a questão acerca da apropriação do solo. Admite-se a utilização em comum da terra pela família ou tribo. Não se concebe a utilização individual e exclusiva. Tanto a cultura do solo como a criação de animais são feitas em comum. Desaparecendo ou diminuindo os recursos naturais da caça, pesca e agricultura no território, o grupo social deslocava-se para outras terras. Não estava o homem preso ao solo, porque essa constante movimentação não o permitia. Destarte, não havia noção de utilização privativa do bem imóvel. No curso da história, a permanente utilização da mesma terra pelo mesmo povo, pela mesma tribo e pela mesma família passa a ligar então o homem à terra que usa e habita, surgindo daí, primeiramente, a concepção de propriedade coletiva e, posteriormente, individual. Houve povos que nunca instituíram a propriedade individual, enquanto outros somente a conceberam após muito tempo, não sem grandes lutas e sacrifícios (Coulanges, 1957, v. 1:83).

É difícil precisar o momento em que surge, na sociedade romana, a primeira forma de propriedade territorial. Não é muito clara nas fontes a forma de propriedade comum na primitiva Roma. A noção de propriedade imobiliária individual, segundo algumas fontes, data da Lei das XII Tábuas. Nesse primeiro período do Direito Romano, o indivíduo recebia uma porção de terra que devia cultivar, mas, uma vez terminada a colheita, a terra voltava a ser coletiva. Paulatinamente, fixa-se o costume de conceder sempre a mesma porção de terra às mesmas pessoas ano após ano. Ali, o *pater familias* instala-se, constrói sua moradia e vive com sua família e escravos. Nesse sentido, arraiga-se no espírito romano a propriedade individual e perpétua. A Lei das XII Tábuas projeta, na verdade, a noção jurídica do *ius utendi, fruendi et abutendi*. Considerava-se o domínio sobre a terra de forma absoluta. Nos primeiros séculos da história romana somente se admite o *dominium ex jure quiritium*, propriedade adquirida unicamente sob formas determinadas, fora das quais não poderia constituir-se (Petit, 1970:242). Apenas na época clássica o Direito Romano admite a existência de uso abusivo do direito de propriedade e sua reprimenda. O *Digesto* já reconhece direitos de vizinhança, mas o elemento individual ainda é preponderante.

A propriedade grega e romana colocava-se ao lado de duas outras instituições: a religião doméstica e a família, ambas com íntima relação entre si (Coulanges, 1957, v. 1:84). A propriedade privada ligava-se à própria religião e esta, por sua vez, à família, com o culto dos antepassados, os deuses Lares. O lar da família, lugar de culto, tem íntima relação com a propriedade do solo onde se assenta e onde habitam também os deuses. Ali se situam o altar, o culto e a propriedade do solo e das coisas que o guarnecem sob o poder do *pater*. Daí o sentido sagrado que se atribui ao lar, à casa, sentido que sempre permaneceu na civilização ocidental. Os deuses pertenciam somente a uma família, assim como o respectivo lar. Foi, portanto, a religião que garantiu primeiramente a propriedade. As divindades domésticas protegiam-na.

A concepção romana de propriedade é transmitida pelos glosadores para a cultura jurídica da Europa continental.

Na Idade Média, a propriedade perde o caráter unitário e exclusivista. Com as diferentes culturas bárbaras, modificam-se os conceitos jurídicos. O território, mais do que nada, passa a ser sinônimo de poder. A ideia de propriedade está ligada à de soberania nacional. Os vassalos serviam ao senhor. Não eram senhores do solo.

O Direito Canônico incute a ideia de que o homem está legitimado a adquirir bens, pois a propriedade privada é garantia de liberdade individual. No entanto, por influência de Santo Agostinho e Santo Tomás de Aquino, ensina-se que a propriedade privada é imanente à própria natureza do homem que, no entanto, deve fazer justo uso dela (Câmara, 1981:79).

A partir do século XVIII, a escola do direito natural passa a reclamar leis que definam a propriedade. A Revolução Francesa recepciona a ideia romana. O Código de Napoleão, como consequência, traça a conhecida concepção extremamente individualista do instituto no art. 544: *"a propriedade é o direito de gozar e dispor das coisas do modo mais absoluto, desde que não se faça uso proibido pelas leis ou regulamentos"*. Como sabido, esse Código e as ideias da Revolução repercutiram em todos os ordenamentos que se modelaram no Código Civil francês, incluindo-se a grande maioria dos códigos latino-americanos.

Esse exagerado individualismo perde força no século XIX com a revolução e o desenvolvimento industrial e com as doutrinas socializantes. Passa a ser buscado um sentido social na propriedade.

8.2 ASPECTOS DA FINALIDADE SOCIAL DA PROPRIEDADE. A EXPROPRIAÇÃO DO ART. 1.228, § 4º

Sem dúvida, embora a propriedade móvel continue a ter sua relevância, a questão da propriedade imóvel, a moradia e o uso adequado da terra passam a ser a grande, senão a maior questão do século XX, agravada nesse início de século XXI pelo crescimento populacional e empobrecimento geral das nações. Este atual século terá sem dúvida, como desafio, situar devidamente a utilização social da propriedade.

A concepção de propriedade continua a ser elemento essencial para determinar a estrutura econômica e social dos Estados.

O esfacelamento do mundo comunista, com o desaparecimento da União Soviética, retratou o fracasso da experiência do capitalismo do Estado, que buscava a negação da propriedade privada. Contrariava a própria natureza do ser humano; sua vontade inata de ter algo para si. Fora desse modelo, mesmo a filosofia capitalista altera-se em nossa época. O Estado intervém cada vez mais nos meios de produção e na propriedade privada. A intervenção do Estado é fato de extrema importância, sentida com maior ou menor peso por todas as nações. Ou seja, há forte tendência socializante no Estado capitalista. O liberalismo pleno torna-se inviável. Com a economia estatizando-se, o Estado passa de mero fiscal a prestador de serviços ao cidadão (Câmara, 1981:33). Ainda é prematuro prever seus limites e para onde essa intervenção levará. De qualquer forma, ensina a história recente que, se a negação da propriedade privada contraria o anseio inarredável do homem e conduz o Estado ao fracasso, não é com o puro individualismo que serão resolvidos os problemas jurídicos e sociais. A Encíclica *Mater et Magistra* do Papa João XXIII, de 1961, ensina que a propriedade é um direito natural, mas esse direito deve ser exercido de acordo com uma função social, não só em proveito do titular, mas também em benefício da coletividade. Destarte, o Estado não pode se omitir no ordenamento sociológico da propriedade. Deve fornecer instrumentos jurídicos eficazes para o proprietário defender o que é seu e que é utilizado em seu proveito, de sua família e de seu grupo social. Deve, por outro lado, criar instrumentos legais eficazes e justos para tornar todo e qualquer bem produtivo e útil. Bem não utilizado ou mal utilizado é constante motivo de inquietação social. A má utilização da terra e do espaço urbano gera violência. O instituto da desapropriação para finalidade social deve auxiliar a preencher o desiderato da justa utilização dos bens. A esse respeito observa com clareza Joaquim de Arruda Falcão (1984:VII) que, a partir do final da década de 70, nos grandes centros urbanos do país,

> *"o modo dominante de aquisição de propriedade imobiliária não foi, como reza o Código, por escritura passada e registrada em cartório. Muito menos por contratos de financiamento do Sistema Financeiro da Habitação. Quantitativamente falando, o modo dominante de aquisição de propriedade imobiliária foi através de invasões urbanas. É o que os fatos demonstram".*

Reflexo direto dessas palavras é a redação do polêmico art. 1.228, § 4º, do Código Civil de 2002:

> *"O proprietário também pode ser privado da coisa se o imóvel reivindicado consistir em extensa área, na posse ininterrupta e de boa-fé, por mais de cinco anos, de considerável*

> *número de pessoas, e estas nela houverem realizado, em conjunto ou separadamente, obras e serviços considerados pelo juiz de interesse social e econômico relevante".*

O texto legal, sob o ponto de vista social, é perfeitamente explicativo. Teceremos no Capítulo 9 mais algumas considerações de ordem prática a seu respeito. Trata-se de situação inovadora no direito brasileiro na qual pode ocorrer uma expropriação decorrente de processo judicial, uma verdadeira desapropriação indireta em favor do particular, não dependente da iniciativa do Poder Público. Ainda talvez seja um pouco prematuro para avaliarmos a adequação e utilidade desse dispositivo, mormente porque a usucapião coletiva do Estatuto da Cidade, como veremos, pode suplantar vantajosamente em ambos os aspectos esse novel instituto.

Pela dicção legal, nota-se que a perda da propriedade se dá justamente quando seu proprietário a reivindica. Trata-se de imóvel *reivindicando*, como deveria estar na lei e não imóvel *reivindicado*. A possibilidade dessa perda, portanto, só pode ocorrer no curso de ação reivindicatória, isto é, pedido de restituição da coisa. A primeira pergunta é saber se é necessária a reconvenção, pedido contraposto, para esse desiderato, ou se mais conveniente uma ação autônoma.

As pessoas que estão na posse do imóvel estarão legitimadas para essa excêntrica reivindicação, não quaisquer pessoas, mas um *número razoável de pessoas*. O que se pode entender como número razoável? Certamente não será uma única pessoa, mas cinco pessoas poderá ser número razoável em pequena área e centenas de pessoas poderão não o ser, dependendo da extensão da área. Mas a lei fala em *extensa área*. Há que se levar em conta, portanto, que o legislador se refere a ocupações urbanas ou urbanizadas de certa monta, pois não se exclui a área rural do texto legal. Estamos, de fato, perante mais uma denominada "cláusula aberta", nomenclatura tão a gosto dos comentadores do Código de 2002. Cuida-se, na verdade, de mais um ponto aberto à argumentação jurídica pelos operadores do Direito. Uma área extensa em região urbana poderá não ser extensa, por exemplo, em área rural.

A posse ininterrupta e de boa-fé são, ao menos estes, elementos perfeitamente conhecidos na História e na jurisprudência do País. O magistrado deverá examinar esses elementos conjugando os interesses e as necessidades sociais dos ocupantes, a posse útil, ou a propriedade socialmente ajustada. Ao contrário do que se menciona para a usucapião ordinária, o dispositivo em berlinda não exige o *justo título* como requisito para essa aquisição da propriedade. O caso concreto dará com facilidade, a nosso ver, os caminhos para a conclusão do magistrado sobre toda a problemática de direito material desse dispositivo, inclusive o *interesse social*:

> *"Não basta ter a posse de extensa área, nem levantar nela obras, ou realizar serviços. O interesse social apresenta-se sempre que o imóvel se preste para o progresso social ou para o desenvolvimento da sociedade, estando o aspecto econômico vinculado à produtividade, à geração de riqueza"* (Viana, 2003:52).

Desse modo, cabe verificar se a área em berlinda é apta para moradias dignas, com real e adequado aproveitamento e, em se tratando de imóvel rural, se a propriedade é produtiva e racionalmente utilizada. Assim, os ocupantes deverão ter realizado no local obras e serviços que devem ser considerados *de interesse social e econômico relevante*. Não há que se perder de vista os princípios constitucionais a respeito da função social da propriedade urbana e rural (arts. 182, 183 e 186).

Questão mais complexa, na prática, refere-se à *justa indenização*, mencionada no § 5º do art. 1.228:

> *"No caso do parágrafo antecedente, o juiz fixará a justa indenização devida ao proprietário; pago o preço, valerá a sentença como título para o registro do imóvel em nome dos possuidores."*

A lei não diz, mas presume-se que essa indenização seja paga pelos possuidores. Não se trata de desapropriação por iniciativa do Estado. Questão maior é saber qual a parcela indenizatória de cada ocupante e, mais ainda, como será pago esse preço se forem centenas de interessados. A lei também não especifica prazo para essa liquidação, a qual, segundo parece, deve ser feita na fase de execução do processo. E na hipótese de inadimplência? Caberia a penhora das próprias glebas por iniciativa daquele que perdeu a área? Essas questões, por ora, admitem apenas respostas polêmicas. O legislador não foi detalhista nessas questões processuais, o que exige que esse dispositivo seja regulamentado. Há dúvidas, inclusive, sobre sua utilidade, tendo em vista principalmente as dificuldades desse pagamento indenizatório, em face dos amplos horizontes da usucapião no Código Civil no Estatuto da Cidade. Lembre-se, ademais, que nessa modalidade excêntrica de desapropriação, como está na dicção legal, somente após pago o preço a sentença atribuirá a propriedade aos possuidores mediante o registro de imóveis. O lento e dificultoso processo civil brasileiro será aqui muito mais lento.

Matéria correlata, como acentuado, também está presente no Estatuto da Cidade (Lei nº 10.257/2001), ao instituir e permitir a *usucapião coletiva* no art. 10, alterado pela Lei nº 13.465/2017:

> *"Os núcleos urbanos informais existentes sem oposição há mais de cinco anos e cuja área total dividida pelo número de possuidores seja inferior a duzentos e cinquenta metros quadrados por possuidor são suscetíveis de serem usucapidos coletivamente, desde que os possuidores não sejam proprietários de outro imóvel urbano ou rural."*

Estudaremos a usucapião a seguir.

A história, a filosofia e a sociologia da propriedade repercutem diretamente sobre suas consequências jurídicas. O juiz deste início de século, a cada decisão, sem se descurar da proteção ao proprietário, deve sempre ter em mira a função social de todos os bens. Entre nós, aliás, esse é princípio constitucional, como destacamos no Capítulo 7 e reiteramos a seguir. Assim como não existe concepção de Direito para o homem só, isolado em uma ilha, não existe propriedade, como entidade social e jurídica, que possa ser analisada individualmente. A justa aplicação do direito de propriedade depende do encontro do ponto de equilíbrio entre o interesse coletivo e o interesse individual. Isso nem sempre é alcançado pelas leis, normas abstratas e frias, ora envelhecidas pelo ranço de antigas concepções, ora falsamente sociais e progressistas, decorrentes de oportunismos e interesses corporativos ou não muito claros. Cabe à jurisprudência responder aos anseios da sociedade em cada momento histórico. As decisões acerca das questões patrimoniais não podem se deixar levar por modismos ditos alternativos para mascararem decisões desvinculadas da lei. Por outro lado, a decisão judicial não necessita refugir à aplicação da lei, da qual o julgador é servo, para ser justa. Em nosso país, o conceito jurídico de propriedade é o mesmo desde antes da promulgação do Código Civil de 1916. Nem por isso, a par das noções programáticas das várias Constituições que tivemos, concebe-se a propriedade hoje nos tribunais da mesma forma que no início do século 20. O juiz, ao proferir sentença, deve retratar a absorção do sentido social de sua realidade temporal e espacial e não expressar um sentimento individual de justiça, quando então estará substituindo o legislador, criando lei individual e egoística. Não pode o julgador substituir o Direito; tem o dever de ser seu intérprete. Nessa interpretação e integração de normas reside o papel criador do magistrado.

A própria expressão de gozo e disposição da propriedade *de forma absoluta* no Código de Napoleão já não encontrou na França correspondência em leis posteriores que ali trataram do instituto. Sempre se entendeu que o direito absoluto é sua própria negação. Cuida-se nesse aspecto do conceito de abuso de direito (ver a esse respeito nosso *Direito civil: parte geral*, seção 30.4). O presente Código, não bastasse a regra geral acerca do abuso de direito (art. 187), enuncia regra específica quanto ao abuso do direito de propriedade:

> *"São defesos os atos que não trazem ao proprietário qualquer comodidade, ou utilidade, e sejam animados pela intenção de prejudicar outrem".*

Toda propriedade, ainda que resguardado o direito do proprietário, deve cumprir uma função social.

Ainda, e sob o mesmo diapasão, o vigente Código Civil, após descrever os poderes inerentes ao proprietário, dispõe:

> *"Art. 1.228. § 1º O direito de propriedade deve ser exercido em consonância com as suas finalidades econômicas e sociais e de modo que sejam preservados, de conformidade com o estabelecido em lei especial, a flora, a fauna, as belezas naturais, o equilíbrio ecológico e o patrimônio histórico e artístico, bem como evitada a poluição do ar e das águas".*

Presentes estão nessas dicções princípios afastados do individualismo histórico que não somente buscam coibir o uso abusivo da propriedade, como também procuram inseri-la no contexto de utilização para o bem comum. Utilizar a propriedade adequadamente possui no mundo contemporâneo amplo espectro que desborda para aspectos como a proteção da fauna e da flora e para sublimação do patrimônio artístico e histórico. Há que se preservar a natureza e todo o seu equilíbrio com desenvolvimento sustentável, para que não coloquemos em risco as futuras gerações deste planeta. Em complementação a toda essa ideia, o Código Civil em vigor traz dispositivo expresso sobre o abuso do direito de propriedade, explicitação da regra ampla constante da Parte Geral (art. 187):

> *"São defesos os atos que não trazem ao proprietário qualquer comodidade, ou utilidade, e sejam animados pela intenção de prejudicar outrem"* (art. 1.228, § 3º).

Veja o que expusemos acerca do abuso de direito no primeiro volume desta obra. No caso desse parágrafo, o legislador acrescenta o *animus* de prejudicar, equiparando definitivamente o abuso de direito ao ato ilícito. O conceito estrito de abuso de direito não necessita aviventar esse interesse de prejudicar. O fato de a lei vir explicitada aqui não significa que em sede de propriedade deve necessariamente estar presente a intenção de prejudicar. Como decorre do art. 187, para a tipificação do abuso de direito basta, em qualquer situação, que o titular de um direito o exerça manifestamente além dos limites para os quais foi criado, contra o interesse econômico e social, atentando contra a boa-fé e os bons costumes. Como explanado, o Código de 2002 equiparou, no art. 187, o abuso de direito ao ato ilícito.

O art. 5º da Constituição de 1988, após garantir o direito de propriedade em seu *caput* e no inciso XXII, destaca que *"a propriedade atenderá a sua função social (XXIII)"*. O art. 170 da Carta, ao tratar da ordem econômica, dando valor ao trabalho e à livre iniciativa, conforme os ditames da justiça social, garante o princípio da *"função social da propriedade"* (inciso III), após referir-se ao princípio da propriedade privada em si mesma (inciso II). Ao tratar da política urbana, o legislador constitucional destaca que *"a propriedade urbana cumpre sua função social quando atende às exigências fundamentais de ordenação da cidade expressas no plano diretor"* (art. 182, § 1º). Ao cuidar da política agrícola e fundiária, dispõe a Constituição no art. 186:

> *"A função social é cumprida quando a propriedade rural atende, simultaneamente, segundo critérios e graus de exigência estabelecidos em lei, aos seguintes requisitos:*

I - aproveitamento racional e adequado;

II - utilização adequada dos recursos naturais disponíveis e preservação do meio ambiente;

III - observância das disposições que regulam as relações de trabalho;

IV - exploração que favoreça o bem-estar dos proprietários e dos trabalhadores".

As vigas mestras para a utilização da propriedade estão na Lei Maior. Cabe ao legislador ordinário equacionar o justo equilíbrio entre o individual e o social. Cabe ao julgador, como vimos, traduzir esse equilíbrio e aparar os excessos no caso concreto sempre que necessário. Equilíbrio não é conflito, mas harmonização.

A propriedade, portanto, tendo em vista sua função social, sofre limitações de várias naturezas, desde as limitações impostas no Código Civil de 1916, bem como no de 2002 em razão do direito de vizinhança, até as de ordem constitucional e administrativa para preservação do meio ambiente, fauna, flora, patrimônio artístico etc.

A proteção àquele que se utiliza validamente da coisa nada mais é do que revigoramento da usucapião. É obrigação do proprietário aproveitar seus bens e explorá-los. O proprietário e possuidor, pelo fato de manter uma riqueza, tem o dever social de torná-la operativa. Assim, estará protegido pelo ordenamento. O abandono e a desídia do proprietário podem premiar a posse daquele que se utiliza eficazmente da coisa por certo tempo. A prescrição aquisitiva do possuidor contrapõe-se, como regra geral, à perda da coisa pelo desuso ou abandono do proprietário. O instituto da usucapião é veículo perfeito para conciliar o interesse individual e o interesse coletivo na propriedade. Daí ter a Constituição atual alargado seu alcance. A finalidade da usucapião é justamente atribuir o bem a quem dele utilmente se serve para moradia ou exploração econômica. Cabe também ao Estado regular sua intervenção sempre que as riquezas não forem bem utilizadas ou relegadas ao abandono, redistribuindo-as aos interessados e capazes de fazê-lo.

8.2.1 O Estatuto da Cidade

A Constituição Federal de 1988, nos arts. 182 e 183, ocupou-se da política urbana. No primeiro desses dispositivos, ordenou a política do desenvolvimento urbano, a ser executada pelo Poder Público municipal, tendo em vista o pleno desenvolvimento das funções sociais da cidade, a fim de garantir o bem-estar de seus habitantes. Essa lei maior menciona o plano diretor, cuja aprovação caberá às Câmaras Municipais, obrigatório para as cidades com mais de vinte mil habitantes. No § 2º, esse dispositivo constitucional anota: *"A propriedade urbana cumpre sua função social quando atende às exigências fundamentais de ordenação da cidade expressas no plano diretor".*

Essa norma preocupa-se também com a devida utilização do solo urbano, a fim de propiciar pelo proprietário seu correto aproveitamento.

Em face da crescente urbanização, generalizada em todos os países, os governos passaram a editar normas na tentativa de ordenar o uso e a ocupação do solo, com marcante preocupação pela moradia digna.

O art. 183 reporta-se à usucapião de área urbana de até duzentos e cinquenta metros quadrados, com posse de cinco anos, com finalidade de moradia para o usucapiente que não seja proprietário de outro imóvel, conforme estudaremos no capítulo específico a seguir.

A Lei nº 10.257, de 10 de julho de 2001, com as alterações trazidas pela Lei 13.699/2018, que se nomeou Estatuto da Cidade, tem por finalidade regulamentar esses artigos constitucionais, estabelecendo diretrizes gerais de política urbana. Essa lei acabou sendo atropelada pelo

Código Civil atual, pois trata de matérias semelhantes no campo da propriedade. Mais uma vez estamos diante de um microssistema jurídico que se interpenetrará com o Código Civil. O legislador poderia ter evitado os conflitos interpretativos, mas, ao que parece, o que denominamos mixórdia ou barafunda legislativa é uma constante nas últimas décadas na legislação brasileira, quando deveria ser uma preocupação dos legisladores e mormente daqueles que os assessoram.

O fato é que essa lei é fruto de uma tramitação legislativa longa, cujo Projeto foi apresentado em 1989. Esse diploma legal se torna, na verdade, um estatuto do cidadão se levarmos em conta que nosso país se urbanizou no último século. Os reflexos são diretos sobre o direito de propriedade. Seu cunho é eminentemente social, pois visa, liminarmente, o melhor aproveitamento da propriedade urbana, com os mesmos propósitos programáticos do mais recente Código Civil. Tanto assim é que a lei apresenta capítulo programático sobre a "gestão democrática da cidade", que visa à participação efetiva da comunidade nos problemas urbanos.

Quanto à propriedade rural, anteriormente já tivéramos a edição das Leis nº 8.174/91, 8.629/93 e a mais recente Lei nº 13.465/2017, que dispõe sobre a regularização fundiária e urbana, regulamentam os dispositivos constitucionais relativos à reforma agrária.[1]

A propriedade, na atualidade, não é vista somente como um direito, mas também como uma função e como um bem coletivo de adequação social e jurídica.

Toda fundamentação dessa lei da cidade tem em mira colocar o cidadão em um local urbano e meio ambiente eficientes onde possa realizar seus desígnios com sua família, no que se denomina desenvolvimento sustentável. Nesse sentido, a lei trata do parcelamento do solo urbano, edificação e utilização compulsória, progressividade do IPTU como forma de jungir a correta utilização da propriedade, bem como a desapropriação por aproveitamento inadequado, como instrumentos de política urbana. A seguir, o estatuto cuida do chamado "plano diretor", apontado na Constituição, que se coloca como o elemento central da função social da propriedade urbana que se procura. A lei traça normas sobre a usucapião especial de imóvel urbano, regulamentando o art. 183 da Constituição. Também o direito de superfície, entre outros institutos absorvidos do direito civil, é objeto do Estatuto da Cidade, o que gerará dificuldades de interpretação, pois o instituto também está presente no Código Civil vigente, desde o projeto originário. Como apontamos neste capítulo, vivemos, neste início de século, um novo direito da propriedade que se afasta dos conceitos clássicos. Todos esses temas serão mencionados no decorrer de nosso estudo de direitos reais que, doravante, não pode mais prescindir da menção ao Estatuto da Cidade.

8.3 SOBRE A NATUREZA JURÍDICA DA PROPRIEDADE

Presente o fenômeno da propriedade na própria natureza do homem e orientada hoje a um sentido predominantemente social, torna-se secundária a análise de teorias que procuraram fixar sua natureza jurídica.

Na realidade, o curso da história encarrega-se de modificar, sem alterar na substância, essa natureza. Da época em que o homem primitivo se apropria de bens e utensílios para a caça e pesca, passando por sua fixação permanente no solo, até a concepção individual e social, cada momento histórico teve sua própria axiologia a respeito da propriedade. A *teoria da ocupação* poderia justificar a propriedade primitiva, antes do ordenamento do Estado. Com o advento

---

1 O Decreto 9.310/2018 institui as normas gerais e os procedimentos aplicáveis à Regularização Fundiária Urbana – Reurb, estabelecendo os procedimentos para a avaliação e a alienação dos imóveis da União, aplicada para os núcleos urbanos informais comprovadamente existentes em 22 de dezembro de 2016.

do Estado, é este quem determina e organiza a propriedade. Unicamente, o Direito protege os direitos subjetivos. Desse modo, não só a propriedade, como também qualquer outro instituto jurídico tem como denominador a lei. Todavia, não é apenas *a lei*, como se pretendeu no passado, que cria a propriedade. Esta decorre da própria *natureza humana*. Sua utilidade social, como visto, deve ser sopesada com a proteção do direito garantidor da propriedade privada. Negar a propriedade individual é negar a própria natureza humana. A filosofia marxista tentou fazê-lo e frustrou-se na prática. Assim como em outros fenômenos sociais, como a família, o casamento, a filiação, a sucessão, o contrato etc., o conceito de propriedade altera-se no tempo e no espaço. O presente ainda não é história. O passado ensina que todos esses fenômenos baloiçam ao sabor das necessidades sociais que se sucedem. No século XIX, não se poderia prever, por exemplo, o estágio atual da família no final do século XX, e início do século XXI nem o conceito atual de propriedade. Ao jurista cabe analisar os fenômenos presentes, tendo a história como mestre. Avançar juntamente com a história, tendo a sensibilidade de perceber as mudanças sociais de seu tempo, é o grande desafio do jurista. Nada mais injusta do que uma sentença anacrônica, na retaguarda ou na vanguarda do fenômeno social. Natural que em períodos de incertezas e mutações vacilem o legislador e o julgador. Contudo, do complexo conjunto legislativo e jurisprudencial, deve ser extraída a solução mais justa. Qualquer que seja a postura, porém, a defesa da propriedade privada não é de ser hostilizada, mas adequada.

Não esqueçamos também que a economia de massa exigiu a proteção ao consumidor, existindo entre nós lei específica (Lei nº 8.078/90). A propriedade recebe diretamente a influência dessa massificação e da atuação da empresa e de grandes conglomerados econômicos. O contrato é o veículo mais importante para o acesso à propriedade móvel e imóvel. Destarte, não bastassem todos os postulados clássicos da propriedade e os novos contornos dados pela relatividade do absolutismo de seu conceito, acresce-se o aspecto do consumidor perante o fornecedor de bens e serviços a ser examinado. Isso vem mais uma vez ao encontro da afirmação de que no Direito não existem compartimentos estanques. Não há questão, fato, ato ou negócio jurídico que se prenda exclusivamente a um ramo do Direito. Desse modo, no exame dos vários aspectos dos direitos reais existe sempre complexidade jurídica e social, mais ou menos ampla, mas nunca um fenômeno isolado.

Sob tal perspectiva devem ser vistos a propriedade e os direitos reais e o respectivo direito positivo analisado em nosso estudo.

8.4 OBJETO DO DIREITO DE PROPRIEDADE

Dentro do que foi examinado, o direito de propriedade é o direito mais amplo da pessoa em relação à coisa. Esta fica submetida à senhoria do titular, do *dominus*, do proprietário, empregando-se esses termos sem maior preocupação semântica. Traduz-se na disposição do art. 524 do Código de 1916: "*A lei assegura ao proprietário o direito de usar, gozar e dispor de seus bens, e de reavê-los do poder de quem injustamente os possua*". Ou, como descreve de forma mais atual o novel Código: "*O proprietário tem a faculdade de usar, gozar e dispor da coisa e o direito de reavê-la do poder de quem quer que injustamente a possua ou detenha*" (art. 1.228).[2]

[2] "Ação reivindicatória cumulada com indenização por perdas e danos – Parcial procedência – Justiça gratuita concedida aos requeridos na sentença – Imóvel objeto de inventário dos bens deixados por C.R.L., que só possuía 03 herdeiros colaterais (irmãos) – Administração provisória dos bens do espólio atribuída à coerdeira Z. (mãe do requerido) em 15/5/2009, posteriormente nomeada inventariante, tendo renunciado ao encargo – Omissão de informações acerca da gestão dos bens, dando ensejo à ação de prestação de contas julgada parcialmente procedente – Celebração de acordo entre os herdeiros, no qual a ex-inventariante, para quitação de seus débitos, abriu

mão do imóvel objeto da lide em favor dos autores, na proporção de 50% cada – Autores que são proprietários do imóvel desde a abertura da sucessão e com exclusividade desde a celebração do acordo – Possibilidade de o proprietário que não tem posse reaver a coisa de quem injustamente a possua ou detenha – Direito de sequela – **Exegese do art. 1.228, do CC** – Legitimidade dos herdeiros para propor ação reivindicatória mesmo antes da partilha – Pedido de suspensão da ação em razão de anterior ajuizamento de ação de usucapião – Descabimento – Ação de usucapião já julgada – Questão da não notificação para desocupação do bem superada pelo comparecimento espontâneo do réu aos autos – Alegação de usucapião como matéria de defesa – Não acolhimento – Não preenchimento dos requisitos formais e especiais para reconhecimento da usucapião – Inexistência de prova nos autos do tempo da alegada posse e do 'animus domini' – Existência de débitos de IPTU referentes ao período em que os réus estariam residindo no local – Existência, ademais, de oposição à posse dos réus pelos autores – Posse precária decorrente de atos de mera detenção ou tolerância, como se dá no comodato verbal, que não induzem a posse, não havendo que se falar em usucapião – Esbulho caracterizado com a não desocupação do imóvel – Cerceamento de defesa – Acolhimento – Pedido de avaliação por perito judicial para fixação do valor do aluguel mensal – Não realização de vistoria no local para certificação da metragem e estado de conservação do bem – Necessidade de perícia judicial, a ser realizada em sede de liquidação de sentença – Descabimento de honorários recursais – Recurso parcialmente provido" (*TJSP* – Ap 1029914-83.2022.8.26.0564, 7-1-2025, Rel. Salles Rossi).

"Reivindicatória – Prova documental a demonstrar a propriedade do imóvel em prol da parte autora – Direito do proprietário ao uso, gozo e disposição do bem – Previsão do **art. 1.228 do Código Civil vigente** – Demonstração segura da aquisição mediante regular registro imobiliário – Ausência de demonstração segura pela ré a sustentar as teses postas em defesa, inclusive, de usucapião – Proprietário que não se manteve inerte, sempre se opondo à permanência da ré no imóvel – Ausente requisito do *animus domini* para o seu reconhecimento – Posse clandestina que não autoriza indenização e retenção por benfeitorias – Procedência da ação – Sentença confirmada – Verba honorária majorada, em atendimento ao art. 85, parágrafo 11º do CPC – Recurso não provido" (*TJSP* – Ap 1013463-55.2019.8.26.0477, 18-6-2024, Rel. Elcio Trujillo).

"Imissão de posse. Casa de caseiro situada no interior de móvel rural adquirido em hasta pública. Tutela antecipada. Admissibilidade. Incontroversa aquisição da fazenda pelo agravado, o atual titular do domínio, com todas as prerrogativas concedidas pelo **art. 1.228 do Código Civil**. Ausência de dúvida razoável sobre o direito do agravado de se imitir na posse da casa de caseiro situada no interior do imóvel que há anos adquiriu e possui. Agravante se reduz a simples fâmulo da posse e, portanto, mero detentor, sem posse oponível ao proprietário. Defesa fundada exclusivamente na pendência de ação de preempção ajuizada pelo executado e ex-empregador do agravante, já julgada improcedente. Alegação de incompetência territorial não impede o Juízo de conceder tutela de urgência. Manifesta urgência da medida, mais de quatro anos depois da aquisição da propriedade rural em hasta pública. Recurso não provido" (*TJSP* – AI 2126541-44.2023.8.26.0000, 3-8-20203, Rel. Francisco Loureiro).

"Apelação. Imissão na posse. Improcedência da pretensão. Inconformismo do autor. As provas dos autos são conclusivos de que o autor adquiriu a propriedade do imóvel ao arrematar o bem em venda 'on-line' promovida pela anterior proprietária. Justo título de propriedade que assegura ao autor o direito ao pleno exercício, inclusive a posse direta. Previsão do artigo 1.228 do Código Civil vigente. Resistência dos réus à pretensão do autor, sob a assertiva de prescrição aquisitiva, conquanto ocupem o imóvel de forma precária. Defesa possessória que não se revela hábil, eis que a demanda tem cunho petitório e não possessório. Eventual discussão sobre usucapião que não se presta como matéria de defesa em ação de cunho petitório. Demonstração segura da aquisição mediante regular registro imobiliário. Procedência da pretensão do autor. Recurso a que se dá provimento" (*TJSP* – Ap 1071742-04.2019.8.26.0002, 29-7-2021, Rel. José Rubens Queiroz Gomes).

"Apelação cível. Ação reivindicatória. Propriedade demonstrada. Posse injusta. Sentença que determina a desocupação mantida. [...] Reivindicatória: Extrai-se do **art. 1.228 do CCB**, como **requisitos** para a propositura da ação reivindicatória, que o autor tenha **titularidade do domínio sobre a coisa reivindicada, que esta seja individuada, identificada e esteja injustamente em poder do réu**. Restando cabalmente comprovada a propriedade do imóvel em discussão, bem como a posse injusta da parte ré e estando o imóvel devidamente individualizado, preenchidos estão os requisitos essenciais à Ação Reivindicatória. Sentença mantida" (*TJRS* – Ap 70081725749, 20-02-2020, Rel. Eduardo João Lima Costa).

"**Propriedade**. Ação de Usucapião. Ocupação inicial do imóvel a título precário desde o ano de 1996. Permissão e tolerância, como meio de ingresso na localidade, expressamente reconhecidas. Falta, inicialmente, de *animus domini* necessário à usucapião. Modificação, porém, da relação de dependência em posse autônoma. Conhecimento da edificação, no mínimo, em 2003, com simples notificação encaminhada aos autores em 2012. Documento, outrossim, que não reclama a desocupação imobiliária, limitando-se a discorrer sobre a responsabilidade pelos encargos tributários. Transmutação evidenciada. Imóvel, antes desprovido de benfeitorias, que passa a abrigar uma edificação, certamente sem nenhuma anuência das contestantes. **Circunstância que estabelece a natureza de proprietários e não de simples detentores do imóvel**. Transmutação da posse de não própria para própria (art. 1208, parte final, do Código Civil)" (*TJSP* – Ap 0030036-98.2012.8.26.0068, 04-02-2021, Rel. Donegá Morandini).

"**Direito de propriedade** – Pedido de reconhecimento da propriedade do falecido genitor da autora sobre imóvel registrado apenas em nome da ré – Ação julgada parcialmente procedente – Insurgência da ré – Não integram a

Trata-se do poder de *senhoria* de que falamos no início deste livro. O Código preferiu descrever de forma analítica os poderes do proprietário (*ius utendi, fruendi, abutendi*) a definir a propriedade. A síntese dessas faculdades presentes na *senhoria* sobre a coisa fornece seu sentido global. Se vista isoladamente essa descrição legal, sem dúvida que se concluiria por um direito absoluto. No próprio Código Civil, estão presentes limitações a tais poderes que ali esbarram nos direitos de vizinhança, com amplitude maior ainda no presente Código do que em outras leis esparsas. Já se falou de limitações de outra natureza presentes em normas de direito público. Nunca se deve esquecer o sentido social da propriedade, traduzido na Constituição.

A faculdade de *usar* é colocar a coisa a serviço do titular sem lhe alterar a substância. O proprietário usa seu imóvel quando nele habita ou permite que terceiro o faça. Esse uso inclui também a conduta estática de manter a coisa em seu poder, sem utilização dinâmica. Usa de seu terreno o proprietário que o mantém cercado sem qualquer utilização. O titular serve-se, de forma geral, da coisa.

Gozar do bem significa extrair dele benefícios e vantagens. Refere-se à percepção de frutos, tanto naturais como civis.

A faculdade de *dispor* envolve o poder de consumir o bem, alterar-lhe sua substância, aliená-lo ou gravá-lo. É o poder mais abrangente, pois quem pode dispor da coisa dela também pode usar e gozar. Tal faculdade caracteriza efetivamente o direito de propriedade, pois o poder de usar e gozar pode ser atribuído a quem não seja proprietário. O poder de dispor somente o proprietário o possui. A expressão *abutendi* do Direito Romano não pode ser simplesmente entendida como *abusar da coisa*, que dá ideia de poder ilimitado, ideia não verdadeira mesmo no direito antigo. *Abutendi* não possui o sentido nem de abusar nem de destruir, mas de consumir. Daí por que o termo utilizado na lei, *disposição*, é mais adequado. Não se distancia, contudo, do sentido de destruição da coisa quando o proprietário a aliena, pois o bem desaparece de seu patrimônio.

Como já exposto, decorre da propriedade o direito de sequela, que legitima o proprietário à ação reivindicatória (seção 2.3). A *rei vindicatio* é efeito fundamental do direito de propriedade.

A esta altura de nosso estudo, facilmente compreensível a assertiva clássica de ser o direito de propriedade *absoluto*. Destarte, por tudo já examinado, não é contraditório nem inoportuno repetir o relativismo dessa afirmação. O direito de propriedade é absoluto dentro do âmbito resguardado pelo ordenamento. É o direito real mais amplo, mais extenso. Esse o sentido também de sua oposição perante todos (*erga omnes*). No art. 526 do Código de 1916, o legislador já estipulara limite a seu exercício. A propriedade é exercida nos limites de sua *utilidade* e *interesse*:

> *"A propriedade do solo abrange a do que lhe está superior e inferior em toda a altura e toda a profundidade, úteis ao seu exercício, não podendo, todavia, o proprietário opor-se a trabalhos que sejam empreendidos a uma altura ou profundidade tais, que não tenha ele interesse de impedi-los".*

---

comunhão as parcelas do imóvel pagas com valores oriundos de conta bancária de titularidade exclusiva da ré após o falecimento de seu marido – Decisão reformada sob esse aspecto – Incabível discutir, nos presentes autos, o alegado direito de sucessão da ré. Recurso parcialmente provido" (*TJSP* – AC 0015955-14.2004.8.26.0590, 17-10-2019, Rel. Elcio Trujillo).

"Recurso de apelação – **Reivindicatória** – Posse justa e de boa-fé da ré – Improcedência mantida – Nos termos do artigo 1.228 do Código Civil, 'o proprietário tem a faculdade de usar, gozar e dispor da coisa, e o direito de reavê-la do poder de quem quer que injustamente a possua ou detenha'. Sendo justa e de boa-fé a posse exercida pela ré, é de rigor a improcedência do pedido reivindicatório. Recurso não provido" (*TJMS* – AC 0812364-36.2015.8.12.0001, 30-7-2018, Rel. Des. Vilson Bertelli).

A mesma noção é mantida pelo art. 1.229 do vigente Código. O poder do proprietário do solo não pode ser levado *ad sidera et ad inferos*, como se sustentava no direito intermédio.

As riquezas do subsolo, entre nós, são objeto de propriedade distinta para efeito de exploração e aproveitamento industrial de acordo com o ordenamento (arts. 176 e 177 da Constituição). Nesse sentido dispõe o art. 1.230 do Código de 2002 que

> *"a propriedade do solo não abrange as jazidas, minas e demais recursos minerais, os potenciais de energia hidráulica, os monumentos arqueológicos e outros bens referidos por leis especiais".*

Assim também as quedas d'água e outras fontes de energia hidráulica, consideradas bens imóveis distintos da terra onde se encontram pelo Código de Águas. O espaço aéreo pode ser utilizado em altura que não prejudique a navegação aérea. Observa, porém, o parágrafo único do art. 1.230, em prol da correta utilização da coisa, que

> *"o proprietário do solo tem o direito de explorar os recursos minerais de emprego imediato na construção civil, desde que não submetidos a transformação industrial, obedecido o disposto em lei especial".*

O direito de propriedade mal utilizado ou utilizado sem finalidade ou com finalidade meramente emulativa constitui abuso de direito. Trata-se de *exercício irregular de direito* e, portanto, eivado de ilicitude. Essa conclusão, no sistema de 1916, defluía, *a contrario sensu*, do art. 160, I, que dispunha não serem ilícitos os atos praticados no *exercício regular de um direito reconhecido*. O Código de 2002, além de mencioná-lo expressamente no capítulo da propriedade, como vimos, traz dispositivo geral expresso acerca do abuso de direito:

> *"Comete ato ilícito o titular de um direito que, ao exercê-lo, excede manifestamente os limites impostos pelo seu fim econômico ou social, pela boa-fé ou pelos bons costumes"* (art. 187; ver nosso estudo a respeito do abuso de direito na obra *Direito civil: parte geral*, seção 30.4).

Com idêntica mitigação deve ser visto o princípio estatuído no art. 527 do Código anterior: *"O domínio presume-se exclusivo e ilimitado até prova em contrário"*. Cabe, como regra geral, ao prejudicado provar que o exercício não é exclusivo, bem como sua limitação no caso concreto. Sob esse prisma, redige o mais recente Código, no art. 1.231: *"A propriedade presume-se plena e exclusiva, até prova em contrário"*.

Diz-se, também, que o direito de propriedade é *perpétuo*, no sentido de que não pode simplesmente se extinguir pelo não uso. A usucapião traduz atitude ativa do usucapiente que adquire a propriedade, não se destacando a atitude passiva daquele que a perde.

Fala-se em *elasticidade* do direito de propriedade por ser o mais extenso quando desvinculado de direitos reais limitados, como o usufruto, uso e habitação, bem como penhor, hipoteca e anticrese. Esses direitos restringem o âmbito do direito de propriedade. Quando desaparecem, a propriedade volta a ser plena.

O direito de propriedade, como já exposto no estudo da posse, abrange tanto os bens *corpóreos* e *incorpóreos*, como os *móveis* ou *imóveis*. Sobre a problemática da chamada *posse de direitos* referimo-nos anteriormente (seção 3.4). Tem, portanto, como objeto, em regra geral, todos os bens apropriáveis. A terminologia atual aceita domínio e propriedade como sinônimos, embora, como acentuado, se reserve com maior uso o termo *propriedade* para os bens imateriais, referindo-se o *domínio* de forma mais ampla aos bens corpóreos e incorpóreos. Geralmente, não se alude ao titular de direito de crédito, de patente de invenção, de direito intelectual como proprietário, "*mas a amplitude semântica do vocabulário jurídico não repugna designar a titularidade dos direitos sobre bens incorpóreos como 'propriedade'*" (Pereira, 1993:76).

O Código de 1916 colocou a propriedade literária, científica e artística disciplinada entre os direitos de propriedade (art. 524, parágrafo único). O direito atual tende a considerá-la ramo autônomo porque essas modalidades apresentam naturezas diversas que impedem uma única classificação, tanto que o Código de 2002 suprimiu esse capítulo. Os diplomas legislativos atuais reguladores das matérias sustentam essa posição. Arnoldo Wald (1991:115) explica a posição legislativa do Código

> *"pelo prestígio especial gozado pelo direito de propriedade, fazendo com que o legislador, visando consolidar certos outros direitos de criação recente, os tenha equiparado ao direito de propriedade".*

Os frutos e demais produtos da coisa são considerados suas pertenças, ainda quando separados, cabendo sua propriedade ao titular da coisa, salvo se, por lei especial, tiverem outro regime jurídico (art. 1.232).

8.5 RESTRIÇÕES AO DIREITO DE PROPRIEDADE

A função social da propriedade requer do ordenamento princípios limitadores da atuação do proprietário. Já foi por nós referido que no Código são encontradas limitações impostas pelo direito de vizinhança, de forma ainda mais específica no presente diploma. A Constituição Federal traça normas programáticas para a função social da propriedade, sendo de há muito entre nós as riquezas do subsolo independentes do solo e de seu proprietário. Cabe ao legislador ordinário regular sua exploração.

São muitas e cada vez mais numerosas as leis que interferem na propriedade. A exigência de limitação decorre do equacionamento do individual e do social, como acentuado.

Destarte, são inúmeras as restrições de ordem administrativa. Protege-se o patrimônio histórico, a fauna, a flora, o equilíbrio ecológico etc. Há leis especiais que cuidam expressamente dessas questões, restrições direcionadas à propriedade urbana e rural. Há restrições de ordem militar que dizem respeito à segurança nacional, disciplinando, por exemplo, a requisição de bens particulares necessários às forças armadas nos casos de urgência e defesa nacional.

No Código Eleitoral, também se dispõe sobre o uso da propriedade privada, quando se permite a requisição de bens para a realização de eleições.

Pontuando especialmente os direitos de vizinhança cuja análise pertence ao direito privado e ao direito público, seria exaustivo e desnecessário a esta altura elencar todas as modalidades de restrição à propriedade. Na análise de cada disposição legal, contudo, levar-se-ão em conta os princípios aqui firmados. Consideremos, também, que como regra geral todo bem que sofra restrição deve ser indenizado. Se não ocorrer desapropriação e não houver lei específica que permita reparação de prejuízo, restará sempre a via da ação do enriquecimento sem causa, uma vez presentes seus requisitos (ver nossa obra *Direito civil: Obrigações e Responsabilidade Civil,* Capítulo 9).

A limitação à propriedade também pode decorrer de ato voluntário, como a imposição das cláusulas de inalienabilidade, impenhorabilidade e incomunicabilidade em doações ou testamentos (ver nossa obra *Direito civil: Família e Sucessões,* Capítulo 29).

8.6 NOÇÃO DE PATRIMÔNIO

A ideia de patrimônio foi por nós exposta na obra *Direito civil: parte geral* (seção 15.5). Embora pertencente à categoria da parte geral, a noção de patrimônio prende-se mais marcantemente aos direitos reais e ao conceito de propriedade ou domínio. Expusemos que o conjunto de direitos reais e obrigacionais, ativos e passivos, pertencentes a uma pessoa denomina-se *patrimônio*. Está intimamente ligado à personalidade. Mesmo os direitos obrigacionais, quando referidos ao patrimônio de alguém, são vistos em relação à titularidade, à apreciação de valor que possui para o sujeito. Cuida-se de bens incorpóreos que, como vimos, também integram o conceito de domínio. Daí por que o patrimônio engloba tão somente direitos avaliáveis em pecúnia. Compreende um complexo de bens e direitos. Apenas por extensão semântica e figura de linguagem se pode falar em *patrimônio moral* ou *patrimônio da humanidade*. Os direitos puros da personalidade não têm repercussão patrimonial imediata. A honra, a boa fama, a liberdade são valores que terão repercussão apenas quando violados e derem margem a indenização por danos morais. No patrimônio, considera-se a universalidade de direitos e obrigações. Na sucessão *causa mortis*, exemplo mais característico, existe a transferência dessa universalidade. Evidentemente, a propriedade desempenha papel fundamental dentro do patrimônio, o qual, no entanto, não é constituído apenas dela.

Conclui-se, portanto, que somente as pessoas, naturais ou jurídicas, podem possuir patrimônio, mas toda pessoa tem patrimônio, por menor que sejam suas posses materiais, porque se trata de atributo da personalidade; este perdura unido à pessoa durante toda sua existência e é uno, ou seja, há um único patrimônio para cada pessoa (Weill, Terré e Simler, 1985:8). Esta última conclusão decorre do fato de ser uma *universalidade*. Por outro lado, a unidade do patrimônio não impede que determinados bens de sua constituição sejam afetados para certas finalidades, nem que porção individualizada possa ser alienada. Essa universalidade, ao contrário do que sustenta a doutrina tradicional, pode ser alienada por ato entre vivos quando, por exemplo, a pessoa jurídica cede todo o seu patrimônio a outra. Vejamos, portanto, a propriedade como porção integrante do patrimônio.

9

AQUISIÇÃO DA PROPRIEDADE EM GERAL. AQUISIÇÃO DA PROPRIEDADE IMÓVEL. USUCAPIÃO E SUAS MODALIDADES

9.1 PROPRIEDADE MÓVEL E IMÓVEL. PRINCÍPIOS GERAIS

O art. 530 do Código de 1916 enumerou as modalidades de aquisição da propriedade:

> *"I - pela transcrição do título de transferência no registro do imóvel;*
>
> *II - pela acessão;*
>
> *III - pela usucapião;*
>
> *IV - pelo direito hereditário".*

O Código antigo não descreveu de forma analítica os modos de aquisição das coisas móveis. No entanto, o Capítulo III do Título da Propriedade, *da aquisição e perda da posse*, cuidava de vários institutos sucessivamente, os quais nem sempre podiam ser considerados de forma isolada: *ocupação, caça, pesca, invenção, tesoiro, especificação, confusão, comistão* e *adjunção, usucapião* e *tradição*. Dessa matéria nos ocuparemos no capítulo seguinte.

O Código de 2002 não elenca os modos de aquisição da propriedade imóvel em artigo específico, mas a partir do art. 1.238 apresenta os artigos referentes à usucapião, aquisição por registro do título, aquisição por acessão. No tocante à propriedade móvel cuida, a partir do art. 1.260, da usucapião, ocupação, achado de tesouro, tradição, especificação, confusão, comistão e adjunção.

Em nossa obra introdutória (*Direito civil: parte geral*, Capítulo 15), discorremos sobre os bens em Direito Romano. Ali, acentuamos que eram divididos em *res mancipi* e *nec mancipi*. O critério divisório obedecia à ordem de importância das coisas para a sociedade da época. Eram *res mancipi* os fundos itálicos, assim considerados o solo romano e da península itálica, as servidões prediais sobre os fundos itálicos, os escravos, os animais que se domavam pelo pescoço, ou seja, animais de carga ou de trabalho. Os demais bens eram *res nec mancipi*: dinheiro, metais preciosos, móveis, demais animais, inclusive os domáveis, mas desconhecidos dos primitivos romanos, como os elefantes e os camelos. A sociedade primitiva romana era essencialmente agrícola, daí considerar o solo mais importante. Por isso, a transferência das coisas *mancipi* era realizada por atos solenes e formais, cercada de maiores garantias, enquanto as *res nec mancipi* transmitiam-se pela simples tradição.

Essa distinção foi perdendo importância na medida do desenvolvimento e expansão romana, até ser suprimida na codificação de Justiniano.

A mesma importância que o direito primitivo romano concedia a essa classificação é atribuída hoje à distinção entre bens móveis e imóveis. Essas expressões são de origem pós-clássica.

Toda a estrutura das codificações civis do sistema romano-germânico dá preeminência e proteção jurídica mais extensa aos bens imóveis, entendendo que no imóvel está o substrato da riqueza. Na Idade Média, a propriedade da terra era sinônimo de soberania e poder. Essa noção insere-se nas codificações.

Nosso Código Civil anterior entrou em vigor no início do século XX e encontrou uma sociedade agrícola para regular. Nesse período do alvorecer da República, toda a estrutura da senhoria da terra, dos senhores de engenho do Nordeste e dos barões de café ao Sul, com grandes extensões de terras, estava presente. Ainda hoje, principalmente em bolsões nordestinos, coexistem vastas extensões de solo concentradas nas mãos de poucos. A industrialização e a polarização urbana em grandes centros permitem valor maior às riquezas imobiliárias. Nessa premissa, não somente pela forte pressão histórica, mas principalmente pelo estágio de nossa sociedade na promulgação do Código, era de esperarmos que fosse mantido o realce legislativo aos imóveis ao lado da proteção ao patrimônio privado. O imóvel urbano ganha realce na medida do crescimento das cidades. O denominado Estatuto da Cidade (Lei nº 10.257/2001), referido no capítulo anterior, ocupa-se da disciplina da propriedade urbana entre nós. No ordenamento do Direito das Coisas, o Código mostra claramente a maior proteção dedicada aos imóveis.

9.1.1 Sistemas de Aquisição da Propriedade

Por nosso sistema, o contrato é veículo, é instrumento (embora não o único) para aquisição das coisas, mas por si só não transfere a propriedade. O domínio transmite-se pela tradição no tocante aos bens móveis e pela transcrição do título aquisitivo para os imóveis. Seguiu-se a tradição romana: *traditionibus, non nudis pactis, dominia rerum transferuntur*.

Nosso ordenamento de aquisição da propriedade seguiu o modelo alemão, sem, contudo, ser-lhe totalmente fiel. Afastou-se, portanto, do modelo francês, em que o simples pacto transfere a propriedade. Advirtamos, contudo, de que ainda há juristas em nosso país que, de forma absolutamente minoritária, defendem que o contrato *de per si* transfere a propriedade em nosso direito.

No direito vigente no país anteriormente ao Código de 1916, proclamava-se a suficiência tão só do contrato para a aquisição da propriedade, sem necessidade de outra formalidade. Entendia-se, porém, de forma contraditória, que a transcrição no registro imobiliário era necessária para obtenção de efeito perante terceiros. Por essa razão, Teixeira de Freitas, em sua Consolidação das Leis Civis, acentuou a distinção entre a aquisição de bens móveis e imóveis, sustentando a exigência do registro para os imóveis.

Para o sistema francês, a transcrição no registro imobiliário não é constitutiva de direito real. O efeito translativo decorre do próprio contrato de compra e venda, doação, permuta etc. O contrato é, ao mesmo tempo, obrigação e fato gerador do direito real. Transfere-se a propriedade pelo simples consentimento. Quanto aos imóveis, existem nesse direito duas fases distintas: quando do contrato, a propriedade transfere-se, acarretando efeito entre as partes; com o registro imobiliário, o direito alcança o efeito *erga omnes*. O registro tem apenas o efeito de tornar o negócio público e oponível perante terceiros. Comenta Serpa Lopes, (1964, v. 6:517):

> *"Do ponto de vista formal, o sistema do Registro de Imóveis do Direito francês é calcado sobre o critério do nome das pessoas, não se levando em conta o imóvel. O número de atos subordinados ao registro são em número deficiente. Os efeitos da transcrição limitam-se, como já vimos, aos de simples oponibilidade do ato em relação a terceiros. Têm caráter puramente negativo. Nenhuma presunção de exatidão".*

O Código alemão de 1896 instituiu a transferência de propriedade fundada no registro imobiliário. Pelo sistema alemão, há um exame prévio do título que serve de instrumento para a transferência da coisa, perante juízes do registro imobiliário. Essa modalidade exige cadastro rigoroso e confiável dos imóveis. Efetivado o registro nesse sistema, o ato assume caráter de negócio jurídico abstrato. Desvincula-se o negócio da causa anterior, seja ela contrato de compra e venda, doação, permuta etc. Destarte, o conteúdo do registro estabelece presunção absoluta de propriedade. A transcrição imobiliária é sua prova plena. O registro alemão concede publicidade formal ao tornar públicos os atos ali inscritos, permitindo a qualquer interessado deles tomar conhecimento. Também confere publicidade material ao ato registrado porque a ele atribui precipuamente eficácia. A inscrição exterioriza o ato e outorga-lhe eficácia *erga omnes*.

Nosso ordenamento civil adota o sistema tedesco, com a mitigação necessária à realidade social. O registro imobiliário não poderia apresentar o mesmo caráter absoluto em razão de nossas deficiências estruturais. Clóvis adotou o primeiro passo da dogmática positiva alemã: a transmissão da propriedade imóvel dá-se pela transcrição. Com o contrato existe apenas obrigação, direito pessoal. É o que decorre dos arts. 530 e 531 do Código de 1916. Nesse sentido, o Código de 2002 é expresso no art. 1.245 ao estatuir: *"Transfere-se entre vivos a propriedade mediante o registro do título translativo no Registro de Imóveis"*. O § 1º do dispositivo acrescenta que, enquanto não se registrar o título translativo, o alienante continua a ser tido como dono do imóvel. O § 2º aduz ainda que, enquanto não se promover por ação própria a decretação de invalidade do registro e o respectivo cancelamento, o adquirente continua a ser tido como dono do imóvel. Essas disposições demonstram claramente que o registro imobiliário estabelece uma presunção que não é absoluta, mas cujo registro somente pode ser alterado por outro registro ou por decisão judicial.

Como vemos, portanto, a presunção que se estabelece por nosso registro imobiliário não é absoluta, mas *iuris tantum*, relativa. A transferência estampada em instrumento é título hábil à transmissão da propriedade, sofrendo exame formal perfunctório pelo oficial do registro, que se recusará a efetuá-lo se lhe faltarem requisitos. Efetivada a matrícula ou o registro de outro direito real, presume-se que seu titular é aquele ali constante. A transcrição receberá a data da apresentação do título e não a data constante do instrumento: *"Art. 534. A transcrição datar-se-á do dia em que se apresentar o título ao oficial do registro, e este o prenotar no protocolo"*.[1]

---

[1] "Agravo de instrumento – Execução Fiscal – IPTU – Exercícios de 2017 a 2019 – Município de Osasco – Exceção de pré-executividade rejeitada – Imunidade tributária – Instituição religiosa – Patrimônio relacionado com as finalidades essenciais da entidade proprietária do bem (art. 150, VI, 'b', § 4º, da CF/88) – Divergência sobre o preenchimento dos requisitos para concessão da imunidade tributária – Ausência de comprovação da propriedade do imóvel à época do lançamento do IPTU – Transcrição da alienação do bem no competente Cartório de Registro de Imóveis que ocorreu somente em 2021 – **Inteligência do artigo 1.245, 'caput', e parágrafo 1º do Código Civil** – Circunstância que impede qualquer discussão a respeito do direito da agravante ao benefício fiscal da imunidade nesse caso específico, dada a estreita via processual eleita que, inclusive, impede o Município de produzir provas sobre sua resistência – Decisão mantida. Recurso não provido" (*TJSP* – Ap 2047236-40.2025.8.26.0000, 10-3-2025, Rel. Marcos Soares Machado).

Até prova em contrário, é titular do direito real aquele constante do registro imobiliário: *"Art. 859. Presume-se pertencer o direito real à pessoa, em cujo nome se inscreveu, ou transcreveu"*.

O Código em vigor utiliza-se do termo "registro" ao mencionar a regra geral e dispõe: *"O registro é eficaz desde o momento em que se apresentar o título ao oficial do registro, e este o prenotar no protocolo"* (art. 1.246).

Enquanto o registro não for anulado, tem eficácia a presunção. Decorre daí a importância fundamental do registro. O registro efetua-se no cartório da circunscrição do imóvel. Outra importante distinção em nosso sistema imobiliário é poder qualquer pessoa interessada requerer o registro, enquanto no sistema alemão, para a transcrição, há necessidade do acordo de ambas as partes.

"Recurso inominado – Embargos de terceiro fundado em instrumento particular de promessa de compra e venda de bem imóvel – Ausência de anotação no registro imobiliário e de prova do pagamento do preço. Alegação da embargada de que o negócio envolvendo o imóvel visou fraudar credores. Ação de adjudicação compulsória proposta depois de sentenciada a ação que deu origem a estes embargos e que não opera coisa julgada em relação a terceiros. Boa-fé que não milita em favor do embargante ante as circunstâncias envolvendo o negócio. Contexto probatório que aponta para fraude a credores. Alienação ineficaz perante a credora. Sentença mantida. Recurso desprovido" (*TJRS* – AC 71009539834, 27-10-2020, Rel. Mara Lúcia Coccaro Martins Facchini).

"**Compra e venda de imóvel** – Adjudicação compulsória – Despesas de registro – Obrigação da vendedora por contrato – Sentença de parcial procedência, condenando a ré em obrigação de fazer para providenciar, em trinta dias, o registro da escritura de compra e venda, bem como apresentar comprovantes de pagamentos dos tributos sobre o imóvel até a data da outorga da escritura, todas as despesas podendo ser reembolsadas ao autor caso a ré não cumpra a obrigação de fazer. E julgou improcedente pedido contraposto da ré, de indenização por danos morais. Irresignação da ré. Alegação de que a obrigação da vendedora se limitaria à outorga da escritura e pagamento das despesas dela e dos imóveis até esse momento, e não para o registro na matrícula. Contrato que previa obrigação da vendedora de arcar com as custas para a transferência do imóvel. Transferência da propriedade do imóvel que depende do registro do título (art. 1.245, CC). Obrigação contratual da vendedora de pagar as custas do registro. Litigância de má fé não configurada (art. 80, CPC). Sentença mantida. Recurso desprovido" (*TJSP* – AC 1005458-62.2016.8.26.0408, 9-5-2019, Rel. Carlos Alberto de Salles).

"Apelação Cível – Procedimento de jurisdição voluntária – Contrato de compra e venda de imóvel – **Outorga de escritura de transferência da propriedade** – Ausência – Alvará judicial para transferência de propriedade não comprovada – Impossibilidade – Artigo 1.245, § 1º, CC – Continuidade da cadeia registral – Recurso ao qual nega provimento – 1- Nos termos do § 1º do artigo 1.245 do Código Civil, a transmissão de bens imóveis só se opera mediante a transcrição no Serviço de Registro de Imóveis. 2- Não há falar em expedição de alvará judicial para a transferência de imóvel quando não comprovada a propriedade do bem e a regularidade da cadeia dominial" (*TJMG* – AC 1.0245.09.164689-4/001, 21-9-208, Rel. Marcelo Rodrigues).

"Apelação – Nulidade de escritura pública e cancelamento de transcrição imobiliária – Procedência – Decisão mantida. 1- Preliminar: Ausência de impugnação contra a decisão de nulidade do negócio jurídico realizado – Inocorrência – A ré afirmou que é terceira e adquirente de boa-fé, insurgindo-se expressamente contra a decretação de nulidade do negócio jurídico realizado – 2- Mérito: A autora é proprietária do imóvel registrado sob a matrícula nº 81.902 no Cartório de Registro de Imóveis de Barueri/SP – Afirma que foi realizada alteração contratual e alienação do imóvel sem seu conhecimento e com falsificação de assinaturas – Laudo pericial grafotécnico que concluiu pela falsidade das assinaturas do representante da empresa autora, dos sócios, da testemunha e do representante da outorgante vendedora, lançadas nos requerimento de alteração contratual, na alteração contratual da sociedade empresária e na escritura de compra e venda – Ré que realizou negócio jurídico de alienação com quem não era o antigo proprietário do imóvel – Negócio jurídico nulo – Insuscetível de confirmação pelas partes e de convalescência pelo decurso do tempo (art. 169 do CC). Preliminar rejeitada. Recurso improvido" (*TJSP* – Ap 0011783-96.2011.8.26.0068, 12-3-2018, Rel. Egidio Giacoia).

"**Adjudicação Compulsória** – Compromisso de compra e venda – CDHU – Cobrança de supostas parcelas em aberto – Consulta sobre dados do financiamento que refere a ocorrência de quitação antecipada – Ré condenada a outorgar a **escritura definitiva do imóvel à autora** – Conjunto habitacional não regularizado – Situação que não constitui empecilho ao acolhimento do pedido de adjudicação compulsória – Título judicial, porém, que não terá acesso ao registro, subordinado à prévia regularização do empreendimento – Apelada que estará munida de título hábil à transmissão da propriedade no momento que a regularização for ultimada – Precedente – Decisão mantida – Recurso desprovido, com observação" (*TJSP* – Ap 1004888-89.2015.8.26.0609, 8-9-2016, Rel. Theodureto Camargo).

9.1.2 Ação Pessoal para Entrega de Coisa. Aspectos Processuais

Não obstante inexistir ainda direito real, o adquirente de coisa móvel ou imóvel pode acionar o vendedor para entregá-la, tudo para que se dê cumprimento ao princípio da primazia da tutela específica; cuida-se, portanto, de cumprir obrigação de dar coisa certa. Na impossibilidade, tendo a coisa sido transferida a terceiro, ou em última análise não mais existindo no patrimônio do alienante, inviabilizando-se de qualquer modo a entrega, a obrigação converte-se em perdas e danos. Tivesse o contrato, entre nós, o condão de transferir o domínio da coisa tão só pelo instrumento, estaria o comprador legitimado a reivindicá-la. Não é o que ocorre em nosso sistema. O direito de sequela nasce com o registro imobiliário e com a tradição. Antes desses atos, existem apenas direitos obrigacionais (ou pessoais, terminologia também aceita).

Desse modo, não está o adquirente impedido de exigir que o alienante entregue a coisa decorrente de contrato como a princípio possa parecer. O ordenamento não proíbe a execução em espécie do contrato. Em outras palavras, o fato de o Código não criar um direito real não inibe a ação pessoal para receber a coisa. Os contratos nascem para serem cumpridos: *pacta sunt servanda*. Entretanto, o âmbito nesse nível é estritamente obrigacional. Esse liame decorrente de contrato de compra e venda ou qualquer outro de transferência da propriedade, enquanto não efetivado o registro imobiliário, ou não ocorrida a tradição da coisa móvel, é exclusivamente pessoal. Vincula credor e devedor. Não é cogitada ainda a figura do proprietário ou titular de outro direito real. A pretensão contra o alienante ou promitente de direito real é obrigacional. Somente a lei pode atribuir efeitos reais a relações obrigacionais, como vimos (Capítulo 1, seção 1.4.3). O procedimento é comum, aplicando-se os princípios da obrigação de dar (arts. 233 ss.).

O CPC de 1973 não regulou originalmente de forma especial o procedimento para as obrigações de dar, fazer e não fazer. Fê-lo apenas como modalidades de execução. Destarte, o procedimento será comum, executando-se a obrigação pelo disposto nos arts. 815 ss. do estatuto processual de 2015. A Lei nº 10.444, de 2002, alterou a redação do art. 621 do CPC de 1973, aduzindo que o devedor de obrigação de entrega de coisa certa, constante de título executivo extrajudicial, será citado para, no prazo de 10 dias, satisfazer a obrigação ou apresentar embargos. Com a revogação do art. 737, II, expressamente mencionada no artigo 621, a apresentação de embargos não mais dependia de prévia segurança do juízo. A redação do parágrafo único disciplinava que a multa por dia de atraso no cumprimento da obrigação deve ser fixada pelo juiz ao despachar a inicial. Por essa razão, o adquirente de bem que ainda não o recebeu, seja móvel ou imóvel, ingressará com ação de procedimento comum, objetivando a entrega. Não havendo título, será carecedor da execução. Se a coisa já não pode ser entregue, o bem imóvel também foi alienado a outrem, estando registrado em nome de terceiro. O art. 806 do CPC de 2015 estabelece prazo de quinze dias da citação, para satisfação da obrigação. No exemplo mais patente, a solução, a qual aliás nem precisaria estar na lei processual, é conferida pelo art. 809 do CPC de 2015:

> *"O exequente tem direito a receber, além de perdas e danos, o valor da coisa, quando essa se deteriorar, não lhe for entregue, não for encontrada ou não for reclamada do poder de terceiro adquirente".*

Pecara o CPC anterior por não ter sido mais explícito, ou, quiçá, sendo mais justo com o insigne autor de seu projeto, por retratar postulados criteriosamente técnico-jurídicos fora do alcance e compreensão da grande massa profissional a que se destina. O fato é que as ações decorrentes de obrigações de dar, fazer e não fazer eram com frequência mal ajuizadas pela errônea compreensão dos princípios materiais e processuais, pelo vezo deslocado de procurar a solução no processo, antes de ser analisado o direito subjetivo descrito no direito material. Sobre a questão, aliás, já nos manifestamos na obra *Direito civil: Obrigações e Responsabilidade Civil*, Capítulo 6. Não se confunde o título aquisitivo de propriedade com os títulos executivos extrajudiciais descritos no art. 585 do CPC.

Observemos, porém, que a Lei nº 8.953/94 introduziu importante modificação na tipificação de título extrajudicial (art. 585, II, do CPC de 1973), permitindo que o instrumento de transação tenha essa qualidade, desde que referendado pelo Ministério Público, pela Defensoria Pública ou pelos advogados dos transatores. Nesse diapasão, existe agora possibilidade de a obrigação de dar, fazer e não fazer ser dotada de força executória.

A propósito, o art. 498 do CPC de 2015, com redação idêntica ao estatuto processual anterior, procurou dirimir quaisquer dúvidas sobre a matéria, como vínhamos insistentemente enfatizando. Estatui o presente dispositivo:

> *"Na ação que tenha por objeto a entrega de coisa, o juiz, ao conceder a tutela específica, fixará prazo para o cumprimento da obrigação".*

Essa mesma disposição processual permite que seja convertida a condenação em perdas e danos se impossível a condenação em espécie.

Portanto, como a existência do simples pacto gera apenas vínculo obrigacional entre as partes, não existindo registro imobiliário ou tradição, a ação não é nem reivindicatória, nem possessória, mas simplesmente obrigacional. Cuida-se de buscar as consequências do inadimplemento.

Quando existe direito real, a ação reivindicatória objetiva diretamente reaver a coisa, contra quem quer que a detenha. Sobre a posse e seus meios de defesa discorremos nos capítulos anteriores. Acentuemos, porém, que na ausência de direito real, se existir o estado de fato da posse, sua defesa pode atingir com vantagem a manutenção ou reintegração da coisa, que a simples controvérsia acerca do pacto contratual tornaria inócua e mais difícil. Contudo, se não houver posse, só resta ao adquirente utilizar-se dos princípios e remédios processuais obrigacionais.

9.1.3 Aquisição Originária e Derivada; a Título Singular e a Título Universal

A aquisição da propriedade é *originária* quando desvinculada de qualquer relação com titular anterior. Nela não existe relação jurídica de transmissão. Inexiste ou não há relevância jurídica na figura do antecessor. Sustenta-se ser apenas a ocupação verdadeiramente modo originário de aquisição. Todavia, sem dúvida, como a maioria da doutrina, entendem-se como originárias também as aquisições por usucapião e acessão natural. Nessas três modalidades, não existe relação jurídica do adquirente com proprietário precedente.

A diferença de postura doutrinária a respeito da aquisição originária decorre da acepção segundo a qual, nessa modalidade, a coisa nunca pertenceu a outrem. Nessa visão restritiva, é fato, apenas a ocupação, tal como a caça e pesca, inserir-se-ia no conceito. Para a corrente dominante, a qual corretamente leva em conta as consequências jurídicas dessa categoria jurídica, é originária toda aquisição que não guarda qualquer relação com titulares precedentes, ainda que estes possam ter efetivamente existido.

Caso típico de aquisição originária é a usucapião. O bem usucapido pode ter pertencido a outrem, mas o usucapiente dele não recebe a coisa. Seu direito de aquisição não decorre do antigo proprietário. Na aquisição originária, o único elemento que para ela concorre é o próprio fato ou ato jurídico que lhe dá nascimento.

Ocorre aquisição *derivada* quando há relação jurídica com o antecessor. Existe transmissão da propriedade de um sujeito a outro, em várias modalidades. A regra fundamental nessa espécie é a de que ninguém pode transferir mais direitos do que tem: *nemo plus iuris ad alium transferre potest, quam ipse haberet.* A validade e eficácia da transferência da propriedade nesse caso são examinadas no fato, ato ou negócio jurídico de transferência. Existe transmissão derivada tanto por ato *inter vivos* como *mortis causa.* Nesta última hipótese, o fato da morte faz com que o patrimônio do falecido transfira-se a seus herdeiros.

Na aquisição originária, não se consideram vícios anteriores da propriedade porque não existe anterior titular a ser levado em conta. Na aquisição derivada, a coisa chega ao adquirente com as características anteriores, tanto atributos ou virtudes como defeitos ou mazelas. Desse modo, a alienação de bem hipotecado ou onerado com servidão, por exemplo, não extingue esses ônus. A aquisição por direito hereditário, a derivada de contrato e a tradição são exemplos de modalidades derivadas de aquisição.

Como já expusemos, a *aquisição a título singular* tem por objeto bem ou bens certos e individualizados. Ocorre *aquisição a título universal* quando a universalidade é transferida. Desta última, a transmissão hereditária é exemplo típico. O herdeiro continua como titular dos bens do autor da herança; é sucessor universal. Existe transmissão a título singular na sucessão *causa mortis* na hipótese do legatário, que recebe bem individualizado da herança por força de testamento. Pode haver transmissão a título universal na relação *inter vivos*, como, por exemplo, na transferência de um estabelecimento comercial.

Na aquisição a título universal, o sucessor assume todos os direitos reais e obrigações do transmitente, com relação a este e a terceiros. Na aquisição singular, objetivam-se exclusivamente os direitos que cercam a coisa certa e determinada transmitida.

9.2 AQUISIÇÃO DA PROPRIEDADE IMÓVEL PELA TRANSCRIÇÃO. REGISTRO DE IMÓVEIS: PRINCÍPIOS GERAIS. REGISTRO TORRENS

Já assentamos neste capítulo o papel da transcrição imobiliária. O registro público desempenha várias funções, sendo o imobiliário apenas uma delas. O Direito Positivo regula o Registro Civil das Pessoas Naturais e das Pessoas Jurídicas, Registro de Títulos e Documentos, além do Registro de Imóveis.

Como enunciamos, o Código Civil de 1916 fortaleceu o sistema do registro público ao introduzir a transcrição como forma de aquisição da propriedade imobiliária, estabelecendo sua presunção *iuris tantum*.

Atualmente, a matéria registrária é regulada pela Lei nº 6.015, de 31-12-73, com várias alterações, inclusive pela Lei nº 14.382/2022. O Código Civil apenas traça lineamentos gerais do registro imobiliário. A escrituração e ordenação dos assentos é ordenada pela lei específica. O art. 856 do Código anterior dispunha que o Registro de Imóveis compreendia:

> *"I – a transcrição dos títulos de transmissão da propriedade;*
>
> *II – a transcrição dos títulos enumerados no art. 532;*
>
> *III – a transcrição dos títulos constitutivos de ônus reais sobre coisas alheias;*
>
> *IV – a inscrição das hipotecas".*

O art. 532, por sua vez, referia-se ao registro de sentenças de ações divisórias, de inventários e partilhas e de adjudicação e arrematação em hasta pública. O Código deste século entendeu desnecessário enunciar essas particularidades, que pertencem à lei específica dos registros públicos.

Não é esta a oportunidade de maior aprofundamento sobre a matéria. Adentramos apenas no aspecto referente à aquisição da propriedade.

Os princípios fundamentais que regem o Registro Imobiliário são os da *publicidade, conservação* e *responsabilidade* dos oficiais de registro. Pelos atos registrários, seus assentos são de acesso a qualquer interessado. A conservação permite o arquivo permanente do histórico imobiliário. Pelo princípio da responsabilidade, os oficiais respondem pelos prejuízos causados por culpa ou dolo, pessoalmente ou por seus prepostos. Veja o que expusemos sobre a responsabilidade civil dos registradores e assemelhados no volume 2 desta obra.

Acrescentemos ainda a fundamental força probante de fé pública em todos os registros.

O Código de 1916 referia-se à *transcrição* como primeira hipótese de aquisição da propriedade imóvel. No entanto, esse vocábulo deveria ser adaptado. A lei anterior reguladora dos registros públicos (Decreto nº 4.857/39) utilizava o termo *transcrição* para todos os casos de transferência de propriedade imobiliária. Na verdade, o vocábulo não exprimia a realidade porque não se transcrevia integralmente o título no registro, isto é, não ocorria sua transposição pura e simples, como ainda hoje sucede.

A lei registrária vigente refere-se apenas a registro e averbação, que são feitos na *matrícula* do imóvel, em que deve ser inserida toda a vida jurídica do bem. Essa matrícula deve obedecer ao requisito da *continuidade*. A transcrição deve ser contínua, sempre sucessiva à anterior, sem salto ou omissão de encadeamento entre um registro e outro. A missão do registro de imóveis é acompanhar a existência dos bens de raiz. Com a introdução da *matrícula* em nosso sistema imobiliário, passou-se a tomar como base o próprio imóvel no registro, que no diploma anterior levava em conta a pessoa titular de direito. Uma vez aberta a matrícula do imóvel, todas as modificações e vicissitudes sofridas por ele são registradas ou averbadas nela. O destaque à matrícula é feito no art. 167 da lei específica que elenca quais os atos que, além da matrícula, devem ser *registrados* (inciso I) ou *averbados* (inciso II). Essa lista não é exaustiva porque o legislador pode criar, como faz, outras hipóteses.

Nesse sentido, devia ser entendida a nomenclatura do Código Civil de 1916 ao se referir à transcrição. Afasta-se da legislação a compreensão de transcrição, inscrição e averbação da lei registrária anterior. *Registro* é visto pela lei vigente como denominação genérica, denominação que foi adotada pelo presente Código Civil, que abrange *transcrição* e *inscrição* referidas pelas leis civis, na verdade pelo ordenamento em geral (art. 168 da Lei dos Registros Públicos). No entanto, a doutrina, e não sem frequência a própria lei, continua a baralhar os conceitos, vindos da tradição anterior. Mesmo no Código Civil de 2002, o Projeto originário mantinha ainda a referência à "transcrição", substituindo-se pelo termo "registro" apenas na redação da última hora. O rol de registros ou de averbações deve ser buscado no elenco do art. 167. Assim, ao se examinar determinada matrícula, reconhecida por um número em que deverá estar descrito o imóvel, uma primeira alienação será registrada sob o número R-1, a segunda sob R-2, e assim sucessivamente. Se for caso de averbação, de uma convenção antenupcial, por exemplo, receberá a denominação AV-1, e assim por diante. Dessa maneira, será estampada a certidão atual do imóvel, dela fazendo-se constar a continuidade e cadeia de registros e averbações sobre a matrícula. Dispôs o art. 228 da Lei dos Registros Públicos:

> *"A matrícula será efetuada por ocasião do primeiro registro a ser lançado na vigência desta Lei, mediante os elementos constantes do título apresentado e do registro anterior nele mencionado".*

A respeito do registro, menciona o art. 236: *"Nenhum registro poderá ser feito sem que o imóvel a que se referir esteja matriculado"*. A matrícula é o núcleo do registro imobiliário e cada imóvel deve ter matrícula própria. A esse respeito, critica Walter Ceneviva (1991:281), escorado em sua experiência profissional:

> *"a descrição dos imóveis ainda vem sendo feita de modo assimétrico e desuniforme, variando de lugar, servindo-se, muitas vezes, de referências vagas a 'moitas de caraguatá', 'valos', 'zonas de grota' e 'pés de fruta' etc."*

E conclui: *"o puro registro real é inviável no Brasil ao menos no que hoje é possível prever"*.

A transcrição deve ser feita no cartório correspondente ao local onde está o imóvel. As despesas com o registro, salvo convenção em contrário, cabem ao adquirente (art. 862 do Código anterior).

O art. 1.246 estabelece regra temporal de prioridade para o registro. Fixa-se a data com a prenotação da apresentação do título ao oficial. Se vários títulos foram apresentados, o registro será do primeiro que foi prenotado. No entanto, o art. 191 da Lei dos Registros Públicos dispõe que, se escrituras forem lavradas na mesma data, com indicação da hora, a regra é registrar a que foi lavrada em primeiro lugar. Daí a conveniência de fazer constar o horário do ato no instrumento.

Como descrito, o registro imobiliário estabelece presunção relativa de titularidade do direito real (art. 859 do Código de 1916). O art. 1.247 do Código de 2002 estabelece, por sua vez, ratificando o texto anterior, que *"se o teor do registro não exprimir a verdade, poderá o interessado reclamar que se retifique ou anule"*.[2] Todo registro público, imobiliário ou não, deve

---

2 "Direito civil. Apelação. **Nulidade de escritura pública**. Recurso desprovido. I. Caso em Exame 1. Recurso de apelação contra sentença que julgou parcialmente procedente o pedido de retificação de escritura pública, incluindo o de cujus como comprador e proprietário de imóvel. A ré-apelante alega nulidade da sentença por julgamento extra petita e defende a validade da escritura pública. II. Questão em Discussão 2. A questão em discussão consiste em (i) verificar a ocorrência de julgamento extra petita na sentença que determinou a retificação da escritura pública e (ii) avaliar a validade da escritura pública à luz da alegação de simulação. III. Razões de Decidir 3. A preliminar de nulidade da sentença por julgamento extra petita é rejeitada, pois a solução conferida pelo juízo de primeiro grau é compatível com os limites da demanda e atende ao princípio da economia processual. 4. No mérito, restou configurada a ocorrência de simulação parcial, conforme artigo 167 do Código Civil, justificando a retificação da escritura pública para incluir o falecido como comprador, preservando a substância do negócio jurídico. IV. Dispositivo e Tese 5. Recurso desprovido. Tese de julgamento: 1. A retificação da escritura pública é compatível com os limites da demanda e atende ao princípio da economia processual. 2. A simulação parcial justifica a retificação da escritura para refletir a realidade do negócio jurídico. Legislação Citada: Código de Processo Civil, art. 1.007, § 4º; art. 85, § 11. Código Civil, art. 167, art. 215, art. 1.247. Lei de Registros Públicos (Lei n.º 6.015/73), arts. 212 e 216. Jurisprudência Citada: Súmula 655 do C. STJ. Súmula 377 do C. STF" (*TJSP* – Ap 1000110-61.2024.8.26.0318, 28-6-2025, Rel. Mônica de Carvalho).

"Apelação cível – Nulidade de compromisso de compra e venda e registro no CRI – Procedência – Inconformismo da corré – Decadência que não ocorreu – Declaração de nulidade que não se sujeita ao prazo Imóvel vendido em duplicidade – Primeira venda quitada – Segunda venda que se deu pelos procuradores da construtora para empresa apelante a eles ligada (indala) – Construtora que reconheceu a fraude e buscou a revogação da procuração – Venda que ocorreu sem demonstração de pagamento do preço – Autor que está na posse do imóvel há desde 2009, quitando o valor em 2012 – Apelante que efetuou a compra em 2016, nunca pagando os impostos e taxas condominiais, nem se insurgindo com a ocupação – Má fé caracterizada – Correta a declaração de nulidade da escritura de compra e venda entre Construtora e Indala e posteriores, inclusive com o cancelamento do registro – Anulação do registro junto ao CRI que encontra amparo no **art. 1.247, do CC** já que o teor do registro não espelhar a realidade. Por essa razão sempre existirá a possibilidade de retificação. No mesmo sentido o art. 860 do velho Código: *"Se o teor do registro de imóveis não exprimir a verdade, poderá o prejudicado reclamar que se retifique"*.

O processo de retificação do registro imobiliário é disciplinado nos arts. 212 e 213 da Lei dos Registros Públicos. Na redação original da Lei dos Registros Públicos, a retificação processava-se exclusivamente perante o juízo corregedor do cartório imobiliário. A Lei nº 10.931/2004, que tratou basicamente do patrimônio de afetação de incorporações imobiliárias, trouxe nova redação a esses dois artigos da Lei nº 6.015/73, com importante inovação. O art. 212 permite que na hipótese de o registro ou a averbação serem omissos, imprecisos ou não exprimirem a verdade, o requerimento de retificação pode ser feito ao próprio Oficial do Registro de Imóveis competente, mantida a possibilidade, ou faculdade como dita a lei, de o interessado utilizar-se do procedimento judicial. Desse modo, retificações de área, descrição de perímetros de imóveis, nomes de pessoas e outros dados que mereçam corrigenda não ficam mais na dependência direta do procedimento perante o juiz corregedor, não se assoberbando ainda mais o Poder Judiciário. O Oficial de Registro de Imóveis, mormente após a Constituição de 1988, que exige o acesso à delegação por concurso público, está, em princípio, plenamente capacitado para essa atividade. Assim, diz o art. 213 da LRP, com a nova redação, que o oficial retificará o registro ou a averbação, de ofício ou a requerimento do interessado nos casos das várias hipóteses de inexatidão. Muito se ganha em tempo e desburocratização com essa nova orientação, que deve ser estendida a todas as modalidades de registros públicos.

Se houver impugnação fundamentada, se não ocorrer transação entre os interessados ou se o pedido envolver direito de terceiros, a retificação deverá ser decidida pelo juiz ainda em sede correcional. Se a controvérsia versar sobre direito de propriedade de alguma das partes, a matéria deverá ser objeto de processo judicial.

Tendo em vista o princípio de veracidade e presunção relativa, os registros ficam sujeitos à declaração de nulidade ou ação de anulação, se feitos em desacordo com a lei ou se espelharem situação não verdadeira. Nesse sentido, os arts. 214 e 216 da Lei dos Registros Públicos. A matéria registral imobiliária é especialidade que exige aprofundamento monográfico, devendo ser contemporaneamente tratada como disciplina didática autônoma.

O art. 860, parágrafo único, do Código Civil de 1916, estatuiu a regra fundamental da aquisição da propriedade imóvel entre nós, ao dispor que, *"enquanto se não transcrever o título de transmissão, o alienante continua a ser havido como dono do imóvel, e responde pelos seus encargos"*.

---

exprime a verdade – Sentença mantida – Recurso desprovido" (*TJSP* – Ap 1080751-79.2022.8.26.0100, 21-8-2024, Rel. Silvério da Silva).

"Apelação cível. **Nulidade da escritura e do registro imobiliário**. Alegada alienação, em duplicidade, do imóvel objeto da ação, cujos direitos foram, em tese, cedidos ao autor. Sentença de improcedência. Irresignação. Descabimento. Cerceamento de defesa. Inocorrência. Elementos probatórios suficientes ao completo esclarecimento dos fatos, autorizando-se o julgamento antecipado da lide. Sendo o juiz o destinatário final da prova, somente a ele cabe a análise da pertinência de sua produção. Negócio jurídico celebrado entre os apelados que não contém qualquer vício a inquiná-lo de nulidade. Teor do registro notarial em cujo favor milita presunção juris tantum de veracidade. Ausência de subsunção do caso ao preceptivo do artigo 1.247 do Código Civil. Instrumento particular de cessão dos direitos sobre o imóvel, não registrado, não se lhe atribuindo eficácia de direito real de aquisição. Autor que pode intentar ação autônoma de perdas e danos, se o caso, em face da causadora do alegado prejuízo, mas que não faz jus ao cancelamento da transferência de domínio, a qual foi aperfeiçoada de forma legítima e cujo intento afronta a regra da continuidade registral. Sentença mantida. Recurso não provido" (*TJSP* – Ap 1004764-74.2019.8.26.0445, 21-6-2023, Rel. Márcio Boscaro).

O atual Código Civil no art. 1.245, § 1º, redigiu:

> *"Enquanto não se registrar o título translativo, o alienante continua a ser havido como dono do imóvel".*[3]

Como visto, antes do registro existe apenas relação pessoal entre alienante e adquirente. Por outro lado, enquanto não cancelado o registro, presume que o titular é quem nele figura. A realidade social do país, no entanto, é bem outra: o registro do imóvel não é regra geral. Há milhares de imóveis que vão sendo transferidos várias vezes apenas por contratos, mais ou menos elaborados, sem que o registro ocorra. A posse, nesse cenário, passa desse modo

---

[3] "Apelação cível. Anulação de escritura pública de compra e venda de imóvel cumulada com cancelamento de registro. Alegação de que o imóvel adquirido foi vendido duas vezes pela ré. Sentença de improcedência. Autor juntou aos autos contrato particular de compromisso de compra e venda, no qual consta a ré-imobiliária como vendedora. Contrato não levado a registro na matrícula imobiliária. Interpretação do artigo 1.245, caput e §1º, do Código Civil. Prevalência do contrato firmado entre a ré-imobiliária e o réu-pessoa física, porque promovido o registro imobiliário em primeiro lugar. Constituição de direito real sobre o imóvel, com eficácia "erga omnes". Negócio jurídico realizado entre o autor e a ré-imobiliária gerou direito obrigacional, vez que não registrado. Ausência de prova de vício capaz de atingir a legalidade do negócio jurídico registrado pelo outro adquirente. Honorários recursais. Aplicação do artigo 85, §11 do CPC. Majoração da verba honorária para 20% do valor causa, observada a concessão da justiça gratuita. Resultado. Recurso não provido" (*TJSP* – Ap 1001413-46.2018.8.26.0084, 9-9-2021, Rel. Edson Luiz de Queiróz).

"Apelação Cível – Embargos de terceiro – Defesa de propriedade supostamente adquirida de boa-fé do devedor – Bem levado à hasta pública – Improcedência dos embargos – Recurso da embargante – 1- A propriedade se transfere mediante o registro do título translativo no registro de imóveis – **Enquanto não se registrar o título translativo, o alienante continua a ser havido como dono do imóvel** – Art. 1.245, *caput* e § 1º, do Código Civil – A recorrente firmou Escritura de Compra e Venda em 25/06/2008, não tendo efetuado seu registro até hoje. Negócio jurídico ineficaz a terceiro, não havendo que se levantar a penhora e cancelar a arrematação levada a efeito. 2 – Inaplicabilidade das súmulas nº 84 e 375 do STJ. A recorrente é advogada e não pode invocar boa-fé na aquisição da posse, uma vez que, quando da formalização da Escritura de Compra e Venda, as certidões acusavam a tramitação da ação principal e de outras contra o vendedor, além de o mesmo estar impedido de dispor de seus bens em razão da falência da sociedade que integrava, conforme certidão de interdições e tutelas. Consta, ainda, da Escritura que as anotações 'são de inteiro conhecimento e aceitação da ora outorgada, que mesmo advertida dos riscos, pediu-me que lavrasse a presente, e assim rogam o presente instrumento, se responsabilizando a outorgada por todos e quaisquer riscos da transação'. Desprovimento do recurso" (*TJRJ* – AC 0036299-75.2017.8.19.0001, 8-11-2019, Relª Norma Suely Fonseca Quintes).

"Ação de reintegração de posse – Decisão interlocutória que manteve a concessão de medida liminar de reintegração de posse – Área particular objeto de desapropriação administrativa não levada a Registro – Inobservância do art. 167, inciso I, nº 34, da Lei de Registro Público – Os direitos reais sobre imóveis constituídos, ou transmitidos por ato entre vivos, só se adquirem com o Registro no Cartório de Registro de Imóveis dos referidos títulos – **Enquanto não se registrar o título translativo, o alienante continua a ser tido como dono do imóvel** – Incidência dos arts. 221, 1.227 e 1.245, § 1º, todos, do Código Civil – Conflito entre o direito à propriedade ainda não comprovada e o direito à moradia digna – Necessidade de observância do direito à moradia – O referido direito constitui uma garantia social fundamental, inerente à dignidade da pessoa humana – É um direito protegido não só nacionalmente, como também o é no plano internacional – Inexistência dos requisitos autorizadores da medida liminar – Recurso parcialmente provido" (*TJSP* – AI 2252369-94.2016.8.26.0000, 24-2-2017, Rel. Magalhães Coelho).

"Civil e processual civil – Ação de obrigação de fazer cumulada com indenização por danos morais – **Escritura pública de compra e venda de imóvel** – Registro – Necessidade de retificação do nome da proprietária anterior – Obrigação de o alienante viabilizar o registro – Obrigação anexa à venda – Cominação de *astreinte* – Deferimento – Dano Moral – Afastado – Mero dissabor e aborrecimento – 1- Na relação entabulada em contrato de compra e venda de imóvel, constitui obrigação dos alienantes viabilizar que o registro do bem, que até então estava sob sua responsabilidade, esteja em condições de receber o registro da escritura pública pelo adquirente. 2- Havendo necessidade de retificação do registro anterior, pode o comprador requerer que os vendedores sejam compelidos a procederem às correções que se fizerem necessárias para a consumação do negócio, que só ocorre com a efetiva transmissão da propriedade mediante o registro do título traslativo. 3- Cabível a imposição de *astreintes* com o objetivo de compelir os réus a satisfazer a obrigação, visando dar efetividade ao decisum. 4- Para a indenização por danos morais mister se faz a verificação de ofensa aos direitos da personalidade do ofendido, causando-lhe sofrimento que ultrapasse a barreira de simples aborrecimentos. 5- Recurso conhecido e parcialmente provido" (*TJDFT* – Proc. 20130110801034APC – (948969), 28-6-2016, Relª Ana Maria Cantarino).

a ser fundamental, e consequentemente a usucapião. Há necessidade que um ordenamento legal moderno, real e realístico enfrente o problema social de vez, possibilitando um sistema registral imobiliário não só mais simplificado, mas principalmente acessível à grande massa da população. Com os avanços da informática esse desiderato é perfeitamente possível.

O *registro Torrens*, facultado pelo ordenamento para imóveis rurais, visa conferir presunção absoluta de propriedade a quem tiver seu certificado. Foi idealizado pelo irlandês Robert Richard Torrens, filho de um dos fundadores da Austrália. Entre nós, sem justificativa plausível, apenas é autorizado para os imóveis rurais. O pedido deve ser endereçado ao oficial do Registro, que, considerando-o em termos, remeterá ao juízo. O procedimento é regulado pelos arts. 277 a 288 da Lei nº 6.015/73. As exigências são minuciosas. O interessado deve juntar, além da prova de domínio, planta do imóvel, além de outros documentos (art. 278). Publica-se edital. Qualquer interessado poderá contestar o pedido, intervindo no processo necessariamente o Ministério Público. Finalmente, acolhida a pretensão e transitada em julgado a sentença, o oficial inscreverá na matrícula o julgado, arquivando toda a documentação (art. 288). A definição do que se entende por imóvel rural é dada pela Municipalidade. Essa modalidade de registro, pelas dificuldades e custo, não logrou difundir-se no país.

A matéria dos registros públicos é verdadeira especialização dentro do ramo do Direito Civil, cujo aprofundamento maior foge ao âmbito de nosso estudo. Digamos, no entanto, a propósito, como acenamos acima, que a realidade em nosso país nas últimas décadas, o descontrole monetário e a diminuição do poder aquisitivo da população têm alijado grande massa de titulares de imóveis, mormente urbanos, do registro imobiliário. O proprietário imobiliário não é necessariamente abastado, como pressupõe o provecto Código Civil. O registro público, sob a forma de delegação a mãos privadas, mercê de desmedido protecionismo corporativo, mantinha até pouco tempo índole do regime cartorial da época colonial. Cumpria ao legislador corrigir a distorção, e nesse sentido a Constituição de 1988 deu grande passo ao exigir concursos públicos para as respectivas delegações. Ao Estado democrático cumpre fomentar a iniciativa privada. O sistema de registros públicos, porém, como tantos outros serviços essenciais, todo ele e não apenas o imobiliário, é de segurança nacional, pois diz respeito à própria estrutura da propriedade e do Estado. Não podia manter a mesma estrutura do passado tão antigo. O Estado brasileiro perdeu-se ao absorver atividades essencialmente da iniciativa privada e de livre concorrência e paradoxalmente manteve o registro público, de certa forma, fora de seu direto controle, sendo que muitos Estados não realizam concursos públicos para as delegações, contra o ditame constitucional. É crescente o número de contratos e promessas de venda não registrados. Transfere-se sucessivamente a posse. Sem o registro, persiste periclitante estado de fato, que pode ser questionado a qualquer momento e, como tal, torna-se motivo de instabilidade social. Por essa razão, avulta de importância na jurisprudência a crescente proteção à posse justa e a possibilidade de registros de compromissos de compra e venda que paulatinamente o legislador vem admitindo, com respaldo no trabalho consciente da nova geração de registradores de alto nível profissional em nosso País, não mais ligados às mazelas do nepotismo do passado.

9.3 ACESSÃO

O vocábulo *acessão* pode ter várias compreensões. No sentido mais amplo, significa aumento da coisa objeto de propriedade. Cuida-se, como mencionado, de forma originária de aquisição da propriedade. O termo também tem a noção de *acessório*. A questão jurídica igualmente tem em mira uma coisa principal. Pelo princípio, passa a pertencer ao dono da coisa principal o que se adere a ela. Obedece-se à regra geral segundo a qual o acessório segue o principal.

Também ocorre acessão quando da própria coisa exsurge um acréscimo, como o fruto da árvore. Essa acessão aproveita ao proprietário da coisa e não traz maiores consequências jurídicas. Não é, pois, dessa modalidade de aquisição de propriedade que a lei trata sob a epígrafe.

O problema jurídico surge quando as duas porções pertencem a proprietários distintos. O acréscimo provém de força externa, em proveito de móvel ou imóvel. Há necessidade de que se distingam o bem principal e o acessório. Nem sempre será o maior valor econômico que prepondera: a construção pode ser mais valiosa que o solo, mas este é considerado bem principal.

Pela acessão imobiliária ocorre um acréscimo ao solo de outrem, aumentando o âmbito de sua propriedade e seu valor. Trata-se de *acessão de imóvel a imóvel*. Essa incorporação, aderência de uma coisa a outra, pode decorrer de causa natural ou de atividade humana. A lei entende por bem deixar a propriedade ao titular da coisa principal para evitar o condomínio, permitindo sempre que possível o ressarcimento impeditivo do injusto enriquecimento.

Nosso ordenamento regulou a acessão como modalidade de aquisição da propriedade em cinco espécies: *formação de ilhas, aluvião, avulsão, abandono de álveo* e *construções e plantações em terreno alheio*.

A *acessão de móvel a imóvel* ocorre por meio das construções e plantações em terreno alheio. A acessão de imóvel a imóvel decorre, pelo ordenamento civil brasileiro, unicamente de atividades fluviais.

9.3.1 Acessão por Formação de Ilhas

A formação de ilha no leito de rios não navegáveis dá origem à propriedade dos titulares das margens ribeirinhas na proporção de suas testadas: *insula in flumine nata*. O fenômeno pode decorrer da sedimentação paulatina que faz nascer a ilha ou pelo rebaixamento de águas que coloca o solo à mostra no leito do rio. As ilhas formadas no meio do rio são consideradas acréscimos aos terrenos ribeirinhos. Divide-se o rio pela linha da metade do álveo, fracionando-se a ilha em duas partes.

O art. 1.249 estabeleceu regras de como os proprietários ribeirinhos tornam-se senhores dessas novas porções de terra. Essas disposições que afetam a acessão são reguladas pelo Código de Águas (Decreto nº 24.643/34). Essa Lei define álveo como *"a superfície que as águas cobrem sem transbordar para o solo natural e ordinariamente enxuto"* (art. 9º). Se se formarem entre uma das margens e a metade do rio, pertencerão ao proprietário da margem mais próxima.

Prossegue a mesma Lei:

> *"As ilhas ou ilhotas, que se formarem no álveo de uma corrente, pertencem ao domínio público, no caso das águas públicas, e ao domínio particular, no caso das águas comuns ou particulares.*
>
> *§ 1º Se a corrente servir de divisa entre diversos proprietários e elas estiverem no meio da corrente, pertencem a todos esses proprietários, na proporção de suas testadas até a linha que dividir o álveo em duas partes iguais.*
>
> *§ 2º As que estiverem situadas entre esta linha e uma das margens pertencem, apenas, ao proprietário ou proprietários desta margem".*

Os rios navegáveis são considerados águas públicas (art. 2º do Código de Águas). As regras que dizem respeito à aquisição de propriedade aplicam-se aos rios não navegáveis.

O art. 24 do Código de Águas estabelece que ilhas ou ilhotas formadas pelo desdobramento de um novo braço de corrente fluvial pertencem aos proprietários dos terrenos à custa dos quais se formaram. O parágrafo único desse artigo introduziu acréscimo importante a essa regra já constante do inciso III do art. 537 do Código de 1916, ao acrescentar: "*Se a corrente, porém, é navegável ou flutuável, elas poderão entrar para o domínio público, mediante prévia indenização*". Como aduz Sílvio Rodrigues (1984, v. 5:97), o dispositivo do Código de Águas deu sentido à disposição do Código Civil que parecia inócua, pois apenas dizia que o titular do terreno continuava proprietário da ilha formada pelo desvio de corrente em seu terreno. Acrescenta o autor que a dicção do Código de Águas regula modalidade de desapropriação, independentemente de utilidade, necessidade pública e interesse social. A expropriação decorre tão só do fato de o rio ser navegável ou flutuável.

O art. 1.249 do mais recente Código mantém idênticos princípios do Código anterior, com redação diversa no *caput*, fornecendo assim uma melhor compreensão da aquisição por acessão: "*As ilhas que se formarem em correntes comuns ou particulares pertencem aos proprietários ribeirinhos fronteiros...*" Os incisos acompanham a mesma redação do antigo art. 537.

9.3.2 Acessão por Formação de Aluvião

O art. 538 do Código de 1916 definiu aluvião e estipulou seu destino:

> "*Os acréscimos formados por depósitos e aterros naturais, ou pelo desvio das águas dos rios, ainda que estes sejam navegáveis, pertencem aos donos dos terrenos marginais*".

O Código de Águas completou a noção para incluir a aluvião também ocorrente no mar (art. 16). Leve-se em conta que, perante o Código de Águas, a destinação do art. 538 não se aplica quando formada em águas públicas navegáveis:

> "*Os acréscimos que por aluvião, ou artificialmente, se produzirem nas águas públicas ou dominicais, se não estiverem destinados ao uso comum, ou se por algum título legítimo não forem do domínio particular*" (art. 16, § 1º).

Desse modo, o dispositivo do Código Civil aplica-se à aluvião em águas particulares. Esse acréscimo paulatino e imperceptível impede saber a quem pertencem as terras trazidas a outro local. Nisso se distingue da avulsão, em que ocorre um desgarramento repentino e violento.

O acréscimo decorrente do fenômeno importa aquisição para o proprietário do imóvel. Trata-se de aplicar o princípio segundo o qual o acessório segue o principal. Se, no entanto, a água margeia estrada pública e não terreno privado, o acréscimo passa a ser público dominial (art. 17, parágrafo único, do Código de Águas).

Distingue-se a aluvião própria, decorrente de acréscimo à porção de terra, da aluvião imprópria, decorrente do afastamento das águas.

Se a aluvião se formar diante de prédios pertencentes a proprietários diversos, pertencerá a eles, em proporção à testada que possuíam na antiga margem (art. 18 do Código de Águas).

A aluvião tratada na lei é sempre decorrente de forças naturais. Não é considerado aluvião o acréscimo decorrente de atividade humana. Nem sempre, contudo, a situação se mostrará clara, requerendo exame técnico-pericial para apuração de eventual indenização.

O art. 539 do Código Civil antigo dispunha:

> *"Os donos de terrenos que confinem com águas dormentes, como as de lagos e tanques, não adquirem o solo descoberto pela retração delas, nem perdem o que elas invadirem".*

A razão da regra explicava-se pela frequência com que o fenômeno ocorre, decorrente de enchentes, índices pluviométricos elevados e outros fatores climáticos. Nessa hipótese, não existe aluvião.

O Código em vigor restringiu a um único artigo o fenômeno (art. 1.250):[4]

> *"Os acréscimos formados, sucessiva e imperceptivelmente, por depósitos e aterros naturais ao longo das margens das correntes, ou pelo desvio das águas destas, pertencem aos donos dos terrenos marginais, sem indenização.*

---

[4] "Apelação Cível – Reparação de danos – Ação e nexo causal não comprovados – Recurso conhecido e não provido – 1- Pretende o apelante a reforma da sentença que julgou improcedente o pedido autoral. Sustenta que o aumento da barragem do açude Walter P. de Alencar, de propriedade da empresa promovida, administradora do empreendimento "Cemitério Parque da Paz", causa prejuízos ao autor, pois o sangradouro deságua no seu terreno, gerando alagamento. 2- Para fins de reparação de danos, é necessária a comprovação da ação ou omissão, do prejuízo e do nexo causal entre o ato e o dano suportado, nos termos do art. 159 do CC/1916, então vigente. O dispositivo é repetido no art. 186 do CC/2002. 3- A perícia não foi inconclusiva, como afirma o recorrente. O laudo é bastante detalhado e traz elucidações acerca do fato, respondendo a todos os quesitos apresentados pelas partes. O perito nomeado pelo juízo realizou uma vistoria no local, analisou a documentação apresentada e coletou informações com as pessoas que residem no local. As fotografias tiradas e as plantas do local foram acostadas ao laudo como anexos. 4- Não se restou comprovada a ação, dolosa ou culposa, da promovida, assim como também o nexo causal. Não foi a suplicada quem construiu a barragem ou o sangradouro, e as obras por ela realizadas não são suficientes para causar o prejuízo suportado pelo autor. Além disso, o terreno do apelante é historicamente um terreno de aluvião, por estar à margem de um riacho, e situa-se em nível topográfico mais baixo do que os vizinhos, tornando-o um ponto natural de acumulação de água. 5- Ausentes os requisitos para a reparação de danos, a sentença que julgou improcedente o pedido autoral deve ser mantida. 6- Apelação conhecida e não provida" (*TJCE* – Ap 0441821-74.2000.8.06.0001, 4-10-2018, Rel. Raimundo Nonato Silva Santos).

"Ação de reintegração de posse – Improcedência – Insurgência dos autores – **Aluvião** – Alteração do curso de córrego divisório de trecho das terras rurais das partes. Decréscimo de área na parte marginal dos autores e aumento na do réu. Ausência de demonstração da atuação humana para tanto. Situação que não pode ser imputada ao réu. Exegese do art. 1.250 do Código Civil. Pretensão reintegratória descabida. Mantença integral da conclusão de primeiro grau. Recurso não provido" (*TJSP* – Ap 0000159-19.2008.8.26.0080, 26-6-2017, Rel. Sebastião Flávio).

"Ação de reintegração de posse e oposição conexa – Oposição – Ação julgada improcedente – Pretensão ao reconhecimento da posse e domínio sobre a área em litígio, porque resultante da alteração do curso do córrego lindeiro às propriedades das partes envolvidas, por ação exclusivamente humana – Inadmissibilidade – Prova coligida, especialmente a pericial, afirmando a ocorrência do **aluvião**, com alteração do leito do córrego de forma paulatina ao longo do tempo – Inteligência do art. 1.250 do Código Civil – Acréscimos decorrentes da aluvião que pertencem aos donos dos terrenos marginais – Sentença mantida – Recurso dos oponentes negado. Ação de reintegração de posse – Ação julgada improcedente – Alegação de alteração de cerca pela ré, invadindo área pertencente ao autor – Inocorrência – Autor não comprovou a posse sobre a área em litígio, a qual, na verdade, tratava-se de terreno pantanoso e sujeito a enchentes, causando constantes modificações na disposição da cerca, somente posta em local correto após o assoreamento do trecho do córrego – Sentença mantida – Recurso do autor negado. Recursos negados" (*TJSP* – Ap 0001176-43.2007.8.26.0204, 29-8-2016, Rel. Francisco Giaquinto).

"Apelação cível – Ação de cobrança de benfeitorias – Bem arrematado na justiça do trabalho em metragem inferior – Aluvião não incluído no termo de penhora – indenização por benfeitorias devidas – Diante da discrepância da metragem objeto da matrícula e aquela efetivamente encontrada no imóvel, é de se presumir que as acessões não foram objeto de avaliação por parte da Justiça do Trabalho. Inexistindo relação de acessoriedade entre o aluvião e o imóvel arrematado na Justiça do Trabalho, faz jus a apelada a receber pelas benfeitorias, uma vez que não se pode considerar arrematado o que não foi objeto de constrição especifica. Na espécie aluvião, os acréscimos formados por depósitos e aterros naturais pertencem aos donos dos terrenos marginais, aplicando-se a regra do acessório segue o principal" (*TJMG* – AC 1.0015.11.000804-0/001, 18-3-2016, Rel. Pedro Aleixo).

Parágrafo único. O terreno aluvial, que se formar em frente de prédios de proprietários diferentes, dividir-se-á entre eles, na proporção da testada de cada um sobre a antiga margem".

O referido dispositivo procurou ser claro, em matéria de pouca aplicação, mas de grande importância, ao definir que a aluvião caracteriza-se pela formação sucessiva e imperceptível de terreno ao longo das margens. Suprime-se a referência à navegação no presente Código. Suprime-se também a dicção do art. 539, que não diz respeito efetivamente a uma modalidade de aquisição de terreno.

9.3.3 Acessão por Avulsão

Verifica-se a **avulsão** "*quando a força súbita da corrente arranca uma parte considerável e reconhecível de um prédio, arrojando-a sobre outro prédio*" (art. 19 do Código de Águas). Nessa hipótese, a lei das águas (não divergente do Código Civil derrogado anterior) determina que

> "*o dono daquele não poderá reclamá-lo ao deste, a quem é permitido optar, ou pelo consentimento na remoção da mesma, ou pela indenização ao reclamante*" (art. 20).

O parágrafo único deste dispositivo, a exemplo do art. 542 do Código Civil de 1916, estabelece o prazo decadencial de um ano para a ação de *reivindicação* ou *indenização*. Se não for possível a remoção, restará a ação indenizatória. Lembre-se, no entanto, de que não se trata propriamente de reivindicação, porque a lei concede a opção ao proprietário beneficiado pelo consentimento da remoção ou pelo pagamento da indenização.

O fenômeno ocorre em correntes de grandes e rápidos caudais. Nosso Direito apenas leva em conta a aderência natural, não sendo regidas pelo princípio aquelas derivadas de atividade humana. A situação ocorre não apenas quando há aumento da extensão de área, mas também quando há superposição de terreno, acrescendo seu volume.

Na hipótese de avulsão, a regra geral é diversa da aluvião. A porção de terra desgarrada continua a pertencer a seu proprietário até escoar-se o prazo decadencial. Na avulsão, a porção desprendida é *reconhecível*, em razão do desprendimento violento, o que não ocorre na aluvião.

Tanto o Código Civil de 1916 (art. 543) como o Código de Águas (art. 21) determinam que, se a avulsão for de coisa suscetível de não aderência natural, será regulada pelos princípios que regem a *invenção*. Como veremos, as regras da invenção determinam a obrigação de restituição do dono ou legítimo possuidor, ou a entrega à autoridade competente (art. 603). Nessa situação, poderão encontrar-se cercas, postes, moirões etc.

"**Indenização por danos materiais e morais**. Obras no rodoanel. Autores não comprovaram a propriedade. Construção de padrão rústico situada a 100 metros do local das obras. Edificação que se apresentava precária desde a construção, com desaprumos e desníveis nas paredes, ausência de reboco e caibros sem sustentação. Terreno pertencente ao DAEE, sendo área remanescente do Rio Tietê. **Caracterização de aluvião**. Edificação que não tem colunas de concreto. Polo ativo não comprovou o nexo causal. Ausência de suporte para a indenização por danos materiais. Mesmo que existisse respaldo para a verba reparatória por danos patrimoniais, ainda assim, não se identificaria supedâneo para a condenação por danos morais. Requeridas colocaram à disposição dos requerentes um apartamento, além do que, pagaram aluguel até fevereiro de 2004. Descaso não configurado. Aspecto social levado em consideração. Afronta à dignidade da pessoa humana não se faz presente. Pretensão dos autores é o enriquecimento sem causa. Recursos providos" (*TJSP* – Ap 0004863-53.2004.8.26.0068, 23-9-2013, Rel. Natan Zelinschi de Arruda).

O art. 22 do Código de Águas determina aplicação dos dispositivos da aluvião no que couber à avulsão.

Caio Mário (1993:99) lembra da possibilidade de a avulsão ocasionar prejuízo, e não vantagem. Entendemos que, em se tratando de causa natural, caso fortuito, não há dever de indenizar.

O Código em vigor, no art. 1.251, estatui:

> *"Quando, por força natural violenta, uma porção de terra se destacar de um prédio e se juntar a outro, o dono deste adquirirá a propriedade do acréscimo, se indenizar o dono do primeiro ou, sem indenização, se, em um ano, ninguém houver reclamado".*

Recusando-se ao pagamento da indenização, o dono do prédio beneficiado deverá concordar com a remoção da parte acrescida (art. 1.251, parágrafo único). Como se observa, esse prazo decadencial de um ano, presente no Código anterior, é mantido. A exiguidade desse prazo explica-se porque o fenômeno da avulsão é perfeitamente visível para ser notado pelo prejudicado, que poderá reclamar a indenização.

O Código atual suprime a regra do art. 543 referida. Quando, com a avulsão, vierem para o vigente terreno coisas que não se aderem naturalmente ao solo, independentemente de qualquer regra, devem ser devolvidas ao legítimo dono, que pode reivindicá-las. Incluem-se inclusive os semoventes, animais domésticos, pertencentes ao proprietário do terreno prejudicado.

9.3.4 Acessão por Álveo Abandonado

O regime do álveo definido no art. 10 do Código de Águas segue o princípio geral:

> *"O álveo será público de uso comum, dominical, conforme a propriedade das respectivas águas; e será particular no caso das águas comuns ou das águas particulares".*[5]

---

[5] "Usucapião – Margem de rio – Tietê – Faixa de reserva – Domínio particular – Impossibilidade: – Ausente título privado obtido por enfiteuse ou concessão de uso, a faixa reservada de antiga margem de **álveo abandonado** permanece no domínio público e não está sujeita a usucapião" (*TJSP* – Ap 0117279-57.2007.8.26.0100, 17-8-2020, Rel. Teresa Ramos Marques).

"Apelação Cível – Reintegração de posse c.c – Indenizatória por perdas e danos – Área com origem em abertura de rua ao longo do Córrego Uberabinha e **álveo abandonado** do leito do Rio Uberabinha ocupado pelo condomínio réu há mais de 26 anos – Sentença de parcial procedência que determinou a reintegração de posse, porém sem a condenação em perdas e danos, devido à ausência de má-fé – Incompatibilidade entre a descrição da matrícula com os perímetros e áreas pleiteadas que somente foram esclarecidos pelo laudo pericial – Demarcação da propriedade de forma equivocada que afasta a má-fé do réu, bem como sua condenação por perdas e danos – Sentença mantida – Recurso desprovido" (*TJSP* – AC 1014030-05.2016.8.26.0053, 13-5-2019, Rel. Eduardo Gouvêa).

"Administrativo – Capital – Vila Leopoldina – Retificação da área de imóvel – Rio Tietê – Antigo Leito – Faixa Reservada – Natureza – Valores pagos a título de retribuição mensal pela permissão de uso de área considerada pública. Repetição – 1- Rio Tietê. Antigo leito. Faixa reservada. Perícia. Entendi que as perícias realizadas nestes e em outros autos seriam hábeis a demonstrar que o imóvel das autoras estaria fora da faixa de reserva do antigo leito do Rio Tietê, especialmente diante da ausência de prova do município em sentido contrário. No entanto, curvo-me ao entendimento da maioria, para quem não restou efetivamente demonstrada, por meio de elementos neutros, a existência de erro gráfico na planta A-12.819 do setor técnico do município, conforme anotado pelo juiz – 2- Faixa reservada. Natureza. O art. 11 do DF nº 24.643/34 considera bem público dominical apenas aqueles que não estiverem destinados ao uso comum, ou por algum título legítimo não pertençam ao domínio particular; O terreno das autoras, que está no domínio particular desde antes da edição do Código de Águas, nunca foi enquadrado como bem público dominical segundo aludido dispositivo. Ainda que essa faixa tivesse sido um bem dominical algum dia, a reserva deixou de existir quando a administração mudou o curso do rio Tietê; A partir de então, passou a pertencer-lhe tão somente o álveo abandonado, e não mais os terrenos reservados não mencionados na lei e na lógica do sistema nos termos dos art. 26 e 27 do Código de Águas. A faixa que o município entende ser sua não é bem público, razão pela qual autora nada lhe deve; É domínio particular registrado em nome das

A regra é que o álveo abandonado (*alveus derelictus*), particular ou público, pertence aos proprietários ribeirinhos das duas margens, na proporção das testadas até o meio do álveo (art. 1.252). Cuida-se de situação em que o curso de água seca ou se desvia.

Ocorrendo desvio da corrente de água, os proprietários das terras por onde as águas naturalmente abrem novo curso não têm direito à indenização, idêntica solução do Direito Romano. Trata-se de caso fortuito. Não é esta a solução, contudo, se o desvio decorre de obra artificial, hipótese em que a perda de terreno deve ser indenizada. Se a mudança da corrente ocorre por utilidade pública, o dono do prédio ocupado deve ser indenizado, passando o álveo abandonado a pertencer ao poder expropriante, como forma de compensação (art. 27 do Código de Águas). Faixa de terra marginal de antigo álveo é insuscetível de apropriação por particular, se esse rio era navegável:

---

recorrentes, inexistindo óbice à pretendida retificação do registro – 3- Contraprestação. Cessação dos pagamentos. Restituição. Os valores pagos com base no 'Termo de Transação e de Assunção de Responsabilidades' decorrem de negócio jurídico voluntário e válido, corroborado mais de uma vez em juízo. A Prefeitura não poderá cobrar o que não tiver sido pago, pois, desconstituída a causa, e deverá devolver o que tiver sido pago após a citação nesta ação – Improcedência. Recurso das autoras provido" (*TJSP* – Ap 0128172-54.2007.8.26.0053, 26-4-2018, Rel. Torres de Carvalho).

"Conflito de competência – Apelação – **Acessão de imóvel por álveo abandonado** – Disputa sobre a titularidade de área – Inteligência do artigo 3º, I.11 da resolução 623/13 – Ademais, conhecimento e julgamento de anteriores recursos – Conflito procedente, fixada a competência na C. 11ª Câmara de Direito Público" (*TJSP* – CC 0000118-83.2017.8.26.0000, 16-5-2017, Rel. Borelli Thomaz).

"Apelação – Execução Fiscal – Município de São Bernardo do Campo – Preço Público (**álveo abandonado**) – Exercício de 1998 – Pretensão de substituição da Certidão de Dívida Ativa para alteração do polo passivo – Impossibilidade – Inteligência da Súmula nº 392 do STJ – Imóvel que não mais pertencia ao executado quando da propositura da ação – Sentença que extinguiu a execução mantida – Recurso improvido" (*TJSP* – Ap 0053111-90.1999.8.26.0564, 15-3-2016, Rel. Rezende Silveira).

"**Ação declaratória de domínio sobre álveo abandonado** cumulado com pedido de retificação de registro imobiliário e usucapião extraordinária. Sentença de procedência em parte. Insurgência da municipalidade de São Paulo. Álveo abandonado possui caráter particular. Constatação de que as águas do antigo córrego de sapateiro não reuniam condições de navegabilidade e flutuabilidade. Aplicação do disposto nos artigos 7º e 10º do Código de Águas. Não demonstrado o direito de propriedade do ente público embora o desvio das águas do córrego tenha se dado em razão de obras públicas, não restou configurada a indenização de prédio ocupado por novo álveo. Precedentes desta e. 10ª Câmara de Direito Privado. Demonstrada a posse *ad usucapionem* por acessão sob a área descrita. Recurso não provido" (*TJSP* – Ap 0000769-44.2003.8.26.0053, 3-4-2014, Relª Marcia Dalla Déa Barone).

"**Civil**. Processual civil. Código de águas. Decreto nº 24.643/34 (art. 27). Mudança do curso de rio federal por obra de utilidade pública. **Álveo abandonado**. Domínio da união. Ausência de indenização aos proprietários da área atingida pelo novo curso d'água. Mera irregularidade que não afasta do domínio da união sobre o álveo abandonado. – 1 – 'São bens da União – Os lagos, rios e quaisquer correntes de água em terrenos de seu domínio, ou que banhem mais de um Estado, sirvam de limites com outros países, ou se estendam a território estrangeiro ou dele provenham, bem como os terrenos marginais e as praias fluviais' (art. 20, III, CF). Situação na qual se enquadra o Rio Paraibuna, por dividir os Estados de Minas Gerais e Rio de Janeiro. 2 – Alterado, por utilidade pública, o curso do Rio Paraibuna, no trecho que corta a Cidade de Juiz de Fora-MG, nos termos do art. 27 do Dec. 24.643/34, 'o álveo abandonado passa a pertencer ao expropriante para que se compense da despesa feita'. 3 – Intentando os proprietários ribeirinhos ação reivindicatória buscando legitimar o domínio sobre as terras decorrentes do álveo abandonado, é nula a sentença respectiva, proferida pela Justiça Estadual, bem como os registros imobiliários dela decorrentes, se para essa ação não foi citada a União. 4 – É irrelevante para legitimar essa ação o fato do ex--DNOS ter emitido parecer administrativo atestando que a área não lhe pertencia. Primeiro, porque esse parecer não tem força vinculante. Segundo, porque proferido administrativamente sem que tenha sido judicializado. Terceiro, por faltar competência ao DNOS para sugerir 'que o leito abandonado do rio fosse objeto de divisão entre os proprietários ribeirinhos'. Posto se tratar de um ente com personalidade jurídica distinta da União, sem poder para definir a propriedade da União sobre a área. Quarto, porque, mesmo que não tenha havido indenização dos proprietários da área por onde passou a correr o Rio Paraibuna após o desvio do seu curso, não afasta seu domínio sobre o antigo álveo (art. 27 do Dec. 24.643/46). Ou seja, se a área é pública, nos termos do art. 183, § 3º, da CF, é imprescritível e somente alienável em condições e procedimentos especiais. Quinto e último, porque interpôs, nessa ação, a competente oposição a qual foi apreciada e rejeitada pela Justiça Estadual, fato que, por si só, já justifica a anulação da sentença. 5 – Agravo retido, apelação e remessa oficial providos" (*TRF-1ª R.* – Ap-RN 2002.01.00.002813-5/MG, 18-9-2013, Rel. Juiz Fed. Osmane Antonio dos Santos).

"com a canalização, e consequente desativação do primitivo leito, este continuou, em função do citado art. 27 do Código de Águas, a integrar o patrimônio público, só que agora na categoria de bem dominical" (*RT* 688/98).

Se o rio voltar ao leito antigo, recompõe-se a situação anterior de propriedade dos prédios, salvo se essa retomada se der por utilidade pública (art. 26, parágrafo único), quando então a solução será a do art. 27, a não ser que os proprietários prefiram indenizar o Estado.

9.3.5 Construções e Plantações

As construções e plantações são acessões decorrentes de conduta humana. Nessas hipóteses, a acessão é de *móvel a imóvel*.

Tecnicamente, não se confundem as acessões, especialmente as construções, com as benfeitorias. Delas nos ocupamos no volume sobre *Direito civil: parte geral* (seção 16.8.2). Benfeitorias são obras ou despesas feitas na coisa, para o fim de conservá-la, melhorá-la ou embelezá-la. Daí a tripartição em benfeitorias necessárias, úteis e voluptuárias. São obras decorrentes de ação humana.

A *construção*, tratada como acessão a imóvel, não é caracterizada como benfeitoria, embora na prática o termo seja usado para essa finalidade, sendo equiparada à benfeitoria para certos efeitos legais. A construção, no entanto, pode ser vista ora como acessão, ora como benfeitoria. Chamamos à colação o que por nós foi lembrado na obra introdutória e que dirime a questão. O exame deve ser subjetivo, segundo apontamos, na opinião de Serpa Lopes (1964, v. 6:374). Quem constrói em coisa acreditando-a sua, com *animus* de dono ou legítimo possuidor, faz benfeitoria. Na acessão, quem constrói sabe que o terreno não é seu, não une o fruto de seu trabalho à coisa que convictamente entende possuir ou ser dono.

No entanto, seja o conceito de benfeitoria, seja de acessão voluntária, o que a lei busca é evitar o injusto enriquecimento. O regime da construção e da semeadura em terreno alheio pode ensejar o direito de retenção ao possuidor de boa-fé, da mesma forma que as benfeitorias, pois a índole é a mesma. Tanto que o próprio Código de 1916 se referia a benfeitorias ao tratar da má-fé bilateral na semeadura, plantação e construção em terreno alheio, no art. 548, o que foi reparado pelo diploma civil vigente que se refere nesse mesmo dispositivo a "acessões" (atual, art. 1.256).

As construções e plantações são consideradas acessórios do solo. Não se leva em conta o conceito de valor. A presunção é de que a construção e a plantação pertencem ao proprietário do solo (art. 1.253). Não é, porém, presunção absoluta, competindo ao interessado elidi-la.

Como é possível semear, plantar e construir com sementes e materiais não pertencentes ao proprietário do solo, distinguem-se as hipóteses nas quais isso pode ocorrer:

- a semeadura, plantação ou construção é feita em terreno próprio, com materiais alheios;
- a semeadura, plantação ou construção é feita em terreno alheio com materiais próprios;
- a semeadura, plantação ou construção é feita em terreno alheio, com materiais alheios.

Como enfatizamos, aqui, como na solução acerca das benfeitorias, encontramos exemplos legais que visam coibir o injusto enriquecimento.

A primeira hipótese é solucionada pelo art. 1.254. Aquele que semeia, planta ou edifica em terreno próprio com sementes, plantas ou materiais alheios adquire sua propriedade, mas deve pagar o valor das coisas alheias utilizadas. Se estiver de má-fé, além da indenização deverá pagar perdas e danos.

A segunda hipótese vem descrita no art. 1.255. O semeador, plantador ou construtor em terreno alheio perde para o proprietário as coisas, com direito à indenização, se obrou com boa-fé.[6] Se esteve de má-fé, poderá ser constrangido a repor as coisas no estado anterior e a pagar pelos prejuízos. A questão será do exame da oportunidade e conveniência no caso concreto. O parágrafo único do art. 1.255 introduz modificação:

> *"Se a construção ou plantação exceder consideravelmente o valor do terreno, aquele que, de boa-fé, plantou ou edificou, adquirirá a propriedade do solo, mediante pagamento da indenização fixada judicialmente, se não houver acordo".*[7]

---

6 "Apelação. Embargos de terceiro. Penhora de 50% da produção futura de cana-de-açúcar realizada no imóvel de copropriedade do embargante e do executado. Alegação de exclusividade do embargante nos gastos e na atividade agrícola desenvolvida no imóvel. Nos termos dos arts. 1.253 e **1.255**, ambos do Código Civil, toda plantação existente em um terreno se presume feita pelo seu proprietário e à sua custa, até que prove o contrário, e, ainda, aquele que semeia ou planta em terreno alheio perde, em proveito do proprietário, as sementes e as plantas, restando-lhe, se procedeu de boa-fé, o respectivo direito a indenização. Alegações e documentos apresentados pelo embargante que não têm o condão de afastar tal presunção legal nem consequência normativa. Manutenção da r. sentença. Recurso não provido" (*TJSP* – Ap 1003796-30.2023.8.26.0081, 22-8-2024, Rel. Roberto Mac Cracken).

"Agravo de instrumento – Incidente de cumprimento de sentença – Insurgência da agravante face a decisão que acolheu a tese de impenhorabilidade de bem imóvel – Alegação de que não oponível a impenhorabilidade do bem de família à hipótese, porque faz jus à indenização das benfeitorias realizadas nesse imóvel – Descabimento – Título executivo que reconheceu o direito da agravante à meação de benfeitorias realizadas em imóvel de propriedade dos genitores do agravado (ex-varão) – Hipótese em que a construção (edificação) se incorpora ao terreno e passa a pertencer ao proprietário do imóvel, e aquele que construiu de boa-fé adquire **o direito à indenização**, nos termos do art. 1.255 do Código Civil – Inviabilidade de pedir indenização aos titulares falecidos – Meação que tem natureza de compensação patrimonial e deve ser paga pelo ex-varão, como forma de evitar o enriquecimento ilícito e o sacrifício patrimonial de apenas uma das partes – Precedente das Cortes Superiores – Executado que comprovou que reside no imóvel com a família e não tem outro de sua titularidade – Condição que atrai a impenhorabilidade do imóvel, bem de família, nos termos do artigo 1º, da Lei 8009/90 – Ausência de notícia quanto ao inventário ou herdeiros que poderiam ser alcançados por eventual penhora de direito do devedor, que também inviabiliza a medida pretendida pela agravante – Decisão mantida – Recurso improvido". (*TJSP* – AI 2121641-18.2023.8.26.0000, 27-6-2023, Rel. Miguel Brandi).

"Apelação. Ação indenizatória. Acessão. Construção de residência sobre a laje do imóvel dos requeridos. Autorização do proprietário para construção. **Direito à indenização** em favor do construtor, nos termos do art. 1.255 do Código Civil. Existência de comodato que não afasta a obrigação dos proprietários de ressarcir a despesa com a construção que se incorporou ao seu imóvel, sob pena de caracterização de enriquecimento sem causa. Sentença que acolheu o pedido e determinou apuração do valor em liquidação. Manutenção. Recurso desprovido" (*TJSP* – Ap 1005085-11.2014.8.26.0405, 25-10-2021, Rel. Enéas Costa Garcia).

7 "Apelação cível. Ação de reintegração de posse. Sentença de parcial procedência, com a condenação da requerida no pagamento de indenização aos requerentes, correspondente à fração do imóvel de propriedade destes invadida por aquela. Procedência, ainda, de lide secundária, com a condenação de litisdenunciados ao reembolso da quantia a ser pela requerida despendida com a indenização e sucumbência. Insurgências dos autores e da requerida. Esbulho inegável, pois, por má-compreensão do alcance de área transladada pelos litisdenunciados, acabou a requerida por ocupar fração de imóvel de propriedade dos requerentes. Reintegração de posse, contudo, inadmissível, pois por sobre a fração de solo invadida erigiu a requerida construção significativa, que integra sua atividade de empresa. Acessão inversa que deve ser reconhecida, pois a construção erigida por sobre a terra nua surpassa o valor desta, fazendo jus a requerida à aquisição dominial, mediante a paga de indenização aos requerentes. Art. 1.255, parágrafo único, do Código Civil. Valor indenizatório que deve corresponder apenas à terra nua, ao passo que não concorreram os requerentes na feitura das acessões lá inseridas. Correção monetária incidente por sobre o valor indenizatório desde a data de avaliação da terra nua, pois desde tal marco foi o valor açoitado pelo fenômeno inflacionário. Indenização por perdas e danos inadmissível, pois não formulado pedido em tal direção na atrial. Veto à ampliação objetiva da lide. Negócio translativo tido entre a requerida e os litisdenunciados cujos termos são inermes aos requerentes, que dele não participaram. Posse transmitida que mantém seus caracteres, de modo que, injusta aos litisdenunciados transmitentes, seguiu injusta à requerida adquirente. Arts. 1.206 e 1.207 do Código Civil. Requerida que não se escusa do dever indenizatório por razão do negócio com os litisdenunciados. Responsabilização direta dos litisdenunciados descabida, pois acertadamente não integraram a

A jurisprudência já se colocava nessa linha. No caso concreto, há dois aspectos que devem ser examinados, a boa-fé do plantador ou construtor e o que se entende por valor considerável. A solução é justa, mas dependerá do exato bom critério do julgador.

No entanto, se ambos estão de má-fé, o artigo 1.256 determina que o proprietário do imóvel adquira os acréscimos, devendo ressarcir o valor das acessões.

Na hipótese do semeador, plantador ou edificador em terreno alheio, com boa-fé, terá ele direito de retenção, se detém o imóvel, pois se aplicam os princípios das benfeitorias. Como examinado no estudo da posse, verifica-se a boa ou má-fé em cada caso concreto. No entanto, o parágrafo único do art. 1.256 faz presumir a má-fé do proprietário do imóvel quando o trabalho de construção ou lavoura se fez em sua presença e sem impugnação sua. Nessa situação, era seu dever impugnar os trabalhos.

Contudo, independentemente de boa ou má-fé, o dono das sementes, plantas e construções nunca adquirirá o imóvel no sistema de 1916. Nesse caso, a boa ou má-fé interfere apenas no direito de indenização e no direito de retenção. Já pelo corrente Código, ressaltando a preocupação social do novel legislador, abre-se a possibilidade assinalada pelo parágrafo único do art. 1.255.

Na terceira hipótese enunciada, tanto os bens móveis como o imóvel são alheios (art. 1.257). Os materiais passam a pertencer inelutavelmente ao proprietário do solo. Se o semeador, plantador ou construtor estava de boa-fé, tem direito a receber o valor dos bens móveis. Nada

---

lide principal, já que não mais ocupavam a área esbulhada. Existência apenas de pretensão regressiva da requerida contra os litisdenunciados, por razão do negócio entre estes firmado. Sucumbência recíproca acertadamente reconhecida, pois o desacolhimento de pedido hierarquicamente superior, provido apenas pedido subsidiário, implica em obtenção de vantagem apenas parcial pelos requerentes. (...) Conclusão. Sentença reformada em menor parte, de modo a que alterado termo inicial da correção monetária e a forma de cômputo dos honorários sucumbenciais devidos ao advogado da requerida. Desprovido o recurso dos requerentes e provido em parte o recurso da requerida" (*TJSP* – Ap 1035302-72.2020.8.26.0196, 14-5-2025, Rel. Márcio Teixeira Laranjo).

"Apelação cível. Ação de rescisão contratual cumulada com perdas e danos e reintegração da posse. Aquisição por acessão inversa. Sentença de primeiro grau que reconheceu a rescisão contratual, a reintegração da posse pela apelada e determinou ao réu-apelante o pagamento de indenização pelo tempo que permaneceu no imóvel sem nada pagar, e a arcar com o reembolso das parcelas de IPTU, das taxas de água e luz do imóvel que deixou de pagar. Apelante que insurge pleiteando a declaração de domínio/propriedade em seu favor com pedido de indenização à proprietária. Acolhimento. **Art. 1.255, parágrafo único, do Código Civil** que permite a aquisição por acessão inversa em caso de plantação ou edificação de boa-fé que resulte na valorização do terreno. Presença de boa-fé do apelante que tão somente utilizou do terreno objeto de vínculo contratual por acreditar que lhe seria por propriedade após a quitação. Valorização do terreno em R$ 113.100,00. Desnecessidade do exercício do dever de indenização pelo apelante à construtora, haja vista o dever mantido de adimplir as dívidas remanescentes em relação às parcelas faltantes à quitação do terreno e às contas de IPTU, água e luz. Possibilidade da construtora de ajuizar uma ação de cobrança pelas dívidas não pagas sem demandar a reintegração da posse do terreno que acarretaria em uma movimentação excessiva e desnecessária de ambas as partes. Sentença modificada. Recurso provido" (*TJSP* – Ap 1043632-69.2018.8.26.0506, 19-2-2024, Rel. Vitor Frederico Kümpel).

"Apelação cível. Ação de manutenção de posse. Alegada construção por engano no terreno do réu, por culpa do vendedor. Sentença de improcedência da ação principal e parcial procedência da reconvenção. Inconformismo dos autores. Juntada de documento novo. Inadmissibilidade. Documentos trazidos pelos insurgentes que não podem ser aceitos como novos e não se referem a fatos ou contraposição de situação surgida após a sentença. Inteligência do art. 435 do CPC. Manutenção na posse. Cabimento, à luz do Art. 1510 do Código Civil. Adquirente que foi induzido a erro quando da edificação de seu imóvel, construindo-o no terreno do vizinho. Situação que enseja a aquisição de propriedade por acessão inversa. Aplicação do **parágrafo único do Art. 1.255 do Código Civil**, segundo o qual, no caso de a construção exceder consideravelmente o valor do terreno, aquele que edificou de boa-fé adquirirá a propriedade do solo, mediante pagamento da indenização fixada judicialmente, se não houver acordo. Autor que deve indenizar ao réu o valor pelo mercado de seu terreno, adquirindo-o em valor a ser apurado em liquidação ou, se houver acordo de vontade entre as partes, a questão pode ser solvida com a permuta dos terrenos. Aplicação de multa por litigância de má-fé deduzida em contrarrazões. Descabimento. O fato de a parte autora, sucumbente, ter apresentado recurso de apelação, por si só, não enseja a aplicação da citada multa. Ausente ocorrência das hipóteses previstas no art. 80, do CPC. Recurso provido" (*TJSP* – Ap 0002647-72.2014.8.26.0035, 29-9-2022, Rel. Rodolfo Pellizari).

deve receber se estava de má-fé. Acrescenta o parágrafo único do art. 1.257 que o proprietário das sementes, plantas ou materiais poderá cobrar do proprietário do solo a indenização, quando não puder receber do plantador ou construtor.

Nem sempre a solução de desfazer a construção será a mais justa no caso concreto, daí o porquê da nova redação do art. 1.255, parágrafo único. Figure-se a hipótese de quem invade com edificação um ou dois metros o imóvel vizinho. Poderá ser mais conveniente a indenização do que o desfazimento parcial de obra que prejudique seu todo, bem como sua função social. Algumas legislações admitem também essa solução, a qual vinha sendo adotada por nossa jurisprudência. O invasor torna-se proprietário do terreno invadido, nessa espécie de *desapropriação privada* (Gomes, 1983:142). Essa será a melhor solução quando a área invadida for insignificante em relação ao todo. Evidente que não pode subverter a ideia geral expressa na lei civil. Leva-se em conta, no caso, que certas edificações ganham maior valor que o solo. Note que, durante a construção, o proprietário invadido pode lançar mão da ação de nunciação de obra nova. Quando a obra estiver concluída, cabe ao bom senso do magistrado encontrar a melhor solução, sem violentar os princípios legais, na proteção ao construtor de boa-fé. Destarte, trata-se de mais um exemplo para não entendermos como absoluto o direito do proprietário.

Mesmo se houver má-fé, poderá não coincidir com o interesse social a destruição do prédio facultada ao proprietário no art. 547 do antigo Código (Rodrigues, 1984, v. 5: 104). Imagine, por exemplo, a hipótese de edificação de hospital ou escola em pleno funcionamento. Não decidirá contra a lei o magistrado nessa situação se buscar o sentido social da propriedade, preconizado inclusive constitucionalmente. Comenta Beatriz Arean (1992:275) no direito argentino, cuja solução legislativa é idêntica a nossa de 1916, que

> *"ao invadido resta sempre a possibilidade de evitar que a obra recém-começada avance, para a qual poderá ajuizar um interdito ou ação possessória. Porém, se não o faz, e a obra está terminada, deve interpretar-se que consentiu tacitamente na invasão, pelo que perderá a propriedade da faixa ocupada, com pagamento do respectivo valor e demais danos que tivessem causado. A boa-fé e a necessidade de não destruir valores conduzem a esta solução".*

9.3.5.1 *Construções em imóvel alheio. Disposições do Código de 2002*

A construção em imóvel alheio dá margem a muitas discussões e difíceis soluções nos casos concretos. A redação do art. 1.258 do Código, que inova em nossa legislação, vem em socorro a essas situações:

> *"Se a construção, feita parcialmente em solo próprio, invade solo alheio em proporção não superior à vigésima parte deste, adquire o construtor de boa-fé a propriedade da parte do solo invadido, se o valor da construção exceder o dessa parte, e responde por indenização que represente, também, o valor da área perdida e a desvalorização da área remanescente.*
>
> *Parágrafo único. Pagando em décuplo as perdas e danos previstos neste artigo, o construtor de má-fé adquire a propriedade da parte do solo que invadiu, se em proporção à vigésima parte deste e o valor da construção exceder consideravelmente o dessa parte e não se puder demolir a porção invasora sem grave prejuízo para a construção".*

A questão é de enorme importância prática. Esse dispositivo, que com o artigo seguinte procurou estabelecer tanto quanto possível um critério objetivo para a construção em terreno alheio, surge como importante instrumento de solução para os magistrados e para as partes envolvidas, que por vezes se mostravam perplexos perante situações de fato. Em várias oportunidades nos deparamos com casos práticos de construção de boa ou de má-fé, com alguns ou muitos metros de construção invadindo os terrenos vizinhos. A situação é comum, mormente nos loteamentos mais antigos e irregulares, quando os marcos divisórios não estão aviventados ou simplesmente não existem. Mais uma vez, a boa ou má-fé será um grande divisor de águas a ser aferido pelo magistrado. Por outro lado, a perícia informará o juiz sobre a proporção da referida vigésima parte e seu respectivo valor, bem como sobre a conveniência da demolição, que será sempre a última solução, principalmente quando esta afeta o todo construído. Como apontamos, também aqui essa porcentagem não será um critério inflexível: dependendo da situação de fato enfrentada, nada impede, a nosso ver, que o magistrado decida na forma apontada pela lei se a porcentagem de invasão for pouco maior ou menor. O juiz deverá seguir a melhor argumentação para o caso e o que melhor se amolda à adequação social. Certamente haverá quem defenda deva o julgador prender-se exclusivamente à letra da lei, o que não é uma concepção filosófica contemporânea em qualquer situação. A ideia central do Código Civil de 2002 é sempre permitir uma flexibilização da lei, desde que não se contrarie o ordenamento:

> *"Na disposição do artigo em estudo encontramos solução mais justa, em que pese a fixação de percentual não fosse o mais adequado. Melhor fora que se deixasse ao exame do caso concreto saber o caminho a ser tomado. De qualquer forma temos uma solução mais justa"* (Viana, 2003:161).

A lei estabelece, por outro lado, uma multa vultosa para o invasor de má-fé, quando for conveniente que este mantenha como sua a parte invadida. Sempre deverá ser levado em conta se o valor da construção excede consideravelmente o valor do terreno, tomando-se por base a vigésima parte deste. Aqui, como alhures, o bom critério do juiz preponderará. De qualquer forma, a punição com décuplo do valor das perdas e danos ao possuidor de má-fé não poderá ser dispensada na decisão judicial. A matéria está mais afeta ao direito de vizinhança, sendo mais um pomo de discórdia na já difícil convivência entre vizinhos. Inobstante, ainda que o magistrado possa dar certa flexibilidade ao dispositivo para atender com justiça à situação, terá agora na lei um critério a apontar sua decisão.

Várias situações de fato e de direito podem surgir numa demanda desse jaez. Poderá a sentença, por exemplo, determinar o pagamento do décuplo das perdas e danos, como apontado na lei, se não houve pedido do réu para adquirir a porção do imóvel?

A questão transfere-se para o plano processual. A nosso ver, é necessário que haja pedido expresso nesse sentido, em pedido contraposto, se o procedimento o permitir, ou em ação autônoma. E se o invasor não tiver condições para suportar essa indenização? Pode o deslinde do pagamento ser deferido para uma problemática execução do julgado? O interessado poderia pedir uma caução para essa garantia. A solução, nessa circunstância, apontaria, inexoravelmente, para a demolição. As soluções não são fáceis. A jurisprudência e os novos estudos sobre o tema devem apontar os rumos dessa inovação legal.

Especificamente quanto ao construtor em terreno alheio, que invade mais do que a vigésima parte do imóvel, o art. 1.259 complementa o dispositivo anterior:

> *"Se o construtor estiver de boa-fé, e a invasão do solo alheio exceder a vigésima parte deste, adquire a propriedade da parte do solo invadido, e responde pelas perdas e danos*

que abranjam o valor que a invasão acrescer à construção, mais o da área perdida e o da desvalorização da área remanescente; se de má-fé, é obrigado a demolir o que nele construiu, pagando as perdas e danos apurados, que serão devidos em dobro".

Os critérios objetivos em matéria de indenização nem sempre dão a solução mais justa. É o que sucede nesses dois novos artigos. Neste último, quando a invasão é de monta, fixando a lei em superior a vigésima parte do solo alheio, o possuidor de boa-fé é aparentemente tratado de forma mais benéfica, adquirindo o terreno invadido, mas pagando indenização na forma descrita. Essas verbas serão evidentemente objeto de perícia complexa, tendo em vista os tópicos descritos na lei: valor da área invadida, valor da área perdida e desvalorização da área remanescente. Em sede de trabalho pericial, o trabalho terá analogia com as desapropriações, pois a situação é muito semelhante.

Quanto ao invasor de má-fé, a lei determina que seja ele obrigado a demolir o que se construiu em terreno alheio, pagando ainda o dobro das perdas e danos. Sob este último aspecto, lembramos tudo que se explanou nessa oportunidade. Pode ocorrer que a demolição seja mais prejudicial do que a manutenção da construção. Note que este último artigo abrange a construção parcial, superior à vigésima parte, ou total em terreno alheio. O art. 1.258 reporta-se unicamente à construção parcial em terreno alheio, a qual, como regra, ocorre em terreno contíguo ou do invasor.

9.3.6 Acessão Natural de Animais

Questão não enfocada em nossa lei diz respeito a animais domésticos que reassumem sua liberdade. Voltando à condição de selvagens, esses animais passam a ser *res nullius*, podendo ser objeto de apropriação.

Quando, porém, o animal doméstico desloca-se ou emigra, passando a viver em outra propriedade, a solução do direito argentino é este último proprietário adquirir o domínio do semovente, se não agiu com artifícios para atraí-lo. Trata-se de acessão de animais também regulada pelo direito francês. Em nosso direito, a questão pode ser resolvida pela usucapião do semovente. Se o animal for identificável, porém, o proprietário poderá reivindicá-lo enquanto estiver a sua procura.

Serpa Lopes (1964, v. 6:398) conclui que, não tendo o Direito brasileiro norma positiva, a solução pode ser idêntica, não só pelo direito comparado, como também porque os animais devem ser considerados acessórios do novo prédio que passam a habitar. O autor entendia aplicável, com razão, o art. 596 de nosso Código de 1916: *"Não se reputam animais de caça os domesticados que fugirem de seus donos, enquanto estes lhes andarem à procura"*. Portanto, se identificáveis os animais e se persistir o dono em sua busca, este não perderá sua propriedade. Se o retorno dos animais se inviabiliza, porque acostumados ao novo local, seu proprietário deve ser indenizado. A solução pode ser a mesma no Código de 2002, que não repete a regra lógica do art. 596, porque não mais se refere à caça.

9.4 USUCAPIÃO: INTRODUÇÃO. NOTÍCIA HISTÓRICA

A posse prolongada da coisa pode conduzir à aquisição da propriedade, se presentes determinados requisitos estabelecidos em lei. Em termos mais concretos, denomina-se usucapião o modo de aquisição da propriedade mediante a posse suficientemente prolongada sob determinadas condições.

Advirtamos, mais uma vez, que a palavra *usucapião* pode ser utilizada no gênero masculino. Os que se referem ao instituto como "a usucapião" prendem-se à origem latina do vocábulo. O Código Civil de 1916, no entanto, utilizou o termo no masculino. O Código de 2002 opta pelo feminino.

No direito de Justiniano, a usucapião resulta da fusão de dois institutos de mesma índole, mas com campos diversos de atuação, a *usucapio* e a *longi temporis praescriptio*.

Usucapio deriva de *capere* (tomar) e de *usus* (uso). Tomar pelo uso. Seu significado original era de posse. A Lei das XII Tábuas estabeleceu que quem possuísse por dois anos um imóvel ou por um ano um móvel tornar-se-ia proprietário. Era modalidade de aquisição do *ius civile*, portanto apenas destinada aos cidadãos romanos.

A chamada *praescriptio*, assim denominada porque vinha no cabeçalho de uma fórmula, era modalidade de exceção, meio de defesa, surgido posteriormente à *usucapio*, no Direito clássico. Quem possuísse um terreno provincial por certo tempo poderia repelir qualquer ameaça a sua propriedade pela *longi temporis praescriptio*. Essa defesa podia ser utilizada tanto pelos cidadãos romanos como pelos estrangeiros. A prescrição era de 10 anos contra presentes (residentes na mesma cidade) e 20 anos entre ausentes (residentes em cidades diferentes). Nesse período clássico do Direito Romano, conviveram ambos os institutos. No Direito pós-clássico, introduziu-se forma especial de usucapião, a *longissimi temporis praescriptio*, que os juristas modernos assimilaram como usucapião extraordinária. Nessa modalidade, quem possuísse por 40 anos, de boa-fé, mas sem justa causa, poderia defender-se com essa exceção (Alves, 1983:386).

Desaparecendo a distinção entre terrenos itálicos e provinciais, os dois institutos surgem já unificados na codificação de Justiniano, sob o nome de usucapião. Daí a razão de, com frequência, utilizar-se da expressão *prescrição aquisitiva* como sinônimo de usucapião. De fato, enquanto a prescrição extintiva, ou prescrição propriamente dita, implica perda de direito, a usucapião permite a aquisição do direito de propriedade. Em ambas as situações, levam-se em consideração o decurso de certo tempo. Desse modo, os princípios que regem a prescrição da ação, por nós examinados na obra *Direito civil: parte geral*, Capítulo 31, também se aplicam à prescrição aquisitiva, tais como as causas interruptivas e suspensivas:

> *"Art. 553. As causas que obstam, suspendem, ou interrompem a prescrição, também se aplicam à usucapião, assim como ao possuidor se estende o disposto quanto ao devedor" (art. 619, parágrafo único). Essa regra geral do Código anterior mantém-se intacta no art. 1.244 do Código em vigor: "Estende-se ao possuidor o disposto quanto ao devedor acerca das causas que obstam, suspendem ou interrompem a prescrição, as quais também se aplicam à usucapião".*[8]

[8] "**Usucapião Extraordinária** – Autora que pretende a declaração de domínio sobre parte que tocava ao ex-marido no imóvel – Existência de promessa de doação da parte ideal dele à ex-mulher, após o óbito dele – Existência de testamento deixado pelo falecido legando a referida parte no bem à nova esposa e filhos dela que não interfere na posse da demandante, até e porque o prazo prescricional já havia transcorrido por inteiro – Elementos coligidos ao longo do trâmite que comprovam a posse *ad usucapionem* – Usucapião corretamente reconhecida – Recurso desprovido" (*TJSP* – AC 0002217-32.2013.8.26.0302, 15-3-2019, 15-3-2019, Rel. A. C. Mathias Coltro).

"**Usucapião extraordinária** – Imóvel usucapiendo que foi herdado pelas filhas menores do titular do domínio interditada – Prazo prescricional que não corre contra incapaz – Inteligência dos artigos 198, I e 1244, ambos do Código Civil – Prazo que somente passou a fluir quando a filha mais nova completou 16 anos de idade – Usucapião não reconhecida – Sentença mantida – Recurso desprovido" (*TJSP* – Ap 0003463-97.2009.8.26.0627, 27-4-2018, Rel. A. C. Mathias Coltro).

Desse modo, por exemplo, não corre prazo de usucapião contra proprietário incapaz (art. 198, I).

Estabeleceram-se então os seguintes requisitos para a usucapião, mantidos na lei e na doutrina modernas: *res habilis* (coisa hábil), *iusta causa* (justa causa), *bona fides* (boa-fé), *possessio* (posse) e *tempus* (tempo).

Como decorrência dessa origem histórica, há legislações, como a francesa, que preferiram tratar unitariamente de ambas as modalidades, sob as denominações de *prescrição aquisitiva* e *prescrição extintiva*. Entre nós, o Código optou por tratar da prescrição extintiva na parte geral, disciplinando a usucapião no livro dos direitos reais, como forma de aquisição da propriedade, destinada a móveis e imóveis.

9.4.1 Fundamentos da Usucapião

A possibilidade de a posse continuada gerar a propriedade justifica-se pelo sentido social e axiológico das coisas. Premia-se aquele que se utiliza utilmente do bem, em detrimento daquele que deixa escoar o tempo, sem dele utilizar-se ou não se insurgindo que outro o faça, como se dono fosse. Destarte, não haveria justiça em suprimir-se o uso e gozo de imóvel (ou móvel) de quem dele cuidou, produziu ou residiu por longo espaço de tempo, sem oposição. Observa Serpa Lopes (1964, v. 6:544) a esse respeito que, *"encarado sob este aspecto, a usucapião pode ser admitido na lei sem vulneração aos princípios de justiça e equidade"*.

Embora destinado a móveis e imóveis, é evidente a maior importância econômica e social dos imóveis. Tendo sob orientação esses princípios, nossa legislação mais recente permite prazos menores do que os estabelecidos originalmente no Código Civil para certas modalidades de usucapião, como examinaremos. Nesse diapasão, a usucapião tem o condão de transformar a situação do fato da posse, sempre suscetível a vicissitudes, em propriedade, situação jurídica definida. Nesse sentido, também se coloca a prescrição extintiva que procura dar estabilidade à relação jurídica pendente. Desse modo, justifica-se a perda da coisa pelo proprietário em favor do possuidor. *"A posse e o tempo concretizam uma situação fática que se estabelece independentemente do querer ou não querer do real proprietário"* (Ribeiro, 1992, v. 2:161).

A usucapião deve ser considerada modalidade originária de aquisição, porque o usucapiente constitui direito à parte, independentemente de qualquer relação jurídica com anterior proprietário. Irrelevante ademais houvesse ou não existido anteriormente um proprietário.

O Código de 1916 colocou a usucapião como modo de adquirir a propriedade imóvel ao lado da transcrição ou registro. O registro imobiliário faz-se necessário com relação à sentença que decreta a usucapião apenas para regularizar o direito de propriedade e o *ius disponendi*. Note que não apenas a propriedade, como também outros direitos reais compatíveis permitem a usucapião, como a enfiteuse e as servidões:

> *"Possível a usucapião relativamente ao chamado domínio útil, quando pessoa jurídica de direito público tem apenas a nua propriedade e a prescrição aquisitiva refere-se ao chamado domínio útil de que é titular um particular"* (*STJ*, RE nº 10.986/RS, Rel. Ministro Eduardo Ribeiro).

9.4.2 Requisitos da Usucapião. Usucapião Ordinária e Extraordinária no Código de 1916

A *posse* é o principal elemento da usucapião. Temos que levar em consideração o que foi explanado nesta obra a respeito da posse.

Tudo o que pode ser objeto de posse, como exposto no estudo do instituto, não estando fora do comércio, é suscetível de prescrição aquisitiva. Cuida-se da *res habilis*. Os bens fora de comércio, não podendo ser objeto de posse, não poderão ser adquiridos por usucapião. Os bens públicos, como regra geral e por força de lei, não podem ser usucapidos. O Decreto nº 19.924/31 espancou dúvida até então reinante a respeito da impossibilidade de usucapião de bens públicos. A Constituição de 1988 declara expressamente que os imóveis públicos não podem ser usucapidos. Não é muito clara a noção de terras devolutas entre nós. Nem todas as terras não pertencentes a pessoas naturais ou jurídicas devem ser entendidas como terras públicas. A Fazenda Pública, ao alegar o domínio, deve prová-lo (Rizzardo, 1991, v. 3:405). O mais acertado é considerar devoluta a terra desocupada e sem dono, pela origem histórica. Não havemos de entender que terra abandonada se devolve automaticamente à União.

Não apenas o domínio ou a plena propriedade, como vimos, são passíveis de usucapião. Também há outros direitos reais passíveis de aquisição como o domínio útil da enfiteuse, o usufruto, o uso, a habitação, servidões etc. A usucapião também se aplica a semoventes e aos móveis em geral.

Quando examinamos a posse, deve ser levada em conta sua natureza. Há modalidades de posse que não permitem a aquisição. O locatário ou o comodatário, por exemplo, que tem posse imediata, não possui com ânimo de dono. Somente poderá usucapir se houver modificação no ânimo da posse.

Entende-se, destarte, não ser qualquer posse propiciadora da usucapião, ao menos a ordinária. Examina-se se existe posse *ad usucapionem*. A lei exige que a posse seja contínua e incontestada, pelo tempo determinado, com o ânimo de dono. Não pode o fato da posse ser clandestino, violento ou precário. Para o período exigido é necessário não ter a posse sofrido impugnação. Desse modo, a natureza da posse *ad usucapionem* exclui a mera detenção.

> *"Área utilizada para atividades pesqueiras, nos finais de semana – Insuficiência para caracterizar a posse ad usucapionem ou o animus domini – Detenção ocasional da coisa – Inaplicabilidade do artigo 550 do Código Civil – Ação improcedente – Sentença confirmada – Recurso não provido"* (*JTJSP* – LEX 149/118).

Permite-se, no entanto, a sucessão na posse. Não há dúvida de que a posse pode ser transmitida por ato entre vivos e por causa da morte. O sucessor acresce a sua posse o período de seu antecessor. Trata-se de faculdade do possuidor, sucessor *inter vivos*. Como já estudamos, pode não ser conveniente essa acessão da posse, se o antecessor lha transmitiu viciada ou insuficiente para a usucapião.[9] No caso de imóvel objeto de herança, é possível a um dos herdeiros

[9] "**Usucapião extraordinária** – Eventual bloqueio de matrícula decorrente de litígio do qual os autores não fizeram parte não interrompe o lapso da prescrição aquisitiva. Preenchimento do requisito temporal para a declaração do domínio da posse mansa e pacífica exercida pelos autores por mais de 10 anos sobre imóvel, inexistindo obstáculo para aquisição da propriedade pela usucapião. Sentença mantida. Recurso improvido" (*TJSP* – Ap 1104402-58.2013.8.26.0100, 21-1-2019, Relª Silvia Maria Facchina Espósito Martinez).

"Ação de usucapião – **Usucapião extraordinária** – Petição inicial em que se postula a usucapião do lote 70B do Loteamento Parque Continental, Guarulhos – Inicial instruída com certidão de matrícula do lote 70, e com plano do imóvel fazendo remissão ao lote 70 – Ré que se defende da pretensão inicial, como se a pretensão dissesse respeito a esse lote – Prova pericial que constatou a discrepância entre a descrição do lote na inicial, e a da descrição na matrícula – Sentença de improcedência – Apelação fundada na juntada equivocada da certidão de matrícula, que deu ensejo às posteriores confusões – Apelação que, ainda assim, veio desacompanhada da certidão de matrícula do lote 70B – Hipótese de extinção sem resolução de mérito, pela falta de documento

pleitear a declaração da prescrição aquisitiva do bem (usucapião), presentes os requisitos para a configuração extraordinária previstos no artigo 1.238 do Código Civil de 2002, o prazo de 15 anos cumulado com a posse exclusiva, ininterrupta e sem oposição dos demais proprietários ou de terceiros.[10]

---

essencial ao processamento da usucapião – Ausência da certidão de matrícula que não foi suprida, e que não poderia ser suprida apenas na fase recursal, tendo em vista que a ré se defendeu levando em conta a certidão juntada aos autos – Alteração do dispositivo da sentença, de improcedência para extinção sem resolução de mérito, o que afasta os efeitos da coisa julgada material, permitindo a repropositura da demanda, desde que regularmente instruída – Recurso desprovido" (*TJSP* – Ap 0067938-39.2011.8.26.0224, 21-8-2018, Rel. Marcus Vinicius Rios Gonçalves).

"Agravo interno em recurso especial – Ação de usucapião especial urbana – Decisão monocrática negando provimento ao reclamo – Insurgência recursal da demandada – 1- A revisão das conclusões da Corte de origem acerca da presença dos requisitos legais necessários para a aquisição da propriedade pela **usucapião extraordinária** demandaria a reapreciação do contexto fático e probatório dos autos, prática vedada pela Súmula 7 do STJ. Precedentes. 2- Esta Corte de Justiça tem entendimento no sentido de que a incidência da Súmula 7 do STJ impede o exame de dissídio jurisprudencial, na medida em que falta identidade entre os paradigmas apresentados e os fundamentos do acórdão, tendo em vista a situação fática do caso concreto, com base na qual deu solução a causa a Corte de origem. 3- Agravo interno desprovido" (*STJ* – AGInt-REsp 1.639.497 – (2016/0306004-4), 1-6-2017, Rel. Min. Marco Buzzi).

"**Usucapião extraordinária**. Imóvel rural. Prova pericial indica que o pai dos apelantes nunca residiu no local e não demonstrou posse longeva e inconteste. Prova oral que tampouco convence do contrário. Sentença que analisou corretamente as questões suscitadas e avaliou com propriedade o conjunto probatório, tendo dado exato deslinde à querela. Ratificação de seus fundamentos. (Art. 252 do novo RITJSP) – Recurso improvido" (*TJSP* – Ap 0017075-44.2009.8.26.0032, 10-5-2013, Rel. Paulo Eduardo Razuk).

10 "Direito civil. Apelação cível. **Usucapião extraordinária**. Requisitos do artigo 1.238 do Código Civil atendidos. Posse mansa, pacífica, contínua e com *animus domini*. Memorial descritivo idôneo e especialidade objetiva. Manifestação registral favorável. Irrelevância do recolhimento do IPTU. Uso comercial que não afasta a posse *ad usucapionem*. Sentença mantida. Recurso não provido. I. Caso em exame Apelação da ré contra sentença que reconheceu usucapião extraordinária de imóvel urbano situado no Parque das Paineiras, com descrição técnica juntada aos autos, sustentando ausência de posse qualificada, alegada mera detenção, finalidade comercial do uso e falta de comprovantes de IPTU. II. Questão em discussão (i) verificar o preenchimento dos requisitos do artigo 1.238 do Código Civil; (ii) apurar se o uso comercial descaracteriza o *animus domini*; (iii) avaliar se a ausência de comprovantes de IPTU obsta a usucapião; (iv) identificar eventual detenção subordinada a título obrigacional; (v) reconhecer nulidade por suposto vício processual. III. Razões de decidir A prova pericial individualizou o imóvel com levantamento planialtimétrico e memorial descritivo reprodutível, atendendo à especialidade objetiva e permitindo abertura de matrícula, com manifestação do Registro de Imóveis pela suficiência técnica. Entrevistas com confrontantes e demais elementos demonstraram posse pública, contínua e pacífica por período superior a quinze anos, com inequívoco *animus domini*, inexistindo notícia de oposição. A alegação de uso comercial não elide a posse *ad usucapionem*, pois o parágrafo único do artigo 1.238 do Código Civil contempla moradia habitual ou obras e serviços de caráter produtivo, sem afastar a natureza dominial da posse quando presentes exclusividade, publicidade e continuidade. A tese de mera detenção carece de suporte fático, ausente vínculo obrigacional como locação, comodato ou cessão precária, revelando-se incompatível com o domínio de fato exercido pelos autores. A ausência de comprovantes de IPTU não constitui requisito legal da usucapião extraordinária, tratando-se de elemento meramente corroborativo, não indispensável. IV. Dispositivo e tese SENTENÇA MANTIDA. RECURSO NÃO PROVIDO. Tese de julgamento: 1. Comprovada posse mansa, pacífica, contínua e com *animus domini* por prazo superior a quinze anos, configura-se a usucapião extraordinária do artigo 1.238 do Código Civil. 2. O uso comercial do bem, por si só, não descaracteriza a posse *ad usucapionem* quando presentes exclusividade, publicidade e continuidade, nos termos do parágrafo único do artigo 1.238 do Código Civil. 3. A ausência de comprovantes de IPTU não impede a usucapião extraordinária, por não integrar os requisitos legais do instituto. 4. Inexistindo título obrigacional que revele subordinação, afasta-se a alegação de mera detenção. 5. Mantém-se a sentença quando devidamente fundamentada à luz dos artigos 371, 489 e 487 do Código de Processo Civil. Dispositivos relevantes citados: CF, artigo 5º, incisos XXII e XXIII; CC, artigo 1.238 e parágrafo único; CPC, artigos 371, 373, 487 e 489" (*TJSP* – Ap 0220905-58.2008.8.26.0100, 1-9-2025, Rel. Olavo Paula Leite Rocha).

"Apelação cível. Ação de **usucapião extraordinária**. Sentença de improcedência. Irresignação dos autores. Alegação de posse contínua, mansa e pacífica sobre o imóvel usucapiendo, com ânimo de donos, por mais de 23 (vinte e três) anos. Incidência do prazo de 15 (quinze) anos previsto no artigo 1.238, caput, do Código Civil, que deve ser contado a partir da entrada em vigor desse diploma legal (11/1/03). Ação ajuizada em 19/9/16, antes, portanto,

> *"Art. 552. O possuidor pode, para o fim de contar o tempo exigido pelos artigos antecedentes, acrescentar à sua posse a do seu antecessor (art. 496), contanto que ambas sejam contínuas e pacíficas".*

Veja o art. 1.243 do vigente Código com idêntico sentido.

Na sucessão universal *causa mortis*, no entanto, dá-se sempre a acessão temporal.

A união de posses exige que ambas sejam homogêneas, da mesma natureza, a fim de formar período suficiente para usucapir. Quem adquire, por exemplo, posse obtida pelo antecessor de forma precária, clandestina ou violenta não pode somar o período anterior para completar a usucapião. Deve aguardar seu próprio lapso temporal.

No exame do caráter da posse, no entanto, há necessidade de ser distinguida a *usucapião ordinária* da *usucapião extraordinária.*

A *usucapião ordinária* no Código de 1916 era disciplinado no art. 551. Adquiria o domínio do imóvel *"aquele que, por 10 (dez) anos entre presentes, ou 15 (quinze) entre ausentes, o possuir como seu, contínua e incontestavelmente, com justo título e boa-fé".* Nessa modalidade, deve estar presente juntamente com a posse contínua o justo título e a boa-fé, os quais serão a seguir enfocados. Verificamos que a posse *ad usucapionem* requer o ânimo de dono. Os atos possessórios do usucapiente devem traduzir exteriorização da propriedade. Não se encontram nessa situação locatário, depositário, usufrutuário etc.

A *usucapião extraordinária* vinha descrita no art. 550 do Código de 1916:

> *"Aquele que, por 20 (vinte) anos, sem interrupção, nem oposição, possuir como seu um imóvel, adquirir-lhe-á o domínio, independentemente de título e boa-fé que, em tal caso, se presume, podendo requerer ao juiz que assim o declare por sentença, a qual lhe servirá de título para transcrição no Registro de Imóveis".*

Na usucapião extraordinária, com lapso de tempo muito maior (originalmente, o Código de 1916 o fixava em 30 anos), basta que ocorra o fato da posse, não se investigando o título ou a boa-fé. Basta a posse mansa, pacífica e ininterrupta. Ocorrendo posse nesses termos, não podemos contestar o direito à prescrição aquisitiva. Na realidade, se por um lado o usucapiente adquire o domínio, aquele que eventualmente o perde sofre punição por sua desídia e negligência em não cuidar do que é seu. Como já acentuamos, o preço da posse é a permanente vigilância. Esse último aspecto fica mais ressaltado na usucapião extraordinária. A referência à presunção de título e boa-fé poderia dar margem à discussão de se tratar de presunção relativa. No entanto,

---

de completar o prazo previsto no referido dispositivo. Caso, contudo, em que não houve oposição à posse dos autores, desde o ajuizamento da demanda. Possibilidade de contabilização do tempo de posse transcorrido no curso da ação, nos termos do artigo 493 do CPC. Precedentes do C. STJ e desta Corte de Justiça. Comprovação, nos autos, do preenchimento dos requisitos da usucapião extraordinária, nos termos do artigo 1.238, *caput*, do Código Civil. Ação julgada procedente. Recurso provido" (*TJSP* – Ap 1001210-61.2016.8.26.0470, 25-5-2023, Rel. Márcio Boscaro).
"**Usucapião extraordinária.** Imóvel urbano. Posse mansa, pacífica, ininterrupta e sem oposição por mais de quinze anos. Art. 1.238 do CC. Conjunto probatório a corroborar a tese autoral. Autor que vem locando o imóvel e percebendo os respectivos alugueres, além de arcar com despesas inerentes à propriedade. Exercício de posse indireta e, portanto, com animus domini. Suposta composse não demonstrada. Ação procedente. Recurso provido" (*TJSP* – Ap 1009337-80.2019.8.26.0664, 21-5-2021, Rel. Augusto Rezende).

a doutrina e a jurisprudência de há muito entenderam que, na verdade, a lei dispensou o título e a boa-fé na usucapião extraordinária (*JTJSP - LEX* 142/22).

A posse contínua e incontestada é a que durante o período não sofreu discussão, contestação, impugnação ou dúvida alguma. Qualquer ato concreto nesse sentido pode interromper a continuidade de posse. Pode interromper a prescrição. Cuida-se mesmo de interrupção de prescrição para a qual se invocam os princípios do instituto examinados na parte geral. Não é contínua, do mesmo modo, a posse exercida intermitentemente, com intervalos. Nessa hipótese, apenas o caso concreto definirá a situação de fato.

A sentença *declara* a usucapião como está dito no art. 1.238.[11] Aplica-se a qualquer modalidade de usucapião. O direito é obtido pelos requisitos de tempo e posse e mais boa-fé e justo título. Independe da sentença. O juiz limita-se a declarar situação jurídica preexistente. Fosse a sentença necessária para completar o direito, teria efeito constitutivo. Não é o que ocorre. Completado o prazo com os demais requisitos, o usucapiente já é proprietário. A sentença é

---

11 "Apelação cível – **Usucapião (bens imóveis)** – Usucapião Extraordinária – Ausência de prova do caráter público do imóvel – Bem usucapível – Preenchimento dos pressupostos legais – I- Tratando-se de posse datada de 1978, bem como de usucapião extraordinária, aplicável o art. 550 do diploma civil de 1916, mediante o qual devem ser atendidos, de forma concomitante, os seguintes requisitos: posse sem oposição e ininterrupta sobre o imóvel usucapiendo, com ânimo de dono, por, no mínimo, 20 anos. II- Caso em que o município contestante não logrou êxito em comprovar a natureza pública do imóvel. É que o terreno não só não se enquadra no conceito de bem público, na forma do art. 99 do CC/2002, como também não detém caráter de utilidade pública, a ponto de necessitar proteção do poder público. III- Preenchidos, assim, todos os requisitos legais, deve ser reformada a sentença de improcedência, para que seja declarado o domínio dos autores sobre o bem. Deram provimento ao apelo. Unânime" (*TJRS* – AC 70079323036, 30-1-2019, Rel. Des. Dilso Domingos Pereira).

"**Usucapião extraordinária** – Pretensão amparada em posse mansa e pacífica, por mais de 15 anos. Improcedência. Inconformismo que se limita ao cerceamento de defesa. Provas trazidas aos autos suficientes ao deslinde do litígio. Observância do princípio do livre convencimento do juiz. Matéria fática elucidada satisfatoriamente pela prova pericial. Ausentes os requisitos da posse mansa e contínua com 'animus domini' pelo período da prescrição aquisitiva. Alegações evasivas que não demonstraram, efetivamente, quais os atos que exteriorizaram a posse e quais as despesas havidas com a manutenção do imóvel. Desnecessária dilação probatória. Sentença mantida. Recurso desprovido" (TJSP – Ap 0007245-43.2014.8.26.0270, 5-7-2018, Rel. Paulo Alcides).

"Agravo interno no recurso especial – Civil – 1- **Usucapião Extraordinária** – Requisitos Comprovados – Necessidade de reexame de fatos e provas, e não de sua revaloração – Súmula 7/STJ – 2- Agravo improvido – 1- A revaloração da prova consiste em atribuir o devido valor jurídico a fato incontroverso. Não sendo este o caso dos autos, em que a desconstituição da conclusão do acórdão recorrido – Acerca do preenchimento dos requisitos da usucapião – Só seria possível mediante o reexame dos fatos e das provas dos autos, inafastável a incidência da Súmula 7/STJ. 2- Agravo interno improvido" (*STJ* – AGInt-REsp 1.633.111 – (2016/0275936-6), 8-5-2017, Rel. Min. Marco Aurélio Bellizze).

"**Apelação cível. Usucapião extraordinária.** Posse exercida, em parte, na vigência do Código Civil de 1916 e o restante na vigência do novo Código Civil. Aplicação imediata do art. 1.238, parágrafo único, do Código Civil de 2002. Inteligência da regra de transição específica conferida pelo art. 2.029 do CC. Posse mansa, pacífica, contínua e com *animus domini* pelo lapso de tempo necessário à aquisição do domínio. Caracterizada a 'posse trabalho'. Recurso provido. 1. 'À usucapião extraordinária qualificado pela 'posse-trabalho', previsto no art. 1.238, parágrafo único, do Código Civil de 2002, a regra de transição aplicável não é a insculpida no art. 2.028 (regra geral), mas sim a do art. 2.029, que prevê forma específica de transição dos prazos da usucapião dessa natureza. (*STJ* – REsp 1.088.082/RJ). 2. O art. 1.238, parágrafo único, do CC/02, tem aplicação imediata às posses *ad usucapionem* já iniciadas, 'qualquer que seja o tempo transcorrido' na vigência do Código anterior, devendo apenas ser respeitada a fórmula de transição, segundo a qual serão acrescidos dois anos ao novo prazo, nos dois anos após a entrada em vigor do Código de 2002' (*STJ* – REsp 1.088.082/RJ). 3. Na espécie, a entidade/apelante provou que exerceu a posse mansa, pacífica, contínua e com *animus domini* do imóvel em discussão, desde meados do ano de 1997, tendo realizado, no bem, obras e serviços de caráter produtivo, dando-lhe destinação relevante e cumprindo com a sua função social, o que enseja a aplicação do prazo prescricional de dez anos, bem como o reconhecimento da aquisição da propriedade em discussão, por meio da usucapião, ocorrida em 2007" (*TJMS* – Acórdão Apelação Cível 2011.017088-2/0000-00, 19-6-2013, Rel. Des. Josué de Oliveira).

decreto judicial que reconhece direito preestabelecido. A transcrição da sentença no registro imobiliário, com muito maior razão, também é mero requisito regularizador da situação jurídica do imóvel. Com o registro da sentença, terá o titular a situação do imóvel pacificada com relação a terceiros, obtendo o efeito *erga omnes*. Não tem o mesmo sentido da transcrição da transferência do negócio jurídico de alienação, necessário para a aquisição da propriedade.

Quanto ao *tempo*, outro requisito da usucapião, como visto, há prazos diversos para a ordinária e para a extraordinária, modificados pelo Código de 2002 como examinaremos a seguir.

O art. 551 aqui referido exigia lapso de 10 anos entre presentes ou 15 anos entre ausentes. Entendia-se por presentes, de acordo com o parágrafo único do dispositivo, as pessoas residentes no mesmo município, como se fazia no Direito Romano. Ausentes, os residentes em municípios diversos. Esses residentes referidos no artigo são os que eventualmente teriam interesse em impugnar a usucapião. A pessoa em cujo nome está registrado o imóvel, um confinante, outro possuidor, por exemplo, pode ter interesse em contestar pedido. A ela é destinada a norma.

Os autores levantam a hipótese de o interessado ter residido parte do tempo no mesmo município e parte do tempo em outro. A solução preconizada era contar em dobro o tempo de residência em outro município. Assim, reside oito anos no mesmo município e muda-se para outro. A usucapião ocorreria em 12 anos; oito anos de presença, mais quatro de ausência, o dobro do tempo de dois anos que ainda restava (Monteiro, 1989, v. 3:128).

A usucapião extraordinária no Código antigo possuía o lapso geral de 20 anos, prazo em que a posse deve ter transcorrido sem contraste algum. Geralmente, os testemunhos dos vizinhos e pessoas do lugar, bem como definição clara de limites do imóvel, são importantes elementos de prova da continuidade pacífica da posse.

9.4.2.1 *Justo título e boa-fé na usucapião ordinária no Código de 1916*

Justo título é requisito da usucapião ordinária no Código de 1916, porque a extraordinária o dispensa.[12]

---

[12] "Constitucional e civil – **Ação de usucapião especial rural** – Requisitos previstos nos artigos 191 da Constituição Federal e 1.239 do Código Civil. Preenchimento. Desempenho de atividade paralela em complemento à subsistência familiar que não descaracteriza a função social da propriedade. Conhecimento e desprovimento do apelo" (*TJRN* – AC 2017.012166-7, 4-2-2019, Rel. Des. Claudio Santos).

"Apelação – **Usucapião especial rural** – Descabimento – Apelante que já é titular de parte ideal de gleba de terra, por compra e venda registrada na matrícula em 1995. Pretende, por esta demanda, ver declarada a titularidade de outra porção, da mesma gleba. Ausência de requisitos previstos para a usucapião especial rural, qual seja, não ser titular de imóvel rural ou urbano. Inteligência dos artigos 191 da CF/88, e 1.239, do CC/02. Poderá usucapir por outra modalidade, oportunamente. Sentença de improcedência mantida. Recurso improvido" (*TJSP* – Ap 1000056-36.2015.8.26.0666, 4-5-2018, Relª Rosangela Telles).

"Recurso Especial – Civil – Processual Civil – **Usucapião Especial Rural** – Requisitos Configurados – Aquisição da propriedade da área usucapienda – Revaloração – Provas – Via Especial – Possibilidade – Negativa de prestação jurisdicional – Ausência de fundamentação – Súmula nº 284 /STF – Dissídio Jurisprudencial – Ausência de demonstração – 1- Os arts. 1.239 do CC/2002 e 191 da CF definem os requisitos legais da usucapião especial rural (ou Constitucional Rural ou Pro Labore), quais sejam: (i) posse com *animus domini* pelo prazo de 5 (cinco) anos, sem oposição, (ii) área de terra em zona rural não superior a 50 (cinquenta) hectares, (iii) utilização do imóvel como moradia, tornando-o produtivo pelo trabalho do possuidor ou de sua família, e (iv) não ser o possuidor proprietário de outro imóvel rural ou urbano. 2- Presentes os requisitos legais da usucapião especial rural, impõe-se a declaração da aquisição do domínio da área usucapienda objeto da controvérsia. 3- O Superior Tribunal de Justiça tem entendimento no sentido de que a revaloração das provas e dos fatos expressamente delineados pelas instâncias ordinárias não viola o disposto na Súmula nº 7/STJ. 4- Não há falar em negativa de prestação jurisdicional quando o recurso especial deixa de especificar as supostas omissões ou teses que deveriam ter

O vocábulo da lei não se refere evidentemente ao documento perfeito e hábil para a transcrição. Se houvesse, não haveria necessidade de usucapir. O *titulus* ou justa causa do Direito Romano deve ser entendido não como qualquer instrumento ou documento que denote propriedade, mas como *"a razão pela qual alguém recebeu a coisa do precedente possuidor"* (Ribeiro, 1992, v. 2:714). Trata-se do fato gerador da posse. Nesse fato gerador ou fato jurígeno, examinar-se-á a justa causa da posse do usucapiente. Esse título, por alguma razão, não logra a obtenção da propriedade. Não é necessário que seja documento. Melhor que a lei dissesse *título hábil*. Título é a causa ou fundamento do Direito. Melhor entendimento é dado pela casuística na compreensão do justo título. Escrituras não registráveis por óbices de fato, assim como formais de partilha, compromissos de compra e venda, cessão de direitos hereditários por instrumento particular, recibo de venda, procuração em causa própria, até simples autorização verbal para assumir a titularidade da coisa podem ser considerados justo título. *Podem*. Se o título apresentado é hábil para a usucapião, é questão a ser decidida no processo. Em regra, é justo título todo ato ou negócio jurídico que em tese possa transferir a propriedade. É levada em conta a possibilidade abstrata de transferir a propriedade. O título putativo em princípio não constitui justo título, porque ninguém pode transferir mais direitos do que tem. No entanto, como temos repetido, por vezes se protege a aparência, e a proteção ao estado de posse o é em prol da paz social. A aparência de propriedade na transmissão pode constituir justo título.

A noção de justo título está intimamente ligada à boa-fé. O justo título exterioriza-se e ganha solidez na boa-fé. Aquele que sabe possuir de forma violenta, clandestina ou precária não tem justo título. Documento que faz crer a todos transferir a propriedade é justo título. Cabe ao impugnante provar a existência de má-fé, porque (a) boa-fé se presume.

Sobre boa-fé discorremos ao tratar da posse. Lembre-se da dicção do art. 1.202:

> *"A posse de boa-fé só perde este caráter no caso e desde o momento em que as circunstâncias façam presumir que o possuidor não ignora que possui indevidamente".*

A boa-fé deve persistir durante todo o prazo aquisitivo. A superveniência de má-fé após consumado o lapso aquisitivo não obsta a aquisição do domínio (*RT* 501/114). A matéria é de prova. O parágrafo único do art. 1.201 dispõe que o possuidor com justo título tem presunção de boa-fé. Os dois requisitos da usucapião caminham lado a lado. Para a boa-fé, o usucapiente deve ter ciência da validade do estado de posse exercido.

Na ação em que se reivindica a coisa, o demandado pode alegar usucapião como *matéria de defesa*, devendo então no processo ser analisados os requisitos do instituto:

> *"Basta a parte alegar na contestação a aquisição originária do domínio, com a demonstração do preenchimento dos requisitos da usucapião do imóvel reivindicado, para que o julgador aprecie o fato e examine as provas produzidas acerca daquela defesa indireta de mérito"* (*STJ*, RE nº 8.324/SP, Rel. Ministro Cláudio Santos).

---

sido examinadas. Aplicação da Súmula nº 284 do Supremo Tribunal Federal. 5- A divergência jurisprudencial exige comprovação e demonstração, esta, em qualquer caso, com a transcrição dos julgados que configurem o dissídio, a evidenciar a similitude fática entre os casos apontados e a divergência de interpretações, o que não restou evidenciado na espécie. 6 Recurso especial parcialmente conhecido e, nessa parte, provido" (*STJ* – REsp 1.628.618 – (2016/0254927-7), 4-4-2017, Rel. Min. Ricardo Villas Bôas Cueva).

No entanto, a usucapião, nesse caso, é bastante para paralisar a reivindicatória, mas não pode ser transcrita. O prescribente deve recorrer à ação própria. Exceção a esta regra foi estabelecida pela usucapião especial. O art. 7º da Lei nº 6.969/81 estabeleceu expressamente:

> *"A usucapião especial poderá ser invocada como matéria de defesa, valendo a sentença que a reconhecer como título para transcrição no Registro de Imóveis".*

Trata-se de expressa exceção que visou facilitar o procedimento nessa modalidade de aquisição da propriedade destinada a premiar quem se utiliza validamente de único e pequeno imóvel urbano ou rural, como analisamos a seguir.

9.4.3 Usucapião no Código de 2002. Modalidades. Uma Nova Perspectiva

A usucapião deve ser vista doravante sob uma perspectiva mais dinâmica, que necessariamente fará acrescer alguns dos princípios básicos que tomamos como dogma no sistema de 1916. O vigente Código Civil assume uma nova perspectiva com relação à propriedade, ou seja, seu sentido social. Como a usucapião é o instrumento originário mais eficaz para atribuir moradia ou dinamizar a utilização da terra, há um novo enfoque no instituto. Alie-se a isso a orientação da Constituição de 1988, que realça o instituto e alberga modalidades mais singelas do instituto. Desse modo, a ideia básica no presente diploma é no sentido de que as modalidades de usucapião se situam no tempo ou prazo do período aquisitivo, mais ou menos longo.

Sob esse novo pálio deve ser atentamente analisado o art. 1.238:[13]

> *"Aquele que, por quinze anos, sem interrupção, nem oposição, possuir como seu um imóvel, adquire-lhe a propriedade, independentemente de título e boa-fé; podendo requerer ao juiz que assim o declare por sentença, a qual servirá de título para o registro no Cartório de Registro de Imóveis.*
>
> *Parágrafo único. O prazo estabelecido neste artigo reduzir-se-á a dez anos se o possuidor houver estabelecido no imóvel a sua moradia habitual, ou nele realizado obras ou serviços de caráter produtivo".*

---

[13] "Apelação cível. Ação de usucapião extraordinária. Sentença de parcial procedência. Insurgência do autor. Alegação de posse contínua, mansa e pacífica sobre o imóvel usucapiendo, com *animus domini*, há mais de dezesseis anos. Incidência do prazo previsto no caput do **art. 1.238 do Código Civil**. Elementos dos autos que comprovam o preenchimento, no caso concreto, dos requisitos legais para aquisição do bem imóvel por usucapião extraordinária, porém não nos limites pleiteados na inicial, mas, sim, naqueles indicados no laudo pericial. Perito que aponta a efetiva ocupação do autor sobre uma área de 15.226,923 m², e não de 23.875,5265 m², como apontado na inicial. Pretensão do autor ao acréscimo de área que se mostra descabida. Sentença mantida. Recurso desprovido" (*TJSP* – Ap 1000884-41.2016.8.26.0102, 24-9-2024, Rel. Márcio Boscaro).

"Apelação. Ação de usucapião. Sentença de procedência. Inconformismo do réu. Preliminar de cerceamento de defesa afastada. **Usucapião extraordinária** que independe de justo título e boa fé. Requisitos, posse e tempo, atendidos para a modalidade de usucapião. Inteligência do art. 1.238 do CC. Sentença mantida. Recurso a que se nega provimento" (*TJSP* – Ap 0004062-79.2010.8.26.0084, 21-2-2020, Rel. José Rubens Queiroz Gomes).

"**Usucapião extraordinária** – Na usucapião extraordinária, havendo o *animus domini*, basta comprovação de dois requisitos: o tempo contínuo e a posse mansa e pacífica, independentemente de título e boa-fé – Requisitos comprovados – Dimensões precisas e confrontações do imóvel a serem apuradas em liquidação de sentença, diante da preclusão da prova pericial, que não podem ser superiores ao memorial descritivo apresentado pelos autores – Procedência da ação – Recurso provido" (*TJSP* – AC 0000167-47.1998.8.26.0338, 10-5-2019, Rel. Alcides Leopoldo).

A usucapião extraordinária, de quinze anos, tal como está descrita no *caput*, independe de título e boa-fé. Com isso se identifica com a usucapião extraordinária do antigo Código. No entanto, há modalidade de usucapião para aquisição do imóvel em dez anos disciplinado no parágrafo do dispositivo e que também independe de título e boa-fé. Desse modo, temos no mais recente diploma duas modalidades de usucapião extraordinária, com dois prazos diversos. Tal como se apresenta na dicção legal, o prazo da usucapião, que independe de título e boa-fé, fica reduzido a dez anos, possibilitando a aquisição da propriedade quando o possuidor houver estabelecido no imóvel sua moradia habitual ou quando nele houver realizado obras ou serviços de caráter produtivo. Esta última hipótese, por sua natureza, dirige-se para o imóvel rural, mas não exclui a aplicação também para o imóvel urbano.

Sob esse atual diapasão, nessas situações é desnecessária a investigação subjetiva da boa-fé do possuidor no caso concreto, em qualquer caso. Em ambas as situações preponderará o aspecto objetivo do fato da posse, o *corpus*, ficando o aspecto subjetivo transladado da boa-fé para exclusivamente a análise da posse *ad usucapionem*. Portanto, *ex radice*, no exame de um lapso prescricional aquisitivo nos termos do descrito no parágrafo do artigo, o juiz deve examinar a utilização do imóvel e a intenção do usucapiente de lá se fazer presente para residir ou realizar obras de caráter produtivo. A modificação possui evidente caráter social ao ampliar a possibilidade de usucapião e dispensa o requisito da boa-fé. A perda da propriedade imóvel pelo antigo proprietário pela usucapião, se houver, reside então, como é evidente, na sua inércia em recuperar a coisa, nesse período de dez anos.

A *usucapião ordinária* é disciplinada pelo art. 1.242:

> *"Adquire também a propriedade do imóvel aquele que, contínua e incontestavelmente, com justo título e boa-fé, o possuir por dez anos".*

Como se nota, trata-se aqui do mesmo prazo de dez anos da usucapião extraordinária do parágrafo único do art. 1.238. No entanto, como apontamos liminarmente, lá se cuida de usucapião extraordinária que dispensa o justo título e a boa-fé, mas que exige o requisito da moradia ou realização de serviços de caráter produtivo no local. No caso concreto, pode ocorrer que o usucapiente, ao requerer a aquisição da propriedade, o faça com fundamento no art. 1.242, mas, subsidiariamente, por preencher os requisitos do art. 1.238, peça que o juiz reconheça a usucapião extraordinária, se forem discutíveis a boa-fé ou o justo título.

Ainda, contudo, há mais uma possibilidade de usucapião versada no parágrafo único do art. 1.242:[14]

---

[14] "Apelação cível – Ação de usucapião ordinária – Sentença de improcedência – Insurgência da parte autora – Descabimento – Recorrentes que adquiriram a posse do bem há apenas cinco anos – A soma do período de posse do antecessor não é aplicável, pois não há homogeneidade entre as posses, já que o antecessor era titular de domínio, enquanto os requerentes exercem posse *ad usucapionen* – Inteligência dos **art. 1.242** e 1.243 do Código Civil – Precedentes deste E. Tribunal – Sentença mantida – Recurso desprovido" (*TJSP* – Ap 1000520-17.2022.8.26.0601, 9-6-2025, Rel. Lucilia Alcione Prata).

"Apelação. Ação de usucapião ordinária. Sentença de improcedência. Inconformismo da autora. Descabimento. Usucapião tabular (parágrafo único do art. 1.242, do CC). Perda do justo título pela apelante com a declaração de ineficácia da alienação do bem em ação trabalhista que reconheceu a ocorrência de fraude à execução. Ausência de justo título e boa-fé. Eventual direito da apelante à indenização pela evicção deverá ser discutida em ação própria. Recurso desprovido" (*TJSP* – Ap 1000603-09.2020.8.26.0082, 18-2-2022, Rel. Pedro de Alcântara da Silva Leme Filho).

"Reivindicatória. Sentença de improcedência, reconhecida a exceção de usucapião em favor das rés. Apelam os autores alegando que são legítimos proprietários do imóvel objeto da lide, matriculado sob o nº 53.511, do

"Será de cinco anos o prazo previsto neste artigo se o imóvel houver sido adquirido, onerosamente, com base no registro constante do respectivo cartório, cancelado posteriormente, desde que os possuidores nele tiverem estabelecido a sua moradia, ou realizado investimentos de interesse social e econômico".

A hipótese contempla mais uma facilidade em prol da aquisição da propriedade, que pode ser denominada *usucapião documental ou tabular.* Nesse caso, como aponta Afrânio de Carvalho, o dispositivo visa proteger o proprietário aparente, isto é, aquele que já possuía uma inscrição dominial que fora cancelada por vício de qualquer natureza (1982:206).

Nessa situação, pode ocorrer que o interessado tivesse título anteriormente, o qual, por qualquer razão, fora cancelado: por irregularidade formal, por vício de vontade etc. A lei em vigor protege quem, nessa situação, mantém no imóvel a moradia ou realizou ali investimentos de interesse social e econômico. Protege-se o possuidor que atribui utilidade para coisa, em detrimento de terceiros. De qualquer forma, porém, a hipótese é de usucapião ordinária e mesmo sob as condições expostas não se dispensará o justo título e a boa-fé. Destarte, essa usucapião não pode beneficiar aquele que obteve o título com vício e o registrou, para poder ocupar o imóvel. Nessa premissa, ao ocupante restará aguardar o prazo da usucapião extraordinária.

O passo do legislador neste aspecto, no entanto, ainda foi tímido: melhor seria permitir também essa modalidade de *usucapião documental* para os que tivessem compromisso de compra e venda devidamente quitado e posse contínua por esse período, com os demais requisitos expostos nesse dispositivo. Fica essa sugestão para futura norma e mesmo para a jurisprudência, pois, a nosso ver, essa questão envolve larga massa da população com compromissos quitados e posse, e a usucapião, nessa situação, amolda-se à intenção do legislador. Obrigar os compromissários compradores, nessa situação, a buscar a famigerada "escritura definitiva", é superfetação de inútil burocracia. Melhor ainda se o legislador permitisse, nos compromissos registrados, como regra geral, que mera averbação de propriedade plena fosse feita no registro de imóveis. Algumas situações legais já permitem esse registro. Muito lenta, empedernida e sem maior visão de horizontes é a reação do legislador, para dizer o mínimo. Tal como está redigida a presente disposição, será muito pequeno o alcance de sua aplicação, salvo se a jurisprudência decidir alargá-lo.

O Código deste século suprime a distinção hoje inútil do art. 551 do velho Código, quanto à usucapião ordinária, a referência entre presentes e ausentes. Também teremos questões envolvendo direito intertemporal, posse aquisitiva que tenha se iniciado sob a égide do Código

---

CRI de Guarulhos/SP, moveram contra Hélio Borenstein S/A o processo visando à anulação do negócio jurídico, nº 0112620-89.1999.8.26.0100, tendo a sentença, já transitada em julgado, declarado a simulação do negócio jurídico realizado entre Ildeu e Hélio, culminando no cancelamento de toda a cadeia registral, a propriedade foi transmitida à ré Brasilux Tintas em 26 de maio de 2007 quando já tramitava a demanda anulatória, constando preço inferior ao valor real, após o trânsito em julgado da sentença anulatória notificou a ré para que procedesse à desocupação do imóvel, o esbulho data de 22 de fevereiro de 2016, inexiste boa-fé, pugna seja afastada a exceção de usucapião, notadamente porque não preenchidos os requisitos, pedem o provimento, com o arbitramento de aluguéis, acrescido de perdas e danos. Apelam também as rés pela majoração da verba honorária. Descabimento dos apelos. Exceção de usucapião corretamente acolhida. Posse exercida de forma mansa, pacífica, contínua e ininterrupta, com *animus domini*, justo título e boa-fé e por lapso temporal superior a 5 anos, com investimentos de interesse social e econômico. Aplicação da regra do art. 1.242, § único, do Código Civil. Honorários sucumbenciais, por outro lado, fixados corretamente por equidade, sob pena de enriquecimento sem causa, tendo em vista o alto valor atribuído à demanda. Precedentes. Recursos improvidos" (*TJSP* – Ap 1003215-81.2017.8.26.0224, 13-8-2020, Rel. James Siano).

anterior e se consumará na vigência da mais recente lei civil. Nas disposições transitórias do presente Código, foi inserida a seguinte disposição:

> *"Art. 2.029. Até dois anos após a entrada em vigor deste Código, os prazos estabelecidos no parágrafo único do art. 1.238 e no parágrafo único do art. 1.242 serão acrescidos de dois anos, qualquer que seja o tempo transcorrido na vigência do anterior, Lei nº 3.071, de 1º de janeiro de 1916".*

Com esse critério objetivo instituído pelo legislador, evita-se a problemática da contagem proporcional dos respectivos tempos de posse nessas novas hipóteses de usucapião, mantidos na íntegra, em princípio, os demais períodos estabelecidos nos *caputs* dos citados artigos. Diga-se, no entanto, que nesses casos, análogos ao do Código anterior, é perfeitamente possível, na falta de menção expressa do legislador, a contagem proporcional das posses, iniciada sob uma e finalizada em outra.

9.4.4 Usucapião Especial. Constituição de 1988. Usucapião Familiar

A Constituição de 1934 criou nova modalidade de usucapião, baseada na ideia da função social da propriedade. Persistiu o instituto na Constituição de 1946, permitindo a usucapião de terra de até 25 hectares, fixando-se prazo de 10 anos. O Estatuto da Terra (Lei nº 4.504/64) também regulou a modalidade.

A Lei nº 6.969/81 disciplinara usucapião especial, destinado a imóveis rurais, reduzindo seu prazo:

> *"Art. 1º Todo aquele que, não sendo proprietário rural nem urbano, possuir como sua, por 5 (cinco) anos ininterruptos, sem oposição, área rural contínua, não excedente de 25 (vinte e cinco) hectares, e a houver tornado produtiva com seu trabalho e nela tiver sua morada, adquirir-lhe-á o domínio, independentemente de justo título e boa-fé, podendo requerer ao juiz que assim o declare por sentença, a qual servirá de título para transcrição no Registro de Imóveis.*
>
> *Parágrafo único. Prevalecerá a área do módulo rural aplicável à espécie, na forma da legislação específica, se aquele for superior a 25 (vinte e cinco) hectares".*

Essa aquisição era permitida em terras particulares, bem como em terras devolutas (art. 2º), o que abria exceção ao princípio de imprescritibilidade de terras públicas. A lei adotou o rito sumaríssimo para o processo (art. 5º) e expressamente se referia à possibilidade de ser invocado como matéria de defesa (art. 7º), conforme descrito.

Essa usucapião levava em conta a produtividade e a moradia na terra, além da posse e do tempo. A sentença declaratória era também instrumento hábil para o registro imobiliário.

A Constituição atual disciplina a usucapião urbana e a rural em duas disposições.

O art. 183 refere-se expressamente a imóvel urbano na chamada usucapião especial *pro misero*:

> *"Aquele que possuir como sua área urbana de até duzentos e cinquenta metros quadrados, por cinco anos, ininterruptamente e sem oposição, utilizando-a para sua moradia ou de sua família, adquirir-lhe-á o domínio, desde que não seja proprietário de outro imóvel urbano ou rural.*
>
> *§ 1º O título de domínio e a concessão de uso serão conferidos ao homem ou à mulher, ou a ambos, independentemente do estado civil.*
>
> *§ 2º Esse direito não será reconhecido ao mesmo possuidor por mais de uma vez.*
>
> *§ 3º Os imóveis públicos não serão adquiridos por usucapião".*

O sentido social fica ressaltado no dispositivo, mantidos os princípios tradicionais do instituto, que também não se refere à boa-fé. O vigente Código Civil assume essa mesma redação no art. 1.240. A Lei nº 12.424/2011 introduz o art. 1.240-A mantendo a mesma noção de proteção social:[15]

> *"Art. 1.240-A. Aquele que exercer, por 2 (dois) anos ininterruptamente e sem oposição, posse direta, com exclusividade, sobre imóvel urbano de até 250m² (duzentos e cinquenta metros quadrados) cuja propriedade divida com ex-cônjuge ou ex-companheiro que abandonou o lar, utilizando-o para sua moradia ou de sua família, adquirir-lhe-á o domínio integral, desde que não seja proprietário de outro imóvel urbano ou rural.*
>
> *§ 1º O direito previsto no* caput *não será reconhecido ao mesmo possuidor mais de uma vez.*
>
> *§ 2º (VETADO)".*

O intento deste artigo introduzido aqui é preservar e proteger um teto de moradia para o cônjuge ou convivente que se separa e permanece no imóvel. O texto não apresenta a melhor redação. O prazo é exíguo, o que exigirá atenção maior dos magistrados para evitar fraudes. Nunca se esqueça que o instituto, apesar do curto prazo, é usucapião e que, portanto, todos os princípios que o regem devem ser aplicados. Assim, não pode se converter em posse *animus domini* a posse decorrente de um negócio jurídico, como locação ou comodato, por exemplo. A dicção fala em "propriedade", que na verdade ainda não existe enquanto não declarada por

---

15 "Apelação. **Usucapião familiar**. Sentença de improcedência. Descabimento. Comprovação dos requisitos legais do art. 1240-a do Código civil. Sentença reformada. 1. Para a configuração da usucapião familiar (artigo 1.240-A do Código Civil), não basta a simples separação de fato, sendo imprescindível que o ex-cônjuge tenha abandonado o imóvel e a família. 2. Na hipótese em apreço, a prova dos autos demonstra a presença dos requisitos legais para o reconhecimento da usucapião familiar, notadamente o abandono do lar conjugal por mais de dois anos, ocorrido quando o autor enfrentava tratamento contra o câncer que, por fim, o vitimou no curso do processo. 3. Recurso provido" (*TJSP* – Ap 1111959-23.2018.8.26.0100, 5-2-2025, Rel. Ademir Modesto de Souza).

"Usucapião conjugal. Partes que foram casadas sob o regime da comunhão parcial de bens. Imóvel adquirido durante a constância da união conjugal. Partilha. Usucapião familiar caracterizada. Preenchimento da totalidade dos requisitos exigidos pelo **art. 1.240-A, do Código Civil**. Abandono do lar que se apura dos elementos constantes dos autos. Lapso temporal e exercício de posse qualificada e sem oposição pela autora comprovados. Sentença mantida. Recurso de apelação desprovido" (*TJSP* – Ap 1003753-21.2023.8.26.0590, 31-7-2024, Rel. Vito Guglielmi).

"Apelação – Ação de **Usucapião Familiar** – Sentença de procedência – Artigo 1.240-A do Código Civil determina que o imóvel usucapiendo seja menor do que 250 metros quadrados – Não há nos autos nenhuma indicação sobre a metragem do imóvel – Sentença anulada – Retorno à origem para que seja apurada a metragem do imóvel, seja mediante exibição da matrícula do imóvel, seja mediante realização de perícia técnica judicial – R. sentença anulada – Recurso provido em parte" (*TJSP* – Ap 1004743-49.2022.8.26.0007, 10-2-2023, Rel. Luiz Antonio Costa).

"Divórcio. Questão controvertida restrita à partilha de bens. Sentença negou a **usucapião familiar** do art. 1.240-A do Código Civil em favor da autora, ao argumento de que o casal apenas adquiriu direitos possessórios sobre o imóvel. Incorreção. Usucapião pode ter por objeto a propriedade plena ou outros direitos reais ou aquisitivos sobre a coisa. Direitos de promissário comprador do réu sobre parte ideal do imóvel comum são passíveis de aquisição pela usucapião familiar, sem afetar o domínio que se encontra em nome de terceiros estranhos a esta ação. Preenchidos os requisitos cumulativos do art. 1.240-A do Código Civil. Réu citado por edital. Conjunto probatório favorável à versão da autora, no sentido de que o requerido abandonou o lar conjugal há mais de 10 anos. Ação procedente. Sentença reformada. Recurso provido, com observação" (*TJSP* – Ap 1002322-51.2021.8.26.0127, 30-8-2022, Rel. Francisco Loureiro).

"Condomínio – Bem imóvel de propriedade comum das partes – Ré que usa e goza do bem com exclusividade – Fatos incontroversos – Extinção da comunhão – Inadmissibilidade – Usucapião familiar arguido em defesa caracterizado – Art. 1.240-A do Código Civil, incluído pela Lei 12.424 de 16 de junho de 2011 – Requisitos preenchidos – Exercício da posse direta, exclusiva e sem oposição pela requerida e sua filha – Abandono do lar pelo autor – Ausência de tutela da família – Extinção de condomínio e arbitramento de aluguel improcedentes – Usucapião familiar declarado – Reconvenção procedente – Sentença mantida por seus próprios fundamentos – Apelo desprovido' (*TJSP* – Ap 1003332-31.2019.8.26.0506, 24-11-2021, Rel. Rui Cascaldi).

sentença. A questão do abandono do lar por um dos cônjuges é mais um elemento de dificuldade na aplicação desse dispositivo. Outra questão que pode trazer certa celeuma é o fato de o legislador ter restringido essa modalidade de usucapião ao imóvel urbano. Não pode deixar de ser aplicado o princípio se o casal é titular de imóvel descrito no texto, situado em área rural, mas utilizado para moradia.

Interessante notar, também, que nessa malha desconexa de leis criadas pelo legislador tecnicamente despreparado, o autodenominado Estatuto da Cidade (Lei nº 10.257/2001) também repete, com pequeno acréscimo, a mesma disposição acerca da usucapião especial de imóvel urbano (art. 9º). Na redação constitucional, ainda, é feita ressalva expressa, proibindo a aquisição de bens públicos, situação inadmissível na zona urbana. Nessa hipótese, sustentava-se que não se permitia a acessão de posses. A posse deveria, dada sua natureza, ser pessoal, beneficiando somente *aquele* que possuísse a área. Como existe o intuito familiar na proteção, contudo, deveria ser admitida a sucessão *causa mortis* nessa aquisição. Essa posição cai por terra, todavia, perante os termos expressos do Código Civil contemporâneo:

> *"O possuidor pode, para o fim de contar o tempo exigido pelos artigos antecedentes, acrescentar à sua posse a dos seus antecessores (art. 1.207), contanto que todas sejam contínuas, pacíficas e, nos casos do art. 1.242, com justo título e de boa-fé".*[16]

Assim, todas as modalidades de usucapião presentes neste Código admitem a acessão das posses, não havendo mais dúvidas a esse respeito. O Estatuto da Cidade apõe, porém, uma restrição que não existe expressamente na Constituição. Dispõe o § 3º do art. 9º:

> *"para os efeitos deste artigo, o herdeiro legítimo continua, de pleno direito, a posse de seu antecessor, desde que já resida no imóvel por ocasião da abertura da sucessão".*

A Constituição Federal não fez essa restrição, que conflita também com o princípio da *saisine*. Note-se, porém, que a dicção da Carta objetiva fornecer moradia ao usucapiente e a sua família, havendo que se entender aqueles que residem no imóvel. Nesse sentido, a usucapião especial somente pode ser atribuída a quem tiver posse, não se aplicando por força do princípio

---

"Apelação – **Usucapião especial urbano** – Preenchimento dos requisitos exigidos pelo artigo 1.240 do Código Civil – Sentença mantida – Recurso a que se nega provimento" (*TJSP* – Ap 3008481-13.2013.8.26.0270, 24-1-2019, Rel. Luis Mario Galbetti).

16 "Apelação cível – **Usucapião** – Bens Imóveis – Ação de usucapião – A ação que visa à declaração de domínio com base na usucapião extraordinária de imóvel tem por requisito prova inequívoca da posse com ânimo de dono, ininterrupta e sem oposição. E o lapso temporal à prescrição aquisitiva pode ser integralizado com o tempo decorrido no curso da ação (acessão temporal pela *dilatio temporis* do processo), ainda que contestada a ação, como passa a orientar entendimento pacífico do e. Superior Tribunal de Justiça em aplicação do art. 462 do CPC/73 ou *caput* do art. 463 do CPC/15, de igual teor – Circunstância dos autos em que se impõe manter a procedência da ação. Recurso desprovido, por maioria" (*TJRS* – AC 70078754181, 28-3-2019, Rel. Des. Pedro Celso Dal Prá).

"Embargos de declaração – **Usucapião** – Bens Imóveis – Imóvel Urbano – Usucapião extraordinária – I- Inexistência de contradição, omissão, obscuridade ou erro material na decisão embargada. Pretensão de efeitos infringentes em sede de embargos declaratórios que se mostra descabida, porquanto visa à rediscussão do julgado. II- Inviável o acolhimento dos embargos de declaração, pois ausentes as hipóteses previstas no art. 1.022 do CPC. Embargos declaratórios desacolhidos" (*TJRS* – EDcl 70077218071, 26-4-2018, Rel. Des. Heleno Tregnago Saraiva).

"Apelação Cível – **Usucapião Extraordinária** – Não foram preenchidos os requisitos para admissão da substituição do polo ativo por terceiro que alega ter adquirido a posse diretamente parte autora. Além de não ser possível a concordância do réu, porque citado por edital, sem manifestação nos autos, não ficou demonstrado o exercício da posse. Assim, não é parte legítima para figurar no polo ativo, devendo ser ajuizada outra demanda para o fim pretendido. Manutenção da sentença" (*TJRJ* – AC 0018684-30.1995.8.19.0038, 22-6-2017, Rel. Ferdinaldo do Nascimento).

da *saisine*, pois o simples título de herdeiro e a respectiva ficção possessória se mostrarão insuficientes para esse desiderato (Francisco, 2001:138).

O usucapiente não poderá ser proprietário de outro imóvel urbano ou rural, em qualquer local do território nacional. Essa prova negativa é de difícil realização na prática e dependerá, no mais das vezes, de simples declaração dos interessados. Essa dicção legal é restritiva e não se aplica a outros direitos reais: nada impede que o usucapiente seja, por exemplo, usufrutuário de outro bem imóvel. Outro requisito legal também é que o interessado não tenha sido beneficiado por usucapião dessa natureza anteriormente. Para evidenciar esse requisito, será necessária prova documental.

O Estatuto da Cidade também inova com acréscimo no dispositivo, pois se refere, no art. 9º, à área ou *"edificação urbana"* de até duzentos e cinquenta metros quadrados. A disposição constitucional não fala em edificação. Obedecendo ao limite da Constituição, a área do imóvel usucapiendo terá sempre como limite máximo os duzentos e cinquenta metros quadrados, ainda que a edificação seja menor. A Carta Federal refere-se à terra nua, sem edificação.

Trata-se, como se vê, de imóvel urbano, não tendo nem mesmo o Estatuto da Cidade definido o que se entende como urbano. Há que se levar em conta o critério da localização, segundo a respectiva lei municipal:

> *"Para que seja possível a usucapião especial, portanto, mister se faz que o imóvel se encontre no perímetro urbano, ou, então, em área de expansão urbana ou de urbanização específica"* (Francisco, 2001:132).

Como o Estatuto da Cidade define e busca o desenvolvimento sustentável, pergunta-se se a usucapião especial urbana pode ter como objeto imóvel que não atenda às legislações urbanísticas, sendo, por exemplo, de área inferior ao permitido pela legislação local. Se deferida a propriedade nessa premissa, o usucapiente estará sujeito às reprimendas da legislação e do próprio Estatuto da Cidade, podendo até mesmo sofrer desapropriação. Concluímos, portanto, com Caramuru Afonso Francisco (2001:141):

> *"Por estes motivos, pois, entendemos que não haja possibilidade de declaração da usucapião quando o imóvel usucapiendo não preencha os requisitos urbanísticos, sendo dever tanto do juiz, quanto do Ministério Público como do Município (ou Distrito Federal), que integrará necessariamente a lide no polo passivo da demanda, analisar a presença deste requisito urbanístico, ainda que não esteja ele explicitado na legislação, pois sua exigência decorre da própria interpretação lógico-sistemática e teleológica do instituto".*

A lei, declinando sua finalidade social, enfatiza, também, que essa usucapião é concedida em benefício da família, ao homem ou à mulher ou a ambos, independentemente do estado civil.

Por sua vez, o art. 191 da Constituição dispõe sobre *usucapião especial rural*, a denominada usucapião especial *pro labore*:

> *"Quem, não sendo proprietário de imóvel rural ou urbano, possua como seu, por cinco anos ininterruptos, sem oposição, área de terra, em zona rural, não superior a cinquenta hectares, tornando-a produtiva por seu trabalho ou de sua família, tendo nela sua moradia, adquirir-lhe-á a propriedade".*

Esse dispositivo constitucional foi recepcionado pelo art. 1.239 do presente Código Civil. A Constituição de 1988 aumentou a extensão de terra usucapienda fixada na lei anterior.

A contagem do tempo deve iniciar-se com a vigência da Constituição. Se fosse admitida a contagem anterior à nova Carta, estaria prejudicado o proprietário que não houvesse interrompido a prescrição sob as normas da usucapião até então vigentes (Ribeiro, 1992, v. 2:855). Esse argumento parece-nos definitivo. No entanto, a jurisprudência mostra-se vacilante. Há julgados entendendo a norma constitucional de aplicação imediata (*TJSP*, Ap 165.010-1/4, 1ª Câm., Rel. Desembargador Gomes de Amorim, com voto vencido, *RT* 690/73). O imóvel urbano é definido pela lei municipal no caso concreto.

A lei refere-se à moradia no local. Essencial que exista, portanto, edificação no imóvel que sirva para moradia do usucapiente ou de sua família. Não existe exigência de justo título e boa-fé nessa modalidade, o que se aplica tanto à usucapião especial urbana, assim como à usucapião especial rural. O que leva alguém a apossar-se de imóvel para obter um teto é a ânsia da moradia, fenômeno social marcante nos centros urbanos. Por outro lado, há interesse do Estado de que terras produtivas permaneçam em mãos trabalhadoras e não com proprietário improdutivo. Há também o intuito de fixar a pessoa no campo. Daí a razão de denominar-se essa usucapião rural de *pro labore*.

Para essas modalidades de usucapião, não havendo regramento processual específico, a par da Lei nº 6.969/1981, o processo era sempre o mesmo da usucapião, que pelo CPC de 2015 segue o procedimento comum.

9.4.4.1 Usucapião coletiva instituída pelo Estatuto da Cidade. Aquisição de propriedade de imóvel reivindicando (art. 1.228, § 4º, do Código)

O citado Estatuto da Cidade introduz na legislação mais uma modalidade de usucapião no art. 10:

> *"Os núcleos urbanos informais existentes sem oposição há mais de cinco anos e cuja área total dividida pelo número de possuidores seja inferior a duzentos e cinquenta metros quadrados por possuidor são suscetíveis de serem usucapidos coletivamente, desde que os possuidores não sejam proprietários de outro imóvel urbano ou rural."*

O intuito da lei, como se nota, é atingir populações de baixa renda, embora a lei não diga o que se entende por baixa renda. A lei cria, portanto, modalidade de usucapião coletiva, atendendo à pressão social das ocupações urbanas. Possibilita que a coletividade regularize a ocupação, sem os entraves e o preço de uma ação individual de usucapião. Como já apontamos, a ocupação de terrenos sempre foi a modalidade mais utilizada pela população urbana. A lei exige que a área tenha mais de duzentos e cinquenta metros quadrados, com ocupação coletiva, sem identificação dos terrenos ocupados. Na prática, até que os terrenos podem ser identificados; ocorre que essa identificação mostra-se geralmente confusa ou inconveniente nesse emaranhado habitacional. Note também que a área deve ser particular, pois a Constituição da República é expressa em proibir a usucapião de terras públicas.

Cumpre notar que esse dispositivo se apresenta sob a mesma filosofia e em paralelo ao art. 1.228, § 4º, do Código Civil, referido no Capítulo 8, o qual admite que o proprietário pode ser privado do imóvel que reivindica, quando este consistir em extensa área, na posse ininterrupta e de boa-fé, por mais de cinco anos, de considerável número de pessoas, e estas nela houverem realizado, em conjunto ou separadamente, obras e serviços considerados pelo juiz de interesse social e econômico. Aqui não se menciona que o dispositivo dirige-se a pessoas de baixa renda. Geralmente o será.

Em ambas as situações encontramos a busca pelo sentido social da propriedade, sua utilização coletiva. Em ambas, há necessidade de posse ininterrupta por cinco anos. No primeiro caso de usucapião coletiva, os habitantes da área adiantam-se e pedem a declaração de propriedade. No segundo caso, eles são demandados em ação reivindicatória pelo proprietário e apresentam a posse e demais requisitos como matéria de defesa ou em reconvenção, nesta pedindo o domínio da área. Na situação enfocada do Código Civil, porém, a aquisição aproxima-se da desapropriação, pois, de acordo com o art. 1.228, § 5º, o juiz fixará a justa indenização devida ao proprietário; pago o preço, a sentença valerá como título para o registro do imóvel em nome dos possuidores. Veja o que falamos anteriormente. Nessa situação, o Código Civil menciona que a ocupação deve ser de boa-fé, por mais de cinco anos. Haverá, sem dúvida, um procedimento custoso na execução, pois cada possuidor deverá pagar o preço referente a sua fração ideal do terreno, ou noutro critério de divisão que se estabelecer na sentença. Destarte, se o proprietário não desejar ter contra si uma ação de usucapião, deverá reivindicar área para lograr obter indenização. Observe que enquanto a disposição analisada do Código Civil aplica-se tanto a áreas rurais quanto urbanas, a usucapião coletiva da Lei nº 10.257/2001 aplica-se somente aos imóveis urbanos. No tocante ao direito intertemporal, quando, na hipótese do art. 1.228, § 4º, a posse teve início antes da vigência do presente Código Civil, até dois anos após sua entrada em vigor, o prazo de cinco anos será acrescido de dois anos (art. 2.030 do Código Civil).

Não resta dúvida de que, em que pese a boa intenção do legislador, teremos que lidar com fraudes a esses dispositivos e com os costumeiros atravessadores que se valem da massa coletiva para obter vantagens econômicas, além de dividendos políticos. A luta pela terra sempre foi um problema social antes de ser exclusivamente jurídico. Caberá ao juiz decidir, no caso concreto, sobre a legitimidade das partes, e principalmente, pelas obras e serviços que devem ser considerados relevantes sob o ponto de vista social e econômico. É claro que situações bem definidas não apresentam dificuldades, como nas áreas que se apresentam com vias e melhoramentos públicos, beneficiando uma coletividade.

Na usucapião coletiva instituído pelo Estatuto da Cidade, a lei determina que o juiz atribuirá igual fração ideal do terreno a cada possuidor, independentemente da dimensão do terreno que cada um ocupe, salvo hipótese de acordo escrito entre os condôminos, estabelecendo frações ideais diferenciadas (art. 10, § 3º). Essa modalidade de aquisição da propriedade é dirigida à população de baixa renda, como menciona a lei, embora esta não defina o que se entende por baixa renda. A definição ficará por conta do juiz no caso concreto. O Estatuto menciona também que pode haver soma de posses, para o prazo ser atingido, desde que ambas as posses sejam contínuas (art. 10, § 1º).

Mesmo que a ação de usucapião coletiva tenha sido proposta por uma associação de moradores, como menciona a lei, há necessidade de identificá-los, pois de outro modo não há como se constituir o condomínio. Interessante apontar, como anotado, que a sentença que declarar a usucapião coletiva não identificará a área de cada possuidor, porque institui um condomínio indivisível. Quando se tratar de região urbanizada, porém, é conveniente que sejam descritas as vias públicas e logradouros.

Se o condomínio representa por si só uma causa permanente de desentendimentos, podem-se prever maiores problemas em um condomínio que se origina dessa forma. A lei ainda acrescenta que se trata de condomínio especial, sendo indivisível e não sendo passível de extinção, salvo deliberação tomada por dois terços dos condôminos, no caso de urbanização posterior à constituição do condomínio (art. 10, § 4º). Quando a urbanização precede à constituição do condomínio, portanto, ele não poderá ser extinto. Essa afirmação deve ser recebida com reserva, pois o caso concreto poderá demonstrar o contrário. Esse condomínio, é evidente, exigirá a eleição de um síndico, convocação de assembleias, elaboração de regulamentos, tal qual os condomínios de apartamentos ou assemelhados, cujas disposições deverão ser aplicadas no que couber.

Segundo o art. 11 do Estatuto, tanto para a usucapião individual, como para a coletiva, ficarão sobrestadas quaisquer outras ações petitórias ou possessórias, que venham a ser propostas relativamente ao imóvel usucapiendo. A lei reporta-se a ações futuras ("*que venham a ser propostas*"); estas ficarão sobrestadas. Não se sobrestarão, portanto, as ações já propostas, as quais podem ou devem, é evidente, receber julgamento conjunto. Assim, se já proposta reivindicatória sobre a área, tratando-se de ocupação coletiva, pode ser conferida a solução do art. 1.228, § 4º.

O art. 12 do Estatuto da Cidade dispõe sobre a legitimidade para a propositura da ação de usucapião especial urbana, referindo-se tanto à usucapião individual (art. 9º) como à usucapião coletiva (art. 10). Nessas premissas, atribui-se legitimidade:

> *"I – ao possuidor, isoladamente ou em litisconsórcio originário ou superveniente;*
>
> *II – aos possuidores, em estado de composse; e*
>
> *III – à associação de moradores da comunidade regularmente constituída, como substituto processual, desde que devidamente autorizada pelos associados".*

O mesmo artigo dispõe sobre a participação obrigatória do Ministério Público nesses processos e concede assistência judiciária gratuita, inclusive perante o cartório de registro de imóveis.

O dispositivo do art. 13 desse Estatuto é de grande importância: menciona que a usucapião especial de imóvel urbano pode ser alegada como matéria de defesa. Quanto a isso não há novidade, pois qualquer modalidade de prescrição aquisitiva pode ser invocada como matéria de defesa a fim de paralisar ação reivindicatória. O art. 13 acrescenta, porém, que a sentença que reconhecer essa aquisição por usucapião valerá como título para Registro no cartório imobiliário. Desse modo, sob tal premissa, não haverá necessidade de ação própria. Essa solução poderia ser estendida a todas as formas de usucapião, com pequenas alterações em seu procedimento.

9.4.5 Processo de Usucapião

Como acenado, a ação de usucapião é de eficácia declaratória: "*Poderá o possuidor requerer ao juiz seja declarada adquirida, mediante usucapião, a propriedade*" (art. 1.241). Reconhece-se a existência da aquisição da propriedade. Não se constitui a propriedade pela sentença. Tendo em vista essa declaratividade, permite-se que a usucapião possa ser alegada como matéria de defesa, para obstar ação reivindicatória. O efeito da sentença na usucapião é *ex tunc*, portanto.

Somente a sentença podia declarar a usucapião; não havia procedimento administrativo em nosso Direito, o que foi alterado pelo art. 1.071, inserido nas disposições finais e transitórias do CPC de 2015. Por esse dispositivo, introduzido, a nosso ver, em diploma impróprio, institui-se a possibilidade de processamento de pedido de reconhecimento de usucapião perante o cartório de registro de imóveis da comarca onde estiver situado o imóvel. Passamos a ter, portanto, a possibilidade de usucapião por via administrativa. Veremos alguns detalhes desse novel procedimento mais adiante.

O processo de usucapião está simplificado no CPC de 2015, apenas referindo no art. 246, § 3º, sobre a citação dos confinantes. O procedimento será ou ordinária ou comum. A inicial deve ser instruída com planta e descrição minuciosa do imóvel. Com isso, possibilita-se a citação dos confinantes e a matrícula correta, decorrente da sentença. Cabe ao juiz verificar a eficácia da planta apresentada, determinando sua complementação ou substituição, se necessário. A perícia na fase instrutória poderá suprir deficiências.

A juntada da certidão do registro imobiliário também é necessária, ainda que negativa, porque o art. 246, § 3º, do CPC exige a citação pessoal dos confinantes. Em tese, o confinante é pessoa mais interessada em impugnar o pedido. Não há como se atender ao requisito legal sem a juntada da certidão, embora a lei não o diga. Essa citação é imprescindível. Sua ausência implica nulidade do processo. Basta lembrarmos que, se o titular do domínio for menor, contra ele não corre prescrição.

As Varas dos Registros Públicos da Capital de São Paulo possuem portaria que determina a remessa do pedido de usucapião ao cartório imobiliário, que juntará certidão do imóvel, de acordo com as características apresentadas. Há sempre possibilidade de o imóvel não estar registrado. Isto também se certificará.

Cuida-se de procedimento para obtenção de declaração de domínio de imóvel ou servidão predial. A usucapião, porém, não se limita a esses direitos, como vimos. Pode referir-se a outros direitos reais de gozo.

Havia, no passado, duas fases distintas na ação de usucapião. Na primeira, com audiência de justificação prévia, para comprovação sumária da posse. Para essa audiência, deveriam ser citados pessoalmente aquele em cujo nome estivesse registrado o imóvel, assim como os confinantes.

Expede-se edital de citação para conhecimento de réus ausentes, incertos e desconhecidos de acordo com as circunstâncias. Cuida-se de processo em que a citação editalícia não se torna mais essencial no novo sistema.

Os representantes da Fazenda são cientificados pois poderão ter interesse. Tal ciência não pode ser dispensada, tanto que no sistema de usucapião administrativo mencionado, o oficial de registro de imóveis dará ciência à União, ao Estado, ao Distrito Federal e ao Município (art. 216-A, § 3º, da Lei nº 6.015/1973, acrescido pelo art. 1.071 do CPC de 2015 e alterado pela Lei nº 13.465/2017, que dispõe sobre a regularização fundiária e urbana).[17] Se órgão estatal for lindeiro, deve ser citado pessoalmente.

A Súmula 263 do Supremo Tribunal Federal dispõe: *"O possuidor deve ser citado, pessoalmente, para a ação de usucapião"*. Cuida-se da hipótese em que o usucapiente, embora tivesse o prazo aquisitivo, tenha perdido a posse ou parte dela. O possuidor atual deve ser citado. Sobre o mesmo tema, estatui a Súmula 391 do Supremo Tribunal Federal: *"O confinante certo deve ser citado, pessoalmente, para a ação de usucapião"*. Sem a citação dos confinantes e da pessoa constante do registro imobiliário, nulo será o processo. A citação-edital somente será admitida nas hipóteses de essas pessoas estarem em lugar incerto e não sabido.

O novo estatuto processual não exige audiência prévia de justificação de posse, que na prática mostrara-se mesmo inútil. Pela redação originária do estatuto processual de 1973, não justificada a posse, extinguir-se-ia o processo. Em caso contrário, o prazo para contestar

---

[17] O Decreto 9.310/2018 institui as normas gerais e os procedimentos aplicáveis à Regularização Fundiária Urbana – Reurb, estabelecendo os procedimentos para a avaliação e a alienação dos imóveis da União, aplicada para os núcleos urbanos informais comprovadamente existentes em 22 de dezembro de 2016.

iniciava-se da intimação da decisão, que declarasse justificada a posse. Nessa audiência examinava-se apenas perfunctoriamente o aspecto fático da posse. Não apresentava mesmo utilidade.

A intervenção do Ministério Público no processo é de fiscal da lei, embora a nova lei não a mencione como obrigatória. Pode contestar o pedido, requerer perícias e diligências.

A procedência do pedido pode ser parcial, acolhendo-se a usucapião apenas de parte da área descrita. Nada impede o julgamento antecipado da lide, embora, na maioria das vezes, haja necessidade de saneamento e instrução probatória.

Como examinado, o registro da sentença que declara a usucapião no Registro Imobiliário serve para regularizar o *ius disponendi* do prescribente, bem como alcança a eficácia *erga omnes.*

Usucapião alegada como defesa, em contestação, não pode ser registrado, salvo a exceção do art. 7º da Lei nº 6.969/81, na mesma orientação do Estatuto da Cidade, como expusemos.

A sentença que julgar procedente a ação será transcrita mediante mandado, no registro de imóveis, *satisfeitas as obrigações fiscais.* Não é pago imposto de transmissão *inter vivos* porque a aquisição é originária. Deve ser comprovado o pagamento das taxas judiciárias.

O foro competente para a propositura da ação é o da situação do imóvel. Quando a União Federal demonstrar interesse, desloca-se a competência para a Justiça Federal. Esse interesse é jurídico, isto é, contestação ou alegação de que a decisão possa prejudicar direito da União, não bastando simples pedido de acompanhamento do feito.

9.4.6 Reconhecimento Extrajudicial de Usucapião

Como mencionado, o art. 1.071 do Código de Processo Civil de 2015 criou a possibilidade de usucapião administrativo, por via do registro imobiliário.

Há tendência de ser relegada matéria possível ao procedimento administrativo registral, como já se procede com a retificação de área e com o divórcio. Com isso, matéria que não apresente litígio por ser suprimida da pletora de feitos do Judiciário. A experiência tem logrado bons resultados.

Aproveitando a promulgação de um novo CPC, o estatuto processual de 2015 autorizou o procedimento em cartório para reconhecimento de usucapião.

Esse procedimento, conquanto útil nos sistemas de usucapião simples ordinária e extraordinária, não nos parece possível, à primeira vista, nas usucapiões especiais, que exigem prova mais específica, como por exemplo na usucapião familiar introduzida pela Lei nº 12.424/2011, que exige algo mais em matéria de prova, além de simples descrição de imóvel.

Quando não há contraste, sem discussão de área, com concordância dos confinantes, no entanto, o procedimento em muito facilitará os interessados. A experiência vem dando bons resultados nos pedidos de retificação de área, que também se entrosa com limites materiais da propriedade.

9.5 AQUISIÇÃO PELO DIREITO HEREDITÁRIO

A quarta modalidade de aquisição da propriedade descrita no art. 530 do antigo Código é pelo direito hereditário. Da matéria nos ocupamos em nosso *Direito civil: Família e Sucessões,* em que os princípios devem ser aprofundados.

A sucessão hereditária depende do fato da morte. A morte de um titular de um patrimônio determina a sucessão. O fato da morte, fato jurídico, indica o momento em que *"o domínio e a posse da herança transmitem-se desde logo aos herdeiros legítimos e testamentários"* (art. 1.572 do Código de 1916). O presente Código aduz que *"a herança transmite-se, desde logo, aos herdeiros legítimos e testamentários"* (art. 1.784). Nesse caso, herança guarda a noção de patrimônio que se transmite aos herdeiros com a morte do autor da herança.

Por nosso Direito, portanto, com a morte dá-se a abertura da sucessão, com a transmissão imediata, *ipso iure*, dos bens do morto aos herdeiros legítimos e testamentários. A relação de herdeiros legítimos é a estabelecida em lei, segundo a ordem de vocação hereditária (art. 1.829). Herdeiros testamentários são os aquinhoados em testamento com fração da universalidade que constitui a herança. Não se confundem com os legatários que recebem, por testamento, bem certo e individualizado do testador e necessitam pedir o bem legado; não o recebem tão logo ocorra a morte, como os herdeiros.

Pelo princípio da *saisine*, estampado no art. 1.784, tudo se transmite aos herdeiros, posse e propriedade. Não existe intervalo na posse e propriedade dos herdeiros que sucedem o falecido. Trata-se de ficção jurídica. A aceitação da herança ocorre geralmente de forma tácita, podendo ser expressa. Como ninguém pode ser herdeiro contra sua vontade, admite-se a renúncia da herança, a qual, no entanto, retroage à data da morte. A renúncia deve sempre ser expressa (art. 1.806). O patrimônio não fica sem titular. Ainda que não formalizado inventário, não concluída ou não registrada a partilha no cartório imobiliário, os herdeiros são proprietários. O fato da morte é que os tornou tal. O registro do formal de partilha serve apenas para manter sua continuidade, possibilitando o *ius disponendi*, a exemplo da usucapião. Até a partilha os herdeiros mantêm a universalidade que lhes foi transmitida. A cessão de direitos hereditários, que pode ocorrer apenas antes da partilha, não pode ser registrada. Falta-lhe o requisito da especialidade. A questão é por nós analisada no volume *Direito civil: Família e Sucessões* (Cap. 23).

Temos decisão do STJ afirmando que é possível usucapião de imóvel com cláusula de inalienabilidade.[18]

A posse e a propriedade recebidas pelos herdeiros mantêm, como acentuamos, a mesma natureza e características da mesma forma que exercidas pelo morto.

---

[18] Mesmo antes da mudança na Lei de Registros Públicos em 2004, é possível usucapião de imóvel com cláusula de inalienabilidade. Disponível em: https://www.stj.jus.br/sites/portalp/Paginas/Comunicacao/Noticias/17022022-Mesmo-antes-da-mudanca-na-Lei-de-Registros-Publicos-em-2004--e-possivel-usucapiao-de-imovel-com-clausula-de-ina.aspx. Acesso em: 26 out. 2022.

10

AÇÃO REIVINDICATÓRIA E OUTROS MEIOS DE TUTELA DA PROPRIEDADE

10.1 JUÍZO POSSESSÓRIO E JUÍZO PETITÓRIO. TUTELA DA PROPRIEDADE

Se analisarmos quantitativamente as ações que ocorrem na prática, não teremos dificuldade de concluir pelo predomínio das ações possessórias. De tudo o que foi dito a respeito da posse extrai-se facilmente a explicação. A ação possessória socorre o estado de fato que na maioria das vezes exterioriza a real propriedade. Como se trata de estado de fato, sua prova é mais fácil, sem maiores meandros. O rito procedimental especial, imprimido aos ataques à posse com menos de ano e dia, permite que com rapidez e eficácia se assegure um estado de fato conciliador da propriedade, obtendo-se mais prontamente a paz social, razão primeira da adequação social buscada pelo Direito.

No Capítulo 3 deste livro, acenamos com a distinção do juízo possessório, em que somente se controverte o estado da posse, do juízo petitório, sede exclusiva de discussão da propriedade e direitos reais de menor magnitude. A regra geral é inadmitir a discussão da questão dominial nas ações possessórias. O aspecto funcional dessas ações também já foi examinado. Se a decisão no pleito possessório não inibe a ação petitória, fundada no domínio, portanto, como vimos, não será frequente sua utilização, porque o estado de fato traduzido na sentença possessória na maioria das vezes culminou com a composição do conflito de interesses. Surge a utilidade maior das ações reais nas hipóteses de risco calculado do ordenamento, quando a posse é deferida a quem não a merece. Apenas nessa situação, até que a questão seja dirimida no juízo petitório, realça-se que a proteção possessória tem caráter temporário.

Sem prejuízo desse introito, a propriedade, como direito fundamental, resguardado constitucionalmente, deve também, com maior razão, ter meios específicos de tutela no ordenamento.

A proteção da propriedade desenvolve-se tanto perante pessoas de direito público como perante pessoas de direito privado. O *mandado de segurança* é ação utilizada com frequência para defender situações concretas de ofensa à propriedade praticada por autoridade pública quando incabível a possessória. Ausentes os pressupostos do mandado de segurança, aquele que tem seu direito de propriedade ameaçado, atingido ou violado também poderá mover contra o Estado as mesmas ações que tem contra outro qualquer ofensor de seu direito. Em relação à Administração, há todo um arcabouço administrativo para compor e proteger o direito de propriedade, dentro dos limites impostos pela lei, matéria que pertence ao estudo do direito público, pois muito de sua proteção decorre da atividade administrativa típica.

A propriedade como instituto de direito privado, no entanto, encontra seus meios de proteção na intervenção do Poder Judiciário, quando devidamente exercido o direito de ação. Cabe ao decreto judicial emanado da sentença proteger o proprietário. É, portanto, no Poder Judiciário que se exercita e se garante a propriedade contra quem transgride o direito dominial. Nesse sentido, o proprietário atingido no exercício de seu *ius utendi, fruendi et abutendi* dispõe de vários meios de proteção.

Por vezes, será conveniente ao titular do direito de propriedade que o controverta exclusivamente no plano contratual ou extracontratual, ou seja, pessoal. Perdida a coisa ou tornada impossível ou inconveniente sua recuperação, a ação indenizatória situa-se fora do plano petitório. É ação pessoal.

A principal e mais importante ação petitória é a ação de reivindicação. Outras também servirão para proteger a propriedade, como a confessória e negatória, a ação declaratória propriamente dita, além das já vistas ação de nunciação de obra nova, de dano infecto e embargos de terceiros, que podem ser utilizadas tanto para defesa da posse como da propriedade. Desse modo, verifica-se que em sede de proteção do domínio há remédios gerais e específicos. O Código Civil e o Código de Processo Civil não se ocuparam expressamente da tutela da propriedade, como fez, por exemplo, o Código argentino. Mormente, a ação reivindicatória fica relegada à doutrina e à jurisprudência. Essas ações, obedecendo ao procedimento comum, têm alcance por vezes maior ou diverso do exclusivamente petitório.

Tratando-se de ação fundada em direito real imobiliário, o cônjuge necessitará do consentimento do outro para propor ação que verse sobre direito real imobiliário, salvo quando casados sob o regime de separação absoluta de bens (art. 73 do CPC). Tal não ocorre nas ações possessórias, a não ser que se trate de composse ou de ato por ambos praticado, nos expressos termos do art. 73, § 2º, do Código de Processo Civil.

10.2 AÇÃO REIVINDICATÓRIA

Ação reivindicatória é a ação petitória por excelência. É direito elementar e fundamental do proprietário a sequela; ir buscar a coisa onde se encontra e em poder de quem se encontra. Deflui daí a faculdade de o proprietário recuperar a coisa. Escuda-se no direito de propriedade para reivindicar a coisa do possuidor não proprietário, que a detém indevidamente. É ação real que compete ao titular do domínio para retomar a coisa do poder de terceiro detentor ou possuidor indevido. *"Art. 1.228: O proprietário tem a faculdade de usar, gozar e dispor da coisa, e o direito de reavê-la do poder de quem quer que injustamente a possua ou detenha"*. Possuir injustamente é ter o bem sem o direito de possuir (*ius possidendi*).[1]

---

1 "Ação rescisória. Sentença que julgou improcedente ação reivindicatória e extinguiu reconvenção por incompatibilidade procedimental entre ação de usucapião e reconvenção reivindicatória. Alegação de violação manifesta ao artigo 1.228 do Código Civil e erro de fato verificável do exame dos autos. Ausência dos pressupostos rescisórios. Decisão rescindenda fundamentada em questão processual sobre incompatibilidade entre institutos jurídicos distintos, não configurando violação à norma de direito material. Usucapião como forma originária de aquisição incompatível com reconvenção reivindicatória que pressupõe domínio preexistente. Inexistência de erro de fato, mas mera qualificação jurídica de circunstâncias fáticas incontroversas. Decisão confirmada por múltiplas instâncias jurisdicionais, inclusive Superior Tribunal de Justiça. Coisa julgada qualificada pela confirmação em

Geralmente, mas não exclusivamente, na ação reivindicatória estabelece-se conflito entre o direito e a aparência, o estado de fato da posse. Aquele que é proprietário quer retomar a coisa do possuidor ou detentor injusto. Está, portanto, legitimado para essa ação o proprietário, que deve fazer prova de seu direito, assim como do fato de o terceiro a deter injustamente. Nem sempre a prova de propriedade é absoluta. Vimos que a presunção do registro imobiliário também não é absoluta. Por outro lado, a posse justa do réu, ainda que temporária, pode obstar a reivindicação.

Também na reivindicação, a exemplo das ações possessórias, autoriza-se o direito de retenção com relação às benfeitorias, desde que presente a boa-fé do réu. O sistema para as

---

embargos de declaração, apelação e recurso especial não conhecido. Necessidade de preservação da segurança jurídica e estabilidade da coisa julgada. Honorários advocatícios fixados em dez por cento sobre o valor da causa. Ação rescisória julgada improcedente" (*TJSP* – Ap 2110513-30.2025.8.26.0000, 23-8-2025, Rel. Pedro de Alcântara da Silva Leme Filho).

"Recurso de apelação – Bem móvel – Ação reivindicatória c.c. indenização por danos materiais – Alegação de legitimidade passiva de litisconsorte afastada – Mérito – Autor contratado para a execução de construção de galpões aviários – Alegação de propriedade dos bens móveis utilizados para a realização da obra e que foram indevidamente retidos pela ré – Comprovação – Presença dos três pressupostos da ação reivindicatória, quais sejam, demonstração da titularidade do domínio, da posse injusta mantida pela ré (sem causa jurídica) e da individuação dos bens móveis reivindicados – Direito do autor de reaver do poder da ré, que injustamente detêm os bens móveis reivindicados – **Inteligência do art. 1.228 do CC** – Sentença mantida – Recurso desprovido" (*TJSP* – Ap 1001568-45.2021.8.26.0407, 17-9-2024, Relª Ana Luiza Villa Nova).

"Apelação cível. **Ação reivindicatória**. Autores proprietários registrários de imóvel ocupado indevidamente pelos réus. Sentença de improcedência. Preliminar. Interposição intempestiva das contestações devidamente certificada. Revelia reconhecida. Presunção de veracidade relativa. Usucapião extraordinário. Requisitos não preenchidos (art. 1238 do CC). Quando da propositura da ação, o lapso temporal ainda não havia sido preenchido. Posse dos réus não se qualificava como mansa, pacífica e ininterrupta. Posse pela parte ré ocorreu em 2002. Proprietários registrais promoveram ação de reintegração de posse em 2013. Interrupção do prazo da prescrição aquisitiva. Interpretação do artigo 1244 do Código Civil. Reivindicatória. Prova do domínio em favor da parte autora. Aplicação do disposto no artigo 1.228, do Código Civil. Registro imobiliário em nome da parte autora. Posse injusta exercida pela parte ré. Parte autora impedida de utilizar, gozar e dispor do imóvel. Imissão na posse de rigor. Indenização pela fruição indevida do bem pela parte ré. Indenização das benfeitorias. Parte ré apresentou contestação intempestiva. Ônus da sucumbência invertido. Resultado. Recurso provido" (*TJSP* – Ap 1003898-79.2020.8.26.0009, 7-2-2023, Rel. Edson Luiz de Queiróz).

"Agravo de instrumento. Cumprimento de sentença. Decisão interlocutória que indeferiu pedido de alvará judicial para a devolução de veículo a terceiro interessado reformada. Agravante, terceiro interessado, que comprovou a propriedade de veículo objeto de conserto em oficina mecânica, localizada no endereço onde ocorreu o despejo. O proprietário tem a faculdade de usar, gozar e dispor da coisa, e o direito de reavê-la do poder de quem quer que injustamente a possua ou detenha. Inteligência do art. 1.228 do CC/2002. Pedido reivindicatório deferido, para autorizar a recuperação da posse perdida do veículo. Recurso provido" (*TJSP* – AI 2290870-44.2021.8.26.0000, 29-9-2022, Rel. Alfredo Attié).

"Agravo interno. Julgamento prejudicado em razão da análise do mérito do agravo de instrumento. Tutela provisória de urgência. **Ação reivindicatória** c/c imissão na posse. Concessão para reintegrar a autora na posse do imóvel litigioso. Desacerto. Ação fundada no *jus possidendi*, como efeito da titularidade do domínio. Requeridos alegaram em contestação exceção de usucapião. Documentos que vieram aos autos indicam que os requeridos são, em tese, cessionários de direitos possessórios. Art. 1.228 do Código Civil. Plausibilidade da tese de aquisição originária da propriedade. Exceção de usucapião a ser comprovada no curso da ação. Longo período de inércia da autora para retomar o bem imóvel, não recomenda a tutela de urgência neste momento. Liminar cassada. Recurso provido" (*TJSP* – AI 2196355-17.2021.8.26.0000, 24-9-2021, Rel. Francisco Loureiro).

"Apelação cível – Ação de obrigação de fazer – Instalação de postes de transmissão de rede telefônica e internet – **Direito de propriedade** – Limitação – Interesse Público – Servidão de passagem – Sentença reformada – 1- O art. 1.228 do Código Civil estabelece que o proprietário tem a faculdade de usar, gozar e dispor da coisa, e o direito de reavê-la do poder de quem quer que injustamente a possua ou detenha, sendo que em seu § 1º, estabelece que o direito de propriedade deve ser exercido em consonância com as suas finalidades econômicas e sociais. 2- Comprovado, nos autos, que o imóvel objeto do litígio está inserido dentro da área objeto de desapropriação, que autorizou o uso para instalação de rede de transmissão de telefonia, é de ser reconhecida a improcedência dos pedidos formulados na inicial. 3- Recurso provido" (*TJMG* – AC 1.0209.12.008379-2/001, 5-6-2019, Rel. José Arthur Filho).

benfeitorias e construções na coisa alheia, no respeitante à indenização, é o já estudado para a posse, assim como em relação aos frutos.

Assinalamos que a propriedade não se perde pelo não uso em face do princípio da perpetuidade. No entanto, o fato positivo da usucapião pode ser alegado como exceção, como defesa, para obstar a reivindicação. A propriedade de *per si* não opera prescrição extintiva, mas é atingida pela prescrição aquisitiva cujo prazo é de vinte anos para a usucapião extraordinária e de dez ou quinze para a ordinária (Viana, 1983:163).

Por outro lado, o direito material da propriedade tem efeito *erga omnes*, que não pode ser confundido com o efeito da sentença na ação reivindicatória. Este efeito obedece às regras de processo e atinge apenas quem foi parte. Terceiros não são atingidos pelo efeito da sentença que reconhece o domínio na reivindicação.

Na ação reivindicatória procedente, reconhece-se o direito de propriedade com relação ao réu. O elemento declaratório de propriedade está presente em todas as ações reais. Cuida-se de questão prévia no exame da controvérsia. Não provada a propriedade, o autor será carecedor da ação. Poderá ser caso de improcedência, tendo sido enfrentando o mérito, conforme as circunstâncias, importando, inclusive, em coisa julgada material. Procedente o pedido, o réu é condenado a entregar a coisa. A esse efeito condenatório agrega-se o caráter executório da sentença. Nada impede que o autor cumule o pedido de declaração de sua propriedade com a reivindicação (Pontes de Miranda, 1971, v. 14:47). Nessa hipótese, o efeito da sentença operará também especificamente o acertamento do estado de propriedade.

Atente com cuidado apenas para aquelas ações que servem tanto para proteger a posse como a propriedade. Devemos examinar nesses casos a que título foram propostas.

O pedido reivindicatório pode vir cumulado com o de indenização de perdas e danos. Cabe ao interessado provar o que perdeu com a detenção indevida.

10.3 AÇÃO DECLARATÓRIA

O proprietário pode ter seu interesse limitado apenas à declaração de seu título. Para isso se valerá da ação declaratória típica, nos termos do art. 19, I, do CPC: "*O interesse do autor pode limitar-se à declaração: I – Da existência, da inexistência ou do modo de ser de uma de relação jurídica*". Estabelecido estado de incerteza sobre sua propriedade, embora não desapossado da coisa, surge o interesse do titular em obter o acertamento jurídico da sentença. Trata-se também de meio de tutela da propriedade.[2]

---

2 "**Ação reivindicatória** – Sentença de parcial procedência para permitir a imissão da autora na posse do imóvel e condenar os réus ao pagamento de indenização para o desfazimento das benfeitorias. Apela a corré sustentando cerceamento por ausência de produção de prova oral. Prescrição aquisitiva e indenização por benfeitorias, com direito de retenção. Apela adesivamente a autora sustentando necessidade de indenização pela fruição indevida do imóvel e ressarcimento de eventuais contas de consumo e débitos tributários. Cabimento do principal para revogar a sentença e prejudicado o adesivo. Recurso principal. Julgamento antecipado da lide. Tese defensiva vinculada à usucapião. Matéria fática. Necessidade de instrução. Cerceamento de defesa configurado. Recurso principal provido para cassar a sentença e determinar o retorno dos autos à primeira instância para prosseguimento do feito em seus ulteriores termos, com instauração da fase dilatória. Prejudicado o adesivo" (*TJSP* – AC 1008210-43.2015.8.26.0278, 12-3-2019, Rel. James Siano).

"**Ação reivindicatória** – Lote irregular em área registrada em nome dos autores. Presunção relativa do domínio decorrente do registro afastada. Anterior alienação da área declarada pelos próprios autores em inquérito civil. Aquisição do lote pelo réu, após sucessivas alienações. Irrelevância dos requisitos relativos à usucapião, nem sequer agitada pelo réu ou em sentença. Sentença mantida. Recurso improvido" (*TJSP* – Ap 1009860-77.2014.8.26.0079, 19-4-2018, Rel. Francisco Loureiro).

Essa pretensão de declaração não prescreve, pois é corolário do direito potestativo do domínio. A eficácia da decisão também se estabelece apenas com relação ao réu. Não atinge quem não foi parte no processo. Repetidamente, dissemos que a eficácia *erga omnes* na propriedade imobiliária se atinge com o registro imobiliário e com a tradição com relação aos móveis. A sentença proferida em declaratória típica, portanto, não é passível de registro imobiliário. Difere da declaração de propriedade na ação de usucapião, cujo registro da sentença apenas regulariza propriedade já preexistente.

10.4 AÇÃO NEGATÓRIA

A *ação negatória* no Direito Romano tinha por finalidade defender a plenitude do direito de propriedade, concluindo pela inexistência de servidão. Opunha-se à *ação confessória* que, ao contrário, objetivava provar a existência de servidão. Em época posterior, passou-se a admitir ambas as ações para proteger direitos reais limitados, como o usufruto, o uso e a habitação.

A finalidade dessa denominada ação negatória é provar a plenitude da propriedade, não sofrendo restrição de servidão, usufruto ou qualquer outro direito real. O princípio está no art. 1.231, que dispõe ser a propriedade *plena e exclusiva, até prova em contrário*. A sentença declarará a plenitude do domínio ou propriedade, que não foi perdido, pois nesta hipótese caberia a reivindicação. Forte, portanto, o elemento declaratório da sentença. Nessa situação, o proprietário não está privado do domínio, mas outrem se arroga, por exemplo, ser usufrutuário ou beneficiário de servidão.

A ação tem por objeto negar a existência dessas restrições. Serve igualmente para dirimir conflitos no direito de vizinhança, podendo também ser dirigida contra a Administração. Sua utilidade surge apenas quando o remédio possessório é incabível ou ineficaz. Ocorre geralmente quando há pretensão jurídica de restrição ao direito de propriedade pleno:

> *"a ação negatória tem lugar todas as vezes que se visa a repelir uma pretensão restritiva ao direito do proprietário, eliminando a possibilidade de ser reconhecida a existência de ônus real, assim como para solucionar conflitos de vizinhança, sendo exercitável contra o Poder Público ou particulares"* (Viana, 1983:163).

O autor deve provar nessa ação que o réu está para praticar ou já praticou atos que denotam servidão ou outra restrição indevida a seu direito de propriedade. O Código argentino, que disciplina com minúcias as ações reais, define que a ação negatória *"é a que compete aos*

"Agravo de instrumento – **Ação reivindicatória** – Decisão Liminar – Pressupostos – Desocupação – Ausência do perigo da demora – Ilegalidade – 1- O agravo de instrumento é recurso *secundum eventum litis*, devendo permanecer adstrito à pertinência da decisão atacada e restringir-se apenas ao acerto ou não da decisão recorrida, sendo vedado, ainda, imiscuir-se no mérito da demanda ou julgar matérias estranhas ao ato judicial recorrido. 2- Dispõe o art. 1.228 do CC/02 que o proprietário tem a faculdade de usar, gozar e dispor da coisa, e o direito de reavê-la do poder de quem quer que injustamente a possua ou detenha, sendo-lhe permitido ajuizar ação reivindicatória com vistas a restabelecer o seu domínio frente à posse injusta de terceiro. 3- Para o deferimento de medida liminar em casos tais, além do cotejo dos requisitos pertinentes à ação reivindicatória, é preciso que estejam presentes os pressupostos indispensáveis ao acolhimento da tutela de urgência (art. 300 do CPC/15 e art. 273 do CPC/73). 4- Os critérios de aferição para a concessão de medida liminar estão na faculdade do julgador que, ao exercitar o seu livre convencimento, decide sobre a conveniência ou não do seu deferimento, observados os requisitos legais. Assim, a decisão concessiva ou não de tutela antecipada deve ser reformada pelo juízo ad quem somente em caso de flagrante abusividade ou ilegalidade. 5- Não restando demonstrado nos autos ambos os requisitos autorizadores do art. 273 do CPC/73, não há como manter a medida liminar de desocupação concedida, impondo-se necessária a instauração da fase probatória. Agravo provido" (*TJGO* – AI 201691461377, 29-6-2016, Rel. Sergio Mendonca de Araújo).

possuidores de imóveis contra os que impedem a liberdade de exercício dos direitos reais, a fim de que essa liberdade seja restabelecida" (art. 2.800).

Sujeito ativo da ação será não somente o proprietário, como também o titular de direito real limitado em seu respectivo exercício. O credor hipotecário pode ajuizar a ação se se vê ameaçado em sua garantia. A ação é movida contra quem interfere no direito de propriedade ou direito real limitado. O usufrutuário pode, por exemplo, mover a ação negatória contra o nu-proprietário que nega seu direito.

Nessa ação, não se pesquisa a culpa nem a existência de dano. Examina-se a interferência indevida no âmbito do direito real do promovente. A sentença procedente definirá o estado pleno da propriedade e o retorno ao estado de fato anterior, se houve alteração. Também pode ser cumulada com perdas e danos. Com frequência, a ação possessória ou a de nunciação de obra nova logrará atingir os mesmos efeitos com maior eficácia.

A *ação confessória*, à qual faremos menção no estudo das servidões, representa para a servidão o que a reivindicatória representa para o domínio. Com a confessória, o promovente obtém o reconhecimento ou o restabelecimento de servidão, também podendo cumular pedido indenizatório.

> "*Como se vê, tanto na ação negatória como na ação confessória, ambas possuem caráter real e natureza petitória; pela primeira, se exclui a limitação pretendida sobre a propriedade; pela segunda, se pretende, ao contrário, aduzir aos direitos integrais da propriedade mais um plus em relação à propriedade vizinha, reconhecendo um direito dominante sobre esta*" (Lopes, 1964, v. 6:504).

10.5 OUTROS MEIOS DE TUTELA DA PROPRIEDADE

Outras ações podem ser lembradas, longe de se pretender exaurir o elenco de meios de tutela, como socorrentes do direito de propriedade. Grande é o número de pretensões que pode decorrer do domínio, afora as citadas ações exclusivamente indenizatórias.

O proprietário pode, por exemplo, pedir a *retificação do registro imobiliário* quando este apresentar inexatidão. Se a imprecisão interferir no direito de terceiros, deve recorrer às vias ordinárias (arts. 212 e 213 da Lei nº 6.015/73).

Também a doutrina inclui entre as ações reais a *ação de divisão da coisa comum e a ação demarcatória*. Seus procedimentos vêm regulados no CPC (arts. 569 ss.). A ação de divisão cabe ao condômino para dividir a coisa comum. A ação demarcatória objetiva fixar linhas que delimitam imóveis contíguos. Todo titular de domínio pode obrigar seu confinante a proceder à demarcação dos seus imóveis.

Essa ação pode vir cumulada com reivindicação, pois o promovido pode estar indevidamente na posse do imóvel do vizinho.

11

AQUISIÇÃO DA PROPRIEDADE MÓVEL

11.1 INTRODUÇÃO

O conceito e a compreensão de bens móveis e imóveis pertencem ao estudo da Parte Geral (ver nosso *Direito civil: parte geral*, seção 16.3). O Código define e elenca-os nos arts. 82 a 84. A maior importância jurídica conferida aos bens imóveis não se deve unicamente à relevância econômica, mas também porque intuitivamente a imobilidade no campo jurídico é a regra:

> *"A terra e as águas, as árvores e mais seres ligados à terra, fazem-nos um como tapete fixo em que o que é móvel apenas marca, aqui e ali, os seus passos e os seus caminhos"* (Pontes de Miranda, 1971, v. 15:5).

A industrialização e o consumismo dos tempos atuais dão nova dimensão à importância dos bens móveis. Avulta a proeminência dos chamados bens de consumo, cada vez mais transitórios e descartáveis, mas vitais para a subsistência do homem atual. No entanto, ainda reside no imóvel a vitalidade da economia privada e a soberania dos povos. Disso dificilmente se afastará. Aos bens móveis, contudo, está reservado o importante papel de circulação das riquezas; a dinâmica da sociedade. O imóvel, por sua própria natureza, desempenha papel estático no bojo do patrimônio.

Tendo em vista o estágio histórico de nossa sociedade, perde importância a maioria das modalidades de aquisição da propriedade móvel descritas em nossos códigos, mercê de sua evidente vetustez. Sobreleva-se, no entretanto, a *tradição* como modalidade mais importante de aquisição dos bens móveis. Para regulá-la, em última análise, é dirigida a maior parte da legislação de defesa do consumidor, por meio do microssistema jurídico introduzido por seu Código de Defesa (Lei nº 8.078/90).

O Código Civil de 1916 disciplinou como modalidades de aquisição dos móveis: *ocupação, especificação, confusão, comistão, adjunção, usucapião e tradição*. Na seção dedicada à ocupação, trata da *caça, pesca, invenção* e *tesouro*. O Código de 2002 estabelece a seguinte ordem, a partir do art. 1.260: *usucapião, ocupação, achado do tesouro, tradição, especificação, confusão, comistão* e *adjunção*. Modalidades originárias de aquisição são a ocupação e a usucapião. A invenção ou descoberta como regra geral não permite a aquisição da propriedade. As demais são derivadas.

11.2 OCUPAÇÃO

O Código de 1916 definiu *ocupação* no art. 592. A matéria continua a ser orientadora no Código de 2002, que não disciplina especificamente a matéria:

> *"Quem se assenhorear de coisa abandonada, ou ainda não apropriada, para logo lhe adquire a propriedade, não sendo essa ocupação defesa por lei.*
>
> *Parágrafo único. Volvem a não ter dono as coisas móveis, quando o seu as abandona, com intenção de renunciá-las".*

O Código em vigor dispõe no art. 1.263: *"Quem se assenhorear de coisa sem dono para logo lhe adquire a propriedade, não sendo essa ocupação defesa por lei".*

Nas sociedades primitivas, a princípio, as coisas não tinham dono. Delas apropriava-se o primeiro ocupante. O Direito Romano cristalizou a ideia de que a *res nullius* pertence naturalmente ao primeiro tomador. A coisa é sem dono porque nunca o teve ou porque houve abandono por parte do titular (*res derelicta*). Efetiva-se a propriedade pela apreensão da coisa, com a intenção do agente de tê-la como própria.

O art. 593 do Código de 1916, o qual mantém permanentemente interesse doutrinário e didático, enumerou a primeira classe abordada pelo ordenamento, ou seja, as coisas sem dono:

> *"I – os animais bravios, enquanto entregues à natural liberdade;*
>
> *II – os mansos e domesticados que não forem assinalados, se tiverem perdido o hábito de voltar ao lugar onde costumam recolher-se (salvo se domesticados, fugirem de seus donos, enquanto estes lhe andarem à procura, art. 596);*
>
> *III – os enxames de abelhas, anteriormente apropriados, se o dono da colmeia, a que pertenciam, os não reclamar imediatamente;*
>
> *IV – as pedras, conchas e outras substâncias minerais, vegetais ou animais arrojadas às praias pelo mar, se não apresentarem sinal de domínio anterior".*

Os animais bravios não são todos os selvagens, porque estes podem já ter sido apropriados por alguém. São considerados *res nullius* os animais não subordinados a qualquer senhoria.

Os animais, assinalados, marcados a fogo ou com sinetes ou sinais, como se costuma fazer com o gado, têm presunção de propriedade. Se não assinalados, são apropriáveis aqueles que perderam o hábito de retornar ao lugar do dono. Este, porém, não perde sua propriedade, enquanto estiver à procura deles (art. 596 do Código de 1916). Não há necessidade de procura contínua. O exame do caso demonstrará se o *animus* do proprietário do animal é de permanente e atual estado de busca.

No mesmo sentido, tornam-se coisa de ninguém os enxames de abelha, se seu apicultor não os reclamar imediatamente. Há necessidade de que a colmeia transfira-se de um local para outro. Os enxames de abelhas são ordinariamente considerados universalidades de fato. São *res nullius* as colmeias selvagens, que nunca foram ocupadas, ou podem ser parte integrante, pertença de imóvel, nos termos do art. 43, III do Código anterior.

Os objetos lançados ao mar, tal como descritos na lei, serão *res nullius* se não apresentarem sinal de domínio: mercadorias alijadas de navio que trazem o nome da embarcação, ou do responsável pelo transporte, não são apropriáveis pela ocupação. Poderão ser objeto de invenção. Para a ocupação de *res nullius*, há necessidade de que efetivamente as coisas estejam sem dono.

O parágrafo único do art. 592, aqui transcrito do antigo Código, definiu o que se deve entender por coisa abandonada. No abandono, existe ato de renúncia; abre-se mão do direito de propriedade. A *res derelicta* pode assim ser apropriada por outrem, em ato originário de aquisição. Verifica-se em cada caso se houve renúncia à propriedade. *Animus* de não mais ser dono. Examina-se o comportamento do agente. Quem joga coisa fora manifesta a intenção de não mais exercer a propriedade. Quem deixa coisa dentro de sua propriedade presume-se manter a posse e a propriedade.

O crescimento da população e a valorização dos bens móveis em geral tornam rara na atualidade a aquisição por ocupação. As modalidades de *caça, pesca* e *invenção* são as poucas possibilidades de ocupação. Com exceção da pesca em escala comercial, as demais situações de ocupação não apresentam relevância.

O ordenamento de 2002, art. 1.263, preferiu sintetizar em uma frase legal a aquisição por ocupação, referindo-se apenas às coisas sem dono, que abrangem todas as modalidades de *res nullius*, abrindo mão da enumeração do velho art. 593. Coisas sem dono são tanto as que foram abandonadas, como as que nunca tiveram titular. Incluem-se, evidentemente, os semoventes. Não há mesmo, atualmente, necessidade de qualquer outra disposição.

11.2.1 Caça

A *caça* foi a principal atividade de subsistência das sociedades primitivas. Nosso ordenamento disciplina-a pelo Código de Caça, Lei nº 5.197/67, que substituiu o Decreto nº 5.894/43. Há, ainda, legislação esparsa complementar. As normas reguladoras da caça, licença, períodos permitidos e proibidos, regiões etc. dizem respeito ao direito administrativo, e por este deve ser tratado, tanto que o instituto não é disciplinado pelo presente Código. Como modalidade de aquisição da propriedade, a caça pode ter lugar em terras públicas ou particulares, com licença do proprietário (art. 594 do Código de 1916). Analisam-se aqui, nessa oportunidade, os princípios do antigo Código, que servirão de referência mesmo no ordenamento civil em vigor.

Pertence ao caçador o animal por ele apreendido ou ferido, quando for em seu encalço, ainda que outrem o tenha apanhado (art. 595). Se o animal ferido ingressar em terreno de outrem, se este não permitir o ingresso do caçador, terá que expelir ou entregar a caça. Não o fazendo, deixando o caçador de adquirir a propriedade do animal atingido, terá direito à indenização daquele que se recusou a entregá-lo. O caçador não pode, no entanto, penetrar em terreno alheio, sem licença do dono. Se o fizer, perderá para este a caça, respondendo por dano que tenha causado (art. 598). O Código resguardou o pleno exercício da propriedade imóvel. O ingresso de estranho, sem autorização, sempre será ponto de discórdia. A questão não deixa de ter importância em locais onde ainda abundam animais selvagens. O ingresso de estranho em terra alheia, sem autorização, caracteriza esbulho (ou turbação) à posse, a permitir a legítima defesa, ou o desforço imediato. Da mesma forma, não pode o caçador colocar alçapões e armadilhas em terreno alheio; se autorizado para tal, o animal apreendido lhe pertencerá.

Ainda que exercendo a caça nos limites de sua propriedade, o proprietário fica subordinado aos regulamentos administrativos. Há que se atentar para o equilíbrio ecológico e preservação das espécies. O exercício da caça não é livre. Quando o direito administrativo permite a caça, o Estado regulamenta o direito, mas não o proíbe sistematicamente. Permitida a caça em terreno particular, o proprietário pode arrendar o direito à caça, limitando-o ou não a certos animais, bem como a certas quantidades. Quando se trata de encalço de animal perigoso, a matança não é caça, mas estado de necessidade (Pontes de Miranda, 1971, v. 15:52).

11.2.2 Pesca

A *pesca* consiste no ato de apanhar peixes em curso de água, lagos, mares etc. O Código de 2002 também não cuida da matéria, que deve ser objeto da legislação específica. Trata-se, porém, de modalidade de aquisição da propriedade e como tal deve ser vista. Analisamos os princípios estabelecidos no Código de 1916, também como mera orientação.

O art. 599 apresenta simetria ao disposto sobre a caça:

> *"Observados os regulamentos administrativos, lícito é pescar em águas públicas, ou nas particulares, com o consentimento de seu dono".*

A pesca possui importância econômica maior na realidade atual. É meio de subsistência e sobrevivência principal de muitos povos. Há que se distinguir em cada caso se de fato existe ocupação de *res nullius*. Quem pesca em vasca, açude ou piscina com autorização do proprietário não ocupa, mas tem relação contratual com o dono do terreno. Não apenas nosso Código de Pesca (Decreto-lei nº 221/67), mas também tratados e acordos internacionais regulam o exercício da atividade pesqueira em alto-mar, águas nacionais e internacionais. É matéria de direito administrativo. Ao direito civil importa unicamente a pesca como modalidade de aquisição da propriedade. A possibilidade de pesca é ordenada tendo em vista a reprodução das espécies, proibindo-se práticas predatórias.

No mesmo sentido da caça:

> *"Art. 600. Pertence ao pescador o peixe, que pescar, e o que arpoado, ou farpado, perseguir, embora outrem o colha.*
>
> *Art. 601. Aquele que, sem permissão do proprietário, pescar, em águas alheias, perderá para ele o peixe que apanhe, e responder-lhe-á pelo dano, que lhe faça".*

As disposições são simétricas ao estabelecido para a caça, no Código revogado.

Assim como o proprietário pode caçar em suas terras, obedecidas as restrições administrativas, também pode pescar nas margens ribeirinhas:

> *"Art. 602. Nas águas particulares, que atravessam terrenos de muitos donos, cada um dos ribeirinhos tem direito a pescar de seu lado, até o meio delas".*

Pescar em águas alheias ou dominicais sem autorização é ato ilícito.

11.2.3 Invenção ou Descoberta

A *invenção*, como disciplinada em nosso Código de 1916, é a *achada de coisas perdidas* (Gomes, 1983:158). O código em vigor prefere o título "descoberta", que possui o mesmo sentido (arts. 1.233 a 1.237). São coisas perdidas, mas não abandonadas. A perda da coisa não implica perda da propriedade. Nisto a invenção distingue-se da ocupação de coisas sem dono ou abandonadas. Inventor é aquele que encontra coisas perdidas, mas que têm dono. Sua obrigação é devolvê-las ao titular:

> *"Art. 1.233. Quem quer que ache coisa alheia perdida há de restituí-la ao dono ou legítimo possuidor.*
>
> *Parágrafo único. Não o conhecendo, o descobridor fará por encontrá-lo, e, se não o encontrar, entregará a coisa achada à autoridade competente".*

Não se cuida, portanto, de modalidade de aquisição da propriedade em nosso sistema, que segue princípio romano. O corrente Código suprime a disposição como modalidade de aquisição da propriedade, para cuidar do fenômeno no capítulo da propriedade em geral.

Pelo nosso ordenamento, o inventor nunca poderá adquirir a coisa achada. O art. 606 do Código de 1916 dispôs que, após seis meses da notificação à autoridade, sem que se apresente o dono, a coisa seria vendida em hasta pública. O inventor teria apenas direito a recompensa e indenização pela guarda e transporte da coisa, se o dono não preferisse abandoná-la (art. 604). A essa recompensa dá-se o nome de *achádego*. Somente nessa hipótese de abandono poderia o inventor ocupar a coisa, que, nesse caso, tornara-se *derelicta*. Se vendida em hasta pública, seriam deduzidas do valor alcançado as despesas e a recompensa do inventor, pertencendo o remanescente ao Estado (ou ao Distrito Federal ou Território, conforme o local do achado).

O art. 1.237 do Código contemporâneo muda parcialmente o enfoque: por esse dispositivo, decorridos 60 dias da divulgação da notícia pela imprensa, ou do edital, não se apresentando quem comprove a propriedade sobre a coisa, será esta vendida em hasta pública. Deduzidas do preço as despesas, mais a recompensa do descobridor, o achádego, o remanescente pertencerá ao Município em cuja circunscrição se deparou o objeto perdido. Como se vê, não há necessidade sistemática de edital, pois basta que o prazo de 60 dias seja contado da divulgação da notícia pela imprensa. A esse respeito, inova o art. 1.236 do Código ao estabelecer que *"a autoridade competente dará conhecimento da descoberta através da imprensa e outros meios de informação, somente expedindo editais se o seu valor os comportar"*. Melhor seria que o Código esclarecesse que caberiam à autoridade judicial os procedimentos acerca da descoberta. O art. 746 do CPC de 2015 repete, em síntese, o que já constava do art. 1.170 do estatuto anterior, e também menciona que uma vez recebida a coisa por autoridade policial, esta remeterá ao juízo competente.

Caberá ao juiz, entretanto, tendo em vista as circunstâncias em torno do achado, o valor e o preço da coisa, fixar o montante do achádego. Acrescenta, porém, o parágrafo único do art. 1.237 que *"sendo de diminuto valor, poderá o Município abandonar a coisa em favor de quem a achou"*. Como se nota, cabe ao Município definir a oportunidade e conveniência de deixar a coisa com o descobridor. Para tanto poderá ser notificado pelos interessados para que se manifeste em prazo razoável.

No entanto, o art. 1.234 do presente Código, ao contrário do estatuto anterior, preferiu ser objetivo quanto à fixação do valor da recompensa, estabelecendo um montante não inferior a cinco por cento de seu valor, bem como abonando ao inventor as despesas com a conservação e transporte da coisa, *"se o dono não preferir abandoná-la"*. Acrescenta ainda o parágrafo único do art. 1.234:

> *"Na determinação do montante da recompensa, considerar-se-á o esforço desenvolvido pelo descobridor para encontrar o dono, ou o legítimo possuidor, as possibilidades que teria este de encontrar a coisa e a situação econômica de ambos".*

O art. 604 do antigo Código nada estabelecia quanto aos critérios para o montante da recompensa, que ficava a critério exclusivo do juiz.

Há que se enfatizar que os dispositivos referentes à descoberta têm aplicação para a atividade espontânea ou fortuita do descobridor. Este pode ter-se lançado à procura de coisa perdida justamente em busca de aventura ou recompensa ou pode ter deparado com ela fortuitamente. Em qualquer das situações, fará jus à recompensa, com os critérios especificados. Nada, porém, poderá pleitear se o dono preferir abandonar a coisa, salvo o direito de ficar com ela. A situação, porém, será diversa se o dono da coisa encarregou alguém para achá-la. Nesse caso, o fato terá cunho contratual e como tal deve ser interpretado, servindo os artigos do Código acerca da descoberta apenas como disposições supletivas da vontade das partes.

O sistema efetivamente não incentiva o inventor de *per si* a devolver a coisa achada, salvo as de pequeno valor, conforme referido e na hipótese de o dono preferir abandoná-la. Preferirá, talvez, em vez de receber duvidosa recompensa, manter a coisa em sua posse com ânimo de dono, adquirindo a propriedade pela usucapião. No entanto, ninguém está obrigado a recolher a coisa perdida. Se o fizer, deve, como regra, submeter-se às regras do ordenamento. Pelo fato de se tornar inventor, assume deveres e obrigações. Para o inventor somente surgia a obrigação de procurar o dono ou possuidor, ou entregar a coisa à autoridade se a recolhe. Essa a razão pela qual a lei o premia com recompensa, além do direito de receber pelos gastos no transporte e manutenção. Coíbe-se, nesse aspecto, mais uma vez o injusto enriquecimento. A posição do descobridor é semelhante à do depositário, mas melhor se identifica ao gestor de negócios (Pontes de Miranda, 1971, v. 15:200). Desse modo, agindo o inventor com negligência ou dolo, deixando de procurar o titular da coisa achada ou de entregá-la à autoridade, responderá por indenização de acordo com o art. 1.235, quando não bastasse, pelo princípio geral da responsabilidade aquiliana (art. 186), sem prejuízo da penalização criminal. O art. 169, parágrafo único, inciso II, do Código Penal considera crime a apropriação total ou parcial de coisa alheia, em lugar de entregá-la ao dono, ou legítimo possuidor, ou à autoridade competente, dentro do prazo de 15 dias. Nesse crime, com acuidade, Celso Delmanto (1988:336) anota que a conduta deveria ficar restrita apenas à esfera civil, tendo em vista a possibilidade de erro de direito:

> *"Há possibilidade de ocorrer erro de proibição (CP, art. 21), pois mesmo em meios cultos, há notório desconhecimento do alcance destes dispositivos, que a lei já devia ter derrogado, deixando-os só na órbita civil".*

O mesmo autor aponta julgado em que o tribunal entendeu que não haverá dolo se provado que o agente deixou de entregar a coisa à autoridade, dentro dos 15 dias, por negligência e não por dolo (*RT* 454/449).

Se o inventor tiver dúvidas acerca do titular da coisa, deverá de igual maneira entregá-la à autoridade, cabendo ao juiz decidir.

Poderá o inventor exercer direito de retenção para receber a recompensa e a indenização garantidas na lei? A resposta parece-nos afirmativa (Pontes de Miranda, 1971, v. 15:200). O direito de retenção é garantia para o ressarcimento. É garantia de execução de obrigação. Como tal, todo possuidor de boa-fé, não importando a que título, pode exercê-lo. O princípio da boa-fé prepondera na espécie a exemplo das benfeitorias. Se o agente tiver agido de má-fé ao apreender a coisa, não terá havido invenção de coisa perdida, mas furto ou apropriação indébita. Se já a tiver entregue à autoridade, por desconhecer o dono, já não terá possibilidade material de exercer a retenção. Se a coisa achada for mercadoria de fácil deterioração, caberá ao juiz determinar sua venda. Age de boa-fé aquele que, em vez de entregar a coisa deteriorável, vende-a, entregando o valor ao dono ou à autoridade competente, impedindo sua perda.

O valor da recompensa poderá ser, ainda, aquele prometido pelo dono ou possuidor (arts. 1.512 ss.), ou, não havendo promessa, fixado equitativamente pelo juiz, com os critérios estabelecidos pelo presente Código. Se o inventor entender insuficiente ou insignificante a recompensa, pode pedir o arbitramento judicial, conforme a solução do Código argentino, que não contraria o espírito de nossa lei.

Ainda, o Código impõe responsabilidade ao inventor pelos prejuízos causados ao proprietário ou possuidor legítimo, quando tiver procedido com dolo (art. 1.235; antigo, art. 605). Equipara-se ao dolo a culpa grave. A culpa simples não o obriga a indenizar, portanto.

O CPC regula a venda de coisas vagas ou perdidas nos arts. 746 ss. A entrega da coisa se fará à autoridade judiciária ou policial. Para o processo, instaurado pelo auto de arrecadação ou portaria, competente será o juízo do local onde foi encontrada a coisa. O art. 1.174 do CPC anterior permitia que o inventor pedisse a adjudicação da coisa, se o dono preferisse abandoná-la, operando-se somente nessa hipótese, como acenado, a aquisição da propriedade pelo inventor. Esse procedimento não fica obstado pelo silêncio do estatuto processual a esse respeito.

11.2.4 Tesouro

A seguir, o Código de 1916 disciplina o *tesouro*. O Código de 2002 abre a seção sob o título *"Do achado do tesouro"*.

Trata-se de coisa de valor encontrada em bem móvel ou imóvel, que se encontrava oculta, sem relação jurídica com o titular, que não mais se sabe quem é, *de cujo dono não haja memória* (art. 1.264). O dispositivo antigo refere-se a depósito antigo de moeda ou coisas preciosas. O Código em vigor refere-se apenas às coisas preciosas. Embora o ordenamento refira-se à invenção de coisas em imóvel, nada impede que o tesouro seja encontrado por outrem em bem móvel, encontrando-se ali sem conhecimento do dono.

Diminuta é a importância atual da matéria, inserida no Código como decorrência de épocas passadas, situação de pessoas que enterravam e escondiam seus pertences ao fugir de guerras ou revoluções. Morto ou desaparecido o proprietário, os tesouros ficavam ocultos até que por casualidade fossem encontrados.

Se o tesouro for encontrado em prédio alheio, o art. 1.264 determina que seja dividido entre o proprietário do prédio e o inventor. O vigente Código no art. 1.264 faz importante observação que deveria estar expressa no ordenamento anterior. Essa divisão do tesouro entre o proprietário do prédio e o achador deve decorrer de *atividade casual*. Se a pessoa foi contratada para achar coisas, a relação é negocial. Tanto é assim, que o art. 1.265 do presente diploma esclarece que o tesouro pertencerá por inteiro ao proprietário do prédio, se for achado por ele, ou em pesquisa que ordenou, ou por terceiro não autorizado. A disposição moderniza o que já estava disposto no art. 608 antigo.

A regra não sofre exceção se o tesouro é achado em bem público. Se a coisa é achada em prédio sob condomínio, a metade do proprietário é dividida entre os condôminos. Se foi o condômino que achou, tem ele direito à metade que lhe cabe como inventor. Se em condomínio em edifícios ou assemelhado, pertence ao condomínio a metade da coisa achada nas áreas comuns e ao condômino se achada em sua unidade autônoma. Se o tesouro é achado por inquilino, comodatário, depositário etc., os quais detêm a posse imediata em razão de contrato, o mecanismo funciona como se estranhos fossem, não se alterando a regra do art. 1.264. Para o usufrutuário, existia regra específica no art. 727 do Código de 1916: *"O usufrutuário não tem direito à parte do tesouro achado por outrem..."* Terá direito à metade, porém, como qualquer outro, se ele casualmente achar o tesouro, cabendo a outra metade ao nu-proprietário. A regra do art. 727 não é repetida no vigente ordenamento, mas, por um sentido lógico e histórico, a mesma regra deve ser mantida, pois o art. 1.264 refere-se unicamente ao proprietário do prédio.

É difícil justificar a regra que determina a divisão do achado entre o inventor e o proprietário do prédio. O tesouro é evidentemente coisa distinta do prédio, sem qualquer relação jurídica com seu proprietário, não havendo razão para beneficiá-lo pela atividade alheia. A esse respeito comenta Guillermo Borda (1984:276):

> *"O lógico teria sido que o tesouro pertencesse integralmente ao descobridor, ou melhor que metade correspondesse a ele e a outra metade ao Estado, com o que toda a sociedade*

e não somente o dono do prédio se beneficiaria dessa riqueza que um fato casual colocou a descoberto".

Para a caracterização do tesouro, devem estar presentes, de acordo com a lei, os seguintes requisitos: 1. ser um depósito de coisas móveis de certo valor, decorrente de ato voluntário; 2. a coisa encontrada deve estar enterrada ou oculta; 3. deve ser tão antigo de molde a não existir notícia de sua origem ou propriedade. É necessário que se trate de coisa sem dono.

Tesouro é necessariamente bem móvel de que não se tinha conhecimento. Se alguém descobre que a tela sobre a parede é de pintor célebre e não simples reprodução, não há tesouro, porque a coisa já era conhecida. Não há necessidade de que se trate de pluralidade de coisas. Uma só moeda antiga pode constituir tesouro. O tesouro constitui-se de coisa antiga, da qual não se tinha memória. A vetustez é requisito essencial, porém relativo; nosso Código não fixa tempo.

Não é suficiente que alguém descubra o tesouro, é necessário que o *ache*. O Código não empregou o verbo *descobrir*, mas *achar*. Alguém pode saber que há moedas enterradas em prédio, sem saber sua exata localização. O tesouro requer a posse por parte do inventor. De acordo com o art. 1.264, quem acha coisas em terreno alheio faz-se possuidor imediato de metade do achado, sendo também possuidor imediato da outra metade o dono do prédio (Pontes de Miranda, 1971, v. 15:95).

Se é o proprietário do prédio quem encontra o tesouro, existe acessão. Adquire a propriedade da coisa achada porque está em seu domínio. Quando o Código manda dividir o tesouro com o terceiro achador, mais apropriadamente, segundo a doutrina, qualifica-se a divisão do tesouro como modalidade de recompensa para o achador. Cuida-se, pois, de situação atípica de aquisição da propriedade, porque se divide o achado com o dono do prédio ou do móvel onde o tesouro se encontrava. Tal como disposto na lei, seguindo a mesma solução no direito comparado, estabelece-se um condomínio forçado entre o descobridor e o proprietário do prédio (Weill, Terré, Simler, 1985:356), tanto que comete ilícito penal o inventor que se apossa do todo.

Para que ocorra o tesouro, o achado há de ser casual. Se o agente pesquisa justamente para encontrar coisas preciosas, não há tesouro. Se o fazia com licença do dono do imóvel, há contrato entre eles. Se contra sua vontade, a coisa pertence inteiramente ao dono do imóvel (veja art. 1.265).

O Código Penal, no art. 169, I, qualifica como crime a apropriação da quota do proprietário do tesouro achado em seu prédio.

A regra geral aplica-se ao terreno enfitêutico que trata o enfiteuta como se dono do prédio fosse:

> *"Art. 609. Deparando-se em terreno aforado, partir-se-á igualmente entre inventor e o enfiteuta, ou será deste por inteiro, quando ele mesmo seja o inventor"* (atual, art. 1.266).

Lembre-se de que a enfiteuse desaparecerá gradualmente com o Código de 2002, que deveria estabelecer uma solução para o direito de superfície, que é introduzido pelo ordenamento vigente.

Não mais se considera tesouro a coisa encontrada se for identificado o dono. Nesse sentido dispunha o art. 610 do Código de 1916: *"Deixa de considerar-se tesouro o depósito achado, se alguém mostrar que lhe pertence"*. Se o proprietário da coisa encontrada surgir e reclamar, não há tesouro. O presente Código entendeu desnecessária essa disposição. O procedimento judicial possibilita, inclusive pela rede mundial de computadores, o conhecimento do achado por terceiros, pela publicação de edital (art. 746, § 2º, do CPC).

11.3 ESPECIFICAÇÃO

A manipulação de matéria-prima pode dar origem à propriedade (art. 611 do Código de 1916):

> *"Aquele que, trabalhando em matéria-prima, obtiver espécie nova, desta será proprietário se a matéria era sua, ainda que só em parte, e não se puder restituir à forma anterior".*

O art. 1.269 do Código em vigor dispõe:

> *"Aquele que, trabalhando em matéria-prima em parte alheia, obtiver espécie nova, desta será proprietário, se não puder restituir à forma anterior".*

De natureza controvertida no passado, nosso Código classifica a especificação como modalidade de aquisição da propriedade móvel. A questão é muito importante, tendo em vista a criatividade humana. O artífice transforma o couro em calçados, a pedra em instrumentos, o ferro em utensílios, o barro em escultura etc. Ocorre a especificação quando existe o lavor e não pode a coisa retornar à espécie anterior. A relevância jurídica surge do fato de a matéria-prima ser alheia, total ou parcialmente. A especificação é necessariamente produto do trabalho humano.

Os princípios legais procuram sempre evitar o injusto enriquecimento. Se a mão de obra for de valor consideravelmente superior ao material, a espécie nova deverá pertencer ao especificador, ainda que tenha ele agido de má-fé.

Trazemos à colação a redação do art. 1.270:

> *"Se toda a matéria for alheia, e não se puder reduzir à forma precedente, será do especificador de boa-fé a espécie nova.*
>
> *§ 1º Sendo praticável a redução, ou, quando impraticável, se a espécie nova se obteve de má-fé, pertencerá ao dono da matéria-prima.*
>
> *§ 2º Em qualquer caso, inclusive o da pintura em relação à tela, da escultura, da escritura e outro qualquer trabalho gráfico em relação à matéria-prima, a espécie nova será do especificador, se o seu valor exceder consideravelmente o da matéria-prima".*

Problema não surge quando alguém trabalha com material seu. Quando a matéria-prima é parcialmente sua, deve indenizar pelo valor daquilo que era alheio (art. 1.271). Se toda a matéria-prima não é do especificador, e a coisa nova não puder ser revertida ao estado anterior, dele será a novidade se obrou com boa-fé. Indenizará evidentemente o dono da matéria-prima. Se a novidade puder ser revertida ao estado anterior, a ferradura ao ferro, o anel ao ouro, por exemplo, a coisa pertencerá ao dono da matéria-prima. Mesmo quando não redutível, estando o especificador de má-fé, a novidade ficará com o proprietário da matéria-prima. É evidente que, se a lei dispusesse em contrário, incentivaria o furto.

No entanto, nos termos do § 2º, se o valor da mão de obra supera em muito o valor da matéria-prima, a escultura em relação à pedra ou ao barro, por exemplo, ainda que ocorrendo má-fé, a novidade será do especificador. Imagine-se subtrair uma obra de Michelângelo somente porque se utilizou de mármore alheio! O Código anterior reportava-se ao preço da mão de obra, ou seja, atividade do artífice, e não preço da coisa nova. No entanto, era evidente que, em se tratando de obra de arte, o preço da mão de obra confunde-se com o da própria obra. Trata-se de valor axiológico. Outra interpretação levaria à solução injusta. Sob esse prisma, o Código deste século, além de mencionar o princípio geral, é também expresso quanto ao valor da pintura em relação à tela, da escultura, da escritura e outro qualquer trabalho gráfico em relação à matéria-prima (art. 1.270, § 2º). Trata-se de aplicação do princípio de acessoriedade exposto no art. 62 do Código de 1916. Cabe ao juiz em cada caso avaliar a superação do trabalho sobre a matéria.

Em qualquer caso, indeniza-se pelo valor da matéria-prima perdida (art. 1.271). No caso de má-fé, o especificador responde também por perdas e danos.

O art. 614 do Código anterior dispunha que "a especificação obtida por alguma das maneiras do art. 62 atribui a propriedade ao especificador, mas não o exime à indenização". Cuidava-se das hipóteses de acessoriedade, já mencionadas, da pintura em relação à tela; da escultura em relação à matéria-prima e da escritura e outro qualquer trabalho gráfico em relação à matéria-prima que os recebe. Superior o valor do lavor, atribui-se a propriedade da coisa ao especificador, que indenizará pela matéria-prima utilizada, evitando-se o enriquecimento injusto. O ordenamento dá preferência ao especificador ao lhe atribuir a novidade, dando proeminência à criação do gênio humano sobre a matéria. Nessas situações, não se leva em conta a influência da má-fé. Em nenhuma hipótese, porém, deixa o dono do material de ter direito à indenização. A regra mantém-se no presente diploma, como apontamos.

11.4 CONFUSÃO, COMISTÃO E ADJUNÇÃO

Nessas hipóteses, também ocorre amálgama, em regra involuntária ou fortuita, de matérias pertencentes a diferentes proprietários. Se o fenômeno foi estabelecido por vontade das partes, incumbe-lhes disciplinar o regime jurídico ou partilha, regulando-se pelos princípios contratuais. A doutrina entende essas três modalidades como formas de acessão de móvel a móvel.

Essa mescla de materiais pode decorrer de líquidos de pessoas diferentes (*confusão*), ou de coisas secas (*comistão ou mistura*).

Aqui, a confusão é de coisas e não confusão de direitos obrigacionais (art. 381), cuja conotação semântica é semelhante. Nessas situações, ordinariamente se estabelece o condomínio. Na *adjunção*, ocorre a justaposição de uma coisa a outra, impossível de serem destacadas. Distinguindo-se a principal da acessória, assume o dono da principal a propriedade da segunda.

As situações de fato podem decorrer, por exemplo, da junção de vinhos de duas espécies (confusão); café de duas qualidades (comistão). Ocorre a adjunção quando se solda uma peça a um motor, por exemplo.

A regra geral é o estabelecimento de condomínio entre os vários titulares (art. 1.272). Se for possível a separação, líquidos de densidades diferentes, como óleo e vinagre, por exemplo, as coisas voltam aos respectivos donos. O condomínio estabelecido extingue-se.

Quando a separação for impossível, ou muito dispendiosa, manter-se-á o condomínio *pro indiviso, condomínio forçado*, mantendo cada titular seu quinhão proporcional sobre o todo (art. 1.272, § 1º). *Quid iuris* se a parte insiste na separação das coisas ainda que muito dispendiosa? Deve o juiz decidir no caso concreto, impondo à parte insistente as despesas pela separação, pois a lei não autoriza, na hipótese, a proporcionalidade dos custos.

Quando uma das coisas puder ser considerada principal em relação à outra, como a incrustação de pedras preciosas em metal, por exemplo, o bem pertencerá ao dono do principal que indenizará pelo acessório (art. 1.271, § 2º). A adjunção somente permite a propriedade exclusiva se um dos objetos puder ser considerado principal em relação ao outro; caso contrário, subsiste a regra do condomínio forçado. Mantém-se o todo indiviso.

Também nesse tópico se evitará a ocorrência do injusto enriquecimento. A parte que agiu de boa-fé, perante outra de má-fé, pode escolher entre guardar o todo, pagando a parte que lhe for estranha, ou então optará em renunciar ao todo, recebendo o valor do que perdeu mais perdas e danos.

> *"Art. 1.273. Se a confusão,* **comissão** *ou adjunção se operou de má-fé, à outra parte caberá escolher entre adquirir a propriedade do todo, pagando o que não for seu, abatida a indenização que lhe for devida, ou renunciar ao que lhe pertencer, caso em que será indenizado".*

A nova redação melhora a compreensão do antigo art. 616.

Houve uma injustificável cochilada do legislador de 2002, pois menciona nos arts. 1.272, 1.273 e 1.274 e na abertura da respectiva seção do Código mais recente a palavra "comissão", quando evidentemente se refere ao fenômeno da "comistão"[1]. Deverá ser feita a oportuna correição, a qual, aliás, já tarda.

Sempre que ocorrer má-fé no campo jurídico, existe a possibilidade de indenização por perdas e danos. Evidente que, se o agente mescla matéria toda ela alheia, responde pelo valor mais perdas e danos com base no princípio geral da culpa.

Se com a mesclagem resultar espécie nova, aplicar-se-ão os princípios da especificação, no sistema do Código de 1916 (art. 617). O Código de 2002 altera essa solução e determina, no art. 1.274, que nesse caso se aplicarão as normas da confusão, comistão ou adjunção, aqui expostas, arts. 1.272 e 1.273. O presente Código entende mais justa a solução de manter em

---

1 "**Civil e processual civil** – Apelação – Ação de conhecimento – Alegações da parte autora – Não se desincumbiu de comprovar fatos constitutivos de seu direito – Art. 373, inciso I, CPC – Art. 1.272 e 1.273, CC – Direitos reais – Inaplicabilidade ao caso concreto – Danos morais configurados – Devidos à parte apelada – Honorários advocatícios – Recurso improvido – 1- Apelação interposta contra sentença proferida em ação ordinária, que julgou improcedente o pedido principal e procedente a reconvenção, para condenar o autor ao pagamento de danos morais e materiais. 1.1. Em sede de apelação a parte autora requer a reforma da sentença. 1.2. Afirma que: a) o juiz descartou as despesas que o apelante teve e ainda o condenou por danos morais; B) houve ofensa ao artigo 1.272 do Código Civil; C) caso a apelada não devolva a moto que recebeu para o financiamento do carro, deve-se aplicar o art. 1.273 do CC, ou seja, deverá indenizar o autor pelas parcelas que foram adimplidas à época em que o carro estava em posse do autor, assim como restituir o valor que a apelada recebeu referente à motocicleta do autor. 1.3. Alega que a parte apelada não sofreu danos morais conforme alegou em sua contestação, mas que esses danos foram sofridos por ele. 2- Na hipótese dos autos, o autor deveria fazer prova dos fatos que reputa verdadeiros. 2.1. Conforme o art. 373, inciso I, do CPC, incumbe ao autor comprovar os fatos constitutivos de seu direito. 2.1 Destarte, '[...]2. Segundo a regra da distribuição estática do ônus da prova, incumbe ao autor demonstrar os fatos constitutivos de seu direito e, ao réu, os fatos desconstitutivos, impeditivos ou modificativos. 3- Não comprovados os fatos constitutivos do direito pleiteado na peça vestibular, impõe-se o julgamento de improcedência do pedido. [...]' (20160110655510APC, Relator: Luís Gustavo B. De Oliveira 4ª Turma Cível, DJE: 15/02/2019.). 2.4. Desta feita, não há, nos autos, provas que demonstrem ter o autor arcado com as quantias que alega ter desembolsado para compra do automóvel objeto da lide em questão. 3- Não se pode dizer que a conduta da requerida gerou ofensas aos arts. 1.272 e 1.273, ambos do Código Civil. 3.1. Insta salientar, que o presente direito alegado pelo autor visa definir a propriedade do produto resultante da confusão, comistão e adjunção. Deve ser observado que é o resultado da manipulação dos materiais, bem como a boa-fé do dono que manipulou as substâncias, que definirão a propriedade do novo produto. 3.2. Assim, os artigos alegados pela parte autora, na verdade, trata-se de direitos reais, os quais não se aplicam ao presente caso. 3.3. Portanto, o art. 1.272 do CC tem por escopo definir a propriedade mobiliária de coisas pertencentes a donos diversos, que forem confundidas, misturadas ou adjuntadas. 3.4. 'Não são aplicáveis os preceitos do Livro do Direito das Coisas do Código Civil a bens incorpóreos ou direitos, a não ser que a lei expressamente admita a aplicação.'(*Curso de Direito Civil* [livro eletrônico]: direito das coisas, direito autoral, volume 4/ Fábio Ulhoa Coelho. 1.ed- São Paulo: Editora Revista dos Tribunais, 2016). 4- Dos danos morais. 4.1. Verifica-se que a apelada recebeu inúmeros avisos acerca da negativação de seu nome e que pagou dívidas contratuais, multas e tributos relacionadas ao veículo. 4.2. Assim, a inscrição indevida do nome da apelada nos cadastros de inadimplente afeta a sua reputação, seu nome e sua fama perante a sociedade, ou seja, sua honra, devendo o causador do dano compensar os prejuízos morais causados por sua conduta ilícita. 5- Honorários advocatícios recursais majorados de 10% (dez por cento) para 12% (doze por cento) sobre o valor da causa, na ação principal e quanto à reconvenção, de 10% (dez por cento) para 12% (doze por cento) sobre o valor da condenação, nos moldes do art. 85, §§ 2º e 11 do Código de Processo Civil, cuja exigibilidade fica suspensa, nos termos do art. 98, § 3º do CPC. 6- Recurso improvido" (*TJDFT* – Proc. 07121787220178070001 – (1173771), 3-6-2019, Rel. João Egmont).

condomínio a coisa nova obtida de boa-fé, e, no caso de má-fé, atribuir à parte de boa-fé o direito de escolher entre adquirir a propriedade, pagando o que não for seu, abatida a indenização devida, ou renunciar ao que lhe pertencer, optando pela indenização. No sistema anterior, aplicada a solução da especificação a consequência seria outra, como vimos, atribuindo o domínio ao autor do fato.

11.5 USUCAPIÃO DA COISA MÓVEL

A importância da usucapião para os móveis é evidentemente muito menos ampla do que para os imóveis. No entanto, os princípios e a finalidade que o inspiram são idênticos. Embora entre nós não prepondere o princípio pelo qual a posse dos móveis de per si pressupõe a propriedade, como no direito francês, a posse inconturbada da coisa móvel em geral é suficiente para o direito e proteção do titular, uma vez que a tradição transfere o domínio. No entanto, os móveis e semoventes também podem ser objeto de usucapião.

Por vezes, terá o possuidor de coisa móvel necessidade de comprovar e regularizar a propriedade. Suponhamos a hipótese de veículos. Como toda coisa móvel, sua propriedade transfere-se pela tradição. O registro na repartição administrativa não interfere no princípio de direito material. No entanto, a ausência ou defeito no registro administrativo poderá trazer entraves ao proprietário, bem como sanções administrativas. Trata-se de caso típico no qual, não logrando o titular regularizar a documentação administrativa do veículo, irregular por qualquer motivo, pode obter a declaração de propriedade por meio da usucapião. O mesmo se diga sobre a necessidade de regularização e comprovação de propriedade de semoventes, pois muitos animais de alto valor, como cavalos, cães, gado de alta linhagem possuem registro administrativo ou privado.

O art. 1.260 estabelece o lapso possessório de três anos para a usucapião ordinária:

> *"Aquele que possuir coisa móvel como sua, contínua e incontestadamente durante três anos, com justo título e boa-fé, adquirir-lhe-á a propriedade".*

Para a usucapião ordinária, observam-se as mesmas regras conferidas aos imóveis. Aplica-se o que foi dito a respeito da conceituação de justo título e boa-fé. Estes devem perdurar durante todo o período aquisitivo.

O art. 1.261 regula a usucapião extraordinária dos móveis:

> *"Se a posse da coisa móvel se prolongar por cinco anos, produzirá usucapião, independentemente de título ou boa-fé".*

Também aqui, no prazo maior, dispensam-se os requisitos de justo título e boa-fé. O Código de 1916 mantinha também esse mesmo prazo na hipótese (art. 619).

O art. 1.262 manda aplicar os arts. 1.243 e 1.244 à usucapião das coisas móveis.[2] Desse modo, a lei admite a acessão das posses e as causas que impedem, suspendem ou interrompem a

---

2 "Direito civil. Apelação. **Usucapião de bem móvel**. Improcedência do pedido. I. Caso em Exame 1. Apelação interposta contra sentença que julgou improcedente o pedido de usucapião de veículo gravado com alienação fiduciária. O apelante alega ter adquirido o veículo mediante contrato verbal de compra e venda, com posse mansa e pacífica desde 2014 e pagamento das despesas do veículo desde então. II. Questão em Discussão 2. A questão em discussão consiste em verificar se a posse exercida pelo autor sobre o veículo, gravado com alienação fiduciária, pode ser considerada para fins de usucapião, mesmo sem a quitação do financiamento e sem anuência

do credor fiduciário. III. Razões de Decidir 3. A posse do veículo pelo devedor fiduciário é direta e precária devido à ausência de quitação do financiamento, e a possa indireta continua sendo da credora, o que impede a configuração da posse *ad usucapionem*. 4. A transferência do veículo sem comunicação ao credor fiduciário é ato de clandestinidade, não induzindo posse. 5. O autor não comprovou o efetivo pagamento das despesas do veículo e do financiamento, nem a existência do contrato verbal alegado, não produzindo prova suficiente da posse alegada. IV. Dispositivo e Tese 5. Recurso desprovido. Tese de julgamento: 1. A posse de bem móvel gravado com alienação fiduciária, sem quitação do financiamento e sem anuência do credor, não induz posse para fins de usucapião. 2. A clandestinidade da posse inviabiliza a aquisição por usucapião. Legislação Citada: Código Civil, arts. 1.208, 1.260 a 1.262. Jurisprudência Citada: TJSP, Apelação Cível 1001647-49.2023.8.26.0279, Rel. Milton Carvalho, 36ª Câmara de Direito Privado, j. 29/05/2025. TJSP, Apelação Cível 1000603-58.2023.8.26.0646, Rel. Mary Grün, 25ª Câmara de Direito Privado, j. 26/05/2025. STJ, REsp 881.270/RS, Rel. Luis Felipe Salomão, 4ª Turma, j. 02/03/2010" (*TJSP* – Ap 1013206-40.2023.8.26.0008, 28-8-2025, Rel Luis Fernando Nishi).

"Pedido de alvará judicial para baixa de gravame (alienação fiduciária em garantia) incidente sobre veículo adquirido em sistema de consórcio irregularmente mantido por requerida. Pedido distribuído por dependência a ação civil pública, ajuizada pelo Ministério Público do Estado de São Paulo contra a requerida, sociedade limitada, e julgada procedente para dissolvê-la, eis que administrava, irregularmente, sistema de consórcios. A fase de liquidação judicial da ACP já se encerrou. Pedido de alvará indeferido. Apelação do autor. **Usucapião extraordinário de coisa móvel**. Aquisição de veículo com gravame de alienação fiduciária em garantia. Dívida prescrita, pois sujeita ao prazo quinquenal do § 2º do art. 32 da Lei 11.795/2008, findo o qual transcorreram mais de 5 anos. Incidência do art. 1.262 do Código Civil, dispensando-se os requisitos de posse justa, lastreada em título aquisitivo e com boa-fé (subjetiva) do adquirente, para aquisição originária da propriedade. Precedentes deste Tribunal de Justiça e do Superior Tribunal de Justiça. Prescrição quinquenal que, por si, é suficiente para baixa da alienação fiduciária em garantia. Precedentes deste Tribunal de Justiça. Situação análoga àquela que a Subseção I de Direito Privado do Tribunal, muita vez, enfrenta no julgamento de adjudicações compulsórias de imóveis prometidos à venda a prazo. Estando evidentemente prescrita a pretensão de cobrança de prestações, as ações são julgadas procedentes, em que pese não apresentados recibos. Reforma da sentença recorrida. Recurso de apelação a que se dá provimento" (*TJSP* – Ap 0032008-89.2015.8.26.0071, 3-6-2022, Rel. Cesar Ciampolini).

"**Usucapião de bem móvel** – Pretensão do empregado em ver declarado seu domínio sobre o depósito recursal efetuado em conta vinculada ao FGTS em seu nome pela reclamada nos autos de reclamação trabalhista – Sentença que reconhece a incompetência absoluta da Justiça Estadual – Decisão que se reputa correta, à luz do disposto no artigo 114, da Constituição Federal – Apelação conhecida e não provida" (*TJSP* – AC 1023072-52.2017.8.26.0309, 9-4-2019, Rel. Sá Duarte).

"**Usucapião de bem móvel** – Direitos e obrigações relacionados à aquisição de veículo automotor. Via processual inadequada à espécie, desde operação, sem melhor eficácia jurídica, verdadeiramente clandestina, ao desconsiderar melhor posição de agente financeiro, com a propriedade resolúvel do bem, enquanto credor, fiduciário. Decisão terminativa. Recurso do autor. Desprovimento" (*TJSP* – Ap 1003639-97.2018.8.26.0189, 13-9-2018, Rel. Carlos Russo).

"Apelação Cível – **Usucapião de bem móvel** – Veículo Automotor – Falta de interesse de agir – Efetiva propriedade do autor – Regularização – Tradição Efetivada – Ausência de disputa da propriedade – Pedido subsidiário – Inovação Recursal – 1- O interesse processual se consubstancia na necessidade de o autor vir a juízo e na utilidade que o provimento jurisdicional poderá lhe proporcionar. Na hipótese, vislumbro falta de interesse de agir, pois a ação de usucapião tem por objeto a declaração de aquisição de propriedade, por aquele que detém a posse mansa e pacífica do bem pretendido, por um certo lapso temporal previsto em lei, e a boa-fé. 2- O autor/apelante, segundo ele próprio alega, já detém o domínio do veículo decorrente da tradição, não sendo necessário que lhe seja conferido mediante ação judicial. 3- A propriedade sobre coisa móvel é adquirida no momento da tradição (Art. 1.267 do Código Civil). Assim, o Autor já figura como legítimo titular do bem desde o dia 30/08/2009, data em que, alegadamente, o automóvel lhe foi efetivamente entregue. 4- Seja como for, diante da tradição do bem móvel que o autor relata já ter ocorrido, mesmo considerando o entendimento exarado no Recurso Especial nº 1.582.177/RJ, mencionado pelo apelante, não se constada dos autos qualquer limitação do domínio, uma vez que não há elementos que indiquem tenha o órgão de trânsito sido sequer acionado para proceder à transferência do bem. 5- Há inovação recursal de pedido não ventilado na petição inicial, quanto à transferência do bem sem o referido reconhecimento da prescrição aquisitiva e inclusão de parte não mencionada na peça de entrada. 6- Recurso conhecido e desprovido" (*TJDFT* – Proc. 20171610008095APC – (1016938), 17-5-2017, Relª Gislene Pinheiro).

"Agravo de instrumento – **Ação de usucapião de bem móvel** – Contrato de compra e venda de veículo automotor – Cumprimento de sentença – Indeferimento, por ora, de penhora on-line pelo sistema Bacenjud – Decisão mantida. Sensato que se espere o resultado das providências determinadas pela r. decisão agravada para, se necessário, adotarem-se medidas mais amplas para localização dos bens do executado. Agravo desprovido, com observação" (*TJSP* – AI 2233157-24.2015.8.26.0000, 29-3-2016, Rel. Lino Machado).

"**Agravo de instrumento** – Usucapião de bem móvel – Pedido de tutela antecipada visando autorização para transferência do bem. Descabimento na atual fase processual, porquanto ainda não estabelecida a relação jurídica-processual. Concessão da medida que deve ser reservada para casos de inequívoca necessidade e urgência. Agravo negado" (*TJSP* – AI 2064865-76.2015.8.26.0000, 21-5-2015, Rel. Gil Cimino).

prescrição à usucapião ordinária e extraordinária das coisas móveis. Destarte, o herdeiro soma a sua à posse que recebe do autor da herança, e contra o incapaz não corre prescrição aquisitiva.[3]

De acordo com esses princípios, nada obsta que o proprietário se valha da ação reivindicatória para haver sua coisa móvel. No entanto, a usucapião pode eficazmente ser alegada como matéria de defesa, como sói acontecer com os imóveis. Aliás, muito mais comum que a usucapião nessas hipóteses seja alegado como exceção substancial na contestação do que em ação específica. Por outro lado, consumado o prazo usucapiendo, o antigo titular perde direito à ação reivindicatória.

A usucapião de coisa móvel, como vimos, apresenta prazos mais exíguos.

Da mesma forma dos imóveis, constituem *res habiles* para a usucapião dos móveis tudo o que puder ser objeto de posse. A usucapião extraordinária ignora a boa-fé e o justo título.

Poucos são os exemplos jurisprudenciais de usucapião de coisas móveis. Já nos manifestamos sobre a possibilidade de defesa possessória do direito de uso de linha telefônica. O direito de uso do telefone é coisa móvel por força do art. 48 do Código anterior. A assinatura de um telefone confere ao titular o direito de uso sobre objeto móvel. Por consequência, também esse direito pode ser objeto de usucapião. Nesse sentido, comungando com nossa opinião, aduz Benedito Silvério Ribeiro (1992, v. 1:373):

> *"Afigura-se possível e justo permitir-se a aquisição do direito de uso de linha telefônica, via usucapião. A transferência sempre foi possível, mesmo porque o telefone ostenta valor elevado e é negociável".*

Atualmente, não se pode mais afirmar que a linha telefônica apresente valor considerável, mas a assertiva é importante pelo princípio geral que encerra, permitindo a analogia para outras hipóteses. Esse monografista também colaciona inúmeros julgados que admitem a aquisição.

---

3 "Apelação cível – Ação de usucapião ordinário – **Bem móvel** – Sentença que julgou extinto o feito por inadequação da via eleita. Insurgência do requerente. Razões recursais dissociadas dos fundamentos da sentença. Afronta ao princípio da dialeticidade. Ausência de regularidade formal. Exegese art. 514, inciso II, CPC/73, vigente à época. Recurso não conhecido" (*TJSC* – AC 0001318-48.2010.8.24.0026, 11-7-2019, Rel. Des. Rodolfo Tridapalli).

"Apelação – **Ação de usucapião de bem móvel** – Sentença que julgou improcedentes as pretensões formuladas pela autora, sob o fundamento de que ausentes os requisitos para a aquisição originária do veículo, porquanto exercia posse precária e desprovida de "animus domini" – Apelante que ostenta a mera qualidade de possuidora direta de automóvel sobre o qual recai o gravame do arrendamento mercantil, conjuntura incapaz de acarretar posterior contemplação com a propriedade do bem como decorrência automática do prolongado não exercício, pela arrendadora, dos direitos decorrentes de sua posição contratual – Avultante a precariedade da posse exercida sobre o veículo arrendado, especialmente porque a "causa possessionis" surgiu justamente com a subscrição do contrato de arrendamento mercantil – Ademais, agraciar a arrendatária inadimplente com o reconhecimento da propriedade originária no presente contexto de inadimplemento contratual seria laurear um comportamento censurável, violador da fundamental cláusula geral da boa-fé objetiva – Recurso improvido" (*TJSP* – Ap 1033031-64.2017.8.26.0562, 24-8-2018, Rel. Francisco Casconi).

"Agravo de instrumento – Direito Civil – Coisas – **A ação de usucapião extraordinária de bem móvel** – Pedido liminar de tutela provisória de urgência antecipada – Ausentes requisitos autorizadores para a concessão da tutela pleiteada – Irreversibilidade não observada – Decisão agravada mantida – Agravo de instrumento improvido" (*TJSP* – AI 2032992-87.2017.8.26.0000, 27-4-2017, Relª Cristina Zucchi).

"**Ação de usucapião – Bem Móvel** – Veículo objeto de contrato de compra e venda – Transmissão da propriedade que ocorreu com a tradição – Pleito restrito à regularização da propriedade em órgão administrativo. Interesse processual não evidenciado. Recurso desprovido" (*TJSP* – Ap 1006384-31.2015.8.26.000330-8-2016, 30-8-2016, Rel. Dimas Rubens Fonseca).

"**Bem móvel** – Ação de usucapião – Compra e venda de automóvel – Credor fiduciário que não foi comunicado da transferência do bem – Clandestinidade da posse configurada – Posse incapaz de gerar direito à usucapião – inteligência do art. 1.208, do CC – Ação Improcedente – Recurso desprovido" (*TJSP* – Ap 0024881-28.2011.8.26.0302, 18-8-2015, Rel. Melo Bueno).

Evidente, como já afirmado, que essa aquisição usucapienda nunca ocorrerá em relação à concessionária, mas em relação a terceiros.

> *"A usucapião é ao direito real de uso da linha telefônica ou do telefone, e não da linha telefônica, que pertence à empresa concessionária. Esta não tem o direito de uso, que é transferido ao assinante, mas apenas a linha"* (Rizzardo, 1991, v. 2:490).

Não fosse essa a melhor solução, seriam injustificáveis as penhoras sobre linhas telefônicas, de ocorrência comuníssima no passado. A Súmula 193 do Superior Tribunal de Justiça, admitindo a usucapião de direito de uso de linha telefônica, colocou fim à discussão.

A maior dificuldade processual na usucapião de coisas móveis reside em saber contra quem promover o pedido, uma vez que a pretensão, em tese, é dirigida contra todos. Nessa hipótese de réu indeterminado, a sentença limita-se a declarar o domínio, homologando a pretensão. Cabe ao juiz, porém, exigir a prova necessária, como, por exemplo, certidão de inexistência de ações possessórias relativas ao bem descrito.

Desconhecido o atual proprietário, emerge dúvida sobre quem colocar no polo passivo. A solução será, sem dúvida, a citação edilícia de réus desconhecidos, incertos e ausentes, hipótese em que determinará a presença do Ministério Público. Doutro lado, dirigida a ação exclusivamente contra anterior proprietário, pois outro interessado na coisa não existe, não há necessidade de intervenção do Ministério Público (*JTACSP* 120/125). Havendo possibilidade de a coisa ter pertencido a entes estatais, devem ser cientificadas as fazendas públicas. Examina-se a hipótese vertente no processo, segundo o prudente critério do juiz. Juiz imprudente é aquele excessivamente apegado à fórmula; é atrabiliário e mau juiz. Não pratica a justiça, mas a burocracia. O processo de usucapião de coisa móvel requer cautela, mas não exagero. O mesmo se diga a respeito de representantes do Ministério Público que, por vezes, extrapolam os limites do aceitável em seu nobre mister, com requerimento de exigências descabidas. Geralmente, a prova testemunhal será suficiente para a prova da usucapião. No entanto, não se dispensa até mesmo a possibilidade de prova pericial, se as circunstâncias da posse da coisa o exigirem.

Se o efeito da sentença for declaratório, reconhecerá a preexistência da propriedade da coisa móvel. Será a decisão título hábil para o registro administrativo, se necessidade houver, como, por exemplo, nas hipóteses de veículos automotores, telefones, navios e aeronaves. Destarte, destaca-se aí o efeito secundário mandamental da sentença declaratória de usucapião. Não havendo outra necessidade de registro, pode ser registrada no Cartório de Títulos e Documentos, para conhecimento de terceiros. Nesse sentido, a Súmula 489 do Supremo Tribunal Federal: *"A compra e venda de automóvel não prevalece contra terceiros de boa-fé, se o contrato não foi transcrito no Registro de Títulos e Documentos"*.

Como a aquisição da propriedade se dá pela inércia do anterior titular, este não terá ação de injusto enriquecimento contra o usucapiente (Pontes de Miranda, 1971, v. 15:105).

11.6 TRADIÇÃO

Assentamos no decorrer deste texto que a propriedade no direito nacional transfere-se primordialmente pelo registro imobiliário no tocante aos imóveis e pela tradição quanto aos móveis. Não prepondera a regra mobiliária do direito francês pela qual a posse vale título.

Nesse diapasão, dispõe o art. 1.267:

> *"A propriedade das coisas não se transfere pelos negócios jurídicos antes da tradição.*

> *Parágrafo único. Subentende-se a tradição quando o transmitente continua a possuir pelo constituto possessório; quando cede ao adquirente o direito à restituição da coisa, que se encontra em poder de terceiro; ou quando o adquirente está na posse da coisa, por ocasião do negócio jurídico".*

Enunciamos também que, não ocorrendo a tradição do móvel, o adquirente tem apenas ação pessoal, de obrigação de dar ou entregar contra o alienante para haver a coisa, decorrente do contrato. Não a reivindica, porque ainda não é dono. Somente a tradição, ainda que pelo constituto possessório ou outra modalidade simbólica, transforma-o em proprietário da coisa móvel. O contrato por si só não transfere a propriedade.[4] Com a entrega, a transferência da coisa torna-se pública. O direito pessoal transforma-se em real.

---

[4] "Recurso de apelação. Ação de Obrigação de Fazer cumulada com Danos Materiais, Danos Morais e pleito de Tutela Antecipada. Pretensão da autora que de que seja realizada a transferência das autuações de trânsito sobre o veículo para o comprador, bem como, que seja condenado ao pagamento de indenização à título de danos morais. Contexto probatório do qual se confere que a autora foi proprietária do veículo descrito na inicial, que por sua vez foi vendido ao primeiro corréu em fevereiro de 2022, conforme se comprova pela autorização para transferência preenchida, o qual, contudo, não realizou a devida transferência do veículo para o seu nome, sendo certo que as diversas infrações de trânsito cometidas pelo corréu na direção do mencionado veículo foram direcionadas ao prontuário da autora, muito embora não seja mais sua proprietária. Mitigação da aplicação dos termos do art. 134, do Código de Trânsito Brasileiro, diante da tradição do veículo, que implica na transferência ao atual proprietário de todos os encargos incidentes desde então, nos termos do art. 1.267, do Código Civil, o qual estabelece que: 'A propriedade das coisas não se transfere pelos negócios jurídicos antes da tradição'. Orientação do Colendo Superior Tribunal de Justiça. Autora que não deve ser responsabilizada solidariamente pelo pagamento das multas impostas após a tradição do veículo. Patente a modificação ad sentença proferida pelo Juízo 'a quo'. Precedentes. Recurso de Apelação interposto pela parte autora que é provido, em parte" (*TJSP* – Ap 1005920-02.2024.8.26.0032, 29-7-2025, Rel. Paulo Cícero Augusto Pereira).

"Apelação. Embargos de terceiro. Ação de rescisão de contrato c./c. pedido liminar de busca e apreensão. Compra e venda de bem móvel. Sentença de improcedência. Recurso do Embargante que comporta acolhimento. Embargado que devidamente citado não apresentou contestação em momento oportuno, operando-se os efeitos da revelia, nos termos do art. 344 do CPC. Embargante que à época da compra do bem não tinha como presumir que seria proposta ação de rescisão de contrato c./c. pedido liminar de busca e apreensão em face do antigo proprietário. **Transferência de propriedade de bem móvel que se opera com a mera tradição do veículo, nos termos do art. 1.267 do Código Civil.** Não se revela razoável exigir-se, para a aquisição de compra e venda de bens móveis, que se aperfeiçoa com a simples tradição, que o adquirente faça pesquisas processuais de eventuais ações/execuções movidas contra o alienante. Ausência de demonstração de má-fé. Súmula 375 do STJ e Recurso Repetitivo nº 956943/PR do STJ. Precedentes dessa Colenda Câmara. Sentença reformada. Sucumbência invertida. Recurso provido" (*TJSP* – Ap 1004044-26.2024.8.26.0577, 31-8-2024, Rel. L. G. Costa Wagner).

"Embargos de terceiro – Boa-fé da embargante comprovada – **Transferência da propriedade dos bens móveis que se dá pela tradição** (artigos 1.226 e 1.267 do Código Civil) – Documentos colacionados aos autos que demonstram que, conquanto a formalização da avença tenha sido realizada em momento posterior ao registro da penhora, a tradição ocorreu antes mesmo do ajuizamento da demanda executória – Sentença reformada para determinar a liberação da constrição – recurso provido" (*TJSP* – Ap 1028458-69.2020.8.26.0564, 5-10-2021, Rel. Fábio Podestá).

"Embargos de terceiro – Veículo – Boa-fé do adquirente – **Bem Móvel** – **Tradição** – Honorários devidos pelo vencido – Certo é que no direito brasileiro a transmissão da propriedade de bem móvel se dá com a tradição, nos termos do art. l.267 do Código Civil, e não pela simples realização do negócio jurídico. Logo, não se configura fraude à execução se, à época da compra e venda, inexistia restrição no DETRAN sobre o veículo alienado, o que é o caso dos autos. Considerando a procedência do pedido, as custas e os honorários ficam a cargo da embargada, os quais fixo em 10% do valor da causa, devidamente atualizado, nos termos do III do § 4º do art. 85 do CPC/2015" (*TRF-4ª R.* – AC 5001685-40.2017.4.04.7104, 25-2-2019, Relª Desª Fed. Marga Inge Barth Tessler).

"Apelação cível – Apreensão de veículo – **Bem Móvel** – **Tradição** – IPVA – Cobrança – Impossibilidade – 1- Cinge-se a discussão em ser o então proprietário do veículo responsável pelo pagamento de IPVA após a apreensão do bem. 2- A transferência dos bens móveis se dá por tradição. Entretanto, em se tratando de veículos automotores, a transferência de propriedade deve ser averbada junto ao órgão competente, *in casu*, o DETRAN/RJ, para que constem registrados os dados do atual proprietário, sendo a ele atribuídas as infrações porventura cometidas através do veículo e demais obrigações. 3- Não obstante, a exigência acima deve ceder ao fato de que o autor, a contar da apreensão realizada, deixou de usufruir do bem, sendo o veículo retirado da esfera de domínio do proprietário e, por isso, não há como lhe impor a obrigação tributária consistente no pagamento do Imposto sobre

Tradere significa entregar, ceder, fazer passar a alguém, transmitir, confiar, dar. *Traditio* configura a ação de dar ou entregar. Somente com a entrega da coisa nasce o direito real. No entanto, cumpre advertir que a tradição é ato ambíguo. Não somente serve para transmitir a propriedade, como também para transmitir unicamente a posse ou detenção. Importa analisar o caso concreto e a intenção dos sujeitos. Somente alheia a propriedade como regra geral se o *tradens* tem o domínio da coisa. É necessário também que o *accipiens* tenha intenção de recebê-lo. A transmissão da propriedade pela tradição deve ser fundada em negócio jurídico bilateral (Pontes de Miranda, 1971, v. 15:241). A cláusula de transferir o objeto da alienação é implícita nos contratos de compra e venda de bens móveis. Daí a possibilidade de ajuizamento da ação para obrigação de dar, por nós enfatizada. A tradição, com o contrato, também é ato ou negócio jurídico bilateral, mas com ele não se confunde. Já exaurimos a noção de que pode existir contrato de alienação sem tradição, assim como tradição sem contrato de alienação.

Três modalidades de tradição costumam ser distinguidas:

- A tradição *real* consiste na efetiva entrega material da coisa feita pelo alienante ao adquirente, ainda que por procuradores ou núncios.
- A tradição *simbólica* é tão somente representativa, não ocorre materialmente. A entrega das chaves de um veículo é exemplo caracterizador.
- O *constituto possessório*, referido na lei e já mencionado no tocante aos imóveis, é tradição *ficta*. O alienante continua na posse do móvel, mas altera-se seu *animus*. Possuía como dono e passa a possuir a outro título. Vende a coisa e permanece com ela como locatário, por exemplo. Também é ficta a tradição *breve manu*, quando a coisa já está em mãos de quem deve recebê-la, como descreve o vigente Código, operando-se apenas a mudança do título: o locatário passa a possuir como proprietário pelo ato de alienação. A exemplo dos imóveis, a tradição simbólica *longa manu* ocorre quando a coisa é mostrada e descrita pelo alienante, sendo posta a sua disposição.

O presente Código refere-se ainda à modalidade de tradição ficta pela qual o titular cede ao adquirente o direito à restituição da coisa, que se encontra em poder de terceiro. Nesse caso, opera-se a transferência da posse mediata ou indireta. Efetuamos nesta obra estudo sobre a sistemática pátria acerca da posse direta e indireta. O proprietário titular da posse indireta pode transmiti-la, cedendo o direito à restituição da coisa. São as hipóteses, por exemplo, de alienação de coisa dada em locação, em comodato, em depósito etc. A transferência envolve a posse indireta que é acompanhada do direito à restituição, isto é, o direito de reaver a coisa locada na época oportuna.

A tradição remonta ao Direito Romano, que exigia a materialidade de transferência da coisa. Lembre-se, todavia, de que apenas a tradição não transfere a propriedade, se não preexistir um negócio jurídico anterior que consubstancie essa transferência. Os contratos de locação,

---

a Propriedade de Veículos Automotores. 4- Assim, não merece retoque a sentença ao determinar a anulação dos débitos de IPVA a partir do exercício de 2003, relativos ao veículo apreendido. 5- Inaplicabilidade do CPC/2015 quanto aos honorários recursais, nos termos do Enunciado administrativo 7 do STJ. 6- Apelo não provido" (*TJRJ* – AC 0214230-80.2008.8.19.0001, 27-4-2018, Rel. José Carlos Paes).

"Apelação – **Usucapião – Bem Móvel** – Compra e venda de veículo realizada – Propriedade do bem já transferida por força da tradição e pendente regularização administrativa da propriedade perante órgão de trânsito. Inadequação da vida eleita. Precedentes do TJSP. A finalidade da presente ação é a regularização administrativa da propriedade perante o órgão de trânsito, o que não pode ser pleiteado por meio da ação de usucapião eis que a apelante já é proprietária do veículo. Extinção mantida. Recurso não provido" (*TJSP* – Ap 1006909-29.2015.8.26.0224, 6-2-2017, Relª Kenarik Boujikian).

depósito, comodato, por exemplo, traduzem tradição que não transmite a propriedade. A tradição é idônea para aquisição da propriedade móvel se houver o ânimo de alienar. Na relação jurídica, devem ser destacados os dois momentos distintos: o gerador da vontade de alienar e o ato material da transferência da coisa, ainda que ficta ou simbólica.

O art. 1.268 dispõe acerca da tradição *a non domino*.[5]

---

[5] "Direito Civil. Apelação. Ação De Restituição Cumulada com Indenização Por Danos Materiais e Lucros Cessantes. Aquisição de Bem Mediante Fraude Comercial. Venda 'A Non Domino' (venda por quem não é o proprietário). Inexistência de Relação Jurídica entre as Partes. Responsabilidade Civil Inexistente. Improcedência Mantida. Recurso Desprovido. I. Caso em Exame 1. Pretensão de restituição de bem móvel ou indenização pelos danos decorrentes de aquisição de máquina e insumos mediante fraude, com nota fiscal emitida em nome de terceiro não comprador. Apreensão dos bens pela autoridade policial e negativa de responsabilidade por parte da fornecedora formal do equipamento. Sentença de improcedência. II. Questão em Discussão 2. Verificação da responsabilidade civil da empresa formal proprietária do bem, que teve seus produtos adquiridos de modo fraudulento por terceiro que não possuía poderes de disposição, nem mantinha relação com o adquirente. III. Razões de Decidir 3. Configurada hipótese de venda 'a non domino', sem vínculo negocial entre o apelante e a apelada. Ausência de legitimidade do intermediário, o que torna a tradição ineficaz para fins de transferência de propriedade. 4. Inaplicabilidade da exceção do art. 1.268 do Código Civil (CC), por ausência de demonstração de aparência legítima de propriedade por parte do alienante. 5. Existência de indícios de fraude cometida por terceiros, objeto de apuração criminal. A nota fiscal apresentada, embora aparentemente válida, foi emitida com base em dados falsos, sem autorização da ré, em contexto que inviabiliza o reconhecimento da boa-fé protegida pelo ordenamento jurídico. 6. Responsabilidade eventual do fraudador ou vendedor deve ser apurada em ação própria, não sendo possível impor à empresa lesada pelo crime obrigação indenizatória por fato de terceiro. IV. Dispositivo e Tese 7. Recurso desprovido. Tese de julgamento: 'A disponibilização de bem a terceiro mediante fraude, com emissão de nota fiscal sem respaldo em negócio jurídico legítimo, configura venda a non domino (pelo não proprietário), não sendo possível imputar responsabilidade civil à empresa proprietária que não participou da transação' (*TJSP* – Ap 1094832-65.2024.8.26.0002, 10-6-2025, Rel. Adilson de Araujo).

"Anulação de negócio jurídico e reintegração de posse. Responsabilidade civil. Invalidação da aquisição de automóvel pertencente a locadora com registro aparentemente regular, em nome de terceiro. 1. Veículo supostamente desviado mediante dissimulação de aluguel, seguida de rápida sucessão na cadeia de domínio. Indícios de fraude com padrão idêntico ao observado em precedentes. Caso em que não foi demonstrada pelos réus a higidez dos negócios subjacentes, após ser invertido o ônus da prova para apresentação dos respectivos processos administrativos. Insubsistência da aquisição a non domino, tendo por origem negócio nulo, sendo irrelevante a boa-fé do adquirente (**art. 1.268 do Código Civil**). 2. Afastada a pretensão de compensação pelas diárias de locação perdidas no período, por suposta omissão do Detran a vítima de estelionato. Inexistência de nexo causal. Descabimento da responsabilização do Estado pela conduta criminosa de outrem. Recurso provido em parte" (*TJSP* – Ap 1048323-30.2018.8.26.0053, 29-2-2024, Rel. Coimbra Schmidt).

"Apelação cível – Direito civil e processual civil – Cerceamento de defesa – Inocorrência – **Venda de veículo a 'non domino'** – Ineficácia – Impossibilidade de transferência da propriedade – Devolução do bem ao proprietário – Recurso não provido – É cediço que cabe ao juiz, destinatário da prova colhida no curso da instrução, deliberar sobre a necessidade ou não da produção de determinada prova, para formação de seu convencimento – A alienação a 'non domino' impede que a tradição produza a consequência jurídica de transferência do domínio. Ineficácia da venda perante terceiro. Retorno ao 'status quo ante'. Direito da proprietária em reaver o bem" (*TJMG* – AC 1.0123.09.033679-3/004, 15-2-2019, Rel. Mota e Silva).

"Civil – Processual Civil – **Ação de reintegração de posse** – Agravo Retido – Não conhecido – Prova oral produzida em audiência – Desnecessária – Preliminar cerceamento de defesa – Rejeitada – Veículo deixado na agência de automóveis para conserto – Alienado pelo vendedor sem autorização do proprietário – Ausência de cuidados necessários do comprador para aquisição do veículo – Pagamento feito a terceira pessoa e não repassada ao proprietário – Nulidade do negócio – Artigo 308 do Código Civil – Tradição de bem móvel por quem não é proprietário não aliena a propriedade – Artigo 1.268 do Código Civil – Terceiro de boa-fé – Não Demonstrada – Elementos probatórios que não sustentam as alegações do réu-apelante – Não comprovação dos pagamentos do veículo – Pedido contraposto – Inexistência – 1- Nos termos do § 1º do art. 523 do Código de Processo Civil, não se conhecerá do agravo se a parte não requerer expressamente nas razões ou na resposta da apelação, sua apreciação pelo Tribunal. 2. O juiz é o destinatário da prova, portanto, nos termos do art. 130 do Código de Processo Civil, cabe-lhe aferir sobre a necessidade ou não de sua realização. 3- É obrigação do comprador verificar se a agência de automóveis teria poderes para a venda daquele pretenso veículo e recebimento de valores, mesmo firmando um contrato de compra e venda. Caso contrário, o pagamento a que estava obrigado deveria ter sido feito ao proprietário do veículo. 4- O pagamento deve ser feito ao credor ou a quem de direito o represente, sob pena de só valer depois de por ele ratificado, ou tanto quanto reverter em seu proveito, nos termos do artigo 308 do Código Civil. 5- Embora a propriedade de bem móvel ocorra com a tradição do bem, na hipótese dos autos, a simples tradição não

"Feita por quem não seja proprietário, a tradição não aliena a propriedade, exceto se a coisa, oferecida ao público, em leilão ou estabelecimento comercial, for transferida em circunstâncias tais que, ao adquirente de boa-fé, como a qualquer pessoa, o alienante se afigurar dono.

§ 1º Se o adquirente estiver de boa-fé e o alienante adquirir depois a propriedade, considera-se realizada a transferência desde o momento em que ocorreu a tradição.

§ 2º Não transfere a propriedade a tradição, quando tiver por título um negócio jurídico nulo".

A regra geral é a de que ninguém pode transferir mais direitos do que tem. Se vier a adquirir esse direito, porém, não há razão para inquinar a alienação feita a outrem de boa-fé, cuja eficácia retroage à data do ato. A boa-fé de que fala a lei é examinada no momento da tradição. A aquisição é que deve ser de boa-fé. Desse modo, torna-se possível a alienação de coisas futuras.

Em prol do sentido social que o Código contemporâneo imprimiu às relações sociais, o art. 1.268 apresenta inovações contundentes e que atendem aos reclamos da boa-fé, já presentes, aliás, no estatuto de defesa do consumidor. Assim, mesmo feita por quem não seja dono, se a coisa foi oferecida ao público em leilão, ou estabelecimento comercial, tudo levando a crer que o alienante é proprietário, esse negócio transfere a propriedade. Dá-se proeminência à boa-fé em detrimento do real proprietário que deverá responsabilizar o alienante de má-fé, persistindo, porém, a tradição e a alienação feita ao adquirente de boa-fé. Trata-se de mais uma hipótese na qual o Direito homenageia a aparência protegendo a boa-fé. A regra geral, como vimos, já consagrada no ordenamento anterior, é a de que a alienação feita por quem não seja dono não tem o condão de alienar a propriedade. As exceções, com referência ao leilão, ao estabelecimento comercial e à boa-fé estampam situações que são cobertas pelo Código de Defesa do Consumidor. Coloca-se na situação de consumidor quem adquire bens em leilão ou estabelecimento comercial, dentro do conceito amplo estabelecido de consumidor e fornecedor, segundo os arts. 2º e 3º da Lei nº 8.078/90. Nessas situações, a responsabilidade é objetiva do

---

ensejou a aquisição da propriedade do bem pelo apelante, uma vez que a agência de automóveis ou o vendedor não eram o proprietário do bem e, nos termos no disposto no art. 1.268 do CC, a tradição feita por quem não é proprietário não aliena a propriedade. 6- Não obstante o apelante sustentar ter agido de boa-fé, não há qualquer fato que indique ser justa a sua posse, não podendo ser considerado terceiro de boa-fé, mormente por não ter agido com a cautela que o caso exigia. 7- Não se desincumbindo o réu-apelante do ônus da prova (art. 333, inciso II, CPC) e não havendo prova robusta da comprovação do pagamento do veículo, não há que se falar em pedido contraposto. 8- Não conhecido o Agravo Retido. Rejeitada a preliminar de cerceamento de defesa. Conhecido o recurso e negado provimento" (*TJDFT* – AC 20130110839694APC – (931822), 8-4-2018, Relª Gislene Pinheiro).

"**Bem Móvel** – Embargos de terceiro – Preliminar de cerceamento do direito de defesa afastada – Representação Processual – Mera irregularidade a ser sanada oportunidade pelo causídico – Compra e venda de veículo usado junto à revendedora, na condição de mandatária. Venda a *non domino*. Inocorrência. Negócio jurídico válido e lícito. Aquisição feita de boa-fé. Reconhecimento. A propriedade, no que pertine a bens móveis, se perfaz pela tradição da coisa. Honorários sucumbenciais. Fase recursal. Majoração em razão do trabalho adicional desenvolvido pelo advogado da parte vencedora. Aplicação do artigo 85, § 11º, do Estatuto de Ritos de 2015. Recurso não provido" (*TJSP* – Ap 1036565-36.2016.8.26.0114, 26-7-2017, Rel. Cesar Lacerda).

"**Anulação de escritura pública de venda e compra** – Escritura de compra e venda de imóvel celebrada entre os réus, um deles irmão do autor – Alegação do demandante de que o negócio é inválido, pois o contrato de venda e compra do bem fora celebrado inicialmente entre sua mãe e o alienante – Insubsistentes as alegações do demandante de que houve venda de ascendente para descendente sem a sua anuência, aquisição a *non domino* e vício de consentimento – Prova dos autos a indicar que houve mera compensação de créditos entre a mãe e o irmão do demandante, e que, por isso, a escritura foi lavrada diretamente entre os corréus – Ausência de provas, ademais, de vícios de consentimento ou de incapacidade da mãe do autor para a compensação mencionada – Sentença de improcedência mantida – Recurso não provido" (*TJSP* – Ap 4012537-69.2013.8.26.0562, 21-3-2016, Rel. Francisco Loureiro).

fornecedor de produtos e a alienação é eficaz, como regra geral. De qualquer forma, o Código presente protege as situações de aparência em geral, quando há boa-fé do adquirente e quando o alienante se apresenta em tudo e por tudo como dono.

A nulidade referida no § 2º é aplicação da regra geral: o que é nulo não pode produzir efeito. A questão atinente aos móveis é enfatizada, porque a tradição transmite a posse, e essa exteriorização de propriedade na espécie é mais notória do que nos imóveis, em que existe o crivo do registro imobiliário para a aquisição da propriedade. A referência à nulidade no dispositivo demonstra que, entre nós, a transferência da propriedade mobiliária é causal. Se nulo o negócio jurídico originador, o domínio não se transfere.

Há exceções, a confirmarem a regra, de transmissão de propriedade de coisa móvel no ordenamento, independentemente de tradição. No casamento realizado sob o regime de comunhão universal, por exemplo, os bens transmitem-se entre os nubentes por ato decorrente do próprio ato matrimonial (art. 1.667). Na alienação fiduciária em garantia, instrumento utilizado para financiamento de bens, o domínio transfere-se ao adquirente fiduciário (instituição financeira), sem tradição real.

12

PERDA DA PROPRIEDADE. DESAPROPRIAÇÃO

12.1 HIPÓTESES DE PERDA DA PROPRIEDADE MÓVEL E IMÓVEL

O art. 589 do Código de 1916, o qual mantém permanente interesse didático, disciplinava a perda da propriedade imóvel, dizendo que *"além das causas de extinção consideradas neste código, também se perde a propriedade imóvel: I - pela alienação; II - pela renúncia; III - pelo abandono; IV - pelo perecimento do imóvel"*. A essas quatro hipóteses o art. 590 acrescentava a *desapropriação* como forma de perda da propriedade imóvel, enquanto o art. 591 mencionava a possibilidade de requisição da propriedade, com indenização posterior ao proprietário.

O Código de 2002 mantém as mesmas hipóteses no art. 1.275, que também elenca a desapropriação. Contudo, ao se referir ao perecimento, o faz com relação à coisa e não unicamente ao imóvel, pois, evidentemente, tanto a propriedade da coisa móvel como da imóvel extinguem-se por seu desaparecimento.

Como vemos, o próprio ordenamento admite a existência de outras modalidades de perda da propriedade, como, por exemplo, a usucapião e a acessão, bem como a dissolução do casamento. Por outro lado, não existe razão para tratamento diversificado no tocante à perda da coisa móvel e imóvel, pois na maioria das vezes as situações são comuns. A alienação, renúncia e abandono são atos voluntários de perda da propriedade. O perecimento da coisa e a desapropriação são involuntários no que diz respeito ao proprietário.

Também importa realçar ser muito maior em dimensão e importância o espectro de aquisição da propriedade, ainda que não fosse pelo aspecto positivo da noção de permanência do direito real, porque a aquisição da propriedade por alguém, nas formas derivadas, equivale à perda por parte de outrem. Mesmo nas modalidades originárias, como a usucapião, o fenômeno jurídico enfatiza a aquisição da propriedade, que tem no lado oposto do fenômeno a perda eventual por parte de antigo titular.

Pontes de Miranda (1971, v. 14:317) enumera as seguintes modalidades de perda da propriedade móvel, pinçando-as nos dispositivos legais do antigo Código: (1) destruição ou perecimento da coisa; (2) derrelição; (3) colocação da coisa fora de comércio, fuga ou extravio de animais que retomam a natural liberdade (art. 593, I do Código de 1916) ou perdem o hábito de voltar (arts. 593, II e III, 596); (4) arrojamento pelo mar ou pelo rio da coisa móvel, sem que tenha sinal de pertencer a alguém; (5) tradição; (6) desapropriação; e (7) o fato de outrem adquirir a propriedade.

Verificamos, portanto, que as modalidades mais importantes de perda da propriedade coincidem tanto para os móveis, como para os imóveis. As formas de perda da propriedade não suscitam maiores discussões jurídicas, pois todas elas ficam restritas ao outro lado do mesmo fenômeno, que são as modalidades de aquisição.

Sob outro prisma, lembremos o que foi explanado acerca do caráter de permanência do direito de propriedade. A regra geral é deixar de existir sob a vontade do titular ou de seus sucessores unicamente por causa de morte. As hipóteses de extinção de direito real, independentes da vontade do titular, devem ser vistas como exceção no sistema, como nos casos de perda ou desapropriação.

As situações de perda da propriedade decorrem de iniciativa do próprio titular, ora de questão ligada à própria coisa, ora em relação à modificação no direito real. O não uso por si só não gera a perda da propriedade pela própria natureza do direito real. Não é a prescrição extintiva que faz perder a propriedade. Não importa o tempo no qual o proprietário não se utiliza da coisa, isto não lhe subtrai o título dominial. O fato positivo da usucapião, a prescrição aquisitiva, esta, sim, gera a propriedade em favor de outrem.

Washington de Barros Monteiro (1989, v. 3:168) lembra que a sentença transitada em julgado pode gerar a perda da propriedade, dando como exemplo a ação procedente de reivindicação, embora isto seja na verdade um efeito da propriedade e não exatamente hipótese de perda.

12.2 ALIENAÇÃO

A esta altura de nosso discurso, dúvidas não devem existir sobre a alienação. O proprietário, por vontade própria, transfere a coisa ou direito a outrem por compra e venda, doação, dação em pagamento, permuta etc. Para este último é forma de aquisição. Existe negócio bilateral, pois o adquirente deve aceitá-lo. O negócio pode ser gratuito ou oneroso, puro ou condicional. Vigora o princípio segundo o qual ninguém transfere mais direitos do que possui. Pode ocorrer de forma compulsória, como na arrematação.

A transcrição ou o registro imobiliário *lato sensu*, como enfatizado, faz nascer a propriedade imóvel; a tradição, a móvel. Enquanto não ocorrer o registro e a tradição, o negócio jurídico fica no plano dos direitos obrigacionais.

12.3 RENÚNCIA

Renunciar implica abdicar, abrir mão de direitos. Em sentido estrito, renúncia é o ato jurídico pelo qual alguém abandona um direito, sem transferi-lo a outrem. É ato unilateral. Independe, portanto, de aceitação. Além de unilateral, é irrevogável e não se presume, dado seu caráter, devendo ser expresso. A renúncia em favor de outrem refoge ao sentido do instituto porque traduz alienação.

No campo do direito de propriedade, cumpre distinguir a renúncia do abandono.

A renúncia é sempre possível, embora difícil de ocorrer, desde que não cause prejuízo a terceiros. A renúncia de herança em prejuízo a credores, por exemplo, é ineficaz (art. 1.813), podendo estes aceitá-la. Todavia, em outras hipóteses de renúncia de direitos em geral os credores podem alegar fraude, pleiteando a anulação do ato ou declaração de ineficácia em relação a eles. É aplicado o princípio geral da fraude contra credores.

Na renúncia, existe abandono do direito de propriedade. No entanto, o Código menciona ambas as modalidades. No caso de renúncia, pelo parágrafo único do art. 1.275, exige-se a transcrição do ato renunciativo no registro imobiliário. A renúncia deve ser sempre expressa.

No abandono, o ordenamento determina sua arrecadação como bem vago e disciplina sua passagem ao Estado, Território e Distrito Federal (art. 1.276). No sistema de 1916, o bem abandonado poderia ser arrecadado como vago e em dez anos passar para a propriedade estatal, se imóvel localizado em zona urbana; e em três anos, se localizado em zona rural. Pelo Código de 2002, o prazo após a declaração de vacância para ambos será de três anos. O art. 1.276, § 2º, menciona ainda que

> *"presumir-se-á de modo absoluto a intenção a que se refere este artigo, quando, cessados os atos de posse, deixar o proprietário de satisfazer os ônus fiscais".*[1]

---

[1] "Apelação Cível – Ação Declaratória de Arrecadação de Bem Vago – Sentença de procedência – Recurso do requerido – Desprovimento de rigor – Cerceamento de defesa – Inocorrência – Conjunto probatório que demonstrou que o bem estava abandonado – **Presunção de abandono pela falta de pagamento dos encargos fiscais** (art. 1.276, § 2º, do CC) – Imóvel que, mesmo depois da arrecadação, não integra o patrimônio público, de tal modo que, no triênio subsequente, o proprietário poderá evitar a perda, manifestando comportamento incompatível com o abandono – Precedentes – Sentença mantida – Recurso desprovido" (*TJSP* – Ap 1000074-93.2023.8.26.0434, 29-7-2025, Rel. Sidney Romano dos Reis).

"Apelação Cível – Usucapião – Perda da propriedade – Inaplicabilidade do art. 1.276, § 2º, do CC – Dispositivo que versa sobre a perda da propriedade por motivos de **abandono pelo próprio proprietário do bem** para o fim de que este seja arrecadado como vago e passe à propriedade do Município – Falta de contribuição do apelado – Débitos decorrentes de obrigações com natureza 'propter rem' que são de responsabilidade de quem ocupa o imóvel com exclusividade – Ausência de título dominial em nome do apelado – Irrelevância – Bem adquirido na constância do casamento havido entre as partes – Existência de partilha do bem mediante acordo, que não se restringiu aos direitos possessórios – Existência de condomínio entre as partes que obsta o reconhecimento de posse pela apelante que justifique a aquisição 'ad usucapionem' – Impossibilidade de transmudação do caráter da posse – Abandono do imóvel não configurado – Conduta do apelado que, por si só, não é suficiente a caracterizar o abandono do lar – Apelado que se mudou após o desfazimento da sociedade conjugal, em vista do natural desinteresse na coabitação – Impossibilidade de impor ao apelado a perda de sua propriedade em virtude de tal ato – Ocorrência de trânsito em julgado da sentença de divórcio, que reconheceu a partilha do imóvel – Ato de mera permissão ou tolerância – Superveniência de sentença que julgou parcialmente procedente ação de alienação judicial do imóvel – Pressupostos para o reconhecimento da usucapião não preenchidos – Sentença mantida – Recurso improvido. Sucumbência Recursal – Honorários advocatícios – Majoração do percentual arbitrado – Observância do artigo 85, §§ 2º e 11, do CPC – Execução dos valores sujeita ao disposto no art. 98, § 3º, do CPC" (*TJSP* – Ap 1002037-24.2018.8.26.0625, 30-3-2022, Rel. José Joaquim dos Santos).

"Civil e processual civil – Apelação cível – Ação reivindicatória – Comprovação do domínio – Não comprovação da posse injusta – **Abandono do imóvel** – Ausência de destinação social e econômica do bem – Abuso do direito de propriedade – Situação que não se enquadra na espécie usucapião rural coletiva. Indenização indevida. Imóvel utilizado como moradia da apelada e de sua família de notória baixa renda. Situação que se enquadra na espécie de usucapião de matriz constitucional. Art. 183 da Constituição da República. Função social da propriedade. Posse justa. Ausência dos requisitos da ação reivindicatória. Sentença devidamente fundamentada. Manutenção. Recurso conhecido e desprovido" (*TJRN* – AC 2018.005879-0, 21-2-2019, Relª Juíza Conv. Berenice Capuxu).

"Apelação Cível – Ação de usucapião especial – Imóvel Litigioso – Ação de reintegração de posse – Abandono do imóvel pelo possuidor – Ausência de notificação – Invasão do imóvel por terceiros – Usucapião – Impossibilidade – Nos casos de ação de reintegração de posse em que o proprietário busca reaver o bem e o possuidor o abandona durante o trâmite processual e não comunica tal fato, o prazo para usucapir o imóvel com relação a terceiro que invadir o bem litigioso somente iniciará a partir do momento em que o proprietário tiver ciência da referida invasão, ou, após o término ação de reintegração posse, o proprietário permanecer inerte em ambas situações" (*TJMG* – AC 1.0090.10.002414-1/001, 14-9-2018, Relª Claret de Moraes).

"Apelação com revisão – Reintegração de posse – Esbulho – Ocorrência – **Situação de abandono do imóvel** – Discussão sobre a posse – Propriedade tratada em ação de usucapião – Posse da autora – Comprovada – Sentença Mantida – Recurso não provido – Agravo retido – Testemunha impedida de depor por ser parte na causa – Anulação Processual – Impossibilidade – Decisão mantida – Recurso não provido" (*TJSP* – Ap 0014821-60.2009.8.26.0562, 30-5-2016, Relª Claudia Sarmento Monteleone).

"**Agravo de instrumento** – Reintegração de posse de bem imóvel – Perda dos bens móveis que guarneciam o imóvel reintegrado declarada pelo Juízo de Primeiro Grau, que reconheceu o abandono – Descabimento – Abandono que exige demonstração da renúncia ao domínio da coisa, conforme já decidido pelo C. STJ – Agravante que peticionou nos autos principais questionando a localização dos bens e solicitando a devolução pelo depositário, o que descaracteriza o abandono – Recurso provido" (*TJSP* – AI 2143517-10.2015.8.26.0000, 7-10-2015, Rel. Hugo Crepaldi).

Essa nova disposição deverá ter amplo alcance social. O imóvel abandonado, qual seja, aquele no qual não mais existe o fato da posse e cujos tributos e demais consectários fiscais não são pagos pode ser arrecadado e, como vago, passar três anos depois ao Município ou Distrito Federal, se urbano, e à União Federal, se rural. Como, geralmente, o Estado não se adianta em realizar a arrecadação por deficiência instrumental, com raras exceções, os imóveis, nessas condições, ficam aptos a serem adquiridos por usucapião, mormente porque a posse do antigo proprietário já não existe.

De qualquer modo, não pode haver renúncia à propriedade, sem seu abandono. Para os móveis, a distinção mostra-se irrelevante. O abandono é o elemento material da renúncia, que é subjetiva. Para a propriedade imóvel, porém, o abandono puro e simples é insuficiente, porque equivale ao não uso. Há necessidade de ato formal expresso registrável. O abandono puro e simples de imóvel abre ensejo à declaração de bem vago, bem como à assunção da posse por terceiros.

Discute-se se para a renúncia há necessidade de escritura pública. Não existe essa exigência no art. 134, II do Código anterior. O Código de 2002, todavia, no art. 108, dispõe que a escritura pública é essencial também para a renúncia de direitos reais sobre imóveis de valor superior a trinta vezes o maior salário mínimo vigente no país. Não será, porém, usual que isso venha a ocorrer, salvo quando o proprietário tiver uma razão especial. Quem não mais pretende manter como seu um imóvel, na prática, o abandona. Não formaliza escritura de renúncia. No entanto, nada impede que o faça. Imagine-se a hipótese de imóvel invadido constantemente, sujeitando seu proprietário a permanentes transtornos. Pode ele renunciar expressamente à propriedade por escritura pública, registrando-a. Nesse sentido, a opinião de Sílvio Rodrigues (1984, v. 5:171), entendendo que a escritura pública de renúncia de imóvel pode ser exigida em casos particulares. Lembremos a hipótese de renúncia de herança (bem imóvel por disposição legal, art. 80, II), que somente pode ser feita por escritura pública ou por termo nos autos de inventário. A disposição do art. 108 referido vem, certamente, em socorro a essas situações.

A renúncia de bens móveis pode exigir declaração expressa do titular para conhecimento de terceiros, se o simples abandono for insuficiente para o caso concreto.

12.4 ABANDONO

No abandono ou derrelição, o proprietário desfaz-se do que lhe pertence sem manifestar expressamente sua vontade. Derrelição é ato de disposição. O abandono é percebido pelo comportamento do titular. É preciso, no entanto, avaliar se existe voluntariedade. Já nos reportamos, no item anterior, ao abandono da propriedade. O fato de o proprietário não cuidar do que é seu por período mais ou menos longo não traduz de per si abandono. Por mais de uma vez, enfatizamos que o singelo não uso não implica perda da propriedade. Importante investigar a intenção de despojar-se da propriedade. Como também se trata de ato de disposição de direitos, na dúvida o abandono não se presume.

Uma vez abandonada, a coisa remanesce sem dono. Necessariamente, não ocorre de imediato a apropriação por outrem. No entanto, uma vez configurado o abandono, qualquer pessoa pode ocupar a coisa.

Para o ato de abandonar é necessário o poder de dispor. Quem não possui poder de dispor, quem não é dono ou não possui capacidade de atuar pessoalmente na vida civil não pode abandonar.

"O relógio que o louco joga na rua, ou a caneta que o menor de dezesseis anos deixou ficar no banco do jardim, propositadamente, não é 'res nullius'" (Pontes de Miranda, 1971, v. 15:321).

Nada impede, contudo, que se outorgue a outrem poderes de abandonar. Trata-se igualmente de ato unilateral.

Como a caracterização do abandono requer cuidados, o Código determina que os bens imóveis abandonados sejam arrecadados como bens vagos, como expusemos.

O abandono de coisas móveis foi visto no capítulo anterior. *"Art. 1.263: Quem se assenhorear de coisa sem dono para logo lhe adquire a propriedade, não sendo essa ocupação defesa por lei"*. O inventor de coisa perdida, porém, deve entregá-la à autoridade competente. Sendo conhecido o abandono da coisa móvel, pode ocorrer a ocupação pelo novo titular.

Também no tocante aos imóveis, provado o abandono, qualquer pessoa pode deles se ocupar. Nesse caso, torna-se inviável a arrecadação pelo Estado. O ocupante toma-lhe a posse e não a propriedade, a qual requererá o lapso de usucapião. No entanto, iniciado o processo de arrecadação, durante o prazo estipulado pela lei ainda pode o proprietário reivindicá-lo. A situação fica enublada no abandono, porque inexiste manifestação expressa de abdicação do titular, como na renúncia. Note que o abandono de coisa imóvel não pode ter eficácia *erga omnes*, porque, ao contrário da renúncia, não figura no registro imobiliário. Proprietário, para terceiros, é quem figura no registro. A posse, tal como configurada e protegida no ordenamento, é importante elemento para impedir que a coisa fique sem titular. O interesse da Administração é evitar que imóveis permaneçam sem titulares. O ordenamento não admite imóvel sem dono. O Estado deve intervir para arrecadar bem abandonado, se ninguém exerce a posse. Embora em curso o processo de arrecadação do Estado, pode ocorrer prescrição aquisitiva pelo particular.

12.5 PERECIMENTO DO OBJETO

Desaparecendo o objeto da propriedade, por força natural ou atividade humana, não existe mais direito, por lhe faltar objeto. Trata-se de modalidade involuntária de perda da propriedade. O campo tomado definitivamente pelas águas ou o móvel destruído pelo incêndio desaparecem para a realidade e para a vida negocial. Não há direito sem objeto. O Código deveria referir-se à *extinção da propriedade*, pois é esse o fenômeno que ocorre. Mais frequente na prática o perecimento dos móveis.[2]

---

[2] "Obrigação de fazer – Negociação com concessionária para a troca de veículo, mediante a substituição da garantia em contrato de financiamento – **Perecimento do bem** em poder da autora que recebeu o valor do seguro – Fato que não a desobriga do pagamento das prestações avençadas, para só então possibilitar a transferência de propriedade do veículo que foi entregue à concessionária, com a consequente baixa do contrato – Falha na prestação de serviço não constatada – Dano moral não configurado – Ação julgada improcedente – Decisão correta – Ratificação nos moldes do artigo 252 do Regimento Interno deste E. Tribunal – Recurso improvido, com elevação da verba honorária, nos termos do artigo 85 §§ 1º e 11 do NCPC" (*TJSP* – Ap 1012003-92.2016.8.26.0071, 22-1-2018, Rel. Souza Lopes).

"Responsabilidade civil – Contrato de arrendamento mercantil – Roubo do automóvel arrendado – Perda total – Indenização paga pela seguradora ao arrendador – Cobranças indevidas pelo arrendador ao arrendatário – Inclusão de dados pessoais em cadastros de inadimplentes – Ação de indenização por danos morais proposta pelo arrendatário – Sentença de procedência – Apelo do réu – Existência não comprovada de saldo devedor a ser pago pelo arrendatário após o perecimento do objeto do arrendamento mercantil – Inclusão de dados pessoais em órgãos de proteção ao crédito – Dano caracterizado ('in re ipsa') – Indenização exigível, mas arbitrada em valor elevado – Redução – Apelação provida em parte" (*TJSP* – Ap 0056498-22.2010.8.26.0114, 6-7-2016, Rel. Carlos Henrique Miguel Trevisan).

"**Agravo de instrumento** – Ação de rescisão de contrato de parceria agrícola CC – Indenização, com pedidos liminares de abstenção de colheita da lavoura, e de reintegração de posse. Decisão agravada que indefere pedido de obstar a colheita. Incompatibilidade lógica com o pedido principal de indenização, eis que a manutenção da lavoura além do prazo de colheita ou sem a devida manutenção leva ao perecimento de bem cuja alienação viabilizaria pagamento de eventual indenização em caso de procedência da ação. Ausência de *periculum in mora*, pois, o prejuízo que possa advir da colheita que se pretende obstar poderá ser objeto de indenização em fase de liquidação de sentença. Recurso improvido" (*TJSP* – AI 2075639-68.2015.8.26.0000, 3-6-2016, Rel. Gomes Varjão).

O objeto da propriedade pode perder parte de suas qualidades, mas a propriedade permanece no despojo. Morto o animal, continua o proprietário como titular de seu corpo. A perda da coisa também pode ser parcial, remanescendo parcialmente a propriedade.

O princípio legal provém dos princípios gerais. Perece o direito, perecendo seu objeto (art. 77 do Código de 1916). O art. 78 disciplinava que perece o objeto do direito:

> *"I – quando perde as qualidades essenciais, ou o valor econômico;*
>
> *II – quando se confunde com outro, de modo que se não possa distinguir;*
>
> *III – quando fica em lugar de onde não pode ser retirado".*

Esses princípios gerais decorrem da Lógica e não podem ser afastados.

12.6 DESAPROPRIAÇÃO. NATUREZA

A matéria sobre desapropriação é pertinente tanto ao Direito Civil, como ao Direito Administrativo. Obedece a princípios constitucionais e possui importante disciplina processual. Como verificamos, é assunto que exige estudo em quatro disciplinas jurídicas: Direito Constitucional e Administrativo, Direito Civil e Processual Civil. O Código Civil apenas referiu-se ao instituto como modalidade de perda da propriedade imóvel no art. 1.275. Essa matéria foi absorvida pela legislação específica posterior. O aprofundamento de seu estudo deve ser feito no campo do Direito Público.

Sempre se admitiu a possibilidade de o Estado intervir no domínio privado. Seu crescente intervencionismo no patrimônio privado tornou o problema mais patente. A desapropriação diz respeito também à utilização social da propriedade. Esta deve passar ao domínio do Estado em razão de interesse social que supera o interesse individual. Justifica-se a desapropriação como ato de soberania, assim como o é o poder de polícia ou o poder de tributar.

No entanto, ao Estado cumpre indenizar o desapropriado, sob pena de inviabilizar os paradigmas da propriedade privada. Igualmente, cabe ao administrador sopesar no caso concreto a necessidade de fazer sobrepujar o interesse social ao interesse privado.[3]

"**IPVA**. Prescrição. **Perecimento do bem**. – O IPVA é objeto de lançamento de ofício, do qual transcorre o prazo prescritivo quinquenal para a cobrança correspondente. Mero auto de infração relativo à falta de pagamento desse tributo não interrompe o curso prescricional. O perecimento de veículo automotor, causa de perda de sua propriedade (inc. IV do art. 1.275 do Código Civil), aflige a base material da hipótese de incidência do IPVA. Não provimento da apelação" (*TJSP* – Ap 0037787-84.2012.8.26.0053, 31-7-2013, Rel. Ricardo Dip).

3 "**Desapropriação indireta** – Apossamento administrativo e construção de escola realizados pela Administração Estadual – Transferência da posse à Administração Municipal anterior ao ajuizamento da ação – Ilegitimidade passiva do Município – Precedentes – Recurso voluntário e reexame necessário providos" (*TJSP* – AC 3001569-31.2012.8.26.0659, 30-4-2019, Rel. Luís Francisco Aguilar Cortez).

"**Desapropriação indireta** – Alagamento de imóvel em decorrência da implantação da usina hidrelétrica Garibaldi. Comprovação por perícia judicial. Indenização devida. Alegada quitação a terceiros anteriormente ao ajuizamento da demanda. Matéria não suscitada em primeiro grau. Ausência dos requisitos para caracterização de documento novo (ART. 435 CPC). Inovação recursal. Inexistência, ademais, de prova de propriedade sobre os imóveis destes terceiros, bem como da efetiva quitação. Recurso conhecido em parte e, nesta extensão, desprovido" (*TJSC* – AC 0300310-33.2014.8.24.0216, 22-5-2018, Rel. Des. Ronei Danielli).

"Propriedade – Apossamento Administrativo – **Desapropriação Indireta** – Processual civil. Recurso especial. Enunciado Administrativo nº 2/STJ. Intervenção do Estado na propriedade. Apossamento administrativo. Desapropriação indireta. Arbitramento da indenização. Laudo pericial. Petição recursal. Falta de indicação de preceito legal violado. Fundamentação deficiente. Súmula nº 284/STF. 1. A mera indicação genérica de ofensa do acórdão da origem a diploma legal federal, sem especificação dos respectivos preceitos e normas, não cumpre o ônus da dialeticidade nem se presta a autorizar o processamento do apelo extremo. Incidência da Súmula nº 284/STF. 2. Recurso especial não conhecido" (STJ – REsp 1.679.622 – (2017/0115557-7), 7-3-2018, Rel. Min. Mauro Campbell Marques).

O poder de expropriar está inserido nas Constituições do país desde a carta imperial outorgada.

No direito ordinário, a matéria é regulada basicamente pelo Decreto-lei nº 3.365, de 21-6-41, com modificações introduzidas por várias leis posteriores.

A iniciativa de desapropriação pode emanar da União, dos Estados e dos Municípios, como, também, mediante autorização legal, dos concessionários de serviços públicos. Cuida-se de limitação ao direito de propriedade, assegurando ao Estado extingui-lo ou restringi-lo. Sua maior importância é dedicada aos imóveis. Possível, contudo, que sejam desapropriados bens móveis corpóreos e incorpóreos.

Já comentamos que o Código Civil em vigor criou uma modalidade absolutamente excêntrica de desapropriação no art. 1.228, § 4º, cujos princípios em muito se afastam da desapropriação tradicional.

A desapropriação não se confunde com compra e venda, porque se trata de transferência compulsória, por ato unilateral da Administração. Distingue-se do confisco em que existe a ocupação da propriedade sem indenização. Do ponto de vista civilístico, a desapropriação é o oposto de apropriação, ou seja, como está no Código, é modalidade de perda da propriedade. Essa é sua natureza jurídica. Do ponto de vista publicístico, caracteriza-se por um procedimento administrativo pelo qual o Estado, ou poder delegado, adquire a propriedade, mediante indenização. Em síntese, cuida-se de modalidade de aquisição coativa da propriedade pelo Estado.

No dizer de Hely Lopes Meirelles (1988:500), a desapropriação

> *"é a mais drástica das formas de manifestação do 'poder de império', ou seja, da Soberania interna do Estado no exercício de seu 'domínio iminente' sobre todos os bens existentes no território nacional".*

No entanto, deve ser legitimamente exercitado dentro das garantias constitucionais.

Entendemos tratar-se de modo originário de aquisição da propriedade, porque é desprezado o título anterior. O título gerado no procedimento administrativo ou no processo expropriatório é registrável por força própria. É dispensada a existência de registro anterior. Inexistindo matrícula, esta será aberta por ocasião do registro do título expropriatório.

Como decorrência de ser meio originário de aquisição da propriedade, o processo pode ter curso independente de a Administração conhecer quem seja o proprietário do bem expropriado. No processo expropriatório, não questionamos o domínio. Apenas discutimos o preço

---

"Administrativo – Agravo regimental no agravo em recurso especial – Ação indenizatória por **desapropriação indireta** – Prazo prescricional do novo Código Civil – Redução de 20 para 15 anos – Discussão acerca da aplicabilidade do redutor previsto no art. 1.238, parág – único do CC em favor do poder público – Questão irrelevante para a presente causa, porquanto seja qual for a tese vencedora, a demanda não está prescrita – agravo regimental do município de Aparecida de Goiânia/GO a que se nega provimento – 1- É irrelevante para o deslinde da presente demanda a discussão a respeito da aplicabilidade ou não do redutor previsto no parág. único do art. 1.238 do CC, nas hipóteses de ação indenizatória por desapropriação indireta, porquanto, ainda que se admita a prescrição pelo menor lapso temporal, a pretensão aqui deduzida não fora fulminada pela prescrição. 2- Considerando que dadas as regras de transição do Código Civil, no caso, a contagem se inicia a partir da entrada em vigor do Código Civil, ou seja, 11.1.2003, é certo, portanto, ainda que se admita o decênio prescricional defendido na tese recursal, este venceria apenas em 2013; Assim, tendo a ação sido ajuizada em 2009, não há se falar em prescrição. 3- Agravo Regimental do município de Aparecida de Goiânia/GO a que se nega provimento" (*STJ* – AgRg-AG-REsp. 552.656 – (2014/0180843-0), 9-5-2017, Rel. Min. Napoleão Nunes Maia Filho).

e eventuais nulidades processuais. Ainda que a indenização tenha sido paga a terceiro, que não o *verus dominus*, não é invalidado o ato. O art. 35 do Decreto-lei nº 3.365/41 dispõe:

> *"Os bens expropriados, uma vez incorporados à Fazenda Pública, não podem ser objeto de reivindicação, ainda que fundada em nulidade do processo de desapropriação. Qualquer ação, julgada procedente, resolver-se-á em perdas e danos".*

Como decorrência do princípio aquisitivo da desapropriação, todos os ônus ou direitos que recaiam sobre a coisa ficam sub-rogados no preço.

Se o poder público desapropria com desvio de finalidade ou abuso de poder, afastando-se dos princípios constitucionais, de utilidade ou necessidade pública, ou do interesse social, cabe ao prejudicado acionar o Estado em ação autônoma, pois a questão não pode ser trazida ao bojo do processo expropriatório. Presentes os pressupostos, viável mostra-se o mandado de segurança. Caso contrário, havendo necessidade de produção de provas, cabe ao expropriado recorrer às vias ordinárias.

12.6.1 Modalidades de Desapropriação

A Constituição vigente declara que são pressupostos para a desapropriação *"a necessidade pública, a utilidade pública e o interesse social"* (art. 5º, XXIV, e arts. 182 e 184). Nos dois primeiros casos, resguarda-se a *"justa e prévia indenização em dinheiro"*. No último, o pagamento será em títulos da dívida pública.

As três modalidades de expropriação podem ser resumidas no conceito de utilidade pública. No entanto, o legislador preferiu tripartir as modalidades, pois assim pode discriminar as hipóteses e atribuir efeitos específicos a cada uma.

A *necessidade pública* denota urgência em obras ou atividade do Estado que determinam a pronta transferência do bem privado à Administração.

A *utilidade pública* demonstra a conveniência de apropriação do bem, sem que seja urgente ou imprescindível.

O *interesse social* é aquele que efetivamente permite ao Estado buscar o sentido social da propriedade. Decorre de circunstâncias para melhorar a distribuição e fruição da propriedade privada. Os bens desapropriados por interesse social não se destinam propriamente a órgãos da Administração, mas à coletividade.

O art. 5º do Decreto-lei nº 3.365/41 elenca as hipóteses consideradas de utilidade pública:

> "a) *a segurança nacional;*
>
> b) *a defesa do Estado;*
>
> c) *o socorro público em caso de calamidade;*
>
> d) *a salubridade pública;*
>
> e) *a criação e melhoramento de centros de população, seu abastecimento regular de meios de subsistência;*
>
> f) *o aproveitamento industrial das minas e das jazidas minerais, das águas e da energia hidráulica;*
>
> g) *a assistência pública, as obras de higiene e decoração, casas de saúde, clínicas, estações de clima e fontes medicinais;*
>
> h) *a exploração e a conservação dos serviços públicos;*

i) *a abertura, conservação e melhoramento de vias ou logradouros públicos; a execução de planos de urbanização; o loteamento de terrenos edificados ou não, para sua melhor utilização econômica, higiênica ou estética; a construção ou ampliação de distritos industriais;*

j) *o funcionamento dos meios de transporte coletivo;*

k) *a preservação e conservação dos monumentos históricos e artísticos, isolados ou integrados em conjuntos urbanos ou rurais, bem como as medidas necessárias a manter-lhes os aspectos mais valiosos ou característicos, e, ainda, a proteção de paisagens e locais particularmente dotados pela natureza;*

l) *a preservação e a conservação adequada de arquivos, documentos e outros bens móveis de valor histórico ou artístico;*

m) *a construção de edifícios públicos, monumentos comemorativos e cemitérios;*

n) *a criação de estádios, aeródromos ou campos de pouso para aeronaves;*

o) *a reedição ou divulgação de obra ou invento de natureza científica, artística ou literária;*

p) *os demais casos previstos por leis especiais".*

Como verificamos no enunciado da letra *p*, a relação legal não é taxativa, possibilitando ao legislador descrever outras hipóteses de utilidade pública. As situações de necessidade e utilidade pública do art. 590, §§ 1º e 2º, do Código Civil de 1916 foram, portanto, absorvidas e englobadas nos fatos típicos elencados no art. 5º transcrito.

A desapropriação por interesse social é regida pela Lei nº 4.132, de 10-9-1962:

> *"A desapropriação por interesse social será decretada para promover a justa distribuição da propriedade ou condicionar o seu uso ao bem-estar social, na forma do art. 184 da Constituição Federal".*

A Constituição regula a desapropriação por interesse social, para fins de reforma agrária, no art. 184. No entanto, o interesse social não se restringe unicamente aos imóveis rurais e à reforma agrária, mas também ao assentamento urbano. O art. 2º da mencionada lei descreve as situações de interesse social, incluindo também a finalidade de construção de casas populares, além do aproveitamento efetivo das áreas rurais. O art. 5º, XXIV, da Constituição dispõe que caberá à lei ordinária regular o procedimento não só da desapropriação por necessidade ou utilidade pública, mas também por interesse social, *mediante prévia justa indenização em dinheiro*, ressalvando, porém, as exceções da própria Carta (art. 184).

O art. 186 da Carta, por sua vez, descreve o que se deve entender por função social da propriedade rural, estabelecendo critérios ao legislador ordinário:

> *"I – aproveitamento racional e adequado;*
>
> *II – utilização adequada dos recursos naturais disponíveis e preservação do meio ambiente;*
>
> *III – observância das disposições que regulam as relações de trabalho;*
>
> *IV – exploração que favoreça o bem-estar dos proprietários e dos trabalhadores".*

O art. 185, no entanto, exclui da possibilidade de desapropriação para fins de reforma agrária a pequena e média propriedades rurais, assim definidas em lei e desde que seja a única do proprietário, bem como a propriedade produtiva. É interesse do Estado que não existam terras inúteis. A desapropriação, para fins de reforma agrária, é de iniciativa exclusiva da União.

O art. 182 da Constituição menciona a possibilidade de desapropriação de imóveis urbanos pelas Municipalidades para atender à política de desenvolvimento urbano. Embora a lei não o diga, trata-se de situação típica de expropriação por interesse social. Como enfatizamos, o estudo da desapropriação é matéria mais afeta ao direito administrativo. Há várias leis complementares que devem ser examinadas, em consonância com os princípios constitucionais.

12.6.2 Objeto da Desapropriação

Em princípio, quaisquer bens podem ser desapropriados, móveis e imóveis, desde que presentes os princípios de necessidade, utilidade e interesse social, inclusive direitos autorais, inventos e descobertas. Os bens públicos também podem ser desapropriados pelos entes públicos superiores em relação aos inferiores: a União pode desapropriar bens dos Estados, Distrito Federal, Municípios e Territórios; os Estados podem desapropriar bens dos Municípios.

Vimos que a propriedade rural produtiva não pode ser expropriada. O art. 182, § 4º, da Constituição somente permite a desapropriação de solo urbano não edificado, subutilizado ou não utilizado.

12.6.3 Declaração Expropriatória

A declaração de utilidade pública ou de interesse social deve emanar de lei ou decreto identificador do bem e de sua destinação. Tratando-se na maioria das vezes de ato tipicamente administrativo, geralmente é emanado de decreto do Poder Executivo. Observa Hely Lopes Meirelles (1988:153) que a possibilidade de desapropriação pelo Legislativo (art. 8º da lei expropriatória) é anomalia em nossa legislação por ser tal ato caracteristicamente de administração.

A declaração expropriatória gera efeitos que não se confundem com a expropriação em si mesma. Trata-se apenas de ato-condição, autorizador do procedimento material que culmina com a aquisição do bem pelo ente estatal. Essa aquisição pode decorrer de acordo administrativo ou de processo judicial. Enquanto não iniciado o procedimento administrativo ou o processo judicial, o decreto expropriatório não produz efeito jurídico, mantendo a propriedade sua perfeita higidez, porque ainda pode ser revogado e pode não ser levada a cabo a desapropriação. A expropriação é uma exceção ao atributo da autoexecutoriedade dos atos administrativos. A *caducidade* da declaração de desapropriação ocorre em cinco anos para as hipóteses de necessidade ou utilidade pública (art. 10 do Decreto-lei nº 3.365/41) ou em dois anos para as de interesse social (art. 3º da Lei nº 4.132/62), somente podendo ser renovadas em ambas as hipóteses após um ano do decurso do prazo decadencial.

No entanto, decretada a expropriação, já existem limitações à propriedade. As autoridades administrativas ficam autorizadas a penetrar nos prédios atingidos, podendo, em caso de resistência, recorrer à força policial (art. 7º do Decreto-lei nº 3.365, com nova redação), sem que ocorra abuso de poder, pois eventuais prejuízos devem ser indenizados. Essa autorização não se confunde com a *imissão de posse*, que somente ocorre por ordem judicial, após o pagamento da indenização ou do depósito provisório.

Note que a Lei nº 13.867/2019, que alterou a lei expropriatória, passou a admitir a mediação e a arbitragem para o deslinde do direito do expropriado. Esperemos que os entes expropriantes se utilizem dessa possibilidade, contemporânea e dinâmica, que bons resultados tem oferecido à sociedade.

12.6.4 Processo da Desapropriação

A desapropriação pode decorrer de acordo administrativo no procedimento respectivo. Reduzido a termo, lavra-se escritura pública para o subsequente registro imobiliário, se se tratar de imóvel.

O processo judicial, na falta de acordo, segue o rito procedimental estabelecido pelo Decreto-lei nº 3.365/41, aplicando-se subsidiariamente os princípios do CPC. A lei restringe o âmbito da causa de pedir no processo expropriatório. O art. 9º veda ao Poder Judiciário examinar e decidir se se verificam ou não os casos de utilidade pública.[4]

---

[4] "Embargos de declaração - Apelação Cível - Retrocessão - **Tredestinação ilícita** - Acórdão que deu provimento ao apelo do Município, para julgar improcedente a demanda, ao fundamento de que a permuta atingiu a finalidade pública inerente à desapropriação e a tredestinação ilícita não restou caracterizada. Alegação de contradição e obscuridade no julgado. Inocorrência. Questões suscitadas devidamente enfrentadas e apreciadas pela Turma Julgadora. Inexistência de qualquer aspecto a ser sanado. Nítido caráter infringente. Inadmissibilidade. Ausência dos requisitos exigidos pelo art. 1022 do NCPC. Embargos rejeitados" (*TJSP* - EDcl 1000320-05.2016.8.26.0024, 15-3-2019, Rel. Osvaldo de Oliveira).

"Recursos de apelação - Direito Administrativo - Desapropriação - Ação de retrocessão - Pedido sucessivo de indenização fulcrado na ocorrência de desvio de finalidade - **Tredestinação** ilícita não verificada - Recurso de apelação interposto pelo município provido - Recurso interposto pela parte autora prejudicado - Reputa-se caracterizado o direito à retrocessão e, se inviabilizado, o recebimento de indenização, se verificada a tredestinação ilícita do bem expropriado, não bastando, para tanto, o não alcance da finalidade prevista no Decreto Expropriatório - No caso específico dos autos, o pleito indenizatório deduzido fulcra-se no alegado desvio de finalidade e não no inadimplemento pelo Poder Público do valor da indenização devido em razão da desapropriação, de modo que, não verificado, *in casu*, que a utilização do bem desvia-se do interesse público, deve ser rejeitado o pedido inicial - Recurso interposto pelo Município de Belo Horizonte provido. Recurso dos autores prejudicado" (*TJMG* - AC 1.0024.13.028961-4/001, 4-9-2018, Rel. Corrêa Junior).

"Ação de indenização por suposta **tredestinação** ilícita - Insurgência da municipalidade com a procedência do pedido inicial, para pagamento da indenização pleiteada - Possibilidade - A indenização em casos de retrocessão somente é possível com a não quitação integral do débito pelo ente expropriante, o que poderia dar azo à pretensão indenizatória, pois em tais casos além do não pagamento, o imóvel também não teria sido utilizado para o fim previsto no procedimento expropriatório, sendo que no presente caso, diante da permuta descrita e noticiada, no momento em que a Sra. Guiomar concedeu seu terreno à municipalidade, obteve de volta 04 lotes de terreno na mesma cidade - Ademais, trata-se de um direito de preempção personalíssimo, inapto de transmissibilidade, não podendo ser objeto de cessão e tampouco os herdeiros do preemptor podem exercer a sucessão de tal exercício - Honorários Advocatícios - Não obstante a r. sentença recorrida ter sido proferida quando já vigente o Novo Código de Processo Civil, entende este Juízo pela aplicação da regra do *tempus regit actum*, sendo certo que a ação foi distribuída quando ainda estava em vigor o CPC de 1973 - Sentença Reformada - Recurso Voluntário Provido" (*TJSP* - Ap 0006111-33.2014.8.26.0576, 4-8-2017, Rel. Maurício Fiorito).

"Agravo de instrumento - **Ação de retrocessão** - Indenização - Decisão que não acata a alegação de ilegitimidade passiva do agravante - Correção da decisão - O polo passivo da ação deve ser composto por todos aqueles que figuraram como proprietários dos imóveis desde a data em que o agravante recebeu a indenização referente à ação de desapropriação por ele proposta contra o DER - Hipótese de denunciação *per saltum* - Exegese do art. 456 do CC - Recurso desprovido" (*TJSP* - AI 2229141-27.2015.8.26.0000, 21-3-2016, Rel. Oscild de Lima Júnior).

"**Retrocessão.** Município de Bom Jesus dos Perdões. Imóvel expropriado para construção de casas populares. Ulterior alteração da destinação, por lei. Tredestinação lícita. Destinação ainda não concretizada, decorridos já vários anos da desapropriação. Retrocessão que, no entanto, não pode ser concedida, pois não caracterizada a intenção do Poder Público de não utilizar o bem. Inexistência de prazo legal para a utilização do bem, quando a desapropriação, como ocorreu no caso concreto, se fez por utilidade pública. Arts. 1.150 do CC/16 e 519 do CC/2002. Inaplicabilidade do art. 3º da Lei 4.132/62, que disciplina a desapropriação por interesse social. Recurso improvido" (*TJSP* - Ap 0000424-48.2010.8.26.0695, 17-7-2013, Rel. Antonio Carlos Villen).

"**Retrocessão - Desvio de finalidade** - Desapropriação de imóvel dos autores, declarado de utilidade pública para a implantação de parque ecológico. **Tredestinação.** Contrato de concessão real de uso de imóvel firmado com particular para implantação de Centro de Pesquisas Ambientais, polo industrial metal mecânico e terminal intermodal de cargas rodoviário. Ação julgada improcedente. Recurso voluntário dos autores - Desprovimento de Rigor. Utilização da área expropriada que serve a outra finalidade pública não cria direito a retrocessão ou a perdas e danos. Documentos sobre fatos novos sem reflexos na presente demanda. Sentença mantida. Recurso desprovido" (*TJSP* - Ap 994.03.067553-5, 12-1-2012, Rel. Sidney Romano dos Reis).

Desvio de finalidade ou ilegalidade no procedimento administrativo é matéria para estudo no Direito Público e devem ser versados em ação autônoma.

Há situações de extremo abuso de poder e desvio de finalidade que não podem desamparar o jurisdicionado. Nem sempre o mandado de segurança ou a via ordinária conseguirá reparar o dano em tempo oportuno. Há julgados que admitiram a discussão da higidez do ato administrativo no bojo do processo (*RSTJ* 13/272). Isso, no entanto, não pode ser tomado como regra. As questões atinentes a desvio de finalidade do ato expropriatório pertencem ao estudo do direito administrativo, porém nada mais são do que abuso de direito praticado pela autoridade pública.

A regra geral no processo de desapropriação é o julgador limitar-se ao exame extrínseco e formal do ato administrativo, discutindo-se o justo preço.[5]

A imissão provisória na posse é permitida antes da citação do réu, desde que se declare a urgência e se efetue em juízo o depósito prévio.[6] O § 1º do art. 15 da lei específica estabelece

---

5 "Agravo de instrumento. **Desapropriação.** Imissão provisória. Decisão agravada que condicionou a imissão provisória na posse ao depósito do valor apontado pela perícia. Cabimento. Art. 15, § 1º, do Decreto nº 3.365/41, que autoriza a imissão provisória na posse, nos casos de urgência. Necessidade, contudo, do depósito do valor. Inviável a imissão de posse com base no valor apontado pela agravante. Precedentes. Ausência de risco para as partes, pois não houve decisão acerca do levantamento do valor a ser depositado. Decisão mantida. Recurso improvido" (*TJSP* – AI 2209789-39.2022.8.26.0000, 30-9-2022, Rel. Claudio Augusto Pedrassi).

"Apelação – **Desapropriação indireta** – Pretensão de indenização pelo suposto apossamento administrativo de imóvel localizado em Sorocaba, ocorrido em 1976, tendo em vista a construção de vias públicas no terreno – Sentença que reconheceu a prescrição e julgou extinto o feito – Prescrição – Ocorrência – O início do prazo prescricional ocorreu em 1976, momento em que efetivamente ocorreu a construção das vias públicas – Sob a égide do Código Civil de 1916, o prazo prescricional da ação de desapropriação indireta era de vinte anos – Súmula 119 do STJ – Prazo prescricional iniciado em 1976 e esgotado em 1996 – Ação ajuizada somente em 10.10.2013 – Passados mais de 30 anos da produção do ato supostamente lesivo, de rigor o reconhecimento da prescrição da pretensão reparatória – Sentença mantida – Recurso improvido" (*TJSP* – Ap 3025956-53.2013.8.26.0602, 23-2-2018, Rel. Maurício Fiorito).

"Apelação – Ação de indenização – **Desapropriação Indireta** – Indenização adequadamente fixada – Utilização pelo perito da técnica de avaliação por metro quadrado, considerando apenas a área expropriada – Inadmissibilidade – Critério de avaliação que deve considerar a área do lote primitivo – Precedentes – Lei 11.960/09 – Aplicação em relação aos juros de mora – Recurso dos autores desprovidos. Recurso do réu parcialmente provido" (*TJSP* – Ap 0023884-50.2009.8.26.0032, 19-6-2017, Relª Ana Liarte).

"**Agravo de instrumento** – Decisão que indeferiu o pedido de justiça gratuita no momento de interposição do recurso de apelação e o considerou deserto. Ação de indenização por apossamento administrativo (**desapropriação indireta**) julgada procedente. Pretensão à concessão da gratuidade de Justiça, ou, alternativamente, diferimento do preparo a final para análise das questões que os agravantes alegam que não foram apreciadas e algumas delas são de ordem pública, tendo sido rejeitados os embargos de declaração. Possibilidade de diferimento para o final, com base no art. 5º, II, da Lei 11.608/03, em consonância com o princípio constitucional de acesso à Justiça (art. 5º, XXXV e LV, da CF). Recurso provido" (*TJSP* – AI 0044054-03.2013.8.26.0000, 19-7-2013, Rel. Reinaldo Miluzzi).

6 "Direito processual civil. Agravo de instrumento. Desapropriação. Recurso provido. I. Caso em Exame 1. Agravo de instrumento interposto pela Companhia Paulista de Força e Luz contra decisão que nomeou perito para avaliação prévia de imóvel e determinou a citação dos réus para apresentarem resposta e quesitos. A agravante sustenta a desnecessidade do contraditório para a avaliação prévia destinada à análise do pedido de imissão na posse. II. Questão em Discussão 2. A questão em discussão consiste em saber se a realização da avaliação prévia para fins de imissão provisória na posse pode ser condicionada ao contraditório prévio. III. Razões de Decidir 3. O art. 15, § 1º, do Decreto-Lei nº 3.365/1941 condiciona a **imissão provisória na posse** apenas à declaração de urgência e ao depósito do valor arbitrado, sem necessidade de aguardar a citação do réu. 4. A jurisprudência do TJSP confirma a desnecessidade do contraditório para a avaliação prévia, o qual ocorrerá de forma diferida quando da avaliação definitiva, de modo a se permitir o início imediato da prova pericial. IV. Dispositivo 5. Recurso provido. Legislação Citada: Decreto-Lei nº 3.365/1941, art. 15, § 1º. Jurisprudência Citada: TJSP, Agravo de Instrumento 2130085-06.2024.8.26.0000, Rel. Souza Meirelles, 12ª Câmara de Direito Público, j. 23/07/2024. TJSP, Agravo de Instrumento 2280091-25.2024.8.26.0000, Rel. Jayme de Oliveira, 4ª Câmara de Direito Público, j. 21/11/2024" (*TJSP* – AI 2143258-63.2025.8.26.0000, 19-8-2025, Rel. Jayme de Oliveira).

critérios para esse depósito prévio. O exame detalhado da matéria refoge ao âmbito de nosso estudo. Contudo, advertimos que nem sempre esse depósito atenderá às finalidades da lei. Com frequência, o valor do depósito prévio é irrisório, ocasionando iniquidades. Sem numerário suficiente para adquirir novo imóvel, o expropriado é lançado com frequência em difícil situação econômica e social. O valor do lançamento tributário estabelecido na lei é, na maioria das vezes, critério falho para esse depósito prévio que permite o desapossamento imediato do bem.[7]

Em se tratando de imóveis residenciais urbanos, habitados pelo proprietário ou compromissário-comprador com contrato registrado, a imissão provisória tem procedimento próprio, estabelecido pelo Decreto-lei nº 1.075/70. A imissão somente é possível após a intimação da oferta ao expropriado, que pode impugná-la. Nesse caso, o juiz determina avaliação prévia a ser trazida em 48 horas (art. 2º). A imissão provisória somente poderá ser autorizada com o depósito da metade da oferta, se o valor arbitrado lhe for superior (art. 3º). O art. 4º desse diploma fixa em 2.300 salários mínimos o máximo do depósito a que será obrigado o poder expropriante. O art. 5º dessa lei regula a forma pela qual o expropriado pode levantar o total ou parte da importância assim depositada:

"Agravo de instrumento. Desapropriação. **Imissão provisória.** Decisão agravada que condicionou a imissão provisória na posse ao depósito do valor apontado pela perícia. Cabimento. Art. 15, § 1º, do Decreto nº 3.365/41, que autoriza a imissão provisória na posse, nos casos de urgência. Necessidade, contudo, do depósito do valor. Inviável a imissão de posse com base no valor apontado pela agravante. Precedentes. Ausência de risco para as partes, pois não houve decisão acerca do levantamento do valor a ser depositado. Decisão mantida. Recurso improvido" (*TJSP* – AI 2209789-39.2022.8.26.0000, 30-9-2022, Rel. Claudio Augusto Pedrassi).

"Direito administrativo – desapropriação – **imissão provisória na posse** – Decisão que, com base em avaliação unilateral e depósito em juízo do valor da oferta inicial, deferiu a imissão provisória na posse das áreas descritas na inicial – Impossibilidade – A imissão provisória em imóvel expropriando somente é possível mediante prévio depósito do valor apurado em avaliação judicial provisória, não podendo de ser substituída por avaliação efetuada unilateralmente – Inteligência que não afronta o art. 15, do Decreto-lei nº 3.365/41, e se amolda à justa e prévia indenização insculpida no inciso XXIV do artigo 5º da Constituição Federal – Precedentes deste Egrégio Tribunal – Decisão cassada. Recurso provido" (*TJSP* – AI 2241937-40.2021.8.26.0000, 17-12-2021, Rel. Oscild de Lima Júnior).

"Processual civil e administrativo – Indenização – **Desapropriação Indireta** – Prescrição Afastada – Interrupção – Requerimento Administrativo – Reconhecimento do domínio do imóvel – 1- O prazo prescricional para pleitear indenização por desapropriação indireta é regulado pelo art. 550 do revogado Código Civil, conforme o disposto na Súmula 119 /STJ (A ação de desapropriação indireta prescreve em vinte anos), tendo por termo inicial a data da efetiva ocupação do imóvel. 2- Este prazo pode ser interrompido, conforme previsão do art. 176, V, do CC/16, 'por qualquer ato inequívoco, ainda que extrajudicial, que importe reconhecimento do direito pelo devedor'. 3- No caso dos autos, a Municipalidade reconheceu o domínio da autora sobre o imóvel objeto do apossamento, razão pela qual o prazo prescricional ficou interrompido durante o período em que o pleito indenizatório tramitou na seara administrativa. 4- Agravo interno não provido" (*STJ* – AGInt-REsp 1695199/MS, 22-8-2019, Rel. Min. Sérgio Kukina).

"**Desapropriação Indireta** – Indenização – Imóvel utilizado pela Prefeitura como depósito de lixo – Prova pericial leva ao entendimento, pelo longo tempo de uso do terreno dos autores, que por ausência de providência administrativa ou judicial havia tolerância na descarga de lixo no terreno – Sentença considerou as circunstâncias que levaram à inércia dos autores, donos do imóvel, a não demandarem antes – Autores não perderam o direito sobre o imóvel – Não houve indenização, mas uso com dano que foi bem reparado na sentença que merece subsistir – Recursos improvidos" (*TJSP* – Ap 0001543-64.2001.8.26.0370, 31-7-2018, Rel. José Luiz Gavião de Almeida).

7 *Vide* ADI 2.332-MC/DF, que reconheceu a constitucionalidade do percentual de juros compensatórios de 6% (seis por cento) ao ano para remuneração do proprietário pela imissão provisória do ente público na posse de seu bem, declarando a inconstitucionalidade do vocábulo "até", interpretando conforme a Constituição o *caput* do art. 15-A do Decreto-Lei 3.365/41, de 21 de junho de 1941, reconhecendo a constitucionalidade do § 1º e do § 2º do art. 15-A do Decreto-Lei 3.365/41 e do § 3º do artigo 15-A do Decreto-Lei 3.365/41, declarando a inconstitucionalidade do § 4º do art. 15-A do Decreto-Lei 3.365/41, bem como, reconhecendo a constitucionalidade da estipulação de parâmetros mínimo e máximo para a concessão de honorários advocatícios previstos no § 1º do artigo 27 o Decreto-Lei 3.365/41, declarando a inconstitucionalidade da expressão "não podendo os honorários ultrapassarem R$ 151.000,00 (cento e cinquenta e um mil reais)".

> *"O expropriado, observadas as cautelas previstas no art. 34 do Decreto-lei nº 3.365, de 21 de junho de 1941, poderá levantar toda a importância depositada e complementada nos termos do art. 3º.*
>
> *Parágrafo único. Quando o valor arbitrado for inferior ou igual ao dobro do preço oferecido, é lícito ao expropriado optar entre o levantamento de 80% (oitenta por cento) do preço oferecido ou da metade do valor arbitrado".*

A finalidade desse diploma foi possibilitar ao expropriado a aquisição de outro imóvel para residir, desiderato nem sempre conseguido.

A alegação de urgência feita pelo expropriante pode, em qualquer situação, autorizar a imissão provisória na posse, desde que seja depositado o valor ofertado (art. 15 do Decreto-lei nº 3.365/41).[8] Essa alegação de urgência obriga-o a requerer a imissão provisória no prazo improrrogável de 120 dias, após o qual ela não será concedida (§§ 2º e 3º). Esse prazo é contado a partir do momento em que é formulado o pedido de urgência (*RT* 483/147). Nas desapropriações não abrangidas pelo Decreto-lei nº 1.075/70 referido, o critério para o depósito inicial, que permite a imissão provisória, é o estabelecido nesse mesmo art. 15, § 1º:

> *"A imissão provisória poderá ser feita, independentemente da citação do réu, mediante o depósito:*
>
> *a) do preço oferecido, se este for superior a vinte vezes o valor locativo caso o imóvel esteja sujeito ao imposto predial;*
>
> *b) da quantia correspondente a vinte vezes o valor locativo, estando o imóvel sujeito ao imposto predial e sendo menor o preço oferecido;*
>
> *c) do valor cadastral do imóvel, para fins de lançamento do imposto territorial, urbano ou rural, caso o referido valor tenha sido atualizado no ano fiscal imediatamente anterior;*
>
> *d) não tendo havido a atualização a que se refere o inciso c, o juiz fixará, independentemente de avaliação, a importância do depósito, tendo em vista a época em que houver sido fixado originariamente o valor cadastral e a valorização ou desvalorização posterior do imóvel".*

O valor do depósito com base em lançamento tributário, como acenamos, é falho e sujeita o desapropriado a receber valor inicial muito aquém do valor de mercado. Com a demora no processamento e recebimento de diferença, ainda que corrigida, o prejuízo é quase certo. A situação mereceria, sob o prisma do direito constitucional da justa e prévia indenização, a mesma solução dada aos imóveis residenciais pelo Decreto-lei nº 1.075/70, determinando-se em qualquer caso a avaliação prévia. Nesse decreto, o expropriado pode impugnar a oferta inicial e provocar a perícia. O art. 15 do Decreto-lei nº 3.365/41 não admite tal impugnação.

Se no curso do processo surgir dúvida a respeito do domínio, o levantamento do depósito ficará dependendo de decisão em processo próprio ao qual os interessados devem recorrer. A discussão sobre quem tem legitimidade para receber a indenização é estranha ao processo expropriatório. A prova do domínio e quitação de débitos fiscais é essencial para o levantamento do preço.

---

[8] Ver nota 7 deste Capítulo.

De qualquer modo, a *imissão definitiva na posse* somente pode ocorrer após o pagamento integral do preço, conforme acordo ou sentença final.[9]

Questão importante diz respeito à *área remanescente* do imóvel expropriado.[10] Essa área pode, conforme o caso, sofrer valorização ou depreciação. Um imóvel, ainda que tenha sua área diminuída, poderá valorizar-se com a obra pública. Por outro lado, pode diminuir de extensão a ponto de perder toda a utilidade. Nos termos do art. 27 da lei específica, esses aspectos devem ser levados em consideração. Se o remanescente se tornar inútil, justo que o particular exija que toda a área seja desapropriada. De nada servirá ao proprietário, nem haverá interesse social na propriedade de simples nesga de terreno. "*O direito de extensão, para incluir tais sobras, deve ser exercido ou no momento administrativo da desapropriação, ou quando da instauração da fase judicial*" (Rizzardo, 1991, v. 2:536). Em princípio, esse direito

---

9 "Agravo de instrumento – **Ação de desapropriação** – Imissão provisória na posse do imóvel – Depósito prévio – 1- Em se tratando de desapropriação por utilidade pública, em regime de urgência, está legalmente autorizada a imissão provisória na posse do imóvel expropriado, mediante o depósito do valor ofertado a título de indenização (art. 15 do Decreto-Lei nº 3.365/41). Precedentes. 2- Agravo de instrumento improvido, restando prejudicado o agravo interno" (*TRF-4ª R.* – AI 5027416-39.2019.4.04.0000, 25-9-2019, Rel. Des. Fed. Cândido Alfredo Silva Leal Junior).

"**Desapropriação** – Indenização – Pretendida majoração de valor fixado na sentença para a área remanescente – Inadmissibilidade – Laudo técnico que se apoiou em motivação adequada e suficiente para justificar o posicionamento adotado. Sentença de procedência. Recurso desprovido" (*TJSP* – Ap 0001402-43.2006.8.26.0411, 7-3-2018, Rel. Ferreira Rodrigues).

10 "Apelação. Desapropriação. Pretensão dos expropriados de majoração do valor arbitrado a título de indenização. Admissibilidade em parte. Elaboração de novo laudo decorrente de perícia pela qual constatado o valor devido em razão da desapropriação, com **acréscimo de indenização por força da inclusão de área remanescente**. Contudo, não hipótese de desapropriação total do imóvel. Ademais, afastamento dos juros moratórios e compensatórios dado o depósito integral da indenização antes da imissão na posse. Apelos parcialmente providos, portanto" (*TJSP* – Ap 1007548-46.2013.8.26.0053, 11-9-2024, Rel. Encinas Manfré).

"Desapropriação. SABESP. Recuperação de balneário no Município de Paraguaçu Paulista. Discordância quanto ao valor indenizatório. Inadmissibilidade. Laudo pericial elaborado por profissional de confiança do Juízo e equidistante das partes. Ausência de elementos que infirme a conclusão pericial. Método Involutivo que se justifica no caso. Gleba localizada em zona urbana, com vocação para implantação de loteamentos (com projetos aprovados preliminarmente pela Prefeitura Municipal). Inexistência de elementos comparativos válidos. **Área remanescente que ficou desvalorizada por conta da desapropriação.** Depreciação que deve ser acrescida ao valor da justa indenização. Precedente. Juros compensatórios que são devidos a partir da imissão provisória na posse, para compensar a perda de renda sofrida pelo proprietário, no percentual de 6% ano. Recurso voluntário e reexame necessário providos em parte" (*TJSP* – Ap 0005497-88.2012.8.26.0417, 14-12-2021, Rel. Bandeira Lins).

"Apelação cível. **Ação de desapropriação indireta.** Pedido de indenização de área remanescente de desapropriação direta anterior. Reconhecimento do pedido pela parte requerida – Dever de indenizar recurso conhecido e provido – Sentença reformada – Pedidos julgados procedentes – I- A desapropriação indireta é ato administrativo que corresponde à ocupação irregular de propriedade alheia, com esvaziamento dos atributos que o proprietário titularizava e com consequente necessidade de indenizá-lo. II- Na hipótese, o Município reconheceu que a área abrangida pelo primeiro Decreto expropriatório não foi suficiente para abarcar toda a extensão da Rua das Mangueiras, o que resulta no dever de indenizar a área sobressalente. III- Recurso conhecido e provido. Sentença reformada. Pedido julgado procedente" (*TJPA* – AC 00055527320118140040 – (206156), 10-7-2019, Relª Rosileide Maria da Costa Cunha).

"Processual civil e administrativo – **Desapropriação** – Área remanescente – Depreciação – Indenização Devida – Desvalorização – Revisão – Súmula 7 do STJ – 1- O Plenário do STJ decidiu que 'aos recursos interpostos com fundamento no CPC/1973 (relativos a decisões publicadas até 17 de março de 2016) devem ser exigidos os requisitos de admissibilidade na forma nele prevista, com as interpretações dadas até então pela jurisprudência do Superior Tribunal de Justiça' (Enunciado Administrativo nº 2). 2- De acordo com a jurisprudência desta Corte, é devida indenização pela limitação ao direito de propriedade decorrente de desapropriação de bem imóvel. 3- Hipótese em que o Tribunal de origem consignou que a parte expropriada suportou prejuízo pela desapropriação promovida em seu imóvel, razão pela qual deve haver reparação econômica pela área remanescente que sofreu comprometimento em razão do ato expropriatório, sendo certo que a revisão de tal entendimento atrai a incidência da Súmula 7 do STJ. 4- Agravo interno desprovido" (*STJ* – AGInt-AG-REsp 948.951 – (2016/0179756-5), 8-8-2018, Rel. Min. Gurgel de Faria).

não pode ser pleiteado em ação autônoma. Cabe à perícia esclarecer eventuais dúvidas sobre a questão. Embora a lei específica não se tenha referido a esse direito de extensão, decorre do Decreto nº 4.956/1903 e não contraria o espírito de proteção da propriedade privada e os princípios da desapropriação.

12.6.5 Indenização e Pagamento

A indenização por desapropriação deve ser *justa, prévia* e *em dinheiro*. É aberta exceção para os imóveis rurais, destinados a reforma agrária (art. 184 da CF) e para os urbanos não integrantes do chamado plano diretor (art. 182, § 4º, III), quando se autoriza a indenização posterior e em títulos da dívida agrária para os primeiros, e da dívida pública para os últimos. Todos os ônus incidentes sobre o imóvel sub-rogam-se no valor depositado, inclusive as cláusulas de inalienabilidade, impenhorabilidade e incomunicabilidade, servindo para aquisição de outro bem.

O art. 243 da Constituição refere-se à expropriação de glebas em que forem localizadas culturas de plantas psicotrópicas, sem qualquer indenização. O legislador empregou mal o termo, porque se refere a confisco, que se caracteriza como pena em razão de ato ilícito. Não existe desapropriação sem indenização.

Afora essa aparente exceção, a indenização deve incluir o cálculo do valor do bem, benfeitorias e construções, lucros cessantes e danos emergentes, bem como juros compensatórios e juros moratórios, além de custas e despesas processuais em geral e honorários de advogado.

Os juros compensatórios são computados desde a imissão provisória na posse (Súmula 164 do Supremo Tribunal Federal), se ocorrer. Sua base de cálculo é o valor da diferença entre a oferta e o valor da indenização. A taxa é de 12% ao ano (Súmula 18 do Supremo Tribunal Federal). Os juros moratórios são devidos sobre a mesma diferença, no montante de 6% ao ano, a partir da sentença transitada em julgado. A partir dessa data, cumulam-se se computados os compensatórios a partir da imissão. Os juros compensatórios servem de compensação pela perda da propriedade; os moratórios decorrem da demora no pagamento. Todo pagamento deve sofrer correção monetária até a data da efetiva liquidação, refazendo-se o cálculo tantas vezes quanto for necessário para se atingir o desiderato da justa indenização (Súmula 561 do Supremo Tribunal Federal). Se o valor foi apurado em perícia, sua data é o termo inicial da correção. Na indenização, também se incluem as despesas com desmonte e transporte de maquinaria instalada e em funcionamento no local (art. 25, parágrafo único, do Decreto-lei nº 3.365/41).

O fundo de comércio entende-se indenizável, se o próprio expropriado for seu titular. É direito do desapropriado. Se pertencer a terceiro, este deverá pleitear indenização em ação autônoma. Na ação expropriatória, não se controvertem direitos de terceiros (art. 26 do Decreto-lei nº 3.365/41). Destarte, qualquer terceiro que tenha sido afetado pelo ato administrativo, e não apenas o inquilino, deve buscar a ação própria, sendo indevido seu ingresso na ação expropriatória.

Como o art. 184 da Constituição garante *prévia e justa indenização*, todo o resquício autoritário da legislação pretérita que estabelecia exceções deve ser considerado inconstitucional. As exceções são apenas aquelas previstas na própria Constituição. Somente depois do trânsito em julgado da sentença ocorrerá a transferência do domínio. No entanto, continuam válidos os critérios autorizadores do depósito para a imissão provisória na posse.

12.6.6 Desapropriação Indireta

A chamada desapropriação indireta traduz-se num fato consumado: o poder público, de forma definitiva, apossa-se e utiliza-se do domínio particular. Não é conveniente que assim ocorra. Por vezes, há imperioso interesse público; às vezes, mera conveniência da Administração. Para a solução jurídica importa solucionar o fato consumado do apossamento de bem particular.

No curso da atividade de ocupação, incumbiria ao proprietário ou possuidor valer-se dos meios protetivos do ordenamento, a começar pelos remédios possessórios para impedir a consumação do desapossamento. No entanto, encontrando-se a situação consumada, a coisa privada está efetivamente na posse da Administração, servindo a um fim público, como uma praça, um viaduto, uma escola etc.; a isso se consagra a denominação de *desapropriação indireta*. Na hipótese, ocorre a desapropriação sem o devido processo legal. Cuida-se de evidente invasão ilícita no domínio privado. Não pode e não deve ser tônica de ato qualquer administrativo. No entanto, por variadas razões, umas de ordem política, outras de ordem estritamente material, não é raro que o fenômeno ocorra.

Se realmente a utilização da coisa preenche as finalidades da expropriação, de utilidade ou necessidade pública, ou de interesse social, não será conveniente nem possível fazer com que o bem volte ao domínio privado. Por vezes, nem mesmo existe apossamento do bem, mas a atividade da Administração é de tal monta que impõe limitações, servidões ou restrições à propriedade privada impeditivas do exercício dos poderes inerentes. Nesse caso, também se caracteriza desapropriação indireta, ainda que limitada à indenização de parte do valor da coisa.

Nessas situações, cabe ao proprietário prejudicado mover ação de procedimento ordinário para haver do Poder Público a justa indenização. A perícia apurará o valor. Este incluirá as mesmas parcelas devidas como se tivesse havido o correto processo expropriatório, inclusive juros compensatórios, computados desde a efetiva ocupação, segundo a atual orientação do Supremo Tribunal Federal (*RTJ* 80/525, 106/473, 68/74). Os juros moratórios contam-se a partir do trânsito em julgado da sentença (*RT* 605/243).

Quanto à prescrição[11] entende-se que o prazo não é o de cinco anos estabelecido para as ações contra o Estado (Decreto-lei nº 20.910/32), mas de dez anos, nos termos do Código Civil

[11] "Direito administrativo. Apelação cível. Ação de obrigação de fazer cumulada com pedido de indenização por danos materiais. **Desapropriação indireta. Prazo prescricional**. Interrupção. Possibilidade de pretensão mandamental. Recurso provido. I – Caso em exame: Ação de obrigação de fazer extinta em razão da prescrição na qual se busca a realocação da tubulação de esgoto instalada em local diverso da área de servidão de passagem. II – Questão em discussão: Ocorrência de prescrição da pretensão autoral. III – Razões de decidir: (i) O Superior Tribunal de Justiça, no julgamento do Tema 1019, firmou tese de que o prazo prescricional para desapropriação indireta é de dez anos, conforme o artigo 1.238, parágrafo único, do Código Civil. (...) A jurisprudência do Superior Tribunal de Justiça entende que a desapropriação indireta se caracteriza pelo apossamento do imóvel pelo ente público, sem o devido processo expropriatório, e da destinação à utilização pública, mas somente se irreversível a situação fática. (v) Em resposta administrativa, a concessionária indicou a possibilidade de remanejamento da rede de esgoto, o que demonstra a viabilidade de tutela mandamental. (vi) Diante da interrupção do prazo prescricional e da possibilidade de tutela específica, a sentença deve ser reformada para afastar a prescrição. (...) IV – Dispositivo e tese de julgamento: Recurso de apelação provido. Tese de julgamento: O prazo prescricional da desapropriação indireta é de dez anos, nos termos do artigo 1.238, parágrafo único, do Código Civil, sendo passível de interrupção por oposição do proprietário ao apossamento administrativo. Atos normativos: arts. 202, I, 1.238, parágrafo único, e 1.244 do Código Civil; arts. 240, § 1º; 1.013, § 4º, do CPC; e art. 35 do Decreto-Lei nº 3.365/1941. Jurisprudência relevante: STJ, REsp nº 1.340.553/RS (Tema 1019), AgRg no AREsp nº 160.608/RJ e STJ, EREsp nº 922.786/SC" (*TJPR* – Ap 0000111-14.2021.8.16.0038, 12-5-2025, Rel. Clayton de Albuquerque Maranhão).

"Apelação – Indenização – **Desapropriação indireta** – Acordo extrajudicial elaborado pelas partes, pelo qual a requerida foi autorizada a ingressar na propriedade dos autores para implantar um poço para obras de rede de esgoto. Sentença que reconheceu a falta de legitimidade e extinguiu o processo nos termos do art. 485, inciso VI, do CPC. Pretensão ao recebimento de indenização pela instalação do poço em parte de sua propriedade. Autores

contemporâneo, estabelecido para a usucapião extraordinária prazo que no diploma normativo anterior era de 20 anos.[12] Justifica-se pelo fato de que o direito do proprietário permanece enquanto não perder o domínio pela usucapião extraordinária em favor do poder público. Como se trata de apossamento injusto, sem título, não se leva em conta o prazo menor da usucapião ordinária que requer justo título e boa-fé (Di Pietro, 1992:141). Com esse argumento, supera-se a questão de se tratar de ação indenizatória, levando-se em conta o lapso prescricional da ação reivindicatória, nessa ação de desapropriação ao inverso. Anota a mesma autora que quando o poder público não é acionado em tempo hábil pelo particular, deve recorrer à usucapião a fim de regularizar sua propriedade. A simples afetação a uma finalidade pública não regulariza o domínio, mas a sentença que o declara na usucapião. No entanto, não é comum que isso ocorra, salvo se situação específica no registro imobiliário venha a ser levantada.

---

que não comprovaram a titularidade da propriedade. Manutenção da r. sentença. Negado provimento ao recurso" (*TJSP* – AC 1006514-91.2018.8.26.0269, 9-10-2019, Rel. Oswaldo Luiz Palu).

"Administrativo – **Desapropriação indireta** – Prescrição – Código Civil de 2002 – Prazo Decenal – Jurisprudência reafirmada pela corte especial – 1- O prazo prescricional nas ações de desapropriação indireta na vigência do atual Código Civil é decenal, observada a regra de transição. Entendimento reafirmado pela Corte Especial no AgInt nos EAREsp 815.431/RS (Rel. Ministro Felix Fischer, julgado em 18/10/2017, DJe 27/10/2017). 2- Recurso especial a que se nega provimento" (*STJ* – REsp 1.699.652 – (2017/0248395-7), 13-3-2018, Rel. Min. Og Fernandes).

"Agravo de instrumento – **Ação de desapropriação indireta** – Pedido de caracterização de litisconsórcio passivo necessário, em virtude de desapropriação anterior que atribuiu a titularidade do imóvel a terceiro estranho à lide – Indeferimento do pedido pelo MM. Juízo a quo – Decisão acertada – Litisconsórcio necessário não caracterizado – Lide claramente estabelecida para identificar a existência ou não de apossamento administrativo por parte da ré, o que repercutirá na procedência ou não dos pedidos – Possibilidade de eventual direito de regresso ser exercido em via processual autônoma – Inexistência de situação apta a justificar a reforma da decisão agravada – Recurso não provido" (*TJSP* – AI 2056804-95.2016.8.26.0000, 20-5-2016, Rel. Magalhães Coelho).

"**Administrativo** – Indenização – Desapropriação indireta – Regularização fundiária – 1 – Demanda indenizatória por desapropriação indireta movida em face do Município de São Bernardo do Campo. Imputação de efeito prático expropriatório ao Decreto Municipal nº 17.659/2011, que aprovou o Plano Integrado de Urbanização e Regularização Fundiária Sustentável dos Assentamentos Precários Capelinha e Cocaia. Sentença de extinção sem julgamento do mérito, por carência de ação. 2 – Decreto Municipal nº 17.659/2011 que não possui finalidade expropriatória. Objetivo de dar cumprimento à condenação judicial imposta ao Município em Ação Civil Pública, bem como de promover a regularização fundiária de assentamentos urbanos irregulares e afetados por múltiplas carências. Fundamentação legal do Decreto que permite reconhecer a validade de sua incidência sobre os imóveis situados em ZEIS (zonas especiais de interesse social). Inexistência de imissão na posse e desapossamento administrativo com a intenção de adquirir domínio. Eventual restrição de uso que é decorrência natural do processo de regularização. Município que prestará assistência material às famílias até a entrega das novas unidades habitacionais. Recurso desprovido" (*TJSP* – Ap 1012067-49.2014.8.26.0564,19-10-2015, Relª Heloísa Martins Mimessi).

"**Intervenção na propriedade – Desapropriação indireta** – Área remanescente e juros compensatórios não pagos na anterior ação, em que se ressalvou o pleito pelas vias próprias. Suspensão do prazo prescricional nos termos do art. 4º do Decreto nº 20.910/32. Prescrição afastada. Sentença de improcedência. Recurso provido" (*TJSP* – Ap 0045394-34.2012.8.26.0576, 19-9-2014, Rel. Coimbra Schmidt).

12 "Apelação. Desapropriação indireta. Reconhecimento da prescrição. **Aplicação do Tema 1019/STJ**, no sentido de que "O prazo prescricional aplicável à desapropriação indireta, na hipótese em que o Poder Público tenha realizado obras no local ou atribuído natureza de utilidade pública ou de interesse social ao imóvel, é de 10 anos, conforme parágrafo único do art. 1.238 do CC." Improcedência do pedido. Sentença mantida pelos seus próprios e bem deduzidos fundamentos, adotados como razões de decidir, nos termos do artigo 252 do Regimento Interno deste Egrégio Tribunal de Justiça. Recurso não provido". (*TJSP* – Ap 1000638-68.2018.8.26.0201, 9-8-2023, Rel. Camargo Pereira).

A Primeira Seção do STJ definiu que prazo prescricional aplicável à desapropriação indireta é de dez anos: Tema 1019.

"Indenização – Desapropriação Indireta – Prazo prescricional – Aplicação do Tema nº 1.019, publicado em 07.05.2020 – 'O prazo prescricional aplicável à desapropriação indireta, na hipótese em que o Poder Público tenha realizado obras no local ou atribuído natureza de utilidade pública ou de interesse social ao imóvel, é de 10 anos, conforme parágrafo único do art. 1.238 do CC' – Prescrição decretada na sentença afastada – imóvel com contrato de locação com garantia dos 10 primeiros anos – Rendimentos tolhidos em razão da perda da posse – Lucros cessantes que não se confundem com juros compensatórios – Precedentes – Indenização devida – Recurso provido" (*TJSP* – Ap 1025931-28.2020.8.26.0053, 22-2-2022, Rel. Marrey Uint).

12.6.7 Desistência da Desapropriação. Revogação e Anulação do Ato Expropriatório

A desistência da desapropriação é admissível até antes da incorporação do bem ao Estado: para os móveis até a tradição e para os imóveis até o trânsito em julgado da sentença expropriatória ou transcrição do título do acordo administrativo. Se já incorporado definitivamente o bem ao patrimônio público, não há mais do que desistir. A situação passa a ser de retrocessão.

O poder público pode revogar seu ato expropriatório. Como qualquer ato administrativo, revoga-se por oportunidade ou conveniência da Administração. O critério é discricionário. Se os efeitos materiais produzidos pelo ato até sua revogação ocasionaram prejuízos ao particular, devem ser indenizados, embora a coisa retorne a seu domínio. Se já modificada a coisa a ponto de desnaturá-la, impossibilita-se a devolução.

A Administração também pode anular seus atos administrativos em virtude de neles reconhecer vícios. Enquanto não incorporado o bem ao patrimônio público, os efeitos serão os mesmos da revogação. A anulação pode decorrer também de decisão judicial. Caracterizado vício no procedimento administrativo expropriatório, como desvio de poder, desvio de finalidade ou abuso de direito, o ato pode ser atacado por mandado de segurança, ação popular ou ação ordinária. A matéria deve ser desenvolvida no estudo do direito público. A esse respeito, ensina com absoluta clareza Manoel de Oliveira Franco Sobrinho (1973:48):

> *"A intangibilidade do ato administrativo, sem dúvida, onde exista um sistema legal de garantias, é de uma intangibilidade não absoluta, não conflitante com o regime jurídico e a ordem constitucional. O que escapa, nas desapropriações, à competência do judiciário, são os motivos em que o poder desapropriante assentou a sua vontade para decretar e fazer valer o interesse público. E os motivos estão na lei, na especificação legal, expressa e taxativa. Não fora da lei nem em conflito com ela".*

A sentença que anula decreto expropriatório dá margem a indenização por perdas e danos, com ou sem o retorno do bem ao patrimônio privado.

12.6.8 Retrocessão

O Código Civil anterior, no capítulo destinado a regular a compra e venda, estipulou no art. 1.150: *"A União, o Estado, ou o Município oferecerá ao ex-proprietário o imóvel desapropriado, pelo preço porque o foi, caso não tenha o destino, para que se desapropriou"*. A esse instituto denominamos *retrocessão*. O Código de 2002 disciplina o instituto no art. 519:

> *"Se a coisa expropriada para fins de necessidade ou utilidade pública, ou por interesse social, não tiver o destino para que se desapropriou, ou não for utilizada em obras ou serviços públicos, caberá ao expropriado direito de preferência, pelo preço atual da coisa".*

Como o Decreto-lei nº 3.365/41 não previu a retrocessão e seu art. 35 proíbe a reivindicação do imóvel já incorporado ao Estado, grande parte da doutrina e da jurisprudência entende que já não existe o instituto como *direito real*. Subsiste apenas um direito pessoal do desapropriado em pedir perdas e danos, com base no art. 1.150, caso a Administração não lhe ofereça o imóvel não utilizado. Entendemos que esse direito de preempção ou preferência seja meramente obrigacional. Assim manifesta-se em monografia Belizário Antônio de Lacerda (1983:158):

> *"Inexiste no Brasil o direito de retrocessão à luz do ordenamento positivo vigente, uma vez que tal como se acha posto atualmente o instituto, seu descumprimento redunda em indenização de perdas e danos".*[13]

Autores de renome, com outra parcela da jurisprudência, no entanto, sustentam que permanece o direito real à reivindicação contra o Estado, baseando-se no princípio constitucional garantidor do direito de propriedade.

---

[13] "Direito civil. Apelação. Usucapião especial urbana. Recurso desprovido. I. Caso em Exame: Recurso de apelação contra sentença que julgou improcedente o pedido de usucapião de imóvel descrito na exordial. O apelante alega que o imóvel, objeto de desapropriação, não teve destinação pública efetiva, pleiteando o direito à retrocessão. O imóvel está localizado em área urbana, com aproximadamente 200m², e o autor afirma exercer posse contínua e justa desde 2008, sem ser proprietário de outro imóvel. II. Questão em Discussão: 2. A questão em discussão consiste em determinar se o imóvel, inserido em área desapropriada, pode ser objeto de usucapião, considerando a alegação de ausência de destinação pública e o direito à retrocessão. Adicionalmente, discute-se a possibilidade de cerceamento de defesa pela não realização de audiência para produção de prova oral. III. Razões de Decidir: 3. A prova documental nos autos é suficiente para dirimir a controvérsia, dispensando a produção de novas provas. O magistrado, como destinatário da prova, tem a prerrogativa de avaliar a necessidade de sua produção. 4. O imóvel integra área de preservação pertencente ao patrimônio público, insuscetível de usucapião, conforme artigos 183, § 3º, da CF/1988 e 102 do CC. A jurisprudência consolidada e a legislação vigente vedam a aquisição de bens públicos por usucapião. IV. Dispositivo e Tese: 5. Recurso desprovido. Tese de julgamento: 1. Imóveis públicos não são passíveis de usucapião. 2. **Direito de retrocessão** demanda ação autônoma, cuja legitimidade ativa é restrita aos expropriados. 3. A produção de provas é prerrogativa do juiz, que pode dispensá-las se considerar o acervo documental suficiente. Legislação Citada: CF/1988, art. 183, § 3º; CC, arts. 102, 519; CPC, art. 370, parágrafo único. Jurisprudência Citada: STJ, REsp 469.557/MT, Rel. Min. Luis Felipe Salomão, Quarta Turma, j. 06.05.2010. TJSP, Apelação Cível 1016082-91.2014.8.26.0554, Rel. J.L. Mônaco da Silva, 5ª Câmara de Direito Privado, j. 22.08.2018" (*TJSP* – Ap 1015842-05.2014.8.26.0554, 18-7-2025, Rel. Mônica de Carvalho).

"Apelação – Ação declaratória com pedido condenatório – Alegação de posse de área remanescente de desapropriação – Pretensão de ver declarada a ocorrência de desapropriação parcial e obter a **retrocessão** da área não utilizada para a implantação de melhoramento público, ou, subsidiariamente, receber indenização complementar pela desapropriação integral do imóvel, por benfeitorias e a restituição de valores pagos a título de IPTU – Sentença de improcedência – Pretensão de reforma – Impossibilidade – Conjunto probatório que evidencia a ocorrência da desapropriação total da área objeto dos autos, com pagamento integral da indenização correspondente – Autores, assim, que ocupam área de natureza pública – Ocupação que não induz posse, mas mera detenção – Indisponibilidade do bem público – Ausência de direito à indenização por benfeitorias e de restituição de valores recolhidos a título de IPTU – Precedentes – Não provimento do recurso" (*TJSP* – Ap 1016190-37.2015.8.26.0053, 23-7-2024, Relª Maria Olívia Alves).

"Agravo de instrumento – Desapropriação – **Retrocessão** – Insurgência em face da decisão que indeferiu o pleito de devolução da área expropriada nos autos da ação de desapropriação – Descabimento – Direito de retrocessão parcial sobre a área que deve ser discutida em ação própria – Necessidade de prova pericial para perquirir a valorização do imóvel remanescente em decorrência da obra de implantação do Rodoanel – Inteligência do art. 519, do Código Civil – Decisão mantida – recurso improvido". (*TJSP* – AI 2293848-57.2022.8.26.0000, 11-4-2023, Rel. Rubens Rihl).

"Apelação. **Retrocessão.** Imóvel expropriado. Pretensão ao reconhecimento da tresdestinação ilícita da parte remanescente do imóvel desapropriado, devolução pelo preço pago, bem assim reparação do prejuízo, a título de perdas e danos e pagamento de dano moral. Inadmissibilidade. Ausência de desvio de finalidade. Hipótese em que, pela documentação acostada aos autos, foi dada a destinação correlata para os imóveis desapropriados, atendendo ao interesse público. Demora na utilização do bem que não significa tresdestinação. Improcedência da ação mantida. Recurso não provido" (*TJSP* – Ap 1000734-64.2019.8.26.0584, 25-2-2021, Rel. Bandeira Lins).

"**Retrocessão** – Desapropriada área de vinte e quatro mil e duzentos metros quadrados para criação do Parque Industrial I do Município de São Francisco. Desvio de finalidade. Tredestinação. Construção de imóveis comerciais e residenciais sem a cobrança de imposto municipal. Requerida a produção de provas. Julgamento antecipado da lide. Cerceamento de defesa. Necessidade de dilação probatória. Recurso provido para anular a sentença" (*TJSP* – AC 1001573-51.2018.8.26.0414, 25-10-2019, Rel. Edson Ferreira).

"**Retrocessão** – Imóvel declarado como de utilidade pública para fins de construção da Escola Municipal de Artes, não tendo o Ente Público, após mais de 4 anos, dado ao terreno a destinação prevista. Sentença de improcedência. Apelação interposta sem a comprovação do recolhimento do preparo. Falta de elementos concretos mínimos a justificar a concessão a gratuidade pleiteada nas razões recursais, mesmo após a concessão de prazo para apresentação de documentos. Decisão de indeferimento do benefício contra a qual não foi interposto qualquer recurso. Escoamento in albis do prazo do art. 1.007, § 4º, do CPC. Deserção configurada. Recurso não conhecido" (*TJSP* – Ap 1003544-08.2016.8.26.0587, 20-9-2018, Relª Vera Angrisani).

Outros ainda entendem que cabe ao expropriado escolher entre a ação obrigacional de perdas e danos ou a reivindicação. Parece ser essa a corrente que melhor se coaduna com o espírito da lei, havendo também decisão nesse sentido (Di Pietro, 1992:142). Adotada essa posição, se o poder público pretender alienar a coisa, o desapropriado pode depositar o preço e havê-la para si. Os inconvenientes práticos nessa situação são enormes, no entanto. Como percebemos, a doutrina e a jurisprudência, ainda que passados tantos anos de vigência da lei específica, não consolidaram vários aspectos da retrocessão, principalmente no tocante a sua natureza jurídica.

Como, na prática, na maioria das vezes torna-se inviável o retorno do bem ao expropriado em razão de modificações, danos no bem ou alienação a terceiros de boa-fé, restará de bom senso a ação indenizatória que incluirá o preço do pagamento devidamente corrigido.

A retrocessão somente entra em baila quando a Administração não dá finalidade pública ao bem. Isso fica ainda mais claro com a redação do presente Código. Não se aplica se a coisa é utilizada para finalidade diversa que não aquela especificada no decreto, mas dentro do âmbito da utilidade ou necessidade pública.

Não há prazo de caducidade para a ação de retrocessão. Viabiliza-se a ação do particular, iniciando-se, portanto, o prazo prescricional no momento em que se consuma o fato concreto de a Administração dar outra finalidade ao bem, fora do interesse coletivo. Sustentada a tese de ser a ação decorrente de direito real, o prazo prescritivo era de 20 anos no sistema de 1916 (e não de cinco, por força do Decreto-lei nº 20.910/32) (ver a esse respeito Di Pietro, 1992:143).

No tocante à desapropriação por interesse social, a Lei nº 4.132, no art. 3º, fixa um prazo de caducidade de dois anos, a contar do decreto expropriatório, para a consumação da desapropriação e do aproveitamento do bem expropriado. Nessa hipótese, seguindo o princípio da *actio nata*, é iniciado o lapso prescricional terminados esses dois anos.

12.6.9 Servidão Administrativa, Requisição e Ocupação Provisória

A *servidão administrativa*, com conteúdo semelhante à servidão de direito civil, é ônus real incidente sobre o uso da propriedade particular, a fim de assegurar a realização de obras e serviços públicos. O proprietário é obrigado a suportar restrição à utilização plena de sua propriedade. Na servidão civil, um prédio deve suportar o ônus imposto em favor de outro prédio. Na servidão administrativa, a restrição é imposta em favor de uma utilidade ou necessidade pública. A Administração pode necessitar de passagem aérea de linhas de transmissão de energia elétrica ou do solo privado para a passagem de oleodutos, por exemplo.

A servidão administrativa não tolhe o direito de propriedade, apenas o restringe. Nesse diapasão, a desapropriação para servidão administrativa levará em conta um valor mitigado de

---

"Agravo de instrumento – Decisão de indeferimento de liminar em ação declaratória de nulidade de ato administrativo. **Retrocessão** de imóveis integrantes da cidade tecnológica e industrial de cascavel (CITVEL-I) por suposto descumprimento dos contratos de promessa de compra e venda firmados com o município. Indeferimento da liminar visando a manutenção na posse. Aparente violação aos princípios da ampla defesa e do contraditório. Necessidade de se privilegiar, por ora, o estado de aparência. Imóveis que já contam com melhorias implementadas pelos agravantes. Risco de deterioração ou perdimento em caso de retomada imediata. Presença do *fumus boni iuris* e do *periculum in mora*. Decisão recorrida reformada. Recurso provido" (*TJPR* – AI 1502542-2, 23-1-2017, Rel. Juiz Subst. Rogério Ribas).

"**Processo civil e administrativo – Retrocessão** – Tredestinação ilícita – impossibilidade jurídica – extinção do processo sem julgamento do mérito – 1 – O pedido é juridicamente impossível quando existente no ordenamento jurídico pátrio norma positivada que veda o pleito formulado pela parte, sendo o caso de extinção do processo sem resolução do mérito, em decorrência da ausência de uma das condições da ação (art. 267, inciso VI, do CPC). 2 – Remessa *ex officio* provida e recurso voluntário prejudicado" (*TJAP* – Proc. 0005777-51.2013.8.03.0001, 10-7-2015, Relª Desª Stella Simonne Ramos).

indenização, correspondente à efetiva perda do *ius fruendi*. Não existe perda da propriedade. A servidão é de uso e não de domínio. Na passagem de cabos de linhas áreas de energia, por exemplo, o proprietário não pode construir sob o local tecnicamente delimitado. A indenização deve ser do prejuízo suportado pelo proprietário. Normalmente, essa indenização ficará em torno de 10 a 20% do valor da área. Não há, porém, porcentagem estabelecida na lei. Muito dependerá das condições do local atingido, valendo lembrar que, em alguns casos, a servidão administrativa importará em total impossibilidade de uso e fruição, por parte do administrado. Caberá ao juiz fixar o percentual no caso concreto.

Pode ocorrer que, dependendo da natureza da servidão, não haja prejuízo para o proprietário, nada havendo nessa hipótese a indenizar (Meirelles, 1988:525). Reside aí outra importante diferença da desapropriação plena, em que sempre haverá o direito à indenização.

O procedimento de instituição da servidão administrativa obedece aos mesmos princípios da desapropriação. Pode ser estabelecido por acordo administrativo ou por processo expropriatório: "*O expropriante poderá constituir servidões, mediante indenização na forma desta lei*" (art. 40 do Decreto-lei nº 3.365/41).

A servidão administrativa deve ser objeto de registro imobiliário, nos termos do art. 168, I, *f*, da Lei dos Registros Públicos, embora a questão não seja pacífica na doutrina. Não se incluem nessa categoria as servidões administrativas decorrentes de lei, que independem de atividade procedimental, como aquelas das margens dos rios públicos, as servidões ao redor de aeroportos, por exemplo. Tanto uma como outra espécie são institutos típicos de direito público.

A *requisição* consiste na utilização coativa de bens ou serviços privados, em razão de necessidade pública urgente e transitória, com indenização posterior. É ato de autoridade pública. O Código Civil de 1916 já a ela se referia no art. 591, mencionando as situações de perigo iminente, como guerra ou comoção intestina. O art. 5º, XXV, da Constituição Federal permite a requisição da propriedade particular, na iminência de perigo público. A autoridade competente poderá usar de propriedade particular, assegurada ao proprietário indenização ulterior, se houver dano. Essa requisição pode ocorrer para fins civis, como em casos de calamidade pública, ou fins militares, sempre que for impossível ou inviável a utilização de processo legal. A indenização ocorrerá *a posteriori*. Necessariamente, não implicará perda da propriedade, mas simples utilização. A indenização deve abranger, porém, todos os danos e prejuízos com base no princípio de utilização de propriedade alheia.

Outra modalidade de intervenção no domínio privado é a *ocupação provisória ou temporária* de bens particulares. Ocorre para a consecução de serviços como canteiro de obras, vias de passagem etc. O art. 36 do Decreto-lei nº 3.365/41 disciplina o instituto:

> "*É permitida a ocupação temporária, que será indenizada, a final, por ação própria, de terrenos não edificados, vizinhos às obras e necessários à sua realização. O expropriante prestará caução, quando exigida*".

Verificamos, pois, que o particular deve recorrer à ação indenizatória pelo transtorno e prejuízos a sua propriedade após a utilização. O pedido de caução feito pelo proprietário visa prevenir e facilitar a indenização por danos que venha a suportar. Lembre-se de que essa atividade administrativa pode ser levada a cabo por empreiteiros e concessionários autorizados pela Administração. Permite-se apenas em terrenos não edificados. A ocupação de construções somente pode ocorrer com autorização do proprietário. Há necessidade de ato administrativo para a ocupação. Nesse ato, deve ser fixado o valor pela ocupação, que pode posteriormente ser questionado em juízo. Ocupação desse molde, sem ato administrativo autorizador, permite que o particular defenda validamente sua posse.

13

DIREITOS DE VIZINHANÇA. USO NOCIVO DA PROPRIEDADE

13.1 USO NOCIVO, MAU USO E PREJUÍZO DECORRENTES DE DIREITO DE VIZINHANÇA

Nosso Código Civil, tanto o anterior como o atual, optou por formulação genérica de proteção à propriedade, afora algumas situações específicas, no livro destinado ao Direito das Coisas. Dois são os artigos dedicados à epígrafe *Do Uso Nocivo da Propriedade* no Código de 1916. Serviam de base para a solução dos conflitos de vizinhança, quando não descritos nos casos particulares que se seguem.

> *"Art. 554. O proprietário ou inquilino de um prédio tem o direito de impedir que o mau uso da propriedade vizinha possa prejudicar a segurança, o sossego e a saúde dos que o habitam.*
>
> *Art. 555. O proprietário tem direito a exigir do dono do prédio vizinho a demolição, ou reparação necessária, quando este ameace ruína, bem como que preste caução pelo dano iminente".*

O Código de 2002, sob o título, *Do uso anormal da propriedade*, dispõe no art. 1.277:

> *"O proprietário ou o possuidor de um prédio tem o direito de fazer cessar as interferências prejudiciais à segurança, ao sossego e à saúde dos que o habitam, provocadas pela utilização de propriedade vizinha.*
>
> *Parágrafo único. Proíbem-se as interferências considerando-se a natureza da utilização, a localização do prédio, atendidas as normas que distribuem as edificações em zonas, e os limites ordinários de tolerância dos moradores da vizinhança".*

É importante perceber, de plano, que os chamados direitos de vizinhança são direitos de convivência decorrentes da proximidade ou interferência entre prédios, não necessariamente da contiguidade. Os edifícios e construções em geral servem de utilidade ao homem. Os danos e desassossegos ocasionados por um prédio a outro decorrem, em última análise, de fatos ou atos jurídicos, na classificação estudada na Parte Geral. As regras de vizinhança têm por objetivo harmonizar a vida em sociedade e o bem-estar, sem deixar à margem as finalidades do direito de propriedade. As regras dos arts. 554 e 555 do Código antigo, e as dos arts. 1.277 ss. do atual atingem não somente o proprietário, mas também todos que se postam em relação direta com a coisa imóvel, possuidores, detentores e usuários em geral. O legislador, referindo-se a inquilino no art. 554, disse menos do que pretendeu. *"A posse tem o mesmo conteúdo, de modo que o possuidor tem a ação para exigir medidas preventivas que o proprietário poderia exigir"* (Pontes de Miranda, 1971, v. 13:310). As ações derivadas dos direitos de vizinhança competem, portanto, ao proprietário, locatário, usufrutuário e de maneira geral a todo aquele que possui, detém ou utiliza a coisa. Seu direito surge da qualidade de vizinho e não da de proprietário (Borda, 1984, v. 1:413). No mesmo sentido se coloca o molestador como réu, que pode não ser o proprietário de prédio próximo, mas mero possuidor, detentor ou usuário eventual. É nesse sentido que o vigente diploma menciona, no art. 1.277, o proprietário ou o possuidor.

Os incômodos, desconfortos e prejuízos decorrentes desses fatos e atos dão origem a duas modalidades de atitudes do proprietário ou possuidor, conforme suas respectivas consequências, que se refletem em duas categorias de ações judiciais. Se já houve efetivo prejuízo decorrente da vizinhança: queda de objeto sobre terreno vizinho, danificando a propriedade; emissão de gases poluentes durante determinado período, afetando a saúde e a coisa do vizinho; descarga de esgotos sobre outro prédio etc., a solução pode ser somente a ação indenizatória, na qual se apurarão perdas e danos, mormente se já cessou a turbação ou moléstia. Essa ação buscará a reposição de valor equivalente, tanto quanto possível, ao prejuízo sofrido. Não se afasta da indenização, evidentemente, o dano exclusivamente moral. Os incômodos anormais de vizinhança também podem desaguar nos danos de natureza moral. A situação aproxima-se da responsabilidade civil aquiliana e muitas vezes com ela se confunde, porque presentes os requisitos do art. 186 do Código Civil, com culpa *lato sensu.*

No entanto, tratando-se de situação presente e continuativa de prejuízo à segurança, sossego e saúde do vizinho, a ação é tipicamente de vizinhança, nos termos do art. 1.277. O remédio processual será a ação de obrigação de fazer ou não fazer com cominação de multa diária (ação de efeito cominatório), tantas vezes já mencionada nesta obra, resumindo-se em indenização final dos prejuízos, pedido indenizatório esse que pode vir cumulado. Pede-se a cessação dos fatos ou atos perturbadores e a indenização pelos prejuízos já causados. A ação de nunciação de obra nova é admissível, enquanto em curso e não terminada a obra perturbadora.

Nem sempre, porém, o evento ocasionador do desassossego de vizinhança decorrerá, ao menos diretamente, de ato jurídico, isto é, com conteúdo de vontade. Pode decorrer de mero fato da natureza, com reflexos jurídicos, o que o tornará fato jurídico, portanto com reflexos no campo da vizinhança. O muro vizinho pode ter sido construído com toda a técnica possível e mesmo assim vir a desabar por decorrência de intempérie. Nem por isso se exonera o dono da coisa da indenização do vizinho. No mesmo sentido, a intenção do art. 1.280: o construtor pode tomar todas as cautelas, para não ocasionar ruína ao imóvel vizinho, mas esta pode ocorrer.

Portanto, nos direitos de vizinhança, que são princípios objetivos decorrentes da tão só proximidade entre prédios, acrescenta-se um *plus* no dever de indenizar à singela responsabilidade extracontratual. Evidente, e isso é repetidamente citado como regra geral, havendo má-fé do sujeito, qualquer indenização se agrava para além do pagamento do simples prejuízo ou reposição das coisas no estado anterior com apuração de perdas e danos. Sobre a problemática aduz Caio Mário da Silva Pereira (1993:143):

> *"Dentro, porém, das fronteiras do lícito acontece também que o proprietário de um fundo sofre restrições ao seu direito dominial em prol da harmonia que deve presidir as relações de vizinhança, admitindo um dos confrontantes, ou sendo compelido a reconhecer no pro-*

prietário vizinho faculdades ou atributos que se não alicerçam no procedimento do sujeito passivo, mas se exercitam em benefício da paz social".

Desse modo, não diverge a doutrina na impossibilidade de enquadrar os direitos de vizinhança exclusivamente no campo do direito obrigacional ou no dos direitos reais. As questões devem ser resolvidas com a integração trazida dos princípios de ambos os compartimentos do direito civil (Mattia, 1976:91). Nada impede que a compreensão seja a mesma da conceituação das obrigações *propter rem*, por nós já estudada neste livro.

O conteúdo das limitações decorrentes da vizinhança está a meio caminho entre as obrigações e o direito real. A obrigação *propter rem* liga-se umbilicalmente ao direito de propriedade. As relações de vizinhança *têm natureza real, mas não são reais* (Silva, 1992:221).

No chamado *conflito de vizinhança*, é sempre necessário que um ato praticado pelo possuidor de um prédio ou estado de coisas por ele mantido vá exercer seus efeitos sobre o imóvel vizinho, causando prejuízo ao próprio imóvel ou incômodos a seu morador (Dantas, 1972:20). Como percebemos nesse conceito, o festejado monografista, ao se referir a *estado de coisas mantido pelo vizinho*, reporta-se inelutavelmente aos fatos jurídicos por nós mencionados causadores do incômodo ou dano.[1] Por outro lado, os efeitos do ato ou do fato atingem direta-

---

1 "**Direito de vizinhança**. Ação de obrigação de não fazer. Ruídos excessivos provenientes de salão de festas de condomínio. Legitimidade ativa de proprietário de imóvel vizinho. Limites ao exercício do direito de propriedade. Exegese dos artigos 1.277 e 1.279 do código civil. Interferências intoleráveis ao sossego da autora. Possibilidade de intervenção judicial para coibir abuso de direito. Astreintes. Adequação e proporcionalidade. Necessidade, no entanto, de fixação de parâmetro objetivo para verificação de excesso sonoro. Adoção dos limites de níveis de pressão sonora previstos na ABNT NBR 10151:2019. Recurso parcialmente provido. 1. Nos termos do art. 1.277 do Código Civil, o proprietário ou possuidor de imóvel tem o direito de fazer cessar interferências prejudiciais à segurança, saúde e sossego, independentemente de titularidade condominial, sempre que ultrapassados os limites ordinários de tolerância. 2. As normas internas e a autonomia decisória da assembleia condominial não autorizam condutas que extrapolem tais limites e ofendam direitos de vizinhança, sendo legítima a atuação judicial, de forma subsidiária e proporcional, para coibir abusos e assegurar direitos fundamentais. 3. Comprovada, por meio de elementos probatórios idôneos, a persistência de ruídos excessivos oriundos do salão de festas/churrasqueira, não cessados pelas medidas administrativas internas do condomínio, impõe-se a manutenção da ordem judicial para adoção de providências imediatas e implementação de tratamento acústico, se necessário. 4. Devem ser mantidas as astreintes fixadas em valor compatível com a finalidade coercitiva, com teto que afasta enriquecimento sem causa, acolhendo-se o pleito recursal apenas para estabelecer critério técnico objetivo para sua aplicação: constatação de níveis sonoros superiores aos limites da Tabela 3 da ABNT NBR 10151:2019 (50 dB no período diurno e 45 dB no noturno), observado o horário das 07h às 22h (diurno) e das 22h às 07h (noturno), salvo disposição municipal diversa" (*TJSP* – Ap 1036315-75.2021.8.26.0001, 26-8-2025, Rel. Antonio Rigolin).

"Agravo de instrumento – **Direito de vizinhança** – Abertura de janelas a menos de um metro e meio do terreno vizinho. Interlocutório que determinou o fechamento. Recurso do réu. Alegada decadência do direito dos autores. Não demonstrada a data em que procedidas as aberturas. Violação ao art. 1.301 do CC. Ausência de probabilidade do direito. Requisitos do art. 300 do CPC não preenchidos. Manutenção da decisão agravada. Recurso desprovido" (*TJSC* – AI 4012094-39.2018.8.24.0000, 20-2-2019, Rel. Des. Ricardo Fontes).

"**Direito de vizinhança** – Ação de indenização por danos morais c/c obrigação de não fazer – Agravo retido interposto contra decisão monocrática que concedeu prazo para que a autora especificasse as provas que pretendia produzir, sob pena de preclusão – Ação de rito inequivocamente ordinário, não havendo que se falar em ocorrência de preclusão do direito da acionante de oferecer o rol de testemunhas – Na qualidade de destinatário da prova, compete ao Julgador decidir sobre a necessidade ou não da produção de outras provas – Agravo retido improvido. Direito de vizinhança – Ação de indenização por danos morais c/c obrigação de não fazer – Uso nocivo da propriedade – Comprovação – Barulho excessivo e perturbação causada nos arredores da vizinhança, por ocasião dos eventos promovidos no imóvel do demandado, que foram eficazmente demonstradas pelos depoimentos testemunhais, corroborando as informações constantes dos boletins de ocorrência juntados aos autos – Responsabilidade do requerido demonstrada – Danos morais – Configuração – Redução do 'quantum' arbitrado que se faz necessária – Princípios da razoabilidade e proporcionalidade – Multa diária que também comporta minoração – É de ser coibida a limitação excessiva imposta ao direito de propriedade do réu, permitindo-se a emissão de ruídos após às 22hs, mas desde que dentro dos limites estabelecidos legalmente – Obrigação de fazer cessar a perturba-

mente o próprio imóvel, desvalorizando-o, colocando-o em risco de ruína ou impedindo sua utilização normal, problemas cujos reflexos incidem, em última análise, sobre seu proprietário, morador ou usuário. Não há direito fora da relação jurídica, fora da sociedade. Os direitos de vizinhança buscam adequar a utilização social dos prédios. Em qualquer decisão judicial sobre a questão, esse aspecto nunca pode ser visto sob prisma objetivo. Não há que se determinar a supressão, restrição, demolição ou modificação de prédio, senão para servir ao homem, levado em conta o sentido social da propriedade. Ora, é justamente dentro desses princípios que o presente Código menciona, no art. 1.277, parágrafo único, que as interferências devem ser coibidas, tendo em vista *"os limites ordinários de tolerância dos moradores da vizinhança"*. A exemplo do que ocorre nos danos morais, o que é suscetível de indenização e de pedido de paralisação ou diminuição são os incômodos anormais, o que deve ser visto caso a caso. Mais uma vez, depende-se do caso concreto e do bom critério do magistrado. Assim, por exemplo, um nível de ruído que é tolerado próximo a uma avenida de trânsito intenso não é o mesmo daquele que será suportável em uma bucólica paisagem de campo.

Por tais premissas, a Administração também erige posturas e regulamenta a atividade de vizinhança, no interesse público e social. Há, portanto, dois aspectos não estanques, mas que se interpenetram em sede de vizinhança: regras de direito privado e de direito público. Quaisquer que sejam suas origens, o interesse nunca se afastará do verdadeiro equacionamento da utilização efetiva e eficiente da propriedade individual em um contexto de proteção social ampla, almejado pela Constituição. Tanto é assim que o Código presente admite que, em certas situações, o incômodo deve ser tolerado, quando prevalece o interesse público. Imagine-se, por exemplo, a hipótese de um hospital na vizinhança que emita gases poluentes. Nesse caso, a vítima há de suportar a interferência desagradável no seu imóvel, mas fará jus a uma indenização, conforme exposto pelo art. 1.278. Interessante notar que, nesse caso, se o turbador é acionado para estagnar a interferência, pode, em reconvenção ou em ação autônoma, conforme o caso, pleitear a manutenção do *status quo*, mediante indenização, que será apurada no caso concreto. Essa indenização deverá levar em conta a depreciação do valor do imóvel, como parece evidente, além de analisar outros fatores. De qualquer modo, a manutenção do incômodo somente pode ser autorizada em última hipótese, quando se torna impossível sua paralisação ou mitigação. Assim, por exemplo, os efeitos da emissão de gases poluentes podem ser minimizados com filtros e as técnicas mais modernas. Sob esse prisma, dispõe corretamente o art. 1.279: *"Ainda que por decisão judicial devam ser toleradas as interferências, poderá o vizinho exigir a sua redução, ou eliminação, quando estas se tornarem possíveis"*. Portanto, quando o desenvolvimento tecnológico o permitir, o proprietário pode, a qualquer momento, exigir a redução ou eliminação

---

ção corretamente decretada, eis que constatados os eventos lesivos ao sossego público, devendo ser estendida a todos os dias da semana – Recurso da autora provido e parcialmente provido o do réu, nos termos mencionados" (*TJSP* – Ap 0000379-65.2010.8.26.0300, 26-3-2018, Rel. Carlos Nunes).

"Agravo interno no agravo em recurso especial, civil e processo civil (CPC/1973). Obrigação de fazer – **Direito de vizinhança** – Sons e ruídos – Danos – Obrigação de fazer – Desnecessidade de imposição da obrigação requerida – Revisão da conclusão da corte *a quo* – Impossibilidade – Súmula 7/STJ – Dano – Valor – Revisão – Incidência da Súmula 7/STJ – Agravo Desprovido" (*STJ* – AGInt-AG-REsp 852.838 – (2016/0036865-0), 24-3-2017, Rel. Min. Paulo de Tarso Sanseverino).

"Agravo interno – Agravo em recurso especial – **Direito de vizinhança** – Nunciação de obra nova – Prova oral que não substitui convencimento advindo de prova documental e pericial – Reexame de prova – 1- É inviável a análise do recurso especial quando dependente de reexame de matéria de prova (Súmula 7 do STJ). 2- Agravo interno a que se nega provimento" (*STJ* – AGInt-AG-REsp 813.330 – (2015/0270667-6), 24-6-2016, Relª Minª Maria Isabel Gallotti).

"**Ação de indenização por danos materiais e morais** – Direito de vizinhança – Desobstrução de acesso a hidrômetro instalado no imóvel da autora visando o escoamento de águas pluviais. Decisão mantida. Agravo improvido" (*TJSP* – AI 2004132-81.2014.8.26.0000, 26-2-2014, Rel. Renato Sartorelli).

do incômodo, não se levando em conta, nesse aspecto, a coisa julgada, como em tantas outras situações nas quais há alterações de fato relevantes a serem consideradas.

As regras fundamentais de vizinhança independem da existência de leis especiais. Como enfatizamos no estudo do condomínio de edifícios e situações assemelhadas, serão sempre recrutadas as normas gerais de vizinhança, não somente para integrar o ordenamento do condomínio, mas também para suprir eventuais lacunas. A colisão de direitos condominiais, no condomínio ordinário ou de edifícios, não se desvincula do conceito de conflitos de vizinhança. A vizinhança é muito mais estreita nos condomínios em planos horizontais.

Nem sempre as perturbações à vizinhança possuem materialidade ou percepção visível. A perturbação pode ser olfativa ou auditiva: o ruído excessivo, a emissão de gases poluentes são exemplos patentes. Pelo lado da vítima, não se exclui também a possibilidade de indenização exclusivamente moral, consequência imaterial igualmente possível decorrente do mau uso da propriedade.

Vizinhança, portanto, em direito, não se confunde com simples contiguidade de prédios. O núcleo de vizinhos, a vicinitude, pode ser mais ou menos amplo. O espectro de pessoas atingidas pelo estorvo à vizinhança variará conforme a natureza do distúrbio: sonoro, gasoso, edilício, comportamental etc. O simples comportamento pessoal de vizinho pode ocasionar danos à vizinhança. O antigo art. 554, art. 1.277 do Código em vigor, não possuem como conteúdo, pois, apenas a noção de proximidade entre prédios. Deve ser considerado vizinho o prédio mais ou menos distante atingido pelo distúrbio.

As ações típicas de vizinhança, aquelas nas quais se colima a cessação do estorvo, são imprescritíveis, porque podem ser propostas enquanto perdurar o ato turbativo. Esse direito de ação se conceitua como *facultativo* ou *potestativo*, tal como o de extinguir condomínio, possível enquanto condomínio houver (veja nossa obra *Direito civil: parte geral*, seção 31.4.1). Cessada a turbação, a ação é exclusivamente indenizatória, iniciando-se daí o prazo prescritivo ordinário para as ações pessoais, prazo esse que passa a ser geral no Código em vigor.

Afora as duas regras gerais atinentes ao uso nocivo da propriedade, os direitos de vizinhança em nosso Código trazem normas a respeito de árvores limítrofes (arts. 1.282 a 1.284), passagem forçada (art. 1.285), águas (arts. 563 a 568, do CC anterior, revogados pelo Código de Águas, Decreto nº 24.643, de 10-7-1934), limites entre prédios (art. 1.297), direito de construir (arts. 1.299 a 1.313) e direito de tapagem (art. 1.297). O Código de 2002 acrescenta, ainda, a passagem de cabos e tubulações (arts. 1.286 e 1.287).

13.1.1 Dificuldade da Noção de Uso Nocivo da Propriedade

O homem em ilha deserta não é, em princípio, atingido pelo Direito. Tudo pode e nada deve, a não ser a sua própria moral. Qualquer restrição que sofra é de ordem exclusivamente psíquica. Contudo, vivendo em sociedade, surge a relação jurídica, sendo obrigado a obedecer a preceitos necessários para harmonização coletiva.

Nesse sentido, apenas o caso concreto por vezes será idôneo, para concluir pelo mau uso ou uso nocivo da coisa imóvel. Odores insuportáveis, gases perigosos, ruídos excessivos, comportamentos que atentem contra a moral e os bons costumes, manutenção de animais em local impróprio ou inadequado, construções perigosas ou perniciosas à vizinhança e à coletividade, atividades inconvenientes ou insalubres na região, poluição de águas etc., apenas a riqueza da casuística e o bom senso do juiz podem concluir. Eis a preocupação dos direitos de vizinhança: distinguir os limites do bom e do mau direito de vizinhança, do tolerável e do intolerável, por vezes separados por linha demais tênue.

O homem que vive na cidade não pode ali pretender igual sossego ao daquele que escolheu habitar no campo. Da mesma forma, as exigências edilícias urbanas serão muito maiores do que as rurais. Contudo, na prática, não é simples definir quando e como uma propriedade ou coisa está sendo utilizada anormal ou nocivamente para a vizinhança. Enfatizemos, como visto, que vizinhança não se confunde com contiguidade. Os atos de vizinhança são todos os que atingem um número mais ou menos amplo de imóveis em determinada área, ou apenas o prédio ou algum prédio vizinho. O espectro legal não pode ser delimitado previamente. Não se afasta também a intervenção de órgãos públicos e privados na defesa da vizinhança, nem a atividade do Ministério Público, com os instrumentos legais que lhes são conferidos, mormente tendo em vista a nova lei protetiva do consumidor e do meio ambiente. Nesse sentido, a Constituição dispõe, no art. 27:

> *"O Ministério Público é instituição permanente, essencial à função jurisdicional do Estado, incumbindo-lhe a defesa da ordem jurídica, do regime democrático e dos interesses sociais e individuais indisponíveis".*

Há situações de vizinhança que têm nítido caráter de proteção coletiva.

Historicamente, afastado o absolutismo do direito de propriedade, muitas são as teorias tendentes a explicar o fenômeno. No Direito Romano, já se afirmava que qualquer um poderia usar de sua propriedade como lhe aprouvesse, desde que não interferisse na propriedade alheia (*Digesto*, L. 8, T. V, fr. 8, § 5º).

A chamada *pré-ocupação*, tantas vezes trazida à baila nos julgamentos no passado, não confere também direito absoluto. Não é pelo fato de uma indústria ter-se instalado em local ermo, posteriormente urbanizado, que lhe dará o direito de emitir gases poluentes, sem a devida filtragem, por exemplo. A maior dificuldade é estabelecer o limite de suportabilidade ou tolerabilidade, apontadas inclusive no Código de 2002.

Inicialmente, sustentou-se que nas relações entre as propriedades havia um *contrato de vizinhança*. A antiga doutrina francesa defendeu que a relação estabelecida entre vizinhos era um *quase contrato*, porque estabelecia entre eles obrigações recíprocas.

No final do século XIX, também na França, defendeu-se o direito de vizinhança baseado no conceito de *culpa*: o direito de propriedade está a exigir do proprietário um dever de não molestar o vizinho. Quando isso ocorre, surge o dever de reparar o dano. Vimos, na introdução deste tema, que o conceito de culpa não é sistematicamente afastado em sede de vizinhança, mas também não é seu elemento caracterizador.

O Código francês e os demais que seguiram fielmente seu modelo inspiraram-se no conceito de *servidões legais* para o regramento da vizinhança, que atingem a propriedade privada. Parte-se da ideia de que essas restrições gravam os imóveis independentemente de quem sejam seus titulares. O conceito de servidão legal, porém, se mostra insuficiente, não devendo ser confundido com as servidões propriamente ditas, direitos reais sobre coisas alheias. Conquanto várias legislações denominem essas restrições de servidões legais, seu conteúdo é próprio e perfeitamente conhecido, distinto, embora análogo, às servidões civis, como veremos.

A teoria do *abuso de direito* também é defendida por muitos, com respeitáveis argumentos, como sustentadora das restrições de vizinhança. Em muitas situações práticas, de fato, o desvio de uso da propriedade provocará prejuízo aos vizinhos. Todo aquele que extrapola os limites para os quais o direito foi concebido deve indenizar (ou, no caso de vizinhança, deve cessar a conduta abusiva). Como analisamos em *Direito civil: parte geral*, seção 30.4, o abuso de direito é categoria jurídica cujos efeitos muito se aproximam da responsabilidade civil, assim consubstanciado no art. 187 do Código contemporâneo. Diferencia-se, no entanto, desta, porque não há necessidade de existência e de prova da culpa do agente. Tal sucede como visto nas relações de uso nocivo da propriedade. Por essa razão, em muitas situações práticas, a teoria do abuso de direito justificará medidas restritivas no direito de vizinhança. Analisa-se o abuso dentro do conceito de utilidade da propriedade. Acrescente-se, a esse aspecto, a suportabilidade ou tolerabilidade. O titular de prerrogativa jurídica, de direito subjetivo, que atua de modo tal que contrarie a boa-fé, a moral, os bons costumes, os fins econômicos e sociais da propriedade, incorre em *ato abusivo.*

Com frequência os julgados buscam no conceito de *exercício normal do direito* os fundamentos para a solução dos conflitos de vizinhança. Foi esse conceito trazido expressamente para o presente Código. O princípio do uso normal é aplicação da teoria do abuso de direito, sem dúvida. É critério válido. Nem sempre, porém, a nocividade ou anormalidade decorrerá de uso abusivo de direito. Uma fábrica, essencial à coletividade, pode ser nociva à vizinhança, sem que existam os pressupostos do abuso. Pode ocorrer uso anormal, mas socialmente necessário. A interferência é justificada pelo interesse público, como anota o art. 1.278 do Código Contemporâneo. O uso anormal, sem justificação e sem interesse coletivo, deverá ser coibido (Wald, 1991:158). O dano tolerável não deve ser levado em conta, dentro do critério da normalidade. Cabe ao caso concreto aferir o que é intolerável apresentando *interferência injusta* no domínio individual (Rodrigues, 1984, v. 5:124). Note que o art. 1.277 se refere a interferência *prejudicial.* Por vezes o interesse coletivo determinará a continuação do incômodo, paralelamente à indenização para remediá-lo ou servir de lenitivo possível, tal como o legislador do Código de 2002 entendeu no art. 1.278.

Como subespécies da teoria do abuso de direito nas relações de vizinhança podem ser lembradas as situações de *uso excepcional da propriedade* e a *teoria dos atos excessivos* (Arean, 1992:229). Na expressão *uso excepcional da propriedade*, procura-se fixar em cada caso o uso ordinário da coisa.

Se o proprietário a utiliza de forma excepcional, deve suportar os encargos deste uso que, em última análise, nada mais é do que abusivo, abstraída toda espécie de culpa.

Pela teoria dos atos excessivos têm-se em mira o limite de exercício e a finalidade da propriedade fixados pelo ordenamento. Excedido esse limite, o agente está obrigado a reparar os danos, cessar a moléstia ou repor a situação no estado anterior. Se o extrapolamento do exercício é imbuído de má-fé, a conceituação passa para a de ato ilícito.

Qualquer que seja a natureza jurídica adotada, ter-se-ão em mira a saúde, sossego, conforto, intimidade e segurança dos ocupantes. A casa de morada é o altar-mor para esse desfrute, seguido diretamente do local de trabalho. A forma genérica de nocividade ou anormalidade descritas pelos arts. 1.277 ss., com originalidade e eficiência, permite larga margem de discricionariedade no exame do caso concreto. Cabe ao juiz examinar se preponderará o interesse individual ou o coletivo.[2] Não se confunde, por outro lado, o interesse de uma comunidade

---

2 "Apelação. Ação de obrigação de não fazer cumulada com indenizatória por danos morais. Direito de vizinhança. **Perturbação do sossego**. Sentença de procedência. Inconformismo da parte ré. Não acolhimento. Conjunto probatório que torna verossímil a narrativa inicial. Boletins de ocorrência consecutivos corroborados pelas declarações da autoridade policial presente no local dos fatos, além da ratificação destes em sede de colheita de prova oral. Art. 1.277, *caput*, do Código Civil. Sentença mantida. Recursos não providos" (*TJSP* – Ap 1002799-16.2020.8.26.0481, 24-6-2024, Rel. Rogério Murillo Pereira Cimino).

"Apelação do réu. **Direito de vizinhança**. Barulho excessivo. Festas em imóvel vizinho. Comprovação da perturbação do sossego. Ruídos e barulho excessivo ocorridos no período noturno. Perturbação da paz, do sossego e do descanso do autor bem demonstrados. Situação que, neste caso, extrapola o mero dissabor ou desgosto cotidiano.

restrita, que pode coincidir com o interesse individual, com o interesse social. Bom senso é o que se exige do julgador, quando a lei lhe outorga a confiança da discricionariedade. Nunca se deve esquecer de que essa discricionariedade é do Poder Judiciário e não do juiz isoladamente. Como em qualquer fenômeno jurídico, os problemas de vizinhança navegam de um a outro

---

Abuso de direito e uso anormal, nocivo, da propriedade. Artigos 187 e 1.277, ambos do CC. Bem equacionado o valor da reparação extrapatrimonial (R$ 2.000,00). Sentença mantida. Recurso desprovido". (*TJSP* – Ap 1016844-66.2021.8.26.0068, 9-8-2023, Rel. Lidia Conceição).

"Direito de vizinhança – Ação de obrigação de fazer c/c indenização por danos materiais e morais – Ocorrência de incêndio no imóvel vizinho ao da autora, de propriedade dos réus – Responsabilidade objetiva dos proprietários – Exegese do disposto no art. 1.277 do Código Civil – Fato que ocasionou prejuízos morais passíveis de indenização – Autora que foi acordada no meio da noite pelo incêndio que atingiu seu imóvel e causou risco de morte a ela e a seus animais – Destruição parcial de sua casa – Sentença que a colheu a ação mantida – Recurso improvido" (*TJSP* – Ap 1011664-98.2019.8.26.0566, 27-5-2022, Rel. Caio Marcelo Mendes de Oliveira).

"Apelação – Ação de obrigação de não fazer – Condomínio edilício – **Direito de vizinhança** – Condômino que promove festas e reuniões – *Pandemia* – Medida que visa impedir a propagação do vírus – Concessão de liminar – Visitantes em unidade – Restrição do número de pessoas – Multa cominatória bem arbitrada – Reforma parcial. A pandemia (Covid-19), infelizmente, ainda não acabou, mesmo que as regras de isolamento criadas pelos órgãos governamentais tenham sofrido modificações no curso do processo, sendo certo de que o isolamento social de forma alguma foi 'dispensado'. Porém, a falta de cuidado em relação à pandemia em si não é o alvo principal de reclamações dos moradores, mas sim o excessivo barulho advindo da unidade do réu. – É certo que a casa é um dos únicos locais, se não o único local, onde a pessoa tem a liberdade de 'viver' como desejar, desde que não afete a comunidade ao seu redor. Ademais, qualquer pessoa tem o direito de receber familiares, amigos, e fazer reuniões e festas em sua residência, desde que não perturbe seus vizinhos. Observa-se que o próprio condomínio, em sua inicial, pediu que fosse limitado o número de pessoas a 10 (dez) em uma reunião ou evento na unidade em questão. Entende-se que o número é razoável, e que, querendo, pode o próprio condomínio estabelecer maior restrição, tanto de visitantes quanto de veículos, a ser imposta a todos os moradores pela via adequada, atendendo às diretrizes dos órgãos governamentais. – A multa cominatória foi fixada de maneira razoável, não se havendo de falar em exagero ou excesso. Apelação provida em parte" (*TJSP* – Ap 1003846-42.2020.8.26.0152, 6-5-2021, Rel. Lino Machado).

"Ação de obrigação de fazer e reparação de danos – Direito de vizinhança – **Uso anormal da propriedade** – Utilização de churrasqueiras de modo irregular pelo réu – Fumaça oriunda do apartamento inferior que contamina o apartamento imediatamente superior. Adoção de postura provocativa ou ofensiva pelo requerido. Dano moral configurado. Lesão aos atributos da personalidade. *Quantum* mantido. Recurso desprovido" (*JERS* – RIn 71008896623, 26-9-2019, Rel. Cleber Augusto Tonial).

"Direito Civil – **Direito de vizinhança** – Ação de obrigação de fazer cumulada com indenização, objetivando compelir a ré a realizar obras em seu imóvel a fim de consertar e interromper as infiltrações no imóvel do autor. Sentença de parcial procedência. Apelação da ré. Tese recursal no sentido de que o imóvel do autor foi por ele adquirido já com o problema apontado, proveniente da ausência de telhado e consequente acúmulo de água pluvial na laje, causando as infiltrações, agravadas pela falta de ventilação e claridade da casa. Laudo pericial apontando em sentido oposto. Prova corroborada por relatório realizado pela Defesa Civil. Ausência de comprovação da tese de defesa, limitada a argumentos. Sentença mantida. Recurso desprovido" (*TJRJ* – AC 0013888-70.2011.8.19.0026, 24-4-2018, Rel. Marco Antonio Ibrahim).

"Agravo de instrumento – **Direito civil e processual civil** – Ação Reivindicatória – Alocação de placa informativa da tramitação do feito – Não cabimento – Possibilidade de dano a terceiro – Não demonstrada – Potencial lesivo à ré – Caracterização – 1- Não há razão para a alocação de placa informativa da tramitação do feito diante do imóvel sob disputa se não há indícios de que a ré, devidamente citada, pretenda desfazer-se do bem, assim como diante da natureza pública da ação e do Registro de Imóveis, acessíveis a quaisquer interessados. 2- A afixação de placa diante do imóvel sob litígio, no qual a ré reside há cerca de 15 anos, é apta a causar-lhe desconforto e constrangimento desnecessários perante sua vizinhança durante todo o desenrolar do processo em curso, cujo trâmite pode ultrapassar anos a fio. 3- Cotejando-se a ausência de provas quanto a suposto dano à terceiro, de um lado, e o potencial lesivo trazido à ré pela afixação da aludida placa, de outro, verifica-se que não se mostra proporcional e razoável – Nesse primeiro momento – O deferimento da tutela de urgência pleiteada. 4- Agravo de instrumento conhecido e provido" (*TJDFT* – Proc. 20160020471596AGI – (1009699), 5-5-2017, Relª Simone Lucindo).

"**Direito de vizinhança** – Árvores plantadas na divisa do imóvel limítrofe – Perícia que confirma a existência de prejuízos à residência lindeira – Uso nocivo da propriedade – Caracterização – Danos materiais evidenciados – Hipótese de julgamento ultra petita – Limitação da condenação ao quantum pleiteado na petição inicial – Danos morais não configurados – Recurso parcialmente provido – A lide, como se sabe, é limitada pelo pedido – O juiz não pode ir além (julgamento ultra petita), nem ficar aquém (julgamento citra petita) do pedido. É o princípio da adstrição do juiz (art. 460 de CPC)" (*TJSP* – Ap 0051744-14.2012.8.26.0002, 9-5-2016, Rel. Renato Sartorelli).

extremo de acordo com a história. Levam-se em conta o tempo e o espaço em cada decisão. O que é abusivo em vizinhança de pacata e bucólica cidade do interior poderá ser tolerável em uma megalópole, e vice-versa. Sempre julgará mal o juiz que se desvincula da realidade em que exerce seu difícil mister. *"O que apenas a um incomoda, a outro causa verdadeiro dano, e a um terceiro talvez não seja sequer desagradável"* (Dantas, 1972:148). Procura-se conceituar no caso concreto a receptividade normal média.

A produção industrial, o estabelecimento de conglomerados habitacionais de populações de renda baixa, média e alta, os chamados condomínios ou loteamentos fechados, as comunidades-satélites formadas em torno de polos econômicos ou industriais geram conflitos de vizinhança que interessam tanto ao Direito Privado como ao Direito Público.

No campo do Direito Privado, analisa-se o conflito entre dois ou mais direitos de propriedade, embora não sejam os únicos aspectos relevantes. Ao Direito Público interessam a regulamentação e obediência à ocupação e utilização dos imóveis. Deve existir, portanto, uma conceituação objetiva de uso nocivo da propriedade, uma contraposição objetiva ao estatuído na lei. Por essa razão, não se investiga a culpa e nem sempre haverá abuso de direito. Apenas atos de nocividade que devem ser coibidos em prol de coletividade mais ou menos ampla, quiçá de um único vizinho.

A nocividade no uso da propriedade que interessa ao direito estudado é apenas a causadora de prejuízos à vizinhança. A nocividade que fica apenas no âmbito de atuação do proprietário, ou quem faz suas vezes, em sua propriedade, e não extravasa para a vizinhança, não apresenta relevância jurídica no campo sob estudo.

Hely Lopes Meirelles (1979:31) destaca serem as restrições de vizinhança primordialmente de ordem civil, impostas pela lei ou pela convenção dos interessados. Quando convencionais, podem ser alteradas pela vontade dos vizinhos,

> *"a menos que tenham sido convertidas, por normas administrativas, em preceito de ordem pública. Isto ocorre quando os regulamentos edilícios da construção repetem em seus textos aquelas mesmas imposições da lei civil. Já então o que era faculdade se transforma em obrigação, e obrigação de interesse público que não admite descumprimento, modificação ou renúncia pela vontade das partes".*

Por essa razão tem o proprietário ou possuidor legitimidade de acionar o vizinho, para que cumpra regulamento administrativo de vizinhança, pois este foi erigido em proteção de toda uma relação de vizinhança.

O Direito Civil disciplina de duas maneiras as relações de vizinhança: pela convenção entre os interessados, isto é, pelas servidões, e pelas regras gerais de vizinhança. Sob tais noções não se confundem, embora possam ter o mesmo aspecto concreto, as limitações de vizinhança com as *servidões prediais* reguladas como direitos reais sobre coisas alheias (arts. 1.378 e 1.379). A confusão decorre da mesma origem histórica e das legislações que apresentam igual denominação, além de referência indevida ao termo em nossa revogada lei de 1916, nos arts. 562 e 568, no Capítulo que trata da vizinhança. A função primitiva das servidões prediais era reger a vicinalidade de prédios. Essa finalidade permanece até hoje. Nas servidões prediais, estabelece-se a utilização de um prédio, dominante, em favor de outro, serviente. Há sujeição de um prédio a outro. As limitações ao direito de vizinhança são recíprocas, podem ser mais amplas e abrangentes, e surgem tão somente da proximidade entre os prédios. São normas de interesse geral e não apenas dirigidas a prédios definidos e determinados. É diversa sua forma de constituição. As limitações de vizinhança independem de reconhecimento convencional, dispensando registro imobiliário. Nada impede, porém, que proprietários transformem o que originalmente é restrição em servidão, provadas assim sua patente analogia e origem histórica. A servidão, por fim, é sempre uma exceção ao direito de propriedade, que, como regra geral, deve ser pleno. A restrição traduzida por uma servidão é excepcional no sistema dominial. As limitações ou restrições de vizinhança estão sempre presentes e atuantes.

No entanto, levamos em conta um critério definitivo entre nós. O ordenamento civil restringiu as servidões às modalidades voluntárias, disciplinando as hipóteses denominadas pela legislação francesa de servidões legais ou naturais como direitos de vizinhança (Mattia, 1976:79, citando opinião de San Tiago Dantas).

A dificuldade maior em matéria de mau uso da propriedade transcende sua própria natureza jurídica, para questionar o que devemos entender por *nocividade ou anormalidade no uso da propriedade*. Sem dúvida, o critério é casuístico, mas há parâmetros estabelecidos claramente no ordenamento a serem seguidos. Não se afasta a noção do homem médio, do *bonus pater familias*. Não devemos levar em conta a extrema sensibilidade ou intolerabilidade de vizinho, para concluir o uso nocivo. Nem, ao contrário, o homem tosco, rude, com mínima sensibilidade. Há, na verdade, que se aferir o consciente e o inconsciente coletivo em termos de vizinhança. A matéria não prescinde de princípios de sociologia e psicologia. Por isso, o julgamento deve estar bem colocado no tempo e no espaço. Não pode ser anacrônico nem levar em conta o subjetivismo.

> "*O que importa, na nocividade, é o que é nocivo segundo o grau de tolerabilidade ordinário: aquém dele, se há nocividade, não tendo relevo se a um, ou a mais de um, a alguns, a todos os vizinhos mesmo, o uso nocivo da propriedade é irrelevante; além dele, porquanto intolerável, relevante para o Direito*" (Silva, 1992:297).

Assim se avaliam o sossego, a segurança e a saúde da vizinhança. Nesse sentido, decidiu-se, por exemplo, que a instalação de projeto de saúde para atendimento de crianças portadoras do vírus HIV, da Síndrome de Imunodeficiência Adquirida (Aids), não colocava a vizinhança em risco, segundo a perícia e as pesquisas realizadas (*1º TACSP*, Ap nº 523.367-8, 3ª Câm., Rel. Juiz Franco de Godoy).

13.1.2 Ações Decorrentes do Uso Nocivo da Propriedade. Dano Infecto

Já acenamos com os remédios processuais.

Ocorrendo dano, não havendo mais atos continuativos de perturbação, a ação é indenizatória. Cabe ao vizinho atingido provar o que efetivamente perdeu e razoavelmente deixou de ganhar, suas perdas e danos.

Persistindo o ato, a ação é para obrigar o causador da nocividade a fazer ou não fazer, com cominação de multa diária (*astreinte*), tantas vezes aqui referida, com os elementos fundamentais traçados no Capítulo Execução das obrigações de fazer e de não fazer do CPC (arts. 814 ss.).

Não há prejuízo para o réu, se à ação for imprimido o procedimento comum, pois nela ter-se-á maior amplitude probatória. Nesse sentido, manifestam-se os tribunais. Com frequência, com a presença do *fumus boni iuris* e do *periculum in mora*, se fará necessária a atuação do poder cautelar do juiz, conferido pelos meios colocados à disposição das partes no estatuto processual, com concessão de medida liminar.

A base de direito material para a ação está nos arts. 1.277 ss. Mais uma vez enfatizamos que não há execução sem título. A lesividade e o uso nocivo da propriedade são apurados no processo de conhecimento. O pedido na petição inicial é para a execução obedecer aos princípios da obrigação de fazer ou não fazer. Além da pretensão de multa diária, que é fator constritivo para a cessação do distúrbio, pode ser cumulado o pedido indenizatório. Quando não for possível obter coercitivamente a cessação do distúrbio, porque se atentaria com a própria liberdade individual, há que se impor um limite temporal na *astreinte*, resumindo-se também ela em um total final indenizatório. A multa diária tem natureza diversa da indenização. É ato constritivo. Há de ser tal monta que torne insuportável, inconveniente e intolerável ao réu a continuidade dos atos molestadores. Esse o sentido da imposição. Não se obsta, porém, ao juiz que reduza o valor exordialmente pedido. No entanto, não devemos olvidar que a finalidade da multa é constritiva e não indenizatória. Tanto assim que o pedido de multa diária pode ser cumulado com o de indenização.

A *ação de dano infecto* encontra sua estrutura também nos arts. 554 e 555 do Código anterior. O art. 1.277 é genérico e diz respeito a qualquer nocividade ocasionada ao vizinho. O art. 1.280 é exclusivo da relação edilícia. Essas situações têm por pressuposto a futuridade de um dano. Dano iminente. Não o dano já ocorrido, mas a possibilidade e potencialidade de vir a ocorrer. O estaqueamento em prédio vizinho, o uso de maquinaria pesada nas proximidades, a abertura de valas, a explosão de pedreira, por exemplo, podem colocar em risco o prédio do autor da ação. Ocorrido o dano, a ação é de cominação, reparação, demolição ou de reposição ao estado anterior. A demolição deve ser subsidiária, alternativa na ausência de outra solução. A opção deve ser buscada nas medidas reparatórias. A reparação dos danos deve ser completa, de molde a fazer desaparecer o prejuízo causado ao vizinho.

> *"Danos em prédio urbano causados por construção vizinha, embora já reparado e quitado à ré – Existência de prova pericial e oral acerca da insuficiência dos reparos anteriormente realizados e indenizados para o restabelecimento do prédio, bem como o nexo causal entre a construção e o dano – Art. 159 do Código Civil – Complementação determinada, correspondente aos reparos constantes no laudo pericial, corrigida a partir deste, compensando-se com a indenização parcialmente satisfeita, corrigida desde o pagamento"* (*JTACSP* 139/177).

Como vemos, ainda que desaparecida a responsabilidade objetiva decorrente da simples vizinhança, os julgados não se afastam totalmente do conceito de culpa do art. 186, embora se reconheça que essa responsabilidade, na essência, seja objetiva:

> *"Danos em prédio urbano. Obra vizinha com mudanças estruturais profundas, rompendo o equilíbrio até então existente, produzindo danos no imóvel dos autores – perícia concludente sobre o nexo causal dos autores – responsabilidade objetiva – Ação de indenização procedente"* (*JTACSP* 144/128).

Na *caução de dano infecto*,[3] aquele que teme a ruína ou prejuízo em sua propriedade pede garantia de futura reparação. A caução é sempre preventiva. A ação de caução de dano

---

[3] "Direito civil e processual civil. Agravo de instrumento. Indeferimento de tutela de urgência em **ação de dano infecto** e reparação de imóvel. Recurso desprovido. I. Caso em exame 1. Agravo de Instrumento interposto contra decisão que indeferiu tutela de urgência para a prestação de caução e suspensão das atividades empresariais do réu, em ação de Dano Infecto cumulada com Reparação de Imóvel, Indenização e Antecipação de Tutela, na qual os autores alegam risco iminente de desmoronamento do muro divisório entre os imóveis, em razão de intervenções realizadas pelo réu. II. Questão em discussão 2. A questão em discussão consiste em saber se é cabível a concessão

de tutela de urgência para (i) exigir do agravado a prestação de garantias para suportar os prejuízos decorrentes das obras necessárias, (ii) determinar que o agravado preste caução e (iii) suspender as atividades da escola de tênis localizada no imóvel do agravado, diante do risco de acidente envolvendo frequentadores. III. Razões de decidir (...) 6. Recurso conhecido e desprovido. Tese de julgamento: Em ações de dano infecto, a concessão de tutela de urgência depende da demonstração da probabilidade do direito e do perigo de dano, sendo imprescindível a regular instrução probatória para apurar a responsabilidade pela manutenção de estruturas divisórias entre imóveis vizinhos. Dispositivos relevantes citados: CC/2002, arts. 1.280 e 1.297, § 1º; CPC/2015, art. 300. Jurisprudência relevante citada: TJPR, AgRg no RE 0071723-92.2022.8.16.0000, Rel. Desembargador Francisco Cardozo Oliveira, 17ª Câmara Cível, j. 07.08.2023. (...)" (*TJPR* – Ap 0014127-48.2025.8.16.0000, 7-7-2025, Rel. Luciano Campos de Albuquerque).

"Agravo de instrumento – **Ação de dano infecto** – Decisão de origem que indeferiu o pedido de imediata paralisação das obras realizadas pelos proprietários no imóvel locado. Insurgência das empresas autoras. Alegação de que a obra de ampliação efetuada pelos réus está atrapalhando a atividade realizada no imóvel locado (CURSO DE IDIOMAS) e ocasionando rachaduras e infiltrações. Contrato de locação firmado para fins comerciais pela primeira autora. Instalação de escola de idiomas pela segunda autora, que não é parte contratual. Excesso de ruídos não demonstrado. Origem das infiltrações que é objeto de divergência entre as partes. Necessidade de dilação probatória. Probabilidade do direito não verificada neste momento processual. Não preenchimento dos requisitos cumulativos do art. 300, *caput*, do CPC/15. Manutenção da decisão agravada. Recurso conhecido e não provido" (*TJSC* – AI 4015991-46.2016.8.24.0000, 6-6-2019, Rel. Des. Helio David Vieira Figueira dos Santos).

"Apelação cível – **Ação de dano infecto** – Mau uso da propriedade – Ausência de comprovação – Cabe ao autor comprovar os fatos constitutivos do seu direito, nos termos do artigo 373 do CPC. O proprietário que alega o dano deve desconstituir a presunção do bom uso da outra propriedade pelo vizinho, demonstrando que este lhe causa um incômodo anormal e reprimível. Diante da ausência de provas neste sentido, a improcedência do pedido inicial se impõe" (*TJMG* – AC 1.0133.15.007764-1/001, 15-6-2018, Rel. Alberto Henrique).

"Apelação Cível – **Direito de vizinhança – Dano Infecto –** Artigo 1.277 do Código Civil – Infiltração decorrente de vazamento de tubulação hidráulica posicionada em parece divisória. Perícia técnica que atestou os danos e concluiu pela responsabilidade do réu. Conclusão técnica que deve prevalecer. Laudo elaborado por perito de confiança do juízo, com conhecimento técnico e a necessária imparcialidade, não restando comprovada falha de sua percepção no caso concreto. Obrigação de indenizar. Danos materiais bem fixados, levando-se em conta a conclusão pericial, que deixou de ser impugnada na época própria. Danos morais diante da resistência injustificada do réu de reparar os danos acarretados ao imóvel da autora. Manutenção da sentença que se impõe. Desprovimento do recurso" (*TJRJ* – AC 0000837-82.2012.8.19.0211, 27-7-2017, Relª Margaret de Olivaes Valle dos Santos).

"Agravo de instrumento – **Ação de dano infecto** – não conhecimento – Falta de Pressuposto de admissibilidade por ausência de cópia do Termo de Juntada do mandado de citação e intimação cumprido ou da Certidão referente à realização ou não dessa juntada. Formação do instrumento com cópia dos autos até a carta de citação, sem a comprovação da data que permite aferir a tempestividade. Não observância do art. 525, inciso I, do CPC de 1973. Impossibilidade de concessão de prazo para suprir a deficiência. Recurso não conhecido" (*TJSP* – AI 2224147-53.2015.8.26.0000, 16-5-2016, Relª Daise Fajardo Nogueira Jacot).

"**Agravo de instrumento** – Ação de dano infecto – Tutela antecipada de embargo da obra deferida na origem – Prestação de caução – prosseguimento da obra – possibilidade – A antecipação de tutela somente poderá ser deferida nos casos em que restar comprovado o preenchimento dos pressupostos do artigo 273 do Código de Processo Civil, quais sejam, a verossimilhança do direito alegado e o fundado receio de dano irreparável ou de difícil reparação. Em sede de cognição sumária, tenho como verossímeis as alegações da parte autora/agravada, porque há prova que ateste o seu direito de embargo da obra realizada pela demandada. O fundado receio de dano irreparável ou de difícil reparação também se mostra presente, pois demonstrado o comprometimento da habitualidade do imóvel, considerando as rachaduras entre outros problemas decorrentes da obra. Assim, o perigo de dano para o imóvel e para a agravada estaria a exigir pronta e enérgica reação contra a obra, o que consiste em sua imediata paralisação. Por outro lado, na ação de nunciação de obra nova, o nunciado pode requerer a qualquer tempo que o embargo da obra seja levantado, desde que preste caução e demonstre o prejuízo de sua paralisação, nos termos do que dispõe o artigo 940 do Código de Processo Civil. Considerando a informação trazida na ata notarial de que a obra se encontra 80% concluída, o cronograma financeiro da obra, o contrato de construção por empreitada, o contrato de locação da empresa dos agravantes (fls. 188/193), no qual demonstram os prejuízos resultantes na suspensão da obra, entendo que o prosseguimento da obra pode ocorrer, sob a condição de que agravada preste caução. A caução, no caso, são as realizações das medidas protetivas sugeridas na petição inicial (reparos), no imóvel da autora, sob as expensas dos agravantes e mediante caução idônea a ser aferida na origem. Agravo de instrumento parcialmente provido" (*TJRS* – AI 70065837544, 24-9-2015, Rel. Des. Eduardo João Lima Costa).

"**Direito de vizinhança. Dano infecto.** Construção erigida pelos réus. Perigo iminente ao imóvel dos demandantes. Ausência de prova. Improcedência do pedido mantida. Na medida em que os autores não se desincumbiram do ônus de provar a existência de perigo iminente a seu imóvel pela construção erigida pelos requeridos, de rigor é a rejeição do pedido. Apelo improvido" (*TJSP* – Ap 0002145-68.2007.8.26.0233, 30-5-2014, Rel. José Malerbi).

infecto decorre do direito material do art. 1.280. Provém do Direito Romano, que conferia ao vizinho uma garantia, a fim de que eventual dano não restasse irressarcido. Cessada a situação de iminência e não ocorrendo o dano, não haverá ação principal. Levanta-se a caução em favor do caucionante. Por vezes apresentará nítido caráter possessório, embora não seja essa sua natureza. A nunciação de obra nova, dependendo das circunstâncias de fato, poderá ser medida mais favorável no caso concreto. A ação de caução pode ser preventiva ou incidente a um ato de vizinho, preparatória ou incidente a uma ação já proposta.

O valor da caução, em dinheiro ou em espécie, deve ser idôneo para eventuais danos. A apuração na fase caucionária é perfunctória. Somente pode ser aproximada. Se o réu não tem como caucionar, falta-lhe idoneidade econômica, perde a ação o objeto. Deve então ser proposta a ação de cessação da obra ou demolição, ou término de qualquer ato ou conduta turbativa do réu. Não basta, porém, exigir simples caução sobre eventuais prejuízos, pois muito mais importante que isso é evitar que os prejuízos venham efetivamente a ocorrer. Sob esse prisma, o art. 1.311 do vigente Código, inserido entre as regras do direito de construir, menciona:

> *"Não é permitida a execução de qualquer obra ou serviço suscetível de provocar desmoronamento ou deslocação de terra, ou que comprometa a segurança do prédio vizinho, senão após haverem sido feitas as obras acautelatórias.*
>
> *Parágrafo único. O proprietário do prédio vizinho tem direito a ressarcimento pelos prejuízos que sofrer, não obstante haverem sido realizadas as obras acautelatórias".*

Também não se afasta a regra geral de possibilidade de *ação declaratória* entre vizinhos para o acertamento do limite do exercício discutível de direito de propriedade (Pontes de Miranda, 1971, v. 13:292).

O art. 1.281 do Código é um desdobramento do princípio do dano infecto e vem aclarar dúvida que por vezes se levantou na jurisprudência.[4] Se há necessidade de obras no prédio do

---

4 "Direito de vizinhança – Imóvel comercial – **Ação de dano infecto** – Pretensão de impor obrigação de fazer consistente na execução de obras de drenagem de águas pluviais, drenagens sanitárias e manutenção no talude – Sentença de procedência – Apelo da ré – Laudo pericial que aponta a existência de danos ao imóvel das autoras e a necessidade de obras para correta destinação do esgoto e águas pluviais – Sentença mantida – Apelação desprovida" (*TJSP* – AC 0029547-54.2011.8.26.0405, 25-9-2019, Rel. Carlos Henrique Miguel Trevisan).

"Apelação cível – **Ação de dano infecto** c/c indenização por danos materiais e moral – Imóveis Vizinhos – Infiltração – Sentença de improcedência. Apelação da autora. Alega a autora que o réu, seu vizinho, mantém galões contendo líquido que aparenta ser gasolina, além de fios, em um vão existente entre seu imóvel e a casa do mesmo, temendo por sua segurança e que desde 2007 sofre com infiltração na parede de sua cozinha decorrentes de vazamento de água do imóvel do réu. Alega o réu que os galões continham amaciante de roupa e os fios eram de telefone e internet que foram retirados. Galões e fios removidos pelo réu que não tinham o condão de causar risco à segurança da autora. Origem das infiltrações oriunda de falha do sistema de drenagem de águas da chuva, de responsabilidade da autora, de acordo com laudo pericial que não foi impugnado pela mesma. Ausentes, na hipótese, os requisitos da responsabilidade subjetiva. Sentença mantida. Desprovimento do recurso" (*TJRJ* – Ap 0011603-34.2011.8.19.0211, 11-5-2018, Relª Sônia de Fátima Dias).

"**Direito de Vizinhança – Ação de Dano Infecto** – Necessidade de supressão de árvore 'sombreiro' plantada no imóvel vizinho. Laudo técnico da secretaria municipal do meio ambiente. Sentença extintiva por ilegitimidade passiva *ad causam*. Réu que não era proprietário do imóvel. Utilização eventual do bem que, no entanto, restou incontroversa nos autos. Qualidade de vizinho. Falecimento do réu no curso da demanda. Habilitação dos herdeiros. Posse não continuada por estes. Impossibilidade de condená-los a suprimir a árvore sob pena de obrigá-los a invadir terreno alheio. Imóvel atualmente desocupado. Manutenção da sentença por fundamentos diversos. Recurso desprovido" (*TJSC* – AC 0301407-14.2015.8.24.0061, 6-6-2017, Rel. Des. Marcus Tulio Sartorato).

"Agravo de instrumento – **Direito de vizinhança** – Ação de dano infecto – Obrigação de fazer – Tutela antecipada deferida no despacho inicial para determinar a paralisação da obra no imóvel do réu. Insurgência contra indeferimento de pedido de reconsideração parcial da tutela, objetivando a realização de obras de acabamento no

possuidor ou proprietário e houver possibilidade de dano iminente, podem ser exigidas do executor das obras as necessárias garantias contra o prejuízo eventual. A ideia é prevenir danos que possam ocorrer no prédio do proprietário ou possuidor por decorrência da atividade de um terceiro que lá irá realizar obras, situação que ocorre com muita frequência.

13.2 ÁRVORES LIMÍTROFES

Os nossos Códigos estabelecem três regras acerca de árvores situadas nos limites entre prédios, questão trazida do antigo Direito Romano. A redação não é modificada pelo presente Código. A regra geral é serem as árvores partes integrantes dos prédios. A situação abrange qualquer tipo de árvore, nascida naturalmente, semeada ou plantada.

O art. 1.282 estabelece presunção de condomínio da árvore *cujo tronco estiver na linha divisória* de prédios confinantes. Presumimos pertencer em comum aos proprietários, bastando que parte do tronco esteja no limite, os quais devem dividir os frutos e a madeira, se vier a ser abatida. É o que se denomina *árvore-meia*, por analogia à expressão *parede-meia*. A presunção é relativa, de modo que pode um dos confinantes provar sua propriedade exclusiva. No entanto, a árvore pode servir de marco divisório. Nosso direito é omisso, mas o Código português proíbe aos confrontantes arrancá-la sem mútua autorização, situação lógica que deve ser também por nós obedecida (Pereira, 1993:147). Aliás, sendo comum a coisa, cada comunheiro deve indenizar o outro por quaisquer prejuízos a que der causa.

Pertencendo a árvore aos confinantes, cabem-lhes as despesas de conservação e colheita, podendo aquele que gastou cobrar do vizinho a metade.

O art. 1.284 determina que *"os frutos caídos de árvore do terreno vizinho pertencem ao dono do solo no qual caíram, se este for de propriedade particular"*. Com isso se evita, como permitia o Direito Romano, que o dono da árvore penetre periodicamente no terreno vizinho para apanhar os frutos, o que levantaria causas de discórdias e dissensões. Trata-se de direito originário de aquisição da propriedade (Lopes, 1964:420). Com essa solução, o legislador preferiu contrariar a regra segundo a qual o acessório segue o principal. Devem ser compreendidos na dicção legal também os arbustos rasteiros que vicejam ao rés do solo, como abóboras e melancias: pertencem ao dono do terreno em que naturalmente se posicionarem.

Se o terreno em que darão os frutos for público, continuam a pertencer ao dono da árvore, porque nesse caso desaparece o risco de entreveros. A queda dos frutos deve ser natural, para permitir a aquisição pelo dono do terreno confinante. Se provocada, o agente pratica ato ilícito e se apossa do que não lhe pertence. Enquanto ligados à árvore, os frutos pertencem a seu dono, que pode colhê-los. Somente poderá ingressar no terreno vizinho para tal, no entanto, se houver autorização.

O art. 1.283 autoriza o proprietário que tenha imóvel invadido em sua estrema por raízes e ramos de árvores a cortá-los, *até o plano divisório*. Trata-se de hipótese excepcional de defesa direta de direitos encontrável na lei. É direito imprescritível potestativo, exercitável enquanto

---

interior do imóvel, bem como sua ocupação pelo réu. Impossibilidade. Necessidade de aguardo da realização da perícia judicial, autorizada, contudo, a limpeza periódica do imóvel. Decisão liminar que deve ser mantida diante dos fatos constantes dos autos. Recurso improvido" (*TJSP* – AI 2058799-46.2016.8.26.0000, 17-8-2016, Rel. Francisco Occhiuto Júnior).

"**Agravo de instrumento**. Direito de vizinhança. **Ação de dano infecto**. – Liminar, autorizando trabalhos de contenção em área de divisa (barranco, com risco de erosão e de consequente abalo à estrutura do imóvel dos autores). Prudência, legitimando a outorga. Recurso dos réus. Desprovimento" (*TJSP* – AI 0041566-75.2013.8.26.0000, 10-7-2013, Rel. Carlos Russo).

perdurar a situação de fato. Somente se permite esse corte se a invasão de raízes e ramos ocasionar moléstia ao vizinho, embora essa não seja posição jurídica pacífica. Não somente pode cortar ramos e raízes, mas também deles tornar-se proprietário. Cuida-se de outra modalidade originária de aquisição da propriedade. Não pode o ato, em nosso entender, porém, decorrer de mera emulação. E se o corte ocasionar o perecimento da árvore ou prejuízos? Deverá indenizar o confinante seu vizinho? O proprietário invadido não é responsável por nenhum prejuízo segundo a tradição, porque exerce direito assegurado na lei (Lopes, 1964:422). No entanto, não se pode negar o direito à indenização, se agiu com culpa grave ou dolo.

O dispositivo atribui essa faculdade ao proprietário, mas não se nega igual direito ao possuidor que age no âmbito de sua posse.

Se houver árvore, não no limite de propriedades, mas que cause ou possa causar prejuízo ao vizinho, aplicam-se as regras gerais do direito de vizinhança, podendo o prejudicado acionar o dono da árvore, para impedir que o dano ocorra, ou pedir indenização, se já existe prejuízo.

13.3 PASSAGEM FORÇADA

A propriedade imóvel rural ou urbana será inútil, se não possuir saída para via pública, fonte ou porto. Esse o sentido de terreno encravado, rústico ou urbano. O mais importante é a saída para a via pública. A fonte ou porto dependerá da utilização econômica da propriedade. O vizinho deve suportar a passagem:

> *"Art. 559. O dono do prédio rústico, ou urbano, que se achar encravado em outro, sem saída pela via pública, fonte ou porto, tem direito a reclamar do vizinho que lhe deixe passagem, fixando-se a esta judicialmente o rumo, quando necessário".*

Comparece-se com a dicção do art. 1.285 do Código de 2002:[5]

> *"O dono do prédio que não tiver acesso a via pública, nascente ou porto, pode, mediante pagamento de indenização cabal, constranger o vizinho a lhe dar passagem, cujo rumo será judicialmente fixado, se necessário".*

---

[5] "Ação de passagem forçada. Pedido inicial de **passagem forçada fundado no art. 1.285, do CC**. Impossibilidade. Requisitos não preenchidos. Imóvel não encravado. Constatada por laudo pericial a existência de outro caminho de acesso à via pública. Mera comodidade que não permite o reconhecimento do direito pleiteado na inicial. Sentença reformada. Recurso provido" (*TJSP* – Ap 1009343-36.2019.8.26.0099, 12-8-2024, Relª Anna Paula Dias da Costa).

"Apelação – ação de instituição de **passagem forçada** – Sentença de improcedência – Recurso do autor – cabimento – Imóvel inequivocadamente encravado – Reconhecimento da condição pelo i. magistrado sentenciante que considerou a improcedência da demanda por não ter os requeridos dado causa ao encravamento – Contudo o fato de não terem dado causa à dificuldade de acesso é irrelevante, vez que o requisito legal do instituto é o encravamento da propriedade, independente de causa ou culpa de terceiros – Encravamento além de reconhecido pelo juízo sentenciante verificável a partir de fotos, parecer do Município e observação da disposição do acesso à via pública a partir do "Google Maps" – Via pública inclusive que se encerra a partir do imóvel dos requeridos que instituíram dentro de seu lote "rua particular" que acaba em muro construído exatamente na dívida com o imóvel do requerente – Demolição do muro que não trará dissabores para a parte ré e permitirá desencravar o imóvel do autor – Observância ainda que o fato do autor conseguir acessar seu imóvel "a pé" não é obstáculo para a instituição da passagem forçada pretendida, diante do Enunciado n. 88 do CJF/STJ, na I Jornada de Direito Civil (2004) que dispõe: "O direito de passagem forçada, previsto no art. 1.285 do CC, também é garantido nos casos em que o acesso à via pública for insuficiente ou inadequado, consideradas, inclusive, as necessidades de exploração econômica"- assim não há necessidade de o imóvel ser absolutamente encravado – Dessa maneira, de rigor a procedência da demanda – Precedentes – Sentença reformada – Sucumbência invertida – Recurso provido". (*TJSP* – Ap 1000307-39.2019.8.26.0270, 9-3-2023, Rel. Achile Alesina).

Trata-se de direito do proprietário do prédio encravado ao qual não se pode opor o vizinho. A passagem deve ser fixada no caminho mais curto, no prédio mais próximo e de forma menos onerosa para ambas as partes. A esse propósito, dispõe o vigente Código que *"sofrerá o constrangimento o vizinho cujo imóvel mais natural e facilmente se prestar à passagem"* (art. 1.285, § 1º).

A matéria, como se vê, pode dar margem à discussão no caso concreto. O fato é que, objetivamente, deve ser definido quando a passagem é mais fácil e mais natural, no conflito entre mais de um proprietário. Convencionalmente, podem os interessados dispor como desejarem, pois haverá negócio jurídico.

Discute-se se o encravamento deve ser absoluto. Ou seja, deve ser considerado encravado o terreno cujo acesso é difícil ou perigoso. A doutrina vacila e no caso concreto pode ser evidenciado ser o acesso ao terreno de tal maneira impróprio que o imóvel deva ser considerado encravado. O assunto, de forma geral, dá margem a infindáveis discussões e nem sempre a solução concreta será fácil. Deve ser considerado encravado o prédio com acesso inseguro, perigoso, insuficiente para utilização econômica e social da propriedade.

A saída cômoda para a via pública busca *"o interesse da comunidade, criar condições que facilitem a produção, a exploração e o aproveitamento da riqueza imobiliária"* (Rodrigues, 1984, v. 5:140). Essa tem sido a tendência jurisprudencial. Cabe ao juiz, na falta de acordo dos interessados, fixar o rumo da passagem, encontrando a forma mais cômoda e menos onerosa. A sentença tem natureza declaratória e não constitutiva (Pontes de Miranda, 1974, v. 13:335). Posteriormente, pode surgir necessidade de modificação do traçado ou ampliação da passagem. A questão resolve-se analogicamente às servidões. Se é o dono do prédio serviente quem pretende a alteração em benefício de sua propriedade, deve arcar com os custos (art. 1.384) (Nequete, 1978:37).

"Apelação – Instituição de **passagem forçada** – Procedência – Pertinência do pedido que restou bem demonstrada pelos elementos documentais aportados com a inicial e pelas oitivas tomadas em audiência de instrução – O único acesso ao imóvel dos autores é deveras complicado, restando intransitável em dias de chuva, pois ausente manutenção pública – Não se têm notícias da existência de outros meios – Imperioso concluir que os autores necessitam de outra via que possibilite livre acesso à sua propriedade, já que a única existente não permite uso adequado e diário – Possibilidade de concessão da medida na hipótese do chamado "encravamento relativo" – Precedentes – Caso dos autos que revelou não se tratar de mera comodidade, mas de efetiva necessidade – Decisão mantida – Recurso improvido" (*TJSP* – Ap 1000754-48.2018.8.26.0145, 25-5-2021, Rel. Claudia Grieco Tabosa Pessoa).

"**Passagem forçada** – Imóvel rústico sem acesso à via pública após desmembramento de outras áreas – Opções de acesso que não se justificam, em detrimento de caminho antigo já implantado e utilizado sem oposição – Solução que atende às peculiaridades do caso, e à conciliação, dentro do possível, dos interesses em jogo, à luz das necessidades do prédio dominante e ônus do prédio serviente – Recurso improvido" (*TJSP* – AC 1012029-76.2017.8.26.0032, 26-6-2019, Rel. Matheus Fontes).

"**Usucapião de servidão de passagem ou fixação de passagem forçada** – Autores que pretendem o reconhecimento do direito de utilizar caminho que passa pela propriedade do réu para transitar entre a via pública e o seu imóvel. Sentença de improcedência. Recurso dos autores. 1- Preliminar de ausência de impugnação específica afastada. 2- Coisa julgada com relação ao pedido de fixação passagem forçada. Questão que já foi objeto de ação anterior, havendo identidade de partes, causas de pedir e pedido. Embora denominada "cautelar", a ação anterior tinha caráter satisfativo. Nome atribuído à ação pouco importa para a caracterização da identidade de ações. 3- Alegação de incompetência absoluta rejeitada. Extinção da ação com relação ao pedido de fixação de passagem forçada. Prosseguimento apenas com relação ao pedido de usucapião Inexistência de dependência. 4- Usucapião de servidão de passagem. Atos de mera tolerância ou permissão ou utilização clandestina que afastam a proteção possessória. Art. 1.208 do CC. Não preenchimento dos requisitos do art. 1.379 do CC. Servidão em questão que é não aparente e descontínua. Estrada construída para utilização pelo réu, e não pelos autores. Hipótese da Súmula 415 do STF não verificada. Ausência de exercício contínuo e incontestado de servidão pelo prazo de 20 anos. Improcedência. 5- Recurso desprovido" (*TJSP* – Ap 1008451-85.2015.8.26.0320, 11-10-2018, Relª Mary Grün).

Legitimado para pedir passagem não é apenas o proprietário, mas também o usufrutuário, usuário, habitador ou possuidor. Podem eles também defender a turbação da via de passagem pelos remédios possessórios.[6]

---

[6] "Apelação cível – Posse – **Ação de reintegração de posse em área de passagem** – Sentença de procedência – Inconformismo da ré – 1. Legitimidade ativa dos autores evidenciada. Legitimidade verificada em confronto com a descrição dos fatos na petição inicial. Teoria da asserção – 2. Interesse de agir evidenciado. Necessidade do provimento judicial para consecução do objetivo almejado, qual seja, a reintegração na posse de estrada que serve de acesso ao imóvel de titularidade dos autores (...) – 4. Pedido de reintegração de posse em servidão de passagem aparente. Alegação de que a empresa ré colocou obstáculo ao construir porteira em estrada utilizada para acesso ao bem imóvel de sua titularidade – Ausência dos requisitos legais para viabilizar a pretendida reintegração, nos termos dos artigos 560 e 561, do Código de Processo Civil – 4.1. Autores que não lograram comprovar a prévia e efetiva utilização da estrada objeto da lide para acessar seu imóvel, sobretudo após a regular aquisição do bem, ocorrida em janeiro/2005 – 4.2. Imóvel dos autores que possui regular acesso à via pública, cuja circunstância afasta a hipótese de passagem forçada prevista no artigo 1.285 do Código Civil – 4.3. Servidão administrativa, da mesma forma, não evidenciada. Legislação que prevê a necessidade de declaração expressa do proprietário, além do subsequente registro (art. 1.378 do Código Civil) – 5. Inaplicabilidade do enunciado da Súmula nº 415, do C. Supremo Tribunal Federal. Conquanto possível a proteção possessória de servidão de trânsito não titulada, afigura-se necessária a comprovação da observância dos requisitos legais, o que não restou demonstrado na hipótese dos autos – Esbulho, portanto, não evidenciado – Sentença reformada para julgar improcedente o pedido inicial – Recurso provido". (TJSP – Ap 1001368-51.2020.8.26.0123, 13-3-2023, Rel. Daniela Menegatti Milano).

"Agravo de instrumento – **Passagem Forçada** – Imóvel encravado – Decisão por meio da qual se negou a tutela de urgência para reabertura de passagem obstruída com aterramento. Insurgência do autor. Demora de um mês e meio para a promoção da demanda que se deu em razão das tratativas de solução amigável. Razoabilidade. Acesso ao imóvel a pé, ademais, que foi significativamente dificultado, mas não inviabilizado por completo. Existência de ação possessória, onde o recorrente, lá réu, foi considerado posseiro precário. Irrelevância, por ora. Lide que pende da análise de apelo nesta instância. Sentença, ainda, que autorizou a permanência do insurgente no imóvel até o esgotamento das vias recursais. Posseiro ao qual é garantida a passagem forçada. Instituto não restrito ao proprietário do bem encravado. Precedentes. Imóvel, ao que tudo indica, encravado. Passagem pelo terreno baldio dos réus, além de contar com marcas recentes de uso por automóvel, se mostra a mais natural e fácil para o acesso à via principal. Exegese do art. 1.285, *caput* e § 1º, do CCB. Requisitos necessários à concessão da tutela de urgência preenchidos. Decisão reformada para deferir a tutela de urgência e determinar a desobstrução da passagem pelos recorridos, sob pena de multa diária. Recurso conhecido e provido" (*TJSC* – AI 4017242-47.2018.8.24.0900, 27-6-2019, Rel. Des. Helio David Vieira Figueira dos Santos).

"**Imissão na posse e passagem forçada** – Alegação de que o terreno do réu está encravado na área pertencente aos autores e não permite o acesso a via marginal de importante rodovia estadual que passa pela Capital – Prova pericial que demonstra que o imóvel do réu não interfere no imóvel dos autores – Alegações falsas formuladas na inicial que visavam ao acréscimo de área pelos autores, em prejuízo dos réus, que perderiam sua residência – Litigância de má-fé caracterizada – Adoção integral dos fundamentos deduzidos na sentença, com fundamento no permissivo do artigo 252 do Regimento Interno deste Tribunal – Sentença mantida – Majoração da multa, nesta instância – Necessidade – Reiteração das falsas assertivas e arguição de preliminar manifestamente descabida – Preliminar rejeitada e recurso desprovido, com observação" (*TJSP* – Ap 1005419-92.2016.8.26.0011, 23-3-2018, Rel. A. C. Mathias Coltro).

"Apelação – Civil e processo civil – Preliminar de inépcia do recurso rejeitada – **Direito à passagem forçada** – Ausência de encravamento do bem – Sentença mantida – 1- Repele-se a preliminar de inépcia do recurso se este observou os requisitos do artigo 514 do CPC/73, aplicável ao caso, apontando com precisão os fundamentos e os motivos para a reforma da sentença, em plena observância ao princípio da dialeticidade, ainda que o tenha feito de maneira objetiva. 2- O direito a passagem forçada decorre de lei e tem por fundamento a solidariedade social, no âmbito das relações de vizinhança, tendo a finalidade de evitar que o imóvel fique sem destinação ou utilização econômica, por ausência de acesso a via pública, nascente ou porto (encravamento). Difere-se da servidão por este constituir direito real sobre coisa alheia, que pode ser adquirido por ato de disposição de vontades ou de forma compulsória mediante o uso do instituto jurídico da usucapião, quando se tratar de servidão aparente (artigos 1349 e 1285 do Código Civil). 3- Demonstrado nos autos que o imóvel da parte requerente possui outras opções de acesso à via pública e que inexistem os requisitos legais, inviável a procedência do pedido do exercício da passagem forçada. 4- Preliminar rejeitada. Negou-se provimento ao recurso" (*TJDFT* – Proc. 20130810090935APC – (1014085), 10-5-2017, Rel. Flavio Rostirola).

"**Apelação.** Ação de servidão de passagem forçada. Autores que são possuidores de área encravada por conta de desapropriação realizada pela SABESP. Sentença de procedência. Insurgência da SABESP contra a ausência de arbitramento de valor indenizatório. Cabimento. Sentença *infra petita*. Necessidade de realização de perícia para arbitramento do *quantum* indenizatório devido pela passagem forçada. Sentença anulada. Recurso provido. Agravo Retido. Não conhecimento, por descumprimento ao disposto no parágrafo primeiro do artigo 523, do Código de Processo Civil" (*TJSP* – Ap 0123325-59.2007.8.26.0004, 19-2-2014, Relª Ana Luiza Liarte).

De igual maneira deve ser considerado encravado o prédio que tenha saída apenas durante certos períodos do ano. O encravamento deve ser, como regra geral, absoluto e natural. Prédio não encravado pode vir a sê-lo como decorrência de fenômenos naturais, inundações, terremotos, quedas de barreiras etc.

Lembra Marco Aurélio S. Viana que o juiz, ao fixar o rumo do caminho ou passagem, deverá ter em mente reduzir ao máximo o dano ao vizinho obrigado a suportar a passagem ainda que isso implique caminho mais longo; e escolher, entre os prédios em torno do imóvel, aquele que melhor se presta para a finalidade, isto é, o mais apto a oferecer a passagem (art. 1.285, § 1º) (2003:239). O juiz deverá valer-se de perícia para essa apuração. Nada, porém, que substitua sua própria inspeção judicial, algo que fortemente se recomenda. Essa inspeção, regulada pelo estatuto processual, principalmente em sede de exame de questões de posse e propriedade, é eficientíssima, pois permite ao magistrado examinar pessoalmente o local e tirar suas conclusões. A perícia, de qualquer forma, deverá avaliar a indenização que o caso concreto exige.

Essa limitação de passagem imposta ao vizinho não é gratuita, como se vê, pois o art. 560 assegurava *o direito a indenização cabal*, indenização essa mencionada no bojo do art. 1.285 do Código de 2002. Essa indenização levará em conta a diminuição de valor da propriedade pela passagem de terreno alheio e a moléstia por ela ocasionada. Independe de culpa e decorre simplesmente do direito de vizinhança. Defende-se existir uma desapropriação no interesse privado. O sentido é de fato muito semelhante, relacionando-se com a chamada servidão administrativa. Ao contrário do que entendem alguns, indenização sempre haverá, pois ocorrerá sempre uma restrição ao direito de propriedade e essa restrição é remunerada, como dispõe a lei.

Esse direito é potestativo ou facultativo, perdurando enquanto existir o encravamento. Cessado este, por qualquer razão, desaparece o direito de passagem. Nada impede, porém, que as partes constituam servidão sobre o que era direito legal de passagem.

Se por conduta culposa do titular do terreno encravado este *"perder o direito de trânsito (...), poderá exigir nova comunicação com a via pública, pagando o dobro do valor da primeira indenização"* (art. 561 do Código de 1916). O titular do direito de passagem deixa destruir ponte, por exemplo, por falta de conservação. A lei estabelecera na verdade uma pena para a desídia do proprietário que deixou de cuidar do objeto de seu direito. Se não houvesse indenização na fixação da primeira passagem, a indenização poderia ter por base a responsabilidade aquiliana em geral (art. 186). O sentido da norma permitia essa interpretação. O presente Código não repete a regra, devendo ser seguida a ordem normal de responsabilidade civil.

O art. 562 do Código de 1916, por desatenção do legislador, mencionava o termo *servidão*:

> *"Não constituem servidão as passagens e atravessadoiros particulares, por propriedades também particulares, que se não dirigem a fontes, pontes, ou lugares públicos, privados de outra serventia".*

Ao que tudo indica, a lei antiga foi levada à menção de servidão por influência da terminologia "servidões legais" nos direitos de vizinhança, utilizada em ordenamentos estrangeiros (Bessone, 1988:208). Deveria ter dito que esses caminhos não se constituem passagens forçadas. São mera liberalidade ou atos de tolerância do proprietário, mas podem ser erigidas em servidões. A esse respeito a Súmula 415 do Supremo Tribunal Federal:

> *"Servidão de trânsito não titulada, mas tornada permanente, sobretudo pela natureza das obras realizadas, considera-se aparente, conferindo direito à proteção possessória".*

Voltaremos ao assunto quando examinarmos as servidões. Aponte-se, de plano, porém, que a servidão é direito real sobre coisa alheia, enquanto a passagem forçada decorre da vizinhança e do encravamento de um prédio. O Código mais recente não repetiu esse dispositivo.

A servidão de trânsito distingue-se da passagem forçada, porque esta é imposta por lei mediante indenização apenas em favor do titular do prédio onerado. A servidão de trânsito pode ser estabelecida em favor de prédio não encravado, apenas para tornar mais cômoda a utilização do prédio dominante, decorrendo da vontade das partes.

O encravamento pode resultar da alienação de parte do imóvel. O proprietário vende a parte dos fundos e permanece com a frente para a via pública. O alienante deve conceder a passagem. Também na hipótese oposta. É alienada a frente para a via pública, o adquirente deve conceder a passagem. Ideal que se fixe o rumo já no título constitutivo, evitando-se a lide. Seria injusto que, como decorrência desse encravamento procurado, se onerasse o prédio pertencente a terceiro. A passagem deve ser resolvida entre os partícipes do negócio jurídico que deram origem ao encravamento. O mais recente Código, a propósito, no art. 1.285, § 2º, dispõe que, *"se ocorrer alienação parcial do prédio, de modo que uma das partes perca o acesso a via pública, nascente ou porto, o proprietário de outra deve tolerar a passagem"*. Se, nesse caso, antes da alienação, já houvesse anteriormente uma passagem no imóvel, o proprietário não é obrigado a dar outra (art. 1.285, § 3º).

13.3.1 Passagem de Cabos e Tubulações

Questão essencial para os aglomerados urbanos, nos arts. 1.286 e 1.287 o Código Civil deste século introduz disciplina referente à passagem de cabos e tubulações. A matéria relaciona-se intimamente com as servidões, tanto que outras legislações tratam do fenômeno como modalidade de servidão legal. Assim, essa passagem também pode defluir de negócio jurídico, constituindo servidão. Segundo o primeiro desses artigos, o proprietário é obrigado a tolerar a passagem, através de seu imóvel, de cabos, tubulações e outros condutos subterrâneos de utilidade pública, em proveito de proprietários vizinhos, quando de outro modo for impossível ou excessivamente onerosa.[7] Nesse aspecto, como se enfatiza a obrigação de tolerar do vizinho,

---

[7] "Direito civil. Apelação. Obrigação de fazer. Anulação de sentença para produção de prova pericial. I. Caso em Exame 1. Ação de obrigação de fazer em que os autores buscam compelir os réus a instalar fossas sépticas e tubulações para conexão com a rede pública de esgoto e águas pluviais, devido ao transbordamento irregular para seu terreno. II. Questão em Discussão 2. A questão em discussão consiste em (i) verificar a viabilidade técnica de construção de fossas sépticas e a necessidade **de passagem forçada de tubulações pelo imóvel dos autores**; (ii) determinar se há meios menos onerosos para captação de esgoto e águas pluviais. III. Razões de Decidir 3. A sentença foi anulada devido à ausência de necessária prova técnica que comprove a impossibilidade de soluções alternativas para o escoamento de esgoto e águas pluviais. IV. Dispositivo e Tese 4. Sentença anulada para produção de prova pericial. Tese de julgamento: 1. A produção de prova pericial é imprescindível para o julgamento seguro da lide. 2. A anulação da sentença pode ser determinada de ofício para garantir a instrução adequada do processo. Legislação Citada: Código Civil, art. 1.286 e Código de Processo Civil, art. 370, art. 95" (*TJSP* – Ap 1003460-83.2021.8.26.0505, 4-2-2025, Rel. Silvia Rocha).

"Ação de obrigação de fazer cumulada com indenização por danos morais. Direito de vizinhança. Alegado direito à **passagem forçada** de tubulação de esgoto, pelo imóvel da ré, que restou infirmado pelos elementos dos autos. Obrigação de tolerar a passagem da tubulação que só é possível de impor ao vizinho quando de outro modo for impossível ou excessivamente onerosa. Exegese do art. 1.286 do Código Civil. Caso concreto que revela que o imóvel da autora não é encravado e que a alternativa de passagem tampouco configura onerosidade excessiva e extraordinária, sugerindo que o pleito, antes de tudo, objetiva comodidade e não estrita necessidade. Danos morais inocorrentes. Ausência de violação a qualquer direito de personalidade da autora. Benefício da gratuidade que obriga a condenação nas verbas de sucumbência, com suspensão da exigibilidade na forma do art. 98, § 3º,

trata-se de típico direito de vizinhança, que cada vez se torna mais necessário no mundo moderno, tendo em vista o sem-número de dutos que conduzem dados eletrônicos. Cuida-se de situação análoga à servidão administrativa, com pontos de contato com a desapropriação, pois a atividade implica recebimento de indenização que deve atender também à desvalorização da área remanescente, segundo o mesmo dispositivo.

É direito do proprietário atingido que a instalação seja feita do modo menos gravoso, bem como seja depois removida à sua custa, para outro local do imóvel, se assim for conveniente (art. 1.286, parágrafo único). Se o titular dos cabos e dutos for a Administração ou seu concessionário, poderão ser aplicados os princípios de direito administrativo, mormente os que regem a desapropriação.

Sempre há que se examinar se há risco no local de passagem das instalações, o que sempre aconselha a mudança de rumo. Segundo o art. 1.287, *"se as instalações oferecerem grave risco, será facultado ao proprietário do prédio onerado exigir obras de segurança"*. Nessas obras subterrâneas sempre há necessidade de cuidados técnicos extremos.

---

do CPC. Sentença mantida. Apelo improvido, com observação" (*TJSP* – Ap 1030761-23.2019.8.26.0554, 18-10-2021, Rel. Ruy Coppola).

"Apelação cível – Ação possessória – **Servidão de trânsito** – Pedido de proteção possessória, com base na súmula 415 do STF – Uso contínuo e aparente – Não comprovação de utilização do acesso desde longa data – Aplicação de honorários em sede de recurso – Art. 85, § 11º do CPC 1. O reconhecimento da servidão de passagem a que se refere a Súmula 415 do STF exige a comprovação do uso contínuo e aparente da passagem, ônus do qual os autores não de desincumbiram de comprovar. 2- Inobstante os argumentos esposados pelos recorrentes, estes não se desincumbiram de comprovar a existência de servidão de uso contínuo e aparente, nos termos alegados na exordial, mormente porque inexiste escritura pública quanto à servidão. 3- Infere-se dos fólios que a referida passagem foi abandonada há muito tempo, conforme fotos colacionadas pelo demandado/apelado, fls. 124/134, em que resta demonstrado o crescimento de vegetação que leva anos para atingir o tamanho com que se apresenta, inclusive não contestada a veracidade dos documentos pela parte recorrente. 4- A utilização pelos autores/apelantes da passagem, objeto do litígio, não passou de mero ato de tolerância dos requeridos/apelados. 5- Restando não comprovada a passagem utilizada pelos autores ao longo autor ao longo do tempo, qual seja, a existência de servidão de passagem aparente, deve ser mantida a sentença proferida. 6- Sentença mantida. Recurso improvido" (*TJBA* – Ap 0000084-67.2005.8.05.0274, 6-2-2019, Rel. Roberto Maynard Frank).

"Apelação cível – Ação de reintegração de posse – Servidão de trânsito – **Uso contínuo e aparente** – Ônus da prova – Alegação do demandado acerca da existência de um caminho na propriedade da autora, que se caracterizava como servidão de trânsito. O reconhecimento da servidão de passagem a que se refere a Súmula 415 do STF exige a comprovação do uso contínuo e aparente da passagem, ônus do qual o demandado não se desincumbiu de comprovar. Inocorrência de imóvel encravado, considerando o acesso à área pelo próprio imóvel do demandado. Presentes os pressupostos do art. 561, do CPC, de rigor a procedência da ação de reintegração de posse. Sentença confirmada. Fixados honorários recursais. Negaram provimento ao recurso. Unanime" (*TJRS* – AC 70077827947, 5-7-2018, Rel. Des. Nelson José Gonzaga).

"Apelação Cível – Ação de manutenção de posse – **Servidão de passagem – Uso contínuo e aparente** – Requisitos comprovados – Autor que se encontrava utilizando a estrada existente no imóvel possuído pelos réus de forma aparente e contínua, restando caracterizada a servidão de passagem (Súmula 415 do STF). Demonstrada a posse do requerente, bem como a turbação dos réus quanto ao acesso daquele sobre a passagem, pois retiraram a cerca que fazia a delimitação e abriram covas para a plantação de árvores no local. Comprovação dos pressupostos do artigo 927 do CPC/73. Cabível a manutenção de posse do autor, julgando-se procedente a demanda. Sentença reformada. Sucumbência invertida e redimensionada. Deram provimento ao recurso. Unânime" (*TJRS* – AC 70068184472, 27-4-2017, Rel. Giuliano Viero Giuliato).

"**Direito de vizinhança** – Servidão não aparente – Passagem de tubulação de água e esgoto – Impedimento alegado pela ré para a realização das obras – Situação não evidenciada – Multa estipulada para a hipótese de descumprimento da ordem judicial – Redução do valor – Descabimento – Sentença Mantida – Recurso improvido – A pena cominatória, a título de *astreintes*, não tem por finalidade, indenização pelo inadimplemento da obrigação de fazer ou não fazer. É utilizada como meio coativo de cumprimento da sentença ou decisão interlocutória" (*TJSP* – Ap 0033898-65.2010.8.26.0224, 11-4-2016, Rel. Renato Sartorelli).

13.4 ÁGUAS

A água, bem maior de sobrevivência, tem seu regime regulado pelo Código de Águas, Decreto nº 24.643, de 10-6-1934. De há muito percebemos que a água não é um bem inesgotável e que pode colocar em risco a sobrevivência da humanidade. É fundamental que todo Estado regulamente seu uso para preservar a atual e as futuras gerações. É essencial que sejam evitados desastres ecológicos que prejudiquem os mananciais. Desse modo, não há mais que se tratar o direito das águas como um mero problema de vizinhança como fazia nosso Código Civil de 1916. O direito de vizinhança é, na verdade, apenas parte de um questionamento global em torno das águas.

Na citada lei, são apresentadas conceituações de águas públicas, comuns e particulares. Já nos referimos, quando do exame da aquisição da propriedade, à compreensão de álveo dos rios, acessão e formação de ilhas. Dizem respeito especificamente ao direito público o regime e aproveitamento das águas públicas, subterrâneas e pluviais, a energia hidráulica, a fiscalização do uso das águas etc. Várias normas estaduais e a Lei Federal nº 9.433/97, conhecida como Lei dos Recursos Hídricos, incorporaram ao ordenamento novos princípios que dizem mais respeito ao direito público. Até pouco tempo, em nosso país, apenas o Código de águas regulava o tema. Porém, como afirma Vladimir Passos de Freitas, *"o problema transcende a adição de regras legais. É cultural. É preciso que a população saiba a importância do uso correto da água e as consequências do desperdício"* (2002:21).

A água deve ser vista como bem de domínio público e recurso natural de valor econômico, segundo o art. 1º da Lei nº 9.433/97. A captação, tratamento e distribuição devem ser remunerados. A Constituição de 1988 alterou o regime anterior, fazendo com que o domínio das águas passasse a ser público, da União ou dos Estados. Não se esqueça, porém, do importante papel desempenhado pelos municípios na proteção e uso das águas. Há todo um aparato jurídico que deve ser levado em conta no exame do direito das águas, não só privatístico, nosso campo de estudo, como também administrativo e penal de amplo espectro.

No capítulo da vizinhança no Código Civil de 1916, que ora nos interessa, o crucial e vital problema das águas ganhou apenas alguns artigos, reformulados ou derrogados pelo Código de Águas.

Em qualquer situação que se decida acerca das águas no campo privado, deve ser levada em conta a finalidade social da propriedade como princípio constitucional, ligado à utilização correta das águas. Há que se coibir abuso que desvie ou permita a utilização da água para fins egoísticos ou inúteis.

O art. 563 chancelava lei da física que estabelece que o dono do prédio inferior é obrigado a receber as águas que correm naturalmente do superior. *"Se o dono deste fizer obras de arte, para facilitar o escoamento, procederá de modo que não piore a condição natural e anterior do outro."* A disposição é repetida pelo art. 69 do Código de Águas. O art. 1.288 do presente Código repete a regra geral pela qual o dono ou possuidor do prédio inferior é obrigado a receber as águas que correm naturalmente do superior. Acrescenta, porém, no mesmo sentido da lei anterior, que não pode ele realizar obras que embaracem o fluxo normal das águas. Aduz ainda esse mesmo dispositivo que a condição natural e anterior do prédio inferior não pode ser agravada por obras feitas pelo dono ou possuidor do prédio superior.[8]

---

8 "Direito de vizinhança – Ação de obrigação de fazer c.c. pedido indenizatório – Escoamento natural das águas do prédio superior para o inferior – Inexistência da obrigação de reparar eventuais danos – Inteligência do **art. 1.288 do Código Civil** – Sentença mantida – Recurso não provido". (*TJSP* – Ap 1003629-49.2019.8.26.0082, 14-6-2023, Rel. Silvia Rocha).

As águas que o prédio inferior está obrigado a receber são as de chuva e as que brotam naturalmente do solo. Fluindo naturalmente, ainda que ocorra prejuízo, este não é imputável ao dono do prédio superior, mas a fato da natureza. Se a corrente é agravada por obra do titular do prédio superior, responderá este pelo dano. Como consequência da mesma regra, proprietário que recebe as águas não pode fazer diques ou represas, para impedir seu curso natural para outros prédios. Nem pode o proprietário do prédio inferior fazer obras de molde a impedir esse escoamento natural, represando assim águas no prédio superior.

O art. 70 do Código de Águas acrescenta que *"fluxo natural, para os prédios inferiores de água pertencente ao dono do prédio superior, não constitui por si só servidão em favor deles"*. Para a constituição da servidão há necessidade de conteúdo de vontade e outros requisitos a serem estudados.

O art. 564 do Código Civil estabelecia:

> *"Quando as águas, artificialmente levadas ao prédio superior, correrem dele para o inferior, poderá o dono deste reclamar que se desviem, ou se lhe indenize o prejuízo que sofrer".*

Essa regra era arbitrária, pois conferia direito ao proprietário do solo inferior de reclamar o desvio de águas ou a indenização. Com frequência o dono de prédio tem necessidade de captar água de outro local, para seu uso ou primordialmente para a agricultura. O excessivo individualismo do Código Civil poderia impedir essa utilização social da propriedade. O art. 92 do Código de Águas modificou a disposição, estabelecendo que:

> *"Mediante indenização, os donos dos prédios inferiores, de acordo com as normas da servidão legal de escoamento, são obrigados a receber as águas das nascentes artificiais.*

"Apelação cível – Ação ordinária – **Servidão de passagem** – Rede de esgoto – Construção de fossa séptica – Possibilidade – O art. 1.289 do CC dispõe que o proprietário do imóvel inferior pode exigir que sejam desviadas as águas artificiais advindas do prédio superior – Tendo a perícia constatado que é possível a instalação de fossa séptica para cessar a passagem de rede de esgoto pelo imóvel da autora, não há se falar em direito de servidão de passagem de tubulação – A instalação de fossa séptica não se apresenta como opção excessivamente onerosa, sendo que o perito apresentou orçamento cujo valor se mostra razoável e proporcional aos serviços a ser realizados" (*TJMG* – AC 1.0000.19.084301-1/001, 12-9-2019, Rel. Marco Aurelio Ferenzini).

"Apelação – **Servidão** para passagem subterrânea de tubulação de gás natural, petróleo e derivados – Restrição que não inviabiliza a utilização do imóvel – Devida indenização – Acatado o valor indenizatório estabelecido pela perícia técnica. Pedido julgado procedente em 1º grau. Manutenção dos juros compensatórios e moratórios nos percentuais arbitrados, anotando-se apenas que os juros de mora devem incidir a partir do trânsito em julgado, conforme disposto na Súmula nº 70 do A. STJ. Ademais, o laudo definitivo ratificou o anterior, promovendo apenas a atualização do quantum indenizatório previamente estipulado para fins de imissão. Manutenção dos honorários em 5% sobre a diferença entre o valor da oferta e a indenização. Sentença mantida. Recurso não provido" (*TJSP* – Ap 0002693-36.2010.8.26.0606, 15-3-2018, Rel. Souza Nery).

"Direito de vizinhança – **Servidão de passagem** de tubulação de esgoto que liga o imóvel do Autor ao dos Réus, vizinho do lado, de onde escoa para a rede pública. Obstrução da tubulação pelos Réus autorizada, ante o uso nocivo da servidão pelo inquilino do Autor. Danos materiais, ademais, não comprovados. Ação improcedente. Recurso desprovido" (*TJSP* – Ap 0324197-54.2006.8.26.0577, 2-6-2017, Rel. Pedro Baccarat).

"Ação anulatória de negócio jurídico – **Direito de vizinhança** – Indenização – Umidade em parede divisória dos imóveis – Elaboração de contrato para cessão de servidão de passagem – Obrigação dos réus de realizarem obras de canalização das águas. Reconvenção dos réus com pedido de indenização por danos morais e materiais. Sentença que julgou improcedentes ações principal e reconvencional. Apelação dos autores. Repetição da tese inicial. Contrato que deve ser anulado por vício de consentimento. Não comprovado. Celebração do contrato que gerou benefícios para ambas as partes. Arrependimento que não é causa de anulação do contrato. Recurso improvido. Apelação dos réus. Repetição da tese reconvencional. Graves acusações na peça inicial que causaram danos morais. Não comprovados. Exercício regular de direito dos autores. Sentença mantida. Recursos improvidos" (*TJSP* – Ap 0023273-60.2012.8.26.0269, 20-6-2016, Rel. Francisco Occhiuto Júnior).

> *Parágrafo único. Nessa indenização, porém, será considerado o valor de qualquer benefício que os mesmos prédios possam auferir de tais águas".*

Desse modo, de acordo com o Código de Águas, não pode o proprietário de prédio inferior, a seu alvedrio, simplesmente impedir a irrigação ou captação de água no prédio superior. Não é, porém, obrigado a receber águas servidas ou nocivas, somente as águas naturais. O proprietário deve fazer obras, para evitar que as águas impróprias escoem para o terreno vizinho, devendo indenizar o vizinho por eventuais prejuízos. Há dispositivo introduzido no Código de 2002. Quando ocorrer de águas serem artificialmente levadas ao prédio superior, ou aí colhidas, o titular do prédio inferior poderá reclamar que se desviem, ou se lhe indenize o prejuízo (art. 1.289). Volta-se, portanto, ao que já dispunha o Código de 1916. O dono ou titular do prédio inferior não está mais obrigado a suportar o fluxo de água do prédio superior que ali não tenha ido por força da natureza. Acrescenta, no entanto, o parágrafo único do dispositivo, que dessa indenização será deduzido o valor do benefício que foi obtido pelo recebimento das águas. É necessário, porém, que se prove a ocorrência do benefício.

A questão relaciona-se com as denominadas nascentes e águas comuns. O art. 565 foi revogado pelo art. 90 do Código de Águas, o qual dispõe: *"O dono do prédio no qual houver alguma nascente, satisfeitas as necessidades do seu consumo, não pode impedir o curso natural das águas pelos prédios inferiores"*. A disposição consta também do Código em vigor (art. 1.290), que menciona a água proveniente de nascente e de águas pluviais. O dono do prédio inferior tem o direito de receber as águas supérfluas, o que se apurará no caso concreto. Há que se coibir o abuso, buscando o maior aproveitamento possível da água, por maior número possível de pessoas. Igual sentido se aplica para curso de água que transita pelo prédio superior, ainda que a nascente ali não se situe. O art. 94 do Código de Águas acrescenta que *"o proprietário de uma nascente não pode desviar-lhe o curso quando da mesma se abasteça uma população"*. Evidente o alcance social da norma. Por tais regras se percebe que a utilização da água de nascente pelo proprietário não pode ser absoluta. Entende-se por nascente o curso de água que surge naturalmente ou por indústria humana na propriedade (art. 89 do Código de Águas). *"A nascente de uma água será determinada pelo ponto em que ela começa a correr sobre o solo e não pela veia subterrânea que a alimenta"* (art. 95 do Código de Águas).

O sentido social da utilização da própria água como bem em si deve ser colocado paralelamente ao sentido social da propriedade: *"o não uso da água comum ou de nascente, pelo proprietário do solo onde existem, enfraquece o direito desse proprietário em relação àquelas águas"* (Nunes, 1969:23). O proprietário ou possuidor de prédio em que existe nascente ou curso de água, deixando de utilizá-la, não pode opor-se a sua utilização pelo vizinho. A utilização da água, nesse sentido, pode ser defendida pelos meios possessórios.

> *"Em relação às águas, portanto, deve conceder-se a manutenção, desde que o dono do prédio superior as deixou fluir, por não usá-las e desde que o dono do prédio inferior as aproveite, com demonstração de obras feitas para esse fim"* (Nunes, 1969:53).

A utilização de água por prédio vizinho pode ser estabelecida por servidão, como estudaremos no Capítulo 19. Os princípios gerais, na omissão da lei civil, porém, são os do Código de Águas. A disciplina das águas coloca-se na nomenclatura de *servidão legal* de tradição romana.

As *águas pluviais* também devem ser objeto de regramento na vizinhança. Cuida-se de água proveniente de chuvas (art. 102 do Código de Águas). O art. 103 do Código de Águas substituiu a disposição do art. 566 do Código Civil de 1916. As águas de chuva pertencem ao dono do prédio em que caírem, salvo direito em sentido contrário. Também nesse aspecto observamos a noção de necessidade. Não pode o proprietário captar por mera emulação a água pluvial, impedindo seu curso para terrenos vizinhos. O § 1º do art. 103 proíbe ao proprietário *"desperdiçar essas águas em prejuízo dos demais proprietários, sob pena de indenização. Pode também ser obrigado a desfazer obras impeditivas de seu curso normal"*.

O art. 1.291 do Código presente é também expresso no sentido de que o possuidor do imóvel superior não poderá poluir as águas indispensáveis às primeiras necessidades da vida dos possuidores dos imóveis inferiores. Quanto às águas que poluir, deverá recuperar, ressarcindo os danos que os proprietários dos prédios superiores vierem a sofrer, se não for possível a recuperação ou o desvio do curso artificial das águas. Protege-se, portanto, a água como um bem maior da coletividade, no sentido amplo, não se permitindo que o seu uso seja egoístico ou exclusivo, sem essencial utilidade.

O proprietário pode construir barragens, açudes, ou outras obras para represamento de água em seu prédio. Se as águas represadas invadirem prédio alheio, será o seu proprietário indenizado pelo dano sofrido, deduzido eventual benefício que tenha obtido (art. 1.292).

O art. 567 do Código Civil de 1916 estabelecera o direito de *aqueduto*, isto é, direito de o proprietário canalizar em proveito agrícola ou industrial, mediante prévia indenização, as águas a que tem direito. Segundo o art. 1.561 do Código Civil português, a constituição da servidão legal de aqueduto para aproveitamento de águas particulares assenta-se no poder jurídico do proprietário de um prédio de conduzir as águas a que tenha direito, até esse prédio, por meio de regos ou canos, a descoberto ou subterrâneos. Mantém-se, assim, a noção romana da *servitus aquaeductus*, como um direito de conduzir água por terreno alheio (Gonçalves, 1993:468).

O Código de Águas disciplinou e ampliou a matéria sob a epígrafe *Servidão Legal de Aqueduto*. Estabeleceu a possibilidade de canalização pelo prédio de outrem, mediante prévia indenização, obedecidos os seguintes requisitos:

a) *para as primeiras necessidades da vida;*

b) *para os serviços da agricultura ou da indústria;*

c) *para o escoamento das águas superabundantes;*

d) *para o enxugo ou bonificação de terrenos.*

A indenização refere-se não somente à restrição trazida pelo aqueduto em si, como também a quaisquer outros danos causados pelas obras. O aqueduto é uma das mais antigas servidões admitidas pelo Direito Romano. Daí sua definição na lei das águas como *servidão legal*. Essa modalidade de canalização independe do consentimento do vizinho, pois se busca a utilização social da propriedade. É limitação onerosa da propriedade, porque propicia indenização. No novel Código, a matéria é tratada pelo art. 1.293.[9] Além da indenização, o

---

9 "Apelação – **Ação de usucapião de servidão de aqueduto** – Requisitos – Ausência – 1- A servidão de aqueduto é aquela que confere a seu titular o direito de canalizar água pelo prédio de outrem, prevista no artigo 1.293 do Código Civil, no Capítulo destinado ao direito de vizinhança. 2- A servidão pressupõe dois prédios, um dominante e um serviente, pertencentes a proprietários diversos (art. 1.378, do CC). Se antes da divisão havia um condomínio entre os litigantes, não há que se falar em servidão em data pretérita ao negócio jurídico selado por meio de escritura pública. 3- Ausente justo título para fins da usucapião ordinária, resta para embasar a pretensão dos autores, a usucapião extraordinária, ou seja, a de 20 anos, nos termos do parágrafo único, do art. 1.379, do CC. 4- A conclusão tida na r. sentença deve prevalecer, uma vez que até a data da propositura da ação passaram-se menos de 10 anos" (*TJMG* – AC 1.0629.15.003705-5/001, 15-3-2019, Relª Cláudia Maia).

"Ação Confessória – Autor que pretende restabelecer o fornecimento de água, com reconhecimento judicial da existência de **servidão legal de aqueduto**, e, alternativamente, usucapião da referida servidão – Ação julgada improcedente – Inconformismo – Cerceamento de defesa não configurado, tendo em vista a desnecessidade da produção de prova oral – Impossibilidade de usucapião, diante do não preenchimento dos

§ 1º estabelece a possibilidade de ressarcimento de danos que de futuro os canais venham a causar, por infiltração ou irrupção de águas. Também, conforme o § 2º, o proprietário prejudicado poderá exigir que a canalização seja subterrânea quando atravessar áreas edificadas, pátios, hortas, jardins e quintais. O aqueduto será construído de forma a causar o menor incômodo possível aos vizinhos, e às expensas do seu respectivo dono (§ 3º). O art. 1.294 manda que se aplique ao aqueduto o disposto acerca da passagem de cabos e tubulações, pois é evidente a analogia.[10]

O art. 1.295 dispõe que os proprietários atingidos não ficarão impedidos de cercar os imóveis e de construir sobre eles, desde que o façam com preservação de sua segurança e conservação. Atendendo à função social do aqueduto, que provém desde os tempos mais antigos, o artigo

---

requisitos do art. 1.242, do Código Civil – Inexistência de justo título e comprovação de boa-fé, bem como lapso temporal mínimo exigido – Possibilidade de efetuar a captação de água por outros meios – Inobservância do art. 1.293, § 3º, do Código Civil – Sentença mantida – Recurso não provido" (*TJSP* – Ap 0002344-70.2008.8.26.0584, 29-9-2017, Rel. Heraldo de Oliveira).

10 "Agravo de instrumento – Tutela provisória – **Servidão de aqueduto**– Requisitos do art. 300 do NCPC – A concessão de tutela provisória está condicionada à presença de probabilidade do direito postulado, além de perigo de dano ou risco ao resultado útil do processo. Exegese do art. 300, do NCPC. Na hipótese, o preenchimento dos aludidos requisitos pelo autor decorre da necessidade de utilização de canal de irrigação que passa pela propriedade do demandado, o qual não se desincumbiu do ônus de infirmar as alegações trazidas na inicial, em juízo de cognição sumária. Todavia, constatado que a decisão *a quo* emitiu juízo de mérito quanto à propriedade dos levantes de água localizados na propriedade do réu, mister a reforma parcial da decisão, apenas quanto à titularidade destes – Que dependerá de dilação probatória, o que não deverá impedir, contudo, seu uso pelo recorrido, nos termos da tutela provisória deferida. Agravo de instrumento parcialmente provido. Unânime" (*TJRS* – AI 70080735129, 15-5-2019, Rel. Des. Dilso Domingos Pereira).

"Embargos de declaração em agravo de instrumento – Direitos de vizinhança – **Servidão de aqueduto** – Alegação de erro material – Ausência de qualquer vício – Tutela de urgência deferida em caráter liminar – Art. 300, § 2º, do CPC – Desnecessidade de intimação da parte adversa para contrarrazões – embargos de declaração desacolhidos – I- O acolhimento dos embargos de declaração pressupõe a existência de pelo menos um dos vícios previstos no artigo 1.022 do Código de Processo Civil. II- No caso, o embargante alega a existência de erro material no julgado, afirmando que não foi devidamente intimado para apresentar contrarrazões ao Agravo de Instrumento nº 70076038371, havendo, portanto, nulidade processual, ante o julgamento do recurso sem contrarrazões. III- Ocorre que não há qualquer vício no acórdão embargado, uma vez que, tratando-se de tutela de urgência de caráter liminar (art. 300, § 2º, do CPC), independente seria a apresentação de contrarrazões pela parte adversa, justamente pelo fato de ser possível sua análise em caráter pré-exame de mérito. Ademais, soma-se a tal fato que o processo, quando do deferimento da tutela de urgência, sequer havia sido angularizado. Embargos de declaração desacolhidos. Embargos de declaração desacolhidos. Unânime" (*TJRS* – EDcl 70077067759, 28-6-2018, Relª Desª Liége Puricelli Pires).

"Apelação cível – Ação de reintegração de posse – **Servidão de água – Aqueduto** – Presença dos requisitos previstos nos arts. 927 e 1.293, do CPC – 1- A ação de reintegração de posse tem como finalidade a retomada da posse, em caso de esbulho. Daí decorre que, para o manejo desta ação, devem estar devidamente comprovados a posse, o esbulho praticado pelo réu e sua data, além da consequente perda da posse. Presentes tais requisitos, impõe-se reconhecer a procedência do pedido possessório. 2- Cabe ao Autor provar que exercia a posse sobre o imóvel, o que, no caso, é fato incontroverso, e que, efetivamente, teria ocorrido o esbulho alegado. 3- Admitido pelo Réu que arbitrariamente retirou os canos que levavam água ao prédio dominante para a captação das águas, a procedência do pedido é medida que se impõe. 4- Nos termos do art. 35, do Código das Águas (Decreto nº 24.643, de 10 de julho de 1934), 'se não houver caminho, os proprietários marginais não podem impedir que os seus vizinhos se aproveitem das mesmas para aquele fim, contanto que sejam indenizados do prejuízo que sofrerem com o trânsito pelos seus prédios. [...] Essa servidão só se dará, verificando-se que os ditos vizinhos não podem haver água de outra parte, sem grande incômodo ou dificuldade. [...] O direito do uso das águas, a que este artigo se refere, não prescreve, mas cessa logo que as pessoas a quem ele é concedido possam haver, sem grande dificuldade ou incômodo, a água de que carecem" (*TJMG* – AC 1.0680.12.000399-0/001, 22-2-2016, Rel. Roberto Vasconcellos).

"**Atentado.** Contra coisa litigiosa. Ação cautelar. Alegação de interrupção de fornecimento de água. Servidão de aqueduto do imóvel dominante. Procedência parcial. Razoabilidade. Interrupção abrupta do fornecimento de água. Circunstância que atenta contra a própria determinação judicial de manutenção do fornecimento. Prova testemunhal favorável ao requerente – Manutenção do julgado por seus próprios fundamentos. Recurso não provido" (*TJSP* – Ap 9061944-74.2005.8.26.0000, 22-2-2013, Rel. William Marinho).

ainda enfatiza que os proprietários dos imóveis trespassados pelo aqueduto podem-se utilizar da água para *"as primeiras necessidades da vida"*. Desse modo, a par de serem indenizados pela passagem do aqueduto, os vizinhos usufruem de sua presença *civiliter*, isto é, para as necessidades essenciais, como higiene e alimentação. Não poderão, em princípio, é evidente, usar da água para atividades voluptuárias. No entanto, se houver águas supérfluas, outros poderão canalizá-las para as atividades de primeira necessidade, mediante pagamento aos proprietários prejudicados e ao dono do aqueduto. A preferência para essa utilização será dos proprietários atravessados pelo aqueduto (art. 1.296). Trata-se, como se vê, da possibilidade de ser construído um aqueduto derivado. Havendo águas supérfluas, o que será apurado no caso concreto, essa construção será um direito do interessado, que não pode ser negado.

Não apenas as ações típicas de vizinhança, mas também os remédios possessórios podem vir sempre em socorro dos proprietários prejudicados pelo mau uso das águas.

13.5 LIMITES ENTRE PRÉDIOS. DEMARCAÇÃO

A contiguidade de prédios pode sempre levantar questões relativas aos limites entre os imóveis. A questão tem importância evidente para aquilatar o âmbito de utilização da coisa pelo proprietário. Ao Estado, por seu lado, interessa que os limites entre os vários prédios estejam efetivamente definidos, não somente para a paz social, para o exercício de seu poder de polícia, como também para a tributação. *"A demarcação nasceu com a propriedade, a dizer, tem a mesma idade das primeiras sociedades"* (Fulgêncio, 1978, v. 2:18).

Desde o Direito Romano tem-se notícia da ação demarcatória, descrita no art. 1.297 do Código Civil:[11]

---

[11] "Direito civil. Agravo de instrumento. Ação de demarcação de imóvel. Provimento. I. Caso em Exame Agravo de instrumento interposto contra decisão que reconheceu a ilegitimidade ativa dos recorrentes em relação ao lote 08, da quadra 32, matrícula nº 41.746. Os agravantes alegam que são proprietários do imóvel, conforme escritura pública e certidão imobiliária, e que a decisão viola o art. 1.245 do CC, que estabelece a aquisição da propriedade pelo registro do título translativo. II. Questão em Discussão 2. A questão em discussão consiste em determinar se os agravantes possuem legitimidade ativa para pleitear a demarcação do imóvel, considerando a regularização da matrícula após a distribuição da ação. III. Razões de Decidir 3. O art. 569, I, do CPC e o art. 1.297 do CC fundamentam o **direito dos proprietários de demarcar o imóvel**. 4. A jurisprudência do STJ confirma que a propriedade é pressuposto essencial para a ação demarcatória. 5. Demonstração efetiva de que os agravantes são os legítimos proprietários do bem em questão. Observância aos princípios da celeridade processual e da duração razoável do processo. Extinção sem julgamento do mérito afastada. IV. Dispositivo e Tese 5. Recurso provido. Tese de julgamento: 1. A legitimidade ativa para ação de demarcação é confirmada pela propriedade do imóvel. 2. A regularização da matrícula após a distribuição da ação não impede o prosseguimento do processo" (*TJSP* – Ap 2056140-49.2025.8.26.0000, 28-4-2025, Rel. Lia Porto).

"Direito de vizinhança. **Demanda de proprietário, buscando compelir confinantes a compartilhar custos de construção de cerca divisória.** Inteligência do artigo 1.297, do Código Civil. Juízo de procedência. Apelo do autor, a que se dá parcial provimento" (*TJSP* – Ap 1001162-03.2021.8.26.0123, 29-6-2023, Rel. Carlos Russo).

"Apelações. Direito de vizinhança. Ação condenatória para reconstrução de muro de arrimo e muro divisório. Sentença de parcial procedência, impondo ao réu a obrigação de arcar com metade das despesas para construção do muro de contenção. Apelo de ambas as partes. Sentença que deve ser mantida. Laudo pericial com conclusão de que a segunda contenção edificada fragilizou o conjunto dos muros. Demais provas apontam que o autor construiu seu muro após o do réu. Ausência de prova da responsabilidade exclusiva do réu pelo desabamento. Muro divisório, contudo, que se trata de despesa comum aos confrontantes, a ser entre eles rateada. Art. 1.297 do CC. Sentença mantida. Majoração da verba honorária fixada ao patrono do réu, conforme artigo 85, § 11, do CPC. Recursos não providos" (*TJSP* – Ap 1000286-46.2017.8.26.0169, 21-1-2022, Rel. Ana Lucia Romanhole Martucci).

"Apelação cível – **Ação demarcatória** – Autores que pretendem o estabelecimento de novas linhas divisórias para seu imóvel, localizado em área rural, alegando que há área excedente, não registrada, indevidamente ocupada pelos réus – Sentença que julgou improcedente a ação – Recurso de apelação interposto pelos autores – Laudo pericial que apurou *in loco* a metragem e as linhas divisórias do imóvel dos autores, concluindo haver perfeita

"Todo proprietário pode obrigar o seu confinante a proceder com ele à demarcação entre os dois prédios, a aviventar rumos apagados e a renovar marcos destruídos ou arruinados, repartindo-se proporcionalmente entre os interessados as respectivas despesas".

A legitimidade ativa deve ser alargada para aqueles cuja titularidade está muito próxima à de proprietário, como o enfiteuta, o nu-proprietário e o usuário (Lopes, 1964, v. 6:434). Cada condômino do imóvel confinante, no âmbito de seu direito concomitante de propriedade, também pode intentar a demarcação, sem o concurso dos demais condôminos. Trata-se de ação real. Todavia, possuidores também têm ação demarcatória de sua posse, como têm ação de divisão de composse, em face da exteriorização da propriedade. A declaração da sentença movida por possuidor restringe-se à delimitação do fato da posse.

"A disputa de limites não é privilégio dos detentores do domínio. Podem perfeitamente dois possuidores limítrofes se deparar com a necessidade de definir os extremos de suas posses. A demarcação terá cabimento, e não será demarcação de domínio, mas demarcação de posse" (Theodoro Jr., 1985:201).[12]

A ação demarcatória vem disciplinada pelos arts. 569 ss. do CPC. Equivale à tradicional *actio finium regundorum* do Direito Romano. O direito não se restringe, pois, à simples demarcação, mas também a exigir a repartição de despesas com a atividade material.

Trata-se igualmente de direito potestativo do proprietário, imprescritível, exercitável, portanto, enquanto perdurar a confinância. É requisito para sua propositura que os limites entre os prédios de diferentes proprietários se apresentem com sinais exteriores duvidosos: muros, cercas, tapumes e valas desaparecidos ou destruídos, o que caracteriza os *rumos apagados*

---

demarcação da área – Julgamento de improcedência da ação que era de rigor – Sentença mantida – Recurso desprovido. Nega-se provimento ao recurso de apelação" (*TJSP* – AC 0009200-37.2011.8.26.0037, 16-4-2019, Relª Christine Santini).

"**Ação demarcatória** – Sentença de improcedência, por suposta falta de documentos indispensáveis à propositura da ação, previstos no art. 574 do CPC/15 – Desacerto – Inicial que preencheu os requisitos do referido dispositivo legal – Ademais, pedido e causa de pedir da ação são exclusivamente reivindicatórios, pouco importando o rótulo que lhe foi dado – Desnecessidade de observar os requisitos e procedimentos da ação demarcatória – Possibilidade de prosseguimento da demanda como exclusivamente reivindicatória – Necessária a realização de fase instrutória, a fim de melhor esclarecer os fatos controvertidos – Sentença anulada, para regular prosseguimento da ação reivindicatória na origem – Recurso provido" (*TJSP* – Ap 1006664-61.2014.8.26.0609, 22-6-2018, Rel. Francisco Loureiro).

12 "Apelação cível – **Ação demarcatória de terras** – Caso em que o conjunto probatório demonstra, de modo inequívoco, a preexistência de limites e marcos divisórios bem definidos entre a propriedade da autora e a dos corréus, mostrando-se desnecessária a realização de nova demarcação. Ademais, a ação demarcatória não é o meio processual próprio para o cancelamento de servidão de passagem, cujo fechamento/cercamento pretende a autora. Apelação desprovida" (*TJRS* – AC 70080525439, 21-3-2019, Rel. Des. Paulo Sergio Scarparo).

"Direito de vizinhança – **Demolitória** – 1- Se os apelantes não trazem qualquer prova da possibilidade de os beneficiários da gratuidade processual arcar com as custas e despesas do processo, sem prejuízo do sustento próprio ou da família, prevalece a presunção de pobreza por eles afirmada. 2- Estando a sentença suficientemente motivada é de rigor a adoção integral dos fundamentos nela deduzidos. Inteligência do art. 252 do Regimento Interno do Tribunal de Justiça. 3- Se através da perícia técnica realizada em ação anteriormente proposta pelos próprios réus, restou demonstrado que o muro divisório construído pelo antigo proprietário do imóvel, hoje pertencente aos autores, foi construído na divisa correta dos terrenos e que foram os recorrentes quem efetuaram construção invadindo a linha demarcatória, procede o pedido inicial para que os estes realizem a demolição do que construíram na parte além da sua propriedade. Sentença mantida. Recurso desprovido, com majoração da verba honorária para R$ 1.500,00 (mil e quinhentos reais) (art. 85 § 11 do CPC/2015)" (*TJSP* – Ap 1001281-93.2017.8.26.0481, 28-2-2018, Rel. Felipe Ferreira).

referidos pela lei. Não havendo ou não tendo havido obstáculo divisório, o proprietário vizinho é obrigado a *aviventar* ou *renovar* os marcos destruídos ou arruinados. Não importa a causa dessa ruína ou desaparecimento, por fato natural ou por ato humano. Se a destruição ou ruína ocorreu por culpa do vizinho, deverá responder pelos prejuízos correspondentes, deduzindo-se de outras despesas proporcionais referidas no dispositivo legal. Se perfeitamente delineada e presente a linha divisória entre os prédios, inviável será a ação.

Por vezes, a confusão de limites não permite definição clara e precisa da propriedade de um e de outro. A dúvida se definirá em favor de quem exerce a posse na porção contestada. Por essa razão, pode ser cumulada a ação demarcatória com a pretensão possessória. Com muita frequência, pois, dever-se-á examinar o fato da posse na demarcação. A esse respeito, o art. 570 do Código Civil de 1916:[13]

> *"No caso de confusão, os limites, em falta de outro meio, se determinarão de conformidade com a posse; e, não se achando ela provada, o terreno contestado se repartirá proporcionalmente entre os prédios, ou não sendo possível a divisão cômoda, se adjudicará a um deles, mediante indenização ao proprietário prejudicado".*

O Código de 2002, no art. 1.298, equivalente ao art. 570, diz que, nessa hipótese, o terreno contestado se dividirá em partes iguais ou, não sendo possível a divisão cômoda, se adjudicará a um deles, mediante indenização ao outro.

Quando se transfere o nível de prova para o campo da posse, o exame do título dominial é adminículo probatório, tal como estudamos a esse respeito no Capítulo 7 nos limites dos remédios possessórios. Se a demarcação for fundada exclusivamente no domínio, não se trará à baila a questão possessória. Como acentua Sílvio Rodrigues (1984, v. 5:150), embora a natureza da ação demarcatória seja declaratória de propriedade preexistente, com frequência trará em seu bojo pedido reivindicatório, quando existem dúvida e discussão a respeito dos confins. No caso concreto, muitas vezes um vizinho invade e utiliza a propriedade confinante. A questão será controvertida em termos de posse ou propriedade dentro da pretensão demarcatória. Não se confunde, porém, a ação de demarcação com as ações possessórias e reivindicatórias propriamente ditas. Basta dizer que na ação reivindicatória se busca o que foi injustamente parar em mãos de outrem. Na divisória, ambos os confinantes têm interesse em fixar os marcos. Washington de Barros Monteiro (1989, v. 3:152) aponta a nosso ver terminologia esclarecedora,

---

[13] "Apelação – **Ação de divisão c/c demarcação** – Pretensão de demarcação correta de lote de terreno e divisão na proporção de 50% para cada condômino – Sentença de extinção, sem resolução do mérito, pelo pedido de demarcação, pois o imóvel está bem demarcado e de parcial procedência quanto ao pedido de divisão – Inconformismo dos autores – Alegação de nulidade da sentença pela ocorrência de julgamento *extra petita* e no mérito defendem a regularidade da escritura pública – Preliminar Afastada – Compromisso de compra e venda que deve ser observado, prestigiando a boa-fé nas relações contratuais – Laudo pericial que constatou irregularidade no marco divisório que deve ser reposicionado a uma distância de 1,15 m do atual – Recurso desprovido" (*TJSP* – AC 0000348-84.2009.8.26.0363, 13-9-2019, Rel. José Aparício Coelho Prado Neto).

"Apelação cível – Posse – Bens imóveis – Ação declaratória c/c pedido de demarcação, reintegração e indenização – Inovação Recursal – Inépcia da inicial – **Divisão e demarcação** – O recurso que pretende o exame de questões que não foram suscitadas no juízo a quo caracteriza-se pela inovação recursal e não merece conhecimento – Circunstância dos autos em que no ponto se impõe não conhecer no recurso. Proteção possessória – Requisitos – Prova – Na ação possessória incumbe ao autor provar sua posse anterior e a ofensa possessória que são fatos constitutivos do direito alegado; E ao réu produzir prova adversa àquela – Circunstância dos autos em que a ação se funda apenas no domínio; O autor não produziu prova de posse anterior; E se impõe manter a sentença recorrida. Recurso conhecido em parte e desprovido" (*TJRS* – AC 70078414471, 30-8-2018, Rel. Des. João Moreno Pomar).

a fim de se afastar estéril discussão técnica acerca da possibilidade de cumulação da demarcação com pedido possessório ou reivindicatório:

> *"a demarcatória comporta duas espécies, simples e qualificada. É 'simples', quando colima, tão somente, um daqueles objetivos retromencionados: fixação de rumos novos e aviventação dos existentes; 'qualificada', quando cumula qualquer dessas finalidades com o pedido de restituição de glebas indevidamente ocupadas pelo promovido".*

Transferida a discussão para a posse, pode vir à tona a alegação de usucapião sobre a área em discussão. O que se alega é, portanto, a *prescrição aquisitiva*, porque, uma vez persistente a vizinhança, o *direito continuativo impede o curso de prescrição extintiva*. Conquanto reconhecido a usucapião, nessa hipótese a matéria de defesa obstará a demarcação. O que o juiz deve julgar é a impropriedade da ação demarcatória no caso (Pontes de Miranda, 1971, v. 13:371). O usucapiente deverá recorrer à ação própria.

Contudo, a primeira regra a ser seguida no juízo da demarcação é o exame do título dominial. A finalidade primordial da ação é obter acertamento acerca dos limites da propriedade. Tanto é assim que o art. 574 do CPC exige a juntada dos títulos de propriedade com a inicial. Nada impede que ambos os confinantes promovam conjuntamente a demarcação. Poderá inexistir lide, ou esta ser apenas parcial dentro do mesmo processo. Podem ocorrer aspectos da divisão tidos como incontroversos tanto pelo promovente, como pelo promovido, ou por ambos, quando se postam conjuntamente como promoventes. A divisão é campo fértil para o juízo arbitral, como o é para todos os direitos de vizinhança, e deveria esse juízo ser incentivado pelo legislador e pela doutrina. Ninguém melhor que árbitros escolhidos pelos confinantes para resolver suas pendências, por vezes meras facécias facilmente resolvidas pelo meio social, sem necessidade da custosa intervenção do Judiciário.

Insuficientes os títulos para definir os limites, buscar-se-á o *critério da posse*, tanto que o art. 570 se referia à *falta de outro meio* para fixação dos limites.

Não conseguindo o juiz fixar os rumos, nem com os títulos, nem com o exame do fato da posse, a solução preconizada no art. 570 era determinar a divisão *proporcional* dos prédios. Essa divisão diz respeito, à evidência, unicamente à área confinante duvidosa e não à integralidade dos prédios. Por isso que o Código em vigor corrige a impropriedade e se refere, no art. 1.298, à divisão do terreno contestado em partes iguais. Reitere-se que a divisão é somente da área em litígio. No sistema do Código de 1916, divergia a doutrina de como poderia ser feita essa divisão proporcional não esclarecida na lei. Clóvis, em seus *Comentários*, entendia que deveria ser em partes iguais, ideia que preponderou, felizmente, no Código de 2002. Nem sempre será, porém, a solução mais justa. Outros entendiam que deveria ser proporcional à testada do imóvel de cada confinante; outros ainda sustentavam que a proporcionalidade era relativa à área de cada prédio confinante (Viana, 1983:83). Com o presente Código, de qualquer forma, resolve-se a até então infindável discussão.

Em última hipótese, se essa divisão cômoda não for possível, caberá ao juiz adjudicar a área litigiosa a um dos confinantes, mediante indenização ao outro. A quem caberá a área neste último caso apenas a casuística poderá aconselhar: o imóvel já apresenta edificação realizada por um dos confinantes, por exemplo. Justo é que essa porção permaneça com ele. Comenta Caio Mário da Silva Pereira (1993:151) que este será *outro tormento do aplicador*, entre tantos que surgem numa ação demarcatória ou divisória; nada obsta que sejam cumuladas as pretensões de divisão e demarcação dos imóveis (art. 570 do CPC). Têm conhecimento bem disso todos os juízes que já atuaram em processos desse jaez, mormente em zona rural. Por vezes, a única solução possível é o próprio magistrado, em inspeção judicial, juntamente com os peritos, fixar no local o traçado da divisão, determinando o lançamento de pontaletes nos locais dos futuros marcos, para a passagem da linha de divisão, represando concomitantemente o estado de beligerância latente entre as partes. Mais de uma vez fomos jungidos a essa solução, única forma de terminar o processo.

Humberto Theodoro Jr. (1985:37) sintetiza os critérios a serem observados na demarcação: *"(1) critério principal: os títulos dominiais; (2) critérios subsidiários: (a) a posse; (b) a divisão da faixa contestada de terreno; (c) a adjudicação da faixa contestada a um dos confinantes"*.

Toda essa matéria atinente aos fatos materiais do imóvel receberá vastos subsídios probatórios na ação de demarcação, porque o juiz nomeará um ou mais peritos para promover a medição do imóvel e as operações de divisão (art. 590 do CPC). Esses peritos devem fornecer o critério técnico e jurídico mais seguro a ser seguido pelo julgador. A sentença determinará o traçado (art. 581 do CPC) levando em conta a planta da região e as conclusões técnicas presentes nos autos.

Há, portanto, duas fases distintas na ação de demarcação. Na primeira, discute-se a obrigação de demarcar, possíveis questões dominiais e possessórias. Não há especificamente necessidade de cumular a reivindicatória com a divisória, pois ambas conduzem ao mesmo resultado; a reivindicação coloca-se implicitamente dentro do pedido demarcatório (*RT* 625/53, *RTJSP* 78/243). Admitem-se, por outro lado, demarcatórias parciais, movidas somente contra um ou alguns dos confinantes (*RF* 303/219). Procedente o pedido demarcatório, com seu trânsito em julgado passa-se à fase executória, em que são praticados os atos materiais de demarcação, resultando daí a sentença homologatória, em que não mais se pode discutir o que foi debatido na fase inicial, mas apenas se fixa o traçado. Não se trata, porém, de singela homologação sem conteúdo decisório, porque resolve dúvidas e questões técnicas levantadas pelo agrimensor, com comentários das partes.

Quando a dúvida se resume exclusivamente à aviventação e fixação de rumos, sem maiores aprofundamentos que resvalem na ação reivindicatória ou possessória, as partes colocam-se na posição exclusiva de promoventes e promovidos e não de réu e autor. Se a resistência à ação se situar em plano que atinja a sucumbência, o juiz deverá condenar o vencido nos respectivos consectários, por ter resistido à pretensão. Nada impede que a demarcação se realize por transação ou outro negócio jurídico, levado a juízo para simples homologação. O procedimento promovido de comum acordo pelos confinantes assume o caráter de jurisdição voluntária (arts. 719 ss.).

A regra geral é que todas as despesas decorrentes de demarcação ou manutenção de divisas devem ser repartidas pelos confinantes. Caracteriza-se a obrigação *propter rem* ou reipersecutória.

A lei presume também, *iuris tantum*, por meio do Código Civil, que as divisas, qualquer que seja sua natureza, pertencem em comum a ambos:

> *"Art. 1.297, § 1º Os intervalos, muros, cercas e os tapumes divisórios, tais como sebes vivas, cercas de arame ou de madeira, valas ou banquetas, presumem-se, até prova em contrário, pertencer a ambos os proprietários confinantes, sendo estes obrigados, de conformidade com os costumes da localidade, a concorrer, em partes iguais, para as despesas de sua construção e conservação"*.

A tipificação desse artigo relaciona-se com o exposto no direito de tapagem. A situação aplica-se aos imóveis rurais e urbanos. Todo proprietário tem direito de cercar, murar ou tapar seu prédio (art. 1.297).

Ao estudarmos o condomínio, vimos que o art. 1.328 confere direito ao proprietário limítrofe de adquirir a meação da parede, muro, vala, valado, ou cerca do vizinho, mediante o pagamento da metade do valor. A lei incentiva nesse aspecto o estabelecimento de comunhão no objeto de divisa. Ainda que o muro ou equivalente pertença exclusivamente a um dos proprietários (e isso será exceção, segundo a lei), tal não impede o outro confinante de usá-lo dentro de suas necessidades, sem ocasionar prejuízo ao vizinho. Tal regra decorre inelutavelmente do art. 1.297, § 1º, que cuida do direito de uso dos intervalos e muros ou outras divisórias pelos vizinhos e somente secundariamente cuida da presunção de propriedade comum da divisória.

13.6 DIREITO DE CONSTRUIR

A construção de prédio pelo proprietário é direito seu, inserido no *ius fruendi*. No entanto, em prol da comunidade, da vizinhança e do interesse público não é direito absoluto, como em outros aspectos da propriedade.

O próprio Código Civil, no art. 1.299, descreve a modalidade genérica de exercício restrito desse direito: *"O proprietário pode levantar em seu terreno as construções que lhe aprouver, salvo o direito dos vizinhos e os regulamentos administrativos"*.

O sentido continua a ser sempre o da busca da finalidade social da propriedade, o equacionamento do direito individual com o direito social. Deve ser entendido, no entanto, que a liberdade de construir é a regra. As limitações, como exceção, devem vir expostas pelo ordenamento. Essa utilização da propriedade deve, da mesma forma, sempre ser examinada em consonância com a regra geral de vizinhança do art. 554 ou art. 1.277 do atual Código, que reprimem o mau uso ou uso anormal da propriedade, quando ocasiona prejuízo à segurança, sossego e saúde da vizinhança. Aplicamos a esse respeito tudo o que foi exposto sobre o uso nocivo ou mau uso da propriedade.

Além das noções gerais, devem ser tomadas em consideração as duas classes de restrições ao direito de construir, as decorrentes das regras de vizinhança e as decorrentes de regras administrativas. O ordenamento fixa regras recíprocas entre os vizinhos. Geralmente, na área urbana, cabe aos Municípios delimitar e organizar o direito de construir. Pode também o loteador impor restrições edilícias a determinada área, que ganham natureza real com o registro, devendo ser obedecidas, a exemplo das restrições urbanas em geral. O art. 45 da Lei nº 6.766, de 19-12-1979, estabelece:

> *"O loteador, ainda que já tenha vendido todos os lotes, ou os vizinhos são partes legítimas para promover ação destinada a impedir a construção em desacordo com restrições legais ou contratuais".*

Modernamente, são mais numerosas e importantes as restrições de ordem administrativa. As regras civis aplicam-se subsidiariamente.

Essas limitações administrativas urbanísticas e rurais, conquanto de ordem pública, geram direito subjetivo aos vizinhos para exigir o cumprimento. Leva-se em conta o interesse coletivo, que também é direito da vizinhança. O vizinho está legitimado a acionar aquele que não cumpre as imposições administrativas. Para nós, sempre esteve correta a posição clássica firmada por Hely Lopes Meirelles (1979:79):

> *"Os julgados que negam ação ao vizinho para exigir de seu confinante o atendimento das limitações administrativas à construção, o fazem por excessivo apego à distinção romanista*

entre normas de interesse privado e normas de interesse público, como se os departamentos do Direito constituíssem domínios estanques".

A infração aos princípios estabelecidos no capítulo a respeito do direito de construir, bem como aos regulamentos urbanísticos administrativos, gera, em princípio, a obrigação de demolir as construções feitas, além de indenização por perdas e danos. Essa regra vem expressa no art. 1.312 do Código de 2002.[14]

A própria definição do Código Civil ressalta a observância aos regulamentos administrativos. Hoje, a situação mais se acentua com a exacerbação constitucional dada à função social da propriedade privada.

Cabe à Municipalidade estabelecer normas urbanísticas, seu *plano diretor*, complexo de normas técnicas caracterizadoras dos direitos e limitações de construir. Essas regras municipais são sempre dinâmicas, alteráveis por sua natureza no tempo e no espaço, com base na própria conceituação do que se entende por zona urbana, que é atribuição municipal. Ao Município cabe criar a divisão em zoneamentos industriais, residenciais e mistos, com subdivisões, impondo exigências edilícias próprias para cada zona. Ao Estado em geral cabe também preservar o patrimônio histórico e artístico. Pelo *tombamento* proíbe-se que edifícios de valor histórico ou artístico sejam destruídos ou alterados sem autorização. Lembre-se, a propósito, de que a Lei nº 10.257/2001, autodenominada Estatuto da Cidade, é norma que regulamenta os arts. 182 e 183 da Constituição Federal e estabelece diretrizes gerais de política urbana.

---

14 "Agravo de instrumento. Demolitória. Decisão que excluiu do polo passivo os proprietários tabulares e compromissária compradora, que posteriormente cedeu seus direitos a terceiro. Admissibilidade. Obrigação que incumbe exclusivamente à atual possuidora e dona da obra, em relação à qual nada podem fazer aqueles que já não mais dispõem do imóvel. Inteligência do **art. 1.312 do Código Civil**. Hipótese em que os ônus de sucumbência devem ser distribuídos segundo o princípio da causalidade, cominando-se a honorária à compromissária e cessionária, a quem competia efetuar o registro dos sucessivos negócios. Recurso provido em parte" (*TJSP* – AI 2218534-71.2023.8.26.0000, 21-2-2024, Rel. Coimbra Schmidt).

"1) Direito administrativo e processual civil. Embargos de terceiro em ação de obrigação de fazer. Construção sem alvará e em desacordo com exigências legais. Ausência de participação da possuidora direta e dona da obra na ação ordinária. Suspensão das medidas demolitórias mantida ante à presença da probabilidade do direito e do perigo de dano. A) o município, ao ajuizar a Ação de Obrigação de Fazer, tinha como objetivo a regularização da edificação de um imóvel comercial, com a demolição da construção irregular, por infração aos artigos 2º, 30 e 62, da Lei Municipal nº 25/2005, uma vez que a construção não observou a faixa denominada como 'non-edificandi' e as obras iniciaram sem o respectivo Alvará de Licença. b) Apesar de o artigo 1.299, do Código Civil referir-se apenas à figura do proprietário, o artigo 1.312 estabelece que 'Todo aquele que violar as proibições estabelecidas nesta Seção é obrigado a demolir as construções feitas, respondendo por perdas e danos'. c) E, pois, considerando que a sentença na Ação de Obrigação de Fazer determina seja realizada a desocupação e a demolição da construção, bem como que a Embargante, ora Agravada, em princípio, é a possuidora direta e dona da obra, tem-se presente a probabilidade do direito (interesse jurídico no resultado da Ação de Obrigação de Fazer) a amparar a decisão agravada. d) É bem de ver, ainda, que, no caso, não existe perigo de dano ou risco ao resultado útil do processo, visto que a construção já possui quase dez (10) anos; todavia, a determinação de demolição do imóvel, considerando as alegações da Embargante, ora Agravada, de nulidade da Ação de Obrigação de Fazer configuram, ao meu ver, perigo de dano irreparável. 2) agravo de instrumento a que se nega provimento" (*TJPR* – Ap 0005122-41.2021.8.16.0000, 31-5-2021, Rel.: Leonel Cunha).

"**Ação demolitória** – Edificações em terreno alheio e em desconformidade com a legislação edilícia – Sentença de procedência – Ausência de citação da integralidade dos réus – Nulidade absoluta – Anulação do feito – Precedente – Recurso provido" (*TJSP* – AC 0003816-98.2001.8.26.0278, 02-08-2019, Rel. Osvaldo Magalhães).

"**Ação demolitória** – Construção de muro sobre faixa de domínio e área 'non aedificandi' de propriedade do Departamento de Estradas de Rodagem do Estado de São Paulo – Matéria de fato incontroversa – Prova pericial que confirma a edificação sobre a faixa de domínio da Rodovia SP 153 – Sentença de improcedência – Acolhimento parcial do pedido demolitório que se impõe, recaindo sobre as benfeitorias erigidas a quinze metros de distância do limite da rodovia, o que abrange a faixa de domínio – Recurso do autor parcialmente provido" (*TJSP* – Ap 1000419-90.2015.8.26.0579, 3-5-2018, Relª Luciana Bresciani).

As construções devem seguir o gabarito determinado pela Administração, bem como recuo e alinhamento com relação às vias públicas, utilização de área máxima de edificação em cada zona etc. Enfim, há complexo de normas administrativas integrantes do direito de vizinhança. A matéria requer aprofundamento monográfico, é relacionada ao direito público e direito privado, bem como à engenharia civil, na especialidade de planejamento e administração urbana, um dos maiores desafios do século 20. Os dispositivos que dão regras às construções no bojo do Código Civil são apenas supletivos das leis administrativas. No Código Civil, encontra-se o mínimo de limitações no direito de construir a serem obedecidas no que não contrariarem o direito edilício administrativo. Veja, por exemplo, a norma do art. 1.300, que proíbe que o proprietário construa de molde a despejar águas diretamente sobre o prédio vizinho. O regulamento administrativo ou do loteamento pode exigir outros requisitos no tocante ao despejo de águas.

Deve ser entendida como construção toda realização material sobre o imóvel decorrente de atividade humana. Desse modo, também são construção a edificação ou reforma, a demolição, o levantamento de muros, a escavação, o aterro etc.

A ação demolitória pode ser movida contra o responsável pela edificação ilegal. A demolição, no entanto, deve ser a última solução. Sempre há que se buscar a possibilidade de adaptação da obra ou da edificação aos regulamentos administrativos e às restrições de vizinhança. Nesse sentido, há de ser interpretada a norma. Em qualquer hipótese, provados a responsabilidade e o nexo causal, deve ocorrer indenização pelos prejuízos. Essa responsabilidade independe de culpa, decorrendo da simples vizinhança. "*A ideia é a de que os vizinhos estão ligados por uma obrigação legal de não causarem reciprocamente quaisquer prejuízos*" (Rodrigues, 1984, v. 5:157).

O art. 1.301 permite ao proprietário se opor ou embargar obra que invada sua área ou lhe deite goteiras, bem como aquela em que se abra janela, ou se faça eirado, terraço ou varanda a menos de metro e meio. A finalidade é preservar a privacidade. Geralmente, os atos administrativos impõem maiores restrições, dependendo da zona urbana. O § 1º acrescenta que "*as janelas cuja visão não incida sobre a linha divisória, bem como as perpendiculares, não poderão ser abertas a menos de setenta e cinco centímetros*". A disposição no Código de 1916 era diversa. O § 2º acrescenta: "*As disposições deste artigo não abrangem as aberturas para luz ou ventilação, não maiores de dez centímetros de largura sobre vinte de comprimento e construídas a mais de dois metros de altura de cada piso*".

Trata-se de limitação negativa, a fim de impedir que o prédio seja devassado, permitindo, tanto quanto possível, a privacidade. Se entre os dois prédios existir estrada, caminho, ou rua, não se aplicam as restrições do art. 1.301. É sempre conveniente lembrar que os próprios interessados, como o loteador ou empreendedor de um loteamento fechado, podem opor restrições mais amplas com essa finalidade e que, uma vez presentes no registro imobiliário, devem ser obedecidas.

Os parágrafos do art. 1.301 do Código de 2002 estabelecem princípios com redação mais acessível e razoável. Assim, como visto, as janelas cuja visão não incida sobre a linha divisória, bem como as perpendiculares, não poderão ser abertas a menos de setenta e cinco centímetros. As disposições acerca de janelas e assemelhados não abrangem as aberturas para luz ou ventilação não maiores de dez centímetros de largura sobre vinte de comprimento e construídas a mais de dois metros de altura de cada piso.[15]

---

[15] "Apelação – Direito de Vizinhança – Obrigação de fazer cumulada com pedidos de indenizações por danos materiais e morais. Respeitável sentença de parcial procedência. Apela a autora buscando a procedência dos pedidos. Recurso não conhecido. Razões recursais da autora dissociadas dos fundamentos da sentença. Ausência de impugnação específica. Violação ao princípio da dialeticidade recursal. Precedentes. Apela adesivamente o réu pugnando pela exclusão de determinação do fechamento das janelas, justificando que se trata de pequenos vãos abertos para iluminação e ventilação. Desacolhimento. A proibição de abrir janelas a que se refere **o artigo 1.301 do Código Civil** visa evitar invasões não apenas visuais, mas também auditivas, olfativas e físicas, como queda ou arremesso de

O art. 1.300 deve ser entendido juntamente com o art. 1.305, que estabelece o regime de *parede-meia*:

> *"O confinante, que primeiro construir, pode assentar a parede divisória até meia espessura no terreno contíguo, sem perder por isso o direito a haver meio valor dela se o vizinho a travejar, caso em que o primeiro fixará a largura e a profundidade do alicerce".*

O proprietário pode construir no terreno vizinho até meia espessura da parede. Se ultrapassar o limite, o vizinho prejudicado pode embargar a construção, com a nunciação de obra nova. Se a invasão for pequena, a solução melhor será sempre a indenização e não o desfazimento da obra. O vigente Código acrescenta regra a essa disposição, no parágrafo único do art. 1.305:

> *"Se a parede divisória pertencer a um dos vizinhos, e não tiver capacidade para ser travejada pelo outro, não poderá este fazer-lhe alicerce ao pé sem prestar caução àquele, pelo risco a que expõe a construção anterior".*

Sempre se aplicará a regra no sentido de que pagará perdas e danos quem ocasionar prejuízo a outrem.

No tocante às *janelas ou varandas* referidas na segunda parte do art. 573, a distância de metro e meio é do Código de 1916. O Código mais moderno refere-se a setenta e cinco centímetros. Essa distância deve ser contada da linha divisória do imóvel e não de outra janela. É distância mínima que a postura municipal ou a vontade privada pode aumentar. As janelas ou similares são proibidas nessa distância tanto se se situarem diretamente em frente do prédio vizinho, como obliquamente. Persiste dúvida, porém, na doutrina. Nossa lei não fez distinção como direitos comparados. Em ambas as situações, de visão direta ou oblíqua, há possibilidade de devassar a privacidade vizinha. Serpa Lopes (1964, v. 6:462) entende que a janela oblíqua deve ser tolerada, quando não propicie domínio visual da propriedade contígua, cabendo ao

---

objetos entre propriedades. Constatado pelas fotografias que não se trata de pequenos vãos para luz e ventilação, não se enquadrando as medidas na exceção prevista no § 2º do artigo 1.301 do Código Civil. Busca ainda o réu a exclusão da condenação à compensação por danos morais. Danos morais caracterizados. Em que pese as alegações do réu ao defender que qualquer construção em terreno vizinho causa alguns aborrecimentos, tal situação ultrapassou a esfera o mero aborrecimento diante dos danos causados no imóvel da autora. Prova pericial que aponta como causa das fissuras e trincas no imóvel da autora a construção do requerido. Recurso da autora não conhecido. Recurso adesivo prejudicado porque o principal é inadmissível (artigo 997, § 2º, inciso III, do Código de Processo Civil), mas mesmo que pudesse ser conhecido seria desprovido" (*TJSP* – Ap 1009030-18.2023.8.26.0590, 31-1-2025, Rel. Dario Gayoso).

"Apelação. Direito de vizinhança. Ação de obrigação de fazer. Ação ajuizada buscando, dentre outras, compelir o vizinho ao desfazimento de muro divisório que obstruiu a passagem de luz e ventilação. Sentença de parcial procedência. Inconformismo. **Direito de construir.** Vizinhos proprietários de imóveis confrontantes localizados em rua íngreme. Imóvel da apelante, de dois pavimentos, sendo um deles localizado abaixo do nível da rua. Edificação da apelante erigida junto ao muro divisório. Recorrente que desrespeitou recuo lateral de 2 metros, constante do plano diretor anterior e do instrumento de compromisso de compra e venda. Embora o plano diretor atual não determine o recuo lateral, impõe observância ao recuo frontal de 5 metros, que também não foi respeitado. Afronta às disposições do art. 1.301 CC. Sentença mantida. Recurso não provido" (*TJSP* – Ap 1000467-57.2019.8.26.0337, 4-10-2021, Rel. Rosangela Telles).

"Apelação cível – Direito de vizinhança – Ação cominatória – **Aberturas** – **Janela** – **Distância Mínima** – Desfazimento – Decadência – Há decadência do direito de exigir o desfazimento de obra edificada há mais de ano e dia relativa a abertura realizada sem observância da distância mínima da divisa (art. 1.302 do CCB). Majoração dos honorários. Ao julgar o recurso, o Tribunal deve majorar os honorários fixados anteriormente ao advogado do vencedor, devendo considerar o trabalho adicional realizado em grau recursal (art. 85, § 11, do CPC). Apelação desprovida" (*TJRS* – AC 70079723284, 28-3-2019, Rel. Des. Marco Antonio Angelo).

juiz a boa decisão no caso concreto. Como o dispositivo não se refere a portas, interpreta-se restritivamente, não existindo impedimento para elas, assim como para tomadas de luz feitas com vidros ou materiais opacos (Monteiro, 1989, v. 3:160).

O art. 574 do Código de 1916 estabelecera exceção à distância de metro e meio fixada no artigo antecedente, quando os prédios são separados por estradas, caminhos, ruas, ou qualquer outra passagem pública. Como a lei se referia a passagem pública, o preceito não atinge caminhos particulares, em que a distância deve ser observada. Dificilmente, porém, haverá estrada ou caminho que estabeleça espaço inferior a um metro e meio entre os prédios.

O art. 576 dispunha:

> *"O proprietário que anuir em janela, sacada, terraço, ou goteira sobre o seu prédio, só até o lapso de ano e dia após a conclusão da obra poderá exigir que se desfaça".*[16]

A dúvida do dispositivo era saber se, mesmo concordando com a obra, pode o titular do prédio serviente pedir que se desfaça. Evidente que, se autorizou de forma expressa, operou-se negócio jurídico que somente permite distrato bilateral. Tudo indica que a norma se refere às modalidades tácitas de consentimento, quando o proprietário tem conhecimento da edificação e não toma nenhuma providência para impedi-la. O prazo de ano e dia, já por nós conhecido, é contado a partir do término da obra. Durante os trabalhos, a ação é de nunciação de obra nova. Terminada, a ação é demolitória. O decurso de prazo de ano e dia no silêncio do vizinho estabelece situação semelhante à servidão, mas que não pode ser assim conceituada (Rizzardo, 1991, v. 3:734). Passado o prazo de ano e dia, consolida-se o direito do construtor da janela ou similar em mantê-la. Não nasce, porém, para ele servidão de luz, porque não estão presentes os requisitos desse instituto. Desse modo, não fica impedido o proprietário prejudicado pelo transcurso do prazo de ano e dia de construir integralmente em seu terreno, junto a sua divisa. O curto prazo de ano e dia não perfaz usucapião e não permite a conceituação de servidão (*RTJSTF* 83/559, *RT* 557/188). Após esse prazo, o vizinho não pode mais reclamar, mas pode edificar em seu imóvel *"que, a todo tempo, levantará, querendo a sua casa, ou contramuro, ainda que lhes vede a claridade"* (art. 573, § 2º) (Monteiro, 1989, v. 3:160). Mantendo o mesmo sentido, porém com redação diversa, estatui o art. 1.302 do Código em vigor:

> *"O proprietário pode, no lapso de ano e dia após a conclusão da obra, exigir que se desfaça janela, sacada, terraço ou goteira sobre o seu prédio; escoado o prazo, não poderá, por sua vez, edificar sem atender ao disposto no artigo antecedente, nem impedir, ou dificultar, o escoamento das águas da goteira, com prejuízo para o prédio vizinho".*

---

[16] "**Nunciação de obra nova** – Autora que constatou a presença de trincas e fissuras no seu imóvel, aliado ao fato de que o réu não observou a distância legal para construção de varanda. Cerceamento de defesa não configurado. Prova pericial conclusiva no sentido de que as anomalias foram causadas pela obra edificada no imóvel do réu. Conclusões não elididas de maneira segura e convincente por outros elementos probatórios constantes dos autos. Janela e varanda abertas em parede lindeira em total afronta ao artigo 1.301 do Código Civil. Inadmissibilidade. Obra clandestina realizada sem autorização da prefeitura. Determinação de fechamento da varanda ou que seja providenciado o recuo da parede divisória para a distância legalmente admitida, de um metro e meio (1,5 m), no prazo máximo de trinta (30) dias, sob pena de multa diária de R$ 150,00 (cento e cinquenta reais) limitada a sessenta (60). Apelo do réu improvido, provido o recurso da autora" (*TJSP* – AC 1012780-27.2015.8.26.0002, 27-3-2019, Rel. Ruy Coppola).

"Agravo interno no agravo em recurso especial – Processual Civil – **Ação de nunciação de obra nova** – Restrição contratual quanto à natureza do lote de terreno. Julgamento extra petita. Reinterpretação de cláusula contratual. Revisão de matéria fático-probatória. Impossibilidade. Súmulas 05 e 07/STJ. Ausência de fundamentos que justifiquem a alteração da decisão recorrida. Agravo interno desprovido com aplicação de multa" (*STJ* – AGInt-AG-REsp 571.155 – (2014/0196574-0), 26-8-2016, Rel. Min. Paulo de Tarso Sanseverino).

O Código deste século dispõe ainda que, na zona rural, não será permitido levantar edificações a menos de três metros do terreno vizinho (art. 1.303).

O parágrafo único do art. 1.305 permite o travejamento da parede-meia.[17] Se isso não for possível, o confinante não poderá fazer alicerce no pé sem prestar caução pelo risco de desmoronamento. Tudo isso porque se leva em conta a possibilidade de o confinante utilizar a parede divisória até a metade, desde que não exponha a risco a segurança ou a separação dos dois prédios (art. 1.306). Deve avisar o vizinho do que pretende fazer. Sem o consentimento do outro, não poderá *"fazer, na parede-meia, armários, ou obras semelhantes, correspondendo a outras, da mesma natureza, já feitas do lado oposto"*. Não pode assim demolir a parede sem o consentimento do vizinho do lado oposto, nem nela assentar máquina, fornos, aparelhos higiênicos, substâncias corrosivas etc. que provoquem infiltração ou ponham em risco a construção (art. 1.308). O mais recente Código teve o cuidado de ressalvar que a essa disposição não se aplicam as chaminés ordinárias e os fogões de cozinha (art. 1.308, parágrafo único). O dono de prédio ameaçado por utilização indevida ou perigosa no edifício contíguo, *"ainda que a parede seja comum, pode embargar a obra e exigir caução contra os prejuízos possíveis"* (art. 582 do Código de 1916). A regra é lógica. Cuida-se de aplicação de possibilidade de ação e caução de dano infecto, como visto anteriormente.

A manutenção da parede-meia, como vimos, cabe aos dois confinantes, exemplo típico de obrigação *propter rem*. O proprietário é obrigado a consentir que o vizinho entre em seu prédio, para a reparação ou limpeza indispensável, construção ou reconstrução de sua casa. Mas, se daí lhe provier dano, terá direito a ser indenizado (art. 1.313). O dispositivo prevê a mesma possibilidade de visita aos casos de limpeza ou reparação dos esgotos, goteiras e aparelhos higiênicos, assim como dos poços e fontes já existentes. A recusa do ingresso pelo vizinho deve ser extirpada mediante intervenção judicial, ação cautelar, se houver urgência. Qualquer dano causado pelo vizinho por sua conduta deve ser indenizado. Presentes os requisitos, o vizinho visitado pode pedir caução.

A questão também se relaciona com o art. 1.304:

> *"Nas cidades, vilas e povoados, cuja edificação estiver adstrita a alinhamento, o dono de um terreno pode nele edificar, madeirando na parede divisória do prédio contíguo, se ela suportar a nova construção; mas terá que embolsar ao vizinho metade do valor da parede e do chão correspondentes".*

Cuida-se de mais uma hipótese de parede-meia e fato jurígeno de obrigação *propter rem*. É o chamado *direito de travejar* ou *tigni immittendi*.[18] Para que essa possibilidade ocorra,

---

17 "**Direito de vizinhança.** Direito de construir. Parede divisória. Indenização do art. 1.305, caput, do CC corretamente fixada. Demais questões devem ser discutidas em demandas próprias. Sentença mantida. Recursos não providos" (*TJSP* – Ap 1000226-59.2017.8.26.0012, 27-11-2020, Rel. Gilson Delgado Miranda).

"**Direito de vizinhança** – Parede divisória confinante que realiza pintura e apoia tapume – Presunção, no caso, de que a parede foi construída no limite do imóvel da apelante e não na meia espessura admitida pelo art. 1.305, do CC – Obrigação de desfazer as obras sentença parcialmente reformada – Se a prova dos autos levar à presunção de que o autor construiu sua parede divisória no limite de sua propriedade e não na meia espessura do imóvel vizinho, não pode este travejar ou realizar nela qualquer obra ou modificação" (*TJSC* – AC 0000605-15.2011.8.24.0034, 12-7-2018, Rel. Des. Helio David Vieira Figueira dos Santos).

18 "Direito de vizinhança – **Parede divisória confinante que realiza pintura e apoia tapume** – Presunção, no caso, de que a parede foi construída no limite do imóvel da apelante e não na meia espessura admitida pelo art. 1.305, do CC – Obrigação de desfazer as obras – Sentença parcialmente reformada – Se a prova dos autos levar à presunção de que o autor construiu sua parede divisória no limite de sua propriedade, e não na meia espessura

necessário que se trate de construção erguida em cidades, vilas ou povoados; que a edificação esteja submetida a alinhamento; que a parede-meia suporte a utilização, somente podendo esta ir até o meio de sua espessura e que o vizinho embolse ao confinante o meio valor da parede e do chão correspondente. Deve também indenizar por prejuízo que causar. Não pode pôr em risco a segurança do prédio (art. 1.306).

O art. 575 do Código de 1916 foi substituído pelo art. 105 do Código de Águas, de redação quase idêntica. Trata-se do *escoamento de águas que caem sobre o telhado alheio*:

> *"O proprietário edificará de maneira que o beiral de seu telhado não despeje sobre o prédio vizinho, deixando entre este e o beiral, quando por outro modo não o possa evitar, um intervalo de dez centímetros, quando menos, de modo que as águas se escoem".*

Não importa que o prédio receptor das águas seja ou não edificado. Nada impede, contudo, que as partes estabeleçam servidão em sentido contrário, de tolerância no recebimento das águas vindas de outro prédio. A disposição refere-se unicamente a águas pluviais, não podendo o despejo ser de águas provenientes de uso do prédio.

O art. 577 do Código de 1916 reportava-se a prédios rústicos, nos quais *"não se poderão, sem licença do vizinho, fazer novas construções, ou acréscimos às existentes, a menos de metro e meio do limite comum"*. No mesmo diapasão, a restrição do art. 578:

> *"as estrebarias, currais, pocilgas, estrumeiras, e, em geral, as construções que incomodam ou prejudicam a vizinhança, guardarão a distância fixada nas posturas municipais e regulamentos de higiene".*

A matéria é típica do poder de polícia municipal e pertence ao direito administrativo.

Os arts. 584 e 585 do Código de 1916 foram substituídos por dispositivos do Código de Águas. Dizem respeito à utilização de águas de poços ou fontes. O proprietário pode defender-se do vizinho que ameace poluir ou inutilizar água de seu poço ou fonte. Não são permitidas escavações que tirem ou diminuam excessivamente do poço ou fonte alheia a água necessária. O vizinho não pode abrir poço sem guardar distância necessária, de molde a evitar prejuízo à captação de água do prédio próximo (art. 97 do Código de Águas).

---

do imóvel vizinho, não pode este travejar ou realizar nela qualquer obra ou modificação" (*TJSC* – AC 0000605-15.2011.8.24.0034, 12-7-2018, Rel. Des. Helio David Vieira Figueira dos Santos).

"**Direito de vizinhança** – Ação demolitória julgada procedente – Desnecessidade de nova perícia – Quesitos suplementares que só podem ser ofertados até a entrega do laudo. Obra que acarreta nocividade em sentido estrito. Limites de área não edificável. Necessidade de observância em relação à obra nova. Preexistência de edificação em parcela da área discutida. Demonstração. Restrição da ordem de demolição ao pavimento superior da construção impugnada. Manutenção do pavimento inferior, ressalvada atuação da Administração Pública. Agravo retido desprovido e provimento parcial da apelação. Os elementos objetivos necessários à convicção judicial já se encontram nos autos e a perícia não é nula pela oferta de conclusões adversas aos interesses da parte, nem exibem relevância os quesitos suplementares. O perito só pode ser substituído nas hipóteses do art. 424 do CPC e os quesitos suplementares devem ser apresentados durante a diligência (art. 425 do CPC). A obra irregular do prédio vizinho acarreta nocividade em sentido estrito aos moradores da casa das autoras, sendo certo que a proprietária não tem total disponibilidade de direitos sobre o terreno ou prédio de que é titular, devendo observar regramentos impostos para sua correta ocupação, saltando claro que os limites de área não edificável devem ser observados em relação à obra nova. Há demonstração de que, em data anterior ao início da controvérsia, já havia edificação em parcela da área discutida e o pavimento inferior, portanto, embora alterado, deve ser mantido, não se mostrando essencial debate sobre o **direito de travejar e a parede ou muro divisório**. Bem por isso, a ordem deve se restringir à demolição do pavimento superior da construção impugnada" (*TJSP* – Ap 9207279-90.2006.8.26.0000, 27-8-2012, Rel. Kioitsi Chicuta).

Há algumas regras novas introduzidas no estatuto civil em vigor. O art. 1.307 menciona que

> *"qualquer dos confinantes pode altear a parede divisória, se necessário reconstruindo-a, para suportar o alteamento; arcará com todas as despesas, inclusive conservação, ou com metade, se o vizinho adquirir meação na parte aumentada".*

A questão também tem a ver com as paredes e os muros divisórios. O confinante pode ter necessidade de tornar mais alta a sua divisória (altear). Poderá fazê-lo por sua conta e risco, devendo reconstruir a parede se necessário. Esta ficará lhe pertencendo, e com isto suportará todas as despesas. Se o outro confinante concordar, poderá adquirir meação da parte aumentada, seguindo-se então a regra geral de condomínio na parede-meia.

O art. 1.309 descreve regra importante que tem mais a ver com o direito de águas:

> *"São proibidas construções capazes de poluir, ou inutilizar, para uso ordinário, a água de poço, ou nascente alheia, a elas preexistentes".*

A regra é branda ao estabelecer a proibição sem uma sanção expressa. Sabemos que em nosso país ainda existe vasta população que depende de água de poços e nascentes. Quem constrói em suas proximidades tem o dever e a obrigação de preservar a qualidade da água. As normas administrativas de controle ambiental devem ser rigorosas contra o infrator, o qual, de qualquer forma, pode ser obrigado a repor a situação no estágio anterior, além de indenizar por perdas e danos. A regra do art. 1.310 é corolário da anterior: ninguém pode fazer escavações ou quaisquer obras que suprimam ao poço ou à nascente de outrem a água indispensável às suas necessidades normais.

O art. 1.311, que se refere a obra que coloca em perigo a segurança de prédio vizinho, tem relação com a ação de dano infecto como já mencionamos e com a prevenção de danos que podem ser ocasionados por obras em determinada área.

Mencione-se, por fim, o art. 1.313 do Código Civil mais recente, já referido. Esse dispositivo obriga que o proprietário ou ocupante do imóvel tolere o ingresso de vizinho no imóvel, mediante prévio aviso, em duas hipóteses:

> *"I – para usar temporariamente do prédio vizinho, quando indispensável à reparação, construção, reconstrução ou limpeza de sua casa ou muro divisório;*
>
> *II – para apoderar-se de coisas suas, inclusive animais que se encontrem casualmente no outro prédio. O § 1º acrescenta que o disposto no artigo aplica-se aos casos de limpeza ou reparação de esgotos, goteiras, aparelhos higiênicos, poços e nascentes e ao aparo de cerca viva. O § 2º dispõe que uma vez entregues as coisas buscadas pelo vizinho, poderá ser impedida sua entrada. Ainda, o § 3º volta a enfatizar a regra geral no sentido de que, se o vizinho visitante ocasionar dano, deve indenizar".*

O ingresso de estranho em uma propriedade sempre será motivo de inconveniências, senão de dissensões e desentendimentos. O termo "casa", utilizado no inciso I, deve ser visto de forma ampliativa, pois diz respeito a qualquer prédio ou edificação. Somente de forma excepcional isso pode ser tolerado. No caso do dispositivo, com frequência, por motivos de proximidade dos prédios, o vizinho, pessoalmente ou por preposto, é obrigado a ingressar na outra propriedade para efetuar reparos decorrentes de defeitos em seu prédio, mormente quando as tubulações são comuns ou muito próximas, além das hipóteses de divisórias e parede-meia. A situação se aplica tanto a imóveis urbanos como a imóveis rurais, sendo muito frequente nos condomínios edilícios, mormente em situações de infiltrações e vazamentos. O proprietário ou possuidor é obrigado a tolerar essa visita a qual, no entanto, deve ser regulamentada entre as partes e provir de um aviso prévio como está na lei. A recusa injustificada dessa permissão de ingresso necessário pode acarretar o recurso ao Judiciário, que deverá assegurar prontamente o direito conforme as necessidades apontadas. Há situações de urgência que nem mesmo permitem o pedido de autorização e se aproximam ou constituem estado de necessidade. Assim, por exemplo, o rompimento de esgoto ou de cano d'água, a iminência de incêndio ou ruína, entre tantas outras situações, podem exigir o ingresso imediato do vizinho ou de alguém por ele indicado para efetuar os reparos. O § 2º nos parece inútil, pois uma vez entregues as coisas buscadas ao vizinho, não há que se permitir seu reingresso no imóvel, desaparecendo a razão para tal. Evidente, também, que qualquer prejuízo ocasionado pelo visitante deve ser ressarcido.

13.7 DIREITO DE TAPAGEM

Pelo direito de tapagem permite-se ao proprietário *"cercar, murar, valar, ou tapar de qualquer modo o seu prédio, urbano ou rural"*, de acordo com a lei (art. 1.297, primeira parte). Esse mesmo dispositivo regulamenta a forma pela qual se pode estabelecer materialmente a divisa entre prédios. Cuida-se de mais uma restrição ao direito de propriedade que em tese é exclusivo. No entanto, com a feitura de limites se garante justamente essa exclusividade, embora se estabeleça, na maioria das vezes, comunhão na divisória, qualquer que seja a matéria empregada no linde.

Presumem-se de ambos os proprietários confinantes os tapumes divisórios e assemelhados, constituindo-se obrigação *propter rem* as despesas de sua construção, manutenção e conservação. O Código de 2002 cuida dos limites entre prédios e do direito de tapagem no mesmo art. 1.297, o qual determina a repartição proporcional das despesas, nesse caso. Essa presunção é relativa, permitindo prova em contrário. Essa presunção relativa é enfatizada pelo art. 1.297, § 1º, do presente Código.

Segundo esse dispositivo, os confinantes estão obrigados, de conformidade com os costumes da localidade, a concorrer em partes iguais para as despesas de construção e conservação das divisórias. A vedação das divisas é um direito do proprietário e não uma obrigação, a não ser que decorra de imposição administrativa ou contratual entre os confinantes. Se atribuída pelo loteador e presente no registro imobiliário, tem o mesmo papel de imposição administrativa. O proprietário tem possibilidade de cobrar a quota do confinante que não concorreu com as despesas. Não poderá fazê-lo, porém, se apenas por iniciativa sua efetuou a divisória, provado não haver interesse do confinante, bem como se efetuou obras ou despesas desnecessárias ou voluptuárias na separação, o que deve ser apurado no caso concreto. Se utilizou plantas raras na cerca viva ou materiais luxuosos no local, por exemplo, não pode carrear ao vizinho metade das despesas tidas como supérfluas.

O § 2º do art. 588 do Código de 1916 definiu o que a lei entende por *tapumes*:[19]

---

19 "Agravo de instrumento – Ação declaratória constitutiva – Decisão interlocutória que negou pedido de tutela de urgência para anular auto de infração lavrado pela FLORAM e, com isso, permitir a reconstrução de muro lindeiro à faixa de areia na praia do ribeirão da ilha. Insurgência do autor. Contestada a alegação de obra nova. Construção que estaria voltada à recuperação da murada que já guarnece a residência há mais de 3 décadas, protegendo-a de ressacas e invasões. Rechaço. Substrato probatório que, ao menos em sede de cognição sumária, demonstra-se insuficiente para dar suporte à versão autoral. Pretextada incompetência da FLORAM para fiscalizar política urbanística. Asserção improfícua. Autos de infração lavrados em razão da proximidade do muro construído com a

> *"as sebes vivas, as cercas de arame ou de madeira, as valas ou banquetas, ou quaisquer outros meios de separação dos terrenos, observadas as dimensões estabelecidas em posturas municipais, de acordo com os costumes de cada localidade, contanto que impeçam a passagem de animais de grande porte, como sejam gado vacum, cavalar e muar".*

A regra pretérita auxilia a compreensão atual. Segundo o Código de 2002, essas sebes vivas, árvores ou plantas quaisquer, que servem de marco divisório, somente podem ser cortadas, ou arrancadas, de comum acordo entre os proprietários (art. 1.297, § 2º).

Os usos do local definirão a qualidade e espécie de material a ser utilizado: muros simples ou pintados, com tijolos aparentes ou revestidos, cercas com moirões de madeira ou de concreto, gradis simples ou trabalhados, arames farpados ou simples, cercas vivas com arbustos ou árvores etc.

Note que, não ocorrendo presunção de comunhão, sendo tanto a construção do muro ou divisória, como sua manutenção, de responsabilidade e iniciativa de um só dos vizinhos, sem imposição legal ou negociação para tal, pertencem só a ele, que não pode obrigar o confinante a nenhum pagamento, segundo a doutrina tradicional. Poderá o vizinho fazê-lo, se provar que o confinante se utiliza da divisão. Quem nega a titularidade no muro deve provar em contrário, segundo decorre da presunção legal. Quando o confinante nega o pagamento, cabe ao lindeiro que arcou com a construção do muro obter declaração judicial daquele para pagamento pelo tapume em comum sob pena de se concluir que somente a ele pertence a divisória.

> *"O concurso de ambos para a obra divisória pode ser considerado necessário ou não. A obrigação de concorrer para as despesas de construção e conservação dos tapumes divisórios só se torna exigível, obviamente, quando são comuns"* (Gomes, 1983:190).

Se existe lei ou contrato que impõe o tapume, o lindeiro não pode furtar-se à despesa comum. Ainda que não exista obrigação de construção do tapume, a decisão judicial

---

orla marítima. Questão ambiental que enseja a intervenção do órgão. Aventado **direito de tapagem** (arts. 1.227 e 1.228 do Código Civil), autorizando a recuperação do cercado. Inviabilidade. Regramento que não pode ser utilizado em prejuízo da legislação ambiental e do interesse coletivo. Recurso conhecido e desprovido" (*TJSC* – AI 4019580-91.2018.8.24.0900, 02-04-2019, Rel. Des. Luiz Fernando Boller).

"Apelação cível – Procedimento comum – Direito de vizinhança – Inovação recursal – Nulidade da citação – **Direito de tapagem** – Repartição das despesas – Juros de mora e correção monetária – Termo Inicial – Dano Moral – 1- As questões não suscitadas e debatidas em primeiro grau não podem ser apreciadas pelo Tribunal na esfera de seu conhecimento recursal, pois, se o fizer, ofenderá o princípio do duplo grau de jurisdição. 2- 'É válida a citação realizada na pessoa que se identifica como representante da pessoa jurídica e a recebe sem qualquer ressalva acerca da falta de poderes para tanto' (AgRg no AREsp 463.812/CE). 3- O vizinho confinante que não demonstra a desnecessidade da construção de muro divisório deve arcar proporcionalmente com 50% das despesas da obra, acrescidas de juros de mora desde citação e correção monetária pelos índices da CGJ desde o desembolso. 4- A condenação por dano moral, arbitrada em quantia que se revela adequada para o caso concreto não deve ser majorada. São devidos juros de mora desde a citação e correção monetária pelos índices da CGJ desde o arbitramento" (*TJMG* – AC 1.0433.12.029248-0/001, 25-9-2018, Rel. José Flávio de Almeida).

"Direito civil e processual civil – Agravo Retido – Falta de reiteração – Não Conhecimento – Responsabilidade Civil – Desabamento de muro – Perdas e danos ao prédio contíguo – Dever de reparação independente de culpa – Sentença reformada – I- Nos termos do artigo 523, § 1º, do Código de Processo Civil de 1973, não se conhece do agravo retido que deixa de ser reiterado nas razões da apelação. II- Independentemente das cautelas que o dono do imóvel alega ter adotado para a construção do muro que veio a cair, o fato é que o exercício do **direito de tapagem** previsto no artigo 1.297 do Código Civil torna o titular do domínio responsável por sua solidez e conservação. III- Em caso de desabamento de muro, a responsabilidade civil pelos danos ocasionados ao imóvel vizinho resulta do fato danoso e do nexo de causalidade, dado o caráter objetivo que impera na espécie. IV- O proprietário tem a liberdade de realizar em seu terreno as obras que considerar adequadas aos

geralmente propenderá a que a divisória seja feita no interesse de ambos, devendo ser repartidas as despesas. Não se trata, porém, como vimos, de regra geral. Difícil será no entanto, na prática, negar a utilidade comum do tapume para os confinantes. Interessante notar que os doutrinadores tradicionais não chegam a essa conclusão. No entanto, o fato de um só dos vizinhos ter construído a suas expensas a obra divisória não induz que tenha desistido de cobrar a metade do vizinho. Nesse sentido, julgado citado por Humberto Theodoro Jr. (1985:509):

> *"Não demonstrando a desnecessidade do muro divisório, deve o vizinho contribuir para as despesas da sua construção, ainda que realizada sem sua prévia notificação".*

Lembre-se sempre, porém, da regra do art. 1.328 pela qual o lindeiro tem *direito* de adquirir meação do muro ou similar, pagando metade do valor ao vizinho. Assim como o construtor pode cobrar metade da divisória, o vizinho que não erigiu o tapume tem direito de exigir, mediante pagamento, o direito de meação. A lei procura, de todas as formas, a comunhão nos muros e cercas divisórias. Note, ademais, que pela dicção do art. 1.330, enquanto o vizinho não pagar ou depositar o valor da meação, não poderá fazer uso da parede ou de outra divisória. Seu direito somente nasce com o pagamento, ainda que a iniciativa não tenha sido sua, mas do lindeiro que erigiu a divisória.

Na síntese de Serpa Lopes (1964, v. 6:441), dentro do aqui exposto, a meação de muros, paredes, cercas ou valas decorre de três causas determinantes: (1) foram construídos pelos vizinhos de comum acordo; (2) tornaram-se comuns em decorrência de negócio jurídico; e (3) a meação existe por presunção legal e pela falta de prova de exclusividade de propriedade.

Quem possuir animais que exijam maior proteção, tais como aves e animais domésticos, ou quem necessitar de *tapumes especiais* para outro fim, deve responder pela construção e despesas dos chamados tapumes especiais (art. 1.297, § 3º; antigo, art. 588, § 3º). Se a utilidade desses tapumes for de ambos os confinantes, justo que se repartam os custos. No entanto, como regra geral, os tapumes especiais são de propriedade exclusiva do dono do terreno obrigado a construí-los. Quem não tem outra necessidade ou não possui animais que exijam esses tapumes não fica obrigado a ressarcir os custos. No entanto, embora a lei não o diga, é justo que se pague o equivalente à metade de tapumes comuns, que de qualquer modo deveriam ser erigidos para utilidade conjunta.

---

seus interesses e objetivos, porém responde objetivamente por danos causados aos prédios vizinhos, na esteira do que prescrevem os artigos 1.299, 1.311 e 1312 do Código Civil. V- Recurso conhecido e provido" (*TJDFT* – Proc. 20140710399527APC – (997092), 2-3-2017, Rel. James Eduardo Oliveira).

"Acórdão apelação – **Direito de vizinhança** – Ação Indenizatória – Construção de muro divisório – Esbulho praticado por proprietário de imóvel lindeiro – Exercício irregular do direito de tapagem – Fato impeditivo do direito do autor – Autores que pleiteiam a condenação do réu, proprietário de imóvel lindeiro, no pagamento de metade das despesas com a construção de muro divisório entre as duas propriedades. As provas carreadas aos autos demonstram o exercício irregular do direito de tapagem. Esbulho praticado pelos demandantes comprovado. Réu que provou fato impeditivo do direito do autor, conforme a regra do art. 333, II, do CPC. Reforma da sentença que se impõe. Provimento ao recurso" (*TJRJ* – Ap 0041889-55.2003.8.19.0023,10-8-2016, Rel. Edson Aguiar de Vasconcelos).

"**Direito de vizinhança**. Pedido de demolição parcial da construção ou tapagem de janelas e varanda. Inobservância de posturas municipais e violação à intimidade dos demandantes. Conclusão pericial negativa. Ausência de prova. Improcedência mantida. – Correta a improcedência do pedido, na medida em que os demandantes não se desincumbiram do ônus de provar suas alegações no sentido de que a construção erigida pelo réu inobservou posturas municipais e, ainda, viola a intimidade dos vizinhos. Laudo pericial, coerente e bem fundamentado, expedido por profissional de confiança do juízo, que prevalece sobre o parecer do assistente técnico. Apelo improvido" (*TJSP* – Ap 0000567-28.2007.8.26.0247, 29-4-2013, Rel. José Malerbi).

Se a divisória for de mera ornamentação, de natureza voluptuária, como, por exemplo, muro ou gradil artístico, desnecessário para o local, não pode seu construtor imputar metade dos custos ao vizinho. A solução correta é o lindeiro pagar metade do valor do que o costume local normalmente faria colocar no limite dos prédios.

A doutrina lembra da colocação de *ofendículas* sobre o muro divisório. Geralmente, cacos de vidro ou pontaletes de ferro, para impedir invasão. Também são decorrentes da convivência de vizinhança e não exorbitam a finalidade dos tapumes, incluindo-se em seu custo. Modernamente, pode-se alargar o conceito para as ofendículas eletrônicas, cercas eletrificadas ou com alarmes etc., por exemplo. Podem também ser incluídas como despesas comuns dos confinantes, se úteis a ambos e se presentes nos costumes e nas necessidades do local.

Recorde que a supressão ou deslocação de tapume, marco ou qualquer sinal indicativo de linha divisória de propriedade pode tipificar o crime do art. 161 do Código Penal (*alteração de limites*). Exige o dolo específico de alterar os limites, para se apropriar da coisa alheia. Também é crime "*introduzir ou deixar animais em propriedade alheia, sem consentimento de quem de direito, desde que do fato resulte prejuízo*" (art. 164 do Código Penal). Avulta, portanto, de importância que o confinante mantenha o tapume devido, especial ou comum, para impedir a passagem de animais, pois o crime pode consumar-se pela modalidade omissiva.

Também nessas situações a lei de 1916 enfatizava a permissão de o vizinho ingressar no terreno confinante para *decotar a cerca viva ou reparar o muro divisório*, mediante prévia comunicação (§ 4º do art. 588 do Código de 1916). Essa situação persiste no presente art. 1.313. Se ocasionar dano com sua conduta, deve indenizar. Aplica-se a regra do art. 1.313, § 3º, do Código vigente. Se houver urgência e resistência do vizinho, pode valer-se do processo cautelar, pleiteando liminar. O mais recente Código também, como vimos, assevera que "*as sebes vivas, as árvores, ou plantas quaisquer, que servem de marco divisório, só podem ser cortadas, ou arrancadas, de comum acordo entre os proprietários*" (art. 1.297, § 3º). Como reiteramos, autorizar o vizinho a entrar em propriedade alheia é sempre um ponto de discórdia.

As cercas marginais das vias públicas serão feitas e conservadas pela Administração, ou pelas pessoas ou empresas que as explorarem (§ 5º do art. 588 do Código de 1916). A questão interessa ao direito público.

Essas regras gerais sobre tapumes aplicam-se também aos possuidores e não apenas aos proprietários, desde que os terrenos sejam utilizados a título de posse (Rizzardo, 1991, v. 3:760). É da essência das obrigações *propter rem*. Não ficam os possuidores proibidos de limitar materialmente o âmbito da coisa sobre a qual exercem o fato da posse.

14

CONDOMÍNIO EM GERAL

14.1 COMUNHÃO DE DIREITOS E CONDOMÍNIO

Há comunhão de direitos quando várias pessoas possuem direitos idênticos sobre a mesma coisa ou conjunto de bens. Nem sempre, existindo mais de uma pessoa com direito sobre o mesmo bem, existe comunhão. Havendo várias hipotecas sobre o mesmo imóvel, por exemplo, os vários credores hipotecários não têm comunhão de interesses entre si, uma vez que seus respectivos direitos são excludentes. A comunhão de interesses pressupõe a existência de direito de idêntica graduação, harmônicos e compatíveis, de modo que sejam exercidos pelos comunheiros individualmente, sem exclusão dos demais.

A comunhão de direitos pode ocorrer, por exemplo, no direito de família, quando se estabelece a comunhão conjugal; no direito obrigacional, nas obrigações indivisíveis e na solidariedade; no direito sucessório, com a transmissão da universalidade de bens aos herdeiros, e no direito das coisas, no *condomínio* ou *copropriedade*. Na comunhão, os sujeitos exercem os direitos de forma simultânea e concorrente.

Desse modo, o condomínio é modalidade de comunhão específica do direito das coisas. Trata-se de espécie de comunhão. Para que exista condomínio, há necessidade de que o objeto do direito seja uma coisa; caso contrário, a comunhão será de outra natureza. No entanto, é evidente que existem regras aplicáveis a todas as modalidades de comunhão. Outras são específicas de determinada espécie, como ocorre com o condomínio. O condomínio não é exclusivo da propriedade. Pode ocorrer condomínio também entre titulares de enfiteuse, usufruto, uso e habitação.

14.2 ANTECEDENTES HISTÓRICOS E NATUREZA DO CONDOMÍNIO

O Direito Romano era excessivamente individualista. A origem do condomínio em Roma é obscura. Procura-se situá-lo na comunidade familiar. Não admitia que mais de uma pessoa pudesse exercer direito sobre a mesma coisa. No entanto, fatores eventuais, como a sucessão hereditária, por exemplo, criavam o fenômeno. Por essa razão, o Direito Romano engendrou a teoria condominial dentro do aspecto paralelo do exercício da propriedade, tal como demonstra a codificação de Justiniano. Ele não compreendia mais de um direito de propriedade. Este é uno. Os cotitulares exercem-no ao mesmo tempo em quotas ideais sobre a propriedade indivisa. A divisão não é material, mas idealizada. Nesse diapasão, cada condômino exerce a propriedade em sua plenitude, respeitando o direito dos demais. No sistema romano, a quota ideal é a medida da propriedade. De acordo com essa fração, repartem-se os benefícios e ônus, direitos e obrigações entre os comunheiros.

O sistema germânico compreende o condomínio de forma diversa. Entende-o como comunhão de *mão comum*. Isto é, cada consorte tem direito conjunto de exercer o domínio sobre a coisa. A origem também é a comunhão familiar. Não há nessa comunhão a noção de *parte ideal*. A propriedade é exercida por todos, sobre o todo. É concepção do direito feudal. Ao contrário do sistema romano, o condomínio germânico impede que cada condômino, por exemplo, venda ou grave sua parte, ou até peça a divisão da coisa comum. Não existem quotas, porque a coisa toda é objeto de uso e gozo comum. Ainda que não se divise nessa modalidade de propriedade uma pessoa jurídica, na prática o comportamento dos comunheiros é muito semelhante (Borda, 1984, v. 2:456).

Nosso direito ancorou-se na tradição romana, baseando o condomínio na fração ideal. Há entre nós, contudo, traço da concepção germânica, o que facilita seu entendimento, na comunhão universal de bens que se estabelece em razão do casamento, em que todos os bens pertencem simultaneamente a marido e mulher, sem determinação da quota de um ou outro cônjuge (Wald, 1991:130).

A tradição românica adotada por nosso ordenamento traduz a natureza do condomínio como modalidade de propriedade em comum com partes ideais. Afasta-se a ideia de pessoa jurídica ou sociedade por lhe faltar ou não ser essencial a devida *affectio*. Existe uma coletividade de proprietários no mesmo bem, regulada pelo direito. A sociedade pode ser criada para administrar o bem comum, mas com o condomínio não se confunde.

Portanto, o ordenamento não pode deixar de reconhecer o exercício simultâneo da propriedade por mais de um sujeito. Importa estabelecer seu regime legal para que a propriedade atinja suas funções sociais, em benefício dos comunheiros e da coletividade.

A aplicação da noção romana facilita também a distribuição equitativa de direitos de forma homogênea, em relação à noção exclusivista do direito de propriedade. Cada condômino é proprietário, pode exercer os poderes inerentes à propriedade sobre a coisa; no entanto, seu *ius utendi, fruendi et abutendi* apresenta limitação imposta pela convivência dos mesmos direitos com outros consortes. Com relação a terceiros, todavia, como regra geral, não se limita o direito de propriedade de cada um.

A dificuldade maior situa-se na conceituação exata do que se define por *parte ideal*. Não é ficção jurídica, porque propriedade existe. Não se trata de pura abstração, porque o condômino é efetivamente proprietário e o direito não regula meras abstrações. Cuida-se, na verdade, de expressão do domínio, que é traduzida em expressão de porcentagem ou fração, a fim de que, no âmbito dos vários comunheiros, seja estabelecida a proporção do direito de cada um no título, com reflexos nos direitos e deveres decorrentes do direito de propriedade. Daí por que a parte ideal possui sempre uma expressão quantitativa fracionária ou percentual em relação ao todo. O condômino possui direito de propriedade pleno, mas compartilhado. A parte ideal

> *"é apenas um critério aferidor, uma chave para exprimir, num valor econômico, o direito de cada consorte perante os demais, possibilitando assim plena disponibilidade durante o estado de indivisão"* (Monteiro, 1989, v. 3:207).
>
> *"Os condôminos não têm direito de usar e abusar da coisa como se os outros não existissem; essa contingência, em vez de ser exceção ao 'ius utendi' e 'abutendi', o confirma, pois, se pudesse cada um usar e abusar sem considerar o outro ou os outros condôminos, teria mais jus do que aquele que está na relação jurídica em que é titular de direito"* (Pontes de Miranda, 1971, v. 12:17).

14.3 MODALIDADES E FONTES DO CONDOMÍNIO

O condomínio pode ter *origem voluntária* (ou *convencional*): duas ou mais pessoas adquirem um mesmo bem. Trata-se da hipótese mais correntia. No entanto, há fenômenos jurídicos e naturais que estabelecem condomínio sem ou contra a vontade dos sujeitos: o recebimento de coisa indivisa por vários herdeiros, a comistão e confusão, os muros, cercas e valas comuns etc. Desse modo, distinguimos o condomínio voluntário daqueles que têm *origem forçada, necessária ou eventual.*

A indivisibilidade hereditária estabelece uma comunhão eventual, forçada e transitória. Se o bem hereditário é divisível, desaparece a transitoriedade com a partilha. Se indivisível, a partilha estabelece o condomínio. Pelo testamento, o testador pode atribuir legado a mais de uma pessoa. Desse modo, o condomínio estabelece-se *causa mortis* de forma voluntária. A indivisibilidade de bem hereditário, quando ausente o testamento, estabelece o condomínio. No entanto, pelo fato da morte, pela *saisine*, o que existe é comunhão e não condomínio.

A comunhão hereditária, estabelecida pela morte do autor da herança, diferencia-se do condomínio. Seu objeto é uma universalidade, todo o patrimônio do falecido. O condomínio deve recair sobre coisa determinada, seja ela divisível ou indivisível. Ademais, a comunhão hereditária por natureza é transitória. Sua finalidade é terminar com a partilha (Lopes, 1964, v. 6:285). Como afirmado, apenas a indivisibilidade do bem atribuído a mais de um herdeiro com a partilha pode estabelecer o condomínio. Trata-se de hipótese na qual o estado de comunhão transforma-se em condomínio. Como o condomínio é espécie de comunhão, é fato, como afirmado, que muitas das regras disciplinadoras do condomínio aplicam-se às várias hipóteses de comunhão, na ausência de normas específicas. Temos de ter cautela, no entanto, pois nem toda comunhão pode ser regulada como condomínio, como, por exemplo, o regime de comunhão de bens entre cônjuges. Podemos concluir que o condomínio tem origem no acordo de vontades, em ato de última vontade, em decorrência de lei, bem como da usucapião, quando ocorre composse continuada. Pode ter por objeto móveis e imóveis. Pelo contrato, a pluralidade de sujeitos adquire o mesmo objeto. Pelo testamento, o testador pode instituir vários legatários sobre a mesma coisa. Decorre de lei o condomínio de muros e valas divisórias, também na comistão ou confusão, por exemplo.

Ao tratar da usucapião, vimos que não se excluem a composse e a possibilidade de vários titulares adquirirem a coisa *pro indiviso* pela prescrição aquisitiva.

Assim como descrito acerca da composse, o condomínio pode ser *pro diviso* e *pro indiviso.*

No condomínio *pro diviso*, existe mera aparência de condomínio, porque os comunheiros localizaram-se em parte certa e determinada da coisa, sobre a qual exercem exclusivamente o direito de propriedade. Nos edifícios de apartamentos e outros condomínios assemelhados, cada unidade autônoma é independente das demais, por força de lei. Os condôminos nessa situação exercem a comunhão *pro indiviso* apenas no tocante às áreas comuns dos prédios. Nessas áreas, não podem exercer domínio *pro diviso.*

Por vezes, vários são os proprietários da mesma área, mas já localizados sobre determinada gleba: cercaram-na, respeitam os respectivos limites. Nessas hipóteses de condomínio *pro diviso*, a comunhão existe de direito, mas não de fato. Incumbe aos comunheiros tão só regularizar a divisão do imóvel junto ao registro imobiliário.[1]

---

[1] "Extinção de Condomínio – Extinção do processo sem resolução do mérito – Abandono da causa – Necessidade de requerimento do réu e intimação pessoal do autor – Extinção de **condomínio *pro diviso***, para fim de desdobro do imóvel e individualização das matrículas – Requerida e demais cessionários da parte ideal do avô do autor,

que possuem a copropriedade do imóvel, inviabilizando a pretensão, pois a presente ação é inadequada para a atribuição da copropriedade, sendo imprescindível que primeiro se regularize a copropriedade da requerida – Há o condomínio quando mais de uma pessoa possui a propriedade de um bem e sendo o condomínio instituto de direito real, exige-se o registro na matrícula do imóvel, de maneira que era caso de extinção do processo sem resolução do mérito, pela ausência de interesse-adequação – Manutenção da extinção por outro fundamento – Recurso desprovido" (*TJSP* – AC 1006859-27.2019.8.26.0009, 11-1-2021, Rel. Alcides Leopoldo).

"Apelação cível – Ação de divisão – Preliminar de inépcia da inicial rejeitada – **Condomínio 'pro diviso'** – Terreno dividido de fato, mas não de direito – Desmembramento – Possibilidade – Inexistência de óbice administrativo ou legal – Recurso desprovido – Embora o imóvel objeto da lide já tenha sido fracionado em duas áreas distintas, o condomínio sobre a sua totalidade ainda persiste, pouco importando para tanto a situação de exercício da composse em atenção aos limites previamente definidos no aspecto físico da coisa. É o chamado 'condomínio *pro diviso*', caracterizado quando a coisa comum já se encontra materialmente dividida, mas ainda não houve divisão de direito – Inexistindo óbice administrativo ou legal à divisão almejada, não há razão alguma para indeferi-la, principalmente em se atentando que a sua efetivação se prestará tão somente para adequar as formalidades à realidade fática do imóvel" (*TJMG* – AC 1.0188.00.003477-0/001, 23-8-2019, Rel. Mota e Silva).

"**Condomínio *pro diviso*** – Frações individualizadas – Inscrição própria no cadastro municipal – Solidariedade – Inexistência – Inobstante conste ter a apelante adquirido fração ideal, infere-se dos autos estar-se diante de condomínio pro diviso, contando, especialmente, cada fração com inscrição própria no cadastro municipal, o que exclui a solidariedade passiva entre os condôminos" (*TJRS* – AC 70078314903, 8-8-2018, Rel. Des. Arminio José Abreu Lima da Rosa).

"Apelação – Usucapião Ordinária – Pedido objetivando o reconhecimento da propriedade de área delimitada inserida em área maior, detentora da matrícula. **Condomínio 'pro diviso'**. Reconhecimento, pelo magistrado, da falta de interesse de agir, pois se trataria de retificação com utilização da usucapião como sucedâneo do procedimento específico. Irresignação. Acolhimento. Interesse de agir que exsurge da necessidade de os autores obterem a propriedade da porção de terra que possuem em condomínio 'pro diviso'. Inexistência em nosso ordenamento jurídico de óbice específico a que se declare a aquisição por usucapião, de imóvel que já se encontre transcrito em nome dos autores, especialmente diante da falta de certeza emanada do documento. Reconhecimento da possibilidade jurídica do pedido. Afastamento da extinção, com determinação de prosseguimento até os ulteriores termos. Recurso provido" (*TJSP* – Ap 0012334-14.2009.8.26.0079, 23-2-2017, Rel. Mauro Conti Machado).

"Recurso especial – Civil – Condomínio – Direito de preferência do condômino – Inexistência – **Imóvel *pro diviso*** – Recurso desprovido – 1- Nas situações em que o condomínio se constitui sobre bem divisível, mas não dividido, inicialmente prevalecia o entendimento de que não era necessário observar o direito de preempção, pois o condômino permanecia sob o regime de condomínio por vontade própria, já que poderia, a qualquer tempo, manejar ação divisória, assumindo o risco de, não o fazendo, um estranho ingressar no condomínio. Além disso, entendia-se que interpretar a expressão 'indivisível' contida no art. 1.139 do Código Civil de 1916, como 'indiviso', seria aumentar consideravelmente a restrição trazida pela lei. 2- Posteriormente, o art. 1.139 do Código Civil de 1916 passou a ser objeto de interpretação extensiva, com o termo indivisível sendo tomado como bem em 'estado de indivisão'. Assim, mesmo na alienação de parte de bem divisível, mas indiviso, seria necessário dar aos condôminos a oportunidade de adquirir a quota do imóvel, com sua notificação. Esse entendimento prevaleceu com o julgamento do REsp 489.860/SP, pela eg. Segunda Seção, da relatoria da eminente Ministra Nancy Andrighi. 3- No caso, concluiu-se ter havido uma divisão amigável do imóvel entre os familiares, que com ela concordaram mesmo sem uma demarcação precisa, cada qual ocupando e administrando sua área de forma independente, inclusive as arrendando a terceiros. Essa divisão talvez não tenha sido efetuada com intuito de definitividade em um primeiro momento, mas o fato é que ela se perpetuou, impondo-se no mundo empírico, inclusive com a sucessão de proprietários. O decorrer do tempo implicou o assentimento tácito com a divisão feita, agindo os herdeiros como se fossem proprietários de áreas específicas. 4- Nesse contexto, as instâncias ordinárias entenderam não ser crível que o imóvel possa ser tido como indiviso na atualidade para fins do exercício do direito de preferência. A revisão desse entendimento demandaria o revolvimento do conjunto fático-probatório, providência vedada na via estreita do especial (Súmula 7/STJ). 5- Recurso especial desprovido" (*STJ* – REsp 1.535.968 – (2014/0225665-3), 30-3-2016, Rel. Min. Raul Araújo).

"**Agravo de instrumento** – Ação Possessória – Diversos ocupantes de bem imóvel – Pedido de reconhecimento de litisconsórcio necessário e citação pessoal de todos – Incabível – Manutenção da decisão – A leitura da petição inicial indica que os requeridos exercem posse *pro diviso* e ocupam extensa área, na qual construíram distintas acessões, divisíveis e determinadas. Não se trata de composse e a relação jurídica mantida entre as partes não exige que a lide seja decidida de modo uniforme para todos os réus. *In casu*, o litisconsórcio pode ser classificado como passivo facultativo, e não necessário. Agravo não provido" (*TJSP* – AI 0043969-17.2013.8.26.0000,16-6-2015, Relª Sandra Galhardo Esteves).

"**Usucapião** – Lapso temporal – Incapacidade de condômina – Efeitos da sentença de interdição – Aquisição da propriedade não caracterizada – Sentença de improcedência, por não consumação do prazo da prescrição aquisitiva. Imóvel de propriedade dos avós do requerente, já falecidos, transmitido em condomínio ao pai do

Na comunhão *pro indiviso*, a indivisibilidade é de direito e de fato. A propriedade é exercida em comum, sob a égide das quotas ideais. O fenômeno é mais correntio nos imóveis, mas também possível nos móveis.

O condomínio sempre é pomo de discórdias. O ser humano, por sua própria natureza, tem dificuldade de compartilhar harmoniosamente direitos e deveres. Por essa razão, a lei tudo faz para facilitar e incentivar a extinção do condomínio. Quando se trata de condomínio voluntário, estabelecido por doador ou testador, *entende-se que o foi somente por cinco anos* (art. 630 do Código de 1916). O diploma de 2002 estabelece: *"Não poderá exceder de cinco anos a indivisão estabelecida pelo doador ou pelo testador"* (art. 1.320, § 2º). Desse modo, nesse caso, será ineficaz a princípio o prazo que ultrapassar os cinco anos.

Contudo, mais atento à realidade, o Código em vigor descreve:

> *"Podem os condôminos acordar que a coisa fique indivisa por prazo maior de cinco anos, suscetível de prorrogação ulterior"* (art. 1.320, § 1º).

No presente Código, decorrido esse prazo avençado, pode-se pleitear a divisão. Aliás, dentro dessa ideia, o direito de pedir a extinção do condomínio por qualquer comunheiro pode ser exercido a qualquer tempo. Cuida-se de direito potestativo, estampado no art. 1.320. A esse respeito comenta Sílvio Rodrigues (1984, v. 5:192) que o instituto se apresenta como *"fonte de demandas e ninho de brigas, situação anômala, cuja existência não se pode negar, mas que fora melhor que não existisse"*. No entanto, a realidade social distancia-se do ideal. Se o condomínio em geral pode ser evitado, a cada dia a pressão social faz surgir novas modalidades de comunhão, em edifícios de unidades autônomas e situações assemelhadas, às quais o direito não pode quedar-se inerte. Cabe ao jurista reconhecer os fenômenos e encetar teorias que dirimam intricadas questões que hoje afetam não somente os condomínios em edifícios, como veremos no Capítulo 15, mas também novas manifestações de multipropriedade como a utilização real de imóvel com tempo repartido, loteamentos fechados, clubes recreativos, instituições hoteleiras, cemitérios etc.

14.4 DIREITOS E DEVERES DOS CONDÔMINOS

Tendo em vista a pluralidade de proprietários sobre a mesma coisa, seus direitos e deveres devem ter em mira suas próprias relações internas, isto é, direitos e deveres entre si, bem como as relações externas, aquelas que afetam o condômino e terceiros.

---

requerente e as apeladas. **Possibilidade de usucapião *pro diviso***. Discussão acerca do prazo quinquenal para a aquisição. Condômina absolutamente incapaz, em razão de doença de Alzheimer (art. 3º, II, CC). Não corre a prescrição (art. 198, I, CC), com aproveitamento aos demais condôminos (art. 201, CC). Início da posse do requerente em razão de contrato de cessão de direitos possessórios entre ele e as requeridas. Laudo pericial que afirma o início da doença e da incapacidade da requerida aproximadamente 8 (oito) anos antes da data de exame. Depoimentos testemunhais divergentes, mas que confirmam que a incapacidade iniciou-se durante o período aquisitivo da usucapião. Recurso não provido" (*TJSP* – Ap 0000554-69.2010.8.26.0620, 11-3-2014, Rel. Carlos Alberto de Salles).

"**Nunciação de obra nova**. Construção em área comum por parte de um dos proprietários sem a devida anuência dos demais. Alegação de que se trata de **condomínio *pro diviso*** e que a área onde foi promovida a obra é de ocupação exclusiva do apelante. Não comprovação. Aplicação dos arts. 1.314 do Código Civil e 934, inciso II, do Código de Processo Civil. Possibilidade de repercussão negativa na esfera jurídica dos demais coproprietários caso confirmadas irregularidades na obra ou cometimento de infrações ambientais. Sentença mantida. Recurso não provido" (*TJSP* – Ap 9191521-37.2007.8.26.0000, 31-10-2013, Rel. Luís Francisco Aguilar Cortez).

O art. 623 do Código de 1916 enumerava os direitos de cada um:

> *"Na propriedade em comum, com propriedade, ou condomínio, cada condômino ou consorte pode:*
>
> *I – usar livremente da coisa conforme seu destino, e sobre ela exercer todos os direitos compatíveis com a indivisão;*
>
> *II – reivindicá-la de terceiro;*
>
> *III – alhear a respectiva parte indivisa, ou gravá-la (art. 1.139)".*

Por seu lado, o Código contemporâneo sintetiza a mesma disposição no art. 1.314:

> *"Cada condômino pode usar da coisa conforme sua destinação, sobre ela exercer todos os direitos compatíveis com a indivisão, reivindicá-la de terceiro, defender a sua posse e alhear a respectiva parte ideal, ou gravá-la".*

A *utilização livre da coisa*, conforme sua destinação (*destino* não é termo jurídico e deveria ter sido evitado na lei, como ocorre com o diploma em vigor), é corolário do direito de propriedade, que encontra limitação apenas no direito dos demais consortes. Compete à maioria decidir o destino da coisa: desfrutá-la, emprestá-la, alugá-la. O exercício do direito do condômino deve sujeitar-se e harmonizar-se com o interesse da maioria. Nesse sentido, deve ser entendida a expressão *usar livremente*, evitada pelo diploma de 2002. Se a maioria decide utilizar a coisa para fins comerciais, não pode o condômino nela pretender residir, por exemplo. Nesse sentido, aduz o parágrafo único do art. 1.314: *"Nenhum dos condôminos pode alterar a destinação da coisa comum, nem dar posse, uso ou gozo dela a estranhos, sem o consenso dos outros".*

No dizer de Luiz Edson Fachin,

> *"a destinação é de teor pétreo. O condômino não pode alterar a destinação da coisa comum, nem dar posse, uso ou gozo dela a estranhos, sem o assentimento dos outros. Eis aí exemplo de limitação que deriva da natureza da comunhão"* (2003:174).

Os atos conservatórios e de mera administração podem ser praticados, em princípio, livremente.

Essa maioria é computada de acordo com a fração das quotas ideais. No silêncio do ato constitutivo do condomínio, presume-se que essas quotas sejam iguais, como aliás constava no art. 639 do Código anterior. Essa solução, fonte de muitas disputas, adquire nova óptica no Código mais recente. Dispõe que a maioria, no exame da vontade condominial, será calculada pelo valor dos quinhões (art. 1.325). Com isto, alguém, com quinhão maior, poderá ser vontade preponderante ou única nesse universo condominial. Nisso se harmoniza com o art. 637 do antigo diploma. Esse estatuto também afirma que se presumem iguais as partes ideais dos condôminos (art. 1.315, parágrafo único). Contudo, havendo dúvida, pelo atual Código o valor do quinhão deverá ser avaliado judicialmente e não mais se presume a igualdade (art. 1.325, § 3º). O atual critério, apesar de ser mais custoso, é mais justo, pois nada deve induzir que o quinhão de cada condômino é igual.

A presunção de igualdade de frações ideais é relativa e cairá por terra mediante prova em contrário.

Entende-se também que as obrigações foram contraídas proporcionalmente às quotas de cada um, se não houve discriminação nos gastos ou não se estipulou solidariedade (art. 1.317). Como assentado, a solidariedade, em nosso ordenamento, só decorre da lei ou da vontade das partes. Ao lado dos direitos, colocam-se necessariamente as obrigações. Nesse sentido também o art. 1.318 ao dispor:

> *"As dívidas contraídas por um dos condôminos em proveito da comunhão, e durante ela, obrigam o contratante; mas terá este ação regressiva contra os demais".*

Acrescentava o parágrafo único do art. 625 que, na hipótese de existir condômino não concordante, operar-se-ia de acordo com o parágrafo único do art. 624, isto é, proceder-se-ia à divisão da coisa. O mais recente Código não apresenta essa disposição. Em contrapartida, no art. 1.316 estabelece que o condômino pode eximir-se do pagamento de despesas e dívidas, renunciando à parte ideal. O Projeto nº 6.960/2002, que apresentou inúmeras propostas de alterações ao Código em vigor, acrescenta, nesse dispositivo, que essa renúncia pode ser prévia e reciprocamente outorgada entre os condôminos quando da celebração do acordo que tornar indivisa a coisa comum. Qualquer renúncia prévia de direitos deve ser vista com cuidados, assim como esta que ora se propõe e que não é essencial à vida do condomínio.

Não é justificável, nem equitativo que a comunhão seja extinta unicamente, porque um dos condôminos nega-se a contribuir com sua obrigação. Se a despesa era autorizada ou necessária, tal é matéria para discussão no caso concreto. Perante terceiros, a dívida é, em princípio, de responsabilidade do contraente. Isto porque não se atribui ao condomínio personalidade jurídica ou processual, como se faz com o condomínio de edifícios, cujas obrigações são contraídas pelo síndico, em nome do condomínio. Entretanto, pode ocorrer que o condômino tenha contraído obrigação com autorização dos demais ou da maioria, caso em que todos devem ser responsabilizados. No caso em exame, deve ser visto se houve expressa assunção de solidariedade.

Como sempre deve ser atendida a vontade da maioria, o condômino não pode alterar a coisa comum sem o consentimento dos demais (art. 1.314, parágrafo único). Essa regra terá importante reflexo no condomínio de edifícios, onde é repetida, quando não se permite alterar as fachadas, as áreas de uso comum e o aspecto externo dos prédios.

Os frutos devem ser repartidos proporcionalmente entre os consortes, assim como eventuais danos: "*Cada consorte responde aos outros pelos frutos que percebeu da coisa comum, e pelo dano que lhe causou*" (art. 1.319):[2]

---

[2] "Direito civil e processual civil. Apelação cível e recurso adesivo. Extinção de composse. Alienação judicial do bem comum. Arbitramento de aluguéis pelo uso exclusivo. Compensação de frutos. Termo inicial na citação. Sentença mantida. I. Caso em exame Apelo da parte demandada e recurso adesivo da parte requerente contra sentença que declarou extinta a composse, assegurada a preferência dos condôminos, determinou a alienação judicial nos termos do artigo 730 do Código de Processo Civil e fixou o dever da demandada de indenizar 50% dos locativos desde a citação até a desocupação, com compensação mensal correspondente à metade do valor pago pela filha comum. II. Questão em discussão Duas questões se impõem. (i) Saber se subsiste o direito potestativo de extinguir a indivisão com alienação judicial, independentemente de culpa e de eventual cooperação para a venda. (ii) Saber se é devido o arbitramento de aluguéis pelo uso exclusivo, com definição do termo inicial, do critério de liquidação, da compensação de frutos e da proporção pretendida de 70% no recurso adesivo. III. Razões de decidir A extinção da composse decorre de direito potestativo de não perpetuação da comunhão pro indiviso, impondo-se a alienação judicial com preferência legal aos condôminos, conforme artigos 1.320 e 1.322 do Código Civil e artigo 730 do Código de Processo Civil. O uso preponderantemente exclusivo do pavimento inferior pela requerida caracteriza fruição individual do bem comum, atraindo o dever indenizatório ao outro consorte, nos termos do **artigo 1.319 do Código Civil**, vedado o enriquecimento sem causa. Correta a fixação do termo inicial na citação diante da ausência de interpelação constitutiva de mora, bem como a remessa à liquidação por arbitramento com três avaliações e adoção da média aritmética, solução técnica, idônea e equidistante. A compensação dos frutos percebidos pelo não possuidor foi adequadamente prevista com a dedução de metade do valor pago pela filha, preservando o equilíbrio entre uso e frutos. Despesas ordinárias suportadas pela usuária exclusiva não elidem a indenização locatícia, por serem inerentes à própria fruição unilateral. Inexistem elementos robustos a evidenciar ocupação desproporcional apta a majorar o percentual para 70%, motivo pelo qual se mantém a proporção de 50% estabelecida na sentença. IV. Dispositivo e tese sentença mantida. Recursos não providos. Tese de julgamento:

> *"A percepção dos frutos se projeta com a mesma estrutura do bem principal, de maneira que, ainda que seu domínio seja comum entre os condôminos, sua titularidade formal é limitada pela fração ideal de cada um deles. No silêncio do título do domínio, presume-se que a repartição dos frutos deve dar-se de forma igualitária, já que os quinhões são presumidos como iguais. Tratando-se de frações ideais diversas em si, a percepção dos frutos atenderá a essa mesma proporção"* (Fachin, 2003:192).

Todas as despesas com a coisa também, como é óbvio, serão divididas proporcionalmente:

> *"Art. 1.315. O condômino é obrigado, na proporção de sua parte, a concorrer para as despesas de conservação ou divisão da coisa, e a suportar os ônus a que estiver sujeita".*

Enfatizando tratar-se de direito potestativo do condômino, podendo, pois, ser exercido a qualquer tempo da existência da comunhão, o pedido de divisão ou alienação da coisa comum, o parágrafo único do antigo dispositivo dispunha: *"Se com isso não se conformar algum dos condôminos, será dividida a coisa, respondendo o quinhão de cada um pela sua parte nas despesas da divisão".* O Código deste século não repete textualmente essa regra, mas é curial que sempre poderá o condômino pedir a extinção do condomínio, nos termos

---

1. A extinção da composse independe de culpa e viabiliza a alienação judicial com preferência legal dos condôminos. 2. O uso exclusivo do bem comum impõe ao usuário o pagamento de aluguéis ao coproprietário privado da fruição, com compensação dos frutos percebidos. 3. Na ausência de interpelação prévia, os locativos fluem a partir da citação. 4. A liquidação por arbitramento mediante três avaliações e adoção da média assegura critério objetivo e equilibrado. 5. Despesas ordinárias de conservação não afastam a indenização locatícia em cenário de fruição unilateral. 6. Não demonstrada ocupação substancialmente maior pela usuária, é indevida a majoração do percentual para 70%. Dispositivos relevantes citados: Código de Processo Civil, artigo 730. Código Civil, artigos 1.319, 1.320 e 1.322. Jurisprudência relevante citada: TJSP; Apelação Cível 1016352-66.2024.8.26.0554; Relator (a): Débora Brandão; j. 22/08/2025" (*TJSP* – Ap 1008114-05.2022.8.26.0271, 1-9-2025, Rel. Olavo Paula Leite Rocha).

"Apelação Cível – Imissão de posse – Fixação de aluguel – Ocupação exclusiva de imóvel comum às partes que restou evidenciada – Desinteresse das apeladas em relação à administração do imóvel comum que não obsta o recebimento dos frutos, na proporção dos quinhões destas – Apelante que percebe integralmente o valor de locativos – Rateio proporcional dos frutos que se mostra justificado – Alegação de que as apeladas teriam abandonado o imóvel que não obsta a pretensão autoral, que decorre do fato destas serem condôminas (**art. 1.319, do CC**) – Ressarcimento de eventuais valores despendidos pela apelante na manutenção e administração dos bens que poderão ser objeto de ação própria – Sentença mantida – Recurso improvido. Sucumbência Recursal – Honorários advocatícios – Majoração do percentual arbitrado – Observância do art. 85, §§ 2º e 11, do CPC – Execução dos valores sujeita ao disposto no art. 98, § 3º, do CPC" (*TJSP* – Ap 1026174-51.2018.8.26.0114, 21-8-2024, Rel. José Joaquim dos Santos).

"Ação de arbitramento de aluguel – Procedência em primeiro grau – Interesse de agir devidamente demonstrado – Uso exclusivo de coisa comum – **Recebimento dos frutos** – Possibilidade – Inteligência do art. 1.319 do Código Civil – Inexistência de impedimento ou incapacidade para o pagamento da verba mensal – Incidência das regras que regem o instituto do condomínio – Legitimidade da pretensão indenizatória em favor do ex-cônjuge – Manutenção da disciplina da sucumbência – Sentença mantida – Recurso não provido" (*TJSP* – Ap 1000550-27.2019.8.26.0514, 21-9-2023, Rel. César Peixoto).

"Ação de arbitramento de aluguel – Ocupação exclusiva de imóvel comum – Usufruto vitalício – Parcial procedência do pedido – Responsabilidade do condômino pelos frutos percebidos para com o outro coproprietário em virtude da privação da posse – Incidência retilínea do art. 1.319 do Código Civil – Sentença mantida – Recurso não provido" (*TJSP* – Ap 1004968-23.2021.8.26.0066, 4-10-2022, Rel. César Peixoto).

"Ação de arbitramento de aluguel – Uso exclusivo de coisa comum – Ausência de previsão no acordo firmado entre as partes sobre a possibilidade do apelante de continuar residindo no imóvel sem o pagamento do aluguel devido – **Direito do condômino de exigir a divisão da coisa comum a todo tempo** – Recebimento dos frutos – Inteligência do art. 1.319 do Código Civil – Inexistência de regime de mancomunhão sobre o imóvel – Partilha do patrimônio do casal concretizada em ação de divórcio – Direito real de habitação não caracterizado por falta de previsão legal – Sentença mantida – Recurso não provido" (*TJSP* – Ap 1011399-89.2017.8.26.0009, 14-4-2021, Rel. César Peixoto).

do art. 1.320. O dispositivo do parágrafo único dava ideia de que a extinção da coisa em comum será compulsória, quando, na verdade, depende de pedido expresso do condômino. Se a coisa não suportar divisão cômoda, ou for indivisível, a solução será a alienação, com preferência dos demais comunheiros na aquisição da quota ideal do condômino dissidente, conforme a ordem estabelecida no art. 1.322.

O *ius utendi e fruendi* do comunheiro deve ser pessoal. O art. 1.314, parágrafo único, determina que *"nenhum dos condôminos pode alterar a destinação da coisa comum, nem dar posse, uso ou gozo dela a estranhos, sem o consenso dos outros"*. Terceiros não podem interferir na vida condominial, sem o conhecimento e aprovação da maioria.

Como possuidor, qualquer condômino pode valer-se dos remédios possessórios contra terceiros para proteger a coisa, independentemente da autorização dos demais. Trata-se de regra básica da composse. É também decorrência da proteção conferida expressamente à composse, já estudada:

> *"Art. 1.199. Se duas ou mais pessoas possuírem coisa indivisa poderá cada uma exercer sobre ela atos possessórios, contanto que não excluam os dos outros compossuidores".*

Se o condômino tiver posse determinada na coisa comum, posse *pro diviso*, portanto, pode também opor meios possessórios contra outro consorte que a turbe ou ameace (Lopes, 1964, v. 6:297). Nessa hipótese, pode ocorrer usucapião da área determinada. Noutras hipóteses, não é de se admitir usucapião entre comunheiros.

Além dos remédios possessórios, o condômino também possui o *direito de reivindicar a coisa de terceiro*. Se pode defender a posse, o condômino, com maior razão, também pode reivindicar a coisa. A ação petitória autorizada no dispositivo é consequência de seu direito de propriedade. O condômino como *dominus* pode reivindicar. Evidente que seu direito é de reivindicar toda a coisa, porque não se determina a parte de cada um. Titular da ação petitória de reivindicação, não se lhes negam também as demais ações de tutela da propriedade, tal como estudadas no capítulo anterior. Se é legitimado para a reivindicação, que é mais ampla, também pode ingressar com ação negatória de servidão, por exemplo. A sentença favorável ao condômino reivindicante, por ter como objeto o todo, aproveita ao condominial.

A *possibilidade de alienar ou estabelecer gravame de sua parte indivisa* na coisa comum vem especificada no art. 1.314.

Se há condomínio *pro diviso*, o consorte é livre para alienar sua quota, como na hipótese de unidade autônoma no condomínio de apartamentos ou similares. Há necessidade, porém, de que essa situação fique bem clara. Há ainda o problema registrário que somente poderá ser dirimido com a divisão do imóvel.

Se a coisa for indivisível, a alienação da parte do condômino deve obedecer à *regra fundamental do art. 504*, estabelecida no capítulo da compra e venda, a qual prevê uma das hipóteses de preempção ou preferência legal:

> *"Não pode um condômino em coisa indivisível vender a sua parte a estranhos, se outro consorte a quiser, tanto por tanto. O condômino, a quem não se der conhecimento da venda, poderá, depositando o preço, haver para si a parte vendida a estranho, se o requerer no prazo de cento e oitenta dias, sob pena de decadência.*
>
> *Parágrafo único. Sendo muitos os condôminos, preferirá o que tiver benfeitorias de maior valor e, na falta de benfeitorias, o de quinhão maior. Se as partes forem iguais haverão a parte vendida os coproprietários, que a quiserem, depositando previamente o preço".*

Veja o que comentamos a esse respeito quando tratamos de compra e venda. À questão já nos referimos ao cuidar da propriedade resolúvel. Enquanto não decorrido prazo de 180 dias do Código de 2002 (seis meses no anterior diploma), conferido ao condômino preterido na preferência ou preempção legal, pode ele depositar o preço para haver para si a coisa ou parte indivisa alienada. Procura evitar a lei a inserção de estranhos no condomínio sem o consentimento dos demais, facilitando também sua extinção, com a consolidação de todas as quotas em proprietário único. Destarte, a venda de parte comum nesse molde não é nula ou anulável, mas simplesmente revogável. O mesmo princípio foi adotado na Lei do Inquilinato em vigor, que repete princípio da lei anterior, ao conferir direito real de preferência ao inquilino, na venda do imóvel locado, sob determinados requisitos (art. 33 da Lei nº 8.245/91). Esse prazo de 180 dias (também presente na lei inquilinária) é decadencial (como eram todos os prazos da parte especial do Código de 1916 e, em maior profusão, no atual Código). Tratando-se de imóvel, iniciamos sua contagem do registro imobiliário, quando a alienação é presumidamente conhecida de terceiros. Se for coisa móvel, conta-se a partir da tradição.

Questão importante é saber se o condômino, na situação *pro diviso* de fato, isto é, localizado em gleba certa e determinada, sem que exista título a esse respeito, pode vender essa porção certa e determinada a terceiros, sem consentimento e conhecimento dos demais consortes. Como nessa situação é admitida a usucapião, que não é obstado perante os demais condôminos pela divisibilidade da coisa, se já decorrido seu prazo, a resposta certamente, a nosso ver, será afirmativa. Se a coisa encontra óbice na divisão legal, como, por exemplo, área inferior ao módulo rural, a resposta não deve ser a mesma. Washington de Barros Monteiro (1989, v. 3:212), com respaldo na doutrina e na jurisprudência, entende que a venda de parte certa por condômino em coisa indivisa somente prevalecerá se na ação de divisão o quinhão do alienante objeto da venda for-lhe precisamente atribuído. Trata-se de situação muito semelhante à cessão de direitos hereditários (lembre-se de que aí também existe comunhão, sem a característica legal de condomínio), objetivando coisa certa e determinada da herança. O herdeiro não pode, de direito, assegurar que aquela coisa descrita na cessão lhe será atribuída na partilha. Nessas hipóteses, existirá alienação condicional.

O mesmo dispositivo do art. 1.314 refere-se a *gravar a parte indivisa*. O gravame pode constituir-se em penhor, hipoteca ou anticrese. Como não é proprietário de toda a coisa, o gravame que atinja a totalidade do bem dependerá da anuência dos demais proprietários (art. 1.420, § 2º). Entretanto, se a coisa for divisível, torna-se desnecessária essa autorização. O presente Código permite o gravame da parte respectiva do condômino, ainda que indivisível a coisa.

14.5 ADMINISTRAÇÃO DO CONDOMÍNIO

Havendo vários titulares da coisa comum, é necessário que se estabeleça uma gerência, sob pena de o bem perder sua finalidade coletiva e social. Em qualquer corpo social coletivo, há necessidade de alguém assumir a direção, ainda que inexista hierarquia. Como todos não podem comandar ao mesmo tempo, também não podem administrar sem orientação preponderante, sob pena de imperar o caos. É da ordem natural das coisas e da natureza humana que a vontade coletiva tenha ao menos um interlocutor, se não possuir comando, que é o ideal. Por essa razão, a disposição do art. 1.324: *O condômino, que administrar sem oposição dos outros, presume-se representante comum.* Essa regra é importante no tocante a terceiros que tratem com esse administrador. Essa administração poderá ser expressa ou tácita, como deflui da lei. Há medidas urgentes que exigem pronta providência do condomínio. A obtenção de autorização dos demais condôminos poderia pôr a perder o direito de todos. Mas também a administração ordinária pode se dar de forma tácita, com um dos condôminos assumindo de fato a administração, com o conhecimento e ausência de oposição dos demais. Ocorre com muita frequência que os condôminos em sua maioria desinteressam-se pela coisa e apenas um deles assume a tarefa de administrá-la, para que não pereça. É evidente que esse administrador poderá cobrar de cada condômino as despesas proporcionais que a administração exigiu. Doutro modo ocorreria injusto enriquecimento.

Se a atuação do mandatário, administrador oficial ou de fato do condomínio, prejudicar os demais, essa é matéria a ser resolvida *interna corporis* entre os que se julgam prejudicados, ressalvada, evidentemente, possível má-fé de terceiros. Esse mandatário somente pode praticar atos de administração. O *mandato tácito* de que fala a lei não lhe dá poderes para gravar ou alienar a coisa comum.

Sempre que a vontade de todos os condôminos, pelo excessivo número, ou pelo conflito de interesses entre eles, impedir o desiderato da propriedade, estabelecia o art. 635 do Código anterior:

> *"Quando, por circunstâncias de fato ou por desacordo, não for possível o uso e gozo em comum, resolverão os condôminos se a coisa deve ser administrada, vendida ou alugada.*
>
> *§ 1º Se todos concordarem que se não venda, à maioria (art. 637) competirá deliberar sobre a administração ou locação da coisa comum.*
>
> *§ 2º Pronunciando-se a maioria pela administração escolherá também o administrador".*

A referência ao art. 637 dizia respeito à forma pela qual seria aferida a maioria, *não pelo número, senão pelo valor dos quinhões*. Essa regra do art. 635 não é repetida com idêntica redação pelo vigente Código. É evidente, porém, que deve ser atendido o interesse peculiar da maioria para dar destino à coisa. Cabe ao juiz, no caso de desacordo, determinar o que melhor se adaptar ao caso, atendendo à vontade da maioria. O art. 1.323 do diploma de 2002 estabelece que a maioria deliberará sobre a administração da coisa comum, escolhendo administrador que poderá ser estranho ao condomínio. Resolvendo alugá-la, terá preferência o condômino ao que não é, em igualdade de condições. A ideia é sempre evitar que se coloque um estranho na vida condominial.

A administração da coisa comum pode ser estabelecida *a priori*, no ato constitutivo do direito condominial, se emanado de ato negocial, ou *a posteriori*, se a necessidade o exigir. Os condôminos podem dispor diferentemente quanto à administração, desde que não prejudiquem os quinhões de cada um. O § 1º do art. 1.325 estatui que as deliberações não obrigarão, não sendo tomadas por maioria absoluta, isto é, por votos que representem mais de metade do valor total. Não sendo possível alcançar a maioria absoluta, decidirá o juiz, a requerimento de qualquer condômino, ouvidos os interessados (§ 2º). Deve o juiz verificar no caso concreto o que é mais conveniente para a comunidade condominial. Se houver dúvida quanto ao valor do quinhão, este deverá ser avaliado judicialmente (§ 3º). Estas últimas regras não constavam do diploma anterior.

O administrador poderá ser alguém contratado estranho ao condomínio. Condômino ou não, a administração presume-se remunerada, salvo disposição de vontade em contrário. Importa o exame das circunstâncias do caso concreto.

Se os condôminos optarem pela locação da coisa, é básico que a preferência na locação deva recair, em igualdade de condições com terceiro, sobre condômino, como aliás alude o art. 1.323, obedecendo-se, no caso de concorrência de mais de um, aos mesmos princípios de venda estabelecidos no art. 1.325. Não se pode admitir que seja preterido condômino na locação, em favor da inserção de mais um estranho na já conturbada convivência condominial.

Na escolha do administrador, é fundamental que todos os consortes sejam convocados e que se documente a deliberação assemblear que elegeu administrador, bem como decidiu o destino da coisa comum. As deliberações serão obrigatórias, sendo tomadas por maioria absoluta. Se não for possível obter essa maioria absoluta, deverá o juiz decidir a matéria (art. 1.325, § 2º). Como vimos, essa maioria será calculada pelo valor dos quinhões (art. 1.325), valor esse que será apurado judicialmente, em caso de dúvida.

As excessivas possibilidades de recurso ao Judiciário em matéria de condomínio, como é evidente, trazem maiores dificuldades do que soluções à vida condominial. A arbitragem é solução que se apresenta e deve ser incentivada nesse campo.

Os frutos da coisa comum, não havendo estipulação em contrário ou disposição de última vontade, serão também partilhados na proporção dos quinhões (art. 1.326).

14.6 VENDA DA COISA COMUM. VENDA DE QUINHÃO COMUM. DIVISÃO E EXTINÇÃO DO CONDOMÍNIO

Como modalidade de propriedade, o condomínio extingue-se pelas mesmas formas de extinção da propriedade móvel e imóvel já estudadas. No entanto, a matéria referente à extinção de condomínio é importante especificamente quando se trata do desaparecimento do estado de propriedade comum.

A forma procedimental que permite a extinção da comunidade é a *divisão*. O art. 1.320 estatui que *"a todo tempo será lícito ao condômino exigir a divisão da coisa comum, respondendo o quinhão de cada um pela sua parte nas despesas de divisão"*.[3]

Ainda que os condôminos tenham assumido a indivisão por certo tempo (§ 1º), a divisão da coisa comum pode ser deferida pelo juiz, quando graves razões aconselharem (art. 1.320,

---

[3] "Direito civil. Apelação. Ação de extinção de condomínio cumulada com cobrança de aluguéis. Recurso desprovido, com observação. 1. Ação de extinção de condomínio cumulada com cobrança de aluguéis. 2. A sentença determinou a extinção do condomínio sobre imóvel mediante venda judicial ou adjudicação por herdeiro, e condenou a ré ao pagamento de aluguéis correspondentes ao quinhão da autora desde a citação. 3. A questão em discussão consiste em examinar (i) a alegação de julgamento extra petita, (ii) a contestação da cota hereditária atribuída à autora, (iii) a hiper vulnerabilidade da ré e (iv) a inexistência de oposição formal à ocupação do imóvel. 4. Julgamento *extra petita* não caracterizado, pois os pedidos de extinção de condomínio e alienação da coisa comum foram formulados na inicial. 5. O direito da autora de exigir a divisão da coisa comum é respaldado pelo **artigo 1.320 do Código Civil**, que permite a extinção do condomínio a qualquer tempo, sem necessidade de concordância dos demais condôminos. 6. Irrelevância da ausência de prévia oposição formal à ocupação gratuita do imóvel, especialmente diante da limitação dos aluguéis à data da citação. 7. Não houve condenação solidária ao corréu falecido, tendo o processo sido extinto em relação a ele. 8. A impugnação da cota hereditária atribuída à autora configura inovação recursal, pois não foi suscitada em contestação, além de ter sido expressamente admitida no inventário do genitor das partes. 9. Esclarecimento, contudo, de que a quantia mensal devida à autora é de 16,66% do valor total do aluguel, dado que sua cota-parte na herança é de 33,33% de 50% do imóvel. Recurso desprovido, com observação" (*TJSP* – Ap 1086907-86.2022.8.26.0002, 13-8-2025, Rel. Alexandre Marcondes).

"Apelação cível. Extinção de condomínio e alienação judicial de bem comum. Autor ajuizou a demanda visando a extinção de condomínio sobre bem imóvel que mantém com a ré e sua alienação judicial. Sentença de procedência. Apelo da ré. Preliminar de negativa de prestação jurisdicional afastada. Mérito. **Extinção do condomínio que é direito potestativo do condômino e pode ser exercido a qualquer tempo.** Artigos 1.320 e 1.322 do Código Civil. É direito do condômino requerer a divisão de coisa comum, com a consequente alienação judicial do bem, quando não for possível o uso e gozo em conjunto do imóvel indivisível. Sentença de procedência mantida. Recurso desprovido" (*TJSP* – Ap 1005544-62.2022.8.26.0007, 31-8-2023, Rel. Lia Porto).

"**Extinção de condomínio** – A todo tempo será lícito ao condômino exigir a divisão da coisa comum (art. 1.320 do CC) – Bem divisível – Prevalência do direito de divisão ou desdobro da propriedade em comum sobre a alienação judicial – Recursos providos" (*TJSP* – Ap 1005872-29.2020.8.26.0664, 26-11-2021, Rel. Alcides Leopoldo).

§ 3º). Trata-se de mais uma oportunidade argumentativa que o Código concebe, relegando ao juiz a palavra final, tal qual nas chamadas cláusulas abertas.

A divisão entre os condôminos é simplesmente declaratória e não atributiva da propriedade, segundo discorria o art. 631 do antigo Código.

O vigente Código, no art. 1.321, determina que sejam aplicadas à divisão do condomínio, no que couber, as regras da partilha de herança (arts. 2.013 a 2.022). Também sob esse prisma, a divisão é declaratória de propriedade.

Existente o condomínio, a qualquer tempo pode ser proposta a divisão pelo condômino. Não há prescrição ou decadência para essa ação porque o direito é potestativo, perdura enquanto sobreviver a situação jurídica. No entanto, pode ocorrer prescrição aquisitiva no caso de lapso de posse *ad usucapionem* superior aos prazos legais por um dos condôminos, porque nessa hipótese desapareceu a permanência do estado de indivisão, mormente na usucapião extraordinária.[4]

---

4 "**Ação de extinção de condomínio** - Copropriedade do imóvel reconhecida na sentença que julgou o reconhecimento e a dissolução da união estável - Preliminar rejeitada - Ação de extinção de condomínio - Ante o reconhecimento judicial do condomínio da ação de reconhecimento e dissolução de união estável, o autor, na qualidade de condômino, tem o direito de exigir a divisão da coisa comum. Evidenciada a indivisibilidade da coisa comum e que o condômino não é obrigado a permanecer na comunhão, razoável a manutenção da r. sentença que determinou a extinção do condomínio e a consequente alienação judicial do imóvel. Sentença de Procedência Mantida" (*TJSP* - AC 0005294-22.2014.8.26.0526, 2-2-2021, Relª Silvia Maria Facchina Esposito Martinez).

"**Ação de extinção de condomínio de bem imóvel** - Autor que ajuizou a presente demanda visando a extinção do condomínio sobre bem imóvel que possui com a ré, com a consequente alienação judicial do bem. Sentença de procedência da ação principal e improcedência da reconvenção. Apelo da ré. Tratando-se de bem indivisível, cabe pleito de partilha a qualquer tempo, nos termos dos art. 1.320 e 1.322 do Código Civil. O autor não pode ter limitado seu direito de propriedade. É direito do condômino requerer a divisão de coisa comum, com a consequente alienação judicial do bem, quando não for possível o uso e gozo em conjunto do imóvel indivisível, resguardando-se o direito de preferência. Precedentes. Anterior ação de divórcio em que ficou determinada a partilha de 50% para cada um do bem imóvel e das dívidas contraídas. Pagamento exclusivo das parcelas do financiamento após a decretação do divórcio que deve ser compensada na divisão dos valores auferidos com a alienação judicial. Recurso provido em parte" (*TJSP* - AC 1004223-63.2017.8.26.0428, 29-3-2019, Relª Mary Grün).

"Apelação cível – Condomínio – Ação de extinção de condomínio – Determinação de alienação judicial – Manutenção – Alegação de direito real de habitação – Descabimento, por não se estar frente a direito sucessório – Alegação de impenhorabilidade – Descabimento, pois nada está sendo penhorado – Sentença mantida – Alegação contrarrecursal de litigância de má-fé afastada – I- O Código Civil, entre os arts. 1.320 e 1322, prevê expressamente a propositura de ação pelo condômino que deseja exigir a divisão da coisa comum, bem como que, quando a coisa for indivisível e os consortes não quiserem adjudicá-la a um só, indenizando o outro, haverá a venda e repartição do apurado, preferindo-se, na venda, o condômino ao estranho, e, entre os condôminos, aquele que tiver na coisa benfeitorias mais valiosas, e, não as havendo, o de quinhão maior. Já o Código de Processo Civil, no art. 1.113 e seguintes, dispõe acerca das alienações judiciais dos casos previstos em lei, como ocorre, por exemplo, com a venda de imóvel em razão de extinção de condomínio. II- Em que pese possível a incidência do direito real de habitação quando se está frente à união estável, no caso, descabe à ré alegá-lo. O instituto é aplicável apenas no âmbito do Direito Sucessório em favor do cônjuge sobrevivente. Na espécie, o imóvel é tanto do autor como da ré em virtude de aquisição na constância do relacionamento, e ambos estão vivos. III- Relativamente à alegação de impenhorabilidade com força na Lei nº 8.009/90, improcede, pois o bem não está sendo penhorado. A venda ocorrerá porque o imóvel é indivisível, é propriedade de ambos os litigantes e o autor, condômino, deseja sua parte. IV- Diante da litigiosidade existente entre as partes e do fato de que a ré se nega a vender o imóvel de forma consensual, a melhor solução é mesmo a venda judicial, devendo ser mantido, portanto, o julgamento de procedência. Pretendendo continuar a residir no imóvel, nada obsta que, valendo-se do direito de preferência, a ré proponha ao autor a aquisição da parte do apartamento que a ele pertence. V- Não verificado qualquer ato da ré tendente à litigância de má-fé, não se tratando o ato de recorrer, por si só, ato procrastinatório. Recurso desprovido à unanimidade" (*TJRS* - AC 70076081173, 7-3-2018, Relª Desª Liége Puricelli Pires).

"Apelação cível – Direito Civil – Compromisso de compra e venda – Imóvel em condomínio com outros dois coproprietários que não participaram da relação contratual – Condomínio pro indiviso – **Alienação sem anuência dos demais condôminos –** Adjudicação Compulsória – Impossibilidade – Falta dos requisitos autorizadores – Apelação conhecida e desprovida – 1- A ação de adjudicação compulsória é um instrumento à disposição do

Na copropriedade, já existem os pressupostos do *ius utendi, fruendi et abutendi.* Na divisão, apenas declaramos o que preexistia. Permite a lei, inobstante, que na mesma ação decidamos acerca da existência da propriedade controvertida. Como a eficácia da divisão é declaratória, seus efeitos retroagem *ex tunc.*

As sentenças das ações de divisão estão sujeitas a registro imobiliário, para regularização da sequência registrária e para o efeito *erga omnes*, embora não tenham o efeito constitutivo de propriedade (Lei nº 6.015/73, art. 167, I, 23). A divisão também se dá por forma amigável, por escritura pública se se tratar de imóveis. Será necessariamente judicial, se houver condôminos incapazes.

A ação de divisão vem disciplinada nos arts. 569 ss. do CPC. É evidente que somente caberá o pedido de divisão se a coisa assim o permitir; caso contrário, o condômino interessado deve objetivar a venda de seu quinhão ou da coisa comum, dando preferência aos demais consortes. A ação de divisão pode ser cumulada com a ação de demarcação total ou parcial da coisa comum (art. 947), assim como com a reivindicação. Todos os condôminos deverão ser necessariamente citados.

Há imóveis que, por disposição de lei, não podem ser divididos. Nesse sentido, a definição dada pelo Estatuto da Terra (Lei nº 4.504/64), levando em conta o módulo rural:

> *"O imóvel rural não é divisível em áreas de dimensão inferior à constitutiva do módulo de propriedade rural".*

O módulo rural é estabelecido para cada região, considerando-se a área mínima produtiva. Procura-se evitar o chamado *minifúndio*, imóvel gravoso e inútil para exploração e produção do agricultor e sua família. Nessa situação, a dissidência dos condôminos apenas autoriza a alienação e a possibilidade de adjudicação a um dos comunheiros. Se isso é verdadeiro para os imóveis indivisíveis por lei, também pode ocorrer para os móveis: inviável dividir

---

promitente comprador do imóvel a ser exercitado quando, quitado o preço ajustado, o promitente vendedor se nega a outorgar a escritura definitiva de venda. 2- A ação de adjudicação compulsória tem por objetivo proteger o comprador da recusa injusta do vendedor de outorgar a escritura definitiva do bem objeto de contrato de compra e venda, devendo, para tanto o Autor descrever a relação jurídica existente entre as partes capaz de demonstrar o seu interesse na prestação jurisdicional. 3- A exigência do contrato de promessa de compra e venda decorre da expressa previsão legal. 4- O condômino não pode dispor de todo o condomínio, quando ele for indivisível, em favor de terceiro sem que haja a anuência de todos os demais comunheiros, sob pena de ser declarada a nulidade da transação realizada. Possibilita-se ao condômino alienar a sua parte, quando se tratar de imóvel divisível, cabendo aos demais condôminos o direito de preferência sobre o bem. 5- O parágrafo único do art. 1.314 do Código Civil veda ao condômino, sem prévia aquiescência dos outros, dar posse, uso ou gozo da propriedade a estranhos, somado ao art. 504 do mesmo diploma, que proíbe que o condômino em coisa indivisível venda a sua parte a estranhos, se outro consorte a quiser, tanto por tanto. 6- O imóvel em litígio é considerado *pro indiviso*, razão pela qual qualquer alienação por um dos condôminos deve ter o consentimento dos demais, sob pena de nulidade. 7- Apelação conhecida e desprovida" (*TJAC* – Ap 0003334-25.2011.8.01.0011 – 24-2-2016, Rel. Des. Júnior Alberto).

"**Ação de usucapião** – extinção do feito sem julgamento de mérito – autora que figura como coproprietária do bem imóvel – condição de herdeira – possibilidade de arguição da prescrição aquisitiva – hipótese de condomínio *pro indiviso* – presença das condições da ação – Prosseguimento do feito visando demonstrar ou não a presença dos demais requisitos exigidos para a configuração da prescrição aquisitiva – Necessidade de abertura de dilação probatória – Recurso parcialmente provido" (*TJSP* – Ap 0053625-40.2012.8.26.0547, 25-6-2015, Relª Marcia Dalla Déa Barone).

"**Extinção de condomínio** – Bens móveis comuns, ligados à exploração de um poço artesiano. Possibilidade de alienação judicial. Ausência de comodato. Concordes as partes em que erigida a obra com dispêndio comum. Anulação da sentença. Recurso provido" (*TJSP* – Ap 9078965-92.2007.8.26.0000, 10-5-2013, Rel. Claudio Godoy).

um diamante de muitos quilates em várias partes, quando ocorreria substancial diminuição de valor. Conclui Arnoldo Wald (1991:132) que *"para dividir o objeto não basta que ele seja materialmente divisível; ainda é preciso que o seja econômica e juridicamente"*.

Por vezes, pode tornar-se impossível que os quinhões da divisão correspondam ao valor de cada quota ideal. Necessárias se tornarão reposições em dinheiro ou compensações no juízo divisório, conforme apurado na perícia.

Quando impossível ou inconveniente a divisão, a solução é a venda da coisa comum, ou do quinhão do condômino.

O art. 1.322 estabelece a possibilidade de a coisa ser adjudicada a um só dos consortes, que indenizará os demais. Não existindo acordo, parte-se para a venda da coisa comum. Nada impede que a venda seja feita amigavelmente, estando de acordo os comunheiros. Nada obsta também que o condômino, afrontando os demais, aliene sua quota-parte a outro consorte, se este preferir a terceiro tanto por tanto.

Não havendo acordo, processar-se-á o pedido de venda de coisa comum na forma do art. 730 ss. do CPC. Basta a vontade de um único condômino, não importando sua fração ideal, para o ajuizamento do pedido. O procedimento é especial de jurisdição voluntária em que serão citados todos os condôminos, com participação obrigatória do Ministério Público, embora exista corrente em contrário (art. 721 do CPC).[5] Nos termos do art. 1.109 do estatuto adjetivo, nessa modalidade processual o juiz não está obrigado a observar o critério da legalidade estrita, *"podendo adotar em cada caso a solução que reputar mais conveniente ou oportuna"*. Essa faculdade é importantíssima para a alienação de coisa comum. O procedimento das alienações judiciais determina a avaliação pericial. Essa despesa pode ser dispensada se um dos condôminos fizer proposta, ou apresentá-la de terceiro, aceita pelas partes ou entendida como conveniente pelo juiz. A avaliação será sempre necessária quando houver interessados incapazes (art. 1.113, § 3º). No entanto, nem sempre será conveniente o leilão determinado na lei, se houver proposta idônea que atenda à finalidade dos interessados.

---

5 "Condomínio – **Alienação judicial** – Decisão que determinou a alienação do imóvel, mediante leilão eletrônico – Inconformismo que não se sustenta – Partes que firmaram acordo em autos de separação judicial no ano 2010 (ocasião em transigiram pela alienação do mesmo imóvel) – Ausência de cumprimento voluntário do pactuado – Descabido que, a esta altura, insurja-se a recorrente quanto à realização do leilão ou aos termos do acordo – Agravante que sequer reside no imóvel (mas sim a filha do ex-casal que não é parte no processo) e também não se insurge quanto ao valor apurado pela perícia – Decisão mantida – Recurso improvido" (*TJSP* – AI 2105220-26.2018.8.26.0000, 2-7-2018, Rel. Salles Rossi).

"Apelação cível – **Condomínio** – Direito Civil – Ação de extinção de condomínio com pedido de alienação judicial – Exceção de usucapião – Na exceção de usucapião cabe ao excipiente fazer prova da posse mansa e pacífica com ânimo de dono no tempo necessário à prescrição aquisitiva – Circunstância dos autos em que a parte ré não atende aos requisitos necessários à prescrição aquisitiva; E se impõe manter a sentença que julgou improcedente a exceção. Extinção de condomínio – Bem Divisível – Não há nulidade na sentença quando na inicial é postulada a extinção do condomínio e a alienação judicial do imóvel e diante da incontroversa divisibilidade o provimento consolida a divisão do bem adequando a espécie – Circunstância dos autos em que o pedido foi instruído com memorial descritivo de divisão fática, as partes reconhecem a existência de condomínio pró-indiviso transformado em pró-diviso e se impõem manter a sentença recorrida. Recurso desprovido" (*TJRS* – AC 70069009512, 14-7-2016, Rel. Des. João Moreno Pomar).

"**Agravo de instrumento** – Alienação judicial – Coisa comum – Decisão recorrida determina a suspensão do feito pelo prazo de um ano até que seja resolvida questão prejudicial, relativa ao suposto necessário processamento de inventário da quota-parcial de um dos condôminos – Desnecessidade da suspensão – Decisão reformada – 1 – Não é necessário que inventário de bens deixados por um dos condôminos esteja concluído para que seja efetivada a alienação judicial e extinção de condomínio no qual o falecido detenha fração ideal. Valor da venda do quinhão pode ser reservado para futura partilha entre os herdeiros. Precedentes desta Corte. 2 – Recurso provido" (*TJSP* – AI 2031195-81.2014.8.26.0000, 3-7-2014, Rel. Piva Rodrigues).

O art. 1.118 do CPC de 1973 estabelecia preferência para a aquisição de coisa comum:

> *"I – Em condições iguais, o condômino ao estranho;*
> *II – Entre os condôminos, o que tiver benfeitorias de maior valor;*
> *III – O condômino proprietário de quinhão maior, se não houver benfeitorias".*

Esses termos poderão ainda ser obedecidos, embora, na ausência de texto legal no novo CPC, o juiz possa determinar outros critérios.

A preferência deve ser manifestada durante o leilão, que pode ser aberto a terceiro ou restringir-se unicamente aos condôminos, se assim for conveniente.

Não existe direito de preferência em negócios diversos da compra e venda, como, por exemplo, na doação. Já na dação em pagamento, cuja índole é semelhante à compra e venda, nos termos do art. 357, deve prevalecer a preferência (Rizzardo, 1991, v. 2:574). Não se aplica a preferência, no entanto, nos leilões e praças judiciais, em que ocorre a expropriação forçada do bem para satisfação de credor em decorrência de processo, presente o interesse público. O que deve ser admitido é a preferência do condômino na hasta pública, se concorrer tanto por tanto com terceiros, numa harmonização justa dos princípios materiais e processuais. Para isso, deve ser dada ciência da praça aos condôminos.

14.7 CONDOMÍNIO EM PAREDES, CERCAS, MUROS E VALAS

Nessas hipóteses, a lei prevê situações específicas de condomínio decorrentes do direito de vizinhança.

A tapagem e a separação de prédios limítrofes fazem-se por muros, cercas, valas. Essas obras podem gerar condomínio quando feitas nas linhas divisórias dos imóveis. Na ordem normal de raciocínio, os proprietários limítrofes concorrem em igualdade de condições para estabelecer a separação, tornando-se proprietários em comum das obras. No entanto, se um dos confrontantes pretender extremar o prédio com muro, parede, cerca, valado ou similar, poderá fazê-lo, ainda que sem anuência do vizinho, intimando-o posteriormente para que concorra com as despesas proporcionais. Nasce aí um condomínio forçado, imposto inicialmente pela vontade unilateral, mas decorrente da lei. A obrigação do confinante em concorrer para as despesas com as obras de separação, bem como com sua posterior manutenção, tipifica obrigação reipersecutória, já por nós estudada, onerando sempre os titulares dos prédios confinantes.

O art. 1.327 dispõe: *"O condomínio por meação de paredes, cercas, muros e valas regula-se pelo disposto neste Código (arts. 1.297 e 1.298; 1.304 a 1.307)"*. Ambos os códigos chamam à aplicação os dispositivos acerca dos *"Limites entre os prédios"*, cuja matéria estudaremos adiante, bem como as disposições acerca *"Dos direitos e deveres dos condôminos"*, examinados neste capítulo.

É direito do confinante obrigar o vizinho a demarcar os limites e a renovar marcos destruídos ou apagados, com repartição proporcional das despesas (art. 1.297).[6]

---

[6] "Apelação. Ação de obrigação de fazer c.c. indenização por danos materiais e morais. Reconvenção visando obrigação de fazer. Direito de vizinhança. Sentença de improcedência da ação principal e de procedência da reconvenção. Irresignação das autoras-reconvindas. Demolição de muro entre as propriedades consentida extrajudicialmente, mediante acordo para posterior reconstrução pelos réus. Interrupção das obras em razão da proibição imposta pelas autoras ao acesso dos prestadores de serviço dos réus. Laudo pericial que constatou que o muro demolido tinha sido edificado integralmente no terreno das autoras, não exercendo função divisória nos termos do **art. 1.297, do**

O art. 1.328 dispõe sobre o direito de adquirir meação nos muros, valas ou similares limítrofes, já construídos, mediante o pagamento de metade do valor das obras. O preço será fixado por perícia em juízo, às expensas de ambos os confinantes, se não houver acordo (art. 1.329). O pagamento da meação é direito do confinante e não pode ser recusado pelo vizinho. Enquanto o vizinho não pagar ou depositar o preço da meação, *"nenhum uso poderá fazer da parede, muro, vala, cerca ou qualquer outra obra divisória"* (art. 1.330). Admite-se qualquer tipo de divisão, de cimento, concreto, madeira, cerca viva etc.

Para que ocorra a meação, torna-se necessário que o proprietário utilize a divisa dos imóveis. Se o marco, muro ou similar é lançado antes da divisa, não se tipifica a possibilidade de meação.

Como verificamos, o pagamento de metade do valor da divisão pode dar-se antes ou depois da construção.

A divisória, nessas premissas, presume-se pertencer a ambos os proprietários, salvo se um deles provar que lhe pertence exclusivamente (Gomes, 1983:197). Assim, por exemplo,

---

Código Civil. Parede da edificação dos réus que já exerce essa função. Desnecessidade de reconstrução do antigo muro. Inexistência de servidão de escoamento de águas pluviais no imóvel dos réus. Perícia que apontou a existência de alternativas viáveis para o escoamento das águas do imóvel das autoras. Ausência de ilicitude. Inexistência de danos materiais ou morais indenizáveis. Reconvenção. Constatação pericial da necessidade de reparos na base do muro demolido, a fim de prevenir infiltrações no imóvel dos réus. Reparação que exige o ingresso temporário no imóvel das autoras. Aplicação do art. 1.313, I, do Código Civil. Obrigação de fazer reconhecida. Ausência de proposta alternativa pelas autoras. Medida necessária e proporcional. Precedentes. Sentença mantida. Recurso desprovido, com majoração dos honorários" (*TJSP* – Ap 1001052-70.2018.8.26.0620, 12-8-2025, Rel. Eduardo Gesse).

"Direito de vizinhança. Demanda de proprietário, buscando compelir confinantes a compartilhar custos de construção de cerca divisória. Inteligência do artigo 1.297, do Código Civil. Juízo de procedência. Apelo do autor, a que se dá parcial provimento" (*TJSP* – Ap 1001162-03.2021.8.26.0123, 29-6-2023, Rel. Carlos Russo).

"Recurso – apelação – direito de vizinhança– ação de obrigação de fazer – construção de muro divisório cumulada com reparação de danos materiais e morais – matéria preliminar. Cerceamento de defesa. Inocorrência. Existência de elementos de instrução suficientes para solução da controvérsia. Matéria preliminar repelida. Recurso – apelação – direito de vizinhança– ação de obrigação de fazer – **construção de muro divisório cumulada com reparação de danos materiais e morais** – mérito. Autora que busca compelir a demandada a construir muro divisório e lhe indenizar prejuízos materiais e morais. Propriedades vizinhas. Hipótese na qual o rompimento do muro anterior ocorreu em virtude de fortes chuvas que atingiram a região. Ausência de qualquer postura irregular da requerida. Muro danificado, outrossim, que '*in casu*, foi construído pela autora, com o posterior ressarcimento de 50% (cinquenta por cento) dos valores gastos (artigo 1.297, do Código Civil). Impossibilidade de se imputar à demandada culpa pela má construção do arrimo divisório. Improcedência na origem. Sentença mantida. Recurso de apelação da demandante não provido, majorada a honorária sucumbencial, atento ao conteúdo do parágrafo 11 do artigo 85 do atual Código de Processo Civil" (*TJSP* – Ap 1005665-32.2021.8.26.0361, 22-7-2022, Rel. Marcondes D'Angelo).

"Apelação cível – Ação de cobrança – **Construção de muro divisório entre propriedades limítrofes** – Despesas suportadas pela autora pedido de reembolso de metade do valor, deduzido em face do requerido (proprietário confinante) – Sentença de procedência – Irresignação do requerido – Insubsistência – Inteligência dos artigos 1.297, § 1º, e 1.328 do Código Civil – Muro construído no limite entre duas propriedades que se presume em condomínio, impondo aos confinantes o concurso no custeio da sua construção e manutenção – Requerido que não demonstrou ter a construção se dado inteiramente em terreno da autora fato modificativo do direito autoral – Ônus probatório que se impunha ao requerido (artigo 373, II, do Código de Processo Civil) – Sentença acertada – Recurso desprovido art. 1.297 – O proprietário tem direito a cercar, murar, valar ou tapar de qualquer modo o seu prédio, urbano ou rural, e pode constranger o seu confinante a proceder com ele à demarcação entre os dois prédios, a aviventar rumos apagados e a renovar marcos destruídos ou arruinados, repartindo-se proporcionalmente entre os interessados as respectivas despesas. § 1º Os intervalos, muros, cercas e os tapumes divisórios, tais como sebes vivas, cercas de arame ou de madeira, valas ou banquetas, presumem-se, até prova em contrário, pertencer a ambos os proprietários confinantes, sendo estes obrigados, de conformidade com os costumes da localidade, a concorrer, em partes iguais, para as despesas de sua construção e conservação. Art. 1.328. O proprietário que tiver direito a estremar um imóvel com paredes, cercas, muros, valas ou valados, tê-lo-á igualmente a adquirir meação na parede, muro, valado ou cerca do vizinho, embolsando-lhe metade do que atualmente valer a obra e o terreno por ela ocupado (art. 1.297)" (*TJPR* – AC 1632340-9, 7-6-2019, Relª Desª Denise Kruger Pereira).

não pode um dos condôminos demolir o muro ou alterar sua estrutura, sem o consentimento dos proprietários limítrofes, ou seja, os demais condôminos, pois um muro, nessas condições, pode percorrer várias propriedades.

14.8 COMPÁSCUO

Trata-se de comunhão de pastagens. Sobre ele a dicção do art. 646 do antigo Código:

> *"Se o compáscuo em prédios particulares for estabelecido por servidão, reger-se-á pelas normas desta. Se não, observar-se-á, no que for aplicável, o disposto neste capítulo, caso outra coisa não estipule o título de onde resulte a comunhão de pastos.*
>
> *Parágrafo único. O compáscuo em terrenos baldios e públicos regular-se-á pelo disposto na legislação municipal".*

Levava-se em conta a ideia de que vizinhos podem apascentar seu gado nos terrenos confinantes ou próximos. Aquele que usa seu próprio domínio para seu gado não dá margem ao instituto. Utiliza-se do que é seu ou do que é possuidor.

O Código de 1916 colocou o compáscuo após a disciplina do condomínio porque com ele encontra afinidades. No entanto, na prática não é o que mais ocorre. A utilização do mesmo terreno para pasto de animais de dois ou mais proprietários pode decorrer de direito obrigacional, avença contratual, a qual no caso regerá a questão. Pode tratar-se de locação do pasto ou contrato de meação, por exemplo. Na omissão da avença, aplicavam-se os princípios do condomínio, o que deve ser tomado como regra. Se houver servidão de pasto, como ocorria na tradição do Direito Romano, estabelecida entre os prédios, é no capítulo da servidão e em seu título que se buscará o deslinde da questão. A atividade em terrenos baldios ou públicos pertence às normas de direito público municipal.

Tal como posta a disciplina na lei, as questões omissas seriam sempre dirimidas pelos princípios do condomínio (Pereira, 1993:137). Instituto não utilizado, para o qual acorrem outros institutos jurídicos ao fenômeno como apontamos, o Código de 2002 suprimiu o dispositivo.

15

CONDOMÍNIO EDILÍCIO. OUTRAS MODALIDADES DE CONDOMÍNIO. MULTIPROPRIEDADE

15.1 DENOMINAÇÃO E NATUREZA JURÍDICA. DUPLICIDADE DE NATUREZA NO DIREITO DE PROPRIEDADE: UNIDADES AUTÔNOMAS E ÁREAS COMUNS. PERSONIFICAÇÃO

Nenhuma outra modalidade de propriedade tenha talvez levantado maior riqueza de problemas jurídicos e sociais do que a denominada propriedade horizontal, propriedade em planos horizontais ou propriedade em edifícios. A começar por sua denominação. A doutrina nacional e estrangeira refere-se a essa modalidade como *propriedade horizontal, propriedade em planos horizontais, condomínio* sui generis, *condomínio por andares, condomínio edilício*. Esta última denominação foi adotada pelo Código de 2002, que disciplina a matéria nos arts. 1.331 a 1.358. De todas as denominações, vinha-se consagrando no país e no estrangeiro a *propriedade horizontal*, embora não isenta de críticas, pois nem sempre esse condomínio rege apenas propriedades em edifícios, com planos horizontais superpostos (a denominação refere-se a esse fenômeno). Esta última é também a denominação consagrada na Espanha, Portugal e Argentina.

A pressão populacional, o preço do solo urbano e as modernas técnicas da construção civil fazem com que na atualidade os edifícios em planos superpostos desenhem o perfil das cidades em todo o mundo. O fenômeno já não fica restrito a megalópoles, mas hoje está presente em cidades de médio e até pequeno porte.

Do ponto de vista sociológico, há notícia de casas construídas por andares em Roma, bem como em cidades da Idade Média. Antes mesmo de Roma, já havia traços dessa propriedade entre os sumérios. O problema, no entanto, ganha contornos jurídicos mais nítidos no século XX. Contudo, o Código Civil de 1916 não se ocupou da matéria. Jungido pelas legislações estrangeiras e pelos fatos sociais, o direito pátrio promulgou o Decreto nº 5.481, de 25-6-28, que traçou as primeiras normas, de forma insatisfatória. Apenas em 1964 é promulgada a Lei nº 4.591/64, que sofreu algumas alterações pela Lei nº 4.864/65, denominada de *Condomínio e Incorporações*, detalhando essa modalidade de propriedade. Se na época se mostrou como diploma legal avançado, na atualidade e de há muito já estava a exigir nova reforma legislativa, mormente para preencher lacunas atinentes a novos fenômenos dentro do próprio condomínio que regula, bem como a novas modalidades de compropriedade, não fosse ainda a necessidade de adaptação à disciplina protetiva do consumidor. As novas disposições do mais recente Código Civil procuraram preencher essas lacunas, embora a matéria seja vasta, estando a merecer, sem dúvida, um estatuto próprio. Não é mais o Código Civil o melhor local para detalhar a miríade de questões que os condomínios, em todas as suas manifestações, fazem aflorar. Há, sem dúvida, necessidade de um estatuto ou microssistema do condomínio.

A Lei nº 4.591/64 tratou na verdade de duas matérias diversas, que obrigatoriamente não necessitariam estar no mesmo diploma. A primeira parte é dedicada ao condomínio especial; a segunda diz respeito à figura do incorporador, ao respectivo contrato de incorporação e aos direitos e deveres das partes nessa avença, quais sejam, o incorporador e os adquirentes dos imóveis em construção. Como se percebe, o estudo do contrato de incorporação pertence ao campo dos contratos em espécie, ao direito obrigacional, embora com importantes reflexos no direito real estabelecido pelo condomínio especial em edifícios. O Código Civil de 2002 passa a disciplinar integralmente o condomínio edilício, revogando, em princípio, essa matéria na Lei nº 4.591/64, mas mantém em vigência a parte relativa às incorporações. Desse modo, neste estudo cabe-nos analisar o direito material do condomínio em planos horizontais, bem como as outras modalidades de condomínio criadas pela necessidade urbana, como, por exemplo, os chamados loteamentos fechados. O estudo do incorporador e da incorporação é feito em nossa obra de contratos. Houve razão histórica para a matéria vir tratada, no passado, no mesmo diploma legislativo que não a simples proximidade técnica dos assuntos: na época, eram muitos os empreendimentos imobiliários não levados a cabo, trazendo enormes prejuízos aos adquirentes de unidades condominiais em construção, na ausência de lei regulamentadora e protetiva do negócio jurídico da incorporação, perante empreendedores inescrupulosos. A necessidade de proteger esse consumidor justificou a edição de lei com matéria conjunta. No entanto, mesmo as disposições referentes à incorporação já estão por demais obsoletas, requerendo urgente atualização.

Na primeira parte, que interessa aos direitos reais, a Lei nº 4.591/64 trouxe disposições sobre o condomínio de unidades autônomas (arts. 1º a 8º); convenção de condomínio (arts. 9º a 11); despesas de condomínio (art. 12); seguro, incêndio, demolição e reconstrução obrigatória do prédio (arts. 13 a 18); utilização da edificação ou do conjunto de edificações (arts. 19 a 21); administração do condomínio (arts. 22 e 23); assembleia geral (arts. 24 a 27). Os arts. 28 ss. cuidam das incorporações, também com subtítulos. No mais recente Código, há disposições gerais sobre o condomínio edilício (art. 1.331), sobre a administração do condomínio (arts. 1.347 a 1.356) e sobre sua extinção (arts. 1.357 e 1.358). Nas disposições gerais o Código de 2002 procura disciplinar, na verdade, toda a estrutura do instituto.

No condomínio regulado por ambas as leis, em sua natureza jurídica, existe nítida e distinta duplicidade de direitos reais. O direito de propriedade da unidade autônoma, em que o *ius utendi, fruendi et abutendi* é o mais amplo possível, como na propriedade em geral, sofre restrições de vizinhança impostas pela convivência material da coisa, em planos horizontais. Não se distingue muito do direito de propriedade ortodoxo que também sofre restrições de uso e gozo, tendo em vista os direitos de vizinhança em geral, as normas edilícias e os princípios do abuso de direito.

O direito de usar da unidade autônoma encontra limites apenas nos princípios de ordem natural de vizinhança, de um lado, e de outro nos ordenamentos particulares do condomínio. À margem desse direito, em quase tudo igual à propriedade exclusiva individual, coloca-se, portanto, a disciplina dirigida às partes comuns do edifício. Nesse aspecto, existe efetivamente condomínio. Os titulares de unidades condominiais são comproprietários de fração ideal de terreno e das partes de uso comum. Por essa razão, no que for omissa a lei condominial específica, devem ser chamadas à colação interpretativa as normas sobre o condomínio em geral do Código Civil. No que não conflitar com a finalidade do condomínio em edifícios, essa modalidade deve ser tratada também como condomínio. No instituto sob estudo, há, portanto, uma combinação dessas duas modalidades de propriedade que se completam e se interpenetram: um novo direito regulado de forma especial. O titular da unidade autônoma é, portanto, proprietário de um direito complexo. Nesse sentido, o art. 1.331 abre o capítulo estatuindo que *"pode haver, em edificações, partes que são propriedade exclusiva, e partes que são propriedade comum dos condôminos"*.

Essa comunidade condominial de natureza real dúplice não pode ser considerada simplesmente pessoa jurídica, pois de fato faltam-lhes vários requisitos, e a lei não se manifesta expressamente nesse sentido. Aliás, o presente Código Civil perdeu excelente oportunidade para reconhecer a personalidade jurídica desse condomínio como equiparada à da pessoa jurídica. De fato, com sua personalidade anômala, como definimos em nossa Teoria Geral (v. 1), o condomínio de apartamentos ou assemelhado compra, vende, empresta, presta serviços, é empregador, recolhe tributos etc. Nada impede, por exemplo, que o condomínio seja proprietário de unidades autônomas, lojas no térreo ou garagens, por exemplo, que loca e aufere renda para a comunidade condominial.

Não existe, porém, *affectio societatis* entre os condôminos. No entanto, no mundo negocial o condomínio age tal qual uma pessoa jurídica. Em nossa obra *Direito civil: parte geral* (seção 14.6.2), aduzimos que o direito não pode ignorar realidades. O condomínio de edifícios possui o que denominamos *personificação anômala*, ou personalidade restrita, como preferem alguns. Qualificamo-lo como entidade com personificação anômala. O CPC, no art. 75, estabelece como são representadas ativa e passivamente as pessoas jurídicas. O inciso XI da lei adjetiva atribui ao *síndico* ou ao administrador a representação processual do condomínio. Destarte, não se nega sua personificação, fenômeno que supera e extrapola, evidentemente, a simples esfera processual. O condomínio atua na vida negocial como qualquer pessoa jurídica, dentro de seu âmbito de atuação. A realidade não admite outra solução. O condomínio tem, portanto, existência formal (*STJ* – 4ª T., RE 9.584-SO, Rel. Min. Sálvio de Figueiredo, In: Theotonio Negrão, *Código de processo civil e legislação processual em vigor*, nota 23 ao art. 12). Sua personificação mitigada é inafastável. Sua personalidade jurídica é reconhecida expressamente, por exemplo, na legislação francesa, cuja doutrina o qualifica como uma criação original do legislador (Lopes, 1994:31).

Por essa razão, afiguram-se-nos descabidas, estéreis e empedernidas discussões sobre a natureza da personalidade do condomínio regido pela Lei nº 4.591/64 e agora pelo presente Código Civil, as quais, no entanto, têm consequências práticas por vezes desastrosas para os interessados. Atenta contra a realidade do ordenamento o cartório imobiliário, ou pior, a respectiva corregedoria, que, por exemplo, se recusa a transcrever unidade autônoma em nome do condomínio. Nada impede que a comunidade condominial decida ser proprietária, por exemplo, de lojas, estacionamento ou vagas de garagem no edifício, explorando-os comercialmente e com isso reduzindo as despesas condominiais dos titulares das unidades autônomas. Nunca se negou, por exemplo, a possibilidade de o condomínio deliberar e decidir locar dependência sua para restaurante ou outra finalidade mercantil. Existe, no dizer de João Batista Lopes (1994:55), *personificação do patrimônio comum*. Se, ao espólio e à massa falida, entidades com personificação transitória se permitem atividades similares, com maior razão ao condomínio que tem o conteúdo amplo de permanência inerente aos direitos reais. No entanto, enfatize-se, não se conclui simplesmente pela existência de personalidade jurídica no condomínio, afirmação sem maior fundamento legal, mas por essa conceituação de *personificação anômala* conferida pela própria lei condominial e pelo CPC, bem como decorrente de fato social.

15.2 CONSTITUIÇÃO E OBJETO. INCORPORAÇÃO IMOBILIÁRIA

A Lei nº 4.591/64, no art. 1º, delimitou o âmbito de atuação dessa modalidade de propriedade:

> *"As edificações ou conjunto de edificações, de um ou mais pavimentos, construídos sob a forma de unidades isoladas entre si, destinadas a fins residenciais ou não residenciais, poderão ser alienados, no todo ou em parte, objetivamente considerados, e constituirá, cada unidade, propriedade autônoma sujeita às limitações desta Lei".*

O § 1º determinou que cada unidade será assinalada por designação alfabética ou numérica, e o § 2º estipulou que a cada unidade caberá uma *"fração ideal do terreno e coisas comuns, expressa sob forma decimal ou ordinária"*.

Está claro, embora a realidade prática por vezes permita esquecer, que a lei regulamenta não somente os edifícios de apartamentos, lojas, escritórios ou garagens de vários andares superpostos (daí a designação excêntrica *propriedade horizontal*), mas também qualquer edificação ou conjunto de edificações com unidades autônomas, que podem ser térreas, como, por exemplo, conjunto de escritórios ou de estabelecimentos comerciais, assim como unidades residenciais, em uma ou várias edificações com áreas comuns, em forma de *vila*, como outrora se costumava construir, ou loteamento fechado. Essencial que se trate de edificação com unidades autônomas, *"com saída para a via pública, diretamente ou por processo de passagem comum"*. O art. 1.331, § 4º, do Código é expresso:

> *"Nenhuma unidade imobiliária pode ser privada do acesso ao logradouro público".*

Cada unidade será tratada como objeto de propriedade exclusiva (art. 2º da Lei nº 4.591/64). O acesso à via pública será direto como no caso de lojas de frente para ela, ou por intermédio de elevadores, escadas, rampas, vielas, ruas etc. Tratando-se de edificações geralmente em vias particulares, não se afastam do alcance da lei, sistematicamente, os denominados loteamentos fechados e os *shopping centers*, ao menos nos princípios fundamentais de direito condominial, como veremos. Sob tal aspecto, o § 1º do art. 1.331 elenca, sem esgotar, várias modalidades de partes suscetíveis de utilização independente no condomínio: apartamentos, escritórios, salas, lojas e sobrelojas, com as respectivas frações ideais no solo e nas outras partes comuns, sujeitam-se a propriedade exclusiva, podendo ser alienadas e gravadas livremente por seus proprietários, exceto os abrigos para veículos, que não poderão ser alienados ou alugados a pessoas estranhas ao condomínio, salvo autorização expressa na convenção de condomínio (Redação dada pela Lei nº 12.607, de 2012). É importante a alteração feita, menção expressa com relação aos abrigos de veículos, em prol da segurança da vida condominial. A alienação ou cessão de vagas de garagem a terceiros estranhos ao condomínio representa mais um ponto em detrimento à segurança. Adiciona ainda esse dispositivo que essas unidades sujeitam-se à propriedade exclusiva, podendo ser alienadas e gravadas livremente, salvo as exceções aqui mencionadas, por seus proprietários. Surpreendente a denominação "*abrigos para veículos*" trazida pelo legislador de 2002, expressão equívoca que trará, sem dúvida, certa perplexidade interpretativa. Por que não se referir simplesmente a garagens? A simplificação de linguagem preferida por esse Código não pode ir a ponto de dificultar a compreensão técnica.

> *"O conjunto de casas de 'vila', com acesso por rua particular, embora existente desde muitos anos anteriormente à Lei nº 4.591/64, pode regularizar sua situação e organizar-se em 'condomínio horizontal', com aplicação do art. 8º da aludida lei. Validade da convenção*

de condomínio e de seu respectivo registro imobiliário. Recurso especial não conhecido" (*STJ* – 4ª T. RE 1.902-RJ, Rel. Min. Athos Carneiro, Bol. da AASP 1.673).

O art. 8º mencionado nessa decisão possibilita que se erija mais de uma edificação em terreno, com edificações térreas ou assobradadas, discriminando-se as áreas privativas e áreas comuns referentes a jardins e quintais, vias de acesso etc.

Cada proprietário condominial terá a propriedade de fração ideal do terreno e coisas comuns. Reportamo-nos à noção de *fração ideal* no capítulo anterior. A compreensão é idêntica. O art. 1.331, § 3º, dispunha, na redação originária: "*A fração ideal no solo e nas outras partes comuns é proporcional ao valor da unidade imobiliária, que se calcula em relação ao conjunto da edificação*".

Essa fração ideal já deve constar do ato constitutivo, quando da convenção de condomínio. Questão que se levantava nesse tópico dizia respeito ao cálculo do valor dessa fração nos termos da dicção do Código, tendo em vista que devia ser proporcional ao valor da unidade imobiliária em relação ao conjunto da edificação. Esse critério de valor da unidade somente traria dificuldades na prática, não se sabendo a razão que teria levado o legislador a ser tão confuso, se a lei anterior era clara e pacífica. Melhor seria que o legislador não tivesse trazido essa norma, que veio apenas complicar o que era sumamente simples. Felizmente, ao menos aqui, logrou-se modificar o texto inexplicável, com o retorno ao princípio tradicional e que nunca trouxera dúvidas. A Lei nº 10.931, de 2 de agosto de 2004, deu a seguinte redação a esse § 3º:

> "*A cada unidade imobiliária caberá, como parte inseparável, uma fração ideal no solo e nas outras partes comuns, que será identificada em forma decimal ou ordinária no instrumento de instituição do condomínio*".

Fração ordinária ou decimal, como fora antes, sem qualquer dúvida.

Qualquer que seja a modalidade de construção destacam-se claramente duas áreas de exercício da propriedade. Uma exclusiva e tratada como propriedade autônoma, outra de uso comum de todos os condôminos e disciplinada pela vontade coletiva, conforme convenção e regulamento de acordo com os princípios legais. São áreas comuns ou de uso comum entradas, rampas, portarias, áreas de lazer, depósitos de materiais, local destinado à residência do zelador e tudo aquilo que não for descrito como objeto de unidade autônoma de uso privativo. Essas áreas são de uso coletivo e não podem ser objeto de utilização exclusiva por qualquer condômino. Nesse sentido, descreveu o art. 3º da Lei nº 4.591/64 como sendo comuns as fundações, as paredes externas, o teto, as áreas internas de ventilação "*e tudo o mais que sirva a qualquer dependência de uso comum dos proprietários ou titulares de direito à aquisição de unidades ou ocupantes*". O mais recente Código, por seu lado, descreve com detalhes no art. 1.331, § 2º:

> "*O solo, a estrutura do prédio, o telhado, a rede geral de distribuição de água, esgoto, gás e eletricidade, a calefação e refrigeração centrais, e as demais partes comuns, inclusive o acesso a logradouro público, são utilizados em comum pelos condôminos, não podendo ser alienados separadamente, ou divididos*".

O condomínio horizontal pode ser instituído de várias maneiras. O art. 7º da lei anterior dispôs que

> "*instituir-se-á por ato entre vivos ou por testamento, com inscrição obrigatória, no Registro de Imóveis, dele constando: a individualização de cada unidade, sua identificação e discriminação, bem como a fração ideal sobre o terreno e partes comuns, atribuída a cada unidade, dispensando-se a descrição interna da unidade*".

O art. 1.332 do Código diz que

> *"institui-se o condomínio edilício por ato entre vivos ou testamento, registrado no Cartório do Registro de Imóveis, devendo constar daquele ato, além do disposto em lei especial:*
>
> *I – a discriminação e individualização das unidades de propriedade exclusiva, extremadas uma das outras e das partes comuns;*[1]

---

1 "Direito processual civil. Embargos de declaração. Execução de taxas condominiais. Condomínio irregular. Ausência de título executivo extrajudicial. Pretensão de rediscussão da matéria. Embargos rejeitados. I. Caso em exame. (...) 3. O embargante busca reabrir a discussão, questionando a possibilidade de se executar taxas de um 'condomínio de fato'. Está em discussão se há omissão, contradição, obscuridade ou erro material no acórdão embargado, nos termos do art. 1.022 do CPC, aptos a justificar o acolhimento dos embargos de declaração. III. Razões de decidir 4. Os embargos de declaração são cabíveis apenas para corrigir vícios específicos previstos no artigo 1.022 do CPC, como obscuridade, contradição ou omissão, ou erro material. No caso em tela, o acórdão analisou todos os argumentos relevantes apresentados pelas partes, motivo pelo qual a oposição de embargos de declaração não se justifica. 5. As despesas condominiais, conforme o artigo 784, inciso X, do Código de Processo Civil, só constituem título executivo extrajudicial se referentes a condomínios edilícios regularmente constituídos e registrados em cartório. 7. A inscrição do condomínio no CNPJ com a designação 'condomínio edilício' tem natureza administrativa e não supre a exigência legal de registrá-lo prevista no **art. 1.332 do Código Civil**. IV. Dispositivo e tese 8. Embargos de Declaração não providos. Decisão unânime. Tese de julgamento: 9. A ausência de registro no Cartório de Registro de Imóveis impede o reconhecimento de condomínio edilício para fins do art. 784, X, do CPC. 10. A simples denominação de 'condomínio edilício' em cadastro administrativo, como o CNPJ, não supre a exigência legal de registro prevista no art. 1.332 do Código Civil. 11. Embargos de declaração não se prestam à rediscussão da matéria já decidida, quando ausentes omissão, contradição, obscuridade ou erro material na decisão impugnada. Dispositivos relevantes citados: CPC, arts. 1.022 e 784, X; e CC, art. 1.332" (*TJDFT* – ED 0711581-44.2024.8.07.0006, 25-7-2025, Rel. Fátima Rafael).

"Ação civil pública. Instituição e regularização de registro de condomínio edilício. Edificação pronta e ocupada há mais de duas décadas sem o regular registro do condomínio edilício. Corréus que se qualificam juridicamente como incorporadores, a teor do art. 29 da Lei nº 4.591/64. Incorporadores são os proprietários do terreno e todos aqueles que de algum modo fomentam, organizam ou alienam frações ideais vinculadas a unidades autônomas futuras de condomínio edilício ou de condomínio de lotes a construir ou em construção. Construtora recorrente que se qualifica como incorporadora, pois se envolveu diretamente na viabilização do empreendimento imobiliário e, mais, prometeu mediante cláusula contratual e regularizar a edificação. Cessão de posição contratual que não a exonera das obrigações anteriormente assumidas, em especial diante do consentimento dos cedidos, adquirentes das unidades. Desnecessidade do registro do memorial de incorporação no caso concreto, uma vez que a edificação se encontra concluída. Possibilidade de se fazer diretamente o registro da instituição de condomínio, a teor do art. 1.332 do Código Civil. Ação corretamente julgada procedente, para condenar os réus a promover a regularização do empreendimento imobiliário. Observação apenas quanto à desnecessidade de se fazer o registro da incorporação imobiliária, podendo ser feito diretamente o registro da instituição de condomínio. Sentença mantida. Recurso não provido, com observação" (*TJSP* – Ap 0018067-36.2012.8.26.0408, 15-7-2023, Rel. Francisco Loureiro).

"Apelação cível. Ação de cobrança. Condomínio irregular ou de fato. Natureza de associação civil. Convenção. Anuência não verificada. Recurso conhecido e provido. 1- Para que seja considerado condomínio regular, o ente deve ter seus atos averbados no Cartório de Registro de Imóveis, entre outros requisitos presentes nos arts. 1.332 e seguintes, do CC. Na questão, conforme o registro no cadastro nacional de pessoa jurídica, o apelante se caracteriza como uma associação privada. 2- O Superior Tribunal de Justiça decidiu, em sede de recurso repetitivo (Tema 882), que "as taxas de manutenção criadas por associações de moradores não obrigam os não associados ou que a elas não anuíram". 3- Recurso conhecido e provido" (*TJDFT* – Ap 07023496220208070001, 27-9-2021, Rel. Luís Gustavo B. de Oliveira).

"Apelação cível – Ação declaratória de exigibilidade de cobrança de despesas condominiais aparelhada por condomínio em face de incorporadora. Memorial da incorporação – Empreendimento imobiliário integrado por duas torres residenciais, cada uma composta por 48 unidades, com compartilhamento da área comum. Obras não concluídas – Edificação apenas de uma torre. Postura da c. Corregedoria Geral de Justiça deste e. Tribunal no sentido de que o **condomínio edilício se reputa instituído** apenas com a edificação das unidades autônomas. Instituição parcial do condomínio – Área não construída, contudo, vinculada ao condomínio em regime voluntário – Obrigação da incorporadora em concorrer com as despesas condominiais, posto a se beneficiar da estrutura e serviços do condomínio edilício, como em exemplo iluminação, segurança e conservação das vias. "Quantum" a ser apurado em fase de liquidação. Sentença reformada. Recurso provido" (*TJSP* – AC 1000177-72.2018.8.26.0597, 3-9-2019, Rel. Tercio Pires).

II – a determinação da fração ideal atribuída a cada unidade, relativamente ao terreno e partes comuns;

III – o fim a que as unidades se destinam".

A finalidade das unidades, uso residencial ou não, é de vital importância, mormente porque pode caracterizar desvio de uso por parte do proprietário ou possuidor. É tendência atual que condomínios sejam construídos para finalidades específicas, devendo ser expresso o ato constitutivo a esse respeito. Este pode especificar, por exemplo, que se trata de unidades destinadas a clínicas médicas e consultórios, ou para residências de pessoas na terceira idade. Em razão dessas finalidades específicas, haverá uma convenção de condomínio e um regulamento próprio que devem ser obedecidos. Nos Estados Unidos, por exemplo, são comuns os *adult homes*, edifícios planejados e destinados a aposentados em provecta idade, com regulamento e estrutura a eles destinados. Já temos situações semelhantes em nosso país. Outros empreendimentos podem destinar-se a casais jovens, com filhos, o que exige outra modalidade de regulamento. Há loteamentos condominiais, por exemplo, destinados a indústrias fornecedoras de indústria principal, dentro do conceito do chamado "just in time", modalidade utilizada pelas montadoras de veículos, em várias localidades do país. O regulamento dessa modalidade de condomínio exige regras peculiares.

O projeto de reforma do Código Civil em curso deve trazer alguns ajustes aos textos sobre esse condomínio, que se fazem necessários.

A descrição interna da unidade diz respeito ao negócio jurídico aquisitivo e prende-se ao direito obrigacional.

Desse modo, a construção acabada, pertencente a um único proprietário, pode converter-se em condomínio por unidades autônomas por destinação do titular, mediante a especificação do condomínio, nos termos da lei. Pode ser estabelecido o condomínio por testamento, como mencionado. Embora a lei não o diga expressamente, é possível transformar-se condomínio tradicional, por vontade de todos os condôminos, em condomínio regulado por essa lei, se a situação de fato o permitir e com obediência aos requisitos legais, com instituição e descrição de unidades autônomas e partes comuns. Tal pode ocorrer, por exemplo, quando herdeiros recebem em comum um edifício de apartamentos. A divisão da coisa comum decorrente de sentença também pode criá-lo.

No entanto, a forma mais encontradiça de origem do condomínio horizontal é a *incorporação*. Essa matéria, como dissemos, vinha tratada na mesma lei, o que não está a significar que todos os condomínios por ela regulados tenham nascimento nessa modalidade negocial.

"Apelação cível – Cobrança de cota condominial – **Ausência de registro do ato que instituiu o condomínio e da convenção** – Loja que não integra o condomínio edilício – Ônus da prova de que não se desincumbiu o autor – 1- Trata-se de apelação contra sentença que julgou improcedente o pedido de cobrança de cotas condominiais. Cinge-se a questão em definir se os imóveis em questão da Autora e se integram, de fato, o condomínio edilício e, assim, se devem participar do rateio das despesas condominiais, nos termos do art. 1.336, I, do Código Civil. 2- De acordo com o art. 1.332 do CC/02, institui-se o condomínio edilício por meio de ato inter vivos ou testamento, devidamente registrado no registro imobiliário competente, devendo trazer a discriminação e individualização das unidades de propriedade exclusiva, a fração ideal atribuída a cada unidade e o fim a que se destina cada unidade. Ademais, a convenção deve ser subscrita pelos titulares das frações ideais com a proporção em que devem participar do rateio das despesas. Autor que não trouxe o ato pelo qual comprovaria que as lojas integram o condomínio edilício. A Ré demonstra que sequer é proprietária da loja nº 160, mas apenas sócia da empresa que loca o espaço. 3- O Autor não se desincumbiu do ônus da prova, nos termos dos art. 333, I, do CPC/73, vigente à época do ajuizamento da demanda, de modo que não comprovou o direito alegado. 4- Recurso desprovido" (*TJRJ* – Ap 0017491-41.2014.8.19.0061, 8-2-2018, Relª Teresa de Andrade Castro Neves).

A incorporação é contrato por nós classificado como plurilateral (ver *Direito civil: Contratos*, seção 3.4) sendo objeto de estudo em obra específica. A incorporação é avença complexa destinada a disciplinar a construção e alienação de unidades autônomas em construção ou para futura construção. A lei descreve a figura do incorporador (art. 28), sujeito centralizador do contrato, que assume o empreendimento de levar avante as providências administrativas preliminares, a obra e a entrega final do edifício e das unidades autônomas. Na segunda parte da lei, são descritas as obrigações e direitos do incorporador e dos adquirentes, bem como reguladas as modalidades de construção por empreitada e por administração. A matéria, embora fazendo parte do direito contratual, merece desde já a crítica preliminar de estar desatualizada com relação, principalmente, às novas modalidades de edificações e ao novo direito de proteção do consumidor. Não bastasse isso, foi bastante falha a proteção conferida aos adquirentes de unidades em construção nesse diploma legal. A Lei nº 10.931/2004 procurou corrigir em parte a situação, criando o denominado "*patrimônio de afetação de incorporações imobiliárias*". Esse patrimônio representa, na verdade, uma segregação ou separação do empreendimento ou edifício do patrimônio geral do incorporador, de molde a bastar-se economicamente por si mesmo e a garantir o sucesso e a finalização da empreita, em benefício dos adquirentes das unidades autônomas. Trata-se de sistema facultativo ao qual pode aderir o incorporador, que para ele é atraído por um regime especial de tributação mais favorável, especificado nesse mesmo diploma legal. No contrato de incorporação, no volume III deste trabalho, tecemos outras considerações sobre essa lei.

Na constituição do condomínio impropriamente denominado em planos horizontais, leva-se em conta, por conseguinte, o elemento subjetivo inicial da vontade e o elemento objetivo, ou seja, a edificação que atenda aos requisitos legais. Ao contrário do condomínio tradicional, não existe condomínio desse teor contra a vontade dos titulares ou decorrente de lei. A esses dois acrescenta-se o terceiro elemento que é o registro imobiliário, o qual lhe confere existência legal (art. 167, I, 17, da Lei nº 6.015/73).

Qualquer que seja a modalidade de constituição, ao lado da instituição do condomínio propriamente dita, deve vir a especificação, que é a essencial descrição e identificação das unidades autônomas, áreas comuns e frações ideais do terreno. Tudo isso constará do registro imobiliário. É garantia fundamental do direito dos adquirentes e condôminos.

15.3 CONVENÇÃO DE CONDOMÍNIO. REGIMENTO INTERNO

O objetivo da convenção de condomínio é regular os direitos e deveres dos condôminos e ocupantes do edifício ou conjunto de edifícios. Trata-se da lei básica do condomínio. É ato normativo imposto a todos os condôminos presentes e futuros. Dispôs o art. 9º da lei condominial antiga:

> *"Os proprietários, promitentes compradores, cessionários ou promitentes cessionários dos direitos pertinentes à aquisição de unidades autônomas, em edificações a serem construídas, em construção ou já construídas, elaborarão, por escrito, a Convenção de Condomínio, e deverão, também, por contrato ou por deliberação, em assembleia, aprovar o Regimento Interno da edificação ou conjunto de edificações".*

O § 1º determinou o registro imobiliário da convenção e de eventuais modificações. O § 2º considerou aprovada e obrigatória para os condôminos a convenção que reúna assinaturas de no mínimo dois terços das frações ideais. O art. 1.333 do Código dispõe:

> *"A convenção que constitui o condomínio edilício deve ser subscrita pelos titulares de, no mínimo, dois terços das frações ideais, e torna-se, desde logo, obrigatória para os titulares de direito sobre as unidades, ou para quantos sobre elas tenham posse ou detenção.*
>
> *Parágrafo único. Para ser oponível contra terceiros, a convenção do condomínio deverá ser registrada no cartório do registro de Imóveis".*

Como se percebe, esse ato normativo pode decorrer de avença contratual, mas não é essa sua natureza primordial. O § 3º do art. 9º da lei anterior descrevia quais os requisitos essenciais da convenção. Às partes cabe acrescentar o que lhes convier, desde que não contrarie a lei e o direito de cada titular.

Segundo a Lei nº 4.591/64, devia obrigatoriamente constar da convenção:

> *"a) a discriminação das partes de propriedade exclusiva e as de condomínio, com especificações das diferentes áreas;*
>
> *b) o destino das diferentes partes;*
>
> *c) o modo de usar as coisas e serviços comuns;*
>
> *d) encargos, forma e proporção das contribuições dos condôminos para as despesas de custeio e para as extraordinárias;*
>
> *e) o modo de escolher o síndico e o Conselho Consultivo;*
>
> *f) as atribuições do síndico, além das legais;*
>
> *g) a definição da natureza gratuita ou remunerada de suas funções;*
>
> *h) o modo e o prazo de convocação das assembleias gerais dos condôminos;*
>
> *i) o* quorum *para os diversos tipos de votações;*
>
> *j) a forma de contribuição para constituição do fundo de reserva;*
>
> *k) a forma e o* quorum *para as alterações da convenção;*
>
> *l) a forma e o* quorum *para a aprovação do Regimento Interno quando não incluído na própria Convenção".*

O Código de 2002, por seu lado, no art. 1.334, menciona que além das cláusulas referidas no art. 1.332, que já transcrevemos, a convenção determinará:

> *"I - a quota proporcional e o modo de pagamento das contribuições dos condôminos para atender às despesas ordinárias e extraordinárias do condomínio;*
>
> *II - sua forma de administração;*
>
> *III - a competência das assembleias, forma de sua convocação e* quorum *exigido para deliberações;*
>
> *IV - as sanções a que estão sujeitos os condôminos, ou possuidores;*
>
> *V - o regimento interno".*

Os parágrafos desses dispositivos acrescentam que a convenção poderá ser feita por escritura pública ou instrumento particular e que são equiparados aos proprietários, para fins desse artigo, os promitentes compradores e os cessionários de direitos relativos às unidades autônomas. Se houver uma forma especial de contribuição proporcional de despesas pelos condôminos, o fato de estar presente no ato constitutivo acautela os eventuais compradores de unidades.

A convenção pode incluir quaisquer outras disposições não conflitantes com a lei e seu espírito. Pode criar, por exemplo, um Conselho Disciplinar e estabelecer regras de uso das partes comuns etc. As disposições do Código, aparentemente mais sintéticas, incluem tudo que de mais sensível e mais importante deve constar da convenção. Tendo em vista o rumo que as questões condominiais têm tomado, bem como o sistema de penalidades trazido pelo presente Código, é importante que na convenção sejam estabelecidas as sanções a que estarão sujeitos os transgressores das regras condominiais, harmonizantes com o que está na lei, bem como o procedimento para sua imposição, este, mais apropriadamente, constante do regulamento. Há um microuniverso em um condomínio, que pode tomar o vulto de uma aglomeração urbana. De fato, há condomínios que apresentam uma população equivalente até a pequenas cidades.

Tudo o que não for essencial à constituição e funcionamento do condomínio, mas de cunho circunstancial e mutável, deve ser relegado para o *Regimento* (ou regulamento) *Interno*. Por isso, é conveniente que esse regimento seja estabelecido à parte, e não juntamente com a convenção. Embora o art. 1.334 refira-se ao regimento interno, nada impede que seja ele estabelecido à parte. O regimento está para a convenção como o regulamento administrativo está para a lei. Deve completar a convenção, regulamentá-la, sem com ela conflitar. Ocorrendo conflito, deve prevalecer a convenção. Trata-se, pois, de instrumento complementar, uma terceira fase do condomínio, sucessivo à instituição e convenção. Ao regulamento é conveniente que se releguem normas disciplinadoras de uso e funcionamento do edifício. É inconveniente que dele constem disposições geradoras de preferências ou direitos de condôminos. No entanto, se constarem do regulamento, sua força é igualmente obrigatória, no mesmo molde da convenção que lhe é hierarquicamente superior, devendo ser cumpridas (Franco e Gondo, 1988:150). Lembre-se de que o regulamento também é fruto de deliberação coletiva, sendo igualmente ato normativo.

Embora a lei e o Código não sejam expressos, é de toda conveniência que seja o regimento interno também aprovado em assembleia geral, especialmente convocada. Geralmente, uma minuta ou projeto é apresentado juntamente com a convocação, com tempo hábil para exame dos interessados, possibilitando-lhes proposição de emendas ou retificações. A assembleia se tornaria inviável se nela se fizesse a redação de todo o instrumento. O regimento deve atender ao específico interesse de cada condomínio, seja residencial, seja não residencial ou misto, com área comum ou de lazer mais ou menos ampla, com corpo de empregados maior ou menor etc. Cabe também ao regimento interno estabelecer as funções do zelador, bem como a disciplina de portaria, horários, utilização de áreas comuns e regime disciplinar aplicável aos ocupantes do edifício. A lei silencia a respeito do *quorum* para a aprovação do regimento. No silêncio também da convenção, a norma pode ser aprovada por maioria simples dos presentes. Já para a alteração da convenção e do regimento, o Código Civil de 2002 estabelece a necessidade de aprovação por dois terços dos votos dos condôminos. É de toda conveniência, contudo, mesmo sob a vigência da Lei nº 4.591/64, que se estabeleça *quorum* mínimo para a alteração do regimento, para que o ordenamento do edifício não balouce aos sabores de interesses de poucos e não da vontade da efetiva maioria.

Conforme o art. 1.333 do vigente Código, a convenção deve ser subscrita pelos titulares de, no mínimo, dois terços das frações ideais, e torna-se desde logo obrigatória para todos os proprietários, possuidores ou detentores das unidades condominiais.[2]

---

2 "Apelação. Condomínio. Ação anulatória de assembleia por ausência de notificação do proprietário para participação. Sentença de improcedência. Inconformismo da parte autora. Não acolhimento. Convenção condominial

que é de observância obrigatória. **Art. 1.333 do Código Civil**. Convenção que prevê a forma de convocação dos condôminos para as reuniões assembleares. Art. 1.334, inciso III, também do Código Civil. Notificação encaminhada à unidade, nos moldes da previsão havida em convenção de condomínio. Procedimento regular. Assembleia válida. Sentença mantida. Recurso não provido" (*TJSP* – Ap 1009293-84.2022.8.26.0590, 11-1-2024, Rel. Rogério Murillo Pereira Cimino).

"Condomínio – Ação de obrigação de fazer cumulada com cobrança de multas por infração às normas internas do condomínio – Recurso apresentado por advogada integrante do convênio firmado entre a OAB e a Defensoria Pública – Justiça gratuita concedida – Efeito da concessão *ex nunc*, não retroagindo para alcançar as verbas de sucumbência reconhecidas pela sentença. Nulidade de citação postal inocorrente – Artigo 248, §§ 2º e 4º do Código de Processo Civil – Réu revel – Aplicação do princípio da função social da propriedade – Direito de usar e fruir, com exclusividade, de sua unidade autônoma, segundo as normas de boa vizinhança, sem causar dano ou incômodo aos demais condôminos ou moradores – Vedação à utilização do imóvel de maneira prejudicial à salubridade e segurança – Disposições condominiais expressas a respeito da utilização da garagem e proibindo a existência de botijões de gás no interior das unidades – Ainda que ausente normatização governamental específica a respeito, nos termos do artigo 1.333 do Código Civil cabe aos condôminos acatar as disposições aprovadas pela maioria em convenção ou regulamento, havendo meios próprios para sua eventual alteração – Manutenção das infrações pelo réu, mesmo depois de impostas a ele, pelo condomínio, penalidades por conta do uso indevido da vaga de garagem e pelo armazenamento e utilização de botijão de gás no interior do apartamento – Inadimplemento das penalizações incontroverso – Sentença mantida. Honorários advocatícios de sucumbência majorados, em aplicação ao disposto no artigo 85, § 11º, do Código de Processo Civil. Recurso não provido" (*TJSP* – Ap 1000789-81.2022.8.26.0625, 29-9-2022, Rel. Sá Moreira de Oliveira).

"Agravo de Instrumento. Cumprimento de sentença. Penhora sobre arrecadação mensal. Determinação para que a constrição recaia somente sobre o valor arrecadado pelo prédio executado. Descabimento. Separação administrativa interna entre os prédios e a galeria que não pode ser oposta em juízo. Distinção de CNPJ não confere identidade jurídica diversa às torres que compõem a mesma unidade condominial. Instrumento legal para instituição de condomínio é a convenção. Art. 1.333 do CC. Constrição a incidir sobre a totalidade da arrecadação. Percentual de penhora já definido por ocasião do julgamento do AI nº 2251504-37.2017.8.26.0000. Agravo provido em parte" (*TJSP* – AI 2034320-13.2021.8.26.0000, 2-6-2021, Rel. Soares Levada).

"Apelação – Condomínio – **Ação anulatória de assembleia** – Alegação de ofensa à lei (Cód. Civil, art. 1.342) e à convenção de condomínio quanto ao *quorum* para a aprovação da alteração de área comum. Reconhecimento. Sentença de procedência mantida, nos termos do art. 252 do Regimento Interno deste TJSP. Cerceamento de defesa não evidenciado. Preliminar afastada. Recurso desprovido" (*TJSP* – AC 1014920-57.2017.8.26.0004, 22-7-2019, Rel. Antonio Nascimento).

"**Condomínio edilício** – Ação de obrigação de não fazer, relacionada ao uso de vagas de garagem – Demanda de condomínio em face de condômina – Sentença de procedência – Manutenção do julgado – Cabimento – Ré que é proprietária de uma unidade condominial que tem tamanho equivalente ao de duas – Convenção condominial que autoriza o uso de uma vaga por unidade, independentemente do tamanho desta – Arguição da ré no sentido de que é proprietária de duas unidades transformadas em uma, e que arca com duplo pagamento da taxa condominial, fazendo jus, assim, à utilização de duas vagas de estacionamento – Descabimento – Condomínio que desde a sua origem tem unidades autônomas de tamanhos variados, certo que a da autora está entre as de maior tamanho, pagando taxa condominial proporcional à fração ideal – Alegação de que a Convenção é inexigível, eis que não subscrita pelo *quorum* previsto no art. 1.333, do CC (titulares de 2/3 das frações ideais) – Inconsistência – Condomínio que, desde a sua incorporação (década de 1970), é regido por minuta de Convenção registrada em Cartório e elaborada pelos incorporadores, que na ocasião detinham 100% das frações ideais – Convenção originária que tem validade e é exigível, até que os condôminos decidam instituir novo regramento geral. Apelo da ré desprovido" (*TJSP* – Ap 1016659-45.2014.8.26.0562, 24-1-2018, Rel. Marcos Ramos).

"Agravo de instrumento e agravo interno – Julgamento Conjunto – **Assembleia Extraordinária – Destituição de síndico – Quorum – Maioria Absoluta –** Totalidade dos condôminos – Tutela de urgência – Concessão – 1- O CPC/2015 dispõe em seu artigo 300 acerca do instituto da tutela de urgência, destacando que sua concessão ocorrerá quando houver probabilidade do direito e perigo de dano ou de risco ao resultado útil do processo. 2- Com relação ao alcance da expressão 'maioria absoluta', prevista no artigo 1.349 do CC, a lei não contém expressões inúteis. Dessa forma, sua interpretação não pode ser desvirtuada de modo a validar uma aprovação assemblear obtida apenas por maioria simples dos presentes no ato, devendo ser observada a maioria absoluta da totalidade dos condôminos, nos termos do entendimento majoritário deste TJDFT. 3- Em análise sistemática dos dispositivos constantes do Código Civil relativos à votação condominial, nota-se a existência de ressalvas quanto ao voto por maioria dos presentes em assembleia quando envolver exigência de *quorum* especial, obstando tal prática em razão da importância das matérias afetas a tal votação. 4- Apesar de haver divergência entre o contido na Convenção Condominial (2/3 dos condôminos) e o Código Civil (maioria absoluta), nota-se evidente a probabilidade do direito quando que nem mesmo o referido *quorum* de maioria absoluta (menor) foi alcançado para o fim de destituição de síndico. 5- Restando demonstrada a probabilidade do direito e o perigo de dano, decorrentes do não alcance

Quanto a essa problemática da convenção, note que, quando o condomínio decorre de incorporação, entre as obrigações do incorporador está a de apresentar "*minuta da futura convenção de condomínio que regerá a edificação ou conjunto de edificações*" (art. 32, *m*). Isso significa que, na prática, em se tratando de incorporação, a convenção é uma carta outorgada pelo incorporador, o que lhe pode trazer vantagens em detrimento dos futuros adquirentes, mormente enquanto o incorporador mantiver unidades que lhe deem maioria nas votações das assembleias, impedindo assim a alteração da citada convenção. Esse aspecto mais acentua seu caráter *normativo* e *institucional* (Lopes, 1994:77). A eficácia da convenção (e também do regulamento) atinge os futuros proprietários, bem como qualquer ocupante que venha a relacionar-se com o condomínio, tais como locatários, comodatários, membros familiares ou visitantes que devem obedecer a determinados horários ou normas de segurança, por exemplo. Observe que toda pessoa que ingressar e se relacionar com esse microcosmo que é o condomínio sujeita-se a suas regras internas, tanto que a própria lei diz que a convenção deve ser obedecida não só pelos próprios possuidores, mas até mesmo pelos detentores das unidades.

O parágrafo único do art. 25 da lei condominial determinava que, salvo disposição em contrário, a convenção somente poderá ser modificada pelo voto mínimo de condôminos que representem 2/3 do total das frações ideais, no que se harmoniza com a nova disposição do art. 1.351.[3] O novo texto desse dispositivo, pela Lei nº 14.405/2022, foi mais além, pois estabeleceu o

---

do *quorum* especial previsto para tal fim e do afastamento irregular do cargo, conforme entendimento majoritário deste TJDFT, impõe-se a concessão de tutela de urgência para determinar o retorno da síndica ao exercício do cargo do Condomínio. 6- Agravo interno conhecido e não provido. Agravo de instrumento conhecido e provido" (*TJDFT* – Proc. 07002503020178070000 – (1011439), 8-5-2017, Relª Ana Cantarino).

"Agravo interno – **Destituição de síndico – *Quorum*** – Maioria absoluta dos presentes – CCB 1.349. Para a destituição do síndico do condomínio exige-se apenas o *quorum* da maioria absoluta dos condôminos presentes na assembleia geral extraordinária e não a maioria de todos os condôminos. Inteligência do CCB 1.349" (*TJDFT* – Proc. 20160020087824AGI – (958672), 15-8-2016, Rel. Fernando Habibe).

"**Recurso especial** – Direito civil – Condomínio – Síndico – Destituição – *Quorum* de votação – Art. 1.349 do Código Civil – Interpretação – Maioria dos membros presentes na assembleia – 1. O *quorum* exigido no Código Civil para a destituição do cargo de síndico do condomínio é a maioria absoluta dos condôminos presentes na assembleia geral extraordinária. 2. Interpretação literal e teleológica do art. 1.349 do Código Civil. 3. Recurso especial desprovido" (*STJ* – REsp 1266016/DF, 5-2-2015, Rel. Min. Paulo de Tarso Sanseverino).

3 "Apelação. Ação de obrigação de fazer. Reconvenção. Condomínio edilício. Sentença de procedência quanto à ação, para determinar que o Réu retorne as unidades autônomas descritas na petição inicial, ao estado anterior às reformas, permanecendo as mesmas conforme consta da especificação do condomínio, julgando ainda a reconvenção improcedente. Recurso do Réu, Reconvinte, que não comporta acolhimento. Laudo pericial que, muito embora afirme que as alterações efetivas nas unidades apontadas na exordial a título de 'layout' não possa levar à presunção de que as unidades serão desviadas para utilização 'plurifamiliar', é, em verdade, destoante do restante da documentação acostada aos autos. Juiz que não está vinculado ao laudo, conforme inteligência do art. 479 do CPC. Livre convencimento motivado do órgão julgador a teor do art. 371 do mesmo Código. Prova documental que milita fortemente no sentido de que as unidades foram fracionadas de forma a comportar mais de uma família. Documentos acostados aos autos que também militam no sentido de que o imóvel será utilizado para fins de 'locação' por curto período, através de plataforma 'Airbnb' e análogas. Situações que são expressamente vedadas pelo regimento interno do condomínio. Assembleia condominial que respeitou o quórum previsto de 2/3 para alteração da convenção condominial, disposto no **art. 1.351 do Código Civil**. Regimento interno do condomínio que é expresso no sentido de que as partes da propriedade exclusiva 'são indivisíveis', bem como 'é proibido locar a unidade por período inferior a 3 (três) meses, sendo o condomínio destinado para fins residenciais'. Entendimento dessa Colenda Câmara de que a utilização de aplicativos de hospedagem como 'airbnb' e similares caracterizaria um 'contrato atípico de hospedagem', o que desvirtuaria a previsão expressa da destinação exclusivamente residencial das unidades condominiais. Sentença mantida. Honorários majorados. Recurso desprovido" (*TJSP* – Ap 1001052-70.2018.8.26.0620, 10-3-2025, Rel. L. G. Costa Wagner).

"Condomínio edilício. Assembleia Geral Extraordinária. Instalação de minimercado na área comum de edifício residencial. Vício de votação. Mudança de destinação. **Quórum qualificado do CC 1.351**. Caso de nulidade e não de anulabilidade. Precedente específico desta Câmara. Deliberação nula. Sentença reformada. Recurso provido em parte" (*TJSP* – Ap 1026949-61.2021.8.26.0114, 22-8-2024, Rel. Gilson Delgado Miranda).

mesmo *quorum* para alterar a destinação do condomínio, o que no passado exigia unanimidade. Esta última alteração abre uma perspectiva nova aos condomínios que desejarem modificar sua finalidade. A lei estabelece aí, pois, o *quorum* mínimo. Não é conveniente que a convenção seja facilmente alterada. Resta o problema referido quando a convenção é outorgada pelo incorporador, a merecer, ainda, alteração legislativa. Nada impede que a convenção estabeleça *quorum* maior, até mesmo a unanimidade. Há questões de curial importância como o uso e destinação das áreas comuns e do próprio imóvel que aconselham esse *quorum*.

O texto originário desse art. 1.351 estabelecia esse mesmo *quorum* de 2/3 para modificar o regimento interno, o que era inconveniente, pois o regimento é dinâmico e deve ter, em princípio, maior elasticidade de alteração. A Lei nº 10.931/2004 suprimiu a referência ao regimento interno nesse dispositivo, no que andou muito bem.

A convenção e o próprio regimento interno podem fixar *quorum* para a alteração deste, agora no silêncio da lei. O regimento diz respeito à dinâmica do edifício, enquanto a convenção, à sua estática.

Da mesma forma, a convenção pode fixar *quorum* qualificado para a aprovação de determinadas matérias. Há questões que exigirão necessariamente, segundo a doutrina homogênea, a unanimidade dos condôminos, como a alteração das frações ideais e das paredes externas do edifício, por exemplo. São matérias que dizem respeito à própria estrutura do condomínio. Por vezes, a lei é expressa. O § 2º do art. 10 da lei condominial dispôs que o condômino somente poderá fazer obra que modifique sua fachada com a concordância da unanimidade dos condôminos. O mais recente Código nem mesmo cogita dessa possibilidade. A destituição do síndico, na lei anterior, dependia do voto de no mínimo 2/3 dos condôminos presentes na Assembleia especialmente convocada, se a convenção não dispusesse diferentemente (art. 22, § 5º). O vigente Código, por seu lado, no art. 1.349, estabelece a necessidade de maioria absoluta para essa destituição.

"Agravo de instrumento – tutela de urgência – **ação de anulação de assembleia condominial** – obrigação de fazer – afastamento de multa – plataforma 'Airbnb' – decisão da assembleia condominial ineficaz – art. 1351 CC – O artigo 1.351 do Código Civil prevê que a alteração da convenção do condomínio depende de aprovação de 2/3 (dois terços) dos votos dos condôminos. Decisão tomada por 74 dos 288 condôminos de proibir o uso da plataforma Airbnb no Condomínio que não cumpre os requisitos legais. Decisão ineficaz, cujos efeitos devem ser suspensos até decisão final de mérito. Multa afastada. Recurso provido" (*TJSP* – AI 2229930-16.2021.8.26.0000, 10-12-2021, Rel. Maria Lúcia Pizzotti).

"Recurso – Embargos de declaração – **Condomínio** – Ação declaratória de nulidade de assembleia – Alegação de que teria havido alteração indevida de convenção e regimento interno do condomínio requerido, não obstante a assembleia convocada não contar com *quorum* especial de dois terços. Assembleia regular que aprovou regulamentação tocante ao uso de áreas comuns, sem revogação ou afronta aos regramentos condominiais. Analisadas todas as questões submetidas à apreciação judicial, o que impede o acolhimento dos embargos. Manutenção do julgado na usa integralidade. Não se vislumbra omissão, contrariedade ou obscuridade no Aresto embargado. Toda a matéria fática foi devidamente analisada, não restando nenhum ponto sujeito à apreciação judicial. Ausentes os pressupostos para se acolher a irresignação. Recurso de embargos de declaração conhecido e rejeitado" (*TJSP* – EDcl 1003581-94.2018.8.26.0577, 1-4-2019, Rel. Marcondes D'Angelo).

"**Ação de anulação de assembleia condominial** – Alteração da convenção ausência de *quorum* qualificado – Posterior assinatura da nova convenção por mais de 2/3 dos condôminos – Sentença de procedência recurso – Desprovimento – A alteração de convenção de condomínio exige o *quorum* qualificado de 2/3 dos condôminos. Não havendo o número mínimo, a deliberação da assembleia é nula, pouco importando que, posteriormente, mais de 2/3 dos condôminos tenham assinado a minuta da nova convenção. A assembleia é o âmbito específico democrático e dialético para a discussão dos temas que afetam substancialmente a vida em condomínio. A adesão posterior da maioria equivale a um mero abaixo-assinado, que não substitui a legitimidade e soberania da assembleia" (*TJSC* – AC 0013529-09.2011.8.24.0018, 4-10-2018, Rel. Des. Helio David Vieira Figueira dos Santos).

De forma geral, nenhuma alteração se fará com prejuízo ao direito adquirido, salvo concordância do interessado. Obedecidos, porém, os requisitos legais e o *quorum* estabelecido, as decisões assembleares obrigam todos os condôminos.

Como percebemos, não existe plena liberdade dos interessados na elaboração da convenção. Há imposições cogentes. Desse modo, devem ser consideradas nulas as disposições da convenção, e consequentemente também do regulamento interno, que contrariem norma impositiva. A questão é de exame no caso concreto.

Levando-se em conta o caráter normativo da convenção, as regras que orientam sua interpretação são as de hermenêutica das leis. Leva-se em conta a interpretação gramatical, sistemática, teleológica e histórica. Com muita frequência, o juiz é chamado a interpretar disposições de normas condominiais.

15.4 DIREITOS E DEVERES DOS CONDÔMINOS. INFRAÇÕES E PENALIDADES. RESTRIÇÃO AO DIREITO DO CONDÔMINO. POSSIBILIDADE DE EXCLUSÃO DE CONDÔMINO OU OCUPANTE

Convivendo em comunidade restrita, embora desfrutando da autonomia de seu direito de propriedade sobre a unidade autônoma, aos condôminos cabem direitos e deveres.

Seu principal dever, na realidade obrigação *propter rem*, é concorrer com a quota-parte que lhe couber no rateio para as despesas do condomínio (art. 12 da Lei nº 4.591/64; atual, art. 1.336, I). É razão da própria sobrevivência da estrutura condominial. O condômino inadimplente acarreta prejuízo geral, onerando toda a estrutura condominial. Especificamente, dessa obrigação nos ocuparemos em tópico seguinte. A fixação das despesas será determinada de acordo com a fração ideal do terreno ou de sua área na unidade autônoma.[4] A convenção pode estabelecer outro critério. Lembre-se que, como mencionamos, o Código de 2002 inovara muito

---

4 "**Condomínio edilício** – Execução de quotas condominiais – Obrigação *propter rem* – A embargante não responde pelo débito, porque firmou compromisso de compra e venda com terceiro, relativo à unidade condominial geradora do débito, e porque o negócio chegou ao conhecimento do condomínio, que, três anos antes, já propusera ação semelhante contra o compromissário comprador – Precedente do STJ – Apelo não provido" (*TJSP* – AC 1019257-28.2017.8.26.0477, 3-10-2019, Relª Silvia Rocha).

"**Condomínio** – Execução de título extrajudicial – Arrematação do bem penhorado – Natureza propter rem da obrigação – Pretensão de responsabilizar o executado pelas obrigações vencidas após a arrematação – Descabimento – Arrematante passa a responder pela dívida a partir da arrematação, em lugar do devedor executado – Imissão na posse do imóvel não constituiu pressuposto da obrigação de pagamento das cotas condominiais em atraso – Decisão mantida. Agravo de instrumento não provido" (*TJSP* – AI 2069725-18.2018.8.26.0000, 21-6-2018, Rel. Sá Moreira de Oliveira).

"**Condomínio** – Cobrança – Despesas que, por excelência, têm natureza *propter rem* de modo que passam a perseguir diretamente a coisa, pesando diretamente sobre quem se torne titular ou tenha uma relação jurídica vinculada ao imóvel – Legitimidade *ad causam* passiva da ré, Seara Projetos Empreendimentos e Participações Ltda., proprietária da unidade – dever de assumir as cotas condominiais relativas à unidade geradora do débito, pois a obrigação de pagamento não se origina de nenhum ato de associação ou filiação, mas da propriedade imóvel situada em área de loteamento fechado – sentença reformada – recurso provido para julgar a ação procedente – O princípio da vedação ao enriquecimento sem causa exige que cada proprietário pague sua parte no rateio, ainda que se considere irregular a caracterização do loteamento como fechado" (*TJSP* – Ap 1015613-04.2014.8.26.0309, 22-9-2017, Rel. Renato Sartorelli).

"A obrigação de pagar despesa de **condomínio** resulta da propriedade sobre o bem – *Propter Rem* – Quem deve é a coisa, metáfora para dizer que quem deve é o dono, cujo nome importa pouco. Prevalece o interesse da coletividade. Daí a legitimidade passiva da incorporadora, a despeito da promessa de venda da unidade, ausente prova 'da ciência inequívoca do condomínio acerca da transação' (*sic*)" (*TJSP* – Ap 1004169-06.2016.8.26.0114, 6-9-2016, Rel. Celso Pimentel).

"**Despesas de condomínio** – Natureza *propter rem* da obrigação – Responsabilidade do titular do domínio – Recurso improvido – A obrigação de pagar as despesas de condomínio é *propter rem* motivo pelo qual responde o

mal ao estabelecer que *a fração ideal no solo e nas outras partes comuns é proporcional ao valor da unidade imobiliária, o que se calcula em relação ao conjunto da edificação* (art. 1.331, § 3º). Norma complexa e de difícil aplicação tendo em vista a dificuldade de se estabelecer o valor do conjunto da edificação; disposição já substituída, como vimos. Na vigência do artigo com a redação primitiva, entendíamos que melhor seria ter a norma como não cogente, podendo ser admitida a tradicional regra de valor proporcional com base fracional na dimensão ou metragem de cada unidade autônoma, preservando-se íntegras as convenções anteriores ao presente Código Civil. Como se vê, foram atendidos nossos reclamos pelo legislador, face à flagrante impertinência desse dispositivo.

O presente Código estabelece que o condômino inadimplente com suas obrigações ficará sujeito aos juros moratórios convencionados, ou, não sendo previstos, de 1% ao mês e multa de até 2% sobre o débito (art. 1.336, § 1º). Essa multa é irrisória e deveria ser repensada urgentemente *de lege ferenda*. O projeto de reforma do Código Civil tenta corrigir esse aspecto. Houve veto presidencial recente na tentativa de elevá-la para 10%, como sugere o projeto: regozijem-se os maus pagadores. E sofram todos os condôminos cônscios e adimplentes que veem sua contribuição condominial aumentar, em face da inadimplência. Há medidas legais populares e popularescas. Essa multa de 2% e o veto presidencial recente estão na última categoria. Certamente, como é fato, aumentou a inadimplência dos condôminos, sobrecarregando fardo sobre os bons pagadores. Essa percentagem na multa ridícula é piegas e demagógica, para dizer o mínimo, e retrata que, de última hora, foram inseridas disposições em um Código Civil que não honram nossa tradição do passado.

O art. 1.335 enumera os direitos do condômino:

> *"I – usar, fruir e livremente dispor das suas unidades;*
>
> *II – usar das partes comuns, conforme a sua destinação, e contanto que não exclua a utilização dos demais compossuidores;*
>
> *III – votar nas deliberações da assembleia e delas participar, estando quite".*

Nos direitos dos condôminos há, portanto, uma adaptação do direito de propriedade à particularidade dessa modalidade de convivência social. Não estando quite com as contribuições condominiais, o condômino não pode votar ou participar das assembleias, segundo o texto da lei, não podendo ser nelas admitido. Havendo dúvidas sobre essa situação, cabe ao condômino provar que pagou todo o devido.

O art. 1.336 descreve os deveres do condômino:

> *"I – contribuir para as despesas do condomínio, na proporção de suas frações ideais, salvo disposição em contrário na convenção;*

---

proprietário da unidade, ressalvada a possibilidade de ulterior ação de regresso contra quem entenda responsável pela dívida" (*TJSP* – Ap 1003220-95.2014.8.26.0002, 15-8-2014, Rel. Renato Sartorelli).

"**Apelação. Despesas de condomínio**. Cobrança. Obrigação *propter rem*. Dificuldades financeiras. Matéria de cunho humanitário incapaz de desobrigar o condômino do dever de arcar com a quota mensal. Sentença mantida. Recurso improvido. O proprietário de imóvel em condomínio tem obrigação de participar do rateio das despesas ordinárias, assim como das extraordinárias. Também o art. 12 e seus §§, da Lei do Condomínio e Incorporações, determina a cobrança das despesas ordinárias do condomínio. Os réus sustentam que atravessaram dificuldades financeiras sem condições de cumprir com os pagamentos mensais, matéria esta de cunho humanitário. Entretanto, tal arrazoado, conquanto relevante sobre o prisma social e humano, não tem suporte jurídico para obstar a pretensão do autor" (*TJSP* – Ap 0017436-52.2012.8.26.0001, 7-5-2013, Rel. Adilson de Araujo).

II – não realizar obras que comprometam a segurança da edificação;

III – não alterar a forma e a cor da fachada, das partes e esquadrias externas;

IV – dar às suas partes a mesma destinação que tem a edificação, e não as utilizar de maneira prejudicial ao sossego, salubridade e segurança dos possuidores, ou aos bons costumes".[5]

---

[5] "Condomínio edilício. Responsabilidade civil. Sentença de procedência parcial da ação e da reconvenção. Apelação do condomínio autor. Dever dos condôminos de não alterar a fachada do condomínio. **Art. 1.336, III, do CC. Alteração da fachada do edifício.** Provas fotográficas demonstram que outras unidades construíram muretas semelhantes, evidenciando que não há um padrão a ser seguido. Autorização prévia do condomínio. Posterior desistência que induziu o condômino a erro. Condomínio responsável pelos danos materiais suportados em razão de obras realizadas. Sentença mantida. Recurso não provido" (*TJSP* – Ap 1104577-71.2021.8.26.0100, 27-5-2024, Relª Cármen Lúcia da Silva).

"Despesas condominiais. Embargos à execução. Os documentos apresentados pelo embargado são hábeis e suficientes para aparelhar a execução, sobretudo porque, à vista do dever primordial atribuído por lei ao condômino de contribuir para as despesas do condomínio (art. 1.336, I, do Código Civil), há presunção de pertinência e legitimidade dos valores cobrados a título de rateio, não infirmados por qualquer outro meio de prova idôneo. Recurso improvido". (*TJSP* – Ap 1012040-41.2021.8.26.0008, 1-8-2023, Rel. Gomes Varjão).

"Ação de cobrança. **Despesas condominiais.** Tratando-se de dever primordial atribuído por lei ao condômino, de contribuir para as despesas do condomínio (arts. 12 da Lei 4.591/64 e 1.336, I, do Código Civil), há presunção de pertinência e legitimidade dos valores cobrados a título de rateio de despesas ordinárias e extraordinárias. Ausência de prova de pagamento referente aos meses indicados na inicial. Recurso improvido" (*TJSP* – Ap 1000045-85.2019.8.26.0045, 22-11-2021, Rel. Gomes Varjão).

"**Condomínio** – Obrigação de fazer – Alteração da fachada externa – Inadmissibilidade – Vedação legal à alteração da fachada e sem consentimento dos demais condôminos. Arts. 3º e 10, I, da Lei nº 4.591/64, e art. 1.336, III, do CC. Proibição constante, também, na Convenção do Condomínio. Interesse particular que não pode se sobrepor ao interesse da coletividade. Ato ilícito que não gera direito adquirido. Necessidade de desfazimento das instalações. Irregularidades perpetradas por outros condôminos, que não convalidam a alteração indevida, realizada pelo réu. Sentença mantida. Recurso desprovido, com determinação" (*TJSP* – AC 1060730-61.2017.8.26.0002, 26-8-2019, Rel. Bonilha Filho).

"**Condomínio** – Direitos e deveres dos condôminos – Assembleia – Alteração de fachada – Ação declaratória cumulada com obrigação de fazer julgada procedente para declarar a nulidade da decisão que acarretou aos autores a obrigação de substituir as luminárias da varanda do apartamento descrito na inicial – Apelante (réu) que se insurge contra a procedência da ação, insistindo nas teses de que os apelantes participaram das assembleias que deliberaram acerca da padronização e que a alteração já efetuada pelos mesmos altera indevidamente a fachada do edifício – Presença em assembleia que não priva o condômino da defesa de seu direito de propriedade – Varanda do apartamento que faz parte da área privativa do condômino e integra sua propriedade particular e exclusiva – Documentos demonstram que a instalação das luzes não constitui interferência excessiva ou indevida na fachada externa condominial e, portanto, não pode ser considerada alteração para os fins do disposto no artigo 1.336, III, do Código Civil – Sentença mantida por seus próprios e jurídicos fundamentos – Verba honorária majorada na forma do artigo 85, parágrafo 11º, do Código de Processo Civil – Recurso desprovido" (*TJSP* – Ap 1034205-50.2014.8.26.0001, 9-4-2018, Rel. José Augusto Genofre Martins).

"Agravo Interno nos embargos de declaração no agravo em recurso especial – Nunciação de obra nova – Contradição no julgado – Inexistência – Pedido de demolição – **Condomínio –** Parte Legítima – **Alteração de fachada** – Revisão do acórdão – Súmula 7/STJ – 1- Não há falar em contradição quando o acórdão apresenta fundamentos compatíveis entre si e, ao final, expressamente deixa claro os elementos de convicção que rechaçaram a tese arguida pelo ora agravante. Assim, não há falar em ofensa ao art. 535 do Código de Processo Civil de 1973. 2- 'Admite-se ação de nunciação de obra nova demolitória movida pelo condomínio contra condômino, proprietário de apartamento' (REsp 1374456/MG, Rel. Ministro Sidnei Beneti, Terceira Turma, julgado em 10/09/2013, *DJe* 13/09/2013). 3- O acolhimento da pretensão recursal quanto à inexistência de alteração de fachada exigiria a alteração das premissas fático-probatórias estabelecidas pelo acórdão recorrido, com o revolvimento das provas carreadas aos autos, atraindo o óbice da Súmula 7 do STJ. 4- Agravo interno não provido" (*STJ* – AGInt-EDcl-AG-REsp 1.041.272 – (2017/0000284-1), 27-6-2017, Rel. Min. Luis Felipe Salomão).

"**Condomínio edilício.** Ação demolitória. Cortina de vidro. Alteração da fachada. Direito fundamental a segurança. Prevalência. Embargos infringentes. – Ação demolitória proposta por condomínio edilício – Instalação de cortina de vidro em parte da varanda da unidade condominial. Sentença que determina o desfazimento da obra reformada, por maioria, em segundo grau de jurisdição, para julgar improcedente a pretensão formulada. Condomínio que sustenta a ocorrência de alteração na fachada, em franco desrespeito ao disposto na convenção e em seu regimento interno. Condômino que sustenta ter realizado a obra com o único escopo de garantir

A questão da boa convivência social é ponto fulcral da vida em condomínio. O condômino que, por exemplo, desejar reformar sua unidade, não pode fazê-lo a ponto de colocar em risco a estrutura do prédio. Deve, por outro lado, efetuar os reparos necessários para que eventuais defeitos em sua unidade não prejudiquem os demais condôminos. Nem sempre as soluções serão tranquilas, como demonstra a experiência.

A utilização da unidade condominial por curtos períodos por terceiros, na forma de Airbnb e congêneres, não obsta que seja utilizada em condomínios, desde que assim permitido pela convenção ou mesmo por assembleia. Assim tem decidido o STJ, utilizado de opinião nossa a respeito dessa matéria, mormente para os edifícios estritamente residenciais.

O condômino é obrigado a obedecer à convenção e ao regulamento. A transgressão deve sujeitá-lo ao pagamento de multa ou outra penalidade, cuja forma de imposição e fixação deve decorrer da convenção ou mais apropriadamente do regulamento ou regimento interno.[6]

---

sua segurança e a de sua família, já que a varanda de sua unidade, situada no primeiro andar do prédio, é de fácil acesso a meliantes. Voto vencedor que deve prevalecer. Direito fundamental à segurança que se sobrepõe. Apesar de ter sido constatada alteração na fachada pela prova pericial, não restou demonstrado qualquer impacto negativo à mesma, já que o vidro utilizado é transparente e foi instalado com boa técnica. Ausência, igualmente, de prova de prejuízo aos demais condôminos. Precedentes. Desprovimento do recurso" (*TJRJ* – EI 0326991-83.2010.8.19.0001, 4-5-2016, Rel. Des. Mauro Pereira Martins).

"**Apelação – Condomínio edilício** – Obrigação de fazer – Improcedência da ação ajuizada pelo condomínio – Apelo do autor – consistência do inconformismo – Instalação de toldo e fixação de vidros na sacada que resultaram em alteração da fachada do prédio. Fechamento da sacada com vidro que resultou, inclusive, em empecilho à manutenção dos gradis e da pintura do edifício. Construção na área de lazer na cobertura erigida, igualmente, sem autorização dos demais condôminos que se opuseram expressamente à realização das obras em sede de assembleia ordinária. Obrigação de desfazer as obras, sob pena de multa de diária de R$ 200,00. Sentença reformada, com a condenação do réu ao pagamento das custas, despesas processuais, honorários periciais e honorários advocatícios, arbitrados em R$ 5.000,00. Apelo provido" (*TJSP* – Ap 0008257-07.2009.8.26.0161, 11-3-2014, Relª Viviani Nicolau).

6 "Agravo de instrumento – **Condomínio** – Ação de anulação de deliberação em assembleia ordinária c.c. obrigação de não fazer – Tutela de urgência – Ausência dos requisitos previstos no art. 300 do CPC – Decisão recorrida que indeferiu pedido de suspensão da eficácia do Regimento Interno quanto à proibição da locação por temporada de qualquer espécie e de proibição de autuação e aplicação de multa – Regimento Interno que estabelece sobre a proibição de destinação das unidades autônomas para a locação por temporada, o que inclui a locação por meio da plataforma digital 'Airbnb' – Alegação de aprovação do regimento interno em afronta ao art. 1351 do CC afastada – Somente a convenção condominial pode prever sobre a regularidade da aprovação do regimento interno e que não foi apresentada nos autos – Inteligência do art. 1334, V, do CC – Ademais, a disposição de proibição de locação por curta temporada constante do regimento interno não foi fruto de irregular alteração da convenção – Apenas o exame do mérito da demanda após a devida instrução probatória poderá ratificar ou não os fatos constitutivos do direito do autor agravante, de modo que a proibição de locação por temporada e a possibilidade de aplicação de multa por infração condominial devem continuar em vigor – Decisão mantida – Recurso desprovido" (*TJSP* – AI 2011255-47.2025.8.26.0000, 30-1-2025, Rel. Ana Luiza Villa Nova).

"Apelação – Ação declaratória de inexistência de débito c.c – Consignação em pagamento – Condômina ajuizou ação para anular multa condominial que lhe foi imposta em razão da produção de ruído excessivo no condomínio – Sentença de total procedência – Insurgência do Condomínio – Prova dos autos que não permite constatar produção excessiva de barulho, tampouco em horário inoportuno, sendo certo que a penalização só se daria em caso de uso anormal da propriedade – Relação entre síndico e condômina que é maléfica ao ambiente social como um todo do condomínio – Interesses pessoais e do condomínio que não se podem confundir – Negado provimento" (*TJSP* – AC 1015185-95.2017.8.26.0477, 2-10-2019, Rel. Hugo Crepaldi).

"Agravo de instrumento – Direito Civil – Tutela de urgência – **Convenção de condomínio – Animais Domésticos** – Vedação – Gato doméstico – Situação fática – Caso concreto – Instrução probatória – Recurso improvido – 1- Trata-se de agravo de instrumento contra decisão que deferiu o pedido de tutela provisória de urgência para que a agravada permaneça com seu animal de estimação até o julgamento definitivo da causa. 2- Ainda que a convenção de condomínio proíba a criação de animais domésticos pelos condôminos, não é razoável a alteração da situação fática das partes consolidada há anos sem a devida instrução probatória para análise das peculiaridades do caso concreto. 3- Agravo de instrumento não provido" (*TJDFT* – Proc. 07221295920188070000 – (1164092), 22-4-2019, Relª Leila Arlanch).

Qualquer que seja a modalidade de imposição de multa ou penalidade, requer seja conferido direito de defesa ao condômino. Para evitar nulidades, o regimento deve fixar procedimento administrativo para imposição de penalidades, nos moldes de uma sindicância. As punições podem ser graduadas desde a simples advertência até a imposição de multa, dentro de determinados limites ou proibição transitória de certas atividades no condomínio. Esta última matéria gera discussões. Não se duvida de que o condômino, ou qualquer ocupante, pode ser punido com a suspensão temporária de frequentar a piscina ou salão de festas do edifício, em razão de comportamento inconveniente, por exemplo. A lei civil, porém, parece que só admite as multas, o que não é verdadeiro. Ainda porque há multas que não terão para determinados condôminos desajustados qualquer sentido penal ou pedagógico.

Torna-se discutível, porém, na falta de lei expressa, se o condomínio pode impor a supressão de serviços essenciais, como água, telefonia e energia elétrica, em razão da falta de pagamento. Entretanto, se as próprias concessionárias de serviço público têm essa faculdade, o regulamento e a convenção também podem fazê-lo. Não obstante, a questão é por demais controversa e pode gerar abusos. Há necessidade de maior reflexão, e uma imposição desse nível deve ser medida extrema. O vigente Código, ciente dessa problemática, ao contrário da lei anterior, introduz expressamente no ordenamento a possibilidade da imposição de multas. Deu, afinal, apenas meio passo, porque deveria se referir também a outras modalidades de pena, como advertência, repreensão e proibição de utilização de bens ou serviços. Mas a convenção e o regimento interno podem estabelecer essa gradação. Assim, tal como está no art. 1.336, § 2º, o condômino que não cumprir quaisquer dos deveres estabelecidos nos incisos II a IV pagará multa prevista no ato constitutivo ou na convenção, não podendo ser ela superior a cinco vezes o valor de suas contribuições mensais, independentemente das perdas e danos

---

"Civil e processual civil – Apelação cível – Preparo extemporâneo – Recolhimento em dobro – **Condomínio Edilício** – **Uso anormal da propriedade** – Perturbação ao sossego – Danos morais – 1- O recorrente que recolhe o preparo extemporaneamente deve ser intimado para fazê-lo em dobro, sob pena de deserção, nos termos do art. 1007, § 4º, do Código de Processo Civil. 2- Os barulhos excessivos e em horários inoportunos suportados por condômino ensejam a fixação de verba indenizatória a título de danos morais de forma razoável e proporcional. 3- Apelo do réu não conhecido. Recurso da autora desprovido" (*TJDFT* – Proc. 20160111183334APC – (1089775), 19-4-2018, Rel. Mario-zam Belmiro).

"Apelação cível – Anulatória – Direito das coisas – Condomínio Edilício – Regimento Interno – Animal de estimação – Permanência – Áreas comuns e privada – Vedação Absoluta – Anulação – Parâmetros – Direito de propriedade – Razoabilidade Constitucional – 1- A cláusula regimental que não consente na permanência de animal de estimação em condomínio edilício, muito embora regularmente aprovada pela maioria dos condôminos em assembleia geral extraordinária especialmente convocada para tanto, merece ser ponderada não apenas à luz das particularidades do caso concreto, senão também em estreita atenção ao sossego, à insalubridade, à periculosidade, ao direito de propriedade e, ainda, à razoabilidade constitucional. Leitura combinada do art. 1.335, incisos I e II, e do art. 1.336, inciso IV, do CC/02, e do art. 19, *caput*, da Lei nº 4.591/64, todos segundo o art. 5º, incisos XXII e LIV, da CR/88. Inteligência do Enunciado nº 566, da VI Jornada de Direito Civil. Jurisprudência local. 2- Logo, deve ser fulminada do regimento interno do Condomínio demandado a cláusula que veda, de maneira absoluta, a permanência ou trânsito de quaisquer espécies de animais, a fim de permitir com que os requerentes possam continuar criando um cão da raça Pinscher, animal sabidamente de pequeno porte e que, a toda evidência, não ultraja o sossego, a insalubridade e a periculosidade dos demais condôminos. Apelação conhecida, porém, desprovida" (*TJGO* – AC 201493745840, 26-2-2016, Rel. Des. Alan S. de Sena Conceição).

"**Processo civil** – Cível – Obrigação de não fazer – Convenção condominial – Infringência – Criação de animais – Cláusula não taxativa – Dever de observância – Tranquilidade – Salubridade do condomínio – I – Estando proibida, expressamente, pela convenção condominial, a criação de animais que comprometam a higiene e tranquilidade do edifício, inadmissível se afigura a permanência de cachorro na unidade condominial. II – Todavia, não restando comprovado, que o animal perturba o sossego dos condôminos e põe em risco a salubridade das áreas comuns do edifício; Não há que se falar em obrigação de extirpá-lo da convivência de seus donos; Quiçá na aplicação de multa. III – Apelo conhecido e provido. Decisão conhecer e dar provimento, unânime" (*TJDFT* – Proc. Cív. 20110111291844 – (792417), 29-5-2014, Relª Desª Leila Arlanch).

que se apurarem. Não havendo disposição expressa, caberá à assembleia geral, por dois terços, no mínimo, dos condôminos restantes, deliberar sobre a cobrança de multa. Não se esqueça de que, em qualquer situação, há que se garantir direito de defesa ao infrator. Esse dispositivo se refere àquele infrator esporádico. No entanto, o Código vai mais além, pois reconheceu que o infrator reiterado, empedernido e renitente deve ser mais rigorosamente apenado, em prol da vida condominial. Assim é que o art. 1.337 dispõe:

> *"O condômino, ou possuidor, que não cumpre reiteradamente com seus deveres perante o condomínio poderá, por deliberação de três quartos dos condôminos restantes, ser constrangido a pagar multa correspondente até o quíntuplo do valor atribuído à contribuição para as despesas condominiais, conforme a gravidade das faltas e a reiteração, independentemente das perdas e danos que se apurem.*
>
> *Parágrafo único. O condômino ou possuidor que, por seu reiterado comportamento antissocial, gerar incompatibilidade de convivência com os demais condôminos ou possuidores, poderá ser constrangido a pagar multa correspondente ao décuplo do valor atribuído à contribuição para as despesas condominiais, até ulterior deliberação da assembleia".*[7]

---

[7] "Apelação. **Condomínio**. Ação declaratória de inexigibilidade de multas, julgada procedente. Advertência à autora, proprietária de unidade locada, por infração às normas do condomínio, consistente no pronunciamento de palavras grosseiras e impróprias, diversas vezes, e em alto tom, pelos inquilinos. Aplicação de seguidas multas, em curto espaço de tempo, todas por 'excesso de barulho', fundamento diverso da advertência, e sem prévias advertências. Ausência de previsão na Convenção Condominial de valor de multa em caso de infração. Juntada de cópia, somente no recurso e sem qualquer justificativa, de assembleia extraordinária onde se modificou o Regulamento Interno e se fixou a multa por infração às normas do condomínio. Impossibilidade de consideração desse documento, produzido em descumprimento ao disposto no art. 435 do CPC. Necessidade de realização de assembleia para discussão do assunto, com quórum qualificado para a aplicação da multa por comportamento antissocial dos locatários da condômina. Inteligência do art. 1.337 do CC. Exercício do contraditório não assegurado à condômina. Inexigibilidade das multas devidamente reconhecida. Sentença mantida. Recurso desprovido, majorados os honorários advocatícios em 2%, nos termos do art. 85, § 11, do CPC" (*TJSP* – Ap 1040313-82.2020.8.26.0002, 13-7-2022, Rel. Sergio Alfieri).

"**Condomínio edilício**. Ação de exclusão de condôminos. Sentença de procedência, mantendo a propriedade dos réus, mas retirando-lhes o direito de usar a coisa. Apelação dos réus. Penalidades do artigo 1.337 do CC que não foram suficientes para cessar a conduta ilícita dos condôminos. Prova testemunhal que confirma o comportamento antissocial e agressivo dos réus, de caráter grave e reiterado, que prejudica a convivência em condomínio. Situação que justifica a perda do direito do uso pessoal dos réus da unidade. Recurso não provido" (*TJSP* – Ap 1002457-23.2016.8.26.0100, 30-8-2021, Rel. Morais Pucci).

"Apelação cível – Condomínio edilício – **Aplicação de multa à moradora por conduta antissocial** – Art. 1.337, parágrafo único, do CC – Prevalência da convenção condominial em detrimento do regimento interno – Cuidando-se de documento que institui o Condomínio, de obediência obrigatória por todos que nele ingressam, a Convenção não pode ser contrariada pelo Regimento Interno, redigido a partir da sua instituição. Intelecção dos arts. 1.333 e 1.334, IV e V, do CC. A multa impingida ao condômino com reiterado comportamento antissocial, prevista no art. 1.337, parágrafo único, do CC, deve ser precedida de ampla defesa, conforme preconiza o art. 5 °, LV, da CF. Hipótese dos autos em que a condômina, anteriormente à aplicação da multa, foi inúmeras vezes advertida de forma verbal pelo Condomínio acerca de seu comportamento antissocial, em nenhuma delas apresentando adequação de conduta. Outrossim, posteriormente à imposição da multa, foi-lhe conferida possibilidade de defesa, tendo ela se manifestado por escrito, com contra resposta pelo condomínio. Inexistente, portanto, qualquer mácula no procedimento que impingiu multa à autora, não há falar em nulidade ou indenização por danos morais. Apelo do condomínio provido. Apelo da autora desprovido. Unânime" (*TJRS* – AC 70081488991, 29-5-2019, Rel. Des. Dilso Domingos Pereira).

"Apelação – **Condomínio** – Ação declaratória de inexistência de multa c.c – Indenização por danos morais – Imposição de multa por reiterado comportamento antissocial do condômino – Cabimento – Assembleia que aplicou multa no décuplo do valor da cota condominial – Possibilidade – Previsão legal e Convencional. Sobre a penalidade aplicada – Aplicação de multa com caráter educativo e com a finalidade de evitar novas reincidências. Coletividade que deve ser preservada em relação ao apelante – Hipótese, outrossim, em que houve a observância aos princípios do contraditório e da ampla defesa – Dano moral não configurado – Sentença mantida -. Recurso desprovido" (*TJSP* – Ap 1009697-88.2015.8.26.0006, 7-3-2018, Rel. Sergio Alfieri).

Note que essas punições podem atingir não apenas o condômino, em sentido estrito, como qualquer possuidor da unidade, não importando a que título seja essa posse ou até mesmo mera detenção, como inclusive referido no art. 1.333.

Como se percebe, o legislador chegou muito próximo, mas não ousou admitir expressamente a possibilidade de estabelecer que o condômino ou assemelhado seja impedido de utilizar a unidade. Não temos dúvida, porém, tendo em vista o sentido social do direito de propriedade que ora se decante, que essa solução pode e deve ser tomada em casos extremos. É de se perguntar se deve o condomínio, seus moradores e ocupantes, suportar a presença de um baderneiro ou de um traficante de drogas. Ademais, nem sempre a multa será a punição mais eficiente ao condômino desajustado, mormente se ele é contumaz inadimplente ou, no outro extremo, se o pagamento de multa, em qualquer valor, nada representa para o sacripanta, nem como punição nem como dissuasão, e muito menos como efeito pedagógico.

Desse modo, a questão que a atualidade deve também equacionar é a proibição ou restrição de uso do direito da propriedade condominial a determinadas pessoas, em razão de seu estado pessoal. Pode, por exemplo, a convenção estabelecer que o condômino (ou locatário, comodatário, ocupante a qualquer título, enfim) condenado por certas modalidades de crime fica proibido de residir ou ingressar no edifício? Não ousamos por ora dar uma resposta peremptória, mas francamente nos inclinamos pela afirmativa, devendo, de *lege ferenda*, ser regulamentada a matéria. O Código deste século, ao estabelecer um sistema punitivo, como

---

"Apelação cível – Ação de obrigação de fazer – Tutela Antecipada – **Comportamento antissocial de condômino** – Fase de execução – Impugnação – Alegação de excesso de execução – *Astreintes* Arbitradas visando o cumprimento da obrigação de fazer imposta – Juros – Não incidência – Correção monetária – Incidência a partir do seu arbitramento – Condomínio propôs ação de obrigação de fazer em face de condômino que apresentava comportamento antissocial. Durante a fase cognitiva foi deferida a antecipação de tutela, fixando-se *astreintes* em caso de descumprimento, havendo majoração destas em momento posterior. Réu que não impugna as alegações de comportamento antissocial em descumprimento da decisão de antecipação de tutela, devendo-se observar o valor das *astreintes* fixadas em cada época, não havendo novo descumprimento após a decisão que majorou o valor da multa. Não incidem juros de mora sobre a multa imposta pelo descumprimento de obrigação de fazer, sob pena de configurar *bis in idem*. (REsp nº 1327199/RJ, Ministra Nancy Andrighi, Jul. 24-04-2014). A correção monetária deve incidir a partir do seu arbitramento, não sendo adicional à condenação, mas mera reposição do poder de compra da moeda. Recurso parcialmente provido" (*TJRJ* – Ap 0101328-58.2006.8.19.0001, 17-6-2016, Relª Elisabete Filizzola Assunção).

"**Direito civil** – Recurso Especial – Condomínio – Ação de cobrança de multa convencional – Ato antissocial (art. 1.337, parágrafo único, do Código Civil) – Falta de prévia comunicação ao condômino punido – Direito de defesa – Necessidade – Eficácia horizontal dos direitos fundamentais – Penalidade anulada – 1 – O art. 1.337 do Código Civil estabeleceu sancionamento para o condômino que reiteradamente venha a violar seus deveres para com o condomínio, além de instituir, em seu parágrafo único, punição extrema àquele que reitera comportamento antissocial, *verbis*: 'O condômino ou possuidor que, por seu reiterado comportamento antissocial, gerar incompatibilidade de convivência com os demais condôminos ou possuidores, poderá ser constrangido a pagar multa correspondente ao décuplo do valor atribuído à contribuição para as despesas condominiais, até ulterior deliberação da assembleia'. 2 – Por se tratar de punição imputada por conduta contrária ao direito, na esteira da visão civil-constitucional do sistema, deve-se reconhecer a aplicação imediata dos princípios que protegem a pessoa humana nas relações entre particulares, a reconhecida eficácia horizontal dos direitos fundamentais que, também, deve incidir nas relações condominiais, para assegurar, na medida do possível, a ampla defesa e o contraditório. Com efeito, buscando concretizar a dignidade da pessoa humana nas relações privadas, a Constituição Federal, como vértice axiológico de todo o ordenamento, irradiou a incidência dos direitos fundamentais também nas relações particulares, emprestando máximo efeito aos valores constitucionais. Precedentes do STF. 3 – Também foi a conclusão tirada das Jornadas de Direito Civil do CJF: En. 92: Art. 1.337: As sanções do art. 1.337 do novo Código Civil não podem ser aplicadas sem que se garanta direito de defesa ao condômino nocivo. 4 – Na hipótese, a assembleia extraordinária, com *quorum* qualificado, apenou o recorrido pelo seu comportamento nocivo, sem, no entanto, notificá-lo para fins de apresentação de defesa. Ocorre que a gravidade da punição do condômino antissocial, sem nenhuma garantia de defesa, acaba por onerar consideravelmente o suposto infrator, o qual fica impossibilitado de demonstrar, por qualquer motivo, que seu comportamento não era antijurídico nem afetou a harmonia, a qualidade de vida e o bem-estar geral, sob pena de restringir o seu próprio direito de propriedade. 5 – Recurso especial a que se nega provimento" (*STJ* – REsp 1.365.279, (2011/0246264-8), 29-9-2015, Rel. Min. Luis Felipe Salomão).

vimos, chega muito perto dessa conclusão, a qual, segundo sustentamos, pode ser tomada em casos extremos. Ninguém pode ser obrigado a habitar ou exercer sua atividade diária ao lado de um facínora, em torno de quem certamente não gravitarão pessoas de escol. Como na hipótese exposta a seguir, o âmbito jurídico é o do abuso de direito na esfera da propriedade. No caso, não se esqueça, trata-se de propriedade de uso coletivo, com unidades autônomas, mas interligadas por inúmeros pontos em comunhão. O projeto em discussão para reforma do Código Civil já permite expressamente a proibição de o condômino resistente utilizar sua unidade e as dependências do condomínio, mediante decisão judicial. Tal como várias decisões encontradas nesse sentido.

Outra questão paralela, no outro extremo, é saber se a convenção ou o regulamento pode impedir que pessoas de grande fama, atores, políticos, esportistas e outros do mesmo grau também podem ser repelidos da comunidade condominial. A permanência de pessoas desse nível atrai inevitavelmente a atenção popular e órgãos da imprensa para o edifício, não bastasse a cupidez de assaltantes e sequestradores, prejudicando a tranquilidade do cidadão comum que ali reside ou trabalha. Cremos que a situação merece solução com base nos princípios do abuso de direito, que é, inclusive, texto expresso no Código (art. 187). Outra não é a solução em países do chamado primeiro mundo. Aliás, as associações corporativas e esportivas em geral estabelecem um julgamento prévio para a admissão de seus membros. A situação é análogica à do condomínio. Essas pessoas requerem constante vigilância, presença permanente de segurança e guarda-costas, o que por si só é inconveniente. É tempo de ser enfrentado o problema entre nós. J. Nascimento Franco e Nisske Gondo (1988:93) lembram da situação em que foi colocado o ex-presidente Richard Nixon, já falecido, que não conseguiu mudar-se para apartamento que adquirira na Park Avenue, região mais nobre de New York, porque a convenção de condomínio vedava a ocupação por pessoas dessa graduação, o mesmo tendo sucedido com a cantora Barbra Streisand e com um príncipe saudita. Não se argumente, pois, contra essa proibição com a alegação da amplitude do direito de propriedade e com a garantia constitucional, pois a decisão emana do maior exemplo de democracia da atualidade, em que mais se preservam os direitos individuais e sociais.

Quando se trata de edifício já terminado, com convenção registrada, em pleno funcionamento, os futuros adquirentes devem submeter-se à norma intestina do edifício, pois a ela aderem. Não pode ocorrer a modificação da convenção com prejuízo de direitos adquiridos, o que não se confunde com o caso específico de mau uso ou de desvio de finalidade da unidade condominial.

Nossa conclusão propende para o sentido de que a permanência abusiva ou potencialmente perigosa de qualquer pessoa no condomínio deve possibilitar sua exclusão mediante decisão assemblear, com direito de defesa assegurado, submetendo-se a questão ao Judiciário. Entender-se diferentemente na atualidade é fechar os olhos à realidade e desatender ao sentido social dado à propriedade pela própria Constituição. A decisão de proibição não atinge todo o direito de propriedade do condômino em questão, como se poderia objetar; ela apenas o limita, tolhendo seu direito de habitar e usar da coisa em prol de toda uma coletividade. Opera, nessa hipótese, o decantado *interesse social*, coroado com pompas pelos editores do Código de 2002. Quem opta por residir ou trabalhar em um condomínio de edifícios ou comunhão condominial assemelhada deve amoldar-se e estar apto para a vida coletiva. Do contrário, deve estabelecer-se ou residir em local apropriado conforme sua condição, estado e personalidade. A situação no caso concreto, contudo, exigirá o diligente cuidado do julgador, pois estarão em jogo dois interesses de elevado grau axiológico, quais sejam, o direito individual do proprietário e o direito do corpo coletivo condominial. Sopesando-se devidamente esses valores, atingir-se-á a solução jurídica e justa. J. Nascimento Franco e Nisske Gondo (1988:244), em sua importante monografia acerca de condomínio em edifícios, não fogem a essa crucial problemática, sufragando exatamente a mesma tese ora esposada:

> *"Possivelmente o legislador não quis enfrentar o problema temeroso de ferir o direito de propriedade sobre partes privativas do edifício. Rigoroso em outros pontos, o legislador foi muito tímido ao regular a utilização do apartamento da porta para dentro. Contudo o fato se repete em larga escala, reclamando solução, ainda que drástica, tal como a exclusão definitiva do condômino ou, pelo menos, a imposição de mudar-se para outro local. Estamos às vésperas de profundas reformas da legislação brasileira. Fica assim colocado o problema, que o legislador poderá e deverá solucionar de forma adequada, a fim de que os condôminos sacrificados possam afastar do edifício o comunheiro nocivo".*

Na omissão da lei antiga, e dentro da filosofia do vigente Código, é evidente que os princípios gerais dos direitos de vizinhança e do direito condominial permitem a solução. Preponderará sempre o prudente critério do julgador. Com essa solução, também se busca o sentido social e constitucional da propriedade.

Ademais, já é tempo de o legislador, e quiçá os próprios incorporadores, enfrentarem a hipótese de instituição de condomínios seletivos, a exemplo dos que existem na Europa e Estados Unidos, como já mencionamos, destinados, por exemplo, a pessoas idosas, valetudinárias ou casais sem filhos. A utilização seletiva da propriedade também atende a sua finalidade social.

Desse modo, afora essa matéria digressiva, o condômino tem o direito de usar, gozar e dispor de sua unidade de forma exclusiva. Ao assegurar esse direito a cada condômino, estatuiu o art. 19 da lei condominial anterior que

> *"poderá usar as partes e coisas comuns, de maneira a não causar dano ou incômodo aos demais condôminos ou moradores, nem obstáculo ou embaraço ao bom uso das mesmas partes por todos".*

O meio processual para o condomínio fazer cessar o mau uso ou turbação da vida condominial é a ação de obrigação de fazer ou não fazer, com cominação de multa. O processo cautelar por vezes se fará necessário para obtenção de decreto judicial de pronta sustação do incômodo. Tormentosas e de difícil solução as questões de vizinhança, particularmente as condominiais. Anote-se que não somente o condômino se submete aos ditames da convenção, do regimento interno e das regras de vizinhança, mas também *"o ocupante do imóvel a qualquer título"* (art. 20 da lei anterior). Nessa dicção, incluem-se o locatário, comodatário, familiar, morador, visitante eventual ou permanente, empregados, prepostos, prestadores de serviço, entregadores de mercadorias etc. A imposição de multa deve ser carreada ao responsável ou ao condômino, sendo conveniente que a convenção ou o regulamento estabeleça a solidariedade nessa obrigação. Se não houver previsão, o condômino deve responder pelo ato. Em última análise, o condômino deve ser sempre o responsável pelas obrigações emergentes da vida condominial a que deu origem, com direito regressivo contra o responsável, se for o caso. Doutro modo, as infrações praticadas por terceiro poderiam restar irressarcidas. Importa, no entanto, em cada caso concreto, estabelecer o nexo de causalidade entre o infrator e o titular da unidade condominial, ainda que esse vínculo seja de natureza objetiva: o condômino responde por atos de vandalismo praticado por seu convidado, visitante, hóspede, comodatário ou locatário, por exemplo, que aí estão colocados na posição de seus prepostos. O princípio reporta-se à responsabilidade aquiliana. Essa é matéria de prova. Nesse sentido, deve ser entendido o art. 21 da lei anterior que dispõe acerca da imposição de multa ao infrator, bem como os arts. 1.336, § 2º, e 1.337 do presente diploma.

Outra questão que ora e vez é trazida à baila é a presença de animais nos edifícios. A questão deve ser objeto de disciplina na convenção ou regulamento.[8] A jurisprudência propende para a permissão de animais de pequeno porte, que não incomodem a vizinhança, nem se utilizem das áreas comuns (Pereira, 1993:171). "*Tudo dependerá, pois, da prova de tais circunstâncias, não se podendo*, a priori, *afirmar a prevalência da Convenção sobre as peculiaridades do caso concreto*" (Lopes, 1994:147). Essa também é a opinião de J. Nascimento Franco e Nisske Gondo (1988:222), que recomendam moderação na aplicação de cláusulas proibitivas relativas à questão.

O art. 10 e o art. 1.336, II, proíbem o condômino de alterar a forma externa da fachada (inciso I). Isso inclui pintura de cor diferente do padrão do edifício, diferentes luminárias, inclusão de cartazes, caixilhos diferentes dos aprovados etc. O condômino poderá, no entanto, alterar a fachada com a "*aquiescência unânime dos condôminos*" (art. 10, § 2º, da lei anterior). Há, portanto, no ordenamento de 2002, necessidade de unanimidade para alteração da fachada, o que, na prática, mostra-se quase intransponível, mormente em grandes edifícios. A questão atina primordialmente à estética do prédio, mas também à segurança. Há equipamentos de segurança que podem ser colocados nos apartamentos, sem prejuízo dessa proibição, como, por exemplo, redes de proteção em janelas e alpendres praticamente invisíveis a distância. O mesmo não se diga de toldos e vidraçaria de tonalidades diversas, que deverão obedecer a padrão aprovado, se devidamente autorizado. Na matéria, importa grandemente a casuística.

---

8 "Apelação. 'ação visando ao cumprimento de obrigação de fazer c/c obrigação de não impedir o direito de circulação de animais domésticos nas dependências do condomínio'. Sentença de improcedência do pedido. Apelação da autora. Pretensão de ver autorizado o **acesso de seus animais de estimação em áreas distintas daquelas previstas no Regimento Interno do Condomínio** (Pet Space). Havendo expressa determinação no Regulamento Interno do condomínio réu de que a circulação de animais de estimação deverá ser feita exclusivamente no colo do condômino, nas áreas comuns, é incabível o acolhimento da pretensão dos autores, no sentido de transitarem com seus animais de estimação no chão fora da área destinada ao espaço pet. Sentença de improcedência do pedido mantida. Recurso não provido" (*TJSP* – Ap 1022705-03.2022.8.26.0002, 15-7-2024, Relª Cármen Lúcia da Silva).

"Agravo de instrumento – **Ação de obrigação de fazer** – Tutela de urgência – Autorizar a entrada e permanência de animal de estimação de grande porte em condomínio – Perigo de dano irreparável – Verossimilhança das alegações – Preenchimento dos requisitos exigidos para a concessão da tutela de urgência – Decisão mantida – 1- Controvérsia centrada na discussão sobre a possibilidade de concessão da tutela de urgência consubstanciada na autorização da entrada e permanência em apartamento do condomínio de animal de estimação de grande porte a despeito da proibição no regimento. 2- Estando presente, simultaneamente, a verossimilhança das alegações (*fumus boni iuris*) e o perigo de lesão grave e de difícil reparação ao direito da parte (*periculum in mora*), e não havendo, ainda, risco de irreversibilidade da medida, é de ser deferida a antecipação dos efeitos da tutela. 3- No caso, o agravado demonstra a plausibilidade do direito, visto que, apesar do seu animal não ser de pequeno porte, como autoriza o regimento, não causará incômodo ou perturbação aos demais moradores, pois não circulará pelo elevador ou no hall social, sendo ainda de uma raça dócil. Em relação ao perigo da demora, este se faz presente pelo risco de interromper a convivência diária do animal doméstico com a família, principalmente com a filha do autor, de dois anos de idade, que convive com o cachorro desde bebê. 4- Agravo de Instrumento conhecido e não provido" (*TJMS* – AI 1405181-26.2019.8.12.0000, 4-7-2019, Rel. Des. Paulo Alberto de Oliveira).

"Obrigação de fazer – **Condomínio** – **Animal doméstico** – Incômodo e transtornos demonstrados" (*TJDFT* – Proc. 20160710202835APC – (1090001), 26-4-2018, Rel. Fernando Habibe).

"Apelação Cível – Ação de despejo – Locação Residencial – Infração Contratual – Locatária que mantém animal de estimação (gata) no apartamento – **Convenção condominial e contrato de locação que proíbem a manutenção de qualquer espécie de animal** nas dependências da unidade locada e condomínio. Sentença de improcedência. Abusividade. Inexistência de qualquer espécie de risco aos demais condôminos. Animal que não causa qualquer transtorno aos moradores. Ausência de risco ao sossego e segurança. Manutenção da sentença. Arbitramento de honorários pela sucumbência recursal. Desprovimento do recurso" (*TJRJ* – AC 0233034-52.2015.8.19.0001, 24-7-2017, Rel. Lúcio Durante).

"**Apelação Cível** – Ação de indenização por danos morais e materiais – Imóvel locado – Entrada barrada – Permissão – Condomínio de animais de pequeno porte – Responsabilidade civil objetiva – Ato ilícito e nexo de causalidade comprovados – Devida indenização por danos morais e materiais – Sentença reformada – Recurso provido" (*TJPR* – AC 1132781-0, 29-8-2014, Rel. Des. Sérgio Roberto N. Rolanski).

Completava o elenco de proibições a qualquer condômino o inciso III do art. 10: *"destinar a unidade a utilização diversa de finalidade do prédio, ou usá-la de forma nociva ou perigosa ao sossego, à salubridade e à segurança dos demais condôminos"*. O art. 1.336, IV, dispõe que é dever do condômino *"dar às suas partes a mesma destinação que tem a edificação, e não a utilizar de maneira prejudicial ao sossego, salubridade e segurança dos possuidores, ou aos bons costumes"*. Cabe à convenção estabelecer a finalidade do edifício, residencial ou não residencial, estabelecendo restrições. Acrescentava o inciso IV do art. 10: *"embaraçar o uso das partes comuns"*. Tais proibições são corolário do que temos aqui exposto. A finalidade genérica, residencial ou não residencial, pode, como vimos, estabelecer restrição a certo nível de moradores ou a certa modalidade de atividade não residencial, considerada nociva, perigosa, ou inconveniente para aquele condomínio em particular. Examina-se em cada caso o critério da nocividade para o condomínio. Em condomínio para finalidade não residencial, por exemplo, torna-se inadmissível o pernoite de condômino ou possuidor, salvo situações excepcionais autorizadas pela administração ou assembleia.

O § 1º desse art. 10 fixava os parâmetros processuais para a ação de obrigação de fazer ou não fazer, por nós constantemente referida nesta obra.

Cabe ao síndico promover as medidas de defesa que se fizerem necessárias, com autorização da assembleia. Como detentor do poder executivo do condomínio, o síndico não necessita de autorização assemblear, contudo, para sua atividade ordinária de administração, proteção e defesa da coisa comum. Aliás, essa é sua obrigação.

15.4.1 Terraço de Cobertura. Vagas de Garagem e Áreas de Lazer e de Utilização Comum

Os empreendimentos imobiliários na atualidade ganham dimensão de verdadeira comunidade, sejam de uso exclusivamente residencial ou não. Há prédios e conjuntos de prédios que mantêm amplas áreas de lazer: quadras esportivas, salas de jogos e ginástica, churrasqueiras, jardins, piscinas etc. O mesmo ocorre com os prédios de uso comercial, que possuem salas de reunião, sofisticados sistemas de comunicação, segurança etc.

A disciplina dessas áreas deve caber à convenção ou regulamento. Nada impede, antes se aconselha, que a utilização de certas dependências e facilidades postas à disposição dos condôminos e ocupantes seja remunerada, revertendo-se o benefício em prol da administração da coisa comum.

O mais recente Código preocupou-se expressamente com o terraço de cobertura que, no passado, foi palco de ingentes disputas. No art. 1.331, § 4º, estatui que *"o terraço de cobertura é parte comum, salvo disposição contrária da constituição de condomínio"*. Esse terraço, como se sabe, pode pertencer à unidade do último andar do edifício. Completa o art. 1.344: *"Ao proprietário do terraço de cobertura incumbem as despesas da sua conservação, de modo que não haja danos às unidades imobiliárias inferiores"*. Se o terraço for área comum, caberá ao condomínio sua manutenção. Quando, no entanto, houver danos estruturais, mesmo que o terraço pertença à unidade da cobertura, os reparos deverão caber ao condomínio, sempre com ação de regresso, se couber, ao construtor. Matéria de grande dificuldade prática nos condomínios sempre é a problemática das infiltrações e o ingresso na unidade causadora para os efetivos reparos. Sempre há que se contar com o bom senso dos magistrados, mormente no exercício desse poder de cautela, uma vez que nem sempre é possível contar com o bom senso e a cautela dos condôminos.

O problema mais crucial nesse aspecto, no entanto, diz respeito às garagens e sua respectiva utilização numa sociedade cada vez mais dependente das quatro rodas.

O dispositivo referente à garagem no art. 2º da lei anterior era sumamente incompleto. Parece referir-se unicamente ao *edifício-garagem*, isto é, prédio destinado exclusivamente a estacionamento.

O fato é que a garagem ligada à unidade autônoma *pode ser considerada também uma unidade autônoma* se corresponder a fração ideal de terreno. Além desse aspecto, deve ser demarcada e identificada em planta detalhada presente no memorial e registrada no cartório imobiliário com descrição na especificação de condomínio (Lopes, 1994:64). Se não preenchidos esses requisitos, as garagens são consideradas áreas comuns do edifício, tipicamente uma garagem coletiva (Franco e Gondo, 1988:46). Na garagem do edifício, existirá um local demarcado com direito exclusivo ou um direito coletivo de utilização de toda a garagem, sujeito a regulamentação, dependendo da situação jurídica. Não é lícito ao condômino demarcar sua vaga se se trata de local de uso comum. Em qualquer Hipótese, o direito integra o direito de propriedade condominial. Cabe ao adquirente da unidade condominial certificar-se sobre qual a natureza da vaga de garagem do edifício, sob pena de enfrentar incômodos no futuro.[9]

---

9 "**Condomínio edilício** – Uso de vaga de garagem – Ação que visa ao cumprimento de obrigação de fazer – O autor dispõe de título de propriedade que lhe concede direito a uma vaga indeterminada de garagem no edifício – Se houve erro do registrador, ainda assim, enquanto subsistir o direito registrado, tem que permitir o réu ao demandante a utilização da vaga – Ele tem respaldo nas disposições dos arts. 1228 e 1245 do Código Civil – Multa fixada com adequação, para garantir o cumprimento do julgado – Sentença mantida, com elevação da verba honorária arbitrada – Recurso improvido" (*TJSP* – Ap 1040505-67.2016.8.26.0224, 20-2-2019, Rel. Caio Marcelo Mendes de Oliveira).

"Usucapião – **Vaga de garagem indeterminada** – Condomínio edilício – Apartamento que não tem direito a vaga determinada ou indeterminada, segundo certidão atualizada da matrícula do Oficial de Registro de Imóveis – Autores alegam uso exclusivo de vaga de garagem há mais de 30 anos, que serviria apenas à unidade autônoma adquirida – Posse sobre área comum de condomínio edilício não passível de apropriação individual por condôminos – Área comum objeto da usucapião não gera posse *ad usucapionem* em razão da ocupação por um dos condôminos – Coisa inábil à aquisição por usucapião, gerando somente posse *ad interdicta* aos condôminos possuidores – Precedentes do STJ a respeito do tema – Sentença de extinção sem resolução de mérito mantida – Recurso improvido" (*TJSP* – Ap 1006799-28.2017.8.26.0008, 12-4-2018, Rel. Francisco Loureiro).

"Processual civil – Tributário – Embargos de terceiro – Cônjuge – Reserva da meação – **Box estacionamento com matrícula individualizada** – Súmula 449 do STJ – Art. 1.331 do Código Civil – Inaplicabilidade – Hasta Pública – Possibilidade – 1- A impenhorabilidade do imóvel residencial não se estende ao box de estacionamento, com matrícula individualizada e independente do imóvel residencial correspondente, quando fática e juridicamente divisíveis os bens, diante da diferente destinação de um e de outro. 2- Nos termos da Súmula 449 do STJ 'A vaga de garagem que possui matrícula própria no registro de imóveis não constitui bem de família para efeito de penhora'. 3. De acordo com o art. 655-B, do CPC pela Lei nº 11.382/2006, 'tratando-se de penhora em bem indivisível, a meação do cônjuge alheio à execução recairá sobre o produto da alienação do bem'. Desse modo fica resguardado ao cônjuge meeiro a metade do produto da arrematação do bem penhorado. 4- As disposições constantes dos arts. 1.331, § 1º, do Código Civil (Redação dada pela Lei nº 12.607, de 2012) obstam a alienação voluntária dos abrigos para veículos a pessoas estranhas ao condomínio, mas não põem tais bens a salvo da penhora e da expropriação judicial. 5- Sentença mantida" (*TRF-4ª R.* – AC 5008759-10.2015.4.04.7107, 26-4-2016, Relª Juíza Fed. Cláudia Maria Dadico).

"**Direito civil e processual civil** – Recurso de apelação – Ação de reintegração de posse – Obstrução de vaga de garagem pertencente a condômino – Esbulho possessório caracterizado – Cerceamento de defesa – Não ocorrência – Recurso improvido – Decisão unânime – 1 – Sendo o magistrado destinatário final das provas produzidas, cumpre-lhe avaliar quanto à sua suficiência e necessidade, indeferindo as diligências consideradas inúteis ou meramente protelatórias (art. 130 do Código de Processo Civil). 2 – A mera alegação de haver o juízo sentenciante julgado antecipadamente a lide, com prejuízo da produção das provas anteriormente requeridas, não implica, por si só, em cerceamento de defesa. 3 – A utilização, pelo condomínio, de área privativa de garagem pertencente ao condômino caracteriza esbulho possessório. Caso em que o proprietário só dispõe de duas, das três vagas de garagem que lhe cabem. 4 – Recurso improvido. Recurso Adesivo improcedente. Decisão unânime" (*TJPE* – Ap 0043929-50.2011.8.17.0810, 3-9-2014, Rel. Des. Eurico de Barros Correia Filho).

"**Adjudicação compulsória. Vaga de garagem em condomínio edilício.** Compromisso de venda e compra. Preço integralmente quitado. Inexistência de impedimento à substituição da vontade negocial definitiva não emitida. Direito à adjudicação compulsória que, exercido contra o promitente vendedor, não se condiciona ao registro do compromisso (Súmula 239 do STJ). Vaga objeto de propriedade exclusiva conforme especificação do condomínio e

A proteção possessória do espaço de garagem individualizado é possível contra quem turbe a posse, contra outro condômino, terceiros ou o próprio condomínio. Tratando-se de garagem *pro indiviso*, a possessória é possível contra quem turbe a utilização da coisa comum de forma geral. Não existe possibilidade de usucapião nessa garagem indivisa, porque se trata de posse simultânea (Viana, 1981:45), nem para o condômino e muito menos para estranho. A garagem deve ser tratada sempre como um acessório da unidade autônoma, salvo se se tratar de edifício-garagem.

Não permitindo a convenção ou sendo omissa, a nosso ver, sob o prisma da lei anterior, a vaga de garagem não pode ser alienada ou cedida a qualquer título a estranho do corpo condominial. Nesse sentido deve ser entendido o art. 1.338 do presente Código.[10] Esse dispositivo permite ao condômino alugar "*área de abrigo para veículos*", preferindo, em condições iguais, qualquer dos condôminos a estranhos e, entre todos, os possuidores. Deveria o Código ter sido mais específico e incisivo. Não só a convenção e o regulamento podem vedar o ingresso de estranhos, como também a assembleia geral pode decidir sobre a matéria. Permitir que estranho utilize a garagem de um edifício residencial pode inserir mais um fator de insegurança no condomínio. Cabe, porém, ao próprio condomínio definir seu peculiar interesse. Nada impede, porém, que a vaga de garagem seja cedida a outro condômino. Essa vedação expressa decorria do § 2º do art. 2º da lei anterior. Nada impede que a convenção altere a destinação. Pode também ser estabelecida preferência de aquisição de garagem a condômino que não a possua.

O art. 1.338, como vimos, dispõe que, se o condômino resolver alugar área de abrigo para veículos, preferir-se-á, em condições iguais, qualquer dos condôminos a estranhos e, entre todos, os possuidores. Por outro lado, pelas mesmas razões, o art. 1.339, § 2º, permite que o condômino aliene parte acessória de sua unidade a outro condômino, só podendo fazê-lo a terceiro se essa faculdade constar da convenção e se a ela não se opuser a respectiva assembleia

---

registro imobiliário, cabendo-lhe fração ideal de terreno e quota ideal na propriedade comum. Distinção de outras vagas por numeração cardinal. Área própria e matrícula imobiliária. Descrição adequada no contrato preliminar. Princípio da especialidade observado. Adjudicação deferida. Ação procedente. Apelação provida" (*TJSP* – Ap 0024101-34.2010.8.26.0008, 10-9-2013, Rel. Guilherme Santini Teodoro).

[10] "Apelação – Bem imóvel – Ação de anulação de compra e **venda de vaga de garagem em condomínio edilício**. Sentença de improcedência. Inconformismo da autora. Inaplicável o artigo 513 do Código Civil, porquanto não se trata de obrigação do comprador em dar preferência ao vendedor para adquirir as coisas nas mesmas condições ofertadas a terceiros, uma vez que nem a autora ou antiga proprietária da unidade condominial 211 adquiriram a vaga de garagem nº 16 e a autora não pode ser considerada possuidora de boa-fé, pois nunca procurou a construtora, que era a proprietária da vaga de garagem, com a intenção de comprá-la, tão somente, baseando-se nas palavras da ex-proprietária, se apossou da vaga. E o pagamento de imposto do exercício fiscal mencionado na inicial não qualifica a autora como possuidora de boa-fé, porque nunca arcou com o pagamento do rateio das despesas condominiais as quais sempre foram pagas pela EZETC, proprietária da vaga de garagem. Sentença mantida. Recurso a que se nega provimento" (*TJSP* – AC 1014898-36.2016.8.26.0003, 5-11-2019, Rel. José Rubens Queiroz Gomes).

"**Despesas de condomínio** – Ação de cobrança – Cessão a título precário da posse de vagas de garagem – Terceiro possuidor que não ostenta nenhum título capaz de lhe conferir a propriedade dos imóveis – Responsabilidade da proprietária dos bens – Reconhecimento – Procedência mantida apelação desprovida" (*TJSP* – Ap 1004437-49.2013.8.26.0281, 3-5-2016, Rel. Andrade Neto).

"**Ação anulatória**. Pleito objetivando seja declarada a insubsistência de decisão judicial que autorizou a **adjudicação de vagas de garagem a terceiro**, estranho à unidade condominial. 1 – Indeferimento do pedido de assistência judiciária formulado pelo condomínio. Interposição de agravo retido, reiterado como preliminar na apelação. Agravo conhecido, para negar-se-lhe provimento. Condomínio que se situa em bairro nobre da cidade de São Paulo. Agravo desprovido. 2 – Adjudicação das vagas de garagem a terceiro estranho. Terceiro que, no curso da lide, alienou as vagas a proprietário de unidade autônoma do condomínio. Perda superveniente do objeto da lide. Apelo desprovido" (*TJSP* – Ap 0204930-59.2009.8.26.0100, 21-8-2013, Rel. Ramon Mateo Júnior).

geral.[11] Portanto, na ausência de disposição no ato constitutivo do condomínio, a assembleia deve autorizar a venda de parte acessória, tal como a vaga para estacionamento ou garagem, a terceiro, estranho ao condomínio.

A grande problemática quanto às garagens reside nas situações nas quais inexistem vagas demarcadas, sendo a garagem de uso comum. Por vezes, o incorporador institui verdadeiras vagas-fantasmas, garagens que não permitem acomodação de veículos a todos os condôminos, como assegurado nos contratos. A responsabilização nessa hipótese é do incorporador, que deve responder por perdas e danos, sendo legitimado o condomínio ou o condômino prejudicado para essa ação.

O critério de sorteio e rodízio de garagens, quando não demarcadas e unidas umbilicalmente a cada unidade, é por vezes adotado, situação, porém, não isenta de dúvidas. A esse respeito conclui João Batista Lopes (1994:68)

> *"que o sorteio jamais poderá assumir caráter definitivo, devendo ser realizado periodicamente, sob pena de conceder vantagem indevida a alguns condôminos em sacrifício de outros".*

Não sendo permitido o estacionamento cômodo, torna-se necessária a presença de manobrista na garagem, não podendo o condômino obstar a atividade do empregado no acomodamento de todos os veículos.

A convenção ou regulamento também deve estabelecer local para veículos de visitantes ou sua proibição.

Transgride regra convencional e regulamentar o condômino que pretender estacionar maior número de veículos, ou veículo de maior porte, do que lhe assegura seu título aquisitivo. Da mesma forma, é transgressor aquele que pretende utilizar o espaço da garagem para outra finalidade que não o exclusivo estacionamento e depósito de veículos.

Em situação análoga às garagens, colocam-se os armários ou compartimentos de depósito situados no subsolo ou nas próprias garagens. O regime deve ser o mesmo.

O condomínio pode também reservar para si a propriedade e posse de algumas vagas de garagem, cuja utilização deve ser regulada em convenção, regimento ou assembleia.

A convenção deve fixar igualmente a responsabilidade civil referente a furtos, roubos ou danos ocorridos nas garagens e partes comuns do edifício. Válida a cláusula de não indenizar

---

[11] "Agravo de instrumento de decisão interlocutória que reconheceu a impenhorabilidade do imóvel e de box de garagem com matrícula própria diante de ata de assembleia do condomínio que veda expressamente a alienação para terceiros não proprietários de unidades no edifício. Recurso da credora. A interpretação sistemática dos artigos 1331, 1º, 1.339, 2º, ambos do Código Civil, bem como, do dispositivo assemblear conduzem ao entendimento de que é possível a penhora e o leilão do box de garagem dotado de matrícula autônoma circunscrito aos proprietários de unidades do condomínio. Aplicação de doutrina especializada e da jurisprudência do STJ: RESP n. 2.042.697/SC, relator Ministro Marco Aurélio Bellizze, Terceira Turma, julgado em 7/2/2023, DJE de 10/2/2023. Recurso parcialmente provido nesses termos". (*TJSP* – AI 2006978-56.2023.8.26.0000, 13-3-2023, Rel. Alberto Gosson).

"Apelação – Ação ordinária – **Vaga de garagem** – Unidade autônoma – Venda separada do apartamento – Possibilidade – Por sua vez, como verdadeira unidade autônoma, em decorrência do próprio direito de propriedade, o direito de alienação da vaga de garagem é amplo. Assim, se a vaga de garagem é encarada como verdadeira unidade autônoma, a alienação separada do apartamento a que, a princípio se vincula, é livre, e independe inclusive do consentimento dos demais condôminos" (*TJMG* – AC 1.0024.13.174108-4/002, 26-4-2019, Rel. Alberto Henrique).

"Agravo de instrumento – Adjudicação – **Vaga de garagem** – Impossibilidade – Agravo anterior que autorizou penhora das vagas de garagem desde que fossem adquiridas por condômino, ficando vedada a alienação a terceiros estranhos ao condomínio – Convenção de condomínio que expressamente contém vedação quanto à alienação para terceiro (art. 1339, § 2º, do CC) – Recurso provido" (*TJSP* – AI 2214309-18.2017.8.26.0000, 22-1-2018, Relª Lígia Araújo Bisogni).

ali estabelecida. "*Lícito aos condôminos estabelecer não ser devida indenização, pelo condomínio, em virtude de danos sofridos por veículos estacionados na garagem do edifício*" (*STJ*, 3ª T., RE 10.285-SP, Rel. Min. Nilson Naves, *Boletim da AASP* 1.732; no mesmo sentido RE 13.027-RJ, *Boletim da AASP* 1.727; RE 37.098-1-SP, *Boletim da AASP* 1.823).

> "*Não se configura a responsabilidade do condomínio, quando nenhuma obrigação assuma perante condôminos relativamente à guarda de veículos. Inocorrente, ademais, a culpa do preposto, funcionário da portaria do edifício*" (STJ, RE 9.191/PR, Rel. Min. Barros Monteiro, *DJU* 189:13.491 de 30-9-91; no mesmo sentido, RE 20.303-3/DF, Rel. Min. Sálvio de Figueiredo, *DJU* 167:13.650 de 31-8-92; em sentido contrário, RE 8.977/SP, Rel. Min. Waldemar Zveiter, *DJU* 124:9.192, de 1º-7-91).

15.5 DESPESAS DE CONDOMÍNIO. COBRANÇA. OBRAS E REFORMAS

O condômino deve concorrer com o rateio que lhe couber para sustentar o funcionamento da vida condominial. As despesas comuns de energia elétrica, água, materiais de limpeza, pagamento de empregados e serviços eventuais, conservação de equipamentos, tributos, seguros etc. devem ser rateadas.

Essa obrigação *propter rem* estabelecida é prevista no § 1º do art. 12 da lei anterior, que dispõe: "*salvo disposição em contrário na convenção, a fixação da quota do rateio corresponderá à fração ideal do terreno de cada unidade*".[12] Essa mesma obrigação consta do art. 1.336, I.[13]

---

[12] "Agravo interno nos embargos de declaração no agravo em recurso especial – **Condomínio** – **Rateio das despesas condominiais** – Convenção de condomínio – Adoção do critério de cálculo da cota-parte de cada condômino com base na área privativa de cada um dos apartamentos – Critério que, por si só, não autoriza a distinção – agravo provido para que seja processado o recurso especial – 1- A Lei de regência dos condomínios em edificações (Lei 4.591/64), em seu art. 12, *caput* e § 1º, estabelece a obrigação de cada condômino arcar com as despesas condominiais na proporção de sua cota-parte. Em regra, a aludida quota-parte deve corresponder à fração ideal do terreno de cada unidade, podendo a convenção condominial dispor em sentido diverso, desde que observadas as formalidades legais, a isonomia e evitando enriquecimento sem causa. Nessa mesma linha de raciocínio dispõe o art. 1.336 do Código Civil de 2002. 2- A matéria tem ampla repercussão social, porquanto versa sobre a forma de cálculo de cotas de condomínio residencial, exigindo definição jurisprudencial quanto à interpretação do disposto no § 1º do art. 12 da Lei 4.591/64, com a redação dada pela Lei 10.931/2004, e do art. 1.336 do Código Civil. 3- Agravo interno provido, para que seja processado o recurso especial, na forma prevista no art. 253, parágrafo único, II, d, do Regimento Interno do Superior Tribunal de Justiça" (*STJ* – AGInt-EDcl-AG-REsp 829.370 – (2015/0318180-0), 7-3-2018, Rel. Min. Lázaro Guimarães).

"**Apelação** – Ação monitória – Despesas condominiais – Indeferimento da petição inicial – Inconformismo – Acolhimento – Ação proposta pela incorporadora credora, que se sub-rogou nos direitos creditórios do condomínio. Ação devidamente instruída com prova da venda da unidade, da Ata da Assembleia Geral Extraordinária, a qual aprovou, com unanimidade, o acordo em que a autora assumiu os débitos, e o recibo do pagamento das cotas do condomínio que estavam em atraso. Documentos suficientes para garantir o exercício da monitória. Sentença anulada para determinar o prosseguimento do feito, com a citação dos réus. Recurso provido (v. 15095)" (*TJSP* – Ap 0057546-61.2010.8.26.0002, 31-3-2014, Relª Viviani Nicolau).

[13] "Recurso especial – Direito civil e processual civil (CPC/73) – Ação de cobrança – **Cotas condominiais** – Cumprimento de sentença – **Imóvel arrematado em hasta pública** – Informação no edital acerca da existência de débitos condominiais – Caráter 'propter rem' da obrigação – responsabilidade do arrematante – sucessão no polo passivo da execução – cabimento – 1- Controvérsia em torno da possibilidade de inclusão do arrematante no polo passivo da ação de cobrança de cotas condominiais na fase cumprimento de sentença. 2- Em recurso especial não cabe invocar ofensa à norma constitucional. 3- Os arts. 204 e 206, § 5º, I, do CC não contêm comandos capazes de sustentar a tese recursal, atraindo o óbice da Súmula 284 /STF. 4- Não há violação aos arts. 489, § 1º, IV e 1.022, II e § único, II, do CPC quando a matéria em exame foi devidamente enfrentada pelo Tribunal de origem, que emitiu pronunciamento de forma fundamentada, ainda que em sentido contrário à pretensão da parte recorrente. 5- Em se tratando a dívida de condomínio de obrigação 'propter rem', constando do edital de praça a existência de ônus incidente sobre o imóvel, o arrematante é responsável pelo pagamento das despesas condominiais vencidas, ainda que estas sejam anteriores à arrematação, admitindo-se, inclusive, a sucessão

As despesas que refogem à administração ordinária devem ser aprovadas em assembleia. Por vezes, despesas urgentes devem ser feitas, com aprovação posterior.

Os tribunais, no passado, perante a avassaladora inflação no país, passaram a entender que a correção monetária das despesas devia ser computada desde os respectivos vencimentos, sob pena de ocorrer enriquecimento ilícito em favor do inadimplente, com odioso prejuízo contra os condôminos cumpridores de suas obrigações. Desse modo, tornava-se corrigível o débito, ainda que a convenção silenciasse, porque o § 3º desse art. 12 da lei anterior permitia a cobrança de correção apenas no caso de mora por período superior ou igual a seis meses.

O parágrafo único do art. 4º da lei condominial, com a redação dada pela Lei nº 7.182/84, estabelecera que *"a alienação ou transferência de direitos de que trata este artigo* (alienação da unidade) *dependerá de prova de quitação das obrigações do alienante para com o respectivo condomínio"*. Essa prova se faz por meio de declaração do síndico. Alienação feita sem esse documento pode impedir o registro imobiliário. Ainda que, de qualquer modo, se ultime a transcrição, o adquirente assume o risco de pagar despesas pretéritas, se não se muniu dessa declaração, ou se havia despesas em aberto desconhecidas na oportunidade. Outra não pode ser a interpretação tendo em vista a natureza reipersecutória da obrigação.[14] Nesse sentido, também é expresso o Código Civil de 2002, de molde a não deixar dúvidas: *"O adquirente de unidade responde pelos débitos do alienante, em relação ao condomínio, inclusive multas e juros moratórios"* (art. 1.345). Desse modo, persiste, a nosso ver, a obrigação do condomínio, por sua administração, em fornecer declaração atualizada de débitos referentes à unidade, para eventuais interessados na aquisição. Essa situação mereceria, aliás, um dispositivo expresso na vigente lei, para evitar abusos e mal-entendidos futuros que deságuam na responsabilidade do novo adquirente.

A impenhorabilidade da unidade por disposição voluntária (testamento ou doação), ou por força da Lei nº 8.009/90, por se qualificar como bem de família, não impede a constrição da coisa decorrente de débitos da unidade condominial, sob pena de subversão do sistema do injusto enriquecimento. As despesas de condomínio, a exemplo dos tributos, oneram a própria coisa.

A discordância acerca de determinada despesa deve ser trazida pelo condômino em assembleia. A matéria é estranha à discussão na ação de cobrança. Somente a maioria dos votantes pode anulá-la. Aprovada validamente a despesa pela maioria, não se discute mais sua exigibilidade.[15]

---

processual do antigo executado pelo arrematante. 6- Recurso especial desprovido" (*STJ* – REsp 1672508/SP, 1-8-2019, Rel. Min. Paulo de Tarso Sanseverino).

14 "**Despesas condominiais** – Não há cerceamento de defesa pela não realização de provas desnecessárias – Rateio adequadamente efetuado, conforme a convenção do condomínio e a lei civil – Pedido improcedente – Recurso não provido" (*TJSP* – AC 0002969-25.2012.8.26.0565, 27-3-2019, Relª Silvia Rocha).

"Apelação cível – **Condomínio** – Ação de exoneração de despesas condominiais não utilizadas – Cobrança de forma fixa – Impossibilidade – Ausência de convenção de condomínio – Rateio na fração ideal – art. 1.336, I e art. 12, § 1º, segunda parte, da Lei nº 4.591/64 – Sentença mantida – Caso concreto. De acordo com o novo Código Civil Brasileiro, resta estabelecido como regra o rateio das despesas condominiais na proporção das frações ideais (art. 1.336, inciso I, primeira parte, do CC) e no mesmo sentido a própria Lei de Condomínio em Edificações (art. 12, § 1º, segunda parte, da Lei nº 4.591/64). A parte apelante responde pelas despesas condominiais, descabendo se eximir do pagamento da cota parte que lhe compete. Negaram provimento ao apelo. Unânime" (*TJRS* – AC 70077164630, 28-6-2018, Rel. Des. Giovanni Conti).

15 "Apelação cível – **Condomínio – Ação demolitória** cumulada com reintegração de posse – Posse exclusiva da ré em área de uso comum sem qualquer oposição do condomínio. Situação consolidada. Hipótese em que a ocupação remonta aos anos 70 e já encontra a mesma solução em favor de outro condômino em situação assemelhada em julgamento ocorrido perante a 19ª CC (Apelação cível nº 70073643090). Reconhecida a prescrição da pretensão demolitória. Apelação desprovida" (*TJRS* – AC 70080652605, 16-5-2019, Rel. Des. Heleno Tregnago Saraiva).

O art. 1.340 possui conteúdo que pode causar dificuldades: *"As despesas relativas a partes comuns de uso exclusivo de um condômino, ou de alguns deles, incumbem a quem delas se serve"*. Sob esse prisma, no vigente ordenamento, deve ocorrer uma modificação de enfoque quanto a algumas decisões jurisprudenciais. Os condôminos das lojas do andar térreo, por exemplo, não devem pagar as despesas com elevadores. Dizíamos na edição anterior desta obra:

> *"Com frequência, condôminos localizados no andar térreo ou em lojas com frente direta para a via pública arrogam seu direito de não pagar despesas referentes à manutenção de elevadores, escadarias, halls, antenas coletivas de que não se utilizam etc. O condomínio é um todo harmônico, cujas partes comuns formam um conjunto arquitetônico homogêneo. Irrelevante que uma loja não se utilize de elevador, se pertence a área de prédio que usufrui e tão só por isso, quiçá, ali se estabeleceu. Assim decidimos no Primeiro Tribunal de Alçada Civil de São Paulo (Ap. nº 565.637/5, 5ª Câmara, Rel. Juiz Sílvio Venosa; Ap nº 523.735/6, 3ª Câmara Especial, Rel. Toledo César). Condôminos nessas condições devem concorrer para todas as despesas, salvo se a convenção de condomínio dispuser em contrário. Como visto, a convenção tem caráter normativo (no mesmo sentido, João Batista Lopes, 1994:178)"*.

Pois, doravante, sob o pálio do art. 1.340, a posição é outra. Surgirão questões de difícil deslinde, como, por exemplo, a situação de condôminos que não desejam usufruir de televisão a cabo, contratada pelo condomínio. Não cremos que o art. 1.340 tenha atingido a melhor solução. De qualquer forma, a convenção pode dispor diferentemente e determinar que todos os condôminos concorram para todas as despesas.

O síndico representa o condomínio na ação de cobrança. Não havendo prazo especial, a ação de cobrança prescreve em 10 anos (art. 205).

Não há solidariedade entre os condôminos, pois é justamente a entidade com personificação anômala, ou seja, o condomínio, que se obriga perante terceiros.

A lei estabeleceu obrigatoriedade de seguro do edifício contra riscos de incêndio, terremoto ou outro sinistro (arts. 13 ss.; atual, art. 1.346). A contratação desse seguro é responsabilidade do síndico, devendo todos os condôminos concorrer no rateio.

Quanto à realização de obras, dispõe o vigente Código, no art. 1.341:

> *"A realização de obras no condomínio depende:*
>
> *I – se voluptuárias, de voto de dois terços dos condôminos;*
>
> *II – se úteis, de voto da maioria dos condôminos.*

"**Condomínio** – Ação demolitória ajuizada pelo condômino – Construção de churrasqueira e respectiva cobertura no corredor do pavimento térreo. Alegação do condômino que a obra traz prejuízos à sua unidade autônoma localizada no 1º andar e não houve a aprovação de 2/3 dos condôminos para realização da obra. Sentença de procedência. Apelação do condomínio réu. Cerceamento de defesa não caracterizado. Perícia desnecessária, na hipótese. Obras em acréscimo a fim de aumentar a utilização da área comum que exigiriam aprovação de 2/3 dos condôminos. Ausência de *quorum* qualificado que justifica a procedência do pedido de demolição da obra. Recurso não provido" (*TJSP* – Ap 1000662-49.2015.8.26.0477, 6-6-2018, Rel. Morais Pucci).

"**Ação demolitória. Condomínio. Ocupação não autorizada de área comum.** O art. 1.342 do Código Civil é de clareza solar: 'A realização de obras, em partes comuns, em acréscimo às já existentes, a fim de lhes facilitar ou aumentar a utilização, depende da aprovação de dois terços dos votos dos condôminos, não sendo permitidas construções, nas partes comuns, suscetíveis de prejudicar a utilização, por qualquer dos condôminos, das partes próprias, ou comuns'. Não autorizada a ocupação da área comum, procede o pleito do condomínio de demolição das obras nela construídas pelo condômino. Recurso conhecido e não provido, rejeitadas as preliminares. Unânime" (*TJDF* – Acórdão Apelação Cível 2009.01.1.022840-6, 3-5-2012, Rel. Des. Waldir Leôncio Lopes Júnior).

§ 1º As obras ou reparações necessárias podem ser realizadas, independentemente de autorização, pelo síndico, ou, em caso de omissão ou impedimento deste, por qualquer condômino.

§ 2º Se as obras ou reparos necessários forem urgentes e importarem em despesas excessivas, determinada sua realização, o síndico ou o condômino que tomou a iniciativa delas dará ciência à assembleia, que deverá ser convocada imediatamente.

§ 3º Não sendo urgentes, as obras ou reparos necessários, que importarem em despesas excessivas, somente poderão ser efetuadas após autorização da assembleia, especialmente convocada pelo síndico, ou, em caso de omissão ou impedimento deste, por qualquer dos condôminos.

§ 4º O condômino que realizar obras ou reparos necessários será reembolsado das despesas que efetuar, não tendo direito à restituição das que fizer com obras ou reparos de outra natureza, embora de interesse comum".

Esse longo artigo toca em uma questão nevrálgica do condomínio, a autorização e a realização de obras, pois essas atividades implicam, necessariamente, acréscimos de despesas. Ainda que o dispositivo não resolva todas as questões, pois lei alguma o faz, aponta rumos importantes, ausentes na legislação anterior. Todos os que residem em condomínios sabem quão dificultosa é a aprovação e a realização de obras nas assembleias. O síndico, porém, exercendo o poder executivo no condomínio, tem o dever de realizar imediatamente as obras urgentes e necessárias, sob pena de omissão que pode custar seu cargo. Em sua omissão, ou impedimento, qualquer condômino pode fazê-lo. A questão se coloca, posteriormente, sobre o exame da necessidade ou urgência. Assim, por exemplo, será urgente a obra para restabelecer a energia elétrica ou o fornecimento de água para o edifício; serão urgentes os reparos no sistema de segurança que se apresenta inoperante etc. Se essas despesas demandarem gastos excessivos, o síndico, ou o condômino que tomou a iniciativa, deverá obter a ratificação da assembleia, que será convocada imediatamente. A onerosidade excessiva deve ser vista em consonância com a dimensão do edifício ou empreendimento. Sempre que a reforma puder esperar, deve ser obtida a autorização da assembleia geral.

O condômino que assume a iniciativa pelas obras ou reparos necessários deve se limitar exclusivamente a esse aspecto. Qualquer outra obra ou reparo, ainda que em benefício comum, que não seja urgente, não lhe dará o direito à restituição, na forma do § 4º. Essa restrição pode abrir margem a uma estéril discussão sobre o que tinha sido necessário para o condomínio.

Para as obras voluptuárias, aquelas consideradas de embelezamento ou deleite, é necessário o voto de dois terços dos condôminos. Para as obras úteis, é necessário o voto da maioria dos condôminos. Se, durante a discussão, surgir dúvida sobre a natureza das obras propostas, também sua natureza, no caso concreto, deve ser votada, e obtida a maioria.

O já esquecido Projeto nº 6.960/2002 propôs alteração no § 1º do dispositivo, estabelecendo que as obras e reparações necessárias que não ultrapassassem o orçamento aprovado em assembleia não dependeriam de autorização e poderiam ser realizadas pelo síndico, ou por qualquer condômino, em caso de omissão ou impedimento do primeiro. A inovação é salutar e deve ser incentivada. Se o valor ultrapassar o orçamento, haverá necessidade de ser votada a despesa extraordinária, e o Código não foi claro a esse respeito, mencionando mera ciência pelo síndico à assembleia. Para isso, o Projeto redigiu o § 2º no sentido de que seja convocada a assembleia incontinente para a aprovação da nova despesa, com rateio extra ou saque de fundo de reserva. Isso é o que normalmente ocorre nos edifícios bem administrados, com conduta transparente do síndico, sendo conveniente sua colocação em lei.

O art. 1.342 se reporta a obras, em partes comuns, em acréscimo às já existentes, para aumentar ou facilitar a utilização da coisa. Colocar-se-ão nessa modalidade, por exemplo, as obras que facilitam o acesso; que aumentam a capacidade do estacionamento ou garagem; que modernizam o sistema de segurança; que criam quadra de esportes. Essas obras dependem da aprovação de dois terços dos votos dos condôminos, não sendo permitidas construções, nas partes comuns, suscetíveis de prejudicar a utilização, por qualquer dos condôminos, das partes próprias ou comuns.

O art. 1.343 se refere à construção de outro pavimento, ou, no solo comum, de outro edifício destinado a conter novas unidades imobiliárias. Para tal, há necessidade de aprovação da unanimidade dos condôminos. Sabemos que, na prática, essa unanimidade é muito difícil de ser obtida. A situação, contudo, não se confunde com aqueles empreendimentos imobiliários que já preveem expansão, com a construção de outras unidades, como vilas e outros edifícios, e isso já fica especificado na convenção ou no instrumento de aquisição dos condôminos.

15.5.1 Inquilino na Unidade Autônoma. Lei do Inquilinato

A vigente Lei do Inquilinato, preocupada com abusos contra locatários de apartamentos, introduziu possibilidade de estes participarem de assembleias, em assuntos pertinentes a despesas que lhes dizem respeito. Foi acrescentado o § 4º ao art. 24 da lei condominial, o qual continua aplicável, a nosso entender:

> *"Nas decisões da assembleia que não envolvam despesas extraordinárias do condomínio o locatário poderá votar, caso o condômino locador a ela não compareça"* (Redação dada pela Lei 9.267, de 1996).

Como as despesas ordinárias são carreadas ao inquilino, geralmente o locador não se preocupa com a votação delas. No entanto, a participação do locatário na assembleia nem sempre será tranquila, a começar pelo que se entende por despesa ordinária e extraordinária. A lei inquilinária (Lei nº 8.245/91), ao estabelecer os direitos e deveres do locador e do locatário, disciplinou, como na lei anterior, que as despesas ordinárias de condomínio cabem ao inquilino, enquanto as extraordinárias, ao locador. No entanto, procurando evitar dúvidas da legislação anterior, procurou o legislador ser tanto quanto possível exaustivo ao elencar a dicotomia entre o que se define por despesas ordinárias e extraordinárias.

O parágrafo único do art. 22 da Lei do Inquilinato entende como despesas extraordinárias, de responsabilidade do locador,

> *"aquelas que não se refiram aos gastos rotineiros de manutenção do edifício, especialmente:*
>
> *a) obras de reformas ou acréscimos que interessem à estrutura integral do imóvel;*
>
> *b) pintura das fachadas, empenas, poços de aeração e iluminação, bem como das esquadrias externas;*
>
> *c) obras destinadas a repor as condições de habitabilidade do edifício;*
>
> *d) indenizações trabalhistas e previdenciárias pela dispensa de empregados ocorridas em data anterior ao início da locação;*
>
> *e) instalação de equipamentos de segurança e de incêndio, de telefonia, de intercomunicação, de esporte e de lazer;*
>
> *f) despesas de decoração e paisagismo nas partes de uso comum;*
>
> *g) constituição de fundo de reserva".*

Em nossa obra *Lei do inquilinato comentada*, tivemos a oportunidade de acentuar ser essa disposição inelutavelmente de ordem pública e não poder o locador carrear as despesas extraordinárias de condomínio ao locatário. A intenção da lei foi justamente evitar abusos. Esse dispositivo deve ser visto em consonância com o do inciso XII do art. 23 da mesma lei, que discrimina as despesas ordinárias de condomínio, estas a cargo do inquilino. Este dispositivo em seu § 1º dispõe:

> *"Por despesas ordinárias de condomínio se entendem as necessárias à administração respectiva, especialmente:*
>
> *a) salários, encargos trabalhistas, contribuições previdenciárias e sociais dos empregados do condomínio;*
>
> *b) consumo de água e esgoto, gás, luz e força das áreas de uso comum;*
>
> *c) limpeza, conservação e pintura das instalações e dependências de uso comum;*
>
> *d) manutenção e conservação das instalações e equipamentos hidráulicos, elétricos, mecânicos e de segurança, de uso comum;*
>
> *e) manutenção e conservação das instalações e equipamentos de uso comum destinados à prática de esportes e lazer;*
>
> *f) manutenção e conservação de elevadores, porteiro eletrônico e antenas coletivas;*
>
> *g) pequenos reparos nas dependências e instalações elétricas e hidráulicas de uso comum;*
>
> *h) rateios de saldo devedor, salvo se referentes a período anterior ao início da locação;*
>
> *i) reposição do fundo de reserva, total ou parcialmente, utilizado no custeio ou complementação das despesas referidas nas alíneas anteriores, salvo se referentes a período anterior ao início da locação".*

Acrescenta o § 2º que o locatário fica obrigado a essas despesas desde que comprovadas em previsão orçamentária. Em nossa obra sobre locação, apontamos a dificuldade prática de obediência a esse preceito.

Verifica-se também que, embora o elenco legal se tenha expandido, não é exaustivo. Sempre haverá zona cinzenta sobre a natureza das despesas de condomínio. A questão, no entanto, sempre se resolverá no nível contratual da locação. Perante o condomínio, será sempre o condômino, e nunca o inquilino, responsável pelo pagamento de despesas de qualquer natureza. Não tem o condomínio legitimidade de cobrar diretamente do inquilino, salvo expressa autorização assemblear ou regimental, o que, a nosso ver, é de suma inconveniência.

Com o direito do inquilino de participar de assembleia de condomínio no tocante às discussões sobre despesas ordinárias, quando ausente o condômino, poder-se-á com frequência levantar questão prévia de ordem, para definir se o âmbito da discussão pertinente ou não ao direito do locatário. Por outro lado, a disposição acrescida ao art. 24 da lei condominial anterior obriga a convocação do locatário para as assembleias. É dever do condômino, portanto, comunicar a locação à administração. Por outro lado, o inquilino somente poderá participar da assembleia provando sua relação *ex locato*. A matéria que refoge às despesas ordinárias é estranha à participação do inquilino.

No sistema do presente Código, como a convenção de condomínio, e, consequentemente, o regulamento e as decisões assembleares, expressamente se reportam ao possuidor ou detentor, sob o prisma de serem obrigatórios a eles (art. 1.333), entendemos que se mantém a possibilidade de o locatário de unidade condominial discutir a matéria de seu peculiar interesse. Ainda que assim não fosse, o dispositivo comentado pertence ao microssistema da locação, que se mantém ilhadamente vigente *in totum*, sem que ocorra revogação pelo vigente Código Civil, como ocorre também com outros microssistemas jurídicos, como a legislação do consumidor.

15.6 ASSEMBLEIA GERAL DE CONDÔMINOS

A assembleia dos condôminos representa o poder legislativo do instituto condominial. É órgão deliberativo do condomínio para o qual devem ser convocados todos os condôminos. A falta de convocação geral idônea sujeita a assembleia à nulidade: "*A assembleia não poderá deliberar se todos os condôminos não forem convocados para a reunião*" (art. 1.354 do atual Código Civil). O Projeto nº 6.960/2002 objetivou acrescentar nesse artigo que os condôminos poderão fazer-se representar por procuração, sendo vedada a outorga de mais de três mandatos à mesma pessoa. Essa restrição já consta de muitas convenções e regulamentos condominiais existentes, restringindo ainda mais a limitação a um único mandato por comparecente à assembleia. O dispositivo visa justamente evitar que uma única vontade ou poucas vontades preponderem soberanas nas deliberações condominiais. O síndico, por seu lado, exerce o poder executivo no prédio.

Para efeito de comparecimento às assembleias, a lei refere-se também aos compromissários compradores e cessionários promitentes das unidades, que se equiparam aos proprietários (art. 1.334, § 2º).

A Lei nº 14.309/2022 introduziu o art. 1.354-A no Código Civil:

> "*A convenção, a realização e a deliberação de quaisquer modalidades de assembleia poderão dar-se de forma eletrônica, desde que:*
>
> *I – tal possibilidade não seja vedada na convenção de condomínio;*
>
> *II – sejam preservados aos condôminos os direitos de voz, de debate e de voto;*
>
> *§ 1º Do instrumento de convocação deverá constar que a assembleia será realizada por meio eletrônico, bem como as instruções sobre acesso, manifestação e forma de coleta de votos dos condôminos.*
>
> *§ 2º A administração do condomínio não poderá ser responsabilizada por problemas decorrentes dos equipamentos de informática ou da conexão à internet dos condôminos ou de seus representantes nem por quaisquer outras situações que não estejam sob seu controle.*
>
> *§ 3º Somente após a somatória de todos os votos e a sua divulgação será lavrada a respectiva ata, também eletrônica, e encerrada a assembleia geral.*
>
> *§ 4º A assembleia eletrônica deverá obedecer aos preceitos de instalação, de funcionamento e de enceramento previstos no edital de convocação e poderá ser realizada de forma híbrida, com a presença física e virtual de condôminos concomitantemente no mesmo ato.*
>
> *§ 5º Normas complementares relativas às assembleias eletrônicas poderão ser previstas no regimento interno do condomínio e definidas mediante a aprovação da maioria simples dos presentes em assembleia convocada para essa finalidade.*
>
> *§ 6º Os documentos pertinentes à ordem do dia poderão ser disponibilizados de forma física ou eletrônica aos participantes*".[16]

---

[16] "Condomínio. Pedido anulatório de deliberação assemblear. Convocação para assembleia por meio eletrônico. Forma de chamamento não vedada pela convenção de condomínio. Validade da comunicação. Inteligência do **artigo 1.354-A do Código Civil**. Fraude na obtenção e na utilização das procurações apresentadas em assembleia. Irregularidades não comprovadas e cujo ônus probatório incumbia aos autores (art. 373, I, do CPC). Ademais, as

Com essa possibilidade, inserem-se os condomínios, assim como também se inseriram as pessoas jurídicas em geral, no sistema eletrônico.

Há várias particularidades nesse dispositivo, algumas das quais poderão gerar dificuldades nos casos concretos.

O art. 1.353 ganhou novos parágrafos de ampla importância. No que se refere às chamadas assembleias "abertas", a assembleia, por maioria dos presentes, prevê a possibilidade de se manter a abertura dela em continuação, quando o *quorum* legal exigido para deliberação de determinado assunto não for obtido.

A assembleia em continuação deve ser designada com dia e hora para os próximos 60 dias, ficando desde então convocados os presentes e serão convocados os condôminos ausentes. Os votos dos condôminos consignados na primeira data serão computados, sem necessidade de novo comparecimento. Se comparecerem, poderão alterar seu voto, a exemplo dos julgamentos coletivos no Judiciário.

Adiciona o § 3º do texto legal introduzido: "*A sessão permanente poderá ser prorrogada tantas vezes quantas necessárias, desde que a assembleia seja concluída no prazo total de 90 (noventa) dias contado da data de sua abertura inicial*".

Essas inovações buscaram inserir a administração dos condomínios na era digital, mas, sem dúvida, inúmeras questões podem aflorar nesses procedimentos.

A ideia principal é permitir que todos os condôminos, ou maior número possível deles, compareçam para opinar sobre matérias importantes da comunidade condominial.

---

medidas reclamadas (gravação das assembleias, regulamentação do uso de procurações nas votações e contratação de auditoria independente para revisar as contas do condomínio) devem, se o caso, ser discutidas e deliberadas em assembleia, não sendo possível a imposição dessas providências pelo Judiciário nem a substituição da vontade da coletividade pela atuação do Estado-Juiz. Sentença de improcedência mantida. Recurso não provido" (*TJSP* – Ap 1015607-09.2024.8.26.0224, 25-6-2025, Rel. Gilson Delgado Miranda).

"Agravo de instrumento – Tutela de urgência – Decisão que determinou a realização de assembleia de forma presencial – Insurgência da ré – Desacolhimento – Edital de convocação que prevê a aprovação de contas por e-mail – Violação ao disposto no **art. 1.354-A, II, do Código Civil** – Preenchimento dos requisitos da tutela de urgência – Decisão mantida – Recurso desprovido" (*TJSP* – AI 2121924-07.2024.8.26.0000, 16-5-2024, Rel. Marcus Vinicius Rios Gonçalves).

"Apelação. Cautelar antecedente de exibição de documentos. Sentença de improcedência do pedido. Apelação do autor. Pretensão de exibição de gravação de assembleia condominial, realizada pela plataforma Zoom. Não cabimento. Ata da assembleia onde constam de maneira expressa todas as deliberações realizadas. Lei nº 14.309/2022 que acrescentou o **art. 1.354-A ao Código Civil**, dispondo que é possível se convocar, realizar e votar nas assembleias do condomínio de forma eletrônica, ou seja, por e-mail, WhatsApp, zoom etc. § 2º do mencionado dispositivo legal ainda dispõe que: 'A administração do condomínio não poderá ser responsabilizada por problemas decorrentes dos equipamentos de informática ou da conexão à internet dos condôminos ou de seus representantes nem por quaisquer outras situações que não estejam sob o seu controle'. Sentença de improcedência do pedido mantida. Recurso não provido" (*TJSP* – Ap 1011369-52.2021.8.26.0223, 24-8-2023, Rel. Carmen Lucia da Silva).

"Agravo de instrumento. Procedimento de tutela cautelar requerida em caráter antecedente. Decisão liminar determinando a realização de assembleias condominiais ordinária e extraordinária de forma híbrida. Impossibilidade. Direito à realização de assembleias condominiais de forma 'on-line'. Incidência do art. 1.354-A do Código Civil (CC). Decisão que está na esfera de autonomia privada do condomínio. Intervenção judicial que será legítima apenas se comprovada, por condômino, violação dos requisitos constantes nos incisos e parágrafos do art. 1.354-A do CC. Condômino que não se desincumbiu deste ônus. Decisão cassada. Recurso provido. O art. 1.354-A do CC permitiu a realização de assembleias condominiais – ordinária ou extraordinária – de forma 'on-line', escolha inserida no âmbito da autonomia privada do condomínio. A intervenção judicial para que a assembleia seja realizada de outra forma (presencial ou híbrida) só será legítima se comprovada, por condômino, a violação aos requisitos constantes nos incisos e e parágrafos do citado artigo. No caso, o condomínio demonstrou que os requisitos legais para realização de assembleias 'on-line' estão presentes, inclusive o fato de que a condômina que se insurgiu contra tal forma já havia participado de assembleias 'on-line' anteriores" (TJSP – AI 2104277-33.2023.8.26.0000, 12-7-2023, Rel. Adilson de Araujo).

É de se lembrar que a convenção de condomínio poderá proibir o meio digital para as assembleias.

Os textos de convocação para as assembleias, sejam híbridas ou não, devem ser os mais claros e detalhados, para não abrir flancos de discussão desnecessária durante as discussões assembleares.

A questão do acesso digital às assembleias abre toda uma problemática, a se saber se eventuais defeitos ou falhas de acesso são dos dirigentes da assembleia ou dos condôminos. Sabido é que muitas pessoas têm dificuldade com esses equipamentos.

Doravante, é importante lembrar que essas assembleias virtuais possuem regramento próprio dentro e fora da área condominial, e falhas devem ser examinadas e decididas sob esse aspecto. Cuidado especial devem ter os próceres dos condomínios ao redigirem as atas de assembleias em continuação.

Ainda restará a pergunta: as reuniões virtuais vieram para definitivamente substituir as presenciais? O tempo nos dirá.

O art. 24 da lei anterior e o art. 1.350 do Código estabelecem a necessidade de uma assembleia ordinária anual, convocada pelo síndico na forma da convenção. Além de qualquer matéria que possa ser colocada na ordem do dia, essa assembleia tem a missão de aprovar as verbas do condomínio, conservação e manutenção, podendo também tratar de outros assuntos da vida condominial (art. 1.350). Se o síndico não convocar a assembleia, um quarto dos condôminos poderá fazê-lo (art. 1.350, § 1º). As deliberações da assembleia, tomadas pelo *quorum* exigido em cada caso, obrigam a todos os condôminos.

Pela lei anterior, poderiam ser realizadas assembleias extraordinárias sempre que houvesse necessidade, convocadas pelo síndico, ou por condôminos que representassem um quarto, no mínimo, do condomínio, observada a representatividade em frações ideais ou outro método adotado na convenção (art. 25; atual, art. 1.355). Mantém-se a mesma orientação no Código Civil.

O vigente Código menciona a possibilidade de *quorum* especial para assembleias (dois terços dos condôminos), para a alteração da convenção (não mais para o regimento interno, como já expusemos, art. 1.351, com nova redação). O Projeto nº 6.960/2002 apresentou acréscimo importante a esse dispositivo:

> *"No caso de um mesmo condômino possuir mais de uma unidade ou fração ideal, seu direito de voto será limitado à soma dos votos dos demais coproprietários, cabendo ao presidente da mesa, em caso de empate, o voto de desempate".*

A inovação visa impedir que o proprietário de várias unidades no condomínio tenha sistematicamente a maioria e imponha ditatorialmente sua vontade. Essa situação ocorre, por exemplo, quando o incorporador ainda não alienou todas as unidades. Não nos agrada, porém, que o voto de Minerva seja do presidente da mesa. Melhor é que se qualifique esse voto de outra forma, com base em frações ideais.

Há que se entender que os novos condomínios, constituídos após a vigência do presente Código, deverão obedecer a esse *quorum* mínimo, que não poderá ser inferior. Os votos tomarão por base as frações ideais de cada condômino, salvo disposição diversa na constituição do condomínio. Consoante o art. 1.352 do Código, salvo quando exigido *quorum* especial, as deliberações da assembleia serão tomadas, em primeira convocação, por maioria de votos dos condôminos presentes que representem pelo menos metade das frações ideais, salvo disposição diversa na convenção em contrário. Em segunda convocação, a assembleia se realiza com os condôminos presentes, cujos votos são tomados também por maioria, salvo também a necessidade de *quorum* especial em razão da matéria (art. 1.353). Geralmente, por praxe e economia, há um intervalo de uma ou meia hora, para o mesmo dia, entre a primeira e a segunda convocação. Veja o que falamos acima sobre as inovações legais nessa área.

Caso não se realize a assembleia devidamente convocada, ou qualquer óbice seja oposto para sua instalação, a matéria deve ser submetida ao Judiciário (art. 27; atual, art. 1.350, § 2º).

Como vemos, pelo menos uma vez por ano deverão reunir-se os condôminos em assembleia. Não estipula a lei a forma de convocação. Deve ser idônea de forma que comprove que os condôminos foram dela devidamente cientificados. Indispensável, portanto, se mostra a forma escrita, ainda porque dela deve constar a *ordem do dia*. Não há limite para a discussão de assuntos administrativos e corriqueiros, ainda que da convocação não constem *assuntos gerais*.

Na contagem de votos nas assembleias, não se computa o escrutínio por cabeça, mas proporcionalmente às frações ideais de cada condômino, áreas privativas ou outro critério estabelecido na convenção. O voto é proporcional, portanto, ao conteúdo e extensão do direito condominial. É permitido o voto por procuração, com poderes especiais, conforme as observações que já fizemos. O desvio de finalidade da assembleia, no entanto, pode permitir abusos. O ideal é que se limite o mandato em determinadas hipóteses, não se permitindo, por exemplo, que um único procurador represente mais do que um número limitado de condôminos, não mais que dois ou três. Caso contrário, pode-se estabelecer verdadeira ditadura ou procuração em causa própria, que contraria as finalidades da assembleia. Nosso legislador não se preocupou com a matéria, quando deveria fazê-lo. Deve fazê-lo a convenção. Se não o fizer, pode a maioria deliberar a questão para futuras assembleias.

À minoria dissidente cabe discutir a legalidade das decisões tomadas na assembleia, mas, enquanto não anulada a deliberação, deve-se submeter a elas. Note que existem matérias pontilhadas na lei que exigem *quorum* mínimo para aprovação. O controle judicial examinará, a par da questão formal da assembleia, eventuais abusos de direito. Trata-se de aplicação de regra geral no uso da propriedade. Sujeitam-se as assembleias aos princípios gerais de nulidade e anulabilidade. A regra geral é da teoria geral dos negócios jurídicos. As medidas cautelares que impeçam a realização ou cumprimento de decisões de assembleias devem ser concedidas com prudência. Nada impede que o juiz designe representante seu para acompanhar ou presidir a assembleia, com funções de auxiliar do juízo, tal como perito, se a situação de beligerância entre os condôminos o exigir.

O Conselho Consultivo também é órgão do condomínio, conforme exigência do art. 9º, § 3º, da lei anterior. Na prática, esse conselho exerce as funções de conselho fiscal na maioria dos condomínios. O art. 1.356 do presente Código, porém, estabelece a faculdade de o condomínio instituir um conselho fiscal, composto de três membros, eleitos pela assembleia, por prazo não superior a dois anos, ao qual compete dar parecer sobre as contas do síndico. A convenção pode estabelecer outras modalidades de eleição e suas atribuições, que devem ser fiscalizadoras da atividade do síndico. Outros órgãos facultativos podem também ser criados, como Conselho Disciplinar, Administrador de Garagens etc. Tudo dependerá do vulto e das necessidades do empreendimento.

O Conselho Consultivo, mencionado pela lei condominial anterior, será eleito na forma prevista na convenção (art. 23), constituído de três condôminos, com mandatos de dois anos, permitida a reeleição. Sua função é assessorar o síndico como órgão auxiliar, exercendo, na maioria das vezes, função contábil fiscalizadora, por disposição da convenção. Esse conselho será sempre composto de condôminos, enquanto o síndico poderá ser pessoa estranha.

15.7 ADMINISTRAÇÃO DO CONDOMÍNIO. O SÍNDICO

O síndico, com frequência mal compreendido na vida condominial, desempenha o papel mais importante no condomínio, não só porque o representa ativa e passivamente em juízo, mas também porque exerce as funções executivas de administrador. Entre suas principais funções, além da representação do condomínio, está a administração, devendo prestar contas à assembleia. Cabe-lhe impor multas na forma da convenção e do regulamento, além de cumprir e fazer cumprir tais atos normativos e zelar pelo patrimônio condominial. Conforme o art. 1.347 do vigente Código, o síndico é escolhido pela assembleia e poderá não ser condômino. Seu mandato será de dois anos, podendo ser renovado, conforme mesma disposição da lei anterior (art. 22). A convenção pode proibir a reeleição por mais de um mandato. Não é conveniente a perpetuidade no cargo, mas a lei não proíbe constantes reeleições. Essa proibição, no entanto, foi sugerida pelo Projeto nº 6.960/2002, com redação que permite mandato do síndico não superior a dois anos, ficando permitida a renovação por um único período consecutivo.

A competência do síndico, no Código, é elencada no art. 1.348.

O síndico pode contratar administrador, pessoa natural ou jurídica, delegando-lhe funções administrativas. Deve submeter a aprovação do administrador à assembleia. A convenção pode estabelecer recurso à assembleia contra atos do síndico.

A lei, tanto a condominial como o Código, permite, embora nem sempre seja conveniente, que o síndico seja pessoa estranha ao corpo condominial. Discute-se se pode ser pessoa jurídica: parece-nos que o síndico assume obrigações próprias da pessoa natural, embora haja quem defenda o contrário. Ainda que a assembleia escolha terceiro para a função, poderá ser algum membro integrante de pessoa jurídica. Como o § 2º do art. 1.348 permite que o síndico delegue a outrem, total ou parcialmente, os poderes de representação ou funções administrativas, com aprovação da respectiva assembleia, se não houver proibição na convenção, aqui parece não haver dúvida que o delegado possa ser pessoa jurídica, como ocorre, na prática, com as empresas administradoras especializadas.[17] No entanto, ainda quando ocorre essa transferên-

---

[17] "**Condomínio.** Ação de indenização por danos morais ajuizada por condômina, ex-tesoureira, em relação à síndica. Sentença de improcedência. Apelo da autora. Adequado o julgamento antecipado do feito. Prova oral que se mostrou desnecessária. Mérito. Não comprovado que a ré, atuando como síndica, tenha desbordado do exercício legítimo de suas funções legais na assembleia condominial de 11/08/2018. Ré que apenas cumpriu seu dever legal de prestar contas à assembleia, conforme determina o art. 1.348, VIII, do CC. Uma vez delegada parte das funções administrativas da síndica para a autora, então tesoureira do condomínio, consoante autorizado pelo art. 1.348, §2º, do CC, a autora também tinha, como tesoureira, o dever de prestar à assembleia os esclarecimentos necessários sobre as contas e divergências financeiras vislumbradas pela síndica. A autora estava presente na assembleia, teve a oportunidade de exercer o contraditório e explicar tais divergências, mas não o fez. Ré que não atribuiu concretamente à autora qualquer fato criminoso ou comportamento desonesto ao sugerir o uso de conta bancária da administradora para o recebimento de receitas, como forma de evitar 'futuros desvios'. Proposta que se revelou pertinente e fundada, tanto que foi aprovada pela assembleia. Inexistência de ato ilícito ou abuso de direito perpetrado pela síndica. Danos morais não caracterizados. Recurso não provido" (*TJSP* – Ap 1004670-48.2020.8.26.0007, 23-4-2025, Rel. Morais Pucci).

"Responsabilidade civil. Ação de obrigação de fazer c.c. indenizatória. Sentença de improcedência. Apelo do autor. Alegação de que o síndico, representante do Condomínio réu, teria delegado suas funções a terceiro e sido negligente na disponibilização das imagens das câmeras de segurança, impedindo a identificação da suposta agressora. **Poderes de administração que podem ser transferidos a outrem, salvo disposição em contrário na convenção** (artigos 1.348, §2º, do Código Civil e 22, §2º, da Lei nº 4.591/64). Autor que, ademais, não comprovou ter requisitado as imagens da forma como instruiu o síndico. Ausência, ainda, de norma que obrigue a manutenção das imagens. Conduta ilícita não constatada. Dano moral não configurado. Sentença mantida. Recurso não provido" (*TJSP* – Ap 1008594-10.2021.8.26.0047, 31-1-2023, Rel. Alfredo Attié).

"**Condomínio edilício** – Ação de intervenção e destituição de síndico – Ilegitimidade ativa de condômino que pretende, isoladamente, a nomeação de administrador judicial e destituição do síndico – Ação improcedente – Recurso desprovido, com observação" (*TJSP* – AC 1000254-05.2018.8.26.0590, 22-7-2019, Rel. Melo Bueno).

cia de poderes, a responsabilidade pela administração é sempre do síndico, que responderá por culpa ou dolo do preposto escolhido. Essa matéria, no entanto, é plena de dúvidas, sendo excessivamente lacunosa na lei.

A nomeação de pessoa estranha é faculdade que o juiz deve utilizar quando se torna inviável a administração por condômino, enquanto durar processo judicial, por exemplo. A assembleia deve estabelecer a remuneração do síndico nessa modalidade. Sendo condômino, cabe também à convenção ou à assembleia disciplinar se o mandato do síndico será gratuito ou remunerado. Sem dúvida, a remuneração permite que haja maior exigência com relação à dedicação do síndico ao condomínio.

O § 5º do art. 22 da lei anterior permitia a destituição do síndico na forma da convenção ou, no silêncio dela, por dois terços dos condôminos em assembleia especialmente convocada para tal. O art. 1.349 do Código, já mencionado, estabelece a maioria absoluta para a destituição do síndico.

Trata-se de cargo de confiança, permitindo-se a revogação do mandato. Permite-se também a eleição de subsíndicos, com fixação de suas funções.

As contas do síndico devem ser prestadas perante a assembleia anual e necessariamente ao findar seu mandato, sempre perante assembleia. Todo aquele que administra bens alheios deve prestar contas. Sendo administrador, é destituível *ad nutum*. Também, pode renunciar ao cargo, por sua natureza, independentemente da concordância de outro órgão. Nos termos do art. 186 do Código Civil, responde por indenização se ocasionar prejuízo ao condomínio por culpa ou dolo.

A atividade do síndico não caracteriza relação de emprego nem locação de serviço. Ele é representante da comunhão. Não faz jus a remuneração se esta não estiver regularmente prevista.

15.8 EXTINÇÃO DO CONDOMÍNIO HORIZONTAL

Assim como toda realidade fática, o condomínio horizontal pode extinguir-se, embora seja criado sem prazo determinado.

Segundo a lei condominial anterior, apontam-se como causas principais de extinção a desapropriação do edifício, o perecimento do objeto e a alienação de todas as unidades a um só titular.

Na desapropriação, os valores das unidades autônomas caberão a cada titular, repartindo-se por rateio o equivalente às partes comuns. Divide-se a indenização pelas respectivas quotas.

No caso de destruição de menos de 2/3 da edificação, o síndico promoveria o recebimento do seguro e a reconstrução e reparos (art. 16). Dois terços dos condôminos representando fração ideal de 80% do terreno e coisas comuns poderiam decidir sobre a demolição e reconstrução do prédio ou sua alienação, por motivos urbanísticos ou arquitetônicos, ou ainda, no caso de condenação do edifício pela autoridade pública, em razão de insegurança ou insalubridade (art. 17). Assegurava-se o direito da minoria de ter suas partes adquiridas pela maioria. A alienação total

---

"Direito civil e processual civil – Agravo de instrumento – **Condomínio** – **Destituição de síndico** – *Quorum* não observado – Artigo 1.349 do Código Civil – Recurso desprovido – 1. Nos termos do que dispõe o artigo 1.349 do Código Civil e a legislação interna do condomínio, para a destituição do síndico, deve ser observada a exigência do *quorum* formado pela maioria absoluta dos condôminos. 2- Como a decisão assemblear não foi tomada com observância da previsão do *quorum*, referida deliberação está eivada de vício, porquanto revestida de ilegalidade. 3. Agravo de Instrumento conhecido e desprovido" (*TJDFT* – Proc. 07167602120178070000 – (1092242), 3-5-2018, Rel. Gilberto Pereira de Oliveira).

do edifício também era autorizada pelos votos dos 2/3 mencionados, correspondendo a 80% do terreno e frações ideais (§§ 1º e 2º do art. 17).

No Código, o art. 1.357 aponta que, se a edificação for total ou consideravelmente destruída, ou ameace ruína, os condôminos deliberarão em assembleia sobre a reconstrução ou venda, por votos que representem metade mais uma das frações ideais. Como se percebe, a solução é mais realista do que a da lei anterior, pois, dependendo dos danos, os reparos podem ser inviáveis nessa situação trágica. O Código traduz de forma mais eficiente o direito das minorias. Como a reconstrução implica investimento vultoso para cada condômino, ele poderá eximir-se do pagamento, alienando seu direito a outros condôminos, mediante avaliação judicial (art. 1.357, § 1º). A preferência na aquisição será dos outros condôminos e, na falta de interesse deles, poderá adquirir a quota um estranho (art. 1.357, § 2º). O valor apurado será repartido entre os condôminos, proporcionalmente ao valor de suas unidades. Poderá, porém, a assembleia dar outro destino a essa verba. Na hipótese de desapropriação, a indenização será repartida também a cada condômino, na proporção de sua respectiva unidade (art. 1.358).

15.9 NOVAS MANIFESTAÇÕES CONDOMINIAIS: LOTEAMENTOS FECHADOS, *SHOPPING CENTERS*, CLUBES DE CAMPO, CEMITÉRIOS

A atualidade criou realidades em matéria de condomínio e situações assemelhadas que não se amoldam ao condomínio tradicional, bem como refogem à tipicidade regulada pela Lei nº 4.591/64 e também aos dispositivos do condomínio edilício do vigente Código.

São frequentes os chamados *loteamentos fechados*: bairros urbanizados, em periferia de grandes centros, para fins residenciais, ou em regiões mais afastadas para finalidades de lazer. Se as edificações ocorrem em dezenas de lotes, como nos casos concretos, com vias particulares, não temos dúvidas de que existem partes comuns, coletivas e unidades autônomas, empregando-se, no que não conflitar, a lei condominial. É opinião também de J. Nascimento Franco e Nisske Gondo (1988:10). Não há razão para que se entenda aplicável apenas a lei de parcelamento do solo. No entanto, a questão acende vivas controvérsias. Se, no entanto, a urbanização é feita pelo Município, não há propriedade coletiva, não há partes ideais no condomínio. Se existe acesso controlado, vias particulares entre os imóveis, áreas de lazer e de uso comum, estará estabelecido o condomínio sob o regime de propriedade horizontal. Denomina-se *condomínio fechado* porque as ruas, praças e áreas de lazer pertencem ao domínio privado, autorregulamentado por convenção e assembleias do condomínio. Essas ruas e praças podem também passar ao domínio do Município, estabelecendo-se um regime híbrido, ainda não bem formulado na lei.

Segundo parte da doutrina, a qual aderimos, ainda que sejam prestados serviços públicos no interior do condomínio, tal não transforma sua natureza jurídica. É claro que há necessidade de adaptação de normas condominiais na convenção, sem prejuízo das regras gerais de vizinhança. A Lei nº 4.591/64 albergou expressamente essa modalidade de condomínio em seu art. 8º (no mesmo sentido a opinião de Arnaldo Rizzardo, 1991, v. 3:645). O presente Código não se refere expressamente a essa modalidade, o que sugere que, de futuro, tenhamos um regramento próprio. Aplicam-se, contudo, no que couber, as regras condominiais.

Da mesma forma devem ser tratados os inúmeros *condomínios de fato*, situações não regularizadas, atualmente já facilitada sua normatização por lei, lembrando-se do art. 1.358-A do Código Civil, como casas e unidades múltiplas que se constroem em um local fechado, com acesso mais ou menos complexo por rua, alameda ou similar, com ou sem vigilância, sem preocupação de regularização, bem como tantas outras situações que a necessidade urbana tem criado. A Lei nº 14.382/2022 inseriu dispositivo nesse artigo para aplicá-lo também aos condomínios de lotes, no que for aplicável.

Os *shopping centers*, normalmente tratados do ponto de vista exclusivamente contratual, envolvendo os lojistas, também têm perfeitos contornos condominiais, quando cada unidade comercial é alienada a um titular. Estabelece-se aí o condomínio, subordinado a regras mercadológicas próprias. No caso, o contrato normativo do *shopping* funcionará como convenção condominial. Na prática, porém, com maior frequência, o administrador ou empreendedor mantém a propriedade de todo o imóvel, dando as lojas em locação ou a outro título; daí a razão de avultar de importância a relação obrigacional locatícia no instituto e não o direito real. Inafastável também a aplicação analógica da lei condominial à espécie no que tange principalmente às despesas de condomínio e regime das partes comuns, entre outros aspectos.

Nos *clubes de campo*, quando se alienam imóveis residenciais em seu interior, também se estabelece um condomínio, a exemplo dos loteamentos fechados. A ideia, ao se organizar um clube desse teor, é que cada membro seja proprietário de um lote e possua em condomínio áreas comuns, desfrutando de serviços complementares. Há um complexo condominial em que se chamarão à colação princípios de fração ideal de terreno, direitos de vizinhança, regulamentos internos e convenções etc. Inafastável também a aplicação parcial da lei condominial, enquanto não houver legislação específica.

Outro fenômeno moderno é a existência de cemitérios privados. Há que se entender que os contratos concessivos do uso de sepulcros poderão possuir natureza real apenas se assim for considerado pela lei. A relação entre o administrador e titular do terreno do cemitério e o adquirente de espaço para sepultura é de locação ou comodato. Há também nesse fenômeno situações de direito condominial. Não resta dúvida, porém, de que a lei pode atribuir sistema de direito real aos cemitérios privados.

Como verificamos, em matéria de uso e propriedade de coisas em comum há novos fenômenos sociais a serem examinados pelos juristas, estando a requerer, de pronto, soluções jurisprudenciais compatíveis com as novas realidades e, a curto prazo, a devida atenção do legislador. Conclui-se que a tendência será a ampliação do *numerus clausus* dos direitos reais, para permitir a adequação social dessas novas formas de utilização da coisa imóvel.

15.9.1 Multipropriedade (*Time Sharing*)

O sistema *time-sharing* da propriedade cria igualmente nova especificidade de condomínio. O adquirente passa a ser titular de um imóvel[18] assegurando-se-lhe determinado período anual

[18] "Apelação. Direito do Consumidor. Ação declaratória de nulidade de negócio jurídico cumulada com pedido de restituição de valores. Contrato de concessão de direito de uso. **Multipropriedade por sistema de tempo compartilhado ('time-sharing').** Respeitável sentença de procedência. Inconformismo da requerida RCI Brasil. Suscita preliminares de incompetência da autoridade judiciária brasileira, inaplicabilidade das normas brasileiras e ilegitimidade passiva. Busca a improcedência. Contrato de consumo firmado no exterior. Incidência da jurisdição nacional sobre o caso, por força do artigo 22, inciso II, do Código de Processo Civil. Legitimidade da apelante diante da sua responsabilidade solidária por participar da cadeia de fornecimento no mercado de consumo. Preliminares rejeitadas. Contrato de 'time-sharing'. Negociação realizada mediante métodos de venda emocional e 'marketing' agressivo. Abusividade. Análise sob a ótica protetiva do Código de Defesa do Consumidor. Negócio jurídico nulo por dolo das fornecedoras. Violação ao dever de informação e princípio da transparência. Direito dos consumidores apelados ao ressarcimento dos valores pagos, permitindo o retorno das partes ao estado anterior. "O negócio jurídico nulo não é suscetível de confirmação, nem convalesce pelo decurso do tempo" (Código Civil – artigo 169). Recurso desprovido" (*TJSP* – Ap 1046272-18.2022.8.26.0114, 8-7-2025, Rel. Dario Gayoso).

"Apelação. Ação de nulidade contratual. Contrato de promessa de compra e venda de unidade imobiliária em regime de **multipropriedade. *Time sharing*.** Contratação simultânea de programa de intercâmbio de pontos

para usar e gozar da coisa. Cuida-se de sistema destinado a locais de lazer. O sistema surge primeiramente na Europa, e hoje é muito usado por empresários ligados ao turismo. Gustavo Tepedino (1993:1) define-o como:

> *"Multipropriedade de forma genérica é a relação jurídica de aproveitamento econômico de uma coisa móvel ou imóvel, repartida em unidades fixas de tempo, de modo que diversos titulares possam, cada qual a seu turno, utilizar-se da coisa com exclusividade e de maneira perpétua".*

O sistema utilizado para os imóveis é conhecido como *time-sharing* nos países de língua inglesa, multipropriedade na França, na Espanha e na Itália, nesta também como *proprietà spazio-temporale*; como *direito real de habitação periódica*, em Portugal. A doutrina argentina refere-se à *propriedade de tempo compartilhado*. Todas as denominações dão ideia do que se trata.

A Lei nº 13.777, de 20 de dezembro de 2018, veio regular a multipropriedade, introduzindo os arts. 1.358-B a 1.358-U no Código Civil.

---

oferecido pela corré apelante. Sentença de parcial procedência para determinar a rescisão do contrato. Recurso da corré Interval. Preliminares. Não configurada incompetência absoluta do Juízo. Aplicação do CDC. Ajuizamento no domicílio dos autores. Possibilidade. Facilitação da defesa dos interesses do consumidor. Ilegitimidade passiva não verificada. Alegações que se confundem com matéria de mérito. Teoria da asserção. Inépcia da inicial não evidenciada. Mérito. Solidariedade passiva evidenciada. Empresas que atuam conjuntamente na venda ao consumidor. Cadeia de fornecimento. Sentença mantida. Recurso não provido" (*TJSP* – Ap 1074881-22.2023.8.26.0002, 9-9-2024, Relª Ana Lucia Romanhole Martucci).

"Compra e venda de imóveis. **Multipropriedade (time-sharing)**. Ação de rescisão contratual. Sentença de improcedência. Insurgência da parte autora. Rescisão motivada por culpa do compromissário comprador. Devolução integral e imediata de 90% dos valores pagos, em relação ao preço do imóvel, que se revela adequada. Súmulas nº 1, 2 e 3 deste TJSP e jurisprudência do STJ. Taxa de fruição indevida. Posse do imóvel não comprovada. "Multipropriedade" que limitava a utilização anual por poucas semanas. Sentença modificada. Recurso provido" (*TJSP* – Ap 1010370-65.2022.8.26.0320, 20-6-2023, Rel. Maria de Lourdes Lopez Gil).

"Apelação. Ação de indenização por lucros cessantes. Compromisso de compra e venda de imóvel. Regime de multipropriedade ou *time sharing*. Exercício do direito de uso do imóvel no prazo pactuado e no período proporcional à fração ideal do bem adquirida pela parte autora (no caso, uma semana). Inexistência de danos materiais (lucros cessantes). Pedido improcedente. Sentença reformada. Apelação provida. Na multipropriedade – ou '**time sharing**' – há aquisição de fração ideal de imóvel, que permite ao adquirente o uso do bem em determinado período, proporcional à fração adquirida. Constatado que o titular da fração ideal fez uso do imóvel no prazo pactuado e pelo período proporcional à fração adquirida, não há se falar em danos materiais (lucros cessantes)" (*TJSP* – Ap 1003469-31.2021.8.26.0445, 30-8-2022, Rel. Adilson de Araujo).

"Apelação. Contrato de cessão de uso de rede de hotéis pelo sistema '**time-sharing**'. Ação de rescisão contratual c.c. restituição de quantia paga e indenização por danos morais. Parcial procedência. Inconformismo da autora. Preliminar em contrarrazões. Princípio da dialeticidade. Art. 1.010, inc. III, do CPC. Autora que, em apelo, impugnou expressamente os fundamentos da sentença, expondo as razões de fato e de direito para viabilizar a reforma da decisão. Preliminar afastada. Código de Defesa do Consumidor. Incidência à lide. Relação de consumo configurada. Art. 2º do CDC. Precedentes deste Tribunal. Mérito. Características da 'venda emocional'. Autora que pretende a condenação da ré Companhia Thermas do Rio Quente na devolução das quantias pagas diante da rescisão do contrato. Rescisão que se operou, a princípio, por arrependimento do cessionário do direito de uso por tempo compartilhado. Contrato, porém, que impõe ao consumidor dificuldades na fruição dos serviços prometidos pela modalidade na rede hoteleira da ré. Falha, ademais, no dever de informar, dada a complexidade das cláusulas e o fato de a contratação se realizar em ambiente que põe o consumidor em evidente desvantagem. Jurisprudência majoritária deste Tribunal nesse sentido. Autora que faz jus à devolução do valor pago. Multas contratuais. Contrato que prevê multa de 10% por infração contratual e/ou rescisão unilateral e multa de 17% sobre o valor total do contrato a título de compensação por perdas e danos em favor do fornecedor do produto. Multa compensatória que configura evidente onerosidade excessiva ao consumidor, considerando-se a não utilização dos serviços. Art. 51, IV, do CDC. Abusividade. Multa moratória não devida diante da onerosidade excessiva em desfavor do consumidor, que aderiu a contrato sob forte apelo emocional. Cláusulas anuladas. Recurso parcialmente provido" (*TJSP* – Ap 1037707-31.2019.8.26.0224, 7-10-2021, Rel. Rodolfo Pellizari).

A maioria das legislações também não possui regramento específico para o fenômeno, muito complexo e diversificado na prática, pois não se obedece a um único padrão contratual. A doutrina procura explicá-lo como uma propriedade periódica, propriedade sazonal, propriedade a tempo parcial ou a tempo repartido etc. Tudo leva a crer que se consagrará com o tempo o vocábulo inglês *time-sharing* ou *timeshare* no meio turístico, embora nossa lei tenha escolhido "multipropriedade". Mesmo na comunidade europeia se discute a existência de um direito obrigacional ou um direito real. Temos agora entre nós o instituto como direito real, introduzido no Código Civil.

O art. 1.358-C assim define o instituto:

> "Multipropriedade é o regime de condomínio em que cada um dos proprietários de um mesmo imóvel é titular de uma fração de tempo, à qual corresponde a faculdade de uso e gozo, com exclusividade, da propriedade imóvel, a ser exercida pelos proprietários de forma alternada".

Trata-se, portanto de mais um direito real limitado, assim reconhecido por lei.

O fenômeno social nasceu da procura da classe média por uma residência de férias na praia ou na montanha. Os empresários optaram por um sistema que facilitasse o acesso a essa segunda propriedade a grupo social ao qual não convém ou não pode manter vários imóveis concomitantemente. Busca-se com o *time-sharing* a democratização do imóvel de férias. A possibilidade se estende tanto a unidades em apartamentos, como em imóveis como construções térreas, casas em vilas, fazendas ou assemelhados.

Alguns países optaram por conceituá-lo como direito real de habitação por intermédio de um administrador denominado *trustee*, que mantém a propriedade em nome de um clube. Os compradores adquirem o direito de uso e fruição temporal de uma unidade. Em Portugal, criou-se o contrato de arrendamento múltiplo como direito real (*direito de habitação periódica*). No dizer de José de Oliveira Ascensão (1987:475), o direito de habitação periódica é um *direito real menor*. Conclui, porém, o autor português que se estabelece parcialmente um regime semelhante ao da propriedade horizontal. A Grécia foi um dos primeiros países a regulamentar a multipropriedade por uma lei de 1986, tratando-a como modalidade de locação. Havendo problemas transnacionais na comunidade europeia, preocupam-se os legisladores da União Europeia em estabelecer atualmente diretivas para tornar homogêneos os direitos dos adquirentes de multipropriedade (as diretivas da Comunidade buscam estabelecer, nos vários campos jurídicos, normas mínimas para as legislações dos países-membros, que devem harmonizar sua respectiva legislação).

O fenômeno surgiu timidamente no Brasil, também sem legislação específica. Cumpre salientar que o fenômeno não teve boa aceitação e repercussão na sociedade brasileira, mormente, talvez, pela ausência de legislação específica. Vimos que há legislações que mantêm o fenômeno no campo obrigacional. A situação material, na realidade, apresenta-se como condomínio especial, no qual os condôminos dividem, isto é, compartilham a mesma unidade habitacional, em frações de tempo diversas.

Nesse sistema, todos os multiproprietários são condôminos, mas esse condomínio somente será exclusivo em unidade autônoma no tempo fixado no pacto, que nossa lei estabelece como sete dias, o prazo mínimo. Nesse diapasão, a relação dos multiusuários passa a ser de direito real. Todos os adquirentes são coproprietários de fração ideal, não se identificando a unidade. Não existe, desse modo, constituição de unidades autônomas, invocando-se as normas típicas do condomínio ordinário. As normas condominiais são aplicadas subsidiariamente. A relação de tempo repartido deve ficar exposta em regulamento. A administração é atribuída a empresa administradora, que normalmente reserva para si frações ideais, correspondentes a duas semanas do ano em todos os apartamentos (Tepedino, 1993:45). Essas semanas reservadas servem precipuamente para a manutenção das unidades.

É evidente que sua proximidade analógica permitirá o emprego de certos conceitos, como, por exemplo, o dever do condômino de concorrer na proporção de sua fração ideal no rateio das despesas. O mesmo se diga a respeito dos deveres e direitos emanados da convenção e do regulamento ou regimento interno do empreendimento.

A multipropriedade cria um direito real *sui generis* de usar, gozar e dispor da propriedade, cuja limitação não é apenas condominial, mas também temporal. O novo texto legal regula a possibilidade de registro dessa nova modalidade de propriedade em nome de cada condômino fracionário. Por outro lado, não há incompatibilidade de aplicação dos princípios norteadores da Lei nº 4.591/64 ou do Código Civil à multipropriedade, como agora especificado no mais recente texto legal. Também aqui se levam em conta a convenção, ou ato normativo, o regulamento ou regimento e os direitos de vizinhança. Caberá à doutrina e aos tribunais estabelecer a harmonização de situações de fato emergentes com a legislação. Não se podia tratar juridicamente o fenômeno como um singelo condomínio *pro indiviso*, pois sob esse regime o condômino poderia a qualquer momento pedir a extinção do estado de indivisão, faculdade imprescritível e potestativa, da natureza do instituto.

15.9.2 Particularidades Legais da Multipropriedade

O legislador introduziu artigos no Código Civil (1.358-B e segs.) para regular a multipropriedade. Realçamos aqui alguns aspectos marcantes.

O art. 1.358-B destaca que supletiva e subsidiariamente o fenômeno será regido também pela Lei 4.591/1964 e pelo Código de Defesa do Consumidor, como já apontávamos e era de mister.[19] O *time sharing* atinge uma universalidade ponderável de consumidores, como é intuitivo, e sua proteção é sem dúvida alcançada pela legislação consumerista.

---

[19] "Compromisso de compra e venda. **Multipropriedade ou 'time sharing'**. Ação de rescisão contratual. Sentença de parcial procedência. Apelo da ré. Aplicabilidade do Código de Defesa do Consumidor à multipropriedade. Inteligência do art. 1.358-B do CC/2002. Rescisão do contrato. Possibilidade, nos exatos termos dos enunciados da Súmula 543 do STJ e das Súmulas nº 1 e 2 deste Egrégio Tribunal. Pretensão à retenção da taxa de fruição. Indevida a indenização de taxa de fruição pela ocupação gratuita do imóvel, vez que o autor comprador honrou com o pagamento das prestações ajustadas até o ajuizamento da demanda. Sentença mantida. Majoração dos honorários recursais. Recurso não provido" (*TJSP* – Ap 1007669-15.2023.8.26.0024, 29-7-2025, Rel. Alfredo Attié).

"Agravo de Instrumento. Rescisão contratual de compra c/c devolução de valores pagos c/c Pedido de Tutela Antecipada. Pretensão de concessão de efeito suspensivo da decisão que indeferiu a tutela de urgência para a suspensão da exigibilidade das parcelas vencidas e vincendas do preço, bem como para obstar o encaminhamento do nome da adquirente ao cadastro dos órgãos de proteção ao crédito. Possibilidade de resilição do contrato pelo promitente comprador, em atenção à legislação consumerista, aplicável à hipótese nos termos do **art. 1.358-B do Código Civil**. Suspensão da exigibilidade das prestações do contrato e despesas inerentes ao imóvel. Requisitos do artigo 300 do CPC satisfeitos. Liminar deferida. Recurso Provido. Decisão Reformada" (*TJSP* – AI 2196376-85.2024.8.26.0000, 12-8-2024, Rel. Vitor Frederico Kümpel).

"Agravo de instrumento – compra e venda – ação de rescisão contratual – **multipropriedade ("time-sharing")** – tutela de urgência – Possibilidade de resilição do contrato pelo promitente comprador, em atenção à legislação consumerista, aplicável à hipótese nos termos do art. 1.358-B do Código Civil – Suspensão da exigibilidade das parcelas vincendas do contrato – Imposição de obrigação para que as requeridas se abstenham de inscrever a dívida nos órgãos de proteção ao crédito – Requisitos do artigo 300 do CPC satisfeitos – Decisão mantida – recurso improvido" (*TJSP* – AI 2209563-97.2023.8.26.0000, 21-9-2023, Rel. Luis Fernando Nishi).

"Agravo de instrumento – Compra e venda – Ação de rescisão contratual – **Multipropriedade ("time-sharing")** – Tutela de urgência – Possibilidade de resilição do contrato pelo promitente comprador, em atenção à legislação consumerista, aplicável à hipótese nos termos do art. 1.358-B do Código Civil – Suspensão da exigibilidade das

O art. 1.358-D indica a indivisibilidade do condomínio, que não se sujeitará a ação de divisão ou extinção de condomínio (inciso I) e dispõe que se inclui no seu objeto "as instalações, equipamentos e o mobiliário destinados a seu uso e gozo". Está última inserção é essencial à multipropriedade, pois o imóvel é colocado em estado de ser totalmente utilizado pelo titular e sua família e convidados, não só com mobiliário, como também com os utensílios ordinários da vida contemporânea, como televisores, refrigeradores, micro-ondas, pratos, talheres, aprestos de cozinha etc. A administração desses empreendimentos é semelhante e quase idêntica a um hotel e geralmente as unidades não utilizadas servem para tal, gerando renda para o administrador e proprietário, segundo a contratação e regulamento.

O período mínimo de uso e gozo do imóvel é de sete dias, seguidos ou intercalados, fixo e determinado no mesmo período de cada ano, ou flutuante, mediante escolha objetiva, ou misto e combinado, preservando-se a isonomia de direitos (art. 1.358-E, § 1º). O § 2º faculta que podem ser contratados períodos maiores, preservando-se sempre o mínimo de sete dias.

A multipropriedade se estabelece por ato entre vivos ou por testamento, com registro imobiliário, devendo constar do ato a duração dos períodos de fração de tempo (art. 1.358-F).

O art. 1.358-G aponta quais as cláusulas que devem constar da convenção da multipropriedade, obrigatoriamente, além de outras que aos interessados forem convenientes. Dentre essas, destacamos a necessidade de especificar direitos sobre as instalações, equipamentos e mobiliário, bem como forma de pagamento de conservação e limpeza (inciso I). O inciso II desse artigo é fundamental: a convenção deve estipular "o número máximo de pessoas que podem ocupar simultaneamente o imóvel no período a cada fração de tempo". Caberá ao administrador fiscalizar essa ocupação, sob pena de sua desobediência desvirtuar a finalidade do empreendimento e tumultuar a vida condominial. As unidades devem ser predeterminadas para utilização, por exemplo, de duas, quatro ou seis pessoas. A desobediência do titular o sujeitará a multa e outras punições do regulamento e da convenção.

Lembremos que se tornam em nosso País cada vez mais comuns prédios destinados à chamada terceira idade, que restringem a ocupação por crianças e jovens. A multipropriedade também pode servir a essa faixa etária. Tudo isso deve constar da convenção e regulamento. Da mesma forma, pode ser prevista e regulamentada a possibilidade de permanência de animais de estimação. Tudo enfim, deve ser apreciado e regulado em prol da vida condominial que, no caso específico, destina-se essencialmente a período de férias e lazer.

O art. 1.358-H dispõe que o instrumento de instituição ou convenção de condomínio poderá estabelecer o limite máximo de frações de tempo no mesmo imóvel, que poderão ser detidas pela mesma pessoa natural ou jurídica. A matéria é de conveniência e oportunidade do instituidor, pois se levará em conta a finalidade do empreendimento. Unidades concentradas em poucas pessoas tendem a absorver as decisões, prejudicando minoritários.

Dentre os direitos do multiproprietário, em rol do art. 1.358-I, destaca-se que o titular pode ceder sua fração por locação ou comodato. Sua titularidade no período que lhe cabe é,

---

prestações do financiamento e demais despesas decorrentes do contrato – Requisitos do artigo 300 do CPC satisfeitos – Liminar deferida – recurso provido" (*TJSP* – AI 2098998-37.2021.8.26.0000, 26-8-2021, Rel. Luis Fernando Nishi).

"Compromisso de compra e venda de imóvel – **Regime de multipropriedade** – Rescisão contratual a pedido do compromissário, sem culpa do promitente. Negócio jurídico sujeito à Lei 8.078/90. Abusividade da disposição que previa perda dos valores pagos a título de sinal, por se cuidar de arras confirmatórias. Cabimento da devolução reconhecido pelas Súmulas 1, 2 e 3 desta Corte, admitida a retenção de 25% para cobrir as despesas do empresário. Correção monetária devida desde o desembolso e juros apenas a partir do trânsito em julgado. Entendimento nesse sentido firmado pelo STJ. Apelação parcialmente provida" (*TJSP* – AC 1000569-51.2017.8.26.0660, 29-4-2019, Rel. Arantes Theodoro).

enfim, de proprietário. O regulamento deverá tecer as modalidades de comunicação ao administrador, que sempre deverá ter ciência sobre quem ocupará a unidade, tendo em vista a segurança e convivência condominial.

No campo das obrigações do titular, além daquela de pagar as despesas correspondentes ao seu período e sua unidade (art. 1.358-J), deverá responder pelos danos causados ao imóvel, instalações, equipamentos e mobiliário, por si, por qualquer de seus acompanhantes e convidados, prepostos e pessoas que autorize a ocupar o imóvel (inciso II). Perante o condomínio, será sempre o titular o responsável pelos danos, que terá direito a eventual regresso. Não é dado ao proprietário da unidade modificar, alterar ou substituir o mobiliário, os equipamentos e as instalações do imóvel (inciso IV). Essa faculdade é exclusiva da administração.

O § 1º desse último citado artigo dispõe acerca de multa em caso de descumprimento de deveres do titular da unidade, inclusive multa progressiva no caso de condômino recalcitrante, com perda temporária do direito de utilização do imóvel em sua fração de tempo (itens I e II). Trata-se da mesma situação que focamos neste capítulo (item 4), ao tratar do condomínio edilício.

A transferência do direito de multipropriedade pode ocorrer independente de anuência ou cientificação dos demais proprietários (art. 1.358-L). Não há direito de preferência na alienação aos demais condôminos ou ao instituidor, salvo se expresso no instrumento de instituição ou na convenção (§ 1º). É de se discutir se pode ser atribuído ao administrador receber taxa de transferência da unidade temporal. Esse valor não pode ser tal que obste o direito de propriedade. Cabe ao adquirente exigir declaração de inexistência de débitos referente à fração, sob pena de ficar solidariamente responsável (§ 2º).

A administração da multipropriedade é descrita no art. 1.358-M. Caberá à pessoa indicada no instrumento de instituição ou na convenção de condomínio. Na falta de indicação, o *caput* do artigo menciona que a escolha caberá à assembleia geral dos condôminos. Cuida-se aqui do *trustee*, que mencionamos quando tratamos do direito comparado. O administrador, na verdade uma empresa especializada, é pessoa fundamental para o sucesso do empreendimento, pois cuidará do dia-a-dia do prédio, das despesas, manutenção, contatos com proprietário e terceiros etc. Importante lembrar que o instrumento de instituição poderá prever fração de tempo destinada à manutenção do imóvel e suas instalações (art. 1.358-N), como já apontamos.

No rol das disposições específicas relativas à multipropriedade (arts. 1358-O ss.), aponta-se que o condomínio edilício poderá adotar regime misto, parte com multipropriedade e parte como condomínio geral, podendo ser adotado o regime de hotelaria supletiva ou complementar. Embora não esteja expresso, o edifício pode operar também com parte das unidades destinadas à hotelaria. A instituição deverá prever os direitos dos multiproprietários em face a esse regime.

Assim como no condomínio edilício, o regulamento ou regimento complementará a instituição ou convenção. Dispõe o art. 1.358-R, que havendo multipropriedade em parte ou na totalidade das unidades, haverá sempre um administrador profissional, o que demonstra a relevância da função. A questão passa a ser de exame no caso concreto, embora o § 5º especifique que "o administrador pode ser ou não um prestador de serviços de hospedagem".

Note que o art. 1.358-P elenca outras situações que devem estar presentes na convecção. Forma de rateios de despesas etc.[20] Devem ser especificados os órgãos que integram a administração, como conselho fiscal e setor encarregado de imposição de multas, por exemplo.

---

[20] "Apelação – Embargos à execução – Cobrança de taxas condominiais – **Sistema de multipropriedade** – Sentença de procedência – Conjunto probatório carreado aos autos que autoriza a conclusão de que as taxas condominiais aprovadas nas assembleias ordinárias correspondem a quantia devida por cada condômino, e não pela unidade

É usual que a multipropriedade se insira no sistema de intercâmbio com outros empreendimentos nacionais e internacionais, o que também deve ser regulado (inciso VI).

Muitas das disposições que estarão presentes na convenção e regulamento são semelhantes às do condomínio edilício. Em nosso Código Civil Interpretado descemos a minúcias mais amplas.

Digno de nota o dispositivo do art. 1.358-T que permite ao multiproprietário renunciar seu direito em favor do condomínio, se estiver em dia com suas obrigações e despesas tributárias. A renúncia consiste no abandono da propriedade e não se confunde com a cessão, gratuita ou onerosa.

No que diz respeito ao registro imobiliário, o texto legal altera a Lei dos Registros Públicos para possibilita-lo (art. 176). Inovação importante é a possibilidade de cada fração de tempo poder ser objeto de inscrição imobiliária individualizada em função da legislação tributária municipal, facilitando o pagamento do tributo (redação introduzida no art. 176, § 11, da Lei 6.015/1973).

15.10 DO CONDOMÍNIO DE LOTES

A Lei de Regularização Fundiária Rural e Urbana (Lei nº 13.465, de 2017, e Decreto nº 10.592/2020)[21-22] toca na problemática de lotes conjuntos criados sem apoio legal, por mero acordo ou convivência de vizinho. Trata-se de tentativa de regularizar condomínios informais.

Na situação de fato, há posse de porção de terreno *pro diviso*, isto é, marcada e identificada. Com áreas comuns como arruamentos, praças etc. Há necessidade de regulamentação do dispositivo. Somente assim haverá como se estabelecer a fração ideal de cada condômino, seu potencial construtivo etc. (§ 1º). Destarte, haverá um loteamento regularizado de direito, após sua existência de fato. A menção à incorporação imobiliária é um convite para que o empreendedor-incorporador assuma a tarefa de regularização. A lei regulamentadora deve facilitar o sucesso do pretendido pela lei, que poderia ter sido mais específica.

---

autônoma – Excesso de execução afastado – Sentença reformada – Inversão da sucumbência – Recurso provido" (*TJSP* – AC 1042702-45.2017.8.26.0002, 2-10-2019, Rel. Cesar Luiz de Almeida).

"Civil – Ação de cobrança – Taxas condominiais – Obrigação *propter rem* – **Multipropriedade imobiliária (*time sharing*)** – Ciência do condomínio – Obrigação do multiproprietário – Restrição às unidades periódicas. A inequívoca ciência do condomínio quanto ao regime de multipropriedade – *Time sharing* – Do imóvel objeto da cobrança de taxas condominiais, impõe que a responsabilidade pelo pagamento seja dirigida contra todos os multiproprietários. A ação proposta contra um só deles determina a manutenção da sentença que condenou o coproprietário apenas ao pagamento correspondente ao seu período de utilização do imóvel" (*TJSC* – AC 0300970-73.2017.8.24.0005, 27-2-2019, Rel. Des. Luiz Cézar Medeiros).

[21] O Decreto nº 9.310/2018 institui as normas gerais e os procedimentos aplicáveis à Regularização Fundiária Urbana – Reurb, estabelecendo os procedimentos para a avaliação e a alienação dos imóveis da União, aplicada para os núcleos urbanos informais comprovadamente existentes em 22 de dezembro de 2016.

[22] O Decreto nº 9.309/2018, regulamentava a Lei nº 11.952, de 25 de junho de 2009, para dispor sobre a regularização fundiária das áreas rurais situadas em terras da União ou do Instituto Nacional de Colonização e Reforma Agrária – INCRA, por meio de alienação e concessão de direito real de uso de imóveis, atualmente revogado, como aqui se informa, pelo Decreto nº 10.592/2020.

16

PROPRIEDADE RESOLÚVEL

16.1 HIPÓTESES LEGAIS

Nos arts. 1.359 e 1.360, o Código, sob muita crítica, trata do que denomina *propriedade resolúvel*. A hipótese aplica-se a móveis e imóveis.

No art. 1.359, é descrita hipótese de a propriedade conter, no próprio título que a gerou, condição ou termo:

> *"Resolvida a propriedade pelo implemento da condição ou pelo advento do termo, entendem-se também resolvidos os direitos reais concedidos na sua pendência, e o proprietário, em cujo favor se opera a resolução, pode reivindicar a coisa do poder de quem a possua ou detenha".*

O artigo do Código de 2002 apresenta idêntico conteúdo do estatuto anterior.

Nessa situação, contrariando o princípio geral do direito de propriedade, o título aquisitivo já contém o germe da resolução. O titular sabe, ou deve saber, que a propriedade pode findar-se, resolver-se com o implemento de condição ou advento de termo. Também desaparecem direitos reais concedidos em sua pendência, como o penhor e a hipoteca.

O art. 1.360 cuida de hipótese um tanto diversa:

> *"Se a propriedade se resolver por outra causa superveniente, o possuidor, que a tiver adquirido por título anterior à sua resolução, será considerado proprietário perfeito, restando à pessoa, em cujo benefício houve a resolução, ação contra aquele cuja a propriedade se resolveu para haver a própria coisa ou seu valor".*

O Código em vigor manteve a mesma redação, substituindo a palavra "domínio" por "propriedade".

Aqui, a premissa é outra. A propriedade de *per si* nada contém que permita a terceiros supor eventual resolução. Esta ocorre, como está dito na lei, por *causa superveniente*. Essa disposição, sujeita a muitas críticas, requer digressão maior.

A condição e o termo são objetos de disciplina da Parte Geral e ali por nós foram estudados. Critica-se o dispositivo como inócuo, porque a situação jurídica estaria albergada pelos princípios da condição resolutiva e os do termo inicial e termo final, aos quais, da mesma forma, se aplicam os princípios da condição resolutiva. No entanto, como na Parte Geral, o Código não admitiu peremptoriamente o efeito retroativo das condições, nesse dispositivo expresso do art. 1.359 afasta-se dúvida tocante à propriedade.

A principal crítica é que a matéria diz respeito à teoria geral dos negócios jurídicos. As disposições poderiam ser perfeitamente dispensadas pela aplicação dos princípios reguladores da condição e do termo na Parte Geral, com relação ao primeiro dispositivo, e com fundamento na teoria geral das nulidades quanto ao segundo. Como se vê, o vigente Código mantém as mesmas diretrizes.

De qualquer modo, trata-se de exceção do princípio geral do *semel dominus, semper dominus* (uma vez dono, sempre dono). Abre-se exceção ao sentido de permanência e constância do direito real. Cuida-se, pois, de modalidade especial de domínio. Essa é sua natureza jurídica (Gomes, 1983:215).

No direito obrigacional, de cunho pessoal, dúvidas não há de que a condição ou termo podem ser apostos na maioria dos negócios jurídicos. No direito real, a resolução ou revogação é exceção ao sistema, a confirmar a regra.

16.2 PROPRIEDADE SUJEITA A CONDIÇÃO OU TERMO

A condição e o termo são objeto de disciplina da Parte Geral. Os princípios decorrem dos arts. 127 (condição resolutiva) e 135 (termo inicial e termo final, aplicando-se a este último os princípios da condição resolutiva).

O fenômeno diz respeito à propriedade sob condição resolutiva e sob termo final, porque impensável o instituto sob condição ou termo suspensivos (Pontes de Miranda, 1971, v. 14:114). Se ainda não houve tradição da coisa móvel ou o registro do imóvel, inexiste propriedade, mas mera promessa de alienar ou outro direito pessoal. A questão surge na propriedade sob condição ou termo resolutório, quando propriedade existe. Nessa situação, há um proprietário atual e um proprietário diferido, com mero direito eventual. Esse é titular de direito eventual e não de mera expectativa de direito, como defendem alguns, porque já pode dispor de meios para proteger seu futuro direito, como, por exemplo, exigir caução contra os riscos de perda ou deterioração da coisa. Outra não pode ser a justa solução, respaldada inclusive por disposição expressa no fideicomisso, como assinalamos a seguir. A mera expectativa de direito não confere qualquer ação, porque não existe ainda direito subjetivo a ser defendido, como sucede na expectativa da morte de alguém para recebimento de herança. Essa a posição de Pontes de Miranda, que, com sua riqueza vocabular, denomina o direito da pessoa nessas condições da propriedade resolúvel de *direito expectativo*; nós o denominamos eventual, para distinguir da mera expectativa de direito (1971, v. 14:120).

No entanto, como na Parte Geral o Código não admitiu expressamente o efeito retroativo das condições (como sucede no ordenamento francês), o sentido expresso do art. 1.359 possui a utilidade de determinar, nesse caso, que a propriedade desaparece, ou pode desaparecer, *se resolve*, como se jamais o fenômeno houvesse existido. A lei, de fato, admite efeito real à cláusula ou ao termo resolutório. O implemento da condição ou advento do termo opera modificação subjetiva do titular do domínio, torna perfeito o direito eventual do proprietário diferido.[1]

---

[1] "Agravo de instrumento – Embargos de terceiro – Posse advinda de contrato de locação – Imóvel alienado fiduciariamente – **Propriedade resolúvel** – Consolidação do imóvel ao agente financeiro que requer a imissão na posse – Agravante que pede a sua manutenção no imóvel diante da posse em decorrência de vínculo obrigacional

É claro que fatos concretos inerentes ao *ius fruendi* decorrentes da atividade do proprietário resolúvel podem deixar resquícios materiais, como, por exemplo, perda ou deterioração da coisa. Essa é uma das questões complexas a serem decididas. Embora a lei possa abstratamente inverter realidades, o direito não pode simplesmente ignorar efeitos materiais, como, por exemplo, o mau uso da propriedade, ou a má-fé do titular da coisa.

O proprietário reivindicante, por força do implemento da condição ou advento do termo, terá direito a ser ressarcido por perdas e danos, inelutavelmente, se decorrentes da desídia, culpa grave ou má-fé do proprietário resolúvel. A má-fé é fato gerador do dever de indenizar em qualquer situação, e o sistema da propriedade resolúvel não pode ser exceção. O princípio decorre do art. 186, na inexistência de responsabilidade contratual. No curso da fruição do proprietário resolúvel, no entanto, não há que se impingir uma atitude passiva, de mero expectador, ao proprietário diferido, se vê a coisa definhar, ou desaparecer por dolo, ou até mesmo mera incúria ou desídia do titular atual. Ainda, aqueles que divergem desse entendimento e não se utilizam do princípio geral da responsabilidade devem ser lembrados dos ditames que norteiam o abuso de direito. É claro que o proprietário diferido não pode portar-se como proprietário atual antes do implemento da condição ou advento do termo, nem turbar o exercício pleno da propriedade pelo titular atual, mas pode exigir caução, ou outra medida acautelatória nas premissas descritas.

Requisito característico da propriedade resolúvel tipificada no art. 1.359 é que *a condição ou termo constam do próprio título de domínio*. Destarte, presentes no registro imobiliário, terceiros não podem alegar ignorância nem pretender desrespeitá-los.

Note que o proprietário resolúvel exerce os poderes de pleno proprietário: usar, gozar e até dispor da coisa. A indisponibilidade somente ocorrerá se o ato constitutivo contiver cláusula de inalienabilidade. Sob tal égide, ainda que alienada a coisa, o implemento da condição ou advento do termo, que possuem a semente lançada na origem dessa modalidade de domínio,

---

– Inadmissibilidade – Cláusula contratual expressa que veda a locação de imóvel alienado fiduciariamente em prazo superior a um ano e sem anuência do agente financeiro com fixação de taxa de ocupação desde a consolidação da propriedade – Precedentes deste egrégio tribunal de justiça – Decisão mantida – Recurso não provido" (*TJSP* – AI 2270367-12.2015.8.26.0000, 24-04-2019, Rel. Erickson Gavazza Marques).

"Apelação cível – Ação de usucapião – Imóvel objeto de doação pelo município com encargo – **Propriedade Resolúvel** – Impossibilidade de usucapião – O imóvel objeto de doação pelo Município sujeito a encargo ainda não cumprido é passível de retorno ao patrimônio público e, por isso, insuscetível de usucapião. Recurso desprovido" (*TJES* – Ap 0009249-56.2008.8.08.0014, 27-4-2018, Rel. Des. Dair José Bregunce de Oliveira).

"Agravo de instrumento – Ação de cobrança de verbas condominiais – Cumprimento de sentença – Decisão que indeferiu a penhora do imóvel alienado fiduciariamente à instituição financeira. Insurgência. Impossibilidade de constrição do bem cuja **propriedade resolúvel** é da instituição financeira que não integrou o processo. Possibilidade de penhora, apenas, dos direitos do devedor oriundos do contrato. Decisão mantida. Agravo não provido" (*TJSP* – AI 2095890-39.2017.8.26.0000, 17-7-2017, Rel. Morais Pucci).

"**Agravo de instrumento** – Ação de reintegração de posse – Bem móvel – Ajuizamento de anterior ação de busca e apreensão, com concessão de liminar. Indício da alienação do bem a terceiro, sem comunicação ao agente financiador. Venda que é, em princípio, ineficaz em face da instituição financeira, que detém a propriedade resolúvel e a posse indireta do automóvel. Manutenção da decisão objurgada, ressalvada, porém, a oportuna comunicação do ajuizamento da ação originária de reintegração de posse ao juízo pelo qual tramita a ação de busca em apreensão. Recurso desprovido, com observação" (*TJSP* – AI 2150460-43.2015.8.26.0000, 9-9-2015, Rel. Antonio Nascimento).

"**Agravo de instrumento – Alienação fiduciária** – Ação de busca e apreensão – Liminar deferida com observação de que eventuais despesas decorrentes de infrações de trânsito e da estadia do veículo em pátio de estacionamento deverão ser pagas pela instituição credora antes do seu cumprimento. Insurgência. As despesas pelo depósito do veículo e relacionadas a infrações de trânsito são de natureza *propter rem*, devendo ser arcadas pelo credor fiduciante, pois é ele o proprietário da propriedade resolúvel do bem, não se lhe obstando o ajuizamento de posterior ação de regresso para reaver os valores gastos. Precedentes. Recurso não provido" (*TJSP* – AI 2069052-64.2014.8.26.0000, 5-6-2014, Rel. Morais Pucci).

autoriza a reivindicação pelo novo proprietário, no exercício de seu direito de sequela. Destarte, terceiros que adquirem propriedade sujeita a termo ou condição resolutiva assumem o risco de virem a perdê-la. Como a condição é falível, essa possibilidade de perda não é, como se percebe, inexorável.

Assim ocorre no instituto do fideicomisso. O fiduciário tem a propriedade resolúvel. Como instituto típico da sucessão testamentária, o testador institui o fiduciário proprietário de um bem, por certo tempo, sob determinada condição ou até sua morte (art. 1.951). Esse fiduciário recebe a propriedade resolúvel. A condição, o termo fixado ou a morte do fiduciário determinam a passagem da propriedade ao fideicomissário. A lei é expressa em conferir ao fideicomissário direito de exigir caução (art. 1.953, parágrafo único), como afirmamos. Sobre a matéria discorremos em *Direito civil: Família e Sucessões* (Capítulo 38). Aí expusemos que o fideicomisso também pode ser instituído por ato entre vivos, na amplitude da autonomia de vontade contratual, porque nada existe no ordenamento a proibi-lo. Pelo contrário, o próprio art. 1.359 sustenta essa posição. O contrato pode estipular que o adquirente permaneça proprietário por certo tempo ou sob certa condição. Como vimos, o contrato não gera a propriedade; é seu veículo gerador. Registrado o instrumento no cartório imobiliário, nasce a propriedade resolúvel e o consequente efeito *erga omnes*. Observe, contudo, que, enquanto o contrato não for devidamente registrado, a cláusula será ineficaz com relação a terceiros, e seu descumprimento dará margem a direito indenizatório e não a reivindicação.

Complementando a noção ora exposta referente à utilidade da aquisição por terceiro de propriedade sob o risco da resolubilidade, veja que no fideicomisso, por exemplo, quem adquire o bem do fiduciário pode contar com a consolidação da propriedade plena em mãos deste: a pré-morte do fideicomissário, sem que o testador lhe tenha nomeado substituto, ou a renúncia que o fideicomissário pode ultimar no tocante ao bem hereditário, que recebe diretamente do autor da herança e não do fiduciário, pelo mecanismo legal.

Outro exemplo característico, este decorrente de relação *inter vivos*, é o pacto de retrovenda. Se da escritura consta o pacto, presente no registro imobiliário, o título torna-se conhecido obrigatoriamente de terceiros. Se alguém pretender adquirir o imóvel antes do prazo de três anos (art. 505), assume o risco de o alienante exercer seu direito de retrato. Não é meramente teórica a hipótese de alguém adquirir domínio resolúvel, porque poderá agir com sentido altruístico ou filantrópico, ou obter preço mais favorável ao assumir um risco e almejar vantagem.

Na venda de coisa por condômino, também se configura hipótese de resolubilidade. O condômino não pode vender sua fração ideal sem dar preferência aos demais condôminos. O Código dispõe que o condômino, *"a quem não se der conhecimento da venda, poderá, depositando o preço, haver para si a parte vendida a estranho, se o requerer no prazo de cento e oitenta dias, sob pena de decadência"* (art. 504). Essa resolubilidade decorre da lei, da existência do condomínio e não de cláusula decorrente de vontade das partes. O mesmo fenômeno foi adotado pelas mais recentes leis do inquilinato, ao conferir, sob determinados requisitos, direito real de preferência ao inquilino para aquisição do imóvel locado, na hipótese de alienação pelo proprietário locador (ver, em especial, arts. 27 e 33 do diploma inquilinário atual, Lei nº 8.245/91).

Na alienação fiduciária em garantia, utilizada para financiamentos, antes regulada pelo Decreto-lei nº 911/69, a norma era expressa em afirmar que *"se transfere ao credor a propriedade resolúvel e a posse indireta da coisa alienada"* (art. 66 da Lei nº 4.728/65). O devedor, liquidando a dívida, consolida sua posse e torna-se proprietário.

Citam-se outros exemplos de propriedade resolúvel nessa hipótese legal: a venda a contento sob condição resolutiva e a doação com cláusula de reversão, institutos a serem examinados nos contratos em espécie.

16.3 PROPRIEDADE RESOLÚVEL POR CAUSA SUPERVENIENTE

Essa é a hipótese descrita no art. 1.360. Aqui, não existe a semente da resolubilidade na origem do domínio. Presumimos que terceiros não saibam da existência dessa possibilidade. O artigo justificadamente dá margem a críticas acerbas. A matéria dispensava a regulamentação. As soluções práticas divergem do artigo anterior, porque se parte de premissa diversa.

Cuida-se de revogação *ex nunc*. Na hipótese anterior do art. 647 e art. 1.359, a revogação retroage: tem efeito *ex tunc*. Quando se resolve o domínio por fato alheio ao título, a solução legal é recorrer o favorecido à ação de reivindicação da coisa, se esta ainda estiver em mãos do adquirente, ou à simples indenização, se com terceiros de boa-fé. A hipótese característica a servir de exemplo clássico na espécie é a da revogação de doação por ingratidão do donatário. Essa ingratidão decorre do *numerus clausus* do art. 557. No entanto, na própria disciplina da doação o art. 563 resguarda o direito adquirido de terceiros. Se a coisa foi alienada a terceiro de boa-fé, a revogação gera apenas o direito à indenização pelo valor da coisa. A revogação da doação com o retorno da coisa doada ao doador somente se faz possível se ainda permanece na titularidade do donatário. Presente a ressalva na disciplina da doação, mais se demonstra a superfetação e desnecessidade do artigo sob exame.

O princípio geral não é diferente quando se declara nulo ou se anula o título aquisitivo. No entanto, nessas hipóteses não se aplicam os princípios da propriedade resolúvel. Não se deve confundir nulidade e anulação de aquisição com resolubilidade da propriedade. A análise transfere-se para os efeitos dos atos e negócios nulos e anuláveis. Não há revogação. Os princípios gerais das nulidades, do resguardo à boa-fé e da aparência são suficientes para dissecar os casos concretos na espécie.

17

GARANTIA FIDUCIÁRIA. PROPRIEDADE FIDUCIÁRIA

17.1 ALIENAÇÃO FIDUCIÁRIA EM GARANTIA. ORIGENS. CONCEITO. A PROPRIEDADE FIDUCIÁRIA NO CÓDIGO CIVIL DE 2002

Ao estudarmos a natureza dos direitos reais, foi explanado com detalhes o que deve ser entendido como *numerus clausus* em nosso sistema. Somente a lei pode criar direitos reais. Desse modo, devem assim ser considerados os institutos descritos no Código Civil, bem como todos aqueles que guardarem a mesma natureza em outros diplomas legais.

Não só nesta obra, no Capítulo 1, como também em *Direito civil: Obrigações e Responsabilidade Civil,* seção 4.3, tecemos considerações sobre as denominadas obrigações com eficácia real, para as quais o legislador dedicou proteção maior ao possibilitar efeitos *erga omnes* mediante registro imobiliário.

Ao estudarmos aqui os direitos reais de garantia, hipoteca, penhor e anticrese, foi observada a necessidade crescente de dinamizar e facilitar o crédito, bem como a circulação de riquezas. Por essa razão tantas são as leis que procuraram eficientizar a hipoteca e o penhor, especialmente este último, atribuindo-lhes características ausentes nos respectivos institutos originais do Código Civil.

Nesse diapasão, a alienação fiduciária em garantia, introduzida originalmente em nossa legislação para dar substrato aos contratos de financiamento precipuamente de bens móveis e duráveis, inseriu em nosso ordenamento mais um direito real de garantia, que se agrega ao rol já existente, com características próprias. De fato, a Lei nº 4.728/65, estruturadora do mercado de capitais, criou o instituto, que ganhou contornos materiais e processuais definitivos com o Decreto-lei nº 911/69, que alterou a redação do art. 66 da referida lei e em seus nove artigos disciplinou a garantia fiduciária cuja experiência demonstrou ser muito útil no mundo negocial. O instituto sofreu nova configuração por força da Lei nº 10.931/2004, a qual teve por finalidade maior criar o patrimônio de afetação de incorporações imobiliárias. A Lei nº

14.711/2023, que visou dinamizar as regras de garantia, traz novas perspectivas legais para a alienação fiduciária em imóveis.[1]

O Código de 2002 procura dar contornos gerais à matéria sob a epígrafe *propriedade fiduciária*, nos arts. 1.361 a 1.368-B. Dessa forma, a maioria das disposições de direito material passa a ser regulada pelo Código, e não mais pela legislação anterior. Aponte-se, porém, de plano, que o novel legislador do Código utiliza-se em linhas gerais dos mesmos princípios da lei pretérita, a qual foi, sem dúvida, absorvida pelo corrente ordenamento civil, mercê de seus excelentes resultados práticos.

O art. 66 do CC/1916, com a redação original, assim dispunha:

> *"A alienação fiduciária em garantia transfere ao credor o domínio resolúvel e a posse indireta da coisa móvel alienada, independentemente da tradição efetiva do bem, tornando-se o alienante ou devedor em possuidor direto e depositário com todas as responsabilidades e encargos que lhe incumbem de acordo com a lei civil e penal".*

A alienação fiduciária, o ato de alienar em si, é negócio contratual. Trata-se de instrumento, negócio jurídico, que almeja a garantia fiduciária, esta, sim, direito real.[2]

---

1 O STF, por maioria, julgou parcialmente procedentes os pedidos das ADI nºs 7.600, 7.601 e 7.608, conferindo interpretação conforme à Constituição aos §§ 4º, 5º e 7º (expressão "apreendido o bem pelo oficial da serventia extrajudicial") do art. 8º-C do Decreto-Lei nº 911/69, com a redação conferida pela Lei nº 14.711/2023, de modo que, nas diligências para a localização do bem móvel dado em garantia em alienação fiduciária e em sua apreensão, devem ser assegurados os direitos à vida privada, à honra e à imagem do devedor, a inviolabilidade do sigilo de dados, a vedação ao uso privado da violência, a inviolabilidade do domicílio, a dignidade da pessoa humana e a autonomia da vontade, fixando a seguinte tese de julgamento: "1. São constitucionais os procedimentos extrajudiciais instituídos pela Lei nº 14.711/2023 de consolidação da propriedade em contratos de alienação fiduciária de bens móveis, de execução dos créditos garantidos por hipoteca e de execução da garantia imobiliária em concurso de credores. 2. Nas diligências para a localização do bem móvel dado em garantia em alienação fiduciária e em sua apreensão, previstas nos §§ 4º, 5º e 7º do art. 8º-C do Decreto-Lei nº 911/69 (redação da Lei nº 14.711/2023), devem ser assegurados os direitos à vida privada, à honra e à imagem do devedor; a inviolabilidade do sigilo de dados; a vedação ao uso privado da violência; a inviolabilidade do domicílio; a dignidade da pessoa humana e a autonomia da vontade" (Plenário, Sessão Virtual de 20-6-2025 a 30-6-2025).

2 "**Alienação fiduciária** – **Bem imóvel** – Ação anulatória julgada procedente – Alegação de nulidade da sentença – Não reconhecimento – Sentença devidamente fundamentada – Ajuizamento anterior de ação revisional – Procedência parcial e apenas para afastar a incidência da TAC. Legalidade dos demais encargos previstos no contrato. Alegação da proteção do bem de família. Abordagem desnecessária. Ausência de constrição. Direito de retenção em razão de supostas benfeitorias feitas no imóvel. Discussão prematura. Necessidade de observância do art. 27, § 4º, da Lei 9.514/97. Sentença mantida. Recurso desprovido. Não há nulidade da sentença quando o juiz, na entrega da prestação jurisdicional, aborda as questões essenciais e expressa os fundamentos de sua convicção, não estando obrigado a enfrentar, um a um, aqueles arguidos pelas partes. Nada obstante notícia de ajuizamento de ação revisional do contrato em questão, bem se vê que, nesse caso, o pedido restou acolhido apenas e tão somente para afastar a incidência da tarifa por abertura de crédito (TAC), sendo confirmada a r. sentença pela C. 22ª Câmara de Direito Privado, de acordo com consulta ao sistema e-SAJ. Portanto, não há como forrar os autores da responsabilidade de arcar com o pagamento dos encargos previstos no contrato firmado com a instituição financeira. Quanto à alegação de impenhorabilidade do imóvel, objeto do contrato, afigura-se despicienda abordagem sobre a questão até porque não há notícia de constrição em relação aos bens matriculados sob os números 135.024 e 30.777, registrados no 2º Cartório de Registro de Imóveis de Ribeirão Preto/SP. A discussão sobre eventual direito de retenção em razão de supostas benfeitorias feitas no imóvel também se mostra prematura até porque, conforme os termos da r. sentença, o pedido dos autores foi acolhido para que o réu providencie a intimação pessoal dos devedores acerca da data da realização do leilão que objetiva a alienação dos imóveis consolidados na propriedade do banco réu. Há regramento específico para a questão, devendo ser observado os termos do art. 27, parágrafo 4º, da Lei 9.514/97" (*TJSP* – AC 1030087-68.2014.8.26.0506, 12-4-2019, Rel. Kioitsi Chicuta).

"Apelação cível – **Propriedade fiduciária de bens imóveis** – Ação de cancelamento de gravame c/c suspensão de leilão extrajudicial. Imóvel objeto de alienação fiduciária instituída entre a construtora e a administradora de grupo consorcial. Ineficácia frente ao promitente comprador, que quitou o preço. Aplicação analógica do Enunciado 308

Durante essas décadas de vigência dessa lei, o instituto vem servindo para dinamizar o crédito direto ao consumidor de coisas móveis. A orientação legal não admitia o instituto para os imóveis. Procurando estender as mesmas vantagens para os imóveis, a Lei nº 9.514, de 20-11-97, que dispõe sobre o Sistema de Financiamento Imobiliário, instituiu a alienação fiduciária de imóveis, além de outras disposições, conforme examinaremos neste capítulo. Afirmamos, de plano, que a alienação fiduciária para os imóveis possui a mesma concepção material do instituto original, embora os aspectos procedimentais sejam diversos. Dispõe o art. 22 deste último diploma:

> *"A alienação fiduciária regulada por essa Lei é o negócio jurídico pelo qual o fiduciante, com o escopo de garantia de obrigação própria ou de terceiro, contrata a transferência ao credor, ou fiduciário, da propriedade resolúvel de coisa imóvel. (redação dada pela Lei nº 14.711/2023)"*

A alienação fiduciária de imóveis pode ser contratada por pessoa física ou jurídica, não sendo privativa de entidades que operam o sistema financeiro.

Sem esse texto expresso, agora melhorado, ficaria sempre a dúvida sobre a aplicabilidade da alienação fiduciária aos imóveis em qualquer situação, por qualquer pessoa, dentro ou fora do sistema de financiamento.

Pode ainda ser utilizada a alienação fiduciária em relação a contratos que visem a constituição, transferência, modificação ou renúncia de direitos reais sobre imóveis, podendo ser celebrados

---

da Súmula do STJ. Precedentes deste tribunal da do colento STJ. Deram parcial provimento à apelação" (*TJRS* – AC 70073846115, 21-6-2018, Relª Desª Mylene Maria Michel).

"**Alienação Fiduciária** – Ação de busca e apreensão de veículo proposta pela -Financeira – Ação de revisão contratual ajuizada anteriormente pelo devedor fiduciário – Concessão da medida liminar, determinando-se a busca e apreensão do veículo, que não foi realizada – Agravo de instrumento interposto contra decisão de Primeiro Grau que determinou o bloqueio do veículo perante o Detran – Hipótese não prevista no art. 1.015 do novo Código de Processo Civil – Rol taxativo – Decisão que poderá ser impugnada por ocasião do recurso de Apelação – Recurso não conhecido" (*TJSP* – AI 2189160-54.2016.8.26.0000, 14-2-2017, Rel. Carlos Nunes).

"Agravo de instrumento – Ação Revisional – Instrumento particular de financiamento para aquisição de imóvel, com alienação fiduciária – Tutela Antecipada – Negativação – Depósito Judicial – Manutenção de posse – Contrato celebrado após a entrada em vigor da Medida Provisória nº 1.963-17/2000, de 30-3-2000, e suas reedições, que autoriza a capitalização mensal de juros, desde que expressamente pactuada – Ausente prova inequívoca do direito, capaz de convencer da verossimilhança das alegações, possível a negativação do nome da agravante – Cabível, ainda, o depósito dos valores incontroversos, sem, contudo, afastar os efeitos da mora – Hipótese, por fim, em que dar à agravante o direito à posse do imóvel, implicaria, na prática, em tornar sem efeito eventual ação ajuizada pelo banco, obstando indevidamente seu direito de ação – Em caso de ajuizamento da referida ação, poderá a devedora exercer seu direito ao contraditório e a ampla defesa, na forma da lei – Agravo parcialmente provido" (*TJSP* – AI 2122634-08.2016.8.26.0000, 5-9-2016, Rel. Salles Vieira).

"**Alienação fiduciária** – Ação de busca e apreensão convertida em depósito – Alegação de não recebimento dos boletos – fato que não exime o devedor do pagamento – inadimplência confessada – sentença mantida – recurso improvido – Não aproveita ao devedor fiduciante a insurgência quanto ao impedimento em quitar a dívida oriunda do contrato de financiamento por não ter recebido os boletos bancários para pagamento" (*TJSP* – Ap 0011449-39.2011.8.26.0302, 15-9-2015, Rel. Renato Sartorelli).

"**Agravo de instrumento** – Alienação fiduciária – Busca e apreensão – Contestação – A execução da liminar de busca e apreensão é pressuposto processual de desenvolvimento válido do processo, regulado pelo Decreto-lei nº 911/69. Somente após a realização da apreensão do bem é que o devedor poderá ver apreciada a sua contestação" (*TJSP* – AI 2052968-85.2014.8.26.0000, 19-5-2014, Rel. S. Oscar Feltrin).

"**Alienação fiduciária**. Busca e apreensão. Reconvenção. Possibilidade. Pleito de devolução em dobro dos valores pagos. Má-fé não configurada. Recurso do autor parcialmente provido. O art. 42, parágrafo único, do Código de Defesa do Consumidor só pode ser aplicado mediante a demonstração de má-fé que não se presume e tem de ser devidamente demonstrada para a imposição da penalidade" (*TJSP* – Ap 0023309--09.2010.8.26.0161, 15-4-2013, Rel. Renato Sartorelli).

por escritura pública ou por instrumento particular. Criou-se com isso, na realidade, uma nova modalidade de direito real de garantia que paulatinamente está tomando lugar das hipotecas.

Orlando Gomes (1983:325) define alienação fiduciária em sentido lato como

> *"o negócio jurídico pelo qual uma das partes adquire em 'confiança' a propriedade de um bem, obrigando-se a devolvê-la quando se verifique o acontecimento a que se tenha subordinado tal obrigação, ou lhe seja pedida a restituição".*

Contudo, o instituto, tal como descrito em nossa lei, agora tanto para móveis como para imóveis, tem por finalidade primordial propiciar maior facilidade ao consumidor na aquisição de bens, e garantia mais eficaz ao financiador, protegido pela propriedade resolúvel da coisa financiada enquanto não paga a dívida, propiciando-lhe o legislador instrumentos processuais eficientes. Como apontado pela MP, foi substancialmente ampliado o alcance da alienação fiduciária de imóveis, transformada em outra modalidade geral de garantia.

As disposições do Código Civil reportam-se exclusivamente à coisa móvel infungível, como decorre do art. 1.361: *"Considera-se fiduciária a propriedade resolúvel de coisa móvel infungível que o devedor, com escopo de garantia, transfere ao credor"*.

Por suas origens históricas verifica-se que nossa alienação fiduciária em garantia foi inspirada em outros institutos congêneres, sendo, contudo, original, não se amoldando com exatidão a qualquer outro.

Procurou-se encontrar sua procedência no *trust receipt* do sistema anglo-saxão, instituído para atender a financiamento de revendedores de bens duráveis. O revendedor recebe numerário correspondente a parte do custo das mercadorias que lhe são entregues em confiança, mediante a obrigação de resgatar a dívida quando comercializar os bens. O financiador garante-se pelo registro do *trust receipt* (recibo de confiança, de garantia). Esse não é exatamente o mecanismo da alienação fiduciária em garantia. Primeiramente, porque sua destinação originária não é o comerciante, a empresa, o revendedor, mas o consumidor final. A estrutura da alienação fiduciária não funciona como no instituto estrangeiro. No *trust receipt*, o negócio baseia-se na confiança que o financiador deposita no financiado, pois este poderá alienar a mercadoria sem pagar a dívida, embora as legislações alienígenas tenham meios de evitar que isso ocorra. Na alienação fiduciária, o elemento confiança não é primordial, porque os mecanismos rigorosos de proteção ao credor desmentem à evidência a rotulação conferida ao instituto. Por outro lado, na garantia fiduciária entre nós o credor mantém a propriedade do bem até final pagamento do valor financiado. O devedor mantém a posse direta, não a propriedade, não tendo disponibilidade da coisa. Tanto esse aspecto é verdadeiro que a lei confere ao alienante fiduciário de coisa móvel o *status* de depositário, sujeitando-o aos encargos civis e penais dele decorrentes. Esse aspecto de depositário é enfatizado, inclusive, pelo art. 1.363 do mais recente Código Civil.

No tocante à alienação fiduciária de imóveis, esse aspecto da posse mais é ressaltado quando a lei institui modalidade singela de consolidação da propriedade imóvel em nome do fiduciário na hipótese de inadimplemento da obrigação (art. 26 da Lei nº 9.514/97, alterado pela Lei nº 13.465/2017, que dispõe sobre a regularização fundiária e urbana, e pela Lei nº 14.711/2023). O ponto de contato com o instituto norte-americano deve-se evidentemente à finalidade similar de financiamento de bens duráveis.

José Carlos Moreira Alves (1973:37) encontra maiores afinidades com nossa alienação fiduciária em garantia no direito de língua inglesa no *chattel mortgage* (hipoteca mobiliária). Trata-se de forma de garantia relativa às coisas móveis por meio da qual o bem é transferido ao credor por instrumento de venda, que deve ser registrado. O devedor permanece com a propriedade substancial (*equitable property*) e a posse da coisa e, ao pagar o débito, recupera a propriedade plena; caso contrário, o credor tornar-se-á proprietário.

No Direito Romano, buscou-se no negócio fiduciário, na fidúcia, a origem da alienação fiduciária. Na antiga *fiducia cum amigo*, existia tipicamente apenas um negócio fiduciário, realmente baseado na confiança. Não havia o intuito de garantia. Os bens eram transferidos a outrem, a um amigo, para administração ou guarda, em confiança, para, ao final de certo tempo, ou sob certa condição, lhe serem devolvidos. A *fiducia cum creditore*, já referida quando do exame da origem dos direitos reais de garantia, estabelecia-se para garantir dívida. Conferia excessiva vantagem ao credor, pois lhe permitia conservar a propriedade de coisa de valor por vezes muito superior ao débito. Em ambos os casos, havia uma atribuição patrimonial em confiança a outrem. Esses negócios não foram contemplados na codificação de Justiniano, não tendo ingressado em nosso direito positivo.

Todavia, nunca se negou a possibilidade de conclusão de contrato de fidúcia no direito moderno, como negócio atípico.

Note-se que o contrato de alienação fiduciária, tal como os contratos que instituem penhor ou hipoteca, é instrumento para a constituição da propriedade fiduciária, modalidade de garantia real, criada pelo art. 66 da Lei nº 4.728/65 e pela Lei nº 9.514/97, e agora contemplada também no Código Civil (arts. 1.361 a 1.368). Desse modo, existem nesses diplomas legais dois institutos jurídicos: o contrato de alienação fiduciária e a garantia fiduciária propriamente dita, decorrente do primeiro.

Tanto da dicção do art. 66 da Lei nº 4.728/65, quanto do art. 22 da Lei nº 9.514/97, com nova redação conferida pela Lei nº 14.711/2023, bem como agora com maior razão na forma do art. 1.361 do novel Código Civil, conclui-se que o credor adquire a *propriedade resolúvel* da coisa alienada. O devedor fiduciário permanece com a posse direta do bem de molde que o usufrua. O art. 1.361, § 2º, do presente Código optou por declarar expressamente que, "*com a constituição da propriedade fiduciária, dá-se o desdobramento da posse, tornando-se o devedor possuidor direto da coisa*". Nesse aspecto se situa a particularidade fiduciária do negócio. O bem é transferido para fins de garantia. Sob esse aspecto, não se confunde com os direitos reais de garantia do Código, penhor, hipoteca e anticrese, porque nestes existe direito real limitado, enquanto na alienação fiduciária opera-se a transferência do bem. Quem aliena não grava. O devedor fiduciante aliena o bem ao credor. No penhor e na hipoteca, o credor tem direito real sobre a coisa alheia, enquanto na garantia fiduciária possui direito real sobre a própria coisa.

Absorvendo esses princípios, o art. 1.361 do corrente Código descreve o instituto com as características já conhecidas pela redação da legislação anterior:

> *"Art. 1.361. Considera-se fiduciária a propriedade resolúvel de coisa móvel infungível que o devedor, com escopo de garantia, transfere ao credor. [vide o art. 22 anteriormente transcrito]*
>
> *§ 1º Constitui-se a propriedade fiduciária com o registro do contrato, celebrado por instrumento público ou particular, que lhe serve de título, no Registro de Títulos e Documentos do domicílio do devedor, ou, em se tratando de veículos, na repartição competente para o licenciamento, fazendo-se a anotação no certificado de registro.*
>
> *§ 2º Com a constituição da propriedade fiduciária, dá-se o desdobramento da posse, tornando-se o devedor possuidor direto da coisa.*
>
> *§ 3º A propriedade superveniente, adquirida pelo devedor, torna eficaz, desde o arquivamento, a transferência da propriedade fiduciária".*

Distingue-se do negócio denominado *venda com reserva de domínio*, que bons resultados produziu até então para os bens móveis, mas se mostrara garantia insuficiente para as instituições financeiras, dadas as dificuldades processuais para a recuperação do crédito. Pela venda com reserva de domínio a propriedade permanece com o vendedor até liquidação integral do preço financiado ou devido.

De qualquer modo, a propriedade fiduciária mantém afinidades com a fidúcia, pois a transmissão da propriedade na alienação fiduciária contém transferência em garantia da propriedade acrescida do acordo de não poder o adquirente dispor do bem, cuja propriedade se extingue com a respectiva extinção da dívida. Como apontamos, o adquirente fiduciário posiciona-se como depositário enquanto não paga integralmente a dívida, aspecto que o Código Civil preferiu descrever expressamente, no art. 1.363:

> *"Antes de vencida a dívida, o devedor, a suas expensas e risco, pode usar a coisa, segundo sua destinação, sendo obrigado, como depositário:*
>
> *I – a empregar na guarda da coisa a diligência exigida por sua natureza;*
>
> *II – a entregá-la ao credor, se a dívida não for paga no vencimento".*

Como depositário, o adquirente fiduciário assume também os riscos pela perda e pela deterioração anormal da coisa. Por essa razão, o seguro do bem fiduciado é exigido, como regra, pelo alienante, nesse negócio.

Ressalvam-se dois aspectos da fidúcia, embora com roupagem própria de nossa legislação, quais sejam, o acordo sobre a transmissão da propriedade e o negócio jurídico de garantia.

17.2 GARANTIA FIDUCIÁRIA DOS BENS MÓVEIS. REQUISITOS E ALCANCE. LEI Nº 10.931/2004. SUJEITOS

Com o negócio, o credor fiduciário passa à condição de proprietário dos bens alienados pelo devedor fiduciante. O credor fiduciário não é proprietário pleno, mas detém a propriedade resolúvel nos termos do art. 1.359 por nós já examinado (Capítulo 12). Uma vez extinta a dívida, opera-se a resolução da propriedade, que se torna plena para o devedor alienante. Como vimos, de acordo com o art. 1.359 o título aquisitivo da propriedade já contém o germe de sua extinção. Na hipótese de alienação fiduciária, tanto para móveis como para imóveis, a causa da extinção é o pagamento integral da dívida. Não se trata de causa superveniente, mas da própria razão de existência do instituto.

Embora o credor mantenha a propriedade do bem, fiel à linha assumida nos princípios gerais dos direitos reais de garantia, a lei mobiliária proibiu a cláusula comissória: "*É nula a cláusula que autoriza o proprietário fiduciário a ficar com a coisa alienada em garantia, se a dívida não for paga no seu vencimento*" (§ 6º do art. 66), aspecto que ainda é aplicável. Com a mesma redação se coloca o art. 1.365 do presente Código, o qual acrescenta, no entanto, no parágrafo único, que "*o devedor pode, com a anuência do credor, dar seu direito eventual à coisa em pagamento da dívida, após o vencimento desta*". É discutível se essa cláusula pode operar quando presente, *a priori*, em contrato de adesão, mormente sob o prisma do Código de Defesa do Consumidor. É livre, no entanto, o devedor para aquiescer com essa cláusula após o vencimento da dívida. Aliás, sempre há que se levar em conta que, presente uma relação de consumo no negócio, os princípios consumeristas devem ser chamados à aplicação.

De certa forma, há incongruência entre o fato de o credor tornar-se proprietário pleno do bem pelo não pagamento da dívida e a impossibilidade de ficar com a coisa. Contudo, a construção legal visou impedir abusos, pois a finalidade é eminentemente garantidora da obrigação, não se tratando de contrato de alienação de bens. A finalidade quanto aos móveis é o crédito ao consumidor, e não a aquisição. Sistema semelhante foi estabelecido para a alienação fiduciária de bem imóvel dirigida para imóveis construídos ou em construção. A Lei nº 9.514/97 estabelece procedimento simples para a propriedade consolidar-se em nome do fiduciário em caso de inadimplemento (art. 26, com redação estendida pela Lei nº 14.711/2023). Dispõe o art. 27 dessa lei que o bem assim consolidado deve ser levado a leilão público, conforme examinaremos. Vale ressaltar que a Lei nº 13.465/2017, que dispõe sobre a regularização fundiária e urbana, alterou os dispositivos legais mencionados. De se pontuar que o credor fiduciário de imóvel pode optar por execução judicial ou extrajudicial.[3]

O art. 1.368-A, introduzido pela Lei nº 10.931/2004, que agora finaliza as disposições acerca do instituto no Código Civil, é de grande importância para estabelecer doravante o âmbito de aplicação desses princípios no tocante à propriedade fiduciária nesse estatuto:

> *"As demais espécies de propriedade fiduciária ou de titularidade fiduciária submetem-se à disciplina específica das respectivas leis especiais, somente se aplicando as disposições deste Código naquilo que não for incompatível com a legislação especial".*

Ora, segundo o exórdio constante do art. 1.361 do Código Civil, o capítulo trata da propriedade fiduciária de coisa móvel infungível. Somente a coisa móvel infungível, portanto, quando não disciplinado o negócio por lei específica, terá a regência do Código Civil. Como a enfatizada Lei nº 10.931 alargou sobremaneira o instituto da alienação fiduciária, para o âmbito das empresas financeiras, será a norma específica que se aplica a essas propriedades fiduciárias. Em nossa obra dedicada aos contratos já tivemos a oportunidade de examinar essas mais recentes disposições. Assim é que, numa guinada de posição, a novel lei permite a alienação fiduciária em garantia de bens fungíveis, bem como a cessão fiduciária de direitos sobre coisas móveis, tais como títulos de crédito. Toda essa nova sistemática, introduzida pela redação do art. 66-B, integrante da Lei nº 4.728/65, possui sistemática própria. A lei recente também introduziu importantes modificações no procedimento de busca e apreensão.

Desse modo, os princípios do Código Civil que cuidam da propriedade fiduciária passam a ter mero caráter supletivo e secundário, aplicáveis apenas às coisas móveis infungíveis.

O art. 1.364 do Código dispõe que, uma vez vencida a dívida e não paga, o credor fica obrigado a vender, judicial ou extrajudicialmente, a coisa a terceiros, devendo aplicar o preço no pagamento de seu crédito e das despesas de cobrança, entregando o saldo, se houver, ao devedor. Essa disposição, inserida na lei específica, apenas aponta que, no caso de inadimplemento, o credor "podia" vender a coisa a terceiros, dando ideia de facultatividade, que na verdade não existia. A questão da venda a terceiros faz aflorar a problemática do preço justo de venda, que sempre pode ser discutido pelo interessado. Como a venda não necessita ser judicial, não se impondo também o leilão, tal pode dar margem a abusos.

Caio Mário da Silva Pereira (1993:310) qualifica como ilógica a solução do legislador, que se teria deixado levar pelos princípios dos demais direitos reais de garantia. Defende, em razão da natureza da garantia fiduciária, a possibilidade de o credor ficar com o bem financiado, entendendo que o direito do devedor está assegurado pela possibilidade de purgar a mora em duas oportunidades, quando é intimado para pagar e nos três dias da citação na ação de busca e apreensão. A crítica mantém-se também para a estrutura do instituto nos imóveis.

---

3 Credor fiduciário não responde por IPTU antes da consolidação da propriedade e da imissão na posse. Disponível em: https://www.stj.jus.br/sites/portalp/Paginas/Comunicacao/Noticias/15032022-Credor-fiduciario-nao-responde-por-IPTU-antes-da-consolidacao-da-propriedade-e-da-imissao-na-posse.aspx. Acesso em: 26.10.2022.

Na alienação fiduciária, ocorre tradição ficta da coisa. A transcrição do contrato no Registro de Títulos e Documentos é essencial para prevalecer com relação a terceiros. Nesse sentido, a orientação da jurisprudência a entender que a alienação fiduciária, tratando-se de veículo, há de ser consignada no respectivo certificado, não bastando o arquivamento no Registro de Títulos e Documentos, ao contrário do que ocorre com outros bens (*RSTJ* 34/436, 43/483).

Esses princípios foram acolhidos integralmente pelo Código Civil de 2002, pela dicção do art. 1.361, § 1º. O contrato pode ser celebrado por instrumento público ou particular, constituindo-se a propriedade fiduciária com o registro do instrumento no Registro de Títulos e Documentos do domicílio do devedor, ou, em se tratando de veículos, na repartição competente para o licenciamento, fazendo-se a anotação no certificado de registro.

O § 1º do art. 66, por sua vez, dispusera que a alienação fiduciária somente se prova por escrito, público ou particular, sendo obrigatoriamente arquivada no Registro de Títulos e Documentos do domicílio do credor, para valer contra terceiros.

Esse mesmo parágrafo enumera os requisitos do contrato:

> *"a) o total da dívida ou sua estimativa;*
>
> *b) o local e a data do pagamento;*
>
> *c) a taxa de juros, as comissões cuja cobrança é permitida e, eventualmente, a cláusula penal e a estipulação de correção monetária, com indicação dos índices aplicáveis;*
>
> *d) a descrição do bem objeto da alienação fiduciária e os elementos indispensáveis à sua identificação".*

O art. 1.362 do Código Civil repete praticamente esse dispositivo, e, preenchendo lacuna, refere-se ainda à necessidade de constar do instrumento o prazo ou época de pagamento. No âmbito do mercado de capitais, o art. 66-B se refere ainda à presença da taxa de juros, cláusula penal e índice de atualização monetária, se houver. Nada impede que esses requisitos também gostem dos contratos em geral.

O fiduciante, ou seja, o tomador do crédito que irá usufruir do bem como futuro proprietário ao extinguir a obrigação, há de ser proprietário do bem, a fim de aliená-lo em garantia. No entanto, atento o legislador para a dinâmica da concessão do crédito, o § 2º do art. 66 permitia que o contrato de alienação fiduciária tivesse por objeto coisa ainda não pertencente ao devedor, coisa futura, aduzindo que *"o domínio fiduciário desta se transferirá ao credor no momento da aquisição da propriedade pelo devedor, independentemente de qualquer formalidade posterior"*. Essa orientação continua válida no sistema atual. Na prática negocial, com maior frequência ocorrem a aquisição e a alienação concomitante ou posterior do bem alienado.

A transmissão fiduciária, como acentuamos, não implica compra e venda e com esse contrato não se confunde. Trata-se de negócio que visa garantir obrigação. Na realidade, ocorre uma transmissão abstrata, simbólica da coisa, pois o alienante continua na posse imediata. A hipótese é de *constituto possessório*. O adquirente torna-se possuidor da coisa, sem ter a disponibilidade física, pois não a recebe do alienante. Este conserva a posse direta ou imediata. Orlando Gomes (1971:75) denomina o fenômeno *titularidade fiduciária*.

Para figurar como alienante fiduciário, a legitimação e capacidade são dos atos civis em geral.

Como o instituto vinha originalmente disciplinado na lei de mercados e capitais, a primeira dúvida surgida foi quanto à legitimação para figurar como adquirente fiduciário.

A princípio, fixou-se ideia de que apenas as instituições financeiras poderiam concluir o negócio. Os instrumentos materiais e processuais postos à disposição do credor reforçavam esse entendimento. No entanto, a jurisprudência encarregou-se de alargar essa primeira interpretação. A Súmula nº 6 do antigo Primeiro Tribunal de Alçada Civil de São Paulo consolidou o entendimento de que

> *"os consórcios de financiamento, regularmente constituídos, podem efetuar financiamentos mediante a alienação fiduciária de bens em garantia e, por consequência, requerer a busca e apreensão, nos termos do Decreto-lei nº 911/69".*

Por outro lado, o entendimento é de que qualquer instituição financeira, entre as quais se incluem as instituições bancárias, podem valer-se da alienação, e não apenas as sociedades financeiras em sentido estrito. Contudo, negócio fiduciário de outra natureza, sem as características do regulado na lei disciplinadora do mercado de capitais, é perfeitamente admissível (Gomes, 1971:55). No entanto, ao menos no sistema anterior, aos credores particulares não é permitido o instituto, pois a lei, *"ao disciplinar a ação de busca e apreensão, restringiu de tal forma a defesa do réu que tornou evidente a inaplicabilidade do instituto nas relações entre particulares"* (Alves, 1973:101). Da forma como teremos doravante a propriedade fiduciária de bens móveis disciplinada pelo Código Civil, torna-se evidente que qualquer pessoa poderá valer-se do instituto de direito material, salvo proibição expressa que venha a ocorrer. Por outro lado, tudo é no sentido de que os princípios que regem os procedimentos da lei especial continuarão a ser aplicáveis apenas às instituições financeiras e assemelhadas, até que outra norma disponha diferentemente. Se o proprietário fiduciário não for instituição financeira, deverá valer-se dos meios processuais ordinários, não podendo se utilizar da ação de busca e apreensão, mas, a nosso ver, não se lhe frustra a ação de depósito, pois o art. 1.363 é expresso a esse respeito. Com a palavra o legislador e a jurisprudência.

O *caput* do art. 66 era expresso ao referir-se à alienação fiduciária de bem móvel. Portanto, suas disposições não se aplicam aos imóveis, ora regulados por lei específica. Essa também foi a posição peremptória do art. 1.361 ao abrir o capítulo da propriedade fiduciária no Código. Essa diretriz continua aplicável.

A ideia originária do legislador foi sem dúvida propiciar a alienação para bens duráveis, certos e determinados. Tanto que o § 3º do art. 66 estabelecia:

> *"Se a coisa alienada em garantia não se identifica por números, marcas e sinais indicados no instrumento de alienação fiduciária, cabe ao proprietário fiduciário o ônus da prova, contra terceiros, da identidade dos bens do seu domínio que se encontram em poder do devedor".*

Essa matéria não traz mais dúvidas depois do atual Código Civil.

Com fundamento nesse dispositivo, a jurisprudência do passado entendeu que a dicção legal permitiu a alienação fiduciária de bens fungíveis (*RTJSP* 81/306, 93/674, 106/883, 113/407). Assim, se a coisa não estiver individualizada, será ônus do credor provar sua existência perante terceiros. Na antiga *fiducia* romana, o negócio não era admitido para bens fungíveis. Na verdade, não é da índole do instituto. O contrato aplicado a bens fungíveis acarreta incontáveis dificuldades práticas e deveria ser vedado. Jurisprudência mais recente apresentou guinada em sentido oposto, colocando-se ao lado do sentido original do instituto. A 2ª Seção do Superior Tribunal de Justiça uniformizou entendimento no sentido do descabimento da alienação fiduciária de bens fungíveis e consumíveis (RE 19.915-8-MG, Min. Sávio de Figueiredo). Nesse sentido, há julgados que obstaram a alienação fiduciária de estoques de comércio da devedora ou de bens destinados à sua indústria (ver nota nº 6 de Theotônio Negrão ao art. 1º do Decreto-lei nº 911, 25. ed., 1994). Agora, nova mudança de direção é apontada pela Lei nº 10.931/2004, a qual permite expressamente a alienação fiduciária de coisa fungível, no âmbito do mercado financeiro e de capitais.

Desse modo, o art. 1.421, por nós examinado no Capítulo 23, estabelece a indivisibilidade da garantia. O pagamento de uma ou algumas das parcelas mantém íntegra a propriedade fiduciária. O art. 1.425 cuida das hipóteses em que se considera vencida antecipadamente a obrigação. O art. 1.426 menciona a paralisação da contagem dos juros nas hipóteses de vencimento antecipado (ver Capítulo 23). O art. 1.436, § 2º, do Código Civil diz respeito à renúncia do credor ao penhor, quando consentir na venda da coisa sem reserva de preço, quando restituir sua posse ao devedor ou quando anuir na substituição por outra garantia. O art. 1.436 *caput* refere-se às hipóteses de extinção do penhor. O art. 1.427, acrescido pelo Código, refere-se à prestação de garantia por bem oferecido por terceiro. Essas hipóteses na garantia fiduciária, tal como no penhor, não se presumem, devendo partir da manifestação expressa de vontade do credor fiduciário.

No entanto, no sentido de aclarar dúvidas surgidas em julgados, houve nova redação ao art. 1.367, introduzida pela Lei nº 13.043/2014, determinando que a propriedade fiduciária em garantia de bens móveis e imóveis sujeita-se a todas as disposições gerais aplicáveis ao penhor, hipoteca e anticrese (arts. 1.419 a 1.430). Assim, fica claramente estabelecido que a propriedade fiduciária equipara-se a um direito real de garantia e sempre que necessário aplicar-se-ão princípios gerais desses direitos, naquilo que for aplicável e não conflitar com as disposições legais específicas para as propriedades fiduciárias de móveis e imóveis. O caso concreto assim definirá o que poderá ser aplicável. O art. 1.419, por exemplo, enfatiza o fato de o instituto gerar um direito real. Porém, essa mesma lei modificadora introduziu o art. 1.368-B, reiterando que o bem dado em alienação fiduciária, móvel ou imóvel, confere direito real de aquisição ao fiduciante, seu cessionário ou sucessor. Existe para o fiduciante um direito real incompleto, os requisitos da propriedade.

Remetemos o leitor ao Capítulo 23 deste volume, onde os princípios gerais dos direitos de garantia são estudados.

O parágrafo único do art. 1.368-B, também inserido pela citada lei, buscando afastar definitivamente pretensões em contrário, foi expresso em estabelecer que quando o credor fiduciário se tornar proprietário do bem por efeito da realização da garantia a qualquer título, passará a responder pelos tributos sobre propriedade e posse, além de taxas, despesas condominiais e quaisquer outros encargos incidentes sobre o bem, a partir da efetiva posse da coisa. Houve muitas tentativas de abuso nesse aspecto, impondo prejuízos palpáveis ao consumidor desse instituto, em última análise. Na verdade, a regra acrescida é norma geral dos direitos reais, mas o legislador preferiu doravante ser específico. É lamentável que princípios absolutamente claros e solidificados, desde o velho direito romano, obriguem o legislador a promulgar textos óbvios como esse. Daí a nossa infinidade de leis que repetem o que não precisaria ser repetido. Em recente decisão do STJ, restou o entendimento que, nos contratos de alienação fiduciária com garantia de bem imóvel, a responsabilidade pelo pagamento de despesas condominiais é do devedor quando ele estiver na posse direta do imóvel. Os encargos só podem ser atribuídos ao credor fiduciário se houver a consolidação de sua propriedade, tornando-se ele o possuidor do bem. Em caso de utilização da garantia, o credor recebe o imóvel no estado em que se encontra, inclusive com os débitos condominiais anteriores, tendo em vista o caráter *propter rem* das obrigações.[4]

17.2.1 Consequências do Inadimplemento na Alienação Fiduciária de Bens Móveis

Na hipótese de inadimplemento da obrigação, a lei especial abre ao credor, que no caso será instituição financeira ou assemelhada, quatro possibilidades: *a alienação da coisa* para haver o preço do débito em aberto, se esta lhe for entregue efetivamente pelo devedor (§ 4º do art. 66 e art. 2º do Decreto-lei nº 911/69, atualmente revogado); *ação de busca e apreensão*, que autoriza a apreensão *initio litis* (art. 3º do Decreto-lei nº 911/69); *ação de depósito*, na hipótese de o bem não ter sido encontrado na busca e apreensão, que em pedido de depósito poderá ser convertida (art. 4º); ou em propositura autônoma de *ação executória* (art. 5º), pela qual pode optar o credor. A execução também persiste para a cobrança de saldo em aberto quando o preço de venda não for suficiente para extinguir a dívida (§ 5º do art. 66). Essa orientação do revogado art. 66 continua aplicável.

Em tese, o credor fiduciário nesse sistema de lei especial, instituições financeiras do sistema nacional, pode optar por uma dessas medidas. No entanto, é a ação de busca e apreensão regulada pelo decreto-lei que fornece o meio mais eficaz de realização do valor da dívida.

A Lei nº 10.931/2004 trouxe importantes modificações procedimentais para a ação de busca e apreensão, facilitando ainda mais a posição do credor, matéria já examinada em nosso volume dedicado aos contratos, para o qual remetemos a leitura. Não se esqueça de que as alterações nesse ponto são de índole processual. A jurisprudência resiste em admitir esses

---

[4] "Apelação. Embargos à execução. **Despesas condominiais**. Imóvel alienado fiduciariamente. Consolidação da propriedade em favor do credor fiduciário. Sentença de procedência, com extinção da execução. Apelo do condomínio embargado. Pretensão em imputar ao credor fiduciário os ônus sucumbenciais com fundamento no princípio da causalidade. Inadmissibilidade – O banco embargante consolidou a propriedade do imóvel gerador da dívida, contudo não foi efetivamente imitido na posse do bem. A responsabilidade pelo pagamento das despesas condominiais é do devedor fiduciante até a imissão do credor fiduciário na posse direta do bem. Inteligência dos artigos 1.368-B, parágrafo único, do Código Civil e 27, parágrafo 8º, da Lei nº 9.514/1997. Precedentes jurisprudenciais. Sentença mantida. Recurso não provido. Honorários advocatícios majorados, na forma do artigo 85, § 11, do Código de Processo Civil, a 15% sobre o valor da causa, ressalvada a gratuidade processual concedida ao autor" (*TJSP* – Ap 1016556-16.2024.8.26.0068, 21-8-2025, Rel. Flavia Beatriz Goncalez da Silva).

"Apelação – embargos à execução – **despesas condominiais** – recurso da embargante – alegação de ilegitimidade passiva – descabimento – responsabilidade por todas as despesas condominiais, ainda que anteriores à consolidação da propriedade – entendimento legal e jurisprudencial – tentativa de alterar a verdade dos fatos – litigância de má-fé reconhecida 1 – Consolidada a propriedade, responde a credora fiduciária pelas despesas condominiais, ainda que vencidas anteriormente à data da consolidação, uma vez que tais **obrigações ostentam natureza *propter rem***, aderindo à coisa. Interpretação do art. 27, § 8º, da Lei Federal n. 9.514/97. Precedente do C. STJ. 2 – Apesar de já comprovado o contrário, a embargante ainda sustenta que nunca fora notificada pela obrigação condominial, ignorando a existência de e-mail de sua lavra apontando o contrário. Tentativa de alterar a verdade dos fatos. Litigância de má-fé caracterizada. Recurso da embargante não provido" (*TJSP* – Ap 1022771-58.2020.8.26.0032, 18-8-2022, Rel. Maria Lúcia Pizzotti).

"Apelação – Embargos à execução – Credor fiduciário que responde pelas **despesas condominiais** nos casos em que se tornar proprietário pleno do bem, em razão da execução da garantia (arts. 27, § 8º, da Lei nº 9.514/97 e 1.368-B, parágrafo único, do CC) – Instituição financeira que teve consolidada a propriedade do imóvel, tendo ajuizado ação de reintegração de posse com liminar deferida – Natureza 'propter rem' do débito que afasta a alegação de ilegitimidade passiva ou limitação da responsabilidade do credor fiduciário – embargos improcedentes – recurso provido" (*TJSP* – Ap 1009188-02.2020.8.26.0001, 19-10-2021, Rel. Luis Fernando Nishi).

"Recurso – Apelação cível – **Despesas condominiais** – Embargos à execução – Responsabilidade exclusiva do devedor fiduciante pelas despesas condominiais geradas até a data de eventual consolidação da propriedade em favor do credor fiduciário. Regularidade. Precedentes. Embargos à execução julgados procedentes, para extinguir a ação executiva, com espeque no artigo 487, inciso I, do Código de Processo Civil. Sentença mantida. Recurso da exequente não provido, majorada a verba honorária sucumbencial, atento ao conteúdo do parágrafo 11º do artigo 85 do atual Código de Processo Civil" (*TJSP* – AC 1058150-58.2017.8.26.0002, 15-5-2019, Rel. Marcondes D'Angelo).

remédios processuais, mormente a ação de busca e apreensão, quando o credor não for entidade financeira do sistema brasileiro.

17.2.2 Obrigações do Credor na Alienação Fiduciária de Bens Móveis

Ao financiador cumpre fornecer os meios prometidos no contrato, o empréstimo ou financiamento. Como possuidor indireto não deve turbar a posse do devedor fiduciário, que pode defender-se pelos interditos. Evidente que tal não ocorre no inadimplemento quando da propositura das medidas cabíveis.

Se a propriedade se consolidar em suas mãos, deve efetuar a venda. A lei proíbe, como acentuado, a cláusula comissória. Pode o devedor, em ação própria, discutir a validade ou o valor apurado nessa venda.

Extinta a obrigação, resolve-se a propriedade de plano, *ipso iure*, para o credor. Este deve dar quitação ou declaração equivalente. Sua recusa pode ensejar ação declaratória, ação com efeito de substituição de vontade, bem como indenizatória por perdas e danos. No mesmo diapasão, recusando-se o credor a receber as prestações devidas, abre-se possibilidade à consignação em pagamento, com efeito liberatório. Se já proposta a ação de busca e apreensão, o julgamento e processamento conjuntos das ações são convenientes, mas, como regra, o processo de conhecimento movido pelo credor não pode obstar a apreensão liminar do bem.

17.2.3 Garantia Fiduciária de Móveis na Falência

A falência do devedor alienante não altera a estrutura do instituto. O credor pedirá contra a massa a restituição do bem alienado fiduciariamente. Se o produto da venda não for suficiente para cobrir o débito, o credor habilitar-se-á pelo saldo. Se sobejar, deve entregar à massa. Não se encontrando o bem na massa, o credor fica com o direito à restituição do valor correspondente ao débito em aberto, embora esta opinião não seja unânime. O art. 7º do Decreto-lei nº 911/69 dispõe que na falência do devedor alienante fica assegurado ao credor ou proprietário fiduciário o direito de pedir, na forma prevista na lei, a restituição do bem alienado fiduciariamente. O pedido de restituição obedece ao determinado na lei falimentar.

Falindo o credor, cabe ao devedor solver seu débito com a massa falida, resolvendo-se a propriedade em seu favor.

17.3 ALIENAÇÃO FIDUCIÁRIA DE COISA IMÓVEL

A Lei nº 9.514, de 20-11-97, com a modificação da Lei nº 14.711/2023, dispôs sobre o Sistema de Financiamento Imobiliário. Além de regular vários outros institutos em prol do financiamento, instituiu a alienação fiduciária de coisa imóvel. A finalidade desse diploma legal foi possibilitar e facilitar o financiamento imobiliário em geral.

No tocante à alienação fiduciária, ao contrário de outras modalidades do sistema, o legislador expressamente possibilitou *qualquer pessoa física ou jurídica* contratá-la, não sendo privativa das entidades que operam o Sistema Financeiro Imobiliário (art. 22). Desse modo, constrói-se mais um mecanismo jurídico fomentador da alienação de imóveis, com estrutura simplificada cuja tendência será substituir em muitas oportunidades a hipoteca e o compromisso de compra e venda. Dúvida era saber se essa modalidade de negócio pode garantir qualquer negócio jurídico, uma vez que a lei não faz restrição. Em princípio, embora o instituto tenha sido criado com a finalidade de aquisição de imóveis, nada impedirá que a garantia fiduciária seja utilizada para outros negócios paralelos, pois não existe proibição na lei. Parece que a situação ficou agora esclarecida com a redação do art. 38 da Lei nº 9.514/97, com a alteração dada pela MP nº 221/2004, conforme apontamos de início.

Como acentuamos, o mecanismo dessa alienação em garantia é o mesmo que instrui a dos móveis, ou seja, *"o devedor, ou fiduciante, com o escopo de garantia, contrata a transferência ao credor, ou fiduciário, da propriedade resolúvel de coisa imóvel"* (art. 22). Portanto, a mesma base teórica que explica o instituto mobiliário deve ser aplicada. O fiduciante será possuidor direto e o fiduciário possuidor indireto do bem imóvel (art. 23).[5]

O efeito real é obtido mediante o registro do contrato, que serve de título, no cartório imobiliário (art. 23, *caput*). Portanto, oportuno lembrar que eventual registro em Cartório de Títulos e Documentos não dá origem ao direito real. Tão somente o contrato não gera o direito real, seguindo o princípio genérico adotado entre nós. O contrato não registrado mantém apenas o vínculo obrigacional entre as partes.

O art. 24, com breves alterações pela Lei nº 14.711/2023, por sua vez, enumera os requisitos que deve conter o contrato que servirá de título para a alienação fiduciária:

> *"I – o valor da dívida, sua estimação ou seu valor máximo;*
>
> *II – o prazo e as condições de reposição do empréstimo ou do crédito do fiduciário;*
>
> *III – a taxa de juros e os encargos incidentes;*
>
> *IV – a cláusula de constituição da propriedade fiduciária, com a descrição do imóvel objeto da alienação fiduciária e a indicação do título e modo de aquisição;*
>
> *V – a cláusula que assegure ao fiduciante a livre utilização, por sua conta e risco, do imóvel objeto da alienação fiduciária, exceto a hipótese de inadimplência;*
>
> *VI – a indicação, para efeito de venda em público leilão, do valor do imóvel e dos critérios para a respectiva revisão;*
>
> *VII – a cláusula que disponha sobre os procedimentos de que tratam os arts. 26-A, 27 e 27-A desta Lei.*
>
> *Parágrafo único. Caso o valor do imóvel convencionado pelas partes nos termos do inciso VI do* caput *deste artigo seja inferior ao utilizado pelo órgão competente como base de cálculo para a apuração do imposto sobre transmissão* inter vivos, *exigível por força da consolidação da propriedade em nome do credor fiduciário, este último será o valor mínimo para efeito de venda do imóvel no primeiro leilão. (Incluído pela Lei nº 13.465, de 2017)".*

Os artigos citados no texto tratam do procedimento do leilão do imóvel, uma vez consolidada a propriedade em nome do fiduciário. O legislador preferiu exigir que requisitos de ordem material e procedimental da alienação fiduciária constantes da lei sejam expressamente transcritos nos contratos para possibilitar o registro, evitando, assim, possíveis dúvidas interpretativas. Esse procedimento foi alterado pela Lei nº 13.465/2017 e pela Lei nº 14.711/2023. A matéria é essencialmente procedimental.

---

5 A utilização de imóvel como garantia em mais de uma operação de crédito é permitida por força da Res. CMN 5.197/2024. O propósito da regulamentação é possibilitar o melhor aproveitamento das garantias imobiliárias por parte de tomadores de crédito e credores, preservando-se ao mesmo tempo a solidez do mercado de crédito imobiliário, contribuindo para a utilização adequada dos institutos criados pela Lei nº 14.711, de 2023.

17.3.1 Extinção da Alienação Fiduciária Imobiliária

O pagamento da dívida garantida pelo instituto é a modalidade normal de extinção da propriedade fiduciária. Nesses termos, estipula o art. 25: "*Com o pagamento da dívida e seus encargos, resolve-se, nos termos deste artigo, a propriedade fiduciária do imóvel*".

Recebendo a integralidade da dívida, o credor fiduciário deverá, no prazo de 30 dias, a contar da data da liquidação, fornecer o termo de quitação ao fiduciante, sob pena de multa em favor deste, equivalente a meio por cento ao mês, ou fração, sobre o valor do contrato (§ 1º). Essa multa estipulada em favor do devedor, conforme a redação legal, aparenta decorrer de mora *ex re*, isto é, independente de notificação ou aviso. No entanto, podem-se prever dificuldades de sua materialização sob essa forma. Conveniente que o contrato seja expresso e claro a esse respeito. À vista desse termo de quitação, o oficial do registro imobiliário efetuará o cancelamento do gravame (§ 2º).

Se a dívida não for paga, no todo ou em parte, o devedor fiduciante deverá ser constituído em mora para possibilitar que a propriedade seja consolidada em nome do fiduciário.

A lei procurou simplificar o procedimento de consolidação da propriedade, excluindo tanto quanto possível a intervenção do Poder Judiciário. Para isso determina o art. 26, § 1º, que o fiduciante, seu representante legal ou procurador seja intimado pelo oficial do Registro de Imóveis para satisfazer ao débito em aberto, prestações vencidas e vincendas até a data do pagamento, no prazo de 15 dias. Nesse débito devem ser incluídos os juros, penalidades legais e demais acréscimos. O § 2º anota que o contrato especificará o prazo de carência após o qual será expedida a intimação. Normalmente, nos planos de financiamento imobiliário, aguarda-se um prazo razoável de até três meses para liquidação do débito, possibilitando uma resolução mais branda da pendência. Nada impede, porém, que o contrato possibilite a intimação pelo oficial, tão logo encontrar-se em mora o devedor.

Aponta o § 3º que essa intimação será feita pessoalmente, podendo ser efetuada também pelo correio, com aviso de recebimento ou, mediante solicitação do oficial do registro imobiliário, por Oficial de Registro de Títulos e Documentos da comarca da situação do imóvel ou do domicílio de quem deva recebê-la. Como nem sempre o registro imobiliário está estruturado para efetuar intimações, mormente nas grandes cidades, o ato pode ser delegado aos correios ou ao oficial de títulos.

A mora poderá ser purgada junto ao cartório do registro imobiliário (§ 5º), devendo o oficial entregar a importância ao credor nos três dias subsequentes, deduzindo as despesas de cobrança e intimação.

Dúvidas a respeito de valores inseridos na intimação deverão ser dirimidas pelo Judiciário. Sem dúvida, a ação de consignação em pagamento deverá ser a mais utilizada para essa discussão.

Não havendo purgação de mora, tal fato deverá ser certificado pelo oficial imobiliário, procedendo na matrícula do imóvel a consolidação da propriedade em nome do fiduciário. Apenas poderá assim proceder, se o fiduciário comprovar o pagamento do imposto de transmissão *inter vivos* (§ 7º).

17.3.2 Leilão

Assim consolidada a propriedade em nome do fiduciário, este, no prazo de 30 dias, contados da data do registro a que se refere o § 7º, promoverá leilão público para alienação do imóvel (art. 27), ao contrário do que ocorre para os móveis, quando se permite a venda livre. O ato deve ser precedido da devida divulgação.

Assim como para os bens móveis, não é permitido que o credor fique com o bem, para evitar abusos. Para os imóveis, o leilão é obrigatório, o que não ocorre com os móveis. Já se decidiu no STJ que não está obstada a ação de reintegração de posse, independentemente do leilão.

Lembre-se de que o art. 24, VI, exige que no contrato já conste o valor do imóvel para fins de leilão e os critérios de correção monetária desse valor. Se no primeiro leilão o maior lance for inferior ao valor do imóvel, será realizado segundo leilão, nos 15 dias seguintes (art. 27, § 1º). Nesse segundo leilão, será aceito o maior lance oferecido, desde que igual ou superior ao valor da dívida, das despesas, dos prêmios de seguro, dos encargos legais, inclusive tributos, e das contribuições condominiais (art. 27, § 2º). Desse modo, dependendo da situação, no segundo leilão o valor da arrematação poderá ser bem inferior ao valor real do bem. Recorde-se, porém, de que, mesmo que a lei não se referisse, as despesas condominiais serão sempre de responsabilidade do proprietário ou possuidor, devendo com elas arcar o arrematante. Por outro lado, nada impede que o credor fiduciário concorra no leilão, ofertando lances como qualquer terceiro, assim como o próprio devedor. Embora a lei não o diga, em igualdade de condições deve ser preferido o lance do devedor, se igual à maior oferta tanto por tanto, que, no caso, poderá manter o imóvel. Aplicam-se, supletivamente, os princípios da remição, aliás contemplada expressamente para a hipoteca.

A fim de que não pairem dúvidas, o art. 27, § 3º, I e II, define o que deve ser entendido, para fins de leilão, como dívida e despesas. Dívida será o saldo devedor da operação de alienação fiduciária, na data do leilão, nele incluídos os juros convencionais, as penalidades e os demais encargos contratuais. Despesas incluem a soma das importâncias correspondentes aos encargos e custas de intimação e as necessárias à realização do público leilão, nestas compreendidas as relativas a anúncios e à comissão do leiloeiro. Tanto o fiduciante como o fiduciário podem impugnar os valores, recorrendo ao Judiciário, se necessário.

Se sobejar importância no valor alcançado no leilão, esta deverá ser entregue pelo credor ao devedor em cinco dias do ato. Nessa quantia deve ser incluído o valor das benfeitorias, depois de deduzidos os valores da dívida e das despesas e encargos, implicando recíproca quitação (art. 27, § 4º). Se o valor no segundo leilão não for superior ao débito, considerar-se-á extinta a dívida (§ 5º). O credor deverá dar quitação da dívida, em cinco dias do segundo leilão. Se houver crédito ainda em favor do credor, este poderá valer-se dos meios ordinários de cobrança, ação executiva, levando-se em consideração os princípios do enriquecimento sem causa. A lei expressamente exclui a possibilidade de retenção por benfeitorias, reportando-se à parte final do art. 516 do Código Civil.

Os leilões e os respectivos editais podem ser realizados por meio eletrônico (art. 27, §10, da Lei nº 9.514/97, introduzido mais recentemente).

17.3.3 Outras Disposições: Cessão de Posição Contratual, Reintegração de Posse, Fiança, Insolvência. Forma

A cessão de posição contratual do fiduciante é permitida como regra geral, especificando o art. 28 da Lei nº 9.514/97: "*A cessão de crédito objeto da alienação fiduciária implicará a transferência, ao cessionário, de todos os direitos e obrigações inerentes à propriedade fiduciária em garantia*". Como se percebe, trata-se de típica cessão de posição contratual, referindo-se o legislador à cessão de crédito por injustificável tradição. De qualquer modo, essa cessão independe da aquiescência do devedor fiduciário. Obrigação do cessionário será comunicar àquele sua nova condição para que possa efetuar corretamente o pagamento, se for o caso, embora o art. 35 expressamente dispense referida notificação. Isso porque é possível que a cessão seja efetuada apenas para fins de cobrança coercitiva.

A cessão de posição contratual do fiduciante dependerá necessariamente da concordância expressa do credor, seguindo-se os princípios gerais da assunção de dívida (art. 29). Transferências de posse de imóveis e contratos sem a manifestação expressa do credor ser-lhe-ão absolutamente estranhas.

A ação para a obtenção da posse do imóvel é a de reintegração, com medida liminar para desocupação em 60 dias, bastando para tal a comprovação da consolidação da propriedade em nome do fiduciário, seu cessionário ou sucessores, inclusive o adquirente em público leilão (art. 30). O âmbito de defesa dessa ação é bastante restrito, atingindo, em princípio, o devedor fiduciário ou qualquer terceiro que se encontre no imóvel. Como a vedação ao direito de retenção por benfeitorias não é mencionada nesse dispositivo, mas apenas no art. 27, § 4º, que cuida do leilão, tudo indica que essa matéria possa ser versada na ação reintegratória, na forma apropriada.

O art. 31 acrescenta que o fiador ou terceiro interessado que pagar a dívida ficará sub-rogado, de pleno direito, no crédito e na propriedade fiduciária. Sob esse aspecto, o terceiro cessionário do fiduciário poderá pagar a dívida como terceiro interessado, evitando, assim, a perda do imóvel.

O art. 32 menciona que, na hipótese de insolvência do fiduciante, fica assegurada ao fiduciário a restituição do imóvel alienado fiduciariamente, na forma da legislação pertinente. Na falência, pagando a dívida, a massa deve fornecer ao devedor a respectiva quitação.

O art. 33 reporta-se à aplicação subsidiária dos arts. 647 e 648 do Código Civil, que disciplinam a propriedade resolúvel, pois a propriedade fiduciária assim o é.

Os contratos, não só os descritos na Lei do Sistema de Financiamento Imobiliário, como os apontados aqui, podem ser concluídos por instrumento particular, dispensada a escritura pública, como já eram os contratos do antigo sistema financeiro habitacional (art. 38, com nova redação). Essa disposição deve ser estendida, portanto, agora com maior razão, a todos os compromissos de compra e venda, com comprovação da quitação, como temos acentuado.

A lei refere-se à possibilidade de as partes recorrerem à arbitragem, nos termos do disposto na Lei nº 9.307/96, o que é acréscimo desnecessário, pois na espécie estruturam-se direitos disponíveis, para os quais sempre é possível a arbitragem.

Existem outras modalidades de garantias, além da alienação fiduciária e da hipoteca, nessa lei sobre o Sistema de Financiamento Imobiliário (cessão fiduciária e caução de direitos creditórios, art. 17), matéria que certamente será estudada pelos comentadores da lei.

18

DIREITOS REAIS SOBRE COISAS ALHEIAS. ENFITEUSE E SUPERFÍCIE

18.1 PROPRIEDADE E DIREITOS REAIS LIMITADOS

A propriedade é o direito real mais amplo. Em seu âmbito exercemos, com a mitigação já examinada, o direito de usar, gozar e dispor da coisa (*ius utendi, fruendi et abutendi*).

Na introdução deste texto, tivemos a oportunidade de conceituar o número fechado (*numerus clausus*) de nossos direitos reais. Somente a lei pode constituir direito real em nosso sistema, em contrapartida dos direitos obrigacionais ou pessoais que dependem exclusivamente da iniciativa ou da vontade das partes.

O Código Civil de 1916 estampava no art. 674, ao abrir o título *Dos Direitos Reais sobre Coisas Alheias*, o elenco legal e restrito dos direitos reais entre nós:

> *"São direitos reais, além da propriedade:*
>
> *I - a enfiteuse;*
>
> *II - as servidões;*
>
> *III - o usufruto;*
>
> *IV - o uso;*
>
> *V - a habitação;*
>
> *VI - as rendas expressamente constituídas sobre imóveis;*
>
> *VII - o penhor;*
>
> *VIII - a anticrese;*
>
> *IX - a hipoteca".*

O legislador, como visto na introdução deste livro, no curso de nossa história jurídica criou outros institutos conversíveis em direitos reais. Por várias vezes, mencionamos as chamadas *obrigações com eficácia real*, que são avenças de natureza eminentemente negocial que, para maior proteção de determinada categoria de contratantes, permitem o registro imobiliário e obtêm o *status* de direito real. Exemplos característicos são o direito de preferência do inquilino na aquisição do imóvel locado, nos limites e termos do art. 33 da Lei nº 8.245/81, bem como o direito do compromissário comprador de imóvel, com contrato registrado, de acordo com o Decreto nº 58/37 e Lei nº 6.766/79. Pode, portanto, a lei, mas somente ela, estender ou restringir o rol de direitos reais. Desse modo, a existência de direitos reais em diplomas leais fora do rol do art. 674 não infirma o princípio do *numerus clausus*.

O Código de 2002, sem apresentar uma enumeração prévia, inicia, a partir do art. 1.361, a disciplinar os direitos reais sobre coisas alheias: propriedade fiduciária, superfície, servidões, usufruto, uso, habitação, direito do promitente comprador, penhor, hipoteca e anticrese.

Nesses direitos reais menos amplos que a propriedade, o titular fica privado de alguns dos poderes inerentes ao domínio. Basicamente, haverá dois titulares sobre a mesma coisa, cada um com âmbito de atuação próprio e definido pela lei na extensão de exercício do domínio.

Alguns desses direitos oferecem modernamente grande interesse prático, tendo em vista a finalidade social atual a que se destinam, como o usufruto, exemplo dinâmico de direito de desfrute da coisa, e a hipoteca e penhor, com finalidade precípua de servir de garantia a negócios jurídicos, importantes auxiliares do direito obrigacional e da circulação de riquezas.

Outros perderam totalmente a atualidade. O curso da história e as transformações sociais tornaram-nos obsoletos, como a enfiteuse, quando não meras velharias jurídicas, como a anticrese, ainda mantida no Código em vigor, geralmente trazidas à baila somente quando há necessidade de exemplificar e comparar o mecanismo de outros institutos.

No entanto, todos eles apresentaram sua utilidade em determinado momento histórico. Nunca é demais lembrar que o estudo do direito nunca se desvincula da História. Por vezes, um instituto dormente há séculos, em total desuso, tem seus princípios reavivados para estruturar novos institutos, que nada mais fazem do que arejar antigos postulados da tradição romana. Destarte, não se pode afirmar na ciência jurídica que existem institutos do direito positivo, ou do passado, que não possam ser rejuvenescidos por novas necessidades sociais. Lembre-se, a propósito, dos princípios que regem a alienação fiduciária em garantia entre nós, regida pelo Decreto-lei nº 911/69, e recepcionada pelo vigente Código, que se utiliza de princípios da antiga *fidúcia* romana.

Do ponto de vista utilitarista de que se reveste o clamor da vida moderna, para o profissional e para o estudante, não há sentido aparente no aprofundamento doutrinário da anticrese ou das rendas constituídas sobre imóveis, por exemplo. No entanto, ao menos o conhecimento de noções fundamentais de todos os institutos, qualquer que seja a disciplina jurídica, é útil também para fins meramente imediatistas, porque o profissional terá maior facilidade em resolver problemas práticos na miríade de situações concretas com que defronta. Assim, terá melhores instrumentos de raciocínio sobre toda a ciência jurídica, particularizando a compreensão se necessário e buscando com frequência analogia em soluções preconizadas por institutos aparentemente em desuso. Tal se dá também, podemos recordar, na Medicina, em que por vezes novas e desconhecidas moléstias encontram soluções em singelas doenças do passado, que se acreditavam desaparecidas. Tal como nas demais ciências, e as ciências sociais não são exceção, o conhecimento dos meandros da disciplina nunca são inúteis. É evidente, no entanto, que institutos em desuso não devem merecer o mesmo aprofundamento teórico de problemas latentes, do dia a dia das questões do foro. Aliás, os repertórios de jurisprudência, que refletem a repetição mais ou menos intensa das lides levadas aos tribunais, traduzem a ênfase que deve ser dada a determinadas disciplinas, em detrimento de outras. Nunca se olvidará que o realce da atualidade poderá perder valor axiológico no futuro, e vice-versa.

A enfiteuse, por exemplo, matéria estudada a seguir, cumpriu seu papel de adequação social no passado, não justificando mais sua manutenção como direito positivo, tanto que não foi contemplada pelo vigente Código. Nada, porém, pode assegurar-nos que novas exigências sociais façam ressurgir sua necessidade no futuro, assim como a anticrese e as rendas constituídas sobre imóveis. Velhos e novos problemas nas ciências sociais, e o Direito é ciência social e humanista por excelência, transmitem tão só a noção de tempo e espaço ao estudioso. Por isso, requer-se do julgador atualidade no tempo que julga e presença efetiva no espaço onde aplica o Direito, ambos aspectos que apresentam situações fáticas mutantes essencialmente dinâmicas, em face da evolução muito rápida dos padrões sociais e econômicos atualmente. Decisão desvinculada do tempo e do espaço deixa de lado um dos aspectos importantes da aplicação tridimensional do direito. No exame do fato social, levam-se em conta esses aspectos, sob pena de prejudicar os outros dois pontos da trilogia, o valor e a norma.

Sob a epígrafe *Direitos Reais sobre Coisas Alheias*, o Código Civil, do qual não se afasta o mais recente ordenamento, trata de duas categorias de direitos sobre coisa alheia: de *gozo* ou *fruição* e de *garantia*.

Os direitos de *fruição* ou *gozo* permitem a utilização da coisa de forma semelhante ao proprietário pleno, com maior ou menor espectro. São a enfiteuse, as servidões prediais, o usufruto, o uso, a habitação e as rendas constituídas sobre imóveis. A esses podemos acrescentar o direito do promitente comprador, como menciona o Código.

São direitos de *garantia* aqueles que vinculam a coisa a uma relação obrigacional: o penhor, a anticrese e a hipoteca. A estes acrescentamos a alienação fiduciária em garantia, disciplinada pelo mercado de capitais e admitida pelo Código de 2002. A anticrese, como veremos, também permite a fruição da coisa, embora seja essencialmente de garantia.

O art. 1.226 reporta-se aos direitos reais sobre coisas móveis, referindo-se ao princípio pelo qual estes somente se adquirem pela *tradição*, quando constituídos ou transmitidos por ato entre vivos. O princípio da *saisine* na transmissão *causa mortis* independe da tradição dada à modalidade especial fixada na lei. O artigo reporta-se ao princípio geral em nosso direito que estipula que as coisas móveis não se transmitem pelos contratos antes da tradição (art. 1.226), salvo quando ocorrer o constituto possessório e as hipóteses analisadas do art. 1.267, parágrafo único, do vigente Código.

O art. 1.227 reitera o princípio da inscrição imobiliária para constituição ou transmissão de imóveis também no tocante ao negócio entre vivos. O sistema apresenta, contudo, algumas exceções: o usufruto decorrente do direito de família, por exemplo, independe de registro (art. 1.391).

Os direitos reais limitados conservam-se no imóvel independentemente de sua transmissão. Acompanham o domínio, assim como os impostos, salvo aqueles comprovadamente pagos até o ato da transmissão. Nesse sentido o art. 677 do antigo Código:

> *"Os direitos reais passam com o imóvel para o domínio do adquirente.*
>
> *Parágrafo único. O ônus dos impostos sobre prédios transmite-se aos adquirentes, salvo constando da escritura as certidões do recebimento, pelo fisco, dos impostos devidos e, em caso de venda em praça, até o equivalente do preço da arrematação".*

A regra decorre da natureza de cada direito real sobre coisa alheia. Verificamos, portanto, que, na hipótese de arrematação em praça, o Fisco continuará impondo o mesmo ônus ao imóvel adquirido, cabendo ao arrematante assumir o encargo de liquidar impostos, que também são obrigação *propter rem*.

A alienação de imóvel sob hipoteca, portanto, em nada prejudica o credor hipotecário, cuja garantia permanece incidindo sobre o imóvel.

Os direitos reais, denominados *sobre coisas alheias* pela doutrina tradicional, não modificam a natureza do domínio. Estabelecem natureza diversa de grau em seu exercício. Dois ou mais titulares exercem concomitantemente poderes inerentes à propriedade em graus jurídicos diversos.

Admite-se que os direitos graduados sejam atribuídos a mais de dois titulares: o enfiteuta pode hipotecar o imóvel aforado, por exemplo. Se o credor hipotecário adquire o bem enfitêutico, substitui o transmitente em seu grau, diversamente das limitações impostas pela vizinhança, em que inexiste graduação no exercício sobre a coisa pelo mesmo titular, que é pleno, mas há restrição sobre o exercício do direito sobre a coisa, decorrente do fato da vizinhança. Nos direitos reais limitados, existem restrições jurídicas no próprio conceito de domínio, no exercício da propriedade. Nas restrições decorrentes da vizinhança, estas são de ordem material, podendo decorrer expressa ou tacitamente do ordenamento. No dizer de Pontes de Miranda (1971, v. 18:7), *"todos os direitos reais limitados têm limites de conteúdo interiores ao conteúdo do direito de domínio; por isso são limitados"*. Podemos afirmar nesse contexto que os direitos reais limitados restringem internamente o domínio. Essas restrições podem desaparecer num dado momento, fazendo emergir o domínio pleno. Nas restrições de vizinhança, existem limites externos ao exercício da propriedade. No entanto, especificamente nas servidões, o aspecto material da restrição imposta ao prédio muito se aproximará da limitação de vizinhança, como apontamos no Capítulo 19.

Nos direitos reais limitados, subtraem-se um ou alguns dos poderes inerentes ao domínio em prol de outro titular, como ocorre entre nu-proprietário e usufrutuário, por exemplo. O domínio, porém, não se reparte. Cada titular o exerce em grau jurídico diverso, diferentemente, pois, do que sucede no condomínio, no qual o exercício do domínio é horizontal, isto é, coloca-se no mesmo grau. Os condôminos exercem concomitantemente todos os poderes de proprietário. Nos direitos limitados, os titulares exercem simultaneamente poderes específicos e diversos inerentes à propriedade. Em consequência disso, por mais que os direitos reais limitados subtraiam poderes do domínio de um titular em favor de outro, como ocorre na situação mais ampla que é da enfiteuse, o domínio não desaparece e permanece único.

A diferenciação de graus no exercício do domínio sucede tanto nos imóveis como nos móveis. Há também direitos reais limitados sobre bens incorpóreos, como o usufruto de crédito ou cauções de títulos de crédito.

Cada direito real limitado pode ter forma específica de extinção. Todos eles permitem a renúncia pelo titular, desde que não prejudiquem terceiros. O credor hipotecário não pode renunciar à hipoteca em prejuízo de seus credores. O mútuo consentimento, como regra geral, também permite a extinção de grau no direito limitado. De forma geral, extinguem-se os direitos reais limitados pelas modalidades de perda da propriedade e extinção de direitos em geral.

18.2 ENFITEUSE. CONCEITO. NOTÍCIA HISTÓRICA

A enfiteuse é o direito real limitado mais extenso, o que permite a seu titular a maior amplitude de exercício de poderes inerentes à propriedade. Pelo direito brasileiro de 1916,

> *"dá-se a enfiteuse, aforamento ou emprazamento, quando por ato entre vivos, ou de última vontade, o proprietário atribui a outrem o domínio útil do imóvel, pagando a pessoa, que o adquire, e assim se constitui enfiteuta, ao senhorio direto uma pensão, ou foro, anual, certo e invariável"* (art. 678).

Nossa lei restringiu o alcance da enfiteuse apenas a *"terras não cultivadas ou terrenos que se destinem a edificação"* (art. 680).

Preenchendo necessidade social no passado, a enfiteuse hoje é arcaísmo técnico injustificável. Suas finalidades podem ser alcançadas por institutos mais dinâmicos e atuais.

O objetivo desse provecto instituto era permitir ao proprietário que não desejasse ou não pudesse usar o imóvel diretamente cedê-lo a outro seu respectivo uso e gozo, mediante a obrigação de pagamento de um foro para utilização do fundo. Sua constituição, que pode estabelecer-se mediante contrato perpétuo (art. 679), corresponde a virtual alienação (Trabucchi, 1992:444). Se estabelecida por tempo determinado, a lei de 1916 a considera um arrendamento, com o qual tem afinidade, e como tal deve ser tratada (art. 679).

O Código atual não mais disciplina a enfiteuse, substituindo-a pelo direito de superfície que examinaremos a seguir. Tendo em vista a possibilidade de perpetuidade da enfiteuse, durante muito tempo o instituto sobreviverá em nosso universo jurídico. Ao levar em conta esse aspecto, o art. 2.038 do mais recente Código, dentro das Disposições Finais e Transitórias, dispõe que fica proibida a constituição de enfiteuses e subenfiteuses, subordinando-se as existentes, até sua extinção, aos princípios do Código Civil de 1916. O § 2º desse artigo ainda se refere à enfiteuse dos terrenos de marinha, que mencionaremos a seguir, a qual continuará a ser regulada por lei especial.

A enfiteuse aproxima-se paralelamente do usufruto, mas dele distingue-se pela extensão e caráter do direito do usufrutuário. Ambos são direitos de gozo e fruição sobre coisa alheia, mas o usufrutuário tem apenas o direito de usar e gozar da coisa, recebendo os frutos. O direito do enfiteuta é mais amplo, podendo usufruir dos produtos da coisa, que não se reproduzem, exaurindo-a. O usufrutuário não pode alterar o bem, ao contrário do enfiteuta. O direito de enfiteuse transmite-se aos herdeiros, enquanto a morte do usufrutuário ou o decurso de prazo estabelecido o extingue. O usufruto é temporário; a enfiteuse é perpétua. O usufrutuário não pode alienar seu direito, o que é garantido ao enfiteuta. Ademais, a enfiteuse dirige-se apenas a terras incultas e terrenos destinados a edificação, restrições não sofridas pelo usufruto.

O instituto da enfiteuse representou no passado um dos primeiros meios para atribuir fundos a quem desejasse trabalhar a terra. Tanto que a lei de 1916 limita seu alcance às terras não cultivadas e terrenos urbanos não edificados. A utilidade maior foi estabelecer forma de fixação do homem na terra, tornando-a produtiva.

Como o direito real limitado mais amplo existente, a enfiteuse contém em seu bojo a possibilidade de alienação do direito enfitêutico, sua transmissibilidade *causa mortis*, constituindo-se verdadeiramente em um *quase domínio*.

Na época romana, o Estado arrendava terrenos rústicos a colonos, para o fim de cultivo. Esse arrendamento era de longo período, além da vida humana ou perpétuo. A prestação do *ager vectigales* correspondia ao pagamento do foro anual citado na lei atual. No entanto, o proprietário da terra continuava a ser o arrendante. A proximidade da enfiteuse estatuída no Código de 1916 (art. 679) com o arrendamento tem, portanto, essa origem histórica. No Direito Romano, o titular do direito do *ager vectigales* podia aliená-lo ou legá-lo, assumindo o adquirente iguais direitos e obrigações. Na época imperial, a enfiteuse ganhou maior importância, passando a ser designada como *ius perpetuum*, a partir do século IV d. C., atingindo maiores extensões territoriais.

Ao lado do *ager vectigales*, a *emphyteusis* era instituto diverso, constituído por certo tempo, permitindo-se ao final do prazo a elevação do foro ou a retomada da terra. Os dois institutos confundiram-se no decorrer dos séculos e com a codificação justinianeia somente se regulou a modalidade perpétua, com possibilidade de resolução por falta de pagamento do foro ou falta de pagamento de impostos. A enfiteuse assim definitivamente introduzida deveu-se principalmente à necessidade de regular os bens da Igreja, que àquela altura possuía muitas propriedades sob esse regime. Para evitar que os enfiteutas aproveitassem da pouca vigilância das autoridades eclesiásticas, o imperador recorreu ao fim originário da instituição, a fim de possibilitar exploração racional dos fundos. O direito de Justiniano impõe ao enfiteuta a obrigação de comunicar ao proprietário qualquer transferência do terreno, concedendo-lhe direito de preferência, ou seja, direito de extinguir a enfiteuse, pagando o mesmo valor oferecido por terceiro (Arangio-Ruiz, 1973:286). Caso não exercesse essa prelação ou preempção, o proprietário recebia uma espécie de tributo, o *laudemium*, equivalente a 2% do preço pago pelo novo enfiteuta. A sanção aplicada para o caso de descumprimento, como também na hipótese da falta de pagamento do foro ou cânon por três anos, era sempre a devolução da coisa. Estava assim traçada a tradição romana do instituto que chegou até nós.

A finalidade de ambos os institutos do passado, com origem no arrendamento, sempre teve por objeto terras incultas ou deficientemente cultivadas, nas quais o cessionário se comprometia a trabalhar.

O termo *enfiteuse*, de origem grega, pela tradição, melhor traduz o sentido do instituto, embora nosso Código se refira a *aforamento* ou *emprazamento* como sinônimos. Foro realça a modalidade de pagamento como sinônimo de pensão enfitêutica, e confunde-se com a expressão idêntica que significa local de audiências. Emprazamento não tem sua origem etimológica original em *prazo*, como a princípio poderia parecer, mas no sentido de *estar de acordo, pacificar* (Pontes de Miranda, 1971, v. 18:65). É o mesmo Pontes (1971, v. 18:179) que criticou veementemente a manutenção da enfiteuse em nossa legislação:

> *"O Código Civil conserva a enfiteuse, que é um dos cânceres da economia nacional, fruto, em grande parte, de falsos títulos que, amparados pelos governos dóceis a exigências de poderosos, conseguiram incrustar-se nos registros de imóveis".*

Na Idade Média, a enfiteuse serviu de instrumento de prepotência dos senhores feudais, que mantinham o poder sobre as terras, desaparecendo a singeleza de propósitos do Direito Romano. Pela enfiteuse, permitia-se a conservação do poder político do senhorio direto, enquanto a cultura e exploração da terra eram relegadas aos colonos, que continuavam a pagar a pensão aos proprietários. A enfiteuse era privilégio à disposição dos senhores feudais. Na França, foi abolida com a revolução, para ser readmitida depois, sob novas vestes exclusivamente obrigacionais.

No direito português anterior, a enfiteuse sofre modificações em sua estrutura com a permissão do aforamento vitalício, ou por duas ou três gerações, com a possibilidade de aumento do valor do foro. O direito brasileiro afastou-se da odiosidade do instituto na Idade Média, para discipliná-lo na forma original codificada por Justiniano.

As legislações modernas opuseram-se à perpetuidade de exploração da terra, estabelecendo normas para permitir maior facilidade de resgate do fundo pelo enfiteuta, para aquisição da plena propriedade. A Constituição de 1988 dispôs no art. 49 das Disposições Transitórias:

> *"A lei disporá sobre o instituto da enfiteuse em imóveis urbanos, sendo facultada aos foreiros, no caso de sua extinção, a remição dos aforamentos mediante aquisição do domínio direto, na conformidade do que dispuserem os respectivos contratos".*

A Carta, nos parágrafos do dispositivo, dispõe que, na falta de avença contratual, se aplicarão os critérios da enfiteuse de direito público, destinados aos imóveis da União, mantendo-se, no entanto, essa enfiteuse pública para os terrenos da orla marítima. A lei constitucional abriu, portanto, ensancha ao legislador ordinário para extinguir a enfiteuse, compreendendo sua inutilidade atual na esfera privada.

A lei refere-se a *domínio útil* e *domínio direto* por apego à tradição. Não há a divisar na enfiteuse dois domínios. Na realidade, o domínio útil do enfiteuta é desdobramento decorrente de um único direito de propriedade. Dá-se o nome de domínio útil ao direito do enfiteuta porque tem ele o direito de usufruir do bem da forma mais ampla e como lhe convier. O domínio direto é do senhorio, a quem fica atribuída a substância do imóvel, afastada a possibilidade de este se utilizar. A perpetuidade é característica que distingue a enfiteuse da locação, como vimos nas raízes históricas. Poucas são as legislações que ainda a admitem.

18.2.1 Enfiteuse. Efeitos. Constituição. Objeto

Visto que a necessidade histórica criou a enfiteuse para ocupação das terras, desempenhou ela importante função social também em nosso país, quando havia grandes espaços a serem ocupados e explorados. Os que não possuíam terras viam-se estimulados a essa modalidade de arrendamento perpétuo. Os donos da terra, por sua vez, encontravam meio de ocupá-la, mantendo-a utilizada e livre de invasões.

O desinteresse atual do instituto deve-se ao desaparecimento de grandes porções de terra desocupadas, à desvalorização da moeda e à valorização das terras, independentemente do fenômeno da inflação e da impossibilidade de aumento do valor do foro. Hoje, a sociedade vê-se às voltas com novos problemas de ocupação do solo improdutivo que exigem intervenção do Estado, com meios jurídicos mais eficazes. Destarte, raro será o contrato mais recente de enfiteuse. Os problemas dela decorrentes prendem-se às antigas enfiteuses ainda existentes em grande número e àquelas enfiteuses legais, cujo domínio direto pertence à União, reguladas por legislação específica, com princípios de direito público.

Como é direito inferior ao de propriedade, mas de espectro mais amplo, o enfiteuta exerce poderes muito próximos do domínio. Pode locar, emprestar, ceder seu direito sobre a coisa, exercendo quase todos os direitos inerentes ao domínio. O senhorio direto restringe-se a âmbito diminuto de atuação, em que se percebem apenas resquícios de propriedade.

A lei dispõe que pode ser constituída por ato entre vivos e de última vontade, devendo, portanto, ser obedecidos os requisitos do contrato e do testamento. Qualquer que seja a forma adotada, deve receber o registro imobiliário para se estabelecer o direito real. O simples contrato, enquanto não registrado, não gera direito real.

Sua *perpetuidade* é efeito característico, pois, se houver prazo determinado, não passará de singelo arrendamento (art. 679). O direito do foreiro ou enfiteuta transmite-se *causa mortis* como o direito de propriedade, mas não pode a área ser dividida em glebas sem consentimento do senhorio (art. 681). A coenfiteuse, contudo, pode decorrer de direito hereditário.

Se a enfiteuse pertencer a vários foreiros, a exemplo do condomínio, os comunheiros devem eleger um *cabecel* (art. 690), em seis meses a contar do início do direito em comum, sob pena de ser devolvido ao senhorio o direito de escolha. O cabecel representa ativa e passivamente a comunhão foreira, com direito a ação regressiva na proporção das respectivas quotas-partes.

O art. 680 restringe a aplicação da enfiteuse apenas a terras não cultivadas e aos terrenos destinados a edificação. É o instituto pelo qual nosso legislador anterior manteve o intuito histórico de aproveitamento da propriedade. Se for constituída para terras já cultivadas ou terrenos construídos, deve ser regulada como arrendamento ou locação por prazo indeterminado.[1]

1 "Adjudicação compulsória – Terreno de marinha – **Enfiteuse** – Autor que busca a adjudicação compulsória para outorga da escritura definitiva de imóvel junto aos órgãos competentes. Competência da Justiça Estadual. Inte-

18.2.2 Direitos e Deveres do Enfiteuta

O enfiteuta coloca-se na situação peculiar de desfrute do chamado *domínio útil*. Não esquecendo que a origem da enfiteuse foi o contrato de arrendamento, com este guarda afinidades.

Nesse domínio útil, o enfiteuta pode usar, gozar e dispor dos limites concedidos por tal direito, podendo receber frutos e rendimentos. Em seu uso, não pode destruir-lhe a substância, que pertence ao senhorio.

---

resse da União que é meramente administrativo e não justifica a remessa dos autos à Justiça Federal, mormente considerando que, reservando para si o domínio direto do imóvel, eventual registro da transferência de aforamento reconhecido nestes autos ficará condicionado à expedição de certidão pela SPU, mediante pagamento do laudêmio. Recurso provido" (*TJSP* – AI 2092525-06.2019.8.26.0000, 15-7-2019, Rel. Maia da Cunha).

"Apelação – Usucapião – **Enfiteuse** – Inadmissibilidade – Sentença mantida – Não cabe pedir usucapião de bem imóvel com base na alegação de posse direta advinda de enfiteuse, por ausência do requisito do *animus domini* – Caso em que nem mesmo o domínio útil pode ser pleiteado em usucapião, uma vez que, por direito de sucessão, os autores, como herdeiros da foreira já o adquiriram. Negaram provimento ao recurso" (*TJSP* – Ap 0005009-36.2012.8.26.0417, 3-4-2018, Rel. Alexandre Coelho).

"Agravo interno no agravo em recurso especial – **Enfiteuse** – Alegada competência da 1ª seção – Competência relativa – Preclusão – Foro – Valor do domínio pleno – Reajustamento anual – Acórdão recorrido em conformidade com a jurisprudência do STJ – Dissídio jurisprudencial não demonstrado – Agravo não provido – 1- 'Verifica-se a ocorrência de preclusão quando a parte deixa para arguir a incompetência relativa do órgão julgador após a apreciação do seu recurso' (EDcl no AgRg no Ag 1267110/DF, Rel. Ministro João Otávio de Noronha, Quarta Turma, julgado em 10/05/2011, *DJe* 19/05/2011). 2- A jurisprudência do STJ é no sentido de ser incabível a modificação unilateral pela União do valor do domínio pleno do imóvel, incidindo somente a correção monetária na atualização anual do pagamento do foro na enfiteuse de bens da União. 3- O dissídio jurisprudencial não foi devidamente demonstrado, à míngua do indispensável cotejo analítico. 4- Agravo interno não provido" (*STJ* – AGInt-AG-REsp 918.752 – (2016/0134287-7), 20-6-2017, Rel. Min. Luis Felipe Salomão).

"Agravo interno em apelação cível – Decisão monocrática que negou seguimento ao recurso, assim ementada – 'Apelação Cível – Ação de Repetição de Indébito. Contrato de Compra e Venda de imóvel objeto de **Enfiteuse.** Instituto jurídico regulado pelo Código Civil de 1916. Limitação superveniente pelo atual Código Civil. Observância da regra de transição contida no art. 2.038, § 1º, do CC/02. Eficácia imediata. Retroatividade mínima. Laudêmio. Verba que não guarda relação com o preço de mercado do imóvel. Base de cálculo que deve considerar apenas o valor do terreno, sendo defeso o cômputo das construções e plantações. Inexistência de violação ao Ato Jurídico Perfeito ou a Direito Adquirido. Impossibilidade de exercer preferência quando já houve opção pelo recebimento da renda paga pela alienação do domínio útil do imóvel. Teoria dos Atos Próprios. Vedação ao comportamento contraditório. Precedentes do Insigne Tribunal da Cidadania e desta Egrégia Corte de Justiça. Manutenção da sentença. Negativa de seguimento ao recurso, na forma do art. 557, *caput*, do CPC'. Inexistência de argumento capaz de alterar o julgado relatorial. Conhecimento e desprovimento do agravo interno" (*TJRJ* – Ap 0017564-70.2014.8.19.0042, 31-3-2016, Rel. Sérgio Nogueira de Azeredo).

"**Civil** – Administrativo – Apelação cível – *Enfiteuse* – Terreno de marinha – Foro – Atualização anual do valor do domínio pleno do imóvel – Aplicação de índice de correção monetária – Impossibilidade de alteração unilateral com base na valorização do imóvel no mercado imobiliário – 1 – A *enfiteuse* em terreno de marinha, conforme prevê o parágrafo 2º do art. 2.038 do Código Civil de 2002, é regulada por lei especial, sendo esta o Decreto Lei nº 9.740/41, que estabelece em seu art. 101 que 'os terrenos aforados pela União ficam sujeitos ao foro de 0,06% (seis décimos por cento) do valor do respectivo domínio pleno, que será anualmente atualizado'. 2 – A atualização da base de cálculo do foro anual, tendo em vista a característica de certo e invariável do referido instituto, deve ser com base nos índices de correção monetária, não sendo possível a modificação anual do valor do domínio pleno do imóvel aforado a particular pela União de forma unilateral, com base na valorização do imóvel no mercado imobiliário. 3 – Apelação provida" (*TRF-2ª R.* – AC 0016751-39.2013.4.02.5101, 5-10-2015, Rel. Des. Fed. Marcelo Pereira da Silva).

"**Adjudicação compulsória** – Terreno de marinha – **Enfiteuse** – Autores que buscam a adjudicação compulsória para outorga da escritura definitiva de imóvel já quitado e a regularização pelos réus da situação do imóvel junto aos órgãos competentes. Preliminares de incompetência absoluta da Justiça Estadual e de ilegitimidade passiva afastadas. Culpa dos autores pela demora para a outorga da escritura não demonstrada. Correta a adjudicação compulsória em favor dos autores para a outorga da escritura definitiva e condenação dos réus à regularização do imóvel perante a SPU, sob pena de multa diária. Recurso parcialmente provido apenas para estender para 180 dias o prazo para que os réus providenciem a regularização do imóvel junto à SPU, incidindo a multa diária após esse período" (*TJSP* – Ap 0009639-18.2012.8.26.0068, 11-8-2014, Rel. Maia da Cunha).

"**Ação de consignação em pagamento.** Compra e venda de imóvel gravado com enfiteuse. Negativa do senhorio. Direito ao recebimento do laudêmio. Recusa legítima, diante da inobservância do direito de opção assegurado pelo art. 683 do CC/1916. Preliminar de carência de ação repelida. Sentença de procedência reformada. Recurso provido, com determinação" (*TJSP* – Ap 0003538-94.2005.8.26.0072, 10-5-2013, Rel. Rui Cascaldi).

Seu direito de alienar não é, porém, ilimitado. Para isso, deve avisar o senhorio nas hipóteses de venda ou dação em pagamento, porque este tem direito de preferência na aquisição. O senhorio tem prazo de 30 dias para declarar se exercerá a prelação, pelo mesmo preço e nas condições oferecidas. Essa declaração a lei exige que seja escrita, datada e assinada pelo senhorio. O prazo é decadencial (art. 630). Não se manifestando o titular do domínio direto ou declarando-se pela negativa, livre está o enfiteuta para a alienação. A situação é a mesma da preempção colocada como pacto adjecto à compra e venda. Aqui, não se nega que o senhorio tenha direito real de aquisição, podendo depositar o preço pago pela coisa cuja alienação não lhe foi oferecida, para havê-la para si. Quando não houve a afronta ou aviso ao senhorio, o qual deve ser devidamente documentado, embora não exista forma prevista em lei (carta com AR, notificação etc.), o trintídio legal flui do registro imobiliário da aquisição por terceiro. Cuida-se de hipótese em que a propriedade é resolúvel, conforme já estudamos. Se, feita a afronta ao senhorio, o enfiteuta vier a alterar a proposta, deve renovar a notificação, para não obstar a prelação sob as novas condições. Nesse sentido, dispõe o art. 685:

> *"Se o enfiteuta não cumprir o disposto no art. 683, poderá o senhorio direto usar, não obstante, de seu direito de preferência, havendo do adquirente o prédio pelo preço da aquisição".*

Na verdade, o senhorio nessa hipótese não adquire o prédio, mas torna ineficaz a alienação e consolida seu domínio.

Não usando dessa preferência, sempre que ocorrer venda ou dação em pagamento do direito enfitêutico, o senhorio tem direito ao laudêmio, como veremos.

O art. 683 restringe a exigência de preempção ao senhorio para os casos de venda e dação em pagamento. O art. 688 permite que o enfiteuta perfaça doação, dação em dote ou permuta por coisa não fungível. Nessas hipóteses, não há direito de preferência, mas o foreiro que não comunicar a ocorrência desses negócios jurídicos ao senhorio em 60 dias contados da transmissão continuará responsável pelo pagamento do foro.

De outro lado, o enfiteuta também tem, e com maior razão, direito de adquirir o bem na hipótese de o titular do domínio direto pretender aliená-lo por venda ou dação em pagamento. Esse direito é exercido em simetria com o direito do senhorio, sob os mesmos princípios:

> *"Compete igualmente ao foreiro o direito de preferência, no caso de querer o senhorio vender o domínio direto ou dá-lo em pagamento. Para este efeito, ficará o dito senhorio sujeito à mesma obrigação imposta, em semelhantes circunstâncias, ao foreiro"* (art. 684)*, aplicando-se tudo o que foi exposto, inclusive quanto ao depósito do preço.*

É direito do foreiro instituir *subenfiteuse* (art. 694). Se a enfiteuse hoje se mostra em desuso e inconveniente, que dizer então desse instituto configurado por meio de um subcontrato! O artigo do Código dispõe que a subenfiteuse será regulada pelos mesmos princípios, sendo o senhorio originário estranho no negócio. Aplicam-se, porém, as regras que regem os subcontratos ou contratos derivados. Desaparecido o contrato originário ou seu objeto, desaparece o contrato derivado, resumindo-se em perdas e danos. Várias situações práticas poderiam ser trazidas à baila sob a matéria, em simetria com a sublocação, mas a falta de interesse prático não aconselha maiores digressões. Tendo em vista a acerba crítica que sofre essa modalidade, o Código de 2002 foi expresso, proibindo que seja constituída subenfiteuse sobre as enfiteuses ainda remanescentes (art. 2.038, § 1º, II).

Com os atributos de uma quase propriedade, o enfiteuta pode gravar com hipoteca o imóvel, estabelecer servidões e usufruto, os quais ficam subordinados à extinção, na hipótese de se extinguir o aforamento, pois esses direitos, como regra, não atingem o senhorio.

É direito do enfiteuta, inclusive no tocante aos aforamentos instituídos antes do Código Civil, resgatar a enfiteuse, obtendo a propriedade plena, 10 anos após a constituição do emprazamento, *"mediante pagamento de um laudêmio, que será de 2,5% (dois e meio por cento) sobre o valor atual da propriedade plena, e de 10 (dez) pensões anuais"* (art. 693).

Esse direito é irrenunciável pela mesma disposição de lei e distingue-o da enfiteuse medieval. O prazo de 10 anos originalmente no Código era de 30 anos, tendo sido alterado pela Lei nº 5.827/72.

O enfiteuta está obrigado a pagar o foro anual na importância fixada no título constitutivo, sob pena de cair em *comisso*, perder o direito, se deixar de pagar três anos consecutivos (art. 692, II). Não esqueçamos que o valor do foro deve ser monetariamente atualizado. O simples valor nominal da moeda, em época inflacionária, simplesmente tornaria o valor simbólico, fazendo desaparecer por via transversa o instituto. Ocorrendo o comisso, o foreiro tem direito a ressarcimento por benfeitorias necessárias.

É obrigação do foreiro pagar os impostos e ônus reais que gravarem o imóvel (art. 682), pois é ele quem usufrui da propriedade.

A renúncia à enfiteuse é expressamente descrita no art. 687, que permite o abandono ao senhorio, independentemente de sua anuência. Trata-se de ato unilateral, devendo a renúncia ser averbada no registro imobiliário. A renúncia em prejuízo de credores do enfiteuta caracteriza modalidade especial de fraude contra credores, obstando-lhe a lei:

> *"Se o enfiteuta pretender abandonar gratuitamente ao senhorio o prédio aforado, poderão opor-se os credores prejudicados com o abandono, prestando caução pelas pensões futuras, até que sejam pagos de suas dívidas"* (art. 691).

Enquanto não satisfeitos os credores do foreiro, a renúncia será ineficaz para eles, não se consolidando a propriedade plena nas mãos do senhorio, o qual pode, se desejar, solver as obrigações pendentes. De qualquer modo, ainda nessa hipótese, tem-se por renunciado o direito do enfiteuta, apenas restando suspensa sua eficácia em relação aos credores que deverão prestar caução ao senhorio para as pensões futuras.

Não tem direito à remissão o enfiteuta por esterilidade ou destruição parcial do prédio e pela perda dos frutos (art. 687). Ninguém pode, contudo, ser titular de direito real contra sua vontade. Não se lhe obsta o abandono. Poderá, no caso descrito de remissão, gerar direito indenizatório para o senhorio, se agir com culpa.

18.2.3 Direitos e Deveres do Senhorio

Já vimos que o senhorio tem preferência na aquisição do bem no caso de venda ou dação em pagamento pelo foreiro. Aplica-se o que foi exposto. Não usando dessa faculdade legal, terá o senhorio direito a receber o *laudêmio*, como compensação pelo não exercício da preempção, que será de 2,5% sobre o preço da alienação, se outro não tiver sido fixado no título de aforamento (art. 686).[2] Como a percentagem incide sobre o valor atual da coisa, o senhorio pode usufruir

---

[2] "Apelação – Laudêmio – **Enfiteuse** – Sítio Tamboré – Domínio direto da União Federal – Recurso improvido – I- Inicialmente, cumpre esclarecer que o denominado 'Sítio Tamboré' encontra-se sujeito ao regime de enfiteuse tendo em vista o registro em nome da União Federal, que não decorre de aldeamento indígena, mas de legislação que, à época, assegurou o domínio útil à família Penteado e o domínio direto à União, conforme entendimento do Supremo Tribunal Federal no julgamento do recurso de apelação nº 2.392, em 30/12/1912. II- Nesse sentido, verifica-se que a jurisprudência desta E. Corte é assente quanto ao reconhecimento de enfiteuse em favor da União

de valorização para a qual não concorreu. Por essa razão, o dispositivo sofre crítica da doutrina. Mais justo que o percentual incidisse sobre o valor do terreno, obedecendo-se à finalidade do instituto. O Código italiano, por exemplo, extinguiu a prestação no caso de alienação do direito enfitêutico. Atento a essa crítica, o art. 2.038, § 1º, das Disposições Finais e Transitórias do Código Civil de 2002, proibiu a cobrança do laudêmio ou *"prestações análogas"*, sobre o valor das construções ou plantações. O presente Código se refere às prestações análogas para evitar que o laudêmio seja mascarado de aluguel ou outra forma de pagamento.

Conserva o senhorio a substância da coisa. Pouco lhe resta no âmbito do direito de domínio. A percepção do foro anual, que aproxima o instituto do arrendamento, é disciplinada na própria conceituação do aforamento no art. 678. Diz a lei que esse foro é *certo e invariável*. Já nos reportamos à questão da correção monetária, embora na prática ainda exista resistência na doutrina. Não há qualquer valor que possa ficar restrito ao valor nominal da moeda neste país, mormente em instituto que perdura indefinidamente. O que não se pode alterar é o valor intrínseco em virtude de valorização da coisa, para cuja finalidade a enfiteuse foi instituída. Para essa valorização concorreu apenas o enfiteuta. Essa a ideia da lei. Correção monetária não se confunde com valorização.

Na hipótese de penhora do domínio útil, o senhorio terá preferência no caso de arrematação em igualdade de condições com os demais lançadores, devendo ser intimado para a praça. Na falta de lanço, poderá adjudicar o bem, consolidando para si a propriedade (art. 689).

18.2.4 Extinção da Enfiteuse

Ao examinarmos os direitos e deveres do enfiteuta e do senhorio, já analisamos algumas das formas de extinção da enfiteuse. Extingue-se o direito real limitado quando um ou outro titular do direito sobre a coisa o adquire do outro, consolidando-se a propriedade plena para o enfiteuta ou

---

Federal nas terras situadas na região de Alphaville, área pertencente ao antigo Sítio Tamboré. III- Apelação a que se nega provimento" (*TRF-3ª R.* – AC 0006098-10.2003.4.03.6100/SP, 11-3-2019, Rel. Des. Fed. Valdeci dos Santos).

"Apelação cível – **Enfiteuse** – Domínio direto da união – 1- A jurisprudência deste Tribunal está pacificada no sentido de que subsiste o regime de enfiteuse na região de Alphaville, área pertencente ao antigo Sítio Tamboré. 2- Apelação da União e reexame necessário providos" (*TRF-3ª R.* – Ap-RN 0024224-11.2003.4.03.6100/SP, 12-6-2018, Rel. Des. Fed. Nino Toldo).

"Recurso Especial – Direito Civil – **Enfiteuse** – Obrigação de fazer – Outorga de escritura pública – Inocorrência – Terreno de marinha – Pagamento de laudêmio à União – obrigação do enfiteuta – cláusula contratual expressa transferindo o encargo para o promitente-comprador – possibilidade – 1- O laudêmio 'é a compensação assegurada ao senhorio direto por este não exigir a volta do domínio útil do terreno de marinha às suas mãos ou de direitos sobre benfeitorias nele construídas. Tal vantagem tem por fato gerador a alienação desse domínio ou desses direitos e uma base de cálculo previamente fixada pelo art. 3º do Decreto nº 2.398/87' (REsp 1.257.565/CE, Rel. Ministro Mauro Campbell Marques, Segunda Turma, julgado em 23/08/2011, *DJe* 30/08/2011). 2- Em havendo transferência do aforamento (venda, doação, permuta, sucessão universal, entre outras formas), a obrigação pelo recolhimento do laudêmio deve ser daquele que transfere o domínio útil, o enfiteuta, e não do adquirente. 3- No entanto, 'o fato de, na relação jurídica de direito público, a lei impor o pagamento do laudêmio a determinada parte envolvida na relação contratual de alienação onerosa de imóvel situado em terreno de marinha, para validade do negócio perante a União, não impede que os particulares, entre si, na relação de direito privado, ajustem contratualmente a transferência do encargo de cumprir a referida obrigação legal' (REsp 888.666/SE, Rel. Ministro Raul Araújo, Quarta Turma, julgado em 15/12/2015, *DJe* 01/02/2016). 4- Na hipótese, reconhecida a responsabilidade dos recorridos (adquirentes) pelo pagamento (ou reembolso) do laudêmio, notadamente em razão de cláusula contratual expressa, não há como se exigir da recorrente (enfiteuta) a obrigação de entregar toda a documentação necessária para a lavratura da escritura pública e a transferência definitiva do referido imóvel, enquanto não houver quitação do encargo em mote. 5- Recurso especial provido" (*STJ* – REsp 1.399.028 – (2011/0236137-6), 8-2-2017, Rel. Min. Luis Felipe Salomão).

"**Embargos infringentes** – Enfiteuse – Consignação do laudêmio – Direito de preferência que tem finalidade e tutela determinadas no ordenamento jurídico, a ser exercido por meio da adjudicação do bem. Recusa do foreiro que, sem depositar o preço e requerer a ineficácia da transação, se configura injusta. Embargos acolhidos" (*TJSP* – EI 0007224-26.2007.8.26.0072, 28-8-2014, Relª Mary Grün).

para o senhorio, nas hipóteses dos arts. 683 e 685. A renúncia, como exposto, também extingue a enfiteuse (art. 687), assim também o abandono gratuito pelo enfiteuta (art. 691). Pode também extinguir-se quando o enfiteuta, executado, deixar o bem ir à praça, permitindo-se que o senhorio arremate ou adjudique o bem, consolidando-se-lhe o domínio (art. 689).

As causas extintivas da propriedade também extinguem a enfiteuse. Desse modo, perecendo o objeto, não há mais sobre onde recair o direito.

Na desapropriação,[3] o instituto de igual maneira desaparece. Racional a opinião segundo a qual nessa hipótese não tem o senhorio direito a laudêmio, porque não se trata de alienação. Caio Mário da Silva Pereira (1993:167) sustenta com firmeza que a coisa deve ser avaliada, devendo o senhorio receber o valor correspondente a sua substância, cabendo ao enfiteuta o valor do domínio útil. Há entendimento em contrário, o qual não encontra, em nosso entender, substrato legal. A lei deveria ser expressa acerca do laudêmio em caso de desapropriação. O ordenamento refere-se apenas à venda e à dação em pagamento, negócios inconfundíveis com a desapropriação. Onde a lei não distingue, não é dado ao intérprete distinguir. Não é devido o laudêmio nessa hipótese.

O art. 692 do Código revogado, porém, é peremptório ao estatuir que se extingue a enfiteuse:

> *"I – pela natural deterioração do prédio aforado, quando chegue a não valer o capital correspondente ao foro e mais um quinto deste;*
>
> *II – pelo comisso, deixando o foreiro de pagar as pensões devidas, por 3 (três) anos consecutivos, caso em que o senhorio o indenizará das benfeitorias necessárias;*
>
> *III – falecendo o enfiteuta, sem herdeiros, salvo o direito dos credores".*

---

[3] "Agravo de instrumento – Ação declaratória de nulidade de ato administrativo cumulada com obrigação de fazer – **Concessão de aforamento (enfiteuse) a particular** –Decreto de extinção – Suposto inadimplemento das pensões devidas – Questão controversa – Necessidade de sentença declaratória do comisso – Pedido formulado em reconvenção – Direito exercido pelo enfiteuta há mais de 40 (quarenta) anos – manutenção do *status quo* até o julgamento definitivo – 1- A enfiteuse ou aforamento era o direito real mais extenso previsto no ordenamento brasileiro, à época do Código Civil de 1916, exige sentença judicial declaratória da pena de comisso para sua extinção. 2- Diante da controvérsia sobre o recolhimento das pensões e a possibilidade de aplicação da penalidade, objeto de pedido reconvencional pela Municipalidade, é prudente que se mantenha hígido o direito real conferido ao autor/agravado, porquanto se trata de situação que já perdura há mais de 40 (quarenta) anos. Recurso não provido" (*TJPR* – AI 1744797-1, 26-2-2019, Rel. Des. Nilson Mizuta).

"Processual civil – Usucapião especial urbana – Domínio público – **Enfiteuse** – Requisitos preenchidos – Apelação e reexame necessário desprovidos – 1- A usucapião especial urbana tem como requisitos a posse sem oposição de área urbana de até duzentos e cinquenta metros quadrados por 5 (cinco) anos ininterruptos, utilizando-a como moradia ou de sua família, sendo vedada a propriedade de qualquer outro imóvel urbano ou rural. 2- O conjunto probatório acostado aos autos comprova o preenchimento dos requisitos legais, sendo de rigor a declaração de domínio do imóvel usucapiendo (área alodial), com exclusão do terreno de marinha em observância ao art. 183, § 3º, da Constituição Federal. 3- Apelação e reexame necessário desprovidos" (*TRF-3ª R.* – Ap-RN 0005426-29.1999.4.03.6104/SP, 12-3-2018, Rel. Des. Fed. Mauricio Kato).

"**Civil e processual civil** – *Enfiteuse* – Extinção – Ausência de purgação da mora – Decretação do comisso por sentença – Indicação do valor atualizado da dívida – Ônus do devedor – Preclusão *pro judicato* – Art. 692 do CC/16 e Súmulas 122 e 169 do STF – recurso improvido – Embora a purgação da mora seja possível até a decretação do comisso por sentença, mostra-se imprescindível para o afastamento da aludida penalidade o efetivo pagamento dos foros em atraso; – Impossibilidade de reapreciação de matéria já decidida no juízo *a quo*, em face da preclusão *pro judicato* (art. 471 do CPC). Ao apreciar o pedido de intimação da Santa Casa de Misericórdia para apresentação do valor atual da dívida, entendeu o Magistrado de piso tratar-se de ônus dos enfiteutas, determinando, na ocasião, que estes o apresentassem no prazo de 10 (dez) dias, não havendo os Réus se insurgido oportunamente contra tal decisão – Ausência de indicação do *quantum* devido no prazo fixado. Decretação do comisso por sentença – Comprovação, pela Apelada, da convergência dos requisitos previstos no inciso II do art. 692 do CC/16 e Súmulas nº 122 e 169, ambas do STF – Inadimplemento das pensões devidas por mais de 3 (três) anos consecutivos; Ausência de purgação da mora e decretação do comisso por sentença, a qual se mantém – Recurso improvido" (*TJPE* – Ap 0049778-10.2008.8.17.0001, 26-8-2015, Rel. Des. Cândido José da Fonte Saraiva de Moraes).

O dispositivo cuida, como vemos, de outras formas de extinção do aforamento.

Na primeira hipótese, a extinção depende de iniciativa do próprio enfiteuta. O prédio já não possui valor econômico. Muito mais fácil na prática o singelo abandono da coisa. Pode o foreiro responder por perdas e danos se agiu com culpa.

O comisso é a forma de extinção mais importante fixada no artigo. Não decorre do simples inadimplemento. A jurisprudência e a doutrina em uníssono entendem necessária a decisão judicial,[4] permitindo-se a purgação da mora pelo enfiteuta: *"O enfiteuta pode purgar a mora enquanto não decretado o comisso por sentença"* (Súmula 122 do STF).

Não deixando o enfiteuta herdeiros ou credores, também se extingue a enfiteuse. É hipótese de *caducidade* do direito. Havendo credores, não recebem eles a coisa, mas apenas o valor de seu crédito. O que sobrestar pertence ao senhorio porque a propriedade, ainda que onerada por dívidas, consolidou-se em suas mãos. Claro também que não se consolida a propriedade para o senhorio se o enfiteuta atribuiu o direito em legado. O legatário sucede na coisa certa e determinada estipulada no testamento. Temos de entender que o legislador disse menos do que pretendeu. Razão não há para restringir a interpretação. O Estado está colocado em quinto lugar na ordem de vocação hereditária, mas sua situação jurídica não é de herdeiro típico; não tem a *saisine*. Caso contrário, não faria sentido a disposição, que procurou justamente afastá-lo da sucessão nessa hipótese. O Estado somente pode receber bem aforado por testamento.

Temos de lembrar também que a enfiteuse é adquirida por usucapião, por quem ignora o aforamento do imóvel. Ocorrendo a prescrição aquisitiva por estranho ao instituto, adquire a

---

4 "Administrativo – **Terreno de marinha** – Multa de transferência – Laudêmio – Prescrição – Decadência – 1- Efetuada a transmissão da titularidade do imóvel de propriedade da União, o adquirente deverá requerer a transferência dos registros cadastrais para o seu nome, no prazo máximo de 60 (sessenta) dias, sob pena de imposição de multa (art. 116 do Decreto-lei nº 9.760/46 e art. 3º, §§ 4º e 5º, do Decreto-lei nº 2.398/87). Todavia, no caso em exame, não seria razoável exigir do apelado a comunicação da transferência e, por consequência, a cobrança da multa, dado que não demonstrado que algum dos integrantes da cadeia dominial desde o procedimento demarcatório tivesse ciência de que o imóvel está situado em terreno de marinha. 2- O fato de a União não constar da cadeia dominial do imóvel não afasta a sua propriedade, dado que os registros de propriedade particular de imóveis situados em terrenos de marinha não são oponíveis à União (Enunciado nº 496 da Súmula do STJ). 3- No que tange à cobrança de laudêmio, aplicáveis as disposições constantes do art. 47 da Lei nº 9.636/98, à luz do entendimento consolidado no julgamento do REsp 1133696, pela sistemática do artigo 543-C do CPC/73, no que concerne aos prazos de decadência e prescrição. Sendo assim, considerando que a União teve ciência da transação entre os particulares em 03/02/2011, e que a constituição do crédito ocorreu em 2014, não consumado o prazo decadencial ou prescricional. 4- No caso, considerando que a transmissão de titularidade efetivou-se em 14/12/2000, e a ciência pela União somente ocorreu em 03/02/2011, a cobrança referente ao laudêmio deve ser afastada com base no art. 47, § 1º, da Lei nº 9.636/98, que limita a cinco anos a cobrança de créditos relativos a período anterior ao conhecimento. Entendimento corroborado pela própria Secretaria do Patrimônio da União no art. 20 da Instrução Normativa nº 01/2007, editada para regulamentação do lançamento e da cobrança de créditos originados em receitas patrimoniais. 5- Apelação e remessa necessária desprovidas" (*TRF-2ª R.* – AC 0007669-56.2014.4.02.5001, 11-2-2019, Rel. Des. Fed. Luiz Paulo da Silva Araújo Filho).

"Administrativo – Processual Civil – Ação declaratória – Laudêmio – **Enfiteuse** – imóvel situado no 'Sítio Tamboré' – Domínio direto da união – Laudêmio – Foro – Apelação provida – 1- O registro na matrícula do imóvel é categórico em afirmar que a área em questão é qualificada como 'domínio direito da União Federal'. 2- A jurisprudência de nossas Cortes de Justiça é no sentido de que o direito real da União à enfiteuse do imóvel circunscrito no Sítio Tamboré, no Munícipio de Barueri/SP, onde fica o bem relatado na petição inicial, foi preservado pela Constituição Federal de 1946 e assim continua existindo até hoje. 3- O direito real da União não se baseia no fato de os imóveis encontrarem em antigo aldeamento indígena, mas sim em enfiteuse cedido à família Penteado. 4- É necessário enfatizar o teor da decisão apresentada pelo Supremo Tribunal Federal, consignado no bojo da notável Apelação nº 2.392, do já antigo ano de 1912, desde o qual se afirmou o domínio útil sobre a área à família Penteado e o domínio direto à União. 5- Ocorre que o domínio direto da União sobre os imóveis antecede a Constituição da República de 1946, sendo inaplicável a Súmula nº 650 do STF (antigo aldeamento indígena). 6- Invertido o ônus da sucumbência. 7- Apelação provida" (*TRF-3ª R.* – Ap-RN 0015378-29.2008.4.03.6100/SP, 24-9-2018, Rel. Des. Fed. Paulo Fontes).

propriedade plena. Nessa hipótese, há necessidade de inércia tanto do foreiro como do titular do domínio direto.

Não é sustentável, no entanto, a usucapião do enfiteuta contra o titular do domínio direto. O título originário do enfiteuta não gera a posse *ad usucapionem*. O senhorio também não pode usucapir, porque já é titular de parcela referente à substância da propriedade, situação ínsita no título constitutivo, em que o domínio útil foi cedido em caráter perpétuo ao enfiteuta.[5]

A possibilidade de resgate já mencionada é importante faculdade de extinção da enfiteuse, o que a distingue do instituto medieval. Vimos que, após 10 anos de vigência, o enfiteuta tem o direito de resgatar o foro na forma do art. 693. A Lei nº 5.827/72, que reduziu o prazo para 10 anos, também acrescentou a possibilidade de resgate às enfiteuses constituídas antes da vigência do Código, pondo fim à vacilação doutrinária e jurisprudencial. Esse direito ao resgate é irrenunciável segundo tal disposição. A intenção do legislador é fugir de todas as formas do resquício medieval de perpetuidade que o instituto pudesse apresentar. Qualquer renúncia ao direito de resgate é ineficaz. O enfiteuta pode não exercer o direito de resgate; é direito potestativo. Todavia, não pode a ele renunciar.

Extingue-se a enfiteuse também pela confusão, quando na mesma pessoa se reúnem as qualidades de enfiteuta e senhorio.

Já nos referimos ao art. 2.038 das Disposições Finais e Transitórias do vigente Código. Por esse dispositivo, fica proibida a constituição de enfiteuses e subenfiteuses, subordinando-se as existentes ao Código Civil de 1916. Não há, porém, exigência legal no sentido de sua extinção. Contudo, o Projeto nº 6.960/2002 tentou acrescentar parágrafo a esse artigo, assim estatuindo:

> *"Fica definido o prazo peremptório de dez anos para a regularização das enfiteuses existentes e pagamentos dos foros em atraso, junto à repartição pública competente. Decorrido esse período, todas as enfiteuses que se encontrarem regularmente inscritas e em dia com suas obrigações, serão declaradas extintas, tornando-se propriedade plena privada. As demais reverterão de pleno direito para o patrimônio da União".*

---

[5] "Recurso especial – Direito Civil – **Enfiteuse** – Resgate de aforamento – Valor da propriedade plena – Ausência de regulamentação acerca do valor da propriedade – ITBI e IPTU – Base de cálculo – Valor venal – Inexistência de vinculação – Dissídio jurisprudencial não configurado – Incidência do enunciado nº 13/STJ – 1- Pretensão da empresa enfiteuta de consolidar o domínio pleno (domínio direto e domínio útil) do imóvel mediante o resgate do aforamento incidente sobre o imóvel. 2- A enfiteuse, instituto regulado pelo Código Civil de 1916, foi expressamente vedada pelo Código Civil de 2002 (art. 2038), ressalvando apenas as então existentes até a sua extinção e mantendo a sua regulamentação pelas disposições da codificação civil revogada. 3- Previsão do art. 693 do Código Civil de 1916 da possibilidade de aquisição do imóvel pelo enfiteuta, mediante o pagamento de 10 (dez) pensões anuais ao senhorio, somadas a um laudêmio, após o transcurso do prazo de 10 (dez) anos da constituição da enfiteuse. 4- Controvérsia em torno da base de cálculo do valor do resgate, tendo o acórdão recorrido entendido ser possível a utilização do valor venal do imóvel estabelecido no Imposto Predial e Territorial Urbano – IPTU para fins de cálculo do laudêmio. 5- A jurisprudência da Primeira Seção do Superior Tribunal de Justiça assentou o entendimento de que não há identidade entre as bases de cálculo do IPTU e do ITBI e suas respectivas formas de apuração, de modo que os valores lançados podem ser diversos. 6- Necessidade de aferição do valor atual e real do bem dado em aforamento mediante uma avaliação criteriosa, não sendo suficiente o valor venal cadastrado para fins de IPTU. 7- Determinação de retorno dos autos à origem para avaliação do valor atual do imóvel. 8- Recurso especial parcialmente conhecido e, nesta extensão, provido" (*STJ* – REsp 1692369/CE, 23-8-2019, Rel. Min. Paulo de Tarso Sanseverino).

"Usucapião – **Aquisição, por instrumento particular, do domínio útil do imóvel, que continua gravado pela enfiteuse** – Prazo da prescrição aquisitiva que não flui enquanto pendente o ônus real da enfiteuse – Inadmissibilidade, ademais, de reconhecimento da usucapião, porquanto o enfiteuta, em razão da própria relação com o senhorio, não exerce posse com ânimo de dono – Pedido improcedente – Sentença mantida – Recurso desprovido" (*TJSP* – Ap 1014270-84.2015.8.26.0196, 13-8-2018, Rel. A. C. Mathias Coltro).

A vingar essa proposta, as enfiteuses deixarão de existir no território nacional em dez anos a contar da vigência do Código de 2002. A medida é salutar, pois uma vez feita a opção pela extinção da enfiteuse no ordenamento, não há que se permitir que os institutos ainda existentes perdurem indefinidamente.

18.2.5 Ações Decorrentes da Enfiteuse

O senhorio tem ação contra o enfiteuta para cobrança do foro ou laudêmio. Essas ações de cobrança são de natureza pessoal, embora parte da doutrina sustente o contrário, como Pontes de Miranda (1971, v. 18:178). A origem do instituto, porém, é o contrato de arrendamento, relação contratual. Não se confunde a obrigação, a prestação, com o próprio direito real na enfiteuse. Tem também a ação de *comisso* para obter a extinção do instituto, ocorrendo a hipótese de não pagamento especificada na lei. Contra terceiros, o senhorio tem ação reivindicatória, que tem por objeto o domínio útil.

O enfiteuta tem ação possessória contra quem lhe moleste a posse, inclusive contra o senhorio. Pode reivindicar a coisa se for privado do exercício do direito de enfiteuse, inclusive contra o senhorio.

As ações confessória e negatória também podem ser propostas contra o senhorio para que sejam cumpridas as obrigações por ele eventualmente assumidas no título constitutivo.

O foreiro possui ação contra o adquirente, quando não lhe foi dada preferência na aquisição, para depositar o preço e haver o direito para si.

A ação declaratória sempre é viável para o acertamento jurídico da existência da enfiteuse.

O CPC de 2015 (art. 549) estabelece que a consignação em pagamento é o meio processual para resgate do aforamento.

18.2.6 Enfiteuse da União

A lei estabelece instituto que também denomina enfiteuse, de natureza especial, porém não sujeito a resgate. Esse instituto incide nos chamados terrenos de marinha que são os que bordejam mar, rios ou lagoas onde exista influência das marés. Abrange a enfiteuse da União a área de 33 metros para dentro dos terrenos, medidos do preamar médio. Essa legislação é eminentemente de direito público e regula-se pelo Decreto-lei nº 9.760/46, com referência no art. 20, VII, da Constituição Federal. O simples fato de não existir direito de resgate já afasta o instituto da compreensão do direito privado. Tanto assim que o Código de 2002 que extingue a enfiteuse, ressalva expressamente que a enfiteuse dos terrenos de marinha e acrescidos continuará a ser regulada por lei especial.

O legislador utiliza-se apenas dos princípios fundamentais do instituto de direito civil, tanto que, se extinta a enfiteuse no campo privado, a instituição pública subsistirá por sua própria legislação. Subsidiariamente, é verdade, chamam-se à colação os princípios do direito privado.

Os terrenos de marinha pertencem ao domínio direto da União, pois dizem respeito à segurança nacional. A União também pode constituir enfiteuses sobre outros terrenos, cabendo o procedimento administrativo ao Serviço de Patrimônio da União (SPU). O § 2º do art. 64, do Decreto-lei nº 9.760/46 dispõe: "*o aforamento se dará quando coexistirem a conveniência de radicar-se o indivíduo ao solo e manter-se o vínculo da propriedade pública*". A finalidade, portanto, não se afasta da origem histórica do instituto. As disposições sobre o aforamento estão nos arts. 99 a 124 desse diploma legal. A interpretação dessas normas, embora a base seja toda de direito privado, cabe aos princípios de direito administrativo, em que a matéria deve ser aprofundada.

A concessão de aforamento decorre de ato administrativo. O foro é estabelecido em valor proporcional ao domínio pleno, 0,6%, devendo ser anualmente atualizado. O valor do laudêmio é de 5% sobre o valor do terreno e acessões, porcentagem maior que a estabelecida no Código Civil. O foro e o laudêmio são créditos fiscais, cobrados por meio de execução.

O Projeto nº 6.960/2002 tentou acrescentar no § 2º do art. 2.038 do Código em vigor que fica proibida a instituição de enfiteuse e subenfiteuse dos terrenos de marinha e acrescidos, subordinando-se as existentes às disposições contidas na legislação específica. A alteração em lei ordinária seria inócua, pois essa enfiteuse subordina-se a princípios administrativos e cabe ao legislador regulá-la, inclusive ampliando, se for oportuno e conveniente.

18.3 DIREITO DE SUPERFÍCIE. CONCEITO E COMPREENSÃO

Segundo a maioria da doutrina contemporânea, o direito de superfície pode substituir com vantagem o regime de enfiteuse, com o qual não se confunde. Diferentemente da enfiteuse, a superfície é instituto de origem exclusivamente romana, cuja primeira manifestação é obscura. No direito romano clássico, tudo que se agregava ao solo passaria ao domínio do proprietário (*superfícies solo cedit*), o que impediria uma propriedade desvinculada do solo. No *ius civile* o direito de superfície desenvolveu-se como um direito pessoal, sob a forma de arrendamento. Sob as vestes mais modernas, esse instituto pode ter decorrido da necessidade prática de se permitir a construção em solo alheio, principalmente sobre bens públicos. Os pretores permitiam que comerciantes instalassem tabernas sobre as ruas, permanecendo o solo em poder do Estado. Esse direito fica mais claro quando os pretores passam a conceder ação de proteção a essas situações, primeiramente o *interdictum de superficiebus* e, posteriormente, a *actio superficie* (Lima, 2005:4).

Entre particulares, o instituto estabelecia-se por contrato. É consagrado como direito real em coisa alheia na época clássica. Permitia-se a plena atribuição do direito de superfície a quem, sob certas condições, construísse em terreno alheio. Assim, passou-se a permitir que o construtor tivesse obra separada do solo. No entanto, sob o ponto de vista romano, o direito de superfície somente era atribuído a construções, não se aplicando às plantações em terreno alheio. O instituto não foi introduzido no Código Civil francês, pois era visto como forma de manutenção da propriedade feudal.

Originalmente, o revogado Código Civil português assim como o Código francês também não reconheceram o direito de superfície, que somente foi introduzido na legislação lusitana por uma lei de 1948. No ordenamento português atual, uma vez abolida a enfiteuse, o Código Civil lusitano conceitua a superfície como "*faculdade de construir ou manter, perpétua ou temporariamente, uma obra em terreno alheio, ou nele fazer ou manter plantações*" (art. 1.542). Trata-se, no dizer de Oliveira Ascensão (1987:459), "*do direito de ter a coisa incorporada em terreno alheio. Pode ter como contrapartida uma prestação única, ou prestação anual, perpétua ou temporária*".

Pouco a pouco, em época moderna, o direito de superfície vai ganhando espaço em várias legislações como instrumento de política urbanística.

O objetivo é mais amplo do que na enfiteuse, permitindo melhor utilização da coisa. O proprietário do solo mantém a substância da coisa, pertencendo-lhe o solo, no qual pode ter interesse de exploração ou utilização do que dele for retirado. Tem esse proprietário, denominado fundeiro, a fruição do solo e do próprio terreno enquanto não iniciada a obra ou plantação pelo direito lusitano. O superficiário tem direito de construir ou plantar.[6] O fundeiro tem também a

6 "Ação de obrigação de fazer – Outorga judicial da anuência do **superficiário** para extração mineral em terreno de sua propriedade – Sentença de improcedência – Ausência de pagamento de indenização – Recurso de apelação interposto pelo autor e adesivo pelas requeridas – Licenciamento ambiental – Sistema Trifásico – Necessidade de

expectativa de receber a coisa com a obra, se o instituto é estabelecido na modalidade temporária. Comenta o autor de além-mar Augusto Penha Gonçalves sobre a importância prática do instituto,

> *"muito particularmente como instrumento técnico-jurídico propulsor do fomento da construção, tão necessário, sobretudo, nos grandes centros populacionais, onde a carência habitacional alimenta, em boa parte dos que neles vivem, uma das angústias do seu quotidiano"* (1993:423).

O superficiário assume a posse direta da coisa, cabendo ao proprietário a posse indireta. O proprietário não pode turbar a posse do superficiário. Alguns aspectos marcantes podem ser destacados nesse instituto, que é altamente complexo: (a) há um *direito de propriedade do solo*, que é direito que necessariamente pertence ao fundeiro; (b) há o *direito de plantar ou edificar*, o direito de *implante*; e (c) há o *direito ao cânon*, ou pagamento, se a concessão for onerosa. Após implantada, há que se destacar a *propriedade da obra*, que cabe ao superficiário; a *expectativa de aquisição* pelo fundeiro e o *direito de preferência* atribuído ao proprietário ou ao superficiário, na hipótese de alienação dos respectivos direitos (Ascenção, 1987:466). Esses aspectos serão analisados a seguir.

Como mencionamos, o Código Civil de 2002 aboliu novas enfiteuses, introduzindo o direito de superfície gratuito ou oneroso (arts. 1.369 a 1.377), estabelecendo, no entanto, obrigatoriamente o prazo determinado. É vedada no nosso ordenamento a modalidade perpétua. Não se confunde o prazo indeterminado com a perpetuidade, que entre nós ficou proibida. Cuida-se também de direito real limitado sobre coisa alheia, que apresenta inegáveis vantagens sobre a enfiteuse, embora com muita analogia com esta. Costuma-se apontar as cadeiras cativas em estádios de futebol como exemplo desse fenômeno. Permite a lei mais recente, da mesma forma, que o proprietário atribua a alguém a conservação de seu imóvel, por determinado prazo, mais ou menos longo, sem que o proprietário tenha o encargo de explorá-lo pessoalmente ou mantenha ali constante vigilância contra a cupidez de terceiros. Nesse aspecto se aproxima muito da finalidade originária da enfiteuse.

Dispõe o art. 1.369:

> *"O proprietário pode conceder a outrem o direito de construir ou de plantar em seu terreno, por tempo determinado, mediante escritura pública devidamente registrada no Cartório de Registro de Imóveis.*

---

preenchimento dos requisitos para obtenção de cada licença – Autor somente obteve licença prévia e não preencheu os requisitos para obtenção da licença de instalação. Falta de anuência do atual proprietário e pagamento de indenização ao superficiário. art. 27 e 62 do código de mineração. Recurso de apelação conhecido e não provido e recurso adesivo conhecido e não provido" (*TJPR* – AC 1695516-3, 4-9-2019, Rel. Juiz Subst. Jefferson Alberto Johnsson).

"Apelação – Prospecção – **Superficiário** – Renda e indenização – Em razão de prospecção, ao superficiário é devido o pagamento de renda pela ocupação e indenização pelos prejuízos gerados, tudo consoante art. 27 do Decreto-Lei 227/67. A indenização para aplacar os prejuízos causados exige prova de sua efetivação. A renda, por sua vez, é devida pela simples ocupação" (*TJMG* – AC 1.0319.08.033567-6/002, 29-1-2018, Rel. Cabral da Silva).

"**Civil e processual civil**. Agravo de instrumento. **Ação de instituição de servidão minerária**. Manutenção na posse interesse público. Caução. Garantia cautelar que assegura a indenização. Improvimento. 1 – Os recursos minerais constituem propriedade distinta da do solo, eis que pertencentes à União Federal, a teor do art. 176, da Constituição da República e art. 1.230, do Código Civil. 2 – Em se tratando a servidão minerária de espécie de servidão administrativa, não pode o superficiário, impedir o legítimo exercício da lavra de minerais pelo seu respectivo titular, cabendo-lhe, apenas e tão somente, discutir, em juízo ou amigavelmente, os termos do contrato de *royalties* existente (ou não) entre ambos" (*TJES* – AI 0902672-74.2011.8.08.0000, 22-1-2013, Relª Substª Janete Vargas Simões).

> *Parágrafo único. O direito de superfície não autoriza obra no subsolo, salvo se for inerente ao objeto da concessão".*

Trata-se, como menciona a lei, de uma concessão que o proprietário faz a outrem, para que se utilize de sua propriedade, tanto para construir como para plantar. O direito de superfície depende de escritura pública para possibilitar o registro imobiliário. O Código Civil de 2002 se refere apenas ao direito de o superficiário construir ou plantar, não mencionando o direito correlato, mencionado pelo Código português, qual seja, o de manter no local as plantações ou construções já existentes. Parece ser inafastável também essa possibilidade em nosso direito, por participar da natureza do instituto, não havendo razão para a restrição, embora não seja imune a dúvidas em nossa opinião. Desempenha importante função social não só quem constrói e planta, mas também quem mantém plantações ou construções já existentes no terreno de outrem. Veja, por exemplo, a situação de um prédio inacabado ou abandonado que o superficiário se propõe a terminar ou manter. Trata-se do que a doutrina lusitana denomina direito de sobre-elevação, que não contraria nossa legislação. Nesse sentido se coloca também o Estatuto da Cidade, que citaremos a seguir. Essa lei dispõe que o direito concedido é para o superficiário utilizar o solo, subsolo ou espaço aéreo, de forma geral. No direito italiano também se admitem as duas modalidades de concessão, para manter uma construção existente ou para a edificação de construção nova. O Projeto nº 6.960/2002, atendendo a esses aspectos, apresentou redação nova a esse dispositivo que menciona igualmente o direito de o concessionário executar benfeitorias em edificação, também se referindo à utilização do solo, subsolo e ao espaço aéreo, na forma estabelecida em contrato e obedecida a legislação urbanística.

Dá-se o nome de *implante* à obra ou plantação que decorre do direito de superfície, como já referimos.

O contrato que lhe dá origem somente gera efeitos pessoais entre as partes. A eficácia de direito real somente é obtida com o registro imobiliário. Nossa lei também deveria ter aberto possibilidade de o testamento instituir a concessão, como faz o Código português. Como não o fez expressamente, o testamento pode impor ao legatário ou ao herdeiro a obrigação de constituir o direito de superfície em favor de alguém. Nosso Código também não se refere à possibilidade de aquisição do direito de superfície por usucapião, que poderia dar margem a infindáveis confusões, pois a disposição nesse sentido é criticada no direito português.

A contratação do direito de superfície se destina, em princípio, a obras permanentes, não sendo instituto destinado a obras transitórias ou provisórias.

Como regra geral, em princípio o superficiário não pode se utilizar do subsolo em nosso sistema do Código Civil, salvo se essa utilização for inerente ao próprio negócio, como, por exemplo, a exploração de argila para fabricar tijolos. É conveniente que os interessados sejam claros no pacto a esse respeito. Como vimos, a alteração proposta pelo Projeto nº 6.960 ao art. 1.369 refere-se expressamente à utilização do subsolo e do espaço aéreo.

O art. 1.377 menciona que o direito de superfície, constituído por pessoa jurídica de direito público interno, rege-se pelo Código, no que não for diversamente disciplinado em lei especial. Lembre-se de que, originalmente, em época mais recente, o direito de superfície é derivado do direito administrativo, tendo sido absorvido pelo direito privado.

Como exemplo claro do instituto da superfície, recorde-se as *cadeiras cativas* nos estádios, camarotes cativos em teatros, ancoradouros privados (*marinas*) etc., cuja forma de exercício de direito real apresenta seus princípios.

Para a instituição de direito de superfície em imóvel pertencente a mais de uma pessoa, será necessária a aquiescência de todos os condôminos, nos termos do art. 1.314, parágrafo único, do Código Civil. Nada impede, também, em princípio, que imóvel hipotecado seja dado em superfície. O credor hipotecário poderá se opor se a situação lhe acarretar prejuízo, como a diminuição de sua garantia.

O superficiário pode também estabelecer servidões para facilitar o uso da construção e do imóvel.

18.3.1 Direito de Superfície no Estatuto da Cidade. Cotejo com o Código Civil

O Estatuto da Cidade, Lei nº 10.257/2001, por nós já mencionado, mormente no capítulo em que tratamos da usucapião, atravessou o Código Civil, pois são leis da mesma época, porque também disciplina o direito de superfície, nos arts. 21 a 23. Tal obriga o intérprete a definir a aplicabilidade de ambos diplomas legais sobre a mesma matéria. O projeto de reforma do Código Civil apresentado pretende excluir essa anomalia. Esse Estatuto entrou em vigor noventa dias após sua publicação, portanto antes do vigente Código Civil. É de se perguntar se, no conflito de normas, o presente Código, como lei posterior, derroga os princípios do Estatuto. Se levarmos em conta a opinião aqui tantas vezes defendida de que o Estatuto da Cidade institui um microssistema, tal como o Código de Defesa do Consumidor e a Lei do Inquilinato, portanto, sob essa óptica, o Estatuto vigorará sobranceiro no seu alcance de atuação, em princípio, sobre as demais leis, ainda que posteriores. A matéria, no entanto, é polêmica, e longe está da unanimidade. O desleixado legislador, para dizer o mínimo, poderia ter facilmente dado uma diretriz única e não o fez. Inconcebível que temas idênticos como usucapião e superfície estejam presentes em dois diplomas legais paralelos, sem necessidade de tratamento legislativo distinto.

De qualquer forma, como sua própria autodenominação, o Estatuto da Cidade dirige-se exclusivamente aos imóveis urbanos com política específica.

> *"Dentro dessa perspectiva, deve-se adequar o direito de superfície a seu exercício. A edificação que se pretenda realizar tem que estar ajustada às determinações dos plenos urbanísticos e às demais normas vigentes para sua área"* (Lima: 2005:195).

O mais recente Código Civil se aplicará sem rebuços aos imóveis rurais e aos imóveis urbanos onde não houver plano urbanístico. O Estatuto da Cidade possibilita o direito de superfície como um dos instrumentos gerais de política urbana, juntamente com a concessão de direito real de uso e a transferência do direito de construir. Veja o que falamos a respeito do âmbito de aplicação do Estatuto da Cidade quando tratamos da usucapião. Não se confunde esse direito de superfície descrito no Estatuto da Cidade e no Código Civil com a concessão de uso da superfície, instrumento também de direito urbanístico, na seara do direito público, embora ambos guardem semelhanças.

Inobstante, o instituto da superfície descrito no estatuto possui, em princípio, a mesma compreensão dada pelo Código Civil, apresentando, porém, algumas poucas nuanças diversas.

Assim dispõe o art. 21:

> *"O proprietário urbano poderá conceder a outrem o direito de superfície do seu terreno, por tempo determinado ou indeterminado, mediante escritura pública registrada no cartório de registro de imóveis.*
>
> *§ 1º O direito de superfície abrange o direito de utilizar o solo, o subsolo ou o espaço aéreo relativo ao terreno, na forma estabelecida no contrato respectivo, atendida a legislação urbanística.*
>
> *§ 2º A concessão do direito de superfície poderá ser gratuita ou onerosa".*

Note que nessa lei o direito de superfície pode ser concedido por prazo determinado ou indeterminado. O Código Civil em vigor expressamente só admite o prazo determinado. A admissão do prazo indeterminado é inconveniente, mormente porque o Estatuto não disciplina o prazo razoável de resilição. Assim, nesse aspecto, temos dois tratamentos diversos para o mesmo instituto em nosso ordenamento. De qualquer forma, quando o direito de superfície for concedido por prazo indeterminado, devem as partes se acautelar prevendo um prazo razoável para a denúncia vazia. Se não o fizerem, haverá querela a ser dirimida pelo Judiciário, que deverá levar em conta o art. 473, parágrafo único do presente Código. Veja o que falamos a esse respeito na obra dedicada à teoria geral dos contratos. Aduz Caramuru Afonso Francisco que, nesse caso de denúncia imotivada, o superficiário terá direito à retenção por benfeitorias e acessões até a satisfação da indenização, salvo se se tratar de hipótese de descumprimento contratual (2001:178). Conveniente será, portanto, que no instrumento negocial as partes já acordem sobre o destino das benfeitorias e construções.

Perante o silêncio da lei, as partes devem estabelecer prazo para o término da edificação. Não havendo prazo para que ocorra inadimplemento, o superficiário deve ser constituído em mora.

Outra particularidade na dicção legal do Estatuto é a menção de que o direito de superfície abrange o direito de usar o solo, o subsolo e o espaço aéreo. Se não há dúvidas a respeito da utilização do solo e do espaço aéreo no vigente Código, este restringe o uso de obra no subsolo, "*salvo se for inerente ao objeto da concessão*" (art. 1.369, parágrafo único). Em qualquer situação, no entanto, deve ser analisado se a utilização do subsolo é essencial ao direito de superfície que foi constituído, mesmo porque, pela própria denominação do instituto, a utilização deve ser da superfície do solo. É claro que as fundações para a edificação devem ser consideradas necessárias para o exercício do direito. Da mesma forma, se foi contratada a construção de garagens ou pavimentos no subsolo, essa utilização deve ser admitida.

O art. 1.371 do Código afirma que o superficiário responderá por encargos e tributos que incidirem sobre a propriedade fiduciária. O Estatuto da Cidade vai mais adiante, pois além de estipular essa responsabilidade tributária no art. 21, § 3º, acrescenta que o superficiário arcará, ainda, "*proporcionalmente à sua parcela de ocupação efetiva, com os encargos e tributos sobre a área objeto da concessão do direito de superfície, salvo disposição em contrário do contrato respectivo*". Essa mesma disposição foi sugerida pelo Projeto nº 6.960/2002 para estar presente no Código Civil.

18.3.2 Direitos das Partes. Pagamento. Transmissão do Direito. Preferência

O contrato que institui a superfície pode ser gratuito ou oneroso. Na dúvida, há de se presumir a onerosidade, pois se trata de cessão de parcela importante da propriedade. O pagamento poderá ser feito de uma só vez ou parceladamente (art. 1.370). O dispositivo não indica qual a periodicidade do pagamento. Quando o pagamento é parcelado, maior a frequência de periodicidade, mas se aproximará do arrendamento e mais se afastará da enfiteuse. Esse pagamento é denominado "cânon superficiário". O Código português é expresso no sentido de o pagamento poder ocorrer em uma única prestação ou de forma anual.

A falta de pagamento pode dar margem à ação de cobrança e de extinção da concessão, por infração contratual.

O art. 1.372 (Estatuto da Cidade, art. 21, §§ 4º e 5º) dispõe que o direito de superfície pode transferir-se a terceiros e, por morte do superficiário, aos seus herdeiros. O contrato não pode obstar a sucessão *causa mortis*, tendo em vista a natureza do instituto. Para evitar abusos que certamente ocorreriam, na sucessão entre vivos não poderá ser estipulado, pelo proprietário, qualquer pagamento pela transferência (art. 1.372, parágrafo único). Essa proibição não é mencionada no Estatuto da Cidade e pode dar margem à interpretação que não se aplica às concessões de superfície urbana. A nosso ver, essa restrição deve permanecer em qualquer caso, pois o Código Civil deve ser empregado supletivamente no que for omissa a lei especial.

> *"Caso exista a alienação, tanto da superfície, como da propriedade do solo, o superficiário e o concedente não têm que pedir autorização um ao outro, senão que esta deve ser precedida do oferecimento a ambas as partes, que tem direito de preempção de direito civil, conhecida de aquisição preferente, contido no Estatuto da Cidade. Por esta prescrição, as partes devem exercer seu direito de prelação"* (Lima, 2005:218).

Esse direito de preferência está expresso no art. 1.373 do Código Civil.

O título constitutivo pode, contudo, proibir a cessão a terceiros por ato entre vivos, dentro da autonomia de vontade das partes (Gagliano, 2004:36).

Ao estatuir a preempção ou preferência nesse instituto, traduz-se tendência natural de extinção de direito real sobre coisa alheia, tornando propriedade plena. No primeiro caso terá preferência o superficiário e, no segundo, o proprietário, em igualdade de condições com terceiros. A finalidade desse direito de preempção é consolidar a propriedade em um único titular, quando possível. O Código não disciplina no capítulo específico a forma pela qual deve ser dada a preferência. O proprietário ou superficiário deve tomar conhecimento da proposta respectiva para poder exercer sua preferência tanto por tanto. A preempção é regulada, no presente Código, nos arts. 513 ss. O art. 517 se refere ao prazo de 60 dias para os imóveis, para o exercício da prelação, após a notificação. Quando não for concedido esse direito de preferência, responderá aquele que deixou de concedê-la por perdas e danos, respondendo também, solidariamente o adquirente, se tiver agido de má-fé (art. 518). Não existe a possibilidade de o preterido na preempção depositar o preço e haver para si a coisa, como autoriza a lei do inquilinato. Não existe na lei nada que autorize a conclusão que o direito de preferência na superfície seja de natureza real.

18.3.3 Extinção

Além das causas comuns de extinção, como, por exemplo, o desaparecimento da coisa, há que se analisar as situações específicas que afetam a concessão da superfície.

A falta de pagamento do cânon é motivo de rescisão, levando-se em conta o que estiver estabelecido no contrato. Há que se verificar se é dado ao superficiário purgar a mora. A resposta, como regra geral, deve ser afirmativa. A discussão se transfere para até que momento pode a mora ser purgada.

Estabelecido por prazo determinado, o advento do termo final extingue o direito. Veja o que falamos acima sobre a modalidade de prazo indeterminado possibilitada pelo Estatuto da Cidade. Questão que logo se planta no pacto estabelecido por prazo determinado é se o instituto se prorroga por prazo indeterminado se as partes não se manifestam no final e se, também, a situação de superfície se mantém inalterada. A questão é importante mormente no tocante a terceiros adquirentes e ao direito de preferência. A melhor solução é entender que no silêncio das partes o contrato passa a vigorar por prazo indeterminado, assim como o direito real. O caráter de permanência dos direitos reais não permite outra solução. Assim, haverá necessidade de notificação para a extinção do negócio, com prazo razoável, segundo as circunstâncias, conforme expusemos. Incumbe às partes que sejam cuidadosas na redação das cláusulas. Enquanto não cancelado o registro imobiliário, o instituto prossegue gerando efeitos *erga omnes*. O art. 24, § 2º, do Estatuto da Cidade, dispõe que a extinção do direito de superfície será averbada no cartório de registro de imóveis. Essa extinção também pode decorrer de sentença em processo no qual a matéria é discutida.

O direito de superfície também pode ser extinto por infração às cláusulas contratuais. O art. 1.374 menciona que *"antes do termo final, resolver-se-á a concessão se o superficiário der ao terreno destinação diversa daquela que foi concedida"*. A mesma regra está presente no Estatuto da Cidade (art. 24, § 1º). Não é a única possibilidade, porém, de denúncia motivada. A superfície pode ser rescindida igualmente, por exemplo, se o imóvel é deixado em estado de abandono, permitindo o superficiário sua deterioração ou se o superficiário não edifica ou planta o que prometeu. Outras infrações contratuais podem ocorrer, cujo exame da gravidade dependerá do caso concreto. O Estatuto da Cidade menciona expressamente que o direito de superfície extingue-se pelo advento do termo e *"pelo descumprimento das obrigações contratuais assumidas pelo superficiário"*. Apesar de ser um direito real, a concessão será sempre regida pela dicção contratual. Levando em conta esse aspecto, o Projeto nº 6.960/2002 pretendeu acrescentar no art. 1.374 que a resolução da superfície se dará, além da hipótese de destinação diversa pelo superficiário, também pelo descumprimento contratual.

Uma vez extinta a concessão superficiária, o proprietário readquirirá a propriedade plena sobre o terreno, construção ou plantação, independentemente de indenização, salvo se as partes não tiverem estipulado o contrário (art. 1.375, Estatuto da Cidade, art. 24). A presença do superficiário ou de seus prepostos ou familiares no imóvel, após extinta a concessão, caracteriza posse injusta, que autoriza a reintegração de posse.

Ocorrendo desapropriação do imóvel concedido em superfície, a indenização cabe ao proprietário e ao superficiário, no valor correspondente ao direito real de cada um (art. 1.376). Se as obras e benfeitorias pertencerem integralmente ao superficiário, a ele caberá seu respectivo valor.

19

SERVIDÕES

19.1 CONCEITO. NOTÍCIA HISTÓRICA

Por várias vezes, enfatizamos que o poder inerente à propriedade é passível de restrições diversas, não podendo, desde sua origem, ser entendido como absoluto.

Os direitos reais sobre coisas alheias, de gozo ou de garantia, afora os já vistos direitos de vizinhança, restringem o absolutismo na propriedade.

Em capítulo anterior, estudamos as limitações à propriedade decorrentes da vizinhança. Reportamo-nos a sua proximidade conceitual com as servidões prediais, tendo em vista a origem histórica comum. Ambas as restrições incidem sobre o exercício pleno da propriedade imóvel.

As servidões no Direito Romano, em seu período mais recente, como direitos reais sobre coisas alheias, dividiam-se em servidões pessoais e servidões prediais.

Servitus significa escravidão; portanto, na noção semântica, está presente o sentido de submissão de alguma coisa ou pessoa a outrem ou a algo. Eram pessoais no velho direito o usufruto, o uso, a habitação e as *operae servorum et animalium* (o trabalho de escravos e animais).

Por tradição à origem histórica, no Código Civil de 1916 encontra-se a epígrafe *Das servidões prediais*, na verdade servidões propriamente ditas, porque usufruto, uso e habitação não merecem mais a denominação de servidões pessoais. O Código de 2002 se reporta unicamente ao título "servidões". No entanto, no Direito Romano encontravam-se princípios comuns a ambas as categorias. Cuida-se de direitos reais sobre coisa alheia e assemelham-se de muitas formas em seus modos de constituição, defesa e extinção (Alves, 1983:397). Destarte, verifica-se que nosso direito não acolhe as denominadas servidões pessoais.

Nas outroras denominadas servidões pessoais, como veremos no capítulo próprio, há relação entre coisa e pessoa sobre o mesmo objeto. A relação no usufruto, uso e habitação é de caráter pessoal. Vincula a pessoa à utilização da coisa.

Nas servidões prediais, que ora nos interessam, estabelece-se relação de serviência, submissão (recordando-se a compreensão etimológica do vocábulo *servitus*) entre dois imóveis, independentemente de quem sejam seus titulares. Um imóvel serve a outro. Esse o conceito fundamental. Estabelece-se de forma permanente, como direito real, e não de forma eventual e transitória como direito pessoal. *"As utilidades, cujo gozo o direito de servidão propicia, devem ser utilidades suscetíveis e serem gozadas por intermédio de outro prédio – o prédio dominante*" (Moreira, Fraga, 1970-1971:305). Se a serventia não tem utilidade para o prédio (para qualquer que venha a ser seu dono, enfiteuta, usufrutuário, usuário, ou habitador), não há servidão; pode ocorrer mera relação jurídica pessoal entre sujeitos (Pontes de Miranda, 1971, v. 18:197).

Sob tal diapasão, dispunha o art. 695 de 1916:

> *"Impõe-se a servidão predial a um prédio em favor de outro, pertencente a diverso dono. Por ela perde o proprietário do prédio serviente o exercício de alguns de seus direitos dominicais, ou fica obrigado a tolerar que dele se utilize, para certo fim, o dono do prédio dominante".*

Por seu lado, descreve o vigente Código no art. 1.378:

> *"A servidão proporciona utilidade para o prédio dominante, e grava o prédio serviente, que pertence a diverso dono, e constitui-se mediante declaração expressa dos proprietários, ou por testamento, e subsequente registro no Cartório de Registro de Imóveis".*

Descrito está no artigo 695, portanto, um dos mais antigos institutos jurídicos. A servidão predial é concebida como direito estabelecido em imóvel sobre outro imóvel.[1] Pressupõe a exis-

---

[1] "Possessória – Reconhecimento de que: (a) a **servidão de passagem** é encargo que não impede aos possuidores do prédio serviente, no caso as partes autoras apeladas, de transitaram pela servidão instituída no próprio prédio serviente, e este direito este que não foi excluído 'contrato de cessão de servidão de passagem' ajustado entre as partes; (b) apesar de constituir direito real sobre imóvel de terceiro (CC/2002, art. 1.378), a servidão de passagem não implica em obtenção de propriedade nem posse plena da faixa ao imóvel dominante, o qual permanece integrada ao imóvel serviente; e (c) o exercício da servidão é limitado às necessidades concretas do imóvel dominante e deve evitar impor ônus excessivo ao imóvel serviente, conforme dispõe o art. 1.385, do CC/2002, sendo vedado agravar o encargo ao imóvel serviente – Provada a existência da servidão de trânsito e o esbulho praticado pela ré apelante, consistente na obstrução da passagem, mediante a colocação de cerca, de rigor, a manutenção da r. sentença recorrida, no que concerne à deliberação de reintegração de posse das partes autoras apeladas na posse da área de seu imóvel, sem contudo, extinguir a servidão de passagem, devendo ser mantido o acesso e o trânsito dos possuidores do imóvel serviente, assim como do dominante. Recurso desprovido" (*TJSP* – Ap 1001537-81.2020.8.26.0238, 11-8-2025, Rel. Rebello Pinho).

"Apelação – **Instituição de servidão de passagem**. Demanda embasada em documento particular assinado pelas partes, com fulcro no art. 1.378 do CC. Improcedência decretada. Correção da medida. Servidão de passagem que, no caso, demandava a elaboração de memorial descritivo assinado e rubricado pelas partes. Documento não carreado aos autos. Ônus dos autores em provar os fatos constitutivos do seu direito, conforme previsto no art. 373, I do CPC. Imóvel que possui acesso à via pública, de modo a afastar a incidência do art. 1.285 do CC. Sentença mantida. Nega-se provimento ao recurso" (*TJSP* – Ap 1004494-51.2022.8.26.0637, 18-4-2024, Rel. Sidney Braga).

"Apelação – Ação de Usucapião Extraordinário – Pretensão de reconhecimento de domínio sobre imóvel, em razão do exercício de posse mansa, pacífica, ininterrupta por mais de 10 anos – Sentença de procedência – Inconformismo do réu, suscitando preliminar de cerceamento de defesa pelo julgamento antecipado da lide, alegando, no mérito, que restando comprovado que adquiriu o direito à servidão de passagem, não há se falar em prescrição aquisitiva da referida área de passagem – Preliminar rechaçada – Acervo documental coligido aos autos que é suficiente para comprovar o exercício da posse pelos autores por prazo superior a 10 anos sobre o imóvel descrito na petição inicial, para possibilitar o reconhecimento da usucapião extraordinária referida no art. 1.238, p. único, do CC – Alegação de que a existência de servidão passagem sobre parte da área usucapienda impede o reconhecimento da prescrição aquisitiva dos autores deve ser rechaçada, visto que não há como reconhecer a servidão de passagem em epígrafe, pois não foi instituída pelo titular do domínio por meio de instrumento público registrado no Registro de Imóveis, conforme determina o artigo 1.378 do Código Civil – Recurso desprovido" (*TJSP* – Ap 1008656-54.2022.8.26.0099, 13-7-2023, Rel. José Aparício Coelho Prado Neto).

"Apelação – Ação de reintegração – **Servidão de passagem e de água** – Direito de vizinhança – Imóveis rurais – Ausência de averbação na matrícula do imóvel – Improcedência mantida. Não bastava para a constituição da servidão que constasse no contrato de venda e compra, sendo necessário o 'subsequente registro no Cartório de Registro de Imóveis' (art. 1.378, do CC), cuja ocorrência não ficou demonstrada no caso sob exame. Apelação desprovida, com observação" (*TJSP* – Ap 1028887-94.2020.8.26.0577, 26-4-2022, Rel. Lino Machado).

tência de dois prédios vizinhos (não necessariamente contíguos) pertencentes a proprietários diversos. Há um *prédio dominante* que utiliza, onera e restringe o exercício da propriedade de um *prédio serviente*. O Código português atual define com mais objetividade:

> *"Servidão predial é o encargo imposto num prédio em proveito exclusivo de outro prédio pertencente a dono diferente; diz-se serviente o prédio sujeito à servidão e dominante o que dela se beneficia"* (art. 1.543).

Nosso Código Civil contemporâneo prefere descrever os efeitos da servidão no art. 1.378, como se nota. Essa redação é lacunosa em sua extensão, perdendo em compreensão para o antigo Código. Atento a esse aspecto, o Projeto nº 6.960/ 2002 tentou reformular a dicção:

> *"A servidão proporciona utilidade para o prédio dominante, e grava o prédio serviente, que pertence a diverso dono, podendo ser constituída: I – por contrato oneroso ou gratuito; II – por testamento; III – por usucapião; IV – por destinação do proprietário, na forma prevista no art. 1.379".*

O Projeto ainda introduziu três parágrafos de importância, que examinaremos a seguir.

Da simples definição poderíamos inferir que os sujeitos ativo e passivo emergentes nas servidões seriam efetivamente os prédios e não seus proprietários, o que obviamente é inadmissível, pois não há relação jurídica sem sujeitos. As servidões estabelecem-se nos prédios em prol dos proprietários (ou possuidores, enfiteutas, usufrutuários etc.) presentes e futuros. No entanto, sobreleva-se e acentua-se a natureza eminentemente real desse direito sobre coisa alheia. A servidão estabelece-se em favor da utilidade de um fundo, relacionando-se economicamente com ele. Esse, portanto, o conteúdo das servidões. Busca-se a utilidade, a maior comodidade, o incremento do valor econômico do prédio dominante (Borda, 1984, v. 2:122). Interessante notar que a servidão não cinde a propriedade; exerce-se sobre a propriedade de outrem, ambas permanecendo íntegras. Alberto Trabucchi (1992:453) realça que o conteúdo da servidão concretiza-se sempre na vantagem de utilização para um fundo e na restrição de gozo para outro. Vantagem e restrição, portanto, em matéria de servidão,

---

"Declaratória de inexistência de **servidão**. Lago existente no imóvel das autoras. Tentativa das rés, proprietárias do lote vizinho, de obter acesso ao lago. Pretensão das autoras de reconhecer em juízo a inexistência de servidão de passagem em benefício das rés. Ausência de prova de registro de servidão (art. 1.378 do Código Civil) ou dos requisitos do art. 1.379 do mesmo Codex, sequer alegados pelas rés. Pretendida constituição de passagem forçada, (art. 1.285 do Código Civil) que deveria ser veiculada por reconvenção, não proposta. Institutos que não se confundem. Sentença mantida. Recurso não provido" (*TJSP* – Ap 0020240-42.2012.8.26.0114, 6-10-2021, Rel. Tasso Duarte de Melo).

"**Servidão de passagem** – Contexto probatório que não é favorável à tese articulada na exordial – Sentença que se pauta na análise das provas e fatos narrados pelas partes, não sendo os argumentos trazidos na inicial aptos a infirmar os fundamentos da decisão recorrida – Aplicação do art. 252 do Regimento Interno desta Corte – Apelação não provida" (*TJSP* – AC 0001548-33.2014.8.26.0111, 22-2-2019, Rel. Roque Antonio Mesquita de Oliveira).

"Apelação cível – **Servidão** – Ação de obrigação de fazer – Servidão de passagem – Pedido de alargamento – Inadequação e descabimento – A servidão proporciona utilidade ao prédio dominante e grava o prédio serviente que pertence a outro dono (art. 1.378 do CC/02). Restringir-se-á seu exercício às necessidades do prédio dominante, de modo a evitar-se agravar o encargo ao prédio serviente; E se as necessidades da cultura, ou da indústria, do prédio dominante impuserem à servidão maior largueza, o dono do serviente é obrigado a sofrê-la, mas tem direito a ser indenizado pelo excesso (art. 1.385 do CC/02). No entanto, isso não impõe em subtrair a capacidade de uso do prédio serviente – Circunstância dos autos que não se ajusta à hipótese; Não se trata de servidão à cultura ou indústria, mas de prédio urbano; O pleito implicaria em demolição de parte da edificação do réu para permitir acesso de veículos em passagem de pedestres; E se impõe manter a sentença de improcedência. Recurso desprovido" (*TJRS* – AC 70078110525, 19-7-2018, Rel. Des. João Moreno Pomar).

formam dois aspectos correlativos. Essa correlação estabelece-se com índole real e não sob aspecto transitório e pessoal.

O interesse na criação de servidões encontra justificativa histórica primeiramente na utilidade para os prédios rústicos, com a sociedade romana primitiva essencialmente agrícola. Não podiam ter origem indiscriminada. Sua finalidade era facilitar a produção, aumentando a utilidade do fundo. Para os prédios urbanos, a finalidade não era diversa, buscando harmonizar a convivência entre vizinhos e facilitar a utilização dos prédios. Destarte, por vezes a mesma modalidade de servidão poderia servir a prédio urbano ou rústico, como a de passagem ou trânsito, por exemplo. O objetivo das servidões é, de regra, corrigir desigualdades naturais decorrentes de prédios vizinhos ou próximos. Essas desigualdades, porém, podem decorrer das edificações e ligar-se exclusivamente à utilidade por destinação da vontade, como a de não levantar muro divisório, ou a imposição de cercas vivas de determinada espécie entre propriedades, para fins estéticos.

As servidões de notícia mais antiga são as de trânsito e de aqueduto. Essa modalidade de direito real sobre coisa alheia não possui enumeração legal. Tal como no Direito Romano mais recente, as servidões são estabelecidas segundo a necessidade dos prédios.

19.1.1 Servidões e Limitações Decorrentes de Vizinhança. Servidões Administrativas

Em determinado momento histórico, o conceito de servidão predial desgarra-se para o ordenamento de interesse da vizinhança ou interesse público, surgindo o contexto das chamadas *servidões legais*, hoje conhecidas como restrições impostas pelo direito de vizinhança, ou simplesmente direitos de vizinhança.

Como acenamos em capítulo anterior, os direitos de vizinhança têm origem e finalidade diversas das servidões prediais. A servidão decorre sempre de ato de vontade, enquanto os direitos de vizinhança, de regulamentos ou imposições legais. Os direitos de vizinhança objetivam evitar danos entre vizinhos, têm caráter eminentemente preventivo, permitindo e facilitando o aproveitamento e a convivência dos prédios e dos respectivos vizinhos. Essas restrições de vizinhança atendem à necessidade imperativa de regular a utilização da propriedade mais ou menos próxima.

A servidão é estabelecida para facilitar ou tornar mais útil a propriedade do prédio dominante. Não decorre de um imperativo, mas de busca de utilidade, facilidade ou maior comodidade na satisfação de necessidades do proprietário. Exemplo característico é o direito de passagem forçada. O proprietário de prédio encravado tem direito de exigi-la; doutro modo, seu prédio se tornaria inútil, sem acesso à via pública. A servidão de passagem pode ser estabelecida entre os proprietários apenas para facilitar o acesso a um prédio, ou torná-lo mais cômodo, independentemente de existir encravamento. Da mesma forma, é mais confortável ao proprietário ir buscar água no vizinho, quando não possui fonte, do que caminhar longa distância até nascente pública, por exemplo.

O titular do direito de servidão é sempre o proprietário do prédio dominante. O proprietário do prédio serviente, em razão desse direito real que grava seu imóvel, fica obrigado a permitir que o titular do prédio dominante exerça atividade em seu bem (o trânsito ou a retirada de água, por exemplo), ou a manter atitude omissiva em relação a direito que normalmente teria (não levantar muro acima de certa altura ou não abrir janela em determinado local de seu prédio, por exemplo).

Como, com frequência, as limitações decorrentes do direito de vizinhança impõem restrições semelhantes, no caso concreto cumpre examinar a origem do gravame, para concluir-se por uma ou por outra, pois as consequências jurídicas e os remédios processuais de forma geral não coincidem. Desse modo, deve ser entendida a dicção *servidão coativa*, utilizada por parte da doutrina, para essas imposições legais decorrentes da vizinhança ou do Direito Público em geral. O Código de Águas, por exemplo, estabelece diversos ônus aos proprietários de terrenos, classificando-os como servidões, que devem ser entendidas nesse contexto. Nesse aspecto, há, como já estudamos, imposição de *servidão legal* de trânsito, de aqueduto, de escoamento de água, de fontes e esgotos etc.

O direito público utilizou-se do princípio básico das servidões clássicas de direito privado para estabelecer ônus real de uso, imposto pela Administração, a fim de realizar e assegurar obras e serviços públicos. Daí a denominação *servidão administrativa* à qual nos referimos no estudo da desapropriação. No conceito, não existe a definição de dois prédios, dominante ou serviente, mas a restrição ao exercício amplo da propriedade privada em prol de atividade para fins públicos. Não se confundem, portanto, nem com as servidões civis, nem com as limitações decorrentes da vizinhança. A servidão administrativa impõe ônus a determinados imóveis, para suportar, por exemplo, passagem de cabos aéreos de energia elétrica, tubulações subterrâneas de água ou esgoto, proibição de edificação acima de determinada altura em locais próximos a aeroportos etc. Dependendo da natureza da restrição imposta, haverá ou não indenização. Como apontamos no exame da desapropriação, a instituição de servidão administrativa é feita por acordo administrativo ou por sentença em processo expropriatório (art. 40 do Decreto-lei nº 3.365/41). A servidão administrativa compreende-se também no conceito de servidão legal, admitido pela doutrina estrangeira.

19.1.2 Modalidades de Servidão. Origem Histórica

Como regra geral, todas as servidões utilizadas no provecto direito histórico continuam com atualidade.

As servidões rústicas, dada sua importância para a sociedade romana primitiva, essencialmente agrícola, eram consideradas *res mancipi*, com maior proteção jurídica (ver nosso *Direito civil: parte geral*, seção 15.2.1).

A servidão de *passagem* tradicionalmente dividia-se, num crescendo, em *iter*, *actus* e *via*. A servidão de *iter* estabelecia o direito de passar a pé ou a cavalo pelo terreno alheio; o *actus* permitia a passagem conduzindo gado e utilizando carros; a via estabelecia o direito mais amplo possível de passagem, inclusive transportando e arrastando materiais. A noção romana estava presente com a mesma conotação no art. 705 do Código Civil de 1916: "*Nas servidões de trânsito a de maior inclui a de menor ônus, e a menor exclui a mais onerosa*". Esse dispositivo mantém-se no mais recente Código (art. 1.385, § 2º).

A servidão de *aquaeductus* estabelecia o direito de conduzir água pelo prédio alheio. Recorde-se ainda, como modalidades de servidões rústicas, da *servitus aquae haustus* (direito de buscar água em nascente do terreno vizinho); da *servitus pecoris pascendi* (direito de apascentar o gado em terreno alheio); do *pecoris ad aquam adpulsus* (direito de abeberar o gado no terreno vizinho); da *servitus calcis coquendae* (direito de queimar a cal); da *servitus arenae fodiendae* (direito de tirar areia), entre outras (Correia e Sciascia, 1953:199). As servidões urbanas visam facilitar a utilização dos prédios contíguos ou próximos, como a *servius cloacae* (direito de passar canais de esgoto no prédio vizinho), a *servitus stillicidii et fluminis* (direito de deixar escorrer a água do telhado sobre o prédio serviente); a *servitus tigni imittendi* (direito de colocar traves e materiais no muro alheio, definida entre nós também como direito de vizinhança); a *servitus altius tollendi* ou *altius non tollendi* (faculdade ou proibição de construir), entre outras.

No direito moderno, assim como no passado, na época de Justiniano, pode ser criada qualquer servidão que proporcione utilidade ao prédio dominante, tal como estabelecido no direito pretoriano.

19.2 CLASSIFICAÇÃO

Na referência histórica, já mencionamos as servidões *rústicas* e *urbanas*, dependendo da utilidade proporcionada. Como servidões *urbanas* devem ser entendidas as que se referem à utilidade de um prédio edificado e não porque localizadas na zona urbana. O critério da distinção coloca-se na natureza da servidão. *Rurais* são as que proporcionam maior utilidade ao solo do imóvel.

Outra classificação pode situar as servidões retrocitadas como *positivas* e *negativas*.

Qualificam-se como *positivas* as servidões que se traduzem em permissão da prática de atos sobre o prédio serviente. Assim, por exemplo, a servidão de passagem.

As servidões *negativas* implicam abstenção ao titular do prédio serviente, como a *altius non tollendi*, proibição de construir.

As partes podem estabelecer o direito de passagem pelo prédio alheio, ou a proibição de não construir dentro de determinada área. As servidões, contudo, devem harmonizar-se com as regras do direito de vizinhança, não podendo invadir a esfera das normas cogentes. Servidões podem ser estabelecidas como supletivas e complementares ao direito de vizinhança. Não se pode estabelecer servidão de lançar dejetos ou fumaça no prédio vizinho, por exemplo, se há lei que o proíba. A servidão pode ampliar a restrição administrativa ou servidão legal, mas não pode contrariá-la.

Importante distinguir as servidões *aparentes* das *não aparentes*. Essa distinção refere-se à exteriorização do direito real. As servidões *aparentes* manifestam-se materialmente, são perceptíveis à vista, como, por exemplo, o aqueduto. Servidões não *aparentes* são as imperceptíveis, não visíveis, que não se manifestam por sinais externos, como no exemplo da servidão de não construir. A esse propósito, o Projeto nº 6.960/2002 procurou acrescentar o § 1º ao art. 1.378, expondo que a constituição por usucapião e por destinação do proprietário somente pode ter como objeto as servidões aparentes. Não há como se estabelecer segurança jurídica nessas modalidades quanto às servidões não aparentes. Por isso, referido Projeto estabeleceu no § 3º que as servidões não aparentes só podem ser constituídas por contrato ou por testamento e com subsequente registro no cartório do registro de Imóveis.

Cumpre examinar em cada situação se a servidão deixa sinais visíveis para ser conceituada como aparente. A distinção é importante porque as servidões não aparentes, segundo o ordenamento de 1916, *"só podem ser estabelecidas por meio de transcrição no Registro de Imóveis"* (art. 697). Vimos que o enfoque dado pelo Projeto referido tem a ver com esse aspecto. Há um aspecto mais recente que permite, atualmente, que se reconheça, em determinadas situações, a servidão não aparente antes do registro imobiliário. Somente as servidões aparentes podem ser adquiridas por usucapião, regra que está presente, aliás, no art. 1.379 do Código de 2002.

A servidão de caminho poderá ser considerada aparente se deixar resquícios materiais, como marcas de rolamento no solo, pavimentação,[2] sarjetas etc.

---

2 "**Ação confessória** – Reconhecimento de servidão de passagem/trânsito – Inexistência dos requisitos caracterizadores da servidão – Aplicação da súmula nº 415 do STF que depende de prova – Impossibilidade de proteção

Quanto à situação dos prédios, podem ser *contínuas* e *descontínuas*. Servidão *contínua* é a que, após estabelecida, persiste independente de ato humano, como ocorre com a de passagem de água. *Descontínua* é a que depende da atividade humana atual, como a servidão de trânsito e a de retirar água.

Essas classificações combinam-se entre si, sendo importante saber da composição destas duas últimas categorias, tendo em vista consequências jurídicas específicas. Assim, a servidão pode ser *contínua e aparente*, como a de aqueduto; *contínua e não aparente*, como a de não abrir janela ou porta; *descontínua e aparente*, como a de caminho marcado no solo, e *descontínua e não aparente*, como a de caminho sem qualquer marca visível.

A distinção dessas modalidades reveste-se de curial importância no que se refere à posse. Como acima referido, as servidões não aparentes apenas se constituem pelo registro imobiliário. Ademais, o art. 509 do Código de 1916 e o art. 1.213 do Código mais recente negam proteção possessória às servidões contínuas não aparentes, assim como às descontínuas,[3]

---

possessória – Ação julgada improcedente – Sentença mantida – Recurso improvido" (*TJSP* – AC 0001695-57.2014.8.26.0338, 20-3-2019, Rel. Coutinho de Arruda).

"Apelação cível – Extinção de servidão – **Servidão de passagem** – Sentença de improcedência – irresignação que não merece acolhimento – servidão de passagem que não se confunde com passagem forçada – preliminares de ausência de fundamentação e cerceamento de defesa rejeitadas – Cinge-se a controvérsia acerca da necessidade de manutenção da servidão de passagem instituída no terreno do Autor. A servidão no direito civil consiste em um gravame real de um prédio sobre o outro, retirando o proprietário do imóvel dominante a utilidade para o seu bem do imóvel serviente. No caso dos autos, a instituição da servidão ocorreu em 1998, anterior a aquisição do terreno pelo Autor, em 2004. Alega o Autor que no caso incide o disposto no art. 1.388, II do CC, argumentando que a servidão de passagem não é a única forma possível para que os Réus acessem seus respectivos terrenos. A existência de outro acesso não impede a servidão de passagem que não se confunde com a passagem forçada. A servidão exige tão somente que proporcione utilidade, nos exatos termos do art. 1.378 CC. Já a passagem forçada é hipótese de direito de vizinhança na qual o dono do prédio que não tiver acesso à via pública pode, mediante pagamento de indenização cabal, constranger o vizinho a lhe dar passagem. Ao contrário do alegado pelo Autor, não se encontra presente nenhuma das situações que autorizam a extinção da servidão. Ademais, o uso prolongado e aparente de uma serventia assegura proteção possessória, inclusive em face do proprietário. Sentença que não merece reparo. Recurso desprovido" (*TJRJ* – AC 0008054-21.2012.8.19.0004, 17-5-2018, Relª Denise Nicoll Simões).

"Agravo de instrumento – Ação de indenização – Insurgência em face de decisão que indeferiu a denunciação manejada pela agravante do Município de Paraguaçu Paulista – Descabimento do inconformismo – Hipótese em que pretende a ré, ora agravante, se eximir de sua responsabilidade civil por danos causados, discutidos na presente ação (retirada de terra e passagem de tubulação para formação de galeria e canal de escoamento de água/esgoto dentro dos limite da propriedade da agravada, instituindo **servidão administrativa de passagem**), imputando-os a terceiro – Manutenção da decisão hostilizada – Recurso desprovido" (*TJSP* – AI 2026283-36.2017.8.26.0000, 27-4-2017, Rel. Jacob Valente).

"**Civil e processual civil** – Apelação – Ação de reintegração de posse – servidão de trânsito/caminho aparente – Proteção possessória – Cabimento – Posse/uso anterior – Comprovação – Esbulho – Demonstração – Ausência de encravamento – Irrelevância – Presença de outra via de acesso próxima – Mera opção de uso pelo interessado – Procedência do pedido inicial – Ônus de sucumbência – Inversão – Cabimento – Recurso provido – Merece proteção possessória, conforme Súmula 415, STF, a servidão de trânsito aparente. Aquele que perde, por esbulho do proprietário do imóvel serviente, a servidão de trânsito que possuía, tem direito de ser reintegrado na posse da servidão, ainda que seu imóvel não seja encravado e que haja via próxima outra de acesso – Em razão da procedência do pedido inicial, cabe à parte ré o pagamento da integralidade dos ônus do processo – Recurso provido" (*TJMG* – AC 1.0043.12.002175-3/003, 26-8-2014, Relª Márcia de Paoli Balbino).

"**Ação confessória de trânsito e passagem**. Pretensão que envolve direito real sobre coisa alheia. Objeto da demanda que não se confunde com pretensão possessória em que se observa situação de fato relativa à parcela dos poderes inerentes à propriedade. Súmula 415 do STF. Demonstração quanto à prescrição aquisitiva de servidão aparente (art. 1.379, *caput*, do CC). Servidão de uso caracterizada. Alteração do trajeto ocorrida em observância ao disposto no art. 1.384 do CC. Recurso improvido" (*TJSP* – Ap 0006823-68.2010.8.26.0283, 12-8-2013, Relª Ligia Araújo Bisogni).

3 "**Passagem forçada** – Imóvel rural – Alegações de servidão de trânsito e de que estrada municipal passa por imóvel da ré, que tem obstado a circulação – Imóvel que, além de não ser comprovadamente encravado, permitia outros acessos à via pública, o que foi atestado, inclusive, por provas testemunhais – Servidão de trânsito que não restou

a menos que seus títulos provenham do possuidor do prédio serviente ou seus antecessores. Sílvio Rodrigues (1984:270) coloca em termos diretos a dicção legal para concluir: *"as servidões contínuas e aparentes podem ser objeto de posse; as descontínuas e não aparentes não podem"*. O reflexo é importante em matéria de prescrição aquisitiva, portanto. Combinando-se o art. 1.213 com o fato de as servidões não aparentes só poderem ser estabelecidas por meio de registro, conclui-se que as servidões contínuas e aparentes, suscetíveis de posse, podem ser objeto de usucapião, conforme referido no art. 1.379. O que não é visível e materialmente demonstrável não pode ser objeto de posse.

19.3 CARACTERÍSTICAS

Primeiramente, solidifique-se a noção de que as servidões são direitos reais. Assim as descreve a lei. Assim decorre de sua origem e natureza. O direito real de servidão dirige-se contra o dono do prédio serviente de forma permanente, portanto *erga omnes*.

---

comprovada – Sentença mantida – Recurso desprovido, majorada a honorária de R$ 800,00 (oitocentos reais) para R$1.500,00 (mil e quinhentos reais)" (*TJSP* – AC 1000778-87.2017.8.26.0185, 12-4-2019, Rel. Mendes Pereira).

"Apelação cível – Reintegração de posse – **Servidão de passagem e passagem forçada** – Distinção – Não configuração de nenhuma dessas duas situações – Servidão de passagem não se confunde com passagem forçada: aquela, direito real disciplinado nos artigos 1.378 e seguintes do Código Civil; Esta, direito de vizinhança, de natureza obrigacional (obrigação *propter rem*), previsto no art. 1.285 do CC. A passagem forçada é compulsória, incide sobre prédios encravados, isto é, que não tenham saída para a via pública, e impõe o pagamento de indenização. A servidão de passagem é facultativa e visa a proporcionar determinada utilidade a um prédio (dominante) em desfavor de outro (serviente), de modo oneroso ou gratuito. Como da essência dos direitos reais, é pressuposto da configuração da servidão de passagem o registro imobiliário, seja oriundo de ato unilateral, contrato, sentença ou mesmo usucapião. Por ato unilateral, pode constituir-se a servidão mediante testamento (art. 1.378 do CC) ou destinação do pai de família (doutrina). Por contrato (art. 1.378 do CC), a constituição desse direito real exige declaração expressa dos proprietários, isto é, efetivo acordo de vontades (em regra, mas não necessariamente, oneroso), sendo insuficiente para tanto a existência de mera permissão de passagem, que sequer induz posse (art. 1.208). Por sentença, é viável a constituição de servidão em sede de ação de divisão de terras particulares, nos termos do art. 596, parágrafo único, II, do CPC. Apenas a servidão aparente pode ser objeto de tutela possessória (art. 1.213, CC) e usucapião (art. 1.379, CC). A inexistência de posse obsta a usucapião da servidão, já que a posse é requisito básico desse modo originário de aquisição do direito. Ausentes situação de encravamento, registro imobiliário ou os requisitos necessários à configuração da usucapião, inviável o reconhecimento, seja da passagem forçada, seja da servidão de passagem" (*TJDFT* – Proc. 20150610146256APC – (1112215),31-7-2018, Relª Carmelita Brasil).

"Recurso especial – Processual Civil – Civil – Posse – Esbulho – Pedido de **reintegração de posse de aqueduto** cumulado com perdas e danos – Servidão de passagem de água – Julgamento *extra petita* – Provimento diverso do deduzido, com fundamento no princípio da função social da propriedade e condenação em indenização em favor dos réus – Nulidade Reconhecida – Recurso especial provido – 1- Constata-se, na hipótese, a ocorrência de julgamento *extra petita*, pois foram alterados, pela eg. Corte local, o pedido e a causa de pedir constantes da inicial. O pedido na ação possessória era de reintegração de posse, com indenização de danos materiais, em face de esbulho cometido pelos réus. O julgamento, por maioria, contrário à sentença e ao voto do relator originário, julgou procedente a ação possessória, como se fosse ordinária, para reconhecer o direito de utilização do canal pelos promoventes, em razão da função social da propriedade, e em vista do escoamento natural das águas, desde que os autores indenizem os demandados. 2- Nesse contexto, tem-se violação aos arts. 459 e 460 do Código de Processo Civil, o que conduz à nulidade dos acórdãos da apelação e dos embargos infringentes. 3- Recurso especial provido" (*STJ* – REsp 1.426.239 – (2012/0182682-3), 3-2-2016, Rel. Min. Marco Buzzi).

"**Agravo de instrumento** – ação de reintegração de posse – servidão de passagem aparente, de uso normal – Inconformismo contra decisão que indeferiu pedido de realização de prova pericial. Comunicação de desistência do recurso interposto. Homologação. Agravo prejudicado" (*TJSP* – AI 2025153-79.2015.8.26.0000, 24-4-2015, Rel. Silveira Paulilo).

"**Apelação**. Ação possessória. Reintegração de posse. **Servidão de passagem**. Aparente e contínua. Desnecessidade do encravamento do bem imóvel. Prática de esbulho. Proteção possessória resguardada. Súmula 415 do STJ. Manutenção da sentença. Embora não titulada, restou comprovada a existência de servidão de trânsito aparente e contínua por muitos anos. A posse, efetivamente, é antiga. Praticado o esbulho pelos recorrentes, faz-se necessária o resguardo da proteção possessória. Recurso não provido" (*TJSP* – Ap 9085756-09.2009.8.26.0000, 15-5-2013, Relª Sandra Galhardo Esteves).

Devem necessariamente incidir sobre imóvel alheio, pertencente a proprietário diverso. Não existe servidão sobre imóvel próprio, a qual, no que se refere ao aspecto material, é vista como *simples serventia* do imóvel, pois o direito do proprietário sobre coisa sua é ilimitado como regra geral. Qualquer caminho ou canalização de água que o proprietário tenha em seu imóvel traz utilidade a sua própria coisa, dentro do exercício inerente a seu direito de propriedade. Destarte, quando o dono de prédio dominante adquire imóvel serviente, extingue-se a servidão.

Dúvida surge sobre a possibilidade de constituição de servidão sobre imóvel do qual o titular do prédio dominante é condômino, ou vice-versa. Havendo dois imóveis vizinhos, em um deles há um proprietário comum. Como a propriedade não é exclusiva e o condomínio pode sempre se extinguir, a existência de servidão nessa hipótese não viola a regra geral de impossibilidade de servidão sobre coisa própria, ainda porque se resguarda a utilidade do prédio dominante para o não condômino. A servidão tem sempre um caráter duradouro e não serve este ou aquele proprietário, mas quem quer que se coloque como tal.

As servidões consistem sempre em gravame para o prédio serviente. A finalidade da servidão é uma utilidade ou comodidade para o prédio dominante. Existe obrigação de seu titular de suportar ou permitir. Nunca deverá caber ao proprietário do prédio serviente uma obrigação de fazer. O proprietário de prédio serviente que se obrigar a fazer algo pela servidão assume tão somente vínculo pessoal. As obras de conservação e uso da servidão pertencem a seu respectivo titular (art. 1.380, 1ª parte). Se a servidão pertencer a mais de um prédio, "*serão as despesas rateadas entre os respectivos donos*" (art. 1.380, 2ª parte).

A manutenção e conservação da servidão podem ser atribuídas, no entanto, pelo título, ao dono do prédio serviente (art. 1.381). Nessa hipótese, a doutrina entende que são obrigações acessórias da servidão, o que não a desnatura, pois podem decorrer do próprio interesse do dono do prédio serviente. É o exemplo da obrigação do titular do prédio serviente em manter a água do aqueduto limpa e fluente (Borda, 1984, v. 2:125) ou pavimentada e florida a servidão de passagem. No entanto, tornando-se gravosa essa obrigação para o proprietário do prédio serviente, a lei faculta-lhe a exoneração, abandonando o prédio ao dono do dominante: "*Quando a obrigação*" (de fazer obras necessárias à conservação e uso da servidão) "*incumbir ao dono do prédio serviente, este poderá exonerar-se, abandonando a propriedade ao dono do dominante*" (art. 1.382). Acrescenta, porém, inovação a esse aspecto o Código vigente: "*Se o proprietário do prédio dominante se recusar a receber a propriedade do serviente, ou parte dela, caber-lhe-á custear as obras*".

As servidões ligam-se por vínculo real a imóvel alheio. Destarte, não podem ser destacadas dos prédios, sob pena de se tornarem instituto diverso da servidão. As servidões são direitos reais acessórios, que não subsistem sem os prédios. É sua característica, portanto, a *inseparabilidade*. A servidão vem ligada ao prédio dominante. Pode ocorrer que existam servidões que gravem prédios de toda uma área rural ou de todo um bairro, sem que sejam limitações administrativas, porque constam de título constitutivo emergente de vontade. Cada prédio atravessado por um aqueduto ou por um caminho é considerado prédio serviente. Existem várias servidões nessa hipótese. A servidão também pode-se estabelecer em favor da enfiteuse ou do usufruto (Pontes de Miranda, 1971, v. 17:189).

O fato de se permitir ao dono do prédio serviente a faculdade de removê-la de um local para outro (art. 1.384) não desnatura a regra; extingue-se uma servidão para se criar outra. O Código português é expresso ao afirmar que "*salvas as exceções* previstas na lei, as servidões não podem ser separadas dos prédios a que pertençam, ativa ou passivamente" (art. 1.545, I). Somente a lei pode, por exemplo, desapropriar servidão de passagem para torná-la pública. O princípio da inseparabilidade surge como corolário daquele pelo qual o fenômeno onera os prédios e não seus titulares (Moreira e Fraga, 1970-1971:310). São incindíveis dos fundos, não podendo, pois, ser alienadas independentemente deles. Por tal razão, as servidões consideram-se *ambulatórias*, permanecendo nos imóveis, não importando quem sejam seus proprietários ou possuidores.

Outra característica das servidões é sua *indivisibilidade*.[4] Dispõe o art. 1.386:

> *"As servidões prediais são indivisíveis, e subsistem, no caso de divisão dos imóveis, em benefício de cada uma das porções do prédio dominante, e continuam a gravar cada uma das do prédio serviente, salvo se, por natureza, ou destino, só se aplicarem a certa parte de um ou de outro".*[4]

A dicção presente no art. 1.386 do Código não mais se refere à partilha, como fazia o antigo Código. Porém, tecnicamente refere-se à "divisão dos imóveis", que pode estar contida em uma partilha. A partilha do prédio ou o surgimento de condomínio não importará, portanto, a multiplicação de servidões. A servidão de passagem, o aqueduto, o direito de tirar água etc. permanecem inalterados. Cada condômino passa a ter o direito de utilizar da servidão em sua integridade, sofrendo apenas a limitação de não poder agravar a situação do prédio serviente nem aumentar o âmbito para o qual foi criada (art. 1.385). O exercício permanece *civiliter*, isto é,

---

4 "**Ação de instituição de servidão de passagem** – Ampliação – Autora proprietária de imóveis encravados – Existência de servidão de passagem – Autora que pretende a ampliação da servidão originária nos moldes por ela realizados – Laudo pericial que concluiu que, para satisfação das necessidades autora, qual seja, tráfego de veículos pesados, a largura mínima da servidão deve ser de 8 (oito) metros – Desnecessidade de alargamento da servidão nos moldes pretendidos pela autora – Servidão que deve ser exercida nos limites da necessidade que se propõe satisfazer, evitando-se o agravamento do encargo ao prédio serviente – Inteligência do art. 1.385 do CC – Servidão de passagem originária (com 6,62 (seis metros e sessenta e dois centímetros) metros de largura), que deve ser acrescida apenas de área suficiente para o fluxo de veículos pesados, até atingir 8 (oito) metros de largura – Ação parcialmente procedente – Sentença mantida – Sentença proferida e publicada quando já em vigor o NCPC – Honorários advocatícios majorados, com base no art. 85, § 11, do NCPC, para 11% sobre o valor da indenização – Apelo improvido" (*TJSP* – Ap 1003021-75.2015.8.26.0281, 4-2-2019, Rel. Salles Vieira).

"Apelação Cível – Ação de reintegração de posse – Requisitos do art. 561, CPC/2015 – Demonstração – **Servidão de trânsito** – Direito Real – Proteção possessória – Comprovação – Continuação do uso – Em ação de manutenção ou reintegração de posse, é indispensável prova dos requisitos previstos no art. 561 do CPC – A servidão proporciona utilidade para o prédio dominante, e grava o prédio serviente, que pertence a diverso dono, e constitui-se mediante declaração expressa dos proprietários, ou por testamento, e subsequente registro no Cartório de Registro de Imóveis (CC, art. 1.378) – Servidão de trânsito não titulada, mas tornada permanente, sobretudo pela natureza das obras realizadas, considera-se aparente, conferindo direito à proteção possessória (STJ, Súmula nº 415)" (*TJMG* – AC 1.0432.12.001367-2/001, 3-8-2018, Rel. Ramom Tácio).

"Agravo interno no agravo em recurso especial – Ausência de violação aos arts. 458 e 535 do CPC/1973 – **Servidão de passagem** – Súmula 7 - Agravo não provido – 1- Não prospera a alegada ofensa aos arts. 458 e 535 do Código de Processo Civil de 1973, tendo em vista que o v. acórdão recorrido, embora não tenha examinado individualmente cada um dos argumentos suscitados pela parte, adotou fundamentação suficiente, decidindo integralmente a controvérsia. 2- O Tribunal de origem, mediante análise soberana do contexto fático-probatório dos autos, entendeu não estarem presentes nos autos elementos que caracterizem óbice à aludida servidão de passagem sob o argumento de que 'A construção de porteira aberta e colchete de arame, necessários à proteção do gado do proprietário de terreno onde se situa servidão de passagem, sem prejuízo da mesma (passagem) não constitui ato ilegal, merecendo, por isso, a proteção do Estado – Apelo não provido'. 3- A modificação de tal entendimento lançado no v. acórdão recorrido demandaria o revolvimento de suporte fático-probatório dos autos, o que encontra óbice na Súmula 7 do Superior Tribunal de Justiça. 4- Agravo interno não provido" (*STJ* – AGInt-AG-REsp 976.404 – (2016/0231047-0), 7-4-2017, Rel. Min. Raul Araújo).

"**Ação ordinária – Servidão de passagem** – Ausência de prova documental – Passagem Forçada – Existência de acesso alternativo ao imóvel – Inexistência de prédio encravado – Mera Tolerância do proprietário – Sentença mantida – A constituição da servidão de passagem depende de manifestação expressa dos interessados, ou seja, do proprietário do prédio dominante e serviente. Uma vez comprovado nos autos a existência de outra via de acesso à propriedade da parte autora, que se utiliza da passagem do imóvel vizinho por mera comodidade, não há de ser deferida a proteção possessória da passagem forçada" (*TJMG* – AC 1.0592.13.000595-8/001, 10-6-2014, Rel. Wanderley Paiva).

com civilidade, moderação. Assim, a servidão não poderá ser instituída em favor de parte ideal de prédio dominante, nem onerar parte ideal de prédio serviente.

Na situação de condomínio, por conseguinte, basta que um comunheiro se utilize da servidão para caracterizar seu uso, impedindo a perda, ou adquirindo-a por usucapião em favor dos consortes. Cada condômino tem direito de se utilizar dos meios para defendê-la. De outro lado, a indivisibilidade da servidão não impede que seja ela delimitada a certo local, tempo ou modo de exercício, como, por exemplo, o trajeto de uma passagem, o horário e a quantidade de água que possa ser tirada do prédio serviente.

Não se confunde, contudo, a indivisibilidade do direito real com a possibilidade de divisão em seu exercício, como tirar pedras ou água de acordo com a necessidade, como ocorre nas servidões descontínuas.

Como expusemos anteriormente, as modalidades de servidão não constituem *numerus clausus*. Podem ser criadas segundo as necessidades dos prédios para proporcionar-lhes maior utilidade. Desse modo, caracterizam-se também por uma *atipicidade*. Há servidões historicamente bastante conhecidas como a de passagem e aqueduto decorrentes da tipicidade do Direito Romano mais antigo. No Direito de Justiniano, desaparece a tipicidade das servidões. Outras serão atípicas e apropriadas unicamente a uma ou outra necessidade.

> *"Hoje, pelo contrário, a servidão representa um direito unitário, desenhado de forma a abranger todas as modalidades de gozo, de modo que se algum conteúdo for excluído isso representará uma exceção"* (Ascensão, 1987:435).

Nem sempre a utilidade colimada pela servidão será traduzida em vantagem econômica perfeitamente apreciável para o prédio dominante. A servidão de vista para o mar ou outra paisagem garantida por ela são exemplos dessa hipótese. O critério é o da utilidade e comodidade. Para qualquer proprietário e não unicamente para o proprietário atual, porque no caso criar-se-ia obrigação pessoal. A inutilidade de servidão permite seu cancelamento ou extinção. Nosso Código, ao contrário de outros, não trata especificamente de modalidades de servidões, salvo a hipótese do art. 1.385, § 1º, que se refere à servidão de trânsito, e a do art. 706 do Código de 1916, que disciplinava servidões rústicas em geral. Utiliza-se doutrinariamente a classificação histórica, sem prejuízo de surgimento de outras, como ora enfatizado.

Outra característica das servidões é sua *impresumibilidade*. Nesse sentido, a expressão legal: *"a servidão não se presume"* (art. 696 do Código de 1916), não repetida pelo vigente ordenamento. A dicção da lei traduz regra fundamental a reger as servidões. O domínio presume-se pleno, sem ônus ou gravames. As servidões somente podem ser estabelecidas pelas formas admitidas em lei. São vistas como exceção à regra geral de domínio. Atos de mera tolerância de proprietário com relação a vizinho não têm o condão de originar servidão. Não constituem servidão atos tolerados de mera cortesia (Gomes, 1983:260). Assim, estabelecida incerteza sobre a existência de servidão, cabe ao beneficiário prová-la. Na dúvida, interpretamos contra a existência da servidão (Rodrigues, 1984, v. 5:168). Esse escopo doutrinário é fundamental. As servidões são interpretadas restritivamente, justamente porque já são por si restrição à propriedade (art. 1.385; antigo, art. 704). Sua utilização deve ser sempre a menos onerosa possível para o prédio serviente.

As servidões possuem caráter de *permanência* porque correspondem a uma necessidade, utilidade ou comodidade duradoura para o prédio dominante. A utilidade da servidão há de ser perdurável, aferida objetivamente. No entanto, nada impede, não contrariando a índole do sistema, que seja estabelecida servidão temporária ou sob condição resolutiva, embora não seja essa sua finalidade. Ainda que não destinada a duração perpétua, a servidão deve preencher uma utilidade duradoura para o prédio dominante (Trabucchi, 1992:45). O direito moderno admite a servidão sem causa perpétua (Silva, 1982, v. 11, t. 2: art. 695). Se, porém, nada foi estabelecido em sua constituição, a servidão presume-se permanente, ou de duração indeterminada.

Já vimos que não existe necessidade de contiguidade para a servidão, mas de vizinhança. O aqueduto pode atravessar vários prédios. O titular do direito de tirar água pode-se valer de prédio mais ou menos distante do seu. As servidões podem ser estabelecidas em favor e em detrimento de vários prédios.

Não se admite, por outro lado, que se institua servidão sobre outra servidão. O que recebe águas de outro prédio, por exemplo, não pode instituir servidão de repassá-las a outro vizinho.

19.4 EXERCÍCIO DO DIREITO DE SERVIDÃO

As servidões, assim como o condomínio e os direitos de vizinhança, acarretam pontos de discórdia porque implicam a utilização de coisa comum e na proximidade de propriedades. Mais do que em qualquer outra situação em que é avaliada a finalidade social da propriedade, a servidão deve ser utilizada pelo proprietário ou assemelhado do prédio dominante de forma mais adequada possível. Sem abuso. *Civiliter*. Com civilidade, isto é, de forma a não agravar ainda mais a restrição imposta ao titular do prédio serviente. Desse modo, não pode o titular do direito de tirar água do imóvel vizinho fazê-lo de forma a privar de água o imóvel serviente ou a torná-la imprópria; não pode o titular de servidão de passagem colocar em risco a segurança do prédio serviente, deixando, por exemplo, de fechar porteiras ou trancas no acesso. A interpretação de uma servidão é sempre restritiva. Esse o sentido do art. 1.385:

> *"Restringir-se-á o exercício da servidão às necessidades do prédio dominante, evitando-se, quanto possível, agravar o encargo ao prédio serviente.*
>
> *§ 1º Constituída para certo fim, a servidão não se pode ampliar a outro".*

O art. 1.385, § 2º, já foi por nós referido nas origens históricas e reporta-se às modalidades da servidão de trânsito, na qual a de maior amplitude engloba a de menor ônus e a menor exclui a mais onerosa. Desse modo, se a servidão permite somente a passagem a pé, não podemos passar a cavalo. Se permite o trânsito de veículos, presumimos a possibilidade de atravessar a pé ou em outro veículo. No entanto, o título constitutivo pode dispor diferentemente dessa presunção.

Por outro lado, o direito real de servidão deve ser exercido na plenitude para o qual foi criado. Não pode o dono do prédio serviente embaraçá-lo (art. 1.383), pois se cuida de legítimo direito real. Impedindo o dono do prédio dominante a correta utilização da servidão, é possível valer-se dos meios possessórios, pedindo indenização em caso de prejuízo. Se a servidão de trânsito não fixa horário de passagem, por exemplo, não pode o dono do prédio serviente fixá-lo unilateralmente. Razões de segurança podem exigir que se faça. Se não há acordo, decide-se judicialmente. Não existe, porém, o entrave noticiado no artigo se a restrição decorre de imposição legal e não da iniciativa do titular do prédio serviente. O exercício das servidões deve ser examinado sempre em consonância com as regras de vizinhança. Não é abusivo o ato do dono do prédio serviente, por exemplo, que determina o uso de cadeado ou outro meio de segurança no acesso à passagem na servidão de trânsito, desde que não a vede ou a impeça.[5]

---

5 "Agravo de instrumento – **Ação confessória** – Servidão de passagem – Usucapião – Antecipação de tutela deferida – Recurso dos réus – Arguida não configuração dos requisitos necessários à medida – Probabilidade do direito não demonstrada – Exordial que afirma que o exercício da servidão é efetuado mediante autorização verbal. Hipótese que não induz posse. Lapso temporal não suficientemente comprovado. Pressupostos

A servidão rústica estabelecida originalmente pode no curso do tempo mostrar-se insuficiente. O art. 1.385, § 3º permite que o prédio dominante, por seu titular, imponha alargamento na utilização da servidão em prol das necessidades de cultura, mediante o pagamento do excesso. A necessidade de ampliação da servidão e a respectiva indenização são matéria de prova no processo judicial, e a instituição decorrerá da sentença, caso as partes não a estabeleçam por acordo, escritura pública, que deverá ser devidamente registrada, sob pena de ser considerada apenas obrigação de cunho pessoal. O parágrafo único do art. 706 do antigo Código, no entanto, ressalvava ao titular do prédio serviente a recusa na ampliação na hipótese de esse acréscimo pleiteado pelo dono do terreno dominante ser decorrente da maneira de exercer a servidão. O dispositivo citava apenas como exemplo a edificação em terreno originalmente destinado à cultura. No entanto, será justa a recusa pelo titular do prédio serviente quando a necessidade do prédio dominante agravar o exercício da servidão sem necessidade. Aplica-se a regra geral que rege as servidões. Suponhamos, por exemplo, a construção de piscina, que exija retirada de maior volume de água. O exame será do caso concreto, tanto que o Código de 2002 não repetiu esse dispositivo. A ideia fundamental é conceder direito ao dono do prédio dominante em fomentar a produção agrícola de sua terra, mediante aumento do âmbito da servidão. As outras situações devem ser examinadas caso a caso, inclusive as servidões de índole urbana não descritas na lei, levando-se em conta os princípios gerais de direito de vizinhança e os parâmetros do abuso de direito.

De regra, a servidão não pode ser alterada pela vontade unilateral do dono do prédio dominante. Não pode alterar a forma, o modo e o local de exercício da servidão.

Já vimos que, para a servidão, não basta a utilidade ocasional ou transitória para determinado ocupante do imóvel, mas a utilidade duradoura para o prédio e de quem dele se utiliza. Desse modo, a servidão que não mais oferece utilidade ao prédio, ou que nunca ofereceu, perdeu seu objeto. O registro pode ser cancelado, por falta de objeto possível (Pontes de Miranda,

---

da prescrição aquisitiva anêmicos. Arts. 1.379, parágrafo único, e 1.208, ambos do Código Civil. Ademais, existência de outro acesso à propriedade dos requerentes. Possibilidade de abertura de via por dentro de suas terras. Requisitos do art. 300 do CPC ausentes. Decisão revogada. Recurso provido" (*TJSC* – AI 4007661-89.2018.8.24.0000, 19-3-2019, Rel. Des. André Luiz Dacol).

"Agravo de instrumento – **Ação confessória – Servidão de água** – Presentes os requisitos da antecipação de tutela – Decisão proferida em sede de cognição sumária – 1- Recurso interposto contra a decisão que deferiu o pedido de antecipação de tutela determinando que a parte ré forneça a água de seus açudes à parte autora. 2- Decisão proferida em sede de cognição sumária levando em conta os juízos de probabilidade e o *periculum in mora*, além de estar devidamente fundamentada. 3- O direito a servidão de uso dos açudes está claro na escritura do imóvel. 4- Manutenção da decisão que foi proferida com razoabilidade e com as cautelas necessárias a delicada situação apresentada nos autos. 5- Recurso desprovido" (*TJRJ* – AI 0006808-26.2017.8.19.0000, 31-7-2017, Rel. Benedicto Ultra Abicair).

"Agravo de instrumento – **Ação confessória** com pedido liminar de reintegração de posse de servidão de passagem – Liminar concedida para autorizar a reintegração da autora na posse da estrada rural descrita à inicial – Juízo que determinou a impossibilidade de modificação do percurso e o respeito à cerca existente, sob pena de multa – Alegação dos réus de descumprimento da determinação judicial – Pedido de revogação da liminar ou majoração da multa imposta – Indeferimento em primeiro grau – Insurgência dos réus – Não acolhimento ausência de prova inequívoca de danos permanentes à cerca e às árvores existentes no local – Ausência de prejuízo aos agravantes no caso concreto – Verossimilhança das alegações e perigo da demora não configurados – Decisão mantida – Agravo desprovido" (*TJPR* – AI 1532966-1, 22-7-2016, Rel. Des. Tito Campos de Paula).

"**Apelação cível – Ação 'confessória de servidão (passagem forçada), com pedido de liminar'** – Inspeção judicial *in loco*, com a presença do magistrado – Constatação da existência de via de acesso alternativa – Direito de propriedade – O instituto da passagem forçada visa garantir que a propriedade rural ou urbana tenha saída para via pública. Constatada a existência, através de inspeção judicial realizada *in loco*, na qual esteve presente o magistrado *a quo*, a existência de outra estrada, ainda que imponha um percurso um pouco maior, não se pode admitir a manutenção de prejuízo à parte, por ofensa ao direito de propriedade, somente para permitir a facilidade de trânsito de alguns interessados. Impulso conhecido e desprovido. Sentença mantida" (*TJGO* – AC 201093918705, 14-2-2014, Rel. Wilson Safatle Faiad).

1971, v. 18:134). Se a finalidade da servidão é tirar proveito para o prédio, se este não mais existe, inexiste suporte técnico para a manutenção da servidão. A servidão pode ser instituída não somente para o prédio em si, mas para a finalidade desempenhada pelo prédio, industrial, comercial, residencial, esportiva etc. Tivemos oportunidade de decidir a respeito de servidão de trânsito referente à praça de rodeios, em que a servidão objetivava a passagem de animais até o local de apresentação ao público.

A regra geral é atribuir ao dono do prédio dominante a manutenção da servidão (art. 1.381). Tanto que a lei permite o abandono da coisa se a obrigação for atribuída ao dono do prédio serviente (art. 1.382). O encargo de manter a servidão pode ser tal que inviabilize sua propriedade. Nada impede, porém, que os proprietários alterem contratualmente a situação previamente estabelecida.

A lei também concede ao titular do prédio serviente *direito de remoção de local da servidão*:[6]

> *"Art. 1.384. A servidão pode ser removida, de um local para outro, pelo dono do prédio serviente e à sua custa, se em nada diminuir as vantagens do prédio dominante, ou pelo dono deste e à sua custa, se houver considerável incremento da utilidade e não prejudicar o prédio serviente".*

---

6 "Direito civil. Agravo de instrumento. **Servidão de passagem**. Ação de reintegração de posse. Insurgência contra a reintegração de posse concedida em favor da parte autora. Autor que alega esbulho por parte do réu ao obstruir o acesso ao seu imóvel bloqueando a estrada existente. Imóvel rural não encravado. Existência de outro acesso. Possibilidade de o dono do imóvel serveniente mudar o local da servidão. Situação menos onerosa ao prédio serviente. Decisão liminar reformada. Recurso provido. I. Caso em exame 1. Agravo de instrumento interposto contra decisão que deferiu a liminar em favor da parte autora de reintegração de posse da servidão de passagem que dá acesso ao imóvel rural, determinando o desbloqueio da estrada, sob pena de multa diária. 2. O agravante alega que o imóvel dos autores possui outro acesso, devendo ser reformada a decisão liminar. II. Questões em discussão 3. A questão em discussão consiste em saber se foram preenchidos os requisitos para a concessão da liminar de reintegração de posse da servidão de passagem. III. Razões de decidir 4. No caso, o agravante não nega que existia tal estrada no local e que era utilizada pela vizinhança, todavia, afirma que o imóvel do autor possui outro acesso (denominado 'acesso 2'). 5. Nesse momento processual, é precoce afirmar que o 'acesso 2' não possui condições de uso pois, ao que parece, está sendo utilizado. Ao contrário, determinar a reintegração de posse do 'acesso 1' pode acarretar maiores prejuízos ao réu, visto que já possui plantação de árvores no local, que provavelmente seriam cortadas para reestabelecer a passagem. 6. A servidão é regida pelo 'princípio da menor onerosidade ao imóvel serviente', conforme dispõe o art. 1.385 do Código Civil, sendo restrito às necessidades do prédio dominante. Assim, ao que parece, o 'acesso 2' é menos oneroso ao agravante e, a princípio, não acarreta prejuízos aos agravados, que mantém o acesso ao seu imóvel. IV. Dispositivo e tese 5. Recurso provido. Tese de julgamento: 'Nos termos do artigo 1.384 do Código Civil, a servidão pode ser removida de um local para outro, desde que mantida a função social do direito real de fruição. Dispositivos relevantes citados: Código Civil, art. 1.384 Código de Processo Civil, art. 561 e seguintes'" (*TJPR* – AI 0040309-71.2025.8.16.0000, 18-6-2025, Rel. Marcelo Gobbo Dalla Dea).

"Possessória. Reintegração de posse. Servidão de passagem. **Remoção.** 1. Nos termos do art. 1.384 do Código Civil, uma servidão pode ser removida. 2. Ocorre, porém, que a nova passagem construída é legalmente irregular (crime ambiental), de modo que não se pode admitir sua manutenção. Sem uma nova passagem, não cabe proibir o uso da antiga servidão instituída. 3. Recurso não provido" (*TJSP* – Ap 1001055-95.2018.8.26.0338, 24-2-2021, Rel. Melo Colombi).

"**Servidão de passagem** – Questão já apreciada anteriormente em ação distinta apenas em relação à recorrida pessoa física, não configurando coisa julgada diante da diversidade de partes – Irrelevância de ser ou não o imóvel encravado, por não se tratar de discussão inerente à passagem forçada, mas sim de servidão de passagem – Prova dos autos que, ao menos nesta fase de cognição sumária, demonstra se tratar o acesso fechado pela agravante recentemente aquele mesmo que já se determinou abertura posto que utilizada pela agravada e pelos moradores da associação há longo prazo – Decisão que determinou à ré agravante permitir a passagem e a abertura de cercas sob pena de multa mantida – Agravo de instrumento desprovido" (*TJSP* – AI 2216038-45.2018.8.26.0000, 29-5-2019, Rel. Mendes Pereira).

"Apelação cível – Servidões – **Ação confessória de servidão** – Extinção sem análise de mérito diante da ausência de interesse de agir – manutenção da sentença que se impõe – Hipótese em que os autores são proprietários do prédio serviente e não comprovam a imprescindibilidade do uso da servidão instituída em favor do prédio dominante, tampouco que foi o réu que edificou o muro que delimitou a servidão. Apelação Desprovida" (*TJRS* – AC 70078567518, 27-9-2019, Rel. Des. Heleno Tregnago Saraiva).

O critério da utilidade da remoção deve ser demonstrado e depende do caso concreto. Podem as partes contratar essa mudança. Nessa impossibilidade, se decorrente de pleito judicial, o direito de remoção não pode ser exercido de forma arbitrária. O pretendente deve provar necessidade e não pode diminuir a utilidade proporcionada pela servidão, nem diminuir suas vantagens, como está na lei. Pode necessitar alterar o trajeto da servidão de caminho para construir no local e impedir a invasão de sua privacidade, por exemplo. Por vezes, a diminuição das vantagens do prédio dominante será inevitável, como maior extensão de percurso na servidão de trânsito, por exemplo. O dispositivo, porém, não pode ser aplicado desvinculado das regras de vizinhança, tão próximas das servidões. Tudo dependerá do bom senso na decisão do caso concreto. Não contraria a índole da lei a fixação de uma indenização pecuniária ao titular do prédio serviente que leve em conta também essa hipótese, se for impossível solução que não diminua as vantagens de sua servidão. Toda despesa pela mudança é de responsabilidade do titular do prédio serviente. O que não pode ocorrer é sua pura extinção. Isso não é direito do proprietário do prédio serviente, a não ser nas hipóteses de não uso e de cessação de sua utilidade. Deve ser dada solução, no exercício do direito de mudança atribuído por lei, que mantenha a servidão com as mesmas finalidades e características para as quais foi criada.

O direito de remoção de local conferido ao titular do prédio dominante é facultativo, nos termos do art. 1.384, portanto potestativo e imprescritível. Não pode evidentemente ser utilizado de forma abusiva, por mera emulação. Esse direito visa também melhor aproveitamento de ambas as propriedades.

19.5 ORIGEM E CONSTITUIÇÃO DAS SERVIDÕES

As servidões não se presumem. Exigem o registro imobiliário para maior segurança. Podem ser constituídas, como vimos, por contrato, ato de última vontade, destinação do proprietário e por usucapião.

A instituição de servidão por contrato requer escritura pública quando acima do valor legal, exigindo o registro para converter-se em direito real. Somente quem dispõe de imóvel pode constituir servidão, a título gratuito ou oneroso. Nessa situação se colocam o proprietário e o enfiteuta. Não pode fazê-lo o condômino isoladamente, porque, para estabelecer restrição na coisa comum, necessita da autorização dos demais comunheiros, nem o nu-proprietário, se não autorizado pelo usufrutuário.

O testamento, havendo disponibilidade do imóvel quando da abertura da sucessão, também é idôneo para instituí-la.

Nossa lei não foi expressa a respeito da servidão instituída pelo pai de família. Esse fenômeno refere-se ao doador ou testador, que, possuindo prédio com serventia (como um caminho ou uma nascente, por exemplo), biparte-o entre dois donatários ou legatários, transformando-a em servidão. Após polêmica inicial, o Supremo Tribunal Federal admitiu a *instituição de servidão por destinação do proprietário,*[7] como é denominada. A omissão da lei não contraria o espírito da criação da servidão que deve obedecer ao critério de utilidade. Dividindo-se a propriedade, nada impede que se institua uma utilidade em favor de um dos imóveis desmembrados, facilitando-se sua exploração econômica. Parte da doutrina e da jurisprudência entende que somente as

---

7 "Apelação cível – Ação de constituição de servidão administrativa – Implantação de linha de transmissão elétrica – Valor da indenização – Efetivo prejuízo causado ao imóvel – Recurso provido – A justa indenização, decorrente da constituição de servidão administrativa, deve corresponder ao efetivo prejuízo suportado pelo proprietário, levando-se em conta apenas a situação e a destinação atual do imóvel" (*TJPR* – AC 1664594-4, 11-7-2018, Rel. Des. Adalberto Jorge Xisto Pereira).

servidões aparentes podem ser instituídas por desmembramento da propriedade pelo dono do imóvel (ver a respeito Rodrigues, 1984, v. 5:275). Não vemos justificativa nessa restrição, fundada na proteção de direito de terceiros, pois uma vez transcrito o título no registro imobiliário, constando a servidão, acautelar-se-ão os direitos dos futuros adquirentes, ainda que ela não seja aparente. Obedece-se ao determinado pela lei. Inadmissível é a instituição de servidão por destinação do proprietário não constante do registro imobiliário. Na mesma situação se coloca a possibilidade de instituição de servidão pelo alienante do imóvel fracionadamente ou pelo loteador. Atendendo a esse aspecto, o Projeto nº 6.960/2002, no sentido de nossa sugestão, descreveu essa modalidade de instituição de servidão, substituindo a redação do art. 1.379:

> *"Se, em um dos imóveis do mesmo proprietário, houver sinal exterior que revele serventia de um em favor do outro em caráter permanente, a serventia assumirá a natureza de servidão no momento em que os imóveis passarem a ter donos diversos, salvo declaração em contrário no título de transferência do domínio do imóvel alienado primeiramente".*

Nessa situação, há destinação do proprietário porque nos imóveis já existe uma serventia, uma passagem de uma unidade a outra, por exemplo. Outra hipótese, na mesma senda, é projetada pelo § 1º:

> *"Aplicar-se-á o disposto neste artigo quando dois imóveis pertencentes a donos diversos resultarem de desmembramento de um imóvel do mesmo proprietário anterior, que neste estabelecera serventia visível, por meio da qual uma de suas partes prestava determinada utilidade à outra, em caráter permanente, salvo declaração em contrário no título de transferência da parte que primeiramente foi alienada".*

A redação é longa, mas dá bem a noção de outra situação que pode ocorrer quanto à destinação do proprietário na constituição de uma servidão. Completa ainda o projeto com mais um parágrafo:

> *"Não se atenderá o disposto neste artigo quando a utilidade prestada pela serventia consistir numa necessidade cujo atendimento pode ser exigido por meio de um direito decorrente da vizinhança predial, caso em que o exercício de tal direito não obrigará o seu titular ao pagamento de nenhuma indenização pela utilização da serventia".*

Aqui a situação é mais sutil e vai exigir um exame acurado do julgador. Quando, por exemplo, mercê do direito de vizinhança, um prédio deverá suportar a passagem de canos subterrâneos para escoamento de água, não haverá servidão, mas, sim, mera serventia administrativa, sem direito oneroso. De qualquer modo, se esses textos se tornarem lei, fica definitivamente assentada a possibilidade de instituição da servidão por destinação do proprietário.

Vimos que as servidões passíveis de posse podem ser adquiridas por usucapião. Dispõe o art. 1.379 do Código de 2002 (o mesmo que o Projeto nº 6.960 tentou substituir, como vimos anteriormente):

> *"O exercício incontestado e contínuo de uma servidão aparente, por dez anos, nos termos do art. 1.242, autoriza o interessado a registrá-la em seu nome no Registro de Imóveis, valendo-lhe como título a sentença que julgar consumado a usucapião.*
>
> *Parágrafo único. Se o possuidor não tiver título, o prazo da usucapião será de vinte anos".*

Veja que o Código de 2002 é expresso nesse dispositivo sobre a possibilidade de usucapião de servidões aparentes, para dirimir dúvidas. Permitem-se, portanto, a usucapião ordinária e extraordinária, nos mesmos prazos e sob os mesmos princípios da usucapião em geral, com a redação dada pela Lei nº 2.437/55, que reduziu o lapso temporal primitivo. Observe o que falamos sobre a usucapião no Código de 2002, no capítulo já estudado. O processo é o já examinado para a usucapião em geral. É de toda conveniência que esse texto seja mantido no vigente Código, ainda que introduzida a nova redação, que trata de outro assunto, proposta pelo projeto, como citamos.

As servidões não aparentes não permitem usucapião, pois impossibilitam evidenciar o fato da posse. Nesse sentido, a Súmula nº 415 do Supremo Tribunal Federal que autoriza a usucapião da servidão de trânsito quando deixar sinais visíveis, como marcas de solo, pontes, aterros, pavimentação etc. Somente não podem ser usucapidas as passagens que não deixam vestígios. Veja que o mais recente Código foi expresso. Examina-se o caso concreto.

As servidões não aparentes somente se podem constituir pelo registro imobiliário. As aparentes também devem ser registradas, mas quando decorrentes de usucapião, e conforme a regra geral desse instituto, a sentença e o registro são apenas declaratórios e não constitutivos (Wald, 1991:185).

A sentença homologatória do processo de divisão de imóveis pode estabelecer servidão. Por vezes, será ela indispensável para assentar-se divisão cômoda. Na divisão, instituir-se-á servidão somente quando for inevitável. Não depende da vontade da parte, mas da situação geográfica dos imóveis: necessidade de servidão de trânsito, de fazer abeberar gado, de tirar água etc. A perícia deverá demonstrar a necessidade no caso concreto. Homologada a sentença e devidamente registrada no cartório imobiliário, estabelece-se o direito real.[8] Será evitado, contudo, o estabelecimento do gravame, sempre que a situação o permitir. Nesse sentido, o art. 596, parágrafo único, II, do CPC:

> *"Instituir-se-ão as servidões que forem indispensáveis, em favor de uns quinhões sobre os outros, incluindo o respectivo valor no orçamento para que, não se tratando de servidões naturais, seja compensado o condômino aquinhoado com o prédio serviente".*

A servidão pode ser estabelecida pelas partes de *futuro* sem que com isso se fixe uma condição suspensiva. O alienante de imóvel, ou loteador, pode reservar parte dele para

---

8 "**Servidão de passagem** – Inexistência de proibição de utilização da passagem – Insurgência que se restringe a colocação de uma porta para segurança dos moradores, para se evitar incidente desagradável ocorrido. Segurança que deve ser priorizada. Sentença mantida. Honorários advocatícios recursais fixados. Recurso a que se nega provimento" (*TJSP* – AC 1019437-63.2016.8.26.0482, 10-10-2019, Rel. Mauro Conti Machado).

"**Usucapião de servidão de passagem ou fixação de passagem forçada** – Autores que pretendem o reconhecimento do direito de utilizar caminho que passa pela propriedade do réu para transitar entre a via pública e o seu imóvel. Sentença de improcedência. Recurso dos autores. 1- Preliminar de ausência de impugnação específica afastada. 2- Coisa julgada com relação ao pedido de fixação passagem forçada. Questão que já foi objeto de ação anterior, havendo identidade de partes, causas de pedir e pedido. Embora denominada "cautelar", a ação anterior tinha caráter satisfativo. Nome atribuído à ação pouco importa para a caracterização da identidade de ações. 3- Alegação de incompetência absoluta rejeitada. Extinção da ação com relação ao pedido de fixação de passagem forçada. Prosseguimento apenas com relação ao pedido de usucapião Inexistência de dependência. 4- Usucapião de servidão de passagem. Atos de mera tolerância ou permissão ou utilização clandestina que afastam a proteção possessória. Art. 1.208 do CC. Não preenchimento dos requisitos do art. 1.379 do CC. Servidão em questão que é não aparente e descontínua. Estrada construída para utilização pelo réu, e não pelos autores. Hipótese da Súmula 415 do STF não verificada. Ausência de exercício contínuo e incontestado de servidão pelo prazo de 20 anos. Improcedência. 5- Recurso desprovido" (*TJSP* – Ap 1008451-85.2015.8.26.0320, 11-10-2018, Relª Mary Grün).

vista, melhor estética, local de lazer ou estacionamento, estabelecendo a servidão *altius non tollendi*, que deve ser respeitada pelos futuros adquirentes. Enquanto não concretizada, a futura servidão será considerada mera serventia. Como anota Pontes de Miranda a respeito (1971, v. 18:186),

> *"o direito real não está em suspenso; apenas a eficácia é no futuro, quando as circunstâncias permitirem o uso da servidão, isto é, o exercício do direito real. Muitas vezes o aproveitamento do prédio depende de se ter constituído a servidão 'de futuro', a qual, se desrespeitada, jogaria por terra a finalidade da futura construção".*

Situação prática ocorreu em julgamento do qual participamos, em que incorporador de imóvel, em local nobre da cidade de São Paulo, reservou área para fins residenciais de construção de edifícios e área para construção de *shopping center*. Fez constar da escritura e da especificação de condomínio de ambos uma área divisória *non aedificandi*, parte para ajardinamento nos limites residenciais do lote residencial, e parte para estacionamento, no limite do empreendimento comercial, constituindo verdadeira servidão negativa futura, a ser respeitada como direito real por ambos os confinantes, e futuros adquirentes, quando viessem a ser concluídas as construções.

19.6 EXTINÇÃO DAS SERVIDÕES

A servidão pode-se extinguir, como visto, pela *confusão*, quando um único proprietário passa a ser dono do prédio dominante e do serviente (art. 1.389, I). A primitiva servidão passa à condição de serventia. Somente se restabelece se houver expressa referência no título que retorna as propriedades ao estágio primitivo.

A *convenção* das partes também pode extinguir a servidão. A escritura de extinção deve ser devidamente registrada. O art. 1.387 estabelece que, salvo nas desapropriações, a servidão, uma vez transcrita, somente se extingue com respeito a terceiros quando cancelada. O dispositivo do Código em vigor acrescenta, ademais, no parágrafo único desse artigo, que, se o prédio dominante estiver hipotecado, e a servidão se mencionar no título hipotecário, será também preciso, para cancelar, o consentimento do credor. Isso porque o credor hipotecário é um interessado ou proprietário em potencial e a extinção da servidão pode diminuir o valor do imóvel.

Quando da alienação de imóvel gravado com servidão, se não for feita ressalva, a servidão mantém-se íntegra, pois acompanha a coisa como direito real acessório.

O art. 1.388 estabelece as hipóteses pelas quais o dono do prédio serviente pode pleitear o cancelamento da servidão no registro imobiliário.

Primeiramente, o dispositivo refere-se à *renúncia* pelo titular do prédio dominante. A renúncia é ato unilateral e normalmente deve ser expressa. Contudo, admite-se que seja tácita inferida do comportamento do agente. O dono do prédio serviente permite, por exemplo, que seja realizada obra incompatível com seu direito de servidão. O art. 1.382, hipótese que atribui ao dono do prédio serviente os gastos com obras e manutenção da servidão, permite o *abandono liberatório* do prédio ao dono do imóvel dominante. É também forma de renúncia da propriedade.

O inciso II do art. 709 do Código de 1916 referia-se à abertura de estrada para via pública, na hipótese de servidão de passagem. A situação é de extinção de passagem forçada e como tal deveria ser tratada e colocada na lei. Sob o prisma de servidão de trânsito, há de ser verificado se de fato ela existe ou se há direito de passagem forçada. Se o prédio não era propriamente encravado, mas a passagem servia para aumentar a utilidade do prédio, a abertura de acesso à via pública por si só não permite extinguir a servidão. A disposição servia, contudo, para provar a inexistência de servidão quando um prédio deixa de ser encravado.

Sobre esse aspecto, o inciso II do art. 1.388 do Código em vigor é mais genérico, pois a situação deve aplicar-se a qualquer servidão. Assim, tem o dono do prédio serviente direito ao cancelamento *"quando tiver cessado, para o prédio dominante, a utilidade ou a comodidade, que determinou a constituição da servidão"*. Desse modo, não somente a servidão de passagem pode ser cancelada quando perde sua razão de ser, mas também, por exemplo, a servidão de colher água, se no prédio dominante surgiu uma nascente.

O inciso III dispõe acerca do resgate da servidão. O acordo entre as partes, devidamente registrado, extingue o direito real sobre a coisa alheia. Trata-se da convenção anteriormente referida que também pode abordar a *"supressão das respectivas obras por efeito de contrato ou de outro título expresso"* (art. 1.389, II).

O *não uso* é outra modalidade de extinção. Vimos ser a servidão estabelecida sob o critério de utilidade para o prédio dominante. Cessada a utilidade e não fazendo seu titular mais uso dela, não há por que se manter a restrição ao prédio serviente. Para a consumação do não uso, é irrelevante a causa que o motivou. Só é relevante o fato da inércia do titular. Sendo vários os titulares de uma servidão, o não uso por alguns não implica não uso legal, se outros titulares continuam exercendo o direito. O inciso III, do art. 1.389, estipula o prazo de dez anos contínuos de não uso para se ter por extinta a servidão, mesmo prazo do Código anterior. Antes, porém, desse prazo, como acentuamos, a inutilidade superveniente da servidão pode permitir sua decretação de extinção. O local pode ter-se modificado a ponto de tornar impossível ou inútil seu exercício.

Anote que, nas servidões negativas, o não uso caracteriza-se pelo levantamento de obra ou pela atividade que o dono do prédio serviente estava comprometido a não fazer, como, por exemplo, não construir. O prazo de não uso, nessa hipótese, é contado do início da atividade contrária à abstenção. Nas servidões positivas, o não uso concretiza-se pela não utilização: não se utiliza mais a servidão de trânsito; não se vai buscar mais água no terreno vizinho, por exemplo. O prazo de não uso flui a partir do último ato praticado. Tal como na prescrição extintiva, permite-se a interrupção e suspensão do prazo, regendo-se por seus princípios.

Se ocorrer qualquer das causas de extinção, o dono do prédio serviente terá o direito de cancelá-la no registro imobiliário. Se decorrer de sentença, o instrumento será o mandado judicial. Cabe sempre ao interessado, titular do prédio serviente, provar sua extinção.

Quando o prédio dominante estiver onerado com hipoteca e no título hipotecário existir menção a esse direito de servidão, para o cancelamento há necessidade de consentimento do credor hipotecário. Isso porque, em tese, com a extinção da servidão, diminui o valor do imóvel e, consequentemente, da garantia. Essa exigência vem expressa no art. 1.387, parágrafo único do vigente Código, como mencionamos.

A exemplo da propriedade resolúvel, também a servidão pode ser estabelecida sob termo ou condição, embora não seja regra geral. O decurso de prazo ou o implemento da condição nessas hipóteses também extingue a servidão.

Também devem ser levadas em conta as causas de perecimento da propriedade em geral. Desaparecido o imóvel, por inundação, por exemplo, com ela perece a servidão por desaparecimento do objeto.

19.7 AÇÕES DECORRENTES DAS SERVIDÕES

O titular de direito de servidão defende sua existência em juízo por meio da *ação confessória*, denominação do direito justineaneu da antiga *vindicatio servitutis*. É procedimento comum, que tem por finalidade o reconhecimento desse direito real sobre coisa alheia, se contestado pelo dono do prédio serviente. Nessa ação, discute-se o fundamento da servidão. Seu cunho é petitório.

Embora essa ação confessória tenha vasto âmbito, podendo ser promovida contra qualquer pessoa que se insurja contra a servidão, remédio mais pronto e eficaz são as *ações possessórias*, ajuizáveis contra quem quer que turbe, ameace ou impeça o exercício da servidão; enfim, quando já ocorre lesão ao exercício do direito. Essas ações podem ser promovidas contra o dono ou possuidor do prédio serviente e satisfazem o direito mais rapidamente na hipótese de transgressão, por sua própria natureza. Passíveis de defesa possessória são somente as servidões aparentes. As ameaças às servidões não aparentes podem ser socorridas pelos meios cautelares em geral e pela nunciação de obra nova, quando presentes seus pressupostos.

De outro lado, o proprietário de qualquer prédio tem a *ação negatória*, igualmente de procedimento comum e de natureza petitória, contra quem se arvore em tentar provar a existência de servidão que o autor repute inexistente. Seu objetivo precípuo é provar que sua propriedade está livre e desembaraçada de qualquer servidão, quando um vizinho pretende defender sua existência. A finalidade é impedir que o vizinho exerça atos inerentes à servidão tida como inexistente. Também nessa hipótese, a ação possessória pode ser mais útil, quando os atos do vizinho já estão materializados em ameaça ou turbação da posse daquele que refuta qualquer direito à servidão, como tentativa de trânsito de pessoas ou veículos, de passagem de cabos ou tubulações, de tomada de água etc. Negada pelo proprietário a existência de qualquer servidão, o ônus da prova transfere-se todo ao réu, não somente porque os fatos negativos independem de prova, como também porque a propriedade presume-se livre de qualquer gravame. Supõe-se que ao domínio nada se restringiu ao se compor o direito real. "*A regra jurídica de que a servidão não se presume é simétrica à presunção da liberdade do domínio*" (Pontes de Miranda, 1971: v. 18:185).

Admite-se também a *ação negatória* quando o dono de prédio serviente pretende declaração de exercício abusivo de servidão. A finalidade da ação nessa hipótese é restringir a utilização da servidão a sua efetiva finalidade. A servidão é inadmissível no excesso inútil, ou seja, no seu uso imoderado ou desnecessário, que refoge a seu âmbito. Assim, por exemplo, se a servidão foi constituída exclusivamente para passagem de pedestres, não pode ser permitida a passagem de veículos ou montarias.

As ações possessórias, contudo, somente podem ser utilizadas, como enfocado, para as servidões aparentes, materializadas por sinais visíveis, passíveis do estado de fato da posse. A servidão de trânsito, por exemplo, é passível de proteção possessória quando apresenta sinais visíveis de passagem. Doutra forma, somente se pode recorrer às ações confessórias e negatórias ou a outros meios processuais que não possessórios.

A *ação de usucapião*, como examinado, tem a finalidade de reconhecer a existência de servidões aparentes.

20

USUFRUTO. USO. HABITAÇÃO

20.1 CONCEITO DE USUFRUTO. NOTÍCIA HISTÓRICA

Usufruto, uso e habitação são direitos de gozo ou fruição sobre coisa alheia, merecendo estudo conjunto, pois uso e habitação são institutos mais restritos, porém da mesma natureza, regidos pelo conteúdo geral mais amplo de usufruto.

O conceito de usufruto decorre da própria estrutura fornecida pela lei, Código de 1916:

> *"Art. 713. Constitui usufruto o direito real de fruir as utilidades e frutos de uma coisa enquanto temporariamente destacado da propriedade".*

Portanto, usufruto é um direito real transitório que concede a seu titular o poder de usar e gozar durante certo tempo, sob certa condição ou vitaliciamente de bens pertencentes a outra pessoa, a qual conserva sua substância. Solidificado o conceito de usufruto no passado, o vigente Código, como fez com outros institutos, não repetiu a definição.

Advertimos, de início, que sua utilidade prática na atualidade se restringe quase exclusivamente às hipóteses de doação por ascendentes a descendentes com reserva de usufruto vitalício aos primeiros. Nas separações conjugais e no direito testamentário também é útil para acomodar situações de partilha, embora o juiz não possa concedê-lo de ofício, como em outras legislações. Fora dessas hipóteses, não mais se encontrará a utilidade original do Direito Romano, embora nosso ordenamento desça às minúcias tradicionais de todas as legislações para regulamentá-lo.

Qualificado como direito real, embora sua utilidade mais palpável seja para os bens corpóreos, também pode ter por objeto bens incorpóreos, como créditos, direitos intelectuais, hoje já não mais classificados como direitos reais propriamente ditos.

Nas fontes encontramos a essência de seu fundamento: direito de usar e gozar de coisa alheia, sem alterar sua substância (*usus fructus est ius alienis rebus utendi fruendi salva rerum substantia*, Digesto, VII, 1, 1). Cuida-se, portanto, do direito *utenti* e *fruendi*.

O usufrutuário não recebe o *ius abutendi*, ou seja, o direito de alienar e consumir a substância do bem, a qual fica reservada ao nu-proprietário, como é rotulado o dono da coisa nessa modalidade. Tudo indica que o instituto já era conhecido na época clássica do Direito Romano

(Alves, 1983, v. 1:409). No entanto, sua origem é mais recente do que as servidões prediais. Seu nascimento está relacionado com o direito de família. No casamento, a mulher não ingressava na família do marido, não se tornando sua herdeira. Para evitar que em seu falecimento ela ficasse em penúria, o varão a designava usufrutuária de certos bens de seu patrimônio, independente de testamento. Interessante notar, como veremos, que o direito de família e de sucessões vigente até recentemente entre nós mantém o usufruto em certas situações peculiares, confirmando sua origem e mantendo seu caráter alimentício.

Perante o usufrutuário, o dono da coisa era denominado *dominus proprietatis* ou *proprietarius* (palavra que no latim clássico nunca teve a compreensão genérica atual) (Arangio-Ruiz, 1973:265). O hoje designado nu-proprietário conserva a faculdade de dispor da coisa, mas não pode praticar nenhum ato que reduza ou embarace o uso e gozo do usufrutuário, tal como hodiernamente, em sua origem não era permitido ao usufrutuário alterar a destinação da coisa. Para garantir sua conservação e restituição ao final do prazo, o usufrutuário podia ser obrigado a prestar uma caução (*cautio usufructuaria*), tal como mantida no direito vigente. Essa caução também tinha por finalidade custear as despesas ordinárias com a conservação da coisa. A caução perdura em nosso Código, no art. 1.400, pois o usufrutuário deverá, antes de assumir o usufruto dos bens, prestar caução *"fidejussória ou real, se lha exigir o dono, de velar-lhes pela conservação, e entregá-los findo o usufruto"*.

A finalidade e essência do usufruto nasceram direcionadas às coisas duráveis, móveis ou imóveis, não fungíveis. Difícil sua compreensão para coisas fungíveis e consumíveis. No entanto, já no Direito Romano passou-se a admitir usufruto de coisas consumíveis, mediante caução especial, com obrigação do usufrutuário de devolver a final coisas do mesmo gênero e qualidade, instituição que o direito justinianeu denominou de *quase usufruto*, à qual também denominamos *usufruto impróprio*. Nessa última hipótese, na realidade, o usufrutuário adquire a propriedade dos bens, tanto que pode consumi-los, estando obrigado a devolver o equivalente, que podia ser em dinheiro. O surgimento do fenômeno um tanto deslocado da estrutura original também é explicado historicamente. Com frequência, ocorria de o testador instituir usufruto de todos seus bens, seu patrimônio, nos quais certamente se incluíam coisas consumíveis. Por essa razão, foi decidido que se poderia legar em usufruto todas as coisas componentes do patrimônio (Petit, 1970:335). Estabelecia-se o quase usufruto quando era concedido ao beneficiário o gozo das coisas legadas, por meio de transmissão de propriedade, acompanhada de uma promessa de restituição (Girard, 1911:364). Também o usufruto de créditos era conhecido dos romanos.

De maneira geral, todos os princípios consagrados na codificação de Justiniano mantiveram-se intactos no direito moderno. Usufruto, uso e habitação eram então denominados *servidões pessoais*, em razão do proveito que proporcionam ao beneficiário, ao sujeito especificamente e não às coisas, como acentuamos no capítulo anterior, contrapondo-se às servidões prediais, que se vinculam à utilidade em prol de prédios vizinhos.

O usufrutuário pode obter da coisa toda utilidade que ela proporciona, devendo, porém, respeitar sua própria existência e, de maneira geral, observar também sua destinação econômica. Portanto, a utilização ampla e quase completa da coisa é deferida ao usufrutuário, ainda que limitada no tempo, no que difere da enfiteuse.

Tratando-se de restrição de vulto ao direito de propriedade, é ela temporária, porque doutro modo o domínio restaria praticamente sem conteúdo, não sendo essa a intenção primeira de sua criação. Lembre-se de que as origens históricas da enfiteuse e do usufruto são diversas e traduzem-se em diversas motivações intrínsecas de seus instituidores. Nada disso foi alterado no direito atual.

20.2 NATUREZA JURÍDICA. CARACTERÍSTICAS, FINALIDADES E OBJETO. USUFRUTO IMPRÓPRIO. CONSTITUIÇÃO E TRANSCRIÇÃO. ACESSÓRIOS

Do conceito tradicional concluímos que se trata de *direito real*. Assim classificado pela lei, exige transcrição imobiliária no respectivo registro, averbando-se junto à matrícula (salvo para o resultante de direito de família), quando se tratar de imóveis. É afastada qualquer relação pessoal ou obrigacional nesse instituto. Possui, portanto, direito de sequela, acompanhando o bem com quem se encontre ou onde se encontre. Uma vez estabelecido, a discussão que se estabelece sobre sua existência e reivindicação é de natureza petitória, embora os remédios possessórios também o protejam nas premissas conhecidas.

Tratando-se de direito sobre coisa alheia, pressupõe a convivência harmônica dos direitos do usufrutuário e do nu-proprietário. Os elementos que distinguem os direitos de ambos são o proveito da coisa em benefício do usufrutuário e a substância que permanece com o nu-proprietário. O caráter alimentar originário em favor do usufrutuário permanece no instituto, como percebemos na prática de reserva de usufruto feita pelos ascendentes nas doações, instrumento jurídico comum no universo negocial.

O usufrutuário mantém a posse direta do bem. O nu-proprietário é possuidor indireto. Lembre-se do que foi estudado a respeito da bipartição da posse acolhida por nosso direito nesta obra. O primeiro pode defender-se pelos meios possessórios, inclusive contra o nu-proprietário.

Podendo fruir da coisa, aufere seus frutos naturais e civis. O usufrutuário pode, portanto, ceder a coisa a terceiros, dá-la em locação e comodato, ou qualquer outro negócio atípico para essa finalidade.

Como anotado de início, não há restrição quanto a seu objeto. Pode ser constituído sobre móveis e imóveis. Vimos que a tradição romana criou o quase usufruto sobre bens consumíveis, modernamente denominado *usufruto impróprio*. Pode incidir sobre títulos, ações, direitos incorpóreos de que resultem frutos. O usufrutuário de ações de sociedade anônima, por exemplo, pode perceber seus dividendos. Correção monetária não é renda, nunca é demais lembrar.

Quando se tratasse de usufruto impróprio (art. 726 do Código de 1916),

> *"as coisas que se consomem pelo uso caem para logo no domínio do usufrutuário, ficando, porém, este obrigado a restituir, findo o usufruto, o equivalente em gênero, qualidade e quantidade, ou, não sendo possível, o seu valor, pelo preço corrente ao tempo da restituição".*

A hipótese adota idêntica solução romana justinianeia. É evidente que a instituição de usufruto sobre coisas consumíveis traz inconvenientes, os quais podem ser contornados por outros institutos jurídicos mais dinâmicos e mais eficazes, como, por exemplo, a alienação fiduciária em garantia e o *leasing* (arrendamento mercantil). Tal como disciplina a lei, o usufruto nessa situação anômala transfere a propriedade do bem consumível. O parágrafo único do art. 726 determinava que se houvesse avaliação no título constitutivo dos bens fungíveis, salvo disposição expressa em contrário, o usufrutuário deveria pagar o preço da avaliação. A correção monetária era de rigor: mais um inconveniente a desestimular a modalidade. A doutrina repele usufruto impróprio, pois colide com sua natureza. Tanto que seu aspecto não é propriamente de um direito sobre coisa alheia, mas de uma obrigação de restituir, emergente da transferência da propriedade. Em razão das críticas e da inutilidade do instituto, o Código de 2002 suprimiu essa modalidade como regra geral, mantendo-a no tocante ao usufruto de títulos de crédito (art. 1.395).

> *"A sobrevivência do quase usufruto (cujas origens no Direito Romano são obscuras e discutidas) se explica somente por uma razão de tradição jurídica. Porém, nem sua designação,*

> *nem sua localização metodológica dentro dos direitos reais altera a verdade substancial: que o quase usufrutuário adquire a propriedade das coisas e que pode consumi-las, vendê-las ou delas dispor como melhor lhe parecer. Por isso, não se trata de um direito real sobre coisa alheia, senão de uma dívida de coisas consumíveis ou de sua estimação em dinheiro*" (Borda, 1984, v. 2:18).

O Código de 1916 aludia a coisas consumíveis (art. 726), porém é evidente que na categoria de usufruto impróprio pretendida pela lei ingressam igualmente os bens fungíveis em geral, embora nem sempre o que é fungível seja consumível (ver o que foi estudado na Parte Geral do Código para cujos princípios se recorre). Sobrevém geralmente situação de usufruto impróprio quando da instituição de uma universalidade, da qual fazem parte bens consumíveis. Raro foi certamente o usufruto instituído precipuamente para essa finalidade.

No que tange ao usufruto tradicional, salvo disposição em contrário no título constitutivo, o usufrutuário tem amplo direito de *fruir* da coisa. Pode transferir seu uso, todavia não transfere seu direito de usufruto, que é personalíssimo e inalienável.

A exemplo da origem histórica, o usufruto pode recair sobre bens individualizados ou sobre patrimônio, sobre uma universalidade:

> "*Art. 1.390. O usufruto pode recair em um ou mais bens, móveis ou imóveis, em um patrimônio inteiro, ou parte deste, abrangendo-lhe, no todo ou em parte, os frutos e utilidades*".

O objeto do usufruto pode ser coisa certa e determinada ou pode-se constituir usufruto universal, total ou parcial de um patrimônio. O testador pode instituir herdeiro em todo seu patrimônio ou em fração dele. Os pais, por exemplo, têm o usufruto universal dos bens dos filhos menores. Ao referir-se a patrimônio, a lei objetiva a universalidade de direito. Não obstante, a universalidade de fato, como rebanho ou biblioteca, pode da mesma forma ficar sujeita a usufruto.

Ao contrário da enfiteuse, o usufruto é sempre *temporário*. Pode ser constituído vitaliciamente, por certo prazo ou sob condição resolutiva, a exemplo da propriedade resolúvel.

Nossa lei silencia a respeito de usufruto instituído sob condição suspensiva. À primeira vista ressalta ser incompatível a suspensividade com a instituição de usufruto. O direito argentino é expresso na proibição, abrindo uma única exceção para o caso de instituição por testamento, quando o prazo se vencer ou ocorrer o implemento da condição depois do falecimento do testador (art. 2.829 do Código Civil argentino). Em nosso direito, como resta inadmissível a propriedade sob condição suspensiva, não nos parece possível o usufruto sob tal condição. A possibilidade estabelecida no direito argentino é acerbamente criticada, pois ali entende-se que o texto legal deveria admitir a condição se realizado seu implemento ou o decurso de prazo *antes* da morte do testador e não após, uma vez que nessa hipótese a transmissão do usufruto estaria desembaraçada de qualquer condição, como ocorre no Código chileno (Borda, 1984, v. 2:27).

Nunca o usufruto poderá ser perpétuo, porque essa não é característica sua, mas da enfiteuse. Como o usufruto é conferido tendo em mira a pessoa do usufrutuário, seu sentido é extinguir-se com sua morte, com a restituição da coisa, embora existam opiniões em contrário sustentando a sucessividade. Se instituído em favor de pessoa jurídica, termina, em nosso direito, com sua extinção ou em 100 anos a contar da data do início de exercício, segundo o Código de 1916 (art. 741). Outras legislações optaram por prazo mais exíguo. Nessa situação, o presente Código Civil estipula sua extinção quando da extinção da pessoa jurídica favorecida, ou, se ela perdurar, pelo decurso de trinta anos da data em que se começou a exercer (art. 1.410, III).

O usufruto é constituído por contrato, entendendo-se a doação como tal, portanto por meio de negócio gratuito ou oneroso, ou por ato de última vontade. Pode constituir-se, em tese, por usucapião quando o usucapiente adquire a coisa de quem não seja proprietário e também pode decorrer de lei. Nossa lei não enumera os modos de constituição, que na verdade são esses quatro na doutrina estrangeira: (1) contrato gratuito ou oneroso; (2) testamento; (3) usucapião; e (4) disposição de lei (nesse sentido é expresso o art. 2.812 do Código argentino).

Por contrato, gratuito ou oneroso, podem ocorrer três possibilidades, embora o código não as mencione. Aliena-se a nua-propriedade, reservando-se ao alienante o uso e gozo de usufrutuário; constitui-se o usufruto, ficando o alienante como nu-proprietário, ou então cede-se a um sujeito a nua-propriedade e a outro o usufruto. Cuidar-se-á de contrato atípico que leva em conta princípios da compra e venda e da permuta, entre outros, quando se cuidar de negócio oneroso. Também à doação se agregarão elementos de outros contratos, como percebemos. Enquanto não registrado o contrato no cartório imobiliário, não há direito real (art. 1.391), salvo quando resultar de usucapião. O dispositivo respectivo do Código de 2002 é mais esclarecedor, pois alude que o usufruto, quando não resultante de usucapião, constitui-se mediante registro no Cartório de Registro de Imóveis. O artigo respectivo do Código anterior se reportava à desnecessidade de registro quando se tratasse de usufruto decorrente de direito de família, aquele que os pais têm em relação aos bens dos filhos menores.

Pelo testamento também pode o testador deixar a nua-propriedade a determinado herdeiro ou legatário e o usufruto a outro, ou vice-versa, ou então aquinhoar com usufruto um beneficiário da deixa testamentária e a nua-propriedade a outro.

O usufruto adquirido por usucapião segue, em princípio, os requisitos da prescrição aquisitiva em geral. Era discutível se poderia ocorrer em nosso direito. Poderia configurar-se quando o usucapiente recebesse a coisa de quem não fosse proprietário, mas arroga-se tal, sendo usufrutuário. Difícil, na prática, a possibilidade de usucapião somente do usufruto, se possível ao usucapiente, mormente na usucapião extraordinária, adquirir a propriedade plena (Arean, 1992:441). Pontes de Miranda (1971, v. 19:37) nega peremptoriamente a possibilidade de aquisição de usufruto por usucapião no direito brasileiro, porque nosso Código de 1916 a ele não se referiu. Modifica-se agora a ótica, porque o art. 1.391 do Código de 2002 é expresso a esse respeito.

O usufruto decorrente de lei, encontrável no direito de família e no direito das sucessões, deve ser colocado à margem do instituto tradicional, ao menos quanto à forma de constituição. Veremos que existem diferenças também quanto a aspectos de seu exercício. O usufruto paterno distancia-se flagrantemente do usufruto decorrente de ato de vontade. O usufruto do cônjuge supérstite, estabelecido mais recentemente entre nós como direito sucessório, e não recepcionado pelo Código vigente em princípio, também possui características próprias.

Importante ressaltar que não existem outras modalidades de constituição de usufruto. Não há, por exemplo, possibilidade de instituir-se usufruto por sentença. Ato do juiz pode reconhecer manifestação de vontade das partes pleiteando usufruto. Há declaração, mas não constituição. Não pode o juiz decretar usufruto contra o interesse e a vontade do dono, salvo a hipótese de execução, no usufruto sobre empresa ou imóvel. Contudo, no processo executório não há atos decisórios de conhecimento, somente atos materiais satisfativos do credor. O usufruto determinado na execução é fenômeno de direito processual e não de direito material.

Tratando-se de ato de disposição de direitos, é exigida plena capacidade para a instituição do usufruto por ato de vontade, assim como capacidade de adquirir por parte do beneficiário. Tratando-se de doação pura, independe da aceitação expressa do beneficiário.

Como ato de alienação, a doação ou contrato oneroso constituidores do usufruto podem ser passíveis de anulação se configurada fraude contra credores, nos termos dos arts. 158 a 165.

Não confundir a instituição de usufruto com a *promessa de constituição de usufruto*. Essa promessa somente gera direito pessoal, não tendo a lei possibilitado seu *status* de direito real, como o compromisso de compra e venda. Para a execução da promessa de usufruto, o beneficiário deve valer-se do procedimento com preceito cominatório (ação de obrigação de fazer), por várias vezes referida nesta obra, que se resumirá em perdas e danos na impossibilidade de cumprimento da promessa.

O registro imobiliário para os imóveis é essencial como ônus real que é, para gerar efeito *erga omnes*. Se decorrente de ato praticado em processo judicial, não necessita de escritura pública, sendo suficiente a tomada por termo nos autos (*JTJSP* 150/193).

Os direitos do usufrutuário e do nu-proprietário possuem gradação diferente e não se confundem, a não ser que se estabeleça relação contratual entre eles: o usufrutuário pode alugar o bem ao nu-proprietário, por exemplo. Contudo, a relação obrigacional não se confunde com o direito real, nessa hipótese. Por consequência, o ato constitutivo do usufruto não pode estabelecer de início a fruição conjunta do bem por ambos, porque isso contraria a natureza do instituto (*JTJSP* 149/324).

O caráter temporário do usufruto, ao mesmo tempo em que traduz um aspecto frágil, lhe dá flexibilidade para atingir objetivos temporários, mormente com finalidades alimentárias em prol do usufrutuário. Essa a principal razão de ter o limite da vida como termo final. Essa mesma razão inspirou nosso legislador a introduzi-lo como modalidade de sucessão *causa mortis*, protegendo o cônjuge viúvo, na situação descrita pelo § 1º do art. 1.611 do Código de 1916 (redação dada pela Lei nº 4.121/62, Estatuto da Mulher Casada) (ver a respeito nosso *Direito civil: Família e Sucessões*, capítulo 28).

As mesmas motivações incentivadoras do usufruto nos atos gratuitos desaconselham-no nos negócios onerosos, porque o nu-proprietário sempre estará sujeito à perda de valor ou deterioração da coisa (Weill, Terré, Simler, 1985:682).

Posto isso, podemos enunciar as características do usufruto: direito real sobre coisa alheia (não concebemos sobre a própria coisa, por sua essência); confere o uso e gozo da coisa ao usufrutuário que, no entanto, dela não pode dispor; ressalva a substância do bem ao nu-proprietário. Essa última característica nos vem da definição latina: *salva rerum substantia*. Significa que o usufrutuário apenas não possui o direito de dispor da coisa, como também não pode usar e gozar do bem de forma indiscriminada e ilimitada. A questão desloca-se para o caso concreto, para concluir quando se altera a *substância* da coisa citada pelos textos legais.

Deve ser entendido que ao usufrutuário é vedado praticar qualquer ato que transforme a coisa a ponto de desfigurar, alterar sua finalidade, seus elementos e qualidades constitutivas (Borda, 1984, v. 2:13). O conceito de substância não se refere apenas à individualidade da coisa, mas a seu próprio destino. Quem recebe um automóvel em usufruto, por exemplo, não pode desmontá-lo para transformá-lo em escultura de vanguarda. O destino econômico da coisa não pode ser alterado, como regra geral, salvo expressa menção no título constitutivo.

O usufruto é *divisível*, podendo ser atribuído simultaneamente a mais de uma pessoa, mais de um usufrutuário, estabelecendo-se o cousufruto, situação que levanta a questão do direito de acrescer entre os beneficiários, como veremos adiante. Não pode ser atribuído a vários titulares de forma sucessiva. Será facultado o uso e o gozo a mais de um usufrutuário sempre simultaneamente, situação que o distingue do fideicomisso, como apontaremos.

O usufruto não estabelece completa independência entre o nu-proprietário e o usufrutuário. Entre eles permanece o dever recíproco de respeitar o âmbito do exercício jurídico alheio. A própria lei estabelece limites de direitos recíprocos entre os titulares.

Não havendo ressalva, *"o usufruto estende-se aos acessórios da coisa e seus acrescidos"* (art. 1.392). O usufruto é, em regra, instituído sobre uma unidade materialmente considerada. O usufruto estende-se também às acessões verificadas nos bens usufruídos, bem como aos acessórios e pertenças que o dono coloca na coisa antes de instituí-lo. O direito estende-se também às servidões ligadas ao prédio usufruído.

20.3 AFINIDADE E DISTINÇÃO COM OUTROS INSTITUTOS. USUFRUTO E FIDEICOMISSO. USUFRUTO SUCESSIVO

Vimos que o usufruto se distingue do puro *direito de propriedade*, embora o usufrutuário comporte-se aparentemente como titular do domínio. Intrinsecamente, porém, repartem-se os poderes da propriedade, porque ao usufrutuário não é dado o direito de alienar a coisa nem o de alterar sua substância.

A perpetuidade é característica da *enfiteuse*, que se distingue da temporariedade do usufruto. Os princípios e origens históricas diversas de ambos os institutos os afastam de qualquer outra similitude, que não o aspecto material externo. O direito do enfiteuta é transmissível, o do usufrutuário não o é. No entanto, *"entre a enfiteuse, o usufruto, o uso e a habitação há gradação da extensão do gozo e todos restringem o domínio, sem lhe tirar a perpetuidade e a exclusividade que os caracterizam"* (Pontes de Miranda, 1971, v. 19:5).

Igualmente, não se confunde com o *condomínio*. Neste, os comunheiros exercem em conjunto todos os poderes da propriedade, a propriedade plena, em idêntico nível, apenas limitados pela existência de sujeitos com direitos iguais. No usufruto, existe gradação ou repartição no exercício dos direitos de proprietário, como fartamente ilustrado. Ademais, o direito do usufruto é sempre temporário. O exercício do usufruto assemelha-se ao condomínio quando são vários os usufrutuários, que, no entanto, são tratados como usufrutuários entre si na comunhão estabelecida.

Quando constituído a título oneroso, poderia assemelhar-se à *locação ou arrendamento*. No entanto, as diferenças são nítidas. O usufruto é elevado à condição de direito real sobre coisa alheia; a locação é relação obrigacional. Quando estabelecida uma obrigação de pagamento periódico pelo uso e gozo da coisa, devemos entender que se trata de locação. No entanto, por vezes, na prática, em se tratando de usufruto oneroso, podem surgir dúvidas porque o uso e gozo da coisa concedido no arrendamento é semelhante ao usufruto. O usufruto requer manifestação expressa das partes. Os direitos reais imobiliários somente são estabelecidos com o devido registro. Importa interpretar no caso concreto a intenção das partes. Pelas mesmas razões não se confunde com o *comodato*, empréstimo gratuito de coisas não fungíveis; relação obrigacional.

Da anticrese, a seguir estudada, o usufruto distingue-se porque a primeira tem por base a extinção de uma obrigação preexistente, colocando-se um bem como garantia de seu cumprimento. Nos sistemas que não admitem a anticrese, porém, o usufruto pode-lhe fazer as vezes (Gomes, 1983:272).

Em nossa obra *Direito civil: Família e Sucessões*, tivemos oportunidade de analisar a distinção entre usufruto e *fideicomisso* (seção 38.3.4), traçando os limites legais de ambos. O Código atual restringiu o alcance e a possibilidade de constituição de fideicomisso. Embora tecnicamente não se confundam, ambos os institutos aproximam-se. No usufruto, ocorre repartição dos poderes da propriedade entre nu-proprietário e usufrutuário, que os exercem de forma simultânea. Ambos são titulares concomitantes de direitos inerentes à propriedade. No fideicomisso, há uma disposição sucessiva da propriedade plena que primeiramente é atribuída ao fiduciário, que a certo tempo, sob certa condição ou em sua morte a transferirá ao fideicomissário.

No fideicomisso, existe disposição testamentária complexa (embora não se negue a possibilidade de ser instituído negocialmente, por ato entre vivos), por meio da qual o testador institui alguém, o fiduciário, por certo tempo ou sob condição, seu herdeiro ou legatário, o qual recebe bens em propriedade resolúvel, para que, com o implemento da condição, advento do termo ou sua morte, os transfira ao outro nomeado sucessivo, o fideicomissário. Tanto o fiduciário como o fideicomissário recebem os bens diretamente do fideicomitente (testador, se especificamente decorrente de ato de última vontade; doador, se por ato entre vivos, ou então alienante de forma geral). A passagem de bens do fiduciário ao fideicomissário apenas se opera materialmente, porque, pela disposição testamentária, o fideicomissário é herdeiro ou legatário que recebe diretamente do testador. Enquanto não se torna proprietário, o fideicomissário é titular de direito eventual, podendo, portanto, ingressar com medidas acautelatórias para evitar o perecimento de seu direito futuro.

O fiduciário recebe a propriedade plena. Poderá até mesmo aliená-la, se na disposição testamentária não for imposta a cláusula de inalienabilidade. Ocorrendo a hipótese de extinção da propriedade do fiduciário, o fideicomissário torna-se titular do domínio da coisa, com direito de sequela de ir buscá-la onde e com quem se encontre. O fiduciário mantém propriedade resolúvel. No usufruto, com a morte do nu-proprietário, seu direito transmite-se a seus herdeiros que devem respeitar o usufruto; no fideicomisso, a morte do fiduciário faz aflorar a propriedade do fideicomissário.

Como fideicomisso e usufruto podem aproximar-se nas dicções testamentárias, é preciso entender a ocorrência de fideicomisso quando o testador diz que os bens *passam* de um beneficiário a outro, após a morte, certo prazo ou condição. Se o testador beneficia alguém, com reserva da substância a outrem, institui usufruto, ainda que não seja expresso. Persistindo dúvida na interpretação, há que se propender pela conclusão da instituição de usufruto, uma vez que ambos os beneficiários poderão usar e gozar de plano dos bens, sem a falibilidade inerente ao fideicomisso. No Código de 2002, restringe-se enormemente a possibilidade de instituir fideicomisso, pois "*a substituição fideicomissária somente se permite em favor dos não concebidos ao tempo da morte do testador*" (art. 1.952).

Ao distinguirmos o usufruto do fideicomisso, vem à baila a proibição do usufruto sucessivo, permitido outrora no direito anterior à nossa codificação. O Código de 1916 limitou sua duração à vida da pessoa natural e a 100 anos para a pessoa jurídica (30 anos no atual Código). O sempre lembrado mestre Washington de Barros Monteiro (1989:307) aponta situação que com razão define como de perplexidade. Ocorre quando se conjuga a instituição de usufruto em doação ou testamento com a imposição da cláusula de inalienabilidade. O pai doa o bem ao filho, reserva para si o usufruto (*usufruto deducto*) e impõe cláusula de inalienabilidade. Na prática está determinando que compulsoriamente o direito de dispor seja transferido apenas ao sucessor do filho, pois este não poderá alienar o imóvel quando se consolidar a propriedade em suas mãos. Conclui o autor que nessa hipótese se configura o usufruto sucessivo proibido pelo ordenamento, embora aponte julgados em ambos os sentidos, com maioria para os que admitem a inalienabilidade. Entendemos, contudo, que assiste absoluta razão ao mestre e que nessa hipótese deve ser tida como ineficaz a antipática cláusula de inalienabilidade, por contrariar o espírito do usufruto. Diferentemente, Pontes de Miranda (1971, v. 19:218 ss.) não vê óbice na instituição de usufruto sucessivo no que está praticamente isolado na doutrina brasileira.

20.4 MODALIDADES. USUFRUTOS ESPECIAIS

O usufruto pode ser instituído de forma pura e simples, ou sob condição resolutiva ou prazo, como vimos. Tratando-se de instituição de negócio gratuito, pode receber encargo. Mais raro, pois de parca utilidade, o usufruto instituído a título oneroso.

Pode estabelecer-se de forma exclusiva ou em cousufruto a vários beneficiários, que exercem o usufruto simultaneamente, como expusemos. É vedado o usufruto sucessivo, ou seja, transmissível.

O testamento poderá sujeitá-lo a substituições, podendo ser objeto de legado ou herança. A matéria diz respeito ao direito sucessório.

Sendo direito temporário, o limite máximo é a vida do usufrutuário. Não é admitida instituição além da vitaliciedade da pessoa natural e além de 100 anos da pessoa jurídica (art. 741 do Código de 1916; 30 anos no Código de 2002, art. 1.410, III), extinguindo-se, porém, se a pessoa moral desaparecer antes desse prazo.[1]

Reportamo-nos, anteriormente, à situação do quase usufruto ou usufruto impróprio, dirigido a coisas consumíveis. Trata-se, como vimos, de regra que se afasta da finalidade original do instituto. O art. 1.395 refere-se a usufruto de títulos de crédito:

> *"Quando o usufruto recai em títulos de crédito, o usufrutuário tem direito a perceber os frutos e a cobrar as respectivas dívidas.*
>
> *Parágrafo único. Cobradas as dívidas, o usufrutuário aplicará, de imediato, a importância em títulos da mesma natureza, ou em títulos da dívida pública federal, com cláusula de atualização monetária segundo índices oficiais regularmente estabelecidos".*

Trata-se, como vemos, de hipótese de quase usufruto, porque tem por objeto bens consumíveis. Raro que se aceite usufruto exclusivo nessa hipótese, em que o risco é muito grande

---

1 "Imóvel – Doação – Ação de revogação – **Imóvel doado com reserva de usufruto** – Cerceamento de defesa – Afastamento – Não restou demonstrada a necessidade e pertinência de produção de outras provas – Inexistência de prejuízo à instrução processual – Respeito ao contraditório e à ampla defesa – Alegação de ingratidão de um dos donatários – Decadência configurada – Inteligência do artigo 559, do Código Civil – Prazo decadencial ânuo que se conta a partir do primeiro ato de ingratidão – Sentença mantida – Recurso não provido" (*TJSP* – AC 0003708-78.2014.8.26.0160, 14-6-2019, Relª Mônica de Carvalho).

"Apelação cível – Ação declaratória de inexistência de relação jurídica – Tributário – ITCMD – **Doação com reserva de usufruto vitalício conjuntivo** – Ilegalidade na cobrança do imposto – O usufruto é direito real na coisa alheia, temporário. O fato gerador da obrigação tributária é a situação definida em lei como necessária e suficientes à sua ocorrência (art. 114 do CTN). O art. 2º da Lei Estadual nº 8.821/1989 prevê que "o imposto (ITCD) tem como fato gerador 'a transmissão causa mortis' e a doação' a qualquer título". O usufruto extingue-se, cancelando-se o registro no Cartório de Registro Civil, visto tratar-se de direito real (art. 1.410 do Código Civil). No Registro de Imóveis serão feitos, nos termos desta lei, o registro e a averbação dos títulos ou atos constitutivos, declaratórios, translativos e extintivos de direitos reais sobre imóveis reconhecidos em lei, *inter vivos* ou *mortis causa*, quer para sua constituição, transferência e extinção, quer para sua validade em relação a terceiros, quer para sua disponibilidade (art. 172 da Lei 6.015/73). Se o usufruto se extingue com a morte do usufrutuário, a consolidação da propriedade na pessoa do nu-proprietário acontecerá somente na data do óbito do último usufrutuário, já que a escritura pública estabeleceu a reversão da parte ideal do usufruto ao cônjuge sobrevivente, nos exatos termos do art. 1.411 do CC. A definição pela ocorrência do fato gerador do ITCD na data da morte de um dos usufrutuários, no caso de usufruto simultâneo em que tenha sido estipulado o direito de acrescer ao usufrutuário sobrevivente, somente veio a ser introduzida pela Lei Estadual nº 12.741/2007, a qual acrescentou a alínea "d" ao art. 4º, III, da Lei Estadual 8.821/89. A alteração legislativa, todavia, é posterior ao óbito do usufrutuário, Alberto Talayer, falecido em 23/04/2006, razão pela qual não se aplica à hipótese, em atenção aos princípios da legalidade e anterioridade da lei tributária. Ou seja, descabido se mostra dar efeito retroativo à lei, para fazer incidir os efeitos da tributação. Apelo desprovido" (*TJRS* – AC 70078590346, 26-9-2018, Rel. Des. Marco Aurélio Heinz).

para o usufrutuário, dada a faculdade de o nu-proprietário não aceitar os novos títulos por aquele adquiridos. O mais recente Código procurou minimizar o risco, já apontando a destinação das importâncias recebidas.

O art. 720 do Código anterior reportava-se a usufruto de *apólices da dívida pública ou títulos semelhantes*. Nessa hipótese, a lei determinava que a alienação somente seria efetuada mediante acordo com o nu-proprietário. Esses títulos visam propiciar renda, tais como dividendos das ações, ao usufrutuário. Nesse caso, não era transferida a propriedade dos papéis ao usufrutuário, que continuava a pertencer ao nu-proprietário. Ambos deveriam concordar com a alienação. O suprimento judicial do consentimento, contudo, na hipótese de injusta recusa, poderia ser obtido judicialmente. Desaparece a disposição no vigente Código.

O art. 1.397 refere-se ao usufruto de um rebanho, portanto, uma universalidade de fato:

> *"As crias dos animais pertencem ao usufrutuário, deduzidas quantas bastem para inteirar as cabeças de gado existentes ao começar o usufruto".*

O usufrutuário, findo o usufruto, deve devolver igual número de cabeças, podendo supri-lo com as crias. Entendemos que o mesmo princípio é aplicado ao usufruto de árvores, na falta de dispositivo expresso em nosso direito a respeito. Não será utilizado o critério de universalidade se na instituição do usufruto individualizou-se cada membro de um rebanho. Quando beneficiário de usufruto de rebanho, o usufrutuário tem direito a seus frutos, leite e seus derivados e às crias que ultrapassarem o número original de cabeças atribuído. Trata-se, pois, de usufruto de coisas fungíveis.

O usufruto estabelecido pelo art. 725 do Código de 1916 referia-se a florestas ou minas. Como lembra Sílvio Rodrigues (1984:292), no dispositivo era descrita outra hipótese de usufruto impróprio, porque o usufrutuário pode auferir produtos, os quais não se renovavam periodicamente. Nesse caso, pela lei, caberia às partes fixar a extensão e a maneira de exploração. Silentes os interessados, caberia interpretar sua vontade no caso concreto, estabelecendo-se o uso da coisa nos limites do razoável. Em qualquer situação em que se examine a posição do usufrutuário deveria ser levado em conta o conceito do bom pai de família (Trabucchi, 1992:466). Não há mais essa modalidade no presente Código. O usufruto impróprio típico está caracterizado no art. 726 do antigo diploma, como já expusemos.

20.5 INALIENABILIDADE

O direito do usufrutuário é intransmissível e assim é expresso o art. 1.393 do Código. Fosse isso permitido, estabelecer-se-ia usufruto sobre outro usufruto (subusufruto), que contraria sua índole. Ademais, o usufruto extingue-se com a morte do usufrutuário (art. 1.410, I), o que reafirma sua intransmissibilidade. Como geralmente é ato benéfico, a permissão de alienação suprimiria sua finalidade.[2] O exercício do usufruto, porém, pode ser cedido por título gratui-

---

2 "Ação de arbitramento de renda decorrente da privação do exercício do **usufruto** constituído sobre imóvel urbano – Extinção sem resolução do mérito em razão do óbito do beneficiário no curso do processo – Consolidação da propriedade nas mãos dos nu-proprietários – Pretensão personalíssima (intuito personae) intransmissível por mecanismo sucessório – Incidência do arts. 485, IX, do Código de Processo Civil, por força dos arts. 1.393, 1.394 e 1.410, I, do Código Civil – Sentença mantida – Recurso não provido" (*TJSP* – Ap 1003344-83.2020.8.26.0482, 3-2-2023, Rel. César Peixoto).

"Apelação cível – Ação de reparação de danos – **Doação com reserva de usufruto** – Morte de um dos usufrutuários – Contrato de parceria firmado por outro usufrutuário – Divisão dos lucros – Impossibilidade – Ocorrendo a morte da mãe do donatário, que também era usufrutuária da gleba de terras objeto da lide, o donatário passou a

to ou oneroso (art. 1.393). Em que pese a sua inalienabilidade, nada impede que ocorra sua transferência para o proprietário do bem, porque, nessa hipótese, consolida-se a propriedade plena (Viana, 2003: 633).

Pela mesma razão, o usufrutuário não pode gravar seu direito, que é inalienável, com hipoteca, penhor ou anticrese, pois o art. 756 do Código de 1916 o permite expressamente apenas ao proprietário que tenha o poder de alienar. O princípio se mantém nos princípios do mais recente ordenamento.

Somente o direito de usar e gozar da coisa pode ser cedido, a título gratuito ou oneroso, independentemente de aquiescência do nu-proprietário, que não pode vedá-lo. O direito de usufruto somente pode ser alienado ao nu-proprietário, possibilitando-se a consolidação da propriedade (art. 1.393). Desse modo, o usufruto é exclusivo do usufrutuário, embora possam ser penhorados seus frutos e rendimentos.[3]

---

ser proprietário pleno da parte de terra que lhe pertencia, podendo dela dispor e exercer posse da maneira que desejar. No caso, sequer foi provado que a área arrendada de fato seria a mais valorizada, tendo o apelante inclusive dispensado a produção de outras provas. Considerando que a área doada é de 120,62,00ha e que somente foram arrendados 30,00,00ha, tem-se que o requerido não ultrapassou os 50% (cinquenta por cento) da gleba de terras que lhe pertence. Restou incontroversa a tese do recorrido, no sentido de que já exercia posse sobre a área arrendada e já delimitada, eis que não fora produzida prova em contrário" (*TJMG* – AC 1.0295.12.000713-9/001, 19-7-2019, Rel. Rogério Medeiros).

"Agravo de instrumento – Embargos de terceiro – Penhora – Constrição incidente sobre imóvel objeto de usufruto – **Usufruto vitalício constituído** – Usufruto vitalício não impede a constrição judicial sobre a nua propriedade do bem – Entendimento jurisprudencial – Constrição que não pode recair apenas sobre imóvel que constitui bem de família – Recurso provido em parte – Decisão reformada em parte" (*TJSP* – AI 2043881-66.2018.8.26.0000, 25-5-2018, Rel. Ademir Benedito).

"Agravo de instrumento – Ação monitória em fase de cumprimento de sentença – Recurso interposto contra decisão que deferiu o levantamento da penhora que recaiu sobre o imóvel de propriedade da executada – Pretensão à manutenção da constrição – Inadmissibilidade – **Bem recebido por doação de seus genitores com cláusula de impenhorabilidade e reserva de usufruto vitalício a um dos doadores** – Cláusula restritiva que inviabiliza a pretensão – Inteligência do artigo 833, inciso I, do CPC – Descabida a discussão sobre a validade ou não da cláusula de impenhorabilidade em ação de execução – Decisão mantida – Recurso não provido" (*TJSP* – AI 2030228-31.2017.8.26.0000, 22-6-2017, Rel. Irineu Fava).

"Processo civil – Agravo Interno – Razões que não enfrentam o fundamento da decisão agravada – Ação de extinção de usufruto vidual com base em reconhecimento de união estável – não intimação de terceiro, supostamente tido como companheiro, para prestar depoimento – julgamento dissociado dos requisitos legais e constitucionais previstos para configuração de união estável – retorno dos autos à origem – 1- As razões do agravo interno não enfrentam adequadamente o fundamento da decisão agravada. 2- O usufruto vidual conferido ao cônjuge supérstite perdura enquanto permanecer o estado viuvez, o qual cessa com a constituição de nova entidade familiar, seja pelo casamento, seja pela união estável. 3- O Tribunal reconheceu a existência de união estável e extinguiu o usufruto vidual em virtude de sua suposta existência, não analisando o preenchimento dos quesitos previstos legal e constitucionalmente. Devem os autos, portanto, retornar à origem para que se profira nova decisão. 4- Agravo interno a que se nega provimento" (*STJ* – AgRg-REsp 1.209.716 – (2010/0165751-9), 31-8-2016, Relª Minª Maria Isabel Gallotti).

3 "Recurso de agravo de instrumento. Contribuições condominiais. Incidente de cumprimento de sentença. Decisão de deferimento do pedido de penhora dos direitos de usufruto detidos pelo devedor sobre determinados bens imóveis. Insurgência do executado. – Penhora de direitos de usufruto. Admissibilidade. Penhora do exercício do usufruto que não se confunde com penhora do direito real de usufruto, inalienável por disposição expressa contida no **art. 1.393 do Código Civil**. Constrição admitida. Precedentes deste E. Tribunal de Justiça. – Impenhorabilidade dos eventuais frutos. Recurso incognoscível nesse ponto. Tema não apreciado em primeiro grau. Risco de supressão de instância. Recurso desprovido, na parte conhecida" (*TJSP* – AI 2037593-58.2025.8.26.0000, 22-5-2025, Rel. Claudia Menge).

"Agravo de instrumento. Processual civil. Execução de honorários advocatícios. Doação de imóvel com usufruto vitalício. Aluguel. Subsistência familiar. Não demonstração. Penhora. Possibilidade. 1. O usufruto caracteriza-se como direito real de gozo e fruição, cabendo ao usufrutuário os direitos à posse, uso, administração e percepção dos frutos, segundo disposição dos arts. 1.225, inciso IV, e 1.394, ambos do CC. 2. Na exata dicção do **art. 1.393, do CC**, não se pode transferir o usufruto por alienação, o que o torna inalienável e, por conseguinte, impenhorável. No entanto, por ser admitida a cessão do exercício do usufruto, é possível a penhora dos frutos e rendimentos

Representando, porém, um valor econômico, a jurisprudência tem admitido, com discrepâncias, a penhora sobre o exercício do direito de usufruto, quando ao credor não resta outra alternativa. A ideia e as dificuldades práticas dessa penhora a desaconselham. Resiste-se também a essa possibilidade quando o usufrutuário está no gozo direto da coisa:

> *"Penhora de parte do usufruto do executado sobre imóvel de sua residência. Indeferimento. Orientação da Câmara contrária a essa penhora, mesmo sobre a utilização da coisa, na hipótese do usufrutuário estar na posse ou utilizar-se da renda para a manutenção. Caso em que, ademais, o imóvel é impenhorável por força da Lei nº 8.009 de 1990"* (*JTACSP* 142/18).

Em sentido contrário:

> *"Penhora do direito ao exercício de usufruto. Possibilidade de penhorar o direito real de fruição, prosseguindo a execução pela transferência da administração do imóvel, com o despejo dos executados ocupantes. Exame da doutrina e discussão sobre a incidência do art. 716 do CPC. Voto vencido e declaração de voto vencedor"* (*1º TACSP*, 2ª Câmara, maioria de votos, AI 518.510-6).

Se o usufrutuário estiver auferindo rendimentos com o usufruto, é inafastável que pode o exercício do direito ser penhorado, sob pena de ocorrer injusto enriquecimento ou fraude contra credores. Mais difícil, contudo, justificar a penhora quando o usufrutuário reside no imóvel ou utiliza diretamente a coisa. Importa muito o exame do caso concreto. O exercício do usufruto legal de seu lado, dada sua natureza e índole, não pode ser penhorado (Monteiro, 1989:309).

A possibilidade de penhora do exercício do direito de usufruto distingue-se da colimada pelos arts. 867 ss. do CPC. Nesses dispositivos se autoriza o juiz da execução conceder ao credor o usufruto de imóvel ou empresa, quando o reputar menos gravoso ao devedor e eficiente para o recebimento da dívida. Trata-se de incidente de execução que diz respeito à satisfação do credor. A hipótese é de usufruto com origem na lei. Seu caráter é transitório, devendo perdurar até a satisfação da dívida. A situação não se equipara à penhora, mas ao pagamento feito pelo devedor, sendo possível somente na fase final da execução (*RT* 467/200). Esse incidente da

---

advindos dessa cessão, desde que tenham expressão econômica e não sejam revertidos para subsistência familiar. 3. Agravo de instrumento provido" (*TJDFT* – AI 07121879020248070000, 13-6-2024, Rel. Arnoldo Camanho).

"Agravo de instrumento. Tutela de urgência. Ação de obrigação de fazer c/c pedido liminar. Restabelecimento de fornecimento de água de poço artesiano. **Usufruto** que pode ser cedido, na forma do art. 1.393 do código civil. Presença dos requisitos autorizadores da concessão da liminar. Ausência de risco de irreversibilidade da medida. Art. 300 do CPC/2015. Recurso provido" (*TJSP* – AI 2089300-07.2021.8.26.0000, 30-8-2021, Rel. Alexandre Lazzarini).

"Penhora – **Frutos e rendimentos de imóvel objeto de usufruto** – Sucumbência – 1- Nos autos de execução de cédula de crédito bancário na qual a executada figurou como devedora solidária, foi deferido o pedido de penhora sobre frutos e rendimentos que a devedora aufere em razão de usufruto de imóvel. 2- No termo de penhora, por equívoco, constou que a constrição recairia sobre o usufruto. 3- De acordo com o disposto no art. 867 do CPC, "o juiz pode ordenar a penhora de frutos e rendimentos de coisa móvel ou imóvel quando a considerar mais eficiente para o recebimento do crédito e menos gravosa ao executado". 4- É necessário, contudo, que os direitos de usufruto apresentem expressão econômica. O que, 'data venia', não restou demonstrado à espécie. 5- A ausência de demonstração de que o usufruto rende frutos ou vantagens pecuniárias à usufrutuária impede que se mantenha a constrição questionada. 6- Como a penhora incidiu, na verdade, sobre os frutos do usufruto da embargante que, como visto, não ostentam expressão econômica, escorreita a fixação de honorários de sucumbência por arbitramento. Recurso parcialmente provido para determinar o levantamento da constrição questionada" (*TJSP* – AC 1001169-82.2018.8.26.0322, 23-9-2019, Rel. Melo Colombi).

execução é detalhado pela lei processual, que determina a nomeação de administrador para o usufruto (art. 869 do CPC).[4]

O nu-proprietário, que mantém a substância da coisa, pode transmiti-la por ato *inter vivos* ou *mortis causa* e, por via de consequência, gravar seu direito limitado, que também pode ser penhorado. O mais dependerá da utilidade da alienação para o adquirente nessas condições, ou da penhora para o credor, no caso concreto.

20.6 DIREITO DE ACRESCER ENTRE USUFRUTUÁRIOS

Se o Código proíbe o usufruto sucessivo, não impede que o usufruto seja atribuído a vários titulares simultaneamente. Existem, nessa hipótese, comunheiros no usufruto, cousufrutuários. O art. 1.411 reporta-se a essa possibilidade:

> *"Constituído o usufruto em favor de duas ou mais pessoas, extinguir-se-á parte a parte, em relação a cada uma das que falecerem, salvo se, por estipulação expressa,*[5] *o quinhão dessas couber aos sobreviventes".*

---

4 "Administrativo – Execução – Penhora do faturamento – **Penhora de cotas sociais** – Penhora de rendimentos ou frutos civis da propriedade mobiliaria. Institutos distintos. Dívida pessoal do sócio. Ausência de desconsideração da personalidade jurídica. Penhora do faturamento. Impossibilidade. 1- A penhora de parcela do faturamento de sociedade empresária (art. 835, X, CPC/15) não se confunde com a penhora de quotas sociais (art. 835, IX, CPC/15), e estas, por sua vez, também não se confundem com a penhora de rendimentos ou frutos civis da propriedade mobiliária (art. 835, XIII e art. 867, CPC/15). 2- Ausente desconsideração da personalidade jurídica, é inviável a penhora de parcela do faturamento da sociedade empresária em razão de dívida pessoal do sócio pessoa natural. 3- Agravo de instrumento não provido" (*TRF-4ª R.* – AI 5031150-32.2018.4.04.0000, 27-3-2019, Rel. Des. Fed. Cândido Alfredo Silva Leal Junior).

"Pedido de alvará – **Cessão de usufruto de pessoa incapaz** – Descabimento – 1- A alienação de bens ou de direitos pertencentes à pessoa incapaz, somente pode ser autorizada em situação de excepcional necessidade ou em caso de haver de real vantagem para a incapaz, pois o seu patrimônio e os seus interesses devem ser plenamente resguardados. 2- Descabe cancelar ou ceder o usufruto vitalício da incapaz sobre o imóvel, pois o bem gravado deve ser administrado de forma a render frutos para atender as necessidades da idosa. 3- É dever do curador zelar e proteger os interesses e patrimônio do incapaz, devendo administrar seus bens apenas em benefício da própria interditada. 4- Não demonstrada a necessidade do cancelamento ou cessão do usufruto nem que tal medida venha a trazer algum benefício efetivo para a interditada, é descabida a autorização. Recurso desprovido" (*TJRS* – AC 70078859501, 27-2-2019, Rel. Des. Sérgio Fernando de Vasconcellos Chaves).

"Apelação – **Ação declaratória de usufruto vitalício sobre imóvel** – Sentença de improcedência – Inconformismo da autora – Não acolhimento – Usufruto que somente se constitui mediante registro – Hipótese de usufruto legal afastada – Acordo de desquite consensual homologado que apenas estabeleceu direitos e obrigações entre as partes. Sentença mantida por seus próprios fundamentos. Artigo 252 do Regimento Interno do TJ/SP. Recurso não provido" (*TJSP* – Ap 1002199-36.2017.8.26.0566, 3-9-2018, Rel. Piva Rodrigues).

"Agravo de instrumento – Decisão que determinou a **penhora de quotas sociais** em nome do executado. O devedor responde com os seus bens para cumprimento de suas obrigações. Cotas sociais não se encontram no rol de bens impenhoráveis. A penhora de quotas sociais ou ações não importa na alienação automática desses direitos imateriais, tampouco na transferência do poder de administração da empresa. Prescrição intercorrente já apreciada devida e amplamente por esta Colenda Câmara em agravo de instrumento anterior. Recurso não provido" (*TJSP* – AI 2123775-28.2017.8.26.0000, 27-9-2017, Rel. Roberto Mac Cracken).

5 "Apelação – Reintegração de posse – Procedência – Doação do imóvel feita a autora por seus pais – Constituição de usufruto vitalício – Renúncia do usufruto pelo genitor da demandante – **Matrícula do imóvel que contém registro com previsão do direito de acrescer para que a parte ideal do falecido se some à do sobrevivente, de acordo com o art. 1.411 do CC** (art. 740 do antigo CC) – Caso concreto, porém, que diz respeito à renúncia e não falecimento do usufrutuário – Concretização da posse da apelada de 50% que pertencia ao usufrutuário renunciante – Sentença mantida – Recurso improvido". (*TJSP* – Ap 1038351-14.2021.8.26.0576, 29-6-2023, Rel. Thiago de Siqueira).

"Embargos de terceiro. Sentença de procedência. Irresignação dos embargados. Embargante usufrutuária do imóvel litigioso, hipotecado em escritura pública. Embargante que figurou na escritura pública de hipoteca como anuente e garantidora. Hipoteca que, no entanto, incidiu apenas sobre a nua-propriedade, ressalvando expressamente o usufruto. Renúncia ao usufruto (art. 1.410, I, do CC), expressa ou tácita, inexis-

O dispositivo é aplicado, aparentemente, na comunhão usufrutuária *pro diviso* e *pro indiviso*. Deve ser levado em conta, contudo, que se o usufruto foi estabelecido em partes separadas e destacadas do bem, há tantos usufrutos quantas as porções individualizadas. Não existe propriamente cousufruto, se cada um exerce o direito em parte certa e determinada de bem divisível (Borda, 1984, v. 2:28).

Na comunhão usufrutuária efetiva, o instituidor deve ser expresso sobre o acrescimento.[6] Esse artigo aplica-se apenas aos usufrutos instituídos por ato entre vivos. Se o instituidor não

---

tente. Usufruto instituído em favor da embargante e de seu falecido marido. Escritura de rerratificação de doação e instituição do usufruto em que foi previsto expressamente o direito de acrescer. Embargante que é titular da integralidade do usufruto (art. 1.411, segunda parte do CC). Sentença mantida. Litigância de má-fé não caracterizada. Condenação dos apelantes em honorários recursais. Recurso desprovido" (*TJSP* – Ap 0005368-74.2019.8.26.0082, 31-5-2022, Rel. Alexandre Marcondes).

"Apelação – **Escritura de compra e venda de imóvel com retrovenda** – Ação declaratória de nulidade do negócio jurídico em razão de simulação destinada a encobrir negócio usuário. Acolhimento. Negócio desprovido de qualquer interesse econômico para os adquirentes, envolvendo bem gravado com usufruto, cuja pose permaneceu com os alienantes. Ausência de registro, deixando os adquirentes sem qualquer garantia quanto à eficácia do negócio perante terceiros. Venda realizada em contexto de elevado endividamento dos vendedores para com a adquirente. Conjunto de indícios que atribuem verossimilhança à alegação de negócio usuário, carreando ao credor o ônus da prova da regularidade do contrato (Medida Provisória nº 2.172-32/2001). Sentença mantida. Alteração da base de cálculo dos honorários, com adoção do valor atualizado do negócio cuja nulidade de declarou. Recurso parcialmente provido" (*TJSP* – AC 1008508-52.2014.8.26.0510, 12-8-2019, Rel. Enéas Costa Garcia).

"Apelação – **Ação Possessória** – Escrito Particular – Compra e venda – Comodato – Notificação – Liminar deferida e cassada no agravo de instrumento – Sentença de procedência – Recurso – Inviabilizada a cogitação possessória da ação em razão de reserva de usufruto estabelecida expressamente e não revogada pelos doadores, inclusive com direito de acrescer pelo cônjuge supérstite – Discussão de fraude perante a 9ª VC de Santana – Embargos de terceiros opostos – Sentença reformada – Recurso provido" (*TJSP* – Ap 1085060-27.2014.8.26.0100, 11-4-2016, Rel. Carlos Abrão).

6 "Apelação cível – **Ação de extinção do usufruto** por abandono dos bens pelos usufrutuários. Doação dos pais à filha com reserva de usufruto vitalício e conjuntivo com direito de acrescer ao doador sobrevivo. Revelia dos usufrutuários. Bens em poder da filha proprietária. Cessão do exercício do usufruto. O direito real de usufruto é inalienável, mas o seu exercício pode ser cedido por título gratuito oneroso. Em doação dos pais à filha com reserva de usufruto conjuntivo e vitalício com direito de acrescer ao cônjuge sobrevivo, estando os bens em poder da filha proprietária, é incompatível com o abandono que também não se presume da revelia dos usufrutuários. Apelação não provida" (*TJRS* – AC 70079262358, 30-1-2019, Rel. Des. Carlos Cini Marchionatti).

"Apelação cível – Ação declaratória de inexistência de relação jurídica – Tributário – ITCMD – Doação com reserva de usufruto vitalício conjuntivo – ilegalidade na cobrança do imposto – O **usufruto é direito real na coisa alheia**, temporário. O fato gerador da obrigação tributária é a situação definida em lei como necessária e suficientes à sua ocorrência (art. 114 do CTN). O art. 2º da Lei Estadual nº 8.821/1989 prevê que 'o imposto (ITCD) tem como fato gerador 'a transmissão *causa mortis*' e a 'doação' a qualquer título'. O usufruto extingue-se, cancelando-se o registro no Cartório de Registro Civil, visto tratar-se de direito real (art. 1.410 do Código Civil). No Registro de Imóveis serão feitos, nos termos desta lei, o registro e a averbação dos títulos ou atos constitutivos, declaratórios, translativos e extintivos de direitos reais sobre imóveis reconhecidos em lei, *inter vivos* ou *mortis causa*, quer para sua constituição, transferência e extinção, quer para sua validade em relação a terceiros, quer para sua disponibilidade (art. 172 da Lei 6.015/73). Se o usufruto se extingue com a morte do usufrutuário, a consolidação da propriedade na pessoa do nu-proprietário acontecerá somente na data do óbito do último usufrutuário, já que a escritura pública estabeleceu a reversão da parte ideal do usufruto ao cônjuge sobrevivente, nos exatos termos do art. 1.411 do CC. A definição pela ocorrência do fato gerador do ITCD na data da morte de um dos usufrutuários, no caso de usufruto simultâneo em que tenha sido estipulado o direito de acrescer ao usufrutuário sobrevivente, somente veio a ser introduzida pela Lei Estadual nº 12.741/2007, a qual acrescentou a alínea 'd' ao art. 4º, III, da Lei Estadual 8.821/89. A alteração legislativa, todavia, é posterior ao óbito do usufrutuário, Alberto Talayer, falecido em 23/04/2006, razão pela qual não se aplica à hipótese, em atenção aos princípios da legalidade e anterioridade da lei tributária. Ou seja, descabido se mostra dar efeito retroativo à lei, para fazer incidir os efeitos da tributação. Apelo desprovido" (TJRS – AC 70078590346, 26-9-2018, Rel. Des. Marco Aurélio Heinz).

"Usufruto – No **usufruto vitalício simultâneo ou conjuntivo**, ou seja, concedido em favor de duas ou mais pessoas, o pleno exercício do usufruto na pessoa do usufrutuário sobrevivente, sem extinção proporcional em favor do nu-proprietário, somente subsiste, quando constituído com cláusula de direito de acrescer ou esta-

for expresso quanto ao direito de acrescer, o usufruto extingue-se parcialmente em relação ao usufrutuário falecido. Nessa hipótese, nasce o estranho estado jurídico de conviver o usufrutuário em comunhão com o nu-proprietário, que exerce os direitos de propriedade plena sobre parte ideal do bem sobre a qual foi extinto o usufruto. Concluímos, porém, que praticamente as relações entre usufrutuário remanescente e nu-proprietário não se alteram, continuando a ser regidas pelos mesmos princípios. No dizer de Pontes de Miranda (1971, v. 19:33), *"os direitos de domínio e de usufruto são 'quantitativamente' diferentes, mas homogêneos 'qualitativamente', quanto ao uso e à fruição"*.

A comunhão de usufrutuários origina situação muito semelhante ao condomínio, cujas disposições devem ser aplicadas nas regras de convivência, no que forem conciliáveis; cada usufrutuário é titular de uma quota indivisa do usufruto e pode dela usar e gozar tal qual o condômino. Deve utilizar da coisa de forma compatível com o exercício do mesmo direito pelos outros cousufrutuários, devendo receber os frutos correspondentes a sua quota, concorrendo proporcionalmente para a administração da coisa comum, cuja orientação é submetida à vontade da maioria. Não pode um usufrutuário, por exemplo, dar posse ou fruição da coisa a terceiros, sem prévio consentimento dos demais (art. 1.314, parágrafo único).

Discute-se, porém, se pode o instituidor nomear substitutos de usufrutuários que vierem a falecer. Embora exista doutrina em contrário, tal estratagema estabeleceria modalidade de usufruto sucessivo, vedado por lei. O segundo usufrutuário sucederia o primeiro. Ademais, o direito real de usufruto sob direito eventual ficaria sob condição suspensiva, inviável na hipótese, como expusemos.

Para os testamentos, quando o usufruto é instituído por legado, é aplicado o art. 1.946. Se o legado foi concedido em conjunto a mais de um legatário, a parte do que faltar acresce aos demais. Não se extingue parcialmente o usufruto nessa modalidade, salvo se o testador foi expresso na negativa do direito de acrescer ou não fez disposição conjunta. Nos legados, portanto, a regra geral é o acrescimento no usufruto, que se mantém íntegro, até o falecimento ou qualquer outra modalidade de extinção que atinja o último usufrutuário.

---

belecendo o caráter de indivisibilidade, caso contrário, a morte de cada usufrutuário acarreta na extinção do gravame, por parte, consolidando-se o domínio proporcional ao nu-proprietário. Possessória – Embora o contrato de locação do imóvel tenha sido firmado entre a autora e terceiros, sem anuência dos réus, poucos dias após a morte de seu falecido cônjuge, prazo este insuficiente para a caracterização da perda de posse pelos réus, é de se reconhecer que a ocupação do imóvel após a desocupação pelos inquilinos não caracterizou esbulho, visto que eles se tornaram proprietários e compossuidores da metade ideal do imóvel, com o óbito do cônjuge da autora, porque o gravame relativo à parte do falecido extinguiu-se, consolidando-se o domínio dos réus, relativamente a essa parte, correspondente à metade ideal do imóvel, porque o usufruto vitalício simultâneo, em favor da autora e de seu falecido cônjuge, não continha cláusula do direito de acrescer, nem estabelecia o caráter unitário, é de se reconhecer que, com o óbito do falecido cônjuge da autora, o gravame relativo a parte do falecido extinguiu-se, consolidando-se o domínio dos réus, relativamente a essa parte – Reforma da r. sentença, para julgar improcedente a presente ação possessória, revogando-se a liminar concedida. Litigância de má-fé – Incabível o reconhecimento de litigância de má-fé da autora apelada – As alegações deduzidas não ultrapassaram os limites razoáveis do exercício do direito de ação e defesa. Recurso provido" (*TJSP* – Ap 0010520-86.2012.8.26.0361, 13-6-2016, Rel. Rebello Pinho).

"**Extinção de condomínio** – Bem imóvel doado pelos genitores do requerido, a ele e à autora, sua esposa à época, com reserva de usufruto vitalício. Ausência de direito de acrescer ao doador sobrevivente no caso, a genitora do requerido expresso na escritura de doação, conforme o art. 1.411 do CC. Direito de extinção do condomínio e alienação judicial do bem imóvel que assiste à autora, vez que a titulação apenas de sua nua-propriedade não o torna inalienável. Sentença de parcial procedência mantida pelos próprios fundamentos. Recurso improvido" (*TJSP* – Ap 0003824-18.2008.8.26.0347, 2-7-2013, Rel. Caetano Lagrasta).

Quando o usufruto é estabelecido para herdeiros testamentários, as regras a serem seguidas são dos arts. 1.841 ss. que cuidam especificamente do direito de acrescer nas sucessões (ver nosso *Direito civil: Família e Sucessões*, Capítulo 37). O direito de acrescer será, no entanto, a regra geral.

Quando os pais fazem doação aos filhos com reserva de usufruto, a morte de um dos pais não permite o direito de acrescer ao doador sobrevivente, ainda que assim estipulado, pois tal vulneraria a legítima de herdeiros necessários (Monteiro, 1989:322; Rodrigues, 1984:298).

20.7 DIREITOS DO USUFRUTUÁRIO

O usufrutuário tem, como direitos fundamentais decorrentes do uso e gozo da coisa, posse direta, direito de utilização, administração e percepção de frutos (art. 1.394). Pode recair sobre móveis ou imóveis, ambos considerados direitos reais. A título constitutivo sobre imóveis deve ser devidamente registrado. Não há registro para o usufruto legal.

Pode o ato constitutivo do usufruto proibir a cessão da coisa? Perante os termos peremptórios do art. 1.393, isso não parece possível, pois o conteúdo dos direitos reais é definido por lei, que lhe traça os contornos, independentemente da vontade das partes. Ademais, se essa é a intenção do proprietário, a lei lhe faculta conceder o direito de uso, disciplinado nos arts. 1.412 a 1.413.

Já acentuamos o entendimento que deve ser dado ao vocábulo substância da coisa, direito que fica na órbita do nu-proprietário.

Ao estudarmos a posse, passamos pelo conceito engendrado pelo ordenamento, ao distinguir a direta ou imediata da indireta ou mediata. O usufrutuário exerce posse direta, podendo, portanto, valer-se dos remédios possessórios, inclusive contra turbações do nu-proprietário, possuidor indireto. O nu-proprietário não pode obstar o uso e gozo da coisa cedidos ao usufrutuário.

Possuindo direito de gozo, seu único limite é a manutenção da substância do bem, no sentido definido em nosso estudo. O título constitutivo pode, no entanto, limitar ou restringir a fruição, sem desnaturar o usufruto a ponto de nulificá-lo. Sem qualquer restrição, esse direito de uso é amplo, aproximado do exercício atribuído ao proprietário pleno. Vimos que nessa fruição pode o usufrutuário locar a coisa, ou cedê-la a título gratuito ou oneroso. Exercendo o gozo e a fruição do bem, também lhe é deferida a administração, sem nenhuma interferência do nu-proprietário.

Entretanto, a maior utilidade do usufruto é o direito de fruir da coisa, isto é, a percepção dos frutos, bem como dos produtos, quando não há restrição. Nesse aspecto reside o caráter alimentar que se sobreleva no instituto, ao permitir a extração do proveito da coisa. Nessa percepção, tem direito o usufrutuário aos frutos naturais e aos rendimentos (frutos civis), salvo restrição atribuída pelo ato constitutivo.

A preocupação da lei nesse último aspecto é delimitar o direito aos frutos na época do início ou término do exercício de usufruto. O art. 1.398 dispõe: *"Os frutos civis, vencidos na data inicial do usufruto, pertencem ao proprietário, e ao usufrutuário os vencidos na data em que cessa o usufruto"*. Quanto aos frutos naturais, ressalvados eventuais direitos de terceiros, serão do usufrutuário os pendentes, ao se iniciar o usufruto, sem pagar as despesas de produção (art. 1.396).

O art. 727 do Código anterior, de exíguo interesse, disciplinava a descoberta de tesouro encontrado na coisa por outrem, negando direito ao usufrutuário sobre a parte que cabe ao proprietário. O mesmo dispositivo negava ao usufrutuário direito de haver metade do preço pago pelo vizinho para obtenção de parede-meia, cerca, muro ou vala ou valado, na forma do art. 643, cujo valor continuava a pertencer ao nu-proprietário. O art. 728 ressalvava o direito de meação ao usufrutuário, quando se tratasse de usufruto de universalidade. Os dispositivos não são repetidos no vigente diploma.

O art. 724 do velho Código se reportava exclusivamente a prédio rústico e assegurava ao usufrutuário a exploração pessoal ou mediante arrendamento (nem precisaria dizê-lo), mas proibia que se mudasse o gênero de cultura, salvo autorização expressa do nu-proprietário, ou nas hipóteses de usufruto legal. Entendia a lei que a alteração da cultura modificaria a substância da coisa. Essa proibição legal poderia tornar-se desvantajosa, e autorização poderia ser obtida por suprimento judicial. Não havia mesmo razão para que esse dispositivo se reportasse apenas ao prédio rústico. A regra introduzida pelo art. 1.399 está mais consentânea com a finalidade do usufruto e estabelece, como norma geral: "*O usufrutuário pode usufruir em pessoa, ou mediante arrendamento, o prédio, mas não pode mudar-lhe a destinação econômica, sem expressa autorização do proprietário*". Sob esse padrão, portanto, cabe analisar, no caso concreto, qualquer que seja o imóvel, se houve desvio de destinação econômica. Havendo desvio de finalidade sem autorização, o nu-proprietário poderá pedir a extinção do usufruto e indenização por perdas e danos.

Nada restringe que o usufrutuário estabeleça direito de uso ou habitação na coisa usufruída, cuja duração, evidentemente, limita-se à do usufruto.

20.8 DEVERES DO USUFRUTUÁRIO

Seu rol de obrigações é de menor âmbito. Correspondem inversamente aos direitos. Como possuidor, deve defender a coisa de turbações ou reivindicações de terceiros, comunicando sempre ao nu-proprietário. Caso permita a perda ou deterioração da coisa por inércia sua, deve responder perante o nu-proprietário.

Deve zelar pela manutenção da substância da coisa, como *bonus pater familias*, de molde a estar apta para ser devolvida ao dono, findo o usufruto. A lei prescreve a obrigação de inventariar, descrever, a sua custa, o objeto do usufruto, o estado em que o recebe. Conveniente que a descrição seja a mais detalhada, recomendável a atribuição de valores, embora não essencial. Deverá prestar caução real ou fidejussória por administrar e possuir bem alheio, se assim exigir o nu-proprietário (art. 1.400), garantindo-lhe a devolução da coisa. Deve ser suficiente para garantir o valor da coisa. Na falta de caução, que não puder ou não quiser ser prestada pelo usufrutuário, perde ele o direito à administração, que permanecerá com o nu-proprietário. Não está obrigado a dar caução o doador que se reservar o usufruto da coisa doada, como parece evidente (art. 1.400, parágrafo único).

O usufrutuário que não quiser ou não puder prestar caução suficiente, perderá o direito de administrar o usufruto (art. 1.401). O bem será administrado pelo proprietário que deve, por sua vez, prestar caução de entregar o rendimento do usufruto ao beneficiário, deduzidas as despesas de gerência, dentre as quais se estabelece remuneração de administrador, fixada pelo juiz. Esse administrador pode ser terceiro. Sempre que houver risco de dano de difícil reparação, ainda que dispensada inicialmente a caução pelo instituidor, pode ser ela requerida, a fim de obstar má administração.

A caução, porém, como apontamos, é dispensada nas hipóteses de doação, quando o doador reserva para si o usufruto dos bens doados, e no usufruto legal dos bens dos filhos menores, em favor dos pais (art. 731 do Código de 1916). No primeiro caso, a dispensa é justificada porque decorre de liberalidade, não se devendo impor ônus a quem pratica ato gratuito, sendo seu maior interesse manter a coisa. Na segunda hipótese, o usufruto legal dos bens dos filhos é incompatível com a caução, também porque a fiscalização é exercida nos moldes dos princípios protetivos aos menores e incapazes.

Utilizando-se da coisa, as deteriorações normais são admissíveis, a exemplo do que ocorre no contrato de locação, não devendo onerar o usufrutuário (art. 1.402). Apura-se no caso concreto quando termina o uso e quando principia o abuso.

Beneficiando-se da utilização e recebendo os frutos da coisa, incumbem ao usufrutuário, e não poderia ser de outra forma:

> "*I – as despesas ordinárias de conservação dos bens no estado em que os recebeu;*
>
> *II – as prestações e os tributos devidos pela posse ou rendimento da coisa usufruída*" (art. 1.403).

Não responde, porém, por despesas extraordinárias, que refogem à simples manutenção e administração da coisa. Para tal o art. 1.404 estabelece que as reparações extraordinárias e as que não forem de custo módico incumbem ao nu-proprietário. Fica, no entanto, o usufrutuário obrigado a pagar os juros do capital despendido com as despesas necessárias à conservação e ao aumento do rendimento da coisa usufruída. Procura a lei evitar o injusto enriquecimento. A responsabilidade pela melhora na coisa fica, portanto, atribuída ao nu-proprietário. No entanto, na restituição da coisa, aplicáveis os princípios referentes às benfeitorias em geral.

O § 1º do art. 1.404 estabelece critério objetivo para o entendimento da modicidade das despesas mencionada no *caput*:

> "*Não se consideram módicas as despesas superiores a dois terços do líquido rendimento em um ano*".

Acrescenta, em boa hora, o art. 1.404, § 2º, do diploma de 2002 que, "*se o dono não fizer as reparações extraordinárias e as que são indispensáveis à conservação da coisa, o usufrutuário pode realizá-las, cobrando daquele a importância despendida*". Essa matéria, como se vê, pode desenvolver contenda complexa entre nu-proprietário e usufrutuário.

Se a coisa estiver segurada, cabe ao usufrutuário pagar o prêmio (art. 1.407). Pode também o nu-proprietário exigir o contrato de seguro, em adendo ou em substituição à caução. No § 1º, estabelece a lei que se o usufrutuário fizer o seguro, ao proprietário caberá o direito dele resultante contra o segurador. Pelo § 2º, estabelece-se que em qualquer caso o usufrutuário fica sub-rogado no valor de eventual indenização securitária.

Quando ocorre desapropriação, na indenização paga fica sub-rogado o usufruto, que pode ser utilizado para aquisição de outro bem, para qual se transfere o direito. Igual situação é aplicada quando há indenização paga por terceiro, no caso de deterioração ou perda (art. 1.409). Com essas indenizações não se extingue o usufruto, modificando-se apenas seu objeto.

De acordo com o art. 1.405, o usufrutuário responde por juros de dívida que onera a coisa apenas quando esse ônus foi expresso no título constitutivo. Se o usufruto for de patrimônio, com universalidade plena ou parcial, o usufrutuário então se obriga pelos juros que onerar o patrimônio objeto de usufruto. Questão que pode ser levantada nesse ponto diz respeito à correção monetária. Muitas vezes, não se pode destacar com facilidade os juros reais da correção monetária. Destarte, incumbe examinar a intenção das partes na constituição do usufruto. Ao usufruir do bem, deve o usufrutuário suportar esse encargo, do qual deve ter conhecimento prévio.

Como possuidor direto, o usufrutuário deve dar ciência ao proprietário de qualquer turbação na posse da coisa ou nos direitos dele (art. 1.406). Responderá por perdas e danos na omissão da providência que venha a causar prejuízo.

Se a coisa estiver segurada, o usufrutuário deve pagar as contribuições do seguro durante o período de usufruto. Se o usufrutuário fizer seguro, o proprietário usufruirá dos direitos do seguro perante o segurador. Em qualquer hipótese, o direito do usufrutuário ficará sub-rogado no valor da indenização do seguro (art. 1.407, §§ 1º e 2º).

A obrigação final do usufrutuário é restituir a coisa, findo o usufruto. Se a extinção decorre da morte, a obrigação é do espólio.

O usufrutuário pode sempre renunciar ao usufruto, quando não pretender assumir ônus desse estado, sem prejuízo de indenizar o proprietário por eventuais danos que tenha causado.

20.9 DIREITOS E OBRIGAÇÕES DO NU-PROPRIETÁRIO

Os direitos e obrigações do nu-proprietário são os mesmos contrapostos aos do usufrutuário. Exerce seu domínio limitado à substância da coisa, podendo utilizar os remédios jurídicos a ela relativos. Pode valer-se da ação reivindicatória e das ações possessórias contra terceiros, porque mantém posse indireta.

Sua primeira obrigação é entregar a coisa para desfrute do usufrutuário. Não pode turbar a posse do usufrutuário nem intervir na administração, se esta não lhe foi conferida. Não pode, enfim, dificultar o exercício do usufruto. Como vimos, é direito seu exigir caução antes da entrada do usufrutuário na posse dos bens, podendo tomar medidas acautelatórias no curso de seu exercício, a fim de resguardar o que a lei denomina de substância do bem. Ao mencionar o art. 1.404, vimos que a ele incumbem as despesas extraordinárias e as que não forem de custo módico.

O art. 1.408 dispõe que se um prédio sob usufruto for destruído, sem culpa do nu-proprietário, não está ele obrigado a reconstruí-lo, nem o usufruto se restabelece, caso o proprietário o faça a sua custa. Se havia seguro, no entanto, o direito de usufruto passa a recair sobre a respectiva indenização. Se o prédio for reconstruído com essa indenização, restabelecer-se-á o usufruto.

A nua-propriedade não fica fora do comércio. Pode ser alienada, gravada, sem que com isso se altere o direito do usufrutuário.

Por outro lado, o nu-proprietário mantém permanentemente o direito de fiscalizar a coisa, sua manutenção e destinação, a fim de que possa tomar oportunamente as medidas de proteção para a devida restituição do bem.

20.10 USUFRUTO DE PESSOA JURÍDICA E SOBRE PATRIMÔNIO

O usufruto surge historicamente para finalidade alimentar da pessoa natural. Por sua natureza vitalícia e temporária, ao ser estendido à pessoa jurídica, incumbia fixar prazo de existência. Nosso direito de 1916 optou pelo prazo de 100 anos a partir da data de início de seu exercício (art. 741). Vimos que esse prazo é razoavelmente reduzido a 30 anos no atual Código (art. 1.410, III). O prazo de 100 anos, e mesmo o de 30, é dos prazos mais longos encontráveis no direito comparado. Findo esse prazo, somente pode ser repristinado o usufruto com nova instituição.

Se antes do prazo legal for extinta a pessoa jurídica, também será extinto o usufruto. Questão interessante pode surgir nos casos de fusão, cisão ou incorporação da pessoa jurídica. Se o título foi silente a respeito, importa verificar a vontade do instituidor, porque, em princípio, nesses três fenômenos pode não ocorrer exatamente extinção da pessoa jurídica para as finalidades do dispositivo legal. Na hipótese de cisão, caberá às empresas decidir para qual ficará o direito de usufruto.[7]

O usufruto, por outro lado, pode recair sobre o fundo de pessoa jurídica, sobre estabelecimento comercial ou empresa. Trata-se de usufruto sobre universalidade. Cabe ao usufrutuário usar e fruir da pessoa jurídica, recebendo os proventos, frutos, como se dono fosse. Na realidade, o usufruto é concedido à universalidade que constitui a empresa, um patrimônio, composto por móveis e imóveis, direitos e obrigações, bens corpóreos e incorpóreos. Assumindo a administração da empresa, o usufrutuário dá início ao exercício do direito. São aplicados os princípios gerais, inclusive no tocante à exigência de caução. Sua falta pode determinar a nomeação de administrador estranho ao negócio entre dono e usufrutuário. Este não pode mudar o ramo de produção, por exemplo, sem autorização do nu-proprietário. Deve conservar a destinação e manter o patrimônio fixo íntegro. O ato constitutivo deve fixar o âmbito de atuação do usufrutuário, inclusive disciplinando a responsabilidade por débitos de origem anterior ao usufruto. Sua complexidade desautoriza a utilização na prática, uma vez que os mesmos efeitos podem ser alcançados por via obrigacional. No entanto, pode ser útil na sucessão *mortis causa*.

Quanto ao usufruto de patrimônio, vimos que a lei expressamente o admitiu no art. 714 do Código de 1916. A ideia é mantida pelo Código deste século, que também se refere ao usufruto de patrimônio (art. 1.405). O conceito de patrimônio é dado pela Parte Geral, no art. 91. Cuida-se das universalidades, tal como o estabelecimento comercial e a pessoa jurídica. Esse usufruto de todo um patrimônio ou de parte dele (indivisa) pode resultar de negócio jurídico ou do direito de família ou das sucessões. Se constituído negocialmente em prejuízo de credores, há fraude contra credores, que autoriza a ação pauliana. Não se anula o usufruto, apenas se declara ineficaz no volume que prejudicar os credores anteriores a sua constituição.

Quando se cuida de usufruto de patrimônio, o ato é uno, há um só usufruto e não tantos quantos o número plural de bens que o constituem.

20.11 EXTINÇÃO DO USUFRUTO

As causas de extinção de usufruto são elencadas no art. 1.410:

> *"O usufruto extingue-se, cancelando-se o registro no Cartório de Registro de Imóveis:*
>
> *I – pela renúncia ou morte do usufrutuário;*[8]

---

7 "**Arrolamento** – Decisão que considerou ter sido requerida doação da meação com reserva de usufruto vitalício para atribuir à herdeira a nua propriedade do único imóvel e o usufruto à cônjuge supérstite – Inconformismo fundado na alegação de que as partes negociaram direitos. Cessão da meação, no caso concreto, implicou doação. Recurso desprovido" (*TJSP* – AI 2187550-46.2019.8.26.0000, 3-10-2019, Rel. Coelho Mendes).

"Apelação – Contrato de capital de giro com garantia – Alienação fiduciária – Doação de ações – **Usufruto** – Manutenção do julgado – 1- Contrato de capital de giro com cláusula de alienação fiduciária – Imóvel ofertado em caução, que constituía o capital social da empresa; 2- Doação da totalização das ações da empresa aos filhos, com cláusula de usufruto – Doação dos bens imóveis não averbada; 3- Doadores que permaneceram com poderes para administrar a empresa. Contrato firmado em benefício da sociedade. Eventual responsabilidade dos usufrutuários que deverá ser objeto de ação própria. 4- Manutenção da decisão por seus próprios e bem lançados fundamentos – Artigo 252 do Regimento Interno do Tribunal de Justiça de São Paulo. Recurso não provido" (*TJSP* – Ap 1007674-80.2014.8.26.0047, 2-7-2018, Relª Maria Lúcia Pizzotti).

8 "Apelação – Ação declaratória de extinção de usufruto – Improcedência – Insurgência dos autores – Alegação de que o imóvel estava abandonado até o ajuizamento da ação e que a ré apenas realizou as manutenções necessárias depois do pedido de extinção – Descabimento – A ré comprovou ter feito acordo para pagamento do débito de água, regularizando a mora; inexiste dívida de IPTU e foram apresentadas evidências de que o imóvel está atualmente

II – pelo termo de sua duração;

III – pela extinção da pessoa jurídica, em favor de quem o usufruto foi constituído, ou, se ela perdurar, pelo decurso de trinta anos da data em que se começou a exercer;

IV – pela cessação do motivo de que se origina;

V – pela destruição da coisa, guardadas as disposições dos arts. 1.407, 1.408, 2ª parte, e 1.409;

VI – pela consolidação;

VII – por culpa do usufrutuário, quando aliena, deteriora, ou deixa arruinar os bens, não lhes acudindo com os reparos de conservação, ou quando, no usufruto de títulos de crédito, não dá às importâncias recebidas a aplicação prevista no parágrafo único do art. 1.395;

VIII – pelo não uso, ou não fruição, da coisa em que o usufruto recai (arts. 1.390 e 1.399)".

O art. 1.411 reporta-se à extinção parcial do usufruto pela morte de cousufrutuário, já examinada, e o art. 741 estabelecia o citado prazo de 100 anos para o usufruto de pessoa jurídica, alterado pelo Código de 2002, como vimos.

A regra básica dirigida ao usufruto da pessoa natural é que não pode durar além de sua existência. A morte do usufrutuário extingue-o, não sendo transferido a seus herdeiros. Sustenta-se que em nosso direito não pode haver outra modalidade de sucessividade. A morte do nu-proprietário não altera a relação, pois seus sucessores assumem a posição idêntica de proprietários.

O usufruto pode também ser estabelecido sob termo resolutivo, e o decurso do prazo extingue-o. Sob certa causa ou condição, extingue-se o usufruto com seu implemento. Se ocorreu a causa extintiva ou o implemento, a problemática é de fato e envolve os princípios

---

bem cuidado – Inadmissibilidade de extinção do usufruto por deterioração ou ruína do bem (**art. 1.410, VII, do CC**) – O acordo entabulado não previu que a razão do usufruto era permitir que a requerida ali vivesse enquanto criasse os filhos, ficando afastada também a hipótese do inciso IV, do art. 1.410, do CC – Não preenchidos os requisitos para a extinção do usufruto – Decisão mantida – Recurso desprovido" (*TJSP* – Ap 1001006-82.2024.8.26.0196, 23-6-2025, Rel. Miguel Brandi).

"Embargos de terceiro – contrato de compra e venda – indisponibilidade dos bens – extinção do usufruto – morte do usufrutuário – Pretensão da embargante ao levantamento da constrição incidente sobre o usufruto dos imóveis que adquiriu – O falecimento superveniente do usufrutuário acarreta a extinção do usufruto – **Inteligência do art. 1.410, inciso I, do CC** – Possibilidade de realizar a transmissão da propriedade dos bens registrados sob as Matrículas nº 47.625 e 12.868 do 9º Cartório de Registro de Imóveis de São Paulo – Sentença Alterada – Recurso provido" (*TJSP* – Ap 0011681-22.2011.8.26.0053, 30-11-2023, Rel. Carlos von Adamek).

"Apelação cível – Ação de imissão na posse – Sentença de improcedência – Alegação do apelante de que é coproprietário do imóvel recebido por testamento e a condômina (herdeira legítima do de cujus) cedeu seus direitos e obrigações a terceiro sem seu consentimento – Acolhimento das razões recursais – **Direito de uso que se extingue com o falecimento da beneficiária**, por inteligência do art. 1.413 c.c. art. 1.410, inc. I, ambos do Código Civil – Sucessão aberta que tem natureza jurídica de imóvel (art. 80, inc. II, CC) e que, portanto, somente poderia ter quinhão cedido por meio de escritura pública – Cessão de direitos hereditários inválida e ineficaz, posto que, além de observar a forma prescrita em lei, recai sobre bem singular, em ofensa ao art. 1.793, CC e sem prévia autorização judicial, mesmo diante de sua indivisibilidade, até a partilha (art. 91, CC) – Recurso provido" (*TJSP* – Ap 1002692-74.2022.8.26.0004, 12-4-2023, Rel. Fernando Reverendo Vidal Akaoui).

"Apelação – Ação de arbitramento de aluguéis – Imóvel do casal – Condomínio – **Promessa de doação aos filhos com reserva de usufruto** – Condição não implementada – Uso exclusivo – Aluguel devido – Ocorrendo a separação do casal e permanecendo o bem na posse exclusiva do ex-cônjuge, é de se reconhecer o direito da ex-esposa ao arbitramento de aluguel em seu favor, até que seja implementada a condição resolutiva, qual seja, a doação da parte do ex-marido aos filhos, com reserva de usufruto vitalício" (*TJMG* – AC 1.0105.16.019190-1/001, 21-10-2019, Rel. Mota e Silva).

disciplinados pela Parte Geral do Código e respectiva teoria. O termo *causa* estava no art. 739, III, do antigo Código, como fato que deu origem ao usufruto e não como motivo.

Também assentamos que o usufrutuário somente pode alienar, transmitir seu direito ao nu-proprietário, consolidando-se a propriedade plena nessa hipótese. O direito sucessório de igual maneira pode estabelecer a confusão entre os dois sujeitos, decorrendo também a *confusão* ou *consolidação*, mencionada nos artigos ora transcritos.

O perecimento ou destruição da coisa faz desaparecer o objeto e, consequentemente, o usufruto. O dispositivo ressalva, porém, as hipóteses de existência de seguro (art. 1.407), destruição e reconstrução do prédio (art. 1.408) e indenização ou reparação paga por terceiros (art. 1.409), situações em que pode ocorrer sub-rogação do usufruto sobre o preço. Se a destruição ou perecimento da coisa for parcial, o usufruto permanece sobre o remanescente. A modificação da coisa a ponto de alterar-lhe as características fundamentais equivalerá ao perecimento. Se para isso concorreu com culpa, o usufrutuário deve indenizar.

A prescrição citada no dispositivo do Código de 1916 equivale ao *não uso* durante certo tempo, referido no vigente Código. O usufruto como direito real em si não prescreve. O legislador anterior não mencionara o prazo dessa inércia por parte do usufrutuário. Há quem sustente que o prazo é o de usucapião extraordinária (20 anos), outros, que é aplicado o prazo da usucapião ordinária, 10 anos entre presentes e 15 entre ausentes, no tocante aos bens imóveis. Washington de Barros Monteiro (1989:324), na esteira de corrente majoritária, entre outros, sustenta esta última posição, sem maiores digressões. Em boa hora, o presente Código corrigiu a impropriedade, mencionando corretamente o não uso ou a não fruição da coisa. No atual sistema, a melhor orientação será entender que o prazo será o de 10 anos, segundo o art. 205, embora seja sustentável o prazo de usucapião extraordinária do art. 1.238. Vejamos qual será o posicionamento da futura jurisprudência, embora as questões sejam raras nos julgados.

Afora as modalidades *ope legis*, a culpa do usufrutuário na utilização da coisa pode dar margem à extinção do usufruto (inciso VII), por meio de ação judicial, mormente se não apresenta ele caução que garanta a devolução. Essa hipótese somente se torna possível em casos de extrema gravidade, quando o usufrutuário deixa de tomar cuidados mínimos na manutenção e preservação da coisa. A valoração acerca dessa possibilidade de extinção de usufruto deve ser relegada ao prudente exame do juiz, o qual pode evitar a extinção exigindo a prestação de caução ou colocando-o sob administração do nu-proprietário ou de terceiro (Trabucchi, 1992:467).

Ademais, lembre-se das causas ordinárias de extinção de direitos, como a renúncia ou desistência, que devem ser expressas. Se se tratar de imóveis, há necessidade de escritura pública. O Código em vigor menciona expressamente a possibilidade de renúncia ao usufruto (art. 1.410, I).

O processo de extinção de usufruto vem mencionado no art. 725, VI, do CPC, que regula os procedimentos de jurisdição voluntária, importante quando se trata de imóvel. Quando resulta de morte do usufrutuário, porém, prescinde-se de decisão judicial,[9] bem como quando resulta de acordo conjunto dos interessados (art. 250, II e III, da Lei dos Registros Públicos),

---

[9] "Apelação. Ação promovida por nu-proprietário visando retomada da posse de imóvel em razão da **extinção do usufruto pela morte do usufrutuário**. Bem na posse da viúva do usufrutuário. Ação rejeitada por força do reconhecimento de direito real de habitação da viúva. Inadmissibilidade. Falecido que não era proprietário do bem, requisito essencial para reconhecimento do direito do art. 1.831 do Código Civil. *De cujus* que havia doado o imóvel aos filhos, sendo usufrutuário. Usufruto extinto de pleno direito com a morte do usufrutuário (art. 1.410, I, do Código Civil). Direito à retomada do bem reconhecido. Invocação do direito constitucional de moradia que não basta para autorizar a permanência da viúva em imóvel que pertence a terceiro. Recurso provido" (*TJSP* – Ap 1004405-16.2018.8.26.0072, 19-4-2022, Rel. Enéas Costa Garcia).

procedendo-se mediante requerimento de averbação junto ao registro imobiliário. Quando se trata de extinção de usufruto legal, desnecessário, em regra, qualquer procedimento.

20.12 DIREITO REAL DE USO

Derivados do usufruto, no Direito Romano, eram o *usus*, o *fructus sine usus*, e no período do direito justinianeu, a *habitatio* e as *operae servorum*.

O *usus*, em seu significado originário, era o direito de usar uma coisa sem receber os frutos. Era dirigido a coisas que não o produziam, não se levando em conta a possibilidade de auferir qualquer fruto civil. Podia ser constituído sobre uma biblioteca ou escravo, por exemplo, e, se

---

"**Extinção de usufruto** – Instrumento de cessão e transferência de direitos sobre imóvel com cláusula de usufruto em favor da ré – Improcedência do pedido – Inconformismo – Desacolhimento – Aplicação do disposto no art. 252 do RITJSP – Inexistência de quaisquer das hipóteses do art. 1.410 do Código Civil – Desavenças entre as partes que não justificam a extinção do usufruto – Sentença mantida – Recurso desprovido" (*TJSP* – AC 1012011-73.2016.8.26.0005, 15-7-2019, Rel. J. L. Mônaco da Silva).

"Apelação Cível – Direito Tributário – Mandado de segurança – ITCD – **Doação** – **Usufruto Vitalício** – Arbitramento – Ausência de auto de lançamento – Ausência de contraditório – Nulidade – Descabimento – Resolução estadual – Violação do princípio da legalidade – Inocorrência – Fato Gerador – Extinção do usufruto – Base de cálculo – Valor venal dos bens/quotas – Art. 12, da Lei estadual 8.821/89 – Ausência de prova capaz de refutar os valores atribuídos pela fazenda – Índices de atualização monetária – Incidência cumulativa da UPF-RS e Selic – Inocorrência – 1- Hipótese em que, realizada a doação de quotas empresariais com cláusula de usufruto vitalício, foi recolhido o ITCD sobre o valor das quotas subscritas pelo doador no contrato de constituição da sociedade limitada, divergindo a Receita Estadual quanto à base de cálculo do imposto devido, tendo concluído pela subavaliação dos bens integrantes do ativo da empresa, restando saldo do imposto a pagar. 2- A avaliação realizada pela Fazenda constitui-se em arbitramento do valor dos bens/quotas objeto da doação a ser tributada, todavia, quando do ajuizamento do presente *mandamus*, o procedimento administrativo não havia sido concluído, não havendo constituição do crédito tributário, de modo que não havia como existir auto de lançamento. 3- A lei estadual nº 8.821/89 estabelece ao sujeito passivo, nos termos dos artigos 14 a 17, a possibilidade de requerer avaliação contraditória, não tendo assim procedido o apelante, o qual poderia ter efetuado a contestação dos valores até 16/01/2017, mas permaneceu inerte, não cabendo, por isso, alegação de ausência de contraditório ou cerceamento de defesa na seara administrativa. 4- A Fazenda Estadual atuou de acordo com a legislação vigente ao proceder à avaliação dos bens, não se podendo visualizar nenhum ato em desconformidade com a lei nesse ponto. Ademais, a existência e a utilização de Resoluções não ferem o princípio da legalidade, mormente porque são fontes complementares do Direito Tributário, reconhecidas pelo artigo 100, do CTN, as quais servem para explicitar as normas contidas na legislação tributária. 5- Consoante definem os artigos 2º, inc. I, e 4º, inc. II, letra 'b', da Lei Estadual nº 8.821/89, o fato gerador do ITCD é a transmissão "causa mortis" e doação, a qualquer título, de propriedade ou domínio útil e de direitos a ele relativos, sendo que, em se tratando de usufruto, o fato gerador ocorre no momento em que ocorrer o fato ou ato jurídico determinante da consolidação da propriedade na pessoa do nu-proprietário, ou seja, quando se der a extinção do usufruto. 6- Não ocorrência, na espécie, do fato gerador do tributo, porquanto não extinto o usufruto instituído, e, consequentemente, não consolidada a propriedade dos bens objeto da doação. Ainda que o apelante tenha optado por realizar o pagamento do valor do imposto que entendeu suficiente mesmo antes da ocorrência do fato gerador, não lhe pode ser exigido o restante devido, em razão da avaliação superior realizada pela Fazenda, antes da extinção do usufruto e, portanto, da efetiva ocorrência do fato gerador. Friso, entretanto, que o processo administrativo não restou concluído, não existindo constituição do crédito tributário, como declarou a própria Fazenda às fls. 92/95, de modo que o provimento deste ponto possuirá eficácia apenas preventiva com relação às ações do Fisco Estadual. 7- Em relação à discordância da avaliação realizada pela Fazenda Estadual, de acordo com o art. 12, da Lei 8.821/89, a base de cálculo é o valor venal dos bens/quotas, de modo que, em se tratando da doação de quotas de uma sociedade, o correto é que se avaliem os bens integrantes do ativo da empresa ao invés do valor individual das cotas declarado no contrato de constituição da sociedade, porquanto o capital integralizado inicialmente não reflete o valor atual dos bens. Adequada, portanto, a avaliação do Estado, a qual se baseou no valor atualizado dos imóveis, mediante pesquisa no mercado imobiliário. Ademais, o apelante não colacionou nenhuma prova capaz de refutar os valores atribuídos pelo impetrado, de maneira que tal discussão demanda dilação probatória não admitida em sede de Mandado de Segurança. 8- Não há nos autos nenhum documento em que estejam escritos os índices de atualização monetária referidos pelo apelante, de modo que, como já referido, não se pode discutir em ações mandamentais questões que necessitem da produção de provas. Além disso, sequer há constituição do crédito tributário, logo não há cominação dos consectários legais. Apelação parcialmente provida" (*TJRS* – AC 70076258060, 13-4-2018, Rel. Des. Ricardo Torres Hermann).

constituído sobre uma casa, dele estava excluído o direito de locação. A jurisprudência admitiu que, sendo constituído sobre fundo rústico, o beneficiário pudesse ali estabelecer pequena horta e pomar, utilizando-se da lenha dentro de certos limites (Arangio-Ruiz, 1973:269).

O uso representa o *ius utendi* por inteiro, consagrando o direito de retirar da coisa tudo que for assim suscetível, sem receber nenhum fruto. O usuário poderia servir-se da coisa, porém não poderia ceder seu exercício, porque o preço do aluguel seria fruto civil (Petit, 1970:336).

No *fructus sine usus*, cuja existência era controvertida, ocorreria a cessão de uso a uma pessoa e o gozo dos frutos a outra. Quanto à *habitatio* e às *operae servorum*, geralmente objetos de legado, discutia-se se com elas se originavam modalidades de usufruto ou simples direitos de crédito. Justiniano colocou-as como direitos reais sobre coisas alheias. As obras dos escravos, relacionadas no Digesto após o usufruto e o uso, eram na verdade uma servidão pessoal.

No *uso* romano, a exemplo do usufruto, o usuário deveria prestar caução ao proprietário, como garantia de devolução.

O direito moderno manteve o uso com a utilidade e extensão originárias, definindo o art. 742 do Código de 1916:

> *"O usuário fruirá a utilidade da coisa dada em uso, quanto o exigirem as necessidades pessoais suas e de sua família".*

O vigente Código, sem modificação de conteúdo, substitui o termo fruirá, por *"usará"* (art. 1.412).

Foi mantida a estrutura mais recente romana, permitindo-se que o usuário extraia da coisa frutos naturais. Para isso, completa o art. 1.412, § 1º no sentido de que serão avaliadas *"as necessidades pessoais do usuário, conforme a sua condição social e o lugar onde viver"*.

Por outro lado, o art. 1.412, § 2º, restringe o conceito de família do usuário a: seu cônjuge, seus filhos solteiros e às pessoas de seu serviço doméstico.

Trata-se, portanto, de modalidade de usufruto de menor âmbito, cujas regras se aplicam supletivamente (art. 1.413). Enquanto o usufrutuário tem o *ius utenti et fruendi*, o usuário tem apenas o *ius utendi*, ou seja, o simples direito de usar de coisa alheia.

Inafastável que atualmente o companheiro ou companheira deve ser inserido no conceito de cônjuge para a finalidade do uso, pois o ordenamento constitucional e ordinário nem mesmo exclui a filiação ilegítima.

No ato constitutivo, o concedente pode delimitar e descrever o direito de uso, sem privá-lo da essência procurada pela lei. Pode estabelecer, por exemplo, que ao usuário é facultado retirar lenha do local, dentro de determinado limite. Não há restrição, podendo ser atribuído a imóveis rústicos ou urbanos. Permite, pois, ao usuário perceber porção de frutos da coisa limitadamente, pois a lei refere-se ao uso dentro das *necessidades* do usuário.

Difere do usufruto porque não pode ser cedido, nem mesmo a título gratuito. É também indivisível, não se admitindo seja concedido *pro parte* (Gomes, 1983:286).

É instituído pelas mesmas modalidades do usufruto, com exceção da lei, pois não há direito de uso tal como concebido no Direito Privado, por ela criado. O direito de uso utilizado no Direito Público, mormente o decorrente do Decreto-lei nº 271/67, é instituto de Direito Público, distante da origem privada ora mencionada.

Se no título constitutivo houver ampliação do direito de uso, sua interpretação pode levar à conclusão da existência de usufruto.

Pode ser atribuído a móveis e imóveis. Como direito real sobre imóvel, deve ser registrado no cartório imobiliário. É instituto inútil como direito real, se objetivar coisas consumíveis, pois nesse caso se transferiria a propriedade.

Aplicando-se ao instituto os mesmos dispositivos do usufruto, a ele se aplicam as regras da caução e administração da coisa, bem como as atinentes ao direito de restituição.

20.13 DIREITO REAL DE HABITAÇÃO

O direito real de habitação é ainda mais restrito. É atribuído ao habitador o direito personalíssimo e temporário de residir em imóvel, não podendo ser cedido nem mesmo seu exercício. Cuida-se de direito real sobre coisa alheia, porque o titular reside em imóvel que não é seu. Pode fazê-lo, evidentemente, com sua família. A lei não se restringe ao imóvel exclusivamente urbano.

> *"Art. 1.414. Quando o uso consistir no direito de habitar gratuitamente casa alheia, o titular deste direito não a pode alugar, nem emprestar, mas simplesmente ocupá-la com sua família".*

O art. 1.415 permite que o direito seja conferido a mais de uma pessoa conjuntamente. Os coabitadores não necessitam pagar aluguel aos outros, ainda que não residam todos no imóvel, mas esse direito de coabitação não pode ser impedido; não pode ser exercido exclusivamente. De total inconveniência a concessão de habitação conjunta. É estabelecida uma comunhão entre vários coabitadores, cujos princípios devem ser regidos, no que couber, pelas normas do condomínio.

Subsidiariamente, é aplicada a disciplina do usufruto (art. 1.416). Pode ser instituído sob termo ou condição, como, por exemplo, quando concedido a alguém enquanto realize seus estudos ou tratamento de saúde.

Mais útil, em tese, que o simples uso, o direito de habitação serve para proteger vitaliciamente alguém, provendo-o de um teto de morada.

No direito sucessório, a Lei nº 4.121/62 instituiu direito real de habitação ao cônjuge sobrevivente com redação inserida no § 2º do art. 1.611 (do Código de 1916):

> *"Ao cônjuge sobrevivente, casado sob regime de comunhão universal, enquanto viver e permanecer viúvo, será assegurado, sem prejuízo da participação que lhe caiba na herança, o direito real de habitação relativamente ao imóvel destinado à residência da família, desde que seja o único bem daquela natureza a inventariar".*[10]

---

[10] "Inventário – Direito real de habitação – Sentença que homologou plano de partilha e reconheceu o direito real de habitação em favor do cônjuge supérstite – Inconformismo da genitora da falecida – Alegação de que o viúvo teria deixado o imóvel – Não acolhimento – Ausência temporária não configura renúncia ao direito, sobretudo diante do contexto de luto – Permanência do imóvel fechado, com pertences da falecida, evidencia a intenção de retorno – Aplicação do art. 1.831 do Código Civil – **Direito real de habitação** conferido ao cônjuge supérstite é vitalício e não exige demonstração de necessidade econômica – Mitigação do direito afastada – Alegação de prejuízo à apelante não demonstrada – Inexistência de prova de dependência econômica da mãe em relação à filha falecida – Eventual desvirtuamento do uso do imóvel deve ser apurado em ação própria – Sentença mantida – Recurso não provido" (*TJSP* – Ap 1015669-56.2021.8.26.0482, 19-8-2025, Rel. Benedito Antonio Okuno).

"Apelação cível – Ação possessória. Interdito Proibitório – Sentença de improcedência – Inconformismo da autora – Apelante que era casada com o possuidor do imóvel que servia de residência à família, e lá permaneceu após o óbito do marido. **Direito real de habitação reconhecido**. Inteligência do art. 1.831 do Código Civil. Irrelevância do regime de bens do casamento. Ausência de prova de haver outro imóvel do 'de cujus' a inventariar. Apelado que impediu o acesso da apelante ao imóvel e a notificou para sua desocupação. Caracterização de justo receio da apelante em ser molestada na posse. Precedentes desta Câmara. Expedição de mandado proibitório, nos termos

A Lei nº 10.050/2000 estendeu esse direito real de habitação ao filho portador de deficiência que o impossibilite para o trabalho, na falta do pai ou da mãe, acrescentando o § 3º ao art. 1.611, em disposição um tanto deslocada.

O Código de 2002, no art. 1.831, estabelece esse direito real de habitação ao cônjuge sobrevivente, *"qualquer que seja o regime de bens"*. Com isto corrige injustiça, pois nem sempre o cônjuge sob outro regime que não o da comunhão universal estaria protegido com bens da herança, a ponto de ter um local para residir. Não havia razão para a manutenção da redação anterior. No entanto, já há tentativa legislativa de retornar-se ao sistema anterior.

Esse direito real sucessório estabelece-se no momento da abertura da sucessão, de modo que desde então tem o cônjuge as ações próprias para exercê-lo. O objetivo da lei foi assegurar moradia ao cônjuge, que dela poderia ser privado quando concorresse com os demais herdeiros. Por vezes, o cônjuge supérstite era levado a situação angustiosa de não ter onde residir, após ter convivido por muito tempo no mesmo lar conjugal. Para sua aplicação, basta que na herança exista apenas um imóvel residencial, ainda que existam bens mais valiosos. O imóvel deve existir na herança, não havendo obrigação dos herdeiros em adquiri-lo, salvo se houver disposição testamentária expressa nesse sentido. O estabelecimento de união estável pelo cônjuge sobrevivente desvirtuaria a finalidade da lei inserida no Código de 1916, que mencionava

---

do art. 567 do Código de Processo Civil, para que o apelado não pratique atos de turbação ou esbulho da posse da apelada, sob pena de multa de R$ 3.000,00 em caso de transgressão da ordem – Sentença reformada – Recurso provido" (*TJSP* – Ap 1006569-62.2019.8.26.0348, 4-7-2024, Relª Daniela Menegatti Milano).

"Inventário – **Direito real de habitação** – Viúva (agravante), que postula o reconhecimento do direito real de habitação – Cabimento – Benefício a ser concedido ao cônjuge supérstite em relação ao bem comum – Único imóvel que serviu de moradia ao casal, independentemente de ter sido, ocasionalmente, alugado a terceiros antes do falecimento do cônjuge da agravante, a servir como fonte de renda de ambos – Proteção legal e garantia do amparo à moradia no único imóvel inventariado, que não pode ser negada à viúva que, inclusive, paga aluguel para residir em imóvel diverso – Inteligência do art. 1.831 do Código Civil – No tocante à desocupação do imóvel por terceiros alheios às questões discutidas no inventário, deve a parte interessada exercer o direito reconhecido pelas vias ordinárias – Decisão agravada reformada, para reconhecer o direito real de habitação à agravante – Recurso parcialmente provido" (*TJSP* – AI 2124300-97.2023.8.26.0000, 29-8-2023, Rel. Angela Moreno Pacheco de Rezende Lopes).

"Apelação – extinção de condomínio – imóvel e automóvel – parcial procedência – condenação ao pagamento da fração ideal referente ao automóvel – manutenção do condomínio do imóvel, com fundamento no direito real de habitação – inconformismo da autora – acolhimento parcial – Revelia – Inocorrência – Extinção do processo sem resolução do mérito por ilegitimidade de parte – Poder-dever do magistrado, independentemente de provocação das partes, enquanto norma de ordem pública – Direito real de habitação bem reconhecido – Alegações da autora no sentido de que a ré mantinha união estável com o falecido – Vastas provas nos autos – Alegação, após o reconhecimento do direito real de habitação, da existência de outra companheira – Alegação superveniente que não merece crédito e sequer merece análise, enquanto inovação recursal – Arts. 1.831 e 1.414, CC – **Reconhecimento do direito real de habitação** que não obsta a extinção do condomínio – Direito potestativo da autora – Necessidade de constar no edital da hasta pública a existência do direito real de habitação reconhecido em favor da ré – Sentença parcialmente reformada – Deram parcial provimento ao recurso, com observação" (*TJSP* – Ap 1008007-34.2021.8.26.0161, 31-8-2022, Rel. Alexandre Coelho).

"Apelação cível. Ação de obrigação de fazer e de reintegração de posse. Pretensão movida por viúva em face de filha herdeira. Sentença de parcial procedência. Reconhecimento ao direito de posse concomitante e simultânea (da autora e da ré) sobre imóvel litigioso. Fixação de sucumbência recíproca. Apelação da autora e apelação adesiva da ré. Recurso principal. Viúva. Direito real de habitação. Aplicação do artigo 1.831 do Código Civil. O **direito real de habitação** previsto pelo Código Civil em favor do cônjuge sobrevivente não depende do regime de bens do casamento: vale para todos. O objetivo da lei é permitir que o cônjuge/companheiro sobrevivente permaneça no mesmo imóvel familiar que residia ao tempo da abertura da sucessão. Concretização do direito constitucional à moradia. Prevalência sobre direito de posse viúva em relação às herdeiras. Elevado estado de beligerância entre as partes. Inviabilidade de aplicação da regra do artigo 1.199 do Código Civil. Afastada composse. Sentença reformada. Recurso adesivo. Prejudicado, ante o acolhimento integral da pretensão inicial. Resultado. Recurso da autora provido e prejudicado o recurso adesivo da ré" (*TJSP* – Ap 1000319-19.2018.8.26.0228, 23-3-2021, Rel. Edson Luiz de Queiróz).

a manutenção do estado de viuvez, o que, no entanto, deve ser examinado no caso concreto (analisamos a matéria em nosso *Direito civil: Família e Sucessões*, seção 28.7.2). A renúncia pelo cônjuge a esse direito deve ser expressa, pois se trata de direito hereditário, não se admitindo renúncia tácita. O ato depende de escritura pública, por se tratar de imóvel, ou termo nos autos.

O fato de o prédio destinar-se unicamente à moradia não impede que o habitador exerça atividades mais amplas compatíveis com o direito de residência, como atividade de consultas de profissionais liberais, pequeno comércio e prestação de serviços, por exemplo (Rizzardo, 1991:1095).

Tal como usufruto, é direito temporário, tendo por limite máximo a vida do habitador (assim o é na hipótese de habitação sucessória). Estabelecido por ato de vontade, também são aplicados os princípios referentes à caução. Uma vez conferido o direito real de habitação, torna-se incompatível a instituição de usufruto sobre o mesmo imóvel.

Salvo o direito legal de habitação que surge com a abertura da sucessão, embora passível de registro do respectivo formal de partilha para eficácia *erga omnes*, o direito de habitação somente se torna direito real com o registro imobiliário. Enquanto não registrado, existe mera relação obrigacional entre instituidor e instituído, sem eficácia real.

Tanto o uso como a habitação possuem cunho eminentemente alimentar, embora a lei não proíba que decorram de negócios onerosos.

20.14 AÇÕES DECORRENTES DE USUFRUTO, USO E HABITAÇÃO

Os meios processuais que resguardam os direitos reais de usufruto, uso e habitação são semelhantes, dentro do âmbito de cada instituto.

Nas três situações, podem os titulares valer-se da ação reivindicatória no exercício do direito de sequela. Podem reivindicar a coisa do proprietário ou de terceiro. A pretensão que têm o usufrutuário, usuário e habitador é própria de seu respectivo direito e não derivada do direito do proprietário.

A ação declaratória pode ser eficaz quando há dúvida sobre a existência desses direitos. Quem alega usufruto, uso e habitação deve prová-los.

O dono tem ação contra o usufrutuário e os demais, nos casos de prejuízos ocasionados à coisa por culpa ou dolo. Pode exigir caução, ainda que inexistente no início de exercício do direito. Tem as medidas cautelares para impedir a deterioração ou perda da coisa usufruída, usada ou habitada.

Os usufrutuários, usuários e habitadores podem ingressar com ação de preceito cominatório para obrigar a entrega da coisa. Movida contra o proprietário, a ação é reivindicatória e de cunho petitório. Somente poderão usar dos meios possessórios se já obtiveram a posse.

A ação confessória, sem rito especial, é útil para provar a existência do direito, com efeito mandamental, isto é, tem como consequência a entrega da coisa ao autor ou seus acréscimos e frutos (Pontes de Miranda, 1971, v. 19:304). É cabível quando há negação do usufruto ou dos demais direitos aos interessados. Legitimado passivo é o proprietário.

A ação negatória é conferida ao titular do direito real limitado contra quem o ofende, alegando ter também direito sobre a coisa. A ação é dirigida contra o turbador do direito real limitado.

A partir do ingresso na posse direta, os usufrutuários, usuários e habitadores têm à disposição os remédios possessórios, inclusive contra os possuidores indiretos.

21

RENDAS CONSTITUÍDAS SOBRE IMÓVEIS (LEITURA ADICIONAL)

21.1 CONTRATO DE CONSTITUIÇÃO DE RENDA E DIREITO REAL. NOTÍCIA HISTÓRICA

O Código de 1916, ao tratar das rendas constituídas sobre imóveis, não definiu esse negócio jurídico, porque seu conceito decorre do contrato de constituição de renda, então disciplinado pelos arts. 1.424 a 1.431. O Código de 2002 apenas trata o instituto como direito obrigacional, não mais admitindo o direito real dele decorrente (arts. 803 a 813). Como esta ainda é, e por algum tempo ainda será, uma obra de transição, como temos enfatizado, mantemos, por ora, o estudo da matéria neste capítulo. Ocupamo-nos mais detidamente do instituto, como contrato, no volume dedicado aos contratos. Advirta-se, porém, que toda a base de nossa redação neste capítulo toma como fundamento o Código de 1916, uma vez que eventuais rendas constituídas sobre imóveis sob o Código anterior permanecem válidas até sua extinção.

Sob o aspecto de direito real, foi largamente utilizado no passado como forma de aplicação de capitais, tornado obsoleto na atualidade não somente em razão do fenômeno inflacionário, mas também em razão da adoção de novos institutos jurídicos que suprem suas finalidades com maior vantagem.

A constituição de renda, embora não ignorada em Roma, somente se desenvolveu em época mais recente, quando a Igreja interveio para evitar a usura. Pelo *censo consignativo*, o alienante de um prédio ou capital reservava para si os frutos, sob a forma de prestação anual perpétua. Pelo denominado *censo reservativo*, alguém se obrigava à prestação anual a ser paga pelo adquirente e sucessores, mediante o recebimento de certo capital. Quando essa obrigação gravava um prédio, era de natureza perpétua; jamais poderia ser remida ou resgatada. Distinguia-se o mútuo da constituição de renda, pois nesta última hipótese não havia obrigação de restituir a coisa, como no primeiro.

Esse instituto surge em época da história em que pessoas não se encontravam habilitadas a gerir seus negócios, entregando seus bens a terceiros, para auferir unicamente a renda.

As características básicas do direito pessoal são mantidas, quando convertido o negócio em direito real.

Ao comentar o art. 1.424 do Código Civil de sua autoria, Clóvis definiu-a como "*série de prestações em dinheiro ou em outros bens, que uma pessoa recebe de outra, a quem foi entregue para esse efeito certo capital*".

O credor é denominado *rentista* ou *censuísta*. O titular do bem vinculado denomina-se *rendeiro* ou *censuário*.

O negócio somente se convertia em direito real, no sistema do Código anterior, se registrado no cartório imobiliário; caso contrário, continuaria sendo regido como negócio com efeitos unicamente obrigacionais.

Como direito obrigacional, o objeto do capital pode ser tanto bens móveis, quanto imóveis. O rendeiro obriga-se a prestações em favor do credor, de forma periódica.

Desse modo, pelo direito brasileiro, pode ser constituída renda ou prestação periódica, em benefício próprio ou alheio, mediante a entrega de certo capital, em imóvel ou dinheiro, a quem se obriga a satisfazê-la. Nada impede que se contrate sobre bens móveis que não dinheiro, quando então o negócio será atípico, mas não vedado.

21.2 CARACTERÍSTICAS DO DIREITO OBRIGACIONAL DE CONSTITUIÇÃO DE RENDA

A constituição de renda pode decorrer de negócio gratuito ou oneroso, por ato entre vivos ou *mortis causa*. O art. 753 do Código de 1916 disciplinava que:

> *"a renda constituída por disposição de última vontade começa a ter efeito desde a morte do constituinte, mas não valerá contra terceiros adquirentes, enquanto não transcrita no competente registro".*

Desse modo, o efeito da *saisine* do direito sucessório não tem o condão de obrigar terceiro, uma vez que a eficácia real desse legado testamentário somente é alcançada com a averbação. Antes do registro, porém, já existe o direito determinado no testamento em favor do credor.

Instituída a título gratuito, trata-se de negócio unilateral assimilável à doação. Como contrato oneroso, é negócio jurídico bilateral, assimilável à compra e venda e ao empréstimo, do qual se extraem aspectos interpretativos. Note que o Código de 2002 mantém essa orientação tradicional, permitindo o contrato como negócio gratuito ou oneroso (arts. 803 e 804).

Somente pode assumir o caráter aleatório na modalidade onerosa, mormente porque a incerteza decorre do desconhecimento da data da morte do beneficiário, o credor, se fixada vitaliciamente. Embora o art. 1.424 se referisse à constituição *por tempo determinado*, esse termo pode ser certo, ou incerto, como a morte do beneficiário (Lopes, 1964, v. 6:374).

Veja o que comentamos, ao tratar do contrato, quanto ao art. 806 do presente Código: o negócio pode ser estabelecido a prazo certo, ou por vida, podendo ultrapassar a vida do devedor, mas não a do credor, seja ele o contratante, seja terceiro.

Discute-se se esse contrato é *real*, isto é, se para se aperfeiçoar há necessidade de entrega da coisa, dinheiro ou imóvel, ao obrigado. O art. 1.424 mencionava que o contrato aperfeiçoa-se pelo acordo de vontades, "*entregando-se certo capital, em imóveis ou dinheiro, a pessoa que se obrigue*" a satisfazer a obrigação. Há que se entender que essa entrega era consequência do contrato, o qual já se concretizara com o simples pacto de vontades. Não se trata de avença em que a entrega da coisa é essencial, sem a qual não existe o contrato, como no depósito, por exemplo.

Se tivesse por objeto imóvel, a escritura pública era essencial para o registro, sob pena de o direito ficar restrito ao âmbito obrigacional. O Código de 2002, apesar de não mais erigir o negócio como direito real, exige a escritura pública em qualquer situação (art. 807).

Modernamente, é insustentável a não incidência de correção monetária em qualquer obrigação, o que se aplica evidentemente à constituição de renda, sob pena de ocorrer injusto enriquecimento. Não fixada indexação no contrato, incumbe ao juiz concedê-la nos termos mais apropriados à realidade da época.

Importa agora fixar unicamente os princípios que regem o direito real, deixando maiores detalhes do contrato para quando de seu estudo em espécie.

21.3 CARACTERÍSTICAS COMO DIREITO REAL

As modalidades de constituição são as decorrentes do direito negocial: por contrato, gratuito ou oneroso, ou por ato de última vontade. Tratando-se de direito real, a escritura pública ou o formal de partilha (ou adjudicação) devem ser levados a registro. Até o registro, a relação entre rendeiro e rentista era obrigacional. Não há necessidade de que o pacto tenha exclusivamente a finalidade de constituir renda; pode vir adjecto a outro negócio. O que importa são seus elementos constitutivos.

Embora para sua constituição as normas aplicáveis sejam as do contrato de constituição de renda, importa diferençar aspectos que desaproximam ambos os institutos. Nesse direito real limitado, o titular não usa nem goza do prédio alheio. Não lhe tem a posse. Apenas direito ao recebimento de quantia periódica. A renda constituída sobre imóvel tem analogia com os direitos reais de garantia, mas com eles não se confunde. No penhor e na hipoteca, há débito primitivo garantido pela coisa. Na renda sobre imóvel, o débito decorre da própria coisa, não é garantidor de débito estranho ao próprio negócio. A renda é prestação e não garantia. Apresenta também analogia com a enfiteuse, na qual existe o pagamento de foro, mas esta é sempre perpétua, o que não ocorre com a renda.

A renda grava o imóvel e seus acréscimos, como construções, melhoramentos e acessões.

Quando se trata de direito real constituído sobre coisa alheia, o imóvel ficava adstrito ao devedor sob vínculo real. A lei permitia que a obrigação se transformasse em direito real, dentro do princípio do *numerus clausus* por nós enfocado neste livro. O contrato nesse aspecto, assim como o contrato de compra e venda para a propriedade imóvel, servia de veículo, de instrumento, para ser atingido o direito real. Esse se concretizava com o registro. Até então, a relação jurídica é tratada no campo obrigacional.

Tornava-se clara a característica de direito real, quando o art. 749 determinava que, na hipótese de desapropriação do prédio sujeito a constituição de renda, ou de indenização securitária por sua perda, o ônus real sub-rogar-se-ia no preço, a ser utilizado para aquisição de outro imóvel, para o qual se transfere a obrigação; ou seja, o gravame real continuaria a incidir sobre o preço que substituiu a coisa.

Da mesma forma, como consequência do direito de sequela, nada impedia que o prédio gravado com renda fosse alienado, mas o gravame continuaria para seu adquirente:

> *"O pagamento da renda constituída sobre um imóvel incumbe, de pleno direito, ao adquirente do prédio gravado. Esta obrigação estende-se às rendas vencidas antes da alienação, salvo o direito regressivo do adquirente contra o alienante"* (art. 750).

Instituía-se obrigação *erga omnes* decorrente de um imóvel. O credor tinha direito de sequela, enquanto a obrigação do devedor era ambulatória, isto é, onerava quem fosse o proprietário da coisa. Decorria da circunstância de o sujeito ser proprietário do imóvel.

Como percebemos, tratava-se de efetivo direito real por disposição legal e não de obrigação reipersecutória ou *propter rem* que pode decorrer de simples fatos ou atos, não descritos na lei.

Alguém poderia atribuir prédio próprio à constituição de renda em favor de um terceiro. Constituía o ônus em benefício alheio.

O instituto ora estudado não era de ser admitido como direito perpétuo, *sendo direito temporário*, como entendia a maioria da doutrina, quando muito vitalício em favor do credor, em que pesem opiniões em contrário. De fato, o art. 803 do vigente Código apesar de se referir ao tempo determinado do contrato, não fixara prazo máximo. O sistema de direitos reais de gozo sobre coisa alheia não permite conclusão de que esse prazo fosse superior à vida do beneficiário, o que seria, no passado, contrário ao sistema no campo de nosso ordenamento dos direitos reais limitados de gozo, e, modernamente, como anacronismo insuportável perante a função social da propriedade, não bastasse o anacronismo do próprio instituto. A morte do devedor, por seu lado, salvo disposição expressa, não extinguia a obrigação, que era constituída sobre o imóvel e não sobre a pessoa do devedor. A morte do credor extinguirá o direito na renda constituída vitaliciamente, não a morte do proprietário, como regra geral, pois o gravame continua sobre a coisa. Esse sentido é expressamente referido, como vimos, no corrente Código Civil.

O grande inconveniente dessa modalidade residia na hipótese de o credor viver muito tempo, o que manterá intacto o gravame. Observava Orlando Gomes (1983:294) que, *"prevendo a duração normal da vida de um beneficiário, o devedor aceite a obrigação e venha a ser sacrificado por uma longevidade extraordinária"*. Pontes de Miranda (1971, v. 19:404), por sua vez, entendia que o direito real de renda pode ser perpétuo, possibilitando, porém, a lei seu resgate a qualquer tempo. Sustentava o autor que apenas o direito de constituição de renda decorrente de contrato é temporário.

Conclui-se, com a maioria, que, não sendo estipulado prazo no título constitutivo, a renda é vitalícia em favor do credor. Podia ser instituída também sob condição resolutiva, incabível a condição suspensiva para a existência de direitos reais, como temos defendido.

Estabelecia, portanto, a lei um direito real caracterizado por obrigação vinculada ao imóvel. A situação é excêntrica, desvinculada dos princípios gerais de nosso direito, tendo bem agido o mais recente Código ao suprimir o instituto como direito real.

Para que existisse direito real, deveria onerar imóveis. Se o capital se constituir de dinheiro, outros valores fiduciários ou outros bens, a situação é exclusivamente obrigacional. O imóvel era o suporte das prestações e não exatamente o devedor ou o proprietário.

21.4 DIREITOS E OBRIGAÇÕES DO CREDOR E DO RENDEIRO

O direito de *resgate* é inafastável. Permite que o devedor pague capital suficiente, em dinheiro, para que renda o valor estipulado, assegurando ao credor renda equivalente à taxa legal de juros, extinguindo assim o direito real. É disposição de ordem pública (art. 751), permitindo o cancelamento do ônus no registro imobiliário. Durante época de inflação recrudescida, imagine a dificuldade e inconveniência desse artifício.

O credor da renda pode ser o próprio instituidor do direito real, ou seja, o proprietário do prédio gravado, ou terceiro, em benefício de quem é instituída. O imóvel garante-a.

Desse modo, o credor pode promover a excussão sobre ele, por meio da execução, tal como faria o credor hipotecário. Como é titular de direito real, é credor privilegiado no caso de falência ou concurso de credores (art. 752).

No caso de desapropriação ou pagamento de seguro, o credor tem direito de exigir que o rendeiro adquira novo imóvel, sobre o qual incidirá o gravame. Enquanto não adquirido, o credor tem direito aos juros do capital. Note que a correção monetária integra o capital e não é considerada rendimento.

Ao devedor-rendeiro atribui-se a obrigação fundamental de pagar o valor estipulado periodicamente. Se são vários os proprietários do imóvel, ou porque assim já constava originalmente, ou porque transmitido o prédio a vários sucessores, "*o ônus real da renda continua a gravá-lo em todas as suas partes*" (art. 754). A prestação continua indivisível, competindo aos comunheiros que regressivamente acertem seus respectivos créditos *interna corporis*. O condomínio não afeta o gravame.

A renda constituída sobre imóvel, como vimos, não o retirava do comércio, apenas gravava o direito de propriedade do adquirente. Este ficava obrigado até mesmo ao pagamento das parcelas vencidas antes da alienação, com direito regressivo contra quem lhe transmitira.

21.5 EXTINÇÃO

O *resgate* (art. 751), como visto anteriormente, é direito inafastável do devedor, modalidade peculiar de extinção desse direito real.

Extingue-se a renda sobre imóvel alheio também com o *pagamento integral da obrigação* constante do título, se limitada, com o *decurso de prazo ou advento da condição e com a morte do credor*. A morte do devedor pode extinguir o direito, se assim constar expressamente do título. A *convenção das partes* também é meio idôneo de extinção, bem como a *renúncia por parte do* credor. Cumpre em todas as hipóteses cancelar o gravame no registro imobiliário.

A *destruição do imóvel* extingue o direito quando não ocorre sub-rogação no preço, nas hipóteses do art. 749, por desaparecimento do objeto.

A simples consolidação da propriedade e do direito de renda não faz desaparecer o direito, mas o cancelamento averbado no registro imobiliário.

A *prescrição* extinguirá o direito real de renda no prazo em que prescrevem os direitos reais (Pereira 1993:215), embora haja quem o entenda imprescritível (Wald, 1991:217). A inércia do titular pelo prazo de prescrição de direitos reais, quer-nos parecer, é causa extintiva do direito, em consonância com a interpretação sistemática de nossa lei imobiliária. Ainda que assim não se entenda, o direito de cobrança das parcelas após vencidas prescreve no prazo de cinco anos (art. 178, § 10, II), sendo que o diploma legal de 2002 diminui esse prazo para três anos (art. 206, § 3º, II). Desse modo, as prestações podem tornar-se inexigíveis, sem que o direito real desapareça.

A usucapião do imóvel, por outro lado, é incompatível com o direito de renda. Se o credor detém, por qualquer razão, a posse da coisa, sua prescrição aquisitiva nada tem a ver com o instituto, mas prende-se aos princípios gerais da usucapião. Pelo direito real de renda, o titular-credor não tem a posse da coisa.

Lembre-se ainda das hipóteses de *falência ou insolvência* do devedor, como causas extintivas, quando o bem é arrecadado.

Quando decorrente de doação, a *ingratidão do donatário-credor* pode extinguir o direito, nos termos dos arts. 562 e 557.

Nada obsta que o devedor alegue *compensação para extinguir a obrigação ou parte dela, ou, dependendo da circunstância, o próprio direito real.*

A extinção também pode decorrer de sentença que decrete ou reconheça a inexistência do direito de renda. O Código de 2002 nem mesmo se preocupou com norma transitória a respeito desse instituto, tal o seu desuso.

21.6 AÇÕES DECORRENTES DA CONSTITUIÇÃO DE RENDA

Supondo que ainda remanesça algum negócio dessa natureza com eficácia real, o credor de renda constituída sobre imóvel tem ação executória para cobrança das parcelas, pois o ato constitutivo é título executivo extrajudicial (art. 784 do CPC). Nada impede, porém, que opte pelo procedimento comum. Interessante observar que é possível a modalidade de constituição de capital para fazer frente a indenização sob a forma de prestações periódicas alimentares, decorrentes de ato ilícito. Trata-se, porém, de questão processual executória que não constitui direito real.

A ação declaratória sempre será possível quando se põe em dúvida a existência do direito.

Ação indenizatória por perdas e danos pode ser movida contra o dono do imóvel se o deixou perecer ou deteriorar por culpa sua.

Os meios cautelares podem ser utilizados pelo credor para impedir a deterioração do bem e assegurar o pagamento das parcelas periódicas.

Quando o credor se recusa a fornecer quitação, ou nas outras hipóteses legais, cabível será a ação de consignação em pagamento.

Sempre será possível a retificação do registro imobiliário, ainda que decorrente de procedimento meramente administrativo, como, por exemplo, a correção de dados sobre o imóvel ou sobre a própria natureza do direito de constituição de renda, quando averbado sob outra denominação.

Quando o valor da coisa sujeita à renda se sub-roga em preço, como na desapropriação, o credor tem, em princípio, ação de preceito cominatório contra o rendeiro para que adquira outro imóvel.

22

PROMESSA DE COMPRA E VENDA COM EFICÁCIA REAL. DIREITO DO PROMITENTE COMPRADOR

22.1 ORIGENS. CONCEITO

Em várias oportunidades nestes volumes, destacamos que algumas relações originariamente obrigacionais obtêm eficácia real, mediante registro imobiliário autorizado por lei. O contrato de promessa de compra e venda de imóvel, como visto, é um desses exemplos.

Até seu ingresso em nossa legislação, pelo Decreto-lei nº 58/37, o compromisso de compra e venda de imóveis conferia aos adquirentes apenas direitos obrigacionais. Findos os pagamentos das parcelas, extinta a obrigação, se o imóvel não fosse entregue ao adquirente, apenas lhe restaria a via indenizatória. Muitos foram os lesados por loteadores inescrupulosos, à época, pois na venda de lotes não edificados situava-se então a problemática. Ademais, antes desse diploma legal, os negócios eram regulados pelo art. 1.088 do Código Civil pretérito, a permitir o arrependimento de qualquer das partes antes da conclusão do contrato definitivo. A senda inaugurada pelo Decreto-lei nº 58/37, permitindo eficácia real ao compromisso de imóveis loteados, foi estendida, em diplomas posteriores, à generalidade dos imóveis. Esse primeiro diploma tornou obrigatório o registro dos loteamentos. Sem o registro, o proprietário somente pode vender partes ideais, ou mesmo concretas, mas não subdivididas em lotes. Registrado o empreendimento, os lotes ganham autonomia.

O mecanismo próprio do negócio jurídico bilateral merece estudo aprofundado quando do exame dos contratos em espécie. Sua colocação aqui se justifica pelo fato de o legislador ter criado outra modalidade de direito real, fora do elenco do Código Civil de 1916, como faria com a garantia fiduciária, examinada no Capítulo 17. Desse modo, cumpre nesta oportunidade elucidar os aspectos reais do negócio, relegando maiores detalhes do contrato para seu campo específico. Aponte-se, de início, contudo, que o Código Civil de 2002 contemplou finalmente o instituto como direito real, nos arts. 1.417 e 1.418, sob a epígrafe *"Do direito do promitente comprador"*.

O compromisso de compra e venda também é conhecido rotineiramente sob outras denominações: promessa de compra e venda, contrato preliminar de compra e venda, promessa bilateral de compra e venda. A Lei nº 6.766/79, que tratou do parcelamento do solo urbano, consagrou a denominação *compromisso de compra e venda*. O presente Código refere-se à *promessa de compra e venda* (art. 1.417). Partes nesse negócio são o promitente, compromitente-vendedor ou cedente e promissário, compromissário-comprador, compromissário-adquirente ou cessionário.

No compromisso de venda e compra, sob o aspecto contratual, há um acordo de vontades, de cunho preliminar, por meio do qual uma parte compromete-se a efetuar em favor de outra, em certo prazo, um contrato de venda definitivo, mediante o pagamento do preço e cumprimento das demais cláusulas. Em nosso *Direito civil: Contratos,* destacamos a conceituação e mecanismo desse negócio, sob o prisma do contrato preliminar em geral. Em determinado momento, pode não ser oportuno, possível ou conveniente às partes contratar de forma definitiva, plena e acabada. No entanto, nas premissas, igualmente será inconveniente nada contratar, levando-se em conta a existência de toda uma fase pré-contratual e a oportunidade de ser concluído negócio no plano material.

O contrato representa, segundo examinamos no livro citado, um acréscimo patrimonial para o contratante. A posição contratual possui valor econômico relevante, tanto que pode ser cedida a título oneroso, isto porque existe vasta população que está alijada do direito de contratar por dificuldades econômicas. Desse modo, sob o plano ainda exclusivamente obrigacional, surgirá a conveniência de contratar preliminarmente. Podem as partes necessitar de prazo maior de meditação para a conclusão do contrato definitivo, aguardar melhor situação econômica, ou, naquilo que nos interessa agora, pode o alienante pretender maior garantia de pagamento, não concluindo definitivamente a venda enquanto não pago o preço. Surge neste último enfoque a efetiva utilidade da promessa de compra e venda que ganha os contornos de contrato quase definitivo quando nela se inserem as cláusulas de irretratabilidade e irrevogabilidade.

Terminológica e tecnicamente, o contrato preliminar objetiva a conclusão de um contrato principal e definitivo. Possui todas as características de contrato, tratando-se de modalidade autônoma em sua classificação geral.

No contrato preliminar, pré-contrato ou promessa de contratar já existem todos os requisitos de um contrato. Por isso, não se confunde com as chamadas *negociações preliminares*. Essa fase preliminar de negociação ou pontuação, como regra geral, não gera direitos. Pode dela decorrer uma *responsabilidade pré-contratual* sob determinadas condições, situada fora da relação contratual, matéria por nós examinada na citada obra (*Direito civil: Contratos,* Capítulo 9).

O compromisso de compra e venda é um contrato, portanto, perfeito e acabado. Não é contrato preliminar típico. Deve ser examinado e interpretado, sem dúvida, do ponto de vista negocial. Contudo, como em tantos outros fenômenos jurídicos, trata-se de contrato dirigido ou regulamentado, representado em grande parte por normas cogentes que visam à proteção da parte, em tese, mais fraca economicamente, o adquirente, mas resguardando de igual modo, com eficácia, o alienante, na hipótese de inadimplemento.

Por outro lado, o contrato preliminar traz em seu bojo a obrigação de contratar definitivamente, cuja natureza é uma obrigação de fazer. As partes obrigam-se à conclusão do contrato definitivo sob certo prazo ou condição. No compromisso de compra e venda, resulta claríssimo que a intenção das partes não é precipuamente a conclusão de outro contrato, mas a compra e venda do imóvel de forma definitiva. Destarte, afasta-se esse compromisso da noção que poderá existir em outros contratos preliminares, pré-contratos propriamente ditos, ou mera carta de intenções e acordo de cavalheiros. O compromisso na hipótese sob vértice enquadra-se como verdadeira modalidade de compra e venda. O nexo contratual de alienação da coisa é o aspecto primordial desse compromisso. Essas as razões, entre outras de ordem sociológica, que levaram o legislador a conceder eficácia real à promessa de compra e venda de imóveis. Cabe às partes fixarem sua vontade em mero contrato preliminar ou promessa de contratar no futuro, dentro do campo da autonomia da vontade obrigacional, ou efetivamente comprometerem-se a vender e comprar sob a égide da legislação protetiva. Melhor seria que a lei lhe desse um tratamento mais dinâmico, permitindo que por simples averbação no registro imobiliário, provando o adquirente ter pago todas as parcelas, que a propriedade se tornasse plena. Exigir-se nova escritura tão só para essa finalidade é burocracia inadmissível na atualidade, atulhando ainda mais nossos tribunais com desnecessárias ações de adjudicação compulsória. Portanto, o Código de 2002 deu apenas meio passo com relação aos compromissos de venda e compra. A esse respeito já existe importante inovação no ordenamento, no art. 26, § 6º, da Lei nº 6.766/79, acrescentado pela Lei nº 9.785/99, para atingir loteamentos populares:

> *"Os compromissos de compra e venda, as cessões e as promessas de cessão valerão como título para registro do lote adquirido, quando acompanhados da respectiva prova de quitação".*

Há outras situações legais nas quais a escritura pública não mais se faz necessária, como, por exemplo, os contratos de compra e venda com financiamento e alienação fiduciária, de acordo com a Lei nº 9.514/97.

Desse modo, será um pequeno passo, perfeitamente possível, aplicar esse dispositivo a todos os compromissos de venda e compra e não apenas àqueles dentro do âmbito da lei de parcelamento do solo urbano. Não existe diferença ontológica entre eles.

Não se esqueça, também, de que a existência de compromisso de compra e venda, ainda que não registrado, é base segura para o processo de usucapião, como destacamos no capítulo respectivo.

Na prática, os compromissos têm em mira efetivamente a venda e compra definitiva. Falhas estruturais no instrumento ou fora dele poderão impedir esse desiderato, o qual, contudo, foi aquele buscado pelos contratantes. Nesse sentido, ao analisar a possibilidade de coexistência dessas duas modalidades de avença, observa Agathe Elsa Schimidt da Silva (1983:11):

> *"Parece-nos muito bem equacionada a existência do compromisso de compra e venda irretratável, amparado na legislação em vigor, ao lado da existência já rara do contrato preliminar de compra e venda. A grande distinção entre os dois é a possibilidade que a lei confere ao compromissário, de obtenção do título aquisitivo por via judicial, em caso de inadimplemento, permitindo-lhe a real aquisição da propriedade do imóvel, nos termos do art. 530 do Código Civil, o que não ocorre nos contratos preliminares".*

De fato, a Lei nº 6.766/79 foi mais além na proteção do comprador de imóvel urbano, permitindo o registro compulsório do mero negócio preliminar ao compromisso de compra e venda (art. 27), como mencionaremos a seguir.

O Decreto-lei nº 58/37 conferiu os lineamentos estruturais do instituto, direcionado originalmente para terrenos loteados. A Lei nº 649/49 estendeu o regime geral das promessas de compra e venda aos imóveis não loteados, desde que não contivessem cláusula de arrependimento e estivessem registradas no cartório imobiliário. O Decreto-lei nº 58/37 foi regulamentado pelo Decreto nº 3.079/38. Os loteamentos foram posteriormente regulados pelo Decreto-lei nº 21/67, que cuida mais propriamente da posição do loteador, mantendo o regime do Decreto-lei nº 58/37. Finalmente, a Lei nº 6.766/79 ordenou o parcelamento do solo urbano, incorporando as conquistas jurisprudenciais, derrogando em parte o Decreto-lei nº 58/37, mas mantendo sua linha originária. O Decreto-lei nº 58/37 continua integralmente vigente para imóveis rurais.

O art. 1.417 do vigente Código Civil representa o ápice ainda incompleto desse instituto, dispondo: "*Mediante promessa de compra e venda, em que se não pactuou arrependimento, celebrada por instrumento público ou particular, e registrada no Cartório do Registro de Imóveis, adquire o promitente comprador direito real à aquisição do imóvel*". Se o comprador adquire direito real, por que não se permitir já o registro pleno da propriedade sem a famigerada "escritura definitiva"?[1] Bastaria a simples averbação da quitação integral do compromisso.

22.2 NATUREZA JURÍDICA

Pelo compromisso de compra e venda de imóvel, tal como figurado na legislação citada, os poderes inerentes ao domínio, *ius utendi, fruendi et abutendi*, são transferidos ao compromissário comprador. O promitente vendedor conserva tão somente a nua propriedade, até que todo o preço seja pago. Nota-se que nessa situação o *ius abutendi*, direito de dispor, não é transferido de todo, mas vai esmaecendo e esvaindo-se à medida que o preço é pago até desaparecer com

---

1 "Apelação cível. Ação de obrigação de fazer c.c. indenização por danos morais. Adjudicação compulsória. Pressupostos configurados. Demonstrada a existência de promessa de compra e venda, quitação do preço reconhecida pela própria vendedora. Observância dos **artigos 1.417 e 1.418 do Código Civil**. Pedido procedente. Indisponibilidades sobre o imóvel. A liberação de constrições deve requerida e apreciada pelo juízo que as determinou. Sucumbência e honorários advocatícios bem fixados pelo juízo. Sentença mantida. Recurso improvido" (*TJSP* – Ap 1174154-34.2024.8.26.0100, 30-6-2025, Rel. Luis Fernando Cirillo).

"Embargos de declaração. Promessa de compra e venda. Baixa de hipoteca. Embargos de declaração contra acórdão deu provimento em parte ao apelo dos réus. Omissões. Inexistência. Fundamentos claros para reconhecer o direito dos autores a que realizada a baixa de hipoteca do imóvel para fins de transferência registral, nos termos dos **arts. 1.417** e 1.418, ambos do CC. Pretensão manifestamente infringente. Embargos rejeitados" (*TJSP* – ED 1004209-73.2022.8.26.0438, 30-7-2024, Rel. Carlos Alberto de Salles).

"Apelação – recurso da ré – **Promessa de compra e venda de imóvel** – nulidade por vício de forma – descabimento – instrumento particular admissível – exceção de contrato não cumprido – descabimento – falta de provas e de mínima individualização dos fatos – vícios não demonstrados – inadimplemento exclusivamente da ré – perdas e danos – cabimento – taxa de ocupação – cabimento – enriquecimento sem causa pela ré – cláusula penal compensatória – incidência – reintegração de posse – fundamento demonstrado – resolução do contrato – retorno ao estado anterior – recurso da ré não provido. 1 – É válida promessa de compra e venda de imóvel celebrada por instrumento particular não levada a registro, conforme expressamente autorizado pela legislação (CC, arts. 462 e 1.417). Jurisprudência do C. STJ. Possível má-fé por parte da ré, que alega uma invalidade depois de permanecer cinco anos no imóvel. 2 – Inexistindo provas a respeito de vícios redibitórios no imóvel, os quais sequer foram individualizados pela ré, deve ser considerada como única causa para a resolução contratual a inadimplência da ré (CC, art. 474), gerando perdas e danos em favor da autora (CC, art. 475). 3 – Considerando que a ré permaneceu por anos no imóvel objeto do contrato resolvido, deve indenizar a autora pelo período que usufruíra do bem, por meio da denominada taxa de ocupação, evitando-se enriquecimento sem causa (CC, art. 884). Jurisprudência do C. STJ. 4 – Demonstrado o inadimplemento contratual, incide cláusula penal compensatória, a qual não impede a indenização por taxa de ocupação, cujo fundamento legal decorre de outro instituto privatístico. 5 – A reintegração de posse em favor da autora prescinde de investigação sobre a efetiva propriedade do bem, visto que o alicerce jurídico da posse da ré derruiu com a resolução contratual, implicando retorno ao estado anterior com a retomada da posse pela autora. Recurso da ré não provido" (*TJSP* – Ap 1036081-56.2022.8.26.0002, 19-5-2023, Rel. Maria Lúcia Pizzotti).

"**Ação de adjudicação compulsória**. Sentença de improcedência, sob fundamento de haver apenas cessão de direitos possessórios e ausência de comprovação do pagamento. Apela o autor sustentando exercer a posse há mais de 23 anos e pretender a regularização formal do domínio. Descabimento. Para a propositura da ação de adjudicação compulsória é necessário a existência do compromisso e a prova da quitação. No caso de cessão a quitação deve estar demonstrada em toda a cadeia translativa. Indispensável a prova documental. Inteligência do art. 15 do DL 58/37 e 1.417 do CC. Comprovada tão somente cessão de direitos possessórios sem vinculação com a proprietária tabular do imóvel. Tampouco demonstrada a quitação do preço em seu favor. Recurso improvido" (*TJSP* – Ap 1021770-21.2020.8.26.0361, 15-3-2022, Rel. James Siano).

"Apelação cível – Adjudicação compulsória – **Ação de adjudicação compulsória** – Recibo de arras firmado por quem não é proprietário junto ao registro de imóveis. Quebra da continuidade registral. Princípio de ordem pública, de observância cogente, e que pressupõe a existência de sequência lógica entre adquirente e transmitente do direito real sob anotação. Negaram provimento. Unânime" (*TJRS* – AC 70075679605, 22-3-2018, Rel. Des. Pedro Celso Dal Prá).

a quitação integral. Pago o preço, os poderes do domínio enfeixam-se no patrimônio do adquirente. Tal como ocorre, por exemplo, na extinção do usufruto com a morte do usufrutuário ou com a extinção da hipoteca com o desaparecimento da obrigação garantida, *"embora com as respectivas inscrições não canceladas, a propriedade do compromitente vendedor tem uma existência fictícia, isto é, não tem existência"* (Azevedo Jr., 1979:8). Todavia, enquanto não pago o preço total, a garantia permanece íntegra. A propósito, Darcy Bessone (1988:426), embora confessando-se isolado nessa posição, aponta que o compromisso de compra e venda desse jaez confere na realidade uma garantia, apontando para tal suas características: *"É exercido sobre coisa alheia. É acessório de direito de crédito. É indivisível, certo que os pagamentos das prestações do preço não o reduzem. Produz efeitos* erga omnes". De fato, se a função de garantia com eficácia real não é sua característica principal, é elemento marcante do instituto.

O Decreto-lei nº 58/37 no art. 11 permitiu que o compromisso de compra e venda seja efetuado por instrumento público ou particular.[2] No art. 4º especificou seu registro imobiliário, por

---

[2] "Apelação cível – **Adjudicação compulsória** – Ação de adjudicação compulsória – Legitimidade passiva – Obrigação de fazer adjudicação compulsória – A legitimidade passiva à ação que busca o cumprimento de obrigação de fazer juridicamente infungível e que se resolve por adjudicação do bem é do promitente vendedor, proprietário registral. Na hipótese de cessão de direitos pelo promitente comprador em cadeia de negócios é mister tão somente prova idônea das transações – Circunstância dos autos em que se impõe manter a sentença. Recurso desprovido" (*TJRS* – AC 70080343411, 21-2-2019, Rel. Des. João Moreno Pomar).

"**Adjudicação Compulsória** – Apelante que alega ter feito o pagamento integral do preço do imóvel – Ausência de comprovação – Comprovação de pagamento do valor principal ao cedente, mas não aos réus alienantes – Autor que reconheceu a existência de débito, e firmou termo de compromisso do pagamento de dívida – Inexistência de vício de vontade – Quitação integral do preço como requisito da adjudicação compulsória – Desnecessidade de audiência de instrução e julgamento – Recurso desprovido" (*TJSP* – Ap 1000397-71.2015.8.26.0372, 23-4-2018, Rel. Marcus Vinicius Rios Gonçalves).

"Agravo interno no agravo em recurso especial – Compra e venda de imóvel rural – Preço integralmente quitado – **Adjudicação compulsória** – 1- Honorários Advocatícios – Questão Preclusa – 2- Art. 320 do CC – Ausência de prequestionamento – 3- litigância de má-fé – revisão do julgado que importa no reexame de fatos e provas – 4- agravo interno desprovido – 1- A questão referente aos honorários advocatícios está preclusa, porquanto o percentual foi fixado em sentença e o agravante não se insurgiu contra ele nas razões de apelação. 2- O Tribunal de origem, a despeito dos embargos de declaração suscitados, não se manifestou expressamente sobre o art. 320 do CC. Persistindo a omissão, é necessária a interposição do recurso especial por afronta ao art. 535 do CPC/1973, o que não foi feito, sob pena de subsistir o óbice da ausência de prequestionamento. 3- A revisão do julgado *a quo* para afastar a litigância de má-fé do agravante exigiria o revolvimento das circunstâncias de fato pertinentes ao caso, o que não se admite em recurso especial, diante da aplicação da Súmula 7 desta Corte. 4- Agravo interno desprovido" (*STJ* – AGInt-AG-REsp 1.026.321 – (2016/0317113-5), 5-5-2017, Rel. Min. Marco Aurélio Bellizze).

"Remessa necessária – Direito Civil – Compromisso de compra e venda de imóvel – Decreto-Lei 58/37 – Imóvel do INSS – **Adjudicação compulsória** – 1- Conforme informado pelo réu, o imóvel objeto do litígio encontra-se, de fato, quitado, inexistindo óbice para lavratura da escritura definitiva. Sendo assim, o autor faz jus à obtenção da carta de adjudicação, nos termos do art. 16 do Decreto-Lei nº 58/1937. 2- Ademais, como ressaltado pelo juízo a quo, apesar da existência de várias promessas de compra e venda anteriores, não seria o caso de se proceder ao registro de toda a cadeia de sucessões, haja vista que não há qualquer disputa em relação aos direitos do autor. 3- Contudo, deve ser retificado erro material contido no dispositivo da sentença, o qual dispõe sobre a condenação da União ao pagamento de honorários advocatícios, haja vista que o ente público não foi parte no processo. Sendo assim, quem deve ser condenado ao pagamento de honorários advocatícios é o INSS e não a União. 4- Remessa necessária parcialmente provida" (*TRF-2ª R.* – REO 0018432-15.2011.4.02.5101, 16-2-2016, Relª Juíza Fed. Conv. Edna Carvalho Kleemann).

"**Apelação** – Instrumento particular de promessa de compra e venda – **Ação de resolução contratual cumulada com restituição de valores**. Sentença de parcial procedência. Declaração de rescisão do contrato com devolução de 80% das parcelas pagas. Inconformismo do autor. Acolhimento. Cláusula 4.14 que prevê a resolução do contrato e a devolução de todos os valores pagos, inclusive a título de comissão de corretagem, quando da não obtenção pelo comprador de financiamento junto à Caixa Econômica Federal. Previsão expressa de ausência de indenização de parte a parte. Procedência do pedido para condenar as rés à devolução de todos os valores. Sucumbência das rés. Honorários advocatícios arbitrados em 20% do valor da condenação. Sentença reformada. Recurso provido" (*TJSP* – Ap 0009533-73.2012.8.26.0224, 19-3-2015, Relª Viviani Nicolau).

averbação, bem como suas transferências e rescisões. A lei registrária atual refere-se simplesmente ao registro. O art. 5º conferiu eficácia *erga omnes* e direito real ao contrato:

> *"A averbação atribui ao compromissário direito real oponível a terceiro, quanto à alienação ou oneração posterior, e far-se-á à vista do instrumento de compromisso de venda, em que o oficial lançará a nota indicativa do livro, página e data do assentamento".*

O art. 15 desse diploma atribuiu ao adquirente o direito de exigir a outorga de escritura, antecipando ou ultimando o pagamento integral do preço. O art. 16, com a redação da Lei nº 6.014/73, concedeu ao compromissário comprador a ação de adjudicação compulsória, na hipótese de recusa de outorga de escritura, pelo procedimento sumaríssimo.

Esses aspectos foram concentrados no art. 1.418 do mais recente Código:

> *"O promitente comprador, titular de direito real, pode exigir do promitente vendedor, ou de terceiros, a quem os direitos deste foram cedidos, a outorga da escritura definitiva de compra e venda, conforme o disposto no instrumento preliminar; e, se houver recusa, requerer ao juiz a adjudicação do imóvel".*

Como acentuamos, essa providência poderia ser dispensada, se o adquirente provasse que pagou todo o preço. É urgente que o legislador atente para esse aspecto. Aliás, a legislação extravagante já o fez, como apontamos. Essa escritura definitiva aí exigida é superfetação burocrática irritante e meramente cartorial no atual estágio da história do direito imobiliário do país.

De outro lado, o art. 22 do Decreto-lei, com a redação atual conferida pela Lei nº 6.014/73, adaptadora do CPC de 1973, mantendo a inovação introduzida pela Lei nº 649/49, dispôs:

> *"Os contratos sem cláusula de arrependimento, de compromisso de compra e venda e cessão de direitos de imóveis não loteados, cujo preço tenha sido pago no ato de sua constituição ou deva sê-lo em uma ou mais prestações, desde que inscritos a qualquer tempo, atribuem aos compromissários direito real oponível a terceiros, e lhes conferem o direito de adjudicação compulsória nos termos dos arts. 16 desta lei, 466-C e 466-A do Código de Processo Civil"* (referência aos artigos do CPC revogado).

Por sua vez, a Lei nº 6.766/79, dispondo sobre o parcelamento do solo urbano e dando outras providências, no art. 25 estabeleceu:

> *"São irretratáveis os compromissos de compra e venda, cessões e promessas de cessão, os que atribuam direito a adjudicação compulsória e, estando registrados, confiram direito real oponível a terceiros".*

Destarte, restaram inafastáveis o caráter e a eficácia real atribuídos a esses contratos na construção legal, agora assim admitidos pelo Código Civil de 2002. À obrigação, como acentuamos, foi conferida eficácia real. O negócio, contudo, não perde suas características contratuais, pois muitas são as relações obrigacionais decorrentes para as partes. A intenção da legislação é colocar a salvo os direitos do comprador que cumpre integralmente suas obrigações contratuais, ficando indene de ameaças de terceiros. Como direito real limitado, todavia, ainda não se constitui propriedade. No entanto, à medida que diminui o débito com a amortização do preço, mais e mais o direito do adquirente se aproxima do domínio, até finalmente abraçá-lo na integralidade. Por essa razão, pode facilmente ser dispensada uma subsequente inútil escritura, *de lege ferenda*. De qualquer forma, convido os magistrados deste país a ousar e a dar interpretação ampla ao dispositivo, permitindo que o registro definitivo seja averbado à matrícula, quando pago todo o preço, independentemente da famigerada escritura definitiva. Trata-se, a nosso ver, de interpretação de acordo com a finalidade social do contrato e não se choca contra o sistema. E se podem ousar os magistrados, que ousem por dever de ofício os advogados também na defesa desse amplo direito social, que atinge parcela imensa de nossa população. E com isto estarão sendo beneficiados milhares e milhares de adquirentes de imóveis, bem como a arrecadação de tributos e incentivando-se a veracidade do registro imobiliário, sem conflitar com o sistema, o que é mais importante. Se o legislador do Código de 2002 não enxergou expressamente o alcance social desse fenômeno, que enxerguem meus colegas magistrados, mormente os que são corregedores dos cartórios dos registros de imóveis do país. Não se esqueça de que o magistrado deste século XXI deve aplicar a lei na busca da equidade e do interesse social, princípios do Código em vigor.

22.3 ADJUDICAÇÃO COMPULSÓRIA

O compromisso registrado confere ao adquirente direito de sequela, permitindo-lhe reivindicar a propriedade ao cumprir o compromisso, exigindo a outorga de escritura pela adjudicação compulsória. Essa execução específica de outorga de escritura aqui decantada não fica afastada nem mesmo perante a ausência de registro, ou de outros requisitos no contrato, pois no caso torna-se viável recorrer à ação de conhecimento, com índole cominatória, de obrigação de fazer, para obtenção de decisão nos termos do art. 466-B do CPC de 1973. Em que pese esse texto não ter sido repetido no CPC de 2015, a ação continua a ser a mesma. Nesta última hipótese, a sentença produzirá os mesmos efeitos do contrato cuja conclusão foi recusada (*RSTJ* 28/419, *RT* 591/94, 617/82, 619/100).

Se a sentença substitutiva do contrato *por fas ou por nefas* não puder ser registrada no cartório imobiliário, tal se desloca ao âmbito dessa ação. A sentença não pode acrescentar ou suprimir cláusulas que se encontram no pré-contrato. O julgado não interfere no conteúdo contratual. Supre tão somente a vontade do promitente vendedor recusante da outorga do contrato definitivo. Se o contrato apresenta falhas que inviabilizam o registro, a óptica desloca-se para o direito pessoal entre as partes. Diversa é a situação quando o compromisso já está registrado, em que apenas se consolida a propriedade plena ao adjudicante, com o registro da sentença, nesse caso efeito necessário e elementar da decisão. Nesta hipótese, como acentuamos, a escritura definitiva ou a sentença que a substitui se mostra inútil. Se porventura falhas houver nesse registro, como em qualquer registro pode ocorrer, o sistema outorga meios de corrigi-las.

Há vasta jurisprudência sobre a matéria cuja evolução é demonstrada por inúmeras Súmulas dos tribunais federais.

Assim, a Súmula nº 166 do Supremo Tribunal Federal estabeleceu: *"É inadmissível o arrependimento do compromisso de compra e venda sujeito ao regime do Dec.-lei 58, de 10-12-37"*. Desse modo, pactuada cláusula de arrependimento desse prisma, ela é ineficaz, ou trata-se de contrato não albergado pela lei específica. A Súmula nº 413 do mesmo Pretório aduz: *"O compromisso de compra e venda de imóveis, ainda que não loteados, dá direito à execução compulsória, quando reunidos os requisitos legais"*. Toda essa jurisprudência foi coroada pelo corrente Código Civil.

Por outro lado, a Súmula nº 167 do Supremo Tribunal Federal dispôs:

> *"Não se aplica o regime do Decreto-lei nº 58, de 10 de dezembro de 1937, ao compromisso de compra e venda não inscrito no registro imobiliário, salvo se o promitente vendedor se obrigou a efetuar o registro".*

Destarte, sob a égide desse entendimento, tinha-se por incabível a adjudicação compulsória, de compromisso não registrado. Essa orientação está atualmente superada por decisões do Superior Tribunal de Justiça que atenderam aos reclamos da doutrina e de nossa realidade social, cuja sistemática inviabiliza o registro imobiliário para grande massa da população. O STJ, recentemente decidiu que, nos contratos de compra e venda de imóveis, a falta de registro da incorporação imobiliária não compromete os direitos transferidos ao promissário comprador, os quais podem ter efeitos perante terceiros.[3]

Se, na ausência de registro, o título emanado da sentença não puder ser registrado, porque existente registro em nome de terceiro, por exemplo, obstando o princípio da continuidade, a solução deverá ser conforme o exposto, regendo-se o negócio pelo direito obrigacional.

> *"A promessa de venda gera efeitos obrigacionais, ainda que não formalizada por instrumento particular e não registrada. Mas a pretensão à adjudicação compulsória é de caráter pessoal, restrita assim aos contratantes, não podendo prejudicar os direitos de terceiros, que entrementes hajam adquirido o imóvel e obtido o devido registro em seu nome, no ofício imobiliário"* (*RSTJ* 43/458).

Sustentando entendimento relativo à relação meramente obrigacional, tem-se entendido que

> *"se o compromisso particular não registrado não autoriza a adjudicação compulsória, nada impede que o juiz receba a inicial como pedido para exigir cumprimento de uma obrigação*

---

3 "**Adjudicação compulsória** – Primeira cessão feita em 1974 sem que nessas quatro décadas nenhum dos cedentes e cessionários se tornaram proprietários pelo registro de suas aquisições. A adjudicação é forma derivada de constituição da propriedade dominial e precisa constar a cadeia de adquirentes, o que é inviável no caso em que há vários cedentes e cessionários, vários herdeiros, sem que nem mesmo os inventários tenham sido feitos. Ausência de interesse processual bem determinada pela r. sentença. Recurso improvido" (*TJSP* – AC 1059911-90.2018.8.26.0002, 15-7-2019, Rel. Maia da Cunha).

"Direito Civil. Recurso especial interposto sob a égide do CPC/73. Embargos de terceiro. Compromisso de compra e venda não registrado. Natureza jurídica. Efeitos. Alegação de negativa de prestação jurisdicional afastada. Ausência do registro do memorial de incorporação e demais documentos previstos no art. 32 da lei nº 4.591/1964. Ônus da incorporadora. Nulidade afastada. Sucumbência. Princípio da causalidade. 1. Inexiste ofensa ao art. 535 do CPC quando o tribunal de origem pronuncia-se de forma clara e precisa sobre a questão posta nos autos. 2. O descumprimento, pela incorporadora, da obrigação prevista no art. 32 da Lei 4.591/64, consistente no registro do memorial de incorporação no Cartório de Imóveis e dos demais documentos nele arrolados, não implica a nulidade ou anulabilidade do contrato de promessa de compra e venda de unidade condominial. Precedentes. 3. É da natureza da promessa de compra e venda devidamente registrada a transferência, aos adquirentes, de um direito real denominado direito do promitente comprador do imóvel (art. 1.225, VII, do CC/02). 4. **A promessa de compra e venda gera efeitos obrigacionais adjetivados, que podem atingir terceiros**, não dependendo, para sua eficácia e validade, de ser formalizada em instrumento público. Precedentes. 5. Mesmo que o promitente-vendedor não outorgue a escritura definitiva, não tem mais ele o poder de dispor do bem prometido em alienação. Está impossibilitado de oferecê-lo em garantia ou em dação em pagamento de dívida que assumiu ou de gravá-lo com quaisquer ônus, pois o direito atribuído ao promissário-comprador desfalca da esfera jurídica do vendedor a plenitude do domínio. 6. Como consequência da limitação do poder de disposição sobre o imóvel prometido, eventuais negócios conflitantes efetuados pelo promitente-vendedor tendo por objeto o imóvel prometido pode ser tido por ineficazes em relação aos promissários-compradores, ainda que atinjam terceiros de boa-fé. 7. Recurso especial provido" (*STJ* – REsp 1.490.802 – DF (2014/0256631-0), 17-4-2018, Rel. Min. Moura Ribeiro).

de fazer, a outorga da escritura definitiva. Se reconhecido esse direito, a sentença produzirá todos os efeitos da declaração não emitida na forma do art. 466-A do CPC" (*1º TACSP*, 8ª Câm. Esp., Ap 452.491-2 – Praia Grande; Rel. Juiz Raphael Salvador).

Com essa posição firmada, restam aclaradas as dúvidas que permearam a matéria no decorrer desses anos. Enfatiza-se, dessa forma, como fazia a doutrina, ser pessoal e não real a natureza da ação de adjudicação compulsória. Nesse sentido se manifestara expressamente Ricardo Arcoverde Credie (1991:32), em monografia sobre o tema, definindo-a como

> *"a ação pessoal que pertine ao compromissário comprador, ou ao cessionário de seus direitos à aquisição, ajuizada com relação ao titular do domínio do imóvel – (que tenha prometido vendê-la através do contrato de compromisso de venda e compra e se omitiu quanto à escritura) – tendente ao suprimento judicial desta outorga, mediante sentença constitutiva com a mesma eficácia do ato não praticado".*

Por conseguinte, já não há como embaralhar os conceitos do direito real e da ação de adjudicação compulsória. Esta ação é de natureza pessoal, esteja ou não registrado o compromisso.[4]

---

[4] "Apelação cível. **Ação de adjudicação compulsória**. Sentença de extinção, sem julgamento de mérito, dado o indeferimento da inicial. Insurgência da autora. Parcial cabimento. Ação proposta por somente um dos compromissários-compradores. Demanda de natureza pessoal. Possibilidade de apenas um dos credores solidários demandar o cumprimento integral da obrigação. Litisconsórcio ativo apenas facultativo. Afastada a extinção sem julgamento de mérito. Ausência de comprovação da quitação do preço constante do compromisso de compra e venda. Prescrição da pretensão de cobrança das parcelas que não importa em quitação do preço. Precedentes do C. STJ e deste E. Tribunal. Pressupostos necessários ao deferimento da adjudicação não verificados in casu. Sentença reformada para afastar a extinção do processo sem resolução do mérito e, com fulcro no artigo 1.013, § 3º, inciso I, do CPC, julgar improcedente a ação. Recurso parcialmente provido" (*TJSP* – Ap 1026987-89.2019.8.26.0002, 30-4-2025, Rel. Márcio Boscaro).

"Apelação cível. Ação de **adjudicação compulsória** julgada procedente. Insurgência. Descabimento. Ação proposta por somente um dos compromissários compradores. Alegação de litisconsórcio ativo necessário. Ação de natureza pessoal. Possibilidade de apenas um dos credores solidários demandar o cumprimento integral da obrigação de fazer. Litisconsórcio ativo apenas facultativo. Comprovação da quitação do preço constante no contrato. Direito de exigir a outorga da escritura definitiva de compra e venda reconhecido. Sentença mantida. Recurso não provido" (*TJSP* – Ap 1003984-98.2022.8.26.0132, 18-7-2024, Rel. Márcio Boscaro).

"**Ação de adjudicação compulsória** c.c. cancelamento de decretos de indisponibilidade. Sentença de parcial procedência. Irresignação dos autores. Adjudicação que independe de prova de possibilidade de posterior registro do título judicial. Competência para o levantamento da indisponibilidade do bem que é dos juízos que a decretaram. Precedentes desta Corte. Contrato firmado pelas partes que não garante direito real aos autores, já que não registrado no Cartório de Registro de Imóveis. Sentença mantida. Recurso desprovido" (*TJSP* – Ap 1002222-44.2019.8.26.0070, 19-11-2021, Rel. Alexandre Marcondes).

"**Adjudicação compulsória** – Fração ideal adquirida que não foi desmembrada do imóvel em sua integralidade – Inviabilidade de se pleitear a adjudicação compulsória enquanto pendentes as providências para regularização da propriedade – Improcedência da ação – Recurso desprovido por fundamento diverso" (*TJSP* – AC 1019394-35.2016.8.26.0577, 31-10-2019, Rel. Fábio Quadros).

"**Adjudicação Compulsória** – Imóvel alienado por herdeiros, por meio de cessão de direitos hereditários – Não regularização dos direitos sucessórios sobre o imóvel, que figura no Oficial de Registro de Imóveis em nome do falecido – Inviabilidade da adjudicação – Ausência de interesse, uma vez que eventual carta de adjudicação não poderá ser registrada – Princípio da continuidade dos registros – Precedentes – Alteração do dispositivo da sentença, de improcedência, para extinção sem resolução de mérito – Recurso desprovido" (*TJSP* – Ap 3001080-13.2013.8.26.0318, 19-6-2018, Rel. Marcus Vinicius Rios Gonçalves).

"Recurso Especial – Civil e processual civil – **Ação de adjudicação compulsória** – Contrato de mútuo garantido por imóvel – Inexistência de pacto comissório – Ausência de nulidade – Dação em pagamento – Reconhecimento – 1- O pacto comissório, vedado pelos ordenamentos jurídicos pretérito (art. 765 do CC/1916) e hodierno (art. 1.428 do CC/2002), é aquele que, em contratos simultâneos, permite o credor ficar, diretamente, com o bem dado em garantia, se a dívida não for paga no vencimento, caracterizando verdadeiro ato simulado. 2- Consoante a Orientação Jurisprudencial firmada nesta Corte Superior, é nulo o compromisso de compra e venda que se traduz, em

O Provimento n. 150/2023 da Corregedoria Nacional de Justiça traçou detalhadas e minudentes disposições sobre a possibilidade de adjudicação compulsória por via extrajudicial, por atuação do sistema registral de imóveis, que atualmente já recebeu o beneplácito da lei. O ordenamento pátrio tem procurado atribuir inúmeros procedimentos ao sistema registral, com o objetivo de diminuir a pletora de feitos judiciais, como já se fez com os inventários, divórcios, retificações de áreas, usucapião etc. O procedimento cartorial irá certamente aliviar palpável parte do trabalho do Judiciário. Cuida-se evidentemente de se chegar ao registro imobiliário, quando, precipuamente, não há lide. A presença de advogado será imprescindível e competente será o registro imobiliário da localização do imóvel. O procedimento está completamente definido nessa norma. Quando houver justificável resistência dos interessados, o processo judicial será a saída. Discorremos também sobre o procedimento extrajudicial em nossa obra sobre contratos, ao tratarmos do compromisso.

22.4 LINEAMENTOS GERAIS DA PROMESSA DE COMPRA E VENDA

O estudo detalhado do compromisso de compra e venda pertence, como aduzido, ao campo contratual.

Cumpre enunciar alguns fundamentos que regem esse contrato, tendente a criar eficácia real.

O Decreto-lei nº 58/37 permitiu no art. 11 o compromisso particular, manuscrito, datilografado ou impresso, bem como o instrumento público, para os imóveis loteados. O art. 22, com redação posterior, referente a imóveis não loteados, fez menção apenas a contratos sem cláusula de arrependimento. O art. 26 da Lei nº 6.766/79, regulando os imóveis urbanos, no art. 26, igualmente permitiu escritura pública ou instrumento particular para os compromissos de compra e venda, as cessões ou promessas de cessão. Após vacilação inicial, em todas as hipóteses admitiu-se o instrumento particular. A outorga uxória é imprescindível, sob pena de se tornarem inviáveis a escritura definitiva e o registro.

A Lei nº 6.766/79 regula toda a matéria relativa a loteamentos e desmembramentos para fins urbanos (arts. 1º e 2º, agora com alterações trazidas pela Lei nº 13.465/2017). Entendemos que, *revogadas as disposições em contrário*, ficaram derrogados dispositivos do Decreto-lei

---

verdade, como instrumento para o credor obter o bem dado em garantia em relação a obrigações decorrentes de contrato de mútuo, quando estas não forem adimplidas. 3- O próprio art. 1.428, parágrafo único, do CC/2002 permite ao devedor, após o vencimento, dar a coisa em pagamento da dívida. 4- No caso em exame, não se verifica a cristalização de pacto comissório, mormente porque o contrato de mútuo foi firmado em 30.7.2002, ao passo que o compromisso de compra e venda do imóvel ocorreu em 6.5.2003, isto é, quase 1 (ano) após a celebração do contrato primevo. 5- Além disso, não houve previsão, no contrato de mútuo, de cláusula que estabelecesse que, em caso de não pagamento, o imóvel passaria a pertencer ao credor. 6- Verifica-se, portanto, que, na hipótese vertente, não ocorreu nulidade, notadamente porque os contratos não foram celebrados concomitantemente, sendo o ato de compra posterior ao mútuo, caracterizando-se, em verdade, a legítima possibilidade de dar a coisa em pagamento da dívida após o vencimento, máxime em virtude da natureza jurídica alternativa das obrigações que ficaram à livre escolha do devedor, consubstanciadas no pagamento do empréstimo ou na venda de 61% (sessenta e um por cento) dos imóveis oferecidos em garantia. 7- Recurso especial provido" (*STJ* – REsp 1.424.930 – (2013/0372967-3), 24-2-2017, Rel. Min. Marco Buzzi).

"**Agravo interno** – Interposição sob a égide do CPC/2015 – Ação declaratória de existência de compra e venda verbal de imóvel – Impossibilidade de adjudicação compulsória – Negativa de prestação jurisdicional – Não ocorrência – Revisão de provas – Súmula nº 7/STJ – Deficiência de fundamentação – Súmula nº 284/STF – 1- Considera-se improcedente a arguição de ofensa ao art. 535 do CPC/73 quando o Tribunal a quo se pronuncia, de forma motivada e suficiente, sobre os pontos relevantes e necessários ao deslinde da controvérsia. 2- Incide a Súmula nº 7 do STJ se o acolhimento da tese defendida no recurso especial reclamar a análise dos elementos probatórios produzidos ao longo da demanda. 3- Aplicável o óbice previsto na Súmula nº 284/STF quando a deficiência da fundamentação do recurso não permite a exata compreensão da controvérsia. 4- Agravo interno desprovido" (*STJ* – AGInt-AG-REsp 196.975 – (2012/0135308-2), 19-8-2016, Rel. Min. João Otávio de Noronha).

nº 58/37 no que toca ao loteamento de imóveis urbanos. Agathe Elsa Schimidt da Silva (1983:92) faz apanhado geral da legislação e aponta que

> *"o Decreto-lei nº 58 continua vigente apenas nos arts. 5º (efeitos do registro dos contratos); 8º (obrigatoriedade do registro do ato constitutivo ou translativo de direitos reais); 10 (obrigatoriedade da menção do número do registro dos anúncios de propaganda de venda); 12, salvo o § 2º, de que trata a nova lei; 15 (antecipação do pagamento pelos compromissários); 16 (sobre a adjudicação compulsória); 17 (depósito do imóvel pelo loteador); 22 (adjudicação compulsória dos imóveis não loteados, com contrato registrado e sem cláusula de arrependimento). Quanto aos loteamentos rurais, permanece o Decreto-lei nº 58 inteiramente em vigor".*

O art. 27 e parágrafos da Lei nº 6.766/79 trataram dos contratos cuja obrigação seja a de concluir contrato de promessa de venda ou cessão. Trata-se de avença preliminar a outro contrato preliminar. Inadimplindo o promitente alienante essa obrigação, o credor poderá notificar o devedor para outorgar escritura, ou oferecer impugnação em 15 dias. Essa notificação é efetuada pelo Cartório de Títulos e Documentos ou pelo Cartório de Imóveis (art. 49).

Importa, porém, deixar ressaltado que a promessa de compra e venda, a par de conceder o direito à outorga de escritura definitiva após a quitação do preço, pode englobar várias obrigações inseridas no instrumento, como a posse precária em favor do adquirente, as obrigações referentes a despesas, taxas etc., os imóveis loteados. A cláusula resolutória expressa é ineficaz perante a Lei nº 6.766/79, porque o art. 32 determina que o contrato será rescindido 30 dias após constituído em mora o devedor. Este deverá ser intimado pelo oficial do registro imobiliário para saldar o débito. Não purgada a mora, considera-se rescindido o contrato, mas não se prescinde da declaração judicial. Isto porque, embora a lei tenha declarado a rescisão de pleno direito, o devedor não teve oportunidade de apresentar defesa, podendo fazê-lo em juízo. *"O processo adotado não previu nenhuma forma de contraditório: o devedor é interpelado para pagar e nada mais, sem poder dar razões do retardamento"* (Azevedo Jr., 1979:83). No mesmo sentido, disciplinava o art. 14 do Decreto-lei nº 58/37. Veja, a respeito, o disposto nos arts. 32 e seguintes da Lei nº 6.766/79, os quais regulam as disposições procedimentais cartoriais na hipótese de inadimplemento do devedor em pagar e do credor em receber as prestações.

Na tentativa de espancar dúvidas referentes aos compromissos disciplinados pelo art. 22, relacionadas aos compromissos de imóveis não loteados, o Decreto-lei nº 745/69 foi expresso ao considerar ineficaz cláusula resolutória expressa inserida nos instrumentos, assim dispondo no art. 1º:

> *"Nos contratos a que se refere o art. 22 do Decreto-Lei no 58, de 10 de dezembro de 1937, ainda que não tenham sido registrados junto ao Cartório de Registro de Imóveis competente, o inadimplemento absoluto do promissário comprador só se caracterizará se, interpelado por via judicial ou por intermédio de cartório de Registro de Títulos e Documentos, deixar de purgar a mora, no prazo de 15 (quinze) dias contados do recebimento da interpelação."*

Para os imóveis loteados, a lei previu, portanto, forma diversa de purgação de mora, exigindo os efeitos da mora *ex persona*. Pelas dicções legais, percebemos que o adquirente de imóvel não loteado estaria mais protegido do que o de imóvel loteado, o que reforça entendimento da necessidade de pronunciamento judicial em ambos os casos, permitindo-se a emenda da mora em juízo (Azevedo Jr., 1979:84). Também é dessa opinião Agathe Elsa Schimidt da Silva (1983:110).

> *"Havendo necessidade de recorrer-se ao Judiciário para resolução do contrato por inadimplemento contratual, e se o réu-compromissário-devedor quiser purgar a mora no prazo legal que lhe compete para resposta, é de aceitar-se, desde que o pagamento seja acrescido das cominações contratuais e legais".*

Uma vez necessária a intervenção judicial, é mais equânime entender que em juízo também pode ocorrer a emenda da mora. No entanto, a matéria continua polêmica, havendo julgados que adotam tese oposta e obstam a purgação nessa oportunidade. No entanto, é de notar que a letra do Decreto-lei nº 745/69 não é expressa em considerar o compromisso rescindido de pleno direito. Por outro lado, será julgado carecedor de ação o alienante que deixar de notificar previamente o promitente-comprador. A notificação nessa hipótese é condição de procedibilidade.

Oportuno lembrar ainda que o Código de Defesa do Consumidor, Lei nº 8.078/90, estabeleceu a questão polêmica no art. 53:

> *"Nos contratos de compra e venda de móveis ou imóveis mediante pagamento em prestações, bem como nas alienações fiduciárias em garantia, consideram-se nulas de pleno direito as cláusulas que estabeleçam a perda total das prestações pagas em benefício do credor que, em razão do inadimplemento, pleitear a resolução do contrato e a retomada do produto alienado".*

Evidente que o intuito do legislador foi evitar o enriquecimento injusto. Por outro lado, a celeuma está em situar exatamente o que pode ser deduzido na devolução das quantias pagas, porque a lei apenas veda a *perda total*. A matéria merece longa digressão, imprópria neste momento. No entanto, qualquer que seja a interpretação, não se pode admitir a dedução que nulifique o alcance da norma nem que o montante da devolução seja quantia que proporcione vantagem ao devedor inadimplente ou desistente. Defendemos, por outro lado, que essa devolução, por medida de justiça, deve ser feita na mesma proporcionalidade inversamente temporal das parcelas pagas. A situação é crucial nas incorporações imobiliárias, tendo, porém, interesse no compromisso ora examinado.

Dentro dos princípios gerais, que igualmente almejam evitar o injusto enriquecimento, o compromissário comprador que devolve o imóvel tem direito a indenização por benfeitorias, com direito de retenção, pois há de ser presumida sua boa-fé (Rizzardo, 1987:132). Pelos princípios protetivos do consumidor, serão nulas por abusivas as cláusulas que dispuserem em sentido contrário (art. 51 do Código de Defesa do Consumidor). Mesmo antes do advento da lei do consumidor, essa posição já era defensável como corolário dos princípios gerais de boa-fé e impedimento ao injusto enriquecimento.

Outras questões sobre a mora, cláusula de arrependimento, cláusula penal, extinção do compromisso, bem como o exame detalhado dos requisitos contratuais, benfeitorias e perda das parcelas pagas devem ser completadas no estudo dos contratos. Procurou-se aqui destacar apenas o aspecto do compromisso mais relacionado com os direitos reais.

Nesta matéria, como reiteramos, aguarda-se a pronta intervenção do legislador, senão dos tribunais, para que permitam que, sem maiores exigências, o compromisso de compra e venda registrado e com prova de quitação total possa ser averbado no registro imobiliário, como propriedade plena.

23

DIREITOS REAIS DE GARANTIA

23.1 CONCEITO. NOTÍCIA HISTÓRICA. NATUREZA. BENS MÓVEIS E IMÓVEIS. PENHOR, HIPOTECA E ANTICRESE

A compreensão dos direitos reais de garantia, tal como hoje conhecemos, passou por longa evolução. A princípio, a garantia não se desvinculava da própria pessoa do devedor, até que depois passasse seu patrimônio a responder pelas dívidas. Longa construção prática e doutrinária foi necessária para que a garantia se ligasse a um bem, com eficácia de direito real, *erga omnes*, não vinculando estrita e unicamente o devedor, mas a coisa. A noção de garantia pessoal é mais antiga, ocorrendo quando alguém se responsabilizava pela dívida de outrem, utilizada com maior frequência no Direito Romano.

A mais antiga modalidade de garantia encontrada nas fontes é a *fiducia cum creditore*. Por esse negócio, o devedor transferia a propriedade aos credores, pela *mancipatio* ou *in iure cessio*, a fim de garantir o cumprimento de obrigação, mediante um pacto de restituição da coisa (*pactum fiduciae*), quando da extinção da dívida (Alves, 1983, v. 1:429).

Pela fidúcia, a coisa era efetivamente transferida ao credor, não existindo o conceito moderno de direito sobre coisa alheia. Cuidava-se, portanto, de uma alienação assecuratória. Era inconveniente para o devedor, que ficava sem a propriedade e a posse da coisa. O credor, tornando-se proprietário, podia vender o bem, porém, uma vez paga a dívida, corria o risco de ser condenado pela *actio fiduciae* a devolver a coisa, bem como o valor que excedesse a dívida (*superfluum*) (Pontes de Miranda, 1971, v. 20:4). O credor somente poderia ficar com o objeto, se estabelecesse pacto comissório, hoje condenado, que lhe permitia repelir a *actio fiduciae* como meio de defesa. Com frequência, porém, estabelecia-se que o devedor permaneceria com a posse. Nessa hipótese, funcionava em seu favor uma modalidade excepcional de usucapião, a *usureceptio*. Nela, o devedor recuperava a propriedade da coisa móvel ou imóvel, se a possuísse durante um ano. Para evitar esse inconveniente, costumava-se agregar ao negócio o pacto de *fiducia*, ou de locação, que o credor fazia em benefício do devedor. Com a fidúcia, o devedor via-se privado da coisa e todas as vantagens do negócio eram do credor. Restava-lhe apenas ação pessoal para reaver o bem, quando se extinguisse a obrigação (Chamoun, 1977:282).

Em época posterior, surge o *pignus*, representando grande passo nos direitos de garantia, quando então se transferia a posse de coisa ao credor para garantia de dívida, até sua extinção. O devedor tinha ação para retomar a coisa, quando pagasse a dívida: não somente a ação pignoratícia, como também a reivindicatória.

O termo *pignus* indica não apenas o contrato de penhor, mas também a própria garantia entregue ao credor. Para que ficasse com a coisa no caso de inadimplemento, também se fazia necessário o pacto comissório. Com a manutenção da coisa para si, nessa hipótese, o credor satisfazia seu crédito. No negócio igualmente ingressava a fidúcia, garantia de que o credor mantivesse o bem consigo durante a persistência da obrigação. No penhor, transferia-se apenas a posse, o que o distinguia da *fiducia cum creditore*.

Se a coisa empenhada produzisse frutos, poder-se-ia estabelecer que estes serviriam para solver a obrigação, nascendo o pacto de anticrese.

A hipoteca no direito antigo era concebida por princípio diverso do penhor, porque o credor não recebia a posse. O penhor romano era direito real com posse, enquanto a hipoteca era direito real sem posse. Tanto o penhor como a hipoteca podiam ter por objeto coisas móveis e imóveis. Ao direito posterior coube distinguir como proceder para disciplinar os bens empenháveis e os bens hipotecáveis (Pontes de Miranda, 1972, v. 20:5). A tendência foi estabelecer a hipoteca para os imóveis, relegando o penhor para os móveis. Em nosso Direito, essa é a distinção principal, embora com resquícios da origem histórica, permitindo-se a hipoteca de navios e aeronaves e autorizando penhores de forma excepcional sem posse efetiva do credor. A anticrese permaneceu no Direito brasileiro outorgando a posse de imóvel ao credor.

O penhor e a hipoteca demonstram claramente sua origem comum, constituindo na verdade um único instituto, buscando idênticas finalidades.

Ao dispor acerca de garantias em torno de dívidas, nota-se que o legislador guarda um tratamento especial para essa classe de direitos reais, que se regem por uma lógica diversa, estranha aos princípios exclusivamente obrigacionais (Mamede, 2003:31). Ao mesmo tempo, a garantia, elevada à condição de direito real, rompe com a noção típica de direito real que tem seu centro gravitador na propriedade, no direito de usar, gozar e dispor.

Há uma nova modalidade de direito de garantia que é, sem dúvida, a alienação fiduciária. Com a amplitude que a legislação mais recente deu para esse negócio jurídico tanto para os móveis como para os imóveis, haverá, sem dúvida, menor utilização do penhor e da hipoteca. Veja o que falamos no capítulo respectivo.

23.2 RELAÇÃO ENTRE O CRÉDITO E A GARANTIA. EFICÁCIA CONTRA TERCEIROS. EXCUSSÃO. ESPECIALIZAÇÃO. PREFERÊNCIA

Os direitos de penhor, hipoteca e anticrese são direitos reais limitados de garantia. São utilizados para assegurar o cumprimento de obrigação, mas com ela não se confundem. Só haverá garantia se houver o que garantir, isto é, uma dívida, uma obrigação. Do mesmo modo se diz acerca da fiança, que é garantia pessoal. Aqui tratamos das garantias reais.

> *"Art. 1.419. Nas dívidas garantidas por penhor, anticrese ou hipoteca, o bem dado em garantia fica sujeito, por vínculo real, ao cumprimento da obrigação".*

Como direitos reais limitados, restringem o âmbito de atuação da propriedade, a exemplo de outros já estudados. Nos direitos de garantia, a restrição traduz-se no direito à realização de um crédito em favor de um credor. Sujeito ativo titular do direito de penhor, hipoteca e anticrese é o credor. Sujeitos passivos na verdade são todos que travam relação jurídica com a coisa, em razão da eficácia *erga omnes*. A publicidade, por meio do registro imobiliário quando se tratar de imóveis, confere essa eficácia real. Em cada direito de garantia a ser estudado, examinar-se-á a forma de publicidade. O penhor somente se conclui pela tradição, forma importante de publicidade para os bens móveis, embora existam situações de exceção. Sua eficácia com relação a terceiros é alcançada com o registro no cartório de Títulos e Documentos (art. 127, II, da Lei dos Registros Públicos).

O direito de garantia advém de uma relação jurídica unilateral, constituída exclusivamente em benefício do credor. A pessoa em benefício de quem se faz a garantia é o titular da obrigação garantida. Há, destarte, sempre uma obrigação subjacente por detrás de uma garantia, seja real, como aqui tratamos, seja fidejussória.

O dever do proprietário do bem gravado é suportar o ônus do titular do direito real de garantia.

Importante realçar que nesses direitos a relação obrigacional não está embutida no direito, como ocorre na renda constituída sobre imóvel. O direito pessoal de garantia remanesce, enquanto não solvida a obrigação, e o direito real, enquanto não averbada a extinção da hipoteca ou anticrese no registro imobiliário e não liberado o bem sob penhor.

> *"O direito real de garantia, em sua estrutura, é direito real limitado sobre o valor do bem; a função de garantia é 'externa', porque alude ao negócio jurídico entre o titular do direito real limitado e 'alguém'"* (Pontes de Miranda, 1971, v. 20:15).

Extinta a obrigação, ainda que não cancelado o registro, esvazia-se e perde eficácia a garantia real, ao menos entre as partes, o que demonstra seu caráter acessório, pois sua razão de ser é a existência da obrigação.

Desse modo, quando temos um bem separado e determinado do patrimônio do devedor para responder por obrigação, deparamo-nos com o fenômeno da *especialidade* da garantia. A regra geral é que todo o patrimônio do devedor responde por suas dívidas. Quando há direito real de garantia, *especializa-se* um bem, isto é, individualiza-se e determina-se o que a princípio era indeterminado, respondendo ele preferencialmente por determinada dívida. Isso ocorre por motivos de oportunidade e conveniência, quando ao credor parece necessário obter maior garantia, quando a simples garantia quirografária lhe aparenta ser insatisfatória. O direito real de garantia permite ao credor obter a satisfação de seu crédito com o valor ou a renda de um bem afetado exclusivamente à obrigação. O bem dado em garantia suportará primeiramente a obrigação contraída. Trata-se do direito de *prelação*. A regra geral é que o crédito com garantia real prefere o crédito meramente pessoal (art. 961). No entanto, já no parágrafo único do art. 759 do velho Código, que estabelecia essa preferência, abria-se exceção aos salários do trabalhador rural, que teriam preferência a qualquer outro crédito, referente ao produto da colheita para a qual houvessem concorrido. Como modernamente há outras exceções, a começar pelos créditos trabalhistas em geral e os fiscais, o Código de 2002, no dispositivo equivalente, art. 1.442, parágrafo único, excepciona, de forma geral, *"as dívidas que, em virtude de outras leis, devam ser pagas precipuamente a quaisquer outros créditos"*.

Os arts. 955 a 965 cuidam das preferências e privilégios creditórios. Ali, são encontradas outras exceções. As custas judiciais de execução da hipoteca e despesas de conservação feitas por terceiros são excutidas preferencialmente (art. 963). Os impostos e taxas devidos à Administração também são exceção à regra geral (Decreto nº 22.886/33 e Lei nº 5.172/66, art. 186).

Como corolário dessa orientação legal, o ordenamento considera imóveis os direitos reais de garantia, inclusive o penhor agrícola e ações que o asseguram (art. 80, I). O Código mais recente não mais menciona o penhor agrícola no art. 80.

Deixando à margem a anticrese, em total desuso e com princípios um tanto diversos, o penhor e a hipoteca conferem direito de preferência ao credor, o *direito de excussão* da coisa para satisfazer seu crédito:

> *"Art. 1.422. O credor hipotecário e o pignoratício têm o direito de excutir a coisa hipotecada ou empenhada, e preferir, no pagamento, a outros credores, observada, quanto à hipoteca, a prioridade no registro".*

Excussão é termo de direito material. É modalidade especial de execução de bens dados em garantia pignoratícia ou hipotecária. *Excutir* é fazer depositar a coisa objeto dessas garantias em juízo, a fim de que seja alienada em hasta pública. Utiliza-se o termo para execução judicial relativa aos bens dados em garantia. Por essa razão, o art. 784, V, do CPC considera os contratos de hipoteca, penhor e anticrese títulos executivos extrajudiciais. Se houver mais de uma hipoteca sobre o mesmo imóvel, terá preferência quem teve prioridade na inscrição. Não se deve esquecer de que pode haver créditos de outra natureza, que tenham privilégio, precedência ou preferência antes do crédito hipotecário ou pignoratício, tais como dívidas tributárias ou trabalhistas. Desse modo, a garantia real estampada por esses direitos é apenas relativa. Sua preferência creditícia, se perde para alguns privilégios, é, no entanto, colocada acima, de qualquer modo, dos créditos quirografários, isto é, aqueles que não apresentam qualquer garantia específica, senão o patrimônio geral do devedor. Desse modo, os direitos reais de garantia já não mais representam segurança ampla para o credor, razão pela qual o ordenamento, açulado pelas instituições financeiras, tem engendrado outras fórmulas creditícias, como a alienação fiduciária.

Se o valor apurado na excussão não satisfizer a obrigação, o patrimônio geral do devedor continuará a garantir o saldo (art. 1.430). Haverá, nessa situação, um crédito quirografário.

A anticrese apresenta sistema diferente, porque o credor tem o direito de reter a coisa, enquanto a obrigação não for solvida, acrescentando o art. 1.423 que esse direito se extingue, porém, decorridos 15 anos da data de sua constituição, com o registro imobiliário. Essa retenção traduz posse justa, autorizada pelo ordenamento. Terminará com o pagamento da dívida, ou com o decurso de prazo de 15 anos. Terminado esse prazo, desaparece a posse que representa a garantia, mas o débito pode ficar ainda em aberto. Ademais, o CPC também considera a anticrese título executivo, autorizando a execução (art. 784, V).

O direito real de garantia apresenta duplo aspecto, portanto. Determina qual o bem preferencialmente destinado à satisfação da obrigação, antes dos demais componentes do patrimônio do devedor, e o pré-exclui, como regra, do ataque de outros credores. O direito real fica, portanto, ligado à dívida.

O credor não possui direito à coisa, mas ao valor que ela proporcionar. Na hasta pública, poderá concorrer como qualquer outro licitante para a arrematação, sendo-lhe facultada a adjudicação segundo as leis de processo. É inválido o pacto que lhe permite ficar com a coisa dada em garantia, o pacto comissório, como veremos.

O princípio da especialidade exige, para plena eficácia, em relação a terceiros dos direitos reais de garantia, os requisitos do art. 1.424:

> *"Os contratos de penhor, anticrese ou hipoteca declararão, sob pena de não terem eficácia:*
>
> *I – o valor do crédito, sua estimação ou valor máximo;*
>
> *II – o prazo fixado para pagamento;*
>
> *III – a taxa de juros, se houver;*
>
> *IV – o bem dado em garantia com as suas especificações".*

A redação do Código deste século refere-se à ineficácia desses contratos e não mais ao fato de não valerem contra terceiros, se não atendidos os requisitos. A falta dos requisitos integrais, em princípio, não torna nula a garantia, válida entre as partes contratantes, não existindo outras razões de nulidade, mas seus efeitos não se irradiam para terceiros, apesar de o presente Código falar em ineficácia. No entanto, há necessidade de ser examinado o caso concreto para ser apurado o nível de ineficácia. Nessa hipótese, a eficácia real fica limitada, embora esta afirmação deva ser entendida sem o sentido técnico estrito, servindo para explanação didática.

A lei subordina a eficácia dos contratos à descrição do *valor do crédito, sua estimação ou valor máximo*. Destarte, sem valor expresso, ainda que meramente estimado, não terá eficácia o negócio. Daí deflui que as obrigações que não tenham valor que nem mesmo possa ser estimado não são passíveis de garantia. O Código de 2002 acresce ao dispositivo a dicção "valor máximo". Há dívidas que por sua natureza apresentam valores variáveis, porém, para a finalidade de serem dadas em garantia, há necessidade de que se estipule um valor máximo, além do qual a garantia não irá operar. É o que ocorre, por exemplo, na hipoteca que pode gravar a construção de um empreendimento imobiliário. De qualquer modo, esse valor estimado ou valor máximo deve guardar compatibilidade com a natureza da obrigação, não podendo ser arbitrário, pois, nesse caso, poder-se-ia estabelecer o vínculo de garantia real autônomo, o que contraria a natureza do instituto. Ainda,

> *"a permissão para a adoção do valor máximo, ademais, dá às partes a possibilidade de limitar a parte da dívida que estará garantida pelo gravame, sem afetar a validade do restante do crédito. Assim, é lícito prever o valor máximo do crédito garantido pelo ônus real, em dívida que, por seu principal apenas, ou pelo principal somado aos acessórios, alcance valor total superior, ficando essa parte extra submetida aos créditos quirografários"* (Mamede, 2003:82).

Ou então em apertada síntese: o gravame pode ser sempre inferior ao valor da dívida garantida.

Também é essencial que os instrumentos de penhor, hipoteca e anticrese contenham *o prazo fixado para pagamento*. Cuida-se de direito estrito que onera o patrimônio do titular do bem gravado e não se admite prazo indeterminado. Não é essencial que o prazo do gravame coincida com o prazo da dívida garantida. Em princípio, não há que se considerar que na ausência de prazo há um vencimento a vista. Não é da natureza dessas garantias que o vencimento ocorra a vista.

O art. 1.421, III, reporta-se à *taxa de juros, se houver*. Há que se atentar que não é essencial que o instrumento contemple os acessórios, como juros e correção monetária. A obrigação poderá não incluí-los, o que não é o que ocorre na prática. Se não mencionada a taxa de juros, estes decorrem da natureza da dívida e serão devidos no mínimo legal, na forma de juros moratórios. No presente Código há toda uma problemática em torno da taxa máxima de juros permitida. Em princípio, os consectários da dívida que não decorrem do simples inadimplemento, como a multa, devem ser estabelecidos no instrumento negocial.

Finalmente, o art. 1.424, IV, estatui que os contratos de penhor, anticrese ou hipoteca declararão, sob pena de não terem eficácia, *"o bem dado em garantia com suas especificações"*. Obedece-se ao requisito essencialíssimo da especificação. Destaca-se um bem do patrimônio do garantidor para garantir a dívida. A ausência de identificação precisa jogar por terra os princípios do instituto dos direitos reais de garantia. Essa especificação, justamente por constituir um gravame, deve ter interpretação restrita: somente respondem pela dívida o bem ou os bens especificados. Eventuais falhas na especificação impedirão que o gravame tenha eficácia com relação a terceiros. Em princípio, ainda que ocorra identificação falha, o negócio terá validade e eficácia somente entre as partes, mas há que se examinar as particularidades do caso concreto (Mamede, 2003:86).

23.3 GARANTIA PRESTADA POR TERCEIROS

Nada obsta que terceiro ofereça bem de seu patrimônio para garantir obrigação de outrem. O garantidor fica fora dessa relação obrigacional. O bem de terceiro vincula-se da mesma forma até a solução da dívida. Trata-se da figura do interveniente hipotecante ou empenhante, utilizada com frequência.

A compreensão no tocante à garantia prestada por terceiro sofre maior restrição. O art. 1.427 dispõe:

> *"Salvo cláusula expressa, o terceiro que presta garantia real por dívida alheia não fica obrigado a substituí-la, ou reforçá-la, quando, sem culpa sua, se perca, deteriore ou desvalorize".*[1]

---

1 "Agravo de instrumento. Execução de título extrajudicial. Contrato de locação de imóvel para fins não residenciais. Decisão agravada que reconheceu culpa do caucionante pelo esvaziamento da garantia, e determinou bloqueio de seus ativos financeiros. Bem imóvel que teve sua penhora levantada em razão do acolhimento de embargos de terceiro, fundados em posse sobre o bem. Manutenção. Titular da propriedade imobiliária, qualificado como advogado, que indicou o bem em garantia real mesmo ciente da frustração de sua anterior tentativa de alienação, bem como da posse exercida por terceiro, sem que tivesse regularizado a situação do bem. Caracterização de culpa no esvaziamento da garantia. Necessidade de substituição da garantia, sob pena de responsabilização pessoal. Exegese do art. **1.427 do Código Civil**. Decisão mantida, facultada a substituição. Recurso improvido, com observação" (*TJSP* – AI 2131322-41.2025.8.26.0000, 4-8-2025, Rel. Gomes Varjão).

"Locação de imóvel não residencial. Ação de execução de título extrajudicial. A garantia prestada pelo agravante no contrato de locação consiste em caução real, não fiança, de modo que, em princípio, somente o imóvel indicado por ele responde pela dívida, não o restante do seu patrimônio. Nos termos do art. 1.427 do Código Civil, o caucionante só responde com outros bens caso a garantia se perca, deteriore, ou desvalorize e contanto que tenha ele concorrido culposamente para que isso ocorresse. Estando ainda pendente de recurso a sentença que acolheu embargos de terceiro e determinou o levantamento da penhora, não há como considerar que houve perda da garantia, nem é possível concluir, em juízo perfunctório, que houve culpa do agravante. Revela-se precipitado, assim, determinar o bloqueio de ativos financeiros do recorrente, decretar a indisponibilidade de seus bens junto à CNIB e permitir pesquisas perante os órgãos enumerados na decisão agravada. Ademais, ao que consta, o agravante é proprietário de outros imóveis, havendo baixo risco de insolvência e, portanto, de prejuízo à agravada. Recurso provido" (*TJSP* – AI 2256185-11.2021.8.26.0000, 9-12-2021, Rel. Gomes Varjão).

"Ação de imissão na posse – **Imóvel financiado com garantia hipotecária** – Diversas vendas por contrato de gaveta sem anuência da credora hipotecária. Aquisição do bem por escritura pública de compra e venda, com pagamento de parcelas em atraso, levantamento da hipoteca junto ao agente financeiro. Ausência de óbice para ordem judicial de imissão na posse. 'Contrato de gaveta' que não permite a sobreposição da posse do apelante ao direito de exercício da posse pelo titular real do direito de propriedade que realizou a compra com aquiescência da credora hipotecária. Aplicação do disposto no artigo 252 do regimento interno do tribunal de justiça. Sentença confirmada. Recurso não provido" (*TJSP* – AC 1001006-61.2016.8.26.0132, 13-5-2019, Rel. Coelho Mendes).

"Recurso de apelação cível – Embargos de terceiro – Penhora – **Bem com garantia hipotecária** – Garantidor hipotecário que deve integrar a lide executiva – Execução ajuizada apenas em face do devedor principal – Coobrigada do débito falecida – Sucessores – Inclusão no polo passivo da ação de execução – Nulidade da penhora – sentença cassada – recurso provido – De acordo com o artigo 674, *caput*, do Código de Processo Civil, os Embargos de Terceiro são cabíveis quando, quem, não sendo parte no processo, sofrer constrição ou ameaça de constrição sobre bens que possua ou sobre os quais tenha direito incompatível com o ato constritivo, poderá requerer seu desfazimento ou sua inibição por meio de embargos de terceiro. Tratando-se de garantia hipotecária, para que ocorra a constrição do bem pertencente à terceiro faz-se necessária a sua inclusão no polo passivo do feito executivo. Na hipótese, a falecida Sra. Iria Viviane Zacari firmou o título executivo na qualidade de avalista e também como garantidora hipotecária, de modo que mostra-se devida a inclusão dos seus sucessores no feito executivo, a fim de que estes possam defender seus quinhões até o limite da herança, já que passaram a ser garantidores hipotecários do débito assumido pela sua genitora, fato que justifica a modificação da sentença, a fim de declarar a nulidade da penhora" (*TJMT* – Ap 130961/2017, 5-2-2018, Relª Desª Clarice Claudino da Silva).

"Agravo de instrumento – Negócios Jurídicos Bancários – Penhora sobre o bem do garantidor – **Interveniente – Hipotecante** – Necessidade de citação – Para a constrição de bens do garantidor hipotecário, entende-se indispensável a sua participação na ação de execução, na condição de parte, a fim de ter assegurado o direito à ampla

Desvaliar, termo presente no Código anterior, significa desvalorizar, vocábulo empregado pelo mais recente Código, que atualiza sua compreensão. Não se pode agravar, sem menção expressa, assim como sucede na fiança, a situação do terceiro garante. Na hipótese do dispositivo, que melhor estaria colocado junto às situações de vencimento antecipado da dívida do art. 1.425, a obrigação de reforçar ou substituir a garantia é do próprio devedor. Esse terceiro é mero garante. Não se coloca como codevedor. A relação creditícia lhe é estranha. Desse modo, somente o bem seu dado em garantia responde pela dívida. Se o respectivo valor não bastar para satisfazer toda a obrigação, no que sobejar responde o patrimônio do devedor (art. 1.430), e não o do garante, para quem a garantia é limitada ao valor do bem.

Se o bem dado em garantia por terceiro perde-se, deteriora-se ou desvaloriza-se, ao contrário do que ocorre na garantia prestada pelo próprio devedor, não estará esse terceiro obrigado a substituir ou reforçar a garantia, salvo se os fatos ocorreram por *culpa sua*. Cabe, no caso concreto, avaliar essa culpa. Se o terceiro garantidor porta-se com negligência, deixando o bem desaparecer, deverá substituí-lo e responder por perdas e danos. Sempre, em Direito, havendo culpa, haverá possibilidade de recomposição em perdas e danos.

Em se tratando de direito dispositivo, nada impede que o terceiro se comprometa negocialmente a reforçar ou substituir a garantia em qualquer hipótese. Note, contudo, que a dívida não é sua; esse terceiro é apenas um garante que fornece o bem em garantia. O devedor continuará responsável pela dívida, independentemente de persistir ou não a garantia dada por terceiro.

Se, por qualquer razão, desaparece ou diminui o valor do bem dado em garantia, aplica-se o princípio do vencimento antecipado do art. 1.425.

23.4 INDIVISIBILIDADE. REMIÇÃO. DIREITO REAL DE GARANTIA NO CONDOMÍNIO

O princípio da indivisibilidade dos direitos reais de garantia vem determinado pelo art. 1.421:

---

defesa e ao contraditório. Assim, ausente a citação do garantidor hipotecário, impõe-se a manutenção da decisão que desconstituiu a penhora de sua propriedade. Recurso desprovido" (*TJRS* – AI 70069646552, 27-7-2016, Rel. Des. Jorge Alberto Vescia Corssac).

"**Agravo de instrumento** – Execução de título extrajudicial – Cédula de crédito rural pignoratícia hipotecária – Reconhecimento da ilegitimidade passiva dos intervenientes hipotecários – Impossibilidade – Precedentes do superior tribunal de justiça – Embora não seja fiador, avalista ou qualquer outra forma de coobrigado, o *interveniente hipotecante* possui legitimidade para figurar no polo passivo da execução, porquanto o bem de sua propriedade oferecido em garantia poderá ser expropriado, no caso de inadimplemento do débito pelo devedor. Legitimidade reconhecida. Decisão reformada. Recurso conhecido e provido" (*TJPR* – AI 1323398-0, 4-9-2015, Rel. Juiz Subst. Francisco Eduardo Gonzaga de Oliveira).

"**Ação de execução hipotecária** – Penhora incidente sobre bem imóvel dado em garantia – Substituição – Depósito judicial. Reconhecido que na execução de crédito com garantia hipotecária, a penhora recairá, preferencialmente, sobre a coisa dada em garantia. Penhora que incidiu sobre o bem imóvel dado em garantia ao contrato, em observância à ordem de preferência legal. Depósito em dinheiro, oferecido em substituição, que se mostra insuficiente a garantir a execução. Recusa expressa do credor, com fundamento na legislação vigente, bem como no fato de que aludidos valores, encontram-se vinculados a outro processo. Ausência das hipóteses previstas no art. 656 do CPC, a ensejar a substituição da penhora. Prejuízo não demonstrado. Manutenção da penhora incidente sobre o bem imóvel. Inteligência do art. 655, § 1º c.c. 620, ambos do CPC. Decisão mantida. Agravo improvido. Agravo de instrumento. Excesso de execução. Hipótese em que não pode ser enfrentada matéria relativa à eventual excesso de execução. Matéria que é própria de discussão em sede de embargos à execução (art. 475, III, do CPC), e que não é objeto da decisão agravada. Incabível o enfrentamento da matéria diretamente em 2ª instância, sob pena de supressão de um grau de jurisdição. Agravo não conhecido, neste aspecto" (*TJSP* – AI 2036913-59.2014.8.26.0000, 6-5-2014, Rel. Salles Vieira).

> *"O pagamento de uma ou mais prestações da dívida não importa exoneração correspondente da garantia, ainda que esta compreenda vários bens, salvo disposição expressa no título, ou na quitação".*[2]

Ainda que exista pagamento parcial, toda a coisa onerada permanece em garantia. Ou seja, o ônus permanece íntegro até a extinção completa da obrigação. Trata-se de ficção da lei criada para beneficiar o credor, porque, se excutido o direito, evidentemente somente será satisfeito o débito remanescente. No entanto, à medida que o débito vai sendo amortizado, não

---

[2] "Apelação – Ação declaratória de ineficácia de hipoteca – Sentença de procedência – Recurso da empresa ré sem o recolhimento do preparo – Indeferimento do benefício da justiça gratuita – Ratificação do *decisum* em sede de julgamento de agravo interno – Determinado o recolhimento das custas – Não atendimento – Deserção configurada – Recurso não conhecido. Apelação – Ação declaratória de ineficácia de hipoteca – Sentença de procedência – Recurso do banco réu – Preliminar de ilegitimidade passiva – Afastada alegação de inaplicabilidade da Súmula 308, C. STJ – Desnecessidade – Aquisição de salas comerciais – **Fracionamento da hipoteca**, de acordo com as unidades autônomas do condomínio edilício – Inteligência do art. 1.488, CC/02 – Pagamento integral do valor à Construtora – Direito do adquirente em extinguir a hipoteca referente às unidades que adquiriu e que já foram adimplidas – Sentença mantida – Recurso improvido" (*TJSP* – AC 1010736-38.2017.8.26.0625, 27-3-2019, Rel. Irineu Fava).

"**Ação de fracionamento de hipoteca** com pedido de antecipação de tutela – Artigo 1.488 do Código Civil que não se aplica à hipótese em análise. Autora que, em verdade, pretende obter beneplácito judicial a fim de justificar a inadimplência absoluta do contrato de concessão de crédito. Sentença de improcedência mantida. Recurso não provido" (*TJSP* – Ap 0005611-32.2017.8.26.0100, 8-10-208, Rel. João Pazine Neto).

"Agravo de instrumento – Imóvel – Condomínio Edilício – Hipoteca – Desmembramento – Manifestação Prévia – Credora Hipotecária – Necessidade – I – Constituído o condomínio edilício, o credor e o devedor hipotecários ou os proprietários das respectivas unidades possuem o direito subjetivo e potestativo de requerer ao juiz o **fracionamento da hipoteca** incidente sobre o imóvel para que cada unidade autônoma seja gravada em valor proporcional ao crédito, conforme art. 1.488, § 1º, do Código Civil. II – O desmembramento da hipoteca depende de prévia manifestação do credor hipotecário acerca de eventual diminuição da garantia. III – Deu-se parcial provimento ao recurso" (*TJDFT* – Proc. 07028834820168070000 – (1011819), 3-5-2017, Rel. José Divino de Oliveira).

"**Hipoteca** – Condomínio Edilício – Restrição pendente sobre o todo – Unidade autônoma arrematada em cumprimento de sentença de ação de cobrança de dívida condominial – Anterior indeferimento do cancelamento da garantia hipotecária no juízo da arrematação fundado na sua indivisibilidade – Pretensão, nesta ação, de **fracionamento do gravame existente**, nos termos do art. 1.488, do CC, para posterior cancelamento da garantia pendente apenas sobre a unidade autônoma arrematada – Pedido diverso – Inexistência de preclusão ou coisa julgada – Sentença anulada – Recurso provido" (*TJSP* – Ap 0016597-94.2012.8.26.0011, 14-3-2016, Rel. Eduardo Sá Pinto Sandeville).

"**Agravo de instrumento** – Parceria Pecuária – Rescisão – Execução de acordo homologado – Decisão que determinou a expedição de carta precatória para constrição e avaliação de bens – Alegação de excesso de penhora não demonstrada – Decisão agravada mantida – Agravo de instrumento não provido" (*TJSP* – AI 2184994-13.2015.8.26.0000,12-11-2015, Relª Cristina Zucchi).

"**Agravo de instrumento.** Execução de alimentos. Pensão mensal. Deferimento de penhora e constituição de capital para assegurar pagamento das parcelas vincendas. Alegação de excesso de execução. Executada que não cumpre o acordo judicial firmado de pagamento de pensão mensal. Obrigação consistente em prestação periódica que, não adimplida no curso da ação, se somam aos valores mencionados na inicial da execução. Valores apresentados pelas exequentes condizentes com cálculo judicial. Excesso não verificado. Decisão agravada mantida. Agravo não provido" (*TJSP* – AI 2108482-23.2014.8.26.0000, 28-8-2014, Rel. Leonel Costa).

"**Agravo de instrumento.** Execução de título extrajudicial. Cédulas rurais hipotecárias. Excesso de penhora. Pedido de redução. Impossibilidade. Indivisibilidade da hipoteca (art. 1.419 do CC/02). Imóvel que foi oferecido em garantia hipotecária de outras dívidas. Precedentes do STJ e desta corte. Decisão correta. 1 – A indivisibilidade da hipoteca prevista no art. 1.419 do CC/02 recomenda que, de regra, a penhora e subsequente adjudicação/alienação recaia sobre a totalidade do bem oferecido em garantia hipotecária, notadamente nos casos em que, a exemplo do presente, o bem penhorado também foi oferecido em garantia de outras dívidas, inclusive de terceiros. Precedentes. 2 – Situação diversa seria se o crédito hipotecário exequendo fosse o único a gravar o bem em questão, caso em que excepcionalmente se poderia cogitar da redução da penhora, ainda que indivisível a hipoteca, vez que, nessa hipótese, não haveria qualquer prejuízo ao credor hipotecário. Afinal, a despeito da extinção da garantia com a arrematação, este satisfaria a integralidade do seu crédito, sem que, para tanto, fosse necessário onerar demasiadamente os devedores com a alienação da totalidade do imóvel, atendendo à previsão do art. 620 do CPC. Recurso conhecido e desprovido" (*TJPR* – AI 0962445-3, 15-2-2013, Relª Juíza Conv. Substª Josély Dittrich Ribas).

existe a correspondente paulatina extinção da garantia. Isso ainda que o bem seja divisível e vários os bens dados em garantia. Neste último caso, a liberação de um ou de alguns dos bens onerados dependerá de disposição expressa na origem da obrigação, ou quando da quitação. Desse modo, conquanto a execução seja de parte do débito, a penhora irá constranger todo o bem dado em garantia. A divisibilidade da garantia, desse modo, somente pode decorrer de expressa disposição das partes, em especial, de declaração expressa do credor. Assim sendo, podem os interessados estipular que os bens plurais dados em garantia podem ir paulatinamente, com o pagamento, liberando-se do vínculo ou, mesmo em se tratando de bem singular, que este fique parcialmente liberado quando houver pagamento parcial.

Essa indivisibilidade estende-se também aos sucessores do devedor, que não podem remir parcialmente o penhor ou a hipoteca na proporção de seus limites. A lei autoriza que qualquer deles o faça pelo total do débito (art. 1.429). No entanto, o herdeiro ou sucessor que fizer essa remição se sub-roga legalmente nos direitos do credor pelas quotas que houver satisfeito (parágrafo único do art. 1.429).

Remir nessa dicção tem o sentido de extinguir, apagar, fazer desaparecer o gravame com o pagamento integral do débito (ver seção 25.8). Não há remição parcial do direito real de garantia em razão de sua indivisibilidade. Remição no direito obrigacional tem o sentido de perdão da dívida. No direito real, implica liberação da coisa gravada. Esse direito é primordialmente do próprio devedor, embora este último dispositivo refira-se a herdeiros e sucessores. Terceiros também podem extinguir o débito, remindo a hipoteca. Aplicam-se as regras do pagamento feito por terceiro. Embora não o diga a lei, os mesmos princípios de remição aplicam-se à anticrese.

A lei permite que a coisa em condomínio seja dada em garantia, conforme disciplina o art. 1.420, § 2º:

> *"A coisa comum a dois ou mais proprietários não pode ser dada em garantia real, na sua totalidade, sem o consentimento de todos; mas cada um pode individualmente dar em garantia real a parte que tiver".*

No sistema do Código de 1916, tratando-se de coisa indivisível, a garantia somente a oneraria com a concordância de todos. O Código em vigor não faz mais essa ressalva. O sentido era evidente, porque se estaria gravando bem pertencente a terceiros. Apesar das opiniões contrárias, a possibilidade de o condômino gravar a coisa comum, sem a aquiescência dos demais comunheiros, introduziria mais um elemento de discórdia no sempre problemático condomínio. Inobstante, acompanhando parte da doutrina, há julgados que desprezam a norma do artigo citado do diploma anterior (Rodrigues, 1984:328). O diploma de 2002, como se vê, seguiu essa senda. O suprimento do consentimento do condômino recusante pode ser obtido judicialmente, provada a real necessidade do gravame.

Não existe, de qualquer forma, essa necessidade de anuência, se a coisa for divisível e o ônus recair somente sobre a parte do condômino. A lei de 1916 enfatizou que nessa hipótese, excepcionalmente, a indivisibilidade somente incide sobre a quota-parte. Evidente que em se tratando de condomínio de apartamentos ou assemelhados, constituídos de unidades autônomas, livre é o condômino para instituir a garantia.

O Código de 2002 altera em parte a regra antiga, no art. 1.420, § 2º. Como vimos, divisível ou indivisível a coisa, o condômino pode dar em garantia, fazendo-o exclusivamente sobre sua parte ideal, sem necessidade do consentimento dos demais condôminos. Com isso, pretendeu o legislador facilitar a utilização da propriedade pelo condômino, tantos eram os problemas que surgiam quando um deles pretendesse dar em garantia sua parte. Se, por outro lado, pretender o condômino dar em garantia toda a coisa, persiste a necessidade de autorização dos demais consortes. Ao analisar esse dispositivo, Gladston Mamede observa com costumeira argúcia que "*embora se diga, usualmente, estar o bem gravado de ônus real de garantia, não é a coisa em si, mas a relação de propriedade que está gravada de ônus real*". Isto porque não há propriamente uma relação entre o credor e o bem cuja propriedade garante o crédito; não há poder do credor sobre a coisa alheia, tendo ele apenas a preferência sobre o preço apurado em eventual venda judicial (2003:55).

23.5 CAPACIDADE PARA INSTITUIR A GARANTIA E SEU OBJETO

Para instituição de direito real de garantia, o sujeito deve ter capacidade para alienar. O objeto deve ser idôneo para estar no comércio. Não se oneram bens inalienáveis. Somente quem é dono ou enfiteuta pode gravar com ônus real. Não basta ser proprietário, portanto, mas a coisa dada em garantia deve estar no comércio. Dispõe o art. 1.420:

> *"Só aquele que pode alienar poderá empenhar, hipotecar ou dar em anticrese; só os bens que se podem alienar poderão ser dados em penhor, anticrese ou hipoteca.*
>
> *§ 1º A propriedade superveniente torna eficaz, desde o registro, as garantias reais estabelecidas por quem não era dono".*

Desse modo, os incapazes, assim definidos pela lei civil, não sendo aptos para praticar negócios da vida civil e alienar, não podem instituir direitos reais de garantia. Aplicam-se as regras da capacidade. Os incapazes devem ser representados ou assistidos para instituição do ônus e necessitam autorização judicial. Os bens de menores sob tutela e de curatelados em princípio não podem ser dados em hipoteca ou penhor. No entanto, cumpre ao juiz examinar a premente necessidade ou oportunidade e conveniência para tal no caso concreto.

O mandatário somente pode constituir ônus se tiver poderes expressos. O falido e o pródigo, perdendo a administração de seus bens, não podem dar em garantia. Da mesma forma, o inventariante somente pode instituir hipoteca ou outro gravame real sobre bens do espólio mediante autorização judicial.

Marido e mulher, sob qualquer regime de bens, apenas constituem hipoteca ou anticrese com a autorização do outro cônjuge, conforme as disposições dos arts. 235, I, e 242, I, do Código anterior. O Código em vigor no art. 1.647, I, dispõe que nenhum dos cônjuges pode, sem autorização do outro, *exceto no regime de separação absoluta*, alienar ou gravar de ônus real os bens imóveis. A restrição não atinge o penhor cujo objeto sejam coisas móveis. A impossibilidade de autorização, a recusa injustificada ou meramente emulatória de outorga conjugal pode ser suprida judicialmente.

A pessoa jurídica somente pode constituir garantia sob a forma autorizada por seus estatutos ou contrato social. A pessoa jurídica de direito público somente pode fazê-lo quando autorizada por lei.

Parte-se do princípio de que o gravame de direito real já constitui alienação potencial. Como o ascendente não pode alienar a um de seus descendentes, sem o consentimento dos demais, deve incidir a proibição do art. 496 também para as situações sob exame. O presente Código, exige, da mesma forma, o consentimento do cônjuge do alienante.

Destarte, se o pai não pode alienar a um dos filhos, sem que os demais consintam (bem como o cônjuge, no diploma em vigor), também não pode constituir ônus real em favor de um dos filhos, porque isso tipificaria a proibição da referida norma legal. Há opiniões em contrário, sustentando que esse dispositivo deve ser interpretado de forma restrita, sendo a questão polêmica (Rodrigues, 1984:329).

A garantia se convalida se quem a deu tinha apenas a posse e vem a adquirir a propriedade posteriormente. Inválida é a garantia prestada por quem não tinha nem mesmo a posse. Trata-se de mais um aspecto legal que resguarda a aparência de direito conferida à posse. No entanto, a referência legal do parágrafo do artigo em exame refere-se apenas ao penhor, em que a posse é elemento de publicidade, por se cuidar de coisas móveis. Para a hipoteca ou anticrese, há necessidade de registro eficaz em nome do dono ou enfiteuta para o nascimento do gravame, não havendo como ser constituído unicamente mediante a posse (Pontes de Miranda, 1971, v. 20:27).

23.6 PROIBIÇÃO DO PACTO COMISSÓRIO

A regra que proíbe o denominado pacto comissório é a do art. 1.428:

> *"É nula a cláusula que autoriza o credor pignoratício, anticrético ou hipotecário a ficar com o objeto da garantia, se a dívida não for paga no vencimento".*[3]

---

[3] "Apelação – anulação de negócios jurídicos – Improcedência – Inconformismo do polo ativo – Acolhimento – Negócio jurídico que, na verdade, burlou a proibição contida no **art. 1.428 do Código Civil**, que veda a prática de pacto comissório – Utilização de compra e venda com escopo de garantia – Inequívoca a simulação de venda forçada e condicional – Ausência de prova de pagamento integral do preço constante da escritura (1/5 do valor de mercado do imóvel, à época) – De outra parte, a inicial veio acompanhada de diversos comprovantes de pagamento, feitos pela falecida vendedora, à imobiliária adquirente (que no mesmo ano em que ajuizada a ação, vendeu o imóvel a terceira pessoa) – Réus que, durante o lapso temporal entre a transação e a venda a terceira pessoa, jamais tomaram qualquer medida tendente a obter a posse do bem (nele permanecendo a vendedora, até a data do óbito, ocorrido quase três anos após a lavratura da escritura) – Anulação do negócio jurídico – Medida que se impõe – Precedentes – Sentença reformada – Recurso provido" (*TJSP* – Ap 1020529-58.2022.8.26.0032, 17-6-2025, Rel. Salles Rossi).

"Adjudicação compulsória – Terceiro Prejudicado – Quem não é parte e não pode intervir na relação processual, não pode recorrer – Mero interesse patrimonial e não jurídico por alegar ser credor da requerida que não legitima a recorrer – Na ação de adjudicação compulsória a sentença visa suprir a manifestação de vontade do compromissário vendedor que não cumpriu a obrigação de celebrar o contrato definitivo – Caracterização de pacto comissório pela verdadeira dação antecipada em pagamento de imóvel, o que encontra óbice no Direito Brasileiro como deflui do **art. 1.428 do Código Civil** – Violação a norma de ordem pública que pode ser conhecida de ofício, porque deflui o pacto comissório da causa de pedir e do pedido – Carência da ação por ausência de interesse-adequação – Recurso do terceiro interessado não conhecido e extinção do processo sem resolução do mérito" (*TJSP* – Ap 1006363-22.2018.8.26.0271, 27-8-2024, Rel. Alcides Leopoldo).

"Apelação cível – imissão na posse – Pedido autoral julgado procedente – Imóveis objetos de compromisso de compra e venda para o fim de garantir o pagamento de dívida de empréstimo – Mútuo – Negócio simulado – **Pacto comissório expressamente vedado pelo ordenamento jurídico**, nulo de pleno direito – Inteligência do artigo 1.428 do Código Civil – Precedentes – Recurso da requerida provido para julgar improcedente o pedido autoral" (*TJSP* – Ap 0002566-49.2011.8.26.0223, 30-5-2023, Rel. José Carlos Ferreira Alves).

"Ações de despejo e declaratória de nulidade – Improcedência do pedido de despejo e parcial procedência da declaração de nulidade – Valor da causa da ação declaratória – Impugnação acolhida na sentença – Alegação de inobservância do art. 58, inc. III, da Lei nº 8.245/91 – Dispositivo indicado aplicável somente às ações de despejo, consignatórias e revisionais de aluguel e renovatórias – Ação declaratória que tem por objeto a nulidade dos atos jurídicos praticados pelas partes – Exegese do art. 292, inc. II, do CPC – Empréstimo de dinheiro pela apelante à empresa de propriedade do apelado – Imóvel residencial do apelado dado em garantia ao credor – Não pagamento da dívida – Outorga de escritura de venda e compra do imóvel pelo apelado em favor da apelante por valor muito inferior ao valor venal de referência – Inexistência, ademais, de prova de qualquer pagamento efetuado pelo credor em razão da aquisição do bem – Escritura de venda e compra lavrada com o objetivo de encobrir **pacto comissório**, que é vedado pelo ordenamento jurídico – Art. 1.428, do CC – Celebração de ato simulado com o objetivo de fraudar a lei e demais credores do apelado – Nulidade do ato que é de rigor – Exegese do art. 167, caput e § 1º, inc. II, do CC – Nulidade que se estende ao registro da alienação no CRI e ao contrato de locação do imóvel – Sentença mantida – Honorários majorados, a teor do art. 85, § 11, do CPC – Recurso improvido" (*TJSP* – Ap 1005626-91.2016.8.26.0011, 28-9-2021, Rel. Salles Rossi).

"Agravo de instrumento – Tutela provisória – Ação de imissão na posse – Decisão agravada que deferiu pedido liminar para determinar a imissão na posse do imóvel urbano – Alegação de ocorrência de pacto comissório 'enrustido'. Negociação realizada no bojo de instrumento de transação extrajudicial, com transferência de imóvel

Condena a lei a possibilidade de o credor ficar com a coisa dada em garantia. Entende-se que a nulidade atinge o pacto, se firmado antes do vencimento. Válida é a entrega da coisa se acertada após o vencimento da dívida (Pontes de Miranda, 1971, v. 20:29). Após o vencimento da dívida, ou quando do vencimento, pode dar-se a coisa em dação em pagamento (Pereira, 1993:229). Atendendo a essa posição pacífica da doutrina, o Código contemporâneo acrescentou em parágrafo único ao art. 1.428: *"Após o vencimento, poderá o devedor dar a coisa em pagamento da dívida"*. Nesses termos, o vencimento da dívida outorga validade à dação em pagamento.

Se permitido o pacto comissório, ficaria o devedor inteiramente subordinado à vontade do credor, sujeitando-se a pressões e estratagemas leoninos e usurários. Washington de Barros Monteiro (1989:358) lembra de justificativas de duas ordens para a restrição. A primeira é de ordem moral, já por nós assinalada, pois o credor poderia facilmente se locupletar da premência do devedor necessitado. Outra de ordem técnica: inexistindo fixação de preço de mercado para a coisa, fácil seria ao credor alegar ser o valor da coisa insuficiente para cobrir o débito. De qualquer forma, nula a cláusula comissória, aproveita-se o contrato, na forma do art. 184. Apenas a cláusula é nula. A nulidade persiste ainda que mascarada sob simulação de outro negócio jurídico. Nula a cláusula tanto quando presente no próprio instrumento constitutivo do título, como em instrumento à parte.

Atente-se que o pacto comissório pode ocorrer sob a forma de simulação ou outras fraudes, devendo sempre ser coibido.

23.7 PRINCÍPIO DA PRIORIDADE

O princípio da prioridade estabelecido pelos direitos reais de garantia fixa exceção à paridade de créditos entre os diversos credores (*par conditio creditorum*). A incidência da prioridade em favor do credor com garantia real não decorre de exceção legal, mas dos princípios gerais reguladores do direito real. A prioridade decorre da eficácia *erga omnes*. Entre os credores hipotecários, a preferência estabelece-se pela prioridade de inscrição. A hipoteca registrada precedentemente terá preferência na excussão e assim sucessivamente para um segundo ou terceiro credor hipotecário. *"O 'princípio da prioridade' permite que se adquiram hipotecas sem se temer posterior inscrição ou posteriores inscrições"* (Pontes de Miranda, 1971, v. 20:32). Cuida-se da aplicação do brocardo *qui est prior est tempore potior est iure*, estampado pelo art. 759.

---

para empresa de *Factoring*. Ausência de elementos que permitam afastar, de plano, a ocorrência da simulação contratual. Necessidade de estabelecimento de contraditório e dilação probatória. Imissão na posse afastada. Indeferimento da pretensão de imediata extinção do feito. Decisão reformada. Recurso Parcialmente Provido" (*TJSP* – AC 2179945-15.2020.8.26.0000, 2-2-2021, Rel. Viviani Nicolau).

"Apelação cível – Ação anulatória de negócio jurídico – Compra e venda – Simulação – **Pacto comissório** – Demostrado que contrato de compra e venda de imóvel constituiu instrumento de simulação para ocultar contrato de mútuo garantido por pacto comissório, deve ser declarada a nulidade do negócio jurídico, por violar o disposto nos artigos 167 e 1.428 do Código Civil" (*TJMG* – AC 1.0000.19.048113-5/001, 12-9-2019, Rel. José Augusto Lourenço dos Santos).

"Apelação Cível – Ação declaratória de cancelamento de pacto comissório – Sentença de procedência – Inconformismo dos réus – Alegação de que suposto inadimplemento, ocorrido há cerca de 30 anos, impede a baixa da cláusula de pacto comissório. Inércia dos réus em pleitear a rescisão do contrato e a retomada do bem por longo lapso temporal, que enseja a perda do direito potestativo. Decadência do direito material configurada. Resistência dos réus que viola o princípio da boa-fé objetiva, pois ainda que inadimplida a obrigação, os autores têm justo motivo para acreditar na extinção da obrigação. **Cláusula de pacto comissório encerrada**, com aplicação do instituto da *supressio* – Sentença mantida – Recurso não provido" (*TJSP* – Ap 1007799-09.2015.8.26.0566, 30-1-2018, Relª Daniela Menegatti Milano).

23.8 ANTECIPAÇÃO DE VENCIMENTO DAS OBRIGAÇÕES. SUBSTITUIÇÃO E REFORÇO DA GARANTIA REAL

Há situações legais permissivas do vencimento da obrigação garantida por ônus real independentemente de seu vencimento, permitindo-se, destarte, a excussão:

> *"Art. 1.425. A dívida considera-se vencida:*
>
> *I - se, deteriorando-se, ou depreciando-se o bem dado em segurança, desfalcar a garantia, e o devedor, intimado, não a reforçar ou substituir;*
>
> *II - se o devedor cair em insolvência ou falir;*
>
> *III - se as prestações não forem pontualmente pagas, toda vez que deste modo se achar estipulado o pagamento. Neste caso, o recebimento posterior da prestação atrasada importa renúncia do credor ao seu direito de execução imediata;*
>
> *IV - se perecer o bem dado em garantia, e não for substituído;*
>
> *V - se se desapropriar o bem dado em garantia, hipótese na qual se depositará a parte do preço que for necessária para o pagamento integral do devedor".*

No inciso IV, o diploma de 2002 observa que a dívida considera-se vencida se perecer o bem dado em garantia e *"não for substituído"*, o que não constava no diploma anterior.

Sempre que o objeto dado em garantia desaparecer, diminuir de valor, ou se deteriorar a ponto de não mais suportar o débito, ou enfraquecer a garantia, a lei autoriza considerar vencida a dívida. Se houver indenização paga por seguro ou por terceiro, no perecimento ou deterioração do bem, o credor terá preferência sobre esse valor, até reembolso de seu crédito (art. 1.425, § 1º). Em estreita síntese: sem a higidez inicial do bem dado em penhor, hipoteca ou anticrese, não há garantia. Por essa razão, nessas premissas descritas no artigo, o mínimo que o ordenamento poderia fazer era considerar, como faz, vencida a dívida. Sempre que se mostrar insuficiente o valor auferido pelo bem especializado, responderá o patrimônio geral do devedor, sob as bases quirografárias. Caberá ao credor provar que o bem se deteriorou, diminuiu de valor ou desapareceu. A preservação física do bem representa, como é curial, a preservação da própria garantia. Para a situação específica dos direitos reais de garantia, é irrelevante a causa que tenha acarretado a diminuição de garantia. É evidente, porém, que, se a coisa diminui de valor ou desaparece por culpa do próprio credor, não há que se admitir o vencimento antecipado.

Se ocorrer diminuição de valor, o devedor deve ser intimado a apresentar reforço idôneo. Deve ser concedido prazo razoável. Não o fazendo, abre-se a possibilidade de excussão. O mesmo deve ocorrer no caso de desaparecimento da coisa em garantia: se o devedor é intimado para substituí-la e não o faz, tem-se a dívida como antecipadamente vencida, em virtude do desaparecimento de seu lastro. O devedor precisa, no entanto, primeiramente ser acionado por meio de preceito cominatório para reforçar a garantia. Se a demora do processo colocar em risco o recebimento da dívida, pode o credor valer-se do processo cautelar. Não há que se entender considerada pura e simplesmente diminuída a garantia unilateralmente pelo credor, abrindo-se de plano ensejo à execução. A discussão que se trará em eventuais embargos do devedor aconselha a propositura de precedente ação de obrigação de fazer, dependendo do caso concreto. No entanto, se a coisa se encontra em poder do devedor, como no penhor e na anticrese, a execução poderá ser imediata, pois caberá a este provar que o bem continua existente e íntegro (Rizzardo, 1991:1120). Irrelevante para o direito real de garantia qual a causa da deterioração ou diminuição de valor. A possibilidade de vencimento antecipado ocorre, ainda que o fato decorra de caso fortuito ou força maior.

Gladston Mamede recorda que mesmo que ocorra depreciação ou diminuição do valor do bem dado em garantia, mas este continue idôneo para suportar o valor da dívida, não há que se falar em vencimento antecipado (2003:92).

Nos casos de insolvência ou falência, como haverá arrecadação de todo o patrimônio do devedor, o credor hipotecário ou pignoratício habilita-se no processo concursal, de acordo com a preferência que o direito real lhe confere.

O contrato pode estipular que o pagamento de qualquer das prestações a destempo faz vencer antecipadamente todo o débito. Ainda que assim não o fizesse, não poderia o credor excutir apenas parte da dívida vencida, porque poderia ocorrer o desaparecimento da garantia com a execução parcial. Para evitar essa situação, a lei considera vencida toda a obrigação. No entanto, o Código ressalva que, recebendo o credor após o vencimento, renuncia à possibilidade de antecipação. Se a prática de pagamento serôdio é reiterada, importa examinar no caso concreto se de fato houve renúncia ao prazo, ou o recebimento a destempo por parte do credor se deu por mera liberalidade. Embora a lei somente se refira a *prestações*, há que se entender como obrigação periódica por inteiro, incluindo juros e correção monetária.

Desaparecendo o objeto dado em garantia, esta desaparece. Não se referia a lei de 1916 à possibilidade de o devedor substituí-lo, o que poderia ocorrer negocialmente. Como vimos, a nova lei incita que o devedor seja intimado para substituir a coisa desaparecida. Contudo, em linhas gerais, não havendo mais bem garantidor, a dívida se considera vencida e a excussão atingirá o patrimônio geral do devedor.

Na desapropriação, parte do preço da indenização deverá ser separada para satisfazer a dívida sob garantia. As partes podem estipular, nesse caso, a faculdade de o devedor substituir o preço por outra garantia. No entanto, na falta de qualquer ressalva, parte do preço será do credor, até o montante de seu crédito, porque a lei preferiu considerar vencida a obrigação nessa hipótese. Melhor seria que se concedesse um prazo ao devedor desapropriado, para que oferecesse outro bem garantidor.

Nas hipóteses de perecimento da coisa ou desapropriação, se houver outros bens dados em garantia, esta se mantém reduzida proporcionalmente aos bens subsistentes (art. 1.424, § 2º).

Corolário da regra do vencimento antecipado, o art. 1.426 adverte que o vencimento antecipado da dívida não permite a cobrança dos juros correspondentes ao período faltante do prazo convencional da obrigação. Evidente que os juros não podem remunerar capital não utilizado.

O art. 1.425 não esgota todas as possibilidades de vencimento de dívida. Há que ser lembrado o disposto no art. 333, que cuida de hipóteses de vencimento antecipado de dívidas em geral, já por nós examinado (*Direito civil: Obrigações e Responsabilidade Civil,* seção 8.7). Ali também se menciona o concurso de credores (inciso I) e o desaparecimento ou diminuição de garantias (inciso III). Temos de dar especial atenção ao inciso II do dispositivo, que considera vencida antecipadamente a obrigação quando os bens hipotecados, empenhados, ou dados em anticrese forem penhorados em execução por outro credor. Nesse caso, a dívida sob garantia é tida por vencida, possibilitando ao credor que exercite sua preferência. A presunção, nessa hipótese, é que se o outro credor não logrou encontrar outros bens livres e desembaraçados para penhorar, a situação do devedor é de solvência periclitante.

Lícito também que as partes estipulem o vencimento antecipado da dívida, na hipótese de constituição de uma segunda hipoteca. Essa avença não contraria norma cogente.

Podem as partes ainda convencionar outras situações em que se faça necessária a substituição do bem dado em garantia, ou seu reforço, seja bem do devedor, seja de terceiro.

23.9 EXTINÇÃO DOS DIREITOS REAIS DE GARANTIA

A dívida pode se extinguir, mas não o gravame, por depender de averbação no registro imobiliário. Pontes de Miranda (1971, v. 20:47) aponta que a extinção do gravame somente terá efeito contra terceiros quando constar do registro.

O pagamento do débito e a remição, como vimos, são meios de extinção dos direitos reais de garantia. A excussão com penhora e hasta pública também é uma das modalidades de extinção.

A renúncia pelo credor também é forma de extinção, conforme os arts. 1.436, III, 1.499, IV, e também para a anticrese, em que se levam em consideração os princípios gerais. Renúncia é sempre ato unilateral, independendo de concordância do onerado. Deve ser expressa. Não se confunde a renúncia da garantia com a renúncia ao crédito. Este pode permanecer íntegro, renunciando-se apenas ao privilégio de direito real.

A confusão também é forma de extinção, quando, na mesma pessoa, identificam-se credor e devedor hipotecário, pignoratício ou anticrético, ou terceiro garantidor. Pode ocorrer confusão transitória de créditos, mantendo-se a hipoteca. Verificando-se nova transferência creditícia a terceiro, sem cancelamento da hipoteca, esta se mantém íntegra, persistindo como garantia da obrigação.

24

PENHOR

24.1 CONCEITO. CARACTERÍSTICAS. MODALIDADES

Aos direitos reais de garantia aplicam-se os princípios gerais examinados no capítulo anterior (arts. 1.419 a 1.430).

Vimos que em sua origem, o *pignus* era meio de garantia tanto de bens móveis quanto imóveis, com a particularidade de transmissão da posse ao credor. Para que este permanecesse com a coisa na hipótese de inadimplemento, fazia-se necessária a imposição do pacto comissório. O credor, de qualquer modo, ficava com a coisa em confiança, em fidúcia, enquanto persistisse débito em aberto.

No curso da história, fixou-se o instituto do penhor exclusivamente para os bens móveis.

Costuma-se denominar *penhor* tanto para o direito de garantia propriamente dito como para o contrato de penhor, que é o modo ordinário pelo qual se constitui a garantia. Também é comum, até mesmo pelo legislador, a utilização do vocábulo para identificar a própria coisa empenhada, qual seja, o objeto do contrato de penhor e da garantia. "*Em fato, o que habitualmente se chama de contrato de penhor nada mais é do que um contrato de mútuo, com constituição acessória de penhor, ou seja, de garantia real*" (Mamede, 2003:128).

A garantia em si não é um negócio jurídico, mais se caracterizando como ato unilateral, não se confundindo com a obrigação garantida. O art. 1.431 enfatiza a transferência efetiva da posse do bem dado em garantia, o que ocorre no penhor tradicional.

Discute-se sobre o caráter real do direito de penhor. Legislações e doutrinadores, ao dar proeminência ao pacto e não à eficácia real dele decorrente, preferem colocá-lo por vezes no âmbito obrigacional. Nosso Código o enumera, como reiterado, entre os direitos reais de garantia.

Como negócio jurídico, a constituição do penhor é classificada como contrato real porque é de sua essência a transferência da posse da coisa (Trabucchi, 1992:583), ainda que de forma ficta ou simbólica. A apreensão possessória da coisa empenhada, ou seja, a tradição, corresponde à função genérica de publicidade requerida pelos direitos reais imobiliários no tocante ao registro.

Como possuidor, o credor pignoratício tem a seu dispor os meios possessórios para defender a coisa. Em princípio, no singelo e primitivo conceito de penhor, contudo, a posse conferida pelo devedor não atribui a esse possuidor os poderes de usar e gozar da coisa.

Tal transferência é feita exclusivamente como substrato de garantia de uma obrigação. Não transfere *ius utendi et fruendi.*

Se for direito sobre coisa alheia, pode conceituar-se como o direito real que submete coisa móvel ou mobilizável, corpórea ou incorpórea, ao pagamento de dívida. Se forem passíveis de penhor não unicamente bens móveis, mas também os mobilizáveis e incorpóreos, entram nessa modalidade as colheitas pendentes ou em formação, instrumentos e máquinas agrícolas, produtos industriais e títulos de crédito, modalidades asseguradas por leis posteriores ao Código Civil de 1916. A lei equipara a caução de títulos de crédito e de direitos ao penhor (arts. 1.451 ss.).

Sob tais premissas, o art. 1.431 fornece seus elementos:

> *"Constitui-se o penhor pela transferência efetiva da posse que, em garantia do débito ao credor ou a quem o represente, faz o devedor, ou alguém por ele, de uma coisa móvel, suscetível de alienação".*

O Código vigente preferiu usar *"transferência efetiva"* a *tradição efetiva*, que constava no diploma anterior. No entanto, o diploma de 2002, no parágrafo único desse mesmo artigo, já adverte: *"No penhor rural, industrial, mercantil e de veículos, as coisas empenhadas continuam em poder do devedor, que as deve guardar e conservar".*

Como a maioria negocial do penhor se refere a essas modalidades, na prática, quase sempre, a coisa empenhada ficará sob guarda do devedor, como examinaremos. Desse modo, deve ser visto com essa observação o direito geral de o credor pignoratício ter a posse da coisa empenhada.

Da descrição legal decorrem as características específicas. No entanto, como advertimos de início, além destas, aplicam-se *os princípios gerais dos direitos reais de garantia.* Destarte, fica realçado que o penhor é direito real sobre coisa alheia, portanto, de *natureza acessória.* É *indivisível*, pois a coisa permanece sob constrição integral a garantir a dívida, ainda que amortizada parcialmente. A coisa empenhada pode ser de *propriedade do próprio devedor ou oferecida por terceiro* (art. 1.427). É *nula a cláusula comissória* (art. 1.428), permitindo ao credor permanecer com a coisa apenhada, podendo, contudo, ocorrer dação em pagamento por acordo após o vencimento da obrigação, como estudamos. Nesse sentido, estatuiu o art. 772 do Código de 1916 que *"o credor pignoratício não pode, paga a dívida, recusar a entrega da coisa a quem a empenhou".* O presente Código, no art. 1.435, IV, disciplina, entre as obrigações do credor, a de restituir a coisa, com os respectivos frutos e acessões, uma vez paga a dívida. O art. 1.434 acrescenta que o credor não pode ser constrangido a devolver a coisa empenhada, ou parte dela, antes de ser integralmente pago.

Não sendo suficiente a garantia para aplacar o débito, *no que sobejar*, como na hipoteca, *o credor continua com direito quirografário* sobre o patrimônio do devedor.

Completando os requisitos de *especialização* necessários à coisa empenhada do art. 1.424, o art. 770 do Código de 1916 dispôs que o

> *"instrumento do penhor convencional determinará precisamente o valor do débito e o objeto empenhado, em termos que o discriminem dos seus congêneres. Quando o objeto do penhor for coisa fungível, bastará declarar-lhe a qualidade e quantidade".*

O Código de 2002, no intuito de simplificar as disposições da lei anterior, por vezes desnecessariamente minuciosas, dispõe apenas no art. 1.432: *"O instrumento de penhor deverá ser levado a registro, por qualquer dos contratantes; o do penhor comum será registrado no Cartório de Títulos e Documentos".*

O penhor cumpre importante função econômica para facilitar o crédito. Desse modo, a lei amplia sua extensão às coisas fungíveis, fomentando o crédito e facilitando a produção. Inúmeras leis posteriores ao Código Civil anterior vieram dinamizar ainda mais o instituto para otimização de financiamentos agrícolas, industriais e comerciais. Com maior ou menor número de requisitos, a legislação complementar sempre é estrita no que concerne à perfeita identificação das coisas dadas em penhor, sejam animais, máquinas ou qualquer outro bem.

Por outro lado, a *tradição* ou transferência da coisa lhe é essencial, ainda que o devedor passe a usufruir da posse em nome do credor no penhor agrícola ou pecuário pelo constituto possessório, ou outra modalidade de tradição simbólica, como apontamos, e a lei de 1916 a descrevia ao completar a tipicidade do instituto no art. 769, enfatizando o que estava expresso no art. 768:

> *"Só se pode constituir o penhor com a posse da coisa móvel pelo credor, salvo no caso de penhor agrícola ou pecuário, em que os objetos continuam em poder do devedor, por efeito da cláusula constituti".*[1]

---

1 "Agravo de Instrumento – Ação de reintegração de posse – Liminar – Escritura de compra e venda – **Cláusula *constituti*** – Esbulho – I- Decisão agravada que, diante das informações prestadas pelo réu, ora agravante, manteve a liminar de reintegração de posse anteriormente deferida em favor da autora, ora agravada – II- Agravada que logrou provar a sua posse anterior, bem como o esbulho praticado pelo agravante, preenchendo, assim, os requisitos do art. 561 do NCPC – Posse da agravada comprovada, vez que constou da escritura de compra e venda a transferência da posse a ela, por meio da **cláusula *constituti*** – Comprovantes de pagamento do IPTU que corroboram o exercício da posse pela empresa autora – Alegação do agravante de que exerce a posse sobre os imóveis há mais de 17 anos que não restou comprovada, ao menos por ora – O fato de o agravante ter ingressado com ações de usucapião, duas delas, inclusive, extintas sem resolução do mérito, bem como os alegados contratos de locação por ele celebrados, não demonstram, por si só, em uma análise perfunctória, a legítima posse exercida pelo agravante – Ainda, embora sustente que vem fazendo melhorias no imóvel, o agravante não juntou nenhum comprovante de gastos com materiais de construção ou mesmo contratos de prestação de serviços – Boletim de Ocorrência que comprova o esbulho – Datando o esbulho de menos de ano e dia e restando devidamente provadas a posse anterior da agravada e o esbulho praticado pelo agravante, de rigor o deferimento da liminar pleiteada – Decisão mantida – Agravo improvido" (*TJSP* – AI 2275074-81.2019.8.26.0000, 29-1-2021, Rel. Des. Salles Vieira).

"Agravo de instrumento – Imissão na posse – Alegação, por terceiro prejudicado, da usucapião – Hipoteca incidente sobre imóvel – Dação em pagamento do bem hipotecado ao terceiro – Posse mansa, pacífica e longeva – Justo título – Cenário que não recomenda a concessão de tutela provisória à recorrente – Agravo desprovido – I- A existência da **cláusula 'constituti'** opera uma tradição ficta, razão pela qual, a partir do respectivo negócio jurídico, o adquirente passa a figurar como possuidor do bem, ainda que de forma indireta. II- O negócio jurídico entabulado fora uma escritura pública de dação em pagamento, a qual, pelo menos em tese, constitui justo título, haja vista figurar expressamente no art. 167, I, item 31, da Lei nº 6.015/73 (Lei de Registros Públicos). III- Conforme clássico princípio jurídico, 'ninguém pode transferir mais direitos do que tem', razão pela qual, no caso em apreço, existe dúvida fundada acerca da possibilidade de transferência, pela instituição financeira, do domínio do terreno em questão, após operada, hipoteticamente, a usucapião. IV- A existência de hipoteca sobre determinado bem imóvel não tem o efeito de impedir eventual incidência da usucapião, desde que preenchidos os requisitos legais, visto que qualquer gravame que conste do registro do imóvel não altera, por si só, a qualidade da posse do usucapiente. V- Recurso desprovido" (*TJES* – AI 0001804-73.2017.8.08.0045, 13-8-2018, Rel. Des. Jorge do Nascimento Viana).

"Apelação Cível – Processo Civil – Execução de título executivo extrajudicial – **Contrato garantido por hipoteca** – Inteligência do art. 784, inciso V, do NCPC – Título hábil a aparelhar a execução – Desconstituição da sentença – Impulsionamento da execução que se impõe – Recurso conhecido e provido – Decisão unânime – Pela inteligência do art. 784, inciso V do NCPC, é título executivo extrajudicial o contrato garantido por hipoteca, penhor, anticrese ou outro direito real de garantia e aquele garantido por caução, independentemente de preencherem os requisitos do art. 784, inciso II e III do mencionado CPC. Desta forma, vejo que, no caso em exame, o título aparelhado pelo Estado de Sergipe revela-se hábil e preenche os requisitos para veicular a pretensão estatal – Recurso conhecido e provido" (*TJSE* – AC 201700805529 – (9.425/2017), 11-5-2017, Rel. Des. Alberto Romeu Gouveia Leite).

"Agravo regimental em agravo de instrumento – Recuperação Judicial – **Garantia Real – Penhor** – Safra de cana-de-açúcar – Substituição – Safras Futuras – Princípio da preservação da empresa – Instituto que inspira a recuperação judicial e visa a manter a fonte produtora, os empregos dela originados e, ao final, a proteção dos interesses dos credores. Plantio, colheita e beneficiamento da cana-de-açúcar são a essência das atividades das empresas recuperandas. Art. 50, § 1º, Lei nº 11.101/05 – supressão ou substituição de garantias

Como vimos, no parágrafo único do art. 1.431 do mais recente Código, o mesmo conceito persiste.

A tradição está para os bens móveis tal como o registro para os imóveis. No penhor, essa tradição confere a necessária publicidade. A exceção da cláusula *constituti* também se estende aos penhores industriais, e outras classes definidas em leis especiais, ficando os devedores como fiéis depositários dos bens empenhados, sujeitos aos rigores desse encargo, inclusive prisão civil.

O penhor pode ser *convencional*. Subordinar-se-á exclusivamente aos princípios do Código Civil ou às leis que regularam o penhor agrícola, industrial e comercial, denominados penhores especiais. O Código mais recente introduz o penhor de veículos (arts. 1.461 a 1.466).

Em qualquer situação da qual se origine a obrigação pignoratícia, devem ser levados em conta atualmente os princípios norteadores do Código de Defesa do Consumidor (Lei nº 8.078/90).

Ao lado do penhor convencional, o Código disciplina o *penhor legal* (arts. 1.467 a 1.472), descrevendo fatos jurígenos que dão margem a penhor, independentemente de convenção.

24.2 PENHOR CONVENCIONAL. CONSTITUIÇÃO. OBJETO

O penhor convencional exige que as partes acordem sobre o valor e condições de pagamento do débito, bem como sobre a coisa a ser empenhada, cuja posse é transferida ao credor. Pode ser estabelecido por instrumento público ou particular; decorrer de ato entre vivos ou *mortis causa*. Se, por instrumento particular, o art. 771 do Código de 1916 impunha que fosse firmado em duplicata pelas partes, podendo qualquer delas levá-lo à transcrição, de acordo com sua modalidade. A regra, não repetida no Código em vigor, é prática usual e ordinária da praxe contratual, e é direito do contratante manter consigo uma via de seu instrumento. Como o art. 1.432 acentua que qualquer dos contratantes pode levar o instrumento de penhor a registro, não há como se evitar, antes se aconselha, na prática, a existência de ao menos duas vias do instrumento.

A Lei nº 492/37, que regula o penhor rural e a cédula pignoratícia, também autoriza a contratação do penhor por escritura pública ou particular, transcritas no registro imobiliário da comarca em que estiveram situados os bens ou animais empenhados (art. 2º). Ao registro do

---

reais – consentimento expresso do credor titular da garantia – Súmula nº 61 deste tribunal – caso que não se enquadra nas referidas hipóteses legais – Safras de cana-de-açúcar empenhadas que representam a própria atividade econômica das agravadas. Substituição do penhor agrícola que depende da troca das safras por outra espécie de garantia. Inocorrência. Supressão do penhor. Garantia hígida. Inexistência. Diferimento da execução do penhor para safras futuras que não se confunde com substituição ou supressão da garantia. Precedente do Superior Tribunal de Justiça. Prevalência da relação de dependência da atividade empresarial das agravadas com o penhor agrícola a justificar a preservação da empresa, nos termos do art. 47 da Lei nº 11.101/05. Paralisação da colheita e transformação da cana-de-açúcar que provoca prejuízos extremos a todos. Risco evitado com o reconhecimento do penhor para safras futuras. Decisão reformada. Recurso provido" (*TJSP* – AgRg 2019680-78.2016.8.26.0000, 8-6-2016, Rel. Hamid Bdine).

"**Agravo de instrumento** – Concessão de liminar de sustação de protesto condicionada à prestação de caução. Admissibilidade. Regime legal que fixa a responsabilidade objetiva do requerente pelos danos que possam advir da medida cautelar (art. 811 do CPC). Contracautela destinada a garantir o juízo com meios materiais suficientes à satisfação de indenização que porventura venha incidir (art. 804 do CPC). Decisão agravada que não especificara a modalidade de garantia. Admissibilidade de prestação de caução mediante penhor ou hipoteca (art. 827 do CPC) que compromete a teórica impossibilidade material de garantir o juízo. Agravo desprovido" (*TJSP* – AI 2021426-49.2014.8.26.0000, 8-4-2014, Rel. Rômolo Russo).

"**Agravo de instrumento.** Execução de cédula de crédito pignoratícia. **Penhor de matrizes bovinas.** Penhora sobre glebas rurais. Tese de excesso de penhora. Semoventes apenhados insuficientes à satisfação do crédito. Penhor que não obsta a constrição de outros bens quando necessária. Glebas penhoradas em valor muito superior ao do crédito executado e atualizado. Admissível a redução da penhora (art. 685 do CPC). Agravo parcialmente provido" (*TJSP* – AI 0229989-53.2012.8.26.0000, 6-6-2013, Rel. Rômolo Russo).

contrato de penhor se refere a Lei dos Registros Públicos, art. 167, I, 15. Essa transcrição tem por objetivo atribuir eficácia com relação a terceiros, pois a relação negocial e sua eficácia real operam entre as partes, independentemente de registro. O penhor mercantil, regulado pela lei comercial, não está sujeito a registro. Não se confunde o negócio que dá origem à dívida com o penhor. Pode subsistir a dívida, sem a eficácia do penhor, que lhe é acessório.

O instrumento de penhor deve descrever o bem com todas as suas características, como determina o princípio da especialização, discriminando o valor do débito, na forma usual dos contratos, com os detalhes necessários referentes às cláusulas de juros, índices de correção etc., tanto que a Lei nº 492/37 dispõe que no instrumento constarão *"as demais estipulações usuais no contrato mútuo"* (inciso VII do § 2º do art. 2º). Desempenha o penhor, portanto, importante instrumento de crédito no mundo negocial.

Pode ser estabelecido penhor rural ainda que hipotecada a propriedade agrícola, independentemente de consentimento do credor hipotecário (art. 4º da Lei nº 492/37), pois o penhor não prejudica nem interfere em seu direito. O Código Civil de 1916 exigia anuência deste (art. 783). Os artigos referentes ao penhor agrícola do Código Civil de 1916 (781 a 788) foram derrogados por essa lei, que disciplina integralmente a matéria. O vigente Código foi expresso acerca do tema, estatuindo no art. 1.440 que o penhor rural poderá ser constituído independentemente da anuência do credor hipotecário, sem prejuízo, no entanto, de seu direito de preferência e sem prejudicar a extensão de seu direito.

Em regra, todos os bens móveis no comércio, portanto alienáveis, podem ser objeto de penhor. Excluem-se, como na hipoteca, os bens inalienáveis. Também, como regra, não podem ser empenhados os bens considerados impenhoráveis, porque não permitirão a excussão. No entanto, a nosso ver, essa assertiva merece reservas. O art. 832 do CPC dispõe que *"não estão sujeitos à execução os bens que a lei considera impenhoráveis ou inalienáveis"*. A seguir, o art. 833 do CPC/2015 descreve rol de bens tidos como impenhoráveis. No entanto, o penhor é decorrente de negócio bilateral. Se o devedor oferece os bens em penhor, de forma livre e espontânea, em princípio está renunciando à impenhorabilidade, que é benefício instituído pela lei em seu favor, diferentemente do que ocorre nas hipóteses de inalienabilidade, quando então o impedimento decorre de lei de ordem pública, sendo inderrogável pela vontade das partes. Insta lembrar que o art. 1.433, IV, permite que a venda da coisa empenhada seja feita de forma *amigável*, de modo que se reforça aí o entendimento no sentido de que o devedor pode abrir mão da impenhorabilidade. O caso concreto, no entanto, será o melhor termômetro para essa conclusão. Em qualquer situação, deve ser tolhido o abuso de direito. O devedor que maliciosamente alega impenhorabilidade após ter oferecido bem a penhor não pode ser protegido. Por idênticas razões, não pode o credor ser beneficiado por conduta maliciosa, que tenha levado o devedor a empenhar bem essencial para sua sobrevivência.[2]

---

[2] "Apelação cível – Contratos agrários – Embargos de terceiro – Cédula de produto rural – **Garantia de penhor agrícola** – Demonstrada a celebração da Cédula de Produto Rural, com firma reconhecida e efetivo registro no Registro de Imóveis, em período anterior ao ajuizamento da ação cautelar de arresto, bem como reconhecida a impenhorabilidade dos bens vinculados à Cédula de Produto Rural em face da anterioridade da garantia de penhor agrícola, deve ser mantida a sentença que desconstituiu o arresto. Majoração dos honorários. Ao julgar o recurso, o Tribunal deve majorar os honorários fixados anteriormente ao advogado do vencedor, devendo considerar o trabalho adicional realizado em grau recursal (art. 85, § 11, do CPC/2015). Apelação desprovida" (*TJRS* – AC 70080011752, 28-3-2019, Rel. Des. Marco Antônio Ângelo).

"Agravo de instrumento – Execução fiscal – **Penhora de bens móveis** – Decisão que indeferiu a nomeação de bens móveis realizada pela agravante, determinando o bloqueio de ativos financeiros – Pleito de reforma – Não cabimento – A execução deve ser realizada no interesse do credor e do modo menos gravoso para o devedor – Possibilidade de flexibilização da ordem de penhora disposta no artigo 11 da Lei Fed. nº 6.830, de 22/09/1.980 –

Lembrando-nos dos princípios gerais vistos no capítulo anterior, o penhor da coisa comum necessita de consentimento de todos os condôminos (art. 1.420, § 2º).

O penhor típico, em face da necessidade de transmissão da posse, não admite, em princípio, um segundo penhor sobre a coisa. Contudo, quando a posse permanece com o devedor, não há obstáculo para que isso suceda. A Lei nº 492/37, reguladora do penhor rural, autoriza que o devedor institua novo penhor sobre os bens ou animais já empenhados, sem consentimento do credor, ressalvada a prioridade (art. 4º, § 1º). Com o presente Código, como não houve revogação específica da legislação civil especial, haverá questões a serem levantadas como, por exemplo, a manutenção das leis especiais de penhor perante o diploma contemporâneo. Também ocorrerá o fenômeno do segundo penhor nas hipóteses de penhor legal, quando a coisa já estava empenhada convencionalmente. Também sobre o mesmo crédito pode ocorrer segundo penhor.

Outra situação é a do subpenhor, qual seja instituído o penhor em favor de um credor, que recebe a posse, este, por sua vez, institui o penhor em favor de terceiro. O contrato pode proibi-lo. A questão da transmissão possessória passa a ser relevante nesse caso. Biparte-se a posse mediata e imediata em favor dos credores pignoratícios sucessivos. Aplicam-se os princípios gerais do subcontrato ou contrato derivado (ver nosso *Direito civil: Contratos*, seção 5.9).

24.2.1 Direitos e Obrigações do Credor e Devedor Pignoratício

O principal direito do credor pignoratício é excutir o bem, realizando o valor da dívida, na hipótese de inadimplemento (art. 1.422). O penhor é direito de realização de valor. O processo é o executório (art. 784, V, do CPC). O penhor atribui ao credor o direito de prelação sobre a coisa empenhada, como examinado no capítulo precedente.

Diversa é a natureza do direito de retenção por benfeitorias, em que necessariamente não existe contrato como fato jurígeno de obrigação.

Proibida a cláusula comissória, uma vez paga a dívida, não pode o credor recusar a devolução da coisa a quem a empenhou (art. 1.434). É obrigação sua devolvê-la, com os respectivos frutos e acessões, uma vez paga a dívida (art. 1.435, IV). Desse modo, pelo princípio da *exceptio*

Oferta de bens de difícil alienação – Rejeição justificada – Decisão mantida – agravo de instrumento não provido" (*TJSP* – AI 2054652-06.2018.8.26.0000, 18-5-2018, Rel. Kleber Leyser de Aquino).

"Agravo de instrumento – Ação condenatória, ora em fase de cumprimento de sentença – **Penhora de bens móveis** – Alegação de instrumentos necessários para o desenvolvimento da atividade empresarial. Inadmissibilidade. Impenhorabilidade de instrumentos de trabalho que se restringe às pessoas físicas, não havendo prova de que eram instrumentos essenciais. Ré que foi revel no processo e sequer respondeu a este agravo de instrumento. Impugnação ofertada de forma genérica sem apontar quaisquer bens em substituição àqueles penhorados. Constrição mantida. Recurso provido. Impugnação à penhora. Alegação de que os bens penhorados são essenciais ao desenvolvimento das atividades da empresa. Inocorrência. Agravante não apresentou provas nesse sentido. Decisão mantida. Recurso não provido (Agravo de Instrumento nº 2204656-60.2015.8.26.0000, da 21ª Câmara de Direito Privado, Rel. Maia da Cunha)" (*TJSP* – AI 2061204-55.2016.8.26.0000, 29-6-2016, Rel. Ruy Coppola).

"**Monitória** – Contrato de empréstimo, capital de giro – Crédito disponibilizado em conta corrente – Amortização em parcelas fixas e sucessivas – Inadimplemento – Vencimento antecipado da dívida – Disposição convencional, art. 1.425, III, do Código Civil – Redução proporcional dos juros vincendos após o encerramento da operação, art. 1.426 do Código Civil – Penhor de títulos de crédito – Incidência dos arts. 1.455, Parágrafo único, e 1.459, IV do Código Civil – Direito do mutuante à retenção dos créditos recebidos para a amortização do débito consolidado, com a restituição do remanescente e dos títulos ao devedor, mas depois de solvida a obrigação principal por eles garantida – Capitalização – Legalidade – Precedente do Superior Tribunal de Justiça – Comissão de permanência – Licitude no período da anormalidade, até o ajuizamento, respeitado o entendimento sumulado sobre o limite da taxa praticada – Cerceamento de defesa não configurado – Matéria de direito – Teses jurídicas – Recurso provido, em parte" (*TJSP* – Ap 0105205-92.2012.8.26.0100, 26-9-2013, Rel. César Peixoto).

non adimpleti contractus, pode o devedor, por exemplo, reter o pagamento da última parcela do mútuo, se houver recusa de restituição por parte do credor. Da mesma forma, recusando-se o devedor a receber a coisa em devolução, o credor pode consigná-la. Se excutido o bem e sobejar valor além da garantia, o supérfluo deverá ser devolvido ao empenhante.

Por outro lado, a segunda parte do art. 1.433, II, autoriza o credor a reter a coisa empenhada, *"até que o indenizem das despesas devidamente justificadas, que tiver feito, não sendo ocasionadas por culpa sua"*. No cerne do negócio deve ficar esclarecida a responsabilidade com despesas excepcionais com a coisa, se sua natureza assim o requerer, como, por exemplo, animais que exijam cuidados.

A coisa empenhada, animada ou inanimada, pode, por vício intrínseco, ocasionar prejuízo ao credor. Produtos químicos ou animais bravios, por exemplo. O art. 1.443, III, permite que o credor cobre do devedor.

No entanto, como possuidor de coisa alheia, cabe ao credor empregar na guarda do penhor a diligência exigida pela natureza da coisa, como mencionava o Código anterior, ou, como expressa o diploma de 2002, o credor pignoratício é obrigado *"à custódia da coisa, como depositário, e a ressarcir ao dono a perda ou deterioração de que for culpado, podendo ser compensada a dívida, até a concorrente quantia, a importância da responsabilidade"* (art. 1.435, I). A regra geral é aplicável a todo aquele que detém coisa alheia. Deve indenizar o devedor de prejuízos que ocasionar à coisa, os quais, após liquidados, permitem compensação com o débito. A diligência na guarda da coisa deve ser aferida no caso concreto, levando-se em conta o padrão do homem médio. Perdida ou deteriorada a coisa por culpa sua, deve ressarcir ao dono. A lei de 1916 autorizava a compensação no art. 775. O presente Código sintetiza essa obrigação do credor pignoratício no art. 1.435, I, como vimos.

A devolução da coisa deve vir acompanhada dos frutos e acessões (art. 1.435, IV). Permanecendo o devedor como proprietário da coisa empenhada, continua com direito aos frutos e acessões. No entanto, o contrato pode estipular que os frutos servirão para amortizar ou abater a dívida. Há necessidade de cláusula expressa, contudo.

Por parte do devedor, sua obrigação fundamental é pagar a dívida no vencimento.

Observados os princípios gerais dos direitos de garantia, aplicam-se as hipóteses de vencimento antecipado da dívida examinados no capítulo precedente (art. 1.425). Se permanecer com a coisa, como fiel depositário, por força do contrato, ou autorizado por lei, imputável é a responsabilidade decorrente do depósito, sujeitando-se à ação específica no caso de inadimplemento. Se alienar a coisa empenhada sem consentimento do credor, não bastassem os reflexos civis, o devedor perfaz a conduta criminal do art. 171, § 2º, III do Código Penal (defraudação de penhor).

Observe que, estabelecido o depósito em mãos do credor, é ele também depositário do bem. Paga a dívida, sujeitar-se-á à ação de depósito, porque desapareceu a razão da garantia real.

Se ocorrer venda amigável, quando permitir o contrato, o credor deve entregar ao devedor o que sobejar do preço. Cuida-se de aplicação complementar à proibição do pacto comissório (art. 1.435, V).

Note que há simetria entre os direitos do credor e do devedor hipotecário.

No entanto, inserido o contrato no sistema do Código de Defesa do Consumidor, aplicam-se em favor do devedor os princípios referentes às cláusulas abusivas (art. 51) e à interpretação nos contratos de adesão (art. 54), entre outros.

Como titular da posse direta da coisa, o credor pignoratício é obrigado à defesa dessa posse de ataques de terceiros, dando ciência ao dono das circunstâncias que se tornarem necessárias para o exercício da ação possessória (art. 1.435, II do Código). A omissão nessa conduta poderá acarrear-lhe responsabilidade por perdas e danos.

Ainda, como pode usufruir da coisa, o credor pignoratício deve imputar o valor dos frutos de que se apropriar, nas despesas de guarda e conservação, nos juros e no capital da obrigação garantida, sucessivamente nessa ordem, de acordo com o art. 1.435, III do vigente Código. A disposição visa, evidentemente, evitar o enriquecimento injusto. A apropriação dos frutos da coisa empenhada é um direito seu (art. 1.433, V), mas com a restrição que apontamos.

Dentro do rol dos direitos do credor, pode ele promover a venda antecipada da coisa empenhada, mediante prévia autorização judicial, sempre que houver fundado receio de que ela se perca ou se deteriore, devendo o preço ser depositado. O dono da coisa empenhada pode impedir a venda antecipada, substituindo-a, ou oferecendo outra garantia real idônea (art. 1.433, VI). Para tal, deverá o dono da coisa ter ciência da intenção de alienação, sempre que houver tempo hábil, pois poderá impugnar a pretensão.

O credor não pode, por outro lado, ser constrangido a devolver a coisa, ou parte dela, antes de paga a dívida integralmente. A requerimento do proprietário, pode ser autorizada judicialmente a venda de parte das coisas empenhadas, suficiente para o pagamento do credor (art. 1.434). O dispositivo facilita a liquidação do débito, nesse caso, quando o valor das coisas empenhadas supera o valor da obrigação garantida. Por esse prisma, a óptica se desloca para a correta avaliação dos bens sob penhor.

24.3 PENHOR LEGAL

A lei estabelece em favor de determinadas pessoas o chamado penhor legal.

Estabelece o art. 1.467:

> *"São credores pignoratícios, independentemente de convenção:*
>
> *I – os hospedeiros, ou fornecedores de pousada ou alimento, sobre as bagagens, móveis, joias ou dinheiro que os seus consumidores ou fregueses tiverem consigo nas respectivas casas ou estabelecimentos, pelas despesas ou consumo que aí tiverem feito;*
>
> *II – o dono do prédio rústico ou urbano, sobre os bens móveis que o rendeiro ou inquilino tiver guarnecendo o mesmo prédio, pelos aluguéis ou rendas".*

Nessas hipóteses, a lei confere o penhor, requerendo precedentemente relação negocial de hospedagem ou similar e de locação e seu respectivo inadimplemento. Leva-se em conta a existência anterior de contrato. Sem essa relação contratual prévia não se tipifica o penhor legal. No entanto, não é o contrato que o gera, mas o inadimplemento da obrigação dele decorrente.

Nessas situações, a lei chega ao extremo de autorizar que o credor apreenda os bens necessários a suportar a dívida (art. 1.469), antes mesmo de recorrer à autoridade judiciária, *"sempre que haja perigo na demora"* (art. 1.470). Posteriormente, submeterá essa apreensão ao crivo da homologação legal. Como observa Caio Mário da Silva Pereira (1993:239),

> *"o penhor legal, que se inicia como providência de caráter privado e se completa 'in iudicio', tem fundamento ético e interesse econômico embora conserve um resquício de justiça feita pelas próprias mãos do interessado. No entanto, essa apreensão ainda não constitui propriamente penhor enquanto não homologada, mas mera pretensão de constituir penhor".*

No tocante aos hospedeiros e fornecedores de pousada ou alimento em geral, a lei concede o benefício do penhor, levando em conta o risco dessa atividade, em que o prestador de serviços trava contato com desconhecidos, sem condições de preventivamente se certificar de sua idoneidade. Por essa razão, permite a apreensão de bagagens e pertences dos hóspedes e fregueses. A relação jurídica pode tipificar conduta penal inclusive (art. 176 do Código Penal) quando o agente toma refeição, aloja-se em hotel ou se utiliza de meio de transporte sem recursos para pagamento.

No entanto, para que se torne efetiva a garantia legal, o art. 1.468 exige que:

> *"A conta das dívidas enumeradas no inciso I do artigo antecedente será extraída conforme a tabela impressa, prévia e ostensivamente exposta na casa, dos preços da hospedagem, da pensão ou dos gêneros fornecidos, sob pena de nulidade do penhor".*

Esse dever de informação, por outro lado, é direito básico do consumidor, para a própria validade do contrato, conforme o art. 6º, III, do Código de Defesa do Consumidor:

> *"a informação adequada e clara sobre os diferentes produtos e serviços, com especificação correta de quantidade, características, composição, qualidade e preço, bem como sobre os riscos que apresentem".*

Sem a devida informação prévia do preço e características da hospedagem ou do serviço, não subsistirá o penhor legal.

Quanto às locações, o penhor legal não recai unicamente sobre móveis, como se reporta a lei, mas também sobre instrumentos e maquinaria colocados no imóvel locado (Rodrigues, 1984, v. 5:346; Monteiro, 1989:370). O art. 1.472 do presente Código, no entanto, diz que nessa modalidade de penhor legal, o locatário pode impedir a constituição do penhor mediante caução idônea.

O Decreto-lei nº 4.191/42, ao estabelecer que o penhor industrial não tem preferência sobre o penhor legal do locador do imóvel, reconheceu implicitamente a garantia sobre máquinas e aparelhos utilizados na indústria, instalados no prédio locado. No entanto, é de se notar que esse penhor legal limita-se ao que estiver guarnecendo o prédio, não podendo ser estendido a outros bens do devedor. Também não pode o penhor atingir bens que não sejam de propriedade do devedor locatário, mas de terceiros. Por outro lado, a situação típica para o penhor legal somente ocorrerá quando o locatário abandonar o imóvel e o locador imitir-se na posse. Enquanto o locatário exercer a posse, não pode o locador praticar justiça de mão própria, apreendendo os bens do imóvel com violência e transgredindo a proteção possessória, ensejando a intervenção prévia do Judiciário.

A Lei nº 6.533/78, que dispõe sobre a regulamentação das profissões de artista e de técnico em espetáculos de diversões (Regulamento ao Decreto nº 82.385, de 5-10-1978), estabelece também modalidade de penhor legal:

> *"Art. 31. Os profissionais de que trata esta Lei têm penhor legal sobre o equipamento e todo o material de propriedade do empregador, utilizado na realização de programa, espetáculo ou produção, pelo valor das obrigações não cumpridas pelo empregador".*

Esse penhor atinge o material cênico e o equipamento da empresa empregadora.

O art. 1.471 determina ao credor do penhor legal que ato contínuo à apreensão da garantia submeta-a à homologação judicial. O Código anterior mencionava que deveria ser apresentada a conta das despesas, tabela de preços e relação dos objetos retidos do devedor, *"pedindo a citação dele para em 24 horas pagar, ou alegar defesa"*.[3] Essa parte final foi suprimida no mais recente Código, pois é de índole processual.

---

3 "Locação de imóveis – **Homologação de penhor legal** – 1- Não há cerceamento de defesa no julgamento antecipado da lide se as questões versadas nos autos, conquanto de direito e de fato, não exigem dilação probatória.

A homologação do penhor legal é regulada pelo art. 703 do Código de Processo Civil, entre os procedimentos cautelares específicos. Apresentados os documentos exigidos pela lei civil, "*estando suficientemente provado o pedido nos termos deste artigo, o juiz poderá homologar de plano o penhor legal*" (como dizia o parágrafo único do art. 874 do CPC de 1973).

Segundo o art. 704, a defesa somente pode consistir em:

> "*I – nulidade do processo;*
>
> *II – extinção da obrigação;*
>
> *III – não estar a dívida compreendida entre as previstas em lei ou não estarem os bens sujeitos a penhor legal*".

Não se confunde a matéria de defesa nessa ação com a matéria que pode ser alegada nos embargos à execução, que é ampla, quando da excussão desse penhor.

2- Não comporta guarida a alegação de essencialidade dos bens objeto do penhor legal eis que, a uma estes foram abandonados desde longa data no imóvel objeto do despejo, e a duas porque tal fato não se sobrepõe ao direito do locador de garantir seu crédito por meio da retenção dos bens abandonados no imóvel, nos termos do art. 1.467, inciso II do Código Civil. Sentença mantida. Recurso desprovido, com majoração da verba honorária" (*TJSP* – AC 1010798-50.2017.8.26.0602, 29-7-2019, Rel. Felipe Ferreira).

"*Mobil-homes* (casas móveis) – Pedido de retirada dos bens que se encontram nas dependências do clube réu. Acolhimento. Sentença mantida nesse ponto. Construção custeada pelo autor. Ausência de direito de retenção. Inexistência de penhor legal. Reconvenção. Pedido de cobrança das mensalidades relativas à assinatura quinquenal pela ocupação dos módulos ("glebas") em que se situam as casas móveis. Procedência de rigor. Obrigação de remunerar o uso do módulo que se encontra prevista em resolução do clube. Valores indicados pelo réu-reconvinte que não foram infirmados. Recurso provido em parte" (*TJSP* – AC 1003324-39.2016.8.26.0642, 25-7-2019, Rel. Milton Carvalho).

"Agravo de instrumento – Contrato de locação – Ação de reintegração de posse – **Penhor legal** – Tutela Antecipada – Requisitos Presentes – Recurso Provido – Deve-se dar provimento ao agravo de instrumento na hipótese de se comprovar a presença dos requisitos autorizadores da concessão da tutela antecipada – É possível deferir o penhor legal para que o locador tome posse dos bens de propriedade do locatário com o fim de garantir o pagamento dos valores originários do contrato de locação" (*TJMG* – AI-Cv 1.0000.16.060672-9/001, 27-9-2018, Relª Aparecida Grossi).

"Civil e processual civil – Locação de imóvel – Inadimplência – **Penhor Legal** – Reintegração de posse – 1- O Apelante não contesta sua inadimplência e que os bens relacionados e disponíveis no imóvel locado são passíveis de penhora e expropriação, o que impõe atender ao pedido de que venham a constituir garantia do crédito locatício. 2- A ação de reintegração de posse é o remédio processual adequado à restituição da posse àquele que a tenha perdido em razão de um esbulho, sendo privado do poder físico sobre a coisa. 3- O Apelante não logrou êxito em comprovar as teses que apresentou, em especial, a de que devolveu as chaves do imóvel tão somente para que a locatária realizasse uma festa no local. 4- Ao contrário, além da confissão de dificuldades econômicas realizadas pelo próprio Apelante, inúmeras testemunhas confirmaram que o bar foi fechado e ocupado por moradores de rua, o que refuta a tese de esbulho. 5- Evidenciado que, no período de vigência da relação locatícia, o imóvel foi abandonado e ocupado por moradores de rua, tem-se por configurada causa apta a justificar a rescisão do contrato de locação. 6. Ademais, como não restou comprovado que o Apelante que exercia a posse mansa e pacífica do imóvel ao tempo em que declarou ter ocorrido o esbulho, deve a reintegração de posse ser julgada improcedente. 7- Recurso não provido. Unânime" (*TJDFT* – Proc. 20160310079847APC – (1013664), 4-5-2017, Rel. Romeu Gonzaga Neiva).

"Agravo de instrumento – Alegação de retenção indevida de bens móveis – Ação de busca e apreensão – Natureza da demanda – Se preparatória ou satisfativa – Ausência de decisão – Parte não conhecida, sob pena de supressão de instância – Sem certeza a respeito da natureza da relação mantida entre as partes: se locatícia ou se de hospedagem – Autorização de cópia dos dados e dos arquivos contidos no computador – Ausente hipótese para o diferimento no contraditório, pois sem risco de perecimento de direito antes da citação dos agravados – Em tese, possibilidade de existência de **penhor legal** – Razoável que se exija a instauração do contraditório para que haja apreciação do pedido de liberação do computador – No exercício do poder geral de cautela, em benefício do próprio agravante, possibilidade de ingerência sobre o momento de apreciação desse pedido de liberação: após o contraditório ou mediante caucionamento. Agravo não provido" (*TJSP* – AI 2014270-39.2016.8.26.0000, 25-2-2016, Rel. Sá Moreira de Oliveira).

"**Locação de imóvel. Homologação de penhor legal**. Posse dos bens pelo apelado comprovada. Penhor legal devidamente constituído. Sentença mantida. Apelação não provida" (*TJSP* – Ap 0000731-96.2008.8.26.0266, 10-4-2013, Rel. Luiz Eurico).

Homologado o penhor, os autos serão entregues ao requerente, após 48 horas. Não sendo homologado, o objeto apreendido será entregue ao réu, ressalvada ao autor a cobrança pela via ordinária (art. 876). Após a homologação, o credor tem o prazo prescritivo de seis meses para a cobrança executiva (art. 178, § 5º, V), quando se tratar de hospedagem ou similar. No Código em vigor, esse prazo é estabelecido em um ano (art. 206, § 1º). O prazo é de cinco anos quando se referir a aluguéis (art. 178, § 10, IV; três anos no atual Código, art. 206, § 3º, I).

Como os beneficiários do penhor legal têm o direito de reter as coisas de hóspedes e inquilinos, parte da doutrina procura identificar na hipótese um direito de retenção. Com ele, porém, não se identifica. Entre outras diferenças, pode-se apontar que, para exercer direito de retenção, o retentor deve estar na posse do bem, o que não ocorre no penhor legal, em que o credor toma posse da coisa. O direito de retenção é genérico, para proteger todo aquele que despendeu de boa-fé sobre coisa alheia cuja devolução é exigida. O penhor legal decorre exclusivamente das hipóteses legais. O direito de retenção é utilizado sempre como exceção de defesa. O penhor legal implica ação executória, cobrança por parte do credor. Por fim, a retenção aplica-se a móveis e imóveis, enquanto o penhor legal é reservado a bens móveis.

24.4 MODALIDADES ESPECIAIS DE PENHOR. PENHOR RURAL (AGRÍCOLA E PECUÁRIO). PENHOR INDUSTRIAL. PENHOR MERCANTIL

Penhores especiais são os regulados por normas externas ao Código Civil. Sua característica fundamental é, como regra, prosseguir a posse com o devedor, que continua utilizando os bens dados em garantia. Procura-se dessa forma fomentar a produção agrícola, industrial e comercial, facilitando a concessão de créditos, abrindo-se campo a garantias mais acessíveis e eficazes às instituições bancárias.[4]

---

4 "Ação declaratória de negócio jurídico – Natureza complexa que envolve confissão de dívida e constituição de garantia – Declaração de vontade distinta – Falta de registro do **penhor industrial** na circunscrição imobiliária dos bens empenhados – Inobservância das regras legais – Exegese do artigo 1.448 do Código Civil de 2002 – Nulidade da garantia que não contamina o negócio jurídico como um todo – Princípio da conservação do negócio – Artigo 184 do Código Civil – Improcedência mantida – Recurso conhecido e desprovido" (*TJSP* – Ap 1001356-73.2017.8.26.0533, 4-2-2019, Rel. Fortes Barbosa).

"**Apelação Cível** – Negócios jurídicos bancários – Embargos à execução – Revisão de contratos anteriores – Extensão da revisão – Resulta viável juridicamente a revisão dos contratos bancários celebrados antes do Instrumento Particular de Confissão de Dívida, nos termos da Súmula nº 286 do STJ, inclusive em sede de embargos à execução. Contrato de Abertura de Crédito com Garantia de Fiança e Penhor de Direitos. Contrato de Abertura de Crédito em Conta Corrente – Pessoa Jurídica. Instrumento Particular de Confissão de Dívida. Possibilidade da cobrança de juros remuneratórios superiores a 12% ao ano. Nota de Crédito Comercial. No caso de títulos de crédito rural, industrial e comercial, a ausência de deliberação do Conselho Monetário Nacional implica a limitação dos juros remuneratórios em 12% ao ano. Capitalização de juros. A previsão no contrato bancário de taxa de juros anual superior ao duodécuplo da mensal é suficiente para permitir a cobrança da taxa efetiva anual contratada. Nota de Crédito Comercial. A capitalização mensal de juros em títulos de crédito rural, industrial e comercial somente é admissível quando houver cláusula contratual expressa. Descaracterização da mora. A descaracterização da mora depende do reconhecimento de abusividade quanto a encargos exigidos no período da normalidade contratual, o que somente ocorre em relação à Nota de Crédito Comercial. Comissão de permanência. É válida a cláusula de comissão de permanência, cujo montante não deve ultrapassar a soma dos encargos remuneratórios e moratórios previstos no contrato, desde que não cumulada com juros remuneratórios, correção monetária, juros moratórios e multa contratual. Súmula nº 472 do STJ. Nota de Crédito Comercial. Resulta inadmissível a cobrança de comissão de permanência em títulos de crédito rural, industrial e comercial. Juros moratórios. Nos contratos bancários, assim como nos títulos de crédito rural, industrial e comercial, os juros moratórios podem ser convencionados em até 1% (um por cento) ao mês. Multa moratória. A multa moratória relativamente a contratos celebrados após a edição da Lei nº 9.298/96 encontra-se limitada em 2% (dois por cento) do valor da prestação. Ônus da Sucumbência – Redimensionamento – Sucumbência Recíproca – Se cada litigante for, em parte, vencedor e vencido, serão proporcionalmente distribuídas entre eles as despesas processuais. A fixação dos honorários advocatícios deve observar o grau de zelo do profissional, o lugar da prestação do serviço, além da natureza e importância da causa,

Nesse campo, destacam-se o penhor agrícola e pecuário, o penhor industrial e o penhor mercantil. O vigente Código introduz a submodalidade do penhor de veículos.

Há inúmeras leis que foram sucessiva e casuisticamente sendo editadas. O Código Civil cogitou do *penhor agrícola* nos arts. 1.438 ss. No entanto, a Lei nº 492/37 refundiu toda a matéria, denominando-a de *penhor rural* e disciplinando o penhor agrícola (art. 6º) e o pecuário (art. 10).

Neste livro, não há como descermos às minúcias de toda a legislação sobre a matéria, que é essencialmente regulamentadora, como observa Caio Mário da Silva Pereira (1993:240).

Enumeram-se a seguir alguns dos principais diplomas, não a totalidade, que tratam direta ou indiretamente de modalidades especiais de penhor:

- o Código Comercial disciplinou o penhor mercantil nos arts. 271 a 279 matéria já revogada;
- o Decreto nº 24.778, de 14-7-34, dispõe sobre a possibilidade de serem objetos de penhor os créditos garantidos por penhor ou hipoteca;
- o Decreto-lei nº 1.113, de 22-2-39, dispõe sobre taxas de juros nos empréstimos sob penhor, fixando-os em 12% ao ano;
- o Decreto-lei nº 2.612, de 20-9-40, dispõe sobre o registro do penhor rural;
- a Lei nº 2.666, de 6-12-55, dispõe sobre o penhor dos produtos agrícolas;
- a Lei nº 492, de 30-8-37, regula o penhor rural e a cédula pignoratícia;
- o Decreto nº 58.380, de 10-5-66, aprova o regulamento que institucionaliza o crédito rural;
- o Decreto-lei nº 167, de 14-2-67, regula os títulos de crédito rural e dá outras providências;
- o Decreto nº 62.141, de 18-1-68, dispõe sobre modalidades de garantias instituídas pelo Decreto-lei nº 167/67;
- o Decreto-lei nº 413, de 9-1-69, dispõe sobre títulos de crédito industrial e dá outras providências;
- o Decreto nº 95.572, de 22-12-87, regulamenta as operações de penhor da Caixa Econômica Federal (já revogado).

---

o trabalho realizado pelo advogado e o tempo exigido. Apelação parcialmente provida" (*TJRS* – AC 70077269421, 13-9-2018, Rel. Des. Marco Antonio Angelo).

"**Registro de imóveis** – Mandado de segurança – Certidão negativa de débitos fiscais – exigência para registro do contrato de penhor industrial – Artigos 47, I, 'c', da Lei nº 8.212/91 e 27, 'c', da Lei nº 8.036/90 – Forma de cobrança indireta de tributos, que não se coaduna com entendimento que vem se consolidando no STF. Vedação de embaraço ao exercício de atividade empresarial por meio de exigências relacionadas à comprovação de regularidade fiscal reconhecida na ADI nº 173/DF, que declarou inconstitucionais o artigo 1º, I, III e IV da Lei nº 7.711/88 e, por arrastamento, os parágrafos 1º a 3º e do art. 2º do mesmo texto legal. Disposições semelhantes às impugnadas pela autora. Súmulas 70, 323 e 547 do STF que repudiam sanções políticas. Repúdio, sob todas as formas, a normas que condicionam a prática de atos da vida civil e empresarial à quitação de créditos tributários. Exigência que ofende o direito de acesso ao Judiciário, para impugnar o crédito tributário, e de livre exercício de atividades profissionais e econômicas lícitas. Recurso provido para conceder a ordem de segurança" (*TJSP* – Ap 0002835-79.2012.8.26.0053, 3-7-2015, Rel. Edson Ferreira).

"**Arresto** – Execução por título extrajudicial – **Penhor mercantil e cessão fiduciária** – Pretensão recursal voltada à revogação da ordem de remoção dos bens arrestados. Verificação de acentuada diminuição dos bens que garantem o adimplemento contratual. Admissibilidade de postulação incidental da medida cautelar nos autos do processo executivo (CPC, 615, III, c. c. 813/814). Possibilidade de ratificação dos fundamentos da decisão agravada quando, suficientemente motivada, reputar a Turma Julgadora ser o caso de mantê-la. Aplicação do disposto no artigo 252, do Regimento Interno do Tribunal de Justiça do Estado de São Paulo. Decisão mantida. Recurso improvido" (*TJSP* – AI 2041248-24.2014.8.26.0000, 11-7-2014, Rel. João Camillo de Almeida Prado Costa).

O penhor rural aproxima-se da hipoteca, pois a coisa empenhada não sai da esfera da posse do devedor. Trata-se de instituto que objetiva facilitar a produção rural, no que foi seguido pelo penhor industrial. Também nada obsta que no penhor mercantil a coisa empenhada permaneça com o comerciante, se assim for convencionado.[5]

Lembre-se, contudo, de que nesses penhores, na omissão da legislação especial, aplicam-se os princípios definidos na lei civil sobre penhor e direitos reais de garantia em geral. Essa determinação, aliás, consta expressamente do art. 31 da Lei nº 492/37. Há que se harmonizar, doravante, os dispositivos do Código Civil de 2002 com as leis especiais.

O penhor agrícola pode incidir sobre bens relacionados com a produção agrícola: colheitas pendentes ou em via de formação, frutos armazenados, madeira, máquinas e instrumentos agrícolas (art. 6º da Lei nº 492/37). O art. 1.442 do mais recente Código dispõe expressamente que podem ser objeto de penhor agrícola: máquinas e instrumentos de agricultura; colheitas pendentes, ou em via de formação, frutos acondicionados ou armazenados; lenha cortada e carvão vegetal e animais do serviço ordinário de estabelecimento agrícola. Como se nota, é ampla a possibilidade desse penhor, em prol da produção rural do país. Note que até mesmo bem inexistente, colheita em via de formação, pode ser objeto de garantia. O garantidor assume o risco, inclusive com implicações penais, de que a colheita não venha a existir, cabendo ao credor a oportunidade e conveniência de conceder crédito nessa vertente. O que fica evidente é que a vocação agrícola deste merece ampla dimensão de créditos. Se a colheita não se estabelecer, ou frustrar-se, evidente que penhor não haverá. Leve-se em conta, contudo, que colheita em via de formação é aquela que apresenta potencialidade para existir, o que se examina no caso concreto. Assim, em solo impróprio para determinada cultura, não há que se admitir penhor.

O art. 1.443 especifica que se o penhor agrícola recair sobre colheita pendente, ou em via de formação, abrangerá a imediatamente seguinte, no caso de frustrar-se ou ser insuficiente a que se deu em garantia. Esse dispositivo somente pode ser suprimido por vontade expressa das partes. O parágrafo único desse dispositivo ainda enuncia que o devedor poderá constituir novo penhor se o credor não financiar a nova safra, em quantia máxima equivalente à do primeiro gravame. Nesse caso, o segundo penhor terá preferência sobre o primeiro, abrangendo este apenas o excesso apurado na colheita seguinte. Essa matéria deve ser regulada, mormente porque se destina às instituições bancárias que operam no fomento agrícola.

---

[5] "Ação declaratória de inexigibilidade de débito pago c.c – Indenização por dano moral decorrente de inscrição indevida de inadimplemento – Contrato de câmbio – Aditamento – Inexistência de pagamento – Liquidação do contrato que se dá com a entrega da moeda estrangeira adquirida – Valor em reais existente em conta vinculada correspondente à garantia pela liberação de mercadoria objeto de **penhor mercantil** – Ausência de exportação que obriga a tomadora ao pagamento dos encargos decorrentes – Sentença de improcedência mantida – Recurso não provido, com fixação de honorários recursais (art. 85, §§ 1º e 11, do CPC)" (*TJSP* – AC 1047371-12.2015.8.26.0100, 30-4-2019, Rel. Paulo Pastore Filho).

"Recuperação Judicial – **Contrato garantido por penhor mercantil de soja** – Remoção dos bens empenhados – Recomposição da garantia – Não cabimento – Recuperação judicial. Contrato garantido por penhor mercantil de soja. Remoção dos bens empenhados. Recomposição da garantia. Não cabimento. Meio indireto de execução. Princípio da preservação da empresa. Apresentação de documentação relativa à saída e ao destino da soja empenhada. Questão a ser apreciada, primeiramente, pela administradora judicial. Recurso conhecido em parte e não provido" (*TJPR* – AI 1717428-4, 13-4-2018, Rel. Des. Vitor Roberto Silva).

"**Anulação de negócio jurídico cumulada com indenização por dano moral** – Contrato de promessa de compra e venda de fumo em folha com penhor mercantil. Improcedência. Insurgência do autor. Ausência de elementos de prova capaz em se nulificar o negócio jurídico firmado pelas partes por erro (art. 138 CC) ou lesão (art. 157 CC). Código de defesa do consumidor não aplicável porque o autor não se enquadra como consumidor final da relação comercial estabelecida entre as partes e sim como produtor rural. Sentença escorreita. Recurso não provido" (*TJPR* – AC 1364798-6, 28-9-2015, Rel. Des. Luiz Cezar Nicolau).

O Código Civil de 1916, no art. 782, estabelecia prazo de um ano, prorrogável por mais seis meses para essa categoria de penhor. Esse prazo foi alterado para dois anos, prorrogável por mais dois, de acordo com o art. 1º do Decreto-lei nº 4.360/42. O Código de 2002, no art. 1.439, estabeleceu que o penhor agrícola e o penhor pecuário somente podem ser convencionados, respectivamente, pelos prazos máximos de três e quatro anos, respectivamente, prorrogáveis, uma só vez, até o limite de igual tempo. Doravante, as leis especiais devem subordinar-se a esses prazos. O § 1º do art. 1.439 dispõe que, embora vencidos os prazos, permanece a garantia, enquanto subsistirem os bens que a constituem, o que, em princípio, faz com que o penhor tenha prazo indeterminado. Essa disposição vem em benefício do credor, que deve estar alerta sobre os prazos e mais especificamente sobre a existência dos bens, a fim de preservar seu direito. Ainda, o § 2º determina que a prorrogação deve ser averbada à margem do registro. A limitação temporal nesse caso tem em mira a natureza desse penhor e principalmente impedir uma situação de dependência do devedor em relação ao credor.

Como já referimos, a Lei nº 492/37 suprimiu a exigência do art. 783 do Código Civil de aquiescência do credor hipotecário para a constituição do penhor agrícola, no que foi seguido pelo diploma civil em vigor (art. 1.440). Irrelevante, de fato, sua concordância, pois o imóvel permanecerá garantindo o crédito hipotecário.

O penhor pecuário pode incidir sobre animais destinados à indústria pastoril, agrícola ou de laticínios, ou que sejam simples acessórios ou pertences da exploração rural (art. 10 da Lei nº 492/37). O art. 1.444 do presente Código diz que podem ser objeto de penhor os animais que integram a atividade pastoril, agrícola ou de laticínios. O período desse penhor no Código Civil era de dois anos no máximo, prorrogável por igual período, de acordo com o art. 788. A lei especial fixou-o em três anos, com possibilidade de prorrogação por igual período, mediante averbação na transcrição. Veja o que falamos aqui sobre o art. 1.439 do vigente Código. O devedor não poderá alienar os animais empenhados sem o prévio consentimento, por escrito, do credor (art. 1.445). Se houver risco de que o devedor aliene o gado empenhado ou que ameace por negligência a garantia, o credor pode requerer que os animais fiquem sob a guarda de terceiro, ou exigir o imediato pagamento da dívida (art. 1.445, parágrafo único). Nessas situações, cumpre que o credor ingresse com as medidas judiciais urgentes cabíveis, pois há risco de perda ou desaparecimento da garantia. Assim ocorrerá, por exemplo, se o devedor deixar de administrar os cuidados necessários de alimentação e saúde aos animais empenhados.

Segundo o art. 1.446, os animais da mesma espécie, comprados para substituir os mortos, ficam sub-rogados no penhor. A óptica se desloca, nesse caso, para exame se efetivamente os novos animais podem ser considerados da mesma espécie. Essa substituição confere uma presunção relativa válida entre as partes, mas que somente terá eficácia contra terceiros após menção especial no respectivo contrato, que deverá ser averbada (art. 1.446, parágrafo único).

A Lei nº 492/37 fixa requisitos especiais de especialização, com a necessidade de descrição pormenorizada dos bens dados em penhor.

O penhor rural deve ser registrado para eficácia contra terceiros. Constitui-se por instrumento público ou particular. Uma vez registrado, o oficial de registro pode expedir, a pedido do interessado, cédula rural pignoratícia (art. 15 da Lei nº 492/37; atual Código, art. 1.438, parágrafo único). Cédulas e notas de crédito são títulos representativos de operações financeiras. O Decreto-lei nº 167/67, que ordena esses títulos, exige que o credor integre o Sistema Nacional de Crédito Rural.

Os arts. 22 ss. da Lei nº 492/37 estabeleceram procedimento especial simplificado de excussão de cédula pignoratícia. Há entendimento de que o Código de Processo Civil revogou a parte processual dessa e das demais leis anteriores sobre penhor e cédulas pignoratícias, devendo ser obedecido o processo executório de tal estatuto (Superior Tribunal de Justiça, RE 5.344/MG, Rel. Min. Eduardo Ribeiro). Há também quem entenda poder o credor optar pelo procedimento do CPC ou pelo da lei especial (Superior Tribunal de Justiça, RE 4.911/MG, Rel. Min. Barros Monteiro).

Como percebemos, o penhor rural caracteriza-se pela ausência de tradição real da coisa, pela modalidade especial de registro, pela fixação de prazos diversos, pelos objetos específicos a que se destinam e pela possibilidade de emissão de cédula rural pignoratícia. Tudo foi criado pela legislação no sentido de dar maior flexibilização ao crédito rural. O título de crédito pignoratício é facilmente negociável e permite, portanto, circulação cartular, sem maiores formalidades. A cédula representa o crédito de forma literal, podendo ser endossada nominalmente (endosso em preto). O valor do crédito incorpora-se à cártula. A publicidade é obtida com a averbação da expedição da cédula junto ao registro do penhor.

O art. 1.441 do mais recente Código lembra que o credor tem o direito de verificar o estado das coisas empenhadas, inspecionando-as onde se acharem, por si ou por pessoa que credenciar. Esse dispositivo decorre do fato de as coisas empenhadas não estarem na posse do credor e não tem correspondência no Código de 1916. A razão é palpável e nunca foi negada no passado: o credor pode suspeitar que haja perda ou deterioração dos bens empenhados e terá que tomar as medidas necessárias. É evidente que esse direito não pode ser abusivo, devendo ser exercido de acordo com os usos locais, de forma civilizada. Não será a qualquer momento que o credor ingressará na propriedade de outrem para examinar o objeto do penhor. Perante resistências injustificadas, caberá ao juiz decidir no caso concreto.

O penhor mercantil guarda perfeita similitude com o penhor civil, e sua diferenciação é atualmente despicienda. Diverge apenas no tocante à natureza da dívida. Disciplinado pelo Código Comercial, supletivamente se aplicam os princípios do Código Civil. Nada impede que o bem permaneça em poder do devedor, como ocorre na prática.

Ao contrário do penhor rural e do penhor industrial, o penhor mercantil independe de registro no sistema anterior (Gomes, 1983:337). Não é o que ocorre no mais moderno Código que expressamente dispõe que o penhor industrial ou mercantil constitui-se mediante instrumento público ou particular, registrado no Cartório de Registro de Imóveis da circunscrição onde estiverem situadas as coisas empenhadas (art. 1.448). Tratando-se de obrigação em dinheiro, o art. 1.447, parágrafo único, do Código de 2002 também menciona a possibilidade de emissão de cédula.

No penhor industrial e mercantil, que tem por objeto máquinas e aparelhos utilizados na indústria, mercê de regulamentação de várias normas, também se dispensa a tradição da coisa onerada, continuando o devedor como seu depositário. Aproxima-se do conceito e da disciplina do penhor rural.

O art. 1.447 descreve o rol de coisas que podem ser objeto desse penhor.[6] O devedor não pode, sem consentimento expresso por escrito do credor, alterar as coisas empenhadas

---

[6] "Ação de embargos de devedor – Improcedência – Insurgência de ambas as partes – Execução fundada em termo de confissão de dívida – Previsão de **penhor mercantil** – Direito de crédito a ser obtido em outro processo (dissolução de sociedade) – Hipótese que não impossibilita o ajuizamento de ação executiva – Inadimplemento evidenciado – Devedor que responde com todos os bens, presentes e futuros, para o cumprimento da obrigação. Garantia ofertada que não resulta liquidação da dívida, mas apenas a diminuição do potencial risco. Possibilidade de prosseguimento regular do feito executivo. Honorários advocatícios. Sucumbência. Fixação. Disciplina do artigo 85, § 2º, do Código de Processo Civil. Mantença da conclusão de primeiro grau, contudo, com a necessidade de rearbitramento dos honorários advocatícios sucumbenciais. Recurso do embargado provido e recurso do embargante rejeitado" (*TJSP* – AC 1034766-34.2015.8.26.0100, 28-2-2019, Rel. Sebastião Flávio).

ou mudar-lhes a situação (art. 1.449). Se alienar a coisa, mediante autorização, deve repor em bens da mesma natureza, que ficarão sub-rogados no penhor (art. 1.449, segunda parte). O devedor não pode alienar a coisa empenhada sem autorização, pois estará defraudando o penhor, submetendo-se às reprimendas civis e penais de infiel depositário.

Como regra geral, em todo penhor cuja posse da coisa permanece com o devedor, o credor tem o direito de verificar o estado das coisas empenhadas, inspecionando-as onde se acharem, por si ou por pessoa que credenciar (art. 1.450).

Questões atinentes à correção monetária nos débitos rurais e nas respectivas cédulas foram com frequência levadas aos tribunais, tendo em vista leis pretéritas e ultrapassadas que eventualmente a excluíam. A correção é mera reavaliação da moeda e sua negativa parte de petição de princípio. Desse modo, a jurisprudência tem sido unânime em admiti-la (Superior Tribunal de Justiça, RE 2.665/MG e 2.755/SE, entre outros).

Desse modo, a correção monetária de qualquer débito se reveste de absoluta juridicidade, o que é ratificado pelo Código de 2002.

Por outro lado, tratando-se de recomposição da moeda com base em acordo de vontades, quando decorrente de contrato, não temos que falar em ineficácia dessa cláusula. E, ainda que assim não fosse, a correção monetária, em qualquer débito, conquanto não pactuada, é devida sob pena de ocorrer injusto enriquecimento, de acordo com o que temos insistentemente enfatizado.

Nesse diapasão se posicionou o Superior Tribunal de Justiça:

> *"Mesmo que se admita que a intenção inicial do legislador tenha sido a de excluir a correção monetária dos mútuos rurais, a evolução dos fatos econômicos tornou insustentável a sua não incidência, sob pena de prestigiar-se o enriquecimento sem causa, recordada ainda a lição de que a regra moral está acima das leis positivas. Construção pretoriana e doutrinária, antecipando-se ao legislador, adotando a correção monetária como imperativo econômico, jurídico e ético indispensável à justa composição dos danos e ao fiel adimplemento das obrigações, dispensou a prévia autorização legal para sua aplicação"* (Recurso especial nº 2.122 – Mato Grosso do Sul, *DJU* 111:5361, de 11-6-90) (no mesmo sentido, RE nº 2.601, nº 3.333).

Nesse sentido, a Súmula 16 do Superior Tribunal de Justiça: "*A legislação ordinária sobre crédito rural não veda a incidência de correção monetária*".

Pertinente também a argumentação no sentido de que, se o art. 47 das Disposições Constitucionais Transitórias anistiou correção monetária de débitos rurais, é porque ela era devida.

Por outro lado, a legislação permite a capitalização de juros, quando pactuada, nas dívidas garantidas por cédula de crédito rural, comercial e industrial (Súmula 93 do Superior Tribunal de Justiça). Essa autorização decorre do art. 5º do Decreto-lei nº 167/67, que excepciona a regra proibitória da chamada lei de usura (RE 41.153 do Superior Tribunal de Justiça, Rel. Min. Barros Monteiro).

"Apelação Cível – Ação de execução de título extrajudicial – Termo de renegociação de operações de crédito garantido por **penhor mercantil**. Sentença de extinção (art. 267, III, do Código de Processo Civil de 1973). Insurgência do banco exequente. Reconhecimento, ex officio, da prescrição intercorrente. Instituição financeira previamente intimada quanto à matéria de ordem pública (art. 10 do novo Código de Processo Civil). Decurso integral do lapso extintivo sem que fosse diligenciada a localização de bens passíveis de penhora. Extinção pela prescrição intercorrente. Inteligência do art. 924, inciso V, do novel diploma processual. Condenação da parte exequente ao pagamento das custas processuais e honorários advocatícios. Recurso prejudicado" (*TJSC* – AC 0011110-78.1996.8.24.0038, 23-2-2018, Rel. Des. Newton Varella Júnior).

24.4.1 Penhor de Veículos

O mais recente Código introduz a regulamentação sobre penhor de veículos (arts. 1.461 a 1.466). O instituto tem por finalidade fornecer mais um instrumento de crédito e fomentar a própria indústria automobilística. Tendo em vista as particularidades que cercam os veículos, a matéria requer ampla regulamentação administrativa.

O art. 1.461 estabelece que podem ser objeto de penhor os veículos empregados em qualquer espécie de transporte ou condução. Desse modo, incluem-se nesse dispositivo os automóveis, caminhões, ônibus, carretas, reboques, tratores, lanchas, barcos, barcaças, *jet skis* etc. Os navios e aeronaves, meios de transporte de grande porte, sujeitam-se à hipoteca (art. 1.473). O art. 1.462 estatui que esse penhor se constitui mediante instrumento público ou particular, registrado no Cartório de Títulos e Documentos do domicílio do devedor, e *"anotado no certificado de propriedade"*. Há veículos que não possuem certificado de propriedade, o que pode dificultar a constituição do penhor. A regulamentação deve atentar para esse aspecto. O parágrafo único do art. 1.462 também permite a emissão de cédula de crédito, conforme lei especial, quando a obrigação garantida é de pagar quantia em dinheiro.

Como o veículo empenhado representa a garantia da dívida, e tendo em vista sua mobilidade e vicissitudes que enfrenta, o art. 1.463 impunha que esse penhor somente se tornasse possível desde que previamente os veículos estivessem segurados contra furto, avaria, perecimento e danos causados a terceiros. Esse dispositivo foi revogado por insistência de classes interessadas.

Como citamos, em todo penhor no qual a coisa não permanece com o credor, este tem o direito de verificar e examinar seu estado. Assim também é com o seguro de veículos (art. 1.464). A mesma regra está presente no presente Código para o penhor rural (art. 1.441) e para o penhor industrial e mercantil (art. 1.450).

O possuidor de veículo empenhado não pode aliená-lo ou modificá-lo, sem prévia comunicação ao credor, o que importará no vencimento antecipado do crédito pignoratício (art. 1.465). A inobservância ao preceito e a eventual fraude subordinará o devedor à responsabilidade civil e penal. Não se esqueça de que, pelo princípio geral, o possuidor de coisa empenhada é seu depositário.

O art. 1.466 limitou o penhor de veículos ao prazo máximo de dois anos, prorrogável até o limite de igual tempo, averbada a prorrogação à margem do registro respectivo. Essa limitação temporal tem em mira justamente a natureza da coisa empenhada, o limite do crédito a bens que se deterioram e se tornam obsoletos mui rapidamente. Nesse mesmo sentido estão os prazos definidos no art. 1.439 para o penhor agrícola e pecuário.

24.5 PENHOR DE DIREITOS E CAUÇÃO DE TÍTULOS DE CRÉDITO

O penhor pode também incidir sobre bens incorpóreos.

O Código Civil de 1916 dedicou os arts. 789 a 795 à caução de títulos de crédito, equiparando-a ao penhor, tanto no tocante aos títulos nominativos da dívida pública quanto aos títulos de crédito pessoal (arts. 789 e 790). O Código Civil deste século trata do penhor de direitos e títulos de crédito, abrindo a seção estatuindo que *"podem ser objeto de penhor direitos, suscetíveis de cessão, sobre coisas móveis"* (art. 1.451).

Orlando Gomes (1983:337) aponta:

> *"a doutrina de que há direitos sobre direitos recebe, na matéria, uma de suas aplicações mais fecundas, pois a extensão do penhor a tais bens empresta à sua função econômica específica notável importância. O 'penhor comum' deixara de ser instrumento usual de*

garantia, tornando-se escasso o seu emprego. Especializou-se em formas que lhe restituíram a utilidade como estimulante do crédito, modificando-se em sua estrutura clássica. A mais interessante dessas modalidades é, sem dúvida, o 'penhor de direitos'".

Não apenas os direitos de crédito podem ser objeto de penhor, mas também os bens incorpóreos dominicais, como, por exemplo, os direitos de autor ou de propriedade industrial. O princípio geral consiste sempre no poder de alienação: o que pode ser alienável pode ser empenhável. Os arts. 768 e 769 do Código anterior realçam essa noção, reafirmada pelo art. 1.451 da nova lei ora apontado. O penhor sobre ações de sociedade anônima classifica-se como caução de direitos incorpóreos em geral e não de títulos de créditos, pois a ação não o é, mas sim mera fração do capital social. É bem ampla, portanto, a possibilidade de caucionar direitos de crédito como o do locador em relação ao inquilino; do vendedor em relação às prestações que recebe do comprador etc. Já citado o Decreto nº 24.778/34, que para dirimir dúvidas admitiu expressamente o penhor de créditos garantidos por penhor ou hipoteca. A lei permite, portanto, que o credor pignoratício receba em garantia outro crédito já gravado com penhor ou hipoteca. O art. 2º dessa lei permite que tal credor leve à praça o crédito recebido em garantia ou o execute diretamente. É obedecido o critério de prioridade, não podendo ser prejudicado o primeiro credor hipotecário ou pignoratício.

O art. 1.460, parágrafo único, mostra-se rigoroso com o caucionante de título que dá quitação ao devedor do título. Com isso, faz desaparecer a garantia, estatuindo a lei o vencimento antecipado de sua dívida, ficando ele *"obrigado a saldar imediatamente a dívida"*. Por outro lado, se o devedor do título, ciente da caução, aceitar quitação do devedor caucionante, responderá solidariamente com este por perdas e danos perante o credor pignoratício do crédito caucionado. Em ambas as situações ocorre o desaparecimento da garantia.

No tocante aos créditos, é importante observar que o penhor pode recair diretamente sobre o crédito, bem de vida realizável em um valor, como qualquer outro bem corpóreo, ou em um *crédito incorporado em um título* (essa a epígrafe do Código Civil assinalada, embora não a única possibilidade de penhor de bem incorpóreo). Na caução de títulos de crédito, existe a materialização do penhor na cártula representativa e literal; no penhor tão só do crédito, o penhor recai precipuamente em direitos. Em qualquer caso, o penhor cria um direito de se satisfazer uma dívida com um valor.

Quando se trata de caução de títulos de crédito, a materialização da posse do título equipara o penhor ao das coisas corpóreas. *Incorpora-se* o penhor. Por isso se aplicam as regras do penhor de coisas corpóreas em geral. O objeto, porém, não é o penhor da coisa, mas o penhor do crédito, ainda que representado cartularmente. A caução de títulos oficiais ocorre independentemente da tradição, mas com a devida transcrição, segundo o Código antigo (art. 789). Para os títulos privados, a tradição da cártula faz-se necessária (art. 790), provando-se a caução por escrito (art. 791). Este último dispositivo reporta-se aos arts. 770 e 771, que regulamentam a especialização do penhor e seu respectivo instrumento.

O mais moderno Código define que o penhor de direito constitui-se mediante instrumento público ou particular, registrado no Registro de Títulos e Documentos (art. 1.452). O titular de direito empenhado deverá entregar ao credor pignoratício os documentos comprobatórios desse direito, salvo se tiver interesse legítimo em conservá-los (art. 1.452, parágrafo único).

Recebendo os títulos em caução com essas formalidades, o credor passa a gozar dos direitos descritos no art. 1.459:

"Ao credor, em penhor de título de crédito, compete o direito de:

I – conservar a posse do título e recuperá-la de quem quer que o detenha;

II – usar dos meios judiciais convenientes para assegurar os seus direitos, e os do credor do título empenhado;

III – fazer intimar ao devedor do título que não pague ao seu credor, enquanto durar o penhor;

IV – receber a importância consubstanciada no título e os respectivos juros, se exigíveis, restituindo o título ao devedor, quando este solver a obrigação".

O credor pignoratício nessa modalidade torna-se possuidor legítimo do título. Pode e deve exercer todas as ações que competia ao devedor beneficiário das cártulas. Como possuidor, responde por prejuízos que causar ao devedor pignoratício, deixando, por exemplo, prescrever a ação de cobrança, ou não tomando as medidas necessárias para obstar que o devedor do título fraude credores ou se torne insolvente. Aplica-se a regra geral pela qual o credor deve aplicar na coisa todo cuidado e zelo do homem médio.

Se o credor pignoratício receber valor superior a seu crédito, deve entregar o que sobejar ao devedor, ficando até a entrega como depositário da quantia. Trata-se de mais uma aplicação de regra proibitiva do pacto comissório.

Tão logo receba os bens em caução, o credor pignoratício deve dar ciência ao devedor do título, que não mais poderá pagar ao caucionante, sob pena de pagar mal (art. 794).

Pontes de Miranda (1971, v. 20:459) acentua que a possibilidade de penhor em direitos provém da época imperial romana, com o penhor sobre créditos denominado *pignus nominis*. Por esse instituto, o credor outorgava o poder de exercer a cobrança a seu devedor.

O Código de 2002 descreve que o penhor de crédito não tem eficácia senão quando notificado ao devedor. Por notificado se tem o devedor que, em instrumento público ou particular, declarar-se ciente da existência do penhor (art. 1.453). A notificação ao devedor faz-se por qualquer meio idôneo, desde a simples ciência em carta, hoje por correio eletrônico, até a modalidade judicial.

Ao assumir a posição de credor pignoratício de um direito, o sujeito assume a mesma posição do titular desse direito, e deve zelar por ele como se fosse seu. Assim, o art. 1.454 do Código descreve que "*o credor pignoratício deve praticar os atos necessários à conservação e defesa do direito empenhado e cobrar juros e mais prestações acessórias compreendidas na garantia*". Incumbe-lhe, por exemplo, interromper a prescrição, se isso for necessário. Por outro lado, incumbe-lhe cobrar o crédito empenhado, assim que se torne exigível (art. 1.455). Se este consistir numa prestação pecuniária, deverá depositar a importância recebida, de acordo com o que estabeleceu com o devedor pignoratício, ou onde o juiz determinar. Se a prestação consistir na entrega da coisa, nela se sub-rogará o penhor (art. 1.455, segunda parte). Poderá reter o valor de seu crédito, restituindo o restante ao devedor, se se tratar de dinheiro, ou poderá excutir a coisa a ele entregue (art. 1.455, parágrafo único).

O art. 1.456 refere-se à situação de existir vários penhores sobre o mesmo crédito: o devedor só deve pagar ao credor pignoratício cujo direito prefira aos demais. Se ocorrer dúvida a quem pagar, o caminho será o da consignação. Acrescenta ainda o art. 1.456, que responde por perdas e danos perante os demais credores, o credor preferente que, notificado por qualquer um dos demais credores, não promover oportunamente a cobrança. De qualquer forma, há que se provar o prejuízo pelo retardamento.

Quando o crédito estiver empenhado, o titular desse crédito não mais pode recebê-lo, pois essa legitimidade passa a ser do credor pignoratício. Como é óbvio, o devedor deve ser cientificado a quem pagar e uma vez conhecendo do penhor, não poderá pagar ao beneficiário que consta do título. Por isso, o art. 1.457 é expresso no sentido de que o titular do crédito empenhado só pode receber o pagamento com anuência, por escrito, do credor pignoratício, caso em que o penhor se extinguirá. Desse modo, a autorização para que o titular receba diretamente o objeto da obrigação é uma das formas de extinção dessa modalidade de penhor.

Para o mecanismo que rege os títulos de crédito é importante que se traga à baila as regras de direito cambiário. Veja o que foi por nós exposto no tocante aos títulos de crédito, na nossa obra de Direito Empresarial. Não se esqueça de que o vigente Código traz princípios fundamentais sobre os títulos de crédito (arts. 887 ss.), que se completam por vasta legislação complementar. Daí por que se chama a atenção para o fato de que o penhor de título de crédito pode ser constituído pelo "*endosso-caução*". Sob esse diapasão, o art. 1.458 do presente Código expõe que penhor sob exame constitui-se mediante instrumento público ou particular ou endosso pignoratício, com a tradição do título ao credor. Nesse mesmo sentido, o Código de 1916 afirmara, no art. 790, que se equipara ao penhor a caução de títulos de crédito; completando o art. 791 que essa caução principia a ter efeito com a tradição do título ao credor. O art. 918 refere-se ao endosso-penhor, conforme estudamos no capítulo respectivo.

24.6 EXTINÇÃO DO PENHOR

O art. 1.436 capitula as seguintes modalidades de extinção do penhor:

> "*I – extinguindo-se a obrigação;*
>
> *II – perecendo a coisa;*
>
> *III – renunciando o credor;*
>
> *IV – confundindo-se na mesma pessoa as qualidades de credor e de dono da coisa;*
>
> *V – dando-se a adjudicação judicial, a remissão ou a venda da coisa empenhada, feita pelo credor ou por ele autorizada*".

O penhor é garantia de obrigação. Extinta esta, extingue-se o penhor, devendo a coisa ser devolvida ao devedor. Passa a possuir injustamente o credor que continua com a coisa após a extinção da dívida. Como o penhor é indivisível, sua extinção somente ocorre com o pagamento integral da dívida. Como o penhor é garantia de um negócio jurídico, pode desaparecer o penhor, sem que a obrigação desapareça. A extinção do penhor, portanto, não se confunde com a extinção do negócio jurídico subjacente.

No Código de 1916, art. 802, tínhamos o termo *resolução*, e não *extinção* como no presente estatuto. A resolução possui compreensão que melhor se coaduna com o negócio jurídico: resolve-se o negócio jurídico em geral quando deixa ele de produzir efeitos; esvai-se. O legislador de 2002 optou pela extinção do penhor, isto é, seu desaparecimento do mundo jurídico, pois melhor se coaduna com o ato jurídico de constrição e garantia.

A primeira hipótese legal, e a mais importante para fazer desaparecer o penhor, é a extinção da obrigação. Extinta a dívida, não há mais o que se garantir.

Temos que ter atenção com as outras modalidades de extinção de obrigação diversas do pagamento. A confusão é colimada no próprio texto. No entanto, não implicam extinção automática do penhor a novação, a compensação e a transação. Importa examinar a vontade das partes e as características desses negócios em cada caso concreto. Quando o débito é extinto sem a satisfação integral do credor, há de ser examinado se foi intenção das partes manter a garantia. Chama-se atenção para o que examinamos em nossa obra a respeito dessas modalidades de extinção de obrigações (*Direito civil: Obrigações e Responsabilidade Civil*).

No pagamento com sub-rogação, quem paga assume a posição do credor precedente com as mesmas garantias do crédito (art. 349).

O penhor tem sempre por objeto coisa corpórea ou incorpórea, como examinamos. Desaparecendo a coisa, pelo perecimento do objeto ou extinção do direito, desaparece o penhor. Subsistindo a coisa em parte, sobre esta permanece o gravame. Se a coisa estiver segurada, o preço pago pelo seguro fica sub-rogado na garantia. O mesmo ocorre sobre indenização paga por terceiro. Idem para a hipótese mais rara de expropriação de bem móvel: desapropriada a coisa dada em penhor, sub-rogar-se-ão sobre o preço da indenização os ônus respectivos (art. 31 do Decreto-lei nº 3.365/41). A Lei nº 13.465/2017 inseriu o art. 34-A a este Decreto, dispondo que:

> *"Art. 34-A. Se houver concordância, reduzida a termo, do expropriado, a decisão concessiva da imissão provisória na posse implicará a aquisição da propriedade pelo expropriante com o consequente registro da propriedade na matrícula do imóvel.*
>
> *§ 1º A concordância escrita do expropriado não implica renúncia ao seu direito de questionar o preço ofertado em juízo.*
>
> *§ 2º Na hipótese deste artigo, o expropriado poderá levantar 100% (cem por cento) do depósito de que trata o art. 33 deste Decreto-Lei.*
>
> *§ 3º Do valor a ser levantado pelo expropriado devem ser deduzidos os valores dispostos nos §§ 1º e 2º do art. 32 deste Decreto-Lei, bem como, a critério do juiz, aqueles tidos como necessários para o custeio das despesas processuais.*
>
> *§ 4º Após a apresentação da contestação pelo expropriado, se não houver oposição expressa com relação à validade do decreto desapropriatório, deverá ser determinada a imediata transferência da propriedade do imóvel para o expropriante, independentemente de anuência expressa do expropriado, e prosseguirá o processo somente para resolução das questões litigiosas. (Incluído pela Lei nº 14.421, de 2022)."*

Não se confunde a extinção da obrigação com a extinção do penhor. Seu desaparecimento não induz extinção da obrigação. Tanto que o credor pode renunciar ao penhor, como a qualquer outra garantia, não renunciando à obrigação. Se, por outro lado, operar a renúncia da obrigação, ou remissão da dívida (arts. 385 a 388), desaparece o penhor, pois nada mais existe a garantir.

A garantia é direito disponível e pode, portanto, ser renunciada. A renúncia à garantia é ato unilateral, independendo de aceitação. Deve ser expressa. Como se trata de ato de despojamento de bens, requer plena capacidade de alienar. No entanto, o art. 1.436, § 1º, estabelece três hipóteses de presunção relativa de renúncia ao penhor:

1. quando o credor consente na venda particular do penhor sem reserva do preço;
2. quando restitui a posse da coisa empenhada ao devedor;
3. quando o credor concorda em substituir o penhor por outra garantia.

Esses atos se mostram em princípio incompatíveis com a manutenção do penhor. Há que se verificar a intenção das partes: nada impede que se constitua, por exemplo, outra garantia para a mesma obrigação, ficando mantido o penhor. Tratando-se de presunção relativa, admite-se prova em contrário. A entrega da coisa ao devedor pode apenas representar modificação no título da posse da coisa que continua empenhada; a estipulação de nova garantia pode ser mero reforço e não simples substituição do penhor. Interpreta-se a vontade no caso concreto.

A confusão como modalidade de extinção pode ser apenas temporária. A ideia é que ninguém pode ser credor de si mesmo. O credor adquire a coisa empenhada, em decorrência de ato *inter vivos* ou *mortis causa*, e depois a transfere a terceiro. Subsiste, exceto se houver ressalva, o penhor na coisa para o terceiro adquirente, mormente nas hipóteses em que o crédito é representado por cédula pignoratícia e na transmissão *causa mortis*.

O art. 1.436, § 2º, refere-se à confusão parcial, quando o credor adquire apenas parte dos bens empenhados, subsistindo o penhor para os demais bens.

Levado o bem à praça como decorrência da excussão, o credor tem direito à adjudicação por preço igual ao do maior lance, ou pelo valor da avaliação, se não houver licitantes. Com a adjudicação, o credor adquire o domínio da coisa. Se a coisa for adjudicada a terceiro, o valor servirá para o pagamento da dívida. O que sobejar pertence ao executado.

A venda amigável somente é permitida por consenso, expresso no contrato ou posteriormente. Como vimos, nada impede que no vencimento ocorra a dação em pagamento como forma de extinção da obrigação e, consequentemente, do penhor.

A excussão da garantia também extingue o penhor: nesse caso ocorre a efetiva realização da garantia, que cumpre sua finalidade. A excussão extingue o penhor, tenha ou não sido satisfeito o crédito. Se o credor não foi totalmente satisfeito, continuará como quirografário no que sobejar.

Temos que ter em conta que o rol do art. 1.436 não é exaustivo. A extinção do penhor pode decorrer do escoamento do prazo, se concedido a termo, ou com o implemento da condição, se estabelecido sob condição resolutiva, ou se resolúvel a propriedade do empenhante sobre a coisa empenhada; pode advir de ação judicial na qual terceiro obtém a reivindicação do bem dado em penhor; pode ser anulada ou declarada nula a obrigação etc. Os penhores especiais têm prazos preclusivos; portanto, prazos de extinção.

Em todas as situações de extinção do penhor, se estiver com o credor a coisa empenhada, deve ela ser restituída. Passa a ser injusta sua posse nessa condição.

A prescrição extingue a ação. Dado o efeito paralisante da ação, a dívida prescrita equipara-se à obrigação natural. Embora discuta a doutrina acerca da manutenção da garantia nessa hipótese, há que se ter por extinto o penhor, que se mostra incompatível com a situação, ainda que possível o pagamento espontâneo. Esse eventual pagamento *efetua-se a latere do penhor, e sem que se apele para este* (Pereira, 1993:245).

O art. 1.437 do Código enfatiza que a extinção do penhor somente produz efeitos depois de averbado o cancelamento do registro, a vista da respectiva prova. Esse texto não figurava no Código anterior. Trata-se de efeitos com relação a terceiros, pois a desoneração do devedor, por ato obrigacional, pode ter ocorrido anteriormente. A manutenção do penhor, sem o levantamento do registro, é inconveniente, porque continuará onerado o bem, para efeito de relações com terceiros. O que se leva em conta na averbação do cancelamento do registro do penhor é a supressão dos efeitos públicos do ônus.

24.7 AÇÕES DECORRENTES DO PENHOR

No curso da exposição nos referimos às ações decorrentes da existência do penhor.

A excussão, sob a modalidade processual de execução, é a ação mais importante para o credor.

Permanecendo a posse do bem com o devedor, o credor pode acionar qualquer dos meios assecuratórios se a manutenção e uso da coisa pelo devedor põem em risco sua garantia, quando não considerar vencida a dívida (art. 1.425). O mesmo se diga para o devedor, que não se deve manter inerte se verificar que a coisa na posse do credor não mereceu os cuidados necessários. A ação indenizatória servirá a final para recompor eventuais prejuízos. As medidas cautelares servirão para atender às situações de perigo na demora.

O penhor legal admite expressamente sua homologação como procedimento preparatório da excussão.

Com a posse da coisa empenhada, o credor deve defendê-la pelos meios possessórios, inclusive contra o próprio devedor ou terceiro empenhante, se for turbada ou esbulhada.

Findo o penhor, é direito e obrigação do devedor recebê-lo. Ocorrendo as hipóteses legais, pode o credor desobrigar-se da guarda e posse da coisa objeto de penhor findo com a consignação em pagamento.

O direito de retenção é meio de defesa para assegurar o pagamento de despesas extraordinárias e benfeitorias necessárias realizadas na coisa, aplicando-se sua noção geral.

A ação reivindicatória é ação do proprietário da coisa empenhada, quando em poder de terceiro, como consequência do direito de sequela.

A ação de depósito também é meio idôneo para que o devedor (ou o credor) entregue a coisa ou seu valor.

A ação declaratória sempre será possível para que o juiz declare a existência ou inexistência do penhor.

25

HIPOTECA

25.1 NOTÍCIA HISTÓRICA

Na introdução dos direitos reais de garantia, realçamos a origem comum do penhor e da hipoteca. Difícil, porém, nas fontes precisar com exatidão o surgimento da hipoteca com os contornos atuais. Dada sua importância, necessário se faz maior aprofundamento no estudo de sua origem histórica.

A hipoteca é direito real sobre coisa alheia. No Direito Romano, não houve originalmente lei alguma que a consagrasse. Surge da atividade pretoriana que concedia ação real reconhecendo a existência do Direito perante o devedor ou terceiros adquirentes da coisa posteriormente à garantia conferida. Essa garantia servia para a dívida principal e seus acessórios.

Tudo leva a crer que a hipoteca obtém suas características no meio rural, quando o rurícola deixava os bens de seu trabalho afetados ao cumprimento de uma dívida. Antes de Justiniano, contudo, a situação não se mostra muito clara, sendo um direito tíbio, apenas podendo ser oposto ao próprio colono, mas não perante terceiros detentores (Cuq, 1928:665). Essa origem é aceita por Moreira Alves (1983:432). A hipoteca, denominada *pignus obligatum*, em contraposição ao *pignus datum*, surge quando o arrendatário de imóvel rural dava em garantia do pagamento de aluguéis o gado, escravos e utensílios, sem desapossamento. Posteriormente, também por iniciativa pretoriana, concedeu-se ação real ao credor para reivindicar bens dados em garantia ainda que em posse de terceiros. O termo *hypotheca* surge inserido na codificação de Justiniano.

Conquanto utilizada concomitantemente à hipoteca, manteve-se durante largo tempo da história romana a alienação com fidúcia (*fiducia cum creditore*), muito mais antiga, já referida anteriormente. Nesse instituto, o devedor transferia a coisa ao credor que se tornava proprietário fiduciário com a obrigação de devolvê-la uma vez paga a dívida, embora frequentemente este consentisse que o devedor mantivesse a coisa a título de arrendamento ou *precario* (Petit, 1970:341). Em decorrência dessa alienação com fidúcia, o credor devia devolver a coisa quando extinta a obrigação. O devedor mantinha contra ele ação direta de fidúcia, ou, se já estivesse com a coisa pelo período mínimo de um ano, poderia ajuizar a *usureceptio*. Esse sistema oferecia grandes vantagens ao credor com graves inconvenientes para o devedor, pois aquele poderia abusar de seu direito, alienando a coisa. O devedor, além de não poder utilizar a coisa garantida, ficava privado da produção que ela proporcionava. A fidúcia cai em desuso com o desaparecimento da *mancipatio* e da *in iure cessio*, às quais se adicionava o pacto de fidúcia. O penhor e a hipoteca ingressam na codificação justinianeia.

A hipoteca não concedia ao credor, em sua concepção primitiva, mais do que o direito de reclamar e obter a posse da coisa na falta de pagamento e de guardá-la até que fosse satisfeito pelo devedor. Como esse procedimento não atendia ao interesse das partes, passaram-se a agregar aos contratos de penhor ou de hipoteca pactos acessórios, para facilitar a satisfação do credor. Daí o surgimento do pacto comissório (hoje vedado). Por meio da *lex commissoria*, as partes convencionavam que, na eventualidade de não pagamento, o credor se tornaria proprietário do bem em garantia. Esse pacto colocava em grande risco o devedor que, sob premência, poderia dar em garantia coisa de valor muito superior ao débito. Por essa razão, após ser admitido durante toda época clássica, foi proibido por Constantino no ano de 326 (Petit, 1970:346). Outra convenção, não tão rigorosa, permitiu posteriormente ao credor vender a coisa (*pactum de distrahendo*), na hipótese de falta de pagamento, entregando ao devedor eventual valor que sobejasse ao crédito. Com o passar do tempo, essa cláusula tornou-se usual em toda instituição hipotecária. Tratou-se, sem dúvida, de notável avanço técnico. Desde então, passou-se a entender como cláusula usual e integrante do pacto hipotecário. Sob Justiniano se consagrou definitivamente como essência da hipoteca tal direito de alienação por parte do credor em caso de inadimplemento. Nessa codificação, o credor poderia se utilizar dessa prerrogativa, ainda que existisse cláusula em contrário, nem mesmo se obrigando, como ocorria anteriormente, a três notificações prévias do devedor.

No Direito Romano, portanto, já são traçados os contornos atuais do instituto que tem demonstrado sua utilidade através dos séculos, decorrente da genialidade da prática pretoriana e graças à dádiva da Codificação de Justiniano, cujo texto chegou até nós.

Já se notam os característicos clássicos da hipoteca: direito indivisível, ou seja, subsiste sobre todo o prédio ou coisa em geral enquanto não liquidado o débito. Dantes, podiam ser objeto de hipoteca tanto móveis como imóveis. Aplica-se aos bens corpóreos e, em geral, também aos incorpóreos. Admite-se, por essa razão, a hipoteca de usufruto, superfície e do futuro instituto a ser conhecido como enfiteuse. Admite-se também hipoteca de créditos, embora posteriormente essa prática seja reservada ao penhor, conforme já estudado.

Particularidade importante da Antiguidade era a possibilidade de serem dadas em hipoteca universalidades e bens futuros, aqueles que pudessem ser adquiridos pelo devedor de futuro, e não apenas bens determinados e existentes.

Podia a hipoteca ser convencional, testamentária ou tácita (ou legal). Nas modalidades de hipoteca tácita localiza-se o embrião de nossa atual hipoteca legal. Eram exemplos desta a hipoteca do arrendador de fundo rural sobre os frutos do imóvel e a hipoteca em proveito do legatário sobre parte da herança de herdeiro onerada com legado (Petit, 1970:349). Na origem romana também se encontra a hipoteca dos bens e dos menores de 25 anos sobre os bens de seus tutores e curadores pelas obrigações resultantes da tutela e da curatela. Com Justiniano surge, entre outras, a hipoteca tácita da mulher casada e seus herdeiros para garantir a restituição do dote após a dissolução do matrimônio (ver art. 827, I, do Código Civil de 1916).

O credor não satisfeito de sua dívida no vencimento poderia exercitar contra o devedor ação hipotecária para receber a posse da coisa; podia vender a coisa hipotecada; possuía direito de preferência sobre preço, em relação aos demais credores sem garantia, devendo restituir ao devedor o que sobejasse do valor recebido. Estabelecidas que fossem várias hipotecas sucessivamente sobre o mesmo bem, preferiam, em princípio, as mais antigas em relação às mais recentes. A mais antiga devia prevalecer sobre todas as outras. O primeiro credor hipotecário tinha grande vantagem no direito antigo porque poderia vender a coisa como lhe aprouvesse, sem se preocupar com os demais credores. Para evitar esse inconveniente, fazia-se necessária a publicidade do gravame. Os terceiros deveriam ser advertidos da existência de hipoteca do bem que lhes era oferecido como garantia. No entanto, não há notícia de que o Direito Romano houvesse alcançado um procedimento de publicidade, permanecendo oculta a hipoteca. Somente se atenuava o risco para os novos credores em face da obrigação de o devedor declarar a existência de ônus na constituição de novo gravame e mediante o direito dos demais credores hipotecários sub-rogarem-se nos direitos do primeiro, com o pagamento da dívida a este (*ius offerendae pecuniae*).

Até o princípio de preferência fixado pela prioridade de data da hipoteca sofria exceções: em favor do Fisco ou da mulher que possuía preferência sobre os bens do marido para restituição do dote, independentemente da data do casamento, por exemplo (Cuq, 1928:676).

A hipoteca ingressou no Direito das Ordenações de forma assistemática, assimilando o Direito Romano com suas deficiências. Em nosso país, a primeira lei que substituiu as Ordenações foi de 1843 (Lei nº 317), a qual ainda não estabelecia os princípios de especialização e publicidade. A Lei nº 1.237/1864 trouxe importantes modificações, criando o registro geral hipotecário, estabelecendo os princípios da inscrição, especialização e prioridade. Sua disciplina em nosso Código Civil de 1916, como direito real, valendo-se da experiência da legislação anterior, deu segurança e utilidade ao instituto, assentando seus fundamentos nos princípios da publicidade e da especialidade.

25.2 PRINCÍPIOS GERAIS

A hipoteca, como direito real acessório de garantia, mantém os mesmos preceitos da última fase do Direito Romano. Aplicam-se-lhe os princípios gerais estabelecidos no Código (arts. 1.419 a 1.430). Tal como os outros direitos de igual natureza, a hipoteca é acessória a uma garantia e indivisível. Sobre tais conceitos tecemos considerações nos capítulos anteriores.

Não se admite entre nós a chamada *hipoteca abstrata*, existente por si mesma, independentemente de qualquer crédito.

Trata-se, sem dúvida, de garantia fadada ao desuso, como se tem observado, tendo em vista o surgimento de outras modalidades mais práticas e eficazes de garantia de obrigações imobiliárias, como a alienação fiduciária em garantia de imóveis e outros institutos que estão sob estudo.

Considera-se direito real a partir do registro imobiliário. Enquanto não registradas, as hipotecas são válidas e eficazes como garantia estabelecida unicamente entre as partes (art. 848 do Código de 1916), tendo, portanto, alcance real limitado ou meramente obrigacional, princípio que se mantém como regra geral.

No estudo da hipoteca, não se deve perder de vista que, ao lado das normas estruturais estabelecidas pelo Código Civil, a Lei dos Registros Públicos confere-lhe a necessária instrumentalidade, mostrando-se indissociáveis o exame de ambos os diplomas legais e o dos princípios processuais estabelecidos pelo CPC.

A índole da hipoteca foi firmada como sendo sempre civil, conforme determina o art. 809 do velho Código. Irrelevante hoje a distinção entre direito civil e mercantil, muito mais ainda com o vigente Código Civil, mas, no passado, a disposição era importante porque não eram consideradas a pessoa do comerciante e sua atividade para o regime da hipoteca, pois sua natureza e sua lei reguladora são civis. O conceito atual de empresa e de relações de consumo supera o primevo alcance das normas.

A *publicidade* é obtida pelo registro imobiliário, assegurando o conhecimento de terceiros. Efetua-se o registro no lugar do imóvel ou em cada um deles se o título se estender a mais de uma circunscrição imobiliária (art. 1.492). Como resultado do registro, atende-se ao princípio da *prioridade*. O número de ordem no registro determina a prioridade (art. 1.493, parágrafo único). Duas hipotecas ou quaisquer outros direitos reais não podiam ser inscritos no mesmo dia, salvo se fosse precisada a hora exata da escritura (art. 1.494). Essa regra tradicional foi revogada. Caberá ao cartório apontar a data e a hora correta de dois ou mais registros, visando a incentivar a vetusta e cada vez menos utilizada hipoteca. Evita-se também problemas com a hora exata da ultimação do registro. A regra era explicitada no art. 192 da Lei dos Registros Públicos. Se foi precisa a hora no título, a prioridade é do ato mais novo. Caso contrário, a prioridade é da apresentação. O art. 191 da Lei dos Registros Públicos permite o registro de mais de uma hipoteca no mesmo dia, de acordo com a ordem de prenotação, derrogando a proibição do art. 836 do Código Civil, o qual teve a redação mantida no vigente Código com o esclarecimento necessário. Daí a importância de sempre fazer constar a hora do ato na escritura constitutiva, pois esse detalhe poderá permitir prenotação com número anterior. Os registros devem seguir a ordem em que forem sendo requeridos (art. 1.493). Caso contrário, não haveria como estabelecer a prioridade entre os credores.

Tem preferência no valor apurado em excussão o primeiro credor hipotecário, aquele que a registrou em data mais antiga. Nada impede que seja constituída mais de uma hipoteca sobre o mesmo bem, em favor do mesmo ou de credor diverso (art. 1.496). Os credores sucessivos, como regra, não podem excutir o bem antes dos precedentes (art. 1.477), salvo o caso de insolvência, quando se consideram vencidas antecipadamente todas as dívidas do devedor.

A *especialização* requer a descrição do bem e os requisitos da dívida (art. 1.424). Destarte, não há como ser instituída hipoteca geral e ilimitada. O direito do credor deve recair sobre bem ou bens devidamente separados e discriminados no patrimônio do devedor.[1]

Embora destinada primordialmente aos bens imóveis, tal não é seu traço distintivo exclusivo do penhor, pois se admite para certos bens móveis como navios e aeronaves. Notamos

---

1 "**Hipoteca** – Objeto de promessa de compra e venda – Imóvel comercial – Agravo interno no recurso especial. Direito civil e processual civil. Embargos de terceiro. Negativa de prestação jurisdicional. Não ocorrência. Hipoteca constituída sobre unidade objeto de promessa de compra e venda. Imóvel comercial. Não aplicação do disposto no Enunciado nº 308/STJ. 1. Inexistência de maltrato ao art. 1.022, incisos I e II, do Código de Processo Civil, quando o acórdão recorrido, ainda que de forma sucinta, aprecia com clareza as questões essenciais ao julgamento da lide. 2. Jurisprudência do Superior Tribunal de Justiça no sentido de que o entendimento cristalizado no Enunciado nº 308/STJ aplica-se exclusivamente às hipotecas que recaiam sobre imóveis residenciais, afastando-se, por conseguinte, a incidência do respectivo verbete sumular quando a citada garantia recair sobre imóvel comercial. 3. Não apresentação pela parte agravante de argumentos novos capazes de infirmar os fundamentos que alicerçaram a decisão agravada. 4. Agravo interno conhecido e desprovido" (*STJ* – Ag Int-REsp 1665440/SC, 2-8-2019, Rel. Min. Paulo de Tarso Sanseverino).

"Interdição – Curadora – **Dever de prestar contas** – Imposição de que se dê ao Juízo até certa data, anualmente, e permissão aos irmãos da nomeada de que exijam o cumprimento do dever, ante as divergências familiares acerca da administração dos bens da interdita, genitora de todos – Dever dos parentes próximos de fiscalizarem o patrimônio do ascendente comum, mesmo porque já estabelecida a data da prestação de conta anual – Sentença mantida. Interdição – Disposição sentencial de dever da curadora de promover a reaproximação dos irmãos com a interdita, como recomenda estudo técnico – Possibilidade, ante a animosidade entre os irmãos – Curadora que deve permitir a livre visitação dos irmãos à mãe, sem impor obstáculos – Sentença que assim decide, mantida. Interdição – Imposição à curadora, igualmente, de especialização de bens em hipoteca legal, ante o vulto patrimonial da interdita – Disposições do Código Civil de 1916 (artigo 418, que a impunha, e 827, IV), revogados pelo estatuto de 2002 – Previsão do novo estatuto, todavia, de que o juiz condicione o exercício da tutela (entenda-se, aqui, a curatela) no caso de ser o 'patrimônio do curatelado de valor considerável', 'à prestação de caução bastante, podendo dispensá-la se o tutor for de reconhecida idoneidade' – Hipótese em que o patrimônio da interdita é de valor considerável e a idoneidade da curadora se acha abalada por condenação a restituir valor expressivo ao patrimônio da curatelada – Substituição da hipoteca pela prestação de caução – Sentença mantida, com determinação de que assim se proceda. Apelação não provida, com determinação" (*TJSP* – Ap 3005915-53.2009.8.26.0037, 26-2-2018, Rel. João Carlos Saletti).

nesse aspecto traço da evolução histórica. Vimos que, em sua origem, tanto o penhor como a hipoteca podiam ter por objeto bens móveis e imóveis.

Distingue-se do penhor porque a hipoteca mantém a posse da coisa com o devedor, decorrendo daí sua vantagem como elemento de crédito, buscado por via transversa pelos penhores especiais, criados posteriormente ao Código Civil.

Como direito real, confere ao credor direito de sequela, permanecendo a garantia, ainda que alienado o bem. A instituição da hipoteca não retira o bem de comércio, pois pode o bem gravado ser alienado. Como se trata de direito real, com a alienação, permanece a hipoteca incidindo sobre o imóvel. O art. 1.475 do presente Código é expresso ao dizer que é nula a cláusula que proíbe ao proprietário alienar o imóvel hipotecado. O parágrafo único desse artigo, porém, acrescenta que pode ser convencionado que o crédito hipotecário ter-se-á por vencido, no caso de alienação. Nessa hipótese, o adquirente saberá que, ao adquirir o bem, deverá também liquidar a dívida que onera o imóvel.

A excussão do bem hipotecado processa-se da mesma forma que o penhor. Se o valor apurado na alienação judicial não for suficiente para extinguir a dívida, permanece o saldo como crédito quirografário. Por outro lado, o que sobejar do valor apurado (o supérfluo) pertence ao devedor ou ao terceiro garante.

Tratando-se de direito real, é imprescindível o consentimento do cônjuge do devedor ou terceiro hipotecante casado. No Código em vigor, mantida a mesma restrição, aplica-se o disposto no art. 1.647, salvo para o regime da separação absoluta de bens. O consentimento pode ser suprido judicialmente, provada a recusa injusta ou a ausência do cônjuge.

Se é ato que implica princípio de alienação patrimonial, requer, conforme visto na introdução aos direitos de garantia, plena capacidade de disposição. Incapazes somente podem gravar seus bens mediante autorização judicial, provando vantagem e real necessidade. A pessoa jurídica constitui hipoteca de acordo com seus estatutos ou contratos sociais, que de uma forma ou de outra devem autorizar a constituição do gravame. O mandato requer poderes expressos e específicos. Somente os bens alienáveis, portanto, podem ser hipotecados. Se não pode haver alienação, não há como realizar o valor da dívida; não há como excutir.

Não unicamente o proprietário, mas também o enfiteuta e o proprietário enfitêutico podem dar em hipoteca.

O art. 810 do Código de 1916 permitia a hipoteca sobre:

> *"I - os imóveis;*
>
> *II - os acessórios dos imóveis conjuntamente com eles;*
>
> *III - o domínio direto;*
>
> *IV - o domínio útil;*
>
> *V - as estradas de ferro;*
>
> *VI - as minas e pedreiras, independentemente do solo onde se acham;*
>
> *VII - os navios (art. 825)".*

O art. 1.473 do Código substitui minas e pedreiras pelos termos recursos naturais e acrescenta ao seu rol os incisos X e XI, que aduzem sobre a propriedade superficiária, bem como os direitos oriundos da imissão provisória na posse, quando concedida à União, aos Estados, ao Distrito Federal, aos Municípios ou às suas entidades delegadas e respectiva cessão e promessa de cessão. Ainda, esse dispositivo reporta-se ao art. 1.230, o qual, por sua vez, refere-se às jazidas, minas e demais recursos minerais, os potenciais de energia elétrica, os monumentos arqueológicos e outros bens referidos em leis especiais. Há que se acrescentar também a possibilidade de hipoteca sobre o direito de superfície, o que tentou fazer expressamente o Projeto nº 6.969/2002. Note que os acessórios dos imóveis somente podem ser objeto de hipoteca conjuntamente com o imóvel. Esses acessórios, de per si, somente poderiam, em princípio, ser objeto de penhor, se bens móveis.

O art. 825 do Código anterior permitia que os navios em construção fossem objeto de hipoteca. Já o atual Código apenas remete à hipoteca dos navios e aeronaves para a legislação especial (art. 1.473, § 1º), que, como regra, autoriza a hipoteca sobre a coisa em construção. Trata-se de hipoteca de coisa futura, mas não há objeto se ainda não iniciada a construção, se o navio se encontra ainda em fase de projeto. Da mesma forma, para maior facilidade de crédito, é admitida a hipoteca de imóvel com construção já iniciada.

Para atender a investimentos imobiliários de vulto, o Código de 2002 passa a admitir expressamente que a hipoteca pode ser constituída para garantia de dívida futura ou condicionada, desde que determinado o valor máximo do crédito a ser garantido (art. 1.487). O art. 1.487-A, introduzido pela Lei nº 14.711/2023, trouxe explicitação a esse princípio. Pode a constituição da hipoteca, por exemplo, ficar subordinada à obtenção de determinado número de investidores para a construção de um edifício. Pode ser especificado que o empreendimento, subordinado à hipoteca, deverá ser iniciado e concluído dentro de determinado prazo. Esclarece o § 1º desse atual dispositivo que a execução da hipoteca dependerá de prévia e expressa concordância do devedor quanto à verificação da condição ou ao montante da dívida. A lei registrária deverá adaptar-se para permitir que uma hipoteca desse nível seja registrada junto à matrícula do imóvel a ser construído.

O § 2º do artigo dispõe que

> *"havendo divergência entre o credor e o devedor, caberá àquele fazer prova de seu crédito. Reconhecido este, o devedor responderá, inclusive, por perdas e danos, em razão da superveniente desvalorização do imóvel".*

Ora, o crédito, como regra, comprova-se pelo instrumento que institui a hipoteca. A lei deverá permitir que seja registrado no cartório imobiliário, como dissemos. A mais recente lei, ora comentada, diz que o devedor será responsável por superveniente desvalorização do imóvel: imagina-se, por exemplo, a situação de o imóvel não ter obedecido ao plano original ou, por qualquer outra razão, ter sido construído de molde a valer menos que o projetado. A matéria, tal como está, é lacunosa, e há necessidade de que seja devidamente regulada por uma nova disciplina das construções de edifícios, mormente uma nova lei de incorporações imobiliárias.

A hipoteca constitui-se por escritura pública (ou instrumento particular, se o valor o permitir), possibilitando assim seu registro.

Ao se referir aos acessórios dos imóveis, a lei permite a hipoteca dos imóveis por determinação legal (art. 43, III, do Código de 1916), categoria que deixa de existir como tal no presente Código. Devem ser entendidas como acessórios todas as suas modalidades, tanto as naturais, como árvores e frutos, quanto tudo que for posto pelo homem no imóvel, para comodidade, aformoseamento ou exploração industrial.

A hipoteca pode ser *convencional*, *legal* ou *judicial*, resultando de sua origem. *Convencional* é aquela derivada de acordo de vontades. As partes têm a faculdade de garantir obrigações de dar, fazer ou não fazer com hipoteca. É modalidade mais comum, devendo obedecer aos requisitos dos direitos de garantia em geral e aos específicos de sua natureza. Pode, em tese, como na antiguidade, ser determinada por testamento, mas se torna problemática a possibilidade de concretização.

A *hipoteca legal* decorre de certas situações em que a lei exige garantia de pessoas colocadas sob determinadas condições. Sua finalidade é preventiva e acautelatória de eventuais prejuízos, como veremos.

A *hipoteca judicial* é determinada em sentença, conferindo ao exequente prosseguir em execução contra adquirentes de bens do executado.

As hipotecas sobre navios e aeronaves, bem como sobre vias férreas, devem ser classificadas, dadas suas peculiaridades, como *hipotecas especiais*, embora também sejam modalidades convencionais. No mesmo sentido se coloca a hipoteca sobre minas e pedreiras.

O regime jurídico, principalmente o registrário, estrutura-se tendo em mira a hipoteca convencional.

A hipoteca abrange o solo e todas as acessões, construções ou melhoramentos feitos nele. Essa a ideia descrita no art. 1.474.[2] Tudo que integra o imóvel porque nele se contém ou porque

---

[2] "Agravo de instrumento. Execução de título extrajudicial. Hipoteca. Decisão que rejeitou a exceção de pré-executividade. Irresignação da parte devedora. Descabimento. Bem oferecido como garantia de cédula bancária suficientemente descrito, com o registro de sua matrícula anexado ao contrato. Ausência de menção à existência de edificação no terreno. Irrelevância. Inexistência de referida informação que não enseja a ineficácia da garantia. Hipoteca que abrange todas as acessões, melhoramentos ou construções do imóvel. Inteligência do art. 1.474, CC. Decisão mantida. Recurso não provido" (*TJSP* – AI 2095080-59.2020.8.26.0000, 16-12-2021, Rel. Walter Barone).

"Ação de cobrança – Imóvel hipotecado – **Inexistência de direito à indenização por benfeitorias** – Artigo 1.474 do Código Civil – 1- De acordo com o conjunto probatório, cumpre registrar, inicialmente, que a autora adquiriu, no ano de 2000, por meio de um 'contrato de gaveta' o imóvel. 2- Referido imóvel foi adquirido, em 1998, pelo cedente, através de contrato de financiamento imobiliário firmado com a CEF. Esse contrato previa a constituição da hipoteca como garantia do pagamento do mútuo para aquisição do bem. 3- Após firmado o 'contrato de gaveta', entre os anos de 2002 e 2003, a autora promoveu reforma e realizou melhorias no imóvel. Sustenta que, no ano de 2006, deixou de pagar as parcelas do financiamento do imóvel, motivo pelo qual houve adjudicação pela EMGEA, no ano de 2007, e posterior alienação a terceiro, no ano de 2010. 4- A parte autora sustenta que tem direito ao recebimento dos valores despendidos com as benfeitorias realizadas no imóvel, sob pena de enriquecimento sem causa das apeladas, que lucraram com a venda do bem por preço mais elevado justamente em razão das reformas levadas a efeito pela ora apelante. 5- A cláusula Décima Quinta, parágrafo único, do contrato firmado entre o cedente e a CEF, prevê que os devedores dão à CEF, em primeira e especial hipoteca, o imóvel. 6- Tratando-se de adjudicação de imóvel hipotecado, não há como admitir-se direito de retenção a garantir indenização por benfeitorias, haja vista inexistir qualquer direito àquela indenização. 7- A disposição contratual encontra-se em conformidade com a previsão legal do artigo 1.474 do Código Civil, não havendo que se falar em abusividade da referida cláusula. 8- Apelação não provida" (*TRF-3ª R.* – AC 0004936-63.2011.4.03.6111/SP, 5-2-2019, Rel. Des. Fed. Hélio Nogueira).

"Apelação Cível – Ação Ordinária – Terceiro possuidor de imóvel hipotecado – **Indenização por benfeitorias/acessões** – Diferença da metragem construída registrada na matrícula do imóvel e metragem na data da imissão na posse do adquirente do arrematante – Sujeição das benfeitorias à garantia hipotecária – Princípio da gravitação jurídica – o acessório (hipoteca) segue o principal (o imóvel) – 1- Não há que se falar em cerceamento de defesa quando a parte sequer indica o que pretendia provar com a produção da prova testemunhal. 2- A produção de provas desnecessárias ao julgamento da lide pode ser indeferida pelo juiz, com base em seu poder instrutório. 3- Consoante art. 1.474 do Código Civil, a hipoteca abrange todas as acessões, melhoramentos ou construções do imóvel. 4- Sob o ângulo do princípio da gravitação jurídica, segundo o qual o acessório segue o principal, conclui-se que "as benfeitorias, por serem bens acessórios, incorporam-se ao imóvel (bem principal), ficando também sujeitas à garantia hipotecária". 5- Reconhece-se a "Sujeição das benfeitorias à garantia hipotecária, independentemente da transcrição destas na matrícula do imóvel" (REsp 1399143/MS). 6- O terceiro que adquire imóvel hipotecado não tem direito a indenização por benfeitorias se já existentes antes da execução da hipoteca pelo credor" (*TJMG* – AC 1.0342.09.125839-8/001, 5-3-2018, Rel. José Flávio de Almeida).

"Civil – Sistema financeiro da habitação – Execução Extrajudicial – **Benfeitorias** – Ressarcimento – Descabimento – Recebimento da diferença final apurada no fim da execução – Artigo 32 do Decreto-Lei 70/66 – Descabimento – Ausência de provas – 1- Cinge-se a controvérsia em aferir se, após a adjudicação do imóvel, o apelante tem direito ao recebimento de indenização, relativa aos valores gastos com as benfeitorias realizadas no bem, a teor do disposto no artigo 1.219 do Código Civil; Ou, então, ao pagamento do saldo remanescente da arrematação. 2- A CEF não tem obrigação de indenizar o apelante pelas benfeitorias úteis realizadas, uma vez que a hipoteca atinge o imóvel como um todo, incluindo as acessões, melhoramentos ou construções do imóvel, sendo certo que há previsão contratual expressa no sentido de que a conservação do bem fica a cargo do mutuário (cláusula vigésima terceira). 3- Quando executado o imóvel, é desnecessária a restituição

posteriormente se incorporou integra a hipoteca. Os acréscimos integram o gravame ainda que adicionados após a constituição da garantia. Note que o atual sistema introduz a noção de *pertenças* no ordenamento. Veja o que falamos a respeito da inovação em nosso primeiro volume. A questão das pertenças em sede de hipoteca, assim como em outros campos, trará dúvidas, porque o legislador não foi suficientemente claro. O art. 94 dispõe que os negócios jurídicos que dizem respeito ao bem principal não abrangem as pertenças, salvo se o contrário resultar da lei, da vontade das partes ou das circunstâncias do caso. Ora, embora a lei afirme que as pertenças, no caso em exame, não integrem a hipoteca, persiste a dúvida em delinear exatamente o que são pertenças. A maior cautela recomenda que no instrumento de hipoteca os acessórios que integram o gravame devem ser perfeitamente descritos. Assim, no exemplo clássico de pertenças, a parte interessada deve esclarecer se os ventiladores e aparelhos de ar-condicionado integram a garantia. Observe, porém, que, se o prédio foi construído com sistema de ar-condicionado integrado, não há como dissociá-lo do imóvel (Mamede, 2003:330).

25.2.1 Registro da Hipoteca. Dúvida

Em qualquer ato de seu ofício registrário, o oficial pode ter dúvida sobre o ato a ser praticado. O *procedimento* é regulado pela Lei dos Registros Públicos. No entanto, o art. 834 do Código de 1916 era expresso:

> "*Quando o oficial tiver dúvida sobre a legalidade da inscrição requerida, declará-la-á por escrito ao requerente, depois de mencionar, em forma de prenotação, o pedido no respectivo livro*".

O procedimento de dúvida é instaurado na forma do art. 198 da Lei dos Registros Públicos, com nova redação conferida pela Lei nº 14.382/2022. Se o apresentante não se conformar com a exigência do oficial, ou não puder satisfazê-la, poderá requerer a remessa da dúvida ao juízo corregedor. Ainda que não apresentada, deve a dúvida ser julgada porque a matéria é correcional e administrativa (art. 199 da Lei dos Registros Públicos). A sentença é sempre apelável pelo interessado, por terceiro prejudicado e pelo Ministério Público, que participa necessariamente do procedimento cartorial (art. 202 da Lei dos Registros Públicos). O serventuário não tem legitimidade para recorrer. O cartorário apresenta a dúvida como agente do Estado, por dever de ofício, em situação de neutralidade. Deve-se submeter ao que for decidido pelo juízo. A decisão no processo de dúvida não repercute em qualquer direito do oficial. Por outro lado, tem o dever de suscitar a dúvida se observar irregularidade, caso contrário se sujeita ao regime disciplinar.

Julgada procedente a dúvida, com o trânsito em julgado os documentos serão restituídos à parte, dando-se ciência da decisão ao oficial para que cancele a prenotação. Julgada improcedente, o interessado deve apresentar novamente os documentos, com o mandado ou certidão da sentença, que ficarão arquivados, procedendo-se imediatamente ao registro, declarando o

---

dos valores pagos, que serão retidos pelo credor como compensação pelos prejuízos causados em virtude da inadimplência do devedor; caso contrário, ficaria descaracterizado o contrato de mútuo, cuja obrigação do mutuário reside em adimplir o contrato, mediante a devolução do empréstimo acrescido de juros. 4- Ademais, não restou comprovado nos autos a existência das supostas benfeitorias realizadas no imóvel. 5- O apelante também não trouxe aos autos o registro atual do imóvel no RGI, bem como as informações relativas ao valor da dívida e das despesas com a execução extrajudicial, de modo que ficou prejudicada a análise relativa à apuração de alguma diferença em seu favor após o lance final oferecido pelo imóvel, conforme estabelecido nos parágrafos 2º e 3º do artigo 32 do Decreto-Lei 70/66. 6- Apelação desprovida" (*TRF-2ª R.* – AC 0103255-77.2015.4.02.5101, 12-6-2017, Rel. Des. Fed. Aluisio Gonçalves de Castro Mendes).

oficial o fato na coluna de anotações do protocolo (art. 203 da Lei dos Registros Públicos). O registro é do título prenotado, nos termos da decisão.

A natureza administrativa do processo de dúvida vem expressa no art. 204. As custas somente serão pagas pelo interessado no caso de procedência da dúvida (art. 207 da Lei dos Registros Públicos). Em qualquer caso, os interessados podem recorrer à via contenciosa. Não há eficácia de coisa julgada no procedimento de dúvida.

Em qualquer conjuntura, o interessado tem o prazo decadencial de 20 dias para cumprir as exigências a partir da prenotação. Mantendo-se inerte, não requerendo o procedimento da dúvida nem atendendo às exigências, cessarão os efeitos da prenotação (art. 205 da Lei dos Registros Públicos).

A dúvida é de legitimação ativa exclusiva do oficial. Discute-se se o interessado pode dirigir-se diretamente ao juiz, quando possui título dúbio, suscitando assim a denominada *dúvida inversa*. Após vacilação jurisprudencial, predomina hoje a corrente que não admite esse procedimento (Ceneviva, 1991:347). O interessado deve apresentar o título em cartório. Cabe ao oficial opor dúvida, se for o caso.

Se a hipoteca é convencional, qualquer interessado pode requerer o registro, apresentando o devido instrumento. Nas demais modalidades de hipoteca, interessado será aquele definido em lei (arts. 839 ss. do Código de 1916). O marido ou o pai deve requerer a especialização e registro da hipoteca legal da mulher casada. Ao pai, à mãe, ao tutor ou curador incumbe providenciar a hipoteca legal, antes de assumirem a administração dos bens dos incapazes. O inventariante e o testamenteiro têm legitimidade para regularizar a hipoteca legal dos incapazes, antes de entregar herança ou legado. A hipoteca legal do ofendido compete a seu representante, se for incapaz, ou ao Ministério Público. Os interessados nesta hipoteca podem requerê-la pessoalmente ou promovê-la por solicitação ao Ministério Público.

O vigente Código optou por fórmula genérica:

> *"o registro e a especialização das hipotecas incumbem a quem está obrigado a prestar garantia, mas os interessados podem promover a inscrição delas, ou solicitar ao Ministério Público que o faça"* (art. 1.497, § 1º).

Acrescenta o § 2º desse dispositivo que as pessoas, às quais incumbir o registro e a especialização das hipotecas, estão sujeitas a perdas e danos pela omissão. Conclui-se, portanto, que qualquer interessado pode requerer o registro, mas os que estão obrigados a prestar a garantia, nas situações legais, têm por dever fazê-lo.

A prenotação é importante porque, julgada improcedente a dúvida pelo juiz corregedor, valerá a prenotação para fins de prioridade. Prenotação é assentamento prévio no protocolo. Seus efeitos cessam em 30 dias se o interessado não cumprir as exigências opostas pelo oficial. Se levantada dúvida, o prazo é suspenso até a decisão judicial. Desse modo, não pode o interessado ser prejudicado por processamento moroso da dúvida, a que não tiver dado causa, porque o art. 835 do Código de 1916 fixava prazo de 30 dias para julgamento.

Sobre a matéria dispõe a Lei dos Registros Públicos no art. 186 que *"o número de ordem determinará a prioridade do título, e este a preferência dos direitos reais, ainda que apresentados pela mesma pessoa mais de um título simultaneamente"*. Decorre daí que, se for o mesmo interessado, pode obter dois registros no mesmo dia. Se forem dois apresentantes, há necessidade de perfeita identificação de data e horário nos títulos para o registro no mesmo dia, sob pena de ser seguida a ordem de apresentação.

Doutro lado, se não há óbice, o registro deve ocorrer dentro do prazo de 10 dias da prenotação (art. 188 da Lei dos Registros Públicos, com redação da Lei nº 14.382/2022). Todavia, não pode ser a parte prejudicada por desídia do oficial ou mau funcionamento da estrutura cartorária. O art. 189 da lei registrária alerta que, se do título constar referência à existência de outra hipoteca sobre o mesmo bem, o oficial fará a prenotação e aguardará 30 dias a fim de que os interessados na primeira façam sua inscrição. Se isso não ocorrer, registrar-se-á o título apresentado com preferência sobre o mencionado predecessor. Esse dispositivo altera o direito de preferência e prioriza o direito daquele que foi mais diligente no registro de seu título. A disposição já constava, com outra redação, do art. 837 do Código Civil anterior.

Se o imóvel hipotecado não estiver matriculado (ou registrado) em nome do outorgante, há necessidade de primeiramente ser efetuada a matrícula, a fim de ser atendido o princípio da continuidade registrária (art. 195 da Lei dos Registros Públicos).[3]

O registro público, de qualquer natureza, deve apresentar veracidade. Qualquer erro material pode ser retificado. No caso do registro imobiliário, essa retificação é possível se não prejudicar terceiros (art. 213 da Lei dos Registros Públicos, que regula o procedimento administrativo). Essa retificação bem como a anulação podem decorrer de processo contencioso.

Há alguma alteração nessa matéria no mais moderno Código, que modifica o alcance dos arts. 834 ss. do Código de 1916. Assim, o art. 1.496 dispõe que, se o oficial tiver dúvida sobre a legalidade do registro requerido, fará a prenotação do pedido. Se a dúvida, dentro em 90 dias, for julgada improcedente, o registro efetuar-se-á com o mesmo número que teria quando da prenotação. Se julgada procedente a dúvida, ficará cancelada a prenotação e se a hipoteca for novamente requerida, receberá número novo. Aumenta-se, portanto, o prazo de 30 dias do antigo Código, para 90 dias, a fim de se aguardar o julgamento da dúvida. No mais, a compreensão do vigente artigo é a mesma do antigo art. 835.

O art. 1.495 do Código em vigor contempla hipótese diversa:

> *"Quando se apresentar ao oficial do registro título de hipoteca que mencione a constituição de anterior, não registrada, sobrestará ele a inscrição da nova, depois de a prenotar, até trinta dias, aguardando que o interessado inscreva a precedente; esgotado o prazo, sem que se requeira a inscrição desta, a hipoteca ulterior será registrada e obterá preferência".*

---

[3] "**Cancelamento de hipoteca** – Gravame inserido em instrumento particular de compromisso de compra e venda – Obtenção da declaração de quitação por meio de adjudicação compulsória, em que houve anuência do banco réu – Pertinência da inclusão da instituição financeira no polo passivo da ação – Agente financeiro que é o único capaz de levantar a hipoteca perante o Registro imobiliário – Dano moral inocorrente – Sentença mantida – Recursos não providos" (*TJSP* – AC 1007562-97.2018.8.26.0071, 28-6-2019, Rel. Heraldo de Oliveira).

"**Cancelamento de hipoteca** – Ação declaratória – Sentença de parcial procedência para declarar a prescrição da obrigação garantida pela hipoteca, e para determinar, por consequência, seu cancelamento. Apelo do réu. Alegação de ilegitimidade passiva. Inocorrência. Apelante que é sucessor do Banco Nacional S.A. Prescrição da obrigação principal a ensejar a extinção da garantia, nos termos do artigo 1.499, I, do Código Civil. Redução dos honorários advocatícios de sucumbência. Descabimento. Recurso não provido, elevados honorários advocatícios de sucumbência em sede recursal para 15% do valor atualizado da causa" (*TJSP* – Ap 1002481-20.2016.8.26.0369, 19-2-2018, Rel. Jairo Oliveira Junior).

"Adjudicação compulsória – **Cancelamento de hipoteca e outorga de escritura de bem imóvel** – Carência de ação – Preliminar afastada – Mesmo após anos da quitação do imóvel pelos autores não houve a outorga da escritura do imóvel, nem o cancelamento do ônus hipotecário – Desnecessária a comprovação de que notificaram os réus para outorga da escritura anteriormente – Verba Sucumbencial – Condenação dos réus ao pagamento das custas, das despesas processuais e dos honorários advocatícios – Princípio da causalidade – Pretensão indenizatória – Prescrição Inocorrente – Dano Moral – Não caracterizado – Resistência em outorgar a escritura que não configurou ofensa à imagem, à intimidade ou à honra da pessoa dos compradores – litigância de má-fé Inocorrência das hipóteses do art. 17 do CPC – Descabimento da multa aludida no art. 18 do CPC – Sentença mantida – recursos desprovidos, com observação" (*TJSP* – Ap 1002560-53.2014.8.26.0309, 9-6-2016, Rel. J. B. Paula Lima).

Com isso, concede-se o prazo razoável ao outro hipotecante para registrar em primeiro lugar sua hipoteca. Se este se mantiver inerte, será registrada a hipoteca apresentada.

Registrada a hipoteca, iniciam-se seus efeitos *erga omnes*. Vícios que a inquinem, que não meras retificações, somente podem ser removidos por ação judicial. Destarte, eventuais credores quirografários ou outros credores privilegiados somente se podem valer de ação própria para invalidar a hipoteca e seus respectivos efeitos.

A regra constante do art. 1.498 do presente Código deve ser realçada:

> *"vale o registro da hipoteca, enquanto a obrigação perdurar; mas a especialização, em completando vinte anos, deve ser renovada".*

Não há prazo limitado para a existência da hipoteca, no entanto, após o período tão longo de 20 anos, é quase certo que as condições descritas na especialização tenham se alterado, como, por exemplo, o valor do crédito, a taxa de juros e o prazo para pagamento. Tornar-se-á necessário, portanto, que nova especialização se faça, sem a qual não estará autorizada a excussão. O Código de 1916 tinha disposição equivalente no art. 830, que se referia ao prazo de 30 anos. Esse artigo estava deslocado porque se refere invariavelmente à hipoteca convencional, mas estava colocado entre os dispositivos da hipoteca legal. O Código de 2002 corrigiu a falha. No entanto, a Lei nº 10.931/2004 alterou o art. 1.485, para fazer retornar o prazo de 30 anos para prorrogação da hipoteca, mas nada se alterou quanto a esse artigo 1.498, que se reporta à nova especialização em 20 anos. Portanto, esses prazos não coincidem.

25.3 HIPOTECA CONVENCIONAL

A garantia de créditos estabelecida por vontade dos interessados preenche a finalidade precípua da hipoteca. Daí ser modalidade mais comum e mais importante. Já nos referimos a ela quando tratados os requisitos de especialidade, publicidade, capacidade do outorgante, instrumento escrito público (ou particular) etc. Lembre-se, ademais, da possibilidade de terceiro assumir a garantia de dívida de outrem, oferecendo bem em garantia.

Os bens inalienáveis, como enfatizado, não podem ser objeto de hipoteca. Os bens públicos, quando sua natureza o permitir, necessitam de autorização legislativa. Os bens de menores e incapazes somente podem ser gravados por autorização judicial, provada efetiva necessidade. Os emancipados estão livres para os atos da vida civil, inclusive para estabelecer o gravame.

O falido, não mantendo a administração de seus bens, não pode gravá-los. Os concordatários ou empresas em regime de recuperação judicial podem fazê-lo mediante autorização do juízo universal. Há que se verificar os princípios da nova lei de falências.

Como regra geral que comporta exceção no vigente Código, é necessária a outorga conjugal, a recusa injustificada pode dar margem ao suprimento do consentimento. Conforme o princípio geral do Código de 1916, o condômino de parte indivisa necessita da autorização dos demais consortes. O art. 1.420, § 2º, do presente Código abrandou essa regra, como vimos.

25.4 HIPOTECA LEGAL

Como já ocorria no Direito Romano com a denominada hipoteca tácita, a lei protege certas pessoas com o favor da hipoteca decorrente de lei. Nessas situações, não há título constitutivo. Surge por força da lei.

Na hipoteca legal, existem dois momentos bem definidos. Em primeiro lugar, há um fato jurígeno do vínculo. No entanto, o simples fato típico não instrumentaliza a hipoteca.

Há necessidade de um segundo momento, quando então são individualizados, especializados os bens garantidores, culminando com sua inscrição como objeto da hipoteca e tornando-se efetivamente garantia real.

Cabe ao legislador descrever as hipóteses de hipoteca legal. No Código Civil de 1916, os fatos jurígenos estavam elencados no art. 827. O mais recente Código traz o rol no art. 1.489. Analisemos os dois sistemas. Pelo Código anterior, a lei conferia hipoteca legal:

> *"I – à mulher casada, sobre os imóveis do marido, para garantia do dote e dos outros bens particulares dela, sujeitos à administração marital;*
>
> *II – aos descendentes, sobre os imóveis do ascendente, que lhes administra os bens;*
>
> *III – aos filhos, sobre os imóveis do pai, ou da mãe, que passar a outras núpcias, antes de fazer o inventário do casal anterior (art. 183, XIII);*
>
> *IV – às pessoas que não tenham a administração de seus bens, sobre os imóveis de seus tutores ou curadores;*
>
> *V – à Fazenda Pública federal, estadual ou municipal, sobre os imóveis dos tesoureiros, coletores, administradores, exatores, prepostos, rendeiros e contratadores de rendas e fiadores;*
>
> *VI – ao ofendido, ou aos seus herdeiros, sobre os imóveis do delinquente, para satisfação do dano causado pelo delito e pagamento das custas (art. 842, I);*
>
> *VII – à Fazenda Pública federal, estadual ou municipal, sobre os imóveis do delinquente, para o cumprimento das penas pecuniárias e pagamento das custas (art. 842, II);*
>
> *VIII – ao coerdeiro para garantia do seu quinhão ou torna da partilha, sobre o imóvel adjudicado ao herdeiro reponente".*

As situações são modernamente elencadas pelo art. 1.489 do vigente Código:

> *"I – às pessoas de direito público interno (art. 41) sobre os imóveis pertencentes aos encarregados da cobrança, guarda ou administração dos respectivos fundos e rendas;*
>
> *II – aos filhos, sobre os imóveis do pai ou da mãe que passar a outras núpcias, antes de fazer o inventário do casal anterior;*
>
> *III – ao ofendido, ou aos seus herdeiros, sobre os imóveis do delinquente, para satisfação do dano causado pelo delito e pagamento das despesas judiciais;*
>
> *IV – ao coerdeiro, para garantia do seu quinhão ou torna da partilha, sobre o imóvel adjudicado ao herdeiro reponente;*
>
> *V – ao credor sobre o imóvel arrematado, para garantia do pagamento do restante do preço da arrematação".*

Em todas essas situações, há um sentido ético de maior proteção para o ressarcimento de eventuais prejuízos causados por quem administra bens alheios ou é devedor sob condições definidas.

Se ocorre qualquer dessas situações tipificadoras, por si só a hipoteca legal não se processa e não possui efeitos imediatos perante terceiros. Em favor dos beneficiários, é verdade, opera prontamente, como gravame real limitado, tal qual um instrumento convencional ainda não registrado.

Portanto, para ser obtida a eficácia relativa a terceiros são imperativas a inscrição e a especialização, isto é, o procedimento subsequente ao fato gerador. A exigência está expressa no art. 1.497. A legitimidade para requerer a instrumentalização já foi por nós referida e é descrita nos arts. 839 ss. do Código antigo e 1.497 do atual.

Na hipoteca legal, há necessidade de um procedimento judicial, uma vez que não há título convencional ou material a ser registrado. Não há mais um procedimento específico para a especialização da hipoteca (arts. 1.205 a 1.210 do CPC de 1973).

Os termos do anterior CPC podem ser seguidos em linhas gerais. O pedido, feito por quem a lei material legitima, deve declarar a estimação da responsabilidade a ser garantida e ser instruído com a prova de domínio dos bens, livres e desembaraçados, dados em garantia (art. 1.205). O art. 1.206 especifica os casos de necessidade de avaliação. O art. 1.209 permite que a hipoteca se especialize por escritura pública quando as partes forem capazes, dispensando-se o processo.

Os responsáveis perante a Fazenda Pública podem requerer a hipoteca ou as respectivas procuradorias, em atendimento ao inciso I do art. 1.489.

Os responsáveis pela inscrição e especialização responderão em caso de omissão pelos prejuízos a que derem causa (art. 1.497, § 2º). Se ocorrem as hipóteses legais, os responsáveis obrigam-se a proceder à inscrição e especialização.

A sentença declarará a especialização e determinará a expedição de mandado de inscrição para o registro imobiliário (art. 1.207, parágrafo único, do CPC/73). Como verificamos, na hipoteca legal, a sentença substitui o instrumento da hipoteca convencional.

A lei permite que a hipoteca legal seja substituída por títulos da dívida pública (art. 1.491), como forma de abrandar o rigor do gravame sobre o patrimônio das pessoas atingidas. A conveniência será apurada no caso concreto. O mais moderno Código, mais consentâneo com a realidade, permite que a hipoteca seja substituída não só por títulos da dívida pública federal ou estadual, mas também por outra garantia, a critério do juiz, mediante requerimento do devedor (art. 1.491).

A primeira hipótese de hipoteca legal no antigo Código referia-se à *mulher casada sobre os bens do marido* para garantia do dote e outros bens particulares. Essa garantia teve raízes no Direito Romano, como vimos. O sistema dotal não foi utilizado em nosso meio, apesar de constar da lei. A hipoteca servia para garantir a restituição dos bens entregues ao marido, sob sua administração, enquanto perdurar o casamento. Por outro lado, a Lei nº 4.121/62 instituiu a possibilidade de existirem *bens reservados* da mulher (nova redação do art. 246 do Código Civil de 1916). São bens adquiridos por seu único esforço e decorrentes de sua indústria. Se administrados pelo marido, há direito à hipoteca legal. A hipótese, evidentemente, não é mais repetida no Código de 2002, ainda porque atualmente, após a Constituição de 1988, nem mesmo há que se falar em bens reservados (veja nosso capítulo a esse respeito em Direito de Família).

Os *filhos sob pátrio poder*, hoje poder familiar, tinham hipoteca legal sobre bens dos pais, quando estes administrassem seu patrimônio. Essa administração decorria do pátrio poder, hoje denominado poder familiar. Era meio de garantir que os pais não dilapidassem e malversassem bens dos filhos. Não há distinção entre filiação legítima ou ilegítima, distinção modernamente também inócua. A hipoteca não se referia aos frutos dos bens dos filhos porque, até a maioridade, estes pertenciam aos pais. O usufruto dos bens dos filhos menores é inerente ao pátrio poder. Defende-se que essa hipoteca somente se fazia necessária em face da natureza do usufruto, quando os pais pretendessem levantar valores ou alienar bens dos filhos. A disposição, que se mostrara inútil, também não é repetida no presente Código, que regula o usufruto e a administração dos bens de filhos menores nos arts. 1.689 a 1.693.

A hipoteca referida no inciso III do art. 827 referia-se à *hipoteca do filho cujos pais convolarem novas núpcias* antes de ultimarem o inventário e a partilha do casamento anterior.

A finalidade é evitar a confusão de patrimônios que poderá prejudicar o filho do primeiro matrimônio. O dispositivo consta do art. 1.489, II, do vigente Código e continua aplicável.

A hipoteca sobre *bens de tutores e curadores* tinha por finalidade garantir eventuais prejuízos na administração dos bens dos pupilos. O juiz poderia dispensar essa hipoteca, sendo usual que o fizesse, salvo necessidade evidente demonstrada, pois se cuidava de mais um ônus à já difícil missão atribuída a tutores e curadores. No entanto, o art. 420 do Código de 1916 determinava que o juiz respondesse subsidiariamente pelos prejuízos causados por ele se não tiver exigido a garantia legal. Nosso Código anterior, de índole marcantemente patrimonial, não levava em conta que a maioria das tutelas e curatelas em nosso meio social era concedida a pessoas com parcas posses, geralmente atribuindo somente encargos aos administradores. A garantia era essencial quando se tratasse de patrimônio de vulto. Nesse caso, deveriam velar o juiz e o Ministério Público pela garantia da boa administração. O Código de 2002 estatui, no art. 1.745, parágrafo único, que se o patrimônio do menor for de valor considerável poderá o juiz condicionar o exercício da tutela à *prestação de caução bastante*, podendo dispensá-la se o tutor for de reconhecida idoneidade. Essa caução pode ser concedida sob a forma de hipoteca, ou qualquer outra modalidade de garantia, o mesmo se aplicando ao exercício da curatela.

A *hipoteca da Fazenda Pública* sobre seus tesoureiros ou assemelhados é importante meio de garantia de prejuízos eventualmente causados por esses funcionários. O Código de 2002 refere-se às pessoas de direito público interno no inciso I do art. 1.489. Tal norma, tão esquecida por nossos administradores, deveria ser estendida e efetivamente aplicada a todo e qualquer servidor que se coloque em posição ou exerça atividade ou função passível de causar prejuízo ao erário público, inclusive membros integrantes dos poderes. Essa matéria deve vir regulada em normas de Direito Público, complementando as disposições já existentes, definidoras dessa responsabilidade. A matéria é referida no mais recente Código às pessoas de direito público interno (art. 1.489, I).

O *ofendido* (inciso II), a vítima, tem hipoteca sobre bens do réu condenado criminalmente. Essa hipoteca tem por fim garantir o ressarcimento do dano civil e das custas. Os bens do condenado respondem pela indenização aquiliana. A excussão decorrente da responsabilidade civil recairá, destarte, sobre os bens especializados. Essa garantia é importante e deveria ser incentivada quando o ofensor tem bens imóveis, tanto que a disposição é mantida pelo Código Civil de 2002. O CPP, nos arts. 134 ss., cuida da hipoteca legal do réu.

A hipoteca da Fazenda com relação aos imóveis de delinquentes para assegurar *pagamento de multas penais e custas* tinha mesmo pequeno alcance. A começar pelo nível social da grande maioria dos condenados neste país e pelo ínfimo valor das penas pecuniárias de nossa legislação penal. Se o réu tem patrimônio, há outras modalidades de cobrança mais rápidas e eficazes que superam a hipoteca. Por isso, a hipótese foi excluída no mais recente estatuto civil. Se com a Fazenda concorrerem o ofendido e seus herdeiros, estes teriam preferência na excussão (art. 829 do Código anterior).

O *coerdeiro* tem hipoteca legal para garantir seu quinhão ou reposição na partilha, sobre imóvel adjudicado a herdeiro reponente (inciso VIII). Com frequência, para maior comodidade na partilha, um imóvel é adjudicado a um único herdeiro, que se compromete a repor em dinheiro a parte dos demais. Esses coerdeiros têm direito à hipoteca legal para garantir esse pagamento ou torna da partilha em relação ao herdeiro a quem foi atribuído o imóvel. O dispositivo se mantém no Código vigente.

O inciso V do art. 1.489 do vigente Código concede hipoteca legal ao credor sobre o imóvel arrematado, para o pagamento do restante do preço da arrematação. Essa hipótese, em princípio, terá pouco alcance, porque, quando o arrematante deixa de completar o preço, deve ser considerada ineficaz a arrematação.

Acrescente-se que os bens especializados em hipoteca legal podem se mostrar insuficientes à garantia. O interessado, ou quem o represente, poderá exigir reforço com outros bens, "*posteriormente adquiridos pelo responsável*" (art. 1.490). Nada impede, porém, que o reforço recaia sobre bens já existentes anteriormente no patrimônio do garantidor, se demonstrada a insuficiência.

25.5 HIPOTECA JUDICIAL

A hipoteca judicial era, sem dúvida, modalidade de hipoteca legal, mas não está estruturada de forma organizada em nosso direito. A finalidade é garantir plena execução das decisões judiciais condenatórias. Trata-se de efeito que a lei confere a todo julgado que condena devedor. Sua regra fundamental estava no art. 824:

> "*Compete ao exequente o direito de prosseguir na execução da sentença contra os adquirentes dos bens do condenado; mas para ser oposto a terceiros, conforme valer, e sem importar preferência, depende de inscrição e especialização*".

A disposição perde utilidade perante os princípios da fraude de execução. Presume-se fraudulenta, de forma absoluta, qualquer alienação ou oneração de bens do devedor quando "*ao tempo da alienação ou oneração, tramitava contra o devedor ação capaz de reduzi-lo à insolvência*" (art. 792, IV, do CPC). Nessa hipótese, o juiz da execução declara ineficaz o ato, determinando a penhora, que atingirá o bem na posse ou na propriedade de qualquer terceiro. É ônus do devedor indicar no processo outros bens penhoráveis, sob pena dessa declaração de ineficácia de alienação por ele feita atingir terceiros.

Ademais, o art. 824 excluía o direito de preferência nessa hipoteca judicial, subtraindo-lhe a principal vantagem. Temos que considerar atualmente inútil o dispositivo. Ademais, para exercer o direito garantido pelos princípios da fraude de execução, o exequente não necessita de inscrição imobiliária, condição essencial para a hipoteca judicial. Está, porém, presente no ordenamento para quem nela encontrar serventia.

O vigente Código não mais se refere a essa modalidade de hipoteca.

25.6 PLURALIDADE DE HIPOTECAS E INSOLVÊNCIA DO DEVEDOR

Já nos referimos ao art. 1.476, que admite a constituição de mais de uma hipoteca sobre o mesmo imóvel. A situação é corriqueira, quando o valor do imóvel supera sobremaneira os débitos contraídos. O primeiro credor hipotecário, porém, de acordo com o princípio da prioridade, terá preferência, independentemente do vencimento das dívidas, que não se confundem com as hipotecas (art. 1.477). O credor da segunda hipoteca, consoante o art. 813, não poderia executar o imóvel antes do vencimento da primeira. Ressalva-se, no dispositivo, apenas a hipótese de insolvência, quando então qualquer credor, quirografário ou não, poderá requerer sua decretação. A preferência no pagamento, contudo, sempre será do primeiro credor hipotecário. O parágrafo único do art. 1.477 é expresso ao estabelecer que não se presume a insolvência do devedor que faltar ao pagamento das obrigações garantidas por hipotecas, posteriores à primeira. Coloca-se em situação mais favorável o credor da primeira hipoteca.

No entanto, não se nega ao segundo credor hipotecário, em exegese de longa data, o direito de executar sua dívida vencida, embora pendente de vencimento a dívida do primeiro gravame. Na realização do preço, quando da alienação judicial, dar-se-á preferência ao primeiro credor hipotecário. Essa conclusão defluía do art. 826 do Código Civil anterior e mantém-se integralmente no presente diploma:

> *"A execução do imóvel hipotecado far-se-á por ação executiva. Não será válida a venda judicial de imóveis gravados por hipotecas, devidamente inscritas, sem que tenham sido notificados judicialmente os respectivos credores hipotecários que não forem de qualquer modo partes na execução".*

Se seguida fosse ao pé da letra a dicção do art. 1.477, fácil seria a fraude, bastando o conluio do devedor com o primeiro credor hipotecário. Uma vez intimado o credor da primeira hipoteca, pode intervir no processo, a fim de exercer seu direito de preferência.

Observe, de outro lado, que o parágrafo único do art. 813 apontava que *"não se considera insolvente o devedor, por faltar ao pagamento das obrigações garantidas por hipotecas posteriores à primeira"*. Há necessidade que se vença a dívida da primeira hipoteca, para prevalecer a presunção de insolvência, que também pode vir demonstrada por outras formas.

De qualquer modo, em qualquer situação, o credor sub-hipotecário nunca poderá sobrepujar seu direito ao do credor hipotecário prioritário. Nada sobejando do valor excutido na primeira hipoteca, o segundo credor coloca-se na posição de quirografário. A preferência entre os vários credores hipotecários sobre o mesmo bem fixa-se de acordo com o princípio básico da prioridade, isto é, ordem de inscrição dos atos constitutivos.

No entanto, como meio de fortalecer seu direito, a lei permite ao segundo credor hipotecário efetuar a remição do bem, sub-rogando-se no direito do primeiro credor (art. 1.478). Isso lhe será vantajoso, quando perceber que, ocorrendo execução pelo credor primitivo, nada ou pouco lhe sobejará para satisfazer a seu crédito, seja porque o momento é inoportuno para a excussão, seja porque terá melhores condições de negociar com o devedor, eliminando o primeiro credor da relação jurídica. A hipótese é de sub-rogação legal (art. 346, I).

O Código contemporâneo preferiu descrever com detalhes a situação ora exposta, no art. 1.478:

> *"Se o devedor da obrigação garantida pela primeira hipoteca não se oferecer, no vencimento, para pagá-la, o credor da segunda pode promover-lhe a extinção, consignando a importância e citando o primeiro credor para recebê-la e o devedor para pagá-la; se este não pagar, o segundo credor, efetuando o pagamento, se sub-rogará nos direitos da hipoteca anterior, sem prejuízo dos que lhe competirem contra o devedor comum.*
>
> *Parágrafo único. Se o primeiro credor estiver promovendo a execução da hipoteca, o credor da segunda depositará a importância do débito e as despesas judiciais".*

25.6.1 Abandono do Imóvel Hipotecado pelo Adquirente

O art. 1.479 estabelece:

> *"O adquirente do imóvel hipotecado, desde que não se tenha obrigado pessoalmente a pagar as dívidas aos credores hipotecários, poderá exonerar-se da hipoteca, abandonando-lhes o imóvel".*

O Código de 1916 não trazia dispositivo semelhante.

Geralmente ocorre na prática que alguém, ao adquirir imóvel hipotecado, pague toda a dívida e exclua a hipoteca antes de ultimar a compra. Não é a hipótese da lei, pela qual o terceiro adquirente não quita o débito. Se entender gravosa a manutenção do bem, pode abandonar o imóvel em favor dos credores hipotecários. Não se trata de abandono puro e simples, mas de abandono translativo de domínio. Trata-se, efetivamente, de uma cessão. Só não poderá efetivar o abandono se, ao adquirir o imóvel, também assumiu obrigação pelo pagamento das dívidas. Essa dicção legal, que não demonstra utilidade, não parece que terá alcance prático efetivo.

Complementa ainda o art. 1.480 estatuindo que o adquirente notificará o vendedor e os credores hipotecários, deferindo-lhes conjuntamente a posse do imóvel, ou o depositará em juízo. Os credores, em princípio, não podem recusar a entrega do imóvel, pois nesse caso estariam renunciando à garantia.

O parágrafo único desse dispositivo dispõe que o adquirente poderá abandonar o imóvel até as 24 horas subsequentes à citação, com que se inicia o processo executivo. O que se nota é, na verdade, uma fuga do adquirente ao processo executivo: "abandona" o imóvel quando se vê premido pela execução e observa que o valor do imóvel não compensa continuar com sua titularidade. É possível, portanto, que esse chamado abandono se dê antes ou depois de iniciado o processo executivo. Decorrido esse prazo descrito em horas, deverá então o titular suportar os ônus da execução e todos os seus consectários.

25.7 EFEITOS DA HIPOTECA

Das noções já expendidas se inferem os efeitos gerados pela hipoteca.

Seu principal efeito é vincular um bem ao cumprimento e à extinção de uma dívida.

O devedor ou terceiro que oferece bem em hipoteca sofre restrição em seu direito de propriedade, representado pelo ônus do pagamento da obrigação. Não pode praticar nenhum ato que diminua substancialmente o valor do bem, sob pena de desfalcar a garantia (art. 1.425, I). Não perde, no entanto, a disponibilidade sobre a coisa, pois a hipoteca a acompanhará, como decorrência da sequela. Vimos que o art. 1.475 do Código estabelece a nulidade de cláusula que proíba a alienação do imóvel hipotecado. O bem continua no comércio. Como vimos, pode também estabelecer outras hipotecas sobre o mesmo bem, se o negócio constitutivo não o proibir. Mantendo a posse do bem, mantém a possibilidade de se valer dos meios possessórios para defendê-lo.

Ainda, o devedor pode extinguir a dívida, antecipando-lhe o pagamento, podendo, pois, remi-la a qualquer tempo (Decreto nº 22.626/33, art. 7º).

O credor, por seu lado, tem o direito de exigir que o bem seja mantido íntegro no curso da garantia. O não pagamento autoriza-lhe a excussão do bem hipotecado, como decorrência da exigibilidade da obrigação. Levem-se em conta as hipóteses em que pode considerar vencida antecipadamente a obrigação (art. 1.425). Pode pedir reforço de garantia, quando esta se desfalcar, sob pena de vencimento antecipado. A possibilidade trazida pelo Código de 2002 de poder a hipoteca ser constituída para garantia de dívida futura trará outra série de questões (art. 1.487). O art. 1.487-A, trazido pela Lei nº 14.711/2023, trouxe explicitação a esse princípio, mormente no tocante à extensão de garantia por este hipotecante. O princípio da prioridade, por outro lado, assegura direito preferencial ao credor hipotecário mais antigo.

Quanto ao negócio jurídico em si, ressalvado o decantado direito real criado pelo registro, a lei não lhe estipula prazo. O art. 830 reportava-se à perempção da hipoteca em 30 anos, mas permitia sua recondução ao final desse prazo, mantendo-se então a prenotação primitiva. Veja o que falamos sobre o art. 1.498 do Código de 2002.

O crédito hipotecário pode ser cedido, como em qualquer hipótese de cessão de crédito ou cessão de posição contratual, não o proibindo o contrato.

25.8 REMIÇÃO

Já vimos, ao estudarmos os direitos de garantia em geral e o penhor, que remição significa extinguir, fazer desaparecer o gravame. Ainda persiste dúvida sobre a grafia correta. O Código Civil refere-se a remissão como ato de direito material, de perdão de dívida; remição, com cedilha, é termo que o legislador deveria ter reservado aos atos processuais de extinção voluntária da hipoteca, embora os sentidos sejam muito próximos. A Lei dos Registros Públicos refere-se à remição. O capítulo específico ora tratado do Código Civil de 1916 refere-se a remissão; veja arts. 818 e 821. É também a grafia adotada pelo Código de 2002 (art. 1.481). Adotamos a palavra com cedilha, por ser a preferida pelos autores em razão de sua origem técnica, sem unanimidade, porém. Maria Helena Diniz (1991:382) coloca corretamente a questão:

> *"Apesar do Código Civil ter utilizado o termo remissão, pois remissão significa perdão, desistência ou renúncia do credor, como nos casos dos arts. 1.053 a 1.055 do Código Civil. A remição é o resgate de um bem por parte do devedor ou de terceiros. O novo Código de Processo Civil corrigiu isso, ao empregar o termo remissão no Título V, arts. 787 e s, o mesmo ocorrendo com a Lei nº 6.015/73, no Cap. X".*

A Lei 11.382, de 2006, extinguiu o Título V do CPC de 1973, que tratava da remição. Passou a caber ao cônjuge, descendente ou ascendente do executado lançar mão da adjudicação.

Sob o tema ora estudado, Pontes de Miranda (1971, v. 20:41) afirma:

> *"Remir é recomprar, readquirir, afastar pagando. Apaga-se com algo que equivalha, a mancha que o direito real limitado deixou sobre o domínio, embora sem o atingir na substância, conforme do termo romano. Redimem-se pecados; redimem-se gravames".*

Essa remição feita pelo segundo credor constitui na verdade modalidade de compra compulsória imposta ao primeiro, que se vê forçado a extinguir seu crédito, substituído pelo segundo, que, se sub-rogando no direito, passa a lhe fazer as vezes perante o devedor.[4] Veja o art. 1.478 do Código em vigor.

---

[4] "**Agravo de instrumento** – Execução de título extrajudicial – Decisão que indeferiu o pedido de remição – Irresignação da descendente dos executados – Sustentada possibilidade de remir a dívida até a assinatura do auto de arrematação com base no art. 1.482 do CC vigente à época. Não ocorrência. Normativo que demanda existência de hipoteca. Pedido, ademais, desacompanhado do depósito mencionado no art. 651 do CPC/73 que impede acolher o pleito. Recurso conhecido e desprovido" (*TJSC* – AI 0155746-90.2015.8.24.0000, 9-8-2019, Rel. Des. Newton Varella Júnior).

"Agravo de instrumento – Processual Civil – **Hipoteca** – **Remição** – Art. 1.481 do CC/2002 – Necessidade de procedimento autônomo – Decisão mantida – 1- Agravo de instrumento interposto contra decisão proferida nos autos da execução de título executivo extrajudicial, que determina o desentranhamento da petição e dos documentos apresentados pelo agravante, ante o fundamento de que as peças deverão ser apresentadas de forma autônoma. 2- No caso, o agravante alega que a petição, denominada notificação judicial, teve o objetivo de citar o exequente, ora agravado, para tomar ciência sobre o seu interesse de remir o imóvel objeto de hipoteca. 3- O art. art. 1481, do CC/2002, determina que, dentro de trinta dias, o adquirente do imóvel hipotecado tem o direito de remi-lo, citando os credores hipotecários e propondo importância não inferior ao preço por que o adquiriu. Sendo assim, é necessário um procedimento próprio e autônomo, a fim de possibilitar o contraditório, onde, após a citação dos credores hipotecários (art. 1.481, *caput* do CC/2002), haja possibilidade de discussão acerca do preço oferecido à remição, e, ao final, a homologação do resultado produza os efeitos pretendidos (art. 1.481, §§ 1º e 2º, do CC/2002). 4- Não há possibilidade de se transformar o processo de execução em um feito de cognição exauriente, pois, de acordo o Código Civil, na parte que trata da remição do imóvel hipotecado pelo adquirente, uma vez que tal medida impugnativa demanda um processo autônomo que não é compatível com a execução. 5- Agravo de instrumento não provido" (*TRF-2ª R.* – AI 0007644-06.2017.4.02.0000, 13-7-2018, Rel. Des. Fed. Ricardo Perlingeiro).

Advirta-se que os dispositivos ora examinados, com outra veste, permanecem vivos no vigente Código, como apontamos no final deste tópico. O art. 815 do Código de 1916, por sua vez, permitia ao adquirente do imóvel hipotecado o direito de remi-lo. O § 1º do art. 815 dispunha que no prazo de 30 dias de seu contrato notificaria os credores hipotecários, propondo a remição pelo preço que adquirira o imóvel, no mínimo. Podia, no entanto, como sucede com mais frequência, preferir o adquirente aguardar a liquidação do débito no respectivo vencimento, com a extinção consequente da hipoteca. Isso porque, se notificasse o credor, na forma prevista nesse artigo, este poderia requerer que o imóvel fosse licitado (§ 2º), procedimento no mais das vezes desfavorável para o interessado.

Por outro lado, o art. 816 admitia a licitação pelos credores hipotecários, pelos fiadores e pelo próprio adquirente. Se notificados não requeressem a licitação, o preço mencionado na afronta ter-se-ia como definitivo para a remissão do imóvel, o qual deveria ser pago ou depositado, liberando-se as hipotecas (art. 816, § 1º). Essa licitação tinha por fim alcançar preço justo de mercado, pois o adquirente poderia ter obtido preço ínfimo, ou estar em conluio com o devedor.

Se o adquirente remisse a hipoteca não notificando os demais credores hipotecários, na forma do § 1º do art. 815, ficaria sujeito a perdas e danos, custas e despesas judiciais, bem como ao pagamento da diferença entre a avaliação do bem e a adjudicação, caso esta se efetuasse (art. 816, § 2º).

Essa modalidade de remição tem também finalidade de evitar longa e custosa execução judicial. A remição do bem hipotecado tem seu procedimento regulado de forma geral pelos arts. 266 a 276 da Lei dos Registros Públicos. O feito será processado no juízo de registro da hipoteca. Observe que todos os interessados que anuindo no negócio jurídico evitam o processo remissório (art. 276). Desse modo, participando da escritura os credores hipotecários, aceitam expressamente o negócio e a respectiva remição, a não ser que fiquem ressalvados seus direitos no instrumento.

O art. 1.481 do presente Código, de forma discursiva, descreve esse direito de remição, com as várias nuanças:

"**Hipoteca – Remição** – Filho do executado – Bem que passa a integrar o patrimônio do remitente – Extinção das hipotecas – Sub-rogação do credor hipotecário no produto da remição – Recurso provido" (*TJSP* – Ap 0000460-07.2013.8.26.0236, 10-10-2016, Rel. Alcides Leopoldo e Silva Júnior).

"Apelação cível – Embargos de terceiro – Prazo para interposição – Ciência inequívoca da ação executiva e dos ônus que recaiam sobre o imóvel – Intempestividade – 1 – A contagem do prazo de cinco dias para o oferecimento de embargos por terceiro que não participou do processo de execução tem início a partir da ciência inequívoca da ocorrência da agressão à sua posse, ou seja, do conhecimento da constrição judicial havida sobre o bem que lhe pertence. Interpretação extensiva ao art. 1.048 do CPC. Jurisprudência do STJ e dos tribunais pátrios. 2 – No caso, datando de 12.07.1999 a ciência inequívoca da parte quanto ao registro da hipoteca e da penhora do bem litigado, bem como à existência da ação executiva, revela-se extemporânea a interposição dos presentes embargos de terceiro em 15.08.2000, restando não atendido o pressuposto processual extrínseco da tempestividade, circunstância hábil a obstar o processamento do presente feito. 3 – Não há como admitir que, mesmo ciente do ato judicial de constrição, o terceiro tivesse a faculdade de se manter inerte até o momento da arrematação, adjudicação ou remição, para então se insurgir contra a penhora. 4 – Recurso provido. Processo extinto sem resolução de mérito" (*TJES* – Ap 0012450-07.2000.8.08.0024, 18-3-2016, Rel. Des. Fabio Clem de Oliveira).

"**Processual civil**. Embargos à arrematação. Ilegitimidade dos embargantes reconhecida nos embargos de terceiros já decididos pelo tribunal. 1 – Os embargantes, por terem adquirido de um dos devedores, em 15/02/93, o imóvel já gravado com a questionada hipoteca em favor da CONAB, datada de 09/06/92, não se tornaram devedores. 2 – Como terceiros que são, somente poderiam opor Embargos de Terceiros, ou usar do direito de remição previsto no art. 815 e seu § 1º do CPC. 3 – Se não usaram do direito de remição e tiveram seus Embargos de Terceiros rejeitados (nº 2000.35.00.008448-6/GO), com trânsito em julgado, não há de se falar em legitimidade ativa para os embargos à arrematação, os quais, nos termos do art. 746 do CPC, somente podem ser interpostos pelo devedor executado e, mesmo assim deduzindo questões supervenientes à penhora. 2 – Apelação a que se nega provimento" (*TRF-1ª R.* – AC 2001.01.00.039940-4/GO, 24-7-2013, Rel. Juiz Fed. Osmane Antonio dos Santos).

> *"Dentro em trinta dias, contados do registro do título aquisitivo, tem o adquirente do imóvel hipotecado o direito de remi-lo, citando os credores hipotecários e propondo importância não inferior ao preço por que o adquiriu.*
>
> *§ 1º Se o credor impugnar o preço da aquisição ou a importância oferecida, realizar-se-á licitação, efetuando-se a venda judicial a quem oferecer maior preço, assegurada preferência ao adquirente do imóvel.*
>
> *§ 2º Não impugnado pelo credor, o preço da aquisição ou o preço proposto pelo adquirente, haver-se-á por definitivamente fixado para a remissão do imóvel, que ficará livre de hipoteca, uma vez pago ou depositado o preço.*
>
> *§ 3º Se o adquirente deixar de remir o imóvel, sujeitando-o a execução, ficará obrigado a ressarcir os credores hipotecários da desvalorização que, por sua culpa, o mesmo vier a sofrer, além das despesas judiciais da execução.*
>
> *§ 4º Disporá de ação regressiva contra o vendedor o adquirente que ficar privado do imóvel em consequência de licitação ou penhora, o que pagar a hipoteca, o que, por causa de adjudicação ou licitação, desembolsar com o pagamento da hipoteca importância excedente à da compra e o que suportar custas e despesas judiciais".*

Esse dispositivo descreve com detalhes a remição da hipoteca pelo adquirente do imóvel.

Também as hipotecas legais são remíveis, de acordo com os princípios legais que as regem.

Ao devedor não é dado exatamente o direito de remir a hipoteca, no sentido aqui estudado, mas de pagar a dívida, para extingui-la, dentro do sistema do Código de 1916. Veja o que dispõem os arts. 266 a 276 da Lei dos Registros Públicos. O Código mais recente absorveu princípios do estatuto processual, no entanto, introduzindo no direito material possibilidade de remição pelo próprio devedor, bem como por seu cônjuge, descendentes ou ascendentes, no processo de execução.

O Código de Processo Civil de 2015 introduziu importantes modificações no instituto da remição da hipoteca, tendo em vista a revogação dos arts. 1.482 e 1.483 do Código Civil. (Art. 1.072, II do CPC).

Eram três as hipóteses de remissão no Código Civil: pelo adquirente do imóvel, remissão pelo próprio devedor, ou por seus familiares e remissão em caso de falência ou insolvência do devedor hipotecário.

O CPC de 2015 retirou do sistema parte da segunda modalidade descrita. Alguns julgados do passado já impediam essa modalidade de remição familiar, entendendo o art. 1.482 como revogado, tendo a remição sido substituída pelo art. 685-A do CPC de 1973. O atual CPC exclui o dispositivo mencionado, não sendo mais possível a remissão pelos familiares do executado, os quais mantêm apenas a preferência para a compra do bem (art. 876, § 5º) (Tartuce, 2015:336).

A terceira hipótese, referente à remissão da hipoteca no caso de falência ou insolvência do devedor hipotecário, será tratada pelo art. 877 do CPC/2015.

25.8.1 Perempção da Hipoteca

O contrato de hipoteca deve mencionar o prazo (art. 1.424, II). Esse prazo pode ser prorrogado por requerimento de ambas as partes e será averbado no Registro de Imóveis. No entanto, o art. 1.485, ao permitir essa averbação, reduzia a 20 (vinte) anos o prazo máximo da hipoteca, na redação original do Código Civil de 2002. A Lei nº 10.931/2004 reformulou esse artigo para *fazer retornar o prazo de 30 (trinta) anos*, que constava do Código de 1916. Esgotado esse prazo, devem as partes proceder a nova inscrição, na verdade uma nova especialização, embora seja mantida a procedência da hipoteca originária. Trata-se de prazo de caducidade, independe do prazo da obrigação garantida e de sua prescrição. Esse prazo somente se refere às hipotecas convencionais; as hipotecas legais são direitos facultativos: persistem enquanto o fato mantiver a situação que as originou.[5]

25.8.2 Prefixação de Valor do Imóvel Hipotecado para Fins de Arrematação, Adjudicação e Remissão

O art. 1.484 estabelece:

> *"É lícito aos interessados fazer constar das escrituras o valor entre si ajustado dos imóveis hipotecados, o qual, devidamente atualizado, será a base para as arrematações, adjudicações e remissões, dispensada a avaliação".*

O Código de 1916 acrescentava, porém, *"as remissões não serão permitidas antes de realizada a primeira praça nem depois da assinatura do auto de arrematação"*. O artigo do mais recente Código suprime essa segunda parte, pois a remição é tratada pelos dispositivos do processo.

Em período inflacionário, mostrou-se inconveniente essa fixação de preço, até mesmo pelas dificuldades apresentadas pelos inúmeros índices de correção monetária do passado e pela experiência dos planos econômicos. O dispositivo é útil em economia estável, dispensando-se, com economia patente, avaliação do imóvel, para eventual praça. Permitiu agora o mais recente ordenamento a atualização do valor, sem a qual o dispositivo poderia cair no esquecimento. Dúvida pode surgir quando as partes fixarem esse valor e quando da execução se mostra ínfimo ou excessivo, ainda que aplicados índices de correção. A única solução será a efetivação da avaliação atual do bem, tornando inútil o que foi convencionado pelas partes, as quais não podem ser prejudicadas na realização do efetivo valor decorrente da hipoteca.

---

5 "Apelação. Obrigação de fazer. Compra e venda de imóvel. Baixa de gravame e outorga de escritura definitiva. Litisconsórcio necessário. Inocorrência. **Perempção da hipoteca**. Irrelevância. Multa cominatória. Cabimento. 1. Havendo quitação do preço, não se justifica a permanência do gravame pelo credor hipotecário, pois já está sedimentada a exegese de que a hipoteca firmada entre a construtora e o agente financeiro, anterior ou posterior à celebração da promessa de compra e venda, não tem eficácia perante os adquirentes do imóvel, conforme entendimento sumulado pelo STJ (Súmula 308, STJ). 2. A alegação de que a hipoteca sobre o imóvel estaria extinta, pois teria transcorrido o prazo de 30 anos estabelecido pelos artigos 1.485 do Código Civil e 238 da Lei 6.015/73, não pode ser oposta ao adquirente, pois a falta de renovação do registro não elimina a necessidade de regularização da situação do imóvel para a outorga da escritura definitiva ao apelado. 3. A imposição de multa cominatória é plenamente compatível com a obrigação de fazer. 4. Recurso improvido" (*TJSP* – Ap 1004932-51.2023.8.26.0602, 21-3-2025, Rel. Ademir Modesto de Souza).

"Agravo de instrumento. Antecipação de tutela. Obrigação de fazer. Registro de escritura de compra e venda. Pedido de levantamento de hipoteca dos registros de imóvel adquirido pelos agravantes. Cabimento. Hipoteca registrada em 1989, com vigência de 02 (dois) anos, portanto vencida. Inteligência do **art. 1.485 do Código Civil**. Inexistência de gravames no momento em que celebrado o compromisso de compra e venda. Aquisição de boa-fé. Decisão reformada. Recurso provido" (*TJSP* – AI 2341111-51.2023.8.26.0000, 4-7-2024, Rel. Fernão Borba Franco).

"**Hipoteca – Perempção** – Esgotamento dos efeitos da hipoteca – Decisão administrativa do corregedor geral da justiça – Ação declaratória de nulidade de decisão administrativa do Corregedor Geral da Justiça. Ação julgada procedente. Inconformismo do réu. Hipotecas instituídas por prazo determinado. Prazo de validade da hipoteca desvinculado do prazo de cumprimento da obrigação garantida. Inexistência de prorrogação ou de renovação das hipotecas, como previsto no art. 1.485 do CC/2002 (art. 817 do CC/1916). Esgotamento dos efeitos das hipotecas. Pedido de averbação formulado pela via administrativa pelo proprietário dos imóveis dados em garantia. Desnecessidade de prévia anuência e de intimação do credor hipotecário. Inexistência de violação ao princípio do contraditório. Decisão administrativa do Corregedor Geral da Justiça válida, inexistente qualquer nulidade. Ação improcedente. Recurso provido" (*TJSP* – AC 0224543-02.2008.8.26.0100, 6-3-2019, Rel. Alexandre Marcondes).

25.9 HIPOTECAS CONTRAÍDAS NO PERÍODO SUSPEITO DA FALÊNCIA

O art. 823 do Código de 1916 já estipulava serem nulas, em benefício da massa, as hipotecas celebradas 40 dias antes da declaração da quebra.

A Lei de Falências (Decreto-lei nº 7.661/45), já revogada, bem como a atual Lei de Falências e de Recuperação de Empresas (Lei nº 11.101/2005, com novas alterações mais recentes), considera ineficaz, perante a massa, a constituição de direito real de garantia dentro do termo legal da falência, tratando-se de dívida contraída antes desse termo, que é fixado judicialmente em cada quebra. Essa ineficácia independe da intenção de fraudar. O fato é objetivamente ineficaz (art. 52, III, e art. 129, III, respectivamente). A fraude é presumida de forma absoluta. Essa ineficácia diz respeito apenas à garantia referente à dívida anteriormente constituída; não se refere àquelas que garantem débitos atuais. Se o ônus nasce com a própria obrigação, ainda que no período suspeito, não se presume a fraude. No entanto, tal não inibe os interessados, nesse caso, de provar o ânimo de fraudar, com base no art. 130 da Lei nº 11.101/2005 (art. 53 da lei falencial anterior) e nos princípios gerais que regem a fraude contra credores. A ideia é a mesma, quando se abre concurso de credores.

25.9.1 Loteamento ou Constituição de Condomínio no Imóvel Hipotecado

Ocorre com frequência que um imóvel de apartamentos em construção ou um imóvel de um empreendimento como futuro loteamento aberto ou fechado seja dado em hipoteca. Essa hipoteca, como é evidente, de início onera a totalidade do imóvel. Posteriormente, quando instituído o condomínio e passam a ser vários os adquirentes-condôminos, a totalidade do imóvel continua gravada. Essa situação tem gerado questões complexas, gerando problemas sociais quando, por exemplo, o empreendedor originário se torna insolvente ou vai à bancarrota. Pois, já com atraso em nosso ordenamento, o art. 1.488 do Código de 2002 procura socorrer essas situações:[6]

---

6 "Agravo de instrumento. Execução de título extrajudicial. Decisão que rejeitou a impugnação ao laudo de avaliação do imóvel penhorado e indeferiu o pedido de redução da penhora. Insurgência do devedor. 1. Invocada necessidade de nova avaliação do bem imóvel. Improcedência. Ausência de elementos autorizadores para nova avaliação (art. 873 do CPC/15). Observância dos requisitos técnicos exigidos pelo art. 872 do CPC e art. 147 do código de normas da Corregedoria-Geral de Justiça do TJPR. 2. Pedido de redução da penhora e de necessidade de desmembramento do imóvel rural. Parcial acolhimento. Decisão recorrida que reconheceu a impossibilidade de desmembramento em razão da existência de hipoteca. Princípio da indivisibilidade da hipoteca (art. 1.419 do CCB) que é excepcionado pelo art. 1.488 do CCB. Credor hipotecário que poderá se opor ao desmembramento caso comprovado prejuízo. Necessidade de realização de nova avaliação a fim de se verificar a possibilidade de cômoda divisão do imóvel (art. 872, §1º, do CPC/15). Decisão parcialmente reformada. Recurso parcialmente provido" (*TJPR* – AI 0020227-87.2023.8.16.0000, 23-6-2023, Rel. Naor Ribeiro de Macedo Neto).

"Agravo de instrumento – Recuperação judicial – Decisão recorrida que indeferiu pedido de desmembramento ou desdobro de imóveis e fracionamento das hipotecas sobre eles incidentes – Inconformismo das recuperandas – Imprescindibilidade de prévia e expressa autorização do credor hipotecário, haja vista que as operações pretendidas acarretam a substituição e o risco de minoração das hipotecas – Inteligência dos artigos 1.488, *caput* e § 1º, do Código Civil e 49, § 1º, 50, § 1º, e 59 da Lei nº 11.101/2005, bem como da Súmula 61 deste E. Tribunal de Justiça – Proteção assegurada ao credor titular de crédito com garantia real, que mantém interesse na manutenção dela, seja na hipótese de descumprimento do plano após o encerramento da fase judicial da recuperação judicial, seja na hipótese de decretação da falência da devedora – Decisão mantida – Recurso desprovido" (*TJSP* – AI 2262652-06.2021.8.26.0000, 24-5-2022, Rel. Maurício Pessoa).

"Apelação – Ação declaratória de ineficácia de hipoteca – Sentença de procedência – Recurso da empresa ré sem o recolhimento do preparo – Indeferimento do benefício da justiça gratuita – Ratificação do *decisum* em sede de julgamento de agravo interno – Determinado o recolhimento das custas – Não atendimento – Deserção configurada – Recurso não conhecido. Apelação – Ação declaratória de ineficácia de hipoteca – Sentença de procedência – Recurso do banco réu – Preliminar de ilegitimidade passiva – Afastada – Alegação de inaplicabilidade da Súmula

"Se o imóvel, dado em garantia hipotecária, vier a ser loteado, ou se nele se constituir condomínio edilício, poderá o ônus ser dividido, gravando cada lote ou unidade autônoma, se o requererem ao juiz o credor, o devedor ou os donos, obedecida a proporção entre o valor de cada um deles e o crédito.

§ 1º O credor só poderá se opor ao pedido de desmembramento do ônus, provando que o mesmo importa em diminuição de sua garantia.

§ 2º Salvo convenção em contrário, todas as despesas judiciais ou extrajudiciais necessárias ao desmembramento do ônus correm por conta de quem o requerer.

§ 3º O desmembramento do ônus não exonera o devedor originário da responsabilidade a que se refere o art. 1.430, salvo anuência do credor".

Desse modo, torna-se um direito dos proprietários de cada unidade desmembrada do imóvel originário requerer que a hipoteca grave, proporcionalmente, cada lote ou unidade condominial, tanto que possuem eles legitimidade concorrente com o credor ou devedor para requerer essa divisão proporcional.

A dúvida que o dispositivo não esclarece é saber se cada titular, isoladamente, pode requerer essa divisão no tocante a seu próprio quinhão. A melhor opinião é, sem dúvida, nesse sentido, pois exigir que todos o façam coletivamente, ou que a entidade condominial o faça, poderá retirar o alcance social que pretende a norma. Isso porque pode ocorrer que não exista condomínio regular instituído, como nos casos de loteamento, e principalmente porque todas

---

308, C. STJ – Desnecessidade – Aquisição de salas comerciais – **Fracionamento da hipoteca**, de acordo com as unidades autônomas do condomínio edilício – Inteligência do art. 1.488, CC/02 – Pagamento integral do valor à Construtora – Direito do adquirente em extinguir a hipoteca referente às unidades que adquiriu e que já foram adimplidas – Sentença mantida – Recurso improvido" (*TJSP* – AC 1010736-38.2017.8.26.0625, 27-3-2019, Rel. Irineu Fava).

"Civil – Processo Civil – Agravo de instrumento – Ação Ordinária – Tutela Provisória – **Pedido de fracionamento de hipoteca** – Hipótese não inserida no rol do § 1º do artigo 47 do CPC/2015 – Competência Relativa – Derrogação das partes – Possibilidade – Cláusula de eleição de foro inserida em contrato de financiamento – Validade – Precedentes – Incompetência do juiz a quo – Conhecido e parcialmente provido – 1- O agravante alega que os agravados não preencheram os requisitos necessários para que, em sede de tutela provisória, se proceda à exclusão dos apontamentos dos nomes dos devedores realizados juntos aos órgãos de proteção ao crédito. 2- Sustenta que o Juízo a quo é manifestamente incompetente, uma vez que as partes contratantes elegeram o foro da Comarca de São Paulo para dirimir dúvidas e/ou litígios decorrentes do contrato de financiamento firmado. 3- A questão da competência é tema crucial no processo, uma vez que não interessa ao Estado e às partes a permanência do feito perante órgão incompetente. Sendo assim, há de se admitir alegação de incompetência antes do momento da contestação, sobretudo quando o pleito versar sobre tutela provisória, cujo provimento pode vigorar por tempo considerável, até que se venha a reconhecer a incompetência do juízo. 4- No caso em tela, embora um dos pedidos na ação principal verse sobre direito real, pois pleiteia-se o fracionamento de garantia hipotecária, verifica-se que a situação não se amolda às hipóteses previstas no artigo 47, § 1º do CPC/2015, pois o pedido não se refere a direito de propriedade, vizinhança, servidão, divisão e demarcação de terras e de nunciação de obra nova. Desta forma, deve-se aplicar ao caso a Súmula 335 do STF, que dispõe, *in verbis*, que "É válida a cláusula de eleição do foro para os processos oriundos do contrato". Precedentes. 5- Recurso conhecido e parcialmente provido, sentido de reconhecer a incompetência da 19ª Vara Cível da Comarca de Fortaleza para processar e julgar a Ação Ordinária nº 0174731 – 37.2017.8.06.0001, devendo os autos serem remetidos ao Foro da Comarca da Capital do Estado de São Paulo, nos termos do artigo 64, § 3º, do CPC/2015. Conservam-se os efeitos das decisões proferidas pelo Juízo a quo até que outra seja proferida pelo juízo competente, nos termos do artigo 64, § 4º, do CPC/2015" (*TJCE* – AI 0630445-17.2017.8.06.0000, 20-9-2018, Rel. Raimundo Nonato Silva Santos).

"Hipoteca – **Condomínio Edilício** – Restrição pendente sobre o todo – Unidade autônoma arrematada em cumprimento de sentença de ação de cobrança de dívida condominial – Anterior indeferimento do cancelamento da garantia hipotecária no juízo da arrematação fundado na sua indivisibilidade – Pretensão, nesta ação, de fracionamento do gravame existente, nos termos do art. 1.488, do CC, para posterior cancelamento da garantia pendente apenas sobre a unidade autônoma arrematada – Pedido diverso – Inexistência de preclusão ou coisa julgada – Sentença anulada – Recurso provido" (*TJSP* – Ap 0016597-94.2012.8.26.0011, 14-3-2016, Rel. Eduardo Sá Pinto Sandeville).

as despesas judiciais ou extrajudiciais necessárias ao desmembramento correm por conta do requerente. Ainda que se convencione em contrário, como menciona a lei, as custas e emolumentos de cunho oficial serão sempre pagas pelo interessado que requerer a medida, o qual poderá não ter meios ou não ter sucesso em uma ação de regresso. Se fosse exigido que a integralidade da divisão proporcional fosse feita em ato único, o elevado custo inviabilizaria, sem dúvida, a medida, nessa situação narrada.

Nada impede, pois, que cada proprietário requeira que se atribua a seu imóvel ou sua unidade a proporção do gravame, independentemente do próprio condomínio ou da totalidade de interessados fazê-lo. Por outro lado, não haverá problema registrário, pois a nova situação ficará averbada junto a cada matrícula. A lei regulamentadora desse dispositivo deve atentar para esse fato, ainda porque raramente haverá interesse do credor ou devedor requerer esse desmembramento da hipoteca. De qualquer forma, mesmo que lei alguma permita expressamente o ato registrário, o decreto de desmembramento será feito por sentença judicial, como estatui esse dispositivo, e não se discute seu mandamento.

Por outro lado, no que é mais relevante nesse dispositivo, o credor somente poderá opor-se ao pedido de desmembramento se provar que este importa em diminuição de sua garantia, o que, na prática, raramente poderá ocorrer.

Ademais, como é de justiça, ainda que ocorra o desmembramento do gravame, o devedor originário continuará responsável por toda a dívida hipotecária, salvo anuência expressa do credor, em decorrência da indivisibilidade.

Como esse direito de divisão proporcional do gravame decorre de uma situação de comunhão, não há prazo para que os proprietários das unidades, o credor ou o devedor requeiram essa medida, pois esse direito subjetivo insere-se na categoria dos direitos potestativos. Enquanto perdurar a indivisão do ônus, pode o requerimento ser feito. Ainda, por essa razão, nada impede seja requerida a divisão ainda que iniciada a excussão de todo o imóvel, ou que se oponha o interessado a ela por meio de embargos de terceiro. Aliás, no sistema do Código de 1916, já defendíamos essa posição.

25.10 EXTINÇÃO DA HIPOTECA

O art. 849 do Código de 1916 elencava as hipóteses de extinção da hipoteca:

> *"I – pelo desaparecimento da obrigação principal;*
>
> *II – pela destruição da coisa ou resolução do domínio;*
>
> *III – pela renúncia do credor;*
>
> *IV – pela remissão;*
>
> *V – pela sentença passada em julgado;*
>
> *VI – pela prescrição;*
>
> *VII – pela arrematação ou adjudicação".*

Sob esse prisma, descreve o Código no art. 1.499:

> *"A hipoteca extingue-se:*
>
> *I – pela extinção da obrigação principal;*
>
> *II – pelo perecimento da coisa;*

III – pela resolução da propriedade;

IV – pela renúncia do credor;

V – pela remição;

VI – pela arrematação ou adjudicação".

Como vimos no penhor, a hipoteca não se confunde com o contrato subjacente, o qual garante. O *desaparecimento ou extinção da obrigação principal* é a causa mais comum de extinção da hipoteca, como direito acessório. Seus efeitos perante terceiros cessam, porém unicamente, com o cancelamento do registro. Observe que a obrigação pode desaparecer por outros meios, que não o pagamento, modalidade normal de extinção de obrigações, mas não a única. Há outros meios técnicos que fazem desaparecer a obrigação.[7]

Na sub-rogação, por exemplo, o ônus transfere-se ao novo credor. Na novação, se as partes não forem expressas, extinta a dívida anterior, extingue-se a hipoteca. A dação em pagamento também extingue o gravame, porque faz desaparecer a obrigação.

A *destruição ou perecimento da coisa* equivale a seu desaparecimento, assim como a *resolução do domínio* nas hipóteses de propriedade resolúvel. Perecendo parcialmente a coisa, a hipoteca persiste no remanescente. Se houver indenização pelo perecimento, o ônus sub-roga-se sobre o preço. O mesmo se dá no caso de desapropriação. Resolvido o domínio, como no fideicomisso, por exemplo, o hipotecante deixa de ser dono, insubsistindo a hipoteca.

---

[7] "Agravo de instrumento – 'Cumprimento de sentença' – Decisão que indeferiu o pedido de expedição de ofício para baixa de averbações de hipoteca – Credor hipotecário devidamente intimado – Adjudicação que extingue a hipoteca – **Inteligência do art. 1.499, VI, do Código Civil** – Cancelamento do gravame no registro imobiliário – Cabimento – Decisão reformada – Recurso provido" (*TJSP* – AI 2039063-27.2025.8.26.0000, 3-7-2025, Rel. Ana Catarina Strauch).

"Execução de título extrajudicial. Decisão que defere o cancelamento das hipotecas averbadas nos imóveis. Insurgência do exequente. Desacolhimento. Arrematação como forma de aquisição originária da propriedade. Efeito liberatório. **A hipoteca extingue-se pela arrematação. Art. 1.499, VI do CC.** Agravante (credor hipotecário) regularmente notificado (art. 1.501 do CC). Decisão mantida. Recurso desprovido" (*TJSP* – AI 2076240-59.2024.8.26.0000, 27-6-2024, Rel. José Wilson Gonçalves).

"Recuperação judicial – Impugnação de crédito – Pretensão de reclassificação do crédito para posição garantia real – Impossibilidade – Imóvel dado em garantia em outro negócio e alienado judicialmente – Excussão que já beneficiou o agravante – **Extinção da hipoteca** nos termos do art. 1.499, VI do CC – Crédito discutido nesta impugnação que agora tem natureza quirografária – 'Quantum debeatur' – Ausência de impugnação específica e ausência de omissão na sentença – Sentença escorreita – Recurso improvido" (*TJSP* – AI 2301269-98.2022.8.26.0000, 12-5-2023, Rel. J. B. Franco de Godoi).

"Agravo de instrumento. Adjudicação. Execução de título extrajudicial. Decisão que condicionou a adjudicação do bem ao depósito prévio e integral do preço de avaliação do imóvel. Recurso da exequente alegando a possibilidade de adjudicação. Adjudicação que não foi negada, mas condicionada ao depósito prévio do valor integral. Existência de garantia real de hipoteca no bem. Credor hipotecário que se manifesta nos autos pleiteando a reserva dos valores devidos e garantidos pela hipoteca. Necessidade do depósito prévio e integral do valor da dívida garantida para possibilitar a adjudicação, com respectiva extinção da hipoteca, nos termos do artigo 1.499, VI, do Código Civil. Preferência do credor hipotecário. Decisão mantida. Recurso não provido" (*TJSP* – AI 2154281-11.2022.8.26.0000, 22-9-2022, Rel. Ana Lucia Romanhole Martucci).

"Apelações – Ação declaratória c.c – **Extinção de hipoteca** – Sentença de acolhimento parcial do pedido – Procedente a irresignação da autora – Hipótese em que decorreram bem mais de cinco anos desde a data estabelecida para o vencimento da última parcela do mútuo bancário, sem que tenha se verificado a cobrança da dívida ou algum evento suspensivo ou interruptivo da prescrição. Prescrição consumada, nos termos do art. 206, § 5º, I, do CC. Extinção da pretensão à cobrança da dívida retirando a razão da subsistência da garantia real, instituída com a única finalidade de assegurar o cumprimento da obrigação pecuniária garantida. Consequente reforma parcial da sentença, com o acolhimento, também, do pedido de cancelamento da hipoteca, com fundamento no art. 1.499, I, do CC. Precedentes. Dispositivo: Deram provimento à apelação da autora e negaram à do réu" (*TJSP* – AC 1034029-60.2017.8.26.0100, 24-7-2019, Rel. Ricardo Pessoa de Mello Belli).

A *renúncia pelo credor* já foi por nós examinada no penhor. Deve ser expressa e não implica necessariamente renúncia ao crédito. Pode ocorrer renúncia apenas quanto à garantia. Renúncia a qualquer direito deve resultar de inequívoca manifestação de vontade. A hipoteca legal é de ordem pública e, portanto, irrenunciável. Permanece enquanto persistir o estado jurídico que a originou.

Se a renúncia é feita em favor de outrem, há outro negócio jurídico: cessão de direitos.

A *remição hipotecária* já foi por nós esmiuçada, concedida primordialmente ao credor de segunda hipoteca, ao adquirente do imóvel hipotecado e, por força das regras de processo, ao devedor (art. 826 do CPC) e a seu cônjuge, companheiro, ascendente ou descendente, nessa ordem (art. 876 § 5º, do CPC). Não se trata de remição da dívida nesse dispositivo (art. 1.053), mas remição da garantia real.

A *sentença* decretará a extinção da hipoteca dependendo de sua eficácia: nulidade da obrigação, objeto não idôneo dado em hipoteca, falta de legitimidade, ausência de requisitos legais no ato constitutivo etc. Nem precisaria a lei dizê-lo, como não o diz o corrente diploma, pois qualquer ato ou negócio jurídico pode ser anulado ou declarado nulo pela sentença. Importa saber sua natureza e se a decisão tem o condão, a eficácia de anulá-lo. Destarte, ainda que não existisse menção nesse dispositivo, qualquer interessado pode pleitear a decretação de nulidade de hipoteca.

A *prescrição* da obrigação põe fim à garantia, que lhe é acessória. Cuida-se de aplicação do destino do acessório em relação ao principal. Ainda que a obrigação passe a ser considerada natural, não há mais direito de ação na obrigação prescrita, não havendo como subsistir a garantia.

No entanto, a referência expressa à prescrição no dispositivo do Código de 1916 diz respeito àquela referente a ação hipotecária, que é ação real. Ocorre que, na prática, não subsistirá ação hipotecária, se não há mais débito a garantir. Pode, no entanto, existir interesse na propositura de ação, para declarar prescrita a hipoteca, independentemente de discussão acerca da prescrição do débito.

Por outro lado, no sistema de 1916, sendo a hipoteca direito real, seu prazo prescritivo é de 10 anos entre presentes e 15 entre ausentes. Não ocorre, todavia, por simples inércia do credor, mas por ato incompatível com o exercício desse direito real. A usucapião do bem hipotecada é ato que faz desaparecer a hipoteca. O prazo prescricional geral no vigente Código é de 10 anos (art. 205).

A *arrematação e a adjudicação* como atos finais do processo executório extinguem a hipoteca. Devem ser obedecidos os princípios processuais a eles relativos.

A *confusão* ou consolidação na mesma pessoa das figuras de devedor e proprietário do bem hipotecado extingue a hipoteca, porque a garantia não pode incidir em bem próprio, mas não se prescinde do cancelamento no registro.

A *perempção* já mencionada do art. 1.498 é modalidade de extinção. Se não for renovada a especialização nesse prazo, desaparece a hipoteca.

Como consequência da extinção, há que se fazer o *cancelamento do registro*, denominado na praxe de *baixa da hipoteca*, com os cuidados do art. 851 do Código anterior, requisitos presentes na lei registrária. Apresentado documento idôneo de extinção da dívida, procederá o oficial ao cancelamento. Observará, sob sua responsabilidade funcional, as causas de extinção descritas no Código. Insuficiente se mostra o pedido verbal. Ao oficial deve ser apresentado documento escrito, emanado de credor e devedor, ou somente pelo devedor com prova da quitação do débito. O mandado judicial, se decorrente de decisão, deve referir-se expressamente à hipoteca que se deve cancelar. Assim também a carta de arrematação ou adjudicação.

Enquanto não cancelada, embora extinta a dívida, a hipoteca persiste em seus efeitos. Somente após o cancelamento se obtém eficácia com relação a terceiros (art. 1.500). Qualquer interessado apresentante de prova idônea pode pedir o cancelamento. Desse modo, o adquirente ou compromissário comprador de imóvel hipotecado, por exemplo, pode fazê-lo. Não se confunde o direito do interessado em pedir o cancelamento com os requisitos intrínsecos necessários. O art. 251 da Lei dos Registros Públicos dispõe que:

> *"O cancelamento de hipoteca só pode ser feito:*
>
> *I - à vista de autorização expressa ou quitação outorgada pelo credor ou seu sucessor, em instrumento público ou particular;*
>
> *II - em razão de procedimento administrativo, no qual o credor tenha sido intimado (CPC, art. 698);*
>
> *III - na conformidade da legislação referente às cédulas hipotecárias".*

Desse modo, apresentado o documento hábil, é dever do cartorário proceder ao cancelamento. Se tiver dúvida, submetê-la-á ao procedimento cabível. Como se verifica do rol de modalidades de extinção enunciadas na lei, há situações que exigirão mandado judicial de cancelamento, exigindo, pois, sentença. Aliás, desnecessário lembrar que qualquer ato registrário pode ser cancelado por sentença. Isso se torna mais patente na hipoteca, que prossegue em seus efeitos, enquanto presente no registro, tanto que o art. 252 da Lei dos Registros Públicos especifica que *"o registro, enquanto não cancelado, produz todos os seus efeitos legais ainda que, por outra maneira, se prove que o título está desfeito, anulado, extinto ou rescindido"*. Por essa razão o terceiro interessado está legitimado a promover processo próprio de cancelamento, provando a extinção do ônus, se por outra forma não obtiver esse desiderato (art. 253 da LRP). O art. 251-A da LRP complementa essa ideia, mencionando a falta de pagamento.

O art. 1.500 do mais moderno Código, que corresponde ao art. 851 antigo, dispõe de forma mais lapidar: *"Extingue-se ainda a hipoteca com a averbação, no Registro de Imóveis, do cancelamento do registro, à vista da respectiva prova"*.

Uma vez cancelada a inscrição, não pode ser renovada, só restando aos interessados instituí-la por novo título, que criará gravame sem relação com o anterior. Se houve vício no cancelamento, incumbe aos interessados promover ação de nulidade do ato cartorário ou indenização contra os responsáveis. Terceiros, em qualquer hipótese, não podem ser prejudicados por ato que torna nulo ou ineficaz o cancelamento, pois os atos de registro presumem-se verdadeiros.

Adverte ainda o art. 1.501 reiterando regra tradicional e presente no art. 826 do Código de 1916 que

> *"não extinguirá a hipoteca, devidamente registrada, a arrematação ou adjudicação, sem que tenham sido notificados judicialmente os respectivos credores hipotecários, que não forem de qualquer modo partes na execução".*

Desse modo, não tendo sido obedecida essa regra, o credor hipotecário preterido poderá pleitear a nulidade do ato.

25.11 CÉDULA HIPOTECÁRIA HABITACIONAL

A exemplo do que ocorreu com o penhor, o legislador procurou dinamizar a hipoteca com a criação de título cambial. A Lei nº 3.253/57 criou a cédula rural hipotecária, endossável, destinada a financiamentos para finalidades agrícolas.

O Decreto-lei nº 70/66, já não mais em vigor, instituiu a cédula hipotecária destinada a financiamentos do Sistema Financeiro de Habitação. Atualmente, colocado em xeque o sistema, aguardam-se novas modificações, de tantas já efetuadas no curso das últimas décadas.

O presente Código permitiu, no art. 1.486, que o credor e o devedor, no ato constitutivo da hipoteca, autorizem a emissão da correspondente cédula hipotecária, na forma e para os fins previstos em lei especial. Trata-se de mais um instrumento para dinamização do crédito e que depende de regulamentação. As letras e cédulas hipotecárias são títulos emitidos por instituições financeiras que atuam em financiamentos garantidos por hipotecas.

25.12 EXECUÇÃO DA DÍVIDA HIPOTECÁRIA. EXECUÇÃO EXTRAJUDICIAL DA DÍVIDA HIPOTECÁRIA

Conforme reiterado, o inadimplemento da obrigação autoriza a excussão da dívida, por ação executiva. O processo de execução vem regulado pelo art. 778 ss. do CPC. O inciso III do art. 585 tipifica o contrato hipotecário como título executivo extrajudicial.

O Decreto-lei nº 70/66, com alterações da Lei nº 8.004/90, permitia a modalidade de execução extrajudicial da dívida hipotecária, criada sob o pálio do sistema habitacional.

Essa lei permitia que o credor escolhesse a execução do CPC ou o processo estabelecido no Decreto-lei nº 70/66 (art. 29). Essa situação não mais se aplica.

Esse meio extrajudicial estreitava em demasia o direito do devedor. Praticamente não lhe outorgava o direito de defesa garantido constitucionalmente. A notificação não permitia certeza de sua ciência do procedimento.

25.13 HIPOTECA NAVAL, AÉREA E DE VIAS FÉRREAS. MINAS E PEDREIRAS

Embora navios e aeronaves sejam coisas móveis, são suscetíveis de hipoteca. Vimos que historicamente a hipoteca se aplicava indiferentemente aos móveis e imóveis. Essas são as únicas exceções de nossa legislação. Os demais bens móveis submetem-se ao regime de penhor.

A inscrição da hipoteca sobre navio será feita no porto de matrícula. O instrumento deve ter forma pública, se faz mediante a prova de propriedade da coisa, devendo ser lavrada nos ofícios privativos de atos de direito marítimo. Compete ao Tribunal Marítimo manter o registro da hipoteca naval. O art. 825 permitia a hipoteca de navios ainda em construção, como aqui já observamos. A hipoteca confere direito real ao credor de excuti-lo onde se encontrar o navio e contra qualquer pessoa que o detenha. Aplicam-se os princípios gerais do instituto. A Lei nº 7.652/88 regula atualmente a hipoteca naval.

O Código Brasileiro de Aeronáutica (Lei nº 7.565/86) também autoriza a hipoteca de aeronave em construção. Essa hipoteca constitui-se pela inscrição do contrato no Registro Aeronáutico Brasileiro, com averbação no respectivo certificado de matrícula (art. 141). Essa lei também institui *hipoteca legal* em favor da União em relação a aeronaves, peças e equipamentos adquiridos no exterior, com aval, fiança ou outra garantia do Tesouro Nacional ou seus agentes financeiros (art. 144). Essa hipoteca será registrada *ex officio* no Registro Aeronáutico.

Note que no sistema brasileiro as hipotecas sobre navios e aeronaves não se constituem meros penhores sob outra denominação. Conceituam-se e regem-se efetivamente como hipoteca, aplicando-se-lhes os princípios de direito hipotecário. A legislação especial que as regula não deixa dúvidas. Posse alguma tem o credor hipotecário sobre esses bens móveis. Tal como nas demais hipotecas, antes do registro junto à matrícula estabelece-se apenas direito pessoal entre credor e devedor, ou, como é possível afirmar, direito real de compreensão e extensão limitadas aos contraentes.

Nossos Códigos civis também permitiram a hipoteca sobre linhas férreas. Cuida-se de universalidade, porque compreende o solo, os trilhos, os terrenos marginais, as estações, os equipamentos etc. De acordo com o art. 1.502, "*as hipotecas sobre as estradas de ferro serão inscritas no município da estação inicial da respectiva linha*".

A posse e a administração das ferrovias não podem ser turbadas pelos credores hipotecários (art. 1.503). Essa hipoteca pode ser limitada a linha ou a trechos de linha especificados no contrato, podendo os credores se opor a qualquer ato de alienação da estrada que lhes embarace o direito (art. 1.504).

Nas execuções dessas hipotecas, terá preferência a Fazenda Nacional ou Estadual, cujos representantes serão intimados necessariamente, pelo preço da arrematação ou da adjudicação (art. 1.505). A preferência da lei é de que o meio de transporte retorne ou permaneça nas mãos do Estado, preferentemente da iniciativa privada. O vigente Código refere-se especificamente à remição por parte da União ou do Estado.

Consideram-se as estradas de ferro como universalidades independentes do solo, em razão de sua função econômica.

O Código refere-se à hipoteca de minas e pedreiras e recursos naturais. Por disposição constitucional as jazidas minerais são distintas do solo e pertencentes à União, que tem direito preferencial em sua exploração. As pedreiras cuja exploração independe de concessão podem ser hipotecadas. As minas, uma vez obtida a concessão do governo, podem ser gravadas no que se refere às instalações fixas, não quanto ao direito de lavra em si. De acordo com a legislação de mineração, as autorizações e concessões somente podem ser transferidas mediante consentimento do poder concedente (art. 176 da Constituição Federal).

26

ANTICRESE. CONCESSÃO DE USO ESPECIAL PARA FINS DE MORADIA E CONCESSÃO DE DIREITO REAL DE USO

26.1 CONCEITO. NOTÍCIA HISTÓRICA

Sem aplicação prática, apesar do desuso, nosso Código de 1916 manteve a anticrese como modalidade de direito real de garantia (arts. 905 a 908), assim como, surpreendentemente, o atual Código de 2002 (arts. 1.506 a 1.510).

A anticrese é instituição paralela ao penhor e à hipoteca, ficando a meio caminho entre ambos. Enquanto no penhor típico se transfere a posse da coisa ao credor, que dela não pode se utilizar, e na hipoteca o bem continua na posse do devedor, na anticrese o credor assume necessariamente a posse do bem para usufruir seus frutos, a fim de amortizar a dívida ou receber juros. O credor anticrético recebe a posse de coisa imóvel frugífera, ficando os frutos vinculados à extinção da dívida.

A palavra *anticrese* deriva do grego *anti* (contra) e *chresis* (uso). O vocábulo dá a ideia de uso do capital recebido pelo credor perante a entrega da coisa pelo devedor. A expressão não era usual no Direito Romano. Suas raízes situam-se no direito grego e egípcio.

O Direito Romano não conheceu o instituto como modalidade autônoma, mas como pacto anexo ou integrante ao penhor ou à hipoteca. Permitia-se ao credor, cujo objeto lhe era entregue, que percebesse os frutos para amortizar a dívida ou para pagar os juros. A obrigação, contudo, continuava garantida pelo penhor ou hipoteca. A percepção dos frutos na anticrese, em nosso direito, integra o direito real. Não foi admitida pelo direito canônico, *"porque nela se via uma forma de disfarçar a usura"* (Viana, 2003:865).

Nas Ordenações do Reino, a anticrese referia-se tanto a móveis como a imóveis.

A anticrese desempenha dupla função: servir como garantia de pagamento da dívida, porque o credor anticrético tem direito de retenção do imóvel até sua extinção, bem como servir de meio de execução direta da dívida, pois ao credor é atribuído o direito de receber os frutos e imputar-lhes no pagamento dos juros e do capital.

Nesse conteúdo define o art. 1.506:

> *"Pode o devedor ou outrem por ele, com a entrega do imóvel ao credor, ceder-lhe o direito de perceber, em compensação da dívida, os frutos e rendimentos".*

O § 1º do dispositivo permite que os frutos e rendimentos do imóvel, em sua totalidade, sejam recebidos exclusivamente por conta dos juros. Acrescenta, porém, o presente Código, que se o valor desses frutos e rendimentos for superior à taxa permitida em lei para as operações financeiras, o remanescente, isto é, o que sobrepujar a taxa de juros, será imputado no capital.

Podem, pois, as partes estipular a amortização da dívida ou somente dos juros pelo recebimento dos frutos. Nesse sentido, a anticrese pode ser *extintiva* ou *satisfativa* (quando os frutos servem para amortizar a dívida, agora dentro de um limite, como especificado pelo atual Código), ou *compensativa* (os frutos são imputados apenas no pagamento de juros) (Pontes de Miranda, 1971, v. 21:136). Seus pressupostos são, pois, *a existência de um crédito* em favor do credor anticrético e *a tradição de um imóvel* do devedor ou de um terceiro para fruição. Como em todos os direitos reais de garantia, terceiro pode subordinar imóvel seu para suportar o crédito, assumindo a posição de garante, nos termos do art. 1.427. Como se vê, em regra são aplicados à anticrese os princípios gerais dos direitos reais de garantia, expostos nos arts. 1.419 ss. Contudo, recorde-se que o art. 1.423, ao conferir ao credor anticrético *"o direito de reter em seu poder a coisa, enquanto a dívida não for paga"*, também estabelece que a anticrese *"extingue-se decorridos quinze anos do dia da transcrição"*, ou, como expressa o vigente Código, *"decorridos quinze anos da data da sua constituição"*.

A restrição temporal parte do pressuposto de que, se a obrigação não se extinguiu em prazo tão longo, é inconveniente que perdure o direito real. Nessa hipótese, como em outras semelhantes já vistas, a extinção do direito real não implica sistematicamente extinção da dívida, permanecendo o credor como quirografário.

Os inconvenientes da instituição da anticrese são evidentes. Transferindo a coisa ao credor, não somente priva o devedor de sua utilização, como também atribui àquele a obrigação de administrar coisa alheia, com a obrigação correlata de prestar contas, o que também lhe será inconveniente. Somente por esses aspectos já se divisam os entraves de sua instituição. A hipoteca preenche com absoluta vantagem e maior agilidade a finalidade da anticrese, garantindo o débito sem privar da posse da coisa o devedor.

Instituída a anticrese, o devedor fica inibido de obter novos créditos garantidos pelo mesmo bem, porque eventual hipoteca somente pode ser dada ao credor anticrético no sistema de 1916 (§ 2º do art. 805). O Código de 2002 suprimiu esse inconveniente, ao permitir no dispositivo equivalente que a hipoteca possa ser concedida a terceiros (art. 1.506, § 2º). Por esse mesmo dispositivo, ainda no Código de 1916, o bem hipotecado pode ser dado em anticrese somente ao credor hipotecário. O atual Código também aqui eliminou essa restrição. Verificamos, portanto, que podem conviver a hipoteca com a anticrese, de forma limitada no Código de 1916 e de forma ampla no vigente estatuto. No entanto, a coisa é colocada praticamente fora de comércio, pois não haverá interesse de terceiro em adquirir bem assim onerado. Não obstante, presente na lei, não podemos afirmar peremptoriamente que não venha a ser utilizada ou se tornar útil no futuro, sob outras necessidades sociais. Por vezes, institutos aparentemente esquecidos e fadados ao desaparecimento renascem para a vida jurídica, conquanto sob nova roupagem.

A anticrese decorre de contrato ou de testamento. Nesses se discriminam os valores da dívida, juros, prazos etc. Têm as partes toda a amplitude da autonomia de vontade no negócio jurídico. Não se nega que o testador também pode instituí-la. Como contrato, é negócio real porque implica a entrega da coisa.

Para que possibilite sua conversão em direito real, temos de obedecer aos requisitos de especialização comum a todos os direitos reais de garantia (art. 1.424), com descrição cabal do imóvel. Enquanto direito exclusivamente pessoal, gera tão somente efeitos obrigacionais, pessoais entre as partes. Há mero pacto anticrético e não direito real. O devedor faculta ao credor a utilização de coisa sua, ou terceiro o faça, a fim de que, dela usufruindo, amortize uma obrigação.

Somente se converterá em direito real, dentro do rol de *numerus clausus* de nossa lei, quando ultimada por escritura pública (ou instrumento particular, se inferior ao valor legal) e devidamente registrada no cartório imobiliário.[1] Para tal, necessita de outorga conjugal independente do regime de bens, no sistema de 1916 (art. 235, I, e art. 242, I). No sistema do corrente Código, aplica-se o art. 1.647; será necessária a outorga conjugal, exceto no regime de separação absoluta.

O intuito do legislador, em legislação especial (Lei nº 14.620/23), no Programa Minha Casa Minha Vida, foi proteger a mulher nas sociedades conjugais atingidas por esse programa, dispensando a outorga marital. Contudo, há aspectos inconstitucionais nesse, ao menos aparente, privilégio, que certamente serão enfrentados pelos tribunais.

Ao imóvel aplicam-se os mesmos princípios da hipoteca: somente quem pode alienar pode instituir o gravame. Com esse procedimento, o direito à percepção dos frutos passa a ter eficácia *erga omnes*, com os efeitos descritos na lei. Ainda que inexistente em legislações como

---

[1] "Penhora – Decisão que determinou o desbloqueio de valores atingidos por penhora *on-line* em detrimento da penhora de imóvel dado em garantia de dívida – Em ação de execução fundada em título extrajudicial garantido por hipoteca, penhor ou **anticrese**, a penhora há de recair preferencialmente sobre o bem objeto da garantia, somente incidindo sobre outros bens, quando os dados em garantia sejam insuficientes para o pagamento do débito – Na espécie: (a) a execução encontra-se lastreada em uma escritura pública de constituição de garantia hipotecária, na qual foi dado em garantia imóvel; (b) não há notícia nos autos de que referido bem tenha sido penhorado e (c) o pedido de penhora *on-line* de ativos financeiros em nome do terceiro garantidor não foi lastreada na alegação de insuficiência dos bens dados em garantia para adimplemento do débito, porquanto sequer alegada essa ocorrência – Descabida a penhora *on-line* de ativos financeiros em nome do terceiro garantidor, em razão da existência de bens dados em garantia hipotecária, sob pena de violação ao art. 835, § 3º, do CPC/2015. Recurso desprovido" (*TJSP* – AI 2145346-84.2019.8.26.0000, 6-9-2019, Rel. Rebello Pinho).

"Apelação cível e recurso adesivo – Ação de reintegração de posse cumulada com obrigação de fazer (Nº 0001840- 44.2014.8.16.0160), ação de anulação de ato jurídico cumulada com averbação na matrícula de imóvel (Nº 0005097-77.2014.8.16.0160) e ação declaratória de nulidade de escritura ou reconhecimento de instituto jurídico da **anticrese** (Nº 0009036-65.2014.8.16.0160) – Sentença única. Apelação: alegação de que a assinatura da escritura pública de declaração foi obtida por chantagem e ameaças ao autor – Improcedência autor que não se desincumbiu do seu ônus probatório (CPC, ART. 373, I) – Sentença mantida. Alegação de caracterização do instituto da anticrese – Improcedência – Existência de provas de que a apelada adquiriu a copropriedade do imóvel – Situação que descaracteriza a figura do credor anticrético. Pedido de reforma da decisão que determinou a reintegração da ré na posse das salas comerciais do imóvel objeto do litígio – Escritura pública de declaração reconhecida como válida – Aquisição informal do direito de propriedade sobre as salas – Direito de posse que é consequência disso. Alegação de que a ação correta seria de imissão na posse e de não reintegração – Questão já resolvida por decisão interlocutória – Ausência de interposição de recurso na ocasião – Preclusão do direito de impugnar esse tema. Apelação não provida. Recurso adesivo: alegação de inocorrência da decadência em razão de a pretensão ser declaratória – Improcedência – Ação de anulação de ato jurídico que possui natureza constitutiva e, por isso, se submete a prazo decadencial. Manutenção da distribuição do ônus sucumbencial. Pretensão de majoração dos honorários advocatícios – Improcedência – Valor arbitrado adequadamente. Recurso adesivo não provido. Honorários advocatícios da fase recursal (CPC, ART. 85, § 11) – Fixação em favor de ambas as partes" (*TJPR* – AC 1674987-2, 21-2-2018, Rel. Des. Rui Bacellar Filho).

"**Agravo regimental no agravo de instrumento** – Direito Civil – **Anticrese** – Direito real sobre imóvel – Aquisição – Registro – 1– A anticrese, direito real sobre imóvel, nos termos do art. 1.225 do CC, só se adquire com o registro no Cartório de Registro de Imóveis. 2 – A pretensão de simples reexame de provas, além de escapar da função constitucional deste Tribunal, encontra óbice na Súmula 7 do STJ, cuja incidência é induvidosa no caso presente. 3 – Agravo regimental a que se nega provimento" (*STJ* – AgRg-AI 1.185.129 – (2009/0083080-5), 12-3-2015, Relª Minª Alderita Ramos de Oliveira).

direito real, o contrato de anticrese sobrevive como mero direito pessoal, dentro da amplitude da autonomia contratual. Perante os termos de nossa lei, despiciendo adentrar na discussão sobre tratar-se de direito real ou pessoal. O registro imobiliário confere-lhe eficácia de direito real. Como decorrência dessa realidade, os frutos não podem ser penhorados por outros credores.

Não repercutindo sobre a substância da coisa, não apenas o proprietário, mas também o enfiteuta e o usufrutuário podem estabelecer anticrese (Rizzardo, 1991, v. 3:1161).

O fato de o credor reter a coisa e dela usufruir é elemento de constrição sobre o devedor, que terá o maior interesse em extinguir a obrigação. A par do direito real de perceber os frutos, a anticrese possui inelutavelmente esse intuito compulsivo para constranger o devedor a liquidar a obrigação e receber seu imóvel em retorno (Rodrigues, 1984, v. 5:364). Como se percebe, o penhor rural e o industrial, instituídos e regulados com minúcias no decorrer da vigência do Código Civil de 1916 e mantidos pelo presente diploma legal, além da própria hipoteca, substituíram com vantagem as finalidades do vetusto instituto.

O aspecto de se atribuir a administração do imóvel ao credor assemelha-se à procuração em causa própria. Inelutavelmente, o devedor confere modalidade de mandato ao credor.

A Lei nº 9.514/97, que instituiu o Sistema de Financiamento Imobiliário, refere-se à possibilidade de anticrese nas operações da SFH que envolvam locação (art. 17, § 3º).

26.2 DIREITOS E DEVERES DO DEVEDOR E DO CREDOR

Ao devedor cabe entregar a coisa ao credor, que com ela deverá permanecer até extinção do débito. Este administrará o bem recebendo os frutos, devendo prestar contas dos valores recebidos, dando quitação. É dever de todo aquele que administra bem alheio prestar contas. O atual Código preferiu ser expresso a esse respeito: *"O credor anticrético pode administrar os bens dados em anticrese e fruir seus frutos e utilidades, mas deverá apresentar anualmente balanço, exato e fiel, de sua administração"* (art. 1.507). As partes podem acordar, como decorre dos arts. 805 (antigo) e 1.506 (atual), que a administração seja atribuída a terceiro, o qual, evidentemente, também terá de prestar contas. Normalmente, a administração outorgada a terceiro será remunerada, devendo acordar as partes a esse respeito.

O § 1º do art. 1.507 do corrente Código introduz uma inovação a respeito da prestação de contas por parte do credor: se o devedor não concordar com o conteúdo do balanço, poderá impugná-lo e, se o quiser, requerer a transformação em arrendamento, fixando o juiz o valor mensal do aluguel, o qual poderá ser corrigido anualmente. Nos termos da dicção legal, a decisão deve julgar o balanço inidôneo a fim de que possa ser transformada a anticrese em arrendamento. O cerne da questão se posicionará, então, no exame da prova contábil. Esse arrendamento, segundo decorre dos princípios do instituto, também terá como limite o prazo de 15 anos, computando-se, inclusive, o período já decorrido de anticrese (art. 1.423).

A lei de 2002 permite também ao credor que conceda o imóvel em arrendamento a terceiro, quando não o proibir o pacto (art. 1.507, § 2º). Conforme esse mesmo artigo, fruindo diretamente da coisa, em decorrência dessa posse mantém direito de retenção, o qual perderá, se transferir a posse a terceiros. A retenção é decorrência exclusiva da posse. Essa possibilidade de arrendamento a terceiro é mais um inconveniente a desestimular sua instituição.

A qualquer tempo é dado ao devedor resgatar a anticrese, liquidando a dívida.

O credor tem o direito à percepção dos frutos, devendo zelar pelo imóvel. Responde pelos prejuízos que ocasionar à coisa e pelos frutos que deixar de colher por culpa sua (art. 1.508). Cabem ao devedor os meios judiciais necessários para impedir que a coisa se deteriore. É direito do credor manter a posse e reter a coisa até ser integralmente paga (art. 1.423). O credor tem direito de sequela, de modo que continuará a exercer seus direitos perante qualquer adquirente do imóvel, bem como credores quirografários e hipotecários posteriores à transcrição da anticrese (art. 1.509). Esses credores não podem penhorar o imóvel anticrético, podendo o credor anticrético utilizar-se dos embargos de terceiro. Perante a existência de vários direitos reais sobre o mesmo imóvel, obedece-se ao critério da prioridade. Aplica-se a regra geral.

Detendo a posse da coisa, o credor deve ser indenizado pelas benfeitorias necessárias e úteis, podendo levantar as voluptuárias, aplicando-se os princípios gerais sobre a matéria, inclusive quanto ao direito de retenção, independentemente da retenção pelos frutos de pagamento da dívida, inerentes à própria anticrese.

Embora tenha o credor direito à percepção dos frutos, o CPC, no art. 784, V, confere à anticrese a condição de título executivo extrajudicial, o que autoriza o credor a cobrar a dívida se, por exemplo, não ocorrer a devida e esperada produção de frutos no imóvel, ou ocorrer inadimplência. O § 1º do art. 1.509 aponta, no entanto, que, se o credor *"executar os bens por falta de pagamento da dívida, ou permitir que outro credor o execute, sem opor o seu direito de retenção ao exequente, não terá preferência sobre o preço"*. Abre, portanto, mão da preferência legal, a ela renuncia, se executar a dívida. O direito de retenção deve ser oposto perante terceiros, até que seja ressarcido do valor da dívida. Esse direito de retenção é efeito imediato da posse que exerce sobre a coisa.

Ao contrário dos direitos similares, no caso de desapropriação ou indenização securitária o credor anticrético não terá preferência sobre a indenização (art. 1.509, § 2º).

Como possuidor direto, o credor anticrético pode valer-se das ações possessórias para defender a coisa.

A reivindicação é ação do devedor, que continua a ser proprietário do bem, não perdendo sua disponibilidade. Deve, também, como corolário, comunicar turbações à posse ao proprietário e possuidor indireto.

26.3 EXTINÇÃO DA ANTICRESE. ANTICRESE DE BENS MÓVEIS

A eliminação integral da dívida extingue a anticrese, podendo então exigir o devedor a devolução da coisa. A posse do credor transforma-se em injusta após o desaparecimento da obrigação.

A renúncia também extingue a anticrese. A transmissão da posse da coisa ao devedor implica renúncia tácita, pois não há anticrese sem posse do credor.

O perecimento ou a desapropriação da coisa são outras modalidades de extinção, sem qualquer sub-rogação no preço, como vimos.

Ademais, diferentemente dos outros direitos da mesma natureza, a lei impõe a extinção da anticrese decorridos 15 anos de seu registro imobiliário, prazo de caducidade (art. 1.423). Note, porém, que na pendência da garantia anticrética não há curso de prescrição da dívida, porque sempre poderá ser exercitada a cobrança. O prazo extintivo somente se inicia, como regra geral, quando o credor deixa de ter a posse. Enquanto perdurarem o gravame e sua posse, o direito concernente à obrigação é potestativo.

Se constituída pelo enfiteuta ou usufrutuário, a extinção desses direitos de fruição extingue também a anticrese.

Enfatizemos, por fim, que nem sempre a extinção da anticrese induzirá extinção da obrigação, permanecendo o credor como quirografário.

O art. 1.510 do atual estatuto civil permite que o adquirente dos bens dados em anticrese possa remi-los antes do vencimento da dívida, pagando a totalidade à data do pedido de remição, e imitir-se-á na posse, se for o caso. Cuida-se de possibilidade de pagamento antecipado da obrigação facultado pela lei, o que se admite também, em princípio, nos demais direitos reais de garantia. Trata-se de mais um meio que a lei concede no intuito de extinguir a anticrese.

Talvez o melhor seria que o vigente Código simplesmente a extinguisse de nosso ordenamento, pois seu desuso é evidente. Não é, porém, o que sustenta Gladston Mamede, em sua recente obra:

> "*acredito que a anticrese, não obstante em desuso, é opção negocial – mais do que mera garantia real – que oferece possibilidades comerciais interessantes, para as quais o mercado não atentou, infelizmente*" (2003:470).

De fato, palavras importantes do mestre mineiro, porque, por vezes institutos jurídicos esquecidos são aviventados por necessidades modernas. No entanto, as finalidades da anticrese, a nosso entender, podem ser atingidas com outros negócios jurídicos, ainda que inominados, com base talvez na velha fidúcia romana, com maior eficácia. Defende inclusive o autor que a anticrese possa ter por objeto bem móvel. Não temos dúvida de que é possível, mas como negócio atípico, dentro da ampla autonomia da vontade contratual, fora dos princípios clássicos da anticrese, mas com aplicação subsidiária destes. Sob tal prisma, afina-se com essa posição o Prof. Mamede:

> "*Fica claro, portanto, que o devedor e credor hipotecário possuem, a sua disposição, um amplo espaço negocial para buscarem a solução do crédito pela cessão do uso e da fruição do bem jurídico, móvel ou imóvel. Essa constatação é extremamente importante, pois soluções com a anticrese, embora desprezadas por parte da doutrina e até pela prática das relações negociais, oferecem um amplo espaço para que as partes possam transigir soluções alternativas à execução forçada do crédito, com efeitos nefastos que sabidamente produz. Obviamente não se tratará de um vínculo de Direito real, mas de Direito Obrigacional, pessoal, não havendo falar em oponibilidade erga omnes, nem mesmo em direito de sequela, como se passa com a anticrese*" (2003:476).

Ainda, aplicando-se o instituto aos bens móveis, estaria superado grande inconveniente da anticrese clássica, isto é, manter-se bem imóvel por longo prazo fora do comércio.

26.4 CONCESSÃO DE USO ESPECIAL PARA FINS DE MORADIA E CONCESSÃO DE DIREITO REAL DE USO

Já acentuamos que somente a lei pode criar direitos reais. Isto é feito de forma clara mais uma vez com essas duas modalidades de concessão introduzidas pela Lei nº 11.481/2007 no rol do art. 1.225 do Código Civil, (dispositivo que foi recentemente alterado pela Lei 13.465/2017). A origem dessa norma estava na Medida Provisória nº 335, de 23-12-2006, cujo âmbito é a realização da justiça social por meio de concessão de uso especial para fins de moradia em terrenos de marinha ou a regularização a ser promovida de terras públicas ocupadas, com proteção especial à população carente, sob o espírito da Constituição Federal de 1988. Tratava-se mesmo de modalidades de direito real que deviam ocupar lugar no rol específico do Código Civil, embora a concessão seja instituto típico do direito administrativo. As leis que criaram esses institutos específicos não fizeram referência ao Código Civil.

Os dispositivos acerca da concessão de uso especial de imóvel público encontravam-se no Estatuto da Cidade, arts. 15 a 20, mas foram vetados pelo Presidente da República. Logo após, porém, foi editada a Medida Provisória nº 2.220/2001, que disciplinou a matéria. A concessão de uso também é um direito real sobre coisa alheia. Nos termos dessa legislação citada, a concessão gratuita de uso especial para fins de moradia é concedida em favor daquele que, independentemente de sexo ou estado civil, possuía até 30 de junho de 2001, durante cinco anos ininterruptos e sem oposição, até $250m^2$ de imóvel situado em área urbana, utilizando-a para sua morada ou de sua família.

Sob esse prisma, atende-se à função social da propriedade, princípio constitucional dos arts. 5º, XXIII, 170, III e 182, § 2º, da Constituição Federal de 1988.

Essa concessão de uso especial, regulada por lei federal, pode também ser concedida nos níveis estaduais e municipais. Observe-se que a introdução de duas modalidades de concessão de uso no Código Civil abre a possibilidade de futuras regulamentações e ampliações do instituto, de acordo com a oportunidade e conveniência do legislador e da Administração. Não é essencial que esse instituto se prenda exclusivamente à legislação atual.

É fato que a concessão de uso sempre foi entendida como um direito real, embora à margem da legislação de direito privado. Já realçamos que se trata de instituto de direito administrativo, criado pelo Decreto-lei nº 271, de 28-2-1967. O seu art. 7º dispõe que se trata de um contrato de direito administrativo, de direito real, transmissível por ato entre vivos ou por causa da morte. No mais, tudo dependerá das várias modalidades de concessão de uso que a lei possa criar, estendendo ou restringindo sua compreensão. No caso da concessão de uso para fins de moradia, não há contrato administrativo, mas ato administrativo concedente.

A concessão de uso de bem público em geral é instrumento destinado a outorgar ao particular a faculdade de utilizar um bem da Administração, segundo sua destinação específica, conforme a definição de Hely Lopes Meirelles (2007:263). Trata-se de contrato de interesse primordial do administrado, do concessionário. Como regra geral, tratando-se de interesse público, pode a Administração alterar suas condições unilateralmente ou rescindi-lo, conforme razões de oportunidade ou conveniência, nisto distinguindo-se das locações. A lei pode exigir concorrência pública para a concessão ou dispensá-la, subordinando-a a outras exigências ou requisitos, como fez a Medida Provisória citada. A concessão de direito real de uso para fins de moradia, ora vista, distingue-se da concessão administrativa de uso em geral, justamente por sua especificidade. A concessão de direito real atribui esse direito *erga omnes* com características próprias, transferível a terceiros, salvo restrição na lei, por ato *inter vivos* ou *mortis causa*.

A concessão de direito real de uso é a forma mais ampla de outorga de utilização de bem público, distinguindo-se da *autorização de uso*, da *permissão de uso* e da já mencionada *simples concessão de uso*.

A *autorização de uso* é ato unilateral, discricionário e precário da Administração pelo qual esta consente na prática de determinada atividade em bem público. A MP nº 2.220, de 4-9-2001, complementando o Estatuto da Cidade, introduziu em nosso ordenamento autorização de uso especial para o ocupante que até 30 de junho de 2001 possuísse como seu, sem oposição e interrupção, até 250 m2 de imóvel público situado em área urbana, utilizando-o para fins de moradia. Como se nota, não se trata de direito real, mas de ato de menor espectro, autorizando simplesmente a utilização do imóvel. Trata-se de figura paralela à concessão de direito real de uso para fins de moradia. Enquanto esta concessão dá um direito ao possuidor, a autorização é apenas uma faculdade do Poder Público.

A permissão de uso é negócio jurídico unilateral da Administração que também faculta a utilização individual de um bem público. O ato é sempre modificável ou revogável pela Administração. Nota-se, portanto, que também se trata de ato mais restrito que a concessão.

A concessão especial de uso, criada pela MP nº 2.220, teve em mira regularizar a ocupação ilegal de bens públicos para a população de baixa renda. A norma tem elevado alcance social. A MP nº 335 buscou regularizar assentamentos informais, para fins de moradia, inclusive em terrenos de marinha. A Lei nº 11.481/2007 converteu a MP nº 335 e acrescenta várias disposições. Foi estabelecido um direito para o ocupante sob as condições narradas na norma. Essa concessão assemelha-se à usucapião, mas com este não se confunde, a começar pelos bens, que são públicos. Como acentuamos, trata-se de direito real sobre coisa alheia, pois é transferível, mas com caráter resolúvel, porque pode ser extinto se o titular der destinação diversa ao imóvel. Essa concessão é outorgada por termo administrativo ou, havendo resistência, por sentença judicial.

Por outro lado, a *concessão de direito real de uso*, inserida no art. 1.225 do Código Civil pela Lei nº 11.481/2007, "*é o contrato pelo qual a Administração transfere o uso remunerado ou gratuito de terreno público a particular, como direito real resolúvel, para que dele se utilize em fins específicos de urbanização, industrialização, edificação, cultivo ou qualquer outra exploração de interesse social*" (Meirelles, 2007:532). Esse conceito é extraído do art. 7º do Decreto-lei nº 271/67, que criou o instituto. Como se nota, esta modalidade de concessão distingue-se da concessão de uso especial para fins de moradia, pois esta tem cunho exclusivamente habitacional. Trata-se também de direito real sobre coisa alheia, transmissível, mas que reverterá à Administração se o titular originário ou seus sucessores não derem a devida destinação ao bem. Assim o Poder Público se garante para o caso de o imóvel permanecer sem uso ou com uso indevido, dando margem a especulações imobiliárias, sem cumprir sua finalidade social. Essa concessão pode ser outorgada por escritura pública ou termo administrativo. A lei estabelecerá suas condições de outorga, inclusive a concorrência pública. Essa modalidade substitui com vantagem as hipóteses de venda ou doação pelo Poder Público.

Toda essa matéria deve ser estudada em seus inúmeros detalhes dentro do direito administrativo.

A Lei nº 11.481/2007, que introduziu as duas modalidades de concessão como direito real no rol do art. 1.225 do Código Civil, também aditou o art. 1.473 para incluir como direitos que podem ser objeto de hipoteca o direito de uso especial para fins de moradia (inciso VIII) e o direito real de uso (inciso IX), ficando a propriedade superficiária, nesse dispositivo, no inciso X. Essa mesma lei modificadora, homogênea com o direito real resolúvel dessas modalidades de concessão, acrescentou o § 2º: "*Os direitos de garantia instituídos nas hipóteses dos incisos IX e X do* caput *deste artigo ficam limitados à duração da concessão ou direito de superfície, caso tenham sido transferidos por período determinado.*" Desse modo, o direito registral imobiliário deve acolher esses institutos.

27

OUTROS DIREITOS REAIS: LAJE. FUNDOS DE INVESTIMENTO

27.1 A LAJE

O legislador surpreendeu negativamente ao criar em Medida Provisória, convertida na Lei 13.465/2017, mais um direito real de discutível essência. Essa norma objetivou legislar sobre a regularização fundiária rural e urbana. Em texto confuso, que se reporta a inúmeras outras leis, como uma colcha de retalhos, tocando aqui o Código Civil.

A primeira postura interpretativa é identificar o imóvel que a lei denomina construção-base. A lei procurou ordenar e disciplinar as inúmeras construções que vão sendo sobrepostas (ou infrapostas), geralmente sem o menor critério e segurança. O texto admite também a utilização do direito de laje para o piso inferior, ou seja, o subsolo.

No art. 1.510-A, de disposição excêntrica, nosso legislador terceiro-mundista confessa-se como tal, bem como se dá por vencido em resolver a problemática habitacional brasileira, para constituir uma modalidade de direito real que mais trará problemas que soluções.[1] Raramente

---

1 [1]"Direito processual civil e direito civil. Apelação. Reintegração de posse. Recurso desprovido. I. Caso em Exame 1.Sentença julgou procedente pedido de reintegração de posse. Réus alegam que parte do imóvel foi cedida para a sua residência, arcando com despesas de construção e manutenção; que possuíam acordo com o autor; e, que incide no caso o **direito real de laje**. II. Questão em Discussão 2. A questão em discussão consiste em determinar se houve esbulho por parte dos réus e se a relação de comodato foi extinta, justificando a reintegração de posse. III. Razões de Decidir 3. Ficou incontroverso que os réus estavam no imóvel como comodatários, e a relação de comodato foi extinta com a notificação extrajudicial. 4. Não houve comprovação das benfeitorias realizadas pelos réus, sendo as obras financiadas pelo autor. A relação de comodato foi reconhecida, não havendo direito real de laje. IV. Dispositivo e Tese 5. Recurso desprovido. Tese de julgamento: 1. Comodato por prazo indeterminado extingue-se com notificação válida. 2. Direito real de laje não se aplica sem constituição em matrícula própria" (*TJSP* – Ap 1007806-43.2022.8.26.0020, 26-6-2025, Rel. Ana de Lourdes Coutinho Silva da Fonseca).

"Apelação cível – Ação de arbitramento de aluguel – Sentença de procedência – Insurgência do requerido – Alegação de que construiu imóvel independente em piso superior e lá habita desde 1997, devendo ser reconhecido o **direito real de laje** e a desobrigação do pagamento de alugueis – Cabimento – Auto de constatação dando conta de que o imóvel da parte debaixo está inabitado e sem água ou luz desde o falecimento do genitor das partes – Ocupação do requerido apenas no imóvel superior, que conta com contas de consumo próprias – Pese o imóvel objeto da ação (casa sobreposta alta) estar descrito na mesma matrícula do imóvel objeto de inventário (casa baixa), é certo que se tratam de imóveis distintos e autônomos – Permissão concedida para a construção

far-se-á registro imobiliário desse direito, mormente porque imóveis desse jaez situam-se em comunidades irregulares, com vasta pressão populacional e sérios problemas de segurança que longe estão de regularização registral. Na verdade, os sambas e versos que cantam as favelas, hoje denominadas comunidades, são lindos nas estrofes, mas trágicos na realidade.

A introdução em nossa legislação desse denominado direito real de laje entre os direitos reais representa a confissão da falência do sistema habitacional brasileiro. O legislador se dá por prostrado e prefere criar esse direito a tentar resolver a problemática habitacional das centenas de comunidades ou favelas que polvilham no País. Cria-se uma nova modalidade de condomínio, permitindo que outro titular utilize e seja proprietário do pavimento superior ou em subsolo de uma construção, surgindo o direito de laje.[2]

A questão trará problemas que aguçarão a criatividade de nossos tribunais. Trata-se de um condomínio de qualquer forma e sob seus princípios gerais deve ser definido e compreendido. Lembrando que o direito real somente se perfaz no nosso sistema pelo registro imobiliário. Há que se anotar de plano que não serão muitas as situações em que se recorrerá ao registro, mormente porque essas moradias geralmente são irregulares e ficam distantes do sistema registral.

---

que há de ser hoje equiparada à constituição de direito de laje (à época inexistente), merecendo proteção – Intelecção de que a herança transmitiu apenas o imóvel inferior, dele devendo ser decotada a casa alta hoje ocupada pelo apelante – Casa alta que integra unicamente o patrimônio de quem a erigiu e, portanto, não se submete à pretensão dos autores/apelados – Análise que se faz com o permissivo da profundidade do recurso – Aplicação dos arts. 1.510-A e seguintes do CC – Enunciado nº 669 da 9ª Jornada de Direito Civil – Direito de laje que aqui se reconhece para afastar a pretensão – Sentença reformada – Recurso provido" (*TJSP* – Ap 1008727-47.2022.8.26.0005, 5-9-2024, Rel. Fernando Reverendo Vidal Akaoui).

"Usucapião. **Direito real de laje.** Posse com *animus domini*. Não configuração. Insurgência dos autores contra sentença de improcedência. Caso em que, na verdade, os autores pretendem a usucapião de direito real de laje. Moradia em pavimento superior de imóvel familiar. Não comprovados os requisitos da aquisição por usucapião (art. 373, I, CPC). Provas dos autos que corroboram a versão apresentada pelo corréu Paulo Alexandre, no sentido de que seria promitente comprador do bem e teria construído no pavimento superior previamente à mudança dos autores para o local, concedendo-lhes, mediante comodato verbal, a ocupação da laje do imóvel. Suposta doação do direito real de laje pelos genitores do coautor não comprovada adequadamente. Alegada cessão da laje pela genitora do demandante que também não favoreceria a pretensão dos autores. Ocupação do bem comum por mera tolerância dos demais sucessores não caracterizaria posse 'ad usucapionem' (art. 1.208 do CC). Sentença mantida. Recurso desprovido" (*TJSP* – Ap 1007543-89.2014.8.26.0020, 7-6-2023, Rel. Carlos Alberto de Salles).

"Reintegração de posse. Imóvel. Apelante que residiu e, posteriormente, alugou o imóvel, com expressa permissão do proprietário. Mera permissão, que não induz posse. Detenção. Arts. 1.198 e 1.208 do CC. Apelante, ademais, que não é titular de **direito real de laje**. Arts. 1.225, inc. XIII, 1.227 e art. 1.510-A, do CC. Justiça gratuita. Beneficiário responsável pelas verbas sucumbenciais, que ficarão sob condição suspensiva de exigibilidade. Art. 98, §§ 2º e 3º do NCPC. Redução das custas e despesas processuais decorrentes da sucumbência. Inadmissibilidade. Ausência de previsão legal. Redução dos honorários advocatícios. Inadmissibilidade. Remuneração fixada no mínimo legal. Art. 85, § 2º do NCPC. Sentença mantida. Recurso não provido" (*TJSP* – Ap 1001316-40.2019.8.26.0010, 15-7-2020, Rel. Tasso Duarte de Melo).

2 "Adjudicação compulsória – Escritura definitiva – Sentença de extinção do feito, sem resolução do mérito – Irresignação dos autores – Não acolhimento – Hipótese em que o **direito real de laje** enseja apenas a abertura de nova matrícula correspondente à unidade imobiliária autônoma e a averbação do referido direito real na matrícula relativa à construção-base – Parte ideal do terreno, distinta da área em que houve a edificação, negociada pelo mesmo instrumento particular que somente poderia ser adjudicada após o desmembramento do imóvel e a individualização da matrícula – Recurso desprovido". (*TJSP* – Ap 1015933-83.2020.8.26.0005, 13-9-2023, Rel. Marcus Vinicius Rios Gonçalves).

"Agravo de instrumento – Embargos de terceiro – Liminar indeferida na origem – Embargantes que pretendem sustar a ordem de imissão na posse expedida em favor dos recorridos, alegando que exercem direito sobre o imóvel que se encontra acima da construção original. Juízo *a quo* que afastou a existência do **direito real de laje** ante a ausência de registro. Fato que, só de si, não obsta a proteção possessória almejada. Direito de laje passível de reconhecimento pela via da usucapião. Natureza da posse que depende de dilação probatória. Elementos de prova que, nesta fase de cognição sumária e não exauriente, permitem a concessão da liminar almejada. Recurso conhecido e provido. Agravo interno prejudicado" (*TJSC* – AGInt 4023328-81.2019.8.24.0000/50000, 26-9-2019, Rel. Des. Jorge Luis Costa Beber).

A situação não se confunde com sobrados regulares, sobrepostos, já edificados sob tal sistema, com entrada regular e autônoma, plantas previamente aprovadas pela municipalidade etc. O intuito da lei foi criar, em síntese, um sistema de sobreposição que nasceu da pletora de pressões populacionais nas comunidades e que convivem de há muito e de fato nesse sistema. A norma irá, sem dúvida, incentivar que já se construa prevendo a cessão da laje a terceiros.

O texto do art. 1.510-A, ainda permite a regularização de sobrelevações sucessivas (§ 6º). Os poderes municipais deverão atentar para a segurança das construções, porque em países de reduzido avanço social essa prática causa desmoronamentos frequentes. Certamente o legislador espera que nessas situações haja engenheiro responsável e que faça os devidos cálculos estruturais... O legislador certamente vive em outra nação.

Na disposição do art. 1.510-B, é expressamente vedado ao titular da laje prejudicar com obras novas ou com falta de reparação a segurança, a linha arquitetônica ou o arranjo estético do edifício, observadas as posturas previstas em legislação local. Essa regra decorre do direito de vizinhança e se encontra presente também no ordenamento dos condomínios em edifícios. O legislador aqui, tendo em vista a situação social e física desses imóveis, resolveu ser textual e reforçar a obrigação do titular da laje com o "expressamente vedado" no texto. Muitos problemas advirão dessa simbiose de prédios e nem sempre os litígios desembocarão no Judiciário. Sem sombra de dúvida, problemas mais sérios residirão em obras que atentem contra a segurança, mais do que efeito estético, dentre os muitos problemas que surgirão com esse direito de laje.

Pela dicção do art. 1.510-C, o texto determina que se apliquem os princípios gerais dos condomínios em edifício no tocante às despesas.[3] Assim, serão despesas comuns, por exemplo, a manutenção de entrada coletiva para o prédio, manutenção dos corredores comuns de acesso, limpeza, coleta de lixo etc. O caso concreto dará a resposta que nem sempre será singela. O § 1º descreve exemplificativamente o que se entende por partes comuns. Certamente em casos concretos haverá outras situações.

Assim como o síndico e cada condômino nos edifícios de apartamentos, conforme o § 2º do art. 1.510-C, qualquer interessado pode tomar a iniciativa de promover reparos urgentes no edifício, e depois cobrar as despesas proporcionais dos outros coproprietários ou possuidores.

O art. 1.510-D determina que as partes envolvidas na laje podem dispor que a preferência não operará se for disposto em sentido contrário em contrato. Na verdade, para evitar problemas futuros, parece mais conveniente que os interessados contratem nesse sentido. Neste dispositivo, a ideia do texto é sempre que possível extinguir o condomínio. Assim, na situação de alienação de unidades sobrepostas, a preferência será dos titulares da construção-base e a seguir do titular da laje, em igualdade de condições com terceiros. Para isso deverão ser notificados da intenção de alienação, para se manifestarem em trinta dias. Somente depois desse prazo, o bem poderá ser alienado a terceiros.

Note que o texto do art. 1.510-D menciona "alienação", o que pode dar ideia que em qualquer situação de transmissão haverá direito de preferência. Não nos parece, porém, à primeira

---

[3] "Cerceamento de defesa – Inocorrência – Alegada necessidade de inspeção judicial – Prova que, além de se destinar à formação de convicção do magistrado, a quem cabe a análise de sua pertinência, era desnecessária. Finalidade concreta que não teria o condão de afastar a conclusão a que chegou o juízo. Alegação afastada. Preliminar rejeitada. **Condomínio. Extinção. Coisa comum indivisível.** Sentença pela procedência do pedido. Inconformismo manifestado. Descabimento. Autor que não é obrigado a manter o condomínio eternamente. Extinção do condomínio que configura direito potestativo do coproprietário. **Aventada ocorrência de direito real de laje** que sequer em tese teria o condão de infirmar conclusão em sentido contrário. Precedentes deste tribunal. Sentença mantida. Recurso improvido" (*TJSP* – AC 1002772-13.2017.8.26.0360, 17-9-2019, Rel. Vito Guglielmi).

vista. Porque o artigo fala em "condições" do negócio, o que leva a crer que a alienação deve ser onerosa, como também o é a dação em pagamento, por exemplo. Mas, perante a dicção do texto, a questão fica em aberto. Note que a Lei do Inquilinato, ao disciplinar o direito de preempção do locatário, descreve as hipóteses de "venda, promessa de venda, cessão ou promessa de cessão de direitos ou dação em pagamento" (art. 27 da Lei nº 8.245/91). É conveniente que se aplique esse texto como a melhor analogia. Neste artigo, o legislador não fez essa especificação, o que dá margem a dúvidas. No entanto, não se esqueça que o direito de preferência tem origem histórica como uma cláusula adjeta ao contrato de compra e venda e não se aplica a nenhum outro. Era necessário que o texto deste artigo fosse mais bem redigido.

O § 2º do art. 1.510-D menciona que o interessado preterido no direito de preferência pode haver para si o bem alienado, depositando o preço em até 180 dias da alienação. O texto também não faz referência à necessidade de o negócio de laje esteja registrado devidamente no cartório imobiliário. Como já afirmamos, não será uma situação corriqueira nesses imóveis a regularização registral.

Destarte, o § 2º do art. 1.510-D enfoca a hipótese de o direito de preferência ocorrer quando houver mais de uma laje ascendente ou descendente, ficando com a preempção o titular da laje mais próxima. Espera-se, com tantas lajes, que esses prédios sejam ao menos sólidos.

O art. 1.510-E cuida da ruína da construção-base, que certamente levará de roldão a laje. O direito real de laje será extinto, salvo se permanecer íntegra a laje instituída no subsolo. Prevê a lei que se mantém o direito de laje se a construção base for refeita em 5 anos. Em qualquer situação, os responsáveis pela ruína responderão civilmente no caso de culpa.

27.2 FUNDO DE INVESTIMENTO

A Lei nº 13.874/2019, declarada como Lei de Liberdade Econômica, cria mais um direito real em nosso ordenamento, os fundos de investimentos.

Os fundos de investimento são uma modalidade de aplicação financeira, muito comum entre nós. O fundo reúne os recursos de diversos investidores, denominados cotistas, para que juntos possam aplicar recursos, de acordo com o tipo ou estratégia do fundo.

Ao adquirir cotas de um determinado fundo, o investidor aceita suas regras de funcionamento (aplicação, formas e prazos de resgate, custos etc.) e passa a pagar uma taxa de administração. O cotista terceiriza o trabalho de gestão dos investimentos para um profissional.

Foram introduzidos quatro novos artigos no Código Civil:

> *"Art. 1.368-C. O fundo de investimento é uma comunhão de recursos, constituído sob a forma de condomínio de natureza especial, destinado à aplicação em ativos financeiros, bens e direitos de qualquer natureza.*
>
> *§ 1º Não se aplicam ao fundo de investimento as disposições constantes dos arts. 1.314 ao 1.358-A, deste Código*
>
> *§ 2º Competirá à Comissão de Valores Mobiliários disciplinar o disposto no* caput *deste artigo.*
>
> *§ 3º O registro dos regulamentos dos fundos de investimento na Comissão de valores Mobiliários é condição suficiente para garantir a sua publicidade e a oponibilidade de efeitos em relação a terceiros.*

Art.1.368-D. O regulamento do fundo de investimento poderá, observado o disposto na regulamentação a que se refere o § 2º do art. 1.368-C, desta Lei, estabelecer:

I – a limitação da responsabilidade de cada investidor ao valor de suas cotas;

II – a limitação da responsabilidade, bem como parâmetros de sua aferição, dos prestadores de serviços do fundo de investimento, perante o condomínio e entre si, ao cumprimento dos deveres particulares de cada um, sem solidariedade; e

III – classes de cotas com direitos e obrigações distintos, com possibilidade de constituir patrimônio segregado para cada classe.

§ 1º A adoção da responsabilidade limitada por fundo constituído sem a limitação de responsabilidade somente abrangerá fatos ocorridos após a respectiva mudança em seu regulamento".

§ 2º A avaliação de responsabilidade dos prestadores de serviço deverá levar sempre em consideração os riscos inerentes às aplicações nos mercados de atuação do fundo de investimento e a natureza de obrigação de meio de seus serviços.

§ 3º O patrimônio segregado referido no inciso III do caput *deste artigo só responderá por obrigações vinculadas à classe respectiva, nos termos do regulamento.*

Art. 1368-E. Os fundos de investimento respondem diretamente pelas obrigações legais e contratuais por eles assumidas, e os prestadores de serviço não respondem por essas obrigações, mas respondem pelos prejuízos que causarem quando procederem com dolo ou má-fé.

§ 1º Se o fundo de investimento com limitação de responsabilidade não possuir patrimônio suficiente para responder por suas dívidas, aplicam-se as regras de insolvência previstas nos arts. 955 a 965 deste Código.

§ 2º A insolvência pode ser requerida judicialmente por credores, por deliberação própria dos cotistas do fundo de investimento, nos termos de seu regulamento, ou pela Comissão de Valores Mobiliários.

Art. 1.368-F. O fundo de investimento constituído por lei específica e regulamentado pela Comissão de Valores Mobiliários deverá, no que couber, seguir as disposições deste Capítulo."

Não cremos seja o Código Civil o local mais adequado para esses dispositivos. Regula-se perfunctoriamente o fundo de investimento, apontando-se-lhe a modalidade de condomínio, sobre o que, aliás, não resta dúvida. Modalidade excêntrica de direito real que ingressa doravante em nosso ordenamento. Os fundos de investimento são por demais complexos para serem reduzidos simplesmente a um condomínio, ainda porque suas particularidades são específicas e orientadas pelas autoridades financeiras. A Medida Provisória trazia texto mais sintético relegando praticamente toda disposição legal à regulamentação pela CVM. O texto aprovado traz maiores especificações, o que não dispensa mesmo assim uma ampla regulamentação.

O texto legal determina a necessidade de regulamentação pela Câmara de Valores Mobiliários. E não só por essa instituição como por autoridades estatais da área financeira e tributária. O artigo 1.368-D apenas indica objetivos legais que *podem* constar do regulamento, que deverá ser muito detalhado para uma problemática ampla que abrange os fundos de investimento.

Há necessidade de se regulamentar particularidades dos fundos, que são inúmeros e de amplo alcance social.

Os inúmeros fundos de investimento têm atraído cada vez mais pessoas naturais e jurídicas que buscam uma alternativa à caderneta de poupança ou simplesmente querem diversificar investimentos. O investidor desses fundos tem acesso a uma diversidade de ativos que outras aplicações não proporcionam. Tendem a ser mais eficientes e as diversas entidades financeiras, na sua concorrência, tentam apresentar melhores atrativos de taxas de administração.

Um fundo de investimento é formado por uma carteira de ativos financeiros, das mais diferentes modalidades e origens, e, como quis acentuar o novo texto legal, funciona mesmo como um condomínio: cada investidor paga uma taxa de administração e segue algumas regras estabelecidas pelo titular do fundo e pelas autoridades financeiras. No entanto, as regras do condomínio ordinário não são eficazes para caracterizá-lo, como a própria lei aponta.

Os fundos são divididos em cotas, que são atribuídas aos investidores, os cotistas. A cota é a menor parcela do fundo. O valor dessas cotas altera diariamente conforme a performance de cada fundo.

Os fundos são classificados de acordo com sua composição. Desse modo temos fundos de ações, fundos de curto prazo, de renda fixa, multimercado, imobiliários etc.

Essa variedade está a apontar a impropriedade de uma regra geral ou insignificância de sua regulamentação no Código Civil. Seguindo a orientação contemporânea, os fundos de investimento devem ser objeto de um estatuto ou microssistema, que se faz necessário, de molde a instruir os investidores sobre seus direitos e facilitar sua compreensão em geral.

A ideia de trazer os presentes dispositivos ao Código Civil visa aumentar a segurança jurídica tanto para os prestadores de serviços dos fundos quanto para os investidores. Espera-se que a normatização a ser ultimada pela CVM atraia novos investidores, pois o sentido amplo dessa lei econômica é a ampliação da economia do país.

Note que o próprio regulamento do fundo pode limitar a responsabilidade de cada investidor ao valor de duas cotas, as quais inclusive podem ser de classes diferentes, com direitos e obrigações distintas, com a possibilidade de constituir *patrimônio segregado* para cada classe de cotas, além de poder limitar a responsabilidade e os parâmetros dos operadores, algo que também é possível, por exemplo, na incorporação imobiliária, com o *patrimônio de afetação.*

O texto legal anota ainda que os prestadores de serviço, em suma, os operadores do fundo, não respondem solidariamente por obrigações do fundo; apenas quando demonstrado seu dolo ou má-fé. Algo que deve ser melhor regulamentado.

Na hipótese de patrimônio negativo do fundo, a Lei prevê que este tenha sua insolvência requerida judicialmente por credor ou extrajudicialmente por deliberação dos cotistas, observado o regulamento ou ainda pela própria CVM, quando se aplicarão as regras de insolvência dos arts. 955 a 965.

28

DIREITOS DE AUTOR

28.1 CONCEITO. CONTEÚDO

O Código Civil de 1916 tratara da matéria referente à criação intelectual sob a epígrafe *Da propriedade literária, científica e artística* nos arts. 649 a 673. Esses dispositivos foram derrogados pela Lei nº 5.988/73, mais recentemente substituída pela Lei nº 9.610, de 19-2-1998, e pela Lei nº 9.609, de 19-2-1998, com várias outras alterações, que regulam os direitos autorais, entendendo-se sob esta denominação os direitos de autor propriamente ditos e os chamados *direitos conexos*. Sobre o contrato de direitos autorais abrimos um capítulo no volume III desta nossa série.

A controvérsia sobre a colocação dos direitos do autor no campo dos direitos reais ainda persiste. Para fins didáticos, cumpre ressaltar de plano que, nos direitos do autor, pontificam aqueles de cunho patrimonial ao lado dos direitos morais. Como a propriedade, ou, mais propriamente, o domínio pode ter por objeto direitos corpóreos e incorpóreos, mostra-se inafastável a inclusão desses direitos no campo patrimonial e na esfera dos direitos reais. Cuida-se, sem dúvida, de modalidade de propriedade, ao menos no que tange aos direitos patrimoniais.

No entanto, neste desabrochar do século XXI, esses direitos açambarcam caudal tão vasto de fenômenos, que seu estudo não pode ser restrito a simples capítulo dos direitos reais. Desde os direitos patrimoniais e morais do escritor aos resultantes de transmissões televisivas via satélite, envolvendo intérpretes, executantes, esportistas, publicitários etc., passando por toda fenomenologia atual da criação humana na área de informática, está-se perante um campo jurídico que resulta autônomo. Atualmente sentimos necessidade de regulamentação desses direitos versados nas redes sociais, que também são manifestação da personalidade.

Nesses direitos do intelecto, pontua-se a concepção meramente material, às vezes não muito clara na prática, incluindo complexo de direitos que se traduzem em produção literária, científica ou artística. Essa relação entre o autor e o objeto de sua criação, o *corpus mechanicum*, mantém-se exclusivamente na esfera patrimonial, enquanto não divulgada a obra pela publicação do livro, a divulgação da escultura, da película cinematográfica, da peça teatral, do programa de informática etc. Divulgado o produto da criação intelectual, podemos afirmar que passa a integrar o patrimônio da coletividade, como bem cultural. A partir de então, surge a dicotomia de direitos morais e patrimoniais a serem examinados no campo legislativo e doutrinário. Por essa razão, não se podem resumir de forma singela os direitos do autor à modalidade de propriedade. É, sem dúvida, espécie de propriedade e muito mais.

Por isso, tendo em vista o cunho de nosso estudo, cumpre examinar noções fundamentais sobre a matéria, cujo aprofundamento exige estudo autônomo e monográfico, inclusive em cada especialidade de manifestação intelectual. Importa, pois, situar os direitos do autor e seu respectivo âmbito de atuação.

A evolução do pensamento jurídico no século passado procurou situar as emanações do intelecto no campo dos denominados *direitos da personalidade* e *direitos intelectuais.*

Os direitos da personalidade são aqueles decorrentes da pessoa humana considerada em si mesma; valores inatos à natureza do Homem, como a vida, a honra, o nome, a privacidade, o próprio corpo, entre tantos outros. O Código Civil de 2002 traça o perfil de alguns desses direitos da personalidade (arts. 11 a 21), matéria que discorremos no primeiro volume desta obra. O longo caminho percorrido pela História do Direito permitiu que atualmente esses direitos estejam presentes no direito positivo das legislações.

Todavia, dada a amplitude de fenômenos que abrangem e a novidade de seu estudo, não existe delimitação doutrinária precisa sobre os direitos da personalidade. Quando esses direitos são elevados ao nível de direitos do cidadão perante o Estado e assim reconhecidos por lei, recebem a denominação de liberdades públicas, ou direitos individuais, segundo a doutrina mais tradicional. Sob esse aspecto, muitos desses direitos são elencados no art. 5º da Constituição Federal como *Direitos e Deveres Individuais e Coletivos.* Ali, encontramos que *"é livre a expressão da atividade intelectual, artística, científica e de comunicação, independentemente de censura ou licença"* (nº IX). A Carta garante a inviolabilidade da imagem das pessoas, assegurando direito de indenização pelo dano material ou moral decorrente de sua violação (nº X). No mesmo artigo constitucional, estatui-se: aos autores pertence o direito exclusivo de utilização, publicação ou reprodução de suas obras, transmissível aos herdeiros pelo tempo que a lei fixar (nº XXVII).

Decorre do exposto que os direitos intelectuais, conhecidos como direitos autorais, são modalidade de direitos da personalidade. Direitos intelectuais são aqueles disciplinadores da relação entre a pessoa e sua criação intelectual, de cunho pecuniário ou simplesmente moral.

Há, no entanto, que se distinguirem duas espécies de criação intelectual. Uma destinada à estética, às artes, à ciência, à educação e à elevação cultural da coletividade. Outra destinada a fins utilitaristas, técnicos e de produção. Daí a definição de duas disciplinas distintas: o Direito de Autor e Direito da Propriedade Industrial. Embora com substrato comum, esses dois direitos possuem regulamentação diversa, porque diversas são suas finalidades, ainda que por vezes interpenetrem-se. Várias convenções internacionais procuraram dar-lhes uniformidade e proteção extraterritorial. A Convenção de Berna de 1886 (União para a Propriedade Literária) e várias outras que se sucederam estabeleceram princípios fundamentais no campo internacional dos direitos autorais. O Brasil aprovou em seu contexto legal interno várias convenções internacionais.

Às normas sobre a propriedade industrial, afeta ao direito da empresa, sucessor do provecto direito mercantil, cabe regular as relações entre as obras de teor utilitário, atribuindo proteção a patentes de invenção e marcas de comércio ou sinais de propaganda, entre outros institutos. Também nesses direitos é examinada a criatividade do intelecto do ponto de vista moral e pecuniário, mas sob o aspecto marcadamente empresarial.

As regras de direito de autor são banhadas de sentido cultural mais profundo e menos utilitarista:

> *"Na regulamentação dos direitos sobre a obra intelectual, o objetivo básico é o de proteger o autor e possibilitar-lhe, de um lado, a defesa da paternidade e integralidade de sua criação e, de outro, a fruição dos proventos econômicos, resultantes de sua utilização, dentro da linha dos mecanismos de tutela dos direitos individuais. Por isso é que se relaciona mais a interesses da personalidade (caráter subjetivista e privatista do Direito de Autor)"* (Bittar, 1994:5).

Destarte, o aspecto real dos direitos de autor reflete apenas um de seus aspectos. No entanto, como são incindíveis o direito moral e o direito patrimonial do autor, mais se enfatiza a necessidade de serem estudados como disciplina autônoma. Não é conveniente qualificar fenômeno jurídico como *sui generis*, porque essa expressão nada explica, ou é utilizada quando não se alcança explanação convincente. Direito de autor consiste, pois, no complexo de normas que regulam a produção e divulgação intelectual de cunho artístico, literário, científico ou assemelhado, do ponto de vista moral e pecuniário. Trata-se de ramo de Direito que obteve fisionomia própria. O Direito de Autor disciplina as relações jurídicas entre o criador, sua obra e seu ofício. Leva-se em conta o aspecto estético e cultural nessa atividade.

Em qualquer hipótese relativa a direito autoral, o intérprete será guindado a examinar permanentemente dois aspectos. O primeiro é manifestação direta da personalidade, é direito de ordem moral, intangível. Direito ao reconhecimento da paternidade da obra, ao inédito, à integridade da criação. O segundo diz respeito a sua natureza real e, portanto, com cunho econômico, passível de exploração. Refere-se à publicação, reprodução, execução, tradução e divulgação de forma geral. A esse respeito, Darcy Bessone (1988:93), após analisar as teorias que procuram explicar esse ramo jurídico, conclui: *"parece-nos que o bifrontismo arguido constitui, no caso, uma contingência invencível, que corresponde à essência e à natureza do direito autoral"*. Refere-se o autor aos elementos *imaterial e pessoal* ligados à personalidade e aos elementos *patrimonial e econômico*, passíveis de cessão. A Lei nº 9.610/98 destaca com clareza os dois aspectos, quando enuncia os *direitos morais do autor*, nos arts. 24 a 27, e os direitos patrimoniais do autor e sua duração, nos arts. 28 a 45. O art. 22 estabelece que *"pertencem ao autor os direitos morais e patrimoniais sobre a obra que criou"*. O art. 3º dessa lei considera os direitos de autor bens móveis, como faz o Código Civil de 1916 no art. 48, III. O presente Código considera móveis, da mesma forma, os direitos pessoais de caráter patrimonial e respectivas ações (art. 83, III).

O art. 28 define o direito de propriedade do autor com os tradicionais princípios românicos já vistos (*ius utendi, fruendi et abutendi*):

> *"Cabe ao autor o direito exclusivo de utilizar, fruir e dispor da obra literária, artística ou científica"*.

Corroborando o espírito de direito real nesse fenômeno bifronte, o art. 41 o declara vitalício e transmissível por via hereditária. O fato de a sucessão hereditária ser limitada a 70 (setenta) anos contados de 1º de janeiro do ano subsequente ao de seu falecimento, não coincidindo, portanto, com as sucessões em geral, não lhe retira esse caráter. Nesse período, é obedecida a ordem de sucessão estabelecida no Código Civil. Nesse aspecto, a nova lei modifica a lei autoral anterior, não distinguindo mais classe de sucessores e unicamente limitando no tempo o direito patrimonial. No diploma revogado (Lei nº 5.988/73), os direitos patrimoniais do autor transmitiam-se aos filhos, pais e cônjuge de forma vitalícia, enquanto os demais sucessores estavam limitados a 60 (sessenta) anos, a contar de 1º de janeiro do ano subsequente à morte do autor.

Como acentua Antônio Chaves (1987:17),

> *"a matéria-prima do direito de autor é, com efeito, mais preciosa do que o petróleo, o ouro ou os brilhantes: a criatividade, extraordinário e misterioso atributo que a natureza dotou o homem"*.

28.2 OBJETO DO DIREITO AUTORAL

A Lei nº 9.610/98, atualizando o alcance da lei revogada, procura definir com abrangência a exata extensão dos direitos autorais no art. 7º, procurando incluir todas as formas de criatividade humana, presentes ou futuras. Estatui esse dispositivo:

> *"São obras intelectuais protegidas as criações do espírito, expressas por qualquer meio ou fixadas em qualquer suporte, tangível ou intangível, conhecido ou que se invente no futuro, tais como:*
>
> *I – os textos de obras literárias, artísticas ou científicas;*
>
> *II – as conferências, alocuções, sermões e outras obras da mesma natureza;*
>
> *III – as obras dramáticas e dramático-musicais;*
>
> *IV – as obras coreográficas e pantomímicas, cuja execução cênica se fixe por escrito ou por qualquer outra forma;*
>
> *V – as composições musicais, tenham ou não letra;*
>
> *VI – as obras audiovisuais, sonorizadas ou não, inclusive cinematográficas;*
>
> *VII – as obras fotográficas e as produzidas por qualquer processo análogo ao da fotografia;*
>
> *VIII – as obras de desenho, pintura, gravura, escultura, litografia e arte cinética;*
>
> *IX – as ilustrações, cartas geográficas e outras obras da mesma natureza;*
>
> *X – os projetos, esboços e obras plásticas concernentes à geografia, engenharia, topografia, arquitetura, paisagismo, cenografia e ciência;*
>
> *XI – as adaptações, traduções e outras transformações de obras originais, apresentadas como criação intelectual nova;*
>
> *XII – os programas de computador;*
>
> *XIII – as coletâneas ou compilações, antologias, enciclopédias, dicionários, bases de dados e outras obras, que, por sua seleção, organização ou disposição de seu conteúdo, constituam uma criação intelectual".*

O exame do elenco geral permite concluir que, com frequência, apenas o caso concreto definirá se uma obra é protegida pela lei. O campo de criação intelectual é vastíssimo e o próprio legislador reconhece que a cada momento podem surgir novas manifestações do intelecto protegíveis, mormente com auxílio e no campo da informática. No limite de nosso estudo, importa esclarecer algumas ideias gerais sobre o alcance da lei.

Três são os requisitos fundamentais para que a criação intelectual seja albergada: *criatividade, originalidade* e *exteriorização*. Não há obra intelectual sem criação. Reside na criatividade o aspecto mais profundo do direito de autor. O segundo atributo é o da originalidade, ou seja, obra de espírito diversa de qualquer outra manifestação anterior. Finalmente, a exteriorização da obra é essencial. Obra desconhecida ou inédita não existe para a esfera jurídica ou para a defesa de direitos morais ou patrimoniais. É claro, porém, que os princípios gerais podem sofrer mitigações a serem examinadas caso a caso. Destarte, não basta que o escultor crie mentalmente a obra, nem que conclua a escultura e a guarde em um escaninho. Deve divulgá-la, expô-la, torná-la publicamente conhecida. O mesmo ocorre com o escritor, o compositor, o pintor, o programador de informática etc. que não divulgam o produto de seu trabalho intelectual. Isto se aplica, com as devidas particularidades de cada modalidade, a todas as manifestações intelectuais no campo autoral.

Sob tal aspecto, a jurisprudência fornece-nos exemplos característicos de criações protegidas pela lei: bulas de medicamento, projeto arquitetônico, interpretação de passista de escola de samba, fotografia publicitária, bonecos de publicidade (Bittar, 1988:27).[1]

Na área da execução musical, muitos são os julgados determinando a incidência da lei, desde que exista audição pública como complemento de atividade mercantil ou empresarial, o intuito de lucro direto ou indireto tem sido o critério orientador. Assim sendo, não é devido direito autoral decorrente de execução de músicas gravadas em festas sociais sem finalidade de lucro (Superior Tribunal da Justiça, RE nº 26543-9/PR, Rel. Min. Dias Trindade). Por outro lado, gera indenização a utilização de peça musical em propaganda política sem autorização

---

[1] "Direito civil. Apelação. Indenização por danos materiais e compensação por danos morais decorrentes de **violação de direito de autor**. Sentença de parcial procedência. Recurso parcialmente provido. Cápsula Comércio do Vestuário Ltda. recorre de sentença que condenou solidariamente as requeridas ao pagamento de R$ 8.000,00 por danos morais e danos materiais a serem apurados em liquidação de sentença, devido ao uso indevido de material fotográfico e sonegação de autoria. A questão em discussão consiste em determinar se houve violação de direitos autorais pela utilização de fotografia em produtos comerciais sem o devido crédito ao autor e se a quantificação dos danos materiais e morais foi adequada. A fotografia do autor foi utilizada comercialmente sem consentimento e sem atribuição de crédito, violando o art. 24, inciso II, e art. 79, § 1º, da Lei nº 9.610/98. A condenação por danos materiais foi ajustada para incidir royalties de 20% sobre as vendas anteriores à sentença, em vez de valor equivalente às vendas. Recurso parcialmente provido. Redistribuição das verbas de sucumbência: requeridas arcarão com 70% das custas e honorários, e o autor com 30%, observada a gratuidade. Legislação Citada: Lei nº 9.610/98, arts. 24, II, 79, § 1º, 108; Código Civil, arts. 186, 927" (*TJSP* – Ap 1095945-85.2023.8.26.0100, 1-4-2025, Rel. Alberto Gosson).

"Apelação. Ação declaratória c.c. Obrigação de fazer e indenização. Uso indevido de fotografia profissional. Demandante que teve fotografia de sua autoria utilizada, sem autorização, em site comercial. Sentença de parcial procedência. Inconformismo da requerida. Descabimento. Preliminar de incompetência relativa rejeitada. Inteligência do art. 53, inciso V, do Código de Processo Civil c.c. art. 184, § 1º, do Código Penal. Mérito. Veiculação de fotografia de propriedade do autor em site da ré, sem autorização e a devida contraprestação. Ato ilícito configurado. **Violação de direitos autorais**. Indenização por danos morais reduzida para R$ 3.000,00. Observância dos princípios da razoabilidade e proporcionalidade, bem como o caráter punitivo e ressarcitório da indenização. Sentença reformada em parte. Recurso parcialmente provido" (*TJSP* – Ap 1020614-30.2022.8.26.0554, 17-9-2024, Relª Hertha Helena de Oliveira).

"Apelação cível – indenização por uso indevido de fotografia profissional – Lei 9.610/98 – Divulgação em rede social, sem a devida observância da legislação que rege os direitos autorais – Ausência de autorização do autor, de menção à titularidade da obra, bem como do devido pagamento pelo trabalho fotográfico – Configurada satisfatoriamente a ofensa ao direito autoral – Conduta ilícita que exige a reparação civil – Indenização por dano material a ser fixada em cumprimento de sentença – Indenização por dano moral de R$ 3.000,00 bem arbitrada – Sentença mantida – Recurso desprovido" (*TJSP* – Ap 1005181-77.2020.8.26.0223, 13-7-2022, Rel. João Baptista Galhardo Júnior).

"**Direito autoral** – Manipulação e utilização de fotografias sem autorização e atribuição de crédito – Alegação de cessão verbal inverossímil – Dano moral presumido – Inviável fixação com base em quantidade de imagens – Vedação do enriquecimento sem causa – Valor alfim reduzido – Sentença parcialmente reformada – Recurso da ré em parte provido – Apelo do autor não provido" (*TJSP* – AC 1018748-38.2015.8.26.0002, 14-3-2019, Rel. Giffoni Ferreira).

"Apelação Cível – Ação de indenização – **Violação de direito autoral** – Uso de software sem autorização – Indenização Devida – Recurso não provido – Constatada a violação de direito autoral, mediante reprodução e uso indevido de software sem autorização ou licença do titular, cabível a indenização dos danos daí decorrentes" (*TJMG* – AC 1.0672.12.004198-9/001, 19-6-2018, Relª Juliana Campos Horta).

"Apelação – **Direito Autoral** – Ação declaratória c.c. – Pedido de indenização por danos morais – Ação ajuizada por pessoa jurídica que atua no ramo alimentício, sustentando a posição de cessionária dos direitos do autor intelectual das embalagens que utiliza em seus produtos. Improcedência, carreando à autora os ônus da sucumbência. Apelo da demandante. Preliminar de ilegitimidade ativa aventada em contrarrazões de apelo. Legitimidade configurada em razão da alegada posição de cedente dos direitos do autor da embalagem. Réu que em sede de anterior ação ajuizada em face da autora, foi considerado apenas executor do aproveitamento intelectual da obra previamente desenvolvida. Autoria da obra referida pela autora, no presente feito, também não comprovada a contento. Pedido de indenização deduzido com fundamento em alegações que não constaram da inicial. Inovação recursal descabida. Sentença mantida. Negado provimento ao recurso" (*TJSP* – Ap 0002633-08.2010.8.26.0010, 25-4-2016, Relª Viviani Nicolau).

(Superior Tribunal da Justiça, RE nº 4.952/MG, Rel. Min. Eduardo Ribeiro). Também é devido o pagamento na retransmissão radiofônica de melodias como música ambiente em estabelecimento comercial (Superior Tribunal da Justiça, RE nº 11.718-0/PR, Rel. Min. Sálvio de Figueiredo). Dessa forma, a utilização de obras musicais em estabelecimento comercial em aulas e sessões de ginástica:

> *"Atividade típica vinculada ao som e ao ritmo das músicas produzidas. Proveito econômico existente. Sujeita-se ao pagamento de direitos autorais por utilização de obras musicais, o estabelecimento comercial, cuja atividade está vinculada ao seu som e ritmo, daí decorrendo o seu proveito econômico"* (*JTJSP* 141/154).[2]

---

[2] "Cobrança. **Direito autoral**. Reproduções musicais em academias. 1. Preliminar de sentença extra petita. Parcial acolhimento. Condenação imposta considerando área sonorizada superior àquela indicada na inicial para uma das unidades. 2. Cerceamento de defesa não verificado. 3. Reprodução de obras abrangidas pela proteção autoral. Improcedência da distinção entre "ritmo" e "música". Recolhimento de direitos autorais devido inclusive quando a execução se dá pelo próprio criador ou quando for obra anônima (art. 43 da Lei nº 9.610/1998). Ademais, ausência de demonstração pela ré do fato impeditivo de que apenas reproduzia "ritmos". Alegação rejeitada. 4. Áreas sonorizadas. Presunção relativa de reprodução musical quando a atividade desenvolvida envolver, por sua natureza, a execução de obras musicais. Termos de Comprovação de Utilização Musical, produzidos unilateralmente pelo ECAD, que devem ser analisados com os demais elementos de prova. Ainda que as regras da experiência indiquem que há, em regra, sonorização ambiente em academias, é incontroverso que houve notificação no sentido de que a ré tinha desativado a reprodução de músicas. Plenamente possível que haja academia sem sonorização. Possiblidade de não reprodução é argumento recorrente do ECAD, acolhido pela jurisprudência, para justificar a imposição, apesar do caráter privado da relação, de seu regulamento para definição dos valores cobrados. Notificação que torna necessária prova mais robusta pelo ECAD da reprodução, não bastando Termos de Vistoria não assinados pela ré. Funcionários do ECAD não possuem fé pública. Ônus da prova de reproduções, além daquelas admitidas pela ré em relação às salas de ginástica, descumprido. Redução na área sonorizada tomada como base para a condenação imposta na r. sentença. 5. Critério de cobrança. Área sonorizada, conforme Regulamento de Arrecadação do ECAD, que é válido e deve ser aplicado. Precedentes. Impossibilidade de adoção de outros critérios. Ausência de comprovação suficiente da discrepância em relação às cobranças realizadas para outras academias da região. 6. Multa imposta nos embargos de declaração afastada. Ausência de caráter meramente protelatório. 7. Recurso do autor não provido. Recurso da ré parcialmente provido". (*TJSP* – Ap 0041833-96.2004.8.26.0506, 17-11-2021, Rel. Mary Grün).

"**Direito autoral** – Ação de cobrança cumulada com infração de direito autoral e indenização por danos materiais e lucros cessantes. Insurgência contra decisão que determinou a exclusão de três litisconsortes e não reconheceu a revelia ante a intempestividade da contestação de uma das corrés. Mantença dos litisconsortes. Exclusão prematura. Aplicação da Teoria da Asserção, postergando a análise para após o término da instrução processual. Nos termos do art. 1015, do CPC., não cabe recurso de agravo de instrumento contra decisão que não aplica os efeitos da revelia. Questão não coberta pela preclusão que pode ser suscitada em preliminar de apelação, eventualmente interposta contra a decisão final, ou nas contrarrazões. Art. 1009, § 1º, do CPC. Recurso em parte não conhecido e, na parte conhecido, provido" (*TJSP* – AI 2158180-56.2018.8.26.0000, 15-3-2019, Relª Maria de Lourdes Lopez Gil).

"Dano Moral – Produção Audiovisual – Comunidades Indígenas – Ato ilícito indenizável não configurado – **Direito autoral** – 1- Restou claro que o objetivo do documentário era retratar comunidades indígenas que vivem no meio urbano, e não apenas os Charruas, sendo possível concluir que tal etnia estava plenamente ciente de que não seria a única que figuraria na obra, tanto que a cacique acompanhou as gravações ocorridas em outras comunidades. 2- Tendo em conta a real temática do documentário, resta justificada a utilização de símbolos de diversas etnias no material de divulgação, não havendo falar em insulto ou em desrespeito ao povo Charrua. 3- Não houve por parte das rés, nos termos do art. 186 do Código Civil, ação ou omissão voluntária, negligência ou imprudência violadoras de direito e causadoras de dano à comunidade indígena em questão. 4- Quanto ao alegado uso indevido de imagens e músicas do povo Charrua, observa-se que as reproduções feitas de imagem e áudio já integram o conteúdo do contrato firmado; As eventuais "alterações" promovidas no filme, tomando por base as músicas cantadas pelos Charruas, constituem o espaço de liberdade artística. Quanto às pinturas, não se evidencia comparação clara entre as supostas imagens das pinturas de propriedade autoral da comunidade Charrua e aquelas produzidas pela artista plástica" (*TRF-4ª R.* – AC 5004151-63.2010.4.04.7100,2-10-2018, Relª Desª Fed. Marga Inge Barth Tessler).

"Direito autoral – Programa Televisivo – Inexistência de plágio – 'Agravo interno no agravo em recurso especial. Direito autoral. Programa televisivo. Inexistência de plágio. Violação aos arts. 128, 165, 458, II, e 535, I e II, do CPC. Inexistência. Ausência de impugnação dos fundamentos da sentença. Ofensa ao art. 515 do CPC. Não ocorrência.

Por outro lado, considerados bens incorpóreos, embora por vezes materializados, como estudamos nesta obra, os direitos autorais podem ser defendidos pelos interditos possessórios. Note que a obra literária é o produto intelectual e não o livro sobre o qual ela repousa.

A lei confere também proteção a quem adapta, traduz ou efetua outras transformações de obras originais (art. 7º, XI). Complementa o art. 14, estatuindo que será titular de direito de autor quem adapta, traduz, arranja ou orquestra obra caída no domínio público, não podendo, porém, opor-se a outra adaptação, arranjo, orquestração ou tradução, salvo se for cópia da sua. Enquanto a obra não cair no domínio público, o autor ou seus herdeiros podem opor-se a modificações (art. 29).

28.3 CONCEITUAÇÃO DE AUTOR. DIREITOS MORAIS

O art. 12 possibilita ao criador da obra intelectual identificar-se com seu nome civil, completo ou abreviado até por suas iniciais, pseudônimo ou qualquer outro sinal convencional. Essa identificação concede o direito à paternidade da obra. O art. 13 considera autor aquele que, por uma dessas modalidades de identificação, em conformidade com o uso, indica ou anuncia essa qualidade em sua utilização.

São comuns obras escritas ou produzidas sob pseudônimos. O autor dissimula sua identidade sob nome fictício. Trata-se de denominação pela qual é divulgada a identificação do verdadeiro autor. A lei confere a quem publica a obra os direitos patrimoniais (art. 40). A relação entre o autor sob pseudônimo e o editor é estranha à relação estabelecida com a coletividade. O autor que se der a conhecer passa, então, a ser titular dos direitos patrimoniais, ressalvados os direitos de terceiros (parágrafo único do mesmo dispositivo).

O autor pode ser capaz ou incapaz na forma da lei civil. A obra intelectual independe da capacidade legal. A criação intelectual pode emanar de quem não tenha completo discernimento. Será assistido ou representado na forma do direito privado tanto na defesa dos direitos morais como para o exercício dos patrimoniais. A obra psicografada, modalidade bastante difundida, pertence a seu executor material, pois não há como se ingressar no campo da metarrealidade na esfera jurídica, ao menos no atual estágio da humanidade.

A obra de esforço comum pertence, em regra, a todos os colaboradores. O art. 15 disciplina que a obra em colaboração *"é atribuída àqueles em cujo nome, pseudônimo ou sinal convencional for utilizada"*. O parágrafo do dispositivo não considera colaborador quem simplesmente auxiliou na produção, revisão, atualização, fiscalização ou direção da edição ou apresentação

---

Laudo pericial. Não adstrição do juiz às suas conclusões. Violação à lei federal. Deficiência na fundamentação do recurso especial. Súmula nº 284/STF. Agravo não provido. 1. A Corte de origem dirimiu a matéria submetida à sua apreciação, manifestando-se expressamente acerca dos temas necessários à integral solução da lide. Dessa forma, à míngua de qualquer omissão, contradição ou obscuridade no aresto recorrido, não se verifica a ofensa aos arts. 128, 165, 458, II, e 535, I e II, do Código de Processo Civil. 2. Nos termos da Orientação Jurisprudencial do Superior Tribunal de justiça, 'havendo impugnação específica dos fundamentos que motivaram a sentença, contendo a apelação os nomes e a qualificação das partes, os fundamentos de fato e de direito e o pedido de nova decisão, ficam preenchidos os requisitos previstos no art. 514 do CPC' (AgRg-AREsp 694.714/AM, Rel. Min. Mauro Campbell Marques, 2ª T., julgado em 27.10.2015, *DJe* de 06.11.2015). 3. O juiz não está adstrito a nenhum laudo pericial, podendo, inclusive, formar a sua convicção com outros elementos ou fatos provados nos autos, desde que dê a devida fundamentação, a teor do disposto no art. 436 do Código de Processo Civil. 4. A jurisprudência desta Corte é pacífica no sentido de que a violação genérica de lei federal não enseja a abertura da via especial, aplicando-se, por analogia, a Súmula nº 284 do STF. 5. Agravo regimental a que se nega provimento" (*STJ* – AgRg-Ag-REsp 851.533 – (2016/0020667-7), 29-4-2016, Rel. Min. Raul Araújo).

teatral ou assemelhada. A colaboração pode dar-se em níveis diferentes, em modalidades diversas de criação intelectual: na mesma obra podem concorrer a pintura, a escultura, a poesia, a música etc.[3]

Diversa da colaboração é a coautoria de obras artísticas ou assemelhadas. "*Art. 23. Os coautores da obra intelectual exercerão, de comum acordo, os seus direitos, salvo convenção em contrário*".

28.4 DIREITOS PATRIMONIAIS DO AUTOR. CESSÃO DE DIREITOS

Como vimos, o art. 28 enuncia modalidade de propriedade patrimonial que se insere na esfera dos direitos reais. Os direitos pecuniários derivados da obra permitem-lhe auferir os proventos econômicos por ela produzidos. Os negócios jurídicos entre autor e terceiros autorizadores da edição ou divulgação da obra pertencem ao estudo dos contratos em que devem ser examinados. Cumpre analisar, aqui, o substrato desse direito de propriedade.

O art. 29 da lei enuncia as modalidades de manifestação da criação intelectual, em rol não exaustivo, que dependem de autorização prévia e expressa do autor:

> *"I – a reprodução parcial ou integral;*
>
> *II – a edição;*
>
> *III – a adaptação, o arranjo musical e quaisquer outras transformações;*
>
> *IV – a tradução para qualquer idioma;*
>
> *V – a inclusão em fonograma ou produção audiovisual;*
>
> *VI – a distribuição, quando não intrínseca ao contrato firmado pelo autor com terceiros para uso ou exploração da obra;*
>
> *VII – a distribuição para oferta de obras ou produções mediante cabo, fibra ótica, satélite, ondas ou qualquer outro sistema que permita ao usuário realizar a seleção da obra ou produção para percebê-la em um tempo e lugar previamente determinados por quem formula*

---

[3] "**Direito autoral** – Alegação de uso de frases e notas musicais que caracterizariam plágio ante a obra musical da autora, cujo registro seria anterior – Expressão 'em mim' e frase 'Viver o que senti', que são comuns – Demandante que não se desincumbiu de provar os fatos alegados – Sentença de improcedência mantida – Recurso não provido" (*TJSP* – AC 1098590-98.2014.8.26.0100, 13-9-2019, Rel. A. C. Mathias Coltro).

"Direito civil e processual civil – Apelação Cível. Danos morais. Utilização de obra fotográfica sem a devida autorização. Autoria comprovada. **Direito autoral violado**. Indenização por danos morais. Minoração. *Quantum* fixado em patamar razoável. Dano material. Não houve a devida comprovação de prejuízo. Indenização afastada nessa espécie. Provimento parcial do apelo. – Havendo elementos suficientes para comprovar a titularidade da obra fotográfica, e a sua utilização por terceiro não autorizado, deve se indenizar na ordem moral. – Extrai-se que a apelante cometeu ato ilícito, agindo contrariamente à lei e, por conseguinte, violou direito autoral ao publicar fotografia sem fazer alusão ao seu respectivo titular e sem autorização deste. Ora, constata-se que, em momento algum, o recorrido pediu ao titular da fotografia para divulgá-la ou expô-la em seu site, já que não colacionou aos autos qualquer contrato, devendo responder pelo uso indevido do material fotográfico – O valor a ser pago a título de indenização não deve gerar enriquecimento ilícito àquele que é detentor do direito, não sendo possível a reforma da sentença que fixa o quantum indenizatório em patamar razoável. – No tocante ao dano material, a simples alegação do valor cobrado pela fotografia, não tem o poder de comprovar o prejuízo sofrido pelo apelado, razão pela qual a indenização desse espécie de dano deve ser excluída – Apelo provido parcialmente" (*TJPB* – Ap 0003289-30.2015.815.2003, 25-1-2018, Rel. Des. Luiz Silvio Ramalho Júnior).

"**Direito autoral** – Programa de televisão – Suposta violação da Lei nº 9.610/98 – Descabimento – Inexistência de proteção legal à ideia (art. 89, I, da Lei nº 9.610/98) – Plágio e contrafação – Não Ocorrência – Simples coincidência do formato – Prejudicial Afastada – Sentença Mantida – Recurso Desprovido" (*TJSP* – Ap 0164387-09.2012.8.26.0100, 25-4-2016, Rel. Moreira Viegas).

a demanda, e nos casos em que o acesso às obras ou produções se faça por qualquer sistema que importe em pagamento pelo usuário;

VIII – a utilização, direta ou indireta, da obra literária, artística ou científica, mediante:

a) representação, recitação ou declamação;

b) execução musical;

c) emprego de alto-falante ou de sistemas análogos;

d) radiodifusão sonora ou televisiva;

e) captação de transmissão de radiodifusão em locais de frequência coletiva;

f) sonorização ambiental;

g) a exibição audiovisual, cinematográfica ou por processo assemelhado;

h) emprego de satélites artificiais;

i) emprego de sistemas óticos, fios telefônicos ou não, cabos de qualquer tipo e meios de comunicação similares que venham a ser adotados;

j) exposição de obras de artes plásticas e figurativas;

IX – a inclusão em base de dados, o armazenamento em computador, a microfilmagem e as demais formas de arquivamento do gênero;

X – quaisquer outras modalidades de utilização existentes ou que venham a ser inventadas".

A relação legal atual é muito mais abrangente em comparação com a lei revogada, tendo buscado o legislador contemplar todas as novas modalidades tecnológicas de manifestação intelectual, bem como todas as que vierem a ser inventadas. Desse modo, as divulgações pelas redes internacionais computadorizadas e tudo o mais que gravita em torno sujeitam-se à proteção da lei.

Não se afasta, contudo, a relação íntima entre os direitos morais e patrimoniais, pois pode o autor, como visto, proibir a divulgação de sua obra, conquanto sujeite-se à indenização por prejuízos a terceiros. Levando-se em conta o princípio constitucional garantidor do direito intelectual, concluímos que a reprodução de uma obra depende exclusivamente do autor ou de quem detenha seus direitos.[4]

Como vimos, o art. 41 garante a vitaliciedade dos direitos patrimoniais do autor e estabelece direito hereditário diverso das sucessões *causa mortis* em geral.

O adquirente, o consumidor de obra intelectual, obtém para seu patrimônio o corpo físico ou material (o livro, o disco, a escultura, o programa de informática), adquirindo tão

---

4 "**Direito autoral** – Divulgação de foto de autoria do requerente em anúncio divulgado por agência de viagens sem a devida autorização ou atribuição de créditos autorais – Ausência, contudo, de prova da autoria – Registro junto à Biblioteca Nacional posterior ao ajuizamento da ação – Inexistência de sinais distintivos na obra que permitissem inferir a sua autoria – Recurso provido" (*TJSP* – Ap 1075121-23.2014.8.26.0100, 22-1-2019, Rel. Eduardo Sá Pinto Sandeville).

"Ação de indenização por danos morais e materiais – Preliminar de cerceamento de defesa afastada – Infração a **direito autoral** – Reprodução de trechos de obra intelectual da autora pela ré em seu *website* sem autorização ou referência de autoria. Configuração de plágio. Lesão ao direito da personalidade da autora que decorre dos próprios fatos narrados. Indenização fixada em R$ 10.000,00 que não comporta alteração. Danos materiais não demonstrados. Ré que não obteve locupletamento ilícito ou prejudicou a prática da atividade profissional a autora, uma vez que, apesar de serem ambas psicólogas, atuam em cidades distintas e afastadas uma da outra. Publicação de nota de retratação, nos termos do art. 108, incisos II e III, da Lei 9.610/98. Distribuição recíproca dos ônus da sucumbência. Sentença mantida em parte. Recursos parcialmente providos" (*TJSP* – Ap 0007740-25.2013.8.26.0011, 27-1-2016, Relª Mary Grün).

só o direito de sua fruição no âmbito privado. A finalidade da obra intelectual é, como ressaltamos, eminentemente cultural. A aquisição da obra preenche finalidade de proporcionar deleite, conhecimento, estudo, lazer, atividade profissional ao adquirente. Não pode fazer divulgação que importe em circulação econômica da obra adquirida, sob pena de violar os direitos autorais. Observe que o rol do art. 7º é bastante abrangente. Nele incluem-se as conferências, alocuções, sermões e outras obras da mesma natureza, por exemplo. Desse modo, não podem alunos de escolas em geral nem participantes de congressos e simpósios, ou qualquer terceiro, reproduzir e fazer circular com expressão econômica as preleções de professores e conferencistas, sem sua autorização, como é cediço na prática, porque também elas estão resguardadas pelo ordenamento.

A lei ressalva, no art. 46, as hipóteses de divulgação que não constituem ofensa aos direitos de autor, entre outras, a reprodução de trechos de obra publicados dentro do contexto de obra maior (como temos feito neste estudo), com indicação de autoria e origem, para esclarecimento ou elucidação; o noticiário em periódicos; os discursos pronunciados em reuniões etc.

Dentro dos direitos patrimoniais, o art. 38 refere-se à plusvalia ou direito de sequela conferido ao autor:

> *"O autor tem o direito, irrenunciável e inalienável, de perceber, no mínimo, 5% (cinco por cento) sobre o aumento do preço eventualmente verificável em cada revenda de obra de arte ou manuscrito, sendo originais, que houver alienado.*
>
> *Parágrafo único. Caso o autor não perceba o seu direito de sequência no ato da revenda, o vendedor é considerado depositário da quantia a ele devida, salvo se a operação for realizada por leiloeiro, quando será este o depositário".*

Desse modo, verificamos que, mesmo pertencentes os direitos patrimoniais a terceiro, o autor deles não se desvincula de forma irrenunciável sempre que forem novamente comercializados. Na lei anterior, a porcentagem mínima era de 20%. Por vezes, a obra é conferida a pequenos editores ou empresários, pois, *a priori*, não se sabe do sucesso ou insucesso da criação. Ganhando dimensão maior, há possibilidade de edição mais ampla por terceiros, traduções, reproduções televisivas ou cinematográficas etc. A plusvalia é direito inalienável, mas que exige constante fiscalização por parte dos autores.

Normalmente, o autor não possui aparato e estrutura para divulgar sua obra. Vale-se das empresas do setor. Os direitos patrimoniais são, portanto, passíveis de cessão (art. 49), por via contratual. Far-se-á por escrito e presume-se onerosa (art. 50). É usual, no tocante à vendagem de livros, que se estipule porcentagem sobre o preço de capa devida ao autor ou pagamento global por edição. Sempre é difícil e problemático o controle de exemplares vendidos. Mais complexa ainda é a arrecadação e pagamento de direitos autorais musicais. Para eficácia com relação a terceiros, a cessão deve ser averbada à margem do registro, se houver, ou em Cartório de Títulos e Documentos. No instrumento de cessão devem constar o objeto e as condições de exercício quanto a tempo, lugar e preço.

O art. 51 permite a cessão de obra futura limitada a período de cinco anos. A interpretação dos negócios jurídicos de direito de autor será sempre restritiva (art. 4º) e, na dúvida, favorável ao autor, colocado inclusive na posição de consumidor no Código de Defesa do Consumidor. A matéria deve ser analisada no campo contratual. No estudo dos contratos, devem ser analisados o contrato de edição, comunicação ao público em geral, utilização de arte plástica, de obra fotográfica, de fonograma, de obra cinematográfica e assemelhada no campo audiovisual, de utilização de base de dados, de utilização de obra coletiva.

28.5 DIREITOS CONEXOS

A exemplo da lei anterior, a Lei nº 9.610/98 também procurou disciplinar os chamados *direitos conexos* aos direitos de autor. São hipóteses análogas ou assemelhadas à criação intelectual e, portanto, merecedoras de idêntica proteção. O art. 90 reporta-se aos artistas intérpretes ou executantes, produtores fonográficos e empresas de radiodifusão. O *direito de arena*, constante da lei anterior, referente à proteção da atividade dos atletas em geral, não mais é tratado pela lei de direitos de autor, mas por legislação específica.

Portanto, cuida a lei de amparar não somente o criador da obra intelectual, mas também aqueles que auxiliam e servem de veículo para sua divulgação. A evolução dos meios técnicos exigiu essa proteção, inclusive sob o prisma internacional. São protegidas as orquestrações, vocalizações, apresentações teatrais etc. Leva-se em conta sempre a autorização dos intérpretes e executantes para transmissão e reprodução de seu trabalho.

A lei estabelece prazo de 70 (setenta) anos para proteção dos direitos conexos contados a partir de 1º de janeiro do ano subsequente à fixação, para os fonogramas; à transmissão, para emissões das empresas de radiodifusão; e à execução e representação pública, para os demais casos (art. 96).

28.6 REGISTRO DAS OBRAS INTELECTUAIS

O registro da obra intelectual não é essencial para sua proteção legal. Esse é o sentido do art. 18 da Lei nº 9.610/98. Essa noção já estava presente na Lei nº 5.988/73, tanto que o art. 19 da lei atual reporta-se ao art. 17 da lei anterior. De fato, esse artigo 17, que se mantém vigente, portanto, faculta ao autor da obra intelectual registrá-la na Biblioteca Nacional, na Escola de Música, na Escola de Belas Artes da Universidade Federal do Rio de Janeiro, no Instituto Nacional do Cinema ou no Conselho Federal de Engenharia, Arquitetura e Agronomia, dependendo de sua natureza. Se a natureza da obra permitir o registro em mais de uma entidade, deverá ser registrada no órgão que tiver maior afinidade.

O registro estabelece presunção relativa de paternidade da obra. Sua finalidade é dar segurança ao autor e não exatamente salvaguardar a obra. Desse modo, a ausência de registro não impede a defesa dos direitos autorais. Na hipótese de cessão total ou parcial de direitos do autor, o registro faz-se necessário para ter eficácia perante terceiros. Ao contrário da lei anterior, que exigia a averbação da cessão no respectivo registro, o diploma atual determina essa averbação ou o registro do instrumento em Cartório de Títulos e Documentos, se a obra não estiver registrada (art. 50). Como mencionamos, a cessão de direitos de autor sempre se fará por escrito e presume-se onerosa.

28.7 DIREITOS AUTORAIS NO CAMPO DA INFORMÁTICA

Vertiginosamente, o último quartel do século XX colocou a Humanidade na era da informática. O mundo e todas as suas instituições não se movem sem o computador. Nestas últimas décadas, o avanço da informática mostrou-se superior a qualquer obra de ficção científica. O computador passou a fazer parte da rotina do homem comum. Desde a utilização dos computadores pessoais até os grandes sistemas em rede das empresas e do Estado, produção e serviços, nada mais funciona sem a utilização da informática. A Internet, como rede internacional de comunicações, revoluciona todos os setores de atividade. A inventividade intelectual agregada à nova forma de raciocínio flui com espantosa rapidez.

As comunicações, o lazer, a produção e a prestação de serviços giram em torno do binômio conhecido como *hardware* e *software*.

O equipamento material que possibilita o processamento de dados, os circuitos impressos, placas, monitores, aparelhos de transmissão de dados a distância, impressoras etc. constituem o que se convencionou denominar *hardware*. Cuida-se do que nossa linguagem designaria como instrumental e maquinaria, embora esses termos não tenham mais significado algum perante a parafernália eletrônica. Há uma linguagem própria de informática que aos poucos vai sendo conhecida pelo leigo. No conceito mais simplificado de *hardware*, há uma coleção de peças de eletrônica e maquinaria considerada como o próprio sistema do computador. Essa parcela de criação intelectual é regulada pela propriedade industrial, pois com ela harmoniza-se. A criação intelectual nesse campo tem o sentido utilitarista, relacionando-se com a propriedade industrial.

Ao direito autoral interessam os programas de computador, criados pelo intelecto, a serem aplicados nessas máquinas. São conhecidos como *software*.

Superando óbices doutrinários, a legislação brasileira colocou o *software* sob a égide dos direitos autorais, de acordo com a Lei nº 9.609/98. O art. 2º desse diploma dispõe que o regime de proteção à propriedade intelectual de programa de computador é o conferido às obras literárias pela legislação de direitos autorais e conexos, com as modificações contidas nessa lei.

A lei define programa de computador como (art. 1º)

> *"a expressão de um conjunto organizado de instruções em linguagem natural ou codificada, contida em suporte físico de qualquer natureza, de emprego necessário em máquinas automáticas de tratamento da informação, dispositivos, instrumentos ou equipamentos periféricos, baseados em técnica digital ou análoga, para fazê-los funcionar de modo e para fins determinados".*

O programa de computador é, pois, o resultado de um trabalho intelectual desenvolvido em etapas sucessivas, desde a equação do problema até a elaboração do programa para solucioná-lo, redigido em linguagem compreensível pela máquina e transformável em dados materiais. A atividade é desenvolvida pelos programadores e analistas de sistemas. Por outro lado, a tendência é a unificação da linguagem dos computadores. Como consequência, os equipamentos estarão, em breve, homogêneos e aptos para intercambiar informações de programas, capazes de compreender a mesma linguagem. Isso fará com que cada vez mais se distanciem a criação intelectual do *hardware* e a do *software*, que tiveram origens comuns. Desse modo, é realçado o sentido da criatividade dos programas de computador com o mesmo sentido cultural atribuído aos direitos autorais em geral. O cunho utilitarista fica reservado ao *hardware*, regido pelas regras da propriedade industrial.

A lei atual estendeu para 50 (cinquenta) anos a tutela dos direitos relativos a programa de computador, contados a partir de 1º de janeiro do ano subsequente ao de sua publicação ou, na ausência desta, de sua criação (art. 2º, § 2º). Na lei anterior (Lei nº 7.646/87), o prazo era de 25 (vinte e cinco) anos. Em nível internacional, é estabelecido o critério da reciprocidade com relação aos programas estrangeiros. A lei estabelece sanções criminais e civis pela transgressão dos direitos sobre os programas.

Atualmente, o nascente direito da informática é colocado como especialidade dentro de outra, ou seja, modalidade de direito autoral a merecer estudo específico, requerendo do especialista conhecimentos jurídicos e técnicos, concomitantemente. Há necessidade de regulamentação de direitos de autor atuantes nos programas das redes sociais, cada vez mais utilizados.

28.8 ASSOCIAÇÕES DE TITULARES DE DIREITO DE AUTOR

Se, por um lado, a lei assegura vasta esfera de direitos aos autores, por outro, a complexidade e variedade dessa atividade torna difícil o controle administrativo desses direitos. Na Europa, surgiram as primeiras associações encarregadas de fiscalizar e arrecadar direitos autorais. A lei anterior (5.988/73) regulava minuciosamente as associações de titulares de direito de autor e estruturava o Escritório Central de Arrecadação e Distribuição (Ecad). A lei atual restringiu as disposições, relegando a matéria de estrutura administrativa para lei autônoma. A Lei nº 12.853/2013 flexibilizou os direitos arrecadatórios. O art. 97 reitera o direito dos autores em associar-se sem intuito de lucro, ficando vedado pertencer a mais de uma associação para a gestão de direitos da mesma natureza. Essas associações tornam-se mandatárias de seus associados, com o ato de filiação, para todos os atos de defesa judicial e extrajudicial, inclusive para cobrança de direitos. O art. 99, no entanto, determina que haverá um único escritório central arrecadador. Esse é o grande problema dos autores e intérpretes, os quais nem sempre são devidamente remunerados.

Carlos Alberto Bittar (1994:123) aponta que a partir de 1977, quando o Ecad começou a funcionar, as associações arrecadadoras passaram a desempenhar papel de meras repassadoras de verbas de seus associados, recebendo taxa de administração. Fora da área musical, ficou a Sociedade Brasileira de Autores Teatrais (Sbat) encarregada de arrecadar na área teatral. De qualquer modo, o sistema arrecadador é imperfeito, prejudicando o direito da maioria dos autores.

Muito há ainda que se fazer em prol da justa arrecadação de direitos autorais, não só para os autores, mas também para o público usuário.

28.9 ALGUNS ASPECTOS DOS DIREITOS AUTORAIS. OBRA FEITA SOB ENCOMENDA. OBRA PUBLICITÁRIA. TRANSMISSÕES RADIOFÔNICAS E TELEVISIVAS. OBRAS DE ARTES PLÁSTICAS. OBRA FOTOGRÁFICA. OBRA JORNALÍSTICA. OBRAS FONOGRÁFICAS E CINEMATOGRÁFICAS

Toda matéria descrita nesta epígrafe deve levar em conta, quanto ao aspecto dos direitos reais propriamente ditos, os resultados patrimoniais da obra e os direitos morais, os princípios gerais dos direitos de autor. Essas questões apresentam óptica mais importante e palpável no campo obrigacional. As relações negociais que envolvem autores e os que usufruem os resultados econômicos da criação intelectual devem ser estudadas no campo contratual.

Independendo, porém, do relacionamento obrigacional e do vínculo jurídico que une o autor àqueles que exploram o resultado da obra intelectual, os fundamentos dos direitos morais são inarredáveis: identificado ou identificável o autor da obra literária, científica ou artística, seus direitos morais são inalienáveis ou irrenunciáveis (art. 27). Os direitos patrimoniais regem-se pelos princípios obrigacionais. Ainda que o contrato proíba a divulgação do verdadeiro autor da obra, este terá sempre o direito a seu conhecimento. Esse conhecimento poderá ser tratado como transgressão de cláusula, com consequências patrimoniais, mas não pode ser negado o direito de paternidade da obra. Trata-se de direito personalíssimo. A respeito, vem à baila questão correntia de falsas parcerias ou mesmo autoria de peças musicais e obras literárias. Lembre-se da situação do profissional especializado em redigir para terceiros, o *ghost-writer*. Se o verdadeiro autor se compromete a não divulgar nem unir seu nome à obra, trata-se de obrigação de não fazer. Seu descumprimento ou inadimplemento como tal deve ser tratado. Destarte, cabe ao autor que se comprometeu a não divulgar sua paternidade elidir a presunção estabelecida em lei (art. 13), que presume ser autor da obra intelectual aquele que a tiver utilizado publicamente. Evidente que se o *ghost-writer* faz dessa atividade sua profissão habitual, não terá interesse na divulgação, sob pena de prejudicar sua atividade.

A questão também tem a ver com *a obra feita sob encomenda*. O comitente pode pedir a outrem que perfaça obra intelectual. Importa verificar qual a relação negocial: empreitada, locação de serviços, contrato atípico ou relação empregatícia. Cumpre também verificar se o resultado obtido constitui de fato obra protegida pela legislação autoral. Nesse campo situa-se o deslinde da problemática a ser examinada no caso concreto. A lei de direitos autorais permite a cessão de direitos. O mais estuda-se no fulcro da relação pessoal. Desse modo, a chamada obra por encomenda não nasce da iniciativa do autor, mas de um terceiro. O contrato de edição vem regrado pelo art. 53. O próprio Estado pode ser o encomendante. Se a relação do criador com o empregador permite aferir que sua atividade laboral é precípua criação artística, a remuneração decorre da relação de trabalho ou estatutária. Hipótese mais complexa pode emergir se a obra é criada fora do campo habitual de atividade do empregado ou funcionário. A lei de *software* disciplinou corretamente a matéria, dispondo que pertencem ao empregador, contratante ou órgão público os programas elaborados no curso do vínculo contratual ou estatutário, decorrente da natureza da atividade (art. 4º). Salvo estipulação em contrário, o criador da obra nessas condições não terá direito a qualquer outra remuneração que não a convencionada. O § 2º, no entanto, ressalva que pertencerão com exclusividade ao empregado, contratado ou servidor os programas gerados sem relação com a atividade de trabalho e sem utilização de recursos ou informações da empresa. Esse aspecto pode gerar discussão profunda no caso concreto. Esse dispositivo pode ser aplicado analogicamente para outras situações de direito autoral.

Como acentua o saudoso Carlos Alberto Bittar (1977:160), inexiste sistematização a respeito da obra de encomenda no direito pátrio. Constitui-se, na realidade, forma derivada de aquisição de direitos patrimoniais. Em cada caso particular, são examinadas as condições de criação e as características da obra. Como vemos, a matéria abre vasto campo de estudo na esfera contratual.

Outra questão que a cada dia se torna mais relevante é a *obra publicitária*. Para ela acorrem inúmeros profissionais da área de criação artística e técnica. Os modernos meios de comunicação cada vez mais a difundem, tornando-a essencial para as relações de consumo. Anúncios em jornais, revistas, *outdoors*, páginas da Internet, vinhetas de rádio, filmes publicitários etc.; o campo é imenso, a publicidade brasileira é considerada de alto nível e tende a complementar-se na área da informática. Ocupa, sem dúvida, na atualidade, importante papel no campo da criação artística. Não existe ainda uma legislação detalhada sobre esse campo de atividade. Sua disciplina é fragmentada sem sistematização. Há necessidade de regulamentação da matéria para proteção das agências. Na falta de disposição legal específica, é aplicada a lei de direitos autorais.

As *transmissões radiofônicas e televisivas* são tratadas como modalidade de direitos conexos pela lei. As empresas podem transmitir obras intelectuais mediante autorização dos autores. Também aqui recordamos que a relação é negocial. As empresas de rádio e televisão devem merecer proteção, por seu lado, no tocante às obras de sua produção. A utilização indevida de programas radiofônicos ou televisivos caracteriza ato ilícito civil e penal.[5]

---

5 "Agravo de instrumento. Liquidação de sentença. Danos materiais. **Violação de direito autoral**. Exibição de programa televisivo sem o pagamento correspondente ao titular da obra. Prova técnica pelo método comparativo – analogia, indicou os valores correspondentes para cada episódio exibido. Decisão que analisou pormenorizadamente a perícia e multiplicou o valor respectivo pelo número de afiliadas da rede de TV devedora. Valor total indicado compatível com o que fora efetivamente apresentado. Juízo 'a quo' se limitou a observar questão meramente aritmética, e nada mais. Pretensão da agravante para que o valor indicado pelo assistente técnico prevaleça não pode sobressair. Devido processo legal levado em consideração. Agravo desprovido". (*TJSP* – AI 2198356-09.2020.8.26.0000, 16-3-2023, Rel. Natan Zelinschi de Arruda).

O produto decorrente de *artes plásticas* também é protegido pelo direito de autor. A escultura, pintura, gravura etc., guardando as características de criatividade e originalidade, conferem paternidade e direitos autorais e patrimoniais ao autor. Somente o autor, ou quem o represente, pode divulgar ou reproduzir trabalho plástico. Consoante o art. 77, o artista, ao alienar obra plástica, transmite o direito de expô-la, mas não transmite o direito de reproduzi-la. A autorização para reprodução deve ser feita por escrito e presume-se onerosa (art. 78).

A obra fotográfica também é objeto de proteção (art. 79). O autor de fotografia tem direito a reproduzi-la, difundi-la e colocá-la à venda. O § 2º do artigo veda a reprodução de fotografia que não esteja em absoluta consonância com o original, salvo autorização expressa do autor. Não se confunde com o direito de proteção da imagem. Ninguém pode ter sua imagem divulgada para fins de exploração econômica, ou de molde a ser colocado no ridículo, mas essa matéria refoge aos direitos autorais. O direito à própria imagem é direito da personalidade. A questão resolve-se no campo da responsabilidade civil.

Quanto à obra *jornalística*, os escritos publicados pela imprensa periódica, exceto os assinados ou que apresentem sinal de reserva, pertencem ao editor, salvo convenção em contrário (art. 36). O parágrafo único desse dispositivo acrescenta que a autorização econômica de artigos assinados, para publicação em diários e periódicos, não produz efeito além da periodicidade acrescido de 20 (vinte) dias, a contar de sua publicação, findo o qual recobra o autor seu direito. Entende a lei que a imediatidade de interesse no assunto não permite cessão por maior prazo, salvo expressa autorização. Manoel Joaquim Pereira dos Santos (81:176), em monografia sobre o tema, faz distinção na obra jornalística gráfica entre obras sem valor criativo e obras com certa originalidade:

"Apelação Cível – Direito autoral – Exibição de programa televisivo – Ação declaratória ajuizada por emissora visando o reconhecimento de prescrição ou decadência do direito das rés em vindicar qualquer espécie de indenização ou medidas coercitivas e mandamentais que venham a prejudicar a transmissão de atração televisiva – Sentença de improcedência. Prescrição – Inocorrência – Relançamento de atração no ano de 2021 que importou nova veiculação na grade de programação da emissora autora – Fato que tem potencial de configurar efetiva violação contínua ao direito das rés – Semelhança entre os formatos adotados para o antigo e o atual programa que, por si só, não está a afastar a ocorrência de novo atentado ao direito das rés – Notificação extrajudicial que se baseou no evento novel e não na veiculação de programas exibidos entre as décadas de 1990 e 2000. Decadência – *Suppressio* não caracterizada – Inexistência de circunstâncias capazes de criar no autor a certeza de que o direito não mais seria exercido pelas rés – Partes litigantes que sequer têm ligação contratual direta – Autor que não poderia concluir inequivocamente que as rés anuíram com a exibição de atração televisiva que apresenta idêntico formato de programa de sua titularidade – Notificação extrajudicial emitida pelas rés que corresponde a ato praticado no exercício regular de direito – Abuso de direito não configurado – Sentença mantida – Recurso improvido. Sucumbência Recursal – Honorários advocatícios – Majoração do percentual arbitrado – Observância do artigo 85, §§ 2º e 11, do CPC" (*TJSP* – Ap 1021346-07.2021.8.26.0405, 30-8-2022, Rel. José Joaquim dos Santos).

"**Violação de direito autoral** – Jogos eletrônicos ("videogame"), aplicativos e sistemas operacionais que não se enquadram na hipótese do CP, art. 184, § 2º, mas, sim, na Lei nº 9.609/98, que dispõe sobre a proteção da propriedade intelectual de programas de computador, sua comercialização no País, e dá outras providências (art. 12, § 2º), cuja *persecutio criminis* se dá por ação penal privada (§ 3º). Ilegitimidade ativa do MP. Inteligência do CPP, art. 564, II. Ausência de queixa-crime. Decadência. Não demonstração de prejuízo a entidade de direito público, autarquia, empresa pública, sociedade de economia mista ou fundação instituída pelo poder público ou ocorrência de sonegação fiscal, perda de arrecadação tributária ou prática de quaisquer dos crimes contra a ordem tributária ou contra as relações de consumo a torná-la incondicionada. Decadência do direito de queixa. Extinção da punibilidade, *ex officio* (CPP, art. 61, *caput*), prejudicada a preliminar e o exame de mérito" (*TJSP* – ACr 0005573-98.2017.8.26.0268, 29-3-2019, Rel. Eduardo Abdalla).

"Apelação Cível – Ação de obrigação de fazer c c indenização por danos materiais e morais – **Direito autoral** – Uso indevido de fotografia sem menção do nome do fotógrafo – Indenização por danos materiais e morais devida – Valor da indenização compatível com os princípios da proporcionalidade e razoabilidade – Honorários recursais devidos nos termos do artigo 85, § 11, CPC. Sentença mantida – Recurso desprovido" (*TJMS* – AC 0834075-63.2016.8.12.0001, 18-7-2018, Rel. Des. Nélio Stábile).

> *"As matérias de texto são, geralmente, designadas pelos termos 'artigos' (matérias com caráter literário) e 'notícias' (matérias sem caráter literário). As primeiras vêm encontrando gradual amparo legal, sobretudo quando revelam certa originalidade expressiva; assim, além dos 'artigos de fundo' (artigos de atualidade de discussão econômica, política ou religiosa), citam-se reportagens desenvolvidas e as entrevistas. As notícias, porém, têm sofrido sensíveis restrições no campo do direito autoral".*[6]

Portanto, as redações com mera finalidade informativa não guardam características suficientes para serem enquadradas como matéria de direito autoral. Do contrário haveria sensível restrição ao direito de informação.

O art. 80 da lei autoral define o regime básico das *obras fonográficas*. O corpo material deve ser identificado. A identificação é essencial para a proteção do direito autoral. A autorização do autor, ou quem o represente, é essencial, salvo se a peça já pertencer ao domínio público. Os intérpretes, executantes, autores musicais e a indústria fonográfica brasileira, em geral, vêm sendo sumamente prejudicados pela enxurrada de discos falsos, geralmente

---

[6] "**Direito autoral** - ECAD - TV a cabo - Cobrança - Recurso especial. Direitos autorais. Ecad. TV a cabo. Cobrança de direitos autorais. Desnecessidade de comprovação do conteúdo exibido no período de cobrança. Tabela de preços. Fixação pelo Ecad. Validade e eficácia. 1. Controvérsia, em sede de ação de cobrança promovida pelo Ecad, em torno da forma de cálculo e do direito ao pagamento de contraprestação relativa à utilização de obras intelectuais, sem prévia autorização do autor, por empresa fornecedora do serviço de televisão a cabo. 2. Em se tratando de cobrança da contraprestação pela exibição de obra intelectual de forma contínua, permanente, por TV a cabo, é presumido o fato gerador da obrigação, não tendo sido afastada a existência desta presunção. 3. 'Não é necessária a identificação das músicas e dos respectivos autores para a cobrança dos direitos autorais devidos, sob pena de ser inviabilizado o sistema, causando evidente prejuízo aos seus titulares. Precedentes. Recurso provido' (REsp 612.615/MG, Relª Min. Nancy Andrighi, Rel. p/ Ac. Min. Castro Filho, 3ª T., J. 20.06.2006, DJ 07.08.2006) 4. 'Está no âmbito de atuação do Ecad a fixação de critérios para a cobrança dos direitos autorais, que serão definidos no regulamento de arrecadação elaborado e aprovado em Assembleia Geral, composta pelos representantes das associações que o integram, e que contém uma tabela especificada de preços. Inteligência do art. 98 da Lei nº 9.610/1998' (REsp 1559264/RJ, Rel. Min. Ricardo Villas Bôas Cueva, 2ª S., J. 08.02.2017, DJe 15.02.2017). 5. Recurso especial provido" (*STJ* - REsp 1629986/RJ, 21-5-2019, Rel. Min. Paulo de Tarso Sanseverino).

"**Direito Autoral** - Venda de ingressos e realização de obras teatrais infantis sem prévia e expressa autorização dos autores ou titulares do direito autoral. Legitimidade passiva e responsabilidade solidária das empresas que venderam ou expuseram a venda os ingressos para a obra reproduzida com fraude, bem como, daquelas que disponibilizaram locais para a realização do espetáculo, à luz dos artigos 104 e 110, LDA. Ilegitimidade passiva da sócia da empresa organizadora mantida. Danos materiais. Necessária observância ao regramento próprio previsto no parágrafo único, do art. 103, da Lei 9.610/98. Reconhecimento. Apelo provido em parte, em maior extensão" (*TJSP* - Ap 1045294-30.2015.8.26.0100, 23-8-2018, Rel. Fábio Podestá).

"Apelação Cível - Ação de obrigação de não fazer cumulada com indenização por danos morais e patrimoniais - 1 - Insurgência do réu - **Violação do direito autoral** - Ocorrência - Reconhecimento da obra dos autores como sendo obra multimídia, passível, portanto, de proteção autoral, porque dotada de originalidade e criatividade - Inteligência do art. 7º - da Lei 9.610/98 - Intitulação 'Expedição Paraná' do primeiro autor faz parte da obra multimídia - Obra do réu similar ao do autor gerando confusão ao público - Plágio Demonstrado - Utilização do método da comparação e da forma de composição - Condenação mantida - 2 - Registro de domínio na internet - Possibilidade de registro posterior do mesmo nome, em outro país - Abstenção de 2 usos do domínio pela geração de confusão com obra do autor - Matéria já dirimida em recurso de agravo de instrumento nº 328.160-5 - Matéria preclusa - Não conhecimento - 3 - Dano moral existente - Ato ilícito, dano e nexo causal demonstrados - Valor da indenização de R$ 30.000,00 mantido - Observância da proporcionalidade e da moderação - Juros de mora - A partir do arbitramento - 4 - Dano material não demonstrado - 1 - Não se pretende dar proteção autoral às ideias ou aos projetos, pois no caso em apreço, o que se observa é que os autores possuem uma obra multimídia, dotada de originalidade e criatividade, exteriorizada de várias formas. 2 - Para aferição do plágio, utilização do método da comparação e da forma de composição, possibilitando apontar as semelhanças das obras não somente no aspecto quantitativo mas qualitativo. 3 - Os resultados dos trabalhos das partes litigantes denotam expressão artística cultural multimídia deveras similar para o destinatário final, ou seja, o público, porquanto consubstanciados em veiculações em jornal, rádio e TV, de grande alcance, com semelhante conteúdo e idêntico nome. 3 - Recurso de apelação, parcialmente conhecido e na parte conhecida, parcialmente provido. Recurso adesivo desprovido" (*TJPR* - AC 1300316-0, 5-7-2016, Relª Juíza Substª Suzana Massako Hirama Loreto de Oliveira).

fabricados no exterior. Os meios de defesa são difíceis. A questão é mais de conscientização do consumidor.

O art. 80 disciplina a autorização do autor e do intérprete de *produção audiovisual*, incluindo aqui, principalmente, a *obra cinematográfica*. A exclusividade da autorização perdura por 10 (dez) anos. O produtor ou empresa cinematográfica tem o direito exclusivo de utilização econômica do filme, cuja materialização opera-se pela distribuição de cópias. A produção cinematográfica e audiovisual, em geral, é obra coletiva, mas os intérpretes e outros participantes mantêm direito com relação à produtora, de acordo com o vínculo negocial, e não com terceiros que distribuem e comercializam, salvo contratação expressa a respeito. Os direitos autorais da película são do produtor.

28.10 TUTELA DOS DIREITOS AUTORAIS

A proteção dos direitos autorais efetua-se em três esferas: administrativa, civil e penal.

No plano administrativo, cabe aos organismos do Executivo Federal exercer a fiscalização. Analisamos o registro das obras autorais e sua finalidade em nosso sistema. Em tese, incumbe ao Conselho Nacional de Direitos Autorais (CNDA), como órgão máximo do sistema, a proteção administrativa do direito autoral. Se esta ocorre efetivamente na prática é questão que refoge ao âmbito de nosso estudo.

No plano civil, cabe ao prejudicado mover as respectivas ações para impedir o uso indevido da obra, com utilização do processo cautelar e antecipações de tutela. Ocorrido o dano, a responsabilidade, o dever de indenizar emergirá. Cabe apurar no caso concreto o efetivo prejuízo moral e pecuniário do titular da obra. Nem sempre será fácil estabelecer o valor. Recorde que em matérias de danos morais existe margem de discricionariedade do juiz no arbitramento do valor segundo a análise do caso concreto. Prejuízos materiais são aqueles efetivamente comprovados.

Sendo os direitos autorais objeto de propriedade incorpórea, conquanto por vezes materializados, podem ser objeto de posse. Sua defesa pode ser exercida pelos remédios possessórios (*JTJSP* 141/154), embora esta não seja opinião unânime. Sobre a matéria de posse nessa categoria de direitos já nos manifestamos no Capítulo 3.

A Lei nº 9.610/98 estabelece sanções civis nos arts. 101 ss. Essas sanções independem das sanções penais que pertencem aos denominados *crimes contra a propriedade intelectual*, cuja esfera é diversa e refoge a nosso exame. A ideia principal, estampada no art. 102, é no sentido de que o titular de obra fraudulentamente reproduzida divulgada ou de qualquer forma utilizada poderá requerer a apreensão dos exemplares ou a suspensão da divulgação, sem prejuízo da devida indenização.

No tocante à obra literária, artística ou científica fraudulenta, o transgressor perderá os respectivos exemplares e deverá pagar o preço daqueles já vendidos. Não se conhecendo o número de exemplares, o transgressor pagará o valor de três mil exemplares, além dos apreendidos.

A lei tece as principais diretrizes sobre as medidas judiciais cabíveis no que diz respeito à divulgação de obra fraudulenta, qualquer que seja o meio.

Toda pessoa que divulga obra intelectual deve indicar o nome ou pseudônimo do autor ou do intérprete. A omissão implicará indenização por danos morais, além da obrigação de divulgar a identidade, como exposto no art. 108.

Os responsáveis pelas execuções públicas, proprietários, diretores, gerentes, empresários e arrendatários respondem solidariamente com os organizadores dos espetáculos (art. 110).

Quanto aos programas de computador, a Lei nº 9.609/98 descreve as infrações e penalidades, inclusive de índole criminal, nos arts. 12 a 14, concedendo larga margem de poderes ao juiz para coibir a fraude.

A proteção ao direito intelectual deve ser uma preocupação jurídica e cultural constante. Somente haverá desenvolvimento na educação e na cultura do país se os criadores intelectuais forem devidamente remunerados e protegidos. Muito já se progrediu para essa proteção; muito ainda há que se fazer, tanto no campo legislativo como na esfera jurisprudencial.

Os crimes contra a produção intelectual devem ser punidos exemplar e eficazmente. Nada dói mais ao escritor e ao editor, por exemplo, ver sua obra ser copiada mecânica e eletronicamente, de forma indiscriminada, até mesmo à porta das escolas superiores, e, por vezes, com o beneplácito dos próprios educadores. O art. 184 do Código Penal descreve o delito de violação de direito autoral. Muito há por ser feito nesse campo.

BIBLIOGRAFIA

ABREU, Edman Ayres. *O plágio em música*. São Paulo: Revista dos Tribunais, 1968.

ALFONSIN, Betânia; FERNANDES, Edésio (Org.). *Direito à moradia e segurança da posse no Estatuto da Cidade*. Belo Horizonte: Fórum, 2004.

ALVES, José Carlos Moreira. *Da alienação fiduciária em garantia*. São Paulo: Saraiva, 1973.

ALVES, José Carlos Moreira. *Direito romano*. 5. ed. Rio de Janeiro: Forense, 1983.

ALVES, José Carlos Moreira. *Posse*. Rio de Janeiro: Forense, 1985. 2 v.

ALVES, Vilson Rodrigues. *Uso nocivo da propriedade*. São Paulo: Revista dos Tribunais, 1992.

ALVIM, Arruda; CÉSAR, Joaquim Portes de Cerqueira; ROSAS, Roberto (Coord.). *Aspectos controvertidos do novo Código Civil*. São Paulo: Revista dos Tribunais, 2003.

ARAGÃO NETO, Orlando. *O penhor no direito brasileiro*. Belo Horizonte: Mandamentos, 2002.

ARANGIO-RUIZ, Vincenzo. *Instituciones de derecho romano*. Buenos Aires: Depalma, 1973.

AREAN, Beatriz. *Curso de derechos reales*. 2. ed. Buenos Aires: Abeledo-Perrot, 1992.

ARZUA, Guido. *Posse*. São Paulo: Revista dos Tribunais, 1978.

ASCENSÃO, José de Oliveira. *Direito autoral*. Rio de Janeiro: Forense, 1980.

ASCENSÃO, José de Oliveira. *Direito civil*: reais. 4. ed. Coimbra: Coimbra Editora, 1987.

AZEVEDO JR., José Osório de. *Compromisso de compra e venda*. São Paulo: Saraiva, 1979.

BARROS, Hamilton de Moraes e. *Comentários do Código de Processo Civil*. Rio de Janeiro, São Paulo: Forense, s.d. v. 9.

BATALHA, Wilson de Souza Campos. *Comentários à lei de registros públicos*. 2. ed. Rio de Janeiro: Forense, 1979.

BESSONE, Darcy. *Direitos reais*. São Paulo: Saraiva, 1988.

BEVILÁQUA, Clóvis. *Código Civil dos Estados Unidos do Brasil*. 5. ed. São Paulo: Francisco Alves, 1938. v. 3.

BITTAR, Carlos Alberto (Coord.). *Direito de autor*. 2. ed. São Paulo: Forense Universitária, 1994.

BITTAR, Carlos Alberto (Coord.). *A lei de direitos autorais na jurisprudência*. São Paulo: Revista dos Tribunais, 1988.

BITTAR, Carlos Alberto (Coord.). *O direito de autor nos meios modernos de comunicação*. São Paulo: Revista dos Tribunais, 1989*a*.

BITTAR, Carlos Alberto (Coord.). *A propriedade e os direitos reais na Constituição de 1988*. São Paulo: Saraiva, 1991.

BITTAR, Carlos Alberto (Coord.). *Direito de autor na obra feita sob encomenda*. São Paulo: Revista dos Tribunais, 1977.

BITTAR, Carlos Alberto (Coord.). *Direito de autor na obra publicitária*. São Paulo: Revista dos Tribunais, 1981.

BITTAR, Carlos Alberto (Coord.). *Contornos atuais do direito do autor*. São Paulo: Revista dos Tribunais, 1992.

BITTAR, Carlos Alberto (Coord.). *Os direitos da personalidade*. São Paulo: Forense Universitária, 1989*b*.

BORDA, Guillermo A. *Tratado de derecho civil*: derechos reales. 3. ed. Buenos Aires: Abeledo-Perrot, 1984. 2 v.

CÂMARA, Maria Helena Ferreira da. *Aspectos do direito de propriedade no capitalismo e no sovietismo*. Rio de Janeiro: Forense, 1981.

CARVALHO, Afrânio de. *Registro de imóveis*. 3. ed. Rio de Janeiro: Forense, 1982.

CAVALCANTI, José Paulo. *A falsa posse indireta*. 2. ed. Recife: Fasa, 1990.

CENEVIVA, Walter. *Lei dos registros públicos comentada*. 7. ed. São Paulo: Saraiva, 1991.

CENEVIVA, Walter. *Manual do registro de imóveis*. Rio de Janeiro: São Paulo: Freitas Bastos, 1988.

CHAMOUN, Ebert. *Instituições de direito romano*. 6. ed. Rio de Janeiro: Rio Ed., 1977.

CHAVES, Antônio. *Direito de autor*: princípios fundamentais. Rio de Janeiro: Forense, 1987.

COCO, Giovanni Silvio. *Crisi de evoluzione nel diritto di proprietà*. Milão: Giuffrè, 1965.

COLIN, Ambroise; CAPITANT, H. *Cours éleméntaire de droit civil français*. 8. ed. Paris: Dalloz, 1934. 3 v.

COMPORTI, Marco. *Diritti reali in generale*. Milão: Giuffrè, 1980.

CORREIA, Alexandre; SCIASCIA, Gaetano. *Manual de direito romano*. 2. ed. São Paulo: Saraiva, 1953.

COULANGES, Fustel de. *A cidade antiga*. 9. ed. Lisboa: Livraria Clássica Editora, 1957. 2 v.

CREDIE, Ricardo Arcoverde. *Adjudicação compulsória*. 5. ed. São Paulo: Revista dos Tribunais, 1991.

CUQ, Édouard. *Manuel des institutions juridiques des romains*. 2. ed. Paris: Plon, 1928.

DANTAS, San Tiago. *Conflito de vizinhança e sua composição*. 2. ed. Rio de Janeiro: Forense, 1972.

DELMANTO, Celso. *Código Penal comentado*. 2. ed. Rio de Janeiro: Renovar, 1988.

DI PIETRO, Maria Sylvia Zanella. *Direito administrativo*. 15. ed. São Paulo: Atlas, 2003.

DINIZ, Maria Helena. *Curso de direito civil brasileiro*. 7. ed. São Paulo: Saraiva, 1991. v. 4.

FABRÍCIO, Adroaldo Furtado. *Comentários ao Código de Processo Civil*. Rio de Janeiro: Forense, 1980. v. 8, t. 3.

FACHIN, Luiz Edson. *Comentários ao Código Civil*. São Paulo: Saraiva, 2003. v. 15.

FALCÃO, Joaquim de Arruda (Org.). *Conflito de direito de propriedade, invasões urbanas*. Rio de Janeiro: Forense, 1984.

FAZANO, Haroldo Guilherme Vieira. *Da propriedade horizontal e vertical*. Campinas: Lex, 2003.

FERREIRA, Sérgio de Andréa. *O direito de propriedade e as limitações e ingerências administrativas.* São Paulo: Revista dos Tribunais, 1980.

FRANÇA, R. Limongi. *A posse no Código Civil.* São Paulo: José Bushatsky, 1964.

FRANCISCO, Caramuru Afonso. *Estatuto da cidade comentado.* São Paulo: Juarez de Oliveira Ed., 2001.

FRANCO, J. Nascimento; GONDO, Nisske. *Condomínio em edifícios.* 5. ed. São Paulo: Revista dos Tribunais, 1988.

FRANCO SOBRINHO, Manoel de Oliveira. *Desapropriação.* São Paulo: Saraiva, 1973.

FREITAS, Vladimir Passos (Coord.). *Águas.* 2. ed. Curitiba: Juruá, 2002.

FULGÊNCIO, Tito. *Direito real de hipoteca.* 2. ed. Rio de Janeiro: Forense, 1960. 2 v.

FULGÊNCIO, Tito. *Da posse e das ações possessórias.* 5. ed. Rio de Janeiro: Forense, 1978. 2 v.

GATTI, Edmundo. *Teoria general de los derechos reales.* 3. ed. Buenos Aires: Abeledo-Perrot, 1984.

GENTILE, Francesco Silvio. *Il possesso.* Turim: Unione Tipografico Torinese, 1965.

GIRARD, Paul Frédéric. *Manuel élémentaire de droit romain.* 5. ed. Paris: Arthur Russeau Ed., 1911.

GOMES, Orlando. *Alienação fiduciária em garantia.* 2. ed. São Paulo: Revista dos Tribunais, 1971.

GOMES, Orlando. *Direitos reais.* 8. ed. Rio de Janeiro: Forense, 1983.

GONÇALVES, Augusto Penha. *Curso de direitos reais.* 2. ed. Lisboa: Universidade Lusíada, 1993.

GRANZIERA, Maria Luiza Machado. *Direito das águas.* São Paulo: Altas, 2001.

JHERING, Rudolf von. *A teoria simplificada da posse.* São Paulo: José Bushatsky, 1976.

JHERING, Rudolf von. *Posse e interditos possessórios.* Tradução de Adherbal de Carvalho. Salvador: Progresso, [s.d.].

LACERDA, Antônio de. *Da retrocessão.* Rio de Janeiro: Forense, 1983.

LEVONI, Alberto. *La tutela del possesso.* Milão: Giuffrè, 1979.

LIMA, Frederico Henrique Viegas de. *O direito de superfície como instrumento de planificação urbana.* Rio de Janeiro, São Paulo, Recife: Renovar, 2005.

LIMA, Iran de. *Direito imobiliário.* São Paulo: Revista dos Tribunais, 1980.

LOPES, João Batista. *Condomínio.* 4. ed. São Paulo: Revista dos Tribunais, 1994.

LOPES, Miguel Maria de Serpa. *Curso de direito civil.* 3. ed. Rio de Janeiro: São Paulo, 1964. v. 6.

MAMEDE, Gladston. *Código Civil comentado.* São Paulo: Atlas, 2003. v. 14.

MANSO, Eduardo Vieira. *A informática e os direitos intelectuais.* São Paulo: Revista dos Tribunais, 1985.

MATTIA, Fábio Maria de. *O direito de vizinhança e a utilização da propriedade imóvel.* São Paulo: José Bushatsky, 1976.

MEDAUAR, Odete; ALMEIDA, Fernando Dias Menezes (Coord.). *Estatuto da cidade*: comentários. São Paulo: Revista dos Tribunais, 2002.

MEIRELLES, Hely Lopes. *Direito administrativo brasileiro.* 33. ed. São Paulo: Malheiros, 2007.

MEIRELLES, Hely Lopes. *Direito de construir*. 3. ed. São Paulo: Revista dos Tribunais, 1979.

MONTEIRO, João Baptista. *Ação de reintegração de posse*. São Paulo: Revista dos Tribunais, 1987.

MONTEIRO, Washington de Barros. *Curso de direito civil*. 27. ed. São Paulo: Saraiva, 1989. v. 3.

MORAES, Walter. *Artistas, intérpretes e executantes*. São Paulo: Revista dos Tribunais, 1976.

MOREIRA, Álvaro; FRAGA, Carlos. *Direitos reais*. Coimbra: Almedina, 1970-1971.

MUKAI, Toshio. *O estatuto da cidade*. São Paulo: Saraiva, 2001.

NADER, Natal. *Usucapião de imóveis*. 2. ed. Rio de Janeiro: Forense, 1984.

NEGRÃO, Theotônio. *Código de Processo Civil e legislação processual em vigor*. 34. ed. São Paulo: Revista dos Tribunais, 2002.

NEQUETE, Lenine. *Da passagem forçada*. 2. ed. São Paulo: Saraiva, 1978.

NUNES, Antenor de Pádua. *Nascentes e águas comuns*. São Paulo: Revista dos Tribunais, 1969.

PAPAÑO, José Ricardo; KIPER, Claudio Marcelo; DILLON, Gregorio Alberto; CAUSSE, Jorge Raúl. *Derechos reales*. Buenos Aires: Depalma, 1989. 3 v.

PELLEGRINI, Luiz Fernando Gama. *Direito de autor e as obras de arte plástica*. São Paulo: Revista dos Tribunais, 1979.

PEREIRA, Caio Mário da Silva. *Condomínio e incorporações*. 7. ed. Rio de Janeiro: Forense, 1993.

PEREIRA, Caio Mário da Silva. *Instituições de direito civil*. 6. ed. Rio de Janeiro: Forense, 1984. v. 4.

PETIT, Eugene. *Tratado elemental de derecho romano*. Buenos Aires: Albatroz, 1970.

PONTES, Tito Lívio. *Da posse*. 2. ed. São Paulo: Forense Universitária, 1977.

PONTES DE MIRANDA, Francisco Cavalcanti. *Comentários ao Código de Processo Civil*. Rio de Janeiro: Forense, 1977. v. 12 e 15.

PONTES DE MIRANDA, Francisco Cavalcanti. *Tratado de direito privado*. 3. ed. Rio de Janeiro: Borsoi, 1971. v. 10 a 21.

RABELLO, José Geraldo de Jacobina. *Alienação fiduciária em garantia e prisão civil de devedor*. 2. ed. São Paulo: Saraiva, 1987.

RIBEIRO, Benedito Silvério. *Tratado de usucapião*. São Paulo: Saraiva, 1992. 2 v.

RIZZARDO, Arnaldo. *Direito das coisas*. Rio de Janeiro: Aide, 1991. 3 v.

RIZZARDO, Arnaldo. *Promessa de compra e venda e parcelamento do solo urbano*. 3. ed. São Paulo: Revista dos Tribunais, 1987.

RODRIGUES, Manuel. *A posse*. 3. ed. Coimbra: Almedina, 1981.

RODRIGUES, Sílvio. *Direito civil*. 13. ed. São Paulo: Saraiva, 1984. v. 5.

ROVELLI, Roberto; CAVIGLIONE, Giovanni. *Il condominio negli edifici*. Turim: Utet, 1978.

SACCO, Rodolfo. *Il possesso*. Milão: Giuffrè, 1988.

SANTOS, Manoel Joaquim Pereira dos. *O direito de autor na obra jornalística gráfica*. São Paulo: Revista dos Tribunais, 1981.

SAVIGNY, Frédéric Charles. *Traité de la possession en droit romain*. 12. ed. Paris: A. Durand & Pedone Lauriel, 1870.

SCHERMANN, Adolpho. *Condomínios*: problemas e soluções. Rio de Janeiro, São Paulo: Freitas Bastos, 1978.

SILVA, Agathe Elsa Schimidt da. *Compromisso de compra e venda no direito brasileiro*. São Paulo: Saraiva, 1983.

SILVA, Clóvis do Couto e. *Comentários ao Código de Processo Civil*. São Paulo: Revista dos Tribunais, 1982. v. 11, t. 2.

SILVA FILHO, Elvino. *As vagas de garagem nos edifícios de apartamentos*. São Paulo: Revista dos Tribunais, 1977.

TENÓRIO, Igor. *Curso de direito agrário brasileiro*. São Paulo: Saraiva, 1984.

TEPEDINO, Gustavo. *Multipropriedade imobiliária*. São Paulo: Saraiva, 1993.

TERRÉ, François; SIMLER, Philippe. *Droit civil*: les biens. 5. ed. Paris: Dalloz, 1998.

THEODORO JR., Humberto. *Posse e propriedade*. São Paulo: Edição Universitária de Direito, 1985.

TRABUCCHI, Alberto. *Istituzione di diritto civile*. 33. ed. Pádua: Cedam, 1992.

TRIGEAUD, Jean-Marc. *La possession des biens immobiliers*. Paris: Economica, 1981.

VENOSA, Sílvio de Salvo. *Direito civil:* contratos. 18. ed. São Paulo: Atlas, 2018. vol. 3.

VENOSA, Sílvio de Salvo. *Direito civil:* família. 18. ed. São Paulo: Atlas, 2018. vol. 5.

VENOSA, Sílvio de Salvo. *Direito civil*: obrigações e responsabilidade civil. 18. ed. São Paulo: Atlas, 2018. vol. 2.

VENOSA, Sílvio de Salvo. *Direito civil*: Parte Geral. 18. ed. São Paulo: Atlas, 2018. vol. 1.

VENOSA, Sílvio de Salvo. *Direito civil:* reais. 18. ed. São Paulo: Atlas, 2018. vol. 4.

VENOSA, Sílvio de Salvo. *Direito civil:* sucessões. 18. ed. São Paulo: Atlas, 2018. vol. 6.

VENOSA, Sílvio de Salvo. *Direito empresarial*. 8. ed. São Paulo: Atlas, 2018.

VENOSA, Sílvio de Salvo. *Lei do inquilinato comentada*. 11. ed. São Paulo: Atlas, 2012.

VIANA, Marco Aurélio S. *Comentários à lei sobre parcelamento do solo urbano*. 2. ed. São Paulo: Saraiva, 1984.

VIANA, Marco Aurélio S. *Comentários ao novo Código Civil*. Rio de Janeiro: Forense, 2003. v. XVI.

VIANA, Marco Aurélio S. *Teoria e prática do direito das coisas*. São Paulo: Saraiva, 1983.

VIANA, Marco Aurélio S. *Vagas de garagem na propriedade horizontal*. São Paulo: Saraiva, 1981.

WALD, Arnoldo. *Direito das coisas*. 8. ed. São Paulo: Revista dos Tribunais, 1991.

WEILL, Alex; TERRÉ, François; SIMLER, Philippe. *Droit civil*: les biens. 3. ed. Paris: Dalloz, 1985.

ÍNDICE REMISSIVO

A

D

E

F

G

H

I

J

L

M

N

O

P

V

1 2 3 4 5 6 7 8 9 10
2026